中国城市轨道交通工程地质

金 淮 主编

中国计划出版社

图书在版编目(CIP)数据

中国城市轨道交通工程地质/金淮主编. —北京:中国计划出版社,2015. 11

ISBN 978-7-5182-0290-4

Ⅰ. ①中… Ⅱ. ①金… Ⅲ. ①城市铁路－轨道交通－工程地质－研究－中国 Ⅳ. ①U239. 5

中国版本图书馆 CIP 数据核字（2015）第 261063 号

中国城市轨道交通工程地质

金淮 主编

中国计划出版社出版
网址：www. jhpress. com
地址：北京市西城区木樨地北里甲 11 号国宏大厦 C 座 3 层
邮政编码：100038 电话：（010）63906433（发行部）
新华书店北京发行所发行
北京中科印刷有限公司印刷

880mm×1230mm 1/16 48. 25 印张 1399 千字 彩插 8. 75 印张
2015 年 11 月第 1 版 2015 年 11 月第 1 次印刷
印数 1—2000 册

ISBN 978-7-5182-0290-4
定价：248. 00 元

本书编委会成员

主　编：金　淮

副主编：刘永勤　黄溯航　郭红梅

编　委：高文新　刘满林　李世民　周玉凤　庞　炜

龚选波　吴锋波　谢　峰　邢立军　王　伟

张亚华　李书君　冯科明　黄伏莲　彭友君

马雪梅　刘志强　裴　旭　廖远国　张建全

刘付海　高振鲲　吴炳涛　高　涛　陈利敏

皮景坤　刘润平　王荣权　王　彪　闫宇蕾

北京城建勘测设计研究院有限责任公司组织编写

前　言

进入21世纪以来，随着人口迅速增加，城市化进程不断加快，城市地面交通问题日益凸显。各大城市都存在“乘车难”和“行路难”的问题，因此发展城市公共交通、缓解交通拥挤是当前各大城市迫切需要解决的问题。

在此背景下，国内各大城市纷纷开展城市轨道交通工程建设工作，我国城市轨道交通工程建设进入了高速发展阶段。截至2014年末，我国已建成通车里程达到2886公里，在建城市轨道交通里程约2000公里，规划里程约16000公里。中国轨道交通建设用10年的时间，完成了国外100年的发展历程，跃居世界城市轨道交通之首。

地质体是工程的载体、是工程施工改造的对象、是工程与周边环境相互作用的媒介。同时，我国幅员辽阔，各地的大地构造、地形地貌、水文气象等基础地质条件不同、地质现象众多，地质条件具有明显的复杂性、差异性和不确定性。复杂的地质条件直接影响着工程建设的工期、造价和质量安全。据不完全统计，在我国城市轨道交通工程建设过程中发生的各类工程风险事件中有70%以上与地质条件有关，其中明挖法工程风险事件中59%的事故原因与软弱土质相关，矿山法中50%以上的工程风险事件与地下水相关，盾构法中33%的工程风险事件发生在软弱不均的地层中。

由于地质条件的复杂性和不确定性可能导致工程风险，所以地质条件是城市轨道交通工程建设中重要的客观条件和风险因素。中国城市轨道交通界的泰斗施仲衡院士在行业会议上多次强调“城市轨道交通工程建设地质是基础”。

本书组织编写单位——北京城建勘测设计研究院有限责任公司，是国内最早从事城市轨道交通工程地质工作的单位，作为现行国家标准《城市轨道交通岩土工程勘察规范》GB 50307的主编单位，50余年来一直致力于中国城市轨道交通工程地质的研究和工程实践工作，先后在全国几十个城市主持和参与了当地的城市轨道交通工程地质研究工作，积累了丰富的经验和详实的资料。为了使城市轨道交通工程建设的各相关单位更好地了解各地的工程地质情况，更好地识别城市轨道交通工程建设中的工程地质问题，为城市轨道交通行业健康平稳发展作贡献，北京城建勘测设计研究院有限责任公司组织相关人员开展了本书的编纂工作，以期能为快速发展的城市轨道交通工程助一把力。

本次编纂工作，共搜集到全国31个在建城市轨道交通工程城市的工程地质资料。为了便于阅读和比较，章节安排上以各个城市独立成篇，城市篇章按首字母拼音排序。每篇分6章进行介绍，分别从自然地理、区域地质、典型地层、地下水、特殊地质条件、主要工程地质问题等方面介绍了各地城市轨道交通工程地质情况。

本书的编制过程中各地地铁公司和相关勘察单位提供了大量的帮助，在此表示感谢，在本书的编写过程中还引用了有关单位和学者公开出版的技术资料，在此一并表示感谢。

鉴于全书篇幅巨大，书中引用了较多文献和数据，有些在书中未能一一标注出处望予以谅解；同时，由于作者水平有限，书中难免存在不少错误与不妥之处，敬请广大读者批评指正。

编者

二零一五年二月十五日于北京

目　　录

概　　述

北　京　市

常 州 市

成 都 市

重 庆 市

大 连 市

福　州　市

广 州 市

哈尔滨市

杭 州 市

合 肥 市

济 南 市

昆 明 市

兰 州 市

南 宁 市

南 京 市

宁 波 市

青 岛 市

厦 门 市

上 海 市

深 圳 市

沈 阳 市

石家庄市

苏 州 市

太 原 市

天 津 市

乌鲁木齐市

无 锡 市

武 汉 市

西 安 市

长 春 市

郑 州 市

概　述

1 城市轨道交通发展概况

1.1 轨道交通的定义

轨道交通是城市地下铁道、轻轨交通、单轨交通、磁悬浮交通和市郊客运铁路等城市轨道交通系统的统称。轨道交通是服务于城市客运交通的运量大、速度快、安全可靠、准点舒适的快速公共交通运输系统，它可以位于地下、高架或地面。国内外的经验证明，发展快速轨道交通不但能有力地解决城市交通问题，并且能促进城市建设、繁荣城市经济和加速实现城市现代化。

城市轨道交通是服务于城市内部，有独立的专用轨道，独立运行的客运系统，典型的形式有地铁、轻轨、有轨电车、市郊铁路等，平均运行速度一般为25～65km/h，高峰小时单向断面客流量不小于1万人次。按国家标准，城市快速轨道交通一般分为三个等级：（1）高运量快速轨道交通：单向客运能力在5万人次/小时以上；（2）大运量快速轨道交通：单向客运能力在3万～5万人次/小时以上；（3）中运量快速轨道交通：单向客运能力在3万人次/小时以下。

地铁和轻轨是城市快速轨道交通最常见的表现形式。从等级上分，地铁属高、大运量，轻轨属中运量。现在的地铁已不是“地下的铁路”，地铁既可以是埋在地下，也可以是高架或地面敷设，像上海的明珠线就是地铁。地铁单向运能大于3万人次/小时，属高、大运量轨道交通，车厢较宽，一般采用A、B型车（宽分别为3.0m、2.8m），适用于人口规模300万人以上的城市。

轻轨交通是一种中运量的轨道交通系统，采用的车辆较窄，C型车（宽2.6m）。敷设的形式地下、地面、高架均可以，轻轨是相对于重轨而言的，钢轨重量为50kg/m及以下的称为轻轨，重量为50kg/m的称为重轨。但由于重型钢轨性能好，所以国内外轨道交通，无论高、大、中运量，正线一般均采用重型钢轨。

1.2 国外轨道交通的发展概况

1863年英国建成世界上第一条地下铁道，用蒸汽机牵引，成为新型的城市客运交通工具。其后相继在纽约、布达佩斯、维也纳、巴黎、柏林、雅典、马德里、东京、莫斯科等21座城市修建了地下铁道。第二次世界大战后，由于盲目发展私人轿车，给城市交通带来了灾难，人们逐步认识到只有发展以地下铁道为骨干的大运量快速交通系统才是解决城市客运交通问题的最根本的途径。自20世纪50年代以来，特别是70年代以后，拥有地下铁道的城市迅速增多，至今全世界已有40个国家80座城市建成地下铁道，14座城市地下铁道运营线路超过100km，全世界的运营线路已达5200km。目前还有26个国家的35个城市正在建设或筹备建设地下铁道。在发展中国家，随着城市交通的日趋紧张，地下铁道也逐步得到发展，目前已有如开罗、平壤等19座城市运营着730余公里的地铁线路，占世界运营线路总量的14%。事实证明，地下铁道的运营对这些城市的社会经济发展起到巨大的推动作用，给居民提供了良好的出行条件。所以，像东京、巴黎、伦敦这些大城市，虽然已建成几百公里的地下铁道，但随着城市的发展，还在不断地扩建。

1.3 国内轨道交通的发展概况

我国大城市交通紧张状况，在改革开放初期就已呈现出来。目前，各大城市道路交通条件严重恶化，车均道路面积每年以10%～15%的速度下跌，发达国家所经历的机动车剧增，道路交通严重阻塞的僵局又在中国大城市重演。这些城市空气和噪声的污染已严重超标，对城市居民的身心健康构成威胁。同时，市中心区居民的居住密度高，金融、商业高度集中，交通客源量大，土地昂贵，发展地面交通或高架道路的可能性几乎不存在，或者不符合可持续发展的原则。发展城市轨道交通，在市中心区修建地下铁道，以代替地面汽车交通，不仅可以缓解地面道路阻塞和居民乘车难的问题，还有利于城市环境保护。

自20世纪50年代我国开始筹备地铁建设至今，城市轨道交通建设已经历了将近60年的发展历程。轨道交通环保性及便捷性的认可度逐渐提高，中国城市轨道交通建设已进入黄金发展期。根据《交通运输“十二五”发展规划》，“十二五”期间将加快综合交通运输枢纽的建设，以高速铁路、轨道交通等建设为契机，重点建设一批集多种运输方式于一体的综合客运枢纽。

截至2015年10月底，我国已有23个城市开通了94条城市轨道交通线，运营长度总规模达到2994km。目前我国有34个城市正在开展城市轨道交通工程建设工作，在建线路合计123条，在建线路长度共计3428km，分布于北京、上海、广州、深圳、佛山、天津、杭州、南京、长春、重庆、武汉、大连、宁波、苏州、无锡、沈阳、成都、西安、青岛、昆明、哈尔滨、南昌、南宁等城市。

未来十年，中国轨道交通市场将建7395km地铁线，总价值达三万八千亿元，截至2020年，中国将有33个城市配有177条地铁线。

1.4 轨道交通工程的建设特点

（1）工程地质条件复杂。例如，上海、广州、深圳等沿海城市或南方城市的工程地质水文地质条件复杂多变，地铁线路经过海积、海冲积、冲积平原和台地等多种地貌单元，常位于“软硬交错”地层（上部为人工填土、黏性土、淤泥质土、砂类土及残积土，下部为花岗岩、微风化岩等坚硬岩石层，或者孤石），还常遇到断裂破碎带和溶洞等特殊地质构造，穿越或邻近江河湖海，地下水丰富、水位高。

（2）工程周边环境复杂。由于地铁长距离穿行于城市交通要道和人口密集区域，建筑物、构筑物、轨道交通设施、桥梁、隧道、道路、管线、地表水体等周边工程环境复杂，不可预见因素较多。

（3）工程自然环境复杂。地铁工程施工多为露天和地下，常受到台风、冰雪、暴雨、洪水等自然因素影响，也可能受到泥石流、滑坡等地质灾害的影响。

（4）工程建设规模大。地铁工程的每公里造价一般在5亿~7亿元，有的高达八九亿元，一条线路投资动辄都在100亿元以上，且实物工程量巨大；合理工期一般在5年以上，一般合同工期也在3年以上。

（5）工程技术复杂。地铁是土建及机电设备复杂的综合性系统工程，工程本身不断向“深、大、险”发展。例如，车站基坑深度一般在20m甚至30m以上，长度200m甚至600m以上。

（6）工程协调量大。地铁工程参建单位包括建设、勘察设计、施工、监理、监测、检测和材料设备供应等单位，专业多、项目多、环节多、接口多，作业时空交叉，组织协调量大。同时，工程与周边社区居民、与工程周边环境的权属与管理单位的利益攸关、关系密切，沟通协调难度大。

（7）控制标准严格。为确保隧道、深基坑施工（含降水）过程中，建筑物、构筑物、轨道交通设施、桥梁、隧道、道路、管线、地表水体等工程周边环境不发生过量沉降和坍塌，确保其安全，要求严格控制沉降（包括绝对值和速率等）。例如，暗挖法施工的标准断面隧道地面累计沉降量一般要求控制在30mm以内。

（8）安全风险大。前面的工程特点决定了地铁工程施工安全风险（包括工程本身风险和对工程周边环境的风险）大，风险关联性强。例如，如果水文工程地质条件不明，工程周边环境不清，措施准备不充分，很容易出现安全质量事故和险情，造成人员伤亡和经济损失。

1.5 轨道交通工程的常用施工方法

根据开挖方式的不同，地下工程有不同的施工方法。开挖方法主要根据施工范围内的工程地质和水文地质勘探资料，工程埋置深度、结构形状和规模、使用功能、工程要求、周围环境及交通等情况进行技术、经济综合比较后确定。目前，我国地铁工程采用的施工方法主要包括明挖法、矿山法、盾构法。

在场地开阔、建筑物稀少、交通及环境允许的地区，应优先采用施工速度快、造价较低的明挖法施工；在交通繁忙的市区修建地铁区间隧道常采用暗挖法，在工程地质和水文地质条件适宜时，矿山法为一种最佳的施工方法；在地面交通繁忙、地面建筑物和地下管线密布，对地面沉降要求严格的城区，不宜采用明挖法，且地下水发育，围岩稳定性差，或隧道很长而又工期要求紧迫，不能采用较为经济的矿山法时，采用盾构法施工是经济合理的。

不同的施工方法具有不同的适用条件，应综合分析各种施工方法对地质条件的适应性、对周边环境的影响，以及综合分析其安全性、经济性和工期要求等。

不同施工方法的工程风险是不同的。一般来说，对于明（盖）法施工，主要有基坑支撑失稳、断桩、管涌等工程风险；对于暗挖法施工，主要有洞内塌方、地面沉陷、涌水等工程风险；对于盾构法施工，主要有盾构机故障停机、换刀、俯仰、蛇形、泥水压力过大导致地面隆起等工程风险。几种主要施工方法各有优缺点，如表 1－1 所示。

表 1－1　地铁主要施工方法的特点比较

对比指标	明（盖）挖法	盾 构 法	暗 挖 法
地质	各种地层均可	各种地层均可	有水地层需做特殊处理
场所	占用道路面积较多	占用道路面积较少	不占用地面道路
断面变化	适应不同断面	断面变化适应性差	适应不同断面
埋置深度	浅	需要一定深度	浅埋
防水施工	较容易	容易	较难
地表下沉	小	较小	较大
施工噪声	大	小	小
交通影响	很大	除竖井外，不影响	不影响
地面拆迁	大	小	小
水处理	降水、疏干	堵、降结合	堵、降或堵、排结合
施工进度	受拆迁干扰大，总工期较短	前期工程复杂，总工期一般	开工快，总工期偏长

2　工程地质基本知识

2.1　工程地质条件的定义

工程地质条件可定义为与工程建筑有关的地质要素的综合，包括地形地貌条件、岩土类型及其工程地质性质、地质结构与地应力、水文地质条件、物理（自然）地质现象等五个要素。由此可见，工程地质条件是一个综合概念。

工程地质条件是自然地质历史的产物，一座城市的工程地质条件反映了该地的地质发展过程及后生变化，即内外动力地质作用的性质和强度。工程地质条件的形成受大地构造、地形地势、气候、水文、植被等自然因素的控制。各地的自然因素不同、地质发展过程不同，其工程地质条件也就不同，即五个地质要素的组合情况不同，要素的性质、主次关系有所差异。工程地质条件各个要素之间则是相互联系、相互制约的，这是因为它们受着同一地质发展历史的控制，形成一定的组合模式。例如平原区必然是碎屑物质的堆积场所，土层较厚，基岩出露较少，地质结构比较简单，物理地质现象也不很发育，地下水以孔隙水为主。不同的模式对地铁建（构）筑物的适宜性相差甚远，存在的工程地质问题也不一致。

由上述可知，认识工程地质条件必须从基础地质入手，了解地区的地质发展历史，各要素的特征及其组合的规律性，这对于解决实际问题是大有助益的。

工程地质条件的优劣在于其各个要素是否对工程有利。首先是岩土类型及其性质的好坏。坚硬完整的岩石如花岗岩、厚层石英砂岩、花岗片麻岩等，强度高，性质良好；页岩、黏土岩、炭质岩及泥质胶结的砂砾岩、以及遇水膨胀、易溶解的岩类，软弱易变，性质不良，断层岩和构造破碎岩更软弱，这类岩石都是不利于地基稳定的，成为岩体研究中的重点。松软土中的特殊土如黄土、膨胀土、淤泥等也是不利因素，需要特别注意。岩土性质的优劣对地铁建筑物的安全经济具有重要意义，大型建筑物一般要建在性质优良的岩土上，软弱不良的岩土体工程事故不断、地质灾害多发，常需避开。地形地貌条件对场地的选择，特别是对线性建筑如地铁等线路方案选择意义最为重大。如能合理利用地形地貌条件，不但能大量节省挖填方量，节约大量投资，而且对建（构）筑物群体的合理布局、结构形式、规模以及施工条件等也有直接影响。例如施工场地是否足够宽阔、材料运输道路是否方便等都决定于地形地貌条件。

地质结构和地应力包含了地质构造、岩体结构、土体结构及地应力等。是一项具有控制性意义的要素，对岩体尤为重要。地质构造确定了一个地区的构造格架、地貌特征和岩土分布。断层尤其是活断层，确实带来过很大危害。在选择工程场地时必须注意断层的规模、产状及其活动情况。土体结构主要是指不同土层的组合关系、厚度及其空间变化。岩体结构除岩层构造外，更主要的是各种结构面的类型、特征和分布规律。不同结构类型的岩体其力学性质和变形破坏的力学机制是不同的。结构面愈发育，特别是含有软弱结构面的岩体，其性质愈差。岩体的地应力对建筑物的施工和稳定性影响不容忽视。

水文地质条件是决定工程地质条件优劣的重要因素。地下水位较高一般对工程不利，地基土含水量大，黏性土处于塑态甚至流态，容许承载力降低，易发生冻害，隧洞及基坑开挖需进行排水。滑坡、地下建筑事故等许多地质灾害的发生都与地下水的参与有关，甚至起到主导作用。

物理地质现象是指对工程有影响的自然地质作用与现象。地壳表层经常受到内动力地质作用和外动力地质作用的影响，这对工程的安全造成很大威胁，所造成的破坏往往是大规模的，甚至是区域性的。例如地震的破坏性很大；滑坡、冲沟、泥石流的发生也给工程和环境造成无穷的灾难。在这些物理地质现象面前，只考虑工程本身的坚固性是不行的，必须充分注意其周围有哪些物理地质现象，对工程的安全有何影响，如何防治。只要注意研究其发生发展的规律，及时采取措施，可怕的物理地质现象是可以克服的。

2.2　水文地质条件

水文地质条件是工程地质条件的要素之一。实践证明，在不同地质环境中进行工程建设，区域或场地水文地质条件的研究是不能忽视的。

水文地质条件的含义，应包括地下水在岩土孔隙中的储存条件，含水层和隔水层分布及其组合关系，地下水类型，地下水位，含水介质的渗透性能，地下水的循环交替条件及动态特征，孔隙水压力和渗透压力，地下水水质等。

在城市轨道交通工程地质勘察中，水文地质条件也是重要的研究内容。大多数城市是以地下水作为供水水源的。为了满足供水需要，就要查明含水层的埋藏条件、厚度、地下水位、涌水量大小、动态变化以及地下水的水质等。地基土的强度和变形与土中天然含水量关系密切，尤以黏性土为甚。潜水位以下的地基土，由于地下水的浮托作用，自重应力减少，影响其固结沉降。地下水位以下的基础施工时，基坑涌水和流沙突涌又给施工带来困难。此外，还需研究地下水对基础的腐蚀性问题。

在地下建筑工程地质勘察中，也必须查明工程地段的水文地质条件。外水压力和承压水的存在，将影响围岩的稳定性。地下水涌水将给矿山法隧道施工等造成困难。尤其对埋深较大的地下工程，由于高水头的断层破碎带脉状裂隙水或管道喀斯特水的突袭，往往导致灾难性后果。所以必须查明岩层的含水性，有无富水性强的含水层，尤其是承压含水层的存在，其水位（水头）如何，可能突水的地段及其涌水量大小等。

2.3 地质构造

2.3.1 沉积岩的原生构造

（1）岩层和层理的分类。

1）按岩层厚度分类（表1－2）。

表1－2 岩层厚度分类

分类名称	薄 层	中 厚 层	厚 层	巨 厚 层
单层厚度 h（cm）	$h\leqslant 10$	$10<h\leqslant 50$	$50<h\leqslant 100$	$h>100$

2）按层理形成条件的分类（表1－3）。

表1－3 层理按形成条件的分类

类 型	形成过程	形成环境
水平层理	在沉积环境相当固定和稳定的条件下形成	平静的沉积环境，如牛轭湖、深水湖、海
波状层理	在两个或多个方向上的振荡运动环境中形成	湖泊浅水带、海湾或河漫滩
斜层理	在一个方向运动的沉积环境中形成	河流的三角洲、海岸的潮汐带
块状层理	物质在快速沉积过程中形成	浊流沉积环境，洪积或冰碛

（2）岩层的产状和接触关系。

1）岩层的产状要素由走向、倾向和倾角（真倾角、假倾角）组成。

2）岩层的接触关系从成因特征上可以分为整合和不整合两种基本类型（表1－4）。

表1－4 岩层的接触关系

接触关系		产状特征
整 合		岩层在沉积时间上没有间断，形成连续的平行层理，各层的走向和倾角向一致
不整合	平行不整合（假整合）	沉积物在沉积过程中发生过间断，虽然不同地质时代的各个岩系相互接触，层理彼此平行，但在接触面上通常可见冲刷或风化的痕迹，常有底砾岩分布
	角度不整合（斜交不整合）	较老的岩层经过构造运动发生褶曲与错动，再经长期侵蚀作用后，新的沉积物覆盖其上，新老岩层之间呈显著的角度切交现象
	假角度不整合	在平行埠整合中，由于交错层理的出现而造成

2.3.2 褶皱

（1）褶皱的基本概念。

岩层受挤压作用发生弯曲变形称褶皱。褶皱的基本类型有背斜和向斜两种。背斜两侧岩层倾向相背，中部为老岩层；向斜两侧倾向相同，中部为新岩层。

（2）褶皱主要形态的分类。

1）按横剖面的形状分为：背斜褶皱和向斜褶皱。

2）按轴面空间位置和翼部的倾斜分为：直立褶皱（对称褶皱）、歪斜褶皱（不对称褶皱）、倒转褶皱、平卧褶皱。

3）按两翼和顶部的形态分为：尖顶褶皱、圆顶褶皱、箱形褶皱、扇形褶皱、等斜褶皱。

4）按顶部和翼部岩层厚度的变化分为：平行褶皱、相似褶皱、薄顶褶皱、底辟褶皱。

5）按脊线的长短和两翼的倾斜方向分为：线状褶皱、短轴褶皱、穹窿构造、盆地构造。

6）按剖面组合形态分为：复背斜褶皱、复向斜褶皱、隔档式褶皱、隔槽式褶皱。

2.3.3 裂隙（节理）

岩石中的断裂，沿断裂面没有（或有很微小）位移称裂隙（节理）。裂隙的主要类型有：

（1）按成因分为：原生裂隙和次生裂隙。

（2）按力的来源分为：构造裂隙和非构造裂隙。

（3）按力的性质分为：剪裂隙和张裂隙。

1）剪裂隙：产状较稳定，沿走向和倾向延伸较远；裂隙面平直、光滑；裂隙面常有擦痕和摩擦镜面；裂隙多呈闭合状；由于发育较密，常形成裂隙密集带。

2）张裂隙：产状不稳定，往往延伸不远即消失；裂隙面粗糙不平，呈弯曲状或锯齿状；裂隙呈开口状或楔形；由于发育稀疏，很少构成裂隙密集带。

（4）按其与岩层走向关系分为：走向裂隙、倾向裂隙、斜向裂隙和顺层裂隙。

（5）按其与褶曲轴向关系分为：纵裂隙、横裂隙、斜裂隙。

2.3.4 断层

断层两侧的岩石沿断裂面发生明显位移者称断层。

（1）断层的基本要素（图1－1）。

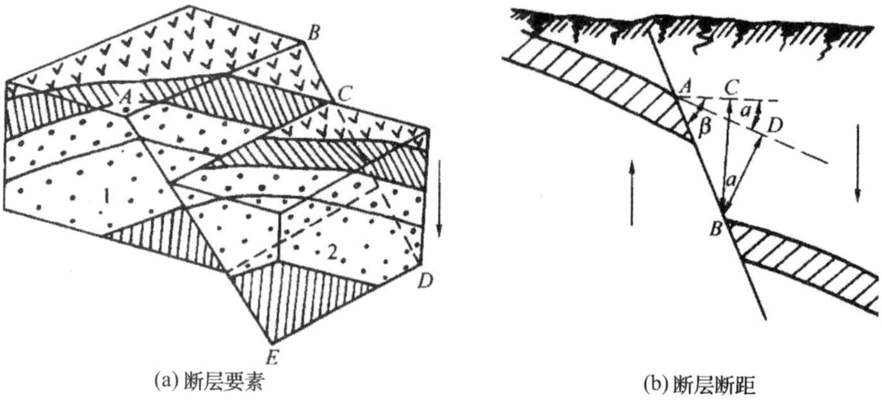

图1－1 断层的基本要素

1—下盘；2—上盘；（a）中的 *ABCDE* 面—断层面；（a）中的 *AB* 线—断层走向线；（a）中的 *AE* 线—断层倾向线；（b）中的 *AB*—总断距；（b）中的 *CB* 线—垂直断距；（b）中的 *AC* 线—水平断距

（2）断层的类型。

1）按断层两盘的相对位移可分为：正断层、逆断层（冲断层、逆掩断层、辗掩断层、叠瓦式断层）和平移断层。

2）按断层走向与岩层走向的关系分为：走向断层、倾向断层和斜交断层。

3）按断层走向与褶曲轴向的关系分为：纵断层、横断层、斜断层。

4）按断层组合形态可分为：阶梯式断层、地垒、地堑、叠瓦式断层。

（3）断层的识别。

1）地形上的特征：表现为陡坡悬崖或河流纵坡突变或山峰中断，有时沿断层方向出现溪谷，沿断层往往有多个泉水出露。

2）岩层排列上的特征：岩脉的移动，地层的重复或缺失，岩层的突然中断。沿岩层走向观察如岩层突然中断等，都可能有断层。

3）断层面及破碎带上的特征：

①擦痕：断层面上因两盘摩擦而产生断层擦痕，从擦痕方向可推知断层运动方向，但有些断层

面因长期风化和侵蚀，擦痕可能不清楚。

②破碎带：由于断层两盘相对运动的结果，常使断层面附近岩石破碎成碎石和粉末，形成断层角砾岩和断层泥，角砾岩的石质和断层附近的岩体岩性相同。在正断层中，角砾岩岩块多呈棱角，堆积较无次序，混杂物质很普遍。在逆掩断层中角砾岩岩块多磨圆或磨光，不出现其他混杂物质。

③断层的拖曳现象：断层两盘相对运动，常使断层面两侧的岩石发生一定的塑性变形，形成小的弯曲。一般从拖曳弯曲方向可推知断层的运动方向。

（4）活动性断裂。

（1）活动性断裂划分的时间界线。

在我国由于第四纪的早更新世和中更新世之间的构造运动是一次大范围的大地运动，它引起的断裂活动基本上是一直延续至今的。而且由中更新世至今几万年间的具体活动部位也没有多大改变。这个时期以来的活动性断裂与现代地震活动在空间分布上大体也相吻合。所以把中更新世以来有过活动痕迹的断裂，定为划分活动性断裂的时间界线比较适宜。也可根据工程建设的需要，在近代地质时期（一万年）内有过较强烈地震活动或近期正在活动、在将来（今后一百年）可能继续活动的断裂定为全新活动断裂。

（2）活动性断裂的判别特征。

1）中更新统以来的第四系地层中发现有断裂（错动）或与断裂有关的伴生褶皱；

2）断裂带中的侵入岩，其绝对年龄新或者对现场新地层有扰动或接触烘烤剧烈；

3）在实际工作中遇到上列两条有充分依据来判断活动性断裂的情况是不多的。可寻找一些间接地质现象作为判断活动性断裂的佐证。比如：活动性断裂常常表现在山区和平原上有长距离的平滑分界线；沿分界线常有沼泽地、芦苇地呈串珠状分布；泉水呈线状分布；有的泉水有温度升高和矿化度明显增大的现象；有的再地表的老擦痕之上。另外，由断层新活动引起河流横向迁移，阶地发育不对称，河流袭夺，河流一侧出现大规模的滑坡，文化遗迹的变位，植被被不正常干扰等。

2.4 第四纪堆积物的成因类型和特征

2.4.1 第四纪堆积物的成因类型

第四纪堆积物的成因类型详见表1－5。

表1－5 第四纪堆积物的成因类型

成　因	成因类型	主导地质作用
风化残积	残积	物理、化学风化作用
重力堆积	坠积 崩塌堆积 滑坡堆积 土溜	较长期的重力作用 短促间发生的重力破坏作用 大型斜坡块体重力破坏作用 小型斜坡块体表面的重力破坏作用
大陆流水堆积	坡积 洪积 冲积 三角洲堆积（河、湖） 湖泊堆积 沼泽堆积	斜坡上雨水、雪水间由重力的长期搬运、堆积作用 短期内大量地表水流搬运、堆积作用 长期的地表水流沿河谷搬运、堆积作用 河水、湖水混合堆积作用 潜水型的静水堆积作用 潴水型的静水堆积作用
海水堆积	滨海堆积 浅海堆积 深海堆积 三角洲堆积（河、海）	海浪及岸流的堆积作用 浅海相动荡及静水的混合堆积作用 深海相静水的堆积作用 河水、海水混合堆积作用

续表 1－5

成　　因	成 因 类 型	主导地质作用
地下水堆积	泉水堆积 洞穴堆积	化学堆积作用及部分机械堆积作用 机械堆积作用及部分化学堆积作用
冰川堆积	冰碛堆积 冰水堆积 冰碛湖堆积	固体状态冰川的搬运、堆积作用 冰川中冰下水的搬运、堆积作用 冰川地区的静水堆积作用
风力堆积	风积 风－水堆积	风的搬运堆积作用 风的搬运堆积作用后，又经流水的搬运堆积作用

2.4.2　主要成因类型第四纪堆积物的特征

几种主要成因类型第四纪堆积物的特征如表 1－6 所示。

表 1－6　主要成因类型第四纪堆积物的特征

成因类型	堆积方式及条件	堆积物特征
残积	岩石经风化作用二而残留在原地的碎屑堆积物	碎屑物自表部向深处逐渐由细变粗，其成分与母岩有关，一般不具层理，碎块多呈棱角状，土质不均，具有较大孔隙，厚度在山丘顶部较薄，低洼处较厚，厚度变化较大
坡积或崩积	风化碎屑由雨水或融雪水沿斜坡搬运；或由本身的重力作用堆积在斜坡上或坡脚处而成	颗粒具有一定的分选性，但往往大小混杂，碎屑多呈亚棱角状，洪积扇顶部颗粒较粗，层理紊乱呈交错状，透镜体及夹层较多，边缘处颗粒细，层理清楚，其厚度一般高山区或高地处较大，远处较小
洪积	由暂时性洪流将山区或高地的大量风化碎屑物携至沟口或平缓地带堆积而成	颗粒具有一定的分选性，但往往大小混杂，碎屑多呈亚棱角状，洪积扇顶部颗粒较粗，层理紊乱呈交错状，透镜体及夹层较多，边缘处颗粒细，层理清楚，其厚度一般高山区或高地处较大，远处较小
冲积	由长期的地表水流搬运，在河流阶地、冲积平原和三角洲地带堆积而成	颗粒在河流上游较粗，向下游逐渐变细，分选性及磨圆度均好，层理清楚，除牛轭湖及某些河床相沉积外，厚度较稳定
冰积	由冰川融化携带的碎屑物堆积或沉积而成	粒度相差较大，无分选性，一般不具层理，因冰川形态和规模的差异，厚度变化大
淤积	在静水或缓慢的流水环境中沉积，并伴有生物、化学作用而成	颗粒以粉粒、黏粒为主，且含有一定数量的有机质或盐类，一般土质松软，有时为淤泥质黏土、粉土与粉砂互层，具清晰的薄层理
风积	在干旱条件下，碎屑物被风吹杨，降落堆积而成	颗粒主要由粉粒或砂粒组成，土质均匀，质纯，孔隙大，结构松散

2.5　岩、土的分类

为服务于地铁工程的建设，准确反映场地的工程地质条件，需要对种类繁多、性质各异的岩土按一定的原则进行分类，这种分类称为岩土的工程分类。

不同国家选用的岩土分类体系及其具体标准不尽相同，而我国建筑工程、公路、水电等部门的分类体系与地铁工程的分类体系也有很大差别，需要说明的是，地铁工程关于岩土分类及命名以现行国家标准《城市轨道交通岩土工程勘察规范》GB 50307 为准。

2.5.1 土的分类

土的分类应首先以沉积年代、成因进行分类，在此基础上可按颗粒级配或塑性指数以及土中有机质含量、土体的特殊性质等进一步分类。

（1）土按沉积年代分为老沉积土、一般沉积土、新近沉积土。

老沉积土：第四纪晚更新世 Q_3及其以前沉积的土层。

一般沉积土：第四纪全新世（文化期以前 Q_4）沉积的土层。

新近沉积土：文化期以来新近沉积的土层 Q_4。

（2）土按地质成因可分为残积土、坡积土、洪积土、冲积土、淤积土、冰积土、风积土等。

（3）土按有机质含量（Wu）分为无机土、有机质土、泥炭质土和泥炭（有机质含量 Wu 为550℃时的灼失量），按表 1－7 确定。

表 1－7 按有机质含量（Wu）分类（%）

土 的 名 称	有机质含量
无机土	Wu＜5
有机质土	5≤Wu≤10
泥炭质土	10＜Wu≤60
泥炭	Wu＞60

（4）土按颗粒级配或塑性指数分为碎石土、砂土、粉土和黏性土。

1）粒径大于 2mm 颗粒的质量超过总质量 50% 的土，应定名为碎石土，并按表 1－8 进一步分类。

表 1－8 碎石土的分类

土 的 名 称	颗 粒 形 状	颗 粒 含 量
漂石	圆形和亚圆形为主	粒径大于 200mm 颗粒的质量超过总质量的 50%
块石	棱角形为主	
卵石	圆形和亚圆形为主	粒径大于 20mm 颗粒的质量超过总质量的 50%
碎石	棱角形为主	
圆砾	圆形和亚圆形为主	粒径大于 2mm 颗粒的质量超过总质量的 50%
角砾	棱角形为主	

注：分类时应根据粒组含量由大到小，以最先符合者确定。

2）粒径大于 2mm 颗粒的质量少于总质量 50% 且粒径大于 0.075mm 颗粒的质量超过总质量 50% 的土，应定名为砂土，并按表 1－9 进一步分类。

表 1－9 砂土的分类

土 的 名 称	颗 粒 含 量
砾砂	粒径大于 2mm 颗粒的质量占总质量大于 25%，且小于 50%
粗砂	粒径大于 0.5mm 颗粒的质量超过总质量的 50%
中砂	粒径大于 0.25mm 颗粒的质量超过总质量的 50%
细砂	粒径大于 0.075mm 颗粒的质量超过总质量的 85%
粉砂	粒径大于 0.075mm 颗粒的质量超过总质量的 50%

注：分类时应根据粒组含量由大到小，以最先符合者确定。

3）粒径大于 0.075mm 的颗粒质量不超过总质量 50%，且塑性指数等于或小于 10 的土，应定名为粉土。粉土可按表 1－10 进一步划分为砂质粉土和黏质粉土。

表 1-10 粉土的分类

土的名称	塑性指数 I_P
砂质粉土	$3 < I_P \leq 7$
黏质粉土	$7 < I_P \leq 10$

注：塑性指数由相应于 76g 圆锥体沉入土样中深度为 10mm 时测定的液限计算而得。当有地区经验时，可结合地区经验综合考虑。

4）塑性指数 I_P 大于 10 的土应定名黏性土，并按表 1-11 进一步分类。

表 1-11 黏性土分类

土的名称	塑性指数 I_P
粉质黏土	$10 < I_P \leq 17$
黏土	$I_P > 17$

（5）土按其特殊性质分为填土、软土（包括淤泥和淤泥质土）、湿陷性土、膨胀土、残积土、混合土及污染土等。

2.5.2 岩的分类

岩石的分类主要是按成因、坚硬程度、风化程度、软化系数、完整程度、岩石质量、岩体基本等级以及特殊性质等的分类。

（1）岩石按成因应分为岩浆岩、沉积岩和变质岩。

（2）岩石按岩块的饱和单轴抗压强度 f_{rk} 依据表 1-12 可分为坚硬岩、较硬岩、较软岩、软岩和极软岩。现场工作中可按表 1-12 进行定性划分。

表 1-12 岩石坚硬程度的划分

坚硬程度	坚硬岩	较硬岩	较软岩	软岩	极软岩
饱和单轴抗压强度 f_{rk}（MPa）	>60	$30 < f_{rk} \leq 60$	$15 < f_{rk} \leq 30$	$5 < f_{rk} \leq 15$	≤5

注：1 当无法取得饱和单轴抗压强度数据时，可用点荷载试验强度换算，换算方法按现行国家标准《工程岩体分级标准》GB 50218—94 执行；

（3）当岩体完整程度为极破碎时，可不进行坚硬程度分类（表 1-13）。

表 1-13 岩石坚硬程度的定性划分

名称		定性鉴定	代表性岩石
硬质岩	坚硬岩	锤击声清脆，有回弹，震手，难击碎；基本无吸水反应	未风化—微风化的花岗岩、闪长岩、辉绿岩、玄武岩、安山岩、片麻岩、石英岩、硅质砾岩、石英砂岩、硅质灰岩等
	较硬岩	锤击声较清脆，有轻微回弹，稍震手，较难击碎；有轻微吸水反应	1 微风化的坚硬岩 2 未风化或微风化的大理岩、板岩、石灰岩、钙质砂岩等
软质岩	较软岩	锤击声不清脆，无回弹，较易击碎；指甲可刻出印痕	1 中风化的坚硬岩和较硬岩 2 微风化的凝灰岩、千枚岩、砂质泥岩、泥灰岩等
	软岩	锤击声哑，无回弹，有凹痕，易击碎；浸水后，易崩解	1 强风化的坚硬岩和较硬岩 2 中风化的较软岩 3 未风化—微风化的泥质砂岩、泥岩等
极软岩		锤击声哑，无回弹，有较深凹痕，手可捏碎；浸水后，可捏成团	1 风化的软岩 2 全风化的各种岩石 3 各种半成岩

（4）岩石的风化程度应按表1－14分为未风化岩石、微风化岩石、中等风化岩石、强风化岩石和全风化岩石。

表1－14　岩石按风化程度分类

风化程度	野外特征	风化程度参数指标	
		波速比 K_v	风化系数 K_f
未风化	结构和构造未变，岩质新鲜，偶见风化痕迹	0.9～1.0	0.9～1.0
微风化	结构和构造基本未变，仅节理面有铁锰质渲染或矿物略有变色，有少量风化裂隙	0.8～0.9	0.8～0.9
中等风化	1　组织结构部分破坏，矿物成分基本未变，沿节理面出现次生矿物，风化裂隙发育 2　岩体被节理、裂隙分割成块状（200～500mm），硬质岩，锤击声脆，且不易击碎；软质岩锤击易碎 3　用镐难挖掘，用岩芯钻方可钻进	0.6～0.8	0.4～0.8
强风化	1　组织结构已大部分破坏，矿物成分已显著变化 2　岩体被节理、裂隙分割成碎石状（20～200mm），碎石用手可以折断 3　用镐可以挖掘，用干钻不易钻进	0.4～0.6	<0.4
全风化	1　结构已基本破坏，但尚可辨认 2　岩石已风化成坚硬或密实土状，可用镐挖，干钻可钻进 3　须机械普遍刨松方能铲挖满载	0.2～0.4	—
残积土	组织结构全部破坏，已风化成土状，锹镐易挖掘，干钻易钻进，具可塑性	<0.2	—

注：1　波速比 K_v 为风化岩石与新鲜岩石压缩波速之比。
　　2　风化系数 K_f 为风化岩石与新鲜岩石饱和单轴抗压强度之比。
　　3　岩石风化程度，除按表列野外特征和定量指标划分外，也可根据经验划分。
　　4　花岗岩类岩石，可采用实测标准贯入击数划分，$N \geqslant 50$ 为强风化；$50 > N \geqslant 30$ 为全风化；$N < 30$ 为残积土。
　　5　泥岩和半成岩，可不进行风化程度划分。

（5）岩石按软化系数分为不软化岩石和软化岩石。当软化系数等于或小于0.75时，应定为软化岩石。

（6）岩体的完整程度根据完整性指数可按表1－15进行分类；岩石质量指标（RQD）可按表1－16进行分类。

表1－15　岩体完整程度分类

完整程度	完整	较完整	较破碎	破碎	极破碎
完整性指数	>0.75	0.75～0.55	0.55～0.35	0.35～0.15	<0.15

注：完整性指数为岩体压缩波速度与岩块压缩波速度之比的平方，选定岩体和岩块测定波速时，应注意其代表性。

表1－16　岩体按岩石的质量指标（RQD）分类

岩体分类	岩石的质量指标 RQD（%）
很好	>90
好的	75～90
中等	50～75
坏的	25～50
极坏	<25

注：RQD用直径为75mm的金刚石钻头和双层岩芯管在岩石中钻进，连续取芯，回次钻进所取岩芯中，长度大于10cm的岩芯段长度之和与该回次进尺的比值。

（7）岩体基本质量等级分类应根据岩石的坚硬程度和岩体的完整程度按表1－17进行分类。

表1－17 岩体基本质量等级分类

坚硬程度＼完整程度	完整	较完整	较破碎	破碎	极破碎
坚硬岩	Ⅰ	Ⅱ	Ⅲ	Ⅳ	Ⅴ
较硬岩	Ⅱ	Ⅲ	Ⅳ	Ⅳ	Ⅴ
较软岩	Ⅲ	Ⅳ	Ⅳ	Ⅴ	Ⅴ
软岩	Ⅳ	Ⅳ	Ⅴ	Ⅴ	Ⅴ
极软岩	Ⅴ	Ⅴ	Ⅴ	Ⅴ	Ⅴ

（8）当岩石具有特殊成分、特殊结构或特殊性质时，应定为特殊性岩石，如易溶性岩石、膨胀性岩石、崩解性岩石、盐渍化岩石等。

2.6 工程地质工作的意义

工程地质学在工程建设中具有重大的实际意义，已经成为必不可少的组成部分。大量中外事例表明，缺少或不重视工程地质工作，建（构）筑物的安全常常得不到保证，或者大大提高造价，还会留下隐患，使工程难以正常运行。

工程建筑的最基本要求就是安全可靠，不受破坏。有些设计工程师尽量把建筑物本身设计得很牢固，以为这就可以保证建筑物的稳定，而对于场地的地质环境如何就不那么注意，结果地质上出了问题，建筑物遭受破坏或变为无用。

工程地质工作的最大意义就在于既保证建筑物的安全，又能尽可能利用有利的地质因素，避开不利因素，以减少昂贵的处理措施，降低工程的投资，取得最大的效益。

为工程建筑选择地质条件较好的建筑地点，目的就在于尽可能减少处理措施，降低造价，而且还能缩短工期，早投产，早受益。国内外由于忽视工程地质勘察造成浪费的工程是很多的，特别是未曾进行地质研究就盲目选定了有着严重地质缺陷的建筑场地，施工过程中才发现补救较难，需做复杂的处理，大大增加了投资，延误了工期。

工程建成后能够顺利运行，没有隐患也是至关重要的。有些工程完工后事故不断，不能正常运行，经常需要维修，累计的维修费往往超过工程造价。例如某个工程，兴建之前勘察工作不够充分，把基础放在洪积扇的溢出带上。这种地带的工程地质特征是地下水位高、地基土体位于地下水位以下，土体结构又以黏性土层较多，有时甚至夹有淤泥层。在饱水状态下这类土层呈现流塑状态，性质软弱，承载力很低。修建过程中地基排水和处理工作很大，造价较高。建成后主要建筑物地基沉降量过大，超过容许值，不得不采用昂贵的电动硅化法加固地基。其他方面也出现了一系列事故，做了麻烦的处理，损失很大。又如黄土地区修建工程，存在黄土湿陷问题。工程修建后一定要注意防止地表水或地下水浸湿地基，加强排水设施，才能保证建（构）筑物的稳定，正常使用。有的地方对此注意不够，下水系统堵塞，未及时修理，结果地区性地下水位上升，地基浸水发生黄土湿陷，造成大范围内的建筑物结构开裂，有的甚至倒塌，损失很大。工程地质勘察和建议在建筑物的正常使用中具有重要意义。

3 中国大陆工程地质概况

中华人民共和国位于亚洲东部，太平洋西岸，大地构造位于欧亚板块的东南缘，与太平洋板块和冈底斯—印度板块相接。各地地质环境差异较大，地史发展不同，区域地质各具特色。总体而言，地层发育齐全，沉积类型多样；地质构造复杂，活动带与稳定区并存；岩浆活动频繁，地史演化漫长；变质作用类型多样，变质程度各异。中国是全球具有重要地质特色的地区之一，也是研究大陆地质构造特别是中新生代地壳构造演化的重要地区之一。多种多样的地质—构造活动不仅为形成丰富的矿产资源提供了优越的成矿条件，而且构成了多姿多彩的地形地貌。辽阔的疆域，山川壮丽，西南有“世界屋脊”之称的青藏高原，海拔 8848m 的珠穆朗玛峰为世界第一高峰，海拔 -155m 的新疆维吾尔自治区吐鲁番盆地是中国最低、世界著名的洼地之一。巍峨屹立的天山、阴山、昆仑山、秦岭、南岭，逶迤东延；长江、黄河、珠江、黑龙江，蜿蜒东流。全国地势西高东低。南部层峦叠翠，阡陌连绵；北部浩瀚无垠，镶嵌片片黄沙戈壁。

3.1 地理位置和海洋概况

中国领土面积约为960 万 km^2，约占世界陆地面积的 6.4%，占亚洲面积的 21.8%，仅次于俄罗斯和加拿大，居世界第三位。位于亚洲的东部和中部，濒临太平洋，是一个海陆兼备的国家。国土北起漠河附近黑龙江主航道，南达南沙群岛南缘的曾母暗沙，南北伸延约 5500km，西起帕米尔高原，冬至黑龙江省抚顺县境和乌苏里江汇合处，东西相距约 5200km。

中国大陆所濒临的海洋，由北至南分为渤海、黄海、东海和南海四个海区，渤海为中国的内海。这四个海区中，除外南海具有大洋海盆地特征、深海较大外，大部分为深度较浅的大陆架，最适于鱼类繁殖洄游，为海洋水产事业的发展提供了有利条件。中国有广阔大陆架并蕴藏着丰富的石油，在经济上具有重要意义。沿海分布着面积大于 500m^2的大小岛屿共有 6500 多个，其中约 85%分布在杭州湾以南的大陆近岸和南海之中。台湾是中国第一大岛，面积约 3.39 万 km^2。钓鱼岛、赤尾屿等岛屿，南海共有 200 多个岛，礁滩、暗沙、分属东沙、西沙、中沙、南沙 4 个群岛，南沙群岛则是中国最南的岛屿群。另外，还有长山群岛、舟山群岛、澎湖岛等。

3.2 气 候 情 况

中国气候的一个显著特点是类型多样。按照温度的不同，从南到北分为赤道带、热带、亚热带、暖温带、温带和寒温带六个热量带。按水分条件，自东南向西北，又有湿润、半湿润、半干旱和干旱之别。领土的辽阔、海陆位置和复杂的地形，是造成气候多样性的原因。

中国领土北起漠河的黑龙江江心，南到南海的曾母暗沙，跨越了 49 个纬度，包容了六个热量带，这是气候类型多样的基本因素。

中国位于欧亚大陆和太平洋之间。由于海陆的物理性质不同，导致表面热量状况不同，使冬夏在大陆和海洋上形成不同的温压场，而产生明显的季风。海陆二者面积愈大，则季风就愈明显。中国正处于世界最大的大陆和最大的大洋之间，因而季风的影响最为深刻。广大的东部和南部地区均受夏季季风的影响而具有季风气候的特征。

地势的西高东低，山脉纵横交错，对气候的影响很大。冬季，高耸的青藏高原使西北内陆地区冷空气集聚更快，冷高压势更强，而且在高原的制约下，冷空气南下的途径偏东，导致东部地区冬季风更为猛烈，因而使这些地区冬季的气温比世界上同纬度的地区偏低。夏季的西南季风在高原的阻挡下，不能深入北上，只能绕过高原，在它的东南边缘进入西南、华南、华中和华东地区，加强了这些地区的降雨过程，而西北地区则发展为干旱少雨的荒漠气候。其次，东西向山脉常成为南北冷暖气候流的屏障，其中秦岭山脉的作用尤为突出，其北为暖温带，以南则为亚热带。北东向的山岭阻碍着东南季风的深入，使西北内陆地区更为干旱，东南低山丘陵区降水过程延长，降水量增加。各种地貌类型，都对局部地区的气候产生影响，如高山使气候产生垂直分异，从山脚到山顶重现前述的纬度分带和经度分带的特征，而且往往在向风侧成为降雨中心，背风侧的盆地成为高温中心，这种垂直分带现象在西部地区尤为明显。

3.3 地形和地势

中国的地形复杂多样：有低平宽广的平原，有起伏和缓的丘陵，有峰峦高耸的山地，有海拔较高、面积广大的高原，有周围高、中间低的盆地。中国的地形，从总体上看，山地多，平地少。山地约占全国陆地面积2/3以上，平地不足1/3。海拔在500m以上地区，约占全国陆地面积的3/4（其中海拔在3000m以上的占26%），在500m以下的占1/4。

中国地势的总轮廓是西高东低，形成一个以西藏高原最高，向东逐级下降的阶梯状斜面，可明显分为三级阶梯，如图1－2所示。

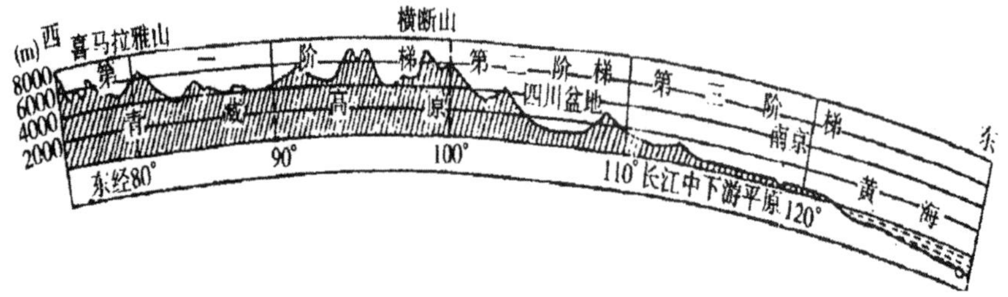

图1－2 中国地势剖面图（沿北纬32°）

最高一级阶梯为青藏高原，平均海拔4500m，高原上横卧一系列的巨大山脉，自北而南有阿尔金山脉、昆仑山脉、唐古拉山脉、念青唐古拉山脉和喜马拉雅山脉，东南部则是横断山脉。山岭之间镶嵌着辽阔的高原和无数的大小盆地。

青藏高原东缘至大兴安岭－太行山－雪峰山之间，为第二级阶梯，主要由高山、高原和大盆地组成，青藏高原之东有黄土高原、内蒙古高原、四川盆地和云贵高原；以北则为高大山系环抱的大型盆地，包括昆仑山与天山之间的塔里木盆地、天山与阿尔泰山之间的准噶尔盆地，这一阶梯海拔一般为1000～2000m。盆地部分则往往降到500m以下，个别盆地还低于海平面。

沿着北东走向的大兴安岭－太行山－巫山－雪峰山以东至滨海之间的宽广平原和丘陵，这属第三级阶梯。在这级阶梯上，自北向南分布有东北平原、华北平原和长江中下游平原。长江以南还有一片广阔的低山丘陵，统称为东南丘陵。前者海拔均在200m以下，后者海拔大多在500m以下，只有少数山岭可达到或超过千米。这一阶梯的东部是大陆向海洋延伸的大陆架，这里碧波万顷，岛屿星罗棋布，水深大都在200m以内。

3.4 水系情况

中国大陆地区由于地域的宽广，气候和地形差异极大，境内河流主要流向太平洋，其次为印度洋，少量流入北冰洋，其水系多按江河最终流向划分，另外部分河流最终流入内陆咸水湖泊，诸多河流在内陆消失于沙漠，对这类未最终流入海洋的河流也称内陆水系，内陆水系多为内陆湖泊和河流构成。对境内流域范围较小，支流较少的入海河流归入独立水系。中国境内最大的内陆水系为塔里木河，由若干主干道及多级河流构成，所有水流汇入塔里木河湮没于沙漠，青海湖构成最大的湖泊水系；由水系构成的集水区称为流域。雅鲁藏布江及印度河属印度洋水系。额尔齐斯河属北冰洋水系。中国境内“七大水系”均为河流构成，为“江河水系”，均属太平洋水系。“七大水系”以其主干流命名，分别为珠江水系、长江水系、黄河水系、淮河水系、海河水系、松花江水系、嫩江水系。图1－3为中国水系图。

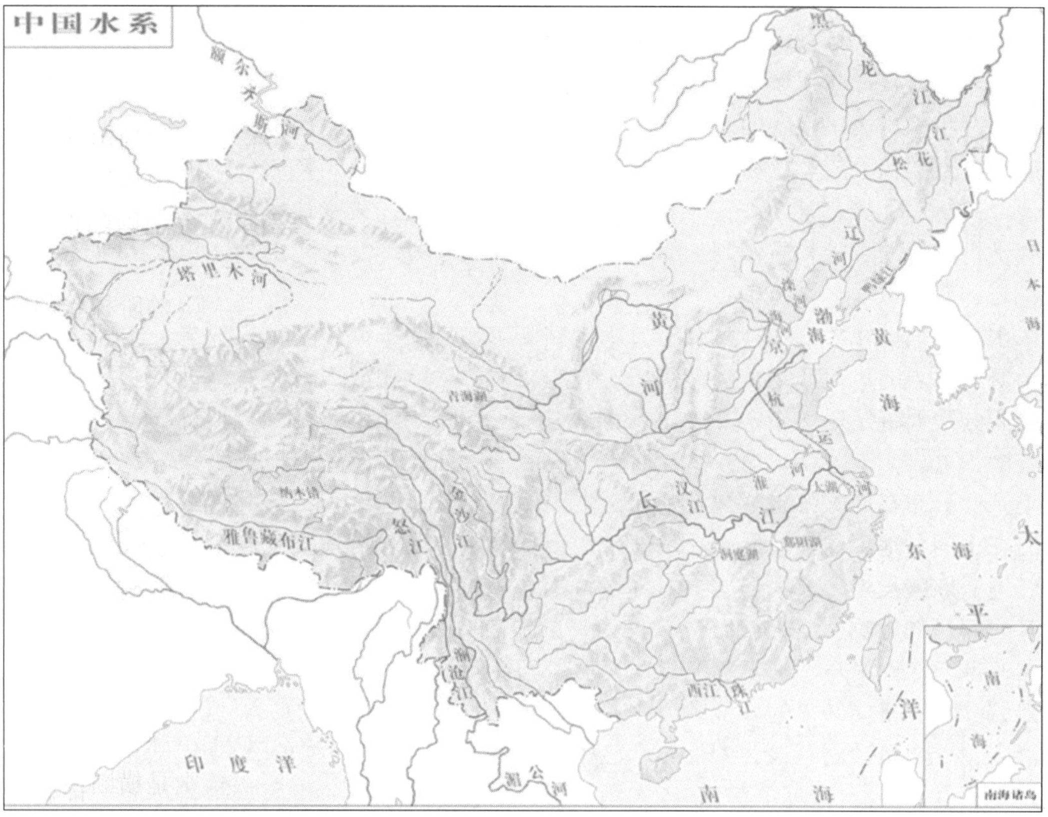

图1-3　中国水系图

3.5　各类土的区域分布

由于气候和地貌条件的影响，中国各类土的分布表现了明显的地区性特点。

在中国的西北部，高原干旱区广泛分布着风成的戈壁砾石和沙漠松砂，以及与风成有关的厚层黄土；盆地中堆积了潮湿时期的湖积物，并以近代盐碱堆积物和盐渍土为特点；山麓地带洪积物很发育，沿河谷则有冲积物存在；高山地区有多次冰期的冰渍物以及多年冻土和季节冻土分布。

在华北平原与东北平原，堆积着巨厚的沉积层，包括黄土状土，并有各时期的湖沼沉积物，部分为有机软土。山麓地带常有风成黄土。从山顶到山麓，还规律性地分布着残积物、坡积物和洪积物，其中太行山麓和辽东半岛还有残坡积红黏土。东北北部有岛状多年冻土以及广大地区广泛分布着不同厚度的季节性冻土。

青藏高原以冰川、冰水和湖沼堆积物为主，多年冻土和季节冻土都十分发育。

西南山地以残坡积物为主，广泛发育着更新世时期形成的残积红土，或经坡积、冲洪积改造的次生红土，还有各种冲洪积物。成都平原中黏土分布很广，并有各冰期的冰渍物和冰水沉积物。膨胀土的分布也较广泛。

东南丘陵区广泛分布着以冲积为主的网纹红土和各种残积红土，其次为冲积物和湖积物，其中最具特色的是长江中下游的冲积黄土状土和现代湖积土。此外，膨胀土也零星分布。

在近20000km长的海岸线内外，广泛分布着海相和海陆交互相沉积物，其中现代淤泥是最具典型意义的软土，同时，还零星分布有盐渍土。

3.6　典型特殊性土的区域分布

中国的黄土分布在沙漠的外缘，西起昆仑山，东南到淮阳、秦岭山地，总体呈带状展布。大致可分为三段：青海湖和乌鞘岭以西为西段；大兴安岭和太行山以东为东段；二者之间的黄河中游地区为中段，此地区黄土分布最为集中，其覆盖面积约 300000km^2，平均海拔 1000m 或更高些，覆盖厚度约 100～200m（如洛川塬为 180m，董志塬达 200m，最厚的兰州附近厚达 400m），如此广泛而巨厚的黄土沉积，构成了独特的黄土地貌，是世界最大的黄土高原。黄土是在比较干旱的气候条件下产生的。黄土的颗粒成分以粉粒为主，其次是细砂和黏粒。其矿物成分高度均一，以原生的石英长石和云母占绝对优势（达 90%）。阿拉善以西的广大沙漠，戈壁地区是黄土的重要补给区，强大的风力则是把细粒的黄土物质带到它的堆积地带的动力。另外，西北山岳冰川地区可能也是黄土物质的来源之一。

膨胀土是胀缩性较大的一种黏性土，所含黏土矿物主要来源于基性火成岩、中酸性火山岩、泥岩、黏土岩及页岩的风化产物，多为残积、坡积成因，冲洪积成因者也有，但较少。所以此类土多形成于湿润的暖温带及亚热带。在我国膨胀土主要分布于中南各省，如湖北、四川、云贵、广西、陕南、安徽等处。

红土主要分布在南方各省区，其中以云贵、四川东部、两湖和两广北部等地区最为发育。它们通常产出在山间盆地、洼地、低山丘陵地带的顶部、缓坡及坡脚地段。红土是在气候湿热、雨量充沛的条件下，碳酸盐岩、玄武岩、页岩等岩石经强风化作用，由残积、坡积而形成的土层。其厚度受下伏基岩起伏的影响，变化较大，一般在 10m 左右，个别地带可达 20～30m。

中国东部、东南沿海、河流的河口三角洲及新淤滩地广泛分布着淤泥质软土。这种土是在静水或水流滞缓，富有机质缺氧的环境中沉积并经生物化学作用而形成的。其孔隙比大于 1，天然含水量大于液限，一般呈软塑状态，是一种抗剪强度很低、压缩性很强的软弱土。这种土厚度一般较大，接近地表处有时有一硬壳层。在各大湖周边、东北三江平原、川西若尔盖草原、青藏高原等多年冻结区，也零星分布有厚度不大的湖泊沼泽相的淤泥质软土。

3.7 水文地质条件的区域性特征

中国水文地质条件有明显的区域性特征。首先是孔隙、裂隙、喀斯特等不同的含水介质的空间分布具有区域规律性，于是就有主要分布于中国东部冲积及沉降平原的孔隙含水层，主要分布于西部山区的裂隙含水层和广泛分布于中国西南滇、黔、桂三省的裸露于地表的喀斯特含水层。其次是东南降水量较大而形成湿润区与西北形成显著差异的水文地质条件，再由于东北大兴安岭北部的高纬度地带和青藏高原的高寒地区年平均气温低于 -2℃而形成了多年冻结层，于是在这两个地区就有多年冻结区地下水这一特有的水文地质条件。

3.8 工程地质分区及特点

我国幅员辽阔，各地的大地构造、地形地貌、水文气象条件等基础地质条件不同、地质现象丰富多彩，导致我国各地地质条件的复杂性和差异性。

目前，国家正式批复开展城市轨道交通建设的城市有 36 座，这些城市分布于大江南北，各个城市的地质条件不尽相同。根据岩土特性不同，大体可分为软土地区、冲洪积土层地区、黄土地区、膨胀土地区、基岩或地质单元复杂地区等。

软土地区主要包括宁波、杭州、上海、无锡、天津等城市。地层以海相沉积和河湖淤积的淤泥、淤泥质土为主，力学性质较差，同时地下水丰富，地层中含有多层地下水，其中承压水对工程影响突出。软土具有高含水量、高流变性、高空隙比、高压缩性、高灵敏度、低渗透性、低强度等物理力学特征。

但是，这几个城市的地层受沉积环境的差异影响，又各有特点，宁波的软土比上海更软；工程界将上海地区修筑隧道形象地比喻为豆腐中打洞；将宁波地区修筑隧道比喻为豆腐脑中打洞。

冲洪积土层地区主要包括北京、石家庄、郑州、长春、沈阳、成都等城市。地层以冲洪积相的砂土、卵石、粉土、黏土为主。北方地区的突出特点是由于缺水，地下水位埋藏一般都很深。土层颗粒由粗到细、中低压缩性、孔隙比、抗剪强度中等，渗透性差异大、力学指标变异大。比如，北京西部漂石地层对于一般房屋建筑来说是良好的地基；但是对于修筑隧道来说，会带来成孔成桩困难、盾构刀具磨损等一系列的施工难题。

黄土地区主要包括西安、兰州等城市。地层以风积黄土为主，土层直立性和稳定性较好，对于工程建设十分有利。但黄土具有遇水湿陷的特点，容易出现隧道和边坡失稳。另外，黄土地区的地裂缝会对地铁结构产生影响，尤其是第四纪以来还在活动的地裂缝，危害性更大。

膨胀土地区主要包括南宁、合肥等城市。膨胀性岩土吸水膨胀和失水收缩，会给工程建设带来一些问题。

基岩或地质单元复杂地区包括广州、深圳、重庆、大连、青岛、南京等地区。在基岩地区修筑隧道主要受岩体完整程度和岩石强度大小影响。岩石的强度主要受成因、矿物成分、风化程度等影响，岩体的强度主要受层理、节理、裂隙等软弱结构面控制。岩石性质由极软到坚硬，崩解、软化、球状风化、构造应力。各个城市基岩岩性不同，岩体完整程度不同，带来的工程问题也不同。比如，大连的板岩遇水会崩解，有人将在该种情况下修筑隧道比喻为在豆腐渣中打洞，足见其遇水后强度急剧降低。另外，大连还分布有石灰岩，石灰岩的岩溶水突涌会给隧道施工带来灾难。

4 工程地质条件对轨道交通工程建设的影响

地下铁道线路走向、埋深、车站站位与城市规划、工程地质和水文地质条件有关，尤其是和准备采用的施工方法关系密切。在选择线路走向时，应考虑沿线地面建筑的情况，要注意保护国家重点历史文物古迹和保护环境。要充分考虑地形、地貌和地质条件，尽量避开不良地质地段和重要的地下管线等构筑物，以利于工程实施和降低工程造价。线路位置应考虑能与地面建筑、市政工程相互结合及综合开发的有利条件，以充分开发利用地上、地下空间资源，有利于提高工程实施后的经济效益和社会效益。

地铁工程施工技术方案和施工细节对围岩条件的依赖性较强，要求事先对沿线的工程地质和水文地质条件做细致的勘探工作，并根据围岩的复杂程度做好各种应变准备。

地质环境条件对工程建设的影响主要是以下 5 个方面：①对线路规划位置的影响；②对线路敷设形式的影响；③对施工工法工艺的影响；④对工程结构的影响；⑤对工程施工安全的影响。

如北京地区砂卵石地层中的漂石问题，北京西部的卵石地层特性是结构松散、粒径大、强度高、渗透系数高，而此特点对施工工艺工法造成很大影响。若采用明挖法，则围护桩成孔困难；使用矿山法则会出现超前小导管施作困难，易超挖；使用盾构法，容易损坏刀具，扰动围岩，易造成失稳，卡壳掘进受阻。并且降水、注浆等因卵石地层渗透系数大，降水困难，注浆压力不易控制，浆液的去向不好控制，这些问题都使城市轨道交通施工存在很多不利因素。

对于工程结构的影响主要有活动断裂、地裂缝、地面沉降等不良地质作用引起轨道交通结构裂缝和错位；湿陷性土、软土等特殊性岩土引起轨道交通结构下沉；地下水位变化引起轨道交通结构上浮。

4.1 城市轨道交通工程的主要工程地质问题

轨道交通岩土工程问题可归结为稳定性问题、变形问题和渗流问题。稳定性问题主要包括主要包括区域稳定、地基稳定、边坡稳定、围岩稳定。变形问题主要包括主要包括基础变形、边坡变形、围岩变形、地面变形、建筑等环境变形。渗流问题主要包括渗流稳定性问题、渗流变形问题、渗流压力问题。

（1）明挖法施工主要工程地质问题。

1）饱和松散砂层的流砂、基底土层的过量回弹、填土软土等的过量沉降、卵石地层等成桩成孔困难以及风化岩的膨胀、收缩问题。

2）渗漏、突水、涌水以及承压水的底鼓等。

3）在软土地区出现缩孔、缩颈，粉细砂层出现塌孔、扩径，卵砾石等坚硬地层难以成孔、成桩，特殊地质条件会导致桩墙倾斜等问题。

4）卵石地层中旋喷桩难以咬合，难以保证成桩直径。搅拌桩在软土地区出现夹砂、夹泥。抗渗性能达不到要求。

5）由于基坑开挖基底回弹隆起或承压水的作用，导致格构柱上浮。

6）由于不良土层导致缩孔、缩颈、塌孔，使土钉、锚杆达不到设计要求。软土地区还会出现锚杆的蠕变，导致锚杆松弛或失效。

（2）盾构法施工的主要工程地质问题。

1）填土、软土等造成的过量沉降。

2）高黏粒地层形成泥饼。

3）松散砂土盾构刀具抱死。

4）卵石地层盾构机刀具磨损和异常停机。

5）硬质地层的掘进困难。

6）复合地层（软硬地层交界部位）可造成盾构偏移。

7）饱水粉细砂、土砂相间地层、人工空洞等造成地面塌陷。

8）有害气体地层、污染土对施工人员的毒害等。

（3）矿山法施工的主要工程地质问题。

1）包括填土、软土等造成的掌子面失稳、过量沉降和变断面等特殊部位的坍塌，卵石地层管棚施作困难、小导管注浆效果不良，粉土、砂卵石地层的围岩坍塌和地面塌陷，人工空洞的地面塌陷以及有害气体地层、污染土对施工人员的毒害等。

2）饱水砂层透镜体、涌水、涌砂以及承压水的底鼓、突涌等。③地层条件影响开挖方法和格栅间距，如台阶法、CD、CRD 等方法的选择。

（4）降水施工的主要工程地质问题。

1）降水引起的地基土变形及地层塌陷：抽水易带出土层中的细颗粒，带走的颗粒不但会增加周围的沉降、产生地下空洞及塌陷等，施工抽排水可能造成局部地区的地下水位下降，导致局部地面下沉。

2）对地下水资源的影响：地下水位下降会引起地下水水源逐渐衰竭，且可能导致水质恶化等不良环境地质问题。

3）对周围结构物及地下构筑物影响：降水会造成地层压密，产生固结沉降，当产生的附加沉降超出建筑物及地下构筑物的容许变形范围，使建筑物和地下构筑物产生破坏，影响正常使用，严重时可能危及其安全。

4）对周围环境的污染问题：降水施工将产生大量泥浆及施工废水，其排放及消纳如控制不好将导致产生环境污染。

4.2 不良地质作用对城市轨道交通工程的影响

不良地质作用是由地球内力或外力产生的对工程可能造成危害的地质作用，是现代地表地质作用的反映，与工程场地的地形、气候、岩性、构造、地下水和地表水作用密切相关，对评价地铁工程场地的稳定性和地质灾害预测等工程地质问题的意义重大。

常见的不良地质作用有岩溶、活动断裂、地面沉降、地裂缝、采空区、砂土液化、有害气体等。

4.2.1 岩溶

（1）概述。

岩溶又称喀斯特，是指可溶性岩层（碳酸盐类岩层石灰岩、白云岩，硫酸盐类岩石膏等和卤素类岩，岩盐等）受水的化学和物理作用产生沟槽、裂隙和空洞，以及由于空洞顶板塌落使地表产生陷穴、洼地等现象和作用的总称。

岩溶在我国是一种相当普遍存在的不良地质作用，主要集中于华南和西南地区，其次是长江中下游的中部地区，再次为华北地区，由于气候的影响，北方岩溶化的程度远不及南方。岩溶在一定条件下可能发生地质灾害，严重威胁工程安全。特别是在大量抽取地下水使水位急剧下降时，易引发土洞的发展和地面塌陷的发生。

（2）岩溶对地铁工程的影响。

岩溶的工程特性主要表现在岩溶发育的带状性、连通性、富水性和充填物的软弱性上，其对地铁工程的影响主要表现在：

1）在地铁暗挖过程中碰到充填的地下水或松散物，将是施工的重大威胁。对地铁更危险的还在于到处连通的地下水，若不采取堵水措施，可能因排水引起四周地陷；

2）对地下线路而言，可能造成盾构机跌落事故，明（盖）或暗挖法施工时岩溶承压水可能击穿隔水底板或者开挖到岩溶含水层，造成岩溶水突涌；

3）对高架线路来说，桥梁荷载通过桩基础传递到地层中，在岩溶地区，由于溶洞的存在，对桩基的承载能力产生重大影响。桩周的溶洞直接影响桩周土与桩基的摩擦力。桩基底部的溶洞，可能因溶洞顶板厚度不够，在桥梁荷载作用下，压碎顶板，桩基承载能力损失，桥梁结构破坏。同时，岩溶地层的桩基施工过程中可能引起垮孔、漏浆、断桩等施工事故。

4）岩溶（尤其是土洞、溶蚀槽）的发展对地铁的运营也带来不利影响，如土洞发展有可能造成结构沉降，影响地铁工程及环境安全。

4.2.2 活动断裂

（1）概述。

活动断裂是指晚更新世（距今10万~12万年）以来，特别是在全新世（距今1万年）以来有过活动并可能发生中强地震的断裂。活动断裂所在的位置往往是地震发生时破坏最严重的区域，不仅如此，由于断裂带内的岩体破碎，稳定性差，很可能诱发次生地质灾害，从而对地铁工程建设和人民生活造成危害。因此，在地铁建设时要重视活动断裂的分布及其活动情况。

（2）活动断裂对地铁工程的影响。

1）活动性：活动断裂带是地表表层薄弱地带，直接影响到地铁工程建设场地的整体稳定性，若有新的地壳运动发生，往往会产生新的位移，危及地铁结构的安全。

2）断裂带岩体的破碎性：断裂构造降低了岩体的强度及稳定性，断层破碎带力学强度低，压缩性增大，会发生较大沉陷，易造成地铁结构断裂或倾斜，断裂面是极不稳定的滑移面，对基坑边坡稳定、隧道围岩稳定常有重要影响。

3）断裂带两侧岩性的不均匀性：断裂带上、下两盘的岩性往往不同，接触带岩层的整体性、岩性均一性极差，盾构掘进时易造成刀盘偏磨严重等事故。

4）断裂带的富水性：断裂构造带不仅使岩体破碎，而且断裂构造破碎带常为地下水良好的通道，隧道工程通过断裂破碎带地段，易发生坍塌，甚至冒顶；基坑开挖易产生突涌，若持续降水又易造成管涌、土体流失、围护桩身前倾，基坑周边地面下沉，房屋开裂等事故。

4.2.3 地面沉降

（1）概述。

地面沉降是指由于抽取地下水引起水位或水压下降，致使土层中孔隙水压力降低，土体中有效应力增加，土层产生固结变形，造成大面积地面沉降。

（2）地面沉降对地铁工程的影响。

1）隧道区间施工时，往往从两端车站向区间施工，若地面沉降过大，导致测量水准点下沉，若不及时调整水准基点标高，造成区间隧道不能贯通。

2）对于路基工程，由于地面沉降造成铁路路基不均匀下沉，影响行车安全。

3）盾构区间隧道随着地面不均匀沉降，盾构管间发生变形错位，导致防水破裂，造成隧道渗水。

4.2.4 地裂缝

（1）概述。

地裂缝是地表岩、土体在自然或人为因素作用下，产生开裂，并在地面形成一定长度和宽度的裂缝的一种地质现象，当这种现象发生在有人类活动的地区时，便成为一种地质灾害。

地裂缝的形成原因复杂多样。地壳活动、水的作用和人类活动是导致地面开裂的主要原因。按地裂缝的成因，将其分为如下几类：

1）地震裂缝：各种地震引起地面的强烈震动，均可产生这类裂缝。

2）基底断裂活动裂缝：由于基底断裂的长期蠕动，使岩体或土层逐渐开裂，并显露于地表而成。

3）隐伏裂隙开启裂缝：发育隐伏裂隙的土体，在地表水或地下水的冲刷、潜蚀作用下，裂隙中的物质被水带走，裂隙向上开启、贯通而成。

4）松散土体潜蚀裂缝：由于地表水或地下水的冲刷、潜蚀、软化和液化作用等，使松散土体中部分颗粒随水流失，土体开裂而成。

5）黄土湿陷裂缝：因黄土地层受地表水或地下水的浸湿，产生沉陷而成。

6）胀缩裂缝：由于气候的干、湿变化，使膨胀土或淤泥质软土产生胀缩变形发展而成。

7）地面沉陷裂缝：因各类地面塌陷或过量开采地下水、矿山地下采空引起地面沉降过程中的岩土体开裂而成。

（2）地裂缝对地铁工程的影响。

由于受地裂缝的错动作用可能导致隧道衬砌变形破坏，可能造成如下几种隧道病害：

1）轨道变形超出容许值。

地裂缝带的活动首先会引起地铁隧道衬砌的变形，衬砌变形到一定程度后其变形将传递到隧道内部的路基，使路基下沉变形，从而导致跨地裂缝处的轨道产生变形，严重影响地铁列车的正常运行。

2）地铁隧道渗漏水。

当地裂缝的活动量超过了地铁隧道衬砌的容许变形量时，衬砌开裂，地表水沿地裂缝带留下，从衬砌断裂处下渗，在地铁隧道的拱顶、边墙等裂损处发生渗漏水和淌水现象。若地铁隧道埋于含水层以下，在地裂缝的垂直错动作用下，隧道衬砌破坏后，可能发生隧道涌水现象。

4.2.5 采空区

（1）概述。

采空区是将岩体中间的煤层或矿层开挖后在岩层顶板和底板之间形成的空间区域。采空区根据开采现状可分为老采空区、现采空区和未来采空区三类，其中老采空区是指建筑物兴建时，历史上已经采空的场地；现采空区是指建筑物兴建时，地下正在采掘的场地；未来采空区则是指建筑物兴建时，地下富存有工业价值的矿层，目前尚未开采，而规划中要开采的场地。

（2）采空区对地铁工程的影响。

采空区对地铁工程的不利影响主要表现在采空区垮塌引起地面塌陷和开裂，以及采空区上部岩体产生破坏和变形，引起隧道下沉和断裂。由于采空区的平面位置及空间状况对线路敷设方案及工法选择上有着极大的影响，线路可研阶段，应通过调查、勘察等手段查明采空区的范围和深度，分析采空区对地铁线路的影响程度，为线路设计和施工提供依据。

4.2.6 砂土液化

（1）概述。

1）砂土液化的机理。

砂土液化是饱和的疏松砂土体在地震或其他外力作用下，颗粒间的位置产生调整，以最终达到稳定的紧密排列状态，饱和砂土要变密实就必须排水，在地震过程的短暂时间内，由于孔隙水压力急剧增大，来不及消散，当孔隙水压力大到总应力值时，饱和砂土就丧失了抗剪强度，颗粒悬浮在水中，砂土体即发生液化。

2）影响砂土液化的主要因素。

地震液化是由多种因素综合作用的结果，包括内因（土的颗粒组成、密度、埋深条件、地下水位、沉积环境和地质历史等）和外因（地震动强度和持续时间等）。

①土性条件：主要包括土的颗粒组成、颗粒形状、土的密度等。土的颗粒越粗，平均粒径越大，稳定性就越高。因此粗、中、细、粉砂的液化可能性逐级增大。同一级砂土中，颗粒的级配越好，即不均匀系数 Cu 越大，稳定性就越高。砂土的密度是影响动力稳定性的根本因素，土的密度越高，液化的可能性越小。

②埋藏条件：液化砂层埋藏较深，当上覆以较厚的非液化黏性土层时，由于受到较大的覆盖层自重压力和侧压力，孔隙水压力很难上升到足以克服覆盖层压力的程度，从而抑制了液化；而直接出露于地表的饱水砂层最易发生液化。排水条件良好，有利于孔隙水的消散，不易于液化。

③动荷条件：主要指震动强度、持续时间等。地震的强度和历时是砂土液化的动力。地震越强、历时越长，则越易引起砂土液化，而且波及范围越广，破坏越严重。

（2）砂土液化对地铁工程的影响。

地铁车辆段及停车场以浅基础位置，砂土液化可造成地基土承载力、抗剪强度的突然丧失，地基软化、空虚，造成地面沉陷、地基不均匀沉降、建（构）筑物倾斜、开裂等。

地铁围护结构位于液化土层中，基坑侧壁土层、围岩丧失其自稳能力，液化产生的涌水、涌砂极易造成塌方事故。

高架地铁结构，桩基位于液化土层中，砂土液化可降低桩周土的侧摩阻力，影响桩基承载力。

4.2.7 有害气体

（1）概述。

有害气体是地下空间开发所可能遇到的地质灾害之一。常见的有在有机质、工业垃圾、生活垃圾地层中产生的沼气、毒气，煤层中的瓦斯及缺氧空气等。例如：上海浅层沼气最浅仅 8m，最深 30m 左右，一般 12 ~ 15m，浅层沼气主要有二个层位：

1）20m 以上的气层，分布在地质历史时期海侵最大时形成沉积层内（海相层），一般呈交互状的扁豆体出现，以贝壳、贝壳砂层为主储气层，构成本市埋藏最浅的储气层。

2）25m 左右的气层，为上部海相层沉积，受中部陆相层顶部起伏的控制，主要储气层为砂层，一般呈透镜体或单向尖灭体出现。

（2）对地铁工程的影响。

有害气体常造成可燃气体的爆炸事故，缺氧气体的缺氧事故，毒性气体的中毒事故等危害。由于浅层沼气释放，会造成下覆土层失稳，使已建好的隧道产生位移、断裂，造成无法挽回的重大经济损失。

应重视对区域地质和有害气体资料的收集和分析，了解线路通过地区是否存在有害气体及其种类、分布情况。制定必要的通风、防爆等安全措施。施工中加强监测和采取安全措施。

4.2.8 空洞

空洞主要包括人防、废弃民井、渗水井和古墓等和管线渗漏形成的空洞。废弃民井、渗水井和古墓深度可达10m，多已回填，人防工程深度8~15m，地下人防工程在城区大多数地方广泛分布。经过几十年建设改造和城区变迁，多已废弃、填埋及处理，地面上已难寻踪迹。

城区地下管线密集且埋设年代较早，在管线渗漏的长期作用下，可能形成渗漏漏斗，管线周边土层已经虚空或呈软塑状态。同时，沿线的新建建筑物埋深较大，在施工过程均采取了降水措施，有的采用的还是辐射井降水，易引起地层损失从而产生空洞。

4.3 特殊性岩土对城市轨道交通工程的影响

特殊性岩土的种类很多，其分布一般具有明显的地域性，工程建设中常见的特殊性岩土有填土、软土、膨胀岩土、风化岩和残积土、湿陷性黄土等。

4.3.1 填土

（1）概述。

填土是指由人类活动在地表形成和任意堆积的土层，它的组成成分复杂，堆填的方法、时间和厚度都是随意的。按照其物质组成和堆填方式可以分为素填土、杂填土、冲填土。

素填土是由天然土经人类扰动堆填而成，由碎石土、砂土、粉土、黏性土等一种或几种材料组成，不含或只含少量杂质。其特点是：不具天然土的结构和层理，而且颜色发暗。

杂填土含有大量建筑垃圾、工业废料或生活垃圾等杂物的填土。

冲填土系由水力冲填泥砂形成的填土，其特点是：颗粒组成随泥砂的来源而变化，土层分布不均匀，多呈透镜体或薄片出现。

（2）填土的工程特性与影响。

1）不均匀性。

填土由于其组成成分复杂，回填的方法、时间和厚度的随意性，所以，不均匀是其突出的特点，其中尤以杂填土的不均匀性最为严重，对于地铁出入口、U形槽等基础埋深较浅的结构部位，如果坐落于填土上，易产生不均匀沉降，导致结构开裂。

2）低强度和高压缩性。

填土由于土质疏松、密度差、固结程度低，所以，抗剪强度低，承载力低，压缩性高。对基坑支护极为不利，若基坑外侧分布有填土坑，措施不当，会引起基坑坍塌。

3）欠压密性与湿陷性。

填土是一种欠压密土，在自身重量和大气降水下渗的作用下，有自行压密的特点，碎石和砂土素填土需1~3年；粉土和黏性土素填土需5~10年；冲填土与冲填料、排水条件有关，冲填料以砂土为主需2~4年，冲填料以粉土或黏性土为主需10~20年，甚至更长。填土由于土质疏松，孔隙率高，在浸水后会产生较强的湿陷。新填土的湿陷性比老填土的大，在生活垃圾填土中含炉渣灰较多的杂填土，湿陷性较强。对于车辆段，地面线，主要以浅基础和路基为主，人工填土的密实度差，均匀性差，会造成轨道沉降、房屋开裂等事故，由于填土的不均匀性、湿陷性和高压缩性，路基易出现不均匀沉降。

4.3.2 软土

（1）概述。

天然孔隙比大于或等于1.0，且天然含水量大于液限的细粒土可判定为软土，包括淤泥、淤泥质土、泥炭、泥炭质土。软土的成因类型主要有：滨海沉积型（滨海相、泻湖相、溺谷相、三角洲相)；湖泊沉积型（湖相、三角洲相)；河滩沉积型（河漫滩相、牛轭湖相）和沼泽沉积型（沼泽相)。

（2）软土的工程特性与影响。

1）高压缩性：软土层一经扰动，其强度明显降低，固结变形时间长，变形量大。工程监测表明，不论是隧道本体施工还是近距离的各类工程施工，只要对隧道周围土层产生扰动，将会在较长时间内持续发生固结沉降。

2）强度低：在软土地层中进行管棚钻进施工，长距离水平钻孔难，受钻杆挠度、刚度等的影响，极易引起钻孔的偏斜、坍塌等，从而影响终端管棚的形成质量。

3）渗透性差：软土地层中，注浆效果难以控制，难以一次形成有效的止水帷幕。

4）流变性：软土地区基坑开挖，会引起坑内土体的应力释放，基坑围护结构的变形在同一工况下会随着时间的延长而不断增长。若基坑围护设计和施工不合理，极易引起基坑变形和失稳。

5）固结沉降：当车辆段等地面建筑，位于软土地基上，最主要的问题是软土地基的变形问题、稳定问题及工后沉降问题；软土中盾构法施工，会引起地面较大沉降，引起隧道附近地下管网断裂、建筑物开裂等。

6）触变性：易造成盾构上部围岩松弛，难以形成压力拱，对于刚脱离盾尾的管片，经常会出现局部或整体上浮，表现为管片错台、裂缝、破损甚至轴线偏位等现象。

4.3.3 膨胀岩土

（1）概述。

膨胀岩土是一种含有大量亲水矿物，当含水量变化时具有吸水膨胀和失水收缩变形特性的岩土。膨胀岩土一般承载力较高，具有吸水膨胀、失水收缩和反复胀缩变形、浸水承载力衰减、干缩裂隙发育等特性，性质极不稳定。

（2）膨胀岩土的工程特性与影响。

1）胀缩性：膨胀岩土本身的遇水膨胀，失水收缩的特性对膨胀岩土隧道施工极为不利，特别在地下水发育、地表降水渗透的条件下，隧道土体极易失稳，具体表现在收敛急剧扩展、拱顶下沉加大，甚至坍塌等。

2）裂隙性和崩解性：膨胀岩土洞身开挖过程中，由于裂隙性和崩解性，致使掌子面土体结构松散，开挖面应力释放导致掌子面向外崩塌，引起事故。

3）风化特性：隧道开挖后，由于开挖面上土体原始应力释放产生胀裂；另外，因为表层土体风干而脱水，产生收缩裂缝，两种因素都可以使土中原生隐裂隙张开扩大。沿围岩周边产生裂缝，尤其在拱部围岩容易产生张拉裂缝与上述裂缝贯通，形成局部变形区。

4）超固结性：隧道底部开挖后，洞底围岩的上部压力解除，又无支护体约束的条件下，将产生土体超固结应力释放，洞底围岩产生卸荷膨胀；若坑道积水，洞底围岩产生浸水膨胀，造成洞底围岩鼓出变形。

5）强度衰减性：随着土受胀缩效应和风化作用时间的增加，抗剪强度将大幅度衰减。

4.3.4 风化岩和残积土

（1）概述。

风化岩和残积土是岩石在物理风化作用和化学风化作用下形成的物质，可统称为风化残留物。风化岩和残积土的主要区别是岩石受到的风化程度不同，使其性状不同。原岩受风化程度较轻，其结构、成分和性质已产生不同程度变异的被称为风化岩；已完全风化成土而未经搬运的，并具有母岩残余结构的被称为残积土。两者的共同特点是均保持在其原岩所在的位置上，未经过搬运。

岩石风化时往往是呈带状分布的，一般从地表到地下深处可分为残积土、全风化、强风化、中等风化、微风化和未风化等风化程度不同的风化带，不同的风化带岩石物理力学性质差异很大，一般来说，风化程度越强，物理力学性质越差，围岩越不稳定。

（2）风化岩和残积土的工程特性与影响。

1）由于基岩风化面上，岩石风化程度不一样，物理力学性质差异很大，盾构施工时，盾构机的姿态很难控制，如果操作不当，可能引起管片错台和破损、隧道轴线超限等连锁事故。

2）当隧道位于不均匀风化岩体内，基岩界面往往为软弱结构面，也是地下水连通界面，易引起掌子面涌水和失稳。

3）花岗岩球状风化体：花岗岩残积土及全强风化带若夹有球状风化物（孤石），由于风化球周围岩体与球状风化岩体本身强度存在较大差距，在通过花岗岩球状风化带时，由于花岗岩风化球互不相连，在刀盘旋转时，刀具施于风化球的侧压力，很容易造成球体松脱并随着刀盘一起旋转，球体直径一般小于盾构机刀盘的直径。这种情况下，刀具就无法有效切削前方的岩土，盾构机无法前进。随着松脱的风化球增多，一方面，造成球体对刀具的侧压力加大，超过一定的极限时，刀具折断；另一方面，球体随着刀盘旋转，会对周边的围岩产生越来越大的扰动，容易造成盾构机上方地体发生塌方，危害地表的建筑物。

4）花岗岩风化岩、残积土遇水软化、崩解：在基坑开挖、隧道暗挖过程中，花岗岩风化岩、残积土遇水易软化、崩解，使地基强度、抗剪强度显著降低，易造成坑底隆起、围岩失稳、基坑垮塌等事故。

4.3.5 湿陷性黄土

（1）概述。

黄土是在风的搬运作用下沉积，未经过次生扰动、无层理、含大孔隙的黄色粉质碳酸盐类沉积物。其他成因、黄色、具有层理和夹有砂、砾石层的土状沉积物称为黄土状土。黄土和黄土状土在天然含水量时，一般具有较高的强度和较小的压缩性。但遇水后，在自重压力或自重压力与附加压力共同作用下，有的会产生大量的沉陷变形，有的却并不发生湿陷。前者称为湿陷性黄土，后者称为非湿陷性黄土。湿陷性黄土又分为自重湿陷性黄土（在自重压力作用下产生湿陷性的）和非自重湿陷性黄土（自重压力与附加压力共同作用下产生湿陷性的）。

我国是黄土分布面积最大的国家。西北、华北、山东、内蒙及东北等地均有分布。黄河中游的陕、甘、宁及山西、河南等省黄土面积广、厚度大，属黄土高原。地理位置属于干旱与半干旱气候地带。其物质主要来源于沙漠与戈壁。黄土按生成过程及特征可划分为风积、坡积、残积、洪积、冲积等成因类型。

（2）湿陷性黄土的工程特性与影响。

我国大部分湿陷性黄土的工程特性为：可塑性较弱；含水量较少；压实程度很差，孔隙比较大；抗水性很弱，遇水强烈崩解；膨胀量较小，但是失水收缩较明显；有很强的透水性。

从力学性质来考虑，湿陷性黄土的特殊性更突出地表现在它的结构性、欠压密性和湿陷性三个方面。

湿陷性黄土是一种结构性土，其结构强度在未被破坏软化时，常表现出压缩性低、强度高等特性，但当黄土受水浸湿结构性一旦遭受破坏时，其结构迅速破坏，其力学性质将呈现出屈服、软化、湿陷等特性，所以，黄土的结构性是黄土工程性质最基本的本质。湿陷性黄土由于特殊的地质条件，沉积过程一般比较缓慢，在此漫长的过程中，上覆压力增长速率比颗粒间固化强度的增长速率要慢得多，颗粒接触点间的结构强度始终超过上覆土重，使黄土的颗粒保持着比较疏松的高孔隙度结构而未在上覆荷重作用下被固结压密，处在欠压密状态，含水量少、孔隙比大、欠压密状态是黄土产生湿陷性的充分条件。

湿陷性黄土对地铁工程的影响主要表现在：

1）黄土节理：在红棕色或深褐色的古土壤黄土层，常具有各方向的构造节理，有的原生节理呈 X 形，成对出现，并有一定延续性。在隧道开挖时，土体容易顺着节理张松或剪断。如果这种地层位于隧道顶部，极易产生“塌顶”。如果位于侧壁，则普遍出现侧壁掉土，若施工时处理不当，常会引起较大的坍塌。

2）黄土冲沟地段：隧道在黄土冲沟或塬边地段施工时，当隧道在较长范围内沿着冲沟或塬边平行走向，而覆盖较薄或偏压很大的情况下，容易发生较大的坍塌或滑坡现象。

3）黄土溶洞与陷穴：黄土溶洞与陷穴，是黄土地区经常见到的不良地质现象，隧道若修建在其上方，则有基础下沉的危害。隧道若修建在其下方，施工时有发生冒顶的危险。隧道若修建在其邻侧，则有可能承受偏压。

4）水对黄土隧道施工的影响：在含有地下水的黄土层中修建隧道，由于黄土在干燥时很坚固，承压力也较高，施工可顺利进行。当其受水浸湿后，呈不同程度的湿陷性，会突然发生下沉现象，使开挖后的围岩迅速丧失自稳能力，如果支护措施满足不了变化后的情况，极容易造成坍塌。

5）黄土地层土质直立性好，盾构施工中，掌子面较稳定，对刀具的磨损较小，但由于黄土地层裂隙垂直发育，盾构施工注浆容易沿垂直裂隙向地面冒浆，影响地面交通。

6）对于黄土地区基坑，由于黄土具有特殊物质成分和结构特征，其强度特性不同于黏性土：天然状态下强度较高；浸水饱和后，土体软化，结构破坏，强度大幅度降低，因此黄土浸水后，黄土抗剪强度大幅度降低，可能引起基坑工程事故。

4.4 工程事故的地质因素分析

通过对117起国内外地铁建设发生的地质环境安全事故进行统计分析，发现地下工程事故占绝对多数。约每6.5km发生一起事故。明挖法工程事故41起，矿山法工程事故34起，盾构法工程事故36起。通过事故分析发现，每起事故发生均与其特殊的地质条件相关。

（1）明挖法事故分析。

根据事故统计资料，明挖法工程41起安全事故中，统计到易产生事故的地质因素有：地下水、软弱土层、软弱夹层、岩溶地层。

根据事故资料，明挖法工程事故原因中各地质因素分布如图1－4所示：

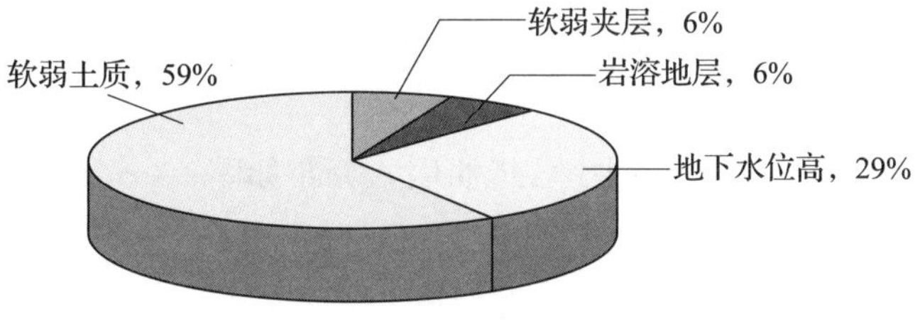

图1－4 明挖法工程事故的地质原因统计分布图

有的工程施工中降水不完全，砂层又较为丰厚，造成了流砂现象，并加剧了围护结构的变形和地面的沉降或开裂。

有的工程地层中存在黏土隔水层，外部水体进入下渗后积聚在此黏土层以上，形成层间的软弱结构面，开挖过程中易造成滑坡土体。

明挖法工程事故，以地下水、松散软土（填土）、饱和粉土和砂土层、疏松的砂土层引起的为主。地下水对基坑开挖支护有着重要的影响，由于未探明的上层滞水和管道渗漏等支护设计未充分考虑到的水体是引起基坑坍塌的主要因素。地下水改变了土体以及支护结构的应力状况以及受力情况，并弱化了土体本身的物理力学性质和支护结构的支护强度。

（2）矿山法事故分析。

根据事故统计资料，矿山法工程34起安全事故中，统计到易产生事故的地质因素有：上层滞水、松散土层、复合地层、空洞、富水砂层、高地下水位。

根据事故资料，矿山法工程事故原因中各地质因素分布如图1－5所示：

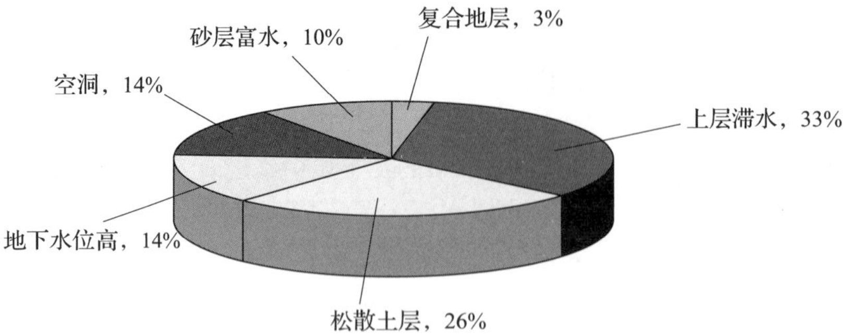

图1-5 矿山法工程事故的地质原因统计分布图

在有水的围岩中产生的问题，特别是在砂层确保掌子面自稳性是很困难的。因涌水，会造成锚杆锚固不良、喷射混凝土剥离、支撑下沉等，对施工影响极大。因此，对地下水进行处理是极为重要的。在砂层、砂砾层中有地下水时，涌水会造成围岩流失，甚至出现塌陷等事故。

在城市地下铁道浅埋暗挖施工中，经常遇到砂砾土、砂性土、黏性土或强风化基岩等不稳定地层，这类地层在隧道开挖过程中自稳时间短暂，易坍塌。特别是含水透镜体的存在，成分多为粉细砂及其他粉土类物质，此种地层又不连续，周围被渗透系数较小的黏性土层包围，形成透镜体，水源主要为上水或下水管道渗漏水。当地下工程施工揭露或扰动，可能会产生突发性的涌水，危险性较大。

在人工填土层的厚度可能较大，既有管线影响区域的回填土层相对天然土层会较为疏松，极易成为上层滞水（大气降水、绿化浇灌、管道漏水）的汇水通道，并在填土层内部形成空洞，暗挖通过时易产生地面塌陷等次生灾害，影响道路和地下管线设施的正常使用。

（3）盾构法事故分析。

根据事故统计资料，盾构法工程36起安全事故中，统计到易产生事故的地质因素有：上层滞水、裂隙水、富水砂层、空洞、软硬不均地层、淤泥质地层、断裂带、坚硬岩层、高地下水位。

根据事故资料，盾构法工程事故原因中各地质因素分布如图1-6所示：

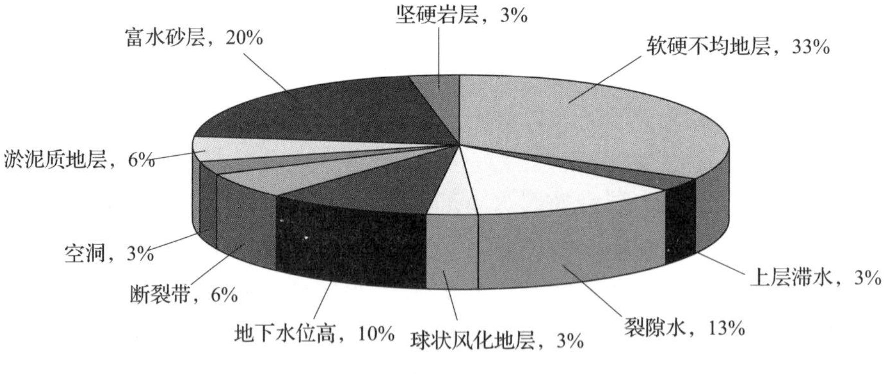

图1-6 盾构法工程事故的地质原因统计分布图

崩塌性砂层当盾尾离开背后注入浆液尚未填充到位之前的短暂时间间隔内，地层中出现空洞，此时砂层中易出现崩塌直至地表出现凹陷。盾构在淤泥质地层中掘进中保持土压平衡极为困难，而且会引动前期沉降及盾构通过后沉降长期不收敛，即沉降持续时间特别长。

球状风化是发生在花岗岩残积层、全风化岩层和强风化岩层中一种较常见的地质现象。由于球状风化体并不很大，一般只在1~3m，且包围在较软的残积层、全风化岩层和强风化岩层中间，事前对其存在的可能性及确切的位置较难预测，盾构通过这种地层可能引发两种问题：一是强行推进时，有可能损坏刀具、卡住刀盘，甚至造成刀盘变形等；二是加剧对周边软地层的扰动，引起地表严重沉降，甚至塌方。

盾构隧道上部断面或隧道上方为砂层，下部为较硬岩石的情况下会给施工造成较多的困难。由于砂层易流失，会造成较大的地面沉降。

由分析结果可知，地质条件是工程事故产生的重要原因。工程事故多发生在松散与软土地层、复合地层、岩溶、空洞、断裂带等发育的区域。地下水问题引起的工程事故所占比例非常大。

4.5 地质条件影响工程建设工期

为了统计地质条件对城市轨道交通工程建设工期的影响，2013 年编者统计了全国地铁工程建设的工期情况，并将全国按照地质条件划分为冲洪积地层为主的城市、平原软土地区城市、复杂地质区城市和特殊地质地区四大类。各个区域地铁工程建设的线路计划总工期及实际总工期如图 1－7。

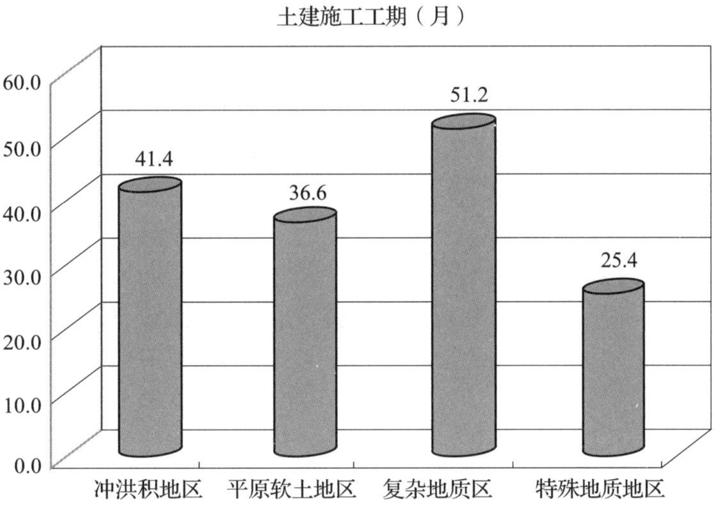

图 1－7　不同地质条件的土建施工工期对比柱状图

从上图可以看出，复杂地质区地铁建设的实际工期最长，为 51.2 个月；特殊地质（黄土）地区地铁建设的实际工期最短，为 25.4 个月。说明地体条件对地铁工程建设的影响较大，由于黄土的直立性好，地层比较稳定，施工速度相对较快。

4.6 地质条件影响工程造价

为了统计地质条件对城市轨道交通工程建设造价的影响，2013 年编者统计了全国地铁工程建设的造价情况，并将全国按照地质条件划分为冲洪积地层为主的城市、平原软土地区城市、复杂地质区城市和特殊地质地区四大类。各个区域地铁工程建设的线路造价如图 1－8。

从图 1－8 可以看出，复杂地质区的地铁工程土建造价最，为 21679 万元/千米；每千米造价比冲洪积地区高 353 万元，比平原软土区高 2470 万元，比特殊地质（黄土）地区高 5723 万元。由此可见地质条件对地铁工程的造价影响很大。

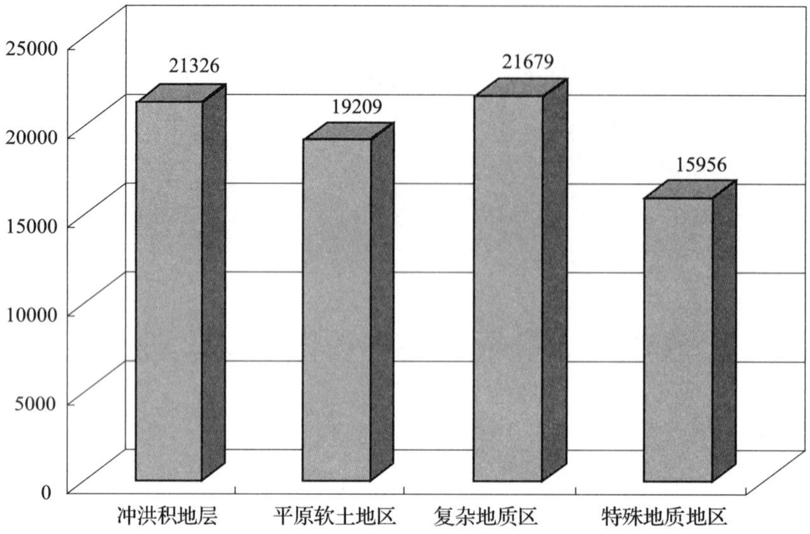

图 1-8 在建线路各城市土建施工费用按地质条件统计情况

参考文献

[1] 张咸恭，王思敬，张倬元，等. 中国工程地质学 [M]. 北京：科学出版社，2000.
[2] 工程地质手册编委会. 工程地质手册（第四版）[M]. 北京：中国建筑工业出版社，2007.
[3] GB 50307—2012 城市轨道交通岩土工程勘察规范 [S]. 北京：中国计划出版社，2012.
[4] GB 50021—2001 岩土工程勘察规范 [S]. 北京：中国建筑工业出版社，2002.
[5] 葛世平. 上海地铁地下工程技术概述 [J]. 世界隧道，2000（5）.
[6] 罗俊忠. 西安地铁湿陷性黄土处理措施研究 [J]. 铁道建筑技术，2013（4）.
[7] JGJ 83—2011 软土地区岩土工程勘察规程 [S]. 北京：中国建筑工业出版社，2011.
[8] 施仲衡. 地下铁道设计与施工 [M]. 西安：陕西科学技术出版社，1997.

北 京 市

1 自 然 地 理

1.1 地 理 位 置

北京位于北纬39°56′，东经116°20′，雄踞华北大平原北端，总面积16808km²。北京的西、北、东北三面群山环绕、连绵不断。西部山地统称西山，属太行山脉。北部山地统称军都山，属燕山山脉，两条山脉在关沟附近交汇。西、北、东北面连绵不断的诸山岭形成一个向东南展开的半圆形大山湾。东南面为开阔的平原，称为北京湾。北京山区面积为10418km²，约占全市总面积的62%，最高峰为位于西郊的东灵山，海拔高度2303m。区内河流纵横，具有得天独厚的地理位置，自古以来这里是沟通我国中原地区和东北、西北地区的交通枢纽。

北京地区地理位置见插图1。

1.2 气 象

北京地区属暖温带大陆性季风气候，降水适中，四季分明，无霜期较长，年平均气温在8～12℃。冬季寒冷干燥，时有风沙；夏季潮湿多雨。降水季节分配很不均匀，70%的降雨集中在7、8、9三个月。主要气候特点如下：

降雨量：全市多年平均降水量为595mm，降水量年变化大，历年最小降水量为267mm，最大降水量为1406mm，两者相差5倍以上；降水量年内分配不均，汛期（6—8月）降水量一般占全年降水量的80%以上；旱涝的周期性变化较明显，一般九至十年左右出现一个周期，连续枯水年和偏枯水年有时达数年。近十年中，1998年年降雨量最大为908.4mm，1999年年降雨量最小为307.6mm。

气温：近10年平均气温为12.5～13.7℃，年平均气温则基本上由东南向西北递减。近十年极端最高气温出现在1999年7月24日，为42.2℃；极端最低气温出现在1990年1月3日，为－18.4℃。

风速及风向：全市月平均风速以春季四月份最大，市区最大风速达3.6m/s，其次是冬、秋季，夏季风速最小，夏季受大陆低气压控制，多东南风，秋、冬季受蒙古高气压控制，多为西北风，寒冷干燥。平均风速2.4m/s，近十年春季市区最大风速达3.6m/s。

关于北京市在近年来气象的具体资料参见表2－1。

表2－1 北京地区气象资料（1990—2010年）

项　　目	单　　位	北京市观象台
年平均太阳总辐射量	MJ/m²	4954.64
年太阳最小总辐射量	MJ/m²	4802.83
年太阳最大总辐射量	MJ/m²	5149.73
年平均日照时数	小时	2560.5
年日照时数最小值	小时	2418.7
年日照时数最大值	小时	2712.5
年平均气温	℃	13.0
年平均气温最小值	℃	12.5
年平均气温最大值	℃	13.7
极端最低气温	℃	－18.4（1990.1.3）
极端最高气温	℃	42.2（1999.7.24）
年平均无霜期	天	177

续表 2-1

项　　目	单　　位	北京市观象台
年平均降水量	mm	595
历年最小降水量	mm	307.6
历年最大降水量	mm	908.4
日最大降水量	mm	103.0（1998.6.30）
年平均风速	m/s	2.4
年最大风速	m/s	13.2（1994.7.21）
年瞬时最大风速	m/s	25.4（1993.6.5）
年平均大风日数	天	10.5
年平均气压	hpa	1011.4
年平均相对湿度	%	55
年平均降水量与蒸发量的比值	%	31.2
汛期雨量与总降水量的比值	%	73.1
汛期多发生的月份		6~8月
≥10℃年平均积温	℃	4430.5
≥10℃年平均积温天数	天	208.1
≥10℃积温日数内的年平均降水量	mm	533.0

1.3 水　　文

1.3.1 水系

北京地区有五大水系（见插图2）。由西向东主要为大清河水系、永定河水系、北运河水系、潮白河水系和蓟运河水系。河流总体流向是自西北流向东南，最后汇入渤海。

（1）大清河水系：位于海河流域的中部，北界为永定河，南界为子牙河。总流域面积约43060km^2，其中山区占42%，丘陵10%，平原48%。大清河支流众多，因地形自然分为南北两支。其中北支包括小清河、琉璃河、胡良河、拒马河、沫水、易水等水系，源出太行山最北部；南支包括瀑河、漕河、府河、唐河、潴龙河等，各河均汇入白洋淀。南支洪水经白洋淀调蓄后，由赵王新渠入东淀。

（2）永定河水系：主要分布于北京西部、南部地区，全长650km，流域面积50830km^2，北京境内约170km^2，流域面积约3170km^2。永定河在不同时期由于改道、切割和沉积形成了北京市平原区第四系地层的格局，北京市地下水长期动态观测资料表明，永定河对北京市区域地下水有着重要影响。

（3）北运河水系：包括温榆河、沙河、通惠河、凉水河及龙凤河，发源于西山和军都山，流经昌平区，沿顺义区西界，经朝阳区至通州，最后汇于北运河，流域总面积达4300km^2。

（4）潮白河水系：由潮河和白河两条河流组成。潮河发源于河北丰宁上黄旗北，白河发源于河北省沽源县南大马群山。两条河流在北京市密云县城南十里堡，汇交于潮河。二河交汇后，始称潮白河。该水系向东于天津注入渤海，在北京境内流域面积5400km^2。

（5）蓟运河水系：其上源有两支，一为州河、一为泃河。泃河发源于河北省兴隆县青灰岭，在河北省九江口附近与州河汇合，始称蓟运河。该水系在北京市的流域面积非常小。

1.3.2 地表水体

北京市内共有98条河流（市区主要有西部的永定河、北部的清河和温榆河、横穿市区的通惠河、南部的凉水河、东北部的潮白河等)、7 座水库和 19 个湖泊，总河长 2526.7km，湖库面积 369.94 公顷。其中划分保护区 2 个，保留区 3 个，缓冲区 10 个，开发利用区 118 个。开发利用区中，划为饮用水源区 22 个，饮用（地下水补给）区 9 个，工业用水区 2 个，农业用水区 6 个，景观用水区 55 个，一般景观用水区 20 个，渔业用水区 4 个。

北京地区地表水功能区划见插图 3。

1.4 地　　形

北京地区总体地势西北高东南低，山地一般海拔 1000 ~ 1500m，与河北交界的东灵山海拔 2303m，为北京市最高峰；北京平原的海拔高度自西向东在 60 ~ 20m 之间，地形坡度较缓。六环以内基本为平原地貌，在西部山前局部区域还分布有少量剥蚀残丘，如八宝山、石景山等均为剥蚀残丘。由于人类活动的影响，特别是近年来城市建设的大力推进，原始地形已经变化较大，尤其在中心城区、西部和北部山地与平原过渡地带。中心城区目前建筑密集，道路等市政工程众多，对地形的改造较大。

1.5 地　　貌

北京地区地处华北平原的北部边缘，是由西、西北、北部中低山地和东南缓缓向渤海倾斜的冲洪积平原两大地貌单元组成（见插图 4）。在地壳运动、新构造活动和外营力长期作用和影响下，形成了山区以侵蚀、剥蚀地貌为主，平原以冲积、洪积等堆积地貌为主的地貌轮廓。在冲洪积平原地貌类型中以永定河、潮白河冲积扇最发育，扇扇相邻，互相交汇，几乎控制了整个平原区。

北京平原区地貌组合从山前地带到平原区可以划分出以下几个地貌带：山麓坡积裙、台地、洪积扇裙、洪积扇、阶地、冲洪积缓倾斜平原、突出平原上的岛山与基岩小丘、扇缘及扇间洼地（或湖沼洼地)、自然堤及泛滥沙地等（见插图 5)。

（1）山麓坡积裙：主要分布在低山、丘陵的坡麓地带，是由晚更新世类黄土组成的堆积物，为黄棕色砂质粉土组成，其中夹有零星小石块及含棱角石块长条状透镜体，其下伏地层为棕红色黏性土，有的地方残留有第三纪古风化壳。有些坡积裙被冲沟切割，显示出近期侵蚀正在进行之中。

（2）台地：介于丘陵与平原之间的过渡地貌类型。依据成因、形态特征，可划分为山前断块台地和洪积台地两种。山前断块台地是断块缓慢抬升造成的，如南口台地，其周边受断层控制，基岩面上有薄层第四纪沉积物，局部地区有基岩岛山出露，属北京高台地之一，此外良乡台地亦属之，只不过此台地受后期侵蚀已成波状起伏的岗地形态。洪积台地在西山山前地带较为发育，在中更新世 - 晚更新世时，由红色黏土夹砂砾石透镜体及黄土夹砂砾石透镜体组成的洪积扇，后被沟谷及河流的冲刷侵蚀，形成台面平坦的垄岗状高地，但可根据台地的高度及其组成物质恢复其地貌形态和发育过程。

（3）洪积扇裙：主要分布于较大沟谷出山地段。由于不同地区构造活动的差异，洪积扇的形态、级数、类型及其物质组成也不相同。山麓洪积扇多呈串珠状展布，说明因山地不断振荡抬升，使一级洪积扇形成，有的因一侧抬升使洪积扇不断向一侧偏移，如南口台地上可划分出 Q_2 - Q_3 四级洪积扇，根据扇地形态及摆移的特点，说明南口台地在近期有向东掀斜的特征；又如位于西山北安河一带，受禾子涧 - 漆园 - 香山断裂的控制，山区强烈抬升，形成 3 ~ 4 级内叠式串珠状洪积扇群，洪积扇顶面坡度可达 35°左右，甚至有的地方保留有基岩台面的形态，说明山地不断强烈抬升，如沿山地向北观察，可以发现洪积扇级数由南向北逐渐减少，高度也有所降低，显示山前地块由南向北逐渐掀斜。

（4）洪积扇平原：由山地河流携带泥沙、砾石在山前地带堆积而成的缓倾斜扇平原，主要由永定河、潮白河、拒马河、沟河、温榆河等冲积扇联合而成。河流多由西北向东南流动，因此平原地势西北高、东南低，形成缓倾斜平原。永定河洪积扇属于复合式冲积扇，由于永定河多次迁移，形成多级冲积扇。永定河流经三峡段到三家店后，受八宝山凸起的阻挡，河水曾向东北及正东方向流动，因此在八宝山以北的宽谷中堆积了厚层的冲积相砂砾石层，越向东粒度越细，其前缘可达东郊一带。当永定河冲积物不断堆积，八宝山凸起的高度相对降低，特别是受永定河断裂活动的影响，致使永定河曾沿现在的大清河南泻达到白洋淀一带，形成新的冲积扇。此后，因地块的活动，沿新、老冲积扇之间在北京的东南郊形成更新的现代冲积扇。潮白河是由潮河、白河、怀河等支流组成。潮河、白河流出山地后，形成广阔的冲积扇，其西缘与永定河洪积扇相连接，后因新构造抬升，河槽下切，将冲积扇切割呈条带状台地，自燕郊以下地势低平，形成新的泛滥平原。温榆河主要由东沙河、关沟、北沙河及南沙河、清河组成，呈树枝状水系，由山前洪积扇缘地下水溢出带提供水源，汇流于沙河镇附近，至发城一带接纳清河，最后流经通县入北运河。全新世时，温榆河故道切割了晚更新世黄土台面，形成浅槽形河床，切割深度一般为4～7m，沉积以砂为主，有时含有泥炭或淤泥。由于温榆河规模较小，形成的洪积扇多与永定河、潮白河冲积扇互相叠置。拒马河冲积扇对北京西南部的平原形成起重要作用，在中、晚更新世时，扇形地面积较大，后被永定河冲积扇摆移而有所挤缩，根据拒马河冲积扇形态分析，有向北偏移的显示。泃河流出平谷盆地后，形成规模较大的冲积扇，并与潮白河冲积扇相连接，构成北京平原的重要组成部分。

（5）阶地及河漫滩：北京平原属于新构造运动沉降区，因此河流阶地不甚发育。根据野外考察，永定河由于频繁变迁，在晚更新世以来形成的冲积扇面之上形成1～2级阶地，潮白河形成2～3级阶地，泃河形成2级阶地，温榆河形成1级阶地。河道两侧发育有河漫滩、天然堤和废弃河床等地貌形态。

（6）冲积扇平原面上的泛溜堆积地：因河流决口堆积而成。多呈条带状展布，沉积物以砂为主，后经风的作用，形成沙丘、沙岗地和平沙地等微地貌形态。如大兴县境内沿永定河东侧可划分出7条沙带，沙带方向多为西北－东南向和近东西向。

（7）扇形平原面上的洼地类型：根据成因分类，可分为堤外洼地、扇缘洼地和古河道残留洼地。在洼地中往往堆积有淤泥层或泥炭层。

（8）岛山或基岩岛状小丘：在冲洪积平原上往往有孤立的基岩岛山或小丘，如西部的八宝山、石景山，东北部的二十里长山等。这些岛山的形成多与地下断层有关，是断块掀起出露于地表，可作为判断断层的标志。

2　区域地质

2.1　地质构造

北京地区位于华北平原北部边缘，大地构造位置位于华北地台中部－燕山沉降带的西段；处于祁吕贺山字型构造东翼反射弧南翼，新华夏系第二沉降带与第三隆起带之间。平原地区构造主要受新华夏系控制，构造总体走向以北东方向为主，构造分区自西向东为京西隆起、北京凹陷、大兴隆起、大厂凹陷和平谷凹陷（见插图6）。

2.2　断　　裂

北京地区断裂相当发育，活动断裂以北东向（或北北东向）和北西向（或北北西向）为主。北东向断裂和北西向断裂是构成北京地区第四纪时期的两组主要断裂，它控制着北京地区和平原第四纪的构造轮廓。北西向断裂活动幅度较大，对沉积物的分布有明显的控制作用。北西向断裂主要表现为差异性掀斜活动，而北东向断裂在第四纪，特别是晚更新世以来表现为整体运动，两盘差异不显著。以水平运动方式论，北西向断裂多为左旋滑动，而北东向断裂则为右旋滑动，反映出不同时期地应力活动的特点。中更新世末晚更新世初是构造运动强烈活动期。许多断裂都在此期发生重要调整。北京市断裂分布情况见插图 7。

2.2.1 北东向断裂

（1）狼山—黄柏寺断裂：系大驼山山前断裂，断层以北为大驼山隆起区，断层以南为延庆盆地断陷区，在盆地中堆积了 1000 多米的新生代沉积地层。

（2）大古城 – 康庄断裂：位于延庆盆地南侧，为隐伏断裂。

（3）西二道河 – 西拨子断裂，为军都山北侧断裂，走向北东，基本与上大古城 – 康庄断裂平行。

（4）八宝山 – 高丽营断裂带：这条断裂带是划分京西隆起及北京凹陷的重要界限，由西侧的八宝山断裂和相邻的黄庄 – 高丽营断裂组成，力学性质初期为压性，后期为张性，在全新世以来仍在活动。

（5）良乡 – 顺义断裂：该断裂是一条贯穿市区的断裂，从菜市口与陶然亭间穿过，经前门、东直门向北东延伸。该断裂形成时期晚于八宝山断裂、黄庄 – 高丽营断裂和南苑 – 通县断裂，并表现出东南盘微微抬升而西北盘下降的特点。

（6）南苑 – 通县断裂，该断裂是划分北京凹陷与大兴隆起的分界线。经前高米店、南苑镇、肖家庄向北东延伸。属压性断裂，断层倾角较缓。该断裂构造活动微弱，历史资料也无地震记录，通县以东地段，显示出构造活动特征。

（7）礼贤 – 牛堡屯、夏垫 – 马坊断裂，是大兴隆起与大厂凹陷的分界线，其中夏垫 – 马坊断裂有明显活动特征。

2.2.2 北西向断裂

（1）永定河断裂：为隐伏张性断裂，北起军庄，向南经永成庄至立垡村总体走向北西 320°。该断裂大致以与黄庄 – 高丽营断裂交切处为界，分为两段。北西段倾向南西，倾角较陡，形成于早侏罗世九龙山 – 香峪大梁向斜盆地的发育过程中，并具多期活动性。

（2）禾子涧 – 漆园 – 香山断裂：该断裂在地貌上表现明显，经北京西北伸向香山，为北西向张性断裂。

南口 – 孙河断裂：断层走向北西，倾向南东，倾角可达 53°。

（3）该断裂为北西向张性断裂，在南口台地处可见中 – 上元古界地层出露，向东南经马池口、德胜门向马驹桥方向延伸。该断裂在全新世以来仍在活动。

（4）西二道河 – 十三陵 – 通县断裂：该断层大体上与南口 – 孙河断裂平行，断层性质与活动性也极其相似。沿断裂曾发生过多次地震活动，它基本上控制着温榆河和北运河的流向。

（5）永宁 – 沙峪口 – 夏垫断裂：该断层与西二道河 – 十三陵 – 通县断裂共同形成北西向顺义凹陷带，该凹陷带向东南延伸至天津宁河附近。

（6）二十里长山断裂：以定向排列的岛山为特点，在航片、卫片上显示明显，物探所查明此断裂向西北延伸到营盘一带。

2.3 前第四纪古地理演化

北京地区大地构造处于华北地台中部 – 燕山沉降带的西段。本区除缺失上奥陶统、志留系、泥盆系、下石炭统、三叠系及上白垩统地层外，其他地层均有出露。

从地层分布来说，太古界古老变质岩主要分布在北京东北部的密云和怀柔一带；中新元古代地层以海相碳酸盐岩及碎屑岩为主并夹有多层海底火山喷发岩，主要分布于密云、平谷、怀柔、昌平、延庆等地；下古生界以海相沉积为主，主要出露于北京西山、京东等地；上古生界以陆相碎屑岩为主并夹有海陆交互相地层，仅分布在西山地区，而北山缺失；中生界侏罗系在西山一带广泛分布，为一套火山岩、沉积岩系及含煤地层；白垩系下统出露于京西坨里、大灰厂一带，为陆相碎屑沉积；新生界地层主要在东南平原区及山间盆地中出露。北京地区基岩分布情况见插图 8。

2.4 第四纪地质

第四系在北京平原区广泛分布，其沉积规律主要受古地形和新构造运动及永定河河流堆积作用控制。永定河在北京平原从晚更新世到全新世先后发育 6 条古河道，永定河出山后向东北方向流去的古河道称古清河故道，向东经过城区的则成为古金沟河，向东南方向流去的古河道称漯水河故道，向南偏东方向流去的古河道称无定河故道，向南再向东南方向流去的古河道称浑河故道。现今的永定河河道则是出山后大致向南流去的河道，见插图 9。

晚更新世以来，由于新构造运动、古气候变迁和人类活动的影响，河流发生频繁变化，使平原区地貌形态及其地貌组合发生有规律的变化。

（1）新构造运动对古河道变迁的影响。

北京平原区古河道变迁受着新构造运动的控制，特别是受着北东向及北西向断层及其所形成的地块活动的控制，使各条河流呈有规律的移动，主要表现为：

河流沿断层发育，在不同方向断层交汇点往往容易引起河流袭夺和改道；由于地块不均衡的掀斜活动，使河流发生移动。

根据卫片解译，认为永定河属于复合冲洪积扇类型，可以区分为永定河老冲洪积扇（晚更新世中、晚期形成）、永定河新冲洪积扇（主要由中全新世形成）、现代永定河冲积扇及永清冲积扇（晚全新世到现今形成）。上述冲洪积扇的形成与不同时期古河道变迁有关。永定河老冲洪积扇是由古金沟河冲积而成，根据大量钻孔资料分析，该河自石景山向东流过市区，但到呼家楼、开化寺一带河道开始分叉，形成多股汊河。为什么古金沟河到呼家楼带开始分叉？这与北西向的南口 – 马驹桥断裂活动有关，是由于断层以东地块相对下陷河水散流而成。当永定河老冲洪积扇形成后，北侧扇缘大致沿八宝山断层延展，特别是在早全新世时由于八宝山及高丽营断层的活动，形成了故清河故道。中全新世时，受八宝山断裂、南口 – 马驹桥断裂和永定河断裂活动的影响，大兴地块向西南掀斜，使永定河弃古清河而南移，分别形成无定河故道、漯水河故道和浑河故道，在其相互作用和叠置的基础上形成了新期冲洪积扇，在此扇地之上还遗留有古河道洼地和湖沼洼地。晚全新世以来，大兴地块进一步活动迫使永定河在现今河道流动，当流经永清县附近时，受北东向断层的影响，使河流散流形成永清冲积扇。

潮白河古河道演变主要表现为白河东移和潮河西移，并使两河的汇流点有由南向北移动的现象。上述现象与新构造运动有关。由于北东向的八宝山断裂、良乡 – 顺义断裂以及北西向的二十里长山断裂和沙峪口 – 夏垫断裂的活动，迫使白河在龙王头以北弃小中河而南流；受二十里长山断裂掀斜作用，迫使潮河弃鲍丘河西移，并与白河逐渐靠近。潮河、白河汇流点的北移也与构造活动有关，而汇流点多分布在北东向与北西向两组断裂的交互点附近。根据地形变资料，通县及牛栏山一带正处于沉降中心的位置上，从而导致潮河和白河的汇流。

温榆河古河道切割了晚更新世黄土台面，形成浅槽形河床，显示这一地区处于微弱抬升状态。温榆河古河道的汇流和分流现象反映出自全新世以来构造活动的特点。受南口 – 马驹桥断裂和小汤山断裂控制使沙河镇至曹碾村河道合并为一支并呈曲流状，显示这一地段处于微弱下降状态；到曹碾村、北七家村受十三陵 – 通县断裂和八宝山断裂的控制又有支流汇流，因而反映出河流发育于断层活动的关系。

（2）古气候变化对河流变迁的影响。

晚更新世以来，全球气候曾发生几次大的变化，突出表现在冷暖、干湿的变化上。气候的变化不仅影响外营力作用方式及强度，同时对海平面的升降有很大的影响，因而与平原地区的河流发育、变迁和堆积地貌形成及演变有着密切的关系。

在玉木冰期最盛期时（距今 23000 ~ 15000 年），不仅平原气候寒冷而干燥，当时生长着蒿、藜等草本植物，属干草原环境。由于寒冻风化强烈，山区产生大量碎屑物质，受暴雨冲刷，碎屑物质堆积于沟谷出口地带，形成了马兰期洪积台地；大河出口处则形成宽阔的冲积扇，如永定河、潮白河老冲积扇就在此时期形成。由于全球气候变冷，陆地上有大面积冰盖形成，使海平面大幅度下降，在距今15000年前后，海平面下降约 -150 ~ -160m，受海面变化的影响，侵蚀基准面下降，引起河流溯源侵蚀，造成河床下切。玉木冰期晚期（距今15000~12000年），气候回暖，冰川消融，温度增大，山地上生长着针叶林，在山麓地带为森林草坡植被。由于风化碎屑物质的减少和河流径流量的增加，河流搬运侵蚀能力加强，在冲洪积扇上形成新的河道，如在永定河老冲洪积扇上的古金沟河故道就是在此时期形成的。到了全新世时，气温进一步回升，特别是中全新世气候温暖潮湿，植被繁茂，河流水量充沛，水网密布，河流比降减小，有利于河流改道和湖沼泥炭的发育。在此期间永定河曾发生古清河、无定河、漯水河灯故道的发育与迁移。晚全新世时，气候凉爽稍干，水域面积缩小，泥炭停止发育。由于气候变化引起海平面微微下降，并引起河流下切，形成平原区的一级阶地。

(3) 人类活动对河流变迁的影响。

晚全新世时已进入历史时期，当时受气候影响、人类生产活动以及战争等原因，水土流失严重，常常引起河流决口与迁移。

人类活动对河流变迁的影响，主要表现在以下几个方面：

1）人类对上流植被的破坏，导致水土流失，使河流含沙量增加和河道淤积，造成河道频繁改道。根据历史记载，11世纪以前，北京西山地区植被基本上保持原始状态，永定河河水清澈，曾有“清泉河”之称。12世纪中叶金在辽南京的基础上扩建为中都以及连年战争，对森林有一定的破坏，但在深山区还保留着原始森林。元、明、清时，在北京大兴土木以及人口的增加和冶矿业的发展，森林受到严重的破坏。严重的水土流失，使河流含沙量剧增，当时的永定河又有“浑河”之称。河流决口与迁移，导致大兴以南永定河两侧有多条决口沙带和决口扇。

2）人类为开发水源，引水灌溉，开挖河渠，导致河流改道。公元205年刘靖“导高粱河，造戾陵遏，开车箱渠”成为新的河道。公元1555年为了漕运，引白河水以壮潮河，人工开挖白河新河道，并使潮河、白河汇流于河槽村东。

3）为了防止河流泛滥，在河流自然堤的基础上修建堤坝。例如公元1699年（康熙三十八年）在卢沟桥以下修筑防护堤，但由于上游水土流失严重，堤坝内堆积严重，现已成为地上河，极易决口改道。

4）兴修水库、人为决堤扒口，均可对河道变迁产生影响。

(4) 古河道变迁的基本规律。

晚更新世末至全新世是北京平原区古河道频繁变动时期，而变迁的原因是与当时新构造运动和古地理环境变化密切相关的。

晚更新世晚期玉木冰期盛冰期时，气候寒冷，寒冻风化强烈，碎屑物质丰富，河流携带大量碎屑物质流出山地后，形成规模大小不等的冲积扇，而扇地之间往往形成一系列洼地。此外，受全球性海平面下降的影响，本期古河道普遍具有深切河谷的特点。

全新世早期气候回暖，河流泛滥，北京平原地区普遍堆积了黏性土、粉土以及粉细砂层，前期的古金沟河古河道被掩埋。中全新世时，气候温暖，水量丰沛，是古河道频繁变迁的时期，也是泥炭堆积的主要时期。晚全新世时，气候向温干演变，自然环境频繁变化，再加上人为因素的影响，水土流失严重，致使河流决口和改道不断发生。

平原区古河道变迁与新构造运动有密切的关系，河流的摆动与汇流点的迁移均与此有关。

就第四系沉积时代而言，永定河老冲积扇时代是 Q_3，古金沟河在晚更新世晚期形成了冲积相沉积物，埋藏较深，自西部数米向东增至30m左右，除砂砾石以外，有大量的黏性土堆积。永定河新冲洪积扇和现代永定河冲洪积扇基本上皆为全新世沉积，分布于西郊和南郊等地区。

根据《北京地区建筑地基基础勘察设计规范》DBJ 01 -501 -92 附录Q，北京平原地区自南至北第四纪覆盖层厚度呈曲线变化，一般在70~100m（详见图2-1）。从北京平原区第四系地层覆盖层厚度看，第四纪古地形大致以复兴门－长安街－高碑店一线为界分为南北两大部分，北部主要由一系列的凸起和凹地构成起伏的丘陵古地形，第四系厚度 80～400m。南部为由西向东逐渐倾斜的平原，西至丰台东至焦化厂以东地形较缓，西部第四系厚度 30～40m，局部区域基岩埋深更浅或直接出露，向东随着古地形坡度的增大，第四系厚度可增至 500m 以上。

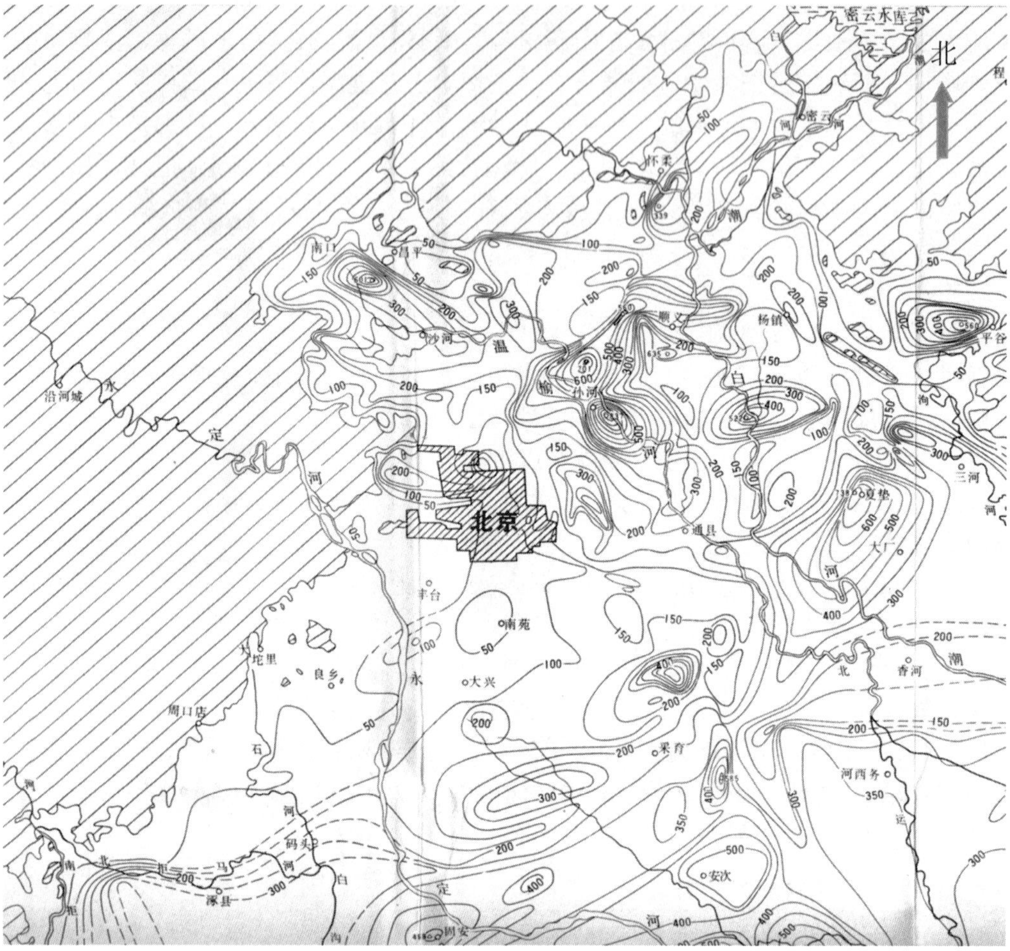

图 2－1　北京地区第四系等厚度图

2.5　地震效应评价

2.5.1　历史地震

北京市地处燕山地震带与华北平原中部地震带的交会处，又紧邻汾渭地震带和郯庐深大断裂地震带，是个多震区，历史上曾遭受过多次强烈地震的破坏和影响，其中以 1679 年马坊地震和 1730 年西郊地震的影响最大（见表 2－2）。

表 2－2　北京及邻近地区强震（$M_s \geqslant 6$）一览表

发震时间	震中位置	震级	震中烈度	北京震中距（km）	城区烈度
1057. 3. 24	幽州（今大兴）	6	八	约 200	有感
1068. 8. 14	沧县河间	6	八	约 160	有感
1337. 9. 8	怀来、延庆	6	八	约 80	六
1484. 1. 29	居庸关	7	八—九	约 50	约七

续表 2 - 2

发震时间	震中位置	震级	震中烈度	北京震中距（km）	城区烈度
1536. 10. 22	通县南	6	七—八	约 30	约七
1568. 4. 25	渤海	6			有感
1581. 5. 18	蔚县、广灵	6	七—八	约 160	有感
1597. 10. 6	渤海	7			有感
1618. 11. 16	蔚县、广灵	6	七—八	约 160	有感
1624. 4. 17	滦县	6		约 200	五
1626. 6. 28	灵丘	7	九	约 190	六
1658. 2. 3	涞水	6	七—八	约 75	有感
1665. 4. 16	通县	6	八	20	七
1679. 9. 2	平谷、三河	8	十一	约 60	八
1720. 7. 12	沙城	6	九	约 90	七
1730. 9. 30	北京西郊	6	八强		七—八
1830. 6. 12	磁县	7	十	约 420	有感
1882. 12. 2	深县	6	八	约 210	有感
1888. 6. 13	渤海				有感
1945. 9. 23	滦县	6	八	约 200	有感
1966. 3. 8	隆尧	6. 8	九	约 310	有感
1966. 3. 22	宁晋	7. 2	十	约 280	有感
1967. 3. 27	河间	6. 3	七	约 150	五
1969. 7. 18	渤海	7. 4		约 330	六
1976. 7. 28	唐山	7. 8	十一	约 150	六—七
1976. 7. 28	滦县	7. 1	九	约 200	有感
1976. 11. 15	宁河	7. 2	约 140		有感

根据史料记载和仪器记录，北京及周边邻近地区（北纬 38. 50 ~ 41. 00，东经 114. 00 ~ 120. 00），自公元 274 年 3 月以来，共发生 4. 75 级以上的大地震近百次，其中对北京城区影响最大的是公元 1057 年发生于固安的 6. 75 级地震，公元 1679 年 9 月 2 日发生于三河、平谷的 8 级地震，以及公元 1730 年 9 月 30 日发生于北京西郊的 6. 5 级地震，这三次地震北京城区的地震烈度均为 8 度。公元 1976 年 7 月 28 日的唐山地震，北京地区的地震烈度为 6 度。

2. 5. 2 建筑场地类别

北京市建筑场地类别主要包括Ⅰ、Ⅱ和Ⅲ类，大致以中轴线为界，中轴线以东主要为Ⅲ场地，以西至山前地带主要为Ⅱ类场地，丘陵和山区部位以Ⅰ类场地为主。

2. 5. 3 抗震设计参数

根据《建筑抗震设计规范》GB 50011—2010，北京市除了昌平、门头沟、怀柔和密云位于地震第二组、抗震设防烈度为 7 度，设计基本地震加速度值为 0. 15g 外，其余区域均位于地震第一组、设防烈度为 8 度、设计基本地震加速度值为 0. 20g。详细划分参见图 2 - 2。

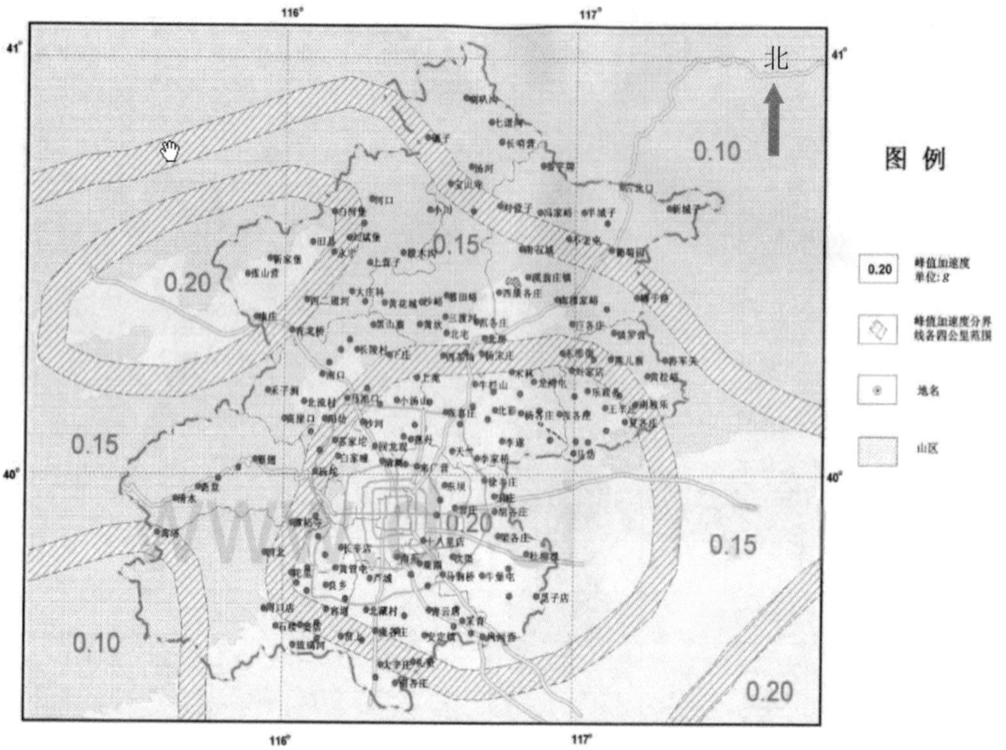

图 2-2　北京地区加速度峰值分区示意图

（引自《北京地区建筑地基基础勘察设计规范》）

3　典型地层与特征

3.1　第四系地层分布特征

永定河冲洪积扇由北京市西北向东南展布，北京地区自西向东地层基本能反映北京平原地区的地层沉积特点。北京地区地层自西向东由单一的碎石土层逐渐过渡到黏性土和碎石土的交互沉积层。地层岩性颗粒自北向南主要受古河道控制，在古河道以粗颗粒沉积为主，在两个古河道之间的古河间地块则以细颗粒沉积为主。北京地区代表地层剖面见插图 10、插图 11。

整个中心城 50m 深度以内的地层概述如下：

（1）人工填土层。

受不同历史时期人为活动影响，北京地区填土厚度和岩性的分布很不均匀（见插图 12）。一般在旧城区和近郊区人口密集的地方，人工填土厚度较大。

例如，在北京辽、金代旧城区域，人工填土厚度可达 9m 左右；内城（主要指二环以内），人工填土厚度一般在 3～6m；在一些湮没河湖沟坑地区，人工填土厚度可达 10m 左右，在近郊区人工填土厚度较小，一般为 2～3m。但在西部取土坑、采石坑区域，填土厚度会达到 10m 以上。

（2）全新统中上部新近沉积层。

北京地区的新近代土层包括流水沉积、沼泽沉积和风积，多分布在最新河流附近（包括洪水泛滥区，见图 2-3），例如西北郊区的清河河漫滩部分，南郊凉水河以西地区、东郊永定河与潮白河交汇区域等地区，新近沉积的砂土、粉土一般存在液化可能。在永定河洪积扇顶部地区（石景山-八宝山一带）的地表土层也属于这一类型。此外，在许多已经填塞的河湖沟坑范围内也常有新近沉积土。新近沼泽沉积主要分布在永定河洪冲积扇的地下水溢出带，例如西北郊的圆明园、昆明湖一带和西郊莲花池附近等。另外，在大兴附近一带出现新近风积土。

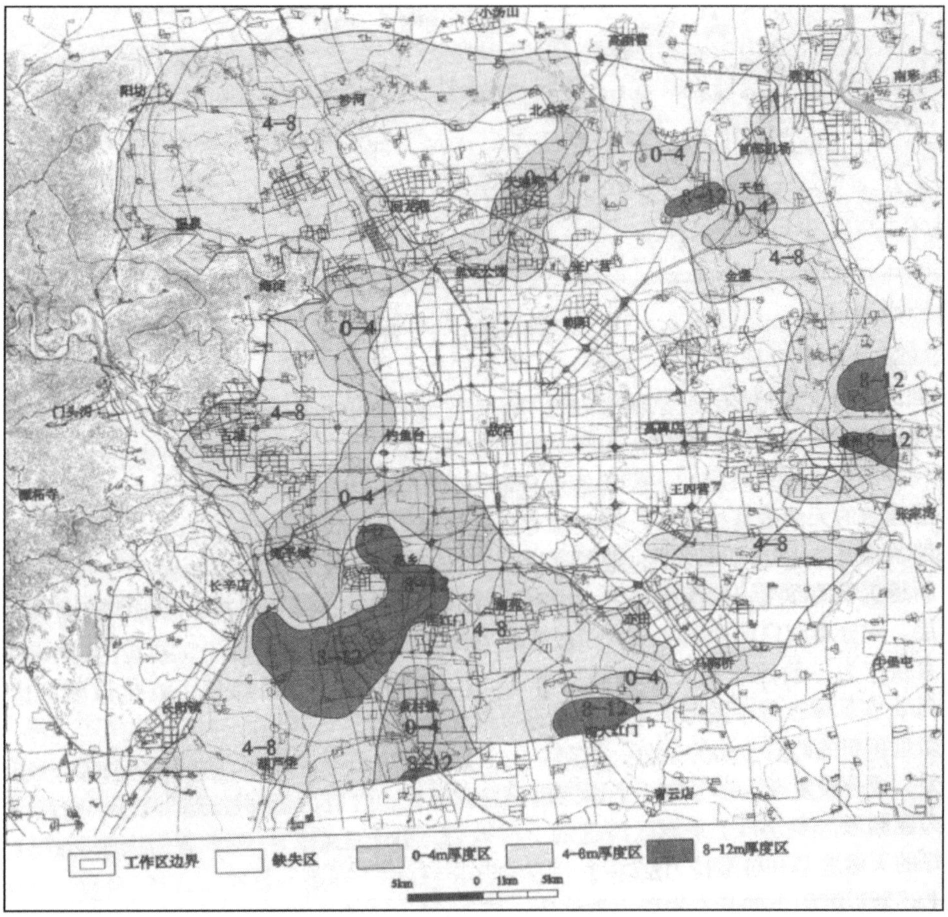

图 2-3　北京六环以内新近沉积土层分布图

（3）全新统下部和上更新统冲洪积层。

人工填土层和新近沉积层以下主要为全新统下部及晚更新统地层，岩性主要以砂土、碎石土与黏性土、粉土为主。其岩性以及厚度分布情况因地貌单元及其所处位置的不同而各异，但总体趋势是自西由单一的碎石土层向东过渡到碎石土与黏性土的交互沉积层。自上至下从细粒土渐变为粗颗粒土，并呈现多组沉积旋回。

3.2 基　　岩

北京地区除缺失上奥陶统、志留系、泥盆系、下石炭统、三叠系及上白垩统地层外，其他地层均有出露。北京地区山地主要分布在北京西部、西北部、北部及东北部，上述区域基岩直接出露。从地层分布来说，太古界古老变质岩主要分布在北京东北部的密云和怀柔一带；中新元古代地层以海相碳酸盐岩及碎屑岩为主并夹有多层海底火山喷发岩，主要分布于密云、平谷、怀柔、昌平、延庆等地；下古生界以海相沉积为主，主要出露于北京西山、京东等地；上古生界以陆相碎屑岩为主并夹有海陆交互相地层，仅分布在西山地区，而北山缺失；中生界侏罗系在西山一带广泛分布，为一套火山岩、沉积岩系及含煤地层；白垩系下统出露于京西坨里、大灰厂一带，为陆相碎屑沉积；新生界地层主要在东南平原区及山间盆地中出露。

北京平原地区除西部地区外，其余区域基岩埋深一般均大于 50m，在地铁深度优先范围之外。北京六环以内轨道交通建设涉及主要基岩主要分布在北京西部，北京西部基岩埋深较浅，约 30～40m，局部更浅或者直接出露。如在西二环阜成门至西三环莲花池一带，砾岩埋深均小于 20m，岩性主要为第三系基岩，岩性包括砾岩、泥岩、砂岩等（见插图 8）。

3.3 第四系地层成因

北京轨道交通主要建设在北京城区，连接郊区县的线路大部分分布在六环以内，基本位于永定河冲洪积扇范围（参见插图5），故本资料重点对永定河冲洪积扇第四系地层进行研究。

第四纪以来，受新构造运动的影响，山区不断抬升，平原区强烈下降，接受了巨厚的河流沉积物，北京地区主要受永定河河流堆积影响。第四系沉积厚度由西向东逐渐增大，沉积颗粒也由粗变细。在西部的永定河冲洪积扇顶部，以厚层砂土和卵、砾石地层为主，向东逐渐过渡为黏性土、粉土与砂土、卵砾石互层，再向东南，则以厚层黏性土、粉土为主。另外，由于北京是历史古都，建筑物兴废变迁甚多，因此地表人工堆积土层分布很广，尤以主城区及关厢地区最为严重，厚度达3～7m。主要为房渣土、碎砖瓦、炉灰及黏性土等。

3.4 第四系地层划分

根据北京地区轨道交通取得的地层资料（北京市轨道交通线网呈二环、三横、四纵、七放射格局，覆盖了北京市平原区的大部分区域），综合考虑工程地质层的成因类型、沉积时代、岩性岩相、地形地貌等，在比较了多个物理力学指标和原位测试指标后，最终选择剪切波速作为主要分层依据。根据以上分析结果，编制了如下北京市平原区统一的工程地质层号。

（1）在深度70m范围内，岩土工程分层首先按土的成因类型和地质年代划分，相应土层的层号见表2－3。

表2－3 北京地区第四系沉积层划分

成因类型和年代	符　　号	层　　号
人工填土	(Q^{ml})	①
全新统中上部新近沉积层	(Q_4^{2+3al})	②
全新统下部冲洪积层	(Q_4^{1al+pl})	③、④
上更新统冲洪积层	(Q_3^{al+pl})	⑤～⑬

（2）在进行地层划分时各土层的剪切波速不能孤立使用，在剖面图上首先分出沉积韵律和标志层，再依据同类土层剪切波速随深度增加的规律进行分层。在巨厚碎石土中以黏性土、粉土夹层作为标志层；在巨厚黏性土中以碎石土、砂土作为标志层。根据相同岩性土层剪切波速上小下大的规律确定土层的层号。

（3）大层的确定以沉积旋回为指导，在剖面图上体现从粗到细的沉积韵律。从⑤层至⑬层，单数层号为粗粒土，双数层号为细粒土。在大层之中有夹层，反映次一级的沉积韵律。使用过程中注意山前斜坡地带古地理环境变化较复杂，碎石土颗粒较大导致剪切波速升高；还要注意土层厚度较薄时剪切波速代表性较差。当存在沉积间断时，可以缺失某层土层。一般规律是山前冲洪积扇顶部地区往往缺失细粒相，冲洪积扇尾部往往缺失粗粒相。在古河间地块区域往往缺失粗粒相土层，同期沉积细粒土应作为粗粒相中的细粒相夹层处理。

（4）在北京西部基岩埋深较浅，主要为第三系基岩，也是轨道交通建设涉及地层，第三系软岩风化带的剪切波速数据根据风化带是否暴露地表而有很大区别。地表分布的强风化带波速值较低，深埋地下的强风化带波速值较高。

（5）目前北京地铁主要分布在永定河冲洪积平原，根据沉积物的岩性和分布特点按城区和四个郊区归纳，各土层的岩性、层号和剪切波速范围值见表2－4。

表 2-4 北京地区岩土工程勘察地层划分

层号及土层名称	剪切波速 V_s（m/s）				
	西郊	城区	东郊	北郊	南郊
人工堆积层（Q^{ml}）					
①粉土素填土①$_1$杂填土①$_2$炉灰	140～170	120～160	100～160	130～170	140～190
新近沉积层（Q_4^{2+3al}）					
②粉土②$_1$粉质黏土②$_2$黏土	160～220	160～180	130～190	150～190	180～220
②$_3$粉细砂②$_4$中粗砂	220～280	220～260	140～240	160～240	180～240
②$_5$圆砾、砾砂	270～320	260～310	240～280	240～280	280～310
第四纪全新世冲洪积层（Q_4^{1al+pl}）					
③粉土③$_1$粉质黏土③$_2$黏土	180～240	180～230	150～220	180～230	190～230
③$_3$粉细砂③$_4$中粗砂	250～280	250～280	230～260	240～260	230～260
④粉质黏土④$_1$黏土④$_2$粉土	230～260	230～250	220～250	230～250	230～250
④$_3$粉细砂④$_4$中粗砂	260～300	260～300	240～290	240～280	240～280
第四纪晚更新世冲洪积层（Q_3^{al+pl}）					
⑤卵石圆砾	330～430	320～380	300～320	300～320	330～400
⑤$_1$中粗砂⑤$_2$粉细砂	280～320	280～320	270～310	280～320	290～320
⑤$_3$粉土⑤$_4$粉质黏土	250～280	250～280	245～260	245～260	250～280
⑥粉质黏土⑥$_1$黏土⑥$_2$粉土	250～290	250～280	245～280	250～280	250～280
⑥$_3$细中砂	300～350	280～320	280～320	280～330	280～320
⑦卵石圆砾	430～500	350～420	350～400	400～450	400～450
⑦$_1$中粗砂⑦$_2$粉细砂	300～380	320～370	300～380	320～400	320～400
⑦$_3$粉土⑦$_4$粉质黏土	280～310	280～310	260～300	280～300	270～300
⑧粉质黏土⑧$_1$黏土⑧$_2$粉土	290～340	280～310	270～320	280～320	280～310
⑧$_3$细中砂	320～370	320～370	300～350	300～350	300～350
⑨卵石圆砾	500～600	380～450	380～450	450～490	450～500
⑨$_1$中粗砂⑨$_2$粉细砂	350～400	350～400	350～400	400～430	350～420
⑨$_3$粉土⑨$_4$粉质黏土	330～360	310～350	300～350	300～350	290～350
⑩粉质黏土⑩$_1$黏土⑩$_2$粉土	330～400	310～350	330～400	300～350	310～350
⑩$_3$细中砂	350～420	350～400	350～400	350～400	350～420
⑪卵石圆砾	500～700	450～500	450～500	450～500	500～600
⑪$_1$中粗砂⑪$_2$粉细砂	430～480	400～450	400～450	400～450	400～500
⑫粉质黏土⑫$_1$ 黏土⑫$_2$ 粉土	400～450	350～400	350～400	350～400	320～400
⑫$_3$ 细中砂	450～500	400～450	400～450	400～450	400～450
⑬卵石	600～800	>500	>500	>500	>500
⑬$_1$ 砂土			430～500	430～500	430～500
⑬$_2$ 黏性土粉土			400～500	400～500	400～500
基岩⑭泥岩⑮砾岩					
强风化带	500～800				
中风化带	800～1800				
微风化带	>1800				

3.5 主要地层物理力学参数

北京地区地层自西向东由单一的碎石土层逐渐过渡到黏性土和碎石土的交互沉积层，地层岩性颗粒自南向北由粗变细。西部地区地层成分单一，巨厚层碎石类土层分布均匀、压缩性低、工程力学性质较好；北京西北部、东北部、东部郊区、南部郊区及市区古河道内浅部分布有工程性质稍差的新近沉积土层，其中的黏性土层压缩较高，局部呈软塑状态。除填土、新近沉积土层外，北京地区的黏性土、粉土层多以中 - 中低压缩性土层为主，分布一般比较稳定，工程性质较好。

3.5.1 主要地层物理试验指标

根据北京地铁勘察资料及北京地区经验，综合确定各土层的物理试验参数，供勘察设计人员参考使用，详见表 2 - 5。

表 2 - 5 北京地区主要地层物理试验指标表

地层编号	岩土名称	物理性质			稠性黏度		固结试验	
		天然含水量 ω	天然密度 ρ	孔隙比 e	液限 W_L	塑限 W_P	压缩模量 $E_{s0.1-0.2}$	压缩系数 $a_{0.1-0.2}$
		(%)	(g/cm^3)	—	(%)	(%)	(MPa)	(MPa^{-1})
①	素填土		1.60 ~ 1.70	0.630 ~ 0.950	23.0 ~ 25.0	18.0 ~ 19.0		
①$_1$	杂填土		1.65 ~ 1.70					
②	粉土	13 ~ 30	1.85 ~ 1.95	0.550 ~ 0.750	20.0 ~ 30.0	15.0 ~ 25.0	5 ~ 10	0.1 ~ 0.2
②$_1$	粉质黏土	16 ~ 38	1.75 ~ 1.90	0.600 ~ 0.850	25.0 ~ 35.0	18.0 ~ 28.0	4 ~ 8	0.1 ~ 0.5
②$_3$	粉细砂		1.90 ~ 2.02				8 ~ 12	
②$_5$	圆砾		2.05 ~ 2.10				15 ~ 35	
③	粉土	14 ~ 25	1.95 ~ 2.10	0.515 ~ 0.780	23.0 ~ 30.0	16.0 ~ 22.0	4 ~ 12	0.1 ~ 0.3
③$_1$	粉质黏土	19 ~ 39	1.85 ~ 2.00	0.660 ~ 0.950	27.0 ~ 37.0	17.0 ~ 27.0	3 ~ 10	0.1 ~ 0.5
③$_3$	粉细砂		2.00 ~ 2.03				12 ~ 20	
④	粉质黏土	17 ~ 35	1.85 ~ 2.00	0.620 ~ 0.950	27.0 ~ 45.0	19.0 ~ 29.0	6 ~ 10	0.1 ~ 0.3
④$_2$	粉土	14 ~ 28	1.90 ~ 2.00	0.500 ~ 0.750	22.0 ~ 30.0	15.0 ~ 25.0	8 ~ 15	0.1 ~ 0.3
④$_3$	粉细砂		2.00 ~ 2.03				15 ~ 30	
⑤	圆砾		2.05 ~ 2.10				70 ~ 100	
⑤$_1$	中粗砂		2.02 ~ 2.05				30 ~ 40	
⑤$_2$	粉细砂		2.00 ~ 2.03				15 ~ 30	
⑥	粉质黏土	19 ~ 36	1.90 ~ 2.00	0.600 ~ 0.900	28.0 ~ 48.0	20.0 ~ 30.0	7 ~ 10	0.1 ~ 0.3
⑥$_1$	黏土	18 ~ 38	1.90 ~ 2.00	0.660 ~ 0.960	25.0 ~ 44.0	14.0 ~ 25.0	10 ~ 15	0.1 ~ 0.5
⑥$_2$	粉土	16 ~ 25	1.95 ~ 2.02	0.540 ~ 0.730	24.0 ~ 31.0	16.0 ~ 26.0	15 ~ 20	0.1 ~ 0.4
⑦	卵石圆砾		2.10 ~ 2.20				80 ~ 150	
⑦$_1$	中粗砂		2.02 ~ 2.05				30 ~ 60	
⑦$_2$	粉细砂		2.00 ~ 2.03				30 ~ 40	
⑧	粉质黏土	20 ~ 40	1.85 ~ 2.00	0.560 ~ 0.780	26.0 ~ 46.0	16.0 ~ 29.0	15 ~ 25	0.1 ~ 0.4

续表 2－5

地层编号	岩土名称	物理性质			稠性黏度		固结试验	
		天然含水量 ω	天然密度 ρ	孔隙比 e	液限 W_L	塑限 W_P	压缩模量 $E_{s0.1\sim0.2}$	压缩系数 $a_{0.1\sim0.2}$
		(%)	(g/cm³)	—	(%)	(%)	(MPa)	(MPa^{-1})
⑧₁	黏土	20～40	1.85～2.00	0.650～0.950	28.0～48.0	18.0～30.0	15～25	0.1～0.5
⑧₂	粉土	15～30	1.95～2.00	0.550～0.750	26.0～30.0	17.0～27.0	15～20	0.1～0.3
⑧₃	粉细砂		2.00～2.03				30～50	
⑨	卵石		2.10～2.20				100～180	0.2～0.3
⑨₂	粉细砂		2.00～2.03				30～50	
⑨₄	粉质黏土	29～40	1.85～2.00	0.550～0.780	26.0～45.0	17.0～27.0	15～25	0.1～0.4
⑩	粉质黏土	18～35	1.85～2.00	0.530～0.780	25.0～45.0	15.0～28.0	15～25	0.1～0.4
⑩₁	黏土	20～40	1.85～2.00	0.650～0.880	26.0～48.0	17.0～30.0	15～25	0.1～0.4
⑪	卵石		2.10～2.20				100～180	
⑪₁	中粗砂		2.02～2.05				40～60	
⑫	粉质黏土	18～30	1.85～2.00	0.530～0.750	24.0～43.0	14.0～26.0	15～25	0.1～0.4
⑫₂	粉土	15～250	1.98～2.03	0.500～0.750	23.0～32.0	15.0～23.0	15～20	0.1～0.3
⑫₃	粉细砂		2.00～2.03				30～50	
⑬	砾岩		2.20～2.50				100～130	
⑬₁	泥岩		2.10～2.40				60～120	

3.5.2 主要地层力学试验指标

根据北京地铁勘察资料及北京地区经验综合确定各土层的力学试验参数，供勘察设计人员参考使用，详见表 2－6。

表 2－6 北京地区主要地层力学试验指标表

地层编号	岩土名称	直接剪切				三轴剪切			
		快剪		固结快剪		UU		CU	
		C	ϕ	C_q	ϕ_q	C_{uu}	Φ_{uu}	C_{cu}	Φ_{cu}
		(kPa)	(°)	(kPa)	(°)	(kPa)	(°)	(kPa)	(°)
①	素填土	5～10	8～15						
①₁	杂填土	3～8	5～10						
②	粉土	12～18	19～28	14～20	20～30	18～28	3～8	15～25	22～32
②₁	粉质黏土	20～30	14～20	22～32	15～25	30～40	1～8	25～35	15～25
②₃	粉细砂	0	15～25						
②₅	圆砾	0	25～35						
③	粉土	15～25	20～30	18～28	25～35	20～30	2～10	19～29	25～35
③₁	粉质黏土	20～30	15～20	23～33	16～26	25～38	1～8	24～34	15～26
③₃	粉细砂	0	20～30						

续表 2－6

地层编号	岩土名称	直接剪切				三轴剪切			
		快剪		固结快剪		UU		CU	
		C	φ	C_q	φ_q	C_{uu}	Φ_{uu}	C_{cu}	Φ_{cu}
		(kPa)	(°)	(kPa)	(°)	(kPa)	(°)	(kPa)	(°)
④	粉质黏土	22～32	17～30	23～33	18～32	25～40	1～8	25～36	15～26
$④_2$	粉土	16～26	22～32	18～28	25～35	20～30	2～10	20～30	25～35
$④_3$	粉细砂	0	25～35						
⑤	圆砾	0	35～45						
$⑤_1$	中粗砂	0	30～40						
$⑤_2$	粉细砂	0	25～35						
⑥	粉质黏土	22～33	18～30	23～33	18～33	25～40	1～8	25～36	15～26
$⑥_1$	黏土	30～40	10～20	32～42	12～20	35～45	1～8	35～45	13～23
$⑥_2$	粉土	15～25	20～30	18～28	25～35	20～30	2～10	19～29	25～35
⑦	卵石圆砾	0	40～50						
$⑦_1$	中粗砂	0	30～40						
$⑦_2$	粉细砂	0	25～35						
⑧	粉质黏土	25～35	19～30	27～37	20～30	30～40	1～8	28～38	18～28
$⑧_1$	黏土	30～40	10～20	33～43	12～20	35～45	1～8	35～45	14～24
$⑧_2$	粉土	15～26	22～32	18～28	25～35	20～30	2～10	20～30	25～36
$⑧_3$	粉细砂	0	28～38						
⑨	卵石	0	40～50						
$⑨_2$	粉细砂	0	28～38						
$⑨_4$	粉质黏土	25～35	20～30	28～38	22～32	30～42	1～8	30～40	20～30
⑩	粉质黏土	25～36	20～31	30～40	22～33	30～43	1～8	30～42	20～32
$⑩_1$	黏土	32～45	10～20	34～44	12～23	36～46	1～8	35～45	14～24
⑪	卵石	0	40～50						
$⑪_1$	中粗砂	0	30～40						
⑫	粉质黏土	25～38	20～32	30～42	22～34	30～45	1～8	30～45	20～35
$⑫_2$	粉土	15～26	22～35	18～30	25～35	20～35	2～10	20～35	25～38
$⑫_3$	粉细砂	0	30～40						
⑬	砾岩	25～40	30～45						
$⑬_1$	泥岩	30～45	25～40						

注：UU 为三轴不固结不排水剪，CU 为三轴固结不排水剪。

3.5.3 主要地层特殊试验参数

针对地铁工程的特殊需求，根据北京地铁勘察资料及北京地区经验综合确定各土层的特殊试验参数，供勘察设计人员参考使用，详见表 2－7。

表 2-7　北京地区主要地层特殊试验参数表

地层编号	岩土名称	热物理			基床系数		静止侧压力系数 K_0	无侧限抗压强度 q_u
		比热容 C	导热系数 λ	导温系数 $\alpha*10^{-3}$	垂直 K_v	水平 Ch		
		(kJ/kg·K)	(W/m·K)	(m^2/h)	(MPa/m)	(MPa/m)		
①	素填土						0.65~0.75	
$①_1$	杂填土						0.60~0.705	
②	粉土	1.20~1.45	1.15~1.85	1.45~2.55	28~30	30~40	0.35~0.45	55~130
$②_1$	粉质黏土	1.05~1.85	1.08~1.95	0.95~2.65	20~35	25~35	0.40~0.50	60~140
$②_3$	粉细砂	1.05~1.45	0.55~1.45	1.10~2.55	30~40	35~45	0.30~0.40	
$②_5$	圆砾	1.05~1.50	0.75~2.55	1.55~3.55	35~50	40~50	0.25~0.35	
③	粉土	1.25~1.55	1.18~1.88	1.47~2.57	35~45	40~50	0.30~0.40	60~120
$③_1$	粉质黏土	1.08~1.88	1.11~1.98	0.98~2.68	30~45	30~50	0.35~0.45	40~90
$③_3$	粉细砂	1.06~1.46	0.56~1.46	1.11~2.56	40~50	40~55	0.30~0.40	
④	粉质黏土	1.09~1.89	1.12~1.99	0.99~2.69	30~40	40~55	0.35~0.45	45~100
$④_2$	粉土	1.27~1.47	1.19~1.89	1.48~2.58	30~40	30~40	0.33~0.43	65~130
$④_3$	粉细砂	1.08~1.48	0.58~1.48	1.12~2.57	40~50	45~55	0.30~0.35	
⑤	圆砾	1.08~1.53	0.78~2.58	1.58~3.58	40~60	45~60	0.28~0.35	
$⑤_1$	中粗砂	0.95~1.45	0.65~1.65	1.05~3.15	50~80	55~90	0.28~0.35	
$⑤_2$	粉细砂	1.09~1.49	0.59~1.49	1.13~2.58	40~55	45~55	0.30~0.46	
⑥	粉质黏土	1.11~1.91	1.14~1.99	0.99~2.69	34~45	38~48	0.38~0.48	54~122
$⑥_1$	黏土	1.05~1.85	1.08~1.95	0.95~2.65	30~40	35~45	0.36~0.46	60~120
$⑥_2$	粉土	1.30~1.50	1.20~1.90	1.50~2.60	45~50	45~55	0.35~0.45	33~66
⑦	卵石圆砾	1.15~1.45	0.85~2.75	1.65~3.65	80~100	85~110	0.25~0.30	
$⑦_1$	中粗砂	0.95~1.45	0.65~1.65	1.05~3.15	50~80	60~80	0.28~0.35	
$⑦_2$	粉细砂	1.10~1.50	0.60~1.50	1.14~2.60	40~50	40~50	0.30~0.35	
⑧	粉质黏土	1.22~1.91	1.16~2.03	1.00~2.72	35~45	45~55	0.30~0.35	70~140
$⑧_1$	黏土	1.05~1.85	1.08~1.95	0.95~2.65	30~40	45~55	0.31~0.36	65~130
$⑧_2$	粉土	1.32~1.52	1.22~1.95	1.51~2.62	45~55	45~60	0.30~0.38	75~150
$⑧_3$	粉细砂	1.12~1.52	0.62~1.52	1.16~2.62	45~55	45~65	0.25~0.30	
⑨	卵石	1.18~1.48	0.88~2.78	1.68~3.68	85~110	85~110	0.22~0.32	
$⑨_2$	粉细砂	1.13~1.53	0.63~1.53	1.17~2.63	50~65	50~70	0.28~0.35	
$⑨_4$	粉质黏土	1.15~1.94	1.17~2.04	1.04~2.73	35~45	45~60	0.30~0.48	75~150
⑩	粉质黏土	1.15~1.95	1.17~2.05	1.04~2.74	38~48	48~60	0.30~0.48	78~155
$⑩_1$	黏土	1.15~1.90	1.13~1.98	0.98~2.68	35~45	45~60	0.38~0.48	75~150
⑪	卵石	1.21~1.51	0.91~2.81	1.71~3.71	90~130	95~130	0.21~0.31	
$⑪_1$	中粗砂	0.98~1.48	0.68~1.68	1.08~3.18	50~80	55~85	0.25~0.35	
⑫	粉质黏土	1.16~1.96	1.18~2.08	1.05~2.75	45~55	50~65	0.38~0.43	80~160
$⑫_2$	粉土	1.35~1.55	1.30~1.96	1.52~2.63	45~65	45~70	0.30~0.35	85~170
$⑫_3$	粉细砂	1.14~1.54	0.64~1.53	1.18~2.65	45~70	45~70	0.28~0.35	
⑬	砾岩	0.54~1.55	1.00~1.75	1.30~3.50	135~160	160~180	0.20~0.30	
$⑬_1$	泥岩	0.54~1.55	1.00~1.75	1.30~3.50	135~160	160~180	0.20~0.30	

4 地 下 水

4.1 地下水类型及特征

从赋存介质来说，北京平原地区地下水属于第四纪松散岩类孔隙水，从水力性质上可分为上层滞水、潜水和承压水。主要赋存于河流冲洪积作用形成的砂及砂卵砾石中，各河流第四系松散沉积物沉积规律大致相同，即从冲洪积扇顶部至下部及冲洪积平原地区，含水层颗粒由粗变细，含水层结构由单一层逐渐过渡到多层，地下水位埋深由深变浅。

4.1.1 上层滞水

主要分布于10m深度范围内的粉土、砂土和人工填土层中。主要为人工填土层和上部粉土③层，局部为粉细砂$③_3$层。主要接受大气降水、绿地灌溉和自来水、雨水、污水等地下管线的垂直渗漏补给。该类型地下水和大气降水关系密切，且主要以蒸发和越流为主要的排泄方式。

4.1.2 潜水

该层水在北京市普遍分布，根据地貌特征和埋藏条件又可分为台地潜水、一级阶地潜水、层间潜水和西郊潜水，该类型地下水总的特征是具有自由水面和地下径流活跃。

台地潜水主要分布在北京市平原区的东部和北部的台地上（相应于插图15中的Ⅰ区），含水层岩性主要为深度10m以上的砂土和粉土层，渗透性较差。隔水层岩性为粉质黏土、黏土，含水层与隔水层基本呈互层状分布。除了地下水的侧向补给、径流和排泄以外，垂直方向运动较明显。接收大气降水、灌溉水和上层滞水的垂直渗透补给，以向下越流补给承压水的方式排泄，各层含水层都有相应水位，形成多个含水层、多层潜水的特点；

阶地潜水主要分布于清河故道和温榆河故道中，含水层以新近沉积的砂、卵石层为主（相应于插图15中的Ⅲa亚区）。渗透性强，地下水位较低。地下水的形成以沿古河道方向的侧向补给、径流、排泄为主，总体径流方向为自永定河出山口呈辐射状分别向东北、东、东南等下游方向运动，在古河道范围内具有区域性统一的潜水面，局部受地下水开采或工程降水的影响，地下水位略有起伏。

该层水在北京市分布不连续，但涉及范围较广，除西郊外均有涉及，主要分布在深度10~30m范围的可能赋水中，其中市区中部（插图15中的Ⅱ区）主要以砂、卵砾石为主，北部和东部以砂土、粉土和黏性土等细颗粒地层为主，低水位情况下不同位置之间的层间水层之间的水力联系较差。

潜水含水层在不同地段分别为粉细砂$②_3$层、圆砾砾砂$②_5$层、粉土$④_2$层、粉细砂$④_3$层、中粗砂$④_4$层、圆砾⑤层、中粗砂$⑤_1$层和粉细砂$⑤_2$层、粉土⑥层。在古河道地区含水层岩性以圆砾和砂土为主，水位埋藏较深；在古河间地块黏性土、粉土和砂土互层地区，含水层岩性为粉土和砂土，具有多个含水层和多层潜水水位。在古河道与古河间地块分界部位，可以出现潜水水位的突变现象。北京地区潜水水位见插图13。

4.1.3 承压水

该层水主要分布在北京市平原区中部、东部和北部，主要分布在深度30m左右以下的砂、卵砾石层中。地下水总体流向为自西向东，局部流向指向开采漏斗中心。由于平原区地下水多年超采，承压水头不断降低，在隔水层的作用下出现多个承压含水层、多个承压水头，当低于含水层顶板时成为层间水。

在西、北郊冲洪积扇顶部，地面以下至基岩的土层几乎全部为粗颗粒土，地下水性质为潜水，是平原区承压水的主要补给来源。含水层岩性主要为圆砾⑤层、中粗砂$⑤_1$层、粉细砂$⑤_2$层、卵石圆砾⑦层、中粗砂$⑦_1$层、粉细砂$⑦_2$层、卵石圆砾⑨层及以下粗粒土层。本层地下水是北京市地下水开采的主要含水层之一。承压水的排泄方式主要为人工开采，和侧向径流流出区外。

北京地区承压水分布范围见插图14。

4.2 地下水动态变化规律

地下水的动态是本层地下水补给量和排泄量随时间动态均衡的反映。当地下水的补给量大于排泄量时，地下水位上升；反之，当地下水的补给量小于排泄量时，地下水位就下降。各层地下水的动态各有其特点。

4.2.1 上层滞水

随季节大气降水及管道渗漏的变化而变化，不具有明显的多年连续升降趋势。在古河道水文地质单元，上层滞水几乎被疏干。在古河间地块水文地质单元，随着地面环境的变化，农田变为住宅小区，地面硬化，大气降水垂直渗入补给量迅速减少，上层滞水的水位逐年下降。在仍为农田的地区，地下水位仍然较高。

4.2.2 潜水

其动态与大气降水关系密切。每年7至9月份为大气降水的丰水期，地下水位自7月份开始上升，9至10月份达到当年最高水位，随后逐渐下降，至次年的6月份达到当年的最低水位，平均年变幅约为2～3m。一般情况下，潜水的动态受农田供水开采的影响，不直接受城市供水开采的影响，但由于潜水与承压水具有密切的水力联系，当承压水头降低时，越流补给量增大，潜水水位也随之下降。在西郊巨厚卵石层分布的潜水区，夏季暴雨渗入补给迅速，潜水变幅可达数米。

4.2.3 承压水

其动态比潜水稍有滞后，当年最高水位出现在9—11月，最低水位出现在6—7月，年变幅约为1～2m。自20世纪70年代以来，随着工农业生产的迅速发展和城市的扩大，地下水开采量逐年增加，地下水位不断下降，已经形成分布面积达数千平方公里的区域性地下水位降落漏斗，漏斗中心位于城区东北部的天竺一带，水位埋深大于30m。

4.3 水文地质单元划分

根据北京市勘察设计研究院的研究成果，可将北京市对工程建设有较大影响的50m深度范围内地下水大致划分为三个大区（Ⅰ、Ⅱ、Ⅲ区），还可细分为Ⅰa、Ⅰb、Ⅰc、Ⅱa、Ⅱb、Ⅲa、Ⅲb七个亚区，详细划分见插图15。

各区地下水特征参见表2－8。

表2－8 各区地下水特征表

（引自《地下水与结构抗浮》）

大区	Ⅰ区（水文地质Ⅰ单元）			Ⅱ区（水文地质Ⅱ单元）		Ⅲ区（水文地质Ⅲ单元）	
亚区	Ⅰa区	Ⅰb区	Ⅰc区	Ⅱa区	Ⅱb区	Ⅲa区	Ⅲb区
位置	东北郊	东郊	东南郊	老城区北部	老城区大部	清河流域	西郊和西南郊
地下水分布特征	30m之内有2～4个含水层。上部，台地潜水含水层；中部，1～2个层间水含水层；下部，潜水或承压水含水层	基本同Ⅰa区。由于地处古金沟河下游的网状河流区域，台地潜水分布不连续，又因古河道岩性颗粒较粗，成为本地区地下水汇流通道	基本同Ⅰa区。受Ⅰb古河道影响本区地下水流向由EW流向NE，区别于其他区域	围绕王府井一带分布有丰富的上层滞水；中部为层间水；下部为潜水或承压水	基本同Ⅱ区相同，区别在于上层滞水较少	潜水类型，分布特征受现代河流控制，河流一级阶地下分布有承压水	潜水，一般埋藏较深，受人为因素影响，水位变幅较大

根据此研究成果，结合工程地质及水文地质对轨道交通建设的影响，可将北京市永定河冲洪积扇分为三个大的水文地质单元，各单元地下水特征如下：

（1）水文地质Ⅰ单元。

东二环以东40m深度范围内第四系沉积物以古金沟河故道和古金沟河故道河间地块沉积为主，表层以厚度不均的人工堆积的房渣土、素填土为主，以下为第四纪沉积的黏性土层、粉土层、砂土层和卵石圆砾土层。该范围主要赋存2～4层地下水，地下水类型为潜水和承压水。潜水一般分布1～2层，埋深自西向东逐渐变浅，至东郊地下水埋深可至地面下1～2m左右，含水层主要为砂层；承压水受上部隔水层的影响，埋深起伏较大，含水层主要为砂土层。

（2）水文地质Ⅱ单元。

该单元包括现状二环路以内范围，该区40m深度范围内第四系沉积物以古金沟河故道沉积为主，表层以厚度不均的人工堆积的房渣土、素填土为主，人工堆积层以下为第四纪沉积的黏性土层、粉土层、砂土层、卵石层，卵石层厚度自西向东逐渐减小，且埋深加大，呈现砂土、黏性土、卵石圆砾互层。

本区40m深度范围主要分布一层层间潜水和一层承压水。受其下伏相对隔水层的影响，潜水埋深起伏较大，含水层主要为砂土层、圆砾卵石层；承压水位于潜水底部的隔水层以下，含水层也为砂土层、圆砾卵石层，承压水头由西向东逐渐增大，一般为3～5m。

（3）水文地质Ⅲ单元。

该单元为自西部山前－西二环范围，本单元30m深度范围第四系沉积物以古漯水河故道沉积为主，表层以厚度不均的人工堆积的房渣土、素填土为主，人工堆积层以下局部为新近沉积的薄层黏性土、粉土、砂土，局部为圆砾层，再以下为第四纪沉积的巨厚卵石层，夹砂土薄层。

本单元地下水以第四纪松散沉积物孔隙水为主，受地层岩性分布特点的影响，该区50m深度范围内地下水类型比较单一，主要为潜水，埋深较大，含水层以卵石层为主。

本单元在西部山前斜坡地带，基岩埋深较浅，在基岩中还可能分布有基岩裂隙水。基岩裂隙水受基岩裂隙发育控制，分布无规律，在地势低洼处一般溢出地面或以潜水形式分布于地面下，且水位受季节降水影响较大。

5　特殊地质条件

5.1　不良地质作用

根据北京市的工程地质条件、地形地貌、区域地质条件等情况综合分析，北京地区不良地质作用主要有崩塌、滑坡、泥石流和采空塌陷，主要分布在密云、怀柔、延庆、房山、门头沟、平谷、昌平的山区和半山区境内。随着人类各种社会经济活动和工程建设的发展，突发地质灾害日益加重。北京地区缓变地质灾害主要为地面沉降和地裂缝，主要发育在平原区。另外，活动断裂、砂土液化也是北京地区的不良地质作用。

5.1.1　活动断裂

北京市分布的轨道交通有影响的活动断裂主要有南口－孙河断裂、八宝山－高丽营断裂、良乡－顺义断裂、南苑－通县断裂、夏垫－马坊断裂，上述断裂在全新世仍有活动，轨道交通建设须考虑其带来的不利影响。

对活动断裂的活动性评价及其对轨道交通建设的影响一般进行地震安全性专项研究评价，设计及施工可根据该专项研究采取适当的抗震措施。

5.1.2 砂土液化

北京地区砂土液化主要分布在永定河冲洪积扇的扇翼外围，主要分布于北四环、东四环和南四环外围（详细分布见插图16）。液化深度变化较大，在东部通州温榆河等河道附近液化深度可达15m，液化等级最大可达严重。另在潮白河漫滩和废弃河道液化土层也普遍存在。

5.1.3 地面沉降

受地下水过量开采与工程降水施工的影响，北京平原地区形成了几大沉降中心（见插图17），如顺义天竺地区等，沉降量超过1m，在北京城区，朝阳的东八里庄－大郊亭沉降中心、来广营沉降中心，其最大沉降量在700mm左右，属于地面沉降中等危害区。

在地面沉降作用下，地下管线、地表建筑物有可能产生变形。在施工过程中，管线或建筑物的受力状态再次发生变化，容易造成管线破裂或房屋开裂，在城区地段将更为明显。

5.1.4 地裂缝

北京地区的地裂缝主要与地震、地面沉降、断裂构造、采空塌陷等有关，是自然和人为综合作用的结果。目前，北京市的地裂缝主要发育在顺义城区周边、高丽营及北小营地区，位于顺义平各庄地面沉降区。其延伸方向与黄庄－高丽营断裂和良乡－顺义断裂相一致，呈北东向展布。顺义地裂缝南起塔河，向北东沿至木林，基本上沿着NE30°～55°方向分布，影响总长度约25km左右，但在塔河－顺义城区的2～3km地段内，地裂缝表现得最为明显，裂缝宽度达200m左右，已造成百余间厂房、民房受损。高丽营地裂缝发现于20世纪90年代，主要分布在西王路村、唐自头村、土沟村，延伸长度2500m左右，裂缝带宽度达300m左右，在西王路村表现最为明显，其总体走向为北东向45°～60°，已造成建筑物开裂变形。

地裂缝可使公路、管道等线路工程和水利工程设施遭到破坏，使建筑物开裂，造成经济损失和人员伤亡。

5.1.5 采空塌陷

采空区是由人为挖掘或者天然地质运动在地表下面产生的“空洞”，北京地区的采空塌陷主要是由采矿引起的，集中分布在北京西部的房山区和门头沟区，主要类型有塌坑、地裂缝、山体滑坡、地面不均匀沉降等，具有隐蔽性强、分布广、危险性高、危害性大、预防和治理难度大等特点。采空塌陷易破坏房屋、铁路、公路、水库等工程设施，造成房屋倒塌、道路中断、水库漏水、大坝和堤防陷落开裂，危害人民生命、造成财产损失。采空区的存在使得矿山的安全生产面临很大的安全问题，人员与机械设备都可能掉入采空区内部受到伤害。

5.1.6 空洞

空洞对地铁工程的危害已经是众所周知，轻则引起地表变形，重则引起塌陷、人员伤亡、房屋倒塌。北京地区的空洞成因大致为以下三种：

（1）历史时期备战备荒：这类空洞埋深不大，大约在地表下3～4m，平房或小巷内，无支护措施，也无资料记录。

（2）管线、降水等施工的后遗问题：城区地下管线密集且埋设年代较早，在管线渗漏的长期作用下，可能形成渗漏漏斗，管线周边土层已经虚空或呈软塑状态。同时，沿线的新建建筑物埋深较大，在施工过程均采取了降水措施，有的采用的还是辐射井降水，易引起地层损失从而产生空洞。

（3）在地下水强烈开采区，水力坡度变大，地下水的流速加快，在砂卵石层与黏性土接触位置可发生细颗粒流失现象，形成网络状洞穴，当采用注浆等工程措施的时候可出现严重漏浆现象。

5.1.7 泥石流

泥石流是北京地区最为严重的地质灾害之一，其突发性强、危害大、损失严重。目前山区泥石流分布广泛，有9个区县存在泥石流隐患。泥石流以淤埋、冲刷、撞击等几种形式直接对建筑物、道路、桥梁、水利工程、电力设施等造成破坏，夺取生命，冲毁财产，并危害下游地区的村庄、农田、矿山、企业、学校、水源地等。据不完全统计，自1949年以来，共发生严重泥石流灾害10余次，造成约500人死亡，经济损失达数亿元。

5.1.8 崩塌

北京市崩塌规模一般几至几十立方米，不仅直接形成灾害，往往触发或演变为泥石流，主要分布在延庆东部、怀柔中部、密云西部和西北部，其他地区则零星分布。崩塌常导致道路中断、堵塞或坡脚处建筑物毁坏倒塌，如发生洪水还可能直接转化成泥石流。

5.1.9 滑坡

北京地区大型滑坡比较少见，目前新产生的滑坡多是由人类工程活动引起的。主要分布在门头沟、房山、延庆、怀柔、昌平和平谷等地区。另外，汛期经常会出现较多的山坡表浅土层的小型滑坡。滑坡不仅破坏地质环境，而且导致人员伤亡，毁坏房屋、公路、铁路等工程设施，给国家和人民造成很大损失。

对于地裂缝、地面沉降、地裂缝、采空塌陷、空洞、泥石流、崩塌、泥石流等地质灾害，勘察时重点采取现场地质调查、收集资料、物探等手段查明其分布范围、深度、走向、发展程度及变化趋势。轨道交通均为百年重点工程，一般建议进行地质灾害评估。

5.2 特殊性岩土

5.2.1 填土

填土在北京地区表层普遍分布，一般厚度1~2m，但在二环以内的老城区因人为改造历史较长，局部填土厚度较大。填土物质成分较杂乱，均匀性差，根据组成物质或堆积方式，又可分为素填土（碎石、沙土、黏性土等）、杂填土（含大量建筑垃圾的房渣土及工业、生活废料）、冲填土（水力充填）及压实填土（分层压实土）等。由于填土堆积条件上的差异，它的分布范围和厚度变化缺乏规律性，往往在一个小范围内变化较大。多数是一种欠压密的土，一般具较高的压缩性、较低的强度、较大的变异性，难以在工程中利用。其成分复杂，力学性质差异较大，同时抗剪强度低。

5.2.2 新近沉积土

北京地区的新近代土层主要分布在西北郊区的清河河漫滩部分，南郊凉水河以西地区、东郊永定河与潮白河交汇区域、永定河洪积扇顶部地区（石景山－八宝山一带）及许多已经填塞的河湖沟坑范围内。新近沼泽沉积主要分布在永定河洪冲积扇的地下水溢出带，例如西北郊的圆明园、昆明湖一带和西郊莲花池附近等。另外，在大兴附近一带出现新近风积土。一般厚度4~8m，仅在西南郊、东郊局部区域厚度达8~12m。岩性以黏性土、粉土、砂土为主，局部为圆砾卵石土。新近沉积土层因沉积时间短，一般为稍密－中密，工程力学性质相对较差。

5.2.3 污染土

北京东郊、南郊和北郊局部地区，受化工制品场（如东三环以东地区原为北京的老工业基地，分布有焦化厂、印染厂等）、垃圾回填场（主要分布于北京北郊、东郊和南郊）的影响，存在一定范围的污染土。这些污染源一般建于20世纪五六十年代，污染深度可达20~30m。

土壤散发的刺激性气味较浓，在钻探取样和试验室开土时，工作人员短时间吸入该场地土散发的气体，便可使人头脑发晕、恶心等，该类土的存在直接威胁着轨道交通施工人员安全；运营阶段也将影响工作人员和乘客的健康；另外，污染土可能具有腐蚀性，腐蚀施工材料，带来工程隐患。

在现场野外勘察时，对于存在异味、颜色异常的土层应调查周围是否存在污染源，并查清污染土的分布范围、分布深度，并在现场或采取土、水样进行污染成分分析，必要时需进行污染土的专项勘察，以为轨道交通的施工方法、敷设方式调整提供数据依据。

5.2.4 软土

北京分部较少，主要分布于现状水体的底部，例如西北郊的圆明园、昆明湖一带、西郊莲花池附近、西北六环附近等，厚度较小。

5.2.5 残积土

主要分布于北京市周边的低山、丘陵及山前斜坡地带，常与坡积土混合，岩性主要为混合土，如含碎石的黏性土和含黏性土的碎石土。该类土力学性质受其混合成分的影响较大，其工程性质一般较好。

5.2.6 风化岩

主要分布于北京市周边的低山、丘陵及山前斜坡地带，主要有岩浆岩类、变质岩类、沉积岩类。上述岩层出露地表部分和埋藏较浅部位均具不同程度的风化。其中中风化的基岩是高架桩基良好的桩端持力层，但盾构和暗挖施工难度较大，对机具和施工工艺要求较高。在强风化岩中可见中、微风化的岩核，俗称孤石，对工程影响很大。

5.3 其他特殊地质条件

第四纪地层对隧道建设影响最大，其地层在平原区主要是洪积、冲积物；由于河流的频繁改道，形成多级冲洪积扇地，使地质条件较为复杂。总的趋势，沉积地层厚度由西向东逐渐增大，岩相分布由山地向平原具有明显的过渡特征。西部各大河流冲积扇顶部以厚层砂土和卵石、砾石为主；向东的大部分范围过渡地层是黏性土、粉土与砂土、卵石、砾石土互层；再向东则以厚层黏性土、粉土为主。总之，北京地区的地层包括如下三种典型土层：砾石/卵石地层、砂土地层和粉土/黏性土地层，地铁工程均修建在此三种典型地层或由此形成的混合地层中。在西部，局部基岩埋深较浅，地铁结构可能在岩层中穿过。

5.3.1 大粒径高强度卵石、漂石

大粒径高强度卵石主要分布于北京西二环以西地区。卵石颗粒由西部山前向东逐渐变小，根据地铁9号线、S1线、7号线及14号线的人工探井调查结果，最大粒径可达800~1000mm，含砂量25%~35%，其中随机分布着大直径漂石/砾石，漂石/砾石分布不均，大体趋势是在永定河冲洪积扇顶部及中上部大粒径颗粒比例较大，分布深度也可浅至地面下4~6m。往东至西五环、西四环，分布深度增大，可至地面下15~25m之间。此种地层其基本特征是胶结程度不高，砾石/卵石之间点对点传力，地层反应灵敏，成拱性差，对卵石缺乏约束力。

另外，根据点载荷试验结果，北京西部的卵石单轴抗压强度较高，可达60~80MPa，个别可达240MPa。

卵石层的粒径分布、颗粒强度及高渗透性对地铁结构施工影响极大，对地铁勘察、设计、施工带来极大困难，大粒径漂石对盾构施工影响较大，一般需单独处理，成本极高。一般情况下会导致掘进速度降低，刀具磨损加快。卵石中石英、长石含量较高，硬度大，在刀盘设计时需重点注意；高架桩基施工的成孔、成桩受高强度大粒径卵石影响，容易塌孔、漏浆；暗挖隧道对卵石地层的扰动及可能造成隧道顶部坍塌。

5.3.2 二元复合地层

北京西北部、南部及北京西二环以东大部分地区，地层均以黏性土、粉土、砂土及卵石土的交

互层为主，其中的砂土、粉土和卵石层一般存在地下水。上述地层中对地铁建设最不利的地质问题即为在地铁结构深度范围内，上部为含水粉土、下部为黏性土隔水层的二元复合地层。对于须降水的明挖基坑及暗挖隧道，存在疏不干效应，引起的基坑侧壁渗水会导致细颗粒土流失，发生流土、流砂现象，进而发生基坑侧壁坍塌。

5.3.3 基岩

北京地区对地铁有影响的基岩主要分布在北京西部地区，埋深起伏较大，西部基岩埋深约 30 ~ 40m，在西二环阜成门及其以南区域基岩埋深更浅，局部区域基岩直接出露。岩性为第三纪的砾岩、砂岩和泥岩。

不管是砾岩、砂岩还是泥岩，其强度均较高，开挖困难。暗挖法施工对砂岩常采用钻爆法施工，爆破震动对围岩扰动范围较大，对沿线地面房屋结构及地下构筑物的稳定性产生一定影响，在城市使用雷管、炸药的运输及存放也存在安全隐患；盾构法在砾岩中也存在卵石地层中的大粒径高强度问题，在泥岩中因黏粒含量大存在结泥饼问题；泥岩因具遇水膨胀性、失水再遇水则崩解的特性，明挖法施工需及时封闭边坡。

6 城市轨道交通主要工程地质问题

北京轨道交通一般在北京平原区六环以内修建，故本次仅对北京平原区六环以内的岩土工程地质问题进行分析。

6.1 明挖法施工主要工程地问题及对策

（1）边坡失稳或坍塌。

北京地区深度 30m 以上地层以粉土、砂土和黏性土为主，明挖地铁车站、区间及施工竖井基坑深度一般较大，粉土、砂土极易被扰动，如支护不利，地面堆载较大或有工程重车通过，造成附加荷载增加，易引起边坡失稳。

在西部卵石土区，卵石土层工程性质较好，砂土充填。因砂卵石层的无黏聚力，且极易失水扰动坍塌，故明挖基坑开挖后应及时对基坑侧壁进行封闭；在新近沉积土层分布区，因新近沉积土层尤其是粉土和砂土层密实度较差，黏性土层强度较低，易于变形，故新近沉积土层总体是稳定性也较差，在地下水位埋深较浅区域，饱和粉土粉细砂还易发生流土流砂，极易导致边坡坍塌。对于填土较厚区域，因回填成分复杂，力学性质差，压缩性高，其作为基坑边坡土层稳定性极差、极易坍塌；在软土分布区，软土含水量高，灵敏度高，力学性质差，其作为边坡土层也极不利于边坡稳定。

（2）基坑附近建（构）筑物倾斜或开裂。

由于基坑开挖应力释放，边坡受力状态改变，边坡易产生变形，从而引起建筑物邻近基坑一侧的沉降增加，导致建筑物倾斜或开裂。

（3）中间桩承载力不足、差异沉降过大。

当车站站台内设有中间桩时，其承载力要求高，需采用大直径长桩，否则易产生单桩承载力不足。此外，由于持力层差异或局部存在软弱下卧层，各桩之间易产生差异沉降，严重时将影响主体结构的正常使用。

故在勘察时需重点查明不利土层的空间分布情况和力学性质，施工时根据情况采取适宜的基坑支护措施和地下水控制措施。地铁结构埋深较大，环境条件比较复杂，一般采用围护桩 + 内支撑进行基坑支护；一般采用管井并辅以明排对地下水进行控制；对距离较近的建构筑物，如管线、房基和桥基等，除进行有针对性的监测外，还需视具体情况采取注浆加固等措施加以保护。

6.2 暗挖法施工主要工程地问题及对策

（1）地表沉陷。

暗挖法施工由于应力释放，围岩变形，如辅助工法不利，将引起地表沉陷，导致既有建（构）筑物变形或沉降增大、地下管网的破坏；特别是围岩以砂土为主时，坍塌概率较大，应提前进行注浆加固；当地表沉陷量较大时，将使附近既有建（构）筑物变形或沉降增大，影响其安全与正常使用。对于地下管网，将因地层变形而产生变形破坏。

（2）围岩坍塌。

在北京西北部、北部、东部、主城区及东南部，地下水位埋深较浅，一般高于结构底板，含水岩组主要为粉土层和砂土层，这类土层饱水性强，施工过程中易导致围岩坍塌，严重时发生冒顶。在西北郊、东北郊及西南郊浅部局部分布有软土，因其几乎无自稳性，作为隧道围岩需进行加固方能保证隧道围岩稳定。对于西部卵石分布区，因卵石以砂充填，无黏聚力，其作为隧道拱顶土层无法形成自然应力拱，极易塌落；暗挖施工若采用管棚、超前小导管注浆加固等超前支护方法，大粒径漂石会增大其成孔难度，同时容易造成支护构件的偏移，从而影响支护结构的安全。

（3）开挖面失稳。

在北京西北部、北部、东部、主城区及东南部，地下水位埋深较浅，一般高于结构底板，含水岩组以粉土、砂土为主，这类土体饱水性强，降水效果差，施工过程中易产生流土流砂，导致掌子面失稳。

（4）缺氧及有害气体问题。

北京地区有害气体主要指东部分布的污染土体中的有害气体，在施工过程中，有害气体可能直接损害作业人员的健康，甚至危及其生命安全。

在勘察时针对以上问题应根据围岩变形分析模型，提供相应岩性参数；查明围岩的物理力学性质、评价围岩分级与稳定性，建议合适的施工方法及相应参数；

重点查明饱水砂层与粉土透镜体的分布，在钻探过程中详细描述其饱和度；详细描述钻探过程中发现的异常气体，向设计施工提供合理建议。施工时应进行超前地质预报，并根据土层情况和地下水情况对掌子面进行注浆加固，确保开挖面安全及围岩稳定；对地表变形和地面建筑物及地下管线的变形也需进行有针对性的进行重点监测，防患于未然。

6.3 盾构法施工主要工程地质问题及对策

（1）开挖面的失稳问题。

开挖面失稳问题是盾构施工面临的最常见的，也是危害最大的施工问题之一。如9号线某盾构区间在穿越卵石地层时，土仓内的土压力平衡很难建立，掌子面土压力过低，从而导致出土量增大，地层过量损失，引起地表塌陷。砾/卵石地层在未受扰动情况下，土层颗粒依靠摩擦咬合作用维持土体颗粒的力学平衡，保持区域土体稳定，在盾构机推力和刀盘转动切削的作用下，砾石或卵石之间的受力比较集中，使得土层扰动较大；另一方面，由于此类地层塑流性差，在土仓里不易形成连续的土体压力，导致掌子面土压力起伏不定，加剧了对地层的扰动。较大的土层扰动使得掌子面前方和上方的卵石间的力学平衡遭到破坏，如果土层不能及时得到压力补充，则卵石或较大的砾石会相继松动，造成较大的地表沉降，严重时将会产生较大的空洞区域，引起掌子面和周围土层的坍塌。

除了地层扰动外，富水的砂/砾/卵石地层也容易引起开挖面的失稳。此类地层具有较强的渗透性，土体在螺旋排土器中不易形成“土塞”，一方面造成难于调节土仓土压力，另一方面高地下水压力还会引发“喷涌”事故，造成开挖面失稳破坏，严重影响施工安全。如9号线军事博物馆站－东钓鱼台站盾构区间穿越玉渊潭段隧道开挖时，由于该段地层富含地下水，只好采取玉渊潭放水后再进行盾构施工的方法，以减少地下水对盾构施工的影响。

从现场施工情况来看，黏性土地层中引起的开挖面失稳情况相对较少，此类地层经过合适的土体改良后渣土能达到较好的塑流性状态，满足盾构施工的要求。

（2）盾构机磨损问题。

砂/砾/卵石地层本身具有较高的摩擦性，尤其是砾/卵石地层对刀具、刀盘以及螺旋排土器的磨损十分严重。其中刀盘磨损主要发生在刀盘的外周部位，尤其以刀盘与盾壳间隙位置磨损最为严重；刀具以非正常磨损为主，滚刀刀圈偏磨、刀圈脱落，边缘刮刀磨损破坏速度快等；螺旋排土器的螺旋叶片，外筒磨损量较大，它们之间的间隙变大等，这些都严重影响机具的工作效率和寿命。减小磨损的最有效方法是土体改良，其改良效果直接影响到盾构机的掘进速度、掘进成本，甚至工程的成败。大量土体改良试验证明，砂/砾/卵石土体经过选择合适的添加剂进行改良后，土体塑流性基本能达到盾构施工的要求，相应的摩擦性也大大减小。

另外，松散的卵石/砾石会随着刀盘的转动堆积在刀盘前方和土仓内底部，阻碍渣土的进入和排出，在刀盘进土口处及土仓内均形成泥饼，使得盾构机推力和刀盘扭矩过大，掘进速度慢，甚至会发生卡住刀盘和螺旋排土器的现象，损坏盾构机。如10号线二期工程某盾构区间穿越卵石地层时盾构推力为14000～16000kN，掘进速度为6～10mm·min^{-1}。经常出现无掘进速度，并且频繁出现螺旋机扭矩过大，出土困难的现象，最终使得前方土体挤压密实造成盾构刀盘完全不能转动。两次开舱均发现，在土仓内及刀盘进土口已存在泥饼，而且非常坚硬密实，同时在土仓内、土仓周围及螺旋机进土口处堆积有大量的卵石。黏土地层中掘进也会在刀盘中部和土仓内形成坚硬的泥饼，堵塞刀盘开口和土仓，大大降低了掘进速度，增加盾构机运行负荷。但与砾、卵石地层情况不同的是，盾构机磨损较轻。如果使用合适的添加剂进行土体改良，以及合理的盾构运行参数，则完全可以避免产生泥饼，顺利掘进。

（3）大漂石破碎问题。

北京盾构施工沿线所遇到的大漂石多出现在城区西北部，处于永定河冲洪积扇中，大多夹杂在卵石地层内。如北京地铁10号线二期孟家村－前泥洼以及前泥洼－西局盾构区间内，人工探井表明普遍分布粒径大于200mm的漂石，在盾构隧道开挖的深度中漂石含量普遍在37.7%～77.8%，探井中揭露的最大漂石长度达500mm以上。

由于大漂石的存在，盾构机在开挖大漂石时不能通过刀盘开口和螺旋输土器排出土仓；又因漂石之间的咬合性差，盾构开挖时漂石可能随着刀盘的转动而在刀盘前方滚动，很难破碎，因此可能造成以下问题：

1）盾构刀盘和刀具容易与大漂石发生碰撞，造成刀盘及刀具的非正常磨损及破坏，导致刀具维修和更换频繁，严重影响施工速度和效率；

2）大漂石会滞留在盾构机刀盘前方和四周，在推进过程中刀盘会受力不均产生变形，造成主轴承或主轴承密封受损、盾构机负载加大等不良后果；

3）大漂石使得盾构机位置和姿态控制困难，尤其在曲线施工时盾构机姿态更难控制；

4）不能破碎的漂石需要人工清除，增加了施工风险。

（4）地表隆起或沉降。

北京城区因历史悠久，自然形成的地层结构受人为扰动比较大，城内地下分布有许多埋地的河、湖、沟、坑，还有厚度分布不均的人工填土（炉灰，垃圾，房渣土等等）分布更加没有规律，土质不均匀，对地铁安全施工影响比较大。如大兴线某盾构区间隧道上方的人工填土在地面荷载作用下，产生较大沉降，均超过30mm，日沉降速率达10mm以上。

在砂土层中，因盾构切削头扰动地层造成超挖或地层下降，以及在盾尾注浆过程中，如注浆压力、注浆液配比不适，都极易引起地表沉降或隆起；在粉土层中，辅助施工时易引起细粒土流失。

（5）既有建（构）筑物或地下管网的破坏。

当盾构引起的地面塌陷与隆起过大时，将使附近既有建（构）筑物变形或沉降增大，影响其安全与正常使用；对于地下管网，将因地层变形而产生变形破坏；在下穿地表水体地段，可能造成漏水突水事件，容易发生事故。如大兴线某区间盾构穿越砂土层时因隧道上方距结构顶板约5m位置处的雨水方沟底板破裂，雨水渗入地层，使土体强度降低、自稳性下降，导致地表塌方。

（6）缺氧及有害气体问题。

同暗挖施工一样，北京地区有害气体主要指东部分布的污染土体中的有害气体，在施工过程中，有害气体可能直接损害作业人员的健康，甚至危及其生命安全。

故在勘察时需重点查明可能引起发生以上工程地质问题的地质土体及水体、查明对地下工程可能产生不良影响的地下建构筑物的详细设计条件，设计及施工应根据具体情况采取相应的加固处理及保护措施。

6.4 高架桩基施工主要工程地质问题及对策

（1）桩端持力土层的选择。

高架区间和车站主要采用桩基础，桥跨径大，对承载力要求高，需选取工程性质较好的土层作为桩端持力土层，否则易产生单桩承载力不足和变形控制不利。北京地区深部的砂土、粉土、卵石土层及北京西部分布的基岩层均可作为桩基方案的桩端持力土层，但须注意其分布的不均匀性带来的不利影响。

（2）桩侧不利土层的侧摩阻力问题。

在填土分布较厚的区域，填土是桩基设计及施工需考虑的重点土层。人工填土因成分复杂、均匀性差、压缩性高，作为桩基侧壁土层一般不考虑其侧摩阻力。若堆积时间短，还需考虑其可能产生的负摩阻力。

在软土区分布的软土作为桩周土层也可能产生的负摩阻力。

对于液化土分布区，在进行桩基设计时需考虑对液化土层的力学参数进行相应折减。

勘察时需详细查明填土、软土和液化土层的分布范围，必要时加密钻孔，还可采取现场原位测试试验如静力触探、十字板剪切等原位测试试验查明填土和软土的力学性质。

（3）桩基成孔问题。

在北京西部，卵石粒径大、强度高，局部区域漏浆，钻进困难，对桩基成孔影响较大。对大粒径卵石一般采取现场挖探井的方式查明卵石的粒径分布情况，并在井内采取颗粒进行点载荷试验获取单轴抗压强度数据。施工单位可根据实验数据提前进行试桩、选取适宜的机具和施工工艺以保证桩基成孔的顺利开展。

6.5 地下结构的抗浮问题及对策

城市轨道交通绝大部分敷设在地下，结构荷载较小，延伸较长，跨越多种地质单元，施工及运行过程中受地下水的影响较大，特别是在地下水位埋藏较浅或未来地下水位有可能大幅度上升的地区，轨道交通结构受地下水浮力的影响较大，在结构设计中需要涉及抗浮设防问题，即抗浮设防水位的确定问题。抗浮设防水位的取值不仅关系到结构的安全，也影响工程造价。因此，北京地铁勘察中一般采用多种方法来预测未来地下水位的变化。在收集相关资料的基础上，通过水文地质试验、数值模拟、理论分析等方法，预测地下水位的变化趋势，结合轨道交通沿线水文地质条件、地层分布特点，利用专家咨询、综合研究等方法，确定轨道交通的抗浮设防水位。

参 考 文 献

[1] 姜厚庭，龚秋明. 北京地铁盾构施工遇到的工程地质问题 [J]. 工程地质学报，2010.

[2] 侯艳娟，张顶立. 北京地铁施工安全事故分析及防治对策 [J]. 北京交通大学学报，2009，33（3）.

[3] 李华章. 北京地区第四纪古地理研究 [M]. 北京：地质出版社，1995.

[4] 北京市地质局水文地质工程大队. 北京市水文地质图集 [R]. 1980.

[5] 北京市勘察设计研究院有限责任公司. 地下水与结构抗浮 [R]. 2013.

[6] DBJ11－501－2009 北京地区建筑地基基础勘察设计规范 [S]. 北京：中国计划出版社，2009.

常 州 市

1 自然地理

1.1 地　　理

根据相关资料，常州地处长江下游南岸，太湖流域水网平原，位于江苏省南部，长江三角洲中心地带，北携长江，南衔太湖，东望东海，与上海、南京、杭州皆等距相邻，扼江南地理要冲，与苏州、常州联袂成片。北纬31°09′~32°04′、东经119°08′~120°12′。

常州是中国唯一城区被东经120°经线穿越的较大的城市，为此，常州市把东经120°经线确定为城市东部的主要景观轴线。

常州市共辖5个市辖区和2个县级市；全市总面积4385km²，总人口约500万，市区常住人口330万，市辖区面积1864km²；其中太湖水域面积约33km²，太湖湖岸线长约7km；2010年城市建成区面积为307km²。

常州老城区北联新北区，南接武进区。南濒太湖，衔滆湖（西太湖），南接宜兴，东邻常州、江阴，西毗金坛衔长荡湖（洮湖）、丹阳，西南毗溧阳。北接长江。

常州水陆空交通便利，老京沪铁路、京沪高铁、沪宁城际高速铁路、京杭大运河、312国道和沪宁、宁杭、常宁、沿江（常苏）、常泰、常澄、锡宜等高速公路，4E级民航常州奔牛机场，构成了常州发达的水陆空交通网。

1.2 气　　象

根据相关资料，常州属于北亚热带海洋性气候，常年气候温和，雨量充沛，四季分明。常州春末夏初时多有梅雨发生，夏季炎热多雨，最高气温度达35℃以上，2012年35℃以上天气12天，冬季空气湿润，气候阴冷。据近年来常州市气象台统计资料：历年平均日照时数2047.5小时，无霜期227.6天，年平均降水量为1086mm，但从多年降水量资料分析，年季变化较大，最大年降水量达1815.6mm（1991年），最少年降水量达537.6mm（1978年），雨量集中于每年的6、7月份（梅雨季），降雨量占全年30%。年最大蒸发量为1529.2mm，年平均气压为1016.3毫巴，年平均气温15.7℃，极端最高气温39.4℃，极端最低气温-15.5℃，以东南、西北风为主导风向，历年最大风速为24.0m/s，年平均风速为2.9m/s。季风环境是支配本地区气候的主要因素，夏季受来自海洋的东南汛风控制，天气炎热多雨为主，冬季受欧亚大陆强冷空气控制，以干燥寒冷气候为主，春秋季则是冬夏季风交替时期，天气干湿、冷暖多变。灾害性天气为：低温、阴雨、干旱、高温、台风、暴雨等。

1.3 水　　文

根据相关资料，常州市北临长江，南濒太湖，区内地表水系极为发育，为太湖上游高水网区。境内河流纵横，湖荡棋布，连江通海。主要河流有长江、京杭大运河、北塘河、采菱河、夏溪河、新孟河、武宜运河、武南河等，湖泊主要有太湖、滆湖。

长江河床宽4~12km，水深30~40m，主要洪水期在7—9月。根据观测站资料，最大洪峰径流量约10万m³/s，最小径流量约6000m/s，多年平均径流量约3万m³/s，江水平均流速1m/s左右。

京杭大运河与拟建轨道交通线网交叉，为区内水网中主要调节性主干河流，在水利上担负着江湖吞吐的转运任务。常年为西北向东南流动，在枯水季节局部出现短期性滞流或倒流。京杭大运河水量主要取决于上游丹阳入境水量和新孟河、德胜河引江水量的大小，市区内河水最高水位一般在

6、7月份。依据京杭大运河常州水位站实测水文资料统计分析，历年最高水位出现在1931年约为黄海3.70m，1991年约为黄海3.63m；历年最低水位出现在1935年，为黄海0.39m；历年平均水位为黄海1.47m。京杭运河常州段两岸为浆砌块石驳岸，岸型及河势基本不会自然改变。近几年来，河道演变主要是河底高程的变化。这由于来水带来泥沙淤积，同时水流和船行波冲刷河床，主要特征为中泓冲，近岸淤。

滆湖为苏南地区仅次于太湖的第二大湖泊，南北长25km，东西平均宽6.6km，水域面积约187km^2，容量约2.4亿m^3，平均水深约1.3m，湖底高程约0.0m，历年最高水位3.31m，多年平均水位1.39m。

1.4 地形地貌

根据相关资料，常州地貌雏形形成于中生代印支期的华夏构造。基底地貌由一系列背斜、向斜及断陷组成的古山、古盆、古谷构成。经过燕山晚期及喜山早期的构造变动，地形高差不断减少。在礼嘉桥至石塘湾古谷及常州古盆地内沉积了巨厚的侏罗、白垩及第三纪堆积。至晚第三纪，由于不等量的差异性沉降，古盆、古谷变浅，成为浅谷及洼地，横林至江阴、常州古山，呈低山残丘。湖塘桥古山被淹没，其余古山则形成垄冈地貌。

新第三纪末期，西部抬升，形成小河至九里岗地，玄武岩喷发造成厚余、新闸、西夏墅由玄武岩覆盖的零星孤丘，白垩纪以后前黄南至杨墅一带相对抬高或稳定，古地形较为平坦，由于巨大变化的第三纪使本区从山地地貌转化为丘冈地貌。

第四纪时期，经过多次冷暖气候的交替，长江又经过几次南北摆动，再加晚更新世以来的3次海进海退，遂形成现代的地貌。

市地处长江下游三角洲苏南平原，区域内平原可进一步划分为长江漫滩平原区、冲湖积高亢平原区、滆湖平坦水网化平原区、太湖平坦水网化平原区、湖沼平坦水网化平原区等五个地貌单元。

2 区域地质

2.1 区域构造

区域大地构造属我国东部扬子准地台下扬子台坳江南褶皱带，在印支运动形成一系列北东向褶皱和与之相伴的北东向、北西向断层以及北北东向断裂构成了区域主要地质构造基本格局，而后燕山运动发生强烈的断块运动，并伴随着岩浆活动形成了以青明山－凤凰山为中心的隆起及东西两侧的常州和常州凹陷。其中常州凹陷内沉积了白垩系及第三系，基底地形较复杂。

第四纪以来古长江曾流经规划区，并且多次泛滥。同时受喜马拉雅造山运动的影响，第四纪期间产生了较明显的升降差异运动，地处长江三角洲西北缘的常州市区广泛接受了第四纪沉积，第四纪地层较连续分布，各地区地层的发育程度严格受到基地和沉积环境控制，厚度变化较大。同时，第四纪期间发生了多次冷暖气候回旋，长江水动力条件相继发生变化，因此常武大部分地区形成了沉积相较为复杂、沉积厚度不等的第四纪沉积物。总体来看，常武地区第四纪形成了由东南西北四个角薄到中部向北逐渐增厚的态势。常州区域地震构造见插图18。

2.2 前第四纪地层

根据相关资料，常州市属扬子地层地区，前第四系主要有泥盆系及其以新的地层。

泥盆系（D）：中下统茅山组（D1－2）上段灰、浅灰色中厚层细粒石英砂岩夹少量粉砂岩、粉砂质泥岩。中段浅灰、褐黄、杂色中厚层细砂岩，薄层泥质粉砂岩和粉砂质泥岩。下段浅灰、紫红色厚层幢细粒石英砂岩、粉砂岩、泥岩，厚度大于1608m；上统五通组（D3）为浅灰、紫红色粉砂岩、粉砂质泥岩、泥岩，灰白色含砾中粗粒石英砂岩，灰黄、浅青灰、浅紫红色泥质粉砂岩、粉砂质泥岩，最大厚度193m左右，与下统茅山群呈整合－假整合接触。

石炭系（C）：深灰、灰、灰褐色厚层灰岩，具球状构造。灰、肉红色厚层白云岩。灰黄、杂色砂页岩夹黏土岩，含铁细砂岩。埋深300m左右，仅在芙蓉、三河口、郑陆桥的部分钻孔显露，呈北东向狭长形分布于青明山－秦皇山西侧。

二叠系（P）：下统有（P1）上部灰、灰黄色粉砂岩、页岩、泥岩夹中细砂岩及薄层煤、灰岩透镜体。中部灰色厚层含燧石结核或条带灰岩，下部灰黑色沥青质含燧石灰岩、页岩。最大厚度525m左右，上统（P2）灰色、灰黄色厚层灰岩，深灰色粉砂岩，夹薄层细粒长石石英砂岩，灰色、灰黑色粉砂岩，夹薄层细砂岩、泥岩，含有结核及煤层。一般埋深在300～500m，在青明山－秦皇山两侧的大部分钻孔中可见，此外，卜弋桥、奔牛西的煤田钻孔中可见。

三叠系（T）：中下统青龙群（T1－2）为上段为灰色中薄层灰岩、泥灰岩夹钙质页岩，局部见石膏。下段为灰、深灰色中、厚层隐晶灰岩夹薄层灰岩、鲕状灰岩、白云岩、泥灰岩及黄绿色钙质页岩等。一般埋深在120～300m，主要分布在横林、郑陆桥、湖塘桥、卜弋桥及奔牛西等地。

侏罗系（J）：中下统象山群（J1－2）上部为深红、灰绿色粉砂质泥岩夹细砾岩及砂岩，含钙质。下部灰、灰黑色中细砂岩夹薄层粉砂岩及粗粒岩。局部含劣质煤。一般埋深在100m以下。在戚墅堰一带钻孔中显露。

白垩系（K）：上统浦口组（K2）上部为紫红色、砖红色粉砂岩、砂岩及砾岩。下部以砾岩为主，夹少量砂岩、粉砂岩。主要分布在广大的第四纪及第三纪时期形成的地层之下，大部分在本市北部及南部一带凹陷盆地内。

下第三系阜宁群（E）：岩性上部为灰、淡棕黄色钙质粉砂岩、细砂岩。下部为灰白、紫红、棕黄色泥质粉砂岩，底部含砾。在奔牛、桐庄、卜弋桥一带的个别钻孔内发现，厚度10m左右。

上第三系盐城群（N）：为紫红色、杂色、灰色泥岩，钙质砾岩，局部夹多层玄武岩。广泛掩埋于第四系之下的凹陷部位。在奔牛、桐庄、卜弋桥一带的个别钻孔内发现。

2.3 第四纪地层

根据有关资料，区域第四纪地层厚200m以上，可划分为下、中、上更新统和全新统。

下更新统（Q1）：平原区钻孔中都有发现，底界面标高一般为－140～－200m，地层厚度30～80m。主要分布在常州凹陷盆地和低洼谷地，连江桥－湖塘桥－戚墅堰一线，北郊三井一带，以及其他构造隆起部位、高亢地区，山间谷地区。

中更新统（Q2）：本期沉积厚度一般在60～80m。底界面高程在－60～－120m。分布由河床相，河漫滩相、冲积泛滥平原相堆积构成一套完整的河流冲积层组成，以及冲湖相堆积构成区。

上更新统（Q3）：区内此地层发育齐全，由两次完整的海、陆旋回组成，底界面高程－30～－55m，厚度一般30～50m。分布由海湾泻湖相、海冲积平原相、河床相、河漫滩相、冲积相以及冲湖相堆积构成区。

全新统（Q4）：分布于东部洛社至戴溪以东，青阳以南的太湖冲湖平原和西部小河至九里一线以西的新孟河冲积平原以及沿江一带现代河漫滩，以及其他河流湖荡低洼地带，厚度1.10～13.93m，一般5m左右。

2.4 历史地震

常州市位于华北地震区长江中下游－南黄海地震带和郯庐地震带，据不完全统计，区域自公元499年8月以来，共记载到$M \geq 43/4$级地震59次，其中5.0～5.9级地震28次，6.0～6.9级地震12次，7级地震1次，为1846年黄海7级地震。另据地震史料分析，近场区历史上发生过1次破坏性地震，即公元999年10月常州51/2级地震，震中烈度为Ⅶ度。

3 典型地层及特征

3.1 主要地层成因及分布

常州市区主要隶属于扬子地层区江南地层分区，区内120m深度范围内第四系地层由老至新为Q_2-Q_4。根据区内第四系地层沉积物的成因类型、物质来源、海进地层的分布以及水文地质特征，常州第四系地层主要成因及分布如下：

（1）长江三角洲平原沉积区。

主要分布于魏村－安家舍－龙虎塘－璜土－西石桥－夏港一线以北。本沉积区受晚更新世以来的海进影响不大，仅南部为海、陆过渡相环境，大部地段仍为陆相沉积。

（2）中部平原沉积区。

区内第四系地层厚100～185m，沉积条件因所处的构造部位不同而表现出较大差异。从而细分为小河－九里沉积亚层区、连心桥－戚墅堰沉积亚层区、郑陆桥－石塘湾沉积亚层区。

（3）太滆湖平原沉积区。

区内第四系地层厚110～145m，第四系地层发育不全，缺失下更新统下段沉积，全新统堆积仅分布在滆湖沿岸及戴溪、杨墅一带。

（4）青明山－凤凰山周边岗地沉积区。

分布于青明山－凤凰山周围。底界面高程－120m以上，第四系发育不全，缺失下更新统下段及全新统堆积。

3.2 地层的划分

通过搜集常州地铁前期勘察资料及当地勘察单位资料，综合考虑工程地质层的成因类型、沉积时代、岩性岩相、地形地貌等，编制了常州市较统一的工程地质层号，见表3－1。

3.3 典型地层

根据常州轨道交通勘察资料，绘制了常州市典型地质剖面概化图，剖面线平面位置见插图19，工程地质剖面图见插图20。

3.4 主要地层物理力学参数

根据常州地铁勘察资料及常州地区经验综合确定各土层的物理力学试验参数，供勘察设计人员参考使用，见表3－2。

表 3-1　常州市工程地质标准地层表

地质时代		成因类型	主层序号	土层编号	岩土名称	颜色	状态	地层分布特征概况	地层主要特征概况
全新世 Q_4	Q_4^{ml}	人类活动	①	①$_1$	杂填土	杂色		城区及周边村庄地表	人类活动产物、无规律、色杂，岩性、包含物较杂
				①$_2$	素填土	褐黄色、灰黄色			
				①$_3$	淤泥质填土	灰黑色		河湖沟浜及古河道附近	夹大量的有机质及半腐殖物，有臭味
	$Q_4^{3(l+h)}$	河口-湖沼	②	②$_1$	粉质黏土	灰色	可塑	河湖沟浜及古河道附近	沉积时间较短，结构松散，具不均匀性，易产生不均匀沉降
				②$_2$	淤泥质粉质黏土	灰色、灰黑色	流塑-软塑		
				②$_3$	粉质黏土	灰色	软塑-可塑		
	Q_4^{2al}	河口-湖沼	③	③$_1$	黏土	灰黄色、褐黄色	可塑-硬塑	标志层，在河道内变薄或缺失	视工程情况分 a、b、c 三层
				③$_2$	粉质黏土	灰黄色~黄色	可塑	普遍存在，局部缺失	
				③$_3$	粉土	灰黄色		局部透镜体分布	
		河口-湖沼	④	④$_1$	粉质黏土夹粉土	灰黄色、灰色		局部分布	夹少量黏性土或粉土，稍有光泽，干强度、韧性中等，摇振反应中等
				④$_2$	粉砂	灰色、暗绿色			
				④$_3$	粉质黏土	灰色	可塑-软塑		
	Q_4^{1mc}	滨海-沼泽	⑤	⑤$_1$	粉土	灰色、灰黄色		普遍分布	
				⑤$_2$	粉砂	灰黄色		城区北部较厚，南部缺失	
				⑤$_3$	粉砂夹粉土	灰色、灰黄色		局部透镜体分布	
上更新世 Q_3	$Q_3^{3(al+l)}$	河口-湖沼	⑥	⑥$_1$	淤泥质粉质黏土	灰色、灰黑色	流塑	城区局部分布	淤泥质土含少量未分解腐殖物，含铁锰质结核及高岭土，黏性土局部夹粉土团块，局部粉土与粉质黏土呈互层状分布
				⑥$_2$	粉质黏土	灰黄色、黄灰色	可塑，局部软塑	普遍分布，城区局部缺失	
				⑥$_3$	黏土	灰黄色、褐黄色	硬塑	普遍分布，城区北部缺失	
				⑥$_4$	粉土夹粉质黏土	灰色		局部以透镜体分布	
				⑥$_5$	粉质黏土	黄灰色、灰黄色	可塑，局部硬塑	局部以透镜体分布	

续表 3－1

地质时代		成因类型	主层序号	土层编号	岩土名称	颜色	状态	地层分布特征概况	地层主要特征概况
上更新世 Q_3	Q_3^{2al}	河口－滨海	⑦	$⑦_1$	粉质黏土	灰色	软塑，局部可塑	局部以透镜体分布	局部含泥炭，局部夹粉土薄层
				$⑦_2$	粉质黏土	灰黄色、褐黄色	可塑	局部以透镜体分布	局部夹少量硬塑黏土及密实粉土
				$⑦_3$	黏土	褐黄色、黄褐色	可塑	局部以透镜体分布	夹少量铁锰质结核
	Q_3^{1al}	河口－湖沼	⑧	$⑧_1$	粉质黏土夹粉土	青灰色、灰黄色	可塑	透镜体分布	黏性土夹少量粉土，具层理，主要成分为长石、石英
		河口－滨海		$⑧_2$	粉砂夹粉土	灰黄色、灰色	可塑－软塑	普遍分布	
		河口－滨海		$⑧_3$	粉质黏土	灰色	软塑	透镜体分布	
		河口－滨海	⑨	$⑨_1$	淤泥质粉质黏土	灰色	软塑－流塑		黏性土与砂土互层，黏土含少量姜石
				$⑨_2$	粉砂	黄色、灰色			
				$⑨_3$	粉质黏土	灰色、灰黄色	可塑		
				$⑨_4$	黏土	灰黄色	硬塑		
中更新世 Q_2	Q_2^{2al}	河湖相	⑩	$⑩_1$	粉细砂	灰色			局部夹少量密实粉土及姜结石
				$⑩_2$	粉质黏土	灰色	软塑		
				$⑩_3$	粉质黏土	灰黄色	硬塑		局部夹硬塑黏土或粉土，含铁锰质结核和姜结石
		河湖相	⑪	$⑪_1$	黏土	黄褐色、棕褐色	硬塑		含铁锰质结核和姜结石
				$⑫_2$	粉细砂	黄色、黄灰色			

表 3－2　常州地区主要地层物理力学试验指标表

地层编号	岩土名称	物理性质			稠性黏度		固结试验		直接剪切（固结快剪）	
		天然含水量 ω	天然密度 ρ	孔隙比 e	液限 W_L	塑限 W_P	压缩系数 $a_{0.1-0.2}$	压缩模量 E_s	C_q	φ_q
		(%)	(g/cm^3)		(%)	(%)	(°)	(kPa)	(kPa)	(°)
②$_1$	粉质黏土	23～28	1.90～2.05	0.640～0.840	32.0～38.0	17.0～22.0	0.25～0.35	5.0～7.0	35～40	15～20
②$_2$	淤泥质粉质黏土	32～41	1.70～1.90	0.910～1.230	32.0～38.0	19.0～23.0	0.35～0.75	3.0～6.0	15～20	10～15
②$_3$	粉质黏土	22～31	1.85～2.05	0.630～0.910	29.0～37.0	17.0～23.0	0.25～0.50	4.0～7.0	27～38	12～19
③$_1$	黏土	24～39	1.90～2.05	0.690～0.960	30.0～45.0	18.0～33.0	0.15～0.35	5.0～10.0	40～80	11～18
③$_2$	粉质黏土	21～28	1.75～2.05	0.615～0.940	31.0～46.5	18.5～24.0	0.09～0.29	6.0～12.5	35～55	15～20
④$_1$	粉质黏土夹粉土	25～40	1.84～1.98	0.710～2.010	26.5～38.5	15.5～24.5	0.20～0.45	4.0～9.0	20～40	15～30
④$_3$	粉质黏土	22～30	1.75～2.05	0.610～0.940	31.0～46.5	18.5～24.0	0.09～0.29	6.5～13.0	35～60	15～21
⑤$_1$	粉土	21～41	1.70～2.05	0.670～1.100	26.0～37.0	18.0～32.0	0.10～0.30	6.5～18.5	5～25	20～37
⑤$_2$	粉砂	21～46	1.80～2.07	0.625～1.045			0.08～0.33	3.0～22.5	5～20	25～40
⑤$_3$	粉砂夹粉土	23～44	1.73～1.97	0.690～1.140	25.0～39.0	19.5～30.5	0.10～0.30	7.0～15.0	10～20	25～35
⑥$_1$	淤泥质粉质黏土	33～46	1.70～1.90	0.910～1.320	32.0～36.0	18.5～23.0	0.35～0.70	2.5～5.5	14～27	9～17
⑥$_2$	粉质黏土	21～32	1.92～2.08	0.600～0.860	29.0～39.0	16.5～23.5	0.15～0.30	6.0～10.0	45～65	10～20
⑥$_3$	黏土	20～32	1.90～2.10	0.570～0.840	31.0～47.0	17.0～27.0	0.10～0.25	7.5～16.0	60～100	15～25
⑥$_4$	粉土夹粉质黏土	22～39	1.85～2.05	0.630～1.055	26.0～45.0	15.5～27.0	0.15～0.40	5.0～11.0	10～20	15～35
⑥$_5$	粉质黏土	24～39	1.80～2.00	0.760～1.040	24.5～34.0	16.5～26.0	0.15～0.30	6.5～10.5	30～80	10～25
⑦$_1$	粉质黏土	26～48	1.75～1.97	0.740～1.330	28.5～48.5	17.5～28.0	0.25～0.65	3.5～7.0	15～35	6～18
⑦$_2$	粉质黏土	21～36	1.85～2.05	0.610～1.015	26.5～39.5	14.5～25.0	0.15～0.30	6.0～10.5	35～55	12～27
⑦$_3$	黏土	24～33	1.85～2.00	0.710～0.930	39.0～42.5	20.0～23.5	0.15～0.30	6.5～11.5	40～60	15～20
⑧$_1$	粉质黏土夹粉土	23～32	1.85～2.02	0.700～0.890	29.5～39.0	18.0～27.0	0.15～0.30	6.0～10.5	20～40	15～30
⑧$_2$	粉砂夹粉土	20～40	1.75～2.05	0.600～1.050	24.0～38.0	15.5～31.0	0.10～0.25	7.5～16.0	5～20	20～40
⑧$_3$	粉质黏土	30～34	1.85～1.95	0.830～0.950	32.0～36.5	20.5～24.0	0.20～0.35	5.5～8.5	25～35	10～20

4 地 下 水

4.1 地下水类型及成因

本区域内的第四系松散岩类孔隙水主要为：上层滞水、潜水、第Ⅰ承压含水层、第Ⅱ承压含水层。

（1）潜水。

潜水主要分布于浅部填土和黏性土中，局部区域以上层滞水形式存在，埋深及水位受地形及地貌等因素的控制具有一定的变化。其补给来源主要为大气降水及周围湖（河）水体补给。以地面蒸发、植物的蒸腾及向周围湖（河）水网的径流为主要排泄方式。

（2）第Ⅰ承压含水层。

该含水层主要赋存于上更新统滨海－沼泽相的灰、灰黄色粉土和粉砂层中。地下水水位埋深2～10m。第Ⅰ层承压水层其主要补给源为滆湖水、运河水和长江水的侧向补给，排泄途径亦相同，水量较丰富。

（3）第Ⅱ承压含水层。

该含水层主要受常锡苏等地带中更新统古河床的控制，含水层的岩性在河床部位以中细砂、中粗砂为主，厚度较大；在河漫滩及次级支流发育地段，含水层岩性以粉砂、细砂为主。含水层顶板埋深大多在75～85m之间，局部较深。该含水层水量丰富，以邻区的侧向补给、基岩地下水的补给，含水层顶板黏性土的压密释水，人工回灌等为主要补给来源。人工开采利用是本区第Ⅱ承压含水层的最重要排泄方式。

4.2 地下水水位动态分析

根据区域水文地质资料，潜水地下水位主要受地形地貌、短期气象条件等因素的控制，具有较大的变化，极端情况下地下水位最高可与地表一致，最低可能无地下水。

常州地区潜水水位年变化幅度约为±0.5m。

第Ⅰ承压水水位与地形地貌、短期气象条件有一定的联系，具有一定的变化。总体而言，地下水位随着梅雨期和台汛期的到来而升高，随着梅雨期和台汛期的离去而降低，稍有滞后。该层地下水位年变幅一般在1.0m左右。

第Ⅱ承压水水位在天然条件下变化较小，受人工开采影响较大。该层地下水曾经是常州地区工业用水抽汲的地下水，自2004年对第Ⅱ承压水禁采以后，该承压水水位逐渐回升，其水位年变化幅度很小。

5 特殊地质条件

本章所列特殊地质条件是常州市区内对轨道交通工程建设有影响的地质条件，主要包括不良地质作用及特殊性岩土。

5.1 不良地质作用

在没有人为因素的影响下，根据常州市的工程地质条件、地形地貌、区域地质条件等情况综合分析，常州市区不良地质作用总体发育一般，但种类也不少，目前发现的不良地质作用主要有地面沉降、地震液化、软土震陷、有害气体等。

5.1.1 地面沉降

地面沉降是常州市区主要的不良地质作用，始发时间在20世纪70年代，至1994年沉降速率一直较大，最大沉降速率达60mm/年，最大累计沉降量已超过1000mm，累计沉降量超过500mm的范围为戚墅堰－马杭－湖塘－五星－三井－青龙围合的大部分城区。常州市周边地面沉降现状见插图21。1994年以后，中心城区地面沉降速率逐年减缓，保持在20～30mm/年，沉降漏斗逐步向东扩大，并与无锡市沉降漏斗连成一片。2004年对第Ⅱ承压水禁采以后，地面沉降速率明显趋缓，仅有5%左右区域沉降速率大于20mm/年，约80%区域沉降得到控制。研究表明，常州市区地面沉降分布发育具有以下几个特征：

（1）地面沉降分布广，累计沉降量大，影响范围大；

（2）地面沉降发生，在时空上和地下水开采密切相关；

（3）地面沉降量主要来自含水层的压密和顶底板黏性土层的固结；

（4）地面沉降发展存在阶段性（分为初始、发展和延续三个阶段），不同阶段中表现形式有差异。

综上所述，常州地区大部分区域地面沉降已得到有效控制，根据2006—2008年常州市地面观测资料显示，由于沉降的滞后性和局部仍有地下水开采情况存在（第Ⅰ承压水未禁止开采），拟建工程场地近年仍存在较大沉降速率，勘察时应查明其发展情况及其可能对轨道交通工程的影响。同时建议加强地面沉降观测及必要时可采取专题研究。

5.1.2 地裂缝

地裂缝灾害主要是地面不均匀沉降的一种特殊表现形式，即在特定地质条件下局部地段发生沉降差异而导致，地表上呈现一定特征的开裂。

根据《常州市区地质灾害调查与防治规划》（2004年），常州市主要地裂缝分布在戚墅堰区、横林镇、马杭镇、田舍北村附近。常州主要地裂缝分布见图3－1所示。

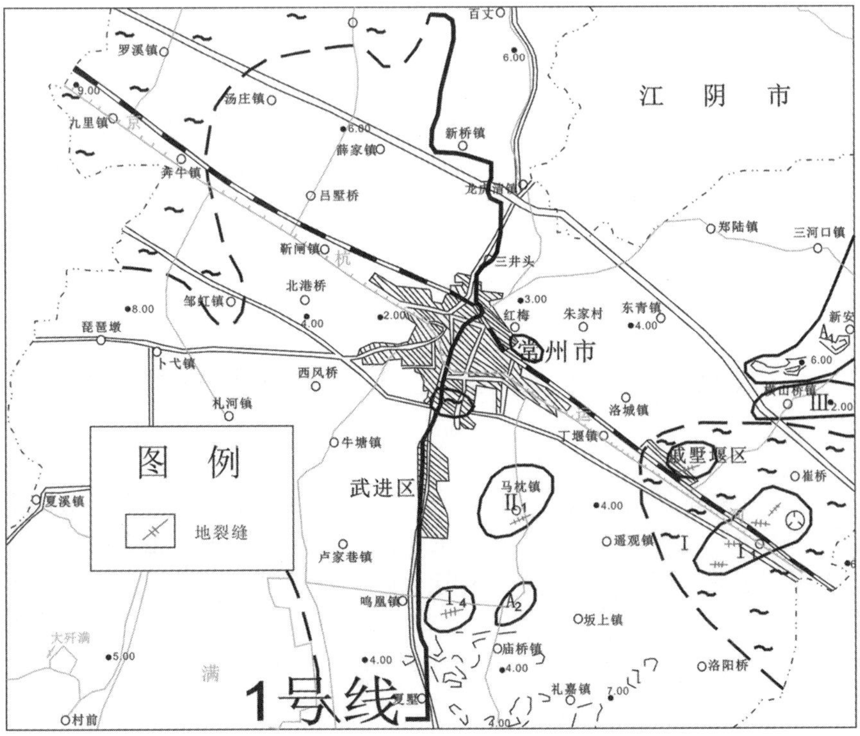

图3－1 地裂缝示意图

20 世纪 90 年代末，21 世纪初，由于开采地下水，已引起地下水位急骤下降，形成局部地下水降落漏斗，使上下土层整体压缩变形，部分地面产生不均匀沉降段，地裂缝灾害已发生。勘察时应查明其发展情况及其可能对轨道交通工程的影响。

5.1.3 软土震陷

常州市在河道附近一般存在软土。软土震陷为潜在的不良地质作用，对天然地基、桩基础和地下隧道都会产生不利影响。

5.1.4 有害气体

常州地层中可能存在有害气体（成分一般为甲烷）。在基坑开挖或盾构机推进过程中可能破坏浅层气体的附存结构，致使气体释放，对人体产生一定的危害，同时有使隧道产生下沉的可能性。

5.2 特殊性岩土

根据地质调查资料，常州市区内主要特殊性岩土主要为填土、软土及流砂。

（1）填土。

杂填土：杂色，在路基上为灰黄色，在现有道路位置该层土为路基土，路面下 0.3 ~ 0.5m 为沥青路面，其下为三合土，以黏性土为主，混石灰，密实，下部为碎石垫层；路基两侧以及居民区内为杂填土，夹植物根茎以及夹碎石和碎砖，土层结构中密。分布较普遍。土层工程地质性能差。

素填土层：褐黄 - 灰黄色，松软，以黏性土为主，含少量碎石，含植物根茎。属第四系全新统（Q_4^{ml}）近代人工堆积物，该层压缩性不均，土质不均一，除河道附近缺失外其余地段均有分布。

淤泥质填土：灰黑色，流塑，以淤泥质土为主，含有机质及腐殖物，有臭味。土层具高压缩性、工程地质性能极差。

（2）软弱土。

粉质黏土，灰色，软 - 流塑，含腐殖物、贝壳碎片，夹少量云母碎屑，局部夹粉土薄层，该层局部分布。土层具中偏高压缩性、工程地质性能差。

淤泥质粉质黏土，灰色，软塑，局部流塑，局部分布。土层具中偏高压缩性、工程地质性能差。

（3）流砂。

常州轨道交通工程基坑开挖深度及盾构区间范围内存在粉土、粉砂，在盾构及基坑开挖过程中，一定水动力作用下易产生流砂现象。根据调查了解，常州地区第 Ⅰ 承压水一般具有承压性质，在未进行降水条件下开挖基坑，上述粉土、粉砂层均会产生流砂现象，轨道交通基坑开挖、盾构施工时应注意。

6 城市轨道交通工程主要地质问题

根据以上对常州市工程地质与水文地质条件分析，在常州市进行轨道交通工程建设时主要面对的地质问题有特殊性岩土、地下水等。地铁施工的工法主要为明挖法、盾构法，局部采取矿山法施工，下面将根据不同工法来分析工程地质条件对地铁施工的影响。

6.1 明挖法施工存在的问题及对策

轨道交通工程车站施工常以明挖法为主。对于明挖法，常州城市环境条件和工程地质条件主要存在以下不利影响。

不利影响：

（1）填土。

由于填土堆积条件上的差异，它的分布范围和厚度变化缺乏规律性，往往在一个小范围内变化较大。属一种欠压密的土，一般具较高的压缩性、较低的强度、较大的变异性，一般难以在工程中利用。

该层土对工程建设的影响主要包括，浅基础工程中，若填土分布深厚，需开挖或特殊处理，否则不能直接作为基础持力层；桩基础工程中，若填土分布深厚，夹杂块石等障碍物时，需清除表层后，才能进行桩基础施工；在基坑工程中，由于杂填土的性质差异，对该层土物理力学性质指标的选取有很大的难度，直接影响到基坑支护方案的选择，冒进容易出问题，保守则工程浪费严重。此外，在顶管工程中，由于杂填土的存在，对顶管的施工影响也较大，填土深厚，含障碍物多，顶管难以实施，极易产生工程事故。

（2）浅层软土。

在常州市区分布的软土工程地质特性较差，该层土以灰色、灰黑色为主，厚度变化大，呈流塑状，含有机质及大量碳化－半碳化植物，结构松散，含水量高、压缩性高、强度低、灵敏度高。

该层土对工程建设的影响主要包括基础类型的选择、基坑支护方案的选择、施工方案的选择等。由于该层土的力学性质极差，力学指标的准确确定难度也较大，对基坑支护方案的选择有很大的影响，如何充分利用该层土或者如何尽量减少该层土对工程的影响，都需要岩土设计人员做慎重周密的考虑；由于该层土的放坡自立高度非常有限，灵敏度又非常高，因此，在地铁明挖基坑施工过程中需要确定合适的临时坡比和施工次序，否则极易产生边坡整体失稳、破坏已施工的围护桩等工程事故。

（3）浅层砂性土。

这里的浅层砂性土主要指④层粉土粉砂层，严格意义上说，该层土并非算特殊性岩土，但考虑到该层土在条件具备时极易产生流砂管涌现象，常州市区因为该原因产生的工程问题较多，故作特殊评价。

流砂是一种不良的工程地质现象，在土方开挖施工过程中经常可能遇到。当土颗粒之间的有效应力等于零（动水压力大于或等于土的浮重度），土粒就处于悬浮状态，此时，土的抗剪强度为零，土粒能随着渗流的水一起流动，这种现象被称为流砂。流砂是流土的一种形式。管涌：在渗流作用下，无（或弱）黏性土中的细小颗粒通过较大颗粒之间的孔隙，发生移动并被带出的现象。流砂和管涌经常同时出现。

流砂的主要危害有：土完全失去承载力，流砂边挖边冒，土方开挖无法达到设计深度，掏空地下或周边的土体，极易引起土体塌方，严重时引起邻近位置的建构筑物、地下管线、地面道路等下沉、倾斜，管线堵塞。

流砂形成条件和原因主要有 2 个，一是土层条件（内因），包含粉土、粉砂、细砂的土层容易发生；二是水力条件（外因），当动水压力大于或等于土的浮重度就会产生。动水压力大小与水力坡度成正比，即水位高差愈大，渗流路径愈短，则动水压力愈大。

应对措施：

（1）针对填土的性质，结合具体工程项目的需要，主要是需要在前期勘察阶段，有针对性地做好调查工作，应充分查清该层土的组成成分、分布范围、堆积年代、深度变化情况、均匀性情况等，为后期设计施工方案的选择提供参考依据。

（2）填土层厚度较大处，施工时应予以高度重视。在地铁工程施工中，应对填土采取加固或使用围护桩对其进行隔离等处理措施，减少或避免其对工程的不利影响。

（3）对于软土应结合具体工程项目的需要，首先是需要在前期勘察阶段，查明软土的成因类型、成层条件、分布规律、均匀性情况等，为后期选择处理方案提供充分的依据。

（4）在常州市区。由于容易产生流砂现象的土层埋置深度较浅，地铁基坑一般埋深较大，因此在地铁明挖基坑施工过程中容易发生该现象。

流砂应以防为主，尽量在施工中避免发生该现象。

主要可采用的防治方法有：

①降低地下水头；可采用井点降水、管井降水、枯水期施工等；

②延长渗流路径；可采用深层搅拌桩、旋喷桩、板桩等隔水止水措施；

③带水（水下）施工；保持基坑中的坑内水头与地下水的水头基本一致；

④改良土体性质，土体中注浆，冻结土体等。

6.2 暗挖法施工存在的问题及对策

轨道交通工程出入口、个别区间及区间联络通道一般采用暗挖法施工。对暗挖法施工有影响的几个因素如下。

不利影响：

（1）常州地铁隧道开挖范围内土层主要为较软的黏性土，围岩分级修正后为Ⅵ级，稳定性较差，很难形成自然拱，且容易发生坍塌。

（2）人工填土为松散土层，具有分布不稳定、力学性质差的特点。由于人工填土的抗剪强度较低且不均匀，透水性强，容易导致隧道失稳，发生坍塌。

（3）地铁线路一般沿城市主干道敷设，道路一般下穿大量的雨水、污水及上水管线，管线渗漏会降低周围土体的自稳性。

（4）地面交通流量较大，对隧道拱顶会产生一定压力。

因此，为防止暗挖隧道坍塌等事故发生，建议设计和施工时注意以下问题：

解决措施：

（1）加强对暗挖隧道的结构强度设计。

（2）并在暗挖隧洞开挖前进行超前支护，建议采用超前小导管进行超前支护。

（3）隧道施工时应严格遵循“管超前、严注浆、短开挖、强支护、快封闭、勤测量、早成环、环套环”的施工原则进行开挖支护，并严格控制地层下沉量。

（4）不良地质的地质条件下采取特殊的施工技术措施，如进行地质改良、缩短循环进尺等，防止沉降超限等。

6.3 盾构法施工存在的问题及对策

地铁工程区间一般采用盾构法施工，隧道主要现状道路和密集的建筑物附近下穿，隧道施工时应注意下列问题：

不利影响：

（1）区域内普遍分布较软弱黏性土层。盾构施工时盾构刀盘切削下来的黏土、碎屑在刀盘区聚集，形成半固结或固结块状体泥饼，会造成扭矩、总推力大幅增大、出土不畅、推进速度减慢、刀盘发热，重则造成掘进困难、在富水地层诱发喷涌，甚至盾构机严重损坏。

（2）盾构垂向穿越土层多，土层力学性质有差异，运行后会产生纵向不均匀沉降。

（3）区间下穿主要现状道路的立交桥及人行天桥时，盾构施工可能对桥桩造成影响。

解决措施：

（1）施工前，认真研究地质资料，施工全过程现场跟踪地质条件的变化，并根据地质条件优化施工措施。

（2）为满足开挖面稳定要求，防止地面沉降过大，盾构选型宜考虑各类土层的特性的影响，并参照相关规范和结合同类工程经验确定。同时，施工时应根据不同的地层分布情况注意及时调整盾构施工参数（如盾构工作姿态、顶力、注浆量等）。

（3）盾构施工引起的地层损失和盾构隧道周围受扰动或受剪切破坏的重塑土再固结，是导致地面沉降的主要原因。结合临近城市施工经验，可采用同步注浆和二次注浆的方法进行加固处理，可有效控制过大的地面沉降。

（4）盾构垂向穿越土层多，土层力学性质有差异，运行后会产生纵向不均匀沉降，为控制隧道纵向不均匀沉降的影响，应注意盾构工作井、地铁车站、隧道区间连接。工程经验表明，区间隧道两端与车站相连处，由于二者结构、施工方法、施工时间的不同，必将产生一定的差异沉降，故设计中在隧道与车站接头宜采取相应的连接措施，在土层特征发生突变处建议设缝。

（5）隧道施工时应作好土体变形和地面沉降监测及地面建筑物、构筑物、地下管线的变形监测工作，辅以适当措施保证地面沉降控制在规定的范围内，确保道路、管线和建筑物的安全。

（6）盾构隧道下穿既有桥梁时，应加强对桥桩的保护，防止因施工对高架桥造成影响。

（7）设计和施工时应高度重视地表水对盾构隧道的影响，采取一切必要措施保证工程施工安全。

参 考 文 献

［1］常州中元建设工程勘察有限公司，常州市东华岩土工程有限公司，常州市规划设计院. 常州市轨道交通 1 号线一期工程岩土工程勘察总报告（可行性研究阶段）［R］. 2012.

［2］江苏省地质调查研究院. 常州市区地质灾害调查与防治规划［R］. 2004.

［3］尤迪等. 常州市区第四系工程土层分层标准化的初步探讨［J］. 苏州大学学报：工科版. 2010，30：330 - 333.

成都市

1 自 然 地 理

1.1 地 理 位 置

成都市位于四川省中部、四川盆地西部（成都市地理位置见插图 22），辖区地理坐标：东经 102°54′~104°53′，北纬 30°05′~31°26′。东北接德阳、东南与内江市毗邻，西南靠雅安地区、西北与阿坝藏族自治州接壤，南面与眉山地区相连。现辖 10 区（锦江、青羊、金牛、武侯、成华、高新、龙泉驿、温江、新都、青白江）4 市（都江堰、彭州、邛崃、崇州）6 县（双流、郫县、大邑、蒲江、新津、金堂）。幅员面积 1.26 万 km^2，人口 1028.5 万。2003 年成都市城市建成区面积 $386km^2$，常住人口 281.4 万，流动人口约 100 万。

成都市是四川省省会，是一座融古代文化与现代文明于一体的特大中心城市，全国著名的历史文化名城和国家级卫生城市。成都既是稀世珍宝大熊猫的故乡，又是中国西南地区科技、商贸、金融中心和交通、通信枢纽。尤以历史悠久、文化底蕴厚重、风光绚丽多姿和名胜古迹众多而闻名于世。

成都的交通四通八达，十分快捷。铁路纵横贯通，有成渝、成昆、宝成和达成铁路；成渝、成绵、成雅、成乐、成南、成灌、成温邛等高速公路和川藏、川陕公路通往省内外；西南最大的航空港——成都双流国际机场，开设国内外航线百余条，可直达北京、上海、广州、香港、新加坡、曼谷等大城市。

1.2 气 象

成都地区属平原亚热带湿润气候区，总的气候特点是春早、夏热、秋雨、冬暖、日照少、无霜期长、降雨充沛而集中。多年平均气温 16.2℃，极端最高气温 40.6℃，极端最低气温 -5.9℃；多年平均降雨量 988.5mm，最大日降雨量 195.2mm，降雨量多集中在 5—9 月，约占全年降雨量的 84.1%；多年平均蒸发量 1465.1mm；多年平均相对湿度 82%；多年平均日照时间 1228.3h，只有 28% 的白天有太阳；多年平均风速 1.35m/s，最大风速 14.8m/s（北东向风），极大风速 27.4m/s（1961 年 6 月 21 日），最多风向为北北东（NNE）向。部分气象要素统计列于表 4-1。

表 4-1 成都市部分气象要素多年平均值统计表

气象 \ 月份	1月	2月	3月	4月	5月	6月	7月	8月	9月	10月	11月	12月	全年
气温（℃）	5.5	7.5	12.1	17.0	20.9	23.7	25.6	25.1	21.2	16.8	11.9	7.3	16.2
降水量（mm）	5.2	0.8	11.4	27.6	58.7	97.4	329.8	101.2	274.5	50.8	30.8	0.3	988.5
蒸发量（mm）	38.1	57.0	68.6	102.3	125.5	357.2	199.1	153.5	87.0	145.1	104.2	27.5	1465
相对湿度（%）	80	80	78	78	77	81	85	85	85	86	84	83	82
风速（m/s）	1.2	1.3	1.4	1.5	1.5	1.4	1.3	1.35	1.35	1.2	1.15	1.15	1.35

1.3 水 文

成都平原河流分属岷江、沱江、涪江水系。各水系从西北部各大小山口进入平原后呈扇状分流。岷江水系流经平原西南部后汇于新津县流出区外；沱江水系流经平原东北部后汇于金堂赵镇流出区外；涪江水系流经平原东北部后流出区外。各水系在平原的分流密度平均每公里 2.5 条，与江河配套的各级渠系每公里达 2 ~4 条，是典型水网化平原。都江堰自然地理条件优越，渠首处于岷江冲击扇顶点，利用岷江丰沛的水量控灌整个成都平原。由于都江堰的灌溉，成都平原成为“水旱从人，不知饥馑”的天府之国。

成都市区地处岷江中游地区，河流众多。大小河流共有四十多条，绝大部分属于岷江水系，流域面积占全市流域面积的 85%。少数地区属于沱江流域，流域面积约占 10%。

流经成都市区的主要河流有清水河、肖家河、摸底河、西郊河、南河、府河、沙河等（见图 4－1）。由于受东部台地的阻挡，原本在平原区以北西－南东流向的河流在市区内逐步转为近南北向。其中沙河、府河、南河均为人工河道，府河、南河因成都市府南河整治工程而得到治理，主要表现为河道岸坡均用条石浆砌加固，河道宽度也变得均匀、顺畅，更趋于人工河道。而且河流的水位、流量变化除受降雨的影响外，更受都江堰水利工程的人为调配影响。河流的总体水文特征是径流量与水位明显受区内降雨量周期变化规律控制，夏季流量大，冬春流量小且上游支流多断流。

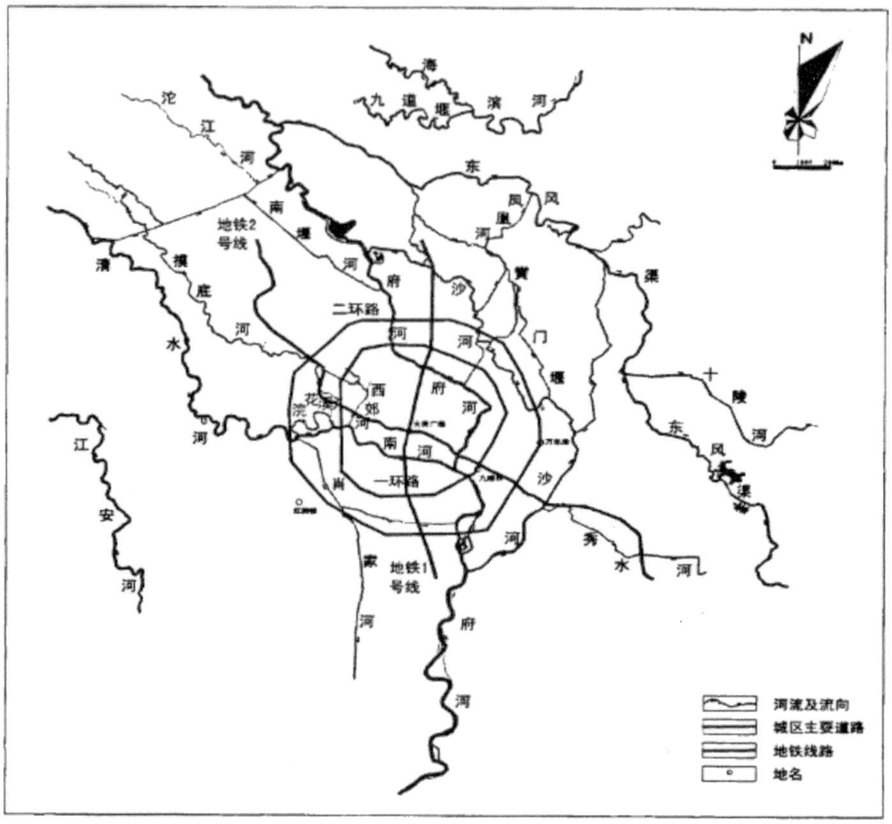

图 4－1　成都市河流水系图

1.4　地 形 地 貌

成都市从西到东，地形分为山地、平原、丘陵三个部分。

成都西部，是高峻的龙门山和邛崃山地。这里的山峰海拔大多在 3000m 以上，大邑县境内的苗基岭，海拔 5364m，是全市的最高峰。

成都中部，是广阔的成都平原，是由出自龙门山及其西北高原的岷江、沱江等多条河流的散流水系冲洪积形成。现代地貌显示，成都平原主要由冲积扇和冲积平原构成。龙门山山前主要发育冲积扇群，由北向南依次为绵远河冲积扇、石亭江冲积扇、湔江冲积扇、岷江冲积扇和两河冲积扇，其中以岷江冲积扇规模最大。成都市区位于岷江冲洪积扇的东南边缘，平原约占全市总面积的一半，海拔在 450 ~720m 之间，相对高差一般不超过 20m，平原内部地势由西北向东南微微倾斜，便于引水自流灌溉。岷江、沱江及其支流从上游地区带来大量砾石、泥沙沉积成为深厚的冲积层，形成冲积土。平原内部一般仅存Ⅰ、Ⅱ级阶地，Ⅲ、Ⅳ、Ⅴ级阶地主要分布在东西两侧边缘地带，形成高地或台地。

成都东部，是低矮的龙泉山和四川盆地中部丘陵的西缘，海拔多在1000m以下，由紫色砂岩、泥岩组成，这些较为松软的岩石风化以后形成肥沃的紫色土。

成都市区区内地形平坦，地势受扇状平原的控制，总体上西高东低、北高南低，海拔高程484～540m。市区西部、中部为川西平原岷江水系Ⅰ级阶地，东部为Ⅱ级阶地，地形开阔、平坦，Ⅰ级阶地在平原区的拔河高度一般为2～3m，两侧为4～6m；Ⅱ级阶地拔河高度为8～10m；市区东部边缘及以东为Ⅲ级阶地（台地），地形起伏相对较大，坡度平缓，Ⅲ级阶地拔河高度为25～30m。成都市区具体地貌划分见插图23。

2 区域地质

2.1 区域构造

成都平原在构造位置上处于我国新华夏系第三沉降带之川西褶带的西南缘，界于龙门山隆褶带山前江油－灌县区域性断裂和龙泉山褶皱带之间，为一断陷盆地（见图4－2）。该断裂盆地内，西部的大邑－彭县－什邡和东部的蒲江－新津－成都－广汉两条隐伏断裂将断裂盆地分为西部边缘构造带、中央凹陷和东部边缘构造带三部分。

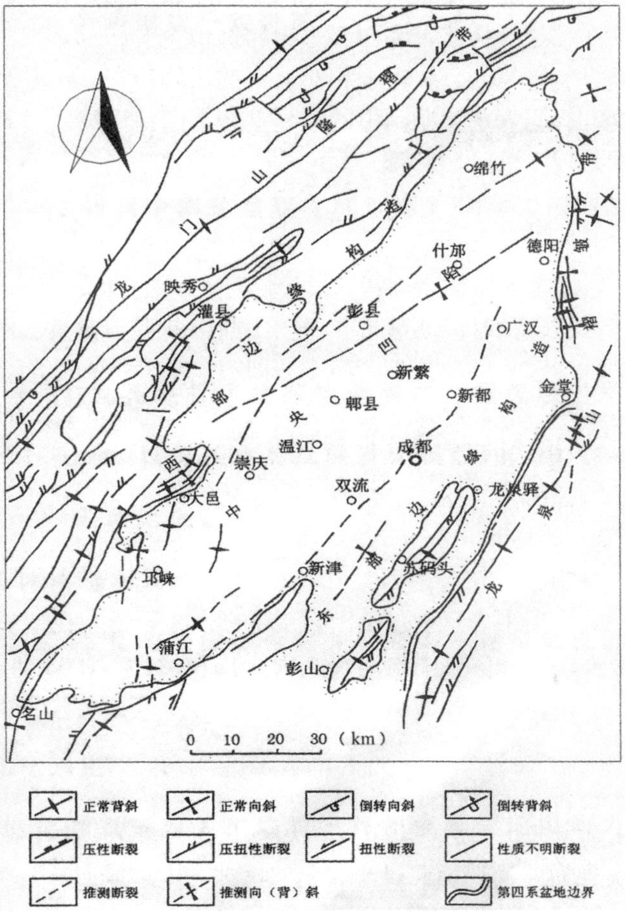

图4－2 成都平原及周边构造纲要图

（引自《1、2号线工程主要水文地质问题分析》）

龙门山隆褶带，经青川、都江堰至二郎山，长500余千米，宽25～40km。这是一个经历了多次强烈变动的、规模巨大的、结构异常复杂的东北向构造带。龙泉山褶皱带，展布于中江、龙泉驿、仁寿一带，长200余千米，宽15km左右，为龙泉山背斜及一系裂压扭性逆（掩）断层组成，呈NE走向，现今时期断裂活动标志少。

大邑－彭县－什邡断裂带，为平原内较大的区域性隐伏断裂，沿隐伏断裂弱震活动频繁，偶有强震发生，1970年大邑发生过6级地震。蒲江－新津－成都－广汉断裂带，经新津后隐伏于第四系地层之下，深约5.5km，最后一次大规模活动距今约8.8万年，沿次断裂的蒲江曾于1734年发生过5级地震。该断裂带向北延伸成为磨盘山断裂，磨盘山断裂位于成都市区以北，在市区一环路北三段附近通过。从区域构造背景和地震活动性分析，磨盘山断裂通过地区属不稳定的微活动区，沿次断裂的新都曾于1971年发生过3.4级地震，成都于1943年发生过5级地震。

从总体来看，成都市区距龙泉山褶皱带20km，距龙门山隆褶带50km，区内断裂构造和地震活动较微弱，历史上从未发生过强烈地震，从地壳的稳定性来看应属于稳定区。

2.2 新构造运动

成都平原在构造体系上处于川西褶带的一隅。该体系于印支运动早期已具雏形。印支运动晚期已基本定形，进入喜山运动早期成为沉降中心，随着构造活动，周边参差错落抬升，中心相对沉降，中心接受了厚大的第四系松散堆积，四周成山，形成了错落有致的盆地地貌景观。

早更新世初期，西侧龙门山和东侧龙泉山随着青藏高原的抬升而隆起，平原相对沉降，接受沉积。早更新世末，中更新世初，构造运动强烈，龙门山、龙泉山继续抬升，整个平原普遍下沉。中更新世晚期，新构造运动变得强烈和复杂起来，龙门山、龙泉山加速抬升，原有的一些主干断裂活动加强，成都凹陷解体，东部边缘构造带和西部边缘构造带上升，局部成为台地，中央凹陷和边缘构造带接受沉积。晚更新世，平原处于缓慢、相对稳定的沉降阶段。全新世早、中期，平原又经历了一次比较明显的构造变动，仍表现为龙门山的强烈上升，山前形成“悬挂式”冲洪积扇群，平原东部又相对有抬升，沿河形成Ⅰ级阶地。

2.3 断　　裂

成都地区主要有两条区域性的基底断裂带，龙门山前山断裂和龙泉山断裂展布在成都凹陷盆地的两侧，控制了凹陷盆地的形成和发展，是区内主要断裂。另外，在凹陷盆地的内部可能存在有彭县－大邑－名山和蒲江－新津－成都两条基底断裂（见插图24）。总的特征是：断裂线都呈北东走向、一般长度都在100km以上，由深层和浅层两条断层组成断裂带。这些断裂带上有不同程度的地震活动。现就各断裂主要特征简述如下：

（1）龙门山断裂。

又称江油—灌县断裂，北起广元向南西经江油、灌县、天全与川滇南北带斜交，呈北东向延伸，总长达40km左右，成为川西凹陷与龙门山断褶带的分区界线。在地史上是一个继承性的断裂带。该断裂带于江油以南曾多次发生过中强地震，现今仍在活动，2008年5月12日发生的汶川地震即是该断裂活动的结果。该断裂现今活动是以北西盘相对南东盘上升为主，系属一条与地震活动密切相关的活动性断裂。

（2）龙泉山断裂。

龙泉山断裂主要发生在龙泉山构造西北翼，浅层（侏罗系底）断层南起仁寿以西，北到中江县合兴场一带，总长130km左右。断裂走向呈北北东向延伸，断面倾向南东。倾角30°～45°，为逆掩断层性质。沿断裂带在仁寿借田附近，1967年1月曾发生过一次5.5级地震，从这次地震产生的一组北东向张性地裂缝来看该断裂的现今活动是东南盘相对北西盘做右旋运动。

（3）彭县－大邑－名山断裂。

从现有资料分析，该断裂可以分为三段，它们是否为一个整体，由于人工地震剖面控制不严，尚不清楚。地表在三和场、大邑、金马场三个背斜的南东翼陡带上发现有断层，但断距不大，一般为300m左右，为倾向北西的逆断层。该断裂带近年来小震活动比较频繁。

（4）蒲江－新津－成都断裂。

这条断裂在新津以南地表零星出露部分浮盖。于新津至成都磨盘山一带有断层显示。该断裂在地表于蒲江—新津一段可见康乐场、石桥场和老君山三条北东向断层。石桥场断层在蒲江以南与康乐场断层相交组成“入”字型构造，其锐角朝北，显示康乐场断层具右旋特征。根据成都地区的深层，浅层构造图可见该断裂南起蒲江西南，北过新津，长达80km。走向呈北东向，断面倾向南东，倾角25°～35°，属低角度逆掩断层。在磨盘山北端新都境内于1971年发生过3.4级地震，表明该断裂在磨盘山一段现今仍在活动。

2.4 历史地震

根据历史地震资料调查分析和近20年来地震记录可以粗略认为本区地震活动有如下特点：

（1）就历史地震而言，成都虽曾有过历史地震的记载，但通过考古调查这些地震已不存在。成都主要是受邻区强烈地震的影响，影响最高烈度一般未超过6度（见表4－2），但2008年5月12日汶川地震影响烈度达到了7度（见插图25）。

表4－2 邻区地震对成都的影响

（引自《成都地区地震地质特征与地震危险性的讨论》）

发震时间	发震地点	震级	影响本区烈度
1786年6月1日	康定	7½	成都、双流达Ⅴ度
1933年8月25日	叠溪	7½	成都东城区、金堂淮口、双流城关、双流中兴区达Ⅵ度
1970年2月24日	大邑	6¼	成都黄天坝、双流达Ⅵ度
1967年1月24日	仁寿	5½	成都市区有感觉
1976年8月16日	松潘平武	7.2	成都南郊、双流城关达Ⅳ度

（2）从1958年到1979年底的地震记录资料来看，地震活动主要集中分布在成都凹陷盆地周围几个断裂带上，其中以龙门山断裂带地震强度大，频度高，龙泉山断裂带次之，成都市区未记录到2级以上的弱震活动（见表4－3）。

表4－3 成都地区地震活动情况（1958—1979年12月）

（引自《成都地区地震地质特征与地震危险性的讨论》）

断裂带 \ 次数 \ 震级	2～2.9	3～3.9	4～4.9	5～5.9	6～6.9	备注
龙门山断裂带	347	105	29		2	1958年2月北川6.2级地震 1970年2月大邑6¼级地震
彭县－大邑－名山断裂带	27	5	2			
龙泉山断裂带	24	12	4	1		1967年1月24日仁寿5½级地震
蒲江－新津－成都断裂带	2	1				1966年蒲江3.3级地震 1971年新都3.4级地震
高庙－总岗山断裂带	5	11	3	1		本带在蒲江以南，1962年7月洪雅5.1级地震

2.5 第四纪地质

成都平原是发育于龙门山前缘的第四纪沉积盆地，它的形成与演化受东、西两侧断裂带，特别是受西侧龙门山断裂带的制约。成都平原的前身，作为龙门山前陆盆地的一部分，受龙门山构造带的影响更为突出。随着龙门山的抬升，前陆盆地内堆积了三叠纪晚期以来各时代的沉积物，以厚度大、颗粒粗为特点。近龙门山一侧均有厚度较大的砾岩层，远离龙门山向前陆盆地内部沉积物明显变细。砾岩与砂页岩的交替出现反映了龙门山抬升的周期性加速及其对盆地堆积作用的影响。龙门山构造带向山前的逆冲作用不仅驱使前陆盆地的沉降，同时还导致前陆盆地的变形。四川盆地三叠系和侏罗系等厚度线表明，越靠近龙门山构造带等厚线越密集，厚度越大，等厚线被龙门山构造带所切，表明当时位于下盘的沉积盆地有一半已相对俯冲于龙门山构造带之下（见图4－3）。

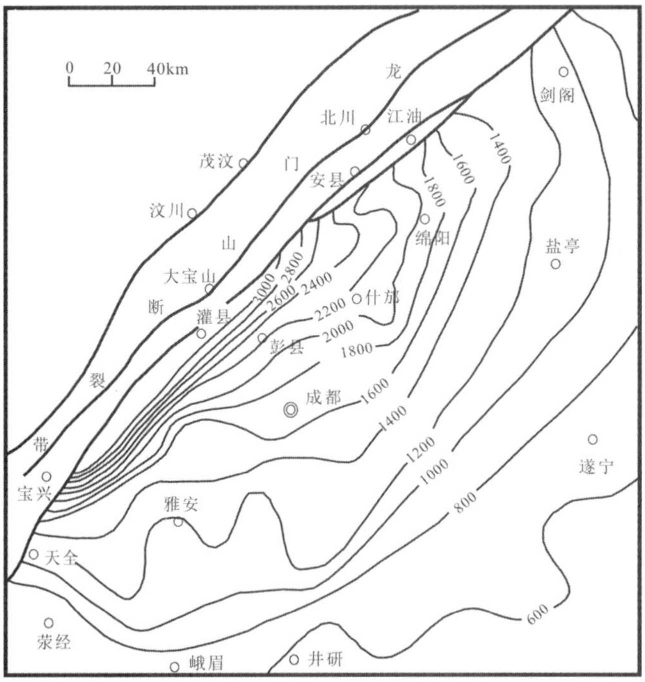

图4－3 龙门山前四川盆地上三叠统残留厚度图

（引自《成都平原的形成与演化》）

成都平原是在中生代前陆盆地基础上发展起来的第四纪断陷盆地，但范围明显缩小在龙门山中南段的山前地带，而且盆地的沉降中心也发生迁移，三叠纪时沉降中心在江油一带，侏罗纪时沉降中心迁往大邑、灌县地区，第四纪沉降中心已迁往郫县竹瓦铺一带。

成都平原的第四纪断陷作用具明显的不对称性，横向上第四纪沉积厚度急剧变化，聚源附近厚达10m，竹瓦铺以北厚仅30m，竹瓦铺以南厚达541m，郫县20m，犀浦厚110m，成都西郊厚70m，成都市区厚30m，龙泉山西侧厚仅几米（见图4－4），显示了盆地基底向龙门山倾斜的总体特征。纵向上成都平原有多个沉降中心组成，平原中心部位的沉降幅度明显大于南北两侧。

晚上新世至早更新世大邑砾岩是成都盆地中充填的最古老的冲积砾石层，其与下伏中新生代地层均为不整合接触，与上覆的雅安砾石层也为不整合接触。大邑砾岩为灰褐、黄褐色复成分砾岩夹棕黄色岩屑砂岩透镜体，砾石成分以石英岩、闪长岩、浅色花岗岩和变质砂岩为主，次有砂岩、脉石英，并含少量灰岩和燧石；砾石磨圆度好，分选性差，砾径一般为8～20cm，常见大漂砾，最大者近2m，部分砾石具压裂和扭曲现象；填隙物为砂、泥，钙泥质胶结。地表出露的残留厚度为34.4～380.6m不等，一般出露厚度界于100～200m之间。在横向上，西部的河口地段砾石粗大，并含大量漂砾，向下游粒度减小，具短距离搬运、快速堆积的特征，整体上显示大邑砾岩由冲积扇沉积物构成。

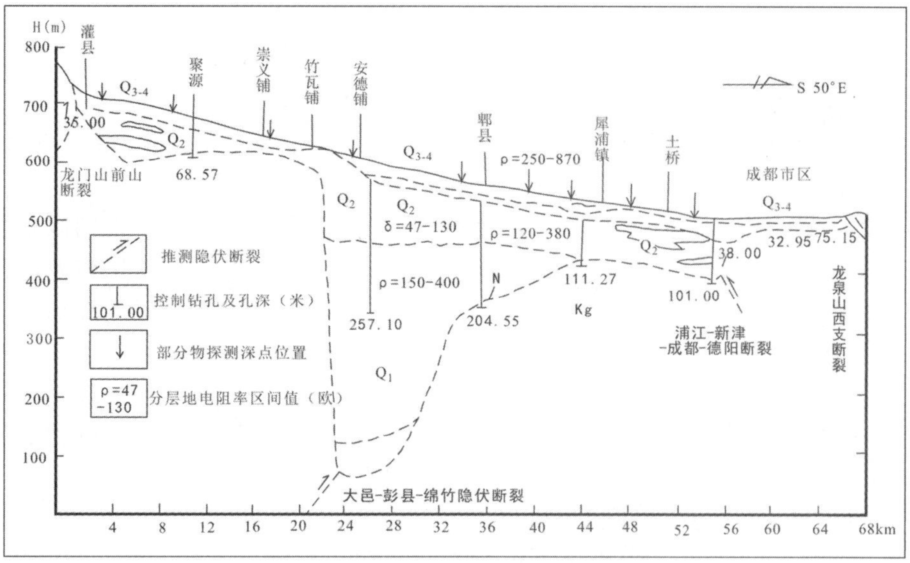

图 4－4　成都平原第四系厚度剖面图

（引自《成都平原的形成与演化》）

中更新世雅安砾石层位于晚新生代成都盆地充填序列的中部，厚度较大。雅安砾石层由 2～3 个向上变细的旋回构成。每个旋回的下部为砾石层，上部为砂质黏土和泥炭层。在地表上，雅安砾石层广泛分布于成都盆地西南缘名邛台地表层，主要由两套沉积物构成，下部为砾石层、上部为网纹红土层。下部砾石层为一套河流冲积物，以砾石层为主，厚 10～30m 不等，砾石成分为石英岩、石英砂岩、花岗岩、玄武岩和辉长岩等，砾石含量 >70%，砾径一般为 3～5cm，大者为 30～40cm，砾石磨圆度好，分选较差，分布不均匀，排列具定向性，具叠瓦状构造。砾石呈强风化特征，酥裂风化较强烈。砾石间充填物为粉砂质、泥质物质，呈钙泥质胶结，具有颗粒－基底式支撑类型。上部网纹红土层为亚黏土，厚 3～6m 不等，呈黄褐色、棕红色黏土（网纹红土）及粉质黏土状，呈块状发育白色高岭石条带，并见铁、锰质结核和斑状结构，结构致密，节理不发育。其中含极少量砾石，砾石含量 <5%，砾径一般为 1～2cm，砾石主要成分为砂岩、花岗岩、石英岩，呈强风化特征。

晚更新世和全新世砾石层为晚新生代成都盆地充填序列中的最上部沉积物，该套沉积物在垂向上由两个向上变细的旋回构成；每个旋回的下部为砾石层，上部为黏土层。其中上更新统由广汉砾石层和广汉黏土层或成都黏土层组成，厚度为 8～41m 不等，黏土层中的黏土矿物以伊利石为主，含钙质结核。

3　典型地层及特征

3.1　地层分布及特征

成都市市区位于岷江冲洪积扇的东南部，属典型的冲洪积平原地貌。市区均为第四系（Q）地层覆盖，厚度一般为 20～40m。地表多为第四系全新统人工填土（Q_4^{ml}）；市区的Ⅰ级阶地填土层以下主要以全新世覆盖地层（Q_4^{al}）黏土、卵砾石土夹粉细砂为主，Ⅱ级阶地填土层以下主要以晚更新世晚期（Q_3^{fgl+al}）的成都黏土及广汉层及卵砾石土夹粉细砂为主，Ⅲ级阶地填土层以下主要以晚更新（Q_2^{fgl+al}）的雅安黏土或雅安砾石层及卵砾石土夹粉细砂为主；全市第四系地层下伏白垩系上统灌口组（K_2^g）泥岩。

成都市区由西向东的地层分布特征示意见图 4－5，由北向南的地层分布特征见插图 26。

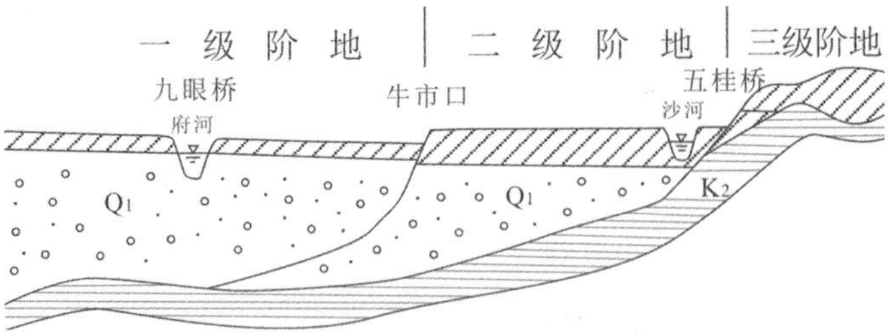

图 4－5 成都市阶地地层由西向东剖面示意图

3.2 第四系地层成因

对于成都盆地内第四纪沉积的成因认识，有两种截然不同的意见。以李承三为代表的冰泛说，认为岷江上游的五次冰期的冰川直接影响到成都盆地，龙门山前有规模巨大的名邛冰泛，盆地内为冰川和冰水堆积物，在盆地中心区的全新统冲积层之下埋藏着冰泛沉积物，盆地边缘由冰泛沉积物组成了多级阶地。以刘兴诗为代表的冲积说，认为所谓冰泛实则是冲积、洪积相沉积，属流水成因，西部山地内的冰川并未下达盆地之中。

对成都黏土的成因也进行了长期探索，但至今没有形成统一认识，有风成说、水成说等多种观点。1977 年成都水文地质队提交的《1:20 万成都平原区域水文地质普查总结报告》中认为，成都黏土属冰水沉积，时代早于广汉黏土。1980 年他们提交的《1:5 万成都平原水文地质普查总结报告》中，将广汉层分为上、下两段，下段由广汉黏土与成都黏土组成，属同期异相的冰水与风成混合沉积，上段为一套河流相沉积。

其后的研究者根据其分布、粒度组成、矿物特征、磁性特征以及石英颗粒形貌特征等认为成都黏土属风成成因。最近，乔彦松等（2007）、赵志中等（2007）通过对位于成都双流县胜利和黄甲两个剖面系统的磁性地层学、沉积学、地球化学特征的研究表明，该区的红土堆积是第四纪中期以来形成的，成都黏土和网纹红土的母质可能属于风成成因。乔彦松等（2007）对位于成都双流的胜利红土剖面样品的粒度、石英颗粒表面形态以及稀土元素分布模式进行了系统分析，并将研究结果与甘孜地区的典型黄土样品进行了对比。结果表明，红土剖面中的成都黏土、网纹红土层是以具有风成特性的细颗粒物质为主，并且其粒度分布及粒度参数特征与甘孜地区典型风成黄土样品非常相似，而与该剖面中下伏的河流相样品有很大不同。并认为第四纪中期整个长江流域的环境状况发生了很大变化，主要表现为冰期时植被覆盖率的大幅度降低，而青藏高原在此时期的快速隆升可能是形成该区环境变化的直接原因。

3.3 第四系地层划分

3.3.1 第四系地层年代划分

早在 20 世纪 30 年代初期，李春昱等调查四川地文、地形时，就涉及成都平原。侯德封等（1939）曾针对四川盆地内的“阶段地形”，归纳划分出六个地文期，即：①现代侵蚀与堆积；②江北期；③嘉陵期；④雅安期；⑤杨子期；⑥盆地期。此后，李承三等亦作过类似调查与划分。在晚新生代地层划分的多种意见中，比较完整的为康彦仁等（1979）和刘兴诗（1983）的方案。前者按气候地层系列将成都平原的第四系分作三次冰期、二次间冰期及冰后期堆积。后者沿用地文期法，分析了前人资料和新获得的古生物、同位素测年资料，归并为五个主要的地文期，即：①天鹅抱蛋期；②松林坡期；③雅安期；④广汉期；⑤资阳期，并对各期的时代作了对比分析，这是迄今关于成都平原第四系最详细的论述。西南地区区域地层编表组划分为：近代河流冲积层、更新统冲积层、洪积层、雅安冰碛层等。1984 年徐毅峰积多年工作之基础资料，包括新近获得的大量同位素测年资料，提出了新的地层划分方案（见表 4－4），是当前关于成都平原第四系划分的一个重要意见。

表4-4 成都平原第四系地层划分表（徐毅峰，1984）

第四纪	全新世	Ⅰ级阶地、漫滩沉积
	晚更新世	成都黏土，广汉砾石层
	中更新世	网纹红土（包江桥组）
		雅安砾石层
	早更新世	花果山组
	上新世	大邑砾岩

3.3.2 第四系地层特征描述

区内地表第四系堆积层广泛分布，下伏白垩系泥岩、砂质泥岩、泥质粉砂岩。自上而下地层主要分布有：

（1）第四系全新统人工填筑土（Q_4^{ml}）：

分布于地表，以杂填土为主，褐黄、灰黑等杂色，松散－稍密，潮湿。由碎石、砂土、砖瓦碎块等建筑垃圾组成，其间充填黏土。层厚一般0.6～6.9m。该层土人为随意性较大，均一性差，多为欠压密土，结构疏松，具强度较低、压缩性高、荷重易变形等特点。

（2）第四系全新统冲积层（Q_4^{al}）：

〈2－1〉软土（$Q_4{}^{al}$）：灰黑色、浅灰色，软塑－可塑状，质较纯，无味。顶板埋深为0～6.4m，层厚0～0.8m。天然密度$\gamma=1.83\sim2.02g/cm^3$，平均$1.92g/cm^3$；天然含水量$\omega=33.4\%\sim42.6\%$，平均值39%；天然孔隙比$e=1.242\sim1.608$，平均值1.519；塑性指数$I_P=12.8\sim18.0$，平均值15.6；液限$W_L=29.6\%\sim34.5\%$，平均值32.1%；液性指数$I_L=0.5\sim0.91$，平均值0.79；天然快剪黏聚力$C=19.9\sim43.5kPa$，标准值23.53kPa；内摩擦角$\varphi=8.8°\sim18.9°$，标准值9.33°，压缩系数$a_{0.1\sim0.2}=0.18\sim0.37MPa^{-1}$，标准值$0.322MPa^{-1}$，压缩模量$E_S=1.1\sim5.0MPa$，标准值3.57MPa。根据静探揭示，该层平均比贯入阻力$Ps=425\sim765kPa$，基本承载力为52.6～90.7kPa。

〈2－2〉黏土（Q_4^{al}）：黄色、灰黄色、灰褐色。含铁锰质结核及少量钙质结核，可塑－硬塑。大部分地段均有分布，顶板埋深多为0.8～2.6m，厚0.8～8.6m。天然含水量$W=22\%\sim30.4\%$，平均值26%，天然孔隙比$e=0.64\sim0.85$，平均值0.75，液性指数$I_L=0.08\sim0.4$，平均值0.31，天然快剪黏聚力$C=36.9\sim83.3kPa$，标准值45.96kPa，内摩擦角$\varphi=10.6°\sim18.0°$，标准值12.2°，压缩系数$a_{0.1\sim0.2}=0.14\sim0.37MPa^{-1}$，标准值$0.284MPa^{-1}$，压缩模量$E_S=4.65\sim11.77MPa$，标准值6.269MPa。本层黏土具弱膨胀性，其自由膨胀率$F_S=40\%\sim43\%$，属弱膨胀土。

〈2－3〉粉质黏土（Q_4^{al}）：灰黄色，可塑－硬塑，含铁、锰质及钙质结核，呈透镜体状分布于卵石土（〈2－8〉层）上部，顶板埋深1.2～2.6m，层厚0.8～6.8m。天然含水量$W=29.2\%$，天然孔隙比$e=0.688$，液性指数$I_L=0.40$，天然快剪黏聚力$C=28.4kPa$，内摩擦角$\varphi=10.0°$，压缩系数$a_{0.1\sim0.2}=0.27MPa^{-1}$，压缩模量$E_S=6.19MPa$。

〈2－5〉细砂、粉砂（Q_4^{al}）：黄色，饱和，中密，呈透镜体状分布于中砂（〈2－6〉）或卵石土（〈3－7〉层）之上，顶板埋深为1.8～7.0m，厚0～5.1m。标贯实测击数$N=7\sim11$击，修正击数为$N=7.5\sim10.38$击，局部可液化，液化程度轻微。

〈2－6〉中砂、粗砂（Q_4^{al}）：浅灰色，饱和，中密，呈透镜体状分布于卵石土（〈3－7〉层）的上部，顶板埋深为3.2～13.1m，厚0～1.3m。标贯实测击数$N=11$击。修正击数为$N=6.3$击，不液化。

〈2－8〉卵石（Q_4^{al}）：黄灰色、黄褐色，以稍密－中密为主，部分密实，潮湿－饱和。卵石成分主要由中等风化的岩浆岩、变质岩类岩石组成。以亚圆形为主，少量圆形，分选性差，卵石含量60%～70%，粒径以30～70mm为主，最大粒径达530～550mm，充填物为细砂及圆砾。本层顶板埋深2.0～7.2m，层厚4.7～11.3m。

（3）第四系上更新统冰水沉积、冲积层（Q_3^{fgl+al}）。

〈3-5〉中粗砂（Q_3^{fgl+al}）：灰色、褐黄色，饱和，中密-密实，呈透镜体状分布于卵石土（〈3-7〉层）的中部或下部，顶板埋深为4.3~16.75m，厚0~1.4m。标贯实测击数为N=7~26击。修正击数为N=12.18~13.38击，不液化。

〈3-7〉卵石（Q_3^{fgl+al}）：褐黄、灰黄色、浅灰色、黄绿色等，以中密-密实为主，饱和。卵石成分主要为灰岩、砂岩、石英岩等。以亚圆形为主，少量圆形，分选性差，卵石含量约67%，粒径以20~100mm为主，钻探揭示最大粒径180mm，最大粒径达530~550mm，圆砾含量约9.8%，卵、砾石以中等风化为主。充填物以中细砂为主，夹少量黏性土，局部具弱泥质胶结。顶板埋深3.5~13.9m，厚1.2~11.4m。

（4）第四系中更新统冰水沉积、冲积层（Q_2^{fgl+al}）：

〈4-1〉粉细砂（Q_2^{fgl+al}）：青灰色，密实，饱和。呈透镜体状分布于卵石土（〈4-4〉）中。顶板埋深13.0~19.3m，厚0~0.8m。

〈4-4〉卵石（Q_2^{fgl+al}）：灰色、深灰色、蓝灰色、灰绿色、黄绿色，以密实为主，部分中密，饱和。卵、砾石成分以灰岩、砂岩、石英岩等为主。呈圆形~亚圆形，分选性差。卵石含量约68%，粒径以30~100mm为主，最大粒径达530~550mm，圆砾含量约10%，局部见漂石，漂石最大粒径870mm。卵、砾石以中等风化为主。充填物主要为中细砂及少量黏性土，局部具弱泥质胶结和微钙质胶结。本层顶板埋深8.2~22.0m，厚1.2~14.1m。

（5）白垩系上统灌口组（K_{2g}）：

〈5-1〉全风化泥岩（K_{2g}）：紫红色，岩芯呈土柱状，部分呈碎块状，主要由黏土矿物组成，岩质软。本层分布不均匀，局部缺失该层。层位顶板埋深17.5~29.5m，厚0~9.4m。

〈5-2〉强风化泥岩（K_{2g}）：紫红色，岩质较软，岩芯多呈碎块状，少量短柱状，部分呈土状，岩芯碎块手可折断。本层分布不均，局部缺失。层位顶板埋深18.2~36.0m，厚0~5.4m。

〈5-3〉中等风化泥岩（K_{2g}）：紫红色，中厚层状，泥质胶结。锤击声较脆，易风化。岩芯多呈柱状，少量呈碎块。岩质较硬。本层顶板埋深19.0~30.4m，此次勘探均未揭穿。其天然单轴极限抗压强度为0.17~12.23MPa，标准值为2.83MPa；饱和单轴极限抗压强度为0.04~7.37MPa，标准值为0.3MPa。

3.4 成都地区大粒径卵石、漂石分析

从以上地层描述中可以看出，卵石在成都地区广泛分布，其分布稳定、厚度较大，卵石中含漂石，漂石分布不均，既有资料揭示，直径200~800mm，卵漂石含量一般为60%~90%，天然单轴极限抗压强度一般为67~120MPa，个别可达151MPa，充填物为砂粒。地铁多穿行于砂卵石层中（见图4-6）。卵石层中地下水十分发育，地下水位高，一般埋深为3~5m。砂卵石层强透水，渗透系数K=5~30m/d，地下水流速较大。卵石层的粒径分布、颗粒强度及高渗透性对地铁结构施工影响极大，对地铁勘察、设计、施工带来极大困难，这在国内其他城市是少见的。

图4-6 成都地区卵石地层

(1) 大粒径砾石的分布特征。

根据成都市区勘察资料，在 Q_2 及 Q_4 地层中大于 20cm 的大粒径砾石含量较少，主要分布于 Q_3 地层中，含量一般在 10% ~15%，且局部富集成层，含量高达 20% ~30%，随机性强。在成都军区、骡马市、红照壁一带，大粒径砾石含量较高（见表 4－5）。据精图大厦和九医院华帝大厦基坑开挖显示，大粒径砾石主要分布在深度 6 ~10m 及 14m 以下。粒径一般为 20 ~40cm，目前已知的全兴大厦二期基坑开挖揭示最大粒径达 67cm，地铁工程勘察时揭示的最大粒径达 80cm（见图 4－7），地铁天府广场基坑施工时揭示的最大粒径达 60cm（见图 4－8）。

表 4－5　卵石颗粒级配统计个数

（引自《成都地铁 1 号线工程建设面临的地质问题及对策》）

地层	样本数/组	漂石组	卵　石　组			砾　石　组	
		>100（mm）	80 ~100（mm）	40 ~80（mm）	20 ~40（mm）	10 ~20（mm）	2 ~10（mm）
Q_4	9	5	20	81	288	375	未统计
Q_3^2	9	7	7	100	385	462	未统计
Q_3^1	4	6	8	99	308	426	未统计

图 4－7　成都地铁勘察探井中漂石最大粒径达 800mm

（引自《成都地铁岩土工程勘察》）

图 4－8　天府广场基坑中漂石最大粒径达 600mm

（引自《成都地铁岩土工程勘察》）

(2) 大粒径砾石成分、强度。

大粒径砾石成分主要为岩浆岩和变质岩类岩石（见表 4－6），其中 Q_3、Q_4 地层中主要为弱风化，少量中等风化；Q_2 地层中为弱－中等风化，岩质坚硬，单轴极限抗压强度及点荷载试验资料显示，天然单轴极限抗压强度达 53.6 ~107MPa（见表 4－7）。

表 4－6 砾卵石成分统计表

（引自《成都地铁 1 号线工程建设面临的地质问题及对策》）

地层	样本数/个	岩浆岩					变质岩		沉积岩		其他
		花岗岩	闪长岩	辉绿岩	辉长岩	安山岩	石英岩	其他变质岩	砂岩	石灰岩	
Q_4	10	34.2	9.0	8.0	1.8	0.6	28.5	10.0	1.8	0.6	5.5
Q_3	4	43.2	4.5	3.0	0.4	1.0	35.7	8.8	2.1	0.3	0.1
Q_2	4	40.2	5.4	12.2	7.1	1.0	19.9	6.9	6.3	0.4	0.6

表 4－7 砾卵石点载荷试验统计表

（引自《成都地铁 1 号线工程建设面临的地质问题及对策》）

工程名称	样本数	点荷载平均值 I_s（50）/MPa	由 I_s（50）/MPa 平均值计算抗压强度 R/MPa
人民北路－文武路区间	4	3.14～4.93	56.3～78.4
文武路－骡马市区间	2	2.93～7.57	53.6～107

注：根据成都地铁 1 号线人民北路－骡马市区间岩土工程详细勘察资料。

大粒径卵石、漂石其粒径大，卵石中石英、长石含量较高，硬度大，强度高，一般情况下会导致盾构掘进速度降低，刀具磨损加快，一般需单独处理，成本极高，在刀盘设计时需重点注意；大粒径卵石、漂石因孔隙大，粒径不均，充填不匀，桩基成孔时易于漏浆、塌孔，同时较强的硬度对桩基成孔机械钻头材质要求较高，对桩基施工成孔影响较大；因卵石以砂充填，无黏聚力，其作为隧道拱顶土层无法形成自然应力拱，极易塌落，暗挖施工若采用管棚、超前小导管注浆加固等超前支护方法，大粒径漂石会增大其成孔难度，同时容易造成支护构件的偏移，从而影响支护结构的安全。

3.5 主要地层物理力学参数

3.5.1 主要地层物理试验指标

根据成都地铁勘察资料及成都地区经验综合确定各土层的物理试验参数，供勘察设计人员参考使用，详见表 4－8。

表 4－8 成都地区主要地层物理试验指标表

地层编号	岩土名称	物理性质			稠性黏度		固结试验	
		天然含水量 ω	天然密度 ρ	孔隙比 e	液限 W_L	塑限 W_P	压缩模量 $E_{s0.1-0.2}$	压缩系数 $a_{0.1-0.2}$
		（%）	（g/cm³）	—	（%）	（%）	（MPa）	（MPa⁻¹）
〈1〉	人工填土		1.60～1.70					
〈2－1〉	软土		1.85～1.95	0.800～1.800	30～35	15～18	1～5	0.10～0.50
〈2－2〉	黏土（硬塑）	23～33	1.90～2.00	0.640～0.860	25～40	18～25	4～12	0.10～0.40
〈2－3〉	粉质黏土（硬塑）	18～33	1.90～2.00	0.650～0.850	25～35	16～28	6～10	0.10～0.40
〈2－4〉	粉土（中密）	11～37	1.85～1.98	0.550～0.800	20～30	14～26	8～12	0.10～0.30
〈2－5〉	粉细砂（稍密）		1.95～2.05					
〈2－6〉	中粗砂（稍密）		1.95～2.10					
〈2－8〉	卵石（中密）		2.00～2.30					

续表 4－8

地层编号	岩土名称	物理性质			稠性黏度		固结试验	
		天然含水量 ω	天然密度 ρ	孔隙比 e	液限 W_L	塑限 W_P	压缩模量 $E_{s0.1-0.2}$	压缩系数 $a_{0.1-0.2}$
		(%)	(g/cm^3)	—	(%)	(%)	(MPa)	(MPa^{-1})
〈3－4〉	粉细砂（稍密）		1.95～2.05					
〈3－5〉	中粗砂（中密）		1.95～2.10					
〈3－7〉	卵石（中密）		2.05～2.35					
〈4－1〉	粉细砂（中密）		1.90～2.05					
〈4－2〉	中粗砂（中密）		1.95～2.10					
〈4－4〉	卵石（密实）		2.10～2.40					
〈5－1〉	全风化泥岩	15～25	1.95～2.15				8～12	0.1～0.3
〈5－2〉	强风化泥岩	12～25	2.10～2.50					
〈5－3〉	中等风化泥岩	10～25	2.10～2.50					

3.5.2 主要地层力学试验指标

根据成都地铁勘察资料及成都地区经验综合确定各土层的力学试验参数，供勘察设计人员参考使用，详见表 4－9。

表 4－9 成都地区主要地层力学试验指标表

地层编号	岩土名称	直接剪切				三轴剪切			
		快剪		固结快剪		UU		CU	
		C	φ	C_q	φ_q	C_{uu}	Φ_{uu}	C_{cu}	Φ_{cu}
		(kPa)	(°)	(kPa)	(°)	(kPa)	(°)	(kPa)	(°)
〈1〉	人工填土								
〈2－1〉	软土	15～25	9～19	22～38	10～20	25～45	1～8	23～40	13～35
〈2－2〉	黏土（硬塑）	25～40	10～14	28～57	10～14	28～45	1～6	28～57	11～15
〈2－3〉	粉质黏土（硬塑）	25～40	14～28	26～45	16～30	30～47	2～8	28～50	18～35
〈2－4〉	粉土（中密）	11～30	20～32	13～35	20～35	20～30	2～7	15～35	22～38
〈2－5〉	粉细砂（稍密）	0	20～30						
〈2－6〉	中粗砂（稍密）	0	25～35						
〈2－8〉	卵石（中密）	0	35～45						
〈3－4〉	粉细砂（稍密）	0	20～30						
〈3－5〉	中粗砂（中密）	0	25～38						
〈3－7〉	卵石土（中密）	0	35～48						

续表 4-9

地层编号	岩土名称	直接剪切				三轴剪切			
		快剪		固结快剪		UU		CU	
		C	φ	C_q	φ_q	C_{uu}	Φ_{uu}	C_{cu}	Φ_{cu}
		(kPa)	(°)	(kPa)	(°)	(kPa)	(°)	(kPa)	(°)
〈4-1〉	粉细砂（中密）	0	25~35						
〈4-2〉	中粗砂（中密）	0	30~40						
〈4-4〉	卵石（密实）	0	35~50						
〈5-1〉	全风化泥岩	15~25	20~30						
〈5-2〉	强风化泥岩	12~25	35~45						
〈5-3〉	中等风化泥岩	10~25	40~60						

注：UU 为三轴不固结不排水剪，CU 为三轴固结不排水剪。

3.5.3 主要地层特殊试验参数

针对地铁工程的特殊需求，根据成都地铁勘察资料及成都地区经验综合确定各土层的特殊试验参数，供勘察设计人员参考使用，详见表 4-10。

表 4-10 成都地区主要地层特殊试验参数表

地层编号	岩土名称	热物理			基床系数		静止侧压力系数 K_0
		导热系数 λ	导温系数 $\alpha\times10^{-3}$	比热容 C	垂直 K_v	水平 C_h	
		(W/m·K)	(m^2/h)	(kJ/kg·K)	(MPa/m)	(MPa/m)	
〈1〉	人工填土						0.6~0.75
〈2-1〉	软土	1.35~1.45	1.64~2.05	1.55~2.35	4~8	4~10	0.55~0.75
〈2-2〉	黏土（硬塑）	1.10~1.65	1.20~1.85	1.20~1.60	25~5	25~30	0.40~0.60
〈2-3〉	粉质黏土（硬塑）	1.15~1.70	1.25~1.88	1.25~1.65	25~35	28~38	0.40~0.50
〈2-4〉	粉土（中密）	1.20~1.85	1.30~2.20	1.10~1.30	15~25	10~20	0.30~0.40
〈2-5〉	粉细砂（稍密）	0.50~1.40	1.10~2.50	1.10~1.45	10~15	10~15	0.35~0.45
〈2-6〉	中粗砂（稍密）	0.60~1.60	1.10~2.80	0.95~1.40	15~25	15~28	0.28~0.38
〈2-8〉	卵石（中密）	0.85~2.30	1.65~3.50	1.20~1.40	80~120	85~120	0.25~0.35
〈3-4〉	粉细砂（稍密）	0.52~1.42	1.12~2.52	1.12~1.47	10~15	10~15	0.35~0.45
〈3-5〉	中粗砂（中密）	0.62~1.62	1.14~2.84	0.97~1.47	15~25	15~28	0.30~0.40
〈3-7〉	卵石（中密）	1.00~2.50	1.68~3.58	1.24~1.44	120~160	120~165	0.20~0.30
〈4-1〉	粉细砂（中密）	0.55~1.45	1.15~2.55	1.15~1.48	10~15	10~15	0.30~0.40
〈4-2〉	中粗砂（中密）	0.68~1.68	1.20~2.88	0.99~1.49	15~25	15~28	0.30~0.40
〈4-4〉	卵石（密实）	1.10~2.60	1.70~3.59	1.26~1.45	130~160	130~165	0.20~0.30
〈5-1〉	全风化泥岩	1.15~2.45	1.15~2.50	1.15~1.45	50~70	50~75	0.35~0.45
〈5-2〉	强风化泥岩	1.00~1.55	1.30~2.50	0.60~1.50	90~120	95~120	0.30~0.40
〈5-3〉	中等风化泥岩	1.60~3.50	0.90~1.10	1.65~2.40	130~160	135~165	0.20~0.30

4 地 下 水

成都市区根据地下水形成的自然条件和水文地质特征分为不同的两个水文地质单元：平原区和台地区。平原区主要指市区中西部，台地区主要指市区三环以外的东部。平原区和台地大部分地区均覆盖有第四系松散堆积层。平原区第四系松散堆积层分布广、厚度大、地下水类型为松散堆积砂砾卵石层孔隙潜水。台地区由于基岩埋藏浅，局部为基岩出露，上覆的少量第四系松散层以黏土为主，所以地下水类型主要为白垩系砂泥岩裂隙孔隙水。

4.1 含水层埋藏分布条件

成都市区广布第四系孔隙潜水。自上而下由一套透水性不同、具有统一水力联系的孔隙含水岩组成。由上更新统上段含泥砂砾卵石层（渗透系数为 15 ~ 20m/d）及其之下的上更新统下段的风化泥砂砾卵石层（渗透系数为 10 ~ 15m/d）构成含水层主体，并与沿府、南河或河渠故道呈条带状叠置于其上的全新统砂砾卵石层（渗透系数为 20 ~ 40m/d）共同组成区内第四系孔隙含水岩组。含水层剖面见图 4 –9。

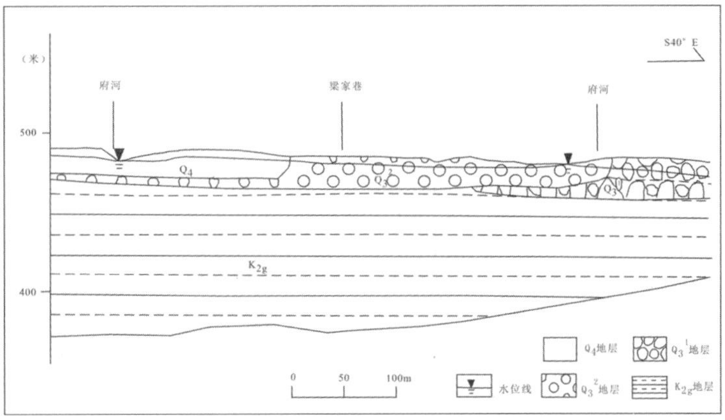

图 4 –9 成都市含水层剖面示意图

（引自《1、2 号线工程主要水文地质问题分析》）

按松散堆积的成因类型、形成时代、埋藏分布特征、相互叠置关系，可将平原区松散堆积孔隙潜水分为：平原河间Ⅱ级阶地、冰水 – 流水堆积层含泥砂砾卵石层孔隙潜水；河道漫滩、Ⅰ级阶地冲洪积层砂砾卵石层孔隙潜水（成都市区阶地划分见插图 23）。区内地下水具水流交替循环强烈，水位恢复迅速之特点。由于含水层具西厚东薄、北厚南薄的特点，富水程度随含水层厚度的减薄而减小。区内基岩为白垩系灌口组紫红色泥岩、砂质泥岩、泥质砂岩。地下水赋存于基岩风化裂隙中，含水量一般较小，但在岩层较破碎的情况下，常形成局部富水段。根据成都地区水文资料，渗透系数 K 为 0.027 ~ 2.01m/d，平均为 0.44m/d，属弱 – 中等透水层。

4.2 地下水的补给、径流与排泄

（1）地下水的补给条件。

成都市区内地下水的补给来源主要有降雨入渗补给和地下水侧向径流补给。

1）降雨入渗补给。

本区属中亚热带季风气候，终年气候温湿，四季分明，多年平均降水量 947mm 及年降雨日达 147 天以上。充沛的降水是该区地下水的重要补给来源之一。其入渗补给量占垂向补给量的 23% 左右。

地形、地貌及包气带岩性、厚度对降水入渗补给有明显的控制作用。平原区地形平坦，对降雨入渗较有利，降雨入渗系数0.17～0.206。台地区上部土层为黏土，结构紧密，降雨入渗系数较小，为0.05～0.11，并且由于地形起伏，降雨转化为地表径流，不利于入渗地下，其有效降雨量10～50mm。在基岩裸露区，包气带内风化裂隙发育，并出露地表，降雨可直接补给潜水风化裂隙水。

2）地下水侧向径流补给。

平原区地下水径流运动主要方向由北西向南东。因此平原区地下水侧向补给接受温江－郫县－三道堰的长31.1km过水断面的补给。台地区地下水侧向补给主要来自于东边的龙泉山区的基岩裂隙水对台地地下水的侧向径流补给，其补给方式通过山前龙泉驿断裂上盘的张扭性断层对台地东侧局部地带作集中补给。此外通过龙泉驿阻水断裂带作越流补给，沿台地边缘琉璃场至中兴场一线，存在基岩风化裂隙水侧向补给平原区地下水。

（2）地下水的径流与排泄。

根据成都市地下水等水位线图（见图4－10）市区北部和西北部处于岷江冰水－流水堆积扇地下水的径流带与排泄带过渡区，在天然状态下地下水等水位线部分与河流流向正交，部分微凸向上游，水力坡度平均值为2.6‰左右。由于近年来河道整治工程的开展区内大部分河道岸坡均用条石浆砌加固，河道宽度也变得均匀、顺畅，更趋于人工河道。所以，河流排泄地下水量大大减少。地下水的排泄主要以向区外侧向排泄和人工开采为主。

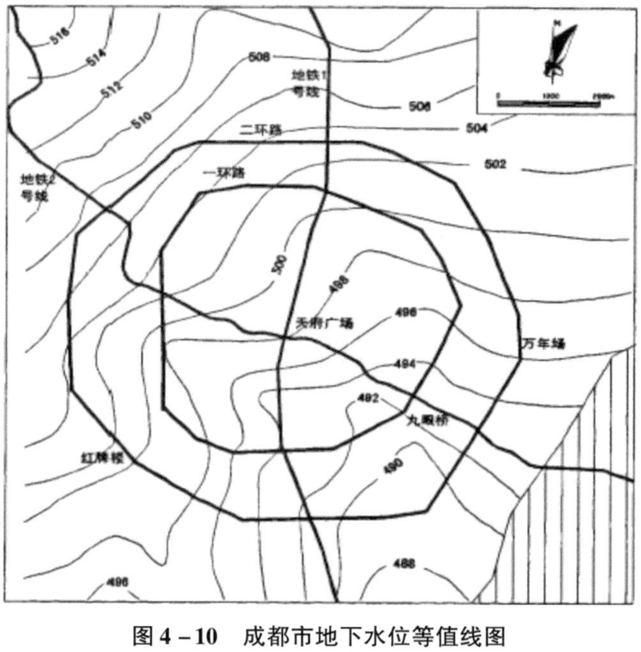

图4－10 成都市地下水位等值线图

（引自《1、2号线工程主要水文地质问题分析》）

4.3 地下水的动态特征

区内地下水总的规律是西部埋藏浅，水位变幅小，东部埋深大，水位变幅大。季节性变化明显，水位西北高东南低，沿河一带高，河间阶地中部低的特点。

2004年度区内最高水位位于西郊金牛坝一带，水位高程510.1m。最低水位位于东南郊的四川大学一带，水位高程483.13m。平均水力坡度2.0‰～2.5‰。其地下水流场与地形坡降基本一致，由西北流向东南排泄。

区内地下水埋深一般在3.0～5.0m之间，小于3.0m的主要分布在北面凤凰山种牛场、金牛乡清江三组一带和西郊百仁店、西南郊马家寺、机投镇分布。

大于5.0m的井点在内环城区方正街、二环城区白果林、三环城区西郊省气象局一带，最大埋深为6.4m（内环城区方正街）。全区地下水位变幅在1.0～3.0m之间。

区内地下水动态受大气降水入渗和农灌回归水的影响年周期性变化比较明显。1～3月区内地下水位总体上呈下降势态，从4月开始由于降雨量逐渐增加，农灌的小春灌期开始地下水位开始缓慢上升，到7—10月汛期和大春灌期相叠加，地下水位达到最高。随着汛期结束和大春作物收割，全区地下水位又呈缓慢下降态势，见表4-11。

表4-11 成都市区2003年与2004年度地下水水位变化对比统计表

项目 \ 时期		年最低水位（m）	年最高水位（m）	年平均水位（m）	年变幅（m）
一环城区	2003年	484.90	491.70	487.38	1.01
	2004年	484.11	492.62	488.2	2.76
二环城区	2003年	483.73	496.80	490.77	3.13
	2004年	483.13	498.15	491.11	3.20
三环城区	2003年	496.01	510.66	502.14	1.48
	2004年	501.12	510.01	506.10	2.32

4.4 水文地质分区

成都市区分为平原区（Ⅰ、Ⅱ级阶地）和台地区（Ⅲ级阶地）。根据市区地形地貌特征、水文地质条件将成都市区再分为西部和中部两个亚区。所以，成都市区三个水文地质区分别为：西部平原强富水区、中部平原中等富水区和东部台地贫水区。分区范围见图4-11，各区概况见表4-12。

图4-11 成都市水文地质分区图

（引自《1、2号线工程主要水文地质问题分析》）

表4-12 成都市水文地质分区概况表

分区 \ 描述	地下水类型	含水层组成	含水层厚度	地下水埋深	渗透系数	单孔涌水量	补给程度
西部强富水区	孔隙潜水	Q_3+Q_4卵石层	15~30m	2~7m	10~40m/d	>2000m³/d	较好
中部中等富水区	孔隙潜水	Q_3卵石层	10~20m	5~10m	10~20m/d	1000~2000m³/d	中等
东部贫水区	裂隙水	K_{2g}风化带	—	—	<0.02m/d	<500m³/d	较差

（1）西部强富水区。

西部强富水区位于成都市区的西北部，平原Ⅰ、Ⅱ级阶地广布，以Ⅰ级阶地为主。含水层表层为灰色、黄灰色黏土，厚1～3m，其下为浅灰色砂砾卵石层。含水层厚度西北厚东南薄，一般为15～30m，地下水埋深较浅，一般为2～7m，图4－12给出了林荫路附近的地质剖面图。由于该含水岩组表层砂层、砂土层覆盖薄，极有利于接受垂向渗入补给，又由于含水层多沿河分布，其地下水补给、径流、排泄与地表水密切相关，水位随季节变化而同步变化。富水性好，透性强，给水度大，地下水动态特征明显，单孔涌水量大于2000m^3/d。含水介质的主体为Q_3+Q_4卵石层，渗透系数为20～40m/d。地下水类型为第四系松散砂砾卵石层孔隙潜水。

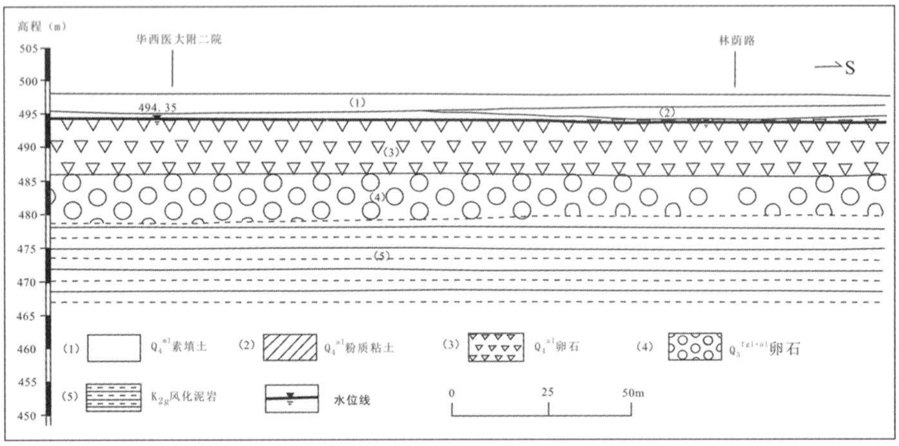

图4－12　西部强富水区部分剖面图

（引自《1、2号线工程主要水文地质问题分析》）

（2）中部中等富水区。

中部中等富水地区包括市区东北部、西南部以及中部的大部分区域。平原Ⅰ、Ⅱ级阶地广布，以Ⅱ级阶地为主。该区含水层组成具二元结构，上部为灰、灰黄色砂土、黏砂土，下部为砂砾卵石层，为Q_3^1和Q_3^2残存风化泥砂砾卵石层。一般以Q_3^1风化含泥砂砾石层作为含水层的底界，含水层厚度一般为10～20m，地下水埋深一般为5～10m。含水介质的主体为Q_3卵石层，渗透系数为10～20m/d。地下水类型为第四系松散砂砾卵石层孔隙潜水。含水层岩性由西向东含泥量增大，厚度由西向东、由北向南逐渐减小。由于岩性和厚度有规律的变化，单孔涌水量也相应由西向东、由北向南减小，一般为1000～2000m^3/d，在近台地平原边缘一带为平原区富水性最小的地带，单孔涌水量为500～1000m^3d，甚至小于500m^3/d。该区富水性较好，渗透性较强，地下水动态特征较为明显，该区地下水较为丰富。图4－14为该区天府立交附近的地质剖面图。

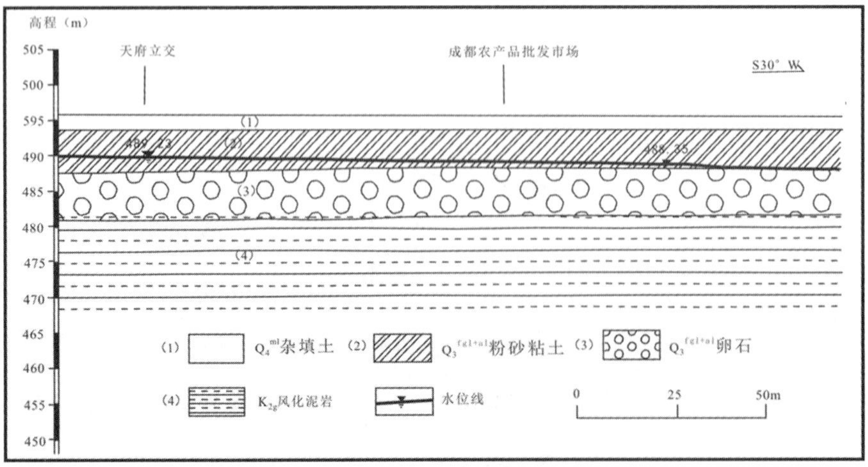

图4－14　中部中等富水区部分剖面图

（引自《1、2号线工程主要水文地质问题分析》）

（3）东部贫水区。

东部贫水地区位于市区的东南部台地。该区基岩表层大面积覆盖第四系黏土层，透水性能差。对埋藏其下的基岩裂隙水起防护作用，但对地下水的补给有阻挡作用。白垩系砂岩、泥岩浅埋藏，甚至部分出露地表。地下水类型为白垩系砂泥岩裂隙水，单孔涌水量小于500m^3/d，富水性差，渗透性小于0.02m/d。该区地下水蕴藏条件较差，地下水对地铁工程的影响较小。

5 特殊地质条件

5.1 不良地质作用

根据成都市的工程地质条件、地形地貌、区域地质条件等情况综合分析，成都地区不良地质作用主要有活动断裂、砂土液化、空洞和有害气体。

5.1.1 活动断裂

成都市分布的现今仍在活动的活动断裂主要有龙门山前山断裂、龙泉山断裂、彭县－大邑－名山和蒲江－新津－成都共4条断裂，上述断裂在全新世仍有活动。其中龙门山前山断裂、龙泉山断裂、彭县－大邑－名山距离市区较远，市区地铁建设一般不在其影响范围，蒲江－新津－成都断裂经过成都市区，该活动断裂对轨道交通影响较大，轨道交通建设须考虑其带来的不利影响。

对活动断裂的活动性评价及其对轨道交通建设的影响一般进行地震安全性专项研究评价，设计及施工可根据该专项研究采取适当的抗震措施。

5.1.2 砂土液化

成都地区高阶地或年代较老的地层（Q_3和Q_3以前）发生砂土液化的可能性很小，Ⅱ级阶地的砂层厚度较薄，常呈不连续的透镜体状，且地下水位较深，一般都超过5m，也极不容易液化，故Ⅱ、Ⅲ级阶地可不考虑砂土液化问题；Ⅰ级阶地的砂层分布较广，厚度也较大，Ⅰ级阶地的地下水位较浅，一般为3m左右，个别地段只有1～2m，故液化土层主要分布于Ⅰ级阶地，特别是比较低洼的河流两岸，由于饱和粉细砂层比较松散，因而存在着砂土液化的可能性。

由于成都地区可液化砂层较薄，埋藏不深，成都地区一般的砂土地基液化问题，大部分都可以用采取结构措施的方法来解决；在某些情况下采用各种加密砂层的方法，例如挤密桩、振动加密等来解决液化问题，而且成都地区砂层液化的主要因素是密度过于松散，只要加密有效，对防止砂土地基的液化就将是有效的。

5.1.3 空洞

空洞对地铁工程的危害已经是众所周知，轻则引起地表变形，重则引起塌陷、人员伤亡、房屋倒塌。

成都地区的空洞主要为管线渗漏形成的空洞。管线、降水等施工的后遗问题：城区地下管线密集且埋设年代较早，在管线渗漏的长期作用下，可能形成渗漏漏斗，管线周边土层已经虚空或呈软塑状态。同时，沿线的新建建筑物埋深较大，在施工过程均采取了降水措施，有的采用的还是辐射井降水，易引起地层损失从而产生空洞。

5.1.4 有害气体

在分布有软土、淤泥质粉质黏土层地区，局部颜色呈灰黑－黑色，含有机质，其间可能分布有沼气。另外市区浅部分布较多地下污水管道，可能存在浅层可燃气体。

对于空洞等地质灾害，勘察时重点采取现场地质调查、收集资料、物探等手段查明其分布范围、深度、走向、发展程度及变化趋势。轨道交通均为百年重点工程，一般建议进行地质灾害评估。

5.2 特殊性岩土

成都市区特殊性岩土主要有填土、膨胀土、软土。

5.2.1 填土

填土在成都地区表层普遍分布。一般厚度1～2m，但在老城区因人为改造历史较长，局部填土厚度较大。填土物质成分较杂乱，均匀性差，根据组成物质或堆积方式，又可分为素填土（碎石、砂土、黏性土等）、杂填土（含大量建筑垃圾及工业、生活废料）、冲填土（水力充填）及压实填土（分层压实土）等。

由于填土堆积条件上的差异，它的分布范围和厚度变化缺乏规律性，往往在一个小范围内变化较大。属一种欠压密的土，一般具较高的压缩性、较低的强度、较大的变异性，难以在工程中利用。其成分复杂，力学性质差异较大，同时抗剪强度低。

5.2.2 膨胀土

成都黏土、雅安砾石层的充填土、泥岩风化层一般具膨胀性，多属膨胀土，一般为弱膨胀土，局部为中至强膨胀土。成都地区下伏基岩为白垩系上统灌口组泥岩，膨胀性较强，多属膨胀岩。

成都黏土主要分布于成都东部的第四系台地及中生代红层之上（见图4－14）。

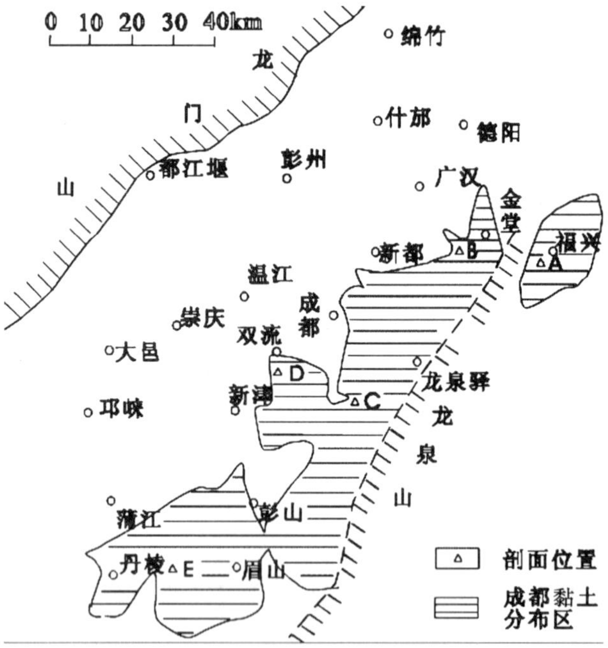

图4－14 成都黏土分布图

膨胀土天然状态下性致密，呈坚硬－硬塑状态，裂隙十分发育，其矿物成分以水云母为主，次为高岭土，具较强的亲水性，化学成分中SiO_2含量与Al_2O_3和Fe_2O_3含量比值大，故膨胀性较大，塑性指数一般大于40%，此类土在天然状态下，强度较高，然而由于其膨胀性和裂隙性，在土体遇水或长期暴露于空气中时，即可能引起边坡破坏和建筑物不均匀性变形。泥岩属极软岩，抗风化能力弱，风干易裂，再吸水便完全崩解强度急剧降低，特别是在遇水和失水的情况下，工程力学性质变化较大，水泡后强度显著降低，易导致边坡失稳，同时，基坑开挖过程中不宜暴露过久，应及时采取支护或封闭措施。

5.2.3 软土

成都地区软土主要分布于冲洪积扇的扇缘地带，上游携来的淤泥质土，在洼地和河流曲流段堆积下来，这些软弱层在垂直剖面上，多分布于上更新统一全新统砂砾卵石层顶部或夹于上部黏性土中，分布不连续，多呈透镜体。这类流变性和高压缩性土，一般只是在勘察不清楚或工程处理措施不当时，引起局部建筑物地基不均匀沉降及明挖基坑边坡坍塌，作为暗挖隧道围岩也极易坍塌，作为桩基侧壁土层可能产生负摩阻力，作为地基其承载力一般也不能满足要求。但不至于在地震情况下产生大范围的地面塌陷等重大灾害。

6 城市轨道交通主要工程地质问题

6.1 主要工程地质问题

结合成都地区特殊、复杂的地质条件和地铁工程的特点，分析其工程地质问题主要有三方面：大粒径卵石对各种工法施工的影响、透镜体砂层对各种工法施工的影响及高水位对各种工法施工的影响。

6.2 明挖法施工主要工程地质问题及对策

6.2.1 大粒径卵石对明挖法施工的影响及对策

作为明挖基坑边坡土层，碎石类土地层因其黏聚力几乎为零，充填其间的砂土层开挖后很快失水扰动塌落，极易造成边坡失稳或坍塌，需及时进行支护。

由于卵砾石地层具有粒径大、渗透性强、级配不良、孔隙大且连通、渗透性大等工程特点，致使围护结构（桩、墙等）施工时，泥浆渗漏严重甚至塌孔，造成资源浪费的同时，还会对周边环境造成不良影响，严重时会出现塌孔、地面沉降及建构筑物变形等风险。对于此情况应在成孔时调整泥浆参数，提高泥浆的比重和黏度、降低泥浆的滤失量；增加造浆材料、水电等供给，保证泥浆供应；或采用人工成孔施工工艺、全套管钻进工艺等措施。

卵石颗粒不仅粒径大而且强度高，在卵砾石地层中施工，机具的磨损是不可避免的，由于卵石既难以破碎又无法直接取出，导致钻孔难度增加，钻具磨损严重，更换频繁，而且可能会出现卡钻、掉钻及其他机具损毁的施工风险。故施工时应增加机具储备，对钻头边齿、侧齿磨损及时修复或更换；或采用全套管钻机钻进、取心筒式钻头钻进、人工成孔施工工艺及采用乌卡斯钻机成孔工艺可有效地解决卵石的大粒径和强度问题。

6.2.2 透镜体砂层对明挖法施工的影响及对策

成都地区的砂土一般埋藏于黏性土层之下或呈透镜状夹于卵石层中，厚度一般在 1 ~ 3m，以粉细砂为主，多为松散一中密，大部分处于地下水位以下，呈饱和状态。

地铁采用明挖法施工时，管井井点降水，由于透镜状砂土大多处于饱水状态，以粉细砂为主，降低地下水位后，在基础附近形成大的水力坡度，当水力坡度大于临界水力坡度时，在渗透压力作用下将细粒土带走，容易产生潜蚀和管涌，使粗粒土颗粒重新排列压缩而引起地面变形。基坑降水形成潜蚀和管涌作用不仅取决于水力坡度的大小，同时也受土体颗粒级配条件的限制，因此，只要降水井施工时注意确定井管缠丝间距、井管周围的填砾厚度、填砾滤料的级配，控制细颗粒物质大量流失，防止潜蚀或管涌的产生是可能的。

6.2.3 高水位对对明挖法施工的影响及对策

成都地区地下水丰富，地下水位高，常年水位一般都在地铁地下线开挖范围以内。砂土层和卵石层黏聚力小，极易扰动，若饱水极易发生流土、流砂，导致基坑失稳坍塌，故明挖施工需采取地下水控制措施。若控制不当，明挖基坑易发生支护体系失稳。

6.3 暗挖法施工主要工程地质问题及对策

6.3.1 大粒径卵石对暗挖法施工的影响及对策

巨厚层碎石类土地层围岩级别以Ⅴ~Ⅵ级为主，碎石土等粗粒土无凝聚力，自稳能力差，暗挖隧道施工不易形成自然应力拱，施工过程中容易发生塌落，故施工时需要及时采用管棚、超前小导管注浆等超前支护方法进行加固支护。暗挖施工若采用管棚、超前小导管注浆加固等超前支护方法，大粒径漂石会增大其成孔难度，同时容易造成支护构件的偏移，从而影响支护结构的安全，故必要时可采用物探手段对漂石的分布进行探查，并采取地面钻探破碎等手段排除漂石影响。

6.3.2 透镜体砂层对暗挖法施工的影响及对策

砂土层颗粒之间黏聚力几乎为零，开挖后易风干失水扰动，造成土的松散崩落，因此，暗挖隧道掘进后应及时进行衬砌封闭隧道侧壁及顶部土体，减少风化剥落；饱和的砂土层极易发生流砂、流土现象，在暗挖过程中，顶部若存在砂土层，很可能产生地层损失，从而使砂层和土层发生离层现象，引发上部土体的坍塌，形成空洞，造成地面塌陷。建议超前支护，预先对其进行注浆预加固后再挖掘隧道。

6.3.3 高水位对对暗挖法施工的影响及对策

成都地区地下水位较高，一般位于地铁结构底板以上，且地层以卵石和砂土为主，在地下水的作用下易发生涌水、涌砂、潜蚀、流砂和坍塌现象，影响施工安全，施工时应采取降水、阻水等有效的地下水控制措施。

6.4 盾构法施工主要工程地质问题及对策

6.4.1 大粒径卵石对盾构法施工的影响及对策

成都地铁围岩多为含大粒径、高强度砾石的卵石土夹透镜体砂层，均匀性差，自稳能力差，透水性强，地下水十分丰富，盾构机选型必须满足处理大粒径、高强度砾石的能力，宜采用土压平衡式盾构，此种盾构的特点是利用与密封舱相连的螺旋输送机排土，通过充填在密封舱内的弃土并调节螺旋输送机的排土量以平衡开挖面的水、土压力。但由于成都地区砂卵石土的渗透性好，因此，需要通过对密封舱内的弃土注入附加剂的方法改善土体的可排性和渗透性，防止地下水穿透密封舱和螺旋输送机的土壤，使其能够适宜在成都地区强透水性砂卵石土地层中使用。

同时，盾构在含大粒径、高强度砾石的卵石土夹透镜体砂层中掘进时，难以排除，或因被切削头带动而扰动地层，造成超挖和土体变形、下沉。宜在盾构推出始发井的初始阶段进行以土体变形、沉降为主的监测，以合理确定和调整盾构施工的参数。盾构掘进过程中，应严格控制开挖面的出土量和推进一环时的纠偏量，以减小盾构在土体中的摆动和对土体的扰动，防止超挖。

6.4.2 透镜体饱水砂层对盾构法施工的影响及对策

透镜体砂层在饱水状态下，自稳能力差，透水性强，盾构施工时，开挖面容易产生涌水，造成细颗粒物质大量流失，引起开挖面失稳和地面下沉。

盾构施工时可以采用预注浆加固处理措施，封闭地下水、加固开挖面地层稳定性。另外，在停机前半环至1环时，向开挖面注入膨润土浆液，提高掘进时的土压，使膨润土浆液较深地渗入土体中，在开挖面形成一层较厚的优质泥皮，亦能达到封堵地下水、加固开挖面地层稳定性的目的。

6.5 高架桩基施工主要工程地质问题及对策

巨厚层碎石类土工程性质较好，是高架线路桩基的良好桩端持力土层，但因孔隙大、其间分布的漂石粒径大、强度高，桩基成孔时易于发生漏浆、塌孔等难以钻进等现象，故施工需采用适宜的施工机械和施工工艺，施工前进行泥浆稠度试验、选取适宜的钻头。

高架桩基施工一般采用泥浆护壁，地下水对其影响不大，但考虑承压水对成桩的影响。

6.6 地铁建设中面临的环境地质问题及对策

6.6.1 地铁建设施工时引起地面沉降、变形

地铁明挖法施工时降水使地下水位大幅降低以及抽排地下水时产生的砂潜蚀均可能引起地面和周边建筑物沉降、变形；盾构法施工时对土体的扰动、盾构掘进时压力过大、过小、开挖面失稳、涌水以及注浆不足等亦可能引起地面和周边建筑物沉降、变形。对于降水施工可能引起的地面沉降、变形，可以通过施工前对周围环境状况的详尽调查，有针对性地选择恰当的开挖支护方案和降水措施、设备等，合理布设管井过滤层，严格控制降水井出砂量，加以预防。施工时可以采取地层注浆的方法，加固地层，防止砂潜蚀。同时，可以对周边重要建筑物本身进行加固，使其结构刚度加强，以适应地基土变形引起的建筑物变形。对于盾构施工可能引起的地面沉降、变形，可以通过对施工参数的优化，采用合理的施工工艺和施工组织，从源头加以控制。施工时可以采取在盾构隧道和建筑物之间设置隔断工程、对建筑物和土体实施预加固处理等合理的工程措施对周边建筑物进行保护。同时，应加强施工前、施工中、施工后对地下水位、土体变形、建筑物变形的监测工作。

6.6.2 工程建成后对地下水径流的影响

由于成都地铁、一般车站、区间隧道主体结构均位于含有丰富地下水的第四系全新统和更新统砂、卵石层中，工程建成后，将形成一座长大的地下防水、阻水建筑物，犹如一座长大的地下潜坝。同时，由于隧道走向与地下水流向大多正交或大角度相交，地铁工程建成后，使地下水的过水断面减小，对地下水的径流会产生较强的阻碍，在其西侧、北侧可能产生地下水水位升高，对周边防水性能较差的地下室或地下停车场的正常使用会有一定影响，同时会因地基土随含水量增加而物理力学性能降低，对其安全性有一定影响（见表4－13）。

表4－13 成都地铁1号线隧道走向与地下水流向的关系

（引自《1、2号线工程主要水文地质问题分析》）

序　号	段　落	隧道走向	地下水流向	走向与流向的夹角
1	红花堰	EW	S15°W	75°
2	火车北站－万福桥	S4°W	S28°E	32°
3	万福桥－骡马市	S30°W	S60°E	90°
4	骡马市－小天竺	NS	S8°E	8°
5	小天竺－南三环	NS	E	90°
6	南三环－新会展中心	NS	S38°E	38°

随着环境条件改变，地下水渗流场自身会作相应调整，比如通过车站壅水向区间隧道顶部渗流和局部向河谷排泄等方式，可以使地铁工程建成后不会产生大范围、较大的壅水现象。同时，对采用明挖法施工修建的车站和区间隧道可以采用在其顶部回填砂卵石，人为增加地下水过水断面的办法，防止大范围、较大壅水的产生。

参 考 文 献

[1] 邱东方. 成都盆地（平原）第四系专题研究 [D]. 焦作：河南理工大学，2010.

[2] 成璐. 成都地铁 1、2 号线工程主要水文地质问题分析 [D]. 成都：成都理工大学，2008.

[3] 唐荣昌，文德华，陆联康. 成都地区地震地质特征与地震危害性研究 [J]. 四川建筑科学研究，1982 (3).

[4] 易勇进，蒋良文. 成都地铁 1 号线工程建设面临的地质问题及对策 [C]. 城市地质环境与工程会议论文，2006.

[5] 钱红，唐荣昌. 成都平原的形成与演化 [J]. 四川地震，1997.

[6] 张苏民. 对成都地区砂土地基液化问题的初步认识 [J]. 地质论评，1983，29 (2).

重庆市

1 自 然 地 理

1.1 地 理 位 置

重庆主城区位于长江上游三峡库区尾部，坐落在四川盆地东南部中梁山和真武山之间的丘陵地带，渝中区位于长江和嘉陵江的交汇处，三面临江，群山环抱，盘旋层叠，海拔高程为 168 ~ 400m，市政布局依山就势，城市建筑物依山傍水，参差错落，层层叠叠，具有独特的山城和水城的风貌。

重庆主城区包括：渝中区、江北区、南岸区、沙坪坝区、九龙坡区、大渡口区、巴南区、北碚区、渝北区共九区，幅员面积 5473km^2。所辖范围位于东经 106°14′36″ ~ 107°02′，北纬 29°08′19″ ~ 30°07′22″之间。

1.2 气 象

重庆市属亚热带湿润气候，具冬暖春旱、雨量充沛、夜雨多、空气湿度大、云雾多、日照偏少等特点。气温的垂直分带明显，海拔高程 300m 以下的沿江河谷区，年平均气温为 18.0 ~ 18.8℃，海拔高程 300 ~ 500m 以下的丘陵地区，年平均气温为 16.8 ~ 18.0℃之间，具体气象资料如下：

气温：多年平均气温 18.3℃，月平均最高气温在 8 月为 28.1℃，月平均最低气温在 1 月为 5.7℃。极端最高气温 43℃，出现日期：2006 年 8 月 15 日；极端最低气温 -1.8℃，出现日期：1955 年 1 月 11 日。

湿度：年蒸发量 1079.2mm；最大年蒸发量 1347.3mm；年平均相对湿度 79%；年平均绝对湿度 17.7hPa；最热月份相对湿度 70% 左右，最冷月份相对湿度 81% 左右。

降水量：多年平均降水量 1082.6mm 左右，降雨多集中在 5—9 月，其降雨最高达 746.1mm 左右，日降雨量大于 25mm 以上的日数占全年降雨日数的 62% 左右，小时最大降雨量可达 62.1mm。

风：全年主导风向为北，频率 13% 左右，夏季主导风向为北西，频率 10% 左右，年平均风速为 1.3m/s 左右，最大风速为 26.7m/s。

1.3 水 文

重庆主城区内江河纵横，长江、嘉陵江把重庆主城区隔成三大片区，即半岛片区、江北片区、南岸片区。长江由西南向东北横贯重庆主城，嘉陵江从北向南在重庆朝天门与长江汇合。除长江、嘉陵江流经主城外，还有流域面积 100km^{2}以上的河流 20 条，主要有御临河、五布河、花溪河、一品河、梁滩河等，其他发育的更次一级间歇性溪流，多发育在低山两侧，顺斜坡流向各主流或直接注入长江、嘉陵江。各河流的水文特征如下：

（1）长江：在黄沙溪入境，往北流经菜园坝、朝天门出境。据寸滩水文站资料，多年平均流量为 1.15 万 m^3/s，最大流量为 8.57 万 m^3/s，最小为 0.277 万 m^3/s，两者变幅近 40 倍。年平均水位 163.36m，平均最低水位 158.5m，常年洪水位 187.39m，特大洪水位 193.11m，水位变幅达 29 ~ 35m。江水平均含沙量 1.28kg/m^3。2—3 月份最低为 0.022kg/m^3，7—8 月份最高为 6.15kg/m^3。年平均输沙率为 12.1t/s。江面平水期宽 500 ~ 600m，汛期为 800 ~ 1200m。

其支流茅溪、双溪河、两岔河、朝阳河等地表水系的各频率水位受长江洪水倒灌影响，与其入江口的长江洪水位一致。

（2）嘉陵江：在化龙桥滴水岩入境，往东经李子坝、牛角沱至朝天门汇入长江。江面宽：平水期300～400m，汛期500～600m。年平均流量0.214万m^3/s，最大流量4.46万m^3/s，最小为0.020万m^3/s。年平均水位178.68m，平均最低水位163.02m，常年洪水位187.67m，特大洪水位193.03m，水位变幅25～30m。江水平均含沙量为2.29kg/m^3，2—3月份含沙量最低为0.002kg/m^3，7—8月份含沙量最高为21.2km/m^3，年均输沙率为3.98t/s。

1.4 地形地貌

1.4.1 地形

重庆市境内以长江干流为轴线，众多支流汇入。地势沿河流、山脉起伏，构成以山地、丘陵为主的地形状态，且地形高低悬殊，地貌结构分明。山地占幅员面积的75%以上；丘陵面积占18%以上；平坝面积仅占2.4%。重庆市区和城镇沿河两岸，依山而建，为著名的“山城”。

由于受长江、嘉陵江及地质构造的控制，区内地形地貌主要为河谷丘陵地貌及长条状低山地貌。区内长江和嘉陵江为最低，标高154～178m，东西两侧地势高，一般海拔标高为650～800m，广大丘陵区分布于条状低山之间，形态多呈丘体，地形标高多在320～450m之间，靠近长江河谷两岸的丘陵区，地形稍低，地形标高在250～380m之间。

1.4.2 地貌

重庆主城区地处青藏高原与长江中下游平原过渡地带的四川盆地东南部，居于川东平行岭谷与川中丘陵、川南山地的接合部。境内地形由条状山脉和丘陵谷地组成，地貌上称为“平行岭谷”地形。由西向东有缙云山、中梁山、铜锣山、明月山等带状低山山脉自北向南平行延伸。海拔高程在500～900m，其间分布着海拔高程200～500m比较宽阔的丘陵地带。长江和嘉陵江分别自西南、西北流入主城区，在朝天门汇合后向东出境，沿途横切低山或丘陵地带，形成峡谷，出峡谷后江面相对宽阔，出现沙洲或江心岛。

地貌形态受地质构造及地层岩性控制，背斜成山，向斜除局部呈条状山脉，一般为丘陵地形，在背斜山槽谷区岩溶地貌发育，呈现锯齿状列峰山岭和单面山岭，在向斜丘陵地区，形成“坪”、“岭”、“丘”状地形。主城市区主要地形有以下四种。

（1）河漫滩：分布在长江的珊瑚坝和广阳坝及嘉陵江的北碚等地，高出平时水面5～10m，宽500～1000m，长200～2000m。

（2）阶地：沿长江、嘉陵江两岸分布，阶地共分五级，其中二级分布较普遍。一级阶地呈狭长带状断续分布，海拔高程185～195m，一般宽150～500m，长500～2000m。二级阶地呈带状断续分布，海拔高程200～215m，阶面平坦，微倾向下游。三级阶地因阶面被冲沟切断，呈支离破碎状，海拔高程225～235m。

（3）丘陵：浅丘分布在长江、嘉陵江以西地区海拔高程250～350m。深丘主要分布在东部地区，海拔高程280～450m。

（4）低山：多为条形山地，呈南北向延伸，地形陡，切割剧，海拔高程500～1000m。

主城区介于中梁山和铜锣山之间，大部分为丘陵地区（见图4－1），现有建筑大部分在二级以上阶地及丘陵地区，一级阶地及河漫滩地也建有不少建筑物。

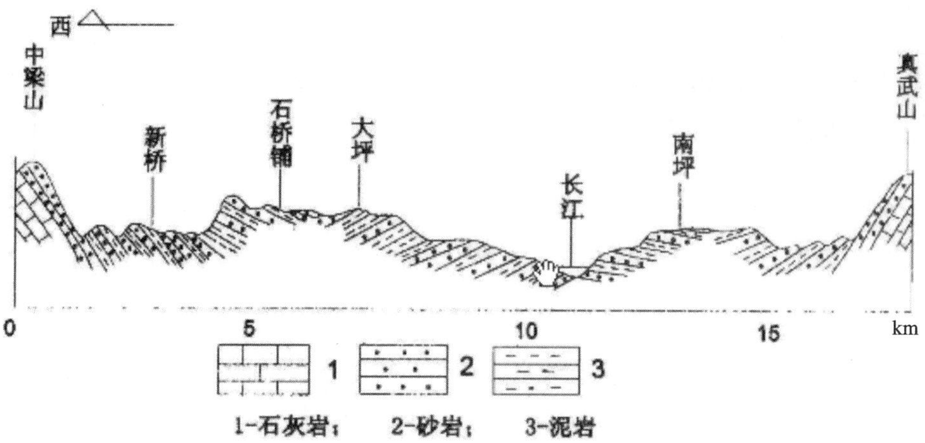

图4-1 重庆市主城区地貌剖面示意图

2 区域地质

2.1 地质构造

重庆市主城区位于新华夏系四川沉降区川东南弧形构造带，华蓥山帚状褶皱束和宣汉-重庆平行褶皱束过渡带的重庆复向斜部位，其构造骨架形成于燕山晚期褶皱运动。构造形迹从东向西依次为（见插图27）：东西两侧分别为南温泉和观音峡紧密背斜，中部为重庆复向斜。重庆复向斜由一系列近于平行的北北东向的平缓褶皱组成，由西向东有金鳌寺（化龙桥）向斜、龙王洞背斜、沙坪坝-重庆（解放碑）向斜、除沙坪坝-重庆（解放碑）向斜呈NE-SW向外，其余多呈NNE-SSW向展布，并向南转为SN向。区内褶皱均为缓倾没的平缓开阔式，轴部、翼部均由上沙溪庙组砂岩、泥岩组成，褶皱倾没角2°~8°，岩层产状平缓，倾角3°~6°。

2.2 历史地震

在历史上，重庆市周围小地震频繁。据记载，1854年11月24日，距重庆65km的南川县南坪发生5.5级地震，1970年至1980年的10年间发生小地震27次，最大震级为4级，近期地震频繁，1989年11月20日距重庆40多千米的渝北区统景镇（北纬29°51′，东经106°57′）发生的5.2~5.4级地震，震中裂度Ⅳ度，是重庆地区有地震记载以来震中距重庆最近，震级最强的首次破坏性地震，以前重庆及邻区的地震震级皆小，地震烈度小于Ⅵ，属地震频率高，震级小的弱震区。

根据《建筑抗震设计规范》GB 50011—2010，重庆市区抗震设防烈度为6度，设计基本地震加速度值为0.05g，设计特征周期为0.25~0.35s。根据场地岩土的性质和覆盖层厚度，场地类别一般为Ⅰ~Ⅱ类。

2.3 地层岩性

重庆市主城区属川东平行岭谷区，以剥蚀构造地貌为主。地貌类型受地层岩性、地质构造控制明显，背斜一般隆起成山，向斜经长期剥蚀后形成丘陵。在长江、嘉陵江长期流经由上沙溪庙组砂岩、泥岩不等厚互层组成的平缓开阔褶皱地区，不断冲刷、侵蚀河床，在地壳相对上升期，河水下切，岸坡升高。在地壳相对稳定期，河水迂回侧蚀，使冲刷（侵蚀）岸岸坡变陡，常在冲刷岸形成高陡岸坡，在堆积岸堆积大量冲积物质。同时，在风化作用和重力地质作用下以及人类工程活动的不断发展，使产状平缓、有厚大砂岩盖层的软质泥岩斜坡出现高陡软基岸坡，如此交替进行，不断改变河谷形态，岸坡变高变陡形成了渝中特有的谷间剥蚀台地斜坡地貌。

重庆城区内地层以河湖相沉积的中生界侏罗系中统上沙溪庙组（J_2^s）主，岩性以灰色岩屑长石砂岩、长石砂岩、紫灰色中－厚层状泥岩、含叶肢介、介形虫化石，分布最广，面积约21.96km^2，占渝中区总面积的97%；新生界第四系地层仅零星分布于长江、嘉陵江沿岸的冲洪积粉质黏土、砂卵砾石层，以及局部堆积于斜坡坡脚的残坡积粉质黏土，分布极少，面积约0.6km^2，占渝中区总面积的3%。

本区岩层出露方式有三种：砂、泥岩互层，泥岩中夹薄层砂岩，砂岩夹泥岩。

砂岩夹泥岩：指砂、泥岩相间出露，而砂岩厚度大于岩层总厚度60%的岩层。但每层砂岩厚度一般小于3m。泥岩易遭风化，致使砂岩突出，在地形上常形成陡坎或陡崖，重心失去支撑，重力坡下分力大，易发生崩塌和垮石。

泥岩夹砂岩：整套岩层为厚层泥岩夹数层砂岩，泥岩总厚度大于岩层总厚度的70%，但每层泥岩的厚度常在5m以下。由于泥岩抗蚀弱，易被蚀形成沟谷，砂岩则保存下来，形成丘、谷交错地貌，坡地上易发生小型滑坡。

砂泥岩互层：砂岩与泥岩总厚度相近，但每层砂岩的厚度小于3m，每层泥岩厚度不大于5m。在地貌上形成阶梯形的台地坎和山坡、丘坡。顺倾坡上易发生滑坡。

3　工程地质特征

3.1　地层土质特征

重庆市区出露地层主要有第四系填土、粉质黏土和卵石土，侏罗系沙溪庙组－珍珠冲组。岩层为泥质岩和砂岩，泥质岩约占岩层的70%；砂岩约占岩层的30%。以重庆轨道交通4号线为例（见插图28至插图31）各地层及岩性现由新到老分述如下：

（1）第四系地层（Q_4）。

沿线第四系覆盖土层按其成因可分为冲积层、残坡积层和人工填积层。冲积层分布在现代河漫滩，阶地及河谷两侧岸坡一定范围，岩性以黄灰色粉质黏土、卵石土、砂土为主，厚度一般在3～8m。残坡积层主要分布在坡脚、陡缓坡地段，岩性以碎石土，粉质黏土为主，厚度一般在3～8m。人工填土层则分布零星，主要分布在城市建成区，可分为素填土、杂填土，厚度一般在3～10m，最大厚度可达40m。

（2）侏罗系中统上沙溪庙组（J_2^s）。

1）砂质泥岩（Sm）：紫褐色－紫红褐色，主要矿物成分为黏土矿物，含砂质条带，粉砂泥质结构，厚层－块状构造。该层是场地内的主要岩层，厚度大、分布广。强风化岩体较破碎，岩质软，岩芯呈碎块状；中等风化岩石岩质较硬，裂隙较发育－不发育，岩芯呈柱状。沿线中等风化砂质泥岩的饱和抗压强度标准值3.5～17.7MPa，为极软岩－较软岩，岩体基本质量等级为Ⅳ～Ⅴ级。

2）砂岩（Ss）：红色和灰色、局部呈紫灰色或夹紫色条带，主要矿物成分为石英、长石及少量云母。一般为中粒结构，厚层状－巨厚层状构造，泥、钙质胶结，裂隙较发育。强风化岩体一般呈灰黄色或浅黄色，岩体较破碎，局部呈砂状，岩质较软，岩芯呈碎块状或短柱状；中等风化岩石岩质较硬，裂隙较发育，岩芯多呈长柱状。沿线中等风化砂岩的饱和抗压强度标准值16.7～47.0MPa，为较软岩－较硬岩，岩体基本质量等级为Ⅲ级。

3.2 地层主要物理力学参数

根据重庆市地铁勘察成果资料及搜集当地勘察单位资料，对重庆地区主要地层的岩土工程参数进行了统计分析，以下主要针对桥梁、地铁以及工民建等工程提供需要的岩土工程参数经验值，供勘察设计人员参考使用，见表5－1。

参数的分析与选用：

（1）岩体的物理指标取岩块试验平均值。

（2）岩体抗剪强度指标根据岩块试验值换算，折减系数：内摩擦角 φ 为0.90，内聚力 C 为0.3。

（3）围岩弹性波速、完整性系数根据声波测试资料统计后提供，岩体弹性、变形模量取室内试验标准值的0.7倍。

（4）岩、土体泊松比根据岩石室内试验成果以及地区经验综合取值。

（5）裂隙面抗剪强度指标由裂隙的基本性状根据《建筑边坡工程技术规范》GB 50330—2002之4.5提供。

（6）围岩分级按照《铁路隧道设计规范》TB 10003—2005 表 A.1.4 及附录 A 提供。

表5－1 重庆地区主要岩石物理力学性质指标表

地层时代	岩性名称	天然密度（g/cm^3）	饱和单轴抗压强度（MPa）	抗剪强度				弹性模量	泊松比	修正后围岩分级
				岩体		结构面		E（$\times 10^4$ MPa）	μ	
				C（MPa）	φ（°）	C（MPa）	φ（°）			
侏罗系（J）	中风化砂质泥岩	2.40～2.55	3.5～17.7	0.40～7.40	34.1～39.6	0.04～0.05	18～20	0.14～0.46	0.30～0.40	Ⅳ～Ⅴ
	中风化砂岩	2.40～2.50	16.7～47.0	0.6～14.2	36.2～44.5	0.04～0.06	18～22	0.38～0.90	0.15～0.20	Ⅲ～Ⅳ

4 地 下 水

重庆主城区原始地形主要位于构造剥蚀丘陵地貌上，第四系覆盖层一般厚度较小，基岩局部出露，为砂岩泥岩互层的陆相碎屑岩，含水微弱，水文地质环境总体较简单。地下水富水性受地形地貌、岩性及裂隙发育程度控制，为大气降雨和地面水体（水塘、水库）渗漏补给。一般情况下，第四系松散层含孔隙水，砂岩含孔隙裂隙水（主要为裂隙水），砂质泥岩为相对隔水层，含水贫乏。

4.1 地下水类型

根据沿线地下水的赋存条件、水理性质及水力特征，沿线地下水可划分为第四系松散层孔隙水、基岩裂隙水。

（1）松散层孔隙水。

主要分布在残坡积层和人工填土层中，多为局部性上层滞水，动态幅度大，水质成分由含水介质的性质决定，水量大小受地貌和覆盖层范围、厚度、透水性制约，主要由大气降水补给，受季节、气候影响大。

（2）基岩裂隙水。

基岩裂隙水包括风化裂隙水和构造裂隙水。风化裂隙水分布在浅表层基岩强风化带中，风化裂隙发育深度一般为0.5～1.5m，裂隙水为局部上层滞水或小区域潜水，水量小，受季节性影响大，各含水层自成补给、径流、排泄系统。构造裂隙水分布于厚层块状砂岩层中，以层间裂隙水或脉状裂隙水形式储存，砂质泥岩相对隔水层，含水贫乏。

据调查，沿线居民的饮水井（机械井）深度一般为15～25m，水量受季节和气候影响明显，平时水量一般为0.5～3.0m^3/d，可保证1～3户居民的人畜用水。

通过压水试验，砂岩渗透系数范围值0.01～0.22m/d；为弱透水岩体；砂质泥岩渗透系数范围值0.01～0.003m/d，为微透水岩体。

4.2 水的腐蚀性

（1）第四系孔隙水：主要分布在冲积层、残坡积层和人工填土层中，除河岸两冲积层中的孔隙潜水外，多为局部性上层滞水，水量小，动态幅度大，水质成分由含水介质的性质决定。冲积、残积、坡积层中的地下水，水质较好，化学成分属HCO_3—Ca、Na型，矿化度低，对混凝土为微腐蚀性。人工填土层中地下水，化学成分较复杂，与堆填物成分相关，但多数水质较好，对混凝土为微腐蚀性。泉水流量小于或等于0.01l/s。

（2）碎屑岩类孔隙裂隙水：地下水水质好，矿化度低，小于0.1g/l，水化学成分属HCO_3—Ca型或HCO_3—Ca、Na型，对混凝土为微腐蚀性。

4.3 隧道涌水量

根据已施工完成的轨道交通工程隧道的施工经验，隧道的涌水一般沿裂隙涌出，隧道施工可使基岩裂隙水水量明显增大，初期水量较大且集中，随时间增加，水量逐渐减小，水量不均匀现象明显。隧道实际涌水量受施工季节及降水季节影响严重，施工期间基坑实际涌水量，采取适当的排水措施。

5 特殊地质条件

5.1 不良地质作用

通过调查和收集资料，重庆城区主要不良地质有：滑坡、崩塌等。重庆不良地质作用发育与地貌类型密切相关，一般两江沿岸为强发育区（长江北岸多于南岸，嘉陵江南岸多于北岸）、东西两侧低山山麓为中等发育区、低缓丘陵为弱发育区。滑坡多发育于泥岩坡地，崩塌多发育于砂岩坡地。

（1）滑坡。

重庆市滑坡主要包括岩质滑坡和土质滑坡，岩质滑坡占滑坡总数的23%，土质滑坡占滑坡总数的77%。

1）岩质滑坡。

岩质滑坡主要发生在中－晚更新世。在古气候水文条件下，洪水的陡涨快落对岸坡平缓泥岩夹砂岩层面的潜蚀软化与后缘陡倾卸荷裂隙中空隙水压力的推动作用，形成平推式岩质滑坡。据对部分滑带土始滑年龄测定，为几万年至30余万年，其分布标高大致与Ⅰ～Ⅵ级阶地相对应，说明伴随每一次地壳上升河流下切，均有一批滑坡产生。显示出成层性分布特点。老滑坡规模大，一般为十万方至百万方级，最大的重钢高焦炉老滑坡达510万方。因后期的侵蚀或阶地掩盖，以及人类工程活动改造，老滑坡形态，已不甚清楚，并处于相对稳定状态。

2）土质滑坡。

土质滑坡规模小，一般为 1 千方至 10 万方。主要是发生于近代的新滑坡，受陡坡带下部松散堆积土（含老滑坡表层的捣块石土层）厚度分布范围的制约，据系统调查判断，土质滑坡多处于蠕滑变形阶段，约 57% 的土质滑坡，每年雨季，特别是暴雨时段和洪水期，仍有蠕滑拉裂现象。

3）滑坡的分布特征。

滑坡主要分布在河谷岸坡带，并集中成群出现在冲刷的凹岸段，从地貌形态与高程分析，滑坡多发生于 175～200m 标高的中等坡度（坡角 11°～30°）凹形坡及复形坡段，其次出现在 200～300m 标高的斜坡段。

（2）崩塌。

1）崩塌的岩性。

重庆城区的崩塌都发生在厚层砂岩和砂岩夹泥岩层中，这主要是由于砂岩岩性较硬、抗风化能力较强，常形成悬崖或陡坎，为崩塌的产生创造了条件。在砂岩夹泥岩层中，更由于泥岩软弱夹层抗蚀能力低，易风化形成凹槽，使上覆砂岩失去支撑而促进崩塌的产生；也由于泥岩软弱夹层的存在，不利于拉裂面向岩层深处发展，因而发生在砂岩夹泥岩层中的崩塌的规模一般小于厚层砂岩。重庆城市滑坡及崩塌分布图 5－2。

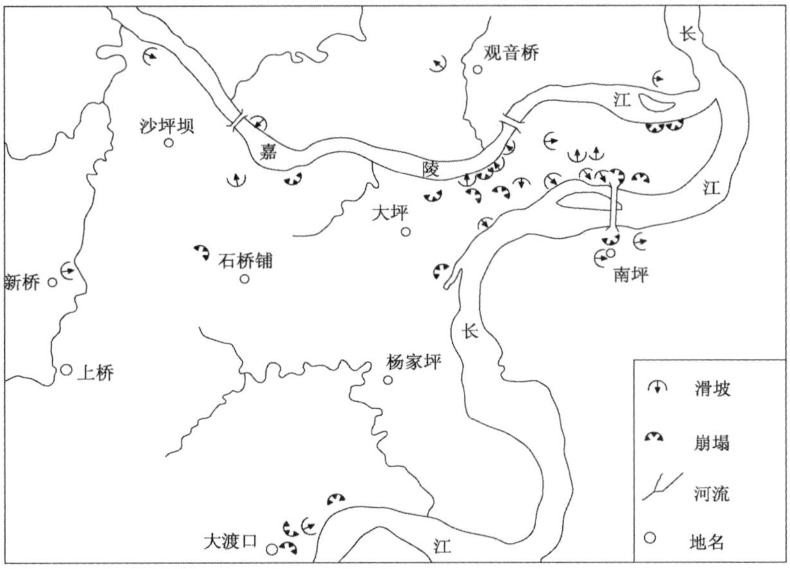

图 5－2　重庆城市滑坡及崩塌分布图

2）崩塌的分布特征。

重庆城区 77.8% 的崩塌发生在 50°～70°的斜坡上；55.6% 的崩塌发生在相对高度 30～105m 的斜坡上，44.4% 的崩塌发生在相对高度 150～250m 的斜坡上。因此，重庆城区崩塌主要发生在河流和沟谷深切，坡度大于 50°和相对高度大于 30m、裂隙发育的砂岩斜坡的顶部，如鹅岭至佛图关北侧的陡崖、肖家弯至两路口陡崖、嘉陵江南桥头陡崖、沧白路至千厮门北侧陡崖、金紫门、南纪门至打枪坝陡崖、南区路富家坡陡崖、大坪文化村陡崖、重钢葛老溪北侧陡崖、劳动村至新工村陡崖等。在这些陡崖上，若砂岩再被一组 X 型或一组走向裂隙、节理切割；或砂岩下伏的泥岩风化形成凹槽；或两者共存时，则更容易发生崩塌，如洪崖洞、鹅岭、佛图关、葛老溪等。

5.2　特殊性岩土

重庆市区的特殊岩土主要为人工填土、风化岩等。

人工填土：重庆的地基填土填料一般取自场地本身及周边山头高挖地段的岩土体，故多属杂填土。其工程性质很不均匀、密度变化太、分布范围及厚度的变化缺乏规律性，带有极大的人为随意性。杂填土中不同的物质成分直接影响填土的工程性质，且沉降变形大，并常常具有湿陷性。

风化岩：主要为强风化泥岩，强风化砂岩。强风化带的厚度为 0.8 ~ 10m，变化较大。强风化泥岩中夹有砂岩，并含有基岩裂隙水，力学性质差异较大。泥岩具有遇水易软化的特性，且泥岩软化易形成软弱夹层，对边坡及围岩稳定不利。

6 城市轨道交通主要工程地质问题及对策

6.1 特殊地质条件对轨道交通的影响及对策

6.1.1 人工填土对轨道交通工程的影响及对策

填土由于其组成成分复杂，回填的方法、时间和厚度的随意性，所以，不均匀是其突出的特点，其中尤以杂填土的不均匀性最为严重，对于地铁车辆段建筑、车站出入口、U 型槽等基础埋深较浅的结构部位，如果坐落于填土上，易产生不均匀沉降，导致结构开裂。

主要对策：

重庆地区常用的填土地基处理技术有以下几种：

（1）重锤夯实法。

重锤夯实法一般是将 15 ~ 30kN 的重锤提高 2.5 ~ 4.5m 后自由落下，重复夯实填土地基。经重锤夯实的填土地基，强度提高压缩性减小，重锤夯实的影响深度与锤重、锤型、锤底面积、落矩及地质条件有关。一般认为影响深度为锤底直径的 1 倍左右。

（2）振动压实法。

此方法适用于含少量黏性土的建筑垃圾、工业废料和炉灰填土地基。该方法就是利用杂填土无凝聚性，透术性好、密度小的特点，采用振动的方法破坏原有的松散结构状态，使土体在一定深度内达到振动紧密状态，提高地填土基土的强度，减少沉降变形。

（3）强夯法。

强夯法是利用夯锤自由落下的巨大冲击能和所产生的冲击波反复夯击地基土，将夯面以下一定深度的土层夯实，提高地基的承载力和土体的稳定性，降低其压缩性。由于夯击能力大，加固深度也大。

填土经有效处理后，达到设计要求的填土层可作建筑地基。同时应对被加固的地基填土及其上的建筑物进行长期变形观察，以了解被加固地基的长期应力 - 应变持性及地基土与建筑物相互作用的特征。

6.1.2 滑坡对轨道交通工程的影响及对策

滑坡对轨道交通工程的危害是相当严重的，主要表现在以下两个方面：

（1）轨道交通工程在滑坡体上，滑坡滑动推动轨道交通工程一起运动，使轨道交通工程毁坏。

（2）轨道交通工程在滑坡前缘，滑坡发生后将轨道交通工程埋没，产生灾害。

主要对策：

因为滑坡整治代价较高。无论什么性质的滑坡，如果规模较大，滑动面较深，一般治理就比较困难，在勘察阶段如果发现易发生较大滑坡的区域则主要应以绕避为主。滑坡整治实际上也可以认为是一种特殊条件下的高边坡防护，常用方法如下：

（1）抗滑挡土墙主要治理滑动面较浅且下滑力不大的小型滑坡，挡土墙基础一般应置于滑动面之下。

（2）抗滑桩主要治理滑动面较深、下滑力较大的滑坡，特别是当下部存在较好的基岩层时效果较好。当下滑力很大时也可以考虑设置多排抗滑桩。

（3）抗滑明洞主要治理滑动面较深，且地形适合施作明洞的滑坡，特别对于两侧边坡均较高，且下部回填能够解决问题的牵引式滑坡效果较好。

（4）抗滑锚索一般用于治理存在明显滑动面的滑坡。如因地质上的软弱夹层产生的滑坡、顺层滑坡等，则治理效果比较好。

（5）抗滑注浆的方式一般在滑坡规模不大且地层适宜注浆改良时采用。

6.1.3 崩塌对轨道交通工程的影响及对策

重庆地区崩塌主要对高架线路影响很大，主要表现是：破坏线路、中断行车、砸坏车站、毁坏桥梁及其他设施。

主要对策：

崩塌的治理，就是高边坡的防护，对于填方地段的高边坡，一般以圬工类挡土墙为主，如重力式浆砌片石挡土墙、护壁式钢筋混凝土挡土墙、锚定板挡土墙等。对于挖方地段的高边坡，挡土墙形式则一般以对岩土体内部加固方式为主，如锚杆挡土墙，预应力锚杆挡土墙，预应力锚索挡土墙或采用锚杆、锚索与钢筋混凝土表面结构相结合的方式。

6.2 明挖法施工

明挖法施工主要岩土工程问题包括：基坑边坡失稳、围护桩成孔困难、地基软化承载力降低等。

（1）基坑边坡失稳。

重庆地铁施工明挖基坑，主要岩土层一般为素填土、粉质黏土、强风化－中风化砂岩及泥岩，岩石风化岩中局部存在差异风化现象，表现为强风化岩中局部含有全风化及中风化岩残块，差异风化对岩体稳定性有很大影响，基坑开挖易造成基坑失稳、坍塌风险。且受到雨水、地层止水作业下土体结构立刻破坏，遇水则易软化、崩解。软岩地层在揭露后，存在的层理性软岩与施作地存在一定倾斜角度，容易出现“片帮”现象。

主要对策：

1）选用有效的支护结构与构造措施，满足边坡稳定需要，避免对邻近已有建筑、地下管线及周边道路造成不利影响。

2）由于基坑支护系统具有动态性与复杂性特点，因此在基坑支护系统设计施工中，应遵循“分层、分区、分块、分段、抽槽开挖、留土护壁、先撑后挖、先形成中间支撑，减少无支撑暴露时间”的原则，确保基坑支护结构的稳定和周围建构筑物的安全。

3）基坑周边严禁超堆荷载，对交通车辆采取适当的隔离措施。

4）若出现岩体节理裂隙极发育，破碎程度高、风化程度高的情况下，在基坑开挖结束后，可采用物探方法检测基底基岩的完整性。亦可对其采用高压注浆法进行注浆处理。对土体进行注浆加固时要及时调整注浆压力，选用合适的浆液材料，保证注浆加固的效果，防止浆液乱窜。

（2）围护桩成孔困难。

由于重庆地层以基岩为主，强风化岩中局部存在硬质岩块或夹层，中风化岩中强度高，钻进困难；另外由于基岩裂隙较为发育，成孔过程中，容易出现漏浆现象，造成成孔困难。

主要对策：

（1）施工过程中应采用适当的工艺，如在钻进时应调节钻压、控制钻速，钻具进出孔内时应慢速，防止碰剐到孔壁碎块，引起掉块而导致卡钻事故。

（2）泥浆制备应选用高塑性黏性土或膨润土，泥浆应根据施工机械、工艺及穿越土层情况进行配合比设计。同时泥浆护壁应符合《建筑桩基技术规范》JGJ 94—2008 第 6.3.2 条规定。施工时注意泥浆的处理。

（3）地基软化、承载力降低。

沿线普遍分布为砂岩及泥岩，泥岩岩质较软，节理、裂隙发育，易风化剥落，岩体遇水易崩解，风干干裂导致地基承载力降低。

主要对策：

基坑开挖到坑底标高后应及时封闭并进行基础施工，基坑开挖过程中应尽量减少对坑底岩体的扰动。

6.3 暗挖法施工

暗挖法施工主要岩土工程问题包括：基岩强度高、开挖困难；隧道围岩坍塌、地表塌陷等。

（1）基岩强度高、开挖困难。

由于重庆地层主要由砂岩及泥岩组成，岩土工程施工等级为Ⅳ ~ Ⅵ级，泥岩与砂岩强度差异较大，强风化岩中局部存在硬质岩块或夹层，中风化岩中砂岩强度高，开挖困难，暗挖法施工过程中常采用钻爆法施工。钻爆法施工不可避免地会产生噪声、爆破震动及粉尘污染等诸多环境问题（见图 5－3），特别是在轨道交通大规模修建之后，由于施工面广，影响了市民正常的工作、生活和休息。另外由于爆破震动对围岩扰动范围较大，对沿线地面房屋结构及地下构筑物的稳定性产生一定影响，在穿越山体时，存在表层危岩掉块、崩落甚至诱发山体滑坡等施工风险。另外，在城市使用雷管、炸药的运输及存放也存在安全隐患。

图 5－3 钻爆法施工震动及粉尘污染

主要对策：

1）合理选择岩石开挖方法，主要根据地质条件而决定，既要保证被开挖空间岩石的稳定，又要减少对被开挖空间岩石的扰动。建议采用液压式凿岩机，不仅工作效率比空气式凿岩机高，特别是钻孔时液压式凿岩机所产生的粉尘少，保护环境。

2）爆破效果受岩层产状、结构、岩石物理力学性质和水文地质的影响极大。有时还要受到地形、地貌和周边环境条件的制约，施工前应充分了解地层情况，并对已有工程进行调研，采用工程类比的方法，合理选择爆破参数。

（2）隧道围岩坍塌、地表塌陷。

重庆地铁隧道围岩一般为砂质泥岩和砂岩，属软岩，节理裂隙发育，修正后围岩分级为Ⅳ ~ Ⅴ级，局部存在偏压。浅埋段开挖时侧壁可能出现小的坍塌和掉块；拱部无支护时，可产生较大的坍塌（见图 5－4），可能引起地表出现沉陷开裂，导致地表两倍隧道跨度范围内的地表变形，进而影响路面。

图5-4 节理性软岩爆破塌方

主要对策：

1）施工中应通过超前地质预报，对不良地质作用、特殊岩土及地下水提前采取应对措施，通过施工过程中揭示的地质情况及时调整支护参数。

2）采取与支护（加固）方法控制掌子面前方先行位移以及掌子面挤出位移的对策。

3）施工前须采取有效的地下水控制措施，确保施工安全。

4）施工过程中应控制爆破药量并做好减振措施，加强初衬、及时二次衬砌，降雨时做好排水或止水工作。

6.4 TBM法施工

由于重庆的地质以岩石为主，TBM施工主要岩土工程问题包括：基岩强度不均，影响掘进速度；穿越断层破碎带、软岩大变形等。

（1）基岩强度不均，影响掘进速度。

TBM比较适宜于在岩石抗压强度30~60MPa的中等硬度且地质条件较好的地层中掘进，其掘进速度在一定程度上取决于围岩工程地质条件（如岩石强度、围岩类别、地下水等）。随着岩石抗压强度的增大，TBM掘进速度有不断降低的趋势。TBM在Ⅱ、Ⅴ类围岩中掘进速度比较缓慢，在Ⅲ、Ⅳ类围岩中具有较高的掘进速度。

主要对策：

1）对详勘报告充分解读，必要时进行施工勘察，充分了解施工段基岩特性。

2）根据基岩特性，合理选择TBM类型，TBM模式如下：

①全断面岩石TBM模式。

全断面岩石TBM模式适合掘进的岩石抗压强度为5~150MPa，且具有一定自稳能力的岩石，最适合掘进抗压强度为30~150MPa的硬岩。岩体完整性程度也是影响复合式TBM在全断面岩石TBM模式下掘进难易的主要控制因素，掘进速度的高低主要取决于岩体的完整程度，并以较完整和较破碎状态（KV=0.45~0.75）为最佳适用范围。岩石的硬度和耐磨性是影响全断面岩石TBM模式下掘进效率的又一主要因素。岩石中石英含量越高，岩石的耐磨性越好，TBM的掘进效率也越低。

②土压平衡盾构模式。

在有大的构造、断层、岩溶的地层，在软岩高地应力并可能产生大变形的地层，或在有大量涌水尤其突然集中涌水的地层，全断面岩石TBM模式下施工时可能发生大塌方造成复合式TBM被埋、发生大变形造成复合式 TBM 被卡、突然涌水造成复合式 TBM 被淹的风险，遇到岩溶可能会发生以上风险的一种或多种。而土压平衡盾构模式适用于土体软弱，地下水丰富且压力较大的地层，此时采用土压平衡盾构模式可有效避免上述可能出现的风险。

③复合式 TBM。

复合式 TBM 具有全断面岩石 TBM 模式和土压平衡盾构模式，既能适应软弱土层又能满足硬岩掘进需求。

（2）TBM 通过断层破碎带。

TBM 施工时有可能会通过断层破碎带等不良地质。由于断层破碎带是由胶结较差的断层角砾岩及断层泥充填，为松散结构岩体，而节理很发育且呈网状分布的洞室围岩，属碎裂结构岩体。因此，围岩开挖时，易产生工作面及拱顶坍塌、剥落，将 TBM 刀盘埋入，刀盘会旋转困难，甚至卡住；岩体下陷、坍塌，易造成 TBM 撑靴打滑，刀盘下沉，给掘进方向的控制带来困难；围岩软硬不均，刀盘旋转时振动加剧，会影响刀具的使用寿命；开挖面及边墙坍塌，撑靴支撑不稳，不能提供 TBM 掘进所需的足够支反力；围岩受构造影响破碎严重，造成施工时带来的安全风险增加。

主要对策：

为使 TBM 能够安全、顺利地通过断层破碎带，一定要进行深入的地面地质调查和高密度电法等地球物理探测或超前钻探等对断层破碎带的位置、规模作出合理的预测，并及早采取对策。

1）如果断层破碎带规模较小，则可以不进行预处理，采用低转速、小行程、快速掘进的方法直接掘进通过，尽可能不停机或减少停机时间，以防 TBM 刀盘被卡。

2）如果断层破碎带规模较大，当采用直接掘进方法无法通过时，则可先对破碎带进行预处理（如注浆预加固等），然后再缓慢掘进通过。

3）对于规模很大的断层破碎带，采用以上方法均无法通过时，则可以从旁边开挖支洞，对破碎带地段采用钻爆法进行开挖，施工完毕后，TBM 在空载状态下直接步进通过。

（3）软岩大变形。

软岩大变形是影响 TBM 正常掘进的重要因素之一，开挖过程中隧洞的快速收敛经常会导致混凝土管片变形、破损，严重时还会导致卡机事故的发生。

主要对策：

1）对于大多数 TBM，可适当超挖，把盾壳与开挖面的间隙从通常的 6 ~ 10cm，调整到 15 ~ 25cm，给围岩变形预留足够空间。

2）对于护盾式 TBM，还可以适当提高辅助液压缸推力，必要时采用高压拉缸，使 TBM 快速通过软岩地层。作为一种典型的软岩，膨胀岩具有膨胀、收缩、崩解、软化等一系列不良工程特性，如果处理不当，常会造成隧洞变形、围岩坍塌，甚至刀盘被卡等工程事故。为使 TBM 能够顺利地通过膨胀性围岩地段，在施工过程中一定要做好防水止渗工作，要特别注意衬砌管片接缝宽度的控制和止水条安装质量，避免洞内施工用水与地下水相互渗透，防止围岩崩解、软化。此外，还要对隧洞开挖断面进行适量扩挖，给围岩膨胀预留一定变形空间。

参考文献

[1] 重庆市勘测院. 重庆市轨道交通四号线岩土工程可行性勘察报告 [R]. 2009, 10.
[2] 冯欢欢, 姚兰. 复合式 TBM 地层适应性研究 [J]. 建筑机械化, 2013 (8).
[3] 徐刚. 重庆城市滑坡及崩塌的发育规律分析 [J]. 西南师范大学学报, 1990 (12).
[4] 张顺斌, 等. 重庆存在的主要岩土工程问题及勘察要点 [J]. 中国水运, 2010 (2).

大 连 市

1 自然地理

1.1 地理位置

大连市地处欧亚大陆东岸，中国东北辽东半岛最南端，位于东经120°58′~123°31′、北纬38°43′~40°10′，东濒黄海，西临渤海，南与山东半岛隔海相望，北依辽阔的东北平原。它是东北、华北、华东以及世界各地的海上门户，是重要的港口、贸易、工业、旅游城市。

大连市现辖3个县级市（瓦房店市、普兰店市、庄河市）、1个县（长海县）和6个区（中山区、西岗区、沙河口区、甘井子区、旅顺口区、金州区）。另外，还有4个国家级对外开放先导区（开发区、保税区、高新技术产业园区、金石滩国家旅游度假区）。

1.2 气象

大连市位于亚欧大陆的东部、太平洋的西海岸，地处北半球的中纬度。市区三面环海，一面连接陆地，形成依山傍水的自然地理环境。本区属温带季风气候，并具有海洋影响的特点。其主要特征是冬夏风向明显交替，影响整个气候的变化。冬季主要受蒙古及西伯利亚冷高压的控制，多为偏北季风，气温较低，降水少。夏季受太平洋副热带高压的控制，盛行东南季风，气温较高，降雨多。春、秋两季则为过渡性变化气候。在季风气候的基础上并受海洋影响的情况下，本区气候总的特点是气候温和、四季分明，空气湿润，降水集中，风力较大。

大连地区属于北温带季风气候区，并具有海洋影响的特点，本区属暖温带大陆性季风半岛气候区，雨量集中，冬季寒冷，夏季炎热，8月最热，1月最冷。

根据《建筑气象参数标准》JGJ 35—1987提供的大连市气象资料（1951—1980年），主要气象要素如下：

（1）年平均温度10.20℃，极端最高温度35.30℃，极端最低温度－21.10℃。

（2）平均年总降水量658.7mm；一日最大降雨量171.1mm。

（3）全年平均风速5.2m/s；30年一遇最大风速31.0m/s；全年最多风向N，频率15%；最大积雪厚度37cm。根据《建筑结构荷载规范》GB 50009—2012，本市基本风压0.65kN/m^2，基本雪压0.40kN/m^2。

（4）土壤标准冻结深度0.70m，最大冻结深度0.93m。

（5）据大连市区南部海岸老虎滩地区海潮观测资料表明，年平均潮位－0.066m，年高潮位1.954m，年最低潮位－2.816m，年平均高潮位0.964m，年平均低潮位－1.116m，受台风影响时，最大海浪高达8m。

据大连市气象局气候资料室统计，1971—2000年气象资料如下：

（1）相对湿度（%）。

表6－1 1971—2000年大连市相对湿度表

月份	1	2	3	4	5	6	7	8	9	10	11	12
月平均	56	56	55	56	61	74	84	81	69	62	60	58
月最大	100	100	100	100	100	100	100	100	100	100	100	100
年最低	4											

（2）气温（℃）。

年极端最高干球温度：35.3℃；日期1972年；

年极端最高湿球温度：27.7℃；日期1994年；

连续5天平均最高温度极值：32.7℃；

连续5年平均最低温度极值：-16.6℃；

近20年连续5天平均最低温度极值：-16.1℃。

（3）雷暴（天）。

年平均雷暴日数：20.3；

最多年雷暴日数：30；

最少年雷暴日数：11。

（4）冰雹。

累年最大冰雹直径：20cm；

年平均冰雹次数：0.9次。

（5）台风。

年平均台风次数：1.5次；

台风出现月份：6—9月；

10分钟平均最大风速（1971—2000年）：24.7m/s；风向：SW；时间：1985.8.19；

瞬时极大风速（1991—2000年）：33.8m/s；风向：N；时间：1994.8.16；

累年10分钟平均最大风速：33.3m/s；风向：N；时间：1956.02.28。

说明：

（1）所提供资料除风以外均为1971—2000年；

（2）观测站经度：121.38E；纬度：38.5N；观测场海拔高度91.5m；

（3）测风仪距地高度：1969.4.1—1984.11.13：16.5m。

1984.11.14—2000：19.0m；

（4）10分钟平均最大风速观测时段：1951—1956、1971—2000；

（5）瞬时极大风速感测时段：1991—2000。

1.3 水　文

1.3.1 河流

大连市区内河流属黄渤水系，多数独流入海，为流程短小的季节性河流，较大的河流主要有凌水河、马栏河、夏家河、牧城河、周水子河等，其基本情况见表6-2。区内水库主要为中、小型水库，有大西山水库、牧城驿水库等（见插图32）。

表6-2 主要河流基本情况一览表

河流名称	长度（km）	流域面积（km^2）	平均坡降（‰）	发源地	发源地高程（m）	入海河名称
马栏河	19.3	71.5	9.80	长城镇鞍子岭	328.0	黄海
夏家河	14.8	48.8	5.88	辛寨子镇砬子山	250.4	渤海
牧城河	10.4	33.7	10.36	华侨农场羊鼻沟子	287.0	渤海
凌水河	11.7	32.1	17.20	凌水镇横山	393.2	黄海
周水子河	11.8	27.2	8.30	辛寨子镇胡家岭子	93.0	黄海

马栏河为市区最大的河流。马栏河源于西部鞍子岭，进入市区内向东南流，后转向南流入海。上游建有大西山水库，库容1680万m^3，年供水能力145万~1785万m^3。河床宽约150m，全长

22km，流域面积 98km^2，20 年一遇洪峰流量 540m^3/s。该河为间歇性河流，下游平时断流，成为排水通道，雨季时下游泄洪量猛增。勘测期间河水水深约 1.0m。

凌水河源于西部横山，进入市内向东南流入海。上游建有小型水库，库容 116.7 万 m^3，年供水能力 47 万 m^3 左右。凌水河河宽约 50m，该河为间歇性河流，下游平时断流，成为排水通道，雨季时下游泄洪量猛增。勘测期间河水水深约 1.0m。其下游入海口处遇涨潮产生海水倒灌。

1.3.2 海水

大连市区东、南面临黄海，潮汐属半日潮或不规则半日潮，据市区南部海岸老虎滩地区海潮观测，年平均潮位 -0.066m，年最高潮位 1.954m，年最低潮位 -2.816m，年平均高潮位 0.964m，年平均低潮位 -1.116m。受台风影响时，最大海浪高达 8m。

1.4 地形地貌

大连地区位于千山山脉西南延伸部分，辽东半岛的最南端，濒临黄海、渤海之间，形成碧海环抱、低山丘陵起伏的地形。由于地质构造，尤其是第四纪以来的新地质构造活动和海水动力对陆地的长期作用影响，本区地貌多山地丘陵，少平原低地，滨海岩溶地貌形态较发育，形成复杂多样的海岸地貌，并发育着千姿百态的海蚀地貌（见图 6-1），不同地貌类型的特征如下：

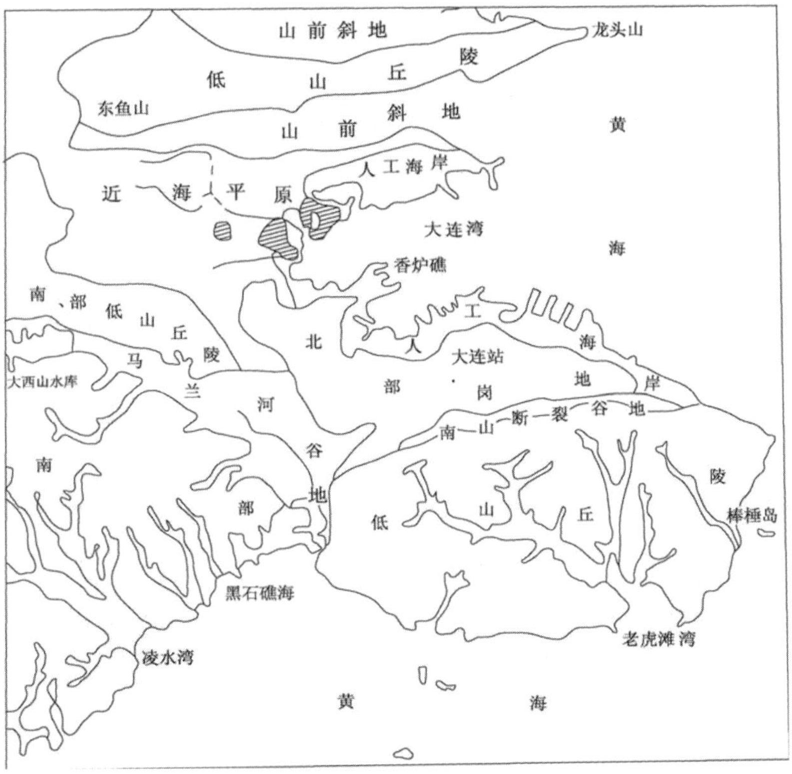

图 6-1 大连市地貌图

（1）侵蚀构造低山地形。

大连市区地形制高点大黑山，主峰海拔 633.1m，主要由震旦系石英岩组成，是断块上升长期遭受侵蚀的山体。凸形山坡，尖圆状山顶，锯齿状山脊。由于受运动的影响与北西向断裂构造的切割及长期的侵蚀作用，形成了山高谷深之地貌景观。地形中度切割，山谷多为“V”型。山体上部陡峭，基岩裸露，中下部坡度变缓，植被覆盖较好。主峰周围有逐层降低的山峰依附，标高在 500~250m 间，标志着该山体为不同期构造上升所致。

（2）构造剥蚀地形。

1）高丘陵。

区内分布较广，为主要分布地形。分布在大连老虎滩地区。标高在200~500m间，丘顶多为浑圆状，局部尖顶状，连绵起伏，丘坡多为凸形坡面，上陡下缓，坡度在10°~30°，最陡段可大于30°。岩性由变质岩类、震旦系桥头组石英岩、长岭子组板岩、千枚岩、甘井子组白云岩组成。沟谷多呈“U”型，少量呈“V”型，切割深度100~200m。丘陵上部基岩裸露，下部被坡积物或植被覆盖。由于受构造运动和性上升运动的影响，局部分布有剥夷面。标高均在200~400m间，可视为本区内较高的三、四级剥夷面，形成时间相当于第四纪前，为间歇性抬升之遗迹。充分反映出本区新构造运动的间歇性抬升的特点。风化壳厚度在0.2~0.4m间。

2）低丘陵。

区内分布广泛，主要集中在甘井子－周水子以北，革镇堡等地区。标高在50~200m间，丘坡较缓，为5°~10°。众多馒头状丘顶形成了漫岗地形，坡麓上冲沟发育，切割深3~5m。高部位基岩裸露，低部位坡积物覆盖较多，部分地段被辟为梯田。有的丘顶覆盖一层冰碛泥砾，该区岩性组成：鞍山群片麻岩类，震旦系甘井子组白云岩，南芬组、营城子组灰岩。区内100~200m与60~80m标高的丘顶连续地段，可视为一、二级剥夷面，这级剥夷面相当于第四纪初期冰期来临，气候变暖后，冰川融化，赶往间冰期，辽南山地长期上升，剥蚀作用大于堆积作用，故此种剥夷面保存下来极少，即这级剥夷面是这个时期的产物。在低丘的边缘地段地形中，见有零星分布的标高在24~80m的剥蚀残丘，丘顶平缓，表面多被较薄的残积层和植被所覆盖。

3）剥蚀台地。

大连市区广泛分布，台面较平缓，微波状起伏，略向海倾斜，坡度在0.5°左右，基岩风化壳，裸露岩性为震旦系长岭子组板岩，薄层灰岩，标高在20~40m。

（3）剥蚀堆积地形。

1）冰碛垅岗。

零星分布在大连市区西南部等地，大部分在由灰岩和板岩组成的低丘顶部出现。标高60~80m间，局部标高略低，覆盖厚度一般在4~5m，形如长梁垅岗状，岩性为泥砾层。

2）坡洪积扇裙。

呈扇状、舌状及裙带状绕山前分布，表面平坦，微起伏，标高在30~60m间，宽度不等，由几十米至几公里。松散堆积物的厚度较薄，在0.5~1.5m间，且不均一，局部可达2m以上。由后缘向前缘微倾斜主，坡度在2°~5°间，其上树枝状冲沟发育。岩性为粉质黏土、粉土含砾、碎石，黄土状粉质黏土含碎石。

3）山前坡洪积倾斜平原。

见于周水子－大辛寨子一带，呈东西向分布，由坡洪积扇裙组成了山前倾斜平原，标高在70m以下，地势平坦开阔，地面微起伏，略向海倾斜，坡角3°左右，靠近山麓地势较高，在周水子一带，平原的后缘见有断块状阶梯陡坎呈断续状环丘分布。前缘与海漫滩呈陡坎接触，纵观该地貌，树枝状冲沟发育其上，有季节性小水流。岩性为粉质黏土混碎石，黄土状粉质黏土。该地貌现已辟为大片生活区、厂矿及农田等。

（4）堆积地形。

1）山前冲洪积平原。

分布于营城子、土城子一带，主要由牧城驿等八条季节性河流冲积而成。地势平坦开阔，后缘与低丘接触，地势略高，前缘低平，与海积阶地相接触，规模较大，最大宽度可达3km左右，其上发育断续的一阶阶地及季节性水流。岩性具双层及多层结构，上部黄土状粉土含砾，粉细砂，剖面见底部为石灰石砂砾卵石层，厚度在10~60m。

2）冲洪积谷地。

呈长条状分布于丘间，自上游至下游由窄变宽，一般宽度在300~800m间，最宽可达1000m左右。一级阶地及漫滩在局部发育，规模小，一般有季节性水流通过。有些沟口已被人为改造而平坦开阔。沟谷形态多为浅“U”型，谷底较平坦，微向沟谷口倾斜，沟谷底局部基岩裸露。堆积物厚度较薄，岩性由粉土含碎石、粉土及砂砾石组成。

3）河流一级、二级阶地。

冲海积一级阶地主要分布在马栏河河谷两侧，呈不对称的条带状分布，高程在2～8m间。位于马栏河下游的一级阶地由于地势平坦，而建有众多的建筑群。岩性为：上部黄褐色粉土含砾石，下部砂砾石混土。在马栏河上游见有二级基座阶地呈断续不对称出现，相对高程在8～16m，阶面一般宽14～17m，局部大于100m。三级基座阶地在马栏河大西山水库上游有零星分布，阶面窄，阶地坎高2～2.5m。基座阶地的上伏岩性为冲洪积卵石混土，厚度为1～5m，下部为石英岩。区内二级基座阶地上的砾卵石混土层的形成是洪水泛滥所致，形成时期可追溯到全球性的玉木－里斯冰期。在玉木Ⅰ、玉木Ⅱ期两冰期之间，本区发生了大规模海侵，当时陆地上洪水泛滥，堆积了大量的砾卵石混土，形成了二级基座阶地结构。

4）河床漫滩。

见于马栏河等较大河流，河身浅且窄，河曲变化小，宽度不等，一般在50～250m间，河床与漫滩没有明显的接触界线。而河身较窄的季节性河流，河床与漫滩呈不连续、不规则的交替延伸。岩性为粉质黏土、粉细砂、中细砂、砂砾石，厚度小于2m。

5）湖沼洼地。

见于周水子机场。地势经人工改造而开阔低平，呈椭圆形分布，地面标高在5m以下。周水子湖沼洼地出露面积约1.75km^2。堆积物岩性为粉土、粉细砂、草炭层等。

（5）人工堆积地形。

人工堆积地形分三种形态出现：一为人工海岸，见于大连市区北部海岸，呈长条状分布，人工辟为良好的深水不冻港码头及居住区，地势较平坦，微具起伏，略向海倾斜，上部岩性为灰土、杂填土、素填土，下部为淤泥质黏土、碎石、板岩风化壳。二为矿渾堆积，见于南关岭三道沟石灰石矿区，主要为采矿后的废矿废弃而成。三为人工回填，见于大连香炉礁、甘井子、大连钢厂海湾等。其回填岩性为素填土、碎石、磕头、煤灰渾及生活垃圾等。人工回填将凹陷地填平而改变了原来的地貌形态。在大连沿海地区回填面积有继续扩大的趋势。

（6）风成地形。

黄土台地：在大连市区寺儿沟、南山均有分布，而且均分布在山麓的北侧，呈悬挂式或附式出现在山前，顶部较平坦，冲沟直柱状节理发育，并具有小孔。有的形成了黄土陡崖耸立的山前，高度在4～20m间，有的受自然因素的影响，沿垂直节理呈柱状出现，或被冲沟切割成独立的个体。由于降水的冲刷，使局部地段形成了黄土台地。

（7）海成地形。

1）海积陆连岛。

见于大连小平岛，分布在低丘陵或高丘陵之间，宽度为100～500m，以海积一级阶地的砂砾卵石形成的砂堤相连接，形成陆连岛地貌。

2）冲海积一级阶地。

区内见于较大河流入海口附近的海湾部位。在马栏河口等地有分布，标高在2～5m，宽度150～500m，局部大于600m，地势平坦，见有海相贝壳。局部见有小潟湖及沼泽湿地分布。地表岩性为中粗砂含砾，厚度一般为3～5m，最厚可达20m。

3）海积一级阶地。

在沿海地带呈条带状、新月状分布在海湾，标高在1.5～5.0m间，阶地面微倾斜，阶地前缘坎高一般在1～2m间，局部见有小潟湖及洼地积水。岩性为淤泥质黏土、粉细砂含砾、砂砾石。

4）海高漫滩。

见于沿海，呈长条状、新白状分布在海湾的低平地形处，高出海面1～2m，分布规模变化大，多以砂坝、砂咀、盐田的开工出现。砂坝高度可达4m，海水只有在涨大潮时才能淹到。宽度在12～50m间，一般为缓坡状，直角为15°～20°，顶部平坦。岩性为砂砾卵石、淤泥质粉质黏土，其上发育基岩海蚀柱。

5）潮间带。

分布于沿海岸的高、低潮之间的带状地带。微向海倾斜，在海湾部发育，最大宽度可达2km以上，在岬角及岩岸突出的部位多以岩脊滩的开工出现，在海湾部多以现代砂砾石滩为主。岩性为淤泥质粉细砂、砂砾石。海蚀现象明显，其上发育海蚀洞穴、海蚀柱、海蚀牙等。

2 区域地质

2.1 地质构造

大连区大地构造位置隶属于中朝准地台胶辽台隆的复州台陷，Ⅳ级构造单元包括城子坦断块和复州－大连凹陷，构造形态复杂，具地台型二元结构特征，见插图33。

（1）褶皱构造。

褶皱构造主要发育在盖层中。太古代结晶基底组成了区内东北部城子坦断块，其褶皱形态单斜化，片麻理走向北东－东西向，向南倾斜。晚元古界—古生界盖层，褶皱复杂，多为紧密线型的同斜、倒转褶皱。平卧褶皱在区内盖层中广泛发育，其规模大小不等，褶皱线理与拉伸线理及矿物生长线理一致，走向多为110°～170°。

（2）断裂构造。

本地区断裂构造发育，可分为脆性断裂和韧性断裂两种。本区盖层中脆性断裂发育，按性质可分为逆掩断层、逆断层、正断层和平移断层，按其展布方向大致可分为近东西向、北东向和北西向，此外还发育有环状断裂。区内发育有三条韧性剪切带（韧性断裂）为大黑山韧性剪切带、尹家村韧性剪切带和信台子韧性剪切带。

2.2 新构造活动

区内的构造运动比较显著，表现为整体运动和局部间相对运动特点。

（1）整体运动特点。

晚近期以来，本区陆壳整体表现为抬升。据大地水准测量结果：大连地区自20世纪50年代以来，相对下辽河平原平均上升了60.0mm。区内没有较大面积的第四纪松散堆积物分布以及海蚀洞、冲洪积阶地等的普遍发育，也说明了这一整体抬升运动。在陆壳整体抬升过程中，南北两侧的上升幅度具有明显的差异性，即南强北弱。表现为：南部海岸地段海蚀洞的最大高程为75～80m，如小平岛等。而北部的海蚀洞或海蚀台（阶）地的最大高程为10～20m。北部松散地层的分布面积和厚度都比南部明显的大。从河流阶地、海蚀（积）阶地及海蚀洞分布的层次和高程对比来看，自晚更新世以来，南部海岸的抬升幅度至少为75～80m，北部则为10～20m。

（2）局部运动特点。

区内陆壳在整体运动的同时，存在明显的局部差异性升降运动，即基岩丘陵（或低山）区的持续缓慢上升和丘间地块的缓慢沉降。

全区缺失第三纪至早更新世地层，说明在这一地质时期内，陆地处于整体上升阶地，遭受剥蚀。差异性升降尚未有所表现。中更新世早期接受冰碛或冰水沉积，晚期丘陵和丘间地块之间的差异性升降运动开始显露出来，在一些地段沉积了中更新世黏土。晚更新世早期，这种差异性升降表现得更为突出和普遍。断裂活动控制了差异性运动的幅度和速度，形成了区内的几个主要沉降盆地，如营城子沉降盆地等。盆地的范围无不受断裂所控制，沉降幅度亦不同。

到晚更新世后期，差异升降运动受构造控制表现得更加明显。典型地段如大连市区南山和夏家河子等地段。在大连市区寺儿沟、周水子南山及夏家河子等晚更新统上段黄土状土地层中，冲沟非常发育，最大切割深度达20.0余米。说明这些地段在全新世时期表现为相对抬升。按下限1万年计算，上升速率至少为2mm/年。

纵观全区新构造运动主要表现在山川地势沿着老构造展布和活动断裂对现今地表形态的改造，现今的山势走向、河流发育和海岸线的延伸均沿着构造展布。

大连市区构造体系图见插图33。

2.3 历史地震

本区地震区划属华北地震区的郯庐断裂地震带。区外，西临郯该带，南部为蓬莱－唐山渤海北西带，东侧为蓬莱－丹东北东带，北部为地震活动较强的大洋河北西带。本区地震主要分布在一个集中区和三条地震带上。历史上共发生有记载的地震100余次，其中3级以上16次，5级以上强震3次。三条地震带为：

（1）金州－营口地震带。

该带大连地域历史上曾发生3次强烈地震，即1855年金州5.5级地震、1856年金州5.25级地震和1861年金州6.1级地震。

（2）东岗－登沙河地震带。

该带共发生地震100多次，其中4级以上地震2次。

（3）北海－龙王塘地震带。

该带位于辽东半岛最南端，历史上共发生4.3级地震1次，3.5级地震1次，2级左右地震多次。

区域地震对本区也有明显影响。如1969年7月18日渤海7.4级地震，距本区200多千米，金州光明街、二十里堡、石河一带出现房屋倒塌等破坏现象，地震烈度6～7度；1975年2月4日海城7.3级地震，大连受害房屋837间，金州受害房屋845间，地震烈度5～6度；1976年7月28日，河北唐山7.8级地震，大连地区普遍有感，有房屋倒塌、院墙倒塌等破坏。

根据国家地震总局全国地震烈度表及区划图，大连市区为Ⅶ度烈度区。

3 城区典型地层及特征

3.1 地层岩性

大连市区的地层主要由震旦系基岩和第四系构成。基岩的分布基本呈条带状。

（1）北部为营城子组的泥晶灰岩、泥晶粉屑灰岩，顶部夹页岩。两翼为甘井子组的砂屑粉屑灰质白云岩、砂屑灰质白云岩、夹叠层石灰质白云岩。

（2）中部为长岭子组千枚状板岩、钙质千枚岩夹泥晶灰岩和粉质灰岩。

（3）南部和西部为桥头组厚层夹薄层石英岩夹千枚状板岩。在西南部分布有长岭子组板岩。

（4）区内的侵入岩主要为辉绿岩，呈岩脉和岩床状产出，多为窄条带状，近东西向分布。

（5）市区的第四系地层由于新生代以来一直处于上升状态，所以比较薄，岩性复杂，差异性大，而且高部位厚度大些，低部位比较薄。主要分布在近海平原，马兰河谷地及山间沟谷，山前倾斜平原及部分丘陵的上部。

根据收集大连市区勘察资料及对地层成因、年代的分析，大连市区天然地层结构可分为：第四系全新统人工堆积层（Q_4^{ml}）、第四系全新统冲洪积相地层（Q_4^{al+pl}）、第四系全新统海积层（Q_4^{m}）、第四系上更新统冲洪积（Q_3^{al+pl}）、第四系上更新统坡洪积层（Q_3^{dl+pl}）、震旦系长岭子组（Z_{whc}）板岩、钙质板岩、碎裂岩、青白口系细河群桥头组（Q_{nq}）石英岩、石英岩板岩互层、燕山期辉绿岩（β_{μ}），各地层分述如下：

（1）第四系全新统人工堆积层。

素填土：灰褐、黄褐色，稍湿，松散－稍密，主要由黏性土、灰岩碎石、石英岩碎石、板岩碎块及少量的生活建筑垃圾等组成。碎石粒径 20 ~ 120mm 不等，局部块石，硬杂质含量占全重量 30% ~70%。

杂填土：杂色、褐黄色，稍湿－饱和，松散－稍密，主要由黏性土、建筑垃圾及生活垃圾等组成，硬杂质含量占全重量的 30% ~70%。

（2）第四系全新统冲积层。

淤泥质粉质黏土：灰黑色，软塑－可塑，具中－高压缩性，厚 1.0 ~4.0m，局部分布。

粉质黏土：灰褐色，可塑，含 10% ~20% 的石灰岩角砾以及少量的粉、细砂，干强度中等，摇震反应无。

卵石：灰黄色，稍湿－饱和，稍密－中密，卵石呈亚圆形，主要成分石英岩，以砂砾石充填，一般粒径 20 ~200mm，局部夹漂石，最大粒径 800mm。

（3）第四系全新统海积层。

粗砂：黄褐色及灰黄色，稍湿－饱和，稍密。主要成分石英岩，约含 10% 的卵石、圆砾，该土层主要分布于港湾广场。

（4）第四系上更新统冲洪积。

卵石：黄褐色，稍湿－饱和，稍密－中密，卵石呈亚圆形，主要成分石英岩，粒间孔隙主要由黏性土充填，一般粒径 20 ~150mm，局部夹漂石，最大粒径 600mm，该土层主要分布于场区马栏河阶地。

（5）第四系上更新统坡洪积层。

粉质黏土：黄褐色，可塑，含 10% ~20% 的石英岩角砾、卵石，切面稍有光泽，干强度中等，摇震反应无。

碎石：黄褐色，稍湿－饱和，稍密－中密。碎石呈次棱角形，主要成分石英岩，一般粒径 20 ~ 60mm，局部夹块石，最大粒径 600mm，该层分布不均匀。

（6）震旦系长岭子组板岩。

长岭子组上部为板岩夹黄色薄层泥灰岩。受变质影响轻微，局部夹薄层黏土质粉晶灰岩。

全风化板岩：黄褐色，散体结构，岩体风化节理裂隙极发育，岩芯呈碎屑状、土状。岩体极破碎，岩体基本质量等级Ⅴ级。

强风化板岩：灰黄、黄褐色，碎裂结构，板状构造，岩体风化节理裂隙发育，岩芯呈碎片状、片状。岩体破碎，岩体基本质量等级Ⅴ级。

中风化板岩：深灰、灰褐色，层状结构，板状构造，岩体较完整，岩芯呈块状、柱状。岩体较完整，岩体基本质量等级Ⅳ级。

（7）震旦系长岭子组钙质板岩。

长岭子组下部为黄色、灰色板岩夹钙质板岩及薄层绢云母大理岩。受变质影响轻微，局部夹薄层黏土质粉晶灰岩。

全风化钙质板岩：黄褐色，散体结构，岩体风化节理裂隙极发育，岩芯呈碎屑状、土状。岩体极破碎，岩体基本质量等级Ⅴ级。

强风化钙质板岩：灰黄、黄褐色，碎裂结构，板状构造，岩体风化节理裂隙发育，岩芯呈碎片状、片状。岩体破碎，岩体基本质量等级Ⅴ级。

中风化钙质板岩：深灰、灰褐色，层状结构，板状构造，岩体较完整，岩芯呈块状、柱状，滴稀盐酸剧烈起泡。岩体较完整，岩体基本质量等级Ⅳ级。

（8）青白口系细河群桥头组石英岩、石英岩板岩互层。

强风化石英岩板岩互层：灰黄色，节理裂隙很发育，岩芯呈碎屑状，本层分布零星。

中风化石英岩板岩互层：灰色，岩芯多呈块状，少量短柱状。

强风化石英岩：灰黄色，岩芯呈碎屑状，该层分布零星。

中风化石英岩：灰白色，致密块状，岩芯多呈块状、短柱状。

(9) 碎裂岩。

受断层影响，岩石破碎成碎石、碎片及粉末状，形成断层碎裂岩和断层泥。

强风化碎裂岩：灰白－灰褐色，岩体受动力地质作用影响强烈，岩体劈理发育，原岩为板岩，岩体破碎呈碎石、角砾和粉末状，碎石为棱角－次棱角状。岩体极破碎，岩体基本质量等级Ⅴ级。

中风化碎裂岩：灰褐色，岩体受动力地质作用影响强烈，岩体劈理发育，原岩为板岩，岩体微型褶皱极发育，局部为碎裂胶结状。岩体极破碎，岩体基本质量等级Ⅴ级。

(10) 燕山期辉绿岩。

辉绿岩形成于中生代，属基性岩。产状为岩脉、岩床，一般为灰绿色，主要矿物成分为斜长石、辉石。该层于场区内零星分布。

强风化辉绿岩：黄褐色，褐色，碎裂结构，岩体风化节理裂隙发育，岩芯呈碎块状，局部土状。岩体破碎，岩体基本质量等级Ⅴ级。

中风化辉绿岩：灰绿色，块状结构，辉绿结构，岩体节理裂隙较发育，岩芯呈块状、柱状。岩体较完整，岩体基本质量等级Ⅳ级。

以大连地铁1号线（见插图34）沿线地层为例，大连市典型地质剖面图见插图35、插图36。

3.2 工程地质分区

根据大连市区地形、地貌、地层岩性等，大连市工程地质条件可分为6个区，具体见图6－2。

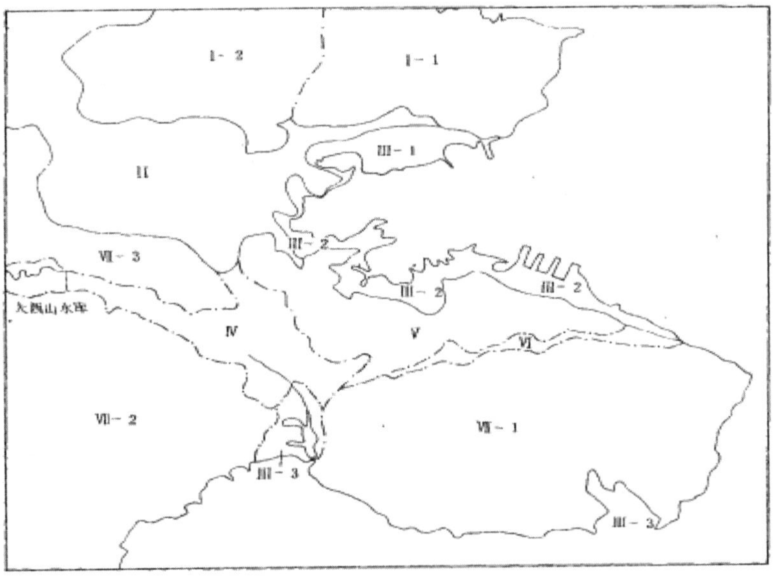

图6－2 大连市区工程地质分区图

大连市区工程地质分区，见表6－3。

表6－3 大连市区工程地质分区及简要说明表

代号		分区名称	简要说明
区	亚区		
Ⅰ	Ⅰ－1	北部东区	应考虑基岩岩溶地形
	Ⅰ－2	北部西区	地基一般良好
Ⅱ		近海平原区	地基条件不佳，基础形式多样，考虑边坡稳定

续表 6-3

代号		分区名称		简要说明
区	亚区			
Ⅲ	Ⅲ-1	北部岸边区		地基不良，地下水位高、多用桩基或采取处理措施
	Ⅲ-2	南部岸边区		
	Ⅲ-3	南部岸滩区		
Ⅳ		马兰河谷区		地基条件一般或应处理
Ⅴ		北部岗地		地基条件较好
Ⅵ		南山黄土带		应考虑局部稳定
Ⅶ	Ⅶ-1	南部低山丘陵	东部	地基复杂，基础多样，应考虑局部地带的稳定性
	Ⅶ-2		西部	
	Ⅶ-3		北部	

（1）北部区。

主要指市区北部。其南界，西起海南屯经周家街至金家街、甘井子至大连湾沿岸。以金南路为界分东西两部，东部为低山丘陵，其基岩为灰岩和白云岩。上覆地层，局部地段残存晚更新世黄土状土，其他多为粉质黏土或粉质黏土含碎石。一般无地下水或埋藏较深。地基条件较好。其环境工程地质的主要问题是下覆基岩面起伏不平，有的裸露地表，有的相距几步就深达五六米，而且岩溶泉多，地下溶洞、溶沟、溶槽非常发育。

金南路以西，铁路以东为西部区。其地貌环境为丘陵，中部的坳沟向东部方向延伸。下覆基岩为灰岩，局部地段可见辉绿岩。上覆中更新统的地层。该层底部为红土或含少量石英碎屑的红色黏土，其上是一套在结构组成及分布位置都具特点的褐红-棕红色泥砾层。砾石者为石英岩和石英砂岩，磨圆度较好，浑圆度不佳，粒径一般为5~25cm，最大的漂砾粒径大于1m。石英含量为50%~70%，混杂的土主要为粉黏类。该泥砾层压密度高，透水性很差。

（2）近海（山间平原区）。

该区南界王家沟、石家沟至东海岸。地貌环境中间为开阔平地，北、西、南三面为山前坡地，冲沟较发育。基岩为灰岩、板岩，局部地段为辉绿岩。上覆地层：北部为冲湖积的淤泥和草炭，中部为洪积的粉质黏土含碎石，南部为坡积的黏土，黄土状粉质黏土含碎石。总的来看，地基条件不佳，承载力较低，对软弱地基采用桩基。在边坡地段需采取防止土体滑动措施，并应注意水土保护。

（3）岸边区。

本区系指南部海岸的老虎滩湾黑石礁湾的南大亭，北部大连湾沿岸。岸边区的下覆基岩北为白云岩，南为一套板岩岩层，上覆岩石顶部为人工填土，中部为淤泥质土，底部为碎石及卵石，厚度不等，一般为5~10m，最厚者达20余米。一般存在地下水，水位受海水影响，随潮水涨落而升降。工程地质条件不佳，但该区是口岸区的重要建筑区。其主要问题是地基土软弱，地下水有侵蚀性，地基应采取处理措施。近年来有些地段采用强夯。基础形式多采用桩基，个别重要建筑或高层建筑采用箱基。基坑开挖时应采取排水措施，并对坑壁进行支撑防止坍塌。但降低水位易引起地面沉陷，而使房屋开裂。在此区地下建筑物应采取防水防潮措施。岸边工程应防潮水冲刷、防浪、防台风、防腐蚀和防海啸。

（4）马兰河谷地。

在市区的中西部，呈弯曲的条带状，上游为大西山水库。中上游谷宽100~200m，下游为

300～400m。中下游现已砌置，为人工河道，宽50～100m，两岸起伏不平。基底为板岩系，上覆的松散层复杂。入海口向内纵深50余米曾为晒盐场，现已人工填平，盐场已不付存在。由于地势较平坦，沉积层纹乱，多淤泥质，多透镜体。在陆地上堆积着卵石层，上覆粉质黏土，厚度变化较大，但小于10m。古河漫滩、河床沉积着砂卵石和粉质砂土。下游为冲海积地层。谷地的左侧地基条件较好，下游和右侧一般较差。主要的环境工程地质问题是地基土层不良，基础多采用浅基础，不良地段用桩基。对地下水位较高地段，开挖基坑时应采取排水措施。

(5) 北部岗地。

位于市区中东部。地貌环境，南临低山丘陵，北靠人工海岸，属山前倾斜平原，冲沟比较发育，尤其是东部，地表起伏不平，向北倾斜。区内基岩为一套板岩夹薄层灰岩，其产状基本向南倾斜，倾角30°左右，局部地段为辉绿岩。基岩埋藏较浅，局部裸露于地表。岩石强风化层6～7m，上覆松散层多为粉质黏土或粉质黏土含碎石或碎石层。冲沟中堆积着冲洪积粉质砂土、碎（砾）石等，含水量较大。地下水分布不均，古冲沟中埋藏着潜水或上层滞水、裂隙中的地下水多在倾斜平原的前部。该地区的地基条件较好，一般建筑物的基础可置于粉质黏土或粉质黏土含碎石，或基岩的风化层上。当板岩和辉绿岩同时出现在基坑时，为避免不均匀沉陷，应挖至风化层相同的深度，有的地段虽基岩裸露于地表，但地下有水流浸润的地方，使石质（多为泥质板岩）软化，降低强度。

这一地区是市区的主要街区，也是重点改造区，高层建筑也大都在本区。

(6) 南山黄土带。

该带的主要环境工程地质问题是区域稳定性和局部稳定性评价。

本带的地貌环境为坡麓和坡前地带。北界为倾角10°左右向南倾斜的正断层，南界为逆断层，因此是一条东西向的断裂谷地，长约10km，宽1～2km。基底岩石为一套板岩和薄层灰岩，局部地段为辉绿岩。上覆第四系中更新世和上更新世的砾石和黄土类土的地层，厚度20m左右，中更新统的地层分布于坡前地带，厚度5～15m，颜色呈黄褐、棕黄，上部为黄土状粉质黏土，致密，硬塑－可塑，强度较高，内含砾石，有时为砾石透镜体。下部为泥砾层或卵砾石层，后者成分为石英岩和石英砂岩，磨圆度较好，浑圆度中等，粒径5～15cm，大者成漂砾，含量50%～70%。该二层有时后者由上而下渐多或为渐变，难以划定界线。第四系中统地层是一良好的天然地基，承载力较高。但在该带西部标高40m左右的白云山一带，其承载力随深度而增加，因含水量的变化而变化。

上更新统的地层分布标高在60～85m，堆积于坡麓地带，冲沟发育，多呈垂直节理状。底部为0～5m的砾石层，上覆黄土类土，二者厚度5～15m。这一套地层至长春路的白云山段即消失。

这两套地层的物质成分系由外地搬运而来，经风积、冰水和冲洪积等综合作用而成。

山坡上的工程建设，呈梯级开发，多设挡土墙群。近几年来产生了很多滑坡。

(7) 南部低山丘陵。

本区在地貌环境上属低山丘陵，山峰的海拔高度在200m左右，最高的大顶山为283.5m，坡度较陡，一般为30°左右。马兰河谷地下游将本区分为东西两部分。其中上游又将西部分为南北两部分。在南部岸边以老虎滩湾、黑石礁湾和凌水湾为主的掌指状沟谷伸向山脊，有的沟谷与北部的沟谷越岭近似相联，给筑路和开发创造了良好条件。

该区的地质环境，基岩为厚层石英岩夹薄层石英岩或薄层千枚状板岩，只在西南部刘家村至高家庄一带分布有长岭子组一套薄岩和薄层灰岩。在沟谷或山间谷地和洼地分布有黄土状粉质黏土或粉质黏土含碎石，谷底为近代的冲洪积碎（砾）石居多。在构造上主要为东西向和北东向断裂，马兰河谷下游两侧有两个环形构造，地层多呈倒转褶皱，基本向南倾斜，倾角30°～40°，与地面倾角基本相似。

3.3 地层主要物理力学参数

根据大连地铁勘察成果资料及搜集当地地质资料，对大连地区主要地层的岩土工程参数进行了统计分析，以下主要针对地铁以及工民建工程等提供需要的岩土工程参数经验值，供勘察设计人员参考使用，详见表6－4和表6－5。

表6－4 大连地区主要土层物理力学性质指标表

地层时代	岩性名称	抗剪强度		垂直K_v	水平K_x	静止侧压力系数K_0	泊松比μ	地基承载力特征值（kPa）
		黏聚力C（kPa）	摩擦角φ（°）					
第四系全新统（Q_4）	粗砂	0	25～28	40	35	0.40	0.30	180～200
	粉质黏土	25～30	18～20	35	30	0.60	0.35	160～170
	卵石	0	30～32	100	80	0.33	0.30	250～300
第四系晚更新统（Q_3）	粉质黏土	25～32	18～20	45	40	0.50	0.33	180～200
	碎石	5	28～30	90	80	0.33	0.30	250～300
	卵石	0	30～35	100	90	0.30	0.28	260～350

表6－5 大连地区主要岩石层物理力学性质指标表

地层时代	岩性名称	天然密度（g/cm³）	饱和单轴抗压强度（MPa）	抗剪强度				弹性模量	泊松比	修正后围岩分级
				岩体		结构面		E	μ	
				C（MPa）	φ（°）	C（MPa）	φ（°）	（$\times10^4$MPa）		
震旦系长岭子组Zwhc	全风化板岩					0.03～0.04	16～25			Ⅵ
	强风化板岩					0.05～0.07	24～29			Ⅴ～Ⅵ
	中风化板岩	2.60～2.70	12～30	1.5～3.0	30～35	0.07～0.08	28～30	1.2～3.0	0.15～0.25	Ⅳ～Ⅴ
燕山期βμ	全风化辉绿岩					0.032～0.04	16～25			Ⅵ
	强风化辉绿岩					0.05～0.065	24～29			Ⅴ～Ⅵ
	中风化辉绿岩	2.70～2.80	20～35	3.0～4.0	35～40	0.08～0.10	30～32	3.0～5.0	0.10～0.20	Ⅳ

4 地 下 水

大连市区内的地下水按储存性质可分为松散岩类孔隙水、基岩裂隙水和碳酸盐岩类裂隙溶洞水三种类型，其赋存条件除受地质、地貌、构造条件控制外，主要受气象、水文及人为因素的制约。

4.1 松散岩类孔隙水

主要埋藏于上更新统和全新统河谷两侧，山前倾斜平原及沿海漫滩地层中。主要分布在大辛寨子－周水子、营城子－牧城驿及夏家河子等地。含水层厚度2～10m不等，上部岩性主要为棕黄、黄褐色粉土，粉质黏土夹碎石透镜体，下部砂砾石/卵石等。地下水埋藏浅，多为2～6m。地下水补给来源以大气降水的垂直渗入为主，季节性河流的侧向补给以及基岩裂隙水和岩溶水补给为辅。地下水的化学类型以氯化物钙钠和氯化物重碳酸钙钠为主，矿化度为0.5～2g/l，水量较小，单井涌水量约为100吨/日，是本区地下水资源较为贫乏区。

4.2 基岩裂隙水

具有分布广，面积大，地下水资源分布不均之特点。主要分布在市区沿海诸岛以及旅顺－大连铁路以南的低山丘陵区。按其含水岩组的结构构造特征可划分为层状岩类裂隙水和块状岩类裂隙水。

（1）层状岩类裂隙水。

分布在本区的大连市内低丘陵区。主要含水层岩组地层有震旦系砂岩、石英岩、千枚岩、板岩和石炭系的页岩及侏罗系的安山质集块岩。各种岩石裂隙发育程度极不均一。质硬性脆的石英岩、砂岩裂隙发育程度好于质软性柔的板岩、千枚岩等。如大连石道街石英岩裂隙大部分未被黏土等物填充，同一深度往往发育着几组不同走向的裂隙。从现已掌握的钻孔资料来看，板岩地层单井涌水量均小于100吨/日，石英岩、砂岩地层单井涌水量均大于100吨/日。地下水化学类型为重碳酸氯化物钙钠和氯化物重碳酸钙钠型。地下水的补给来源主要为大气降水，其排泄多以泉的形式溢出，根据16个泉点统计，泉的涌水量一般在1～2000吨/日，较大的泉位于小南村东龙泉，涌水量为2000吨/日，较小的泉位于红旗柳树沟，涌水量为0.12吨/日平均为146.08吨/日。

（2）块状岩类裂隙水。

本区诸岛零星分布着块状岩类裂隙水，但由于地貌形态影响，如小平岛，海拔高度80余米，大气降水主要以面流形式直接入海，渗入地下微乎其微，单井涌水量均小于100吨/日，是东区地下水资源最为贫乏区。

4.3 各岩土层的富水性及渗透系数

各岩土层的渗透系数建议范围值见表6－6。

表6－6 各岩土层的渗透系数建议范围值表

时代成因	岩土名称	渗透系数（m/d）
Q_4^{ml}	素填土	0.5～5.0
Q_4^{ml}	杂填土	1.0～5.0
Q_4^{m}	粗砂	5.0～20.0
Q_4^{al+pl}	粉质黏土	0.03～1.0
Q_4^{al+pl}	淤泥质粉质黏土	0.001～0.005
Q_4^{al+pl}	卵石	30～50
Q_3^{dl+pl}	粉质黏土	0.03～1.0
Q_3^{dl+pl}	碎石	5～20
Q_3^{al+pl}	粉质黏土	0.03～0.1
Q_3^{al+pl}	卵石	10～30
Zwhc	全风化板岩	0.5～2.0
Zwhc	强风化板岩	1.5～3.0
Zwhc	中风化板岩	1～5
Zwhc	全风化钙质板岩	0.5～2.0
Zwhc	强风化钙质板岩	1.5～3.0
Zwhc	中风化钙质板岩	1～5

续表 6－6

时代成因	岩土名称	渗透系数（m/d）
βμ	全风化辉绿岩	0.5～2.0
βμ	强风化辉绿岩	1.5～3.0
βμ	中风化辉绿岩	1～5
βμ	微风化辉绿岩	1～4
	全风化碎裂岩	0.5～2.0
	强风化碎裂岩	1.5～3.0
	中风化碎裂岩	1～6

由于地层的渗透性差异，基岩中的水略具承压性，基岩裂隙发育，孔隙水与裂隙水局部具连通性。

岩石富水性和透水性与节理裂隙发育情况关系紧密，节理裂隙发育的不均匀性导致其富水性和透水性也不均匀。

地下水化学侵蚀类型为硫酸盐侵蚀、酸性侵蚀，环境作用等级为 H1。对混凝土、混凝土中钢筋、钢结构具中等腐蚀性。

5 特殊地质条件

5.1 不良地质作用

（1）人为坑洞：大连市曾是全国人防工程比较好的城市之一。人防工程的设计和施工及其设施比较齐全和完善，但不论在旧区改造和新建地区都遇到防空洞的问题，这些人防空洞纵横交错到处可见，是环境工程地质问题中的一大隐患。为消除隐患，应对人防空洞彻底查清并进行监测。

（2）滑坡：多发生于坡向与岩层倾向相同的地段，由于施工前和施工中未采取措施，致使岩层面临空，且石英岩夹薄层千枚状板岩，岩层沿构造裂隙断开，顺层面滑动。

（3）崩塌、坍落：南部低山丘陵的主要马路和街道多设挡土墙，但有的不设。墙裸露的岩石或碎石土层，在外力作用下塌坍或崩落土石于公路两侧，阻塞道路，应采用护坡措施。

（4）泥石流：在大雨或暴雨时山洪带着大量的泥砂、碎石冲至沟口或马路上，大者达数十乃至数百立方米，造成灾害甚至冲倒了房屋。如 1983 年的暴雨和 1985 年的台风，都遭受了很大损失。除加强绿化外，应加强防水和防泥石流措施。

（5）海啸：大连在 1962 年曾发生过海啸，老虎滩仓库的物品被冲入海中，甚至有人员伤亡。

5.2 特殊性岩土

（1）人工填土：

沿线均分布有人工填土，其土质结构疏松不均，人工填土由杂填土和素填土组成，人工填土的极不均匀性是其最大的特点，人工填土对工程建设有很大的影响。

（2）风化岩：

本区内普遍分布的强风化基岩，天然状态下物理力学性质较好，但该层水理性质差，遇水易崩解，饱和状态下受扰动后，易软化变形，强度、承载力骤减，设计施工时应予以足够的重视。

6　城市轨道交通主要工程地质问题

6.1　明挖法施工

（1）基坑边坡失稳。

由于明挖基坑开挖主要岩土层为素填土、粉质黏土、卵石及强风化－中风化板岩，素填土局部较厚，基坑开挖范围较大，且较深，易产生边坡失稳。

主要对策：

1）选用有效的支护结构与构造措施，满足边坡稳定需要，避免对邻近已有建筑、地下管线及周边道路造成不利影响。

2）由于基坑支护系统具有动态性与复杂性特点，因此在基坑支护系统设计施工中，应遵循“分层、分区、分块、分段、抽槽开挖、留土护壁、先撑后挖、先形成中间支撑，减少无支撑暴露时间”的原则，确保基坑支护结构的稳定和周围建（构）筑物的安全。

3）基坑周边严禁超堆荷载，对交通车辆采取适当的隔离措施。

4）若出现岩体节理裂隙极发育，破碎程度高、风化程度高的情况下，在基坑开挖结束后，可采用物探方法检测基底基岩的完整性。亦可对其采用高压注浆法进行注浆处理。对土体进行注浆加固时要及时调整注浆压力，选用合适的浆液材料，保证注浆加固的效果，防止浆液乱窜。

（2）围护桩成孔困难。

由于沿线地层以基岩为主，强风化岩中局部存在硬质岩块或夹层，中风化岩中强度高，钻进困难；另外由于基岩裂隙较为发育，成孔过程中，容易出现漏浆现象，造成成孔困难。

主要对策：

1）施工过程中应采用适当的工艺，如在钻进时应调节钻压、控制钻速，钻具进出孔内时应慢速，防止碰刷到孔壁碎块，引起掉块而导致卡钻事故。

2）泥浆制备应选用高塑性黏性土或膨润土，泥浆应根据施工机械、工艺及穿越土层情况进行配合比设计。同时泥浆护壁应符合《建筑桩基技术规范》JGJ 94—2008 第 6.3.2 条规定。施工时注意泥浆的处理。

（3）地基软化、承载力降低。

沿线普遍分布为板岩，板岩岩质较软，节理、裂隙发育，易风化剥落，岩体遇水易崩解，风干干裂导致地基承载力降低。

主要对策：

基坑开挖到坑底标高后应及时封闭并进行基础施工，基坑开挖过程中应尽量减少对坑底岩体的扰动。

6.2　盾构法施工

大连地铁盾构隧道穿越中风化钙质板岩、中风化辉绿岩、局部上半断面有全、强风化钙质板岩侵入，岩石强度在 50MPa 左右，属于中硬质岩层，局部为辉绿岩，强度在 90MPa 以上，岩层的天然抗压强度为起伏波动巨大，对刀盘刀具提出了很高的要求。

（1）硬质岩层中掘进困难。

盾构机正常掘进的情况下，穿越全断面中风化绿辉岩，对滚刀刀圈磨损严重，切刀和边刮刀磨损情况适中。穿越中风化绿辉岩，局部上半断面有全、强风化钙质板岩侵入的上软下硬地层，再加上全、强风化岩（破碎）地层，刀具异常损坏的概率大大加大。经常形成大直径石块，这种石块对刀具会造成很大的冲击，由于石块的冲击作用，切刀、边刮刀很容易因为冲击而产生崩刃；滚刀刀圈也可能由于受到冲击力发生刀圈崩裂。

主要对策：

根据地层组合，选择相适应的盾构类型，掘进过程中不断观察出土情况，并结合推力、扭矩、速度、土压，以及渣土中石块的比例和大小，判断硬岩的比例，及时调整掘进参数。

（2）开挖面进入软硬两种地层可能造成盾构偏移。

对于盾构掌子面上部为卵石地层，下部为基岩层时，纵横断面上的分布也有较大的起伏，盾构掘进时由于下部基岩强度高，掘进速度慢，长时间原位转动刀盘对软弱围岩的扰动大而使其失稳，且刀盘顶部地层易被掏空，上部地层将形成以刀盘为中心的漏斗状塌空区，强行掘进可能会导致地面出现坍塌。

主要对策：

应采取有效的措施对软弱地层进行必要的加固处理，增强地层和地面的自稳能力。在掘进过程中适时向盾壳外部注入膨润土减小阻力的同时，通过不间断的监控量测手段，适时调整掘进参数。

（3）地表隆起或塌陷。

由于盾构推进过程中，出土过多或盾尾注浆过程中，如注浆压力、注浆液配比不适，极易引起地表沉降或隆起。

主要对策：

控制盾构姿态，控制盾构出土量，采取地面预加固注浆、跟踪注浆、盾构同步注浆、监控量测等综合手段，根据监测数据随时调整隧道掘进施工参数（包括推进速度、同步注浆量、二次补充注浆等）。为了防止前方掌子面坍塌，采用土压平衡的掘进模式，严格控制每环出土量。若发现盾构机多出土，则应该立即在地表有条件的地方注双液浆加固地层，避免地层空洞发展至地表，造成地面塌陷。

6.3 暗挖法施工

围岩变形过大引起地表塌陷。

当隧道拱顶主要为素填土、卵石，边墙主要为素填土、卵石及强风化板岩，素填土、卵石土体松散，极易坍塌，需加强支护；强风化岩天然状态下强度较高，稳定性较好，饱和状态下受扰动后，易软化变形，可能产生坍塌现象。

主要对策：

1）加强对该段隧道的结构强度设计，施工与监控量测同步进行，对隧道围岩支护结构、围岩应力、地面沉降等加强监测，并在施工时应在隧洞开挖过程中严格执行“管超前、严注浆、短进尺、强支护、早封闭、勤量测”的施工方法。

2）施工中应通过超前地质预报，对不良地质作用、特殊岩土及地下水提前采取应对措施，通过施工过程中揭示的地质情况及时调整支护参数。

3）对于隧道位于土岩结合面，基岩面埋深变化大，施工风险大，建议进行施工勘察，查清分界面。

参 考 文 献

姜明富. 大连市市区的环境工程地质问题 [R/OL]. 中国知网. 2014. http：//www. Cpfd. cnki. com/Article/CPFDTOTAL – GCDZ1992 10001040. htm.

福　州　市

1 自然地理

1.1 地理位置

福州市位于中国区南部，是福建省会。福州位于福建省东部沿海，闽江下游，介于北纬25°15′~26°39′，东经118°08′~120°31′。东濒东海，西邻三明市和南平市，北接宁德市区，南连莆田市，全市总面积1.2万km^2。

1.2 气象

本地区属亚热带海洋性季风气候，温和湿润、雨量充沛、光热丰富。年平均气温19.3℃以上，年日照时数在2000小时以上。每年5—6月为雨季，月最高雨日18天，年平均雨天149天，无霜期326天，多年平均降雨量1359.6mm；历年地面平均风速为2.7m/s，全年主导风向为静风（C），其频率为20.2%，次主导风向为东南风，频率为14.5%；台风的影响发生在5月中旬至11月中旬，7月中旬至9月下旬为盛行期，占全年出现次数的80%，年均5.4次，受台风影响平均风速和极大风均达12级，风向北西。多年平均气温19.6℃，历年极端最高气温39.9℃，历年最低气温-1.7℃；平均雾日为22.4天，最高达68天。

1.3 水文

福州盆地位于闽江水系的下游。河流主要为闽江及其位于市内的支流：安泰河、东西河、达道河、龙津河等。

闽江是福建省最大的河流，发源于闽赣交界的武夷山脉，向东南流入东海。闽江流域降水丰富，流域年径流总量达623.70×10^8m^3，径流年际变化比较稳定，闽江源短流急，平均约三年就要发生一次超2×10^4m^3/s的较大洪水。闽江洪水就暴雨成因主要有梅雨型和台风雨型两种。梅雨型洪水是中纬度天气系统和低纬度天气系统相互作用的结果，主要是由锋面暴雨所形成的，出现时间一般是4—6月；台风雨型洪水是由台风天气系统的暴雨所形成的，出现时间多在7—9月。闽江河水的水量和流速受潮流和径流的双向影响，其300年一遇洪峰流量为11200m^3/s，洪水水位10.499m；10年一遇洪峰流量为7590m^3/s。

闽江口为半日潮区，属于强潮河口。枯水期大潮的潮区界可抵侯官，一般的只到北港观音亭和南港的科贡，潮流界可抵洪山桥。潮型为正规半日潮，最大潮差达7.04m，平均潮差大于4m。潮波沿河上溯，潮差不断减少，径流影响增强，落潮历时不断加长。线路经过闽江段附近解放大桥下潮位站潮位资料统计分析，其最高潮位为8.22m（1998年），其最低潮位为0.44m（1996年），最大潮差为4.78m（1996年）。闽江下游河床比降小，河水流速转缓，汛期时，潮水对河水有较强的顶托作用。

1.4 地形地貌

福州地区总的地势是西北高，东南低，呈阶梯状下降。西部为中低山，中部沿海低山、丘陵、东部台湾海峡。福州盆地及周边卫星照片见插图37。

福州盆地位于福建省东部沿海、闽江下游，距入海口约三十多公里。面积约336km^2（其中平原200km^2）。所处地段为沿海的山间盆地，故称之为福州盆地。盆地四周群山环绕，东部为鼓

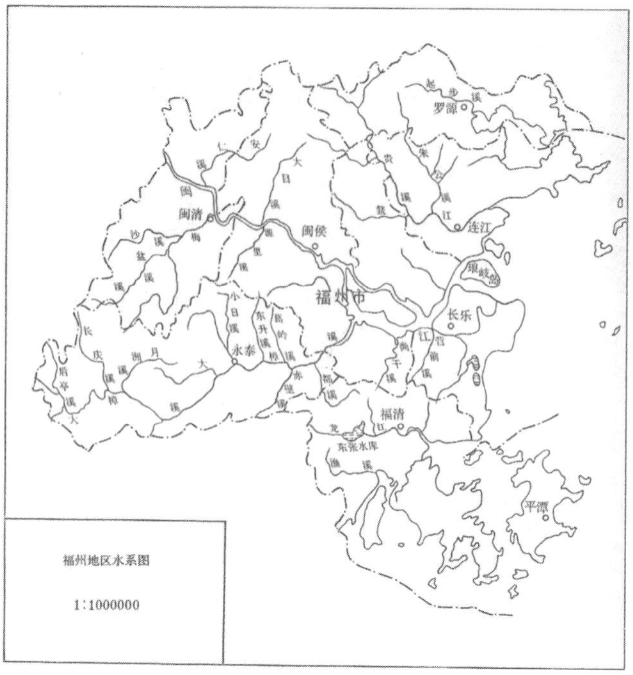

图 6－1 福州地区水系图

（引自《福州市志第 1 册》）

山，南部为五虎山，西部为李峰山，北部有笔架山和莲花峰，地势陡峻，平均高程为 300～500m。盆地内为闽江下游的冲积平原，也有起伏不平的低山丘陵点缀，如市区内的于山、乌山、屏山、吉祥山、金鸡山和烟台山等自然风景区。

2 区域地质

2.1 地质构造

福州地区主要发育北北东－北东向长乐－诏安断裂带、北西向闽江断裂带和北东东向断裂带。区内断裂构造较发育，具多期和不同性质的活动特点，主要走向有北北东－北东向、北东东向和北北西－北西向（见插图 38）。

北北东－北东向断裂主要分布于盆地东南部，成带展布，归属于长乐－诏安断裂带东北段。主要断裂有：鹤上－福清断裂（f_1）、琅岐－玉田断裂（f_2）、闽江下游断裂（f_3）、南屿－塘前断裂（f_4）、弥高断裂（f_5）、九峰断裂（f_6）和江洋断裂（f_7）等，这些断裂的活动时代为前第四纪至第四纪早期。

北东东向断裂斜贯分布于盆地中部的连江、福州、葛岭一带，成带展布，主要断裂有：塘前断裂（f_8）、黄岐－晓澳断裂（f_9）、飞凤山－前屿断裂（f_{10}）、台口断裂（f_{11}）、乌山－东山断裂（f_{12}）、大梦山－登云水库断裂（f_{13}）、苗圃断裂（f_{14}）、捷坂－官坂断裂（f_{15}）和长龙断裂（f_{16}）等，这些断裂的活动时代主要为前第四纪，个别断裂于第四纪早期仍有活动。

北北西－北西向断裂主要分布于福州盆地内及边缘附近，一般延伸较长，归属闽江断裂带东南段部分。主要断裂有：小沧断裂（f_{17}）、日溪断裂（f_{18}）、白庙－闽安溪断裂（f_{19}）、鼓山山前断裂（f_{20}）、八一水库－螺洲断裂（f_{21}）、桐口－洪山桥断裂（f_{22}）、甘蔗－南屿断裂（f_{23}）、大目埕断裂（f_{24}）、溪南断裂（f_{25}）和尚干断裂（f_{26}）等，这些断裂的活动时代多为前第四纪至第四纪早期，个别断裂最新活动时代为晚更新世早期。

2.2 历史地震

福建地处我国东南沿海地震带北段，与我国地震活动最强烈的台湾隔海相望，是该区地震活动最为强烈的地区之一。福州盆地地处我国东南沿海地震带东北端的长乐－诏安断裂带与闽江断裂交汇部位，邻近地区历史上曾发生过多次6级以上强震活动，特别是1604年泉州海外7.5级大地震和1574年连江5.75级中强地震，曾导致福州城区遭受破坏。福州盆地无活动断裂通过，有时出现弱震活动，处于相对稳定状态。福州地区近期历史地震目录见表7－1。

表7－1　福州地区近期历史地震目录（M≥2.5）

序号	发震时间			震中位置				震级	参考地点
	年	月	日	纬度		经度		M_l	
				°	′	°	′		
1	1971	6	24	25	42	118	48	3.2	永泰、莆田交界
2	1972	1	11	25	24	119	36	2.8	福清大丘
3	1972	4	5	25	30	119	30	3	福清大丘
4	1972	8	20	25	24	119	42	3.4	福清大丘
5	1977	9	26	25	54	119	6	3.1	永泰葛岭
6	1977	12	28	26	0	119	12	3.5	永泰东北
7	1980	7	13	25	40	118	50	3	永泰、莆田交界
8	1980	9	28	25	50	119	50	2.9	平潭以北海中
9	1981	3	10	25	48	119	36	2.9	长乐
10	1983	12	29	25	48	119	18	2.6	福清西北
11	1985	6	15	25	18	119	30	2.5	福清
12	1986	2	7	25	12	120	0	3.2	平潭东南
13	1986	4	19	25	18	119	24	2.9	平潭西南海中
14	1986	5	4	25	36	119	24	2.6	福清以南
15	1987	3	20	25	15	119	40	3	平潭东南
16	1988	10	31	25	39	119	29	4	福清东南
17	1989	6	20	25	35	119	25	3.6	福清东南
18	1991	6	5	26	9	118	50	3.5	闽清
19	1992	5	6	25	17	119	36	2.8	福清

续表 7－1

序号	发震时间			震中位置				震级	参考地点
	年	月	日	纬　度		经　度		M_1	
				°	′	°	′		
20	1994	1	23	26	14	119	0	2.5	闽侯
21	1995	9	22	25	24	119	59	2.5	平潭东南
22	1995	10	2	25	23	120	0	3.2	平潭东南
23	1995	12	3	25	5	120	9	3	平潭东南
24	1996	5	27	25	22	119	57	3.8	平潭东南
25	1997	3	4	25	57	119	19	2.9	福州
26	1997	12	17	25	57	119	17	3	福州
27	1997	12	27	25	56	119	18	3.4	福州
28	1999	9	23	26	7	119	26	2.6	福州鼓岭白庙村
29	1999	9	25	26	7	119	26	3	福州鼓岭白庙村
30	1999	9	25	26	7	119	26	3.5	福州鼓岭白庙村
31	1999	9	26	26	7	119	26	3.6	福州鼓岭白庙村
32	1999	9	29	26	7	119	26	2.9	福州鼓岭白庙村
33	1999	9	30	26	7	119	26	2.8	福州鼓岭白庙村
34	1999	10	26	26	7	119	26	2.6	福州鼓岭白庙村
35	1999	10	31	26	7	119	26	2.6	福州鼓岭白庙村
36	1999	11	3	26	7	119	26	2.5	福州市
37	2000	3	15	25	12	119	47	2.5	平潭以南
38	2001	11	24	25	52	118	49	3.4	永泰

2.3　福州盆地形成

侏罗、白垩纪时，福州地区属于闽浙粤断陷的一部分，剧烈的火山活动造成了上侏罗统南园组和下白垩统石帽山群的火山岩系。燕山运动中，形成于晚三迭世的长乐－南澳断裂带、福安－南靖断裂带与南平－平潭断裂带交错活动，产生了北东东向和北北西向两组共轭断裂。这些断裂，在现代福州盆地内仍表现明显。燕山运动晚期，剧烈的火山喷发和大面积花岗岩体的侵入，构成了福州地区的主要岩石。盆地周围山地，由南园组和石帽山群火山岩系及燕山期钾长花岗岩组成，盆地底部则是燕山期含黑云母的花岗岩。在垂直方向上，该区处于长期的上升过程中。

第三纪地壳稳定条件下的长期剥蚀，形成了相对平坦的准平原。从现在周围山地的夷平面上，还可窥见它当时的山顶形迹。第四纪以来，强烈的断块升降活动是东南沿海地区新构造运动的基本形式。福州盆地即是在周围山地块状上升的同时，相对沉陷而形成的一个典型的断裂构造盆地（见图7－2）。

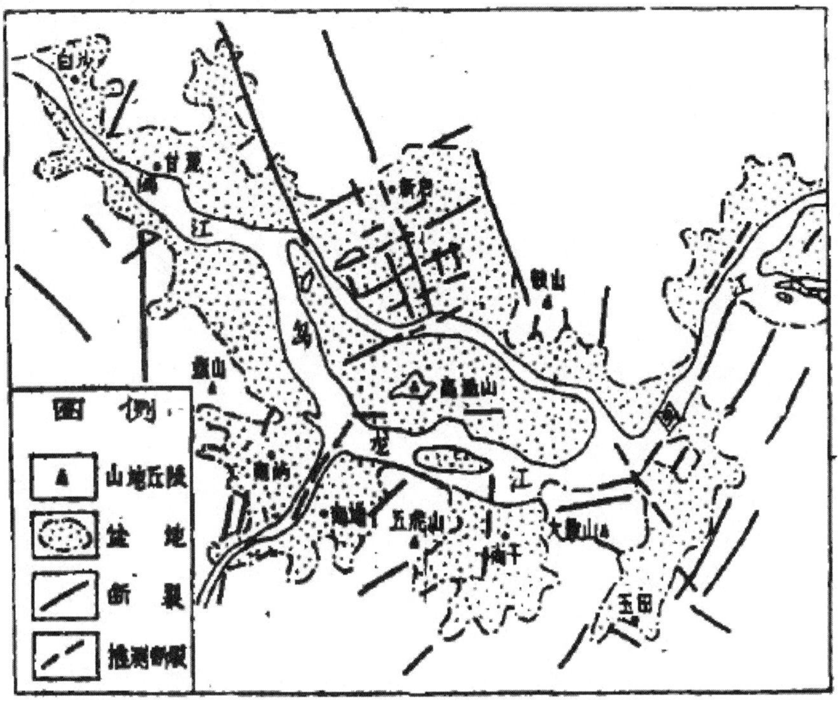

图7－2　福州盆地断裂构造

福州盆地位于长乐－南澳断裂带和南平－平潭断裂带的交界部位，受到乌龙江断裂、鼓山西麓断裂、桐口－苗圃断裂和桐口－洪山断裂等次一级断裂的控制。由于北西向主压应力的作用，北东东向断裂产生伴随右旋扭动的压性剪切活动，北北西向断裂产生伴随左旋扭动的张性正断层活动。福州地区被各种断裂切割得支离破碎因而十分脆弱的基底，在此剪切一引张作用之下发生块状断陷。与此同时，周围山地则以断块山的形式向上抬升。由于抬升幅度的差异，第三纪夷平面上升到了不同的高度。如鼓山、旗山一带高达700～800m，鼓岭、北岭一带高450m、640m，而高盖山则随盆地相对下沉，同期夷平面高度只有200m左右。

福州盆地的沉陷受制于长乐－南澳断裂带的活动，是北西向主压应力的结果。在新构造运动中，东南沿海地区的应力状态经历了加强、松弛、再加强三个阶段。与此相应，长乐－南澳断裂带在早更新世及其之前，具有较大的活动性，应力性质先挤压后引张；中更新世应力松弛，断裂带长期稳定，至晚更新世又处于强烈的挤压状态。

早更新世，与长乐－南澳断裂带的强烈挤压相应，是福州盆地主要的相对沉陷阶段。福州盆地底部与周围山地丘陵的高差在500～800m以上，其中400～700m以上的高差是在这一时期形成的。所以在早更新世，福州盆地已具有相当规模。

中更新世，福州盆地与长乐－南澳断裂带一样，长期处于稳定状态。盆地之中以闽江水面为基准的夷平作用得以进行。当时气候湿热，红色风化壳已发育至最上层红土风化层阶段，此层在盆地周围山麓和盆地中的丘陵均有出露。

晚更新世以来，与长乐－南澳断裂带的再一次强烈挤压相应，是福州盆地的又一主要沉陷阶段。

闽江及其支流大樟溪、尚干溪、营前溪和新店溪等，对于盆地的加深和拓宽以及后期沉积平原的形成，也具有重要意义。

2.4 地层岩性

福州盆地的基底主要为燕山晚期侵入的花岗岩及岩脉，局部分布凝灰熔岩；其盖层主要为第四纪河－海相沉积层。第四纪沉积层广泛分布于福州盆地，由于该盆地属海湾溺谷型的河－海相沉积，故盆地内沉积物种类繁多，结构复杂，厚度一般为20～40m，最大达70m。地层结构分述如下：

（1）下部：上更新统龙海组闽江冲洪积之泥质砂砾、卵（碎）石和含砾黏性土，总厚度20～30m，由于闽江古河道的多次变迁作用，泥质砂砾、卵（碎）石和含砾黏性土的岩性结构在横向、纵向上变化甚大，有碎（卵）石、圆（角）砾、含泥质圆（角）砾、卵（碎）石和含碎（卵）石漂石层。

（2）中部：上更新统东山组闽江冲积和海侵淤积的交互粗中砂、中细砂、淤泥质土和黏性土等，厚度30～35m。粗中砂、中细砂中往往夹有数层厚度不一的软弱土层，即淤泥质土或砂层与淤泥质土呈交互产出，似“千层糕”状。由于海侵作用，厚度变化较大。

（3）上部：全新统长乐组冲积黏性土、海侵淤积的淤泥、泥质细砂等，总厚度为20～30m。分为上、下两段：上段除地表有人工杂填土外，大部分沉积有2m左右的黏土层；而下段是含水量为60%～80%、高压缩性的软弱淤泥层，厚度变化大。

基底以花岗岩为主，该岩体经长期的物理和化学风化作用后残留于原地的土层，称之为花岗岩风化残积土。花岗岩风化残积土在福州市区广泛分布，由于风化程度不同，厚度可由几米至几十米，其化学成分以富含SiO_2为特征，属于硅酸盐和硅铝酸盐的化合。花岗岩残积土含有大量石英颗粒，是土的主要骨架，粗颗粒含量随埋深增加而增加，呈可塑－硬塑状态。

3 典型地层及特征

3.1 岩土分布及特征

福州盆地第四系地层厚度为20～70m，主要发育全新统长乐组、东山组及晚更新统龙海组，第四系底部局部发育残积层。第四系地层下部主要发育南园组（J3n）火山岩，燕山晚期（γ53）花岗岩，构成了福州地区整个基岩底座。

区内岩土体总体上呈现以下发育规律：地表表层主要以人工填土、黏性土（硬壳层）或河道冲积砂土为主（长乐东部沿海局部地区地表表层发育风积砂土），第四系上部土体以砂土、淤泥及其混合物为主，中下部主要发育砂砾卵石及薄层粉质黏土，底部为残积土和基岩风化物。

（1）人工填土在区内地表广泛分布，黄色、棕色或杂色素填土、杂填土等，常含瓦砾、砖块等杂物。厚度一般为0.5～3.0m，局部较厚可达6～7m，工程地质性能较差，承载力为60～80kPa。

（2）第四系上部土体主要发育厚度为20～30m的全新世长乐组冲积（$Qh_{2-3}c^{al}$）、冲海积（$Qh_{2-3}c^{al-m}$）砂土、淤泥类软土，或砂与淤泥的混合土体（局部夹薄层粉质黏土），埋深5～25m，其中砂土承载力120～160kPa，淤泥类软土承载力45～65kPa。

（3）第四系中下部土体一般为晚更新世龙海组冲洪积（$Q_{p3}l^{apl}$）、冲积（$Q_{p3}l^{al}$）地层（极个别处发育全新统东山组冲积、冲海积黏性土及砂土，厚度1～3m），岩性主要以含泥中细砂、砂砾卵石为主，局部发育冲海积（$Q_{p3}l^{al-m}$）粉质黏土或淤泥质土。该层砂土一般埋深于25m之下，厚度变化于15～25m之间，承载力为180～250kPa；砾卵石层顶面埋深一般在27～35m之间，厚度变化于2.5～17m，承载力为400～500kPa。

（4）第四系底部局部发育残积黏性土（Qp^{el}），其下为基岩风化带。区内残积土发育厚度一般为1～8m，局部缺失，岩性以含砂黏性土为主，承载力为200～330kPa。基岩风化带包括全风化、强风化、中风化和微风化基岩，其中全 - 强风化基岩顶面埋深一般在 55 ~ 65m 之间，岩性以灰白色、灰黄色、青灰色粉质黏土或砂质黏土，局部含角砾，承载力为 200 ~ 500kPa；中风化基岩顶面埋深一般变化为 60 ~ 70m，岩心呈碎裂状或短柱状，工程地质性能较好，承载力为 700 ~ 1200kPa；微风化基岩顶面埋深一般大于 70m，岩性较完整，裂隙不发育，承载力一般在 1500kPa 以上。

福州盆地上侏罗统、白垩系的陆相火山岩地层分布广泛，第四系晚更新统和全新统沿海一带也较发育。由于地质构造和古地理环境的区域差异，各地地层出露的状况也有不同。

自北向南（A - A[1]剖面，见插图 39）：福州盆地从北向南地貌较为复杂，主要涉及剥蚀残山、山前平原及河流冲积平原三类地貌单元。

剥蚀残山：主要见于罗汉山附近、省政府站附近、闽江南侧及南三环路附近；其地层分布特点是除上部填土外，以坡积、残积及全风化 - 中等（微）风化岩为主，或是中等（微）风化岩直接出露。

山前平原：主要见于秀峰路与南平东路交叉口以北地区；其地层分布特点是中上部地层以冲积、洪积物为主，下部为残积及全风化 - 中等（微）风化岩，岩层埋深一般不大。

河流冲积平原：主要是见于华林路、鼓屏路、八一七北路及八一七中路沿线，该区域处于晋安河古河道、闽江及跃进河一带。其地层分布特点是第四系地层以冲积、洪积、淤积成因为主，第四系覆盖层厚度较大，残积层及风化岩埋深较深，岩土层层数较多。

自西向东（B - B[1]剖面，见插图 39）：福州盆地自西向东地层反映了福州地区冲淤积平原地貌。乌龙江、闽江附近主要为海陆交互相冲淤积成因的砂层、淤泥层发育。基岩为燕山晚期花岗岩；其余地段主要为山前冲淤泥积成因的淤泥、淤泥质土、粉质黏土层发育。基岩为燕山晚期花岗岩。

3.2 主要岩土物理力学参数

3.2.1 主要地层物理试验指标

根据福州地铁勘察资料及福州地区经验综合确定各土层的物理试验参数，供勘察设计人员参考使用，详见表 7 - 2。

表 7 - 2 福州地区主要地层物理试验指标表

岩土名称	物理性质			稠性黏度		固结试验		强度试验
	天然含水量 ω	天然密度 ρ	孔隙比 e	液限 W_L	塑限 W_P	压缩模量 $E_{s0.1-0.2}$	压缩系数 $a_{0.1-0.2}$	单轴极限抗压强度饱和（fr）
	（%）	（g/cm^3）	—	（%）	（%）	（MPa）	（MPa^{-1}）	（MPa）
粉质黏土	20 ~ 45	1.70 ~ 1.98	0.688 ~ 1.060	28.0 ~ 46.0	17.0 ~ 30.0	3.0 ~ 8.0	0.2 ~ 0.8	
黏土	25 ~ 40	1.71 ~ 1.91	0.800 ~ 1.096	40.0 ~ 47.0	22.0 ~ 28.0	3.5 ~ 9.0	0.2 ~ 0.6	
淤泥	55 ~ 71	1.40 ~ 1.70	1.600 ~ 1.900	55.0 ~ 67.0	26.0 ~ 38.0	1.5 ~ 4.0	0.65 ~ 1.61	
淤泥质土	30 ~ 60	1.50 ~ 1.85	1.004 ~ 1.600	35.0 ~ 60.0	18.0 ~ 35.0	1.6 ~ 5.5	0.40 ~ 1.02	
淤泥夹砂	30 ~ 65	1.50 ~ 1.90	0.800 ~ 1.700	23.0 ~ 60.0	14.0 ~ 35.0	1.5 ~ 5.5	0.30 ~ 1.25	
中粗砂		1.80 ~ 1.95				18.0 ~ 31.0		
卵石		2.00 ~ 2.15				35.0 ~ 45.0		
残积土	16 ~ 35	1.70 ~ 1.98	0.550 ~ 0.970	25.0 ~ 39.0	17.0 ~ 24.0	3.0 ~ 8.0	0.20 ~ 0.65	
全风化花岗岩	22 ~ 50	1.60 ~ 1.90	0.770 ~ 1.400	35.0 ~ 55.0		15 ~ 20	0.30 ~ 0.40	

续表 7-2

岩土名称	物理性质			稠性黏度		固结试验		强度试验
	天然含水量 ω	天然密度 ρ	孔隙比 e	液限 W_L	塑限 W_P	压缩模量 $E_{s0.1-0.2}$	压缩系数 $a_{0.1-0.2}$	单轴极限抗压强度饱和（fr）
	(%)	(g/cm^3)	—	(%)	(%)	(MPa)	(MPa^{-1})	(MPa)
强风化花岗岩	22~50	1.60~1.90	0.770~1.400	35.0~55.0		20~30	0.28~0.37	2.9~19
中风化花岗岩		2.40~2.60						45~70
微风化花岗岩		2.50~2.70						70~200

3.2.2 主要地层力学试验指标

根据福州地铁勘察资料及福州地区经验综合确定各土层的力学试验参数，供勘察设计人员参考使用，详见表7-3。

表7-3 福州地区主要地层力学试验指标表

岩土名称	直接剪切				三轴剪切					
	快剪		固结快剪		UU		CU			
	C	φ	C_q	φ_q	C_{uu}	Φ_{uu}	C_{cu}	Φ_{cu}	C'	Φ'
	(kPa)	(°)	(kPa)	(°)	(kPa)	(°)	(kPa)	(°)	(kPa)	(°)
粉质黏土	15~40	7~18	13~30	12~22						
黏土	25~42	10~20								
淤泥	8~25	1~5	5~21	11~16	7~18	2~4	4~9	7~10		
淤泥质土	13~32	1~7	7~32	9~19	17~26	2~4	5~12	9~13		
淤泥夹砂	9~36	2~10	6~33	8~23						
中粗砂	0~4	20~30								
卵石	0~3	30~40								
残积土	30~35	16~20	23~30	17~26						
全风化花岗岩	20~28	20~28	22~30	22~30						
强风化花岗岩	24~35	24~35	26~35	26~35						
中风化花岗岩	100~150	30~50								
微风化花岗岩	120~170	35~60								
全风化凝灰熔岩			18	23						

注：UU为三轴不固结不排水剪，CU为三轴固结不排水剪。

3.2.3 主要地层特殊试验参数

针对地铁工程的特殊需求，根据福州地铁勘察资料及福州地区经验综合确定各土层的特殊试验参数，供勘察设计人员参考使用，详见表7-4。

表 7-4 福州地区主要地层特殊试验参数表

岩土名称	热物理			基床系数		静止侧压力系数 K_0	无侧限抗压强度 q_u
	导热系数 λ	导温系数 α	比热容 C	垂直 K_v	水平 C_h		
	(W/m·K)	(m^2/h)	(kJ/kg·K)	(MPa/m)	(MPa/m)		
粉质黏土	1.30~1.55	0.0015~0.0020	1.40~1.65	18~22	25~30	0.45~0.50	112.5
黏土	0.90~1.80	0.0010~0.0035	0.90~1.65	15~20	20~25	0.45~0.50	
淤泥	0.90~1.80	0.0010~0.0024	1.40~1.98	4~6	5~7	0.60~1.25	143.4
淤泥质土	0.80~1.00	0.0010~0.0020	1.50~1.80	6~8	8~12	0.55~1.24	34.0~100.0
淤泥夹砂	0.70~2.00	0.0009~0.0030	1.30~1.90				40.0~60.0
中粗砂	1.90~2.20	0.0025~0.0035	1.00~1.26				
全风化花岗岩				50~60	70~80	0.35~0.40	
强风化花岗岩				80~120	70~120	0.25~0.35	
中风化花岗岩				800			
全风化凝灰熔岩				30	28	0.27	
中风化凝灰熔岩				700			

4 地 下 水

福州地区地下水类型主要以第四系松散层孔隙潜水和承压水为主，少量涉及风化残积孔隙裂隙水和基岩裂隙水。福州平原区水文地质剖面，见图 7-3。

4.1 地下水类型

4.1.1 第四系松散层孔隙水

按照埋藏条件的不同，区内第四系松散层孔隙水分为潜水和承压水。潜水含水层一般为在闽江、乌龙江沿岸一带的沙洲或长乐滨海的浅部砂层，与地表水力联系大；承压水分为上、下两层，上层承压水赋存于第四系上部发育的全新世长乐组河流相冲积砂层，下层承压水赋存于第四系中下部发育的晚更新世龙海组泥质砂砾卵石和泥质中细砂中，水量丰富。

4.1.2 风化残积层孔隙裂隙水

该类含水层主要分布在低山、丘陵、残丘山麓边缘，主要由残积黏性土层和基岩风化物组成，厚度从几米至几十米不等，地下水主要活动于残积层、全风化层的孔隙及中风化层的裂隙之中。该类地下水水质较好，水量受季节性影响变化大，单孔出水量一般为 10~100m^3/d。

4.1.3 基岩裂隙水

基岩裂隙水主要赋存于区内的四周群山中，或隐伏在平原区第四系松散层之下，主要赋存在断裂破碎带、脉岩带及其与花岗岩接触带中，多呈条带状分布，水质较好，富水性大小主要取决于断裂或脉岩破碎程度及汇水条件，单孔出水量一般小于 100m^3/d，局部 100~500m^3/d 之间。

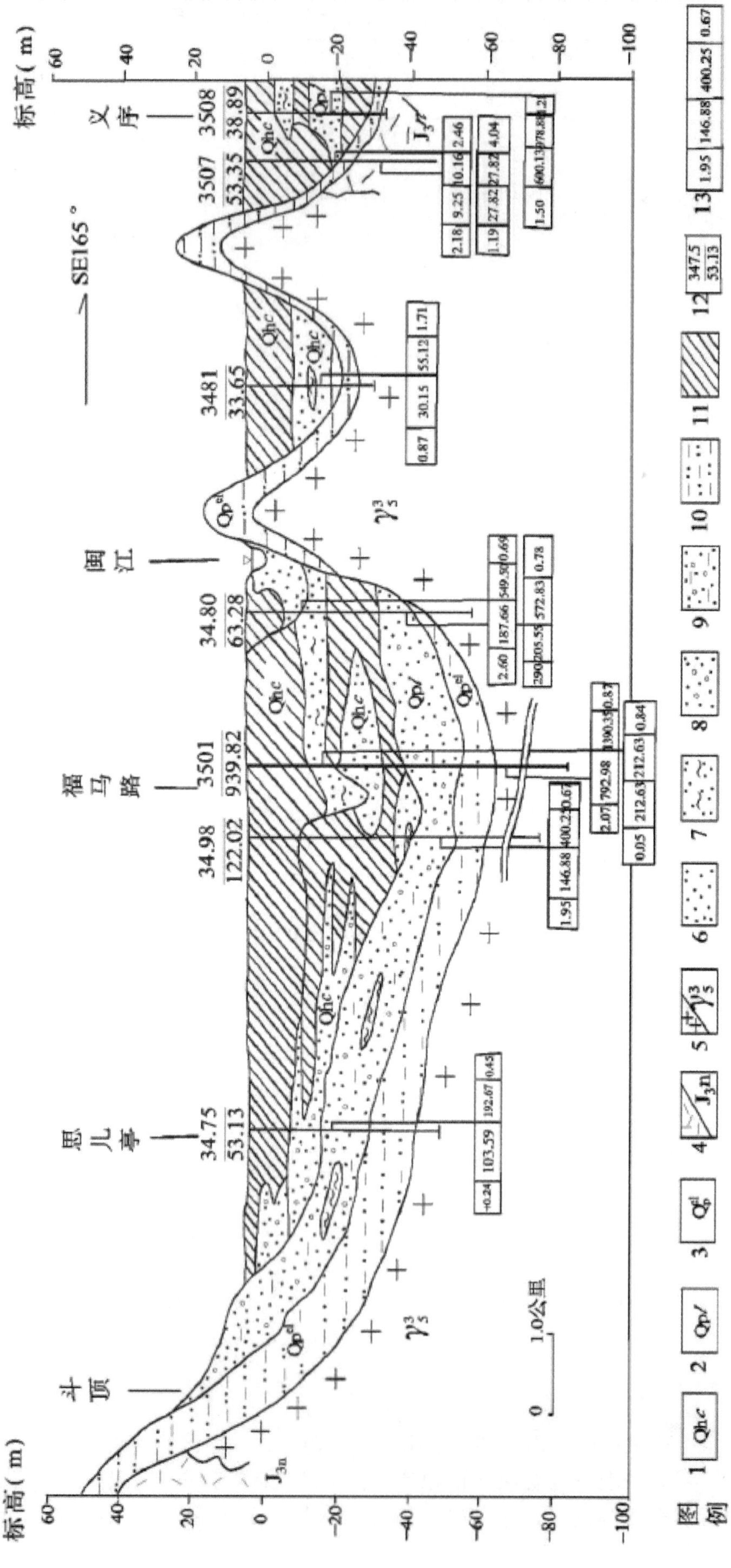

图7-3 福州平原区水文地质剖面

4.2 地下水补径排关系

4.2.1 松散岩类孔隙水

（1）潜水。

松散岩类孔隙潜水主要赋存于浅部黏性土、淤泥质土、砂土、残积土层中，局部具弱承压性。主要接受大气降水竖向入渗补给和地表水的侧向入渗补给，多以蒸发方式排泄。

（2）承压水。

松散岩类孔隙承压水主要赋存于闽江两岸防洪堤内及市区的冲淤积平原地带中砂、细砂、中细砂夹泥以及卵石中，上部较厚的、透性水差的黏性土、淤泥层为隔水层，成为该含水层的顶板，下部残积土及基岩层，透水性较差，为相对隔水层，成为该含水层的底板。承压含水层受侧向或层间越流补给或排泄，闽江附近的中砂、细砂层同闽江水力联系密切。

4.2.2 基岩裂隙水

基岩裂隙水赋存于基岩的强风化及中等风化带中，由于裂隙张开和密集程度、连通及充填情况都很不均匀，所以裂隙水的埋藏、分布及水动力特征非常不均匀，主要受岩性和地质构造控制，透水性及富水性一般较弱，补给来源主要为含水层侧向补给和上部含水层垂直补给，具弱承压性。

4.3 地下水动态

4.3.1 松散岩类孔隙水

（1）潜水。

孔隙潜水主要接受大气降水竖向入渗补给和地表水的侧向入渗补给，多以蒸发方式排泄。水位受季节及气候条件等影响，潜水位年动态变幅一般在2.0m左右。

（2）承压水。

松散岩类孔隙承压含水层受侧向或层间越流补给或排泄，承压水水头高程一般为3.0~5.0m。地下水动态变化较小，闽江附近的中砂、细砂层同闽江水力联系密切，其水压值受闽江水位变化而改变，地下水位与闽江水位的变比基本呈正相关，稍滞后，闽江水位的变幅是地下水位变幅的2.7~3.2倍，平均约3.0倍。闽江水位低时砂层中水向闽江排泄，汛期闽江水位上升闽江水进入砂层，承压水水压值也随着升高，汛期闽江水位可能高出堤内地面，砂层中的水通过垂直渗流向上排泄，渗流孔隙水压力将可能大于静水压力。

4.3.2 基岩裂隙水

基岩裂隙水赋存于基岩的强风化及中等风化带中，由于裂隙张开和密集程度、连通及充填情况都很不均匀，所以裂隙水的埋藏、分布及水动力特征非常不均匀，主要受岩性和地质构造控制。

4.4 地下水水位埋深

（1）潜水。

孔隙潜水主要接受大气降水竖向入渗补给和地表水的侧向入渗补给，多以蒸发方式排泄。水位受季节及气候条件等影响，潜水位年动态变幅一般在2.0m左右。根据收集近几年水文地质资料，孔隙潜水水位较浅，一般为0.5~1.2m之间，含水量丰富，单孔涌水量可达1900m^3/d，渗透系数为25m/d左右。

（2）承压水。

承压水分为上、下两层，上层承压水赋存于第四系上部发育的全新世长乐组河流相冲积砂层，最大单孔涌水量可达1800m^3/d，渗透系数为9.0～20.0m/d；下层承压水赋存于第四系中下部发育的晚更新世龙海组泥质砂砾卵石和泥质中细砂中，水量丰富，最大单孔涌水量1400m^3/d左右，水位埋深2.0～5.0m，渗透系数2.0～6.0m/d。

5 特殊地质条件

5.1 不良地质作用

福州地区主要存在地面沉降、流砂、突涌及管涌、砂土液化、软土变形、活动断裂等。

（1）地面沉降。

地面沉降对地铁的危害主要表现为过大的不均匀地面沉降将导致地铁隧道衬砌结构变形及渗漏，产生地面沉降的主要原因是由于过量开采地下水引起。福州市区地下水和地面沉降监测表明：地面沉降与地下水在时空分布、演变规律、变化幅度等方面具有密切的相关性。

（2）流砂、突涌及管涌。

福州地区分布有砂土、碎卵石层，其渗透性大，富水性强，水量丰富，且一般均具有一定的承压性，承压水头较高。当采用明挖方式进行基坑开挖施工时，需配合采取降水措施，在一定水动力条件下易产生流砂、管涌、流土等现象。当采用盾构进行隧道施工时，易发生坑道突涌，威胁隧道的施工安全。

（3）砂土液化。

福州地区分布着海相沉积淤泥质中细砂、中细砂层。基本位于地下水位以下，饱和砂土受到震动时有变得更紧密的趋势，但饱和砂土的孔隙全部为水充填，因此这种趋于紧密的作用将导致土体中孔隙水压力骤然上升，相应地减小了土粒间的有效应力，从而降低了土体的抗剪强度。在周期性的地震荷载作用下，孔隙水压力积累，有效应力减小，当有效应力完全消失时，土粒处于悬浮状态，此时，土体完全失去抗剪强度而显示出近于液体的特性，即产生地震液化。

当液化砂土位于结构底板下时，应进行相应消除液化处理。

（4）软土变形。

福州地区分布有软土，由于软土具有含水量大、压缩性大、强度低、灵敏度高易触变等特点，地铁施工时，如过度降水或对软土的加固处理不当、地面超载等都可能导致地面沉降或塌陷等灾害，对途经的区间隧道有潜在的影响和危害。

（5）活动断裂。

福州地区分布有连江园－李厝断裂、大腹山－白水塘断裂、上宝福断裂、宝福断裂、洪山桥－西湖断裂、东大路断裂等，其中宝福断裂、东大路断裂对线路影响较大。活动断裂对线路的破坏主要表现在震源集中，地震频繁；断裂两盘位移活动频繁，造成差异沉降、错动；断裂带附近岩性复杂，软硬夹层发育。

5.2 特殊性岩土

根据勘察资料和区域资料分析，福州地区特殊性岩土如下：

（1）填土：福州地区地表普遍分布有素填土层、杂填土层。

人工填土厚度不均匀，该土层堆积时间一般较短，结构松散，土质不均匀，稳定性较差，孔隙比大，压缩性高，抗剪强度低，力学性质较差，不宜作为建构筑物的地基直接持力层。

（2）软土：福州地区淤泥、淤泥质土普遍存在，且厚度较厚；淤泥质土为淤积成因，呈灰色－灰黑色，含有大量有机质，高压缩性，且呈软塑－流塑状态，压缩模量 Es 较低，力学性质很差。

（3）风化岩和残积土层：

1）风化岩。

福州地区广泛分布，风化岩岩性以燕山晚期的花岗岩为主，包括全风化岩、强风化岩、中风化岩和微风化岩，风化岩中分布有地下水，地下水类型为基岩裂隙水，其中乌龙江西段基岩埋深相对东侧较浅。全风化和强风化岩的单轴抗压强度较差，稳定性较差。

2）残积土。

福州地区内呈厚层状连续分布，其他地段分布较少且不连续，可分为硬塑残积土和可塑残积土，工程性质差异较大，对于以软硬互层为地基直接持力层的工点，可能造成不均匀沉降，同时残积土遇水后其力学性质降低较大，具有遇水软化的特点。

（4）孤石。

杂色，坡积成因，残留于风化岩体中，独立存在，属于球状风化，多呈水平椭球体，竖向尺寸一般为 0.5～2.4m 不等，风化程度为中等风化接近微风化，母岩为花岗岩。

6 城市轨道交通主要工程地质问题

6.1 隧道、基坑突涌

福州地区水位埋深浅（1～4m），地铁隧道一般埋深于地表以下 15～21m 的深度范围，越江段埋深为 20～26m，隧道结构体处于地下水位以下。区内富水含水层主要分布于沿江、沿海一带的砂层及砂砾卵石层中，大部分路段的地铁隧道需穿越该层。由于富水含水层中地下水的水量较大，水头压力大，含水层渗透性强，隧道施工、基坑施工过程中的地下水突涌问题无可避免。局部路段（尤其是越江段）进行盾构施工时易发生突水事故，导致地下水与隧道贯通，对地铁施工造成危险，施工时需采取相应的隔水措施；当采用明挖法进行基坑开挖时，在一定水头压力下易产生流砂、管涌、流土等现象，造成基坑壁倒塌或围岩失稳，需及时采取降水、排水措施。另外，福州地铁 1、3 号线在穿越闽江河道砂性土层到达闽江南岸时即遇上花岗岩岩体（见图 7－4），该处岩体裂隙发育，在两种地层交界处易同砂层中的地下水发生水力联系，从而发生透水、突水事故。由于地下水的存在，在两种地层交界处改变施工方法、更换施工器械也存在较大困难。

6.2 地 下 热 水

福州地热田区北起思儿亭、南到象园、西自五四路和五一路、东至六一路，长约 5m，宽约 2km，呈北北西向条带展布。福州多条地铁规划路线经过地热田区。福州地热田主要发育两种性质不同的热储层：一为花岗岩类岩石构造裂隙脉状承压热水，二为第四系孔隙层状承压热水。基岩裂隙脉状承压热水主要富水带沿断裂构造带分布，储存深度一般在 70m 以下，上部覆盖有 40～65m 厚度的第四系地层，孔口最高水温 97.5℃，孔底最高水温 108℃，深部热储温度可达 130～155℃；第四系孔隙层状热水含水层由泥质砂砾卵石组成，热储层厚度为 10～25m，埋深一般在 15m 以下，该层地热水温度一般可达 45～65℃。福州多条地铁规划路线经过地热田区，尤其是地铁 2、

4 号线（五四路－六一路段）横跨地热田长度达 300～600m，地铁隧道埋深一般为 15～20m，地热田区的地铁隧道主要穿越部分第四系孔隙热储含水层（见图 7－5），基本不涉及基岩裂隙热储层。因此，第四系孔隙层状承压热水可能对地铁施工建设产生一定影响，建议施工时采取隔热保护措施。

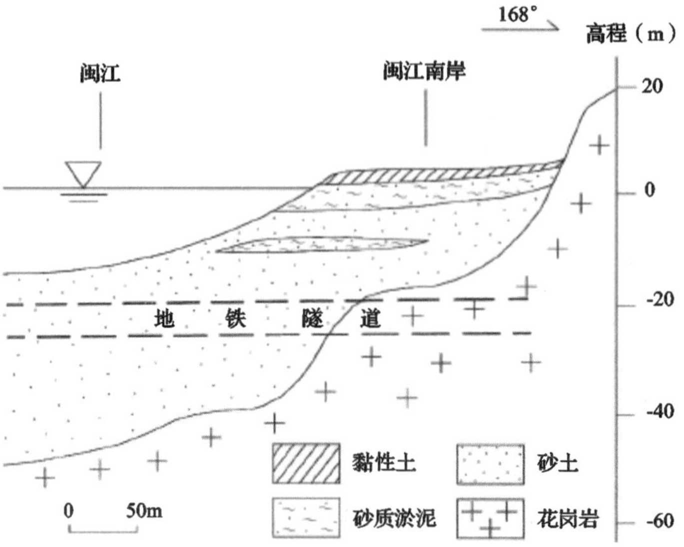

图 7－4　越江地铁隧道剖面示意图

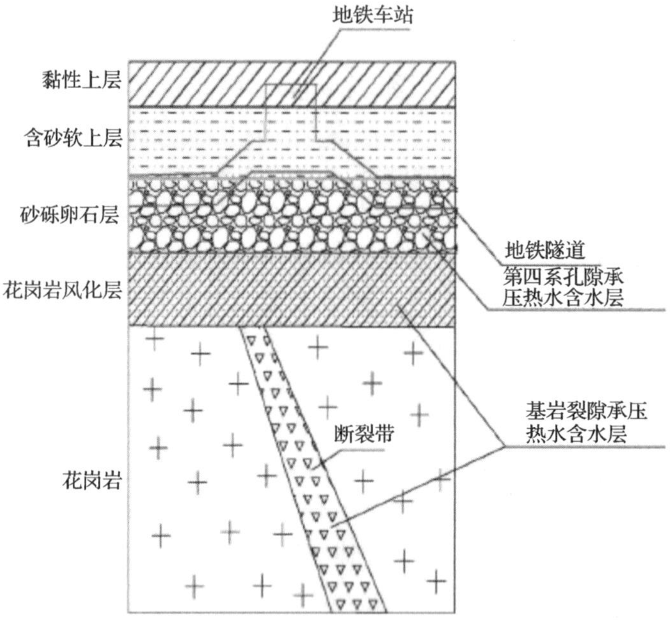

图 7－5　福州地铁隧道与地下热储层空间位置示意图

6.3　软土地基的沉降变形

福州地铁沿线工程场地广泛分布第四系海相沉积的淤泥、淤泥质土等软土，且厚度一般达 15～40m。该类土体具有天然含水量大、压缩性高、强度低、灵敏度高和透水性低等特点，流变时效明显，在恒载下将产生较大差异沉降和工后沉降，如不作处理，工程地基的次固结和流变沉降将持续十几年或数十年，最终导致地基失稳与土体结构强度破坏。大面积的厚层软土给福州地铁工程带来的风险包括：

(1) 软土蠕变及长期强度变化可能导致地铁结构长期处于沉降状态，最终使管片之间裂隙加大，发生漏水、渗水，甚至造成灾害性事故。

(2) 车站基坑开挖时，使基坑支护、周围建（构）筑物及地下管线的加固费用增加，同时施工风险也随之增大。

(3) 软土分布和厚度不均容易使地铁构造物（隧道衬砌、车站结构、联络通道等）在软硬地层过渡段产生差异沉降，导致结构损坏。

6.4 砂土液化与软土震陷

福州地区饱和砂土液化区的分布，明显受闽江、乌龙江及长乐沿海平原一带等河流相冲洪积层和盆地内海相沉积砂层的控制。地铁路线所经过的沿江两岸一带及沿海一带20m深度范围内广泛存在着饱和砂性土，这些地区的饱和砂土一般均存在不同程度的液化性，液化程度一般为轻微－中等等级，局部为严重液化区或不液化区。其中，1~5号线饱和砂土普遍比长乐沿海一带分布的6~7号线的液化程度要低。一般来讲，本工程场地中液化程度在中等以上的区域主要分布在长乐沿海地区，福州盆地内除个别地区（如乌龙江、城门三江口一带）为严重液化外，其他地区一般为轻微等级，甚至无液化趋势。福州地区软土剪切波速基本上均大于90m/s，特别是第二、三层软土基本不存在震陷可能。但对于城市新区等地新近沉积的较纯的淤泥，当天然含水量平均值达到65%~70%时，等效剪切波速平均值为80~90m/s，此时宜考虑震陷的可能性，如福州地铁2号线的上街镇沙堤站附近地表河流发育，该处上层软土的剪切波速值仅81m/s左右，存在局部震陷的可能。

6.5 花岗岩残积土层

花岗岩残积土兼具黏性土和砂土的工程特性，在天然状态下具有较低的压缩性、较高的承载力和较大的抗剪强度，但遇水后力学性质显著降低& 花岗岩的全风化层及残积土中均匀分布残留的球状风化岩块（孤石），对桩基及地下连续墙等的施工造成极大的困难。福州地下水丰富且埋藏浅，易导致花岗岩残积土层遇水发生软化崩解，从而导致机械陷入已开挖的土石方形成的泥潭中；基底亦容易形成积水坑，导致开挖困难甚至基坑四周塌陷；花岗岩残积层透水性好，易导致基底冒水或开挖面汇流积水成泥石流，造成基底软化，承载力下降，难以满足设计要求；花岗岩残积土层的石英含量高，易导致地下连续墙接头渗水、连续墙水平位移以及周边地基沉陷及周围构建物的破坏等风险。对于明挖基坑风险可采取如下措施。

(1) 做好地质勘察分析，加强加密花岗岩残积层的地质补充勘察，通过对地质资料的全面认真分析并结合工程特点，通过基坑设计和施工进行改善；采取机械和人工相结合的施工方法，为防止残积层软化崩解成泥潭或形成泥石流，在开挖面横向设置挡土墙#排水沟和集水井进行抽排水；进行实时监测与反馈，及时调整设计和施工方案，重点监测基坑和周围重要构筑物。做好应急预案和物资材料的准备工作。

(2) 进行基底土层抛石换填处理和综合排水措施MYM及时把抛石挤压出来的泥土清除，清底厚度要比基底深，在垫层混凝土后不能有渗水和冒浆。排水沟要分别设置在基坑双侧和中部。

(3) 采用及时架设或局部增设钢支撑控制地下连续墙的变形，在基坑内侧墙通过注浆止水，通过袖阀管在地表沉陷处注浆加固地层和封堵措施。

6.6 孤 石 地 段

在残积土及花岗岩风化层中常有孤石及球状风化核的存在，直径从几十厘米到几米不等。因其岩质坚硬，岩质风化核与周边土体性质差异明显，且其分布特征无规律可循。若遇上较大孤石，可能需进行爆破或搅碎处理，不仅延误工期，而且对桩基和地下连续墙等工程的施工，尤其是盾构隧道施工会造成极大困难。

6.7 地层软硬突变

软硬不均匀地层以淤泥、粉质黏土、中砂、卵石、残积土及风化岩为主，部分地段上部土层为粉质黏土，下部土层为风化岩。淤泥在动力作用下土体结构易破坏，造成土层流动以致开挖面失稳；同时因软弱土层的排土量较多，有可能会引起地层不均匀沉降；在软硬不均地层中，由于上下岩土体性质差异较大，导致盾构机受到的上下阻力不均匀，易引起盾构在路线方向上的偏离，导致盾构机姿态难以控制，易发生叩头或隧道轴线向上偏移等事故；花岗岩残积土层因石英含量高，硬度大，长石的高岭土化使其力学性能极不稳定，遇水易发生软化崩解；在盾构过程中，由于刀具接触的是软硬程度相差悬殊的岩土体，使得刀具、刀盘发生偏磨，甚至崩裂损坏；应对这些风险可以采用如下措施加以防范。

（1）参照各地同类岩土体的施工经验，设计出适合福州地区上软下硬地层的盾构机类型和刀具配置模式（如采用全断面滚刀）。

（2）补充、加密勘察布孔点，分层分段彻底查明隧道内淤泥、黏土、花岗岩残积层、全风化岩、强风化岩、中风化岩和微风化岩的埋深位置和分布范围。在路线设计时尽量避免在这些地层中掘进，若无选择的余地，应尽可能在盾构机到达前，通过地面竖井或冲孔桩或火工爆破来清除或解体隧道下部硬质岩。

（3）对不良岩土体实行加固，根据掘进的难度和速度及时调整刀具更换计划，保证盾构的掘进质量与效率、减少换刀的风险与时间。

（4）配备盾构机扭矩、推力的上限自动报警装置，减少因扭矩或推力过大造成上部岩土体的坍塌事故。

（5）土层加固时尽量不采用会形成有压力的泥浆“脓包”的钻孔桩方式，多采用旋喷桩或袖阀管注浆加固措施。

6.8 穿越断裂带

福州盆地为闽江下游断陷区，后期断裂发育，褶皱不显著。北北东和北东向长乐－诏安断裂构造带、北西向南平－福州断裂构造带和近东西向闽清－连江断裂构造带，3 组方向的区域性大断裂形成了福州盆地的基本构造格局，再加上次一级北东东－北北西向 2 组共轭断裂大量发育，最后形成了福州“棋盘式”的构造骨架。

断裂带处和节理裂隙发育地段容易成为富水层，渗透性极强易成为水源通道，增加喷涌的概率。断裂带围岩软硬程度在物理力学和化学作用下发生了突变，易导致盾构机姿态失控，刀盘刀具等损坏。断裂带是稳定性极差的地质体，易导致掌子面坍塌。为降低断裂带施工风险可以采用如下策略。

（1）盾构前应补充加密勘察钻探，以查明断裂带的走向、倾向、倾角以及分布宽度，周围地下水埋藏情况，评估其影响。

（2）增加注入盾尾的密封油脂量，严密监视密封刷损毁和铰接处的密封情况，减少密封失效风险。

（3）调整注浆浆液配合比、增强注浆量、延长胶凝时间，预备充足泥浆、加大人工造浆比重、黏结度来减少泥浆的流失风险。

（4）实施地面建筑物倾斜、地表沉降与地下水位变化等多点面相结合的监测方式，及时给施工提供有效的信息。

7 典型案例

7.1 风化岩影响

7.1.1 事件经过

罗－福区间隧道穿越的地层较长区段为中、微风化花岗岩或斑岩，详勘报告的试验成果表中给出岩石的最大单轴抗压强度为138.7MPA，此指标取自罗汉山站钻孔（距车站和区间分界线75m）取样的试验成果，区间范围内钻孔内取样试验成果的岩石抗压强度均小于80MPa，设计选择了盾构法隧道，但以后补勘发现，几个钻孔的中、微风化岩强度都大于80MPa，最大强度达224MPa，显然盾构法不合适；不得不改为矿山法。幸亏该区间地面上房屋稀少，未引发大量居民搬迁、房屋保护的事宜，但设计的返工、运作的反复造成了极大的工期损失。

7.1.2 原因分析及经验教训

（1）《地下铁道、轻轨交通岩土工程勘察规范》GB 50307—1999第11.4.3.2条规定："风化岩与残积土的勘探点间距宜为15～30m，并可有一定数量的追索、圈定用的勘探点。"该区间详查布置在左线外侧和右线外侧钻孔的投影间距为24～93m，由于场地岩层复杂多变，钻孔太稀少，所以未触及到高强度的岩石。此事件的教训：当初勘发现区间隧道需穿越中、微风化岩层时，详勘就应按照规范要求布置钻孔，钻孔宜布置在隧道轮廓内，左线和右线内的钻孔间距宜控制在15～30m；且应根据需要布置一定数量的追索勘探点。

（2）该区间隧道穿越岩石层长度约1100m，详勘只从5个钻孔内采取石样作抗压强度试验，是未查出高强度岩石的主要原因。

（3）设计（包括咨询、总体）对福州岩层的认知不深刻，福州的岩层岩面起伏突然，同标高的岩石强度变化悬殊，既然罗汉山站钻孔已发现138.7MPa的岩石。区间同层位很有可能也存在，当初就应对详勘报告提出异议，要求补勘，待补勘后再进行区间设计。

7.2 环境对地铁施工影响

7.2.1 事件经过

达道－上藤区间隧道接近及穿进闽江南岸下部后，穿越的地层为风化岩层，岸边一段为中风化岩，强度120～155MPa，靠近上藤站一区段地面房屋密布，房屋结构抗震能力很差，2011年11月15日工点院送咨询审查的招标图中，未提及对地面房屋进行鉴定、搬迁或加固的要求；咨询审查意见提出："补充对爆破施工的设计要求"，但设计未作修改发出了施工招标图；2012年1月在正式的施工图设计中，补充了"对影响范围内地面房屋进行鉴定，并且将被鉴定为C、D级房屋拆除"的要求；由于各有关方都未重视，直到2012年6月才反映到地铁公司领导层；此时着手鉴定房屋、申请拆迁为时已晚，无法实现；不得不经过补勘复核，将靠近上藤站区段改为盾构法施工；至今尚未出正式施工图。

7.2.2 经验教训

（1）选用矿山法必须结合区间隧道上部的环境条件，尤其设计前必须深入现场调查研究，摸清地面房屋情况，权衡拆迁的成本；咨询的失误就在于没有去现场查看过一次，如果当时能去看看那些房屋的破烂状况，肯定会对该区段采用矿山法提出异议的。

（2）盾构法和矿山法可以间隔采用，对于岩石强度高。地面空旷的区段采用矿山法，对于岩石强度不高于 80MPa 的强、全风化岩，最好采用盾构法。

7.3 隧道突涌

7.3.1 事情经过

白湖亭 - 葫芦阵上行线盾构在葫芦阵北端头接收，出洞接收段 50m 范围内地质情况；洞身为粉质黏土夹细砂，洞顶为粉质黏土，洞底为淤泥质土夹细砂、淤泥质土。接收段加固形成采用 Φ650 三轴搅拌桩 +1 排 Φ800 旋喷桩，加固长度 4m，盾构掘进到距车站维护连续墙 2.2m 时，盾构土仓自动从螺旋输送机往外冒水，施工停止了盾构掘进，经研究，采取降水方案，水位降到 11m（大约在隧道中心标高）后下降的局势就停止了，经研究，又采用了回填反压平衡法，最后盾构才安全出洞。

7.3.2 原因分析及经验教训

（1）施工操控土仓压力不当，过早将土仓压力降低到 9 ~ 58kPa，土仓压力低于盾构外承压水层的水压力，水自然会进入土仓，出现涌水现象。

（2）根据现场抽水的情况判断，洞身位置的粉质黏土夹细砂层，渗透性较强，水量很丰富；对于此类含水层，端头加固长度 4m 远远不够，因为盾构机长度 8 ~ 9m，加固区边界与盾尾第一环管片的同步注浆封闭环之间存在 5m 左右的透水区，此区域的水会顺着盾壳与土洞间的空隙涌入土仓。

（3）关于盾构端头加固区长度，各地对黏性土的加固长度观点不同，但对于砂性土各院一致认为加固区需加长到 9m。

该盾构出洞不顺利，问题出在地质资料与现场显示的实际情况相差甚大，勘察报告提出粉质黏土夹细砂层渗透系数为 1.09E - 07 ~ 5.94E - 07cm/s，属黏性土；但按照现场看到的情况该层透水性很强，应该属砂性土。为什么会出现如此的差错？因为勘察提的是 1085m 长的整条区间土的参数，该层土各区段的含砂率和夹砂层厚度很可能不一样，土层的渗透系数也会相差较大，接近葫芦阵站端头很可能是含砂率高、夹沙层厚的区段，具有渗透性强的砂性土性质。从福州 1 号线的所有勘察报告看，福州地区地质存在着如（5）2 细砂加淤泥、（5）3 淤泥质土夹细砂、（7）粉质黏土夹砂、（13）b 残积砂质黏土、砾质残积土及全风化和散体状强风化岩层等岩土层，土体内含有一定比例的砂砾或砾粒，不同地段可能含砂率有差异，所以这些层位的土属砂性或黏性难以分辨。只有要求详勘时必须在区间两端头作抽水试验，提供与实际相符的渗透系数，对于渗透系数大于或等于 1.0E - 5cm/s 的土层，加固长度就应加长到 10.0m；对于渗透系数大于 1.0E - 6cm/s 小于 1.0E - 5cm/s 的土层，接受端加固长度宜加长到 10m。

7.4 风化孤石

7.4.1 事情经过

达道站地基土（13）b 残积砂质黏土、（11）全风化花岗岩、（15）散体状强风化岩中风化不均匀，局部地段分布较多孤石，多为中 - 微风化，岩质坚硬，个别粒径较大，厚度达 3m；该车站围护结构设计为地下连续墙。一般使用的成墙机碰到孤石分寸难进，液压双轮铣槽机应对大面积全风化和中风化岩层效率比较高，但挖掘度较高的孤石时，刀具磨损严重，效率很低；而且双轮铣槽机施工占地面积大，场地小，操作较困难；施工初期采用成槽机配合冲击站成槽，第一幅地连墙就碰上了最大粒径的孤石，作了50天才完成，以后的施工中，共配备了7太冲击钻机，每台钻机配备2个3.7t重锤，4个焊工专门进行修补锤，锤头焊接块（锤牙）采用高质量混合金焊块；至2013年2月28日已经施工178天（本车站工程筹划主体围护结构工期为150天），才完成22幅地连墙（地连墙总幅数的1/3），平均8天/幅；为了加快施工进度，施工又改用旋挖钻配圆心牙轮钻头或冲击器进行孤石处理，配合成槽机成槽，工效可显著提高，施工剩余的42幅地连墙估计增加费用1100万元。

7.4.2 教训

尽管旋挖钻机能较快地在孤石或硬岩上钻进多个圆孔，但成槽机抓渣土过程中还会碰到较多的障碍物，降低了施工工效。

针对地层中孤石较多的场地，围护结构宜设计为排桩+旋喷止水帷幕；不仅降低了工程造价，施工工期可显著减少。

参考文献

[1] 王珏，赵昭昞. 福州盆地的形成与演变［J］. 福州师范大学学报：自然科学版，1988，4（3）：98－103.

[2] 朱本清. 福州第四纪沉积物工程地质特征研究［J］. 福建建筑，1998，59（3）：20－23.

[3] 郑志强. 福州地铁规划建设中的水文地质环境问题分析［J］. 绿色科技，2013（11）：153－156.

[4] 林晨. 福州盆地工程地质特征及其勘察与施工［J］. 矿产保护与利用，2002（5）：52－54.

[5] 郑国明. 影响福州城市地下空间开发的地质因素分析［J］. 地下空间与工程学报，2013，9（1）：13－17.

[6] 张庆林，詹晨曦，陈晔翔. 福建地铁1号线工程特性及地质风险研究［J］. 福建地质，2013（2）：142－148.

[7] 福建省地质环境监测中心.（2011－Pa017）福州市轨道交通2号线地质灾害危险性评估报告［R］. 福州：2011.

[8] 北京城建勘测设计研究院有限责任公司.（2013外埠勘察004）福州市轨道交通2号线工程1标段初步勘察阶段岩土工程勘察报告［R］. 北京：2013.

[9] 广州地铁设计研究院有限公司，福州市勘测院.（2013勘0028）福州市轨道交通2号线工程2标初步勘察阶段岩土工程勘察报告［R］. 福州：2013.

[10] 上海岩土工程勘察设计研究院有限公司，福州市建筑设计院.（2010－G－008）福州市轨道交通1号线工程（一标段）岩土工程勘察报告［R］. 福州：2010.

[11] 朱金芳，黄宗林，等. 福州市活断层探测与地震危险性评价［M］. 北京：科学出版社，2005.

[12] 福建省水文工程地质队.1:20万区域水文地质普查报告（福安幅、三沙幅、福州幅、浮鹰岛幅）［R］、福州：1997.

[13] 福建省第二水文地质工程地质队. 福州盆地水文地质勘探报告［R］. 福州：1985.

[14] 福建省第二水文地质工程地质队. 福州地热田特征研究报告［R］. 福州：1985.

[15] 福建省区域地质测量队. 福州幅、福清幅、南日岛幅1:20万区域地质调查报告［R］. 福州：1979.

[16] 福建省地质局. 福建省地质图说明书［R］. 福州：1977.

[17] 丁祥焕，等. 中国地理学会第一次构造地貌学术讨论会论文选集［C］. 北京：科学出版社，1982.

广　州　市

1 自然地理

1.1 地　　理

广州位于东经 112°57′～114°3′，北纬 22°26′～23°56′。市中心位于北纬 23°06′32″，东经 113°15′53″。

广州地处中国南部、广东省中南部、珠江三角洲中北缘，是西江、北江、东江三江汇合处，濒临中国南海，东连博罗、龙门两县，西邻三水、南海和顺德，北靠清远市区和佛冈县及新丰县，南接东莞市和中山市，隔海与香港、澳门相望，地理位置优越，是海上丝绸之路的起点之一，被称为中国的“南大门”，是广佛都市圈、粤港澳都市圈、珠三角都市圈的核心城市。

1.2 气　　象

广州市受季风环流控制，冬季处于极地大陆高压的东南缘，常吹偏北风，夏季受副热带高压及南海低压槽的影响，常吹偏南风。南亚热带季风气候显著，日照充足，热量丰富，长夏无冬，雨量充沛，干湿季明显。

（1）太阳辐射与日照。

广州市各地正午太阳高度角都在 42°37′以上，太阳高度角较大，太阳辐射总量与日照时数均充足。广州市年总辐射量自东南向西北递减，年总辐射量为 4400～5000 兆焦耳/平方米·年，广州市各地日照时数基本上从东南向西北递减，全年日照总数为 1770～1940 小时。

（2）气温。

广州市地处低纬，终年气温较高，年平均气温为 21.4～21.9℃，其分布为南高北低，各地平均气温差别不大，12 月、1—2 月平均 14.3℃，5—9 月平均 27.5℃，其余月平均 16.7℃。最冷为 1 月，月平均气温为 12.9～13.5℃，极端最低气温达 -2.6℃，出现在从化（1963 年 1 月 16 日）。最热为 7 月，月平均气温为 28.4～28.7℃，极端最高气温 38.70℃，出现在广州（1953 年 8 月 12 日）。各地气温年较差为 15～16℃，平均日较差 7～8℃，变幅不大，表现为海洋性气候特点。广州市气温分布图见图 8-1。

（3）降水。

广州市年降水量在 1612～1909mm，地区分布为北多南少，丘陵多于平原。广州市降雨量年内分布不均匀，雨量主要集中在 4—9 月，约占年雨量的 82.1%，其中前汛期（4—6 月月平均降水量为 175.3mm、288.7mm、274.6mm）占年雨量的 40%～50%，后汛期（7—9 月月平均降水量为 223.1mm、223.6mm、179.9mm）占年雨量的 30%～40%；每年 10 月至次年 3 月（月平均降水量为 69.1mm、41.0mm、24.1mm、40.9mm、66.3mm、89.9mm）是少雨季节，降雨量占全年雨量的 20% 左右。广州市降水量虽然丰沛，但很不稳定，最多雨年和最少雨年降雨量相差 2 倍多，潮湿系数 0.78～1.42，湿度为适中-湿度充足带。广州市降雨分布图见图 8-2。

（4）风向、风速。

广州市属南亚热带季风气候区，受季候风环流控制，风向有明显的季节变化。冬半年（9 月至翌年 3 月月平均风速为 1.8、1.9、2.1、2.0、2.0、2.0、1.9m/s）处于大陆冷高压的东南侧，盛吹偏北风，其频率基本在 15%～40%；夏半年（4—8 月月平均风速为 1.8、1.8、1.8、1.9、1.7m/s）经常受副热高压西部及南部支槽与西南低压槽的交替影响，常吹偏南风，其频率大致在 15%～25%。全年以北风为主导风向，平均风速 1.9m/s。7—9 月常受台风袭扰，多年平均 1～4 次，风力 6～9 级，最大 12 级，最大风速 37m/s。

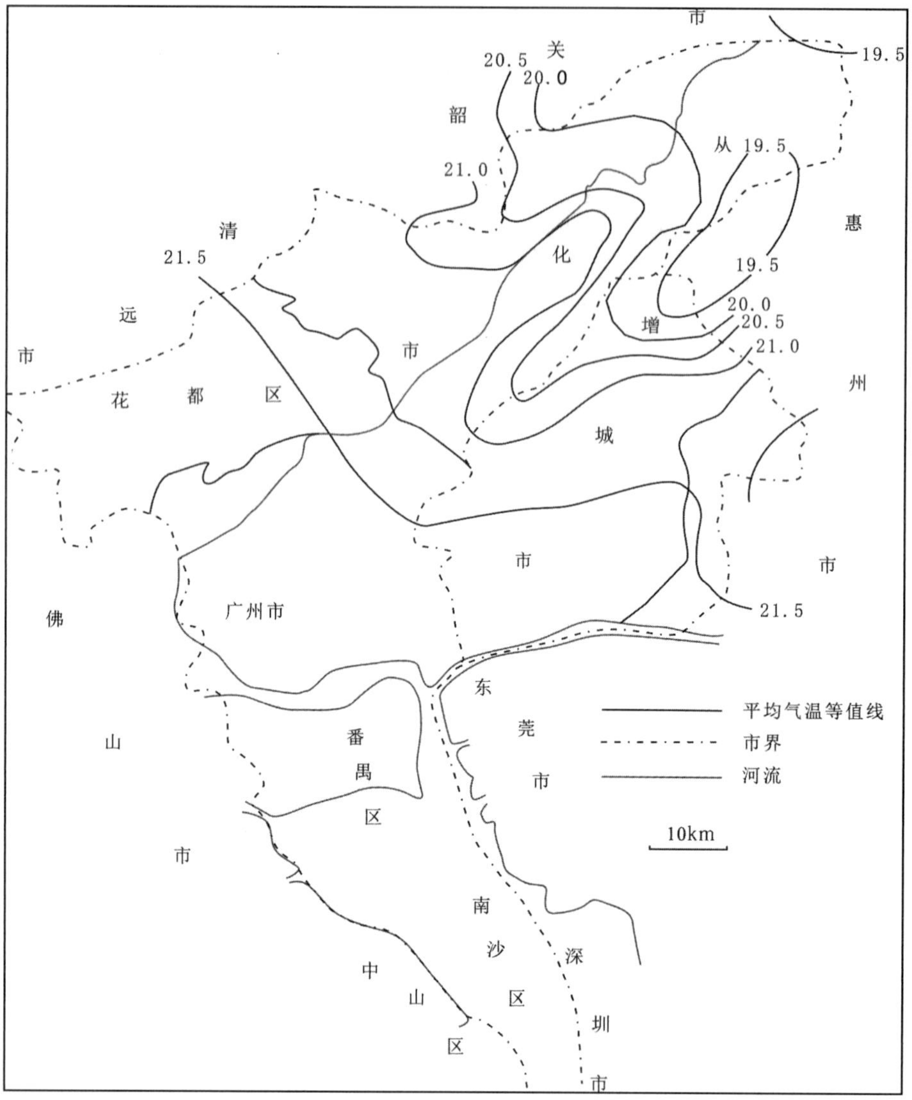

图8-1　气温分布图

（5）湿度和蒸发。

年平均相对湿度在76%～84%之间，自南向北递减。每年相对湿度最高在6月，平均为84%；最低是12月，平均为76%。相对湿度的日变幅，夏季大于冬季，晴天大于雨天。

区内多年平均蒸发量为1600mm，低于降雨量。最多年达1957.7mm（1963年），最少年1341.3mm（1970年）。各月蒸发量差别较大，3—9月降雨量大于蒸发量，10月至次年2月则蒸发量大于降雨量。

1.3 水　　文

广州市地处珠江三角洲，境内河流纵横，属南方丰水地区。自然水体包括地表水和地下水，大气降水是地表水和地下水的总补给来源。全市集雨面积在2000km^2以上河流有珠江广州河道、流溪河和增江，集雨面积在100～1000km^2的小河或支流共有18条（见插图40，广州市水系图）。

全市河川多年平均径流量为80.47亿m^3；来自上游西、北、东江的过境客水流入市域河网水道共有1245亿m^3/年；珠江出海八大口门中的虎门、蕉门、洪奇沥三大口门在广州市境内，受南海潮汐影响，河口潮流相应的年径流量为1320亿m^3。

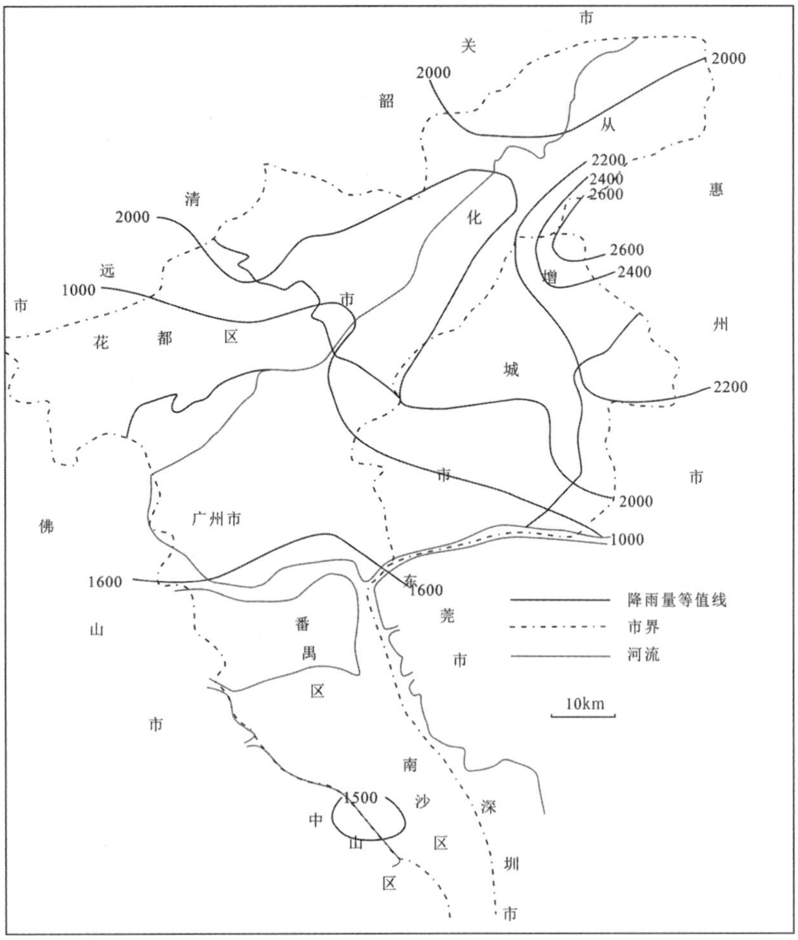

图 8－2　降雨分布图

1.3.1　水系及流域特征

广州市位于东江、北江和西江的下游，珠江三角洲的中北部。全市河流归属珠江水系，其中东北部以山区河流为主，主要河流有流经从化市、花都区和白云区的流溪河，来自龙门县、流经增城市的增江及白坭河等；南部为珠江三角洲河网区，主要为西、北、东江下游水道和珠江前、后航道交织成的河网。河网区主要水道总长度416公里，其中前、后航道纵贯广州市城区。珠江八大口门中的三个口门：虎门、蕉门、洪奇沥，其河川径流分别注入伶仃洋。三角洲河网区均属感潮河道。从番禺区中部以上地区河段，属洪潮混合区，既受洪水威胁，又受暴潮威胁。南部河段属潮水区，以防潮为主。

1.3.2　径流特征

广州市属亚热带季风气候区，濒临南海，雨量丰沛，全市地表径流主要靠降水补给，属雨水补给型。年径流量在地理位置上分布情况与降水相似，由平原向山区递增，多年平均径流深等值线变化范围为800～1600mm。全市多年平均径流量80.47亿 m^3，丰水年（$P=10\%$）径流量为110.51亿 m^3，枯水年（$P=90\%$）径流量为54.4亿 m^3。径流在年内分配不均，汛期（4—9月）占全年径流量的80%～85%，最大月径流发生在5、6月份，其变化规律和降水量年内分配有关。最大与最小年径流量的比值达4～5由于东江、北江、西江源远流长，广州市过境客水颇为丰富。外来客水有：东江北干流流经增城境内为204亿 m^3；北江部分支流经芦苞、西南两水闸泄洪和平洲水道、大石涌等分流入广州水道共约有300亿 m^3；西、北两江部分支流分别经思贤滘、甘竹滩、东海水道调节后，流入番禺境内河网水道共741亿 m^3。珠江分八大口门出海，其中虎门、蕉门、洪奇沥三个口门在广州市南部入海。由于虎门水道与蕉门水道之间有沙湾水道串通，蕉门水道与洪奇沥水道之间亦有上横沥、下横沥相互连贯，故将西、北、东江网络为一体。虎门、蕉门、洪奇沥三个口门合计，年径流量为1320亿 m^3，占八大口门总和的42.2%；年涨潮量为2710亿 m^3，占八大口门总和的 72.0%，年落潮量为 4030 亿 m^3，占八大口门总和的 58.5%。

1.3.3 主要河流

（1）珠江。

广义的“珠江”是指整个珠江流域。它是一个复合型的流域，由西江、北江、东江及其支流，以及注入珠江三角洲诸河所组成。西、北、东三江成川字形通过珠江三角洲八个口门注入南海；狭义的“珠江”是指珠江三角洲水系穿越广州市区的一段干流河道，这是与古代“珠江”涵义一致的，现在通常称为珠江广州河道或珠江正干。

珠江广州河道，从老鸦岗流至白鹅潭通称为西航道，长 18km，其上游有流溪河、白坭水、芦苞涌、西南涌 4 条河流汇入。西航道由北向南流至白鹅潭附近，分前、后两航道穿越市区。其北支自西向东至江心洲大蚝沙止，称为前航道，长 28km；南支以弧型往南向东折向东北与大蚝沙相接，称后航道，长 32km。后航道自白鹅潭东南流至落马洲，又分沥滘水道和三枝香水道，其间又有佛山水道和平洲水道以及大石涌从南边汇入，另外还有长 9km 的官洲水道、长 4km 的仑头水道亦属后航道的旁侧河段。从大蚝沙向南经莲花山至南沙凫州，包括狮子洋段在内统称黄埔航道，长 50km。从凫洲至番禺市新垦 18 涌，属珠江口伶仃洋上段，长 28km。珠江广州河道全长，以前航道计为 124km 以后航道计为 128km。市区汇入珠江的濠涌约 110 条，其中较长的濠涌有 20 多条。珠江广州河道是感潮河段，潮型属不规则半日潮，在一个太阴日中有两次高潮和两次低潮，但两相邻的高潮或低潮的潮高、涨潮与落潮的历时都不相等。日平均潮差一般为 1.5m 左右，往复流十分明显。珠江广州河道的潮汐受天文因素、地形和海底摩擦的影响，发生半月一次的周期变化，一般在朔（农历初一）、望（农历十五）后 1～2 天出现大潮，在上弦（农历初七、八）和下弦（农历廿二、廿三）后 1～2 天出现小潮。珠江广州河道属三角洲网河区，河口地形错综复杂，上游来水量丰富，洪水期长，且受台风影响，因此潮汐年内变化比较复杂。每年的 1—3 月份平均潮位较低，从 5 月份开始明显提高，到 6～9 月份较高，从 10 月份开始又逐渐下降，到 12 月份又降到较低值。各月均值之间差值变化在沿海较小，一般只有 0.20m 左右，内河较大，越往上游越大，逐月多年平均的最大值与最小值之差可达 2m 以上。

（2）流溪河。

流溪河位于广州市的西北部，是由众多溪流汇集而成。它发源于从化市吕田与龙门县交界处——大岭头一带，先后汇高陂、火烧、牛栏等水后，穿越黄瑶山峡（又称石马山峡）与玉溪汇合，流入流溪乡的牛背脊圩（现为流溪河水库库区），始称流溪河，又称吕田河。流溪河从北到南纵贯从化市，再流过广州市郊的钟落潭、竹料、人和、江村等地，汇入花都区的白坭河，经珠江三角洲河网而注入南海。该河自源头至白坭河口，主流全长 156km，流域面积 2300km^2。集雨面积在 100km 以上的二级支流有 5 条：牛栏河、玉溪河、分田河、小海水、龙潭河。

流溪河在良口镇以上约 10km 的上游河道穿越于深山峡谷之中，河床陡峻，多为卵石河床，水流湍急。于 1958 年建成的流溪河水库就位地上游从化市良口区小车村的峡谷中，总库容量为 3.76 亿 m^3。自良口以下河流进入丘陵区，河面渐宽，河床坡度亦渐平缓。自良口至温泉一段长 17.3km，河床比降约 0.0009，温泉到神岗一段长 25.5km，比降平均为 0.0008，河面宽 120～300m。街口以下左有小海河，右有龙潭河两条较大支流汇入，流量增大。神岗以下至太平场 13.3km，平均比降 0.0004，河面宽约 200m 左右。太平场至江村 44.25km，流入广州市郊区河谷平原，平均比降 0.0003，河面宽约 150～300m。到江村以下 8km 处与白坭河相会于南岗口。

流溪河多年平均径流深 1235mm，年径流量 28.4 亿 m^3，年平均流量 90.1m^3/s。流溪河流域雨量集中在 4—9 月，且多暴雨，大洪水多发生于 4、5、6 月。7 月起洪水间隔加长，峰量均见减少。

（3）增江。

增江是东江的主要支流之一。它发源于新丰县七星岭，主流自北向南流经从化、龙门、增城，于增城市官海口附近汇入东江。增江全长 203km，流域面积 3160km^2，主要在龙门县境内，占流域面积的 67.8%。流域两岸集雨面积在 100km^2 以上的支流有 8 条，它们是分布在龙门县境内的蓝田河、地派水、铁岗河、白沙河、水汉河、陈禾洞水和分布在增城市境内的派潭河和二龙河。其中以地派水为增江主要源头，地派水与蓝田水汇合后，形成增江主流，在龙门县永汉以上河段称龙门河，从永汉以下进入增城市境，称增江，在增城市境大楼与派潭河、二龙河两条支流汇合，从此，增江进入了平川。增江上游河道比降较大，水流湍急，河床以砂、卵石为主，河流迂回于山丘之间，河道曲折，峡谷较多，水力资源丰富。增城正果以下，河谷渐宽，至大楼附近，与派潭、二龙两河汇合，水量大增。沙塘以下，进入三角洲冲积平原地带，流速减慢。石滩以下河段，受东江河水和潮水影响，河床为中、粗砂质河床。增江流域多年平均径流深1297mm，年径流量39.68亿m^3，年平均流量125.8m^3/s。

1.4 地形地貌

1.4.1 概述

广州市正处于粤中低山与珠江三角洲之间的过渡地带，地势由东北向西南倾斜，地貌的层状结构明显，北部以山地、丘陵为主，中部以台地、阶地为主，南部和西部以平原为主。地貌分布主要受三组断裂控制，即中部的瘦狗岭断裂、西北部的广从断裂和东南部的化龙断裂。瘦狗岭断裂大致作东西走向，断裂带以北为上升区，以南为下降区，成为北部丘陵、台地和南部珠江三角洲平原的分界断裂；广从断裂作东北走向，断裂以东为上升区，以西为下降区，成为本区东部丘陵和西部平原、台地的分界断裂；化龙断裂作西北走向，以东为下降区，造成狮子洋基底构造。

广州市地貌概况可见插图41广州市航空遥感环境地质图。

1.4.2 市区地貌

广州市区地势为北高南低，分三级地形。

北部丘陵区：主要由丘陵组成，含少量低山，包括白云山等。为一组呈北东－西南向绵延低山、丘陵带，止于越秀山等。海拔均在300～400m以下。市区内的最高峰为白云山的摩星岭，高372m。

中部阶地区：分布在山、丘的边缘地带，并散布在平原中。分为两级台地。第一级阶地，海拔40～50m，大多由花岗岩组成，例如石牌台地；也有红色岩系组成，例如黄花岗台地。第二级阶地，海拔10～20m，分布较为广泛，多由红色岩系组成，例如市区内珠江南岸的赤岗台、珠江北岸的东山岗台地等。

南部平原区：属于珠江三角洲平原的一部分，主要分布在珠江两岸。地势低平，海拔都在10m以下，多数在5m以下。由滨海相、河流相相互作用，冲积和淤积而成。

市区的地形地貌总的来说存在三个典型特征：

（1）南北方向存在过渡区：地势北高南低，从东北部的中低山区向南逐渐变为丘陵、残丘以至三角洲平原。在具有活动历史的瘦狗岭断裂两侧，其地形也是大致呈向南倾斜的统一的夷平面，中间并无明显的阶梯。在丘陵与三角洲平原之间也存在一个过渡区地形，由山麓堆积阶地逐渐过渡为三角洲平原，其中洼地表层已经覆盖了一层泛滥平原沉积物，但厚度小并且在这个过渡区内仍可见到一些剥蚀残丘地形，因此可称这一过渡区为波状平原。

（2）地形变化遵循一定的方向性：在北部地区是东高西低，在白云山西侧有一个地形反差明显分界线，这条分界线是长期活动的广从断裂带，其走向为NNE，界线以东为白云山－罗岗中低山丘陵，界线以西为流溪河平原。南部地区地形的东西向变化更为明显，狮子洋带状三角洲平原－黄埔岛、七星岗丘陵过渡区－沥滘洼地，显示东西向地形起伏的变化，其中黄埔岛、七星岗丘陵过渡区向北西方向延伸与白云山低山区相连接构成SE－NW向的正地形单元。

（3）存在近东西向排列的剥蚀洼地：在市区内还有一种值得注意的地形地貌就是在低山区的边缘存在一系列近东西向排列的剥蚀洼地－龙眼洞洼地、黄陂洼地、罗岗洼地，它们之间均有较为狭窄的低洼的走廊地形相连，在它们的南侧有一连串的低山突立于丘陵区。

地形排列特征显示出古地形是受近东西向构造的控制，近东南方向展布的现代河流、逐步北移分水岭及强烈的河流溯源侵蚀，显示现代地形受北西－南东向构造的控制，受东西向构造控制的古地形逐渐解体，而被受SE－NW向构造控制的现代地形逐步取代。

2　区域地质

2.1　地质构造

2.1.1　总体构造纲要

广州市位于华南褶皱系，粤北、粤东北－粤中凹陷带，粤中凹陷的中部，即广花凹陷、增城凸起和三水断陷盆地的交接部位，为晚古生代至中三叠世的拗陷。印支运动使晚古生代地层发生过渡型褶皱，并发育了走向断裂。构造线方向以北东向为主，还有东西向，两者常常联合在一起，形成“S”形弯曲。中、新生代以断陷盆地发育为特征，并追循深、大断裂带分布。以广从断裂（F125）和瘦狗岭断裂（F317，F319）为界线分成几个构造区（见插图42）。

（1）增城凸起。

广从断裂以东和瘦狗岭断裂以北的构造区，主体构造是东西向，由早古生代变质岩中的东西向片理、片麻理及其一系列不对称褶皱，东西向的瘦狗岭断裂以及控制罗岗序列花岗岩入侵的东西向构造所组成。

（2）广花凹陷。

广从断裂以西、广三断裂以北的构造区，主体构造是北东向，由上古生界及其褶皱和伴生的走向断裂以及三叠系和第三系向斜盆地构成，是叠加在基底构造上的晚古生代至中新生代的北东向构造区。

（3）东莞盆地。

瘦狗岭断裂以南的构造区，主体构造东西向，其次是北西向，由中生界白垩系构成的东西向比较宽阔的褶皱和燕山晚期及喜马拉雅期形成的一系列北西向断层，是继承性构造。

2.1.2　断裂

广州市断裂主体构造格局由北东向断裂带、东西向断裂带和北西向断裂带构成（如图3－1所示），其次，发育一组北东东向断裂。主要特征如下：

（1）东西向和北东向断裂带：

瘦狗岭断裂带（F317，F319）分布于研究区的中北部，是研究区内重要的控制性断裂，断裂倾向南，倾角40°～68°，断裂宽度在20～50m；广从断层带（F125）分布于从化－广州－佛山一带，是区内重要的控制性构造，主要发育于东部变质岩系、上古生界和白垩系。瘦狗岭断裂以北和广从断裂以东交汇的天河区分布着大面积的早奥陶纪（$O_1\eta\gamma$）、中侏罗（$J_2\eta\gamma$）和晚侏罗纪（$J_3\eta\gamma$）花岗岩。

（2）北西向和北东向断裂带：

北西向北亭断裂位于小谷围岛西边距场地约1200m的北亭村，断裂走向北西，倾向东、倾角较陡（66°），走向延长大于1250m，上盘岩性主要为震旦系混合花岗岩，东北向出露着大面积的早奥陶世黑云母花岗岩（$O_1\eta\gamma$）；北东向钟村断裂（F137）向西进入顺德境内，向东经钟村、白庙、西山村到胜洲村终于南岗－虎门断裂（F228），切断于番禺区大石镇以北和以东出露的早奥陶世花岗岩，其中在新造镇东南方向局部出露有晚侏罗世花岗岩。

2.2　历史地震

2.2.1　地震活动的空间分布

（1）广州地震在空间分布上集中在珠江带状沉降区的西部，东部甚少。

（2）破坏性地震主要沿北东向的广从断裂分布。广州市有4次4.75～5.0级地震发生在此断裂带上或附近。

（3）地震多分布在两组断裂交汇处，如广从断裂与广州－罗浮山断裂交汇处，广州附近的地震主要集中在此处，另外，瘦狗岭断裂与狮子洋断裂交汇处也曾发生2次4级地震。

（4）广州地震主要沿三组断裂分布：一是东西向的瘦狗岭断裂，在广州及庙头就发生过3～4.75级地震；二是北东向断裂，如广从断裂，广州市有4次4.75～5.0级地震就分布在这条断裂上；三是北西向断裂，如沙湾断裂曾发生3级地震12次，4级地震2次，顺德－沙湾断裂发生3～4级地震21次。

（5）地震发生在两个不同运动速度块体边界上，广州西北一串地震，最强有4.75级，最近活动为1982—1983年，有0.6～2.0地震5次，它就在里水隆起区与罗岗强烈隆起区之间。市桥隆起区与西江沉降区，广州沉降区三个块体交界处，也曾发生13次3～4级地震。

2.2.2 地震活动的时间特点

广州市地震出现了四个高潮期：第一个活动高潮期是1045年，最大地震级为4.5。第二个高潮期是1372年，最大震级为4.75，它们之间的时间间距为327年。第三个高潮期为1683年，最大震级为5.0，它与第二个高潮期时间间隔为311年。第四个高潮期为1940年，最大震级为5.0，它与第三个高潮期间隔是257年。从上述分析中，可以得出广州市地震活动的下列特点：

（1）自1045年以来，平均有一个近300年一个高峰的似周期。

（2）随着时间的推移，周期逐渐缩短，每个周期的震级逐渐升高，但升高幅度不，一般幅差为1/4级到1/2级。

2.2.3 地震活动的历史记载

广州市地震活动水平不高，据史料记载，本市发生3～5级地震达66次，破坏性地震4.75～5.0级仅有4次。广州于1372年和1913年先后发生4.75级地震各一次，而南海县（历史上属于广州府）于1683年和1940年先后发生5.0级地震各1次，而1970年广东省建立台站网以来，记录到本市发生的地震为数不多，广州于1982—1983年先后发生0.6～2.0级地震5次。综观整个地区，地震活动频度不高，强度不大。

2.3 地层岩性

广州地区出露的地层类型比较丰富，从元古界、古生界、中生界及新生界的地层均有发现，但从工程地质概念上，新生界的第四系地层多未成岩，又未经造山运动的影响与破坏，它多以角度不整合覆盖在前第四系地层之上，因此多把第四系地层作为“覆盖层”，而前第四系地层作为“基底”岩层[2]。

2.3.1 基底岩层

组成广州地区基底地层有元古界、古生界、中生界的岩层，其中震旦系、石炭系、白垩系、下第三系分布面积较大，泥盆系、二叠系、三叠系、侏罗系分布较少。元古界的震旦系受多期构造运动的影响，业已变质形成长英质混合岩化石英片岩、石英云母片岩、石英岩、变粒岩等的区域变质岩及混合岩。区内的岩浆侵入活动相当发育，其中燕山期的花岗岩分布较广，在区内的北部、东部成片岩出露，并形成低山及丘陵；而在南部多隐伏在第四系地层之下（见插图41）。

2.3.2 第四系

从已掌握的工程地质资料反映：广州地区的第四纪普遍缺少上新世（Q_1）的沉积，广州地区的更新世（Q_3）与全新世（Q_4）虽然地质历史时间不长，所经历的海进、海退却相当频繁，而且由于地域广阔，地形地貌复杂多变，因而形成了沉积类型与沉积相十分丰富的第四系地层。区内第四系总体上分为海陆相交互软土沉积区（Q_4^{mc}）、冲积相砂土沉积区（Q_{3+4}^{al}）、冲洪积相砂土堆积区（Q_3^{al+pl}、Q_3^{dl}）。

（1）海陆交互相软土沉积区（Q_4^{mc}）：

本区广泛分布，主要发育在珠江水网的两岸，包含了原广州市老城区至番禺南沙的广大地域。地面标高2～8m左右，地形平坦；沉积物多为灰色－深灰色的淤泥、淤泥质土（局部为砂质淤泥）及砂层，北部有部分地区缺失，南、中部普遍发育。

上部灰黑～深灰色流塑状淤泥，含贝壳、腐木等，中部为灰色粉砂或淤泥质粉砂，下部为细砂、中、粗砂，部分地段含砾砂。淤泥呈流塑－软塑状，一般厚度2～18m，在南沙区最大厚度可达25m，层数2～3层，呈南厚北薄的分布状态。下部砂层结构多层松散状，饱和含水。

（2）冲积相砂土沉积区（Q_{3+4}^{al}）：

主要发育在白云山－帽峰山丘陵区的南缘，现天河区的一带。第四系以河流冲积相砂土层为主，其下为冲－洪积土，中夹河湖相软土沉积。

砂层：为冲积、冲洪积的砂层，主要为中砂，其次为细砂、粗砂、砾砂，松散－中密，饱和，局部含砾石，级配差。分布不连续，多成透镜体状。

河湖相沉积软土层：为灰黑色、深灰色，软塑－流塑，饱和。局部发育。

冲洪积土层：多为冲积－洪积形成的粉质黏土、可塑、局部硬塑。多为中压缩性土层。局部含中粗砂。

（3）冲洪积砂土堆积区（Q_3^{al+pl}、Q_3^{dl}）：

主要分布在北部、东部的低山丘陵前沿的谷地。上层多为灰白－黄色含砾黏土层，属中压缩性可塑土。下层为黄白色、灰白色的中粗砂、饱水，稍密－中密。

2.3.3 广州市综合地层简表

广州市综合地层简表，见表8－1。

表8－1 广州市综合地层简表

<table>
<tr><th rowspan="2">岩性组</th><th colspan="3">地层时代</th><th rowspan="2">岩性成因及特征</th></tr>
<tr><th>系</th><th>群组</th><th>代号</th></tr>
<tr><td rowspan="7">沉积土岩性组</td><td rowspan="8">第四系</td><td>灯笼沙组</td><td>Q_4^3 ♁</td><td>海冲积相：上部为硬壳层，以亚黏土、轻亚黏土为主，硬塑；中部为淤泥，软塑－流塑；下部为细砂，松散</td></tr>
<tr><td>万顷沙组</td><td>Q_4^{2-2}</td><td rowspan="2">冲积相：上部主要为亚黏土，可塑，此为亚砂土及黏土，可塑，下部以中粗砂为主，松散－中密
海冲积相：以淤泥质土为主，软－流塑，次为中粗砂，松散</td></tr>
<tr><td>横栏组</td><td>Q_4^{2-1}</td></tr>
<tr><td>杏坛组</td><td>Q_4^1 ♁</td><td>冲积相：上部以黏土、亚黏土为主，可塑～硬塑；下部以细砂为主，松散－中密
海冲积相：以松散状中粗砂及可塑状亚黏土为主</td></tr>
<tr><td>三角组</td><td>Q_3^3 ♁</td><td>冲积相：以中密状粗砂、中砂、可塑状亚黏土和黏土为主</td></tr>
<tr><td>西南组</td><td>Q_3^{2-2}</td><td rowspan="2">冲积相：中砂、砾砂、局部见卵石，中砂松散，砾砂、卵石中密－密实</td></tr>
<tr><td>石排组</td><td>Q_3^{2-1}</td></tr>
<tr><td>残积土岩性组</td><td></td><td>Q^{el}</td><td>残积相：砂质黏性土，母岩为花岗岩和变质岩，可塑－硬塑；粉质黏土、粉土，母岩为碎屑岩，可塑；粉质黏土，母岩为灰岩，软土－流塑</td></tr>
</table>

续表 8－1

岩性组	地层时代			岩性成因及特征
	系	群组	代号	
碎屑岩岩性组	第三系	布心组	E_2b	由红色的泥岩、泥灰岩、砂岩、砂砾岩、砾岩等碎屑岩组成
	白垩系	大塱山组	K_2d	
		三水组	K_2s	
		白鹤洞组	K_2b	
	侏罗系	金鸡组	J_1j	含砾砂岩、石英砂岩夹泥岩
	三叠系	小坪组	T_3x	由炭质泥岩、炭质页岩、煤层组成
碳酸盐岩性组	二叠系	栖霞组	P_1q	上部灰岩夹钙质泥岩、粉砂岩及炭质泥岩，下部夹灰岩、白云质灰岩、角砾状灰岩。$C_{2-3}ht$ 溶洞发育，为主要含水层
	石炭系	壶天群	$C_{2-3}ht$	
		梓门桥组	C_1dz	硅质岩、泥灰岩、砂质泥岩夹炭质页岩及煤层，广从断裂通过，裂隙发育
		测水组	C_1dc	
		石磴子组	C_1ds	炭质灰岩夹钙质泥岩、炭质岩，溶洞发育
变质岩岩性组	震旦系		Z	片麻岩、石英岩、变粒岩、石英片岩。岩质坚硬，工程性质良好
侵入岩岩性组	燕山期		$K\eta\gamma$	中细粒花岗岩、黑云母二长花岗岩、花岗闪长岩。岩质坚硬，工程性质良好
	印支期		$T\eta\gamma$	
	加里东期		$S\eta\gamma$	

2.3.4 前第四系（基岩）成因

晚古生代（泥盆纪－石炭纪－二叠纪）至晚三叠世早－中期的沉积多属滨海－浅海相的准台地区沉积，前者包括陆源碎屑建造、夹火山岩建造和含煤建造，后者包括碳酸盐建造及含磷、锰的碳酸盐建造和硅质岩建造，各系、统间除局部地区的地层之间有微角度的接触外，各系之间多为连续沉积即使有沉积间断，其时距也是不大的。

印支运动结束了准台地的历史，使本区进入了大陆边缘活动带的新阶段。因此在中生代中晚期（晚三叠纪－侏罗纪－白垩纪）以及新生代早期（第三纪）多形成内陆湖泊相的砾砂泥质建造。

在漫长的地质年代中形成了各种沉积环境、各类成因的、各类结构的岩石，其特征、性能千差万别。但对工程界来说，岩石的成因类型对地基的性能、基础的选型及施工工法的选择都具有重要的意义。

按成因类型岩石主要分为：岩浆岩（花岗岩）、变质岩（混合岩）、碎屑岩（砾岩、砂岩、泥岩）及碳酸岩（石灰岩、白云岩、泥灰岩）。

2.3.5 前第四系（基岩）分布特征

（1）岩浆岩（花岗岩）。

区内的岩浆岩以中生代燕山期为主，加里东期和喜马拉雅期次之。岩浆岩中以酸性岩类占绝对优势，中－酸性岩类次之，它的分布主要受断裂控制，多以 E－W 岩带及 NE 向岩带分布。在岩石类型上，燕山期以前以花岗闪长岩为主，喜马拉雅期以基性的辉长岩类为主。

区内岩浆岩的主要特性是：

属硬质岩类，未经风化或中、微风化的花岗岩体都是坚硬的，具有较强的力学性能；侵入岩、没有层理、各向同性；由于岩浆岩（花岗岩）在冷却收缩时产生的节理，因此风化带中常出现大小不一、风化程度不一的球状风化体；由岩浆岩形成残积土、全风化土及强风化土极易膨胀、软化与崩解，甚至液化呈泥浆状。

岩浆岩（花岗岩）的上述特性使它成为各类建筑物、尤其是重要建筑物的良好基石。同时岩浆岩（花岗岩）上述的性能使各类地下工程的设计与施工产生不少困难，如盾构掘进中遇到球状风化体（孤石）时，孤石会随着刀盘移动，而无法切削破碎、桩基施工时常误把球状风化体作为基地岩层，造成桩的承载力不足；深基坑施工时，由于地下承压水的渗出，把花岗岩风化土的由长石风化而成的高岭土带出，土体的孔隙率增加，风化土的结构被破坏，物理力学指标迅速降低，导致软化、液化、使基坑的被动土压力迅速降低，围护结构下部出现内移，支撑体系产生脱落。

（2）变质岩（混合岩）。

属区域变质岩，由各类混合岩、绢云母千枚岩、片岩、石英岩、石英片麻岩组成，部分地方残留浅变质砂岩、长石石英砂岩及含石英的粉砂质泥岩等。分布于瘦狗岭断裂以北及礼村断裂以南、见于市桥至李村一带。区内混合岩化作用主要发育在加里东地槽区，地槽区常是 NE 及 EW 两组超深断裂的交汇部位，地槽区的沉积物由于断裂和熔岩的重新活动，产生局部熔融，并与熔岩原地混合、形成了准原地的混合花岗岩。

混合岩的成因使混合岩基本上具有花岗岩相似的特性；未经风化或风化程度较轻的混合岩同样具有良好的物理力学性能，而风化程度较深的残积土、强风化土也同样具有遇水易软化、崩解、液化的特性。

（3）碎屑岩。

区内碎屑岩分布较广，从古生代到中生代、新生代都有碎屑岩的沉积。

区内以中生代白垩系红色碎屑岩分布最广泛，在广州老城区基底岩石基本上都是白垩系的地层。由于该套地层时在不断沉陷的断陷盆地中沉积而成，所以厚度巨大。该套地层还由于含有较多的钙质，所以遇水也较易软化、崩解。岩层倾角相对较平缓，一般多在 10°～30°；虽然其中的砂岩、泥岩及砾岩的力学性能也有较大的差异，但由于它的层位分布较稳定、可切削性能比花岗岩号、绝大多数地段无溶洞这类不良地质作用，因此广州地区主要建构筑物多以这类岩层作为地基。

古生代的碎屑岩多分布在广花盆地、并呈夹层状产于石灰岩中；由于受多次构造运动的影响，褶皱、断裂发育，岩层倾角较陡。因此在平面上很短的距离内其岩性都会有很大的差异。

（4）碳酸盐岩（石灰岩、白云岩、泥灰岩）。

碳酸盐岩，区内主要分布在广花盆地，在越秀公园至嘉禾有一灰岩条带呈北东东向展布。区内碳酸盐岩（石灰岩）的生成时代包括古生代的石炭系、二叠系以及三叠系的灰岩，其中以石炭系壶天群、二叠系栖霞组分布较广，岩溶最为发育；其次为石凳子组灰岩。岩溶多以表层溶蚀发育为主要特点，分布规律性差，形态规模各异，岩溶洞体多呈未充填、半充填状；岩溶洞体的充填物均较松软。

广花盆地的岩溶发育在平面上总体呈北东－南西向带状分布，与区域构造的走向一致，在垂直深度上发育范围为 20～60m，但在局部上市千变万化的。岩溶形态各异，可表现为溶沟、溶蚀槽、溶隙、溶洞等，现揭露的岩溶洞体最大高度达 12.40m。在岩面起伏很大。岩溶的分布在纵横向上变化很大，规律性差，呈单一或多层状。

由于岩溶发育存在很大程度的不均匀性，水文地质条件变得非常复杂，在岩石完整的部位，水量贫乏、不透水；在溶洞发育处，地下水以管道形成连通，富水量常很丰富，并成为可开采的地下水资源。

质地较纯、层厚较大的灰岩岩溶发育的规模较大，而含泥质或其他杂质的岩层，岩溶发育较弱。结晶颗粒组大的岩石岩溶较为发育，结晶颗粒细小的岩石，岩溶发育较弱。岩溶常与土洞共生，土洞的危险性有时更甚于溶洞，轻微的震动都可诱发它坍塌。

广州市基岩分布特征见表 8－2 和表 8－3。

表8－2 广州市第四系分布特征表

时代	成因	岩土名称	状态划层	基本特征	备注
Q_4	Q_4^{ml}	杂填土	松散层，稍密层	建筑垃圾为主，偶见工业废料，局部含生活垃圾。硬质物含量一般10% ~40%	广泛分布
		素填土	松散层，稍密层	由碎石、砂、粉土和黏性土等的一种或几种组成，不均匀性明显	
		耕土	松散层或软弱层	为灰黑、灰、灰黄或红色等种的一种，为黏性土。砂土或其过渡土类，多含植物根	老市区少见，郊常见偶见
	Q_4^{mc}	淤泥、淤泥质土	流塑层、软塑层	为灰－黑色，含水量一般在42% ~90%之间，多含机制	分布在珠江水道两侧地区
		淤泥、淤泥质土	软塑层，可塑层	灰、灰黑或灰黄色，常含腐木，连续性差	分布在Q_4^{mc}的边缘地带
		砂层	松散层	灰－灰黑色淤泥质粉细砂层，局部粉砂或细沙层，一般具中等－严重液化等级。	分布在珠江水道两侧地区
	Q_4^{al}	粉质黏土、黏土	软塑层，可塑层	灰黑、灰及灰黄色等黏性土	分布在Q_4^{mc}沉积近涌口地带
		淤泥、淤泥质土	流塑层、软塑层	灰黑－灰色，含水量一般在34% ~97%之间，多含有机质	属凹地型沉积，局限在近基岩隆起区
		粉土	松散层，稍密层	灰及灰黄色	偶见
		砂层	松散层，稍密层	灰－灰白色，偶见灰黄色，具弱－中等液化等级	
Q_3	Q_3^{al}	粉质黏土、黏土	可塑层	为红黄色、红白色和黄白色等构成的花斑状土，偶见硬塑	分布在市区南部、西部及北部地表
		淤泥、淤泥质土	流塑层、软塑层	为灰黄色淤泥或有机质淤泥，偶见泥炭土，含水量一般在39% ~104%之间	分布在基岩隆起翼部或山间凹地
		粉土	松散层	灰、灰白及灰黄色	偶见
		砂层	稍密层，中密层	灰黄、灰白色、粉、细、中、粗及砂砾等	市区西部、北部及珠江河道
	Q_3^{al+pl}	淤泥、淤泥质土	流塑层、软塑层	灰色淤泥土，含砂较多，含水量一般在45% ~70%之间	见于白云山前缘的丘间凹地
		粉质黏土、黏土	可塑层，硬塑层	为灰黄、红黄及红白色，含砾或含砂黏性土，物理参数离散性大，力学性质不均	见于白云山前缘地带
		粉土	稍密层、中密层	灰白、灰黄色	偶见
		砂或砂砾层	稍密层、中密层	灰白、灰黄色、粒径不均，充填小粒径砂或黏性土，物理参数离散性大，力学性质不均	见于白云山前缘地带
	Q_3^{dl+pl}	粉质黏土	可塑层，硬塑层	为灰黄、红黄及红白色含砾或含砂黏性土，物理参数离散性大，力学性质不均	见于基岩隆起两侧或丘坡地带
		淤泥、淤泥质土	流塑层、软塑层	灰色含砂淤泥质土，含水量一般在63% ~81%之间	见于背部丘间凹地或邱坡下部
		砂层	稍密层、中密层	灰白、灰黄色，粒径不均，常见基岩碎块，颗粒间充填较多黏性土，力学性质不均匀	见于北部丘地坡角
Q	Q^{el}	砂质黏性土	可塑层，硬塑层	母岩为花岗岩和变质岩	广泛分布于基岩顶面
		粉质黏土	可塑层，硬塑层	由沉积碎屑岩风化而成，随母岩不同其性质变化较大，于灰岩顶面常出现软－流塑	
		粉土	中密层、密实层	在K～E母岩风化残积土中偶然出现	

表 8－3 广州市前第四系分布特征一览表

时代	成因	岩土名称	状态划层	基本特征	备注
E～K	陆相碎屑沉积	全风化	硬塑－坚硬状	由红色的泥岩，泥灰岩、砂岩、砂砾岩、砾岩等碎屑岩组成。在增步－芳村一带于 K_2d_2 中存在灰岩夹层或灰岩砾石，存在岩溶现象。全风化岩和强风化岩常呈软弱层与中、微风化岩互层产出	分布在瘦狗岭断裂以南的广大地区
		强风化	坚硬土状或碎块状		
		中风化			
		微风化			
J	海陆交互相沉积	全风化	硬塑－坚硬状	由砂岩，粉砂岩及炭质页岩夹灰岩组成，普通硅化，破碎是其突出的表现，岩石碎块坚硬具变质岩的特点，溶洞与土洞发育具灰岩与碎屑岩互层的特征，炭质页岩干时强度很高，遇水即软化。全风化岩和强风化岩呈软弱层与中、微风化岩互层产出	局限在越秀山－大金钟路一带
		强风化	坚硬土状或碎块状		
		中风化			
		微风化			
P_{z2}～T	海相或滨海相沉积	全风化	硬塑－坚硬状	存在三个工程特性不同的岩性组合：即由 T_{3x}、P_2d、P_2l、P_{1w}、C_1dz、C_1dc 及 D_{3m} 等地层构成的沙泥岩岩组合；由 T_1d、P_1q、$C_{2+3}ht$、C_1ds 等地层构成的碳酸岩组合，以岩溶发育为特征；由煤层和炭质泥页岩构成的软岩组合，以易软化与塑性变形大为特征。全风化岩和强风化岩呈软弱层与中、微风化岩互层产出	分布在广从断裂以西，广三断裂西段以北的广花盆地
		强风化	坚硬土状或碎块状		
		中风化			
		微风化			
P_{z1}	变质岩系	全风化	硬塑－坚硬状	属深变质岩，以混合岩为主，次有石英岩、片麻岩、浅粒及变粒岩等。其风化厚度一般大于 20m，最大超过 100m	分布在广从断裂以来，瘦狗岭断裂以北的广大地区，和市东南角的大学城一带
		强风化	坚硬土状或碎块状		
		中风化			
		微风化			
岩浆岩	侵入岩或喷出岩	全风化	硬塑－坚硬状	瘦狗岭断裂以北为细、中、粗等不同粒径结晶体的花岗岩，海珠区五凤村一带为英安斑岩与流纹斑岩等浅成或喷出火山岩体。球状风化残留体非常发育	主要分布在广从断裂以东、瘦狗岭断裂以北的广大地区，其次在海珠区五凤村一带局部见到
		强风化	坚硬土状或碎块状		
		中风化			
		微风化			

2.3.6 典型地层剖面

广州市东西向的地层分布特征示意参见插图 43、插图 44（A－B 剖），南北向的地层分布特征示意参见插图 45（C－D 剖）、插图 46（E－F 剖）。

2.3.7 城市轨道交通线网总体分层系统

根据广州地区的地质条件，和地铁工程着重于岩土层的物理状态与力学性质的特点，可将区内地层划分出 9 个主层，54 个亚层，具体见表 8－4 广州市轨道交通线网岩土分层系统。

表 8-4 广州市轨道交通线网岩土分层系统

岩土层号	岩土层统称	岩土亚层号	岩土层名称	时代与成因	说明
1	填土层	<1>	杂填土	Q_4^{ml}，人类活动	
			素填土		
			耕植土		
2	淤泥层和淤泥质砂土层	<2-1A>	淤泥	Q_4^{mc}，海陆交互相沉积（或新近河湖相沉积）	
		<2-1B>	淤泥质土层	Q_4^{mc}，海陆交互相沉积	
		<2-2>	淤泥质粉细砂层（或灰色粉细砂层）		
		<2-3>	淤泥质中粗砂层（或含蚝壳片中粗砂层或灰色中粗砂层）		
		<2-4>	粉质黏土、粉土层		①
3	砂层	<3-1>	粉细砂层	Q_3^{al+pl}或Q_{3+4}^{al+pl}，海相冲积、陆相冲积-洪积	
		<3-2>	中粗砂层		
		<3-3>	含卵石粗砾砂层		
		<3-4>	卵石层		
4	冲积-洪积-坡积土层	<4F-1>	（稍密）粉土层	Q_3^{al+pl}，冲积，洪积	
		<4F-2>	（中密）粉土层		
		<4F-3>	（密实）粉土层		
		<4N-1>	（流塑-软塑）黏性土层		
		<4N-2>	（可塑）黏性土层		
		<4N-3>	（硬塑-坚硬）黏性土层		
		<4-2A>	淤泥	Q_3^{al}，河湖相冲积	②
		<4-2B>	淤泥质土层		
		<4-3>	坡积土层	Q_3^{dl}，坡积	
5	残积土层	<5F-1>	（稍密-中密状）粉土	Q^{el}，碎屑岩类岩石残积（上层）	
		<5N-1>	（可塑状）黏性土		
		<5F-2>	（密实状）粉土	Q^{el}，碎屑岩类岩石残积（下层）	
		<5N-2>	（硬塑状）黏性土		
		<5H-1>	（可塑状）黏性土	Q^{el}，花岗岩残积（上层）	
		<5H-2>	（硬塑状）黏性土	Q^{el}，花岗岩残积（下层）	
		<5C-1A>	（软塑状）黏性土（含红黏土）	Q^{el}，石灰岩分布区残积	
		<5C-1B>	（可塑状）黏性土（含红黏土）		
		<5C-2>	（硬塑状）黏性土（含红黏土）		
		<5Z-1>	（可塑状）黏性土	Q^{el}，上元古界震旦系残积（上层）	
		<5Z-2>	（硬塑状）黏性土	Q^{el}，上元古界镇震旦系残积（下层）	

续表 8 – 4

岩土层号	岩土层统称	岩土亚层号	岩土层名称	时代与成因	说明
6	岩石全风化带	<6>	（全风化）碎屑岩	白垩系 K 碎屑岩类全风化带、第三系 E 泥岩全风化带等	
		<6H>	（全风化）花岗岩	燕山期等，花岗岩全风化	
		<6C>	（全风化）石灰岩	石炭系 C、二叠系 P 等，石灰岩类风化	
		<6Z>	（全风化）变质岩	上元古震旦系 Z 全风化	
7	岩石强风化带	<7 – 1>	（强风化）砾岩、粗砂岩、含砾粗砂岩	白系 K 碎屑岩类全风化带、第三系 E 泥岩强风化带等	
		<7 – 2>	（强风化）泥岩、粉砂质泥岩、页岩		
		<7 – 3>	（强风化）粉砂岩、细砂岩、泥质粉砂岩		
		<7H>	（强风化）花岗岩	燕山期等、花岗岩类强风化带	
		<7C>	（强风化）石灰岩	石炭系 C、二叠系 P 等，石灰岩类强风化带	
		<7Z>	（强风化）变质岩	上元古震旦系 Z 强风化带	
8	岩石中等风化带	<8 – 1>	（中风化）砾岩、粗砂岩、含砾粗砂岩	白垩系 K 碎屑岩类中风化带、第三系 E 泥岩中风化带等	
		<8 – 2>	（中风化）泥岩、粉砂质泥岩、页岩		
		<8 – 3>	（中风化）粉砂岩、细砂岩、泥质粉砂岩		
		<8H>	（中风化）花岗岩	燕山期等，花岗岩类中风化带	
		<8C – 1>	（中风化）泥质、炭质灰岩或泥灰岩		
		<8C – 2>	（中风化）石灰岩和硅质灰岩		
		<8Z>	（中风化）变质岩	Z，上元古界震旦系风化	
9	岩石微风化带	<9 – 1>	（微风化）砾岩、粗砂岩、含砾粗砂岩	白垩系 K 碎屑岩类微风化带、第三系 E 泥岩微风化带等	
		<9 – 2>	（微风化）泥岩、粉砂质泥岩、页岩		
		<9 – 3>	（微风化）粉砂岩、细砂岩、泥质粉砂岩		
		<9H>	（微风化）花岗岩	燕山期等，花岗岩类微风化带	
		<9C – 1>	（微风化）泥质、炭质灰岩或泥灰岩		
		<9C – 2>	（微风化）石灰岩和硅质灰岩		
			（微风化）变质岩		
		<9Z>		Z，上元古界震旦系风化	

注：1 该夹层在全新统海陆交互相淤泥、淤泥质土中。

2 该夹层在冲积 – 洪积土层（Q_3中）。

2.4 主要地层物理力学参数

（1）主要地层物理力学参考值表（增城凸起区），见表8－5～表8－8。

表8－5 主要地层物理指标参考值表

地层编号	岩土名称	物理性质			黏性稠度			
		天然含水量 ω	天然密度 ρ	孔隙比 e	液限 W_L	塑限 W_P	塑性指数 I_P	液性指数 I_L
		(%)	(g/cm^3)	—	(%)	(%)	—	—
<3－1>	粉细砂		1.80～1.85	0.700～0.725				
<3－2>	中粗砂		1.85～1.90	0.667～0.700				
<4N－2>	（可塑）黏性土	20.0～30.6	1.85～1.89	0.670～0.757	30.6～35.6	20.0～25.0	10.0～14.1	0.25～0.47
<4－3>	坡积土	23.0～29.0	1.80～1.91	0.726～0.997	28.8～64.1	18.2～36.2	9.6～17.9	0.00～0.45
<5H－1>	（可塑）黏性土	20.8～25.7	1.83～1.95	0.721～0.848	34.9～44.5	23.0～32.0	10.9～14.9	0.25～0.75
<5H－2>	（硬塑）黏性土	13.9～42.5	1.83～2.00	0.526～0.848	25.8～64.7	16.7～35.6	10.1～19.1	0.00～0.25
<5Z－1>	（可塑）黏性土	21.6～44.4	1.80～2.05	0.507～0.864	30.0～48.3	19.9～31.5	10.7～18.1	0.25～0.75
<5Z－2>	（硬塑）黏性土	19.7～44.9	1.85～2.05	0.604～0.986	28.1～50.3	17.3～33.8	8.1～21.8	0.00～0.25
<6H>	（全风化）花岗岩	17.0～41.4	1.73～2.02	0.568～0.975	27.2～44.9	19.6～33.2	7.2～18.8	0.00～0.24
<6Z>	（全风化）变质岩	12.5～33.8	1.74～2.10	0.496～0.992	25.3～46.9	16.8～30.9	6.0～18.6	0.00～0.28
<7H>	（强风化）花岗岩	14.4～39.6	1.76～2.07	0.545～0.934	22.5～49.8	15.0～31.5	7.5～20.4	0.00～0.13
<7Z>	（强风化）变质岩	12.6～30.3	1.79～2.11	0.541～0.946	23.5～39.7	15.7～26.2	7.4～14.4	0.00～0.05

表8－6 主要地层力学指标参考值表

地层编号	岩土名称	直接剪切				固结试验	
		快剪		固结快剪		压缩模量	压缩系数
		C	φ	C_q	φ_q	E_{s1-2}	a_{1-2}
		(kPa)	(°)	(kPa)	(°)	(MPa^{-1})	(MPa)
<3－1>	粉细砂		22				
<3－2>	中粗砂		25				
<4N－2>	（可塑）黏性土	20	16	20	18	4.5	0.39
<4－3>	坡积土	20	20	23	21	5.01	0.38
<5H－1>	（可塑）黏性土	20	22	22	22	3.5	0.51

续表 8 – 6

地层编号	岩土名称	直接剪切				固结试验	
		快剪		固结快剪		压缩模量	压缩系数
		C	φ	C_q	φ_q	E_{s1-2}	a_{1-2}
		(kPa)	(°)	(kPa)	(°)	(MPa^{-1})	(MPa)
<5H – 2>	(硬塑) 黏性土	25	21	26	23	4. 18	0. 45
<5Z – 1>	(可塑) 黏性土	20	20	25	22	3. 5	0. 51
<5Z – 2>	(硬塑) 黏性土	25	22	28	23	4. 16	0. 43
<6H>	(全风化) 花岗岩	28	24	30	25	4. 33	0. 41
<6Z>	(全风化) 变质岩	28	25	30	25	5. 24	0. 34
<7H>	(强风化) 花岗岩	35	27	37	30	6. 0	0. 30
<7Z>	(强风化) 变质岩	35	28	28	30	6. 0	0. 33

表 8 – 7 主要地层特殊试验指标参考值表

地层编号	岩土名称	热物理			基床系数		静止侧压力系数 K_0
		比热容 C	导热系数 λ	导温系数 α	垂直 K_v	水平 K_x	
		(kJ/kg · K)	(W/m · K)	(m^2/h)	(MPa/m)	(MPa/m)	
<3 – 1>	粉细砂	1. 53	1. 60	0. 00209	10	10	0. 33
<3 – 2>	中粗砂	0. 93	1. 41	0. 00281	15	20	0. 29
<4N – 2>	(可塑) 黏性土	1. 41	1. 55	0. 00183	20	25	0. 47
<4 – 3>	坡积土	1. 51	1. 19	0. 00136	50	50	0. 43
<5H – 1>	(可塑) 黏性土	1. 55	1. 60	0. 00175	30	30	0. 47
<5H – 2>	(硬塑) 黏性土	1. 65	1. 70	0. 00183	50	50	0. 43
<5Z – 1>	(可塑) 黏性土	1. 55	1. 60	0. 00175	30	30	0. 47
<5Z – 2>	(硬塑) 黏性土	1. 65	1. 70	0. 00183	50	50	0. 43
<6H>	(全风化) 花岗岩	1. 65	2. 00	0. 00155	80	80	0. 33
<6Z>	(全风化) 变质岩	1. 65	2. 00	0. 00155	80	80	0. 33
<7H>	(强风化) 花岗岩	1. 30	1. 89	0. 00250	200	200	0. 28
<7Z>	(强风化) 变质岩	1. 30	1. 89	0. 00250	200	200	0. 28

表 8 – 8 主要岩层物理力学性质指标表

地层编号	岩性名称	天然密度 (g/cm^3)	饱和单轴抗压强度 (MPa)	岩体抗剪强度		弹性模量	泊松比
				C	φ	E	μ
				(MPa)	(°)	($\times 10^4$ MPa)	
<8H>	(中风化) 花岗岩	2. 38 ~ 2. 53	10. 5 ~ 30. 6	0. 8	35	1	0. 20
<8Z>	(中风化) 变质岩	2. 54 ~ 2. 66	16. 4 ~ 28. 8	0. 8	35	1	0. 20
<9H>	(微风化) 花岗岩	2. 67 ~ 2. 78	46. 4 ~ 110. 5	7	36	2. 5	0. 18
<9Z>	(微风化) 变质岩	2. 62 ~ 2. 69	31. 7 ~ 115. 6	8	41	2. 5	0. 18

（2）主要地层物理力学参考值表（广花凹陷区），见表8－9～表8－11。

表8－9　主要地层力学指标参考值表

地层编号	岩土名称	直接剪切				固结试验	
		快剪		固结快剪		压缩模量	压缩系数
		C	φ	C_q	φ_q	E_{s1-2}	a_{1-2}
		（kPa）	（°）	（kPa）	（°）	（MPa）	（MPa^{-1}）
<3－1>	粉细砂		25				
<3－2>	中粗砂		30				
<4N－2>	（可塑）黏性土	21	16	25	14	5.7	0.33
<5C－1A>	（软塑）黏性土（含红黏土）	12	14	12	15	5.3	0.32
<5C－1B>	（可塑）黏性土（含红黏土）	16	18	20	25	4.3	0.45
<5C－2>	（硬塑）黏性土（含红黏土）	20	16	24	18	4.7	0.39
<6C>	（全风化）石灰岩	30	26	32	25	5.2	0.34
<7C>	（强风化）石灰岩	36	28	45	32	6.0	0.30

表8－10　主要地层特殊试验指标参考值表

地层编号	岩土名称	热物理			基床系数		静止侧压力系数 K_0
		比热容 C	导热系数 λ	导温系数 α	垂直 K_v	水平 K_x	
		（kJ/kg·K）	（W/m·K）	（m^2/h）	（MPa/m）	（MPa/m）	
<3－1>	粉细砂	1.53	1.60	0.00209	10	10	0.41
<3－2>	中粗砂	0.93	1.41	0.00281	15	20	0.38
<4N－2>	（可塑）黏性土	1.41	1.55	0.00183	20	25	0.50
<5C－1A>	（软塑）黏性土（含红黏土）	1.41	1.55	0.00223	10	12	0.67
<5C－1B>	（可塑）黏性土（含红黏土）	1.53	1.60	0.00210	30	30	0.51
<5C－2>	（硬塑）黏性土（含红黏土）	1.65	1.70	0.00183	50	50	0.48
<6C>	（全风化）石灰岩	1.65	2.00	0.00155	80	80	0.43
<7C>	（强风化）石灰岩	1.30	1.89	0.00250	200	200	0.38

表 8－11 主要岩层物理力学性质指标表

地层编号	岩性名称	天然密度 (g/cm³)	饱和单轴抗压强度 (MPa)	岩体抗剪强度		弹性模量	泊松比
				C (MPa)	φ (°)	E ($\times 10^4$MPa)	μ
<8C－1>	(中风化)泥质、炭质灰岩或泥灰岩	2.60	20	0.7	30	0.7	0.28
<8C－2>	(中风化)石灰岩或硅质灰岩	2.65	40	1	35	1.0	0.21
<9C－1>	(微风化)泥质、炭质灰岩或泥灰岩	2.70	50	5	40	1.5	0.20
<9C－2>	(微风化)石灰岩或硅质灰岩	2.74	60	7	40	2.5	0.18

（3）主要地层物理力学参考值表（瘦狗岭断裂以南盆地区），见表 8－12～表 8－15。

表 8－12 主要地层物理指标参考值表

地层编号	岩土名称	物理性质			黏性稠度			
		天然含水量 ω (%)	天然密度 ρ (g/cm³)	孔隙比 e —	液限 W_L (%)	塑限 W_P (%)	塑性指数 I_P —	液性指数 I_L —
<2－1A>	淤泥	47.9～78.4	1.63～1.65	1.500～2.400	44.1～69.7	19.8～50.0	10.5～30.9	0.75～3.91
<2－1B>	淤泥质土	37.1～58.3	1.65～1.68	1.000～1.500	32.7～48.0	18.1～47.8	9.8～20.1	0.62～1.95
<2－2>	淤泥质粉细砂	25.0～30.0	1.75～1.80	0.900～0.950				
<2－3>	淤泥质中粗砂	22.0～26.4	1.80～1.88	0.950～1.250				
<2－4>	粉质黏土、粉土	21.0～48.0	1.68～2.08	0.582～1.318	26.0～65.4	15.3～41.7	8.4～24.1	0.47～0.950
<5N－1>	(可塑)黏性土	16.0～37.8	1.80～2.05	0.600～0.978	26.0～55.5	16.0～40.0	10.6～18.6	0.25～0.75
<5N－2>	(硬塑)黏性土	15.6～36.5	1.85～2.10	0.519～0.989	25.0～46.4	18.0～27.8	10.1～17.5	0.00～0.25
<6>	(全风化)碎屑岩	15.8～30.2	1.90～2.15	0.431～0.816	25.6～39.3	17.2～25.7	3.6～14.0	0.00～0.37
<7－1>	(强风化)砾岩、粗砂岩、含砾粗砂岩	15.0～30.0	1.98～2.15	0.440～0.700	25.0～40.0	15.0～28.0	7.0～11.0	0.00～0.50
<7－2>	(强风化)泥岩、粉砂质泥岩、页岩	16.0～31.0	1.89～2.10	0.446～0.841	26.0～40.4	17.2～27.9	7.4～13.9	0.00～0.83
<7－3>	(强风化)粉砂岩、粗砂岩、泥质粉砂岩	15.5～30.5	1.90～2.15	0.445～0.750	25.0～40.0	15.0～28.0	7.0～12.0	0.00～0.65

表 8－13　主要地层力学指标参考值表

地层编号	岩土名称	直接剪切				固结试验	
		快剪		固结快剪		压缩模量	压缩系数
		C (kPa)	φ (°)	C_q (kPa)	φ_q (°)	E_{s1-2} (MPa)	a_{1-2} (MPa^{-1})
<2－1A>	淤泥	5	5	10	15	2.0	1.30
<2－1B>	淤泥质土	7	6	11	16	2.2	1.19
<2－2>	淤泥质粉细砂	5	20			5.0	0.80
<2－3>	淤泥质中粗砂	0	25			4.8	0.90
<2－4>	粉质黏土、粉土	23	17	23	20	4.6	0.95
<5N－1>	（可塑）黏性土	24	16	25	17	5.0	0.50
<5N－2>	（硬塑）黏性土	23	22	23	23	5.4	0.31
<6>	（全风化）碎屑岩	24	23	25	24	8.5	0.24
<7－1>	（强风化）砾岩、粗砂岩、含砾粗砂岩	80	35			20	0.05
<7－2>	（强风化）泥岩、粉砂质泥岩、页岩	50	35			15	0.10
<7－3>	（强风化）粉砂岩、粗砂岩、泥质粉砂岩	60	35			17	0.08

表 8－14　主要地层特殊试验指标参考值表

地层编号	岩土名称	热物理			基床系数		静止侧压力系数 K_0
		比热容 C (kJ/kg·K)	导热系数 λ (W/m·K)	导温系数 α (m^2/h)	垂直 K_v (MPa/m)	水平 K_x (MPa/m)	
<2－1A>	淤泥	1.40	1.85	2.23	6	6	0.70
<2－1B>	淤泥质土	1.40	1.85	2.23	7	8	0.66
<2－2>	淤泥质粉细砂	1.53	1.60	2.10	10	12	0.33
<2－3>	淤泥质中粗砂	0.99	1.06	2.55	12	15	0.33
<2－4>	粉质黏土、粉土	1.41	1.55	1.83	15	15	0.53
<5N－1>	（可塑）黏性土	1.56	1.41	1.64	20	22	0.47
<5N－2>	（硬塑）黏性土	1.42	1.20	1.52	45	50	0.42
<6>	（全风化）碎屑岩	1.42	1.20	1.52	80	90	0.38
<7－1>	（强风化）砾岩、粗砂岩、含砾粗砂岩	1.42	1.20	1.52	150	200	0.28
<7－2>	（强风化）泥岩、粉砂质泥岩、页岩	0.89	1.62	1.90	100	150	0.31
<7－3>	（强风化）粉砂岩、粗砂岩、泥质粉砂岩	0.89	1.62	1.90	120	180	0.29

表 8-15 主要岩层物理力学性质指标表

地层编号	岩性名称	天然密度 (g/cm^3)	饱和单轴抗压强度 (MPa)	岩体抗剪强度		弹性模量	泊松比
				C (MPa)	φ (°)	E ($\times 10^4$MPa)	μ
<8-1>	(中风化) 砾岩、粗砂岩、含砾粗砂岩	2.54	20.0~25.0	0.6	35	1.0	0.20
<8-2>	(中风化) 泥岩、粉砂质泥岩、页岩	2.50	3.0~10.0	0.3	30	0.4	0.25
<8-3>	(中风化) 粉砂岩、粗砂岩、泥质粉砂岩	2.53	11.4~15.0	0.5	30	0.8	0.22
<9-1>	(微风化) 砾岩、粗砂岩、含砾粗砂岩	2.64	25.0~35.0	2.5	40	2.0	0.18
<9-2>	(微风化) 泥岩、粉砂质泥岩、页岩	2.54	15.0~22.0	1.0	30	1.0	0.20
<9-3>	(微风化) 粉砂岩、粗砂岩、泥质粉砂岩	2.57	18.3~25.0	1.5	35	1.5	0.19

3 地 下 水

3.1 地下水类型

据广州市地下水的形成、赋存条件、水力特征及水理性质，把地下水划分为三大类型：松散岩类孔隙水、隐伏碳酸盐岩类岩溶水、基岩裂隙水。松散岩类孔隙水按含水层的成因可分为：海陆交替层孔隙水和冲洪积层孔隙水，基岩裂隙水又可划分为块状岩类裂隙水、层状岩类裂隙水和红层裂隙水。

不同类型的地下水赋存条件不一样，孔隙水赋存在第四系砂、砂砾石层和砂性土的孔隙中；裂隙水赋存在不同年代的岩层和岩体的构造破碎带、构造裂隙和风化裂隙中；岩溶水赋存在碳酸盐岩类裂隙溶洞之中。岩性是地下水赋存条件的基础，构造是主导因素，地貌、水文、气象和植被是条件，它们互相依存互相制约，决定了地下水补、迳、排条件和动态变化。

松散岩类孔隙水：松散岩类包括全新统（Q_4^{3al}，Q_4^{2mc}，Q_4^{1al}）~上更新统（Q_3^{3al}，Q_3^{2mc}，Q_3^{2al}，Q_3^{1al}，Q_3^{1pl}）的河流相冲积层、冲洪积层、湖沼相沉积层及三角洲相沉积层。松散岩类竖向结构存在两个沉积旋回，即上更新世一个旋回，全新世是一个旋回。两个旋回的共同特征是：下部为河流冲积相砂、砂砾石、粉质黏土和黏土组成；上部为三角洲相的淤泥、淤泥质黏土、含淤泥质砂、含腐木贝壳，颗粒下粗上细，二元结构特征明显，地下水赋存在河流冲积或冲洪积层中；地下水类型为承压水和潜水，以承压水为主。含水层岩性为中粗砂、砂砾、角砾、粉细砂。

基岩裂隙水：下第三系和白垩系的紫红色砂岩、砂砾岩夹泥灰岩、泥岩等岩性，赋存红层裂隙水。三叠系小坪组和大冶群的砂岩、页岩互层；二叠系大隆组、龙潭组、文笔山组的砂岩、页岩、砂质泥岩互层；石炭系梓门桥段、测水段和孟公坳组的砂岩、砂砾岩、泥灰岩、页岩；泥盆帽子峰组的砂页岩等，赋存层状岩类裂隙水。广州市的东北部及南部震旦系的云母石英片岩、角岩和燕山期侵入细粒、中粒、中粒斑状黑云母花岗岩、花岗闪长岩的岩浆岩，赋存块状岩类裂隙水。如按地下水的埋藏条件划分，分为承压水及潜水两种类型，在基岩裂隙破碎带赋存潜水，在基岩构造盆地、向斜、单斜、断裂赋存承压水。

碳酸盐类岩溶水：二叠系下统栖霞组灰岩、石炭系上中统的壶天群灰岩和石炭系下统的石磴子段灰岩，赋存碳酸盐岩类岩溶水。地下水类型有承压水及潜水两种类型，在碳酸岩溶蚀区赋存潜水，而承压水分布于向斜、单斜、岩溶层或构造盆地岩溶中。

地下水分布受沉积环境、构造、地貌的控制。松散岩类孔隙淡水，分布在珠江河北部、流溪河、石马河、乌涌、车涌河两岸和山间河谷地带（广州东北部低山丘陵区）。松散岩类孔隙水，分布在珠江以南广大地区。块状岩类裂隙水主要分布在广从断裂以东，瘦狗岭断裂以北的低山丘陵区，东南部海珠区五凤村带和仑头至长洲一带也有出露。层状岩类裂隙水分布在西北部，呈北北东向条带状分布。碳酸盐岩类岩溶水分布在新市向斜和鸦岗背斜，呈北北东条带状分布，被第四系松散沉积物所覆盖。红层裂隙水分布在瘦狗岭断裂以南的广大地区，在地表有零星出露。

3.1.1 松散岩类孔隙水赋存特征

按含水层成因可划分为：海陆交替层孔隙水和冲洪积层孔隙水。

（1）海陆交替层孔隙水：

主要沿珠江两岸分布，埋藏在人工填土层或淤泥之下，水位埋深一般小于1.5m。含水层埋藏深度0.40～11.10m，一般在4m左右，局部出露于河床，如新村东侧的珠江河床。含水层属中、细砂较多，局部为粗砾砂，厚度1.00～13.20m，一般为3～7m。据砂层等厚线圈定，可分为几个砂体沉积中心：大坦沙最厚达14m，石围塘－新基村一带16m，黄沙12m。河南地段一般厚2～6m，在赤岗沿岸往新洲最厚可达10～15m，往黄阁以南厚达20m以上。

单位涌水量大于0.5l/s的钻孔皆分布于沿江地段，如黄沙－大沙头、河南赤岗、石围塘、新基村等地，抽水降程在5米内，流量180～230m^3/d，个别可达400m^3/d左右。离河流较远的地段，降程在5m内，流量39～150m^3/d。从砂层厚度来看，其富水性是不强的。

海陆交替层中的砂层是广州市内主要的含水层之一，对浅层的地下工程排水带来一定困难，尤其是沿江地段，砂层被珠江切割，地下水与珠江水有直接水力联系，施工难度更大，如文化公园、大德路等地下工程施工即如此。

（2）冲洪积层孔隙水：

主要分布在景泰坑、沙河、白云和天河机场一带及流溪河、扬基涌、冼村涌、车陂河、乌涌两岸平原地带。含水层是细砂、中砂、粗砂，次有砾砂，单层厚0.4～14m，总厚2～8m，流溪河两岸可达15m，呈南北向带状分布，埋藏深度2～12m，一般在3m左右，地下水位2～6m。工程钻孔抽水资料显示，景泰坑钻孔降程1.55m，流量0.2l/s；天河车站钻孔降程4.5m，流量0.48l/s；天河机场D4、D5孔，降程2.99～4.03m，流量0.454～0.22l/s；建设大马路钻孔，降程1.75m，流量0.22l/s。

冲洪积层孔隙水除接受降水补给外，还受北部丘陵区花岗岩、变质岩裂隙水的侧向补给，矿化度低，水质良好，但由于砂层厚度不稳定，又地处沟谷，补给面积有限，故水量不大。流溪河沿岸和广花冲积平原地区，地下水相对丰富，单孔抽水降程在5m内，流量150～250m^3/d，个别可达400m^3/d左右。

统计不同地段松散岩类孔隙水抽水试验成果（见表8－16），按照富水性等级划分如下：

1）水量丰富的：零星分布在黄陂、凌塘等地，地下水位2.11～2.50m，岩性为中粗砂及砂砾石。钻孔单位涌水量1.880～3.62l/s·m。

2）水量中等的：分布在鸭岗至中庄，亭岗至夏茅，田心村、螺涌－罗村－珠江两岸，元岗、龙眼洞以南、沭陂村等山间盆（谷）地。地下水位0～3.80m，一般1m左右，含水层埋深0～11.32m，一般2～5m，含水层厚度1～11.05m，一般2～6m，含水层岩性为粉土、砂、砂砾石，钻孔单位涌水量0.16～1.35l/s·m，均值0.527l/s·m，地下水温度24～25℃，pH值为4.6～7.2，大多为5.6～6.9，属酸性水。

表 8－16 松散岩类孔隙水钻孔抽水试验成果表

位置	孔深（m）	含水层岩性	抽水试验					水化学类型
			试段起止（m）	水位埋深（m）	涌水量（m^3/d）	降深（m）	单位涌水量（$m^3/d \cdot m$）	
凌塘南	43.97	粉土	5.47～39.9	0.94	157.939	0.505	312.77	
黄陂果园果子厂	11.70	细中、粗砂	0～10.5	2.34	412.138	1.75	235.53	
鸦岗水文站NE250	20.50	细砂、砂砾	1.65～20.5	0.65	54.268	1.09	49.77	HCO_3. Cl—Ca
大沙头12号车站	11.50	粉、细中粗砂	4.30～10.10	1.95	198.720	4.16	47.78	Cl—Na. Ca. Mg
棠下马鞍岗北	14.65	中粗砂	8.50～14.00	0.50	1.642	3.00	0.518	HCO_3. Cl—Ca
茅岗村	7.00	粉土	0～6.00	0.37	6.739	1.53	4.41	Cl. HCO_3—Mg. Na
省歌舞团后门	40.50	中粗砂、粉细砂	7.35～40.5	3.85	57.89	7.78	7.43	
龙眼洞	9.60	细中砂、砾砂	4.10～5.50	缺	30	4.20		
广州市新中轴线电视塔	20.40	粉砂、粗砂	5.60～12.20	1.70	51.90	2.80	18.50	Cl－HCO_3－Na－Ca
广东奥林匹克体育场	38.30	细砂、粗砂	3.10～15.40	1.75	34.05	1.20	28.37	HCO_3—Ca. Na
广州国际会议展览中心	16.80	粉砂	0.60～16.80	0.40	33.70	4.10	8.21	HCO_3. Cl—Na. Mg
广州新体育馆	30.00	中粗砂	0.70～12.80	0.70	46.90	4.10	11.44	HCO_3—Ca

3）水量贫乏的：分布于水冲、石井至槎头、广州市北郊一带、石牌、东陂－黄村等地。含水层埋深0～11.10m，一般为1～4m，含水层厚度1.30～10.55m，多为2～4m，地下水位0～3.85m，一般为1～3m，含水层岩性为粉土、粉细砂。钻孔单位涌水量0.024～0.148l/s·m。

广从断裂以西的山前一带，前缘至鹤边、棠涌、沙涌南、白云山山脚至沙河一带松散岩类水，富水性更小，钻孔单位涌水量小于10m^3/d.m（0.006～0.011l/s·m），多为黏性土夹薄层砂土或中粗砂。

3.1.2 基岩裂隙水赋存特征

（1）红层裂隙水。

富水性中等地区分布于横枝岗－渔民新村，呈北北西向条带状分布，与北北西断裂有关，由砂岩、砂砾岩组成裂隙水，地下水位0.30～4.54m，钻孔单位涌水量0.151～1.295l/s·m，矿化度0.12～0.60g/L。富水性贫乏地区分布于广州市以南广大地区，由泥岩、砂岩、砂砾岩组成裂隙水，地下水位0.3～19.20m，钻孔单位涌水量0.00017～0.143l/s.m，地下水矿化度0.096～0.915g/L（见表8－17）。

表 8-17 红层裂隙水钻孔抽水成果表

位置	孔深（m）	含水层岩性	抽水试验					水化学类型
			试段起止（m）	水位埋深（m）	涌水量（m^3/d）	降深（m）	单位涌水量（$m^3/d \cdot m$）	
南海盐步 X=24871.14 Y=28674.84	101.01	砂岩	16.81~101.01	4.54	214	1.91	111.89	HCO_3—Ca. Na
广州动物公园	219.52	红色砂岩、砾岩	27.22~216.60	0.35	59.87	5.11	11.71	HCO_3—Ca
市卫生防疫站	250.75	砂岩、砂砾岩	22.89~85.56	2.75	337.39	29.08	11.57	HCO_3—Ca. Na
黄华路党校	50.32	含砾粉砂、砂岩	13.50~50.32	1.40	52.01	6.48	3.37	HCO_3. Cl—Ca
登峰路	84.88	砂岩、砾岩	0~84.88	2.57	0.743	47.7	0.0147	HCO_3—Ca. Na
冶金勘探公司	50.05	砂岩、砂砾岩	27.27~50.05	2.05	98.84	3.62	27.3	HCO_3—Ca. Na
广州市新中轴线电视塔	38.20	粉砂质泥岩	10.10~38.20	2.60	13.80	22.10	0.62	
广州市新中轴线电视塔工程	32.30	粉砂质泥岩	13.30~32.30	3.10	28.70	2.85	10.18	Cl—Na. Ca

在张性、张扭性断裂或两组断裂交汇处，裂隙发育，钻孔单位涌水量为0.226~0.674l/s·m，水位1.08~3.18m。在压性、压扭性断裂带，钻孔单位涌水量一般小于0.01l/s·m。

（2）块状岩裂隙水。

富水性中等的分布于景泰坑、梅花园、同和、张屋、凌塘、黄陂、加庄、大村等地以北的广大地区，近东西向展布，与北西西向构造裂隙有关，为低山丘陵地形，由下古生界条痕状混合岩、石英岩、燕山期黑云母花岗岩组成，由于构造、和节理裂隙发育，特别是新构造裂隙发育，岩石破碎，植被茂盛，雨量充沛，含构造裂隙水较为丰富（见表8-18）。

地下水水位埋深0.80m~4.88m，钻孔单位涌水量0.168~6.603l/s·m，泉水流量0.125~1.461l/s，矿化度0.09~0.170g/L，pH值5.6~6.7，属酸性水。

表 8-18 块状岩类裂隙水钻孔抽水成果表

位置	孔深（m）	含水层岩性	抽水试验					水化学类型
			试段起止（m）	水位埋深（m）	涌水量（m^3/d）	降深（m）	单位涌水量（$m^3/d.\ m$）	
黄埔造船厂	138.56	中等风化中粗粒花岗岩	7.00~89.60	+024	181.786	3.49	52.10	Cl. HCO_3—K. Na
黄埔岛38209部队	118.30	花岗岩	37.24~118.30	4.88	187.384	4.04	46.48	Cl. HCO_3—K. Na+Ca
沙河102部队	51.60	花岗岩	7.94~51.60	+0.32	92	7.32	12.53	

续表 8－18

位置	孔深（m）	含水层岩性	抽水试验					水化学类型
			试段起止（m）	水位埋深（m）	涌水量（m^3/d）	降深（m）	单位涌水量（$m^3/d\cdot m$）	
越秀公园大山前马路中间	60.00	蚀变花岗碎岩	41.70～60.00	+0.32	187.661	12.80	14.52	
朱紫街	46.27	蚀变花岗碎岩	16.25～46.27	0.68	5.397	29.29	0.018	
南湖宾馆采石场	124.0	花岗岩	30～124	0.93	131.242	18	7.29	

贫乏的则分布于中等区以南地区，为低丘地形，裂隙和植被不发育，岩性多为花岗岩，钻孔单位涌水量0.00021～0.013l/s·m，泉水流量0.039～0.054l/s。

（3）层状岩类（砂页岩）裂隙水。

分布在广花盆地内及边缘，呈彼此分隔之条带状，包括三叠系、二叠系、石炭系和泥盆系砂岩、页岩、泥岩互层夹煤层，含裂隙水，富水性贫乏，个别中等（越秀公园0.490l/s·m，泌冲水泥厂0.252l/s.m）。钻孔单位涌水量0.0001～0.124l/s·m，矿化度0.125～0.374g/L（见表8－19）。

表8－19　层状岩类裂隙水钻孔抽水成果表

位置	孔深（m）	含水层岩性	抽水试验					水化学类型
			试段起止（m）	水位埋深（m）	涌水量（m^3/d）	降深（m）	单位涌水量（$m^3/d\cdot m$）	
郭村	185.42	K_2d^2灰岩钙质粉砂岩	15.68～185.42	1.25	173.146	2.25	76.98	
越秀公园正门对面	45.02	J_1灰岩夹页岩、变质石英砂岩	14.72～45.02	+0.31	131.24	3.10	42.34	HCO_3—Ca
泌冲水泥厂	150.87	D_3m粉细砂岩	20～137	+0.30	130	5.987	21.74	HCO_3—Mg. Na
南海州村马岗	155.73	D_3M砂岩炭质板岩夹灰岩	6.63～155.73	1.57	0.06	7.00	0.086	HCO_3—Na
越秀公园大门前马路中间	60.00	灰岩，石英砂岩	6.50～41.70	+0.33	173.146	5.57	31.09	HCO_3—Ca
盘福路后街	44.95	灰岩夹炭质页岩，石英砂岩	17.98～49.95	3.17	36.720	16.93	2.16	Cl. HCO_3—Na. Ca

3.1.3 碳酸盐岩类岩溶水赋存特征

该类型的水分布于广花复式向斜盆地的南部，地表无出露，全被第四系所覆盖，向南逐步收敛，过渡为埋藏型。第四系厚度8～28m。埋藏型上覆第四系和红层厚600～940m，分布在王圣堂（省汽车站）至西村、流花公园。碳酸盐岩类呈北北东条带状展布；受北北东构造所控制，并受北西西向构造所切割，含水层主要岩性是二叠系下统栖霞组灰岩和石炭系中上统的壶天群灰岩、白云质灰岩以及石炭系下统石磴子段灰岩，它们组成新市向斜和鸦岗背斜构造，因岩性、构造、地貌、补给条件等不同。岩溶发育程度各不相同，差异较大，故其富水性的差异较大（见表

8－20、表8－21）。

表8－20 碳酸盐岩类裂隙溶洞水钻孔抽水成果表

位置	孔深（m）	含水层岩性	抽水试验					水化学类型
			试段起止（m）	水位埋深（m）	涌水量（m^3/d）	降深（m）	单位涌水量（$m^3/d\cdot m$）	
54105部队 X＝37256.595 Y＝38512.398	396.37	$C_{2+3}ht$ 灰岩	36.16～30.12	10.10	1768	1.24	1425.77	
市二煤矿	49.28	P_1灰岩	13.75～49.28	5.95	2131	1.55	1386.72	
鸦岗	215.06	C_1ds灰岩	27.32～68.38	0.88	1539	4.03	381.80	Cl. HCO_3—Na
彭上村	50.32	P_1q灰岩	19.31～140.10	3.56	1709.165	5.15	331.86	HCO_3—Ca. Na
广郊粤龙村	184.51	$C_{2+3}ht$ 灰岩	38.00～184.51	0.58	1.0	3.25	0.25	
肖岗东 X＝36261.338 Y＝38293.699	116.61	P_1q灰岩	40.59～108.99	缺	1.063	3.26	0.354	
三元里东面 X＝33270.351 Y＝40819.824	147.18	$C_{2+3}ht$ 灰岩	13.97～147.18	0.80	103.939	23.74	4.32	
陈田村北 X＝39438.618 Y＝40819.824	195.42	$C_{2+3}ht$ 灰岩	24.73～176.42	4.23	17.28	1.88	9.16	
广州新体育馆	28.75	C_1ds灰岩	14.9～129.75	2.00	46.66	5.08	9.19	HCO_3—Ca.

表8－21 三大类灰岩钻孔单位涌水量统计表

地层	孔数（个）	矿化度大于1（g/L）		单位涌水量g（$m^3/d\cdot m$）			$g<0.15$		$0.15<g<1.5$		$g>1.5$	
		孔数（个）	%	最大值	最小值	均值	孔数（个）	%	孔数（个）	%	孔数（个）	%
栖霞阶灰岩（p_1q）	21	2	9.5	1386.72	0.3542	428.97	5	24	3	14	13	62
壹天裙灰岩（$C_{2+3}ht$）	10	4	40	1425.77	0.259	373.85	3	30	4	40	3	30
石磴子灰岩（C_1ds）	10	3	30	823.22	0.777	204.34	2	20	4	40	4	40
合计	41	9	22	1425.77	0.259	356.75	10	24	11	27	20	49

影响碳酸盐岩类岩溶水富集的因素有：

（1）碳酸盐岩的矿物成分和结构对岩溶发育程度、富水性起决定的作用。中上石炭系壶天群灰岩质地较纯，岩溶发育，水量较大。

（2）地质构造对岩溶发育起主导作用。广花盆地的东侧为压扭性的北北东向广从断裂，控制了盆地岩溶发育的边界，岩溶水受新市向斜轴和鸦岗背斜的控制。

（3）在垂直方向上，中上石炭系壶天群灰岩岩溶多发育于标高 -20 ~ -90m 及 -170 ~ -220m 之间；下二叠系栖霞组灰岩岩溶多发育于标高 -60 ~ -80m 之间；下石炭系石磴子段灰岩岩溶多发育于标高 -10 ~ -50m 之间。上部岩溶发育，随着地下水向深部径流而减弱，上部溶洞多为砂砾、碎块和黏土充填，下部岩溶以海绵状、蜂窝状溶孔为主，多为红岩充填的古溶洞，标高在 -170m 以下。

（4）地表水系及地下水径流条件影响岩溶水的富集，在主要河流的两侧冲积层下部岩溶发育，离河流越远溶洞相对减少，上覆第四系厚度较大，岩性为中粗砂、砂砾，含水量较大，有利于第四系孔隙水对岩溶水的补给和富集。

（5）溶洞充填物的岩性及其充填程度对富水性往往起决定性作用，无充填物的裂隙和溶洞含水最丰富；砂性土充填物之溶洞比黏性土充填物之溶洞其富水性大得多。

按富水型划分如下：

（1）水量丰富的分布在鸦岗、磨刀坑以西、江夏以北，肖岗 - 三元里一带，呈北北东和北西西向展布。据省地矿局水文地质工程地质二大队肖岗水源地供水勘查报告资料，肖岗 - 三元里水源地面积为 $10km^2$，岩溶水影响半径 700 ~ 1000m，生产井间距 1700m，最大可能生产井数目 7 个，推算钻孔最大涌水量平均值 26.767l/s，开采储量 16188.682m^3/d。钻孔单位涌水量 1.630 ~ 16.502l/s · m。

（2）水量中等的地区分布在海头村、古料村、凤岗南西之夏茅至谭村、陈田附近、柯子岭等地，呈北北东向展布。钻孔单位涌水量 0.221 ~ 1.046l/s · m。

（3）水量贫乏的地区分布在古料村南东、田心村 - 螺涌、陈田北等地，呈北北东展布。裂隙溶洞多被泥质等充填，钻孔单位涌水量 0.0024 ~ 0.106l/s · m。

3.2 地下水的补给、径流与排泄

松散岩类孔隙水，其补给主要靠大气降水和地表水，排泄主要表现为大气蒸发及珠江退潮时间的江河排泄，地下水水位受季节和江河潮汐的影响明显。

基岩裂隙水主要由远处侧向补给以及在基岩裂隙水水位下降时由第四系砂层越流补给，排泄方式主要为通过泉水、向第四系越流、人工采取或向江河排泄。

碳酸岩类岩溶水主要由上覆第四系砂层越流补给，排泄方式主要为通过泉水、向第四系越流、人工采取或向江河排泄。

3.3 地下水的动态特征

地下水位与季节、气候、地下水赋存、补给及排泄有密切的关系，雨季期间，地下水位会有所上升，旱季期间，地下水位会有所下降，水位年变化幅度为 1.00 ~ 2.50m。此外，临近河道、水道地段，地下水位还受河水涨潮、退潮的影响，受涨汐影响，地下水位变化幅度为 0.50 ~ 1.50m 左右。

4 特殊地质条件

4.1 不良地质作用

广州市最突出的不良地质作用为砂土液化、地面沉降，其次为岩溶塌陷、滑坡崩塌等。

（1）砂土液化。

广州地区广泛分布着海陆交互相沉积淤泥质粉细砂层 <2 - 2 >、冲积 - 洪积粉细砂层 <3 - 1 >、冲积 - 洪积中粗砾砂层 <3 - 2 >，按国家标准《建筑抗震设计规范》（GB 50011—2010）判别，在地震烈度为 7 度时，地面下饱和砂土普遍存在液化，液化等级轻微 ~ 中等，局部地段液化等级为严重。

（2）地面沉降、软土震陷。

广州地区软土层较厚，分布范围广，含水量、孔隙比大，呈流塑软塑状态，具有震陷性、触变性、高压缩性和流变性等工程性质特征，易引发软土地基的不均匀沉降、软土震陷、地面沉降等不良地质作用。

（3）岩溶。

碳酸盐岩，广州地区主要分布在广花盆地，在越秀公园至嘉禾有一灰岩条带呈北东东向展布。区内碳酸盐岩（石灰岩）的生成时代包括古生代的石炭系、二叠系以及三叠系的灰岩，其中以石炭系壶天群、二叠系栖霞组分布较广，岩溶最为发育，其次为石凳子组灰岩。

区内岩溶以覆盖型为主，岩溶形态各异，可表现为溶沟、溶蚀槽、溶隙、溶洞等，现揭露的岩溶洞体最大高度达 12.40m。岩溶常与土洞共生，土洞的危险性有时更甚于溶洞，轻微的震动都可诱发它的坍塌。且地下水发育，岩溶裂隙水和承压水的长期互相补给，极易造成岩溶地面塌陷。

（4）滑坡、崩塌。

主要分布于远城区的丘陵地段，一般由降雨、风化等自然因素及切坡建房、开山采石等人为因素引发。

4.2 特殊性岩土

广州市最突出的特殊性岩土主要为填土、软土、风化岩及残积土。

（1）填土。

填土层主要为杂填土和素填土，颜色较杂，素填土主要为人工堆填的粉质黏土、中粗砂、碎石等，杂填土则含有砖块、砼块等建筑垃圾或生活垃圾，大部分稍压实 - 欠压实，孔隙度大，稍湿 - 湿。本层广州市分布广泛，在垂直方向上分布很不均匀，局部可能存在上层滞水。

由于填土堆积条件上的差异，它的分布范围和厚度变化缺乏规律性，往往在一个小范围内变化较大。属一种欠压密的土，一般具较高的压缩性、较低的强度、较大的变异性，一般难以在工程中利用。

（2）软土。

广州市分布的软土为第四系海陆交互相沉积淤泥 <2 - 1A >、淤泥质土层 <2 - 1B >，分布广泛，厚度较大；第四系河湖相沉积的 <4 - 2A >、淤泥质土层 <4 - 2B >，呈局部分布。广州市的软土有如下特点：

震陷性：即当原状土收到震动后，会很快变成稀释状态，易产生侧向滑动、沉降及基底变形等现象。

流变性：软土除排水固结引起变形外，在剪应力的作用下还会发生缓慢而长期的剪切变形。这对建筑地基的沉降及地基稳定性均有不利影响。

高压缩性：软土属高压缩性土，极易因其体积的压缩而导致地面和建筑物沉降。

低透水性：因其透水性和富水性强，对地基排水固结不利，不仅影响地基强度，同时延长了地基趋于稳定的沉降时间。

软土地层易发生地面建筑物沉降变形，易导致基坑失稳，在地震或震动力作用时可能发生震陷，且极易产生变形，对基坑的稳定有较大影响。

（3）花岗岩风化岩及残积土。

花岗岩残积土及风化层主要有以下三个特性：

1）软化、崩解性：残积土及全风化和强风化岩遇水浸泡后，其中风化形成的亲水矿物质迅速吸水膨胀，岩土发生崩解导致岩土强度降低，影响地基土的均匀性和稳定性。深基坑施工时，由于地下承压水的渗出，把花岗岩风化土的由长石风化而成的高岭土带出，土体的孔隙率增加，风化土的结构被破坏，物理力学指标迅速降低，导致软化、液化、使基坑的被动土压力迅速降低，围护结构下部出现内移，支撑体系产生脱落。

2）花岗岩球状风化和石英脉：由于球状风化现象，在残积土或全强风化岩中发育中、微风化岩孤石，同时受区域构造影响，发育石英脉，孤石及石英均具有很高的强度，孤石和石英脉的存在，对基坑开挖有一定影响，对围护桩、盾构施工有较大影响，如盾构掘进中遇到球状风化体（孤石）时，孤石会随着刀盘移动，而无法切削破碎、桩基施工时常误把球状风化体作为基地岩层，造成桩的承载力不足。

3）风化深槽：由于风化不均匀，稳定岩层岩面埋深在纵横向上变化大，很不稳定，部分地段风化深度剧增，岩面起伏变化大，形成风化深槽现象。风化深槽对桩基础施工有较大影响，易造成塌孔和缩径等。

（4）碎屑岩、混合岩、变质岩风化岩及残积土。

需要说明的是，混合岩、变质岩风化程度较深的残积土、强风化土也同样具有遇水易软化、崩解、液化的特性。碎屑岩风化岩及残积土由于含有较多的钙质，所以遇水也较易软化、崩解。

5 城市轨道交通主要工程地质问题

5.1 盾构工法主要工程地质问题及对策

（1）花岗岩残积土、球状风化（孤石）。

由于花岗岩在成岩、岩浆中石英的分布、后期构造作用或风化的不均一性，导致花岗岩风化土中存在花岗岩风化残留体，即为孤石，其往往存在于不同风化程度的岩层中，孤石形状大小各异，强度不一。

在盾构法隧道的施工中，基岩地层的掘进效率低，刀盘刀具磨损严重，易产生卡刀、斜刀、掉刀、刀具偏磨、线路偏移等，处理起来速度较慢，严重影响施工进度，有的甚至因施工无法进展而变更设计，成本较高，经济效益差；在软土地层中，盾构机掘进时滚刀很难产生足够的反力将孤石破碎。若孤石不破碎，盾构机掘进时，孤石会在刀盘前方随着盾构机掘进方向移动，对地层造成很大的扰动。此外，对盾构机刀盘的主轴承、刀盘的钢结构产生伤害，对刀具产生破坏。盾构机的掘进姿态很难控制。

对策：当隧道上方地面局部冲孔、挖孔条件时，采取人工挖孔桩加岩石分裂机、冲击钻地面破碎、钻孔爆破等处理手段；当地面不具备上述条件时，采用洞内凿除、洞内静态爆破或从地面对孤石周边一定范围的地层采用袖阀管进行加固，使孤石收到刀盘正面的切削作用而破碎。无论从安全性、实用性、风险性及处理效果看，地面处理都要比洞内处理更加优越。

（2）软土可能造成地面变形及开挖面失稳。

软土在广州分布较广范，该软土层具高压缩性、高灵敏度、低抗剪强度及低承载力的特点，可能引起隧道基底不均匀沉降以致地面变形；隧道施工时易发生塑性破坏增加隧道衬砌的难度，区间隧道顶板有较厚软土可能使地表沉陷值增大。且受含水量变化影响大，盾构施工过程中由于土层流动易造成开挖面失稳，作为位于隧道围岩时，无自稳能力，易坍塌。

对策：盾构施工中，匹配好土仓压力、推进速度与出土量这三项施工参数，能有效减少盾构的偏移和旋转，减小盾构推进对地表沉降的影响；在盾构施工中要根据不同土质和覆土厚度、地面建筑物，结合监测信息的分析，及时调整平衡压力值的设定，保持平稳的推进速度，减少对土体的扰动。

管片脱出盾尾后，在管片与土体之间将产生空隙，若不及时注浆，土体很快就塌落到空隙内，产生较大沉降，因此，盾尾同步注浆是控制地表沉降的重要手段之一。同时根据推进速度、出土量和地层变形的监测数据，及时调整注浆量，从而将轴线和地层变形控制在允许的范围内。但土质较软时，注浆压力不宜过高，否则会对地层产生较大的扰动，增加后期沉降甚至破坏管片。

（3）软硬复合土层可能造成盾构机在线路方向上的偏离。

在隧道盾构施工中，由较硬土层进入软土层或由软土层进入较硬土层时，由于沉降不均，可能造成盾构机在线路方向上的偏离（如地铁3号线南段（大石－汉溪））。

盾构掘进时由于砂砾石层强度高，掘进速度慢，长时间原位转动刀盘对软弱围岩的扰动大而使其失稳，且刀盘顶部地层易被掏空，上部地层将形成以刀盘为中心的漏斗状塌空区，强行掘进可能会导致地面出现坍塌，应采取有效的措施对软弱地层进行必要的加固处理，增强地层和地面的自稳能力。

对策：在掘进过程中适时向盾壳外部注入膨润土减小阻力的同时，通过不间断的监控量测手段，适时调整掘进参数。

（4）岩溶问题。

广州市碳酸盐岩，主要分布在广三断裂西段以北、广从断裂以西的广花盆地，地铁9号线、8号线北延段、2号线北段、3号线北延段等多条轨道交通线路均经过该区域。岩溶对建设工程的主要危害是岩溶区形成地下溶洞、岩溶常与土洞共生，土洞的危险性有时更甚于溶洞，盾构掘进时，轻微的震动都可诱发它的坍塌，造成地面塌陷；另外岩溶充填物往往是软塑状红黏土，易造成掌子面失稳。

对策：勘察时查明岩溶分布的范围、形态、地貌特征、发育强度，岩性、地层厚度、地质构造、产状、节理裂隙的发育程度、地表水及地下水的关系，溶洞发育的形态、高程，洞顶厚度及完整程度、洞中沉积物充填状况、溶洞充填物成分等，为设计提供地质基础资料。

隧道施工过程中需采用地质综合超前预报，结合地表降水、超前钻探和注浆的方法探查和控制岩溶水，并及时在隧道内对岩溶进行处理。

（5）盾构在富水砂层中容易出现开挖面喷涌、冒顶、坍塌等问题。

对策：

1）关闭出土闸门，关掉螺旋机，在顶部土压不超限的情况下继续往前掘进，使土仓基本满土后（此时刀盘油压较高，扭矩较大）停止；然后稍开出土闸门，不启动螺旋机，让土压把砂土挤出，待砂土挤出速度较慢甚至不自动流出时再启动刀盘往前掘进。

2）关闭出土闸门，螺旋机正转转速调至2.0rpm左右，继续往前掘进，到顶部土压达2.8bar时停止；待土压降低到2.0bar以下时再按前面方法掘进，到刀盘扭矩较大（约3200kN·m）时，关闭刀盘及螺旋机，稍开出土闸门，让土压把砂土挤出，待砂土挤出速度较慢甚至不自动流出时再启动刀盘往前掘进。

3）严格控制盾构正面的平衡压力。盾构机在过砂层时，通过下列两种方法控制土仓压力处于平衡状态：一是在保持推进速度不变的情况下，调节螺旋输送器的转速或闸门开度（螺旋输送器转速减小均能达到增大土仓压力的效果），控制出土量，建立和保持密封土仓压力；二是在保持螺旋输送器的转速或闸门开度不变的情况下，加大盾构机千斤顶的总推力，提高刀盘的转速和推进速度，增大密封土仓压力。

4）渣土改良：在砂土和沙砾等砂质土地层中，由于砂土的摩擦阻力很大，地下水丰富，土的透水系数也较高，依靠、削土的土压力保持开挖面上的压力（地下水压力和开挖面土压力）是很困难的。另外，通过开挖土体来很难保证出土的流动性，在这种砂性土的地层中，单纯依靠出土闸门等机械控制很难保证开挖面的稳定，所以在开挖面上加压或注入化学聚合物、泡沫剂、膨润土等材料，进行充分搅拌，改良切削下来的渣土性质，保证砂土的流动性和止水性，以求开挖面的稳定，防止喷涌、冒顶等。

5）加强管片的背后注浆控制由于砂土的渗透性较好，含水量大，实际注浆量应大于理论计算量，以保证注浆质量。

6）加强对出土量的计量。及时掌握开挖面的地质情况和出土量，防止超挖造成地表塌陷。

7）加强监测工作，及时反馈监测信息加强地面的沉降、洞内的管片上浮、旋转、收敛等监测，及时根据监测数据调整相应掘进参数，以保证盾构掘进施工安全及成型隧道质量。

（6）越江。

盾构下穿珠江或其他大型河流时，可能引发突水、大面积塌陷等，一旦发生透水事故，将引发江水倒灌，危害性极大。

对策：在盾构机穿越的时候，为了保证开挖面能够保证稳定，不致塌陷或隆起，就需要保持泥土仓的土压力与开挖面的土压力和地下水的水压力相平衡，严密监测隧道内漏水点的数量及渗水量的变化，防止发生突涌；设计在计算排土量及排土速度时，应充分考虑本段的地质及水文情况，并制定预防措施，做好充足的物资准备；在联络通道施工前，须对隧洞周边土体进行冻结，起到预加固和止水作用。

5.2 明挖工法主要工程地质问题及对策

（1）花岗岩残积土软化、崩解性造成边坡失稳、坑底隆起。

花岗岩残积土及全风化和强风化岩遇水浸泡后，其中风化形成的亲水矿物质迅速吸水膨胀，岩土发生崩解导致岩土强度降低，易造成边坡失稳和坑底隆起（如地铁3号线南方医院站、天河客运站）。

对策：

1）围护结构采用止水效果好的地下连续墙，应充分考虑开挖平面以下残积土层受扰动而发生的软化，保证有足够的嵌固深度，或深入中－微风化岩层。

2）围护结构设计应充分体现：上游止水、下游排水的设计思想。尽量控制水对花岗岩风化层的影响。

3）开挖至基底平面前，应尽量避免对土层的扰动，必要时提前注浆加固、及早封闭，避免坑底隆起。

4）加强施工监测，合理确定基坑每次开挖深度及及时架设钢支撑。

（2）软土可引发支护结构变形、基坑失稳及周边地面变形等。

饱和软土深基坑可能遇到的岩土工程问题有以下三个方面：

1）由于开挖临空和卸载而引起的边坡土体和支护结构变形、基底隆起或整体失稳；

2）由于开挖造成地下水水力坡度陡降使得地下水从侧壁涌出而产生涌水和流土，或者由于承压含水层上伏不透水层的揭穿而造成坑底管涌和冒砂；

3）由于前两方面原因造成基坑周边地面（或地下）的变形，甚至破坏。

由于软土具有压缩性高、强度低和结构灵敏性高的特点，进行深基坑开挖后会产生主动土压力大，被动土压力小，基坑周边和坑底土体会产生较大的变形，土体中剪应力集中的部位易形成剪切滑移面，导致坑周土体滑动，当滑动面绕过支护结构底端时，周边土体滑移又直接导致了坑底的隆起。土体变形可造成支护体系失稳甚至破坏。

对策：深厚软土深基坑支护结构设计时，要求嵌入深度除满足结构本身稳定需求外，还应就坑底隆起、支护结构变形、整体稳定性进行验算，防止整体失稳现象发生。同时由于软土主动土压力系数很大且主动土压力与基坑开挖深度的平方呈正比，故应严防超挖现象，以避免人为因素造成支护结构的失稳和坡顶位移过大。

（3）填土层易导致桩间侧壁漏水。

当拟建场地位于老城区时，往往存在一些不明地下构筑物和管线，且填土层较厚，经常会出现不明水源，如止水措施不当，可能形成流土、流水，如处理不及时，在局部地层掏空引起上部土层下陷，导致基坑边坡或建筑物破坏。

对策：可采用高压旋喷、挂浆喷射混凝土封闭或静雅注浆的止水加固措施。

(4) 土、岩结合面、顺层滑动面的不稳定性。

当明挖车站基岩埋深较浅时，土、岩结合面如向坑内倾斜，或基坑侧壁存在顺层滑动面时，则易造成基坑失稳、坍塌。

对策：岩土工程勘察应注意并重点查明岩层产状、土岩结合面的稳定性；同时设计应注意岩面倾斜对支护结构受力的影响，同时应采取对潜在滑动面的预加固措施。

(5) 富水砂层在明挖施工中的问题。

广州地铁明挖基坑多采用地下连续墙的方案，在珠江两岸及阶地上，基坑侧壁或下部多为砂层，地下水位高，具有承压性，如地下连续墙未达到止水效果，则会出现漏水、漏砂等，可能导致周边环境的破坏或地下连续墙的变形。

对策：

1) 方案设计时，可采用复合锁口管连接或刚性十字钢板接头工艺，另外，在接头处接头内预埋注浆管。

2) 施工方面，加强地连墙施工质量，如穿越上部软土层段，可在墙两侧进行超前加固，易保证成槽质量，防止槽壁坍塌；施工时保证其垂直度、接头刷壁处理质量等；合理安排土方开挖顺序，控制连续墙的变形，可降低接缝漏水程度。

3) 如果已经发生渗漏，则在墙体缺陷处杂质清理干净然后插入引流管，引流管后绑缠棉纱封堵泥沙后将水引流，然后采用水泥封堵缺陷处，等封堵的水泥形成一定强度后再关闭导管，然后灌注聚氨酯。止水帷幕不封闭的地方采取在缺陷处用膨胀螺丝固定钢板，钢板上设置阀门进行引流注浆的方法进行封堵。

如果围护结构缺陷较大，渗漏较为严重时，直接封堵较为困难，则应首先在坑内回土反压封堵水流，然后在坑外引孔采取双液注浆泵灌注双液注浆材料封堵渗漏处。注浆完成后待浆液凝固后探挖，确认封堵住渗漏点后再继续向下开挖基坑，随挖随探。

5.3 矿山法主要工程地质问题及对策

(1) 暗挖法在富水砂层中易引发地面沉降过大。

富水砂层含水量大，具有流动性、自稳性差等特点，隧道以上土层在自然状态下一般处于应力平衡的稳定状态，但在施工开挖过程中会导致土体位移，引发较大的沉降。

对策：

采取超前辅助措施，对富水砂层比较有效的方法是洞内全断面注浆加固法、高压水平旋喷桩、地面井点降水法。

洞内全断面注浆加固法属于掌子面稳定法的一种，全断面帷幕注浆法有 TSS 管注浆法和深孔注浆法等，通过试验对比深孔注浆法效果较好。二重管水平深孔注浆能处理各种各样的复杂地质条件，对裂隙水丰富、透水性较强的地段具有更大的优势，且施工灵活，能适应隧道窄小环境；注浆材料经济无污染；加固效果好，能严格控制地表沉降。

高压水平旋喷桩支护原理与管棚法类似，可起到超前加固支护作用，水泥与土体凝固成一个强度较高的硬拱，同时还有封闭地下水的作用。

当前解决水的问题主要是采取地面降水和洞内止水两种。

隧道施工 18 字方针是砂层中控制沉降的指南及法宝：“管超前、短进尺、强支护、早封闭、勤量测”，只有落实每一个细节才能有效地控制沉降。以下几点对控制沉降也意义重大：

1) 严格控制上下台阶之间的距离，施工中做到快封闭、早成环。

2) 在上台阶开挖时，切实做好拱架、拱脚处理，保证锁脚锚管及注浆的质量，拱脚连接板下放置木板方木垫实，保证拱架拱脚密实。

3) 及时对初期支护背后进行回填注浆。由于混凝土的自重及喷混凝土密实度等的影响，初期支护背后与土体之间不可避免地会出现空隙，使初期支护与围岩分离，不能一起承受荷载，这样对结构的安全性和控制地表沉降很不利。因此，当结构全断面初期支护封闭并达到设计强度后，及时对初期支护混凝土实施回填注浆，对止水、加固结构、改善结构受力条件和控制地层沉降有很重要的意义。

富水砂层中施工的另一个要点就是每一道工序必须快，因为此段围岩自稳时间非常短，必须在其失稳过程前将其及时封闭，从开挖到架设拱架再到喷射混凝土，必须尽最快速度完成。控制沉降除了采用一些先进的施工方法及仪器设备外，施工中每一道工序施工的好坏也直接影响到沉降控制的效果，比如纵向连接筋的布置及焊接、拱架各细部的焊接、锁脚锚管的打设、台阶法开挖时台阶留置长度以及隧道内引排水等，任何一项工作没有做到位都有可能使沉降量加大，甚至酿成险情。

（2）岩溶塌陷。

广州溶洞发育，溶洞中充水填泥，施工过程中可发生岩溶塌陷及隧洞施工中的突水、涌泥。

对策：在隧道开挖灰岩段采取超前地质预报和地质验证工作，对于高风险的溶洞，可在隧道开挖前自地面进行充填加固，并进行岩面注浆，采用井点降水的办法降低承压水水头。

6 典型案例

（1）工程概况。

广州市地铁三号线【天河客运站】土建工程位于广州市天河区天河汽车客运站旁；广汕公路E匝道桥西侧、新天河商贸城下，西南侧为天河汽车客运站。车站的总长度为276.4m，车站标准段宽18.8m。本车站主体围护结构采用地下连续墙，主体结构采用明挖顺作法施工，车站基坑开挖平均深度为17m。

（2）地质条件。

本车站岩土层自上而下共有10种类型：<1>人工填土层（Q_4^{ml}），<3-2>冲-洪积砂层（Q_3^{al+pl}），<4-1>冲-洪积土层（Q_3^{al+pl}），<4-2>河湖相沉积土层（Q_3^{al}），<5H-1>花岗岩可塑状砾质黏性土（Q^{el}），<5H-2>花岗岩硬塑-坚塑状砾质黏性土（Q^{el}），<6H>花岗岩全风化带，<7H>花岗岩强风化带，<8H>花岗岩中风化带，<9H>花岗岩微风化带。

车站范围内分布有较广的淤泥质土，呈层分布，为流塑状厚度为0.4~3.9m，平均厚度1.63m；还分布有较广的厚层砂层，车站范围内厚度0.50~6.50m，平均厚度2.21m以及花岗岩全风化带。

（3）连续墙变形超限及施工抢险。

花岗岩风化残积土较厚，在初始基坑开挖时，出现了严重的软化、崩解现象，应急措施没做到位，开挖面连续墙变形，出现裂纹，出现抢险状态，随后停止开挖，分析原因查找不足。

在后来的施工中，一步一步地总结施工经验，制定技术措施，确保了基坑安全：

1）加强施工监测，合理确定基坑每次开挖深度及及时进行钢支撑架设。

2004年3月10日上午，准备施工3区中板，开始倒换该部位第三道支撑，由于是第一次倒换，施工人员在倒换过程中进行了监测，撤除一根支撑后监测数据表明连续墙在支撑撤除后变形较大，变形速率达到3mm/h，累计变形32mm，变形速率很大，同时该部位第二道支撑的轴力由原来的865kN猛然增大到954kN，增大了89kN，施工人员立即停止了钢支撑的撤除，严密监测连续墙以及钢支撑的动态，并且在该部位第二道钢支撑以上1m位置安装好二根钢支撑托架，准备随时架设钢支撑，中午该部位第二道钢支撑开始明显的弯曲变形，施工人员立即在该位置架设了2道钢支撑，支撑架设后连续墙以及钢支撑逐渐趋于稳定。阻止了一场可能出现的险情。

2）机械结合人工土方开挖。

车站基坑地面8m以下为砂层和全风化花岗岩，且该地层地下水丰富，如开挖北端工作井，地下水将顺势流入工作井开挖基坑内，并将带出大量泥沙、引起前方已经成型的基坑面虚空、坍塌，给施工安全和基底质量将带来较大的隐患。如果直接开挖，将引起连续墙周围槽段区段（工作井以外区域）基坑标高的降低，将造成连续墙嵌入深度严重不足，可能引起连续墙变形。

确保基坑安全的前提下，根据地质水文条件和场地特点，车站基坑开挖按“从北到南、从上到下”的分区段台阶式开挖，从地面至机械开挖面共设3个台阶，长度5～7m，上面3个台阶各布一台PC200反挖，底部台阶布一台PC150反挖，各台阶平行推进。为了避免花岗岩受机械开挖的扰动，机械开挖至设计基底面以上4～3m处。为防止开挖面坍塌或地下水汇流形成泥石流威胁后方基底，每完成机械开挖一个区段即在靠近开挖面设横向挡土墙，挡土墙采用I16型钢插入基底，横向用方木绑扎在型钢上，安设潜水泵分段抽水。基底面以上4～3m的土，改为塔吊辅助人工开挖，由于土方开挖出来后已成流塑状，需倒运到指定地点进行石灰拌和，再用自卸车运出。车站基坑钢支撑采用地面拼装，桁吊吊装就位的方法。

3）基底综合抽排水及换填处理。

施工过程中针对基坑开挖深度内各土层含水量高、透水性强、自稳性差的特点，采取多种方式综合治水，确保成型地基基础的质量安全。①为保证换填层厚度，人工拣底要比设计基底标高深$\not<$60cm，由于基面上有泥水，量测时要以行走踩到硬地面为准。②由于基底冒水和开挖面汇流积水，人工捡底很难彻底清除被浸水扰动软化崩解的残积土，对此，在抛填片石的过程中要不断把被片石积压出来的泥土清除干净。③为防止地基基面大面积浸水，在基坑两侧、中部开挖排水沟槽，在开挖面设置集水坑并安放抽水机，抛填片石前在沟槽中布设φ100PVC盲管并覆以碎石，确保排水流畅。垫层混凝土渗漏情况统计。经换填处理过的地基，在施工垫层混凝土后没有渗漏水、冒浆等现象发生，保证了基底承载力。

（4）反思设计方面的几点不足。

1）对基坑所在的花岗岩残积土层的特性没有全面的认识，一直以来都认为花岗岩残积土层是致密而不透水的。在天河客运站开挖过程中发现，基坑所在的花岗岩残积土层含砂量比较大，渗水率比较高并非不透水层。在此地层设计连续墙必须考虑该土层软化崩解的特性，在连续墙厚度的选取上必须考虑开挖平面以下一定范围内的花岗岩残积土的已经受到扰动发生软化，对连续墙不起支撑作用。连续墙自身强度需足以抵抗扰动面以上的基坑外围土压力而并非仅仅是开挖面以上。天河客运站设计采用的是600mm厚的连续墙，在开挖过程中发生了较大位移，给工程施工安全带来了极大的威胁。除了是支撑间距过大原因外，连续墙厚度过薄也是主要因素。究其根本也是设计在计算连续墙厚度的时候没有考虑到开挖面以下部分花岗岩残积土层扰动软化的特性。

2）基底埋深位于花岗岩残积土层中，设计连续墙嵌固深度必须考虑该土层的渗水率及残积土层受扰动软化的特性，适当加大连续墙嵌固深度。天河客运站明挖基坑在开挖过程中一直发现基底连续墙脚有冒水的现象，经试验分析是从基坑外地下水由连续墙底绕流进入基坑。证明原设计连续墙嵌固深度6m不能有效阻止地下水渗入基坑，可考虑施作止水帷幕。

3）在基坑开挖过程中，为避免机械扰动导致花岗岩残积土软化崩解，基底以上6m基本采用人工开挖。不但开挖的效率非常低，挖到基底时仍然无法满足设计承载力而必须进行基底加固，可谓费时又费钱。类似工程基坑开挖前就对该部分花岗岩残积土进行预加固，有利于基坑开挖及早封闭基底，给工程进度及安全都带来保障。

参考文献

[1] 曾耀昌. 广州地区工程地质特征综述［R］. 广州：广东省岩土力学与工程学会，2006.

[2] 蒲勇，姚江，刘成军，程东海. 广州地铁工程范围岩土层物理力学参数区划［J］. 施工技术，2010.

[3] 刘良贵，等. 广州市工程岩土环境分区与基本特征［J］. 工程地质学报，2006.

［4］郑建生，刘瑞华. 广州地区地下水类型特征及其对城市建设环境的影响［J］. 热带地理，2006.

［5］广州地铁设计研究院有限公司. 广州市轨道交通线网岩土工程勘察总体技术要求（第四版）［R］，2012.

哈尔滨市

1 自然地理

1.1 地理位置

哈尔滨市位于黑龙江省中南部，地处松嫩平原南缘，是黑龙江省省会。哈尔滨市位于北纬44°04′~46°40′，东经125°42′~130°10′之间。哈尔滨境内的大小河流均属于松花江系和牡丹江水系，全市总面积为56579万km^2（市区7086km^2），地势从东南缓缓向西北倾斜。其中山地面积为1.8万km^2，占总面积的34%，丘陵1.1万km^2，占21%；平原2.4万km^2，占45%。

哈尔滨市区及双城市、呼兰区地域平坦、低洼，东部10县（市）多山及丘陵地。东南临张广才岭支脉丘陵，北部为小兴安岭山区，中部有松花江通过，山势不高，河流纵横，平原辽阔。哈尔滨市区主要分布在松花江形成的三级阶地上：第一级阶地海拔在132~140m之间，主要包括道里区和道外区，地面平坦；第二级阶地海拔145~175m，由第一级阶地逐步过渡，无明显界限，主要包括南岗区和香坊区的部分地区，面积较大，长期流水侵蚀，略有起伏，土层深厚，土质肥沃，是哈尔滨市重要农业区；第三级阶地海拔180~200m，主要分布在荒山嘴子和平房区南部等地，再往东南则逐渐过渡到张广才岭余脉，为丘陵地区。

1.2 气象

哈尔滨市属中温带大陆性季风气候，夏季炎热短促，多东南风，冬季漫长寒冷，多西北风，区内季节性冻土发育，从11月上旬开始封冻，至翌年5月初完全解冻，冻结深度在1.80~2.05m之间。据哈尔滨气象台1954—2010年观测资料统计，各气象要素特征见表9-1。

表9-1 哈尔滨地区主要气象要素一览表

项目	单位	北京市观象台
年平均气温	℃	4.7
月平均气温最小值	℃	-17.2（1月份）
月平均气温最大值	℃	22.3（7月份）
极端最低气温	℃	-37.7
极端最高气温	℃	39.2
年平均降水量	mm	537.5
最小降水量	mm	345.48（1989年）
最大降水量	mm	826.30（1994年）
年降水量集中的月份及占比	月份/占比	6~9/80.76%
年平均蒸发量	mm	1454.0

续表 9-1

项　目	单　位	北京市观象台
最小蒸发量	mm	1012.1（1954 年）
最大蒸发量	mm	1867.8（1982 年）
年内蒸发量最小的月份及占比	月/占比%	12~2（翌年）/3.35
年内蒸发量最大的月份及占比	月/占比%	4~9/81.87
年平均最大风速	m/s	13.4
年平均起雾日数	日	9
年平均雷暴日数	日	35
年平均相对湿度	%	64

1.3 水　文

哈尔滨市境内的大小河流均属于松花江水系和牡丹江水系，主要有松花江、呼兰河、阿什河、拉林河、牤牛河、蚂蜒河、东亮珠河、泥河、漂河、蜚克图河、少陵河、五岳河、倭肯河等。松花江发源于吉林省长白山天池，其干流由西向东贯穿哈尔滨市地区中部，河道蜿蜒曲折，边滩及江心洲发育。河床宽 293 ~ 1000m，水深 3.80 ~ 6.00m。历史最高水位 120.89m，25 年一遇洪水位 119.50m。年径流量 153 ~ 755.5 亿 m^3，最大流量 12200m^3/s，最大流速为 1.99m/s，最小流速为 0.536m/s，最大冰厚 1.25m，每年 12 月至翌年 3 月可通行汽车。其支流何家沟、马家沟、阿什河自西向东一字排开，南源北流。其中阿什河是主要支流，河道曲折。松花江历年最高水位多出现在 8、9 月份的降雨集中期，历年最低水位一般出现在降水较少的 1—4 月份。1998 年松花江流域遭遇百年罕见特大洪水，哈尔滨段水位达 120.89m，创历史最高水位，松花江 25 年一遇洪水位 119.50m，抗洪设防水位 118.1m。

1.4 地形地貌

哈尔滨市区地貌特征受松花江水系控制，按成因形态分为剥蚀堆积冲洪积平原（Ⅰ）和侵蚀堆积冲积河谷平原（Ⅱ）。进一步按形态单元划分为岗阜状平原、松花江阶地、松花江高漫滩、松花江低漫滩、阿什河阶地、阿什河漫滩、马家沟漫滩、何家沟漫滩、信义沟漫滩。哈尔滨市地貌见插图 47。

剥蚀堆积，冲洪积平原（Ⅰ）：分布在哈尔滨南部，被松花江支流切割成不规则“Δ”形，总的特点是地势较高，具缓坡漫岗状起伏。海拔约 140 ~ 175m，为岗阜状高平原，由一级阶地逐步过渡，两种地貌之间并无明显界限区分，主要包括南岗区和香坊区的部分地区，是湖相沉积形成，地表受河流侵蚀、剥蚀作用，高低起伏，土层深厚。由哈尔滨组黄土状粉土、粉质黏土组成，区内地貌还包括不对称宽谷及沼泽湿地等。城区再往东南则逐渐过渡到阿城区的低山丘陵地带，但距离城区较远，其地貌特征对主城区几乎不存在影响。

侵蚀堆积冲积河谷平原（Ⅱ）：即一级阶地和河漫滩，为松花江水系冲积而成，总的特点是地势低平，微地貌发育。海拔在114～140m之间，为第四系流水冲积形成，地貌结构复杂，河流的边滩、心滩、叉流、河曲、迂回扇、天然堤、牛轭湖、岸后沼泽等均有分布。岩性由粉土、粉质黏土、淤泥、砂及砾构成。主要分布在道里、道外和松北区，地势平坦。

2 区 域 地 质

根据区域地质资料，本区域位于松嫩拗陷带中的中央凹陷区和东南隆起区内，包括朝阳沟阶地、长春岭背斜带、宾县－王府凹陷区及青山口背斜带。印支运动（距今约2.3亿年）使该区褶皱上升成陆地，燕山运动发生，使地壳进一步褶皱断裂，并伴之强烈的岩浆侵入和火山喷发。白垩纪晚期，渐趋宁静，该区构造格局基本定型。进入新生代，地壳运动总的趋势是山区缓慢上升，平原区缓慢沉降，并时有短暂海侵。本区第四系较厚，前第四纪地层均覆盖于深部。各土层水平向分布较稳定，基底地质构造与水文地质条件较复杂，人类工程活动对地质环境的扰动和作用强烈。地质环境条件复杂程度属中等地区。据中国岩石圈新构造时期升降幅度图，地形形变测量数据表明（1956—1977年），平原区20年间垂直形变速率不到－0.1mm/a，区域范围无浅层新构造明显活动痕迹，本区属地壳活动相对稳定区。

2.1 地 质 构 造

根据哈尔滨区域地质资料，哈尔滨地区主要发育的前第四系地层中基底构造形迹，表现为北东、北西向两组断裂和一北东向具有微褶皱变形的隐伏隆起。区内断裂都是被第四系覆盖的隐伏断裂，是古老断裂，进入新生代以来又有继承性活动，未发现新生断裂。

受区域地质构造的影响和控制，哈尔滨地区地质构造条件相对较简单，地质构造较不发育，近场区发育北西、北东向两组7条断裂，断裂延伸规模不大（一般在100km以下），无新生断裂，无强烈断裂活动迹象。据实地地质调查结合航空卫星照片遥感解译、物探手段推测近场区可能活动的断裂包括阿什河断裂、蜚克图河断裂、运粮河断裂、松花江南断裂。其他断裂在地面地质调查和物探勘测中没有现代活动迹象显示，对近场区地壳稳定性影响较小。

进入新生代早、中期，受基底构造的控制，本区处于不均匀上升隆起状态，形成断块和局部隆起，哈尔滨市缺失第三纪地层，从而奠定了第四纪构造运动的格局。哈尔滨市断裂分布见插图48。

2.2 历 史 地 震

2.2.1 历史地震

根据收集的地质资料的记载，哈尔滨市区范围内现有八条断裂带，均为对市区影响很小的基底断裂或盖层断裂，哈尔滨市区周围还存在四条深大断裂，圈闭成面积约5.5万km^2的一个巨大地质块体，哈尔滨市区就位于地质块体的中部，整个区域处于均衡舒缓状态。

哈尔滨地区地震活动性较弱。有记载以来，本地区地震活动不仅少且较小，据大金国志记载，1137年和1141年，阿城区各发生了一次地震，推测震级在3.5级左右，均无人员伤亡记录。市区内的地震活动一直处于较为平稳的态势。在四大断裂圈闭的块体周边曾发生过6级以上中强度地震，但地震发生区均在距哈市100km以外，在距哈尔滨50km处，地震烈度已衰减为Ⅵ度，对哈尔滨地区已无影响（见插图49）。

因此四条深大断裂带边界形成了哈尔滨市区的天然屏障，也是市区地应力释放区，使其受地幔运动影响小，地壳结构为完整、连续、稳定的块体。区内没有引发中强地震的发震断裂，因此，不易发生中强地震。以上均说明哈尔滨市整体地质基础是安全的。

2.2.2 地震液化

哈尔滨地区第四系地层主要为河流相和湖相沉积，岩性主要为粉质黏土、砂土以及少量的砾、砂砾石。研究区的饱和砂土主要为饱和细砂以及少量中粗砂，分布在松花江河漫滩和一级阶地。全新统饱和砂土主要呈稍密状态，地表以下3～5m处湿度饱和，上覆松散的填土和稍湿的粉质黏土、黏土。从该区工程资料可知，存在上更新统饱和砂土，且埋藏深度在地震液化深度范围之内。

如松花江哈尔滨段两岸液化等级分区图所示，松花江南岸地区饱和砂土不具液化性，而江北地区饱和砂土液化指数相对较高。而在研究区的东西两端则存在明显的液化现象，东端的三环路跨江大桥选址处饱和砂土液化特征在江的两岸差别很大，江北地区存在液化现象，液化等级为轻微，而江岸地区地基不液化。西端的三环路跨江大桥选址处可液化的饱和砂土有较大范围的分布，液化等级指数介于1.35～24.66之间。哈尔滨市的砂土液化分级图见插图50。

2.3 地层岩性

2.3.1 第四纪地层成因及分布

哈尔滨市区第四纪地层成因主要分为两种，其一为冲洪（湖）积，其二为冰水堆积，具体成因如下：

（1）冲洪（湖）积。

哈尔滨市第四纪地层受松嫩古湖泊多次兴衰影响，早更新世晚期，松嫩大湖通过孙吴古洼地与逊河平原及俄罗斯捷雅盆地相通，为湖泊的兴盛期；至早更新世末期，地壳运动的差异上升时，松嫩湖盆收缩。同期，由于小兴安岭北段抬升，使精气里河、黑龙江被小兴安岭阻隔不能流入松嫩盆地，在相当长的时间内，嫩江－松花江等河流自成体系组成向心状内陆水系；至中更新世，受第四纪地壳运动，山区不断上升，而平原下沉，使松嫩大湖再次进入湖泊的极盛时期，与此同时，由于依舒地堑的多次沉降，沟通了松嫩大湖与三江大湖的水力联系。到晚更新世初，由于平原区差异性抬升，湖盆开始缩小，松嫩平原东部和北部，由于讷莫尔断裂和孙吴－安达断裂影响开始抬升，湖底升出水面。松嫩大湖大大缩小，沉积中心向西迁移，晚更新世晚期至全新世时期，地壳缓慢上升，平原整体缩小，松嫩大湖逐渐消亡，湖底升出水面形成今日松嫩平原景观。

（2）冰水堆积。

早更新世晚期，地壳差异上升，湖泊收缩，松嫩平原稳定下沉，并在古洼地中形成早更新世晚期沉积。同期，在双城盆地及呼兰石人镇盆地沉积了猞猁组冰水堆积层。

早更新世末期，全省普遍发生一次最强烈的地壳上升运动，历时长，范围广，区内受地壳运动的差异性强烈上升，湖泊继续收缩，小湖泊相继消亡。由于松嫩大湖的收缩，在本区三个盆地处沉积了东深井组冰水堆积层。

2.3.2 第四纪地层划分

哈尔滨第四纪地层从新到老地层分布如下表。

表 9－2　第四纪地层表

地层年代	代　号	成　因	岩性简述	分布特征	厚度（m）
全新统	Q_4^{ml}	人工堆积层	由混凝土路面、砖块、碎石、黏性土、生活垃圾等组成，松散		
	Q_4^{2al}	低－高漫滩冲积层	岩性分为上下两部分；上部为灰色、黄色粉质黏土、粉土和黑灰色淤泥质粉质黏土；下部为浅黄色砾石、中、粗砂。淤泥质粉土主要由腐殖质及黏土矿物组成	主要分布于松花江漫滩，属于河流冲洪积相沉积	
上更新统	$Q_3^2gx^{al+pl}$	顾乡屯组冲洪积层	具有典型的二元地层结构，上部为灰色、黄色、灰黄色黄土状粉质黏土，下部为黄色砂、砾砂层。该组沉积环境主要为河流边滩相沉积，其次为河床滞留相沉积，局部发育浅湖相沉积，沼泽沉积等	主要分布于松花江一级阶地，沿江两侧均有分布	15～50
	$Q_3^2hr^l$	哈尔滨组湖积层	主要由黄褐色－褐黄色的可塑状态的粉质黏土组成，表层具有轻微湿陷性。粉粒土成分高，垂直节理发育，大孔隙，层状构造。该组属于静水湖相沉积		5～9
中更新统	$Q_2^2hr^l$	上荒山组湖积层	上部为黄色、灰黄色、黄绿色黄土状粉质黏土、黄土状粉土、黄土状粉细砂；下部为含粉砂黏土，显微层理具角砾状或似层状结构，具铁质侵染条带和铁锰质结核。属于静水湖相沉积，与下荒山组相比，稳定矿物明显增加，风化程度显著增高		
	$Q_2^1hr^{al+pl}$	下荒山组冲洪积层	根据岩性特征可分为三段，一段为松嫩大湖形成初期，水动力条件较好，沉积物搬距离较短，主要为灰白色、灰黄色含砾石中粗砂沉积，有溶蚀现象；二段属于湖相细碎屑沉积，沉积物经过较长搬运、磨蚀，岩性主要由灰色、青灰、灰黄色细砂、中粗砂；三段属于静水湖相细碎屑沉积，该段沉积物搬运距离较短，岩性主要由灰黄色、浅黄色细砂、粉质黏土组成，颗粒较细	主要分布于岗阜状平原下部	40～60
下更新统	$Q_1^2dn^{fgl}$	东深井组冰水堆积层	岩性为黑灰色、灰褐色、灰绿色淤泥质黏土、淤泥质粉砂等，黏土具有腥臭味	岗阜状平原和松花江漫滩均有出露	15～23
	$Q_1^1sh^{fgl}$	猞猁组冰水堆积层	主要由灰白色、黑灰色含卵石、砂砾石加黏性土细砂层构成	主要分布在高平原及松花江河谷平原下部	5～7
白垩系	K_{1n}	嫩江组沉积岩	灰褐色、青灰色，泥质或砂质，结构不明显		

3 典型地层及特征

3.1 岩土分布及特征

通过搜集哈尔滨地铁前期勘察资料及当地勘察单位资料，综合考虑工程地质层的成因类型、沉积时代、岩性岩相、地形地貌等，编制了如下哈尔滨市较统一的工程地质层号。

对主层序的划分，主要的划分标准是沉积时代、成因类型、沉积环境，同时考虑到对浅部土层研究较多，兼对工程建设影响大，因此上部土层划分相对较细，下部土层划分相对较粗，具体如下：

第①层，人类活动期，现代人工堆填，岩性杂，颜色杂、变化多；

第②层，全新统低－高漫滩冲积成因土层，河流冲洪积相沉积，上部为灰色、黄色粉质黏土、粉土和黑灰色淤泥质粉质黏土；下部为浅黄色砾石、中、粗砂。淤泥质粉土主要由腐殖质及黏土矿物组成；

第③层，上更新统顾乡屯组冲洪积层，河流边滩相沉积，具有典型的二元地层结构，上部为灰色、黄色、灰黄色黄土状粉质黏土，下部为黄色砂、砾砂层；

第④层，上更新统哈尔滨组湖积层，静水湖相沉积，主要由黄褐色－褐黄色的可塑状态的粉质黏土组成，表层具有轻微湿陷性。粉土成分高，垂直节理发育，大孔隙，层状构造；

第⑤层，中更新统上荒山组湖积层，静水湖相沉积，上部为黄色、灰黄色、黄绿色黄土状粉质黏土、黄土状粉土、黄土状粉细砂；下部为含粉砂黏土，显微层理具角砾状或似层状结构，具铁质侵染条带和铁锰质结核；

第⑥层，中更新统下荒山组冲洪积层二段，湖相细碎屑沉积，主要由灰色、青灰、灰黄色细砂、中粗砂组成；

第⑦层，中更新统下荒山组冲洪积层三段，静水湖相细碎屑沉积，主要由灰黄色、浅黄色细砂、粉质黏土组成，颗粒较细；

第⑧层，中更新统下荒山组冲洪积层一段，河湖相沉积层，主要为灰白色、灰黄色含砾石中粗砂沉积，有溶蚀现象；

第⑨层，下更新统东深井组冰水堆积层，冰水相堆积，黑灰色、灰褐色、灰绿色淤泥质黏土、淤泥质粉砂等，黏土具有腥臭味；

第⑩层，下更新统猞猁组冰水堆积层，冰水相堆积，主要由灰白色、黑灰色含卵石、砂砾石加黏性土细砂层构成；

第⑪层，白垩系段嫩江组沉积岩，灰褐色－青灰色，泥质或砂质结构不明显，碎屑沉积，矿物成分为蒙脱石、高岭石、石英和长石。

对亚层序的划分标准，应参考岩土层的岩性、颜色、状态，其中岩性主要包括黏土、粉质黏土、粉土、粉砂、细砂、淤泥质土；颜色主要区分氧化环境系列（灰黄、褐黄、棕黄等）、还原环境系列（灰、青灰、灰黑等）；状态主要区分软硬程度、密实程度等。分类的指标标准按现行《岩土工程勘察规范》GB 50021 执行。哈尔滨地区典型地层剖面及其所在平面位置示意图，见插图 50 ~ 插图 52。

3.2 主要岩土物理力学参数

3.2.1 主要物理试验指标

哈尔滨地区上部地层含水量较高，以软塑－可塑的黏性土为主，根据哈尔滨地铁勘察资料及哈尔滨地区经验综合确定各土层的物理试验参数，详见表 9－3。

表9-3 哈尔滨地区主要地层物理试验指标表

地层编号	岩土名称	物理性质			稠性黏度			
		天然含水量 ω	天然密度 ρ	孔隙比 e	液限 w_l	塑限 w_p	液性指数 I_L	塑性指数 I_P
		(%)	(g/cm³)		(%)	(%)		
②	粉质黏土	23.9~45.8	1.68~2.00	0.700~1.365	26.5~51.5	15.1~24.6	0.75~1.36	11.4~16.9
②₁	淤泥质粉质黏土	32.8~43.9	1.74~1.87	0.953~1.224	29.4~41.2	16.5~21.3	1.02~1.28	12.9~19.9
②₃	粉砂	9.7~29.8	1.77~2.12	0.421~0.801				
③	粉质黏土	11.1~26.6	1.59~2.07	0.568~0.897	26.9~38.9	15.1~19.4	0.01~0.64	11.8~16.9
④	粉质黏土	21.1~31.5	1.82~2.01	0.693~0.858	26.4~36.5	14.9~18.7	0.27~0.75	11.5~16.9
⑤	粉质黏土	16.9~36.1	1.78~2.07	0.536~1.034	26.1~40.8	14.8~19.8	0.01~0.74	11.3~16.9
⑥₂	粉质黏土	21.3~25.4	1.87~2.03	0.607~0.811	26.0~30.4	14.7~16.5	0.58~0.64	11.3~13.9
⑦₂	粉质黏土	22.8~28.9	1.87~1.96	0.694~0.800	24.8~37.3	14.2~18.9	0.81~0.83	10.6~17.0
⑨	粉质黏土	24.0~35.0	1.84~2.00	0.678~0.949	28.3~46.9	16.0~23.2	0.25~0.93	12.3~17
⑩	粉质黏土	24.5~30.5	1.88~2.00	0.696~0.877	30.1~41.3	16.8~21.3	0.35~0.71	13.3~17.0
⑩₁	中粗砂	13.3~17.3	1.98~2.04	0.524~0.547				

3.2.2 主要力学指标

根据哈尔滨地铁勘察资料分析，提供各土层的力学指标参数，详见表9-4。

表9-4 哈尔滨地区主要地层力学指标表

地层编号	岩土名称	固结试验		天然快剪		原位测试
		压缩系数 $a_{0.1-0.2}$	压缩模量 E_{s1-2}	黏聚力 C	摩擦角 φ	标准贯入 $N_{63.5}$
		(°)	(kPa)	(kPa)	(°)	(击)
③	粉质黏土	0.19~0.56	3.34~9.04	25.6~38.5	11.9~19.3	
④	粉质黏土	0.23~0.55	3.32~7.67	36.8~48.5	15~23.5	
⑤	粉质黏土	0.16~0.57	3.14~16.27	36.0	7.7	8~12
⑥	中砂					24~34
⑥₁	粉砂					20~32
⑥₂	粉质黏土	0.19~0.45	4.0~9.1	30.2	20.1	14
⑥₃	砾砂					50
⑦	粗砂					48~50
⑦₁	中砂					33~50
⑦₂	粉质黏土	0.20~0.34	5.4~8.9	21.5	15.7	

3.2.3 主要特殊试验参数

根据哈尔滨地铁勘察资料及哈尔滨地区经验综合确定地铁工程各土层的特殊试验参数，详见表8-5。

表 9－5 哈尔滨地区主要地层特殊试验参数表

地层编号	岩土名称	渗透系数		基床系数		静止侧压力系数 K_0	泊松比 μ	无侧限抗压强度 q_u
		水平 K_h (10^{-6}cm/s)	垂直 K_v (10^{-6}cm/s)	垂直 K_v (MPa/m)	水平 C_h (MPa/m)			
③	粉质黏土	1.69～28.0	2.22～65.2	4.5～20.1	3.5～16.5	0.38～0.61	0.275～0.355	28.0～135.0
④	粉质黏土	0.10～72.61	0.10～98.46	9.7～30.2	7.2～27.5	0.21～0.58		38.7～224.1

4 地 下 水

4.1 地下水类型

哈尔滨城区含水层主要为黄土状粉土、粉细砂、砂砾石层的孔隙水，主要类型有潜水及承压水两类。

4.2 地下水补径排关系

从全市地下水分布特征来看，地下水位标高总的变化是东南、南及北东较高，一般为 138.11～167.10m，总的变化趋势是自东南、南和北东向中部松花江一带降低，形成地下水由南北两个方向中部松花江一带流动。

4.3 地下水动态

据区域水文地质资料地下水位年变幅在 2.0～3.0m，地下水动态变化规律为：7—9 月份为丰水期，水位上升，3—5 月份为枯水期，水位下降。

4.4 地下水水位埋深

根据区域水文地质资料地下水含水层厚度在 4～20m 不等，地下水埋藏深度 10～30m 之间。

5 特殊地质条件

5.1 不良地质作用

根据收集的地质资料分析，哈尔滨市区目前发现的不良地质作用主要有冻融、地面沉降和及地面塌陷。

5.1.1 地面塌陷

地面塌陷是指地表岩土体受外部荷载或自身重力以及其他因素作用下，当荷载大于自身的岩土工程强度下发生的地表坍塌现象，规模在几米到几十米不等，多发生在平原地下水开采区、矿产采空区和岩溶地貌区。

哈尔滨市的地面塌陷问题是自20世纪90年代开始出现，由于哈尔滨主要的城区的和街道很多城市基础设施都是沿用20世纪的建设或者在此基础上的翻新和维护，其道路交通、城市地下管线、地下工程面临今天的交通压力和城市容量不断扩大，逐渐暴露出地质问题，这些地区成为哈尔滨地面塌陷的多发区。特别是2012年8月份受持续降雨的影响和城市自身基础设施的影响，仅20天就发生了9起地面塌陷事故，其中南岗7处道里、道外各一处，造成多人受伤和2人死亡。

2012年8月哈尔滨地面塌陷部分事件名录表，见表9－6。根据哈尔滨市2012年地面塌陷的区域及原因分析，哈尔滨市地面塌陷位置与收集到的电力、供水、供热、煤气管线机地铁分布图基本重合，综合分析，哈尔滨市地面塌陷主要是由于城市建设过程中没有维护好地下工程，受降雨等自然因素诱发引发，具体原因如下：

表9－6　2012年8月哈尔滨地面塌陷部分事件名录表

时间	地　　点	塌陷面积 长（m）×宽（m）	原　　因
2012－8－9	南岗区铁路街与上方街交口人行道	3×2	8日降雨将排泄井冲塌，导致周边地面出现塌陷
2012－8－12	南岗区工程师街35－1号门前人行道	直径4m	8日降雨造成极大管压，使超期服役的排水管出现泄漏造成塌陷
2012－8－14	南岗区邮政街62－2号人行道与马路连接处	2×1	8日大雨造成排水管线下沉约半米，泄漏的雨水将四周泥沙冲走形成空洞引发路面塌陷
2012－8－14	南岗区辽阳街90号门前	10余平方米	造成2人死亡，2人受伤
2012－8－16	南岗区燎原街与大直街交叉口	3.3m深空洞	—
2012－8－17	哈市东直路与红旗大街交口	地面下沉、塌陷、裂纹	—
2012－8－17	道里区机场路康家路段	路面塌陷	—
2012－8－29	南岗区和兴路88号门前路段的二环快速干道一侧慢车道	面积达几十平方米，最深达5m	28日“布拉达”台风北上降雨影响，形成积水，入渗导致地面沉降

（1）人防工程及后期改造工程年久失修，局部出现塌方，造成周围的水土流失，引发塌陷；

（2）城市道路由于工程施工需要，其路基及地下土层被多次挖掘，土体回填不实，回填土下沉后与路基之间分层，使得道路承载了下降，引发地面塌陷；

（3）地下市政管线年久失修，管道破损渗漏，形成地下暗流，侵蚀周围土体，造成水土流失，产生塌陷；

（4）废弃的地下管线未进行拆除，成为水土流失的通道，加剧了地面塌陷的发生；

（5）大规模的地下工程施工（如地铁施工）导致工程周边土体应力条件改变，土体内部出现脱空，而引发塌陷；

（6）雨季降水量增大，使得地下水松散沉积物处于饱和状态，砂砾石之间的摩擦力变小，产生纵向运动，引发塌陷。

哈尔滨市城区地面塌陷大多是上述多个原因综合作用的结果。

5.1.2　地面沉降

地面沉降是指在一定的地表面积内所发生的地面水平面降低的现象。造成地面沉降的原因比较复杂，本区域地面沉降的主要原因有：欠固结土的自然固结沉降；城市中心区由于建筑群密集，造成地基土受附加应力影响而形成的沉降；强烈开采地下水，致使地下水水位下降，造成土层受附加应力影响而形成的沉降等。其中对地面沉降影响最大的是地下水的开采。沉降的机理主要是黏性土层的排水固结沉降、砂性土层的压密沉降、松散土层的压密沉降等。

地面沉降的发展过程与地下水开采的开采过程基本同步，稍有滞后，哈尔滨市地面沉降开始于20世纪70年代，随着地下水开采量的不断增加，城区地下水水位持续下降，逐渐形成面积近$100km^2$的地下水降落漏斗，至80年代中期降落漏斗面积达到$206km^2$。自1993年开始对松花江地表水及地下水开采进行控制，地下水降落漏斗面积扩大速度变缓，至今从城区整体监测记录看，城区地面变形趋于稳定。

5.2 特殊性岩土

根据地质调查资料，哈尔滨市区内主要特殊性岩土主要为填土、软土、砂土、残积土及含碎石粉质黏土。

（1）软土。

淤泥类土是指在水流缓慢的沉积环境中和有微生物参与作用的条件沉积形成含较多有机质，疏松软弱（天然孔隙比>1，天然含水率>液限）的含较多粉粒的黏性土。哈尔滨地区松花江中游地区，在松花江南侧松花江河漫滩地貌单元，其中处于人工填土层下部的全新统低漫滩冲积成因土层中，其中广泛分布着粉质黏土：黄褐色、灰褐色，软塑－流塑，中－高压缩性；淤泥质粉质黏土：灰色、黑褐色，流塑，高压缩性，含有机质，有腥臭味。以及岗阜状平原地貌中人工填土下部的上更新统哈尔滨组冲积湖积层、中更新统山荒山组湖积相粉质黏土：黄褐色、褐黄色，可塑，中压缩性；粉质黏土：褐黄色、褐黑色，软塑，含可塑土，中压缩性。其工程力学性质强度低，压缩性高，承载力低，含水率高，对哈尔滨的城市建设，特别是建筑基础设施的建设造成了极大的困难。

（2）填土。

杂填土：杂色，城区内普遍分布，主要分布在老城区拆迁，垃圾填埋场等。杂填土成分复杂，力学性质差，固结程度低，往往含生活、建筑垃圾等。工程性质差，同时对环境有一定的污染。

（3）季节性冻土。

冻土是指温度达到零摄氏度以下，地表以下某一深度范围内的岩土体以及它们空隙裂隙中的水发生冻结的现象。由于水结冰会体积会变大，更主要的是在土壤水势梯度作用下，未冻结区域的水会向冻结区域迁移和聚集，从而扩大冻胀区域，所以冻土有明显的冻胀现象，发生冻土的区域会膨胀、地面隆起等现象。冻土的另一个特征是：冻土由于气温升高，土中的冰会融化，从而又导致岩土体的体积减小发生沉降，这种现象又叫融沉现象。季节性冻土，即是随季节温度变化发生冻胀和融沉现象的岩土体。在哈尔滨普遍存在，冬季发生冻胀现象，春季出现融沉现象。

季节性冻土的反复冻胀和融沉循环出现给工程建设带了极大的困难，冻土的压缩性降低，但抗剪强度降低；融土的压缩性高。反复的冻融会导致岩土体的工程力学参数发生急剧的变化。哈尔滨冬季（11月至翌年2月）历年平均气温－14.2℃，春季（3—5月）历年平均气温5.1℃，年平均气温3.5℃，这是导致季节性冻土发生的气候因素；表层岩土为人工填土和粉质黏土，人工填土孔隙发育，结构松散，粉质黏土含水率高，这是哈尔滨冻土发生的物质基础，据调查和研究，哈尔滨的冬季冻土层厚度达到200cm。

6 城市轨道交通主要工程地质问题

6.1 盾构法施工存在的工程地质问题

哈尔滨地区松花江中游地区，在松花江南侧松花江河漫滩地貌单元以及岗阜状平原地貌中人工填土下部的上更新统哈尔滨组冲积湖积层、中更新统山荒山组湖积层存在软塑流塑状态的淤泥及淤泥质粉质黏土。软土具有沉积时间短，固结程度低，且常常夹有薄砂层，导致垂向渗透性较小，水平向渗透性相对较大，因此排水困难，固结困难，并具有较高的灵敏度，对地下结构的施工以及运营期结构的稳定都带来较大的隐患。盾构法施工时主要注意以下几点：

1）高灵敏度土中盾构井基坑开挖、支护问题；

2）盾构进出井时，盾构旋转、上漂问题；

3）地表变形的控制问题；

4）注浆偏压问题；

技术措施：

1）盾构井的施工要考虑软土、填土具有触变性及流变性，施工过程中尽量减少扰动，同时，由于具有较高的灵敏度，开挖深度尽量减小，并及时支护，防止坍塌；

2）盾构针对软土特性，出入口加固区应设置过渡段，让盾构逐渐适应软硬变化；同时，由于软土存在结构性，加固时需考虑其水平向渗透系数较大，竖直向渗透系数较小，可倾斜设置注浆管，并在不同的层内均有出浆口，保证浆液与土体均有的发生胶结作用。

3）盾构过软土地区时，由于土体较软，易导致上部土体因变形开挖量过大，导致地面沉陷，同时由于上下土体开挖量不均，易导致盾构“抬头”现象，应及时调整盾构参数，同时对地面实时监测；

4）由于软土中往往夹砂薄层，导致局部浆液过多，压力降低，而黏粒含量较高地区压力过大，导致地面拱起、隧道拱顶因支护不及时坍塌等问题，在勘察过程中应详细描述软土层砂的含量、均匀性，及时调整注浆参数，并根据相应地层设置试验段。

6.2 明挖法施工存在的工程地质问题

(1) 填土对明挖法施工的影响：

哈尔滨市的填土主要是杂填土，由于填土堆积条件的影响，在空间及时间上缺乏规律性，且堆积时间较短。属于力学性质差异较大、颗粒级配较差、欠固结的土层，一般具较高的压缩性、较低的强度、较大的差异变形特征，一般难以在工程中利用。

该层土对地铁工程建设的影响主要包括：

出入口等浅基础部分，需开挖或特殊处理，否则不能直接作为基础持力层；

中柱桩、围护桩等桩基础工程中，增加了桩基长度，同时由于填土的欠固结性，对桩基工后沉降很难控制；

基坑工程中，由于杂填土的性质差异，对该层土物理力学性质指标的选取有很大的难度，直接影响到基坑支护方案的选择，哈尔滨市区人工填土以下主要为厚层粉质黏土，雨季或者地下管线漏水时，易形成上层滞水，基坑开挖过程中，对基坑侧壁稳定性影响较大，受地下水侧向流动影响，填土内细颗粒易产生流砂、管涌，造成填土层失稳塌陷。

技术措施：

1）考虑到该层土的性质，结合具体工程项目的需要，主要是需要在前期勘察阶段，有针对性的做好调查工作。调查地形地物的变迁，填土的来源、查清该层土的组成成分、分布范围、堆积年代、堆积方式、深度变化情况、物质成分、颗粒级配、均匀性、密实性、压缩性和湿陷性等，为后期设计施工方案的选择提供参考依据。

2）在钻探施工过程中应结合轻型钻机，洛阳铲掏孔、人工探井等手段查明。同时根据填土的空间、成分等的变化情况加密勘察点，对填土的空间分范围布详细查明；

3）对填土中的腐蚀性成分进行相应的腐蚀性分析实验，根据其腐蚀性特点建议合适的处理方案；

4）对于城市轨道交通设施应该慎重采用压实填土地基，尤其其存在化学原料及生活垃圾时，坚决不能使用；

5）针对必须采用压实填土地基的轨道交通工程，勘察时应以现场载荷试验、原位测试为主，并辅以室内试验确定其力学参数，同时室内试验应以大容积法确定其密度。

（2）季节性冻土对明挖法施工的影响：

季节性冻土对明挖基坑的影响主要体现在以下几点：

1）冻土作为建筑基础，在冻结状态时，具有较高的地基强度和较小的压缩性。当融化时，冻胀力消失，承载力降低，压缩性急剧增加，基础会产生融沉；

2）由于冻深发展的不平衡以及在水平和竖直方向上的不均匀，使建筑物各部分或隆起或融沉不等，并在冻融周期变化过程中，应力重新分布，导致基础受力不均而破坏；

3）季节性冻土地区锚杆过冬时，由于表层土体冻结，导致锚杆切应力加大，当冻结层融化后，由于黏聚力降低，导致锚杆与土体产生缝隙，周期变化后，达到锚杆承载力极限后就会发现锚杆失效，从而导致基坑坍塌；

4）季节性冻土对围护桩影响同样较大，当冻结时，围护桩受侧向切应力增加影响（土体冻胀力），会产生侧向偏移，当融化后地下水流入会破坏桩与土体的黏结状态，周期性冻融或桩水平荷载小于侧向应力时，将发生桩倾覆或桩身破坏。

技术措施：

1）确定冻土类型，标准冻结深度，勘察时沿冻结深度方向取样不应大于1m；

2）对地下水动态进行长期观测，确定其与冻结深度的最小距离；

3）对于需要过冬的基坑工程还应对冻土与未冻土的热物理指标进行测试、确定冻土的强度指标、抗剪强度、承载力特征值、体积压缩系数、压缩系数；冻土融化后的融沉系数、融土体积压缩系数、融土承载力特征值；冻胀率、冻切力、水平冻胀力等；

4）根据地下水分布特征，确定不良冻土现象的分布及特征等。

（3）软土对明挖法施工的影响：

1）当基坑周边及底部涉及软弱黏性土时，由于具有高灵敏度，明显触变特性，在动力作用下土体强度极易降低，易产生较大的基坑侧壁位移；

2）桩基施工易产生缩颈现象；

3）软土地区还会出现锚杆的蠕变，导致锚杆松弛或失效；

4）搅拌桩在软土地区出现夹砂、夹泥，抗渗性能达不到要求。

5）软土层具有触变、流变特性，地下连续墙施工时易产生侧向蠕变、缩颈现象，影响成槽质量；

技术措施：

1）加强对软土范围的勘察，详细查明软土的成因类型、结构、分布规律及物理力学性质，软土的固结历史、水平向和垂直向的均匀性、结构破坏对强度和变形特征的影响，地表硬壳层的分布与厚度、下伏硬土层或基岩的埋深和起伏。

2）针对软土结构稳定性较差，在土样运输过程中易导致结构破坏而导致力学参数与实际物理力学性质差异较大，有针对性的多做静力触探、十字板、旁压等现场原位测试和尽量采用现场载荷板、电法勘察等其他手段取得相对客观的参数。

3）根据软土成层条件、应力历史、结构性、灵敏度等力学特性和排水条件有针对性的进行评价，并建议相应的施工措施。

4）有针对性的对建筑物进行沉降、变形分析，必要时要考虑软土的次固结效应。

5）针对软土的特点有针对性的提供施工支护、基坑开挖建议，同时有大面积堆载时，分析对相邻建筑物的不利影响。

6.3 矿山法施工存在的工程地质问题

此外，在暗挖施工过程中，由于软土的存在，对隧道围岩稳定性影响亦较大，由于软土具有结构性强，水平与竖直向渗透系数差异较大，高压实性，自稳能力差等特点。隧道拱顶及掌子面很难自稳，必须加强超前注浆的浆液质量、缩短注浆距离，加强监测才能保证施工安全。

技术措施：

根据软土的特点，当暗挖施工时，应注意以下几点：

1）加强对软土范围的勘察，详细查明软土的成因类型、结构、分布规律及物理力学性质，软土的固结历史、水平向和垂直向的均匀性、结构破坏对强度和变形特征的影响，地表硬壳层的分布与厚度、下伏硬土层或基岩的埋深和起伏。

2）针对软土结构稳定性较差，在土样运输过程中易导致结构破坏而导致力学参数与实际物理力学性质差异较大，有针对性的多做静力触探、十字板、旁压等现场原位测试和尽量采用现场载荷板、电法勘察、等其他手段取得相对客观的参数。

3）根据软土成层条件、应力历史、结构性、灵敏度等力学特性和排水条件有针对性的进行评价，并建议相应的施工措施。

4）查明地表水与地下水分布情况，水力联系情况，地下水补给情况，以及软土的渗透系数，对注浆加固及地下水控制进行评估，提供科学合理的施工建议。

5）对于可采用桩基础的附属设施，建议采用桩基础。

6.4 降水施工的工程地质问题

城市轨道交通工程一般位于城市中心繁华地段，场地周围往往存在高大建筑或密集的市政管线，由于降水引起地层固结，往往导致地表沉陷或变形过大。容易引起管线破裂，或周围建筑开裂，对地下水的控制措施需要进行详细的水文地质勘察。

技术措施：

1）勘察期间应查明含水层的相关参数：层厚、空间分布、含水层媒质粒径、渗透系数、补给、排泄渠道等。

2）对降水后引起的地层变形进行计算，对于变形过大时，可采取截排结合或者设置回灌井等综合地下水控制措施。

3）勘察时对地下水水质情况进行检测，如果存在地下水污染情况，慎重排放，可设置净化池，或者化学中和法降低污染。

4）对于降低地下水可能引起管线破裂的工程，应对地下管线进行保护或改迁。

参 考 文 献

[1] 张玉敏. 哈尔滨市核心城区三维工程地质结构及地下空间适宜性研究 [D]. 长春：吉林大学，2012.

[2] 马海粟. 哈尔滨市城市地质灾害防治管理研究 [D]. 北京：中国地质大学，2013.

[3] 王恩宝. 哈尔滨地区第四纪沉积序列及其环境意义 [D]. 长春：吉林大学，2012.

[4] 杨湘奎，刑开，娄本军，等. 松嫩平原（黑龙江）地下水资源及其环境问题调查评价报告 [R]. 黑龙江省地质调查研究总院，2006.

[5] 孙海荣. 季节性冻土对建筑物的危害及防治措施分析 [J]. 甘肃科技报，1996.

杭　州　市

1 自 然 地 理

1.1 地 理

杭州市位于浙江省西北部。东临杭州湾，南与金华、衢州、绍兴三市连接，西与安徽省交界，北与湖州、嘉兴两市毗邻。市域轮廓略呈西南至东北为长对角线方向的菱形，东西两端最大距离约250km，南北两端最大距离约130km。土地总面积16569km^2。1985年辖上城、下城、江干、拱墅、西湖、半山6个区和余杭、萧山、富阳、临安、桐庐、建德、淳安7个县。市域界于北纬29°11′至30°33′和东经118°21′至120°30′之间。市中心地理坐标为东经120°12′，北纬30°16′。

1.2 气 象

杭州市属于亚热带季风气候区，四季交替明显；冬季受蒙古高压控制，盛行西北风，以晴冷、干燥天气为主，是低温少雨季节；夏季受太平洋副热带高压控制，以东南风为主，海洋带来充沛的水气，空气湿润，是高温、强光照季节；春季降水丰富，且降水时间长；秋季干燥，冷暖变化大。

据浙江省气象中心、萧山及杭州市气象局资料：

气温：杭州市年平均气温15.3～17℃。全市年平均气温最高的是南部新安江水库区、寿昌盆地和梅城盆地，约17℃，全市年平均气温最低的是天目山顶部，为8.9℃。

一年中，月平均气温以1月最低，一般3.0～5.0℃（南北温差2℃左右），山区低于3℃；以7月最高，月平均气温28.0～29.0℃（南北温差1℃左右）。

杭州市区极端最高气温曾达42.1℃（1930年8月10日），极端最低气温却常出现在南下冷空气能够长驱直入的东北部平原，1977年1月5日，萧山有－15.0℃的低温记录。

降水量及蒸发量：历年平均降雨量1464.2mm，年最大降雨量2356.1mm（1954年），年最小降雨量954.6mm（1967年）。降雨主要集中在4—6月（梅雨季）和7—9月（台风雨季），年总降雨日130～160天。年蒸发量为1350～1472mm，其中8月份蒸发量大于降雨量。

暴雨日：除冬季外，杭州市各地都可能出现日降水量≥50mm的暴雨日，年平均2～5天。6月为最多，9月次之。日降水量≥100mm的大暴雨日各地年平均少于2天。

风：夏季盛行南－西南风，年平均风速1.3～2.4m/s，冬季盛行西北风，全年主导风向以西南风和西北风为主。7—9月份易受台风影响，据杭州气象台实测历史最大风速为28m/s（1967年8月），风向ESE。

1.3 水 文

杭州市河流纵横，湖荡密布，平原地区水网密度约达每平方公里10km。杭州市主要河流有钱塘江、东苕溪、京杭运河等，它们分属于钱塘江、太湖两大水系。杭州市区主要河流分布见图10－1。

（1）钱塘江水系。

钱塘江水系主要包括钱塘江干流、钱塘江支流、新安江水库等水体。

1）钱塘江干流。

钱塘江是浙江省第一河流，其发源于安徽休宁县境内怀玉山主峰六股尖，在浙江省海盐县澉浦注入杭州湾。其洪汛受梅汛控制，汛期时，江水面暴涨，据富春江芦茨水文站资料，钱塘江径流有明显的年际和年内变化，多年平均流量为952m^3/s，实测最大洪峰流量达29000m^3/s（1955年），最小流量15.4m^3/s（1934年）。

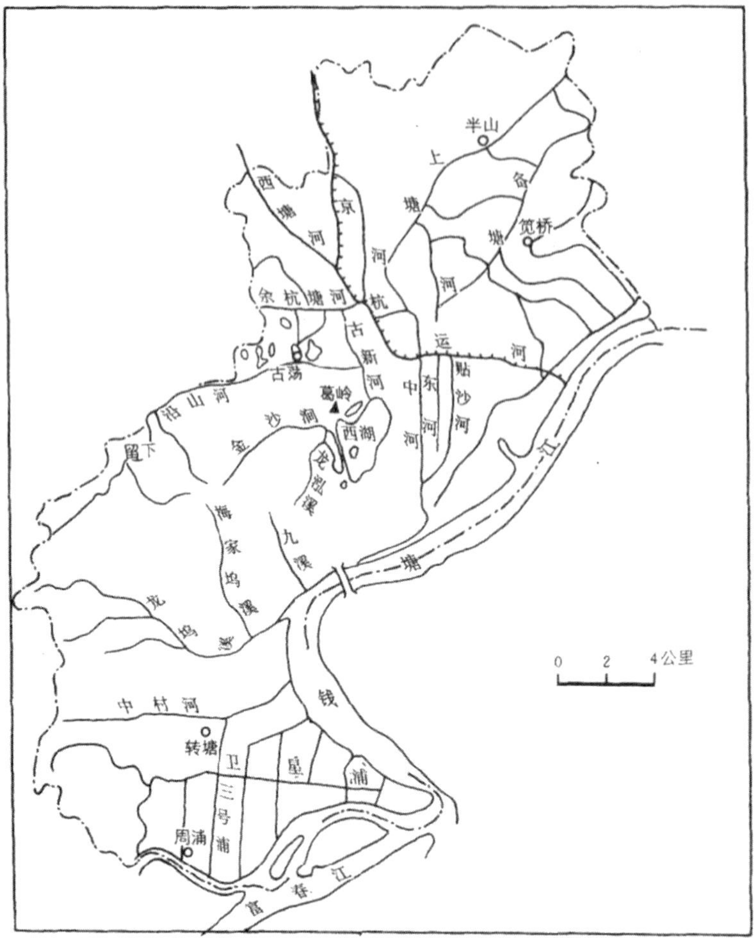

图 10-1 杭州市区主要河流分布图

钱塘江属感潮型河流，呈不规则半日潮型，水位直接受潮汐影响，变化幅度大。据杭州钱江一桥上游的闻堰水文站资料，钱塘江历年最高潮水位 8.36m（1997 年 7 月 11 日，1985 年国家高程基准，下同），历年最低潮水位为 1.30m（1954 年 8 月 11 日），多年平均高潮位 4.48m，多年平均低潮位 4.06m。据杭州钱江一桥下游的闸口水文站资料，钱塘江历年最高潮水位 8.11m（1997 年 8 月 19 日，1985 年国家高程基准，下同），历年最低潮水位为 1.24m（1954 年 8 月 10 日），多年平均高潮位 4.45m，多年平均低潮位 3.96m。

钱塘江干流在杭州市境内，建德梅城以上泛称新安江，自梅城以下，分别称为桐江、富春江、钱塘江，详细见表 10-1。

2）钱塘江支流。

钱塘江支流主要包括五强溪、枫林港、进贤溪、云源港、寿昌溪、兰江、分水江、渌渚江、壶源江、浦阳江，详细见表 10-1。

3）新安江水库。

新安江水库位于钱塘江上游新安江主流上，是为建设新安江发电站而造成的大型水库，也是杭州市面积最大的水体。

水库大坝设计高度 105m（海拔 115m）。水库面积为 580km^2，总库容 2.16×10^{10}m^3，有效库容 1.02×10^{10}m^3。在正常高水位海拔 108m 时（黄海），库容 1.79×10^{10}m^3。控制的流域面积约 10442km^2。

4）萧绍平原河网。

萧绍平原河网位于钱塘江右岸，河网水量靠钱塘江补给，主要河流和湖泊有萧绍运河、西小江、南门江、湘湖、白马湖等，详细见表 10-1。

表 10－1 钱塘江水系主要河流情况

河流名称		河段起点	河段终点	河段长度（km）	流域面积（km^2）
干流	新安江	六股尖	梅城	373	11047
	桐江	梅城	桐庐镇	36	
	富春江	桐庐镇	闻堰	68	38200
	钱塘江	闻家堰	澉浦长山	128	48887
支流	五强溪	璜尖	汾口	39	350.6
	凤林港	磨心尖	大墅	48	293
	进贤溪	大岭塔	临岐	41	390
	云源港	搁船尖	宋村	62	251.8
	寿昌溪	大坑源	罗桐埠	63.5	689
	兰江	青芝埭尖	梅城	293	19350
	分水江	绩溪	桐庐镇	134	3430
	渌渚江	皇天坪	港东村	51	745
	壶源江	天岭岩	清江口	83	848
	浦阳江	天岭岩	闻堰	151	3431
萧绍平原河网	萧绍运河	西兴	曹娥	78.5	
	西小江	麻溪	钱清	72.26	
	南门江	城厢镇	白鹿塘	9.5	
	湘湖	东汪村	城厢镇	正常蓄水量 2420000m^3	
	白马湖	越王城山		正常蓄水量 1400000m^3	

（2）太湖水系。

太湖水系主要河流为东苕溪、京杭运河，水流汇向太湖，最后纳入长江。

1）东苕溪。

位于杭州市西北部，干流长 143km，其中在杭州市境内 96km。流域面积（湖州以上）2267km^2。东苕溪上游由南、中、北苕溪组成。

2）京杭运河。

又称大运河，北起北京，南达杭州，纵贯北京、天津两市和河北、山东、江苏、浙江四省，沟通海河、黄河、淮河、长江、钱塘江五大河流。京杭运河镇江至杭州段称江南运河，在杭州市内流域面积 726.6km^2，主要接受余杭泰山、石鸽、闲林及杭州城郊部分径流，经水网调节后，通过运河干线，分别注入太湖和黄浦江，还通过海盐长山闸往南，排入杭州湾。枯水时，水源由太湖补给。

包括京杭运河干流、京杭运河支流，详细见表 10－2。

表 10－2 太湖水系主要河流情况

河流名称			河段起点	河段终点	河段长度（km）	流域面积（km^2）
东苕溪	干流	南苕溪	马尖岗	瓶窑	76.0	瓶窑以上 1420 湖州以上 2267
		东苕溪	瓶窑	德清	25.5	
		导流港	德清	湖州	41.5	
	支流	中苕溪	青草湾岗	瓶窑下木桥	50	247
		北苕溪	石门山	瓶窑龙舌嘴	45	328

续表 10－2

河流名称			河段起点	河段终点	河段长度（km）	流域面积（km²）
京杭运河	干流	杭申甲线（运河古道）	三堡船闸	博陆东	49.21	
		杭申乙线	三堡船闸	塘栖邵家村	39.78	
	杭州市区河道	中河	凤山桥	新横河桥	6.4	
		东河	断河头	滚水坝	4.135	
		龙山河	闸口	凤山水门	4.4	
		贴沙河	跨浦桥	艮山门	6.1	
		古新河	圣塘闸	左家桥	3.8	
		上塘河	施家桥	海宁盐官	48.3	455
		备塘河	头桥	丁桥	11.5	
		新开河	双羊闸	定海闸	4.372	
		沿山河	源头	八字桥	35.0	
		余杭塘河	余杭镇	康家桥	24.0	
		西塘河	北新桥	奉口	18.0	

3）西湖。

西湖南北长 3.3km，东西宽 2.8km，周长 15km，面积 6.03km²。除去湖中小岛、长堤、孤丘，水面积约 5.66km²。西湖平均水深约 1.55m，最深处 2.80m，控制常水位 7.15m（黄海），相应蓄水量 $9.23\times10^6m^3$。西湖流域面积 27.25km²，由金沙涧（长 6km，流域面积 8.8km²）、龙泓涧（长 3.4km，流域面积 4.5km²）、长桥溪以及环湖零星低丘的来水补给。

4）杭州市区河道。

现存的市区主要河道有中河、东河、贴沙河、古新河等，详细见表 10－2。

杭州市区除上述河道外，还有湖泊、水库、人工渠道等水体。

1.4 地形地貌

杭州市大部分地区属浙西中低山丘陵，小部分地区属浙北平原。地势西高东低，最高点在浙皖交界的清凉峰，海拔 1787m，最低处在东北部余杭县的东苕溪平原，海拔 2～3m。市内地貌可分为山地丘陵、山麓沟谷、平原三部分，自西向东地貌结构的层次和区域过渡性十分明显，各个地貌层次都有第四系分布。杭州市区地貌和第四纪地层分区见图 10－2。

（1）山地丘陵。

杭州市山地有由泥页岩、碎屑岩、火山岩构成的侵蚀剥蚀中、低山和由碳酸盐岩构成的喀斯特中、低山两类。主干山脉有南、北两支：北支为天目山、白际山以及与之直交的昱岭；南支为千里岗、龙门山。海拔千米以上的山峰大多坐落在北支。介于南、北两支主干山脉之间，为一阔带状的中低山地，即临安－淳安山地。

杭州市丘陵分布不甚集中，往往介于山地与平原之间，成为一种过渡类型地貌单元。大多数丘陵由砂岩、页岩、石灰岩等沉积岩构成，呈北东－南西向延伸，形态随岩性和构造不同有明显差异。以成因论，与山地相仿，分属侵蚀剥蚀丘陵和喀斯特丘陵。

（2）山麓沟谷。

山麓沟谷主要分布于山前地带，分布范围较小，表层为一套陆相堆积物，岩性变化较大，主要为冲洪积、坡积成因，下伏基岩埋深较浅，风化程度不一，厚度不一，岩层面起伏较大。

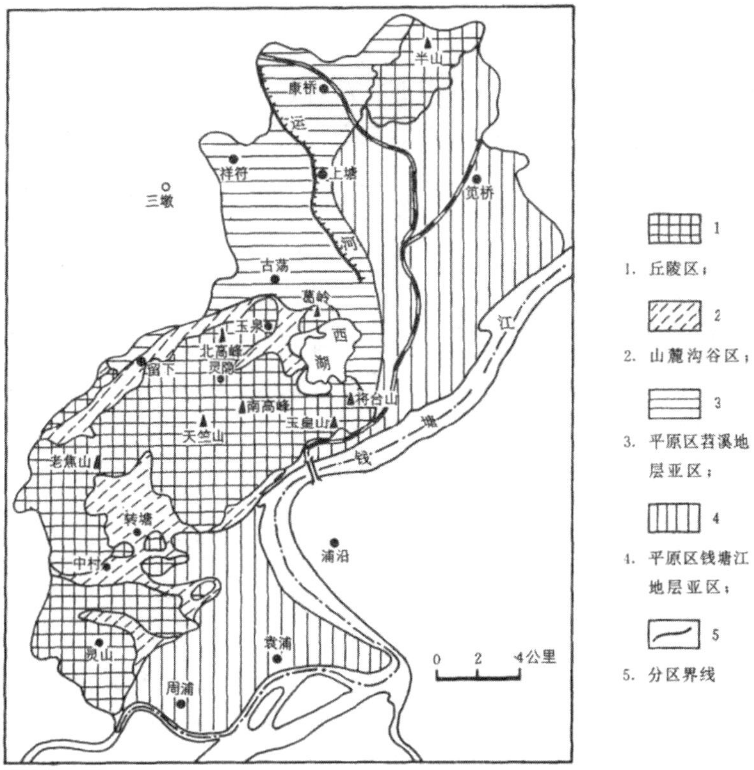

图 10-2 杭州市区地貌和第四纪地层分区图

（3）平原。

杭州市大部分属平原区，平原多位于钱塘江、浦阳江附近及其内侧，而较大河流两岸又有带状的河谷平原分布。

1）滨海平原分布于钱塘江、富春江两岸及钱塘江河口段，分称钱塘江平原和富春江下游平原。

这类平原是在海积作用为主，冲积、湖积作用为辅的条件下形成的。由于海水顶托和涌潮影响，泥沙淤积，地势略有增高。余杭临平以南，地面高度可达 4.5 ~ 7.5m。表层为全新世中、晚期冲—海积亚黏土、粉砂层。沿江两岸筑有高出地面 2 ~ 3m 的人工堤坝。

2）水网平原分布于滨海平原内侧，分称东苕溪平原和浦阳江下游平原。

由古代湖沼、河流及海相沉积形成，地面塘荡密布，河流纵横，高度 2 ~ 6m，表层为全新世中、晚期冲—湖积亚黏土、黏土层。东苕溪平原已水网化，河网密度 1.42km/km^2；浦阳江下游平原达准水网化（它由浦阳江、湘湖、白马湖三者共同沉积作用形成，平原内多残丘）。

3）河谷平原。

这类平原在钱塘江水系尤为发育，多由自然堤、河漫滩、江心洲、阶地组成。桐庐至富阳有较长的带状河谷平原，其中桐庐镇对岸下杭埠、上洋洲、下洋洲是条自然堤，窄溪的孙家、徐家、罗家是块河漫滩，富阳大小桐洲和外涨沙等是大片小片的江心洲。按沉积物而论，桐庐镇至场口镇表层均为全新世冲积成因的灰黄色砂砾石、砂、亚砂土。富阳镇附近，表层为全新世的冲海积成因的灰黄色粉细砂、亚砂土。河流阶地主要分布于新安江、富春江两侧。阶地可分三级：一级在建德白沙、梅城，为堆积阶地，由上更新世黏土、砂砾石组成，相对高度 5 ~ 15m；二级残留于建德白沙祝家、安仁后山，为基座阶地，由早更新世砂砾石组成，相对高度 20 ~ 30m；三级在窄溪、场口，为侵蚀阶地，呈垅岗和孤岛状，局部阶地面宽达数百米至 1km，由奥陶、志留纪砂泥岩、寒武纪灰岩组成，相对高度 40 ~ 60m，一般高出江面 40m。山前倾斜平原，多由之江组网纹红土及砂砾石组成，在桐庐东南面分布最广，以 3° ~ 5°坡度向下游延伸达 5km，前缘直抵江边的河谷平原。倾斜平原因表层被水流切割，造成坳沟和垅岗起伏，在坳沟中还发育新的洪积冲积扇。

4）杭州市区平原。

分布于市区北部和东南部，其第四系厚度由西南向东北递增，在东北部边缘可达60多米。根据地貌和第四系成因，市区平原分为两个亚区：

①苕溪平原亚区：位于古荡－留下一线以北，武林门－半山一线以西，由苕溪以及周围小湖泊共同堆积而成，地势平坦，水网发育。由于长期以来受人类活动的影响，原始的微地貌受到彻底的改造，村落、桑地高出地面1～1.5m，地面高2～5.5m，表层为冲积－湖积、湖沼积深灰、灰、褐灰色轻亚黏土、黏土层组成。在古荡以北1公里及祥符桥杭州造纸厂附近夹有泥炭。

②钱塘江平原亚区：位于钱塘江、富春江左岸，在全新世中、晚期由江水携带来的泥沙堆积而成，地势平坦，地面高度4.5～7.5m，表层为冲积－海积，冲积，冲－湖积褐黄、灰黄、灰色轻亚黏土、亚黏土、粉砂、细砂及亚砂土层。由于岸线变迁较大，局部地段泥沙堆积厚度大而且分布面广，一般高出地面2～3m。

2 区域地质

杭州市大地构造处于扬子准地台钱塘台褶带，中元古代以后，地层发育齐全，岩浆作用频繁，地质构造复杂，成矿条件较好。近期由于现代构造运动趋向缓和，地震活动显得微弱，地壳相当稳定。

杭州市域地质发展经历了前覆冰纪（前震旦纪）陆壳增生并成熟、古生代被动大陆边缘、中一新生代大陆边缘活动三个构造演化阶段。

在中元古代为弧间或弧后盆地，神功运动后变成大陆边缘岛弧环境，堆积一套钙碱性系列火山岩，反映活动基底具有陆壳性质。

覆冰纪－新元古Ⅲ纪，在拉张的背景下，市域西部断陷变为浅海盆地，东部变为浅海台地。台地边缘在市区－淳安一带有浅滩发育。早、中寒武世，市区以北为浅海台地，以南为斜坡和浅海盆地。随着斜坡带的侧向堆积作用，台地边缘不断向南推进，至晚寒武世，已抵达桐庐分水到萧山小石盖一带。早奥陶世，斜坡带最为发育，重力滑动、滑塌沉积和碎屑流沉积状广泛见于临安樟村、板桥，桐庐分水，富阳俞家山，萧山小石盖等地，小石盖还见有钙屑浊积岩。中奥陶世，海侵扩大，台地向北退缩到余杭荆山岭附近。晚奥陶世，由于华夏板块、扬子板块各自向北漂移过程中相互靠拢以至碰撞，盆地南部开始抬升，沉积中心向西迁移。以临安－马金断裂为界，西北部为浊流盆地，东南部为深水陆棚。早、中志留世，由于板块继续推挤和造山带大量陆源碎屑的快速充填，盆地深度变浅，盆地位置继续向西北迁移，致使晚志留世杭州市区隆起成为陆地。经过早、中泥盆世的风化剥蚀之后，晚泥盆世转入相对稳定发展时期。早石炭世，建德以南为陆地，杭州市区附近沦为滨海地带。晚石炭世，海侵扩大，市域成为广阔的浅海，其中还有小型生物碎屑浅滩发育。二叠纪，东南部拗陷成滞留盆地。早、中三叠纪，杭州市属浅海盆地。晚三叠纪，由于印支运动影响，海水从我国南方退去，从此结束了漫长的海侵历史。因后期强烈剥蚀作用，杭州市域的三叠纪荡然无存。至三叠纪末，扬子板块与华北板块碰撞，产生席卷中国东部的印支运动，形成杭州复向斜等一系列北东向的复式褶皱，从而进入太平洋大陆边缘活动的新阶段。侏罗纪，市域处于隆起剥蚀环境，仅在临安－马金、萧山－球川两断裂带有小型断陷盆地接受中侏罗统含煤岩层的沉积。稍晚，板块俯冲加剧，部分地壳重熔，岩浆开始强烈活动。早白垩世，广泛发生串珠状中心式火山爆发及裂隙式脉状火山喷溢，形成临安亭子山、天目山、富阳新登等一系列构造火山盆地。杭州市区葛岭－宝石山小型构造火山盆地也在这个时期出现。中、晚白垩世，区域应力转入引张体制，伴随断块活动，在昌化－余姚断裂南侧形成断块隆起，北侧形成断陷盆地。第三纪杭州市以差异性升降运动为主，西南部的山地丘陵区长期上升遭到风化剥蚀；东北部的平原区长期下降接受堆积，尤其是钱塘江河口、杭州湾附近的滨海平原，地势低洼，陆源碎屑沉积甚厚。第四纪晚更新世中、后期，海水进退交复，形成岩相变化较大，成因类型复杂的全新世沉积层。

2.1 地质构造

杭州市位于扬子准地台东部钱塘台褶带，包括安吉－长兴陷褶带、中州（淳安）－昌化拱褶带、华埠（开化）－新登（富阳）陷褶带、常山－诸暨拱褶带、余杭－嘉兴台陷等五个三级构造单元以及武康（德清）－湖州隆断褶束等七个四级构造单元。杭州市地质构造见图10－3。

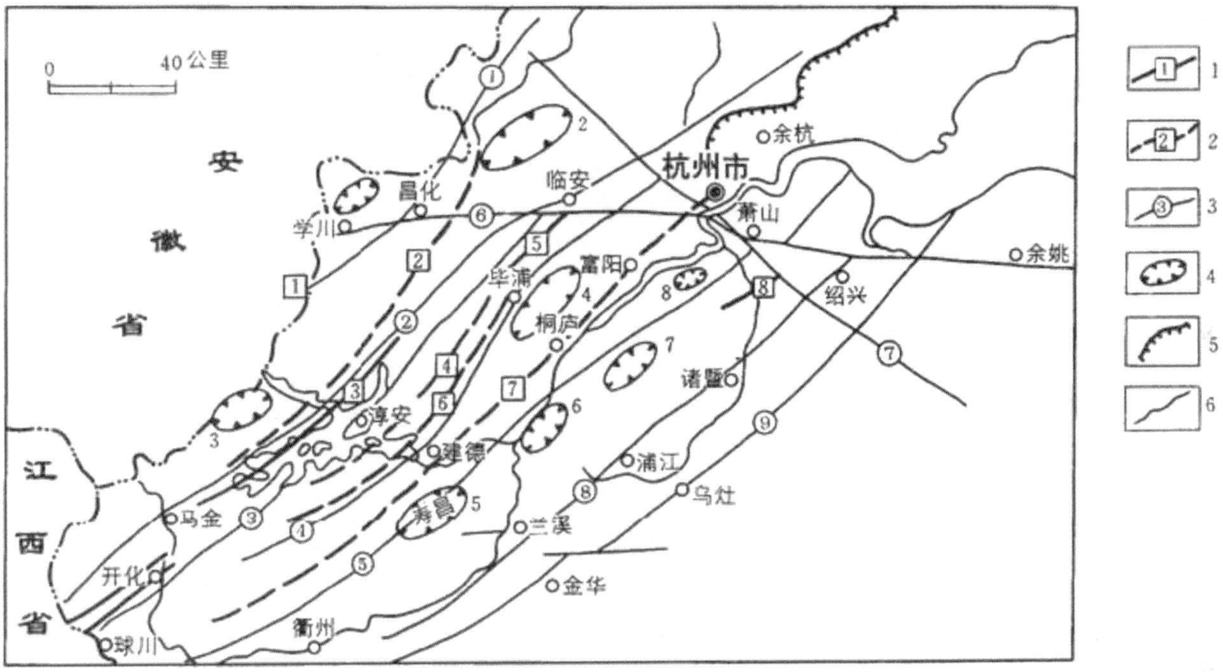

1. 2. 褶皱及编号：1学川复背斜；2昌化复向斜；3马金复背斜；4淳安复向斜；5印渚埠复背斜；6毕浦复向斜；7杭州复向斜；8萧山复背斜

3. 断裂及编号：①昌化—孝丰（安吉）断裂；②临安—马金断裂；③印渚埠—开化断裂；④毕浦—双溪口（淳安）断裂；⑤萧山—球川（常山）断裂；⑥昌化—余姚断裂；⑦孝丰—三门断裂；⑧漓渚（绍兴）—兰溪断裂；⑨江山—绍兴断裂

4. 构造火山盆地及编号：1—亭子山构造火山盆地；2—天目山构造火山盆地；3—金紫尖构造火山盆地；4—新登构造火山盆地；5—寿昌构造火山盆地；6—三都构造火山盆地；7—龙门脚—华家塘构造火山盆地；8—里山构造火山盆地

5. 京杭运河；6. 河流

图10－3 杭州市构造纲要图

（1）断裂。

杭州在印支运动以前基底固结程度较低，地壳变形以褶皱方式为主，断裂不很发育，主要是一些长期活动的同沉积断裂或基底断裂，但它们都控制着构造单元边界和古生代地层的发育，如临安－马金断裂、萧山－球川断裂、昌化－余姚断裂、印渚埠－开化断裂，毕浦－双溪口（淳安）断裂等。印支期尤其是燕山期产生大量平行于褶皱轴向的断裂及断陷盆地，断裂方向在燕山早期多呈北东向，部分呈东西向、北西向；燕山晚期偏转为北北东向，同时产生北北西向、北东东向、南北向断裂。印支期以后产生断裂，除过境的孝丰－三门断裂属大断裂之外，一般断裂较小。杭州市主要断裂见表10－3。

表 10-3 杭州市主要断裂

（引自杭州志—自然环境篇）

编号	断裂名称	断裂要素			展布情况	两盘情况		充填岩体
		走向	倾向	倾角		地层	断距	
①	昌化-孝丰断裂	北东 25°~50°	北西，有时南东	70°	由3~4条平行、性质不同的断裂组成，呈北东向断续延伸，南面与昌化-江湾断裂带相连，断距增大，并有超基性岩侵入	北西盘：震旦系-泥盆系 南东盘：寒武系-石炭系-上侏罗系	几百~几千米	大量花岗岩、花岗闪长岩
②	临安-马金断裂	北东 50°	南东	70°	由数条平行断裂组成，宽1~3km，呈北东-南西向斜切本省西部和北部，出省后，继续向南西和北东延伸到江西德兴、上海一带	北西盘：寒武系-志留系，南部为元古界，震旦系 南东盘：震旦系-奥陶系	600~1300m	少量花岗岩、花岗闪长岩
③	印渚埠-开化断裂	北东 45°	北西，有时南东	60°~80°	呈北东-南西向展布，南部为新安江水库淹没，延伸长度大于100km	北西盘：寒武、奥陶系 南东盘：奥陶、志留系	几十米	大量石英脉
④	毕浦-双溪口断裂	北东 30°~50°	北西，有时南东	85°	呈北东-南西向展布，延伸长度140km	北西盘：上奥陶统、志留系为主 南东盘：上志留统、泥盆系为主	几百米	花岗岩、花岗斑岩、花岗闪长岩
⑤	萧山-球川断裂	北东 40°~55°	北西、有时南东	65°~70°	呈北东-南西向斜切本省西部，出省后继续向南西和北东延伸，至江西玉山、东乡和上海、奉贤，长度350km	北西盘：寒武、奥陶系 南东盘：元古界、震旦系、上侏罗统	1千米	局部有花岗岩、花岗斑岩
⑥	昌化-余姚断裂	北东 85°~南东 85°	上部北，下部南		近东西向，向北凸出的弧形，横穿本省北部，向东延入到杭州湾水域	北盘：元古界、奥陶系、中生界 南盘：元古界、中生界		花岗岩，花岗斑岩
⑦	孝丰-三门断裂	北西 40°	南西	50°	由数条断裂组成，宽3~7km，断续延伸，长250km，斜切本省北部	北东盘：古生界、中生界 南东盘：古生界、中生界		霏细岩脉

杭州市区断裂众多，相互错切。有北东向、北北东向，东西向、北西向以及南北向若干组。其中北东向和北北东向两组断层多数为冲断层，西湖复向斜单体褶曲之间，通常以这两组冲断层形式交接。如九曜山-玉皇山之间的梯云岭断层和老焦山-里桐坞之间的戴家坞断层长度有5~10km；北西向和近东西向断层，长度0.5~3km不等，但密度大，多属正断层或平移断层，如韬光断层。北西向断层常常切割北东向断层，尤以老东岳-留下-余杭闲林埠一带为明显。南北向断层为冲断层，主要分布于西南部大清里、梅家坞、天竺山一带。

杭州市区节理以葛岭—宝石山构造节理引人注目，主要有北西向和北东东向两组剪切节理形迹构成小型“棋盘格式构造”。在宝石山，北东70°～80°的节理密集，北西向节理稀疏；葛岭附近，北西40°～60°、北东70°～80°的两组节理均较明显；而葛岭往西南去，北西向，北北西向节理却变得密集，北东东向节理变得稀疏。

（2）褶皱。

杭州市褶皱构造多呈北东－南西向展布，区域褶皱构造自西往东有学川（临安）复背斜、昌化复向斜、马金（开化）复背斜、淳安复向斜、印渚埠复背斜、毕浦（桐庐）复向斜、杭州复向斜、萧山复背斜等。这些褶皱绝大多数形成于印支期的南象运动（在三叠纪末）。在总体上又以杭州－开化复向斜为核心组合成一个北东45°方向延伸的、轴向倾向北西的巨型复式向斜－钱塘江大复向斜。构成钱塘江大复向斜轴部地层是上古生界，两翼是下古生界和震旦系，详细见表10－4。

表10－4 杭州市主要褶皱

（引自杭州志—自然环境篇）

序号	名称	形态类型	周面产状		规模		枢纽产状	轴部地层	翼部情况
			走向（北东）	倾向	长（km）	宽（km）			
1	学川复背斜	倾斜	50°	北西	90	20	起伏，向北东倾伏	震旦系，轴部有花岗岩侵入	由寒武－奥陶系组成，次级褶皱发育
2	昌化复向斜	倾斜－倒转	30°～50°	北西	130	10～20	起伏，向南西扬起	寒武、奥陶系（向北渐新）	由震旦－寒武、下奥陶统组成，次级褶皱发育
3	马金复背斜	倾斜－倒转	35°～60°	北西	130	10～25	起伏	震旦系，由三个右行斜列背斜组成	由寒武－奥陶系组成，翼角稍陡，次级褶皱发育
4	淳安复向斜	倾斜－倒转	45°～70°	北西	65	15～20	向两端扬起	泥盆系，向西南分成三支	由奥陶－志留系组成，北西翼角较大
5	印渚埠复背斜	倾斜	40°～55°	北西	40	10～15	起伏，向南西倾伏	震旦系	由寒武－奥陶系组成，次级褶皱发育
6	毕浦复向斜	倾斜－倒转	30°～55°	北西	104	5～8	起伏，向北东扬起	石炭系－下二叠系	由震旦系－泥盆系组成，又南向北渐老
7	杭州复向斜	倾斜－倒转	45°	北西	235	8～10	起伏	泥盆、石炭、二叠系，由两平行褶皱组成	由奥陶－志留系组成
8	萧山复背斜	倾斜	60°	北西	>20	5	起伏，向南西倾斜	元古界	由震旦－奥陶系组成

杭州市区包括三个褶皱区：西湖复向斜（西湖复向斜地质剖面见图 10－4）、石龙山褶皱区和半山—皋亭山褶皱区。西湖复向斜，即杭州复向斜在杭州市区倾伏部分，它是杭州市褶皱区的主体，组成西湖复向斜翼部最老地层是上寒武统的超峰群，核部的最新地层是下二叠统的丁家山组，出露在西湖畔的刘庄附近。西湖复向斜的形态，顺西南方向收敛，枢纽仰起，向北东方向展开、枢纽倾伏，枢纽总的方向为北东 50°，倾伏角 15°。复向斜倾没部分为下白垩统火山碎屑岩所不整合复盖，又为一隐伏的北北西向的大断裂所横切。龙井－翁家山－南高峰－三台山－丁家山一带为西湖复向斜核部，地形坡度与复向斜倾伏角相适应。西湖复向斜由一系列单体褶曲组成，从北西到南东计有飞来峰向斜、天马山背斜、南高峰向斜、青龙山背斜、玉皇山向斜、将台山向斜，凤凰山背斜、金家山向斜。远离西湖的另一组褶曲有午潮山向斜，老焦山向斜、里桐坞背斜，直坞向斜。半山－皋亭山向斜位于西湖复向斜的北东方向，可视为西湖复向斜的余延部分。

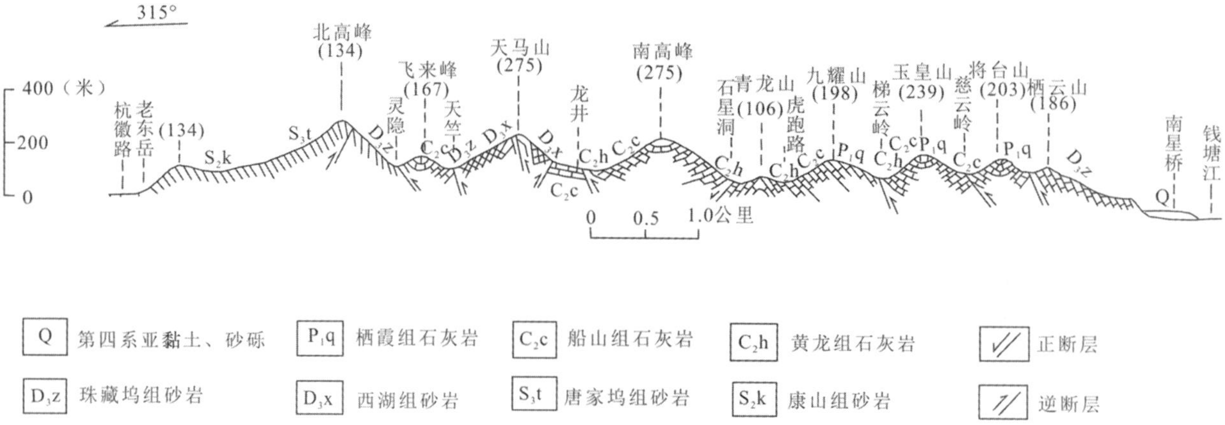

图 10－4 西湖复合斜地质剖面图

2.2 历史地震

杭州市地震活动与球川－萧山深断裂、昌化－余姚深断裂以及临安－马金深断裂自全新世初以来多次活动有关，尤其与前两个深断裂交叉部位的活动关系最大。地震多为弱震（3～5 级以下）和微震（1～3 级以下）。

杭州市域自公元 2 世纪以来有记载的 4 级以上地震共 5 次。其中后唐天成四年（929），杭州市区发生地震，“庐舍倾地甚多”（民国《杭州府志・卷八二》）。清咸丰五年夏历十一月二十日（1856 年 1 月 5 日），富阳发生地震，“屋墙破裂，河水沸腾”（清光绪《富阳县志・卷十五》）。这两次地震以烈度论，均属破坏性地震，详细见表 10－5。

表 10－5 杭州市清代以前有记载的 4 级以上地震

（引自杭州志—自然环境篇）

发生时间	震中位置		烈　度	震　级
	北　纬	东　经		
929 年	30°18′	120°12′	Ⅵ	5
1136 年 7 月 9 日	30°18′	119°54′	Ⅴ	4.5
1288 年 11 月 19 日	30°24′	120°6′	Ⅴ	4
1521 年 3 月 9 日—4 月 6 日	30°6′	120°18′	Ⅴ	4
1856 年 1 月 5 日	30°6′	120°0′	Ⅵ	4.75

近期杭州市域由于新构造运动趋于缓和，地震活动微弱，地震仪记录的有震感地震共 7 次，震级一般都小于 3 级，最大的一次为 3.2 级，详细见表 10－6。

表 10－6 杭州市近期发生的地震

（引自杭州志—自然环境篇）

发生时间						震中位置		震级
年	月	日	时	分	秒	北纬	东经	
1976	9	1	13	06		30°6′	118°57′	3.2
1976	9	15	23	23		30°09′	120°19′	2.4
1977	4	15	6	14		30°22′	120°24′	2.7
1977	6	5	9	59		29°46′	118°54′	2.1
1977	9	19	15	53		30°06′	119°18′	2.0
1979	5	19	14	47	53	30°12′	120°07′	2.2
1983	3	15	20	18		30°00′	119°35′	2.2

根据《建筑抗震设计规范》GB 50011—2010，杭州市抗震设防烈度为 6 度，设计地震分组为第一组，设计基本地震加速度值为 0.05g。

根据杭州地区勘察资料及地区经验，20m 范围内的灰色粉土、粉砂层为可液化土层，根据《建筑抗震设计规范》GB 50011—2010，液化等级一般为轻微－中等。

2.3 地层岩性

杭州市位于江南地层区，元古界由浅变质的碎屑岩、火山岩组成；震旦系和古生界由海相碎屑岩、碳酸盐岩组成；中、新生界由陆相碎屑岩夹火山岩组成。累计厚度 16000～38000m。

在杭州市区，古生界、中生界、新生界均有出露。奥陶系深灰色白云质或泥质灰岩，黄绿色粉砂岩、泥岩等分布留下、转塘、中村等地；志留－泥盆系灰绿色粉砂岩、细砂岩、紫红色岩屑石英砂岩、白色含砾石英砂岩分布于北高峰、五云山、虎跑、半山等地；石炭－二叠系灰白色结晶灰岩，生物碎屑灰岩、深灰色含燧石条带灰岩分布于飞来峰、南高峰、玉皇山、石龙山等地，白垩系灰紫色流纹质－英安质含角砾玻屑熔结凝灰岩和紫红色凝灰质砂岩等分布于葛岭、宝石山和梵村等地。

杭州市区山地丘陵和平原并存，除基岩直接出露区以外，在山麓沟谷区及平原区均有第四纪地层覆盖，其成因类型、工程性质、厚度等差异较大。

（1）平原区第四纪地质。

杭州市平原广泛分布，多位于钱塘江、浦阳江附近及其内侧，而较大河流两岸又有带状的河谷平原分布。城区平原主要分布于市区北部和东南部，其第四纪地层厚度由西南向东北递增，在东北部边缘可达 60 多米。

滨海平原区：分布于钱塘江、富春江两岸及钱塘江河口段。这类平原是在海积作用为主，冲积、湖积作用为辅的条件下形成的。表层为全新世中、晚期冲－海积黏性土、淤泥质土、粉砂层。由于海水顶托和涌潮影响，泥沙淤积，地势略有增高。余杭临平以南，地面高度可达 4.5～7.5m。沿江两岸筑有高出地面 2～3m 的人工堤坝。

水网平原：分布于滨海平原内侧。由古代湖沼、河流及海相沉积形成，地面塘荡密布，河流纵横，高度 2～6m，表层为全新世中、晚期冲－湖积黏性土、黏土、淤泥质土层。

河谷平原：这类平原在钱塘江水系尤为发育，多由自然堤、河漫滩、江心洲、阶地组成。桐庐至富阳有较长的带状河谷平原，其中桐庐镇对岸下杭埠、上洋洲、下洋洲是条自然堤，窄溪的孙家、徐家、罗家是块河漫滩，富阳大小桐洲和外涨沙等是大片小片的江心洲。按沉积物而论，桐庐镇至场口镇表层均为全新世冲积成因的灰黄色砂砾石、砂、粉土。富阳镇附近，表层为全新世的冲海积成因的灰黄色粉细砂、粉土。河流阶地主要分布于新安江、富春江两侧。阶地可分三级：一级在建德白沙、梅城，为堆积阶地，由上更新世黏土、砂砾石组成，相对高度 5～15m；二级阶地残留于建德白沙祝家、安仁后山，为基座阶地，由早更新世砂砾石组成，相对高度20～30m；三级阶地在窄溪、场口，为侵蚀阶地，呈垅岗和孤岛状，局部阶地面宽达数百米至1公里，由奥陶、志留纪砂泥岩、寒武纪灰岩组成，相对高度40～60m，一般高出江面40m。山前倾斜平原，多由之江组网纹红土及砂砾石组成，在桐庐东南面分布最广，以3°～5°坡度向下游延伸达5km，前缘直抵江边的河谷平原。倾斜平原因表层被水流切割，造成坳沟和垅岗起伏，在坳沟中还发育新的洪积冲积扇。

山地丘陵中的小块河谷平原见之于天目溪、昌化溪、分水江两岸，其中临安西天目－绍鲁－於潜－龙岗－昌化－河桥、富阳渌渚－新登－胥口、萧山河上－楼塔几片河谷平原面积较大，表层为全新世冲积成因的灰黄色砂砾石、砂、粉土层。其次为“桐庐洪积扇”和分水江河谷平原，表层为冲积成因的晚更新世砂砾石和全新世灰黄色砂砾石、砂、粉土层。淳安中部，因修新安江水库，大多数河流的谷底平原已没入水中，仅汾口一带还存在一片狭长平原。此外，钱塘江的一些支流如渌渚江松溪－渌渚段，建德寿昌、大同，余杭北苕溪（横湖－双溪－潘板），临安中苕溪（横畈－长乐）和南苕溪（杨岭、青云－临安镇），也有宽窄不同、长短各异的河谷平原分布，其表层均为全新世冲积成因的灰黄色砂砾石、砂、粉土层。

（2）山麓沟谷区第四纪地质。

山麓沟谷主要分布于山前地带，在杭州市区呈局部分布。在山麓沟谷区表层分布有第四纪陆相堆积物，成因主要为冲洪积和坡积，堆积年代主要由中更新统－全新统组成，岩性变化较大，分布不均匀，主要分布在灵隐、九溪、转塘、龙坞、留下的狭长沟谷中，少量分布在山前坡麓地带。

中更新统之江组：分布于洪积裙、洪积扇、洪积台地中，如在古荡－留下、浙江大学－玉泉、六和塔－梵村、茅家埠－双峰－赤山埠以及中村等地的丘陵向平原延伸处。堆积物为棕红、褐红色黏性土夹碎砾石，砂砾石，黏土，结构密实，发育灰白色蠕虫状网纹，厚度4～22m。

上更新统莲花组：分布于洪积扇、坡洪积裙中，如在灵山、中村、留下等地，内叠于之江组分布的沟谷中。堆积物上部为棕黄、褐黄色含砾、碎石黏性土，下部为棕黄、褐黄色砂砾石夹黏性土。结构较密实，厚度3～20m。

全新统冲积层：分布于河漫滩中，如在灵隐、九溪、梅家坞、叶埠桥、龙驹坞等地山间沟谷及沟口狭长地带。堆积物为灰黄、褐黄色砂砾石，局部夹黏性土及其透镜体，结构松散，厚度3～8m。

3　典型地层及特征

杭州城区大部分属平原区，主要分布在北部和东南部，城区西部分布有丘陵。杭州市的平原多位于钱塘江、浦阳江附近及其内侧，而较大河流两岸又有带状的河谷平原分布，第四系地层厚度由西南向东北递增，在东北部边缘可达60多米，根据地貌和第四系成因，市区平原分为两个亚区，分别为苕溪平原亚区（冲湖积为主）和钱塘江平原亚区（冲海积为主），具体分布见插图53。

3.1　岩土分布及特征

苕溪平原亚区（冲湖积为主）：主要分布在杭州市区西北，位于古荡－留下一线以北，武林门－半山一线以西，由苕溪以及周围小湖泊共同堆积而成，地势平坦，水网发育。由于长期以来受人类活动的影响，原始的微地貌受到彻底的改造，村落、桑地高出地面1～1.5m，地面高2～5.5m，表层为冲积－湖积、湖沼积深灰、灰、褐灰色黏质粉土、黏性土、淤泥质粉质黏土层组成，深部有砾砂、圆砾分布。在古荡以北1km及祥符桥杭州造纸厂附近夹有泥炭。

钱塘江平原亚区（冲海积为主）：主要分布在杭州市区东北及东南，位于钱塘江、富春江左岸，在全新世中、晚期由江水携带来的泥沙堆积而成，地势平坦，地面高度4.5～7.5m，表层为冲积－海积，冲积，冲－湖积褐黄、灰黄、灰色粉土、粉质黏土、淤泥质粉质黏土、粉砂、细砂及砾砂圆砾。由于岸线变迁较大，局部地段泥沙堆积厚度大而且分布面广，一般高出地面2～3m。

杭州平原地区下伏基岩主要有四种，分别为白垩纪泥质粉砂岩、含砾砂岩及砂砾岩，侏罗纪的凝灰岩，安山岩，灰岩。

白垩纪泥质砂岩：岩性主要为泥质砂岩、含砾砂岩、砂砾岩，分布范围最广，约占平原区的65%，主要集中在袁浦镇－周浦镇－浦沿镇－滨江区－主城区－九堡－下沙一线。

侏罗纪凝灰岩：岩性主要有流纹质玻屑晶屑凝灰岩、英安流纹质晶屑玻屑熔结凝灰岩、蚀变凝灰岩等，主要分布于下沙北部、长沙街道附近。

安山岩：属于侵入岩，岩性主要包括安山岩、安山玢岩、蚀变安山玢岩，其分布范围较小。

灰岩：主要分布于转塘－周浦附近，分布范围较小。

依据《杭州城区岩土工程特性与建筑物基础合理选型研究》选择横家桥－蒋村－德胜－九堡－上沙村一线绘制了A—A’剖面，剖面基本涵盖了冲湖积和冲海积平原典型地层，剖面示意位置见插图54，杭州城区典型剖面见插图55。

杭州属典型软土地层分布区域，城区广泛分布有海相、湖相沉积的软土，多是第四纪晚更新世末期以来的淤积物，具有较典型的三层结，即上部为不厚的表土层（硬壳层），中部为厚层淤泥质土（淤泥层），下部具有固结程度较高的黏性土、粉土或碎石土层。

表土层（硬壳层）以黄褐色、褐黄色黏性土、粉土为主，含云母片、氧化铁，偶见铁锰质渲染或铁锰结核，多呈可塑状，湿－很湿，厚度不等，同一地区厚度差异与人类活动、地形起伏有关，区域分布较为稳定，工程性质相对较好，由于该层分布于厚层淤泥质软土之上，称之为“硬壳层”，可以作为一般低层建筑里持力层。但是部分地段由于人类活动，“硬壳层”常被人工填土取代，这种现象在主城区尤为明显，由于人工填土成分复杂，物理力学性质差，造成“硬壳层”工程性质的变化，应考虑其不均匀沉降对地铁出入口等附属结构不利影响。

三层结构中，中层土系厚层淤泥质软土，含有机质、云母片、贝壳等，有腐臭味，很湿－饱和，可塑－软塑，低强度、易触变、高压缩性，工程地质性质很差。有时在该土层中含有泥炭质土、淤泥和粉土质夹层，致使工程地质性质更为复杂化。另外，该层还有软塑－流塑状态的淤泥层，呈灰黑－黑褐色，多为过饱和状态，含大量腐殖质，有腐臭，常以透镜体或夹层形式存在于淤泥质软土中，其工程地质性质更差。

三层结构的下层为正常沉积的黏性土、粉土层，含云母、氧化铁、铁锰质结核等，地层分布稳定，工程性质良好。

总之，具有三层结构的软黏土类，成分上以厚层的淤泥质黏性土为主，工程地质特征上表现为承载力低，高压缩性，低强度，不稳定，易触变。经常会产生地基沉陷、建筑变形、边坡坍塌、隧道围岩坍塌等不良工程地质现象。

根据浙江省地方规范《工程建设岩土工程勘察规范》DB33/T 1065—2009以及杭州市勘察资料，杭州市平原地区典型地层见表10－7。

表10－7　杭州平原地区典型地层表

地层编号	岩性名称	地层年代	成因类型	岩性描述		备注
①$_0$	人工填土	Q_4^3	人工堆积	城区有杂填土、素填土、淤泥土、沿钱塘江有吹填土、松散货松软，均匀性差，具大孔结构		
①	粉质黏土		冲湖积 冲海积 湖沼积	黄褐色，软可塑，局部夹稍密状粉土、泥炭层，分布与湖沼平原区	①$_1$灰黄色，黏质粉土	硬壳层
					①$_2$灰色粉土，以砂质粉土为主	

续表 10－7

地层编号		岩性名称	地层年代	成因类型	岩性描述		备注
②		淤泥质分粉质黏土	Q_4^2	海积 冲海积	灰色，流塑，富含植物残骸，具高灵敏性、高触变性、高压缩性，低强度和低渗透性。局部为粉土，松散状	②$_1$灰色粉砂，中密 ②$_2$灰色粉土，以砂质粉土为主	可液化
③$_1$		淤泥质粉质黏土	Q_4^1	海积	灰色，流塑		
③$_2$		淤泥质黏土、淤泥质粉质黏土		海积	灰色，流塑，局部为黏土、粉质黏土，软塑		
④$_1$		粉质黏土、黏土	上段 Q_3^{2-2}	冲湖积	黄绿、褐黄、浅黄色，硬可塑，表层见干缩裂隙、古土壤层		第二层硬土
④$_2$		粉质黏土、黏土		海积	灰色，软塑强结构性		
④$_3$		粉土或粉砂		冲海积	灰色、稍密		
⑤$_1$		粉质黏土、黏土	下段 Q_1^{2-1}	冲海积	杂色，有黄、棕红、污白、浅绿等色，硬可塑为主，有时呈软可塑，表层有时有缩裂缝		第三层硬土
⑤$_2$	⑤$_{2-1}$	粉质黏土、黏土		海积	灰色，软可塑		
	⑤$_{2-2}$	含砂粉质黏土、粉质黏土夹砂层		海积	灰色，软可塑或稍密，层理清晰		
⑤$_3$		中细砂		冲积	灰黄色，中密，中细砂为主有时为粉土层，含砾或为圆砾层		
⑥$_1$		粉质黏土、黏土	Q_3^1	冲海积	杂色，硬可塑，分布于下伏砂、砾层分布区		第四层硬土
⑥$_3$	⑥$_{3-1}$	粉细砂、砾砂		冲积	黄色，中密		
	⑥$_{3-2}$	圆砾		冲积	黄色，有时灰色，中密－密实，磨圆好，砾石以硬质岩为主		
	⑥$_{3-3}$	粉质黏土、黏土		湖沼积	灰色，软－软可塑，底部有贝壳碎屑		
	⑥$_{3-4}$	细中砂		冲积	灰色，稍密		
⑦$_1$		黏土	Q_2^2	冲海积	杂色，灰绿、黄褐色为主，硬可塑，表层有干缩裂缝		硬土
⑦$_2$	⑦$_{2-1}$	粉细砂、砾砂		冲积	灰色、黄色、中密		
	⑦$_{2-2}$	圆砾、卵石		冲积	灰色、黄色、中密－密实，砾石以硬质岩为主		
	⑩	基岩	前第四系 AnQ		石灰岩、泥岩、钙质泥岩、泥灰质砂岩、砂岩、砾岩、凝灰岩、安山玢岩以及安山岩、玄武岩等		

3.2 主要地层物理力学参数

杭州市区大部分地处滨海平原（仅城区西部有丘陵出露），滨海平原又分为冲湖积平原（苕溪平原亚区）和冲海积平原（塘江平原亚区）两个亚区，既有广泛分布有海相、湖相沉积的软土，又有冲积形成的砂土和粉土，工程性质有一定差异。

冲湖积平原亚区分布在城区北部，广泛分布有软土，软土具有厚度大、含水量高、孔隙比大、强度低、灵敏度高、压缩性高、渗透性低等特点。

冲海积平原亚区分布在城区东部及南部，该区上部地层为稍密－中密的粉土、砂土层，厚度一般为10～20m，分布较为稳定，其下部为滨海相沉积的淤泥质软土，具有与湖相沉积类似的工程性质。

下伏基岩白垩纪泥质砂岩、侏罗纪凝灰岩、安山岩等，分布较为稳定，工程性质较好。其中白垩纪中风化泥质砂岩天然单轴抗压强度1.5～11.9MPa，属极软岩－软岩；侏罗纪中风化凝灰岩饱和单轴抗压强度9.0～40.1MPa，属于软岩－较坚硬岩；中风化安山岩饱和单轴抗压强度12.6～98.6MPa，大部分属于较软岩－坚硬岩。

杭州地区各主要岩土层物理力学参数参考值见表9－7～表9－9。

（1）主要土层物理试验指标。

根据杭州市岩土工程勘察资料及地区经验综合确定各土层的物理试验参数，供勘察设计人员参考使用，详见表10－8。

表10－8　杭州平原地区第四系主要土层的物理试验参数

地层编号	岩性名称	天然含水量 ω	天然密度 ρ	孔隙比 e	液限 w_l	塑限 w_p	液性指数 I_L	灵敏度 S_t	标准贯入试验	压缩模量 E_s
		(%)	(g/cm³)	—	(%)	(%)	—	—	—	(MPa)
①	粉质黏土	30.4	1.92	0.848	31.6	20.0	0.70			8.5
$①_1$	粉土或粉砂	29.0～34.9	1.79～1.90	0.833～1.009					5～10	6.5～8.8
$①_2$	粉土或粉砂	24.6～33.5	1.79～1.91	0.700～0.995					6～11	5.0～10.2
②	淤泥质粉质黏土	34.4～43.1	1.73～1.83	0.952～1.214	33.5～37.3	21.8～23.5	1.10～1.39	3～6		2.5～3.5
$②_2$	粉土或粉砂	23.2～37.4	1.81～1.96	0.603～0.852					10～20	6.2～14.8
$③_1$	淤泥质粉质黏土	41.3	1.75	1.164	38.0	21.2	1.20	3～6		3.0
$③_2$	淤泥质黏土 淤泥质粉质黏土	45.7	1.69	1.312	40.1	23.2	1.33	4～7		2.8
$④_1$	粉质黏土 黏土	19.8～35.5	1.80～1.95	0.700～0.850	26.6～36.9	16.0～24.0	0.45～0.70			5.0～10.0
$④_2$	粉质黏土 黏土	25.5～43.6	1.75～1.90	0.850～1.100	28.9～40.2	18.2～27.4	0.78～0.96	3～6		2.5～4.0
$④_3$	粉土或粉砂	21.0～28.9	1.83～1.89	0.677～0.838					12～25	6.0～10.0
$⑤_1$	粉质黏土 黏土	18.0～37.5	1.84～1.97	0.698～0.865	25.3～38.2	15.3～23.2	0.35～0.55	4～8		6.0～10.0
$⑤_{2-1}$	粉质黏土 黏土	29.5～44.0	1.73～1.92	0.865～1.121	30.1～41.0	20.1～28.9	0.77～1.00	3～7		3.0～6.0
$⑤_{2-2}$	含砂粉质黏土 粉质黏土夹砂	27.4～36.4	1.75～1.96	0.875～0.988	28.1～39.4	18.0～26.8	0.77～0.98			3.5～8.0

续表 10－8

地层编号	岩性名称	天然含水量 ω	天然密度 ρ	孔隙比 e	液限 w_l	塑限 w_p	液性指数 I_L	灵敏度 S_t	标准贯入试验	压缩模量 E_s
		(%)	(g/cm³)	—	(%)	(%)	—	—	—	(MPa)
⑤$_3$	细中砂 粉砂	27.0	1.97	0.760					13～30	7.5～15.0
⑥$_1$	粉质黏土 黏土	28.3	1.95	0.750	33.6	18.7	0.61			8.5
⑥$_{3-3}$	粉质黏土 黏土	36.9～41.0	1.76～1.83	1.064～1.181	32.5～39.3	18.9～24.7	0.82～1.23			2.0～6.0
⑦$_1$	粉质黏土 黏土	27.5	1.97	0.735	32.5	17.6	0.60			9.0
⑨$_3$	含碎石黏性土	26.2	2.0	0.750	35.3	20.4	0.42			

（2）主要土层剪切试验指标。

根据杭州市岩土工程勘察资料及杭州地区经验综合确定各土层的剪切试验参数，供勘察设计人员参考使用，详见表 10－9。

表 10－9 杭州平原地区第四系主要土层的剪切验参数

地层编号	岩性名称	直接快剪		固结快剪	
		C	φ	C	φ
		(kPa)	(°)	(kPa)	(°)
①	粉质黏土	16	8.5	22	18
①$_1$	粉土或粉砂	5	25	7	27
①$_2$	粉土或粉砂			9	31
②	淤泥质粉质黏土	12	6	13	10
②$_1$	粉砂	6	25		
②$_2$	粉土	8	21	10	26
③$_1$	淤泥质粉质黏土	16	5	20	10
③$_2$	淤泥质黏土 淤泥质粉质黏土	12	4	16	10
④$_1$	粉质黏土、黏土	28	16	41	20
④$_2$	粉质黏土、黏土	22	9	38	14
④$_3$	粉土或粉砂	15	30		
⑤$_1$	粉质黏土、黏土	48	14	50	20
⑤$_{2-1}$	粉质黏土、黏土			22	14
⑤$_{2-2}$	含砂粉质黏土	30	10		
⑤$_3$	细中砂、粉砂	2	30		
⑥$_1$	粉质黏土、黏土			27	17

续表 10-9

地层编号	岩性名称	直接快剪		固结快剪	
		C	φ	C	φ
		(kPa)	(°)	(kPa)	(°)
⑥$_{3-1}$	粉细砂	2	30		
⑥$_{3-2}$	圆砾卵石	0	35		
⑥$_{3-3}$	粉质黏土、黏土			25	12
⑦$_{1}$	粉质黏土、黏土			22	14
⑦$_{2-1}$	粉细砂	1	30		
⑦$_{2-2}$	圆砾卵石	0	35		
⑨$_{3}$	含碎石黏性土			15	18

（3）岩层的主要物理力学参数。

根据杭州市岩土工程勘察资料及杭州地区经验综合确定各岩层的主要物理力学参数，供勘察设计人员参考使用，详见表 10-10。

表 10-10 主要岩层的物理力学参数

岩性及风化程度		天然容重 γ (kN/m^3)	抗压强度 天然 (MPa)	抗压强度 饱和 (MPa)
砂质泥岩、含砾砂岩、砂砾岩	强风化	1.98~2.40	1.5~11.9	
	中风化			
	微风化			
凝灰岩	强风化			9.0~40.1
	中风化			
	微风化			
安山玢岩	强风化	1.95~2.50		12.6~98.6
	中风化			
	微风化			
灰岩	强风化			27.1~138
	中风化			
	微风化			

4 地 下 水

杭州城区除西部为山地丘陵区外，大部分属平原区，主城区的浅层地下水以松散岩类孔隙水为主，松散岩类孔隙水按其埋藏条件、水力特征分为潜水和承压水。

潜水水量丰富，主要分布在西湖区的九溪、留下等山麓沟谷区冲洪积、坡积的砂、砾石层中和平原区浅层粉土、粉砂层中。

承压水水量丰富，主要分布在平原区深部砂和圆砾、卵石地层中。

4.1 地下水类型

沟谷区潜水：水量丰富，主要分布在钱塘江流域、东苕溪中下游谷地。含水层主要为全新世冲洪积、坡积层，岩性主要为砂、砾石层或含黏性土砂、砾石、碎石层，厚度一般为3~22m，多呈条带状分布，地下水埋藏较浅，含水层渗透性较好。富春江、浦阳江沿江河漫滩及一级阶地的冲积砾石层中，单井出水量有的可达到1000~5000m³/日，二级阶地及其支流洪-冲积含泥砂砾石含水层的富水性变化很大，单井出水量为100~1000m³/日。

平原区孔隙潜水：分布于平原浅部，水位埋深一般小于5m。含水层为全新世的海积、湖沼积及冲-海积层，岩性为淤泥质黏性土、砂土、粉土，富水性较差，土层渗透性相对较差。

平原区孔隙承压水：分布于北部平原，含水层主要为深部的砂、含砾砂或圆砾卵石层，单层厚度10~20m，其间被湖沼积黏性土层所隔开，含水层顶板埋深由北向南加深，承压水头埋深一般为3~10m。

4.2 地下水补径排关系

沟谷区潜水：沟谷区潜水主要接受大气降水、侧向径流补给，主要以侧向径流和人工开采方式排泄。

平原区孔隙潜水：该区潜水主要接受大气降水、侧向径流补给，主要以侧向径流、越流补给下层地下水和人工开采方式排泄。

平原区孔隙承压水：该区承压水是依靠大气降水、河湖水和海水通过潜水补给的，地下水水位比较稳定，受季节性影响较小，主要以人工开采和越流补给下层地下水的方式排泄。

4.3 地下水的动态特征

平原区孔隙潜水：根据区域水文地质资料及勘察资料，该层地下水水位年变幅为1.0~2.0m，地下水垂直流向不明显，水平流速较小，一般小于0.40m/d。

平原区孔隙承压水：该层地下水是人工开采的主要含水层，地下水动态变化受人工开采影响大。高水位一般出现在2—4月开采淡季，低水位一般出现在8—10月开采高峰期，城区水位年变幅一般为1~3m。

根据杭州轨道交通1号线勘察测试结果，本区承压水流向主要为北北东向，地下水流速十分缓慢。

5 特殊地质条件

特殊地质条件主要包括不良地质作用、特殊性岩土等，特殊地质条件的存在会引起许多不利于地铁工程设计施工的工程地质问题，很大程度上增加了设计施工难度，严重的可能会引起工程事故，因此在勘察阶段应查明轨道影响范围内的特殊地质条件。

5.1 不良地质作用

杭州地区存在的不良地质作用主要为活动断裂、岩溶、浅层沼气。

活动断裂：依据区域地质资料以及前人研究结果，杭州近场区地震活动微弱，新构造运动不明显，近地区近代地震皆为微震，一般对轨道交通工程建设影响较小，但轨道交通工程属百年重点工程，因此工程建设前建议进行专项研究。

岩溶：在杭州地区，可溶盐岩区主要由寒武系、石炭系、奥陶系及二叠系的碳酸岩类构成，岩性有中厚层灰岩、生物碎屑灰岩、含燧石结核灰岩、薄－中层状泥质灰岩、白云质灰岩。在城区有两个地段分布，一是环西湖的西面、南面和东南角分布，第二个地段位于灵山。

上述地段岩溶较发育。岩溶形态除普遍分布的溶沟、溶槽和溶牙外，尚有：

1）溶洞：分布于不同高程上，以中小型居多，大多为洞室状，如灵隐玉乳洞等，另外还有厅堂状（玉皇山紫来洞），袋状（灵山潘家洞）等大型溶洞。

2）溶斗：分布于南高峰及周浦灵山一带，高程一般在 130～230m，大多为漏斗状，直径数米至数十米，底部充填黏土及碎石。

有岩溶分布的地段地貌一般表现为山体走向与岩层走向基本一致，山脊平短，沟谷呈“U”形和“V”形，谷坡为 5°～10°。

浅层沼气：杭州平原地区分布有大量淤泥质土，淤泥质土中富含的有机质，在还原环境条件下会分解出沼气，当场地有淤泥质分布时，在淤泥质土的上覆、下伏的粉性土或砂土中可能会有沼气分布。

对于工程建设来说，沼气是一种有害气体，其主要成分为甲烷。沼气一般属于有机成因的气体，根据其产生过程和热演化成熟度的差异，分为生物化学作用和热催化作用形成的沼气。生物化学成因气从沉积开始产出，有机质经过厌氧细菌生物化学分解作用而生成甲烷。热催化作用形成的气体可根据其热演化成熟度进一步分为石油伴生气和裂解气。

杭州地区在第四纪的几次海进、海退中，交替沉积了数套富含有机质的淤泥层和砂层。淤泥层中的有机质经厌氧菌的生物化学作用，产生生物气（主要成分是甲烷），经过运移、富集，储集在附近的砂层镜体或砂层顶部，形成了许多超浅层气藏，埋深一般小于 55m。杭州地区浅层沼气多为生物成因的甲烷型天然气，具有储存分散、气层薄、气压低、水气同层的特点，沼气埋藏深度较浅，储量小，气体不连贯。萧山、下沙一带最大沼气压力可达 0.43MPa。浅层沼气地层组合主要为淤泥质土加粉土、粉砂，淤泥质土为气产层，粉土、粉砂为主要储气层。从沼气分布顶板绝对标高来看，一般均为－18～－22m 之间。

5.2 特殊性岩土

杭州地区对轨道交通工程建设影响较大的特殊性岩土主要包括软土、风化岩、人工填土。

人工填土：杭州市人工填土普遍分布，老城区内填土分布厚度较大，外围大部分地区填土厚度一般为 1～3m，部分地段为耕植土。

填土的成分复杂、堆积时间短，力学性质差异大，稳定性差，尤其是大部分填土为含水层，在地下水作用下其性质更差，轨道交通工程明挖基坑以及隧道结构穿越填土的地段需重点考虑填土产生的不利影响。

软土：杭州是我国典型的软土分布区，软土类型主要包括淤泥、淤泥质黏土、淤泥质粉质黏土，其间可见夹粉土或粉砂，呈流塑－软塑状态，具含水量高、孔隙比大、低强度、高灵敏度、高压缩性、低渗透性，有较明显的触变、流变特性。大面积软土的分布对轨道交通工程建设施工影响巨大，可能会引起很多岩土工程问题，如地面塌陷、基坑边坡失稳、周边建筑物破坏、桩基承载力不足等。

风化岩：杭州平原地区基岩埋深一般较大，对轨道交通工程建设影响不大。在低山丘陵区及山麓沟谷区（杭州市区西部），基岩埋深较浅，风化岩主要包括凝灰岩、安山玢岩、灰岩、石英砂岩、砂砾岩、泥岩砂质、泥岩等，其中凝灰岩、安山玢岩、灰岩、石英砂岩、砂砾岩属于较坚硬－坚硬岩；泥岩砂质、泥岩属于软岩－极软岩，大部分属泥质胶结，具有遇水易软化、崩解的特性，对于轨道交通工程施工有一定影响。

6 城市轨道交通主要工程地质问题

轨道交通工程具有规模大、敷设方式多、技术复杂，施工方法及施工工艺多而复杂的特点，加之轨道交通工程呈线性分布，线路穿越的环境条件、地质条件复杂多变。不同的施工工法、不同的地质条件，在设计施工中会遇到各种不同的工程地质问题。

另外特殊的地质条件也会引起许多不利于地铁工程设计施工的工程地质问题，很大程度上增加了设计施工难度，严重的可能会引起工程事故。因此在勘察阶段就应当预测并提出在设计施工过程中可能会由此引起的工程地质问题，为设计施工采取必要的预防措施提供技术依据。

杭州属我国典型的软土分布区，市区浅部分布最广泛的一套软土层多是第四纪晚更新世末期以来的淤积物，具有较典型的三层结构。上部为不厚的表土层（硬壳层），中部厚层淤泥质土（淤泥层），下部具有固结程度较高的黏性土、粉土或碎石土层。

轨道交通工程主要穿越中部厚层淤泥质软土，其低强度、易触变、高压缩等特性对地铁设计施工影响较大，有时在厚层淤泥质土中还夹有泥炭质土、淤泥和粉土夹层，致使工程地质性质更为复杂化，施工过程中经常会产生地基沉陷、建筑变形、边坡坍塌、隧道围岩坍塌等工程地质问题。

6.1 明挖法施工主要工程地质问题及对策

根据杭州地区工程地质、水文地质条件，淤泥质土等软土、较高的地下水位、厚层填土、浅层沼气等均会轨道交通工程明挖法设计、施工带来很大影响。

6.1.1 软土地层对明挖法施工的影响

杭州城区大部分位于冲湖积和冲海积平原区，属典型软土地区，淤泥质软土广泛分布，本地区软土呈流塑 - 软塑状态，具有厚度大、含水量高、孔隙比大、强度低、灵敏度高、压缩性高、渗透性低等特点，厚层软土的分布对地铁工程明挖法施工影响很大。

（1）软土对围护结构施工的影响。

1）导墙开挖时引起塌方。

采用机械或人工开挖导墙过程中，改变了原状土体的受力状态，当土体中的剪应力超过土体本身的抗剪强度时，或在地下水的作用下，土体丧失整体稳定性，从而产生塌方。

应对措施：①导墙开挖前整平场地，采用后退式开挖。开挖出的土体随时清运，开挖范围周边不应堆载土体。

②机械开挖时导墙边线预留部分原状土体，采用人工修整。

③槽内积水及时抽排，槽底严禁被水浸泡。

④导墙部位为非原状土时，应提前换填、分层夯实，回填夯实后不能满足开挖要求时，应提前加固处理。

⑤及时架设支撑，保证开挖面土体稳定。

2）围护墙下部劈叉。

由于地下连续墙成槽后不垂直，纵向倾斜，与相邻槽段不能有效咬合，随着槽孔深度不断增加，咬合量逐渐减少，最后发展至相邻两幅槽段完全分离形成劈叉，形成地下水土流失风险隐患。

应对措施：①在成槽前保证地面坚实平整，调整好成槽机的水平度和垂直度。成槽过程中，保证成槽机上的垂直度仪表及自动纠偏装置能正常使用。

②确定合理的抓槽顺序，防止抓斗两侧受力不均，造成抓偏。

③初始抓槽精度对整个槽壁精度影响很大，抓斗中心平面应与导墙达到中心平面相吻合，在成槽过程中抓斗入槽、出槽应慢速均匀进行，严格控制抓斗上下运行速度。

④抓槽过程中，应在每抓不同深度进行超声波检测，每抓不少于三次，发现垂直度偏差较大及时进行纠偏，纠偏完成经超声波再次检测合格方可进行下一步开挖。

⑤基坑开挖过程前，根据地下连续墙浇筑过程对接缝进行评估，提前采取加固措施。

3）围护墙接缝夹泥。

地下连续墙夹泥通常发生在相邻槽孔接缝处，向墙内延伸一定深度，甚至贯穿整个墙缝，形成夹泥缝，基坑开挖过程中，接缝夹泥处形成渗漏通道，渗漏严重会引起基坑周边地面沉降，造成管线和建筑物破坏，连续墙夹泥降低了墙体的承受荷载和抵抗化学腐蚀的能力。

应对措施：①地下连续墙接头刷壁完成后，除观察刷壁器钢刷上是否有泥外，还必须利用超声波对接缝的刷壁质量进行检测。

②地下连续墙成槽完成后及时清孔，钢筋笼下放完成后进行二次清孔。

③保证混凝土浇筑的连续性，同时在混凝土浇筑过程中应取样测定混凝土浇筑面以上泥浆比重，泥浆比重超过1.25，应进行置换。

④基坑开挖前根据地下连续墙浇筑过程对接缝夹泥进行评估，提前采用旋喷桩进行加固处理。

⑤基坑开挖前先进行探挖，提前对墙缝夹泥处进行封堵处理。

4）围护墙墙体出现孔洞。

地下连墙体由于施工原因（清槽、刷壁不彻底，泥浆比重过大）在混凝土浇筑过程中泥浆沉积或残留的沙袋不能被混凝土置换，在墙体中形成孔洞，另外混凝土浇筑中发生槽壁坍塌，土体未进行清理，也是形成孔洞的主要原因。

应对措施：①地下连续墙接头刷壁完成后，除观察刷壁器钢刷上是否有泥外，还必须利用超声波对接缝的刷壁质量进行检测。

②地下连续墙成槽完成后及时清孔，钢筋笼下放完成后进行二次清孔。

③混凝土浇筑过程中，槽壁发生坍塌，应及时向混凝土浇筑面注入新鲜浆液对坍塌土体进行置换。

④基坑开挖前根据地下连续墙浇筑过程对缺陷墙体进行评估，提前采用旋喷桩进行加固处理。加固完成后采用电渗法进行检测，确定该墙体内外有无明显水力联系。若有水力联系采用袖阀管重新进行注浆加固。

⑤基坑开挖过程中，发现墙体孔洞后立即采取措施进行封堵。

5）围护墙施工引起周边建筑物沉降变形。

由于地下连续墙成槽施工，抓取槽段内土层，扰动了槽段周边土层，引发槽体周边建筑物沉降变形。

应对措施：①掌握地下连续墙施工流水节拍，保证工序衔接，减少槽段暴露时间。

②地下连续墙周边距离建筑物较近，尽量采用跳槽法施工，减少由于槽段连续暴露对周边建筑物产生持续影响。

③槽壁两侧提前采用水泥搅拌桩进行加固，以保证地下连续墙在成槽过程中槽壁的稳定性，同时水泥搅拌桩形成一个有效的隔离在很大程度上能减少对周边建筑物的影响。

④规划大型施工机械行走线路，应远离周边建筑物。

6）围护墙槽壁坍塌。

由于地下连续墙成槽，抓取槽段内土层，破坏了原来土层内的应力平衡，从而造成槽外自稳能力差的土体向槽内坍塌。

应对措施：①在施工中出现槽壁坍塌应及时将成槽机提至地面。

②加强施工管理，禁止槽段两侧堆放土方、钢筋等重物，或停滞通行重型机械。

③提高泥浆指标，采用加入外加剂，适当提高泥浆黏度、比重等指标，保证泥浆压力对槽壁的支撑。单用高黏度，高比重泥浆压制水头作用下的流砂、管涌把握不大，而且对地下连续墙混凝土

浇筑和混凝土质量的保证有负面影响。

④采用水泥搅拌桩对槽壁两侧进行加固，以保证槽壁稳定。

⑤若槽壁坍塌比较严重，要及时填入黏土，采用成槽机抓斗分层压实，待土体重新固结后重新进行抓槽。

（2）软土对土方开挖施工的影响。

1）开挖时产生塌方。

基坑土方开挖过程中，改变了原状土体的受力状态，当土体中的剪应力超过土体本身的抗剪强度，或由于一些意外原因（下雨、渗水），使土体含水量增大，导致土体自重增加，土的抗剪强度和内聚力减小，从而产生塌方。

应对措施：①基坑开挖前编制专项施工方案，并请专家进行论证，确保施工方案确实可行、安全可靠。

②土方开挖过程中，严格遵循时空效应理论，做到“按需降水、分层开挖、及时支撑、快速封闭”严格控制基坑开挖的坡度，严禁放坡开挖。

③加强施工管理，禁止基坑四周堆放土方、钢筋等重物，或长时间停滞、通行重型机械。

④在基坑周边设置截水设施，并在基坑上方设置临时防雨设施，防止雨水进入基坑。

⑤在基坑内合理设置排水沟和集水坑，及时抽排基坑内积水。

⑥根据土体的物理特性，合理确定每层开挖土体的厚度，避免超挖。

2）开挖时发生滑坡。

土方开挖过程中改变了原土体的几何形状和力学结构性质，在降雨作用下使得地下水位上升、土体含水量增加，导致土体抗滑强度降低；或因坡体上堆放重物，增加了坡体不利荷载，从而土体发生滑坡。

应对措施：①基坑开挖前编制专项施工方案，并请专家进行论证，确保施工方案确实可行、安全可靠。

②在基坑坡体顶部设置截水沟，防止地面水浸入滑坡地段，必要时应采取防渗措施。同时，坡脚处不得存在积水，避免土体自身强度的破坏。

③加强施工现场管理，严禁在坡体上方堆放重物和重型机械作业。

④开挖过程中放坡应有足够的坡度，避免随意切割坡脚，尽量制成平缓的坡度。必要时，将整个坡面做成阶梯形，使中间有1~2个平台以增加土体稳定。

⑤发生滑坡后，在具备条件和不危及人员安全的前提下补强支撑，并对坡脚处进行土方回填。

⑥根据土体的物理特性，合理确定每层开挖土体的厚度和坡度，避免超挖。

3）基坑侧壁涌水涌砂。

围护结构接缝清理不干净，存在夹泥或绕流混凝土；混凝土浇筑时，由于混凝土的流线呈弧形，接缝处的淤积物不可能完全向上挤升，存在淤积物堆积；基坑开挖时，在迎土侧土压力、水压力作用下，造成接缝处泥土被冲散及单元槽段的不均匀变形，形成漏水通道，导致接缝处涌水、涌砂。

应对措施：①根据围护结构施工记录对围护结构接缝进行评，存在绕流混凝土及混凝土浇筑充盈系数小的接缝在接缝外进行旋喷桩加固或预埋注浆袖阀管。

②在土方开挖时，人工使用洛阳铲或人工配合挖掘机先对围护结构接缝进行探挖，确保接缝合格后在进行大面积开挖。

③围护结构接缝出现渗流现象，不具有明显水压力，采取注聚氨酯进行封堵，或对围护结构进行剔凿清理，然后用堵漏灵、快硬水泥封堵。

④围护结构接缝出现轻微管涌，具有较明显的水压力，采取剔凿清理漏水点，插设导流管，涂抹堵漏灵、快速水泥等封堵材料进行封堵。

⑤围护结构接缝出现严重管涌，具有明显水压力。采取对围护结构墙面简单进行剔凿处理，把预先加工好的封堵钢板（焊接导流管）贴置于地下连续墙面上，漏水点与导流钢管正对，确保水流

通畅，打入膨胀螺栓，将封堵钢板固定牢固，用扁状钢钎沿封堵钢板四周将棉纱拌和油脂材料（黏状油脂）沿缝隙打入，使封堵钢板与围护结构表面缝隙填充密实，然后用堵漏灵或快硬水泥封堵钢板周边，关闭阀门；同时在围护结构墙缝渗漏位置外侧注浆处理，或在围护结构内侧漏水点下方1米左右位置处水平注浆处理。

4）围护结构严重变形。

基坑开挖后，基坑内侧卸去原有土压力时，围护结构外侧受到主动土压力，而在基坑围护结构内侧受到全部或部分被动土压力，由于总是开挖在前、支撑在后，从而导致围护结构在外侧土压力的作用下发生变形。

应对措施：①土方开挖过程中，应严格遵循“纵向分段、横向分层、对称开挖”的原则施工。

②开挖时处理好开挖与支撑、结构施工的关系，充分利用时空效应原理，及时支撑，快速施做混凝土垫层，缩短土体暴露时间。

③对基坑支护体系、地下水位、周边土体及建（构）筑物等进行全方位、全过程的监控量测。通过及时反馈、分析监测信息来指导现场施工，做到信息化施工，以便及时发现问题及时处理，将事故制止在萌芽状态。

④基坑边缘安全距离内，严禁在坑边堆放建筑材料及大型机械行驶，防止坑外土体侧压力增大。

5）基坑开挖引发周边建筑物沉降变形。

在基坑围护结构形成之后，随着基坑内土体的挖除，支护结构在背侧土压力以及支撑轴力的作用下将产生变形，导致墙背土体产生位移，从而引起地表变形，进而引发周边建筑物变形。

另外由于基坑不断抽水，土层中的孔隙水压力不断消散，在总应力不变的情况下，消散的孔隙水压力转变为有效应力，土层在增加的有效应力作用下引起新的固结压缩变形，在地面上则产生了沉降和水平位移，造成周边建筑物变形。

应对措施：①开工前做好基坑周边建（构）筑物详细调查，并请有房屋鉴定资质的第三方单位进行鉴定、出具鉴定结论，并对房屋现状情况拍照留底，与房屋业主就房屋现状结论等进行双方签认。

②开工前作好对不良地质的详细调查，特别是施工区域内承压水等情况，并制定相应的技术措施。

③针对现场调查情况制定周边建（构）筑保护措施，必要时采用旋喷桩止水帷幕隔离或跟踪注浆加固等措施。

④严控围护结构地下连续墙的施工质量和支撑架设质量，严格按设计要求及规范进行。

⑤做好对水的处理，包括地面的防洪及基坑内降排水，连续墙底嵌入相对隔水层，连续墙接头渗漏水的采用封堵和旋喷桩止水。基坑开挖前先做好基坑四周排水系统，并保持畅通，以免地表水流入基坑。基坑内提前降水，地下水位降至开挖面以下1m后再进行基坑土方开挖，并加强施工过程中地下水位的观测。

⑥在开挖过程中掌握好“分层、分步、对称、平衡、限时”五个要点，附属出入口及风亭明挖施工遵循“竖向分层、纵向分区分段、先撑后挖、快速封底”的原则，处理好开挖和支撑的关系，充分利用时空效应原理掌握好开挖与支撑的关系。

⑦基坑分层开挖到底时，快速施做混凝土地模及垫层封底，缩短基底暴露时间，做好预留降水井和残留水的处理，防止基底软化、承载力降低。尽快进行结构回筑，做到快开挖、快支护、快回筑。

⑧对基坑支护体系、地下水位、周边土体及建（构）筑物等进行全方位、全过程的监控量测，通过及时反馈、分析监测信息来指导现场施工，做到信息化施工，以便及时发现问题及时处理，将事故制止在萌芽状态。

⑨基坑开挖前落实专家审查制度，制定详尽、切实可行的应急预案的“基坑施工应急预案”，备好各种应急物资，成立抢险应急分队，时常组织抢险演练，一旦发生险情时可做到“早发现，快

反应，及时处理”，把损失降至最低。

（3）软土对基坑基底的影响。

若基坑底板下土层为淤泥质土等软土，基坑开挖时坑底易产生回弹隆起现象。基坑开挖后，由于土体卸荷作用，坑底土体产生回弹变形，会对基坑支护结构、周围邻近既有建筑物、地下管线等产生不利影响。

应对措施：①基坑分层开挖到底时，快速施做混凝土地模及垫层封底，缩短基底暴露时间，尽快进行结构回筑，做到快开挖、快支护、快回筑。

②必要时坑底适当采取高压旋喷桩或水泥搅拌桩抽条或裙边加固措施，以控制坑底处围护墙变形。

6.1.2 高地下水位对明挖法施工的影响

（1）基坑突涌。

当基坑下部有承压水存在，开挖减少了含水层上面覆土厚度，当厚度减少到一定程度不足以抵抗承压水压力时，承压水水头冲透覆土造成突涌。

应对措施：①对小型基坑如出入口等，可及时采用回灌水、填土等方法，对大型基坑则应立即进行回填土方（以黏性土为佳）。

②在管涌发生部位对应基坑外侧设置井点降水，经抽排该段地下水位降低，切断管涌水力供应，管涌将逐渐减弱。

③根据管涌点的位置推断围护结构薄弱点，从而在该位置采用水泥－水玻璃双液注浆加固，切断管涌路线。对用 SMW 和搅拌桩作围护的基坑注浆时，一定要对注浆压力有严格的控制，防止压力过大破坏围护结构。

④当管涌严重，涌水涌砂量大，来不及采取其他措施时，可采用滤水性材料直接分层压在管涌口范围，一般由下到上压重颗粒由小到大，厚度根据管涌程度确定，分层厚度不宜小于 30cm。

（2）降水施工的影响。

杭州地区地下水埋深较浅，大部分基坑范围内涉及两层地下水，地下水类型为潜水和承压水，含水层主要为粉土、粉细砂、淤泥质土、圆砾卵石层，对基坑施工有直接影响，基坑施工需采取地下水控制措施。

1）降水引起周边建筑物变形。

当采取降水时，基坑内水位降低，内外形成较大的水力梯度，引起基坑内土体固结，体积收缩。在水力梯度和土体固结双重作用下造成基坑围护结构收敛变形，从而对周边环境造成影响，若围护结构存在缺陷，基坑内外存在直接的水力联系，则基坑降水将会直接引起周边建筑物变形。

应对措施：①基坑降水实施之前，降水方案需通过专家论证。

②基坑降水前首先进行降水试验，降水试验前基坑围护结构完成渗漏检测和第一道支撑。

③在基坑降水试验过程中发现基坑或周边建筑物变形较大应立即停止降水，分析原因，必要时对建筑物或基坑围护结构进行注浆加固。

④基坑降水时根据土方开挖的分层厚度，严格遵循“按需降水，分层降水”原则，严禁一次降到坑底。

⑤在基坑降水过程中应同时观测地下连续墙顶沉降、墙顶、墙体水平位移，及周边建筑物变形。一旦出现异常及时采取措施防止建筑物变形。

⑥基坑降水过程中，不得随意启动减压备用井，启动承压备用井时需召开专家论证会，认真评估对周边环境的影响，在减压备用井运行期间必须对周边建筑物加密监测频率。

2）粉土、淤泥质土等含水层疏干困难。

粉土、淤泥质土等弱透水层疏干难，较高含水量影响基坑边坡、隧道侧壁稳定性，同时工作面施工条件差，制约工程进度。

赋存自由水的弱透水层渗透性很差，给出水量较小，尤其常规依靠重力释水的降水方法效果差。弱透水层赋存的自由水在基坑开挖后，向开挖范围内形成一定水力坡度，当水量补给丰富且形成一定的渗透压力时易破坏原有土体结构，造成土体坍塌。

应对措施：采用真空管井降水方法，通过施加真空负压有效疏干弱透水层内地下水，提高土体物理力学性质。

6.1.3 厚层填土对明挖法施工的影响

杭州中心城区人工填土厚度较大，填土的成分复杂、堆积时间短，力学性质差异大，稳定性差，尤其是大部分填土为上层滞水含水层，在地下水作用下其性质更差。厚层填土的分布对于轨道交通工程深基坑支护体系的整体稳定和位移控制均产生了较大的不利影响，如不采取有效处理或控制措施，极易导致围护体系失效，造成基坑坍塌。

（1）填土对围护结构施工的影响。

1）土钉、锚杆等成孔困难。

土钉、锚杆成孔过程中遇到大块的建筑垃圾，会造成成孔困难；但如果人工填土比较松散，还易出现塌孔。采用常规的洛阳铲成孔或者“麻花钻”钻机成孔会出现个别土钉无法成孔或达不到钻孔深度的现象。

另外，因人工填土容易产生漏浆，如果管理不善，造成灌浆质量差，导致锚杆侧摩阻力低，会造成锚杆的抗拔承载力不足。

应对措施：①当土钉长度小于6m时，可采用打入式花管注浆代替土钉。

如果仍遇到大块的建筑垃圾，打入式花管也无法成孔，可适当调整土钉位置或角度，避让大块建筑垃圾。当土钉长度大于6m时，可采用跟管钻机施工。

②当普通锚杆钻机无法成孔时，可采用跟管钻进方式成孔，并及时进行二次补浆甚至三次补浆。

2）围护桩（墙）成孔（槽）困难。

围护桩（墙）在人工填土地层中成孔，会出现塌孔、漏浆严重等现象；如果遇到大块混凝土还会造成钻孔偏斜、钻具磨损严重，甚至无法进尺。

应对措施：当人工填土层厚度较薄时，可采用增加护筒长度（导墙高度），防止出现塌孔、漏浆等现象。

如果人工填土厚度较大，可采用人工挖孔代替钻机成孔，遇到大块建筑垃圾时采用人工破除。

（2）厚层填土对基坑开挖施工的影响。

人工填土一般比较松散、自稳能力差，土方开挖施工中易造成开挖面坍塌。

应对措施：放大开挖面坡度，上部人工填土部位适当加大坡度，同时减少每层开挖深度，及时采取加固措施。

6.1.4 有害气体（浅层沼气）对明挖法施工的影响

（1）浅层沼气对围护结构施工的影响。

沼气的存在对地铁围护结构和钻孔灌注桩施工有一定影响，当施工配制的泥浆比重较小，沼气就会从地层中溢出，使得混凝土结构呈蜂窝状或夹泥状，造成局部缺陷而形成工程事故。

（2）浅层沼气对基底稳定性的影响。

当基坑开挖时，过大沼气压力会造成基坑底板稳定性不足而造成土体上涌，坑底沼气大量溢出，使底板下形成土体空洞，影响地基稳定。

（3）浅层沼气对基坑周边建筑物的影响。

当基坑开挖时，由于沼气的溢出排放，改变原有地层气液固三相的组成，结构力学性质发生变化，发生压缩变形，如不及时采取加固措施，易引起基坑围护结构失稳，从而造成地面及建（构）筑物发生沉降。

应对措施：①对于可能存在有害气体的地段，应进行专项勘察。

②针对含有有害气体的场地，可进行预处理。预处理可制定方案利用勘察钻孔，进行有害气体的排放。

③有害气体释放后，应对原含气层进行注浆加固。

④施工过程中，做好人员、设备防护措施，确保通风系统的正常运转，通过定期和不定期的对有害气体进行检测，以指导施工。

6.2 盾构法施工主要工程地质问题及对策

盾构法施工遇到的主要工程地质问题主要包括盾构机选型问题、围岩稳定性问题、地面沉降问题等。

6.2.1 软土地层对盾构法施工的影响

（1）地面沉降及周边建筑物变形。

盾构施工引起的地层损失和盾构隧道周围受扰动或受剪切破坏的重塑土再固结，是导致地面沉降的主要原因。

当隧道穿越淤泥、淤泥质土等软土时，由于土层具有高含水量、压缩性高、强度低的特性，同时具有明显的流变性和触变性，在一定的动力作用下易发生流变，破坏土体结构，使土体强度突降，从而引起地面沉降；另外盾构隧道土体受到盾构施工的扰动后，在盾构隧道的周围形成超孔隙水压力区。当盾构通过该地层后，孔隙水排出，引起土体的固结，造成地层移动和地面沉降。

应对措施：①施工前必须要对隧道施工影响范围内的地层状况及沿线建（构）筑物进行调查并分析评价其状态，进而确定沉降的控制标准，达到有效控制地层沉降的目的。

②优化盾构掘进参数，盾构施工参数如推速、推力、同步注浆、正面土压等，与地表沉降密切相关。因而，盾构施工前必须根据地质条件和设计要素等情况，选取合理的参数指导施工，使盾构在施工过程中达到最优控制掘进状态。

③信息化指导施工，在盾构掘进过程中，根据监测结果与各项施工参数之间的对照分析，应结合具体工程情况及时修正施工参数，以达到优化匹配掘进参数、有效控制地层变形的目的。

（2）刀盘结泥饼。

杭州地区黏性土塑性高、土侧阻力大，盾构刀盘切削下来的黏土、碎屑在刀盘区聚集，形成半固结或固结块状体泥饼，会造成扭矩、总推力大幅增大、出土不畅、推进速度减慢、刀盘发热，重则造成掘进困难、在富水地层诱发喷涌甚至盾构机严重损坏。

应对措施：①认真研究地质资料，施工全过程现场跟踪地质条件的变化，并根据地质条件优化施工措施。

②盾构机选型：根据地层情况合理进行盾构机选型，需考虑预防性措施。比如：刀盘布置层次要清楚，其中滚刀和刮刀的高差宜大于35mm；刀盘中心区直径2m范围内少设或不宜设置滚刀，尽可能地增大开口率。

③土体改良剂有泡沫剂和高分子聚合物，使用土体改良剂可以改善土体的和易性和塑性，大大减低结泥饼的可能性。

④循环水是刀盘冷却系统的主要介质，随着单环掘进时间的增加，土仓内的温度很容易上升，因此应控制冷却水的温度。

⑤盾构施工要求“连续、快速、稳定”，长时间的停机会导致土仓内土压逐步升高、流动性减弱、刀盘及刀具板结泥饼的可能性增加。

⑥施工过程中，及时观察土体情况，分析土体黏性和含砂比例，及时添加适量的土体改良剂，减小土体黏性度和黏着力。

6.2.2 软硬不均地层对盾构法施工的影响

当隧道穿越碎石土土层时，由于砾石颗粒粒径较大（根据已有勘察资料最大颗粒最大粒径达到250mm以上），母岩成分以石英砂岩、石英岩、凝灰岩、安山玢岩为主，岩质坚硬，砾石单轴抗压强度达到70MPa以上，在盾构掘进过程中，阻力较大，盾构掘进工作面均一性差，盾构刀头在切削大粒径砾石时容易扰动上部土层，造成地层损失，从而引起地面沉降或塌陷。

隧道在同时穿越第四系地层和基岩层时，由于掘进面土层软硬不均，相对软弱土层排土过多，容易引起盾构机在线路方向上的偏移。同时盾构机在软硬不同的土层界面推进时，两部分不同的阻力差易造成软弱层排土过多引起地面下沉。

应对措施：①根据地层特点，合理盾构机选型，控制掘进速度。

②通过调整盾构机千斤顶推力组合来改变刀盘开挖角度，使下部较硬岩层充分破碎，适当加大硬岩区的顶推力，保证轴线位置和隧道坡度的要求。

③适当加大渣土改良剂的注入，减少刀具及刀盘的磨损，防止刀盘中心泥饼的形成。

④当隧道上方围岩自稳性较差时，应适当降低盾构机推理及刀盘扭矩，减少对地层的扰动，避免地面沉陷，同时加强地面沉降检测。

⑤当穿越含有卵石地层时，采用合适的刀盘，并安装碎块石破碎装置和排砾装置。

6.2.3 有害气体（浅层沼气）对盾构法施工的影响

（1）浅层沼气对矿山法施工人员安全的影响。

当矿山法施工隧道穿越沼气层时，会引起施工人员有害气体中毒，严重威胁人体健康，轻则使人感觉不适，严重时会使人失去理智，甚至死亡。

（2）浅层沼气对基底稳定性的影响。

当隧道开挖时，过大沼气压力会造成隧道底板稳定性不足而引起土体上涌，同时隧道底板以下沼气大量溢出，使底板下形成土体空洞，影响隧道地基稳定。

（3）浅层沼气对基坑周边建筑物的影响。

当隧道开挖时，由于沼气的溢出排放，改变原有地层气液固三相的组成，结构力学性质发生变化，发生压缩变形，如不及时采取加固措施，易引起隧道围护结构失稳，从而造成地面及建（构）筑物发生沉降。

（4）引起爆燃、爆炸。

沼气的主要成分是甲烷，当隧道内沼气浓度达到一定界限时，遇到火源一般会发生燃烧、爆炸。

应对措施：①对于可能存在有害气体的地段，应进行专项勘察。

②针对含有有害气体的场地，可进行预处理。预处理可制定方案利用勘察钻孔，进行有害气体的排放。

③有害气体释放后，应对原含气层进行注浆加固。

④施工过程中，做好人员、设备防护措施，确保通风系统的正常运转，通过定期和不定期的对有害气体进行检测，以指导施工。

6.2.4 地表水体对盾构法施工的影响

杭州地区地表水体密布，且多位大型水体，如钱塘江等。盾构施工在穿越地表水体时，由于盾构施工扰动，易造成隧道上方围岩土体坍塌、沉陷，破坏河底衬砌结构，引起河水渗漏，严重时造成河水倒灌，影响施工安全。

应对措施：①在穿越地表水体段对隧道围岩进行注浆加固，严控注浆量和注浆压力。

②在有条件的情况下，采用围堰断流施工。

③盾构机在穿越地表水体前，调整好盾构姿态和管片姿态，切不能出现盾构抬头或偏移现象，

减少盾构对隧道围岩土体的扰动，同时应严格控制出土量。

④加强对河床、管片的监控量测，及时进行二次补充注浆。

6.2.5 高水头承压水对盾构法施工的影响

杭州地区深部砂层、圆砾卵石地层为承压水含水层，承压水头较高，当盾构区间隧道穿越或临近上述含水层时，在承压水头作用下易引起盾构机正面或盾尾出现涌水涌砂以及隧道底板突涌。

（1）盾构机正面及盾尾涌水涌砂。

盾构处在承压水含水层中，由于正面压力设定不高，缺少必要的砂土改良措施以及盾尾密封失效，从而引起正面及盾尾涌砂涌水导致盾构突沉、隧道损坏。

应对措施：①对盾尾密封进行专项检查，必须确保其密封性能达到抵抗盾构底部最高承压水压力及注浆压力的要求。

②加大盾构断面内含水层对应部位千斤顶压力，以平衡承压水压力。

③备好注浆堵漏及降低承压水井点施工条件，以备涌水时急用。

④为预防盾构及后方隧道突沉，应分别对盾构姿态及盾构后方管片变形进行密切观察和跟踪监测，及时反馈调整盾构姿态、推进速度以及进行必要的补充注浆。

⑤一旦发现盾尾有泥砂漏涌现象，应立即停止推进并进行封堵，一般可采用在管片外弧面敷设满足硬度要求的海绵板进行封堵，必要时可进行壁后补浆。

（2）基底突涌。

当隧道下部有承压水存在，开挖减少了含水层上面覆土厚度，当厚度减少到一定程度不足以抵抗承压水压力时，承压水水头冲透覆土造成突涌。

应对措施：采用降低承压水水头，同时对基底土层进行必要的加固措施。

6.3 冻结法施工主要工程地质问题及对策

（1）冷冻管钻进时地下水突涌。

联络通道一般位置较深，而软土地层中多不均匀分布砂层、粉土层等透水地层，而且富含地下承压水。打设冷冻管时，遇到这种地质条件，在承压水作用下往往会造成地下水突涌。

应对措施：在打设冷冻管之前，先在隧道管壁上加装止水装置，该装置可以起到防止地下水突涌的作用，避免在钻设冷冻孔过程中地下水大量流失。

（2）土体中氯离子过高影响冷冻效果。

当冷冻地层中的氯离子含量过高时，冷冻时间会大大延长，甚至影响冷冻效果。

应对措施：开始冷冻之前须进行氯离子含量检测，并用原状土做实验，根据实验结果确定冷冻时间，优化冷冻工艺、确定冻结温度。

（3）冷冻土体开挖时地下水突涌。

由于未形成封闭的冷冻帷幕、冷冻机组故障、临时较长时间停电等原因，均可以造成开挖过程中地下水突涌。此阶段地下水突涌会迅速造成冷冻体解冻，应急处置难度大，极易引发恶性事故。

应对措施：①保证冷冻帷幕封闭是防止地下水突涌的关键，也是开挖时安全施工的根本，因此“冷冻管偏移不能形成冷冻帷幕”中的各项措施必须得到保证。

②备用冷冻机组。冷冻机组要做到一备一用，当一台冷冻机组出现故障后立即启用备用机组，确保冷冻施工无间歇。

③备用发电机组。冷冻过程中，如果发生停电现象，要立即启用备用发电机。

④遵循快速封闭原则。开挖时，要做到“短进尺、快封闭”，严格按照规范施工，不能贪图进度随意加长开挖进尺，及时封闭暴露的冷冻体，避免长时间暴露。

（4）解冻后排水管与隧道连接部位地下水突涌。

隧道与联络通道集水井之间用管道连接，管道与集水井壁和隧道壁的连接部位易引发地下水突涌。

应对措施：①集水井壁位置的管道外侧加设止水盲板，确保混凝土浇筑后封闭密实，提高渗漏水抵抗力。

②隧道管片位置的开口尽量准确，不得随意烧割大面积开口。

③钢管片隔舱内的混凝土浇筑时，要认真仔细。管道下部是薄弱环节，最易漏振，确保管道周围均振捣密实。

④在钢管片内侧增加封闭钢板。混凝土浇筑完成后，用钢板在管片内侧焊接封闭隔舱开口。

7 典型工程案例

本章典型工程案例选择杭州地铁1号线湘湖站北2基坑发生大面积坍塌事故进行分析。

2008年11月15日下午3时，正在施工的杭州地铁1号线湘湖站北2基坑现场发生大面积坍塌事故，造成21人死亡，24人受伤，直接经济损失近5000万元。

7.1 事故案例工程概况

湘湖站杭州地铁为1号线的起始站，位于杭州市萧山区风情大道与湘西路交叉口东北侧，沿风情大道呈南北走向。车站总长约934.5m，标准段总宽20.5m，为12m宽岛式站台车站。湘湖站基坑工程共有8个基坑，从北到南序号分别为北1、北2、北3、北4、南4、南3、南2、南1。

湘湖站的北2基坑，长107.8m，宽21.05m，开挖深度15.7～16.3m。基坑西侧紧临风情大道，交通繁忙，重载车辆多，道路下有较多市政管线（包括上下水、污水、雨水、煤气、电力、电信等）穿过，东侧有一河道（建设河），北2基坑平面图如插图56所示。

基坑围护设计采用“地下连续墙加钢管内支撑”方案。地下连续墙厚800mm，深度分别为31.5m、33.0m、34.5m，标准段竖向设置4道Φ609钢管支撑，支撑水平间距2.0～3.5m，支撑中部设置中间钢构立柱。

地质情况从上到下依次为①$_2$层素填土，②$_2$层黏质粉土，④$_2$层淤泥质黏土，⑥$_1$层淤泥质粉质黏土，⑧$_2$层粉质黏土夹粉砂。地下潜水位为0.5m，无承压水。

深度5～21m为第④$_2$层淤泥质黏土，呈灰色、饱和、流塑，含少量有机质，天然含水量40%～67%，孔隙比1.10～1.85，具有高压缩性、低强度和低渗透性特点。深度21～33m为第⑥$_1$层淤泥质粉质黏土，呈灰色、饱和、流塑－软塑，含少量有机质，夹薄层状粉土，天然含水量34%～52%，孔隙比0.95～1.50，具高压缩性。

基坑底坐落在④$_2$层淤泥质黏土上，地连墙的墙脚大部分位于⑥$_1$层淤泥质粉质黏土中。基坑侧壁土层分布见图10－5。

7.2 事 故 经 过

基坑土方开挖共分为6个施工段，总体由北向南组织施工。至事故发生前，第一施工段11月5日完成底板混凝土施工，第二施工段11月13日完成底板垫层混凝土施工，第三施工段完成土方开挖及全部钢支撑施工，第四施工段完成土方开挖及三道钢支撑施工、开始安装第四道钢支撑，第五、六施工段已完成三道钢支撑施工、正开挖至基底的第五层土方。详细见工况平面图10－6。

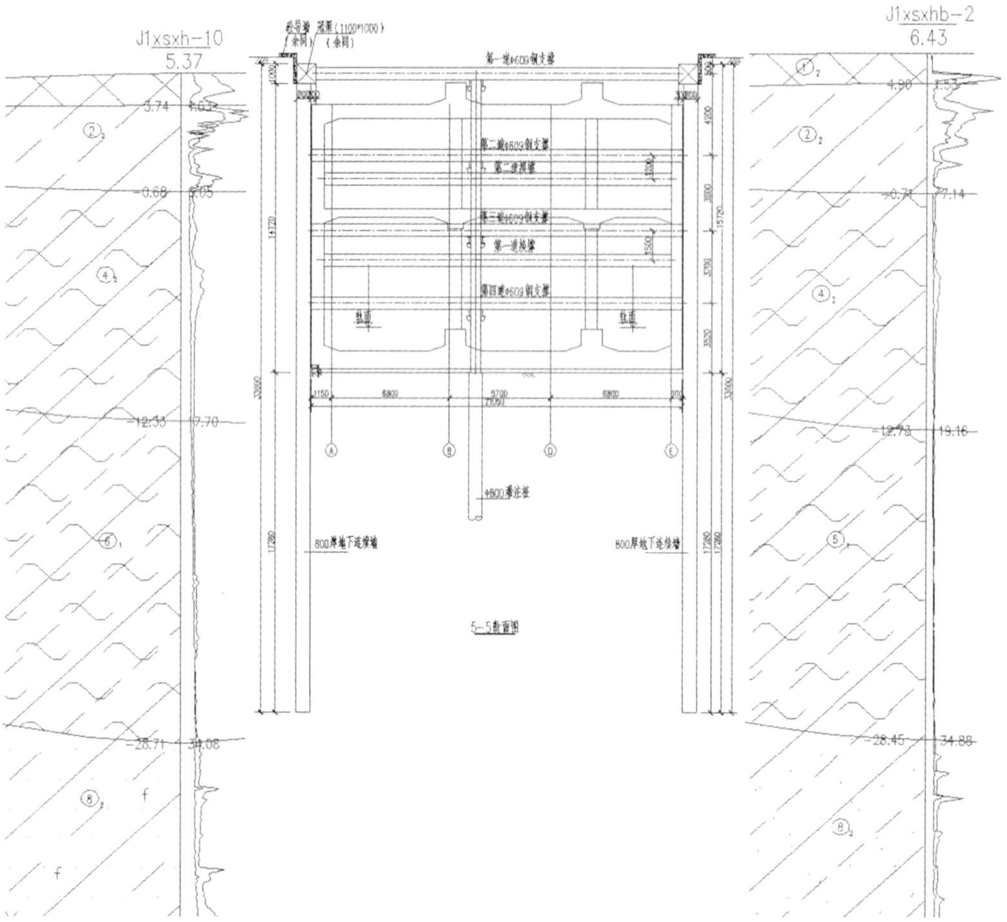

图 10－5　湘湖站北 2 基坑横剖面图

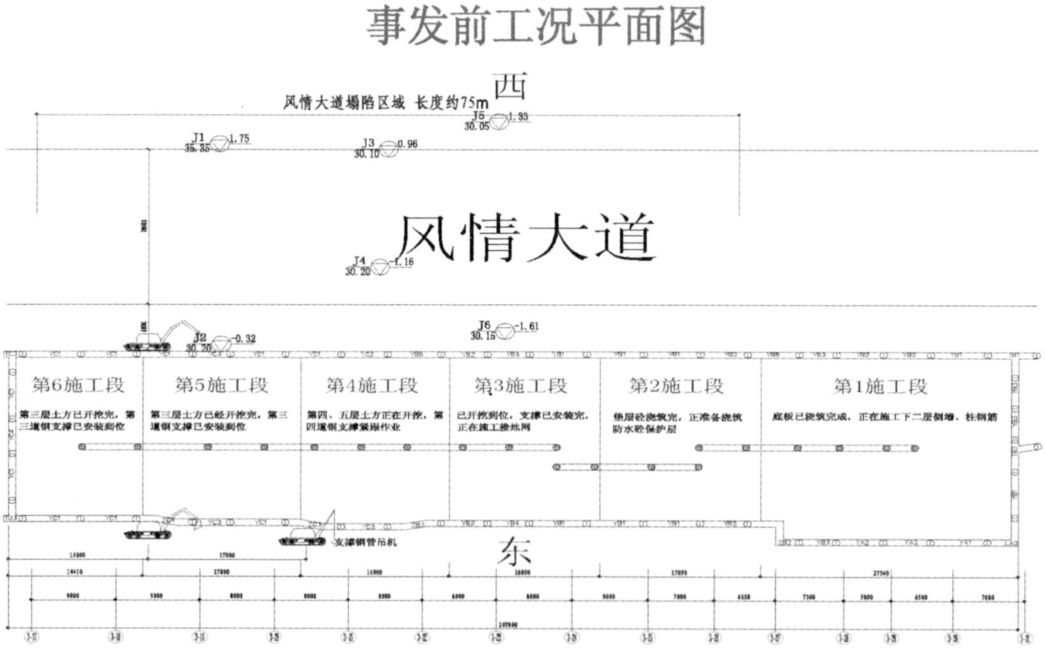

图 10－6　工况平面图

2008 年 11 月 15 日下午事故发生前，第一施工段木工、钢筋工正在作业，第三施工段杂工进行基坑基底清理，技术人员安装接地铜条，第四施工段正在安装支撑、施加预应力，第五、六施工段坑内两台挖机正在进行第 5 层土方开挖。

11月15日15点15分左右，北2基坑部分支撑首先破坏，西侧中部地下连续墙横向断裂并倒塌，倒塌长度约75m，墙体横向断裂处最大位移约7.5m，东侧地下连续墙也产生严重位移，最大位移约3.5m。由于大量淤泥涌入坑内，风情大道随后出现塌陷，最大深度约6.5m。地面塌陷导致地下污水等管道破裂、河水倒灌造成基坑和地面塌陷处进水，基坑内最大水深约9m。道路下的排污、供水、供电设施受到破坏，共造成21人死亡。

基坑事故现场照片见图10－7。

图10－7　事故现场照片

7.3　事故原因分析

2008年11月16日成立事故调查组。作为承担技术原因分析的技术小组对北2基坑的地理位置、地形、地貌，基坑坍塌范围及态地下连续墙及钢支撑的倒塌破坏形态，基坑周边环境等进行了多次现场踏勘；对相关单位的人员多次进行了了解和询问。

事故调查分析表明：由于基坑土方开挖过程中，基坑超挖，钢管支撑架设不及时，垫层未及时浇筑，钢支撑体系存在薄弱环节等因素，引起局部范围地下连续墙产生过大侧向位移，造成支撑轴力过大及严重偏心。同时基坑监测失效，隐瞒报警数值，未采取有效补救措施。以上直接因素致使部分钢管支撑失稳，钢管支撑体系整体破坏，基坑两侧地下连续墙向坑内产生严重位移，其中西侧中部墙体横向断裂并倒塌，风情大道塌陷。

事故的主要原因：

（1）土方开挖未按照设计工况进行，存在严重超挖现象。特别是第四层、第五层土方同时开挖，垂直方向超挖，水平方向开挖到基底后未及时架设第四道钢支撑，第三和第四施工段土方开挖到基底后未浇筑混凝土垫层。土方超挖导致地下连续墙侧向变形、墙身弯矩和支撑轴力增大。

（2）钢管支撑体系存在薄弱环节，整体性差。钢支撑活络头节点不满足强度性能要求；钢管支撑与工字钢系梁的连接不满足设计要求，钢立柱之间也未按设计要求设置剪刀撑；部分钢支撑的安装位置与设计要求差异较大；钢支撑与地下连续墙预埋件未进行有效连接。

（3）监测失效。提供的监测数据存在伪造现象；监测内容及数量不满足规范要求；测点破坏严重且未修复，造成多处监控盲区；部分监测内容的测试方法存在严重缺陷。以上因素导致提供的监测数据严重失真。电脑恢复的原始数据表明，实际测得的地表沉降及墙体侧向位移均超过设计报警值，但隐瞒报警数值，丧失了最佳抢险时机。

（4）勘察单位未考虑采用薄壁取土器取样对土强度参数的影响，未根据当地软土特点综合判断选用推荐基坑设计参数。推荐的直剪固结快剪指标 c、Φ 值未按规范要求采用标准值。推荐的三轴 CU、UU 试验指标、无侧限抗压强度指标，与验证值、类似工程经验值相比差异显著，且各层土的子样数不符合规范要求，不能反映土性的真实情况。

设计单位未能根据当地软土特点综合判断、合理选用基坑围护设计参数，力学参数选用偏高降低了基坑围护结构体系的安全储备。

（5）取消施工图中的基坑坑底以下 3m 深土体抽条加固措施，改为自流深井降水措施。由于土层渗透系数小，降水时间不足，采用自流深井降水不能有效提高被动区土体抗力，降低了基坑围护结构体系的安全储备。

（6）监理工作失职，对施工中出现的不符合设计及规范的严重问题（土方开挖、钢支撑施工、基坑监测等）未能采取有效措施督促整改落实，消除隐患。

7.4 预防措施建议

（1）基坑工程不确定性因素多，应实施信息化施工。监测单位应认真科学测试，及时如实报告各项监测数据。施工、监理、设计和业主单位要重视监测工作，通过监测施工过程中的土体位移、围护结构内力等指标变化，及时发现隐患，采取相应补救措施，确保基坑安全。

（2）基坑挖土顺序和挖土速度对基坑围护体系受力和稳定性具有很大影响。基坑工程时空效应强，环境效应明显，需要施工、监理、设计、监测和业主对基坑工程特点有深刻的认识，密切配合。基坑工程施工应严格按经审查的施工组织设计进行，按图施工。基坑挖土严禁超挖，要分段及时浇筑垫层。基坑围护设计应方便施工，基坑工程施工应有合理工期。

（3）有多道内支撑的基坑围护体系应加强支撑体系的整体稳定性。考虑到基坑工程施工中，第一道支撑可能产生拉应力，建议第一道支撑采用钢筋混凝土支撑。

对钢支撑体系应改进钢支撑节点连接型式，加强节点构造措施，确保连接节点满足强度及刚度要求。施工过程中应合理施加钢管支撑预应力。

明确钢支撑的质量检查及安装验收要求，加强对检查和验收工作的监督管理。

（4）岩土工程稳定分析中，要合理选用分析方法。抗剪强度指标的选用，与其测定方法、安全系数的确定要协调一致。在土工参数选用时应综合判断，并结合地区工程经验，合理选用。

（5）施工中应加强基坑工程风险管理，建立基坑工程风险管理制度，落实风险管理责任。每个环节都要重视工程风险管理，要加强技术培训、安全教育和考核，严格执行基坑工程风险管理制度，确保基坑工程安全。

参 考 文 献

[1] 姬耀斌. 杭州城区岩土体工程特性与建筑物基础合理选型研究 [D]. 杭州：浙江大学，2012.

[2] 浙江华东建设工程有限公司. 杭州地铁 4 号线一期（东冠路站 – 近江站）初步勘察阶段岩土工程勘察报告 [R]. 2013.

[3] 上海岩土工程勘察设计研究院有限公司. 杭州地铁 1 号线工程岩土工程勘察报告 [R]. 2006.

[4] 王松平，陈勇华. 杭州地铁 1 号线地质条件及主要岩土工程问题 [J]. 浙江建筑，2010，27（2）.

[5] 沈林冲，等. 杭州地铁 1 号线盾构选型探讨 [J]. 铁道建筑，2011，4.

[6] 彭友君. 杭州地铁 4 号线试验段的地质勘察问题分析 [J]. 都市快轨交通，2007，20（3）.

[7] 刘世明，胡士兵．某地一基坑工程实践［J］．科技通报，2012，28（9）．

[8] 朱瑶宏，等．杭州湾大桥南岸工程地质特征与浅层气分布［J］．岩土力学，2002，23．

[9] 浙江省住房和城乡建设厅．工程建设岩土工程勘察规范 DB33/T1065—2009［S］．2009．

[10] 徐国庆，等．杭州地铁1号线穿越钱塘江地层沼气释放技术探讨［J］．隧道建设，2013，33（3）．

[11] 杭州市地方志编纂委员会．杭州市志（自然环境篇）［M］．北京：中华书局，1995．

[12] 罗燕华．用浅埋暗挖法在软土地层中施工人行过街地道［J］．中国市政工程，2009，3．

[13] 黄春来，等．软土地层盾构施工地表沉降分析及控制措施［J］．山西建筑，2012，38（10）．

[14] 周海群．软土地层盾构施工中掘进速度对地面沉降的影响分析［J］．铁道建筑，2012，3．

[15] 林存刚，等．软土地层盾构隧道施工引起的地面隆陷研究［J］．岩土力学与工程学报，2011，30（12）．

[16] 朱启银，等．软土地层盾构隧道长期沉降与施工因素初探［J］．岩土工程学报，2010，32（2）．

[17] 罗仕恒．软土盾构施工扰动引起隧道纵向变形研究［D］．上海：同济大学土木工程学院，2009．

[18] 王立峰，等．杭州地铁盾构施工中地表位移及变化规律研究［J］．科技通报，2013，29（9）．

[19] 徐玉裕，等．杭州市主城区浅层地下水水质现状分析及恶化防治对策［J］．长江流域资源与环境，2010，19（Z1）．

[20] 斯小君，等．杭州城市地下水特征及应急水源地选择［J］．工程勘察，2009，2．

[21] 王红星．浅谈杭州地铁1号线地层中的承压水［J］．工程勘察，2009，2．

[22] 朱锦生．杭州市区环境工程地质及软土地基稳定性评价［J］．杭州大学学报（自然科学版），1997，24（4）．

[23] 李宏伟．杭州地铁湘湖站“11·15”基坑坍塌事故原因分析［R］．2010．

合　肥　市

1 自 然 地 理

1.1 地 理

合肥市是安徽省省会，位于中国中部，（北纬 31°31′~32°37′、东经 116°40′~117°52′），长江淮河之间、巢湖之滨，通过南淝河通江达海，具有承东启西、接连中原、贯通南北的重要区位优势，是全省政治、经济、文化、信息、金融和商贸中心，也是全国重要的科研教育基地。

周边毗邻为：东至肥东县元祖山与滁县地区为邻，西至肥西县金牛乡与六安地区交界，南临巢湖隔湖与巢湖地区相望，北抵舜耕山与淮南市接壤。东西横距 133km，南北纵距 124km。全市总面积 7396.78km^2，其中陆地面积 7163.38km^2，占总面积 96.8%，水域面积 233.4km^2，占总面积的 3.2%。市辖区分为东、中、西三市区，一郊区；郊县为肥东、肥西、长丰三县。合肥地理位置图见图 11－1。

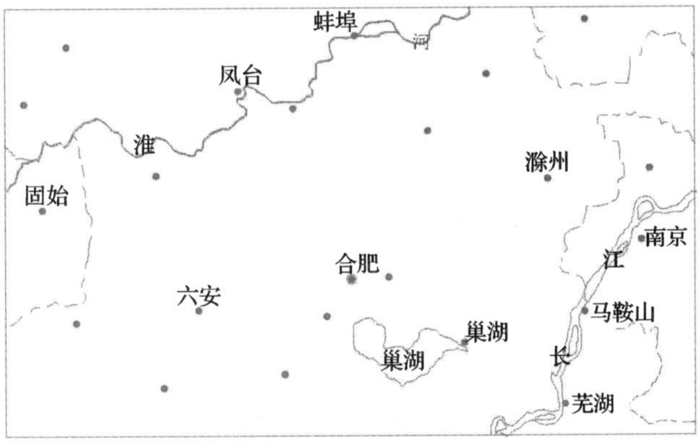

图 11－1 合肥地理位置图

1.2 气 象

合肥市地处北亚热带湿润季风气候区，四季分明，气候温和，雨量适中，光照充足，无霜期长。多年平均气温 15.7℃，夏季极端最高气温 41℃，冬季极端最低气温－20.6℃，年平均相对湿度 76%，年平均日照时数 2218h，年平均无霜期 227d。

冻土：冰冻期 82d 左右，土壤冻结深度一般在 6~8cm，最大冻深为 11cm。

降水：本地区多年平均降水量为 982.6mm。受冷锋、低涡、台风等影响，汛期 5—9 月多暴雨，该时段降水量占全年降水量的 60%。多年平均蒸发量为 835mm。

风：全年盛行风向为东北偏东南，多年平均风速 2.3m/s。

合肥市气象要素图见 11－2，年降雨量分布图 11－3。

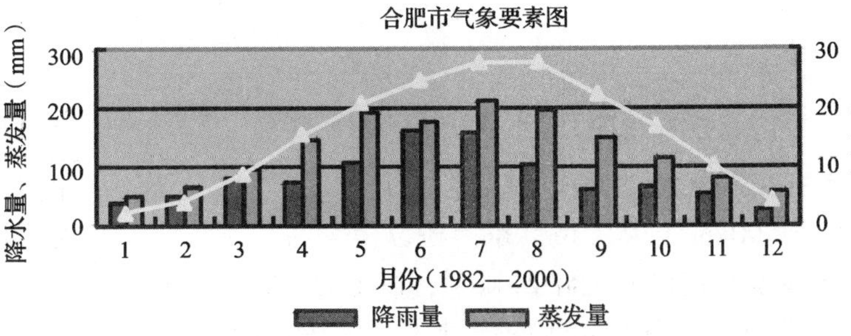

图 11－2 合肥市气象要素图

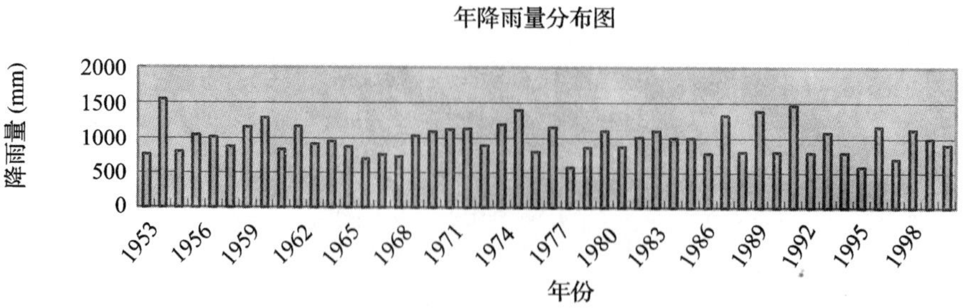

图 11－3　合肥市年降雨量分布图

1.3　水　　文

合肥地区水系比较发育，主要河流有南淝河及其支流，南淝河支流包括四里河、板桥河以及一些规模较小的支流，如市区中的二里河、市区东北的廿埠河与店埠河、南侧的十五里河等汇入南淝河后注水巢湖；在市区南部近肥西地段分布有上派河水系，详细见图 11－4 合肥市河流水系图。

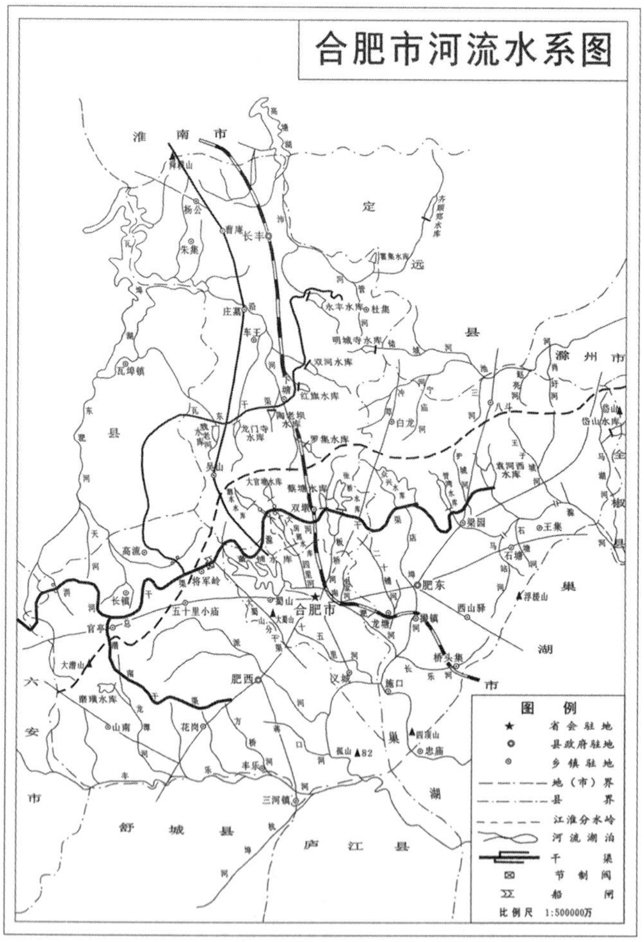

图 11－4　合肥市河流水系图

南淝河：发源于本省江淮分水岭南侧大潜山脉南麓的将军岭、长岗店、高塘集、吴店等地，河流全长 70km，流域面积 1700km²，其中市区东门桥以上分为三条支流：东支流板桥河 177km²，中支流四里河 185km²，西支流即南淝河正源 244km²，以上总计汇水面积为 606km²，约超过全流域面积的三分之一。由于它们同处在微波起伏的岗地上，流域比降一致（约 1/800），河域至市区仅 40km，有遇暴雨，源短流急，汇水迅速，源头洪峰到达市区的时间仅一天左右，水位涨幅 3～5m，洪水来势猛、流量大、涨落快，具有典型丘陵地区河流的特征。河道洪枯水位变化显著，枯水位标高为7~7.5m；汛期5—9月，由于受巢湖顶托及降雨影响，水位较高，北门桥多年平均洪水位为11.24m，最高洪水位为16.19m，河床断面，在城区一带正常情况下水面宽60~110m，洪水时可达250~400m。

二里河：是合肥市南淝河右岸的一条支流，流经南城区，于雨花桥入南淝河，河道全长6.25km，流域面积11.3km^2。

塘西河：河口地处十五里河以西约2.5km，属巢湖左岸直接入湖一级支流，流域面积约50km^2，河道全长11.5km，河道平均坡降6.14‰，河底高程为6.5~13.2m。现状两岸无堤防，地面高程15.8~8.0m，上游穿过经济技术开发区有南艳湖，横埠以下为圩区。

十五里河：发源于合肥大蜀山，向南流入巢湖，全长约25km，流域面积很小，只有几十平方公里，几乎无支流。由于本区河流受地形控制明显，河道狭窄，坡降小，水位和流量变化迅速，同时，河流的流量又受降水量的严格控制，季节性十分明显，表现为河水暴涨、暴落的特点，丰水期一遇特大暴雨，水位骤涨。

1.4 地形地貌

合肥地处江淮丘陵中部，江淮分水岭横贯东西，形成较低缓的鱼背状地带，地貌景观为微波起伏、岗冲相间。地形总趋势是西南、东南和北面高，中南部低，境内地形标高一般为10~50m。位于西部的大蜀山孤峰突起，海拔高程为282m，与其北面的董铺水库遥遥相对。南淝河自董铺水库向下逶迤东去绕城而过转向东南，继而折向南注入巢湖。在新构造活动与河流地质作用下，形成的以南淝河河谷为中心向两侧延伸的阶地地貌，构成了合肥地区地貌格局主体。合肥市第四纪地貌见插图57，根据成因划分的合肥市地貌类型如表11-1。

与工程相关的地貌类型主要为阶地地貌：

河漫滩：位于南淝河两侧，沿南淝河和支流条带状分布。地面标高在大东门以上为12~14m，以下为9~11m。河漫滩自大东门向下呈喇叭状。两岸总宽度，上游0.5~1km，下游最宽达2km。

Ⅰ级阶地：沿南淝河和支流两岸呈第二阶梯展布，阶地台面冲沟发育，地面高程10~20m。两岸宽度不一，一般0.5~1km，最宽近2km，最窄仅0.1km。河流相堆积型阶地。

Ⅱ级阶地：本区内广为分布。由于地表水的排泄与侵蚀作用，阶地台面上沟梁交错，呈微波状，起伏较大，地面高程14~50m。

表11-1 合肥地貌类型

地貌类型		划分标志		
		地面高程（m）	坡度	物质组成及形态特征
构造剥蚀地貌	锥状火山丘	50~20	50°~25°	主要由次火山岩、熔岩、火山碎屑组成，为孤立锥状火山体，山麓地带为残积体
侵蚀堆积地貌	二级阶地	18~40	<10°~15°	主要由上更新统（Q3）褐黄色黏土组成。阶面有起伏，其上坳沟较发育。坳沟内为全新统（Q4）粉质黏土组成
堆积地貌	一级阶地	12~18	<5°	由全新统（Q4）灰黄色黏土、粉质黏土、粉土夹砂组成。阶面平坦，前缘陡坎明显
	河漫滩	9~14	<5°	主要由灰褐色粉土、淤泥组成
	人工地貌	15~35	<10°~20°	主要为人工堆积的黏性土填土组成，沿环城路及护城河分布，呈环状垄岗地形

2 区域地质

2.1 地质构造

合肥地区在大地构造上处华北板块南缘的合肥盆地偏东部位。该盆地夹于华北板块，扬子板块和大别山造山带之间，南以信阳－舒城断裂与大别山造山带相邻，北以寿县－定远断裂与蚌埠隆起相隔，东以郯－庐断裂与下扬子板块相接，西与信阳盆地相连。合肥地区大地质构造见图11－5。

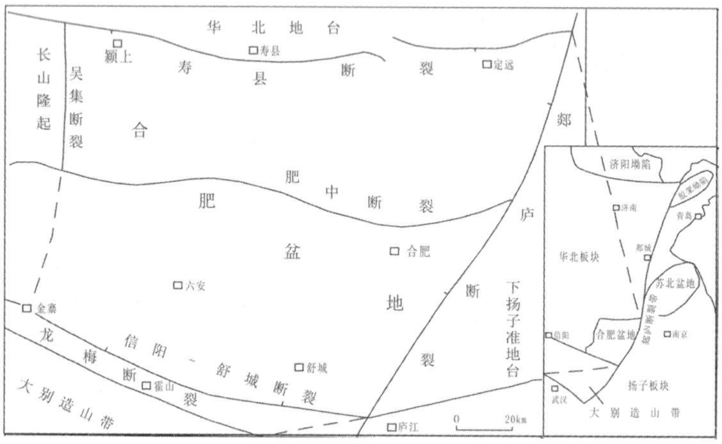

图11－5 合肥地区大地质构造示意图

合肥盆地是一个中生代盆地，具有典型的双层结构，盆地基底由印支期构造运动面以下的元古界、古生界海相及海陆过渡相地层构成。由于合肥盆地的基底是华北板块南缘与扬子板块碰撞过程形成，其构成相对复杂，地层具有分区及过渡特性。合肥北部岗集附近揭示的最深地层为石炭系（未穿）一套灰色、浅灰色泥岩夹少量的泥灰岩，不同于盆地南部的梅山群，也不同于盆地北部的淮南型，为二者过渡类型，而其上伏地层为连续过渡的一套二叠系灰绿色砂岩及灰白石英砂岩，都与山西组相当。

盖层为中、新生代地层构成。所以合肥盆地基底有变质基底，沉积基底。盆地主体中生代沉积普遍发育，其中侏罗系厚度有南厚北薄趋势，白垩系多呈近EW向断陷分布，形成北断南超格局。新生代下第三系继承晚白垩统沉积格局，但范围减少，上第三系局部分布于盆地西北部。

大别山造山带的造山运动对合肥盆地形成及郯－庐断裂第对盆地的改造起着重要作用。二叠纪末－三叠纪初，扬子板块与华北板块碰撞，开始了第一次大别造山运动，华北板块南缘形成信阳－舒城断裂、六安断裂、蜀山断裂，肥中断裂和寿县－定远断裂一系列EW向西南向北冲的断裂带，拉升剥蚀后构成合肥盆地基底；燕山运动早期，转为随俯冲，大别山隆起，使华北板块南缘形成山前凹陷盆地，并接受侏罗系沉积。早期盆地沉积由南向北呈现由厚到薄、由粗的山麓洪积到细的滨湖或河流相的变化趋势，中侏罗世后，继承以前格局，但盆地整体凹陷，沉积范围扩大。晚侏罗世开始，由于太平洋板块俯冲，郯－庐断裂的左行平移活动，使合肥盆地的构造－岩相带转为北东甚至北北东向，盆地南缘产生张性构造环境，导致大量火山喷发和岩浆侵入，这一时期，合肥盆地属于前陆盆地背景上叠加了走滑挠曲盆地的性质。燕山晚期，大别山造山运动再次发生，在盆地内形成拱张隆升与冲断共存，如肥中背斜的形成，后期又进入伸展构造体系，形成盆地内北断南超，箕水盆地和郯庐断裂西侧NE向展布的条带形箕状沉积，晚白垩带晚期及早第三纪均属于这两期断陷盆地，这一时期，合肥盆地已由早期的前陆凹陷盆地转向了断陷盆地。喜马拉雅运动早期，由于大别山第三次造山和郯－庐第向西道冲挤压并存，盆地整体受到剥蚀整平，进入准平原化阶段，陆相盆地的发展已接近衰亡阶段；新第三纪，中国东部整性进入凹陷盆地发展阶段，但大别山和郯庐断裂可能仍然出于挤压应力状态，上第三系沉积仅在盆地西北角局部发育。

第四纪早－中更新纪，区内基本上处于上升和剥蚀的构造背景中。进入晚更新纪，合肥地区进入准平原化，但以升降运动为主异的构造活动明显的具有间歇性和差异性。因此，沉积上更新厚度不大，一段为 10～40m，但在上升中的轻微振荡作和不均匀小幅度的差异运动，致使本区第四纪地层厚度薄者仅 8m，厚者可达 50m。

本区断裂构造比较发育，形成于不同时代、不同方向、不同性质的断裂互相切割、互相制约，并且具有经受过多次活动的显著特点。合肥地区断裂构造见插图 58。断裂主要特征见表 11－2。

表 11－2　合肥地区断层简表

编号	断裂名称	区内长度（km）	产状			断裂性质	最新活动时代	鉴定依据
			走向	倾向	倾角			
1	大蜀山－吴山口断裂	30	NE	NW	70°	逆冲	Q_{1-2}	地质地貌、物探
2	乌云山－合肥断裂	80	NNE	W	70°	逆断	Q_{1-2}	地质地貌、物探、钻探
3	桑涧子－广寒桥断裂	50	NNE	W		逆断	Q_{1-2}	地质地貌、物探、钻探
4	池河－西山驿断裂	48	NNE	NW	60°～80°	正、逆断	Q_{1-2}	地质地貌、测年
5	肥东－鲔山断裂	20	NW	NE		正断	Q_{1-2}	卫片解释、地质地貌、物探
6	桥头集－东关断裂	48	NW	SW/NE		正断	Q_{1-2}	地质地貌、物探
7	大蜀山－长临河断裂	62	NW	SW		正断	Q_{1-2}	地质地貌、物探
8	肥中断裂	56	近 EW	S		正断	Q_{1-2}	地质地貌、物探、钻探
9	蜀山断裂	46	近 EW	N		逆断	Q_{1-2}	地质地貌、物探、钻探
10	六安断裂	41	近 EW	S		正断	Q_{1-2}	地质地貌、物探、钻探

（1）大蜀山－吴山口断裂（F1）。

分布在吴山口、烧脉岗、大蜀山一线，再向北延伸，据电法资料，被北西向大蜀山－长临河断裂截切，向岗集方向延伸，长约 30km。断裂总体走向北东，倾向北西，倾角 70°，逆断层性质。沿断裂重力和电阻率等值线发生扭曲。

该断裂在吴山口－烧脉岗一段，发育在上侏罗统周公山组地层内，岩石碎裂岩化，滑动面发育，地层沿走向相抵，地貌上表现为平直的线状负地形。烧脉岗－长安集一带，河流的流向可能受该断裂影响。

红石山南西坡，见宽约 10m 的硅化破碎带，总体走向 40°，胶结紧密。带内发育碎裂岩、角砾岩和初糜棱岩等，角砾岩中角砾具有较好的磨圆度并呈定向排列。

该断裂与北西向大蜀山－长临河断裂交汇处有晚第三纪—第四纪初基性岩浆喷溢，故推测为早、中更新世断裂。

（2）郯庐断裂带。

近场区主要分布郯庐断裂、嘉山－广济段的三支断裂，即乌云山－合肥断裂、桑涧子－广寒桥断裂和池河－西山驿断裂。

1）乌云山－合肥断裂（F2）。

为郯庐断裂带的西支。北自众兴水库西，向南经合肥市、肥西县城东，南延出区外，区内长 80km。总体走向北北向东，倾角 70°。该断裂卫片线性清晰。地球物理场反映较明显，航磁位于正、负磁场交变处，西侧为东西向正磁场，东侧为北北东向负磁场。布格重力表现为等值线密集成带，西侧为东西向重力高、重力低，东侧为北北东至北东向重力低。

该断裂在乌云山东麓地貌上出现断层崖。钻孔表明古近系受其控制，推测为一西倾逆断层。另外根据合肥市东门外地质雷达探测结果，破碎带宽约 15m（安徽省地震工程研究中心，1996）。断裂两侧第四系出现厚度差异，在与肥中断裂交切部位小震较频繁发生。但未发现该断裂晚第四纪以来有活动的迹象（翟洪涛等，2006）。

2）桑涧子－广寒桥断裂（F3）。

分布于永安集、丙子埠一线，区内长50km。总体走向北东20°，电法探测显示为西倾的逆断层。该断裂卫片上表现为断续的特征线。区外的断裂北段，在练铺一带断裂最新切割了上新统。在五河里朱顶附近，据钻孔揭露，断面西倾，断裂西盘上太古界五河群逆冲到东盘中生代白垩系之上。断裂挤压现象明显，发育宽20～30m的挤压破碎带，白垩系砂砾岩不同程度地破碎，石门山可见断裂上东盘下降的擦痕。

该断裂在与肥中断裂交切部位近代小震丛集，断裂对现代河流显示有一定控制作用，如在南淝河以南，有三条河流在通过断裂处一致转向北东流向，后又恢复正常流向汇入巢湖。据微震丛集现象和水系的S型扭折形态推测断裂新活动方式以蠕滑为主。

3）池河－西山驿断裂（F4）。

为区域池河－太湖断裂的北段，是郯庐断裂带东界嘉山－广济段的最主要一支断裂。分布于浮槎山、龙泉山山前的阚集、山王集、桥头集一线，后经湖滨延入巢湖，区内长48km。总体走向北北东，北西倾为主，倾角60°～80°。

在邻区阚集东，断裂形成破碎带宽约50～80m，其中的构造角砾固结坚硬，局部发育很好的断裂泥，固结不新鲜，厚达10～30cm，取ESR测年，最新活动年龄距今（82.7±8.3）万年。

在龙泉山西坡，是该断层在地表显示最清晰的一段，动力变质带宽达2km。肥东山王，前震旦纪变质岩与上白垩统张桥组砂岩呈断层接触，断裂在宏观地貌上位于山地与合肥盆地的转折处。断裂带中角砾岩、透镜体等发育，固结较好。据断层泥电镜扫描（SEM）测试分析，活动时代为上新世到早更新世，活动方式以黏滑为主。

此外，在桥头集北陈家洼采石坑的白垩纪红色砂岩中见两条相距50m左右的小逆断层，其中西边一条走向北东28°，倾向北西，倾角76°，发育2cm宽的片理化带。东边一条走向北东30°倾向北西，倾角65°。

综上表明，总体上断裂控制了低山丘陵与盆地的界限，野外调查未发现断错第四系的剖面、根据地质、地貌及断层物质测年，该断裂为早更新世断裂。

（3）肥东－鲕山断裂（F5）。

分布于肥东至西山驿一线，东延出近场区，区内长20km。走向北西，倾向北东，正断层性质。该断裂卫片反映为宽约2km的色调异常。据区域地质调查分析，阚集附近的第四系急剧增厚，为全区沉降中心，可能受到该断裂与池河－西山驿断裂的联合控制，沿断裂小震丛集，推测为一条早、中更新世活动断裂。

（4）桥头集－东关断裂（F6）。

该断裂西北自炎刘向东而经合肥大杨沿南淝河至桥头集出近场区，后抵巢湖东关，区内长约48km。断裂主体隐伏，在桥头集、陈家洼北采石坑，在白垩纪红色砂岩和粉砂岩中见多条断裂剖面，断裂总体走向北西30°～40°，倾向南西或北东，为张性正断，断距大于2m，断层破碎带内发育1～5cm的断层泥，新鲜，未固结。

断裂隐伏段，在撮镇－梁园构造剖面上，该断裂倾向北东，陡倾显张性。断裂控制了古近系梁园次凹的南部边界，并错断了古近系地层（翟洪涛，2006）。根据钻探、地质勘探及遥感影像等资料综合分析，认为是一条早、中更新世活动断裂。

（5）大蜀山－长临河断裂（F7）。

为一条隐伏断裂。该断裂沿十五里河自南东向北西延伸，通过大蜀山至将军岭以西。区内长62km。推测为一条走向北西，倾向南西的正断层。在第四系等值线图或基岩顶板等值线图上，显示断裂通过处基岩顶面和地表均表现为凹谷。断裂通过大蜀山与大蜀山－吴山口断裂交汇处构成大蜀山火山喷溢活动控制构造（翟洪涛等，2006），推测为一条早、中更新世活动断裂。

（6）肥中断裂（F8）。

该断裂为区域肥中断裂的东段，分布于近场区北部岗集、梁园一带，区内长56km。大致呈近东西向延伸，倾向南，正断层性质。

据野外零星露头观察，断裂北侧出露为早白垩世新庄组，南侧为晚白垩世张桥组。该断裂大部分隐伏于第四系盖层之下，1:5 万电测深资料结果表明，断裂带不仅对基底有明显的控制作用，而且在燕山期有过南降北升的强烈运动，断裂两侧中生代地层厚度差异悬殊。新生代以来，该断裂控制梁园次凹古近纪和第四纪沉积，其与郯庐断裂带交汇部位小震频繁，推测为一条早、中更新世活动断裂。

（7）蜀山断裂（F9）。

为物探推测的隐伏断裂。分布于小蜀山、大蜀山及合肥一线，走向近东西，区内长 46km。据零星露头及钻孔资料，断裂北侧晚侏罗世周公山组，南侧为晚白垩世张桥组，显示北侧上升。大、小蜀山火山口受其控制，据重力资料，该断裂位于密集梯度带，北侧为重力高，南侧为重力低。1:5万电测深资料亦显示该断裂的存在，断裂北侧电阻率高达 200 欧姆，而南侧电阻率则低于 25 欧姆，解释断面倾向北。断裂带上未发现断错第四纪地层的直接证据。

上述资料表明，该断裂可能为一条北倾的逆冲断层，结合沿断裂的微震活动，推测该断裂为早、中更新世断裂。

（8）六安断裂（F10）。

为一条隐伏断裂，又称肥西－韩摆渡断层，近场区为其东段。分布于吴山口南、肥西南和义城北一线，区内长 41km。据重力资料，该断裂北侧为宽缓正异常区，南侧为负异常区，断裂位于密集交变带。1:5 万电测深资料表明，北侧电阻率高达 200～300Ω，南侧电阻率低于 20Ω。

据钻孔及零星露头资料，断裂北侧基底为晚太古代霍邱群里云斜长片麻岩，盖层为晚侏罗纪防虎山组、圆筒山组及周公山组；南侧基底是元古界的卢镇关群、佛子岭群及梅山群，中新生代断陷只有中侏罗世以后的沉积。表明该断裂不仅是大地构造的重要分界断裂，对合肥盆地的发展亦有一定的控制作用，成为北断南超的舒城断陷的北部边界。该断裂在与霍山－罗山断裂带交汇部位，发生过六安 1425 年 $5\frac{3}{4}$级地震和 1954 年 $5\frac{1}{4}$级地震。综合判断为一条早、中更新世活动断裂。

2.2 历史地震

合肥地区处于华北地震区长江中下游地震带内，该区地壳一直动荡不稳，历史上曾发生多次地震。合肥地区的地震，主要分布在嘉－庐断裂带内，具体发震部位往往是在北北东向断裂与其他方向（尤其是北西向）断裂的交汇处。据资料记载，合肥及其附近地区自公元 1329 年至 1984 年 655 年间内，共发生 $Ms \geq 0.3$ 级地震 70 次，其中 1900 年以前 20 次，见之于古地方志等历史资料，1900 年以后 50 次，基本上为仪器所记录，其中 1973 年至 1984 年共发生 47 次。历史上最大的一次地震是 1673 年 3 月 29 日在合肥市西郊郭大店一带发生的 $M_s = 5$ 级，烈度 6 度的地震，地震时风如雷、房屋倾倒。整个合肥地区 1978 年是地震活动的高潮，1978 年以后地震活动渐趋和缓。2008 年 5 月 12 日汶川地震，合肥地区亦有震感。合肥地区历史地震见表 11－3。

表 11－3　合肥市及邻区历史主要地震目录

编号	发生日期	震中位置	烈度（震级）	地点	地震情况
1	1673 年 3 月 29 日 （清康熙 12 年 2 月 12 日）	北纬 31°49′ 东经 117°03′	6 度（5.0 级）	庐州府 （合肥义兴西侧）	地震时，风如雷，房屋侧倒
2	1973 年 4 月 24 日	北纬 32°14′ 东经 117°08′	1.9 级	长丰下塘集	
3	1973 年 5 月 23 日	北纬 32°05′ 东经 117°25′	2.1 级	肥东草庙集北	
4	1973 年 11 月 2 日 （农历 10 月 8 日）	北纬 31°50′ 东经 117°10′	（0.5 级）	合肥大蜀山	
5	1974 年 3 月 23 日	北纬 32°00′ 东经 117°41′	2.4 级	肥东乌龙、王集间	

续表 11－3

编号	发生日期	震中位置	烈度（震级）	地点	地震情况
6	1974 年 9 月 29 日	北纬 32°12′ 东经 117°30′	1.5 级	肥东八斗	
7	1974 年 10 月 13 日	北纬 32°04′ 东经 117°35′	0.9 级	肥东护城集	
8	1975 年 3 月 29 日	北纬 32°10′ 东经 117°36′	2.3 级	肥东八斗北	
9	1976 年 6 月 14 日 （农历 5 月 17 日）	北纬 31°57′ 东经 117°30′	（3.0 级）	肥东路口埠西侧	高塘集地震，肥东、合肥等地也有感并伴有地声
10	1976 年 8 月 1 日 （农历 5 月 17 日）	北纬 31°56′ 东经 117°30′	1.7 级	肥东梁园、路口埠	
11	1977 年 11 月 8 日 （农历 9 月 27 日）	北纬 31°57′ 东经 117°30′	（1.9 级）	肥东路口埠北	路口埠地震，震源深度 16km
12	1978 年 6 月 26 日 （农历 5 月 27 日）	北纬 31°50′ 东经 117°10′	（0.3 级）	合肥大蜀山	
13	1978 年 7 月 27 日 （农历 6 月 23 日）	北纬 32°00′ 东经 117°30′	（2.4 级）	肥东路口埠山	梁园地震，震源深度 19km
14	1978 年 10 月 10 日 （农历 9 月 9 日）	北纬 31°50′ 东经 117°10′	（0.5 级）	合肥大蜀山	
15	1978 年 10 月 18 日 （农历 9 月 27 日）	北纬 31°50′ 东经 117°10′	（0.8 级）	合肥大蜀山	
16	1978 年 11 月 15 日 （农历 10 月 25 日）	北纬 31°54′ 东经 117°27′	（0.8 级）	肥东店埠北侧	
17	1978 年 12 月 13 日 （农历 11 月 14 日）	北纬 31°00′ 东经 117°30′	（1.4 级）	肥东路口埠北	
18	1981 年 12 月 30 日	北纬 31°11′ 东经 117°24′	（3.0 级）		
19	1984 年 1 月 21 日	北纬 31°23′ 东经 116°13′	（3.0 级）		

根据《中国地震动参数区划图》GB 18306—2015、《建筑抗震设计规范》GB 50011—2010 和《安徽省地震动峰值加速度区划图》（见插图 59），合肥地区抗震设防烈度为 7 度，设计地震分组为第一组，地震动峰值加速度值为 0.10g。

2.3 地层岩性

合肥地区处于燕山期断陷盆地之中，工程中所见地层主要为中生界侏罗系以来地层，现由老到新分述如下。

（1）中生界地层。

1）侏罗系上统——周公山组（J_3z）。

该地层分布于合肥市杏花村以西至董铺水库一线，大致呈东西向延伸，西面较开阔，东面狭窄并尖灭，似锲形状。主要岩性为淡紫红色、青灰－灰白色，含砾长石石英砂岩、中细－中粗粒砂岩、夹砾石，之外还夹有薄层暗紫色粉砂岩、粉砂质页岩和泥岩（厚度 60.30～0.50m）。砂岩新鲜时坚硬，可做石料，风化后灰红、绿灰色等，疏松状，与母岩有时难以区别。岩层产状：走向北西西、倾向北东、倾角20°左右，与下伏地层接触关系不明。

2）白垩系下统——新庄组（K_1x）。

分布于本区的西北面，侏罗系地层两侧，尤以南淝河上游段以北分布面积较广。岩性为棕褐、灰红、灰棕色长石、石英细砂岩（偶含砾）夹粉砂质泥岩及泥岩。区内西郊局部地表出露。岩层产状：走向北西西，倾向北东，倾角10°左右，与下伏地层呈不整合接触。

3）白垩系上统——张桥组（K_2z）。

在本区大面积的分布，主要在北东面和南西面，多在钻孔内见到，仅于大蜀山南坡（高程约80～90m处）零星出露。岩性为砖红、鲜红色中、细粒砂岩夹薄层棕褐、棕红色粉砂质泥岩及泥岩。质地疏松，成分以长石、石英为主，岩层产状不清，从大蜀山露头来看，走向北西西，倾向北北东，倾角8°，与下伏地层呈假整合接触。

4）白垩系上统——大蜀山组（K_2d）。

①橄榄辉绿（粗玄）岩。

分布于大蜀山95～100m高程以上，冲穿于白垩世张桥组红层，以火山口熔岩锥产出，为火山通道相橄榄辉绿（粗玄）岩，仅在火山口北西破碎口垣下方有橄榄辉绿玄武岩分布，直接覆盖在张桥组红层上与下伏地层呈喷出不整合接触。

②辉绿岩。

分布于西郊环湖东部采石场内，宽约7m，穿插在晚侏罗世周公山组红层内，主要为深灰色致密状灰黑色辉绿岩。以岩墙产出，近垂直状，与下伏地层呈侵入不整合接触。

（2）新生界地层。

1）下第三系古新统——定远组（E_1d）。

在本区主要分布于东南面，地表未出露，从钻孔中揭露的岩性来看，主要为棕红、棕褐、紫红色粉细砂岩、粉砂岩、泥质粉砂岩、粉砂质泥岩、泥岩。质地软弱、风化后呈土状、易龟裂。在区内由西向东具有颗粒逐渐变细，泥质成分增多的趋势。

2）上第三系——滚子河组（Ng）。

仅有北部及南部有零星分布，主要呈灰白、棕黄、浅棕黄色，含长石石英砂岩、粉砂岩、泥质砂岩、泥岩，岩质松散。

（3）第四系地层。

合肥地区第四系早-中更新统，区内基本上处于上升和剥蚀的构造背景中。进入晚更新带，合肥地区进入准平原化，但以升降运动为主导的构造活动明显地具有间歇性和差异性。因此，第四系地层沉积上厚度不大，一般为10～40m，但在上升中的轻微振荡作用和不均匀小幅度的差异运动，致使本区的第四纪地层厚度薄者仅3m，厚者可达50m。

合肥市除在城西有零星基岩出露外，大部分为第四纪土层覆盖，分述如下：

1）第四系上更新统——下蜀组。

下段（Q_3^{1al}）：本段在本区内属古河道冲积相堆积，主要分布于南淝河东北岸，至唐桥处折转过南淝河向南岸，呈不规则带状分布。此层一般掩埋在地表下10～20m以下（主要位于南淝河北岸Ⅱ级阶地下层），顶面标高一般0～10m不等，厚度一般10～15m，该层自顶面大都以粉质黏土、粉土或粉细砂等互层至基岩面。土层呈黄褐、黄灰、灰白色，可塑-硬塑或中密-密实状态。

上段（Q_3^{2al+pl}）：在本区大面积分布，组成Ⅱ级阶地。高程一般为20～50m，厚度一般为10～40m。以黄褐、棕黄、灰黄色黏土为主，偶夹透镜状粉质黏土，结构致密，呈硬塑-坚硬状态。含铁锰结核，底部有钙质结核；灰黄色黏土层中具灰白色条带，矿物成分为高岭石、伊利石。具有弱-中等膨胀潜势。为冲、洪积成因地层。

2）第四系全新统——南淝河组。

下段（Q_4^{1al}）：现代河流相沉积，组成Ⅰ级阶地，呈条带状展布。一般厚度10～40m。以黏性土、粉土为主，自上而下颗粒由细变粗，依次为黄、灰黄色黏土、粉质黏土、粉土夹薄层粉细砂（河流下游逐渐增厚）。

上段（Q_4^{2al}）：分布于现河道及其两侧河漫滩中，呈条带状展布，以黄色、灰色粉质黏土、粉土为主，夹透镜体状粉细砂层（上游较薄、向下游逐渐增厚），自上而下颗粒由细变粗，该层为新近沉积层，属淤积层，土层软弱，黏性土呈软－流塑，砂性土呈稍密状态。该层厚度上游十多米，下游厚20m左右。

3 典型地层及特征

合肥地区位于江淮之间，中生代断陷盆地所构成的内陆相红层的东南部，区内地表大部分被第四系地层所覆盖，其中以上更新统黏土分布最广，第四系沉积物主要成因类型为洪积、冲积类型，西部大蜀山山麓为残坡积层。

合肥城区大部分属南淝河二级阶地，少部分属南淝河一级阶地及河床、河漫滩，第四系沉积物厚度、分布明显地受地貌、基底构造控制。西北、西部及西南为抬升区，第四系厚度一般为10～20m，东部及东南部为下降区，厚度为25～40m，最厚达50m以上。

南淝河二级阶地上广泛出露上更新统黏土，中、下更新统粉土夹砂层位于全新统与上更新统之下；南淝河河漫滩与一级阶地为全新统黏土、粉质黏土、粉土及粉细砂层。

区内深部由第三系－侏罗系泥岩、泥质砂岩、砂岩组成。

3.1 岩土分布及特征

合肥地区第四纪晚更新世除在市东底部沉积了粉土与砂土层外，在表部堆积了大面积的冲洪积成因的黏性土，后来由于南淝河及其支流四里河、板桥河、廿十铺河、十五里河等河流地质作用，在支流的河间区又沉积了一套黏性土和砂类土层。岩土层的分布与地貌分区有十分密切的对应性，合肥地区地层情况见表11－4，合肥城区典型地层剖面示意位置和地层分布情况见插图60和插图61。

表11－4 合肥第四纪地层表

地貌单元	成因及年代	岩性名称	颜色	状态	地层特征	分布及层厚
二级阶地	Q_3^{al+pl}	黏土	褐黄色、灰黄色、棕黄色	硬塑－坚硬	超固结土，含氧化铁、钙质结核，弱膨胀性	分布于南淝河两岸，厚度10～30m，局部达40m以上
	Q_3^{al}	粉质黏土	褐黄色、黄灰色、灰黄色、灰白色	可塑－硬塑	含氧化铁、钙质结核，局部底部（基岩顶面）混砾石	南淝河北岸东大半部基岩埋置较深处
		粉土		中密－密实		
		粉细砂		中密－密实		
一级阶地	Q_4^{1al}	黏土	褐黄色、灰黄色、黄灰色	可塑－硬塑	含氧化铁、铁锰结核，少量高岭土等，局部具有弱胀缩性	层厚0～15m
		粉质黏土	褐黄色、灰黄色	可塑	含氧化铁、粉细砂粒，夹粉土、粉砂	层厚2～10m
		粉土	灰黄色、青灰色、灰绿色、灰白色	稍密－密实	粉土层分上下两层，上层稍密－中密，下层中密－密实，夹粉质黏土或成互层	层厚3～15m
		粉土夹砂		中密－密实		
		粉细砂				

续表 11－4

地貌单元	成因及年代	岩性名称	颜色	状态	地层特征	分布及层厚
一、二级阶地上的坳沟	Q_4^{1al}	粉质黏土	灰黄色	软塑－可塑	含氧化铁、铁锰结核，夹粉土、粉细砂，或成互层	呈条带状展布，厚度一般为1～7m
河床河漫滩	Q_4^{2al}	粉质黏土	灰黄色、黄灰色	软塑－可塑	含氧化铁、铁锰结核，夹粉细砂、粉土等，或成互层	河漫滩后缘及表部，层厚1～3m
		粉质黏土	灰色、青灰色	软塑－流塑	含腐烂物、有机质，夹粉细砂、粉土或薄层	漫滩前缘及下部，层厚5～12m
		粉土、粉土夹砂、粉细砂	青灰色、灰绿色、灰白色、褐黄色	稍密－密实	分上下两层，上层稍密，下层中密－密实，夹粉质黏土或成互层分布	层厚8～12m

合肥地区大部分位于南淝河二级阶地，局部为一级阶地、河床及河漫滩。二级阶地上地层以厚层黏土为主，局部底层分布有粉细砂、粉土、粉地黏土层；一级阶地、河床及河漫滩上地层以黏土、粉质黏土、砂土互层为主。

（1）二级阶地。

二级阶地在合肥市区广泛分布，由于地表水的排泄与侵蚀作用，阶地台面上沟梁交错，呈微波状，起伏较大，地面高程14～50m。该阶地的组成物质在南淝河的西南岸为一元结构，而在东北岸呈二元结构。

1）第四系上更新统（Q_3^{al+pl}）冲洪积层。

黏土：褐黄色、灰黄色、棕黄色，硬塑－坚硬状态，属超固结土。主要成分以高岭土为主并含少量伊利土，含氧化铁、铁锰结核，局部含有钙质结核，具有弱胀缩性，一般厚度10～30m，局部达40m。其膨胀性指标见表11－5。

表11－5　合肥城区二级阶黏土膨胀性指标

土层位置	岩性名称	蒙脱石 %	阳离子交换量 CEC（NH_4^+ ♁）（mmol/kg）	自由膨胀率 δe_f（%）	膨胀率 δe_{50}（%）	收缩系数 λ_s	膨胀力 P_e（kPa）
上层	黏土	9～13	190～220	50.0～59.4	0.6～2.2	0.35～0.50	44～69
下层	黏土	10～15	195～230	50.0～61.0	0.5～3.9	0.45～1.12	50～83

2）第四系上更新统（Q_3^{al}）冲积层。

粉质黏土：褐黄色、黄灰色、灰黄色、灰白色，可塑－硬塑，含氧化铁、钙质结核。

粉土：褐黄色、黄灰色、灰黄色、灰白色，夹厚薄不等的粉（细）砂层，含氧化铁、钙质结核，部底部（基岩顶面）混砾石，粉土夹粉（细）砂呈中密－密实状态。

粉细砂：褐黄色、黄灰色、灰黄色、灰白色，夹粉质黏土、粉土薄层，含氧化铁、钙质结核局，部底部（基岩顶面）混砾石，呈中密－密实状态。

第四系上更新统（Q_3^{al}）冲积层，即粉质黏土、粉土、粉细砂层主要分布于南淝河北岸二级阶地东大半部基岩埋藏较深处。

（2）一级阶地。

呈局部分布，主要沿南淝河和支流两岸呈第二阶梯展布，阶地台面冲沟发育，地面高程10～

20m。两岸宽度不一，一般0.5km～1km，最宽近2km，最窄仅0.1km。

主要分布于南淝河及其支流的两侧，局部分布在二级阶地的坳沟上，具有明显的沉积韵律，一般从顶面黏土开始，向下颗粒逐渐变粗，呈粉质黏土、粉土。

黏土：褐黄色、灰黄色、黄灰色，可－硬塑状态，含氧化铁、铁锰结核，少许高岭土等，部分地段具有弱胀缩性，厚度视场地距河道中心位置从0～15m不等。

粉质黏土：一级阶地为褐黄色、灰黄色、黄灰色，呈软－可塑状态，含氧化铁、粉细砂粒，夹粉土、粉细砂或成互层。厚度一般在2～10m不等。

粉土：一般有二层，上层为灰黄色、青灰色，含云母、粉细砂等，稍－中密状态；下层为灰绿色、灰白色、灰黄色等色，自上而下颗粒有逐渐增大趋势，与粉细砂互层或夹有薄层粉细砂，中密－密实状态。厚度一般3～10m，Ⅰ阶地后缘渐灭。

（3）河漫滩。

沿南淝河和支流条带状分布。地面标高在大东门以上为12～14m，以下为9～11m。河漫滩自大东门向下呈喇叭状。两岸总宽度，上游0.5～1km，下游最宽达2km。（合肥市综合性工程地质研究报告）。

一般以粉质黏土为顶层，向下为粉土夹不等厚透镜体状粉细砂层。

第四系全新统（Q_4^{2al}）冲积、淤积层。

粉质黏土：河漫滩后缘及表部呈灰黄色、黄灰色，含氧化铁、铁锰结核、粉细砂粒等，局部与粉细砂互层，软－可塑状态，厚度一般1～3m，向河床方向渐灭，该层为较软弱土层。漫滩前缘及下部呈灰色、青灰色，含腐烂物、有机质，夹粉细砂薄层，一般为软－流塑状态，部分地段为灰黑色淤泥及淤泥质土，一般厚度5～12m。

粉土：一般分上下两层，上层为青灰色，含有机质、腐烂物、云母等，稍密状态；下层呈灰绿色、灰白色、褐黄色，与粉细砂互层，中密－密实，一般厚度8～12m。

粉细砂：青灰色、灰绿色、灰白色、褐黄色，夹粉质黏土、粉土薄层或呈互层状，稍密－中密，厚度一般2～8m。

（4）下伏基岩。

1）侏罗系上周公山组（J_3z）。

以砾长石、石英中细、中粗砂岩为主，主要为紫红色、灰白色、青灰色，夹有粉砂质泥岩，结构致密，性质坚硬，强度高，局部地段表部裂隙较发育。一般为较软岩－较硬岩。

2）白垩系下统新庄组（K_1x）。

细砂岩夹粉砂质泥岩、泥岩，主要为棕揭色、灰红色、灰棕色。结构较为致密，砂岩性质中硬，强度较高，一般为较软岩。粉砂质泥岩、泥岩强度较低，一般为软岩－极软岩。

3）白垩系上统张桥组（K_2z）。

中细砂岩夹薄层粉砂质泥岩、泥岩，主要为砖红色、鲜红色。岩质稍软，砂岩一般为较软岩－极岩，粉砂质泥岩、泥岩为极软岩。

4）下第三系定远组（E_1d）。

粉砂岩、粉砂质泥岩，主要为棕红色，半胶结状，结构疏软，一般为极软岩。

3.2 主要地层物理力学参数

合肥城区根据地貌类型，可以分为二级阶地、一级阶地和河床、河漫滩，其中城区大部分属二级阶地，仅局部位于一级阶地和河床、河漫滩。二级阶地上第四系地层主要为Q_3土层，地层岩性以黏土为主，硬塑－坚硬状态，黏土具有弱膨胀性，在市区东底部分布有粉土及粉细砂层，工程性质良好，适合作为一般工民建工程和轨道工程的天然地基持力层。一级阶地上第四系地层主要为Q_4的黏土、粉质黏土、粉土夹砂、粉细砂层，黏性土呈可塑－硬塑状态，粉土、砂土呈中密－密实状态，土层工程性质较好，可以作为一般工民建工程和轨道工程的天然地基持力层。河床、河漫滩上地层主

要为 Q_4的粉质黏土、粉土，黏性土呈流塑－软塑状态，埋藏有潜水型地下水，水位较高，水量较大。该部位土层强度较低，工程性质较差，地基方案宜根据设计条件合理选择天然地基或地基加固处理方案。

合肥地区各地貌单元土层、岩层物理力学参数详细见表 10－6、表 10－7。

（1）主要土层物理试验指标。

根据合肥轨道交通勘察资料及合肥地区经验综合确定各土层的物理试验参数，供勘察设计人员参考使用，详见表 11－6。

表 11－6　主要土层的物理试验参数

地貌单元	岩性名称	具体分布	天然含水量 ω	天然密度 ρ	孔隙比 e	液限 w_l	塑限 w_p	塑性指数 I_P	液性指数 I_L
			（%）	（g/cm³）	—	（%）	（%）	—	—
二级阶地	黏土		20.0～29.8	1.91～1.99	0.626～0.708	36.6～47.7	17.9～29.0	17.1～28.5	0.00～0.12
	粉质黏土		17.3～25.8	1.96～2.03	0.605～0.653	28.5～37.2	17.6～22.7	10.1～15.7	0.28～0.56
	粉土		12.2～19.8	1.98～2.05	0.500～0.616	21.7～27.2	15.0～23.4	6.1～9.6	0.15～0.45
	粉细砂			2.10	0.500				
一级阶地	黏土		22.5～26.5	1.89～2.00	0.656～0.737	36.5～48.3	18.9～23.3	17.6～25.1	0.00～0.18
	粉质黏土		17.7～22.9	1.90～2.02	0.644～0.766	24.0～38.5	13.9～22.1	10.2～16.4	0.09～0.50
	粉土	上层	19.3～25.5	1.97～2.05	0.577～0.633	26.5～28.8	16.8～19.5	9.1～10.0	0.22～0.52
	粉土	下层	17.1～22.0	1.98～2.06	0.570～0.609	24.3～28.4	15.4～18.9	7.5～9.9	0.11～0.32
	粉细砂			2.05	0.520				
河床河漫滩	粉质黏土	漫滩后缘及表部	18.4～31.2	1.81～1.98	0.716～0.856	26.6～39.7	16.1～23.5	10.5～16.9	0.26～0.85
	粉质黏土	漫滩前缘及下部	20.0～34.3	1.77～1.90	0.760～1.071	31.0～39.3	17.5～23.1	13.5～16.6	0.56～0.92
	粉土	上层	18.3～23.9	1.95～2.02	0.619～0.685	23.4～30.3	15.4～21.8	7.1～10.0	0.30～0.84
	粉土	下层	18.1～27.6	1.96～2.03	0.560～0.641	24.4～28.4	15.0～18.8	8.6～10.0	0.09～0.65
	粉细砂			2.05	0.550				

注：河床河漫滩位置的岩性定名为主要岩性，粉质黏土中多夹砂或粉土，粉土中多夹砂或粉质黏土，以下定名与本表相同。

（2）主要土层剪切试验指标。

根据合肥轨道交通勘察资料及合肥地区经验综合确定各土层的剪切试验参数，供勘察设计人员参考使用，见表 11－7。

表 11－7　主要土层的剪切验参数

地貌单元	岩性名称	具体分布	快剪				静三轴	
			直接快剪		固结快剪		不固结不排水剪	
			C (kPa)	φ (°)	C (kPa)	φ (°)	C_{uu} (kPa)	Φ_{uu} (°)
二级阶地	黏土		50～118	10～15	69～132	10～18	40～75	6～11
	粉质黏土		30～48	13～21	31～55	17～23	25～40	8～11
	粉土		25～35	20～28	28～40	22～26	20～30	15～20
	粉细砂		0	25～30				
一级阶地	黏土		52～76	11～23	58～80	12～26	35～50	6～12
	粉质黏土		29～35	12～19	31～40	14～22	20～35	6～8
	粉土	上层	23～35	15～20	24～38	16～22	15～25	8～12
	粉土	下层	19～30	15～22	25～32	19～25	20～25	12～16
	粉细砂		0	20～25				
河床河漫滩	粉质黏土	漫滩后缘及表部	29～57	7～15	30～60	11～15	40～52	7～10
	粉质黏土	漫滩前缘及下部	18～31	5～8	22～35	6～10		
	粉土	上层	20～28	7～14	23～40	10～15		
	粉土	下层	23～30	17～21	25～35	18～24		
	粉细砂		0	10～20				

（3）岩层的主要物理力学参数。

合肥地区下伏基岩主要包括侏罗系砂岩夹砂质泥岩，白垩系砂质泥岩、泥岩，下第三系粉砂岩、粉砂质泥岩。其中侏罗系砂岩夹砂质泥岩结构致密，性质坚硬，强度高，局部地段表部裂隙较发育，一般为较软岩－较硬岩。白垩系砂岩夹粉砂质泥岩、泥岩结构较为致密，砂岩性质中硬，强度较高，一般为较软岩；粉砂质泥岩、泥岩强度较低，一般为软岩－极软岩。下第三系粉砂岩、粉砂质泥岩呈半胶结状，结构疏软，一般为极软岩。

根据合肥轨道交通勘察资料及合肥地区经验综合确定各岩层的主要物理力学参数，供勘察设计人员参考使用，详见表 11－8。

表 11－8　主要土层的物理力学参数

年代	岩性及风化程度		天然容重 γ (kN/m³)	抗压强度 天然 (MPa)	抗压强度 饱和 (MPa)
侏罗系	砂岩、砂质泥岩	强风化	24.3～26.3		8～12
		弱风化			9～17
		微风化			15～30
白垩系	砂质泥岩、泥质砂岩	强风化	22.7～23.4	0.3～1.0	
		弱风化		2.0～5.0	
		微风化		5.0～15.0	
第三系	砂质泥岩、泥质砂岩	强风化	21.5～22.6	0.2～0.9	
		弱风化		0.9～2.8	
		微风化		2.6～7.0	

4 地 下 水

合肥地区分布着以黏性土、粉土为主要的第四纪系松散沉积物，其下为侏罗系以来的红层碎屑岩类。第四系松散岩类所组成的冲积平原受河流控制，地下水主要赋存于漫滩相和河床相粉土夹透镜体状砂层中。被第四纪系覆盖的红层碎屑岩，为构造形成的凸起凹陷，受东西向、北北东向和北西西向断裂控制和切割，地下水主要赋存于红层粗碎屑岩段、富钙层位的裂隙及断裂破碎带中[6]。

4.1 地下水类型

合肥地区地下水按照含水层性质可以分为第四纪系松散岩类孔隙水和碎屑岩类孔隙、裂隙水，其中碎屑岩类孔隙裂隙水。

（1）第四系松散岩类孔隙水。

第四纪系松散岩类孔隙水主要包括上层滞水、潜水和承压水。其中上层滞水主要分布于表层的人工填土，潜水、承压水主要分布于南淝河河床、河漫滩、一级阶地、二级阶地的粉土、粉细砂层。

上层滞水：主要赋存于表层填土以及阶地黏土的表层（由于表层黏土微裂隙较为发育，局部也会存在上层滞水），上层滞水分布无规律，埋深一般在自然地面以下5m范围，水量、水位受季节影响大，常无固定的自由水面。

潜水：主要赋存与南淝河河床、河漫滩及一级阶地，含水层主要为粉土、粉土夹砂、粉细砂层，埋深一般为5～15m，与南淝河有一定水力联系，局部具弱承压型（远离河道部位）。

根据大东门附近抽水资料，基岩面以上的粉土、粉砂层综合渗透系数 K 约为1.5m/d，单位涌水量 $q=0.1\mathrm{L/s\cdot m}$。粉土层渗透系数 K 为0.5m/d，粉砂层渗透系数为2.5m/d。

承压水：主要赋存于二级阶地深部地层，含水层主要为粉土、粉细砂层，埋深一般为10～20m，局部埋深可达30m以下，水量较为丰富。

（2）碎屑岩类孔隙、裂隙水。

由于侏罗纪以来的一套红层岩性细腻，结构较致密，裂隙不很发育，渗透系数小，因此本区碎屑岩类地下水较为贫乏。地下水的赋存条件及富水性受岩性、构造及地貌等自然因素的控制作用明显。根据本区岩性和构造条件，大致可将松散岩类地下水的赋布类型分为碎屑岩类孔隙水与碎屑岩类裂隙水。

碎屑岩类孔隙水：合肥地区轨道交通工程影响范围内下伏基岩主要为砂质泥岩、泥质砂岩和砂岩，尤其是泥质砂岩和砂岩风化后形成类似于第四纪松散砂层，其透水性及连通性较好，有利于地下水运移和富集，因此泥质砂岩和砂岩风化带多为含水层，水位埋深一般距离基岩顶面3～5m，多具有承压性。

碎屑岩类裂隙水：在断裂构造发育，存在断裂破碎带，容易使地下水富集而形成地下水为，裂隙水一般具有承压性，根据区域地质资料结果，承压水头一般15～20m。

4.2 地下水补径排关系

（1）第四系松散岩类孔隙水。

上层滞水：主要靠大气降水与管沟渗漏补给，主要以蒸发的方式排泄。

潜水：主要靠大气降水、侧向径流、地表径流补给，主要以蒸发和侧向径流方式排泄。

承压水：主要接受越流、侧向径流补给，主要以人工开采和侧向径流方式排泄。

（2）碎屑岩类孔隙、裂隙水。

主要接受越流、侧向径流补给，主要以人工开采和侧向径流方式排泄。

4.3 地下水动态

（1）第四系松散岩类孔隙水。

上层滞水：受大气降水、季节性影响较大，地下水动态无规律。

潜水：其动态与大气降水、河水关系密切，每年5—8月丰水期水位上升，随后逐渐下降，至次年4月份左右达到当年最低水位，年变幅约为3～5m。

承压水：与潜水的动态变化类似，在丰水期也受到河流的补给作用，年变幅约为1～3m。

（2）碎屑岩类孔隙、裂隙水。

碎屑岩类孔隙、裂隙水与第四系松散岩类孔隙水联系紧密，其动态变化比第四系松散岩类孔隙水稍有滞后，每年7—9月份为丰水期，至次年1－2月份达到当年最低水位，水位年变幅3～5m。

5 特殊地质条件

特殊地质条件主要包括不良地质作用和特殊性岩土，不良地质作用和特殊性岩土的存在会引起许多不利于地铁工程设计施工的工程地质问题，很大程度上增加了设计施工难度，严重的可能会引起工程事故。因此在勘察阶段查明不良地质作用和特殊性岩土，预测并提出在设计施工过程中可能会由此引起的工程地质问题，是为设计施工采取必要的预防措施提供技术依据。

5.1 不良地质作用

合肥平原地区存在的不良地质作用主要为活动断裂，近场区主要分布10条断裂（详细见3.1节），依据区域地质资料以及前人研究结果，上述断裂均为早、中更新世断裂，晚第四纪以来活动不明显。其中郯庐断裂带安徽段的一组断裂（F2、F3、F4）虽然第四纪活动不强，但规模较大，又有北西向、近东西向断裂与之交会，同时历史上又发生过5级左右地震，故判定沿该断裂段有发生震级上限为6.0～6.5级潜在地震的可能。因此地铁工程建设前建议进行专项研究。

合肥平原地区除活动断裂以外，未发现泥石流、崩塌、地裂缝等不良地质作用。

5.2 特殊性岩土

合肥地区对地铁工程建设影响较大的特殊性岩土主要包括人工填土、膨胀土和风化岩。

（1）人工填土。

合肥中心城区人工填土厚度一般为2～3m，最厚可达12m左右，以建筑垃圾夹少量生活垃圾为主，较为松散。老城区外围大部分地区填土厚度1～2m，以黏性土和耕植土为主。

填土的成分复杂、堆积时间短，力学性质差异大，稳定性差，尤其是大部分填土为含水层，在地下水作用下其性质更差，轨道交通工程明挖基坑以及隧道结构穿越填土的地段需重点考虑填土产生的不利影响。

（2）膨胀土。

合肥是我国典型的膨胀土分布区，其主要分布在二级阶地，根据区域地质资料，结合野外钻探揭露、土工试验结果，合肥地区膨胀土主要包括上下两层。其中上层以褐黄色黏土为主，硬塑－坚硬状态，厚度约1～3.5m，部分地段厚度达到5m，含直径1～3mm的球状铁锰结核，主要分布在填土下的表层；下层以灰黄色、灰褐色黏土为主，硬塑 - 坚硬状态，层厚一般为 15 ~ 40m（基岩面以上），网状或不规则裂隙发育，裂隙面光滑，一般无充填或被淋滤铁锰质浸染，含球状铁锰结核，局部富集，夹青灰色条带状黏土薄层。

根据合肥轨道交通勘察资料及其他勘察资料，合肥地区膨胀土大部分属弱膨胀潜势膨胀土，其膨胀性参数见表 10 - 5。

合肥地区膨胀黏土层表面坚硬，但遇水极易软化，具有显著的吸水膨胀和失水收缩的变形性能，“干时一把刀，湿时一团糟”是对其生动写照，膨胀土主要有以下特征：

胀缩性：当膨胀土体浸水时，土顺粒表面的结合水膜增厚，使颗粒间距拉大，从而引起土体膨胀。当土体失水时，结合水膜减薄，颗粒间距缩小，从而引起土体收缩。反复的膨缩变形导致膨胀土上的建筑物开裂破坏。

裂隙性：由于往复的干缩湿胀，致使土中的裂隙十分发育，裂隙不仅破坏了土体的连续性和完整性，使土体强度降低，为渐近破坏提供条件，而且也为地表水的浸入形成了通道，使土体胀缩效应显著，风化加剧。

超固结性：沉积的膨胀土在历史上往往经受过上部土层侵蚀作用而形成超固结土。膨胀土在卸荷作用下，也能引起土体裂隙的发展，这种卸荷同时会促进土中隐蔽微裂隙的张开的扩展，尤其是剪应力相对集中的裂隙面扩展更为严重，也是容易引发滑坡的部位。

膨胀土的性质会随其含水量的变化而发生显著变化，尤其是抗剪强度等力学指标，本场地膨胀土在天然状态下，呈硬塑 - 坚硬状态，力学性质良好，但是当土体含水量在急剧增加的情况下，土体强度则会大大降低，压缩性增大，抗剪强度指标也会迅速衰减。轨道交通建设周期长，受气候、人为等因素影响，土体含水量可能会发生多次干湿循环变化。因此轨道交通工程设计施工应结合膨胀土的特殊性质，重点考虑其带来的不利影响。

（3）风化岩。

合肥地区对轨道工程影响较大的风化岩主要为砂岩、泥质砂岩、砂质泥岩，胶结程度较低，且大部分为泥质胶结，具有遇水易软化、崩解的特性，对于轨道交通工程施工有一定影响。

（4）软土。

合肥地区在南淝河及其支流的河床河漫滩位置局部分布有淤泥、淤泥质土等软土层，呈局部分布，天然含水量大，压缩性高，呈软塑 - 流塑状态，力学性质较差，稳定性差。

6 城市轨道交通主要工程地质问题分析及对策

轨道交通工程具有规模大、敷设方式多、技术复杂，施工方法及施工工艺多而复杂的特点，加之轨道交通工程呈线性分布，线路穿越的环境条件、地质条件复杂多变。不同的施工工法、不同的地质条件，在设计施工中会遇到各种不同的工程地质问题。

6.1 明挖法施工主要工程地质问题及对策

轨道交通工程明挖法施工根据工程地质、水文地质条件，主要会存在基坑边坡稳定性、地基变形、地下水控制、基坑周边环境安全等问题。

（1）明挖法施工在膨胀黏土地层中的工程地质问题。

合肥城区大部分位于南淝河二级阶地，轨道交通工程影响范围内土层主要是弱膨胀性黏土，根据膨胀土的特性，其对于明挖法施工存在的工程地质问题主要为基坑边坡稳定性和地基变形问题。

1）基坑边坡稳定性问题。

膨胀土在天然状态下，力学性质良好，土体自稳性较好，基坑施工揭露时，在土体含水量未发生明显变化和扰动的情况下，具有一定的自稳能力。但是膨胀土的裂隙性是决定边坡稳定的关键，因为裂隙的存在是导致膨胀土强度削弱的重要因素，其破坏了土体的完整性，为外部水源的进入提供了方便，即使土体的含水量发生显著变化。地铁工程的施工周期较长，一般会经历雨季、旱季，容易使土体中含水量发生反复变化，造成膨胀土的反复胀缩变形，这样会导致裂隙的进一步扩大并向深部发展，达到一定程度后会在基坑边坡部位形成滑坡，造成边坡失稳，影响基坑安全，其中影响最大的部位是大气影响深度范围内（合肥地区大气影响深度为3.4m）。

对策：①围护结构计算时需要考虑膨胀土的膨胀力作用，膨胀力作为一种活荷载，参与荷载组合。内支撑轴力及结构抗浮计算时要考虑膨胀力的不利影响。

②轨道交通工程明挖基坑一般埋深较大，基坑支护设计应中间考虑膨胀土的特性，采用安全、合理的支护方式，对于膨胀性较强的地区围护结构宜采用钻孔灌注桩（地下连续墙）+内支撑支护（锚索）体系。不宜采用土钉墙支护及放坡开挖。对于需要放坡开挖的基坑，边坡坡率宜小些。

③基坑周边设置必要的排水、阻水设施，防止雨水等外部水源渗漏或冲刷基坑边坡。

④基坑宜采取快速施工、快速封闭，防止基底或基坑边坡土体长时间暴露、风干、水浸，尽可能保证土体含水量不发生显著变化。

⑤基坑开挖应避免大面积全面展开，开挖应采用分区层、分阶段的快速作业法进行。

⑥基坑周边影响范围内禁止大范围堆载。

⑦加强基坑监控量测，基坑施工过程中应对基坑围护结构、围护桩、地面沉降变形、周边建（构）筑物等进行监测。

2）地基变形问题。

膨胀土具有显著的吸水膨胀和失水收缩的变形性能（胀缩性），即使在荷重作用下仍能浸水膨胀，产生膨胀压力，同时膨胀土还具有胀缩变形的可逆性，在吸水膨胀、失水收缩后，有再吸水再膨胀、再失水再收缩的特性，在膨胀力及其反复收缩变形条件下，造成地基变形，容易使建筑物结构发生开裂，对地铁出入口等浅基础建筑影响较大。

对策：①基坑挖土接近基底设计标高时，在其上预留150~300mm土层，待下道工序开始前继续挖除，必要时基底铺设工程塑料布，避免基底土体含水量发生显著变化引起胀缩变形。

②对基底土层在底板施工进行必要的保护，防止地下水、雨水等外部水源渗漏至基底，防止基底土体长时间暴露、风干、水浸，尽可能保证土体含水量不发生显著变化。

③对于车站出入口等附属结构，宜适当扩大散水。

④基坑肥槽应采用非膨胀土分层压实回填。

⑤加强建筑物结构、沉降变形监测。

（2）明挖法施工在富水粉土、砂土中的工程地质问题。

合肥地区在一级阶地、河漫滩位置（主要分布在南淝河两岸一定范围内）分布有富水的粉土和粉细砂层，主要为潜水含水层；在南淝河北岸二级阶地深部也分布有富水的粉土、粉细砂层，主要为承压水含水层，富水的粉土、粉细砂层对于明挖法施工存在的工程地质问题主要为基坑边坡稳定性、地下水控制问题和承压水造成的基底隆起变形等问题。

1）基坑边坡稳定性问题。

基坑侧壁分布有富水的粉土和粉细砂层时，尤其是当基坑位于南淝河一级阶地、河床河漫滩位置，粉土和粉细砂自稳能力很差，施工过程中极易发生坍塌，粉土和粉细砂层为含水层，在地下水作用下，易发生涌水、流砂、涌土等现象，从而导致基坑侧壁坍塌，因此基坑施工过程中宜选择合适的基坑支护方案和施工工艺。

对策：①选择合适的基坑围护方案，针对合肥地区富水的粉土、砂土特点（粉土中夹黏性土、粉砂，砂土中夹黏性土和粉土），易采用护坡桩加止水帷幕或地下连续墙的基坑围护方案。

②加强基坑监控量测，基坑施工过程中应对基坑围护结构、围护桩、地面沉降变形、周边建（构）筑物等进行监测。

2）基底隆起变形问题。

合肥地区南淝河北岸二级阶地深部分布有富水的粉土、粉细砂层，主要为承压水含水层，水量较大，承压性大。基坑开挖至坑底时，坑底承压水上覆土层重力不能够抵抗作用于不透水层的水头压力时，基坑底会突然出现过大隆起，同时会伴随出现围护墙体变形、墙体踢脚及墙后土体沉降等的突然增大，严重影响支护体系的安全，如果不及时采取措施可能造成基坑失稳事故。

对策：如果基坑的抗承压水稳定性不能满足要求时，应打设降压井降低承压水水头，直至满足基坑抗隆起稳定要求，降水过程中尽量减小降水对周边环境影响。

3）地下水控制问题。

合肥地区一级阶地、河漫滩位置分布的粉土、粉细砂层主要为潜水含水层，局部具有承压性，粉土、粉细砂层中夹有粉质黏土，水量较大，但含水层渗透系数小，加之距离南淝河较近，采用常规的降水措施地下水不宜疏干，造成基坑侧壁渗水、流砂，影响基坑施工安全；另外若地下水控制措施不当，引起较大范围的地面沉降变形，易造成基坑周边建（构）筑物结构倾斜、结构开裂等不良后果。

对策：①选择合适的地下水控制方案，根据本区含水层的特点，宜选用地下连续墙加坑内降水，或选用护坡桩加内支撑加止水帷幕加坑内降水的地下水控制措施。

②加强基坑周边地面、既有建筑物、地下管网等环境要素的变形监测。

（3）明挖法施工在厚层填土中的工程地质问题。

根据已有资料显示，合肥中心城区人工填土厚度最厚可达12m左右，填土的成分复杂、堆积时间短，力学性质差异大，稳定性差，尤其是大部分填土为上层滞水含水层，在地下水作用下其性质更差。厚层填土的分布对于轨道交通工程深基坑支护体系的整体稳定和位移控制均产生了较大的不利影响，如不采取有效处理或控制措施，极易导致围护体系失效，造成基坑坍塌。

对策：①根据厚层填土的成分、性质，首先应对填土进行注浆加固处理，提高厚层填土的黏聚力和内摩擦角，可以有效控制基坑开挖引起的位移。

②选择合适的基坑支护方案，对于厚层填土段可以选择护坡桩加预应力锚索，并及时挂网喷浆封闭，控制支护结构的位移变形。

③加强基坑监控量测，基坑施工过程中应对基坑围护结构、围护桩、地面沉降变形、周边建（构）筑物等进行监测。

6.2 矿山法施工主要工程地质问题及对策

根据合肥地区的工程地质及水文地质条件，矿山法施工可能会遇到的工程地质问题主要包括隧道围岩稳定性、地下水控制、地面沉陷等工程地质问题。

（1）矿山法施工在膨胀黏土地层中的工程地质问题。

膨胀土中的隧道围岩常常会出现土体开裂或变形，导致隧道围岩失稳。土体变形或开裂现象的出现多是有膨胀土的“三性”引起，即超固结性、裂隙性和胀缩性。

膨胀土的超固结特性是土体存储有较高的初始应力，隧道在开挖后，引起隧道围岩应力释放，产生卸荷膨胀，使得隧道围岩土体产生较大的变形，从而引起围岩失稳。

膨胀土的裂隙性主要是结构特性，表现为具有明显的不均匀性和不连续性，隧道土体开挖后，洞壁土体失去边界支撑，若不能及时支护，土体易沿裂隙面而产生滑塌，造成围岩失稳。

膨胀土的胀缩性是一种失水收缩，浸水膨胀的特性，且胀缩具有可逆性，土体在胀缩变形过程中能产生较高的膨胀力，造成围岩压力增大，增加支护结构的受力，造成围岩失稳。

对策：①根据膨胀土的胀缩特性，其在胀缩变形过程中能产生较高的膨胀力，隧道围岩支护设计时要考虑膨胀土的膨胀力作用。

②隧道开挖后要及时封闭，减少隧道围岩土体的暴露时间，尽可能防止土体含水量发生显著变化引起膨胀土的胀缩变形。

③隧道施工过程中，严格控制地下水和外部水源的渗漏，防止水浸扰动土体。

④选择合理的开挖方式，避免围岩土体长时间暴露，控制膨胀土开挖面的应力释放。

⑤加强隧道围岩支护结构、隧道围岩应力、地面沉降变形监测。

（2）矿山法施工在富水砂层中的工程地质问题。

1）隧道围岩稳定性。

当隧道穿越富水的粉土和粉细砂层时，尤其是南淝河一级阶地、河床河漫滩位置的粉土和粉细砂层密实程度低，自稳能力很差，施工过程中极易发生坍塌，粉土和粉细砂层为含水层，在地下水作用下，易发生涌水、流砂、涌土等现象，同时粉土和粉细砂层为含水层，夹有粉质黏土薄层或透镜体，降水效果差，不宜疏干，施工过程中易导致围岩坍塌，严重时发生冒顶。

当采用降水施工时，砂土层中的细颗粒易流失，造成地层损失，使砂层和土层发生剥离，形成空洞，造成地面塌陷。

对策：①严格按照“管超前、严注浆、短开挖、强支护、快封闭、勤测量、速反馈”的施工方针。

②采取超前支护，可以选择水平旋喷桩、超前小导管注浆、管棚等超前支护措施，全断面注浆止水，起到隔水、防渗，围岩加固的作用。

③进行超前地质预报，对于矿山法施工隧道，进行超前地质预报十分必要，通过超前地质预报，能够及时发现隧道前方异常情况，及时掌握掌子面前方不良地质体的位置、隧道围岩结构以及富水情况，为正确选择开挖断面、优化支护设计方案提供有效技术支持，还可为隧洞可能形成的灾害性事故提供信息，从而可以提前做好预防准备，保证隧道施工安全。

④选择合适的断面开挖方式，根据地层和加固情况可以选择台阶法施工，采用环状开挖留核心土或一次开挖的方式，每循环进尺按一品栅格距离控制。

⑤当隧道掌子面发生的小范围坍塌时，首先应查明坍塌原因，及时处理，可采用管棚注浆法加固坍塌土体，对掌子面采取挂网喷浆封闭，同时加强坍塌区的排水工作。

⑥对隧道结构变形、应力进行监测；对结构与围岩相互作用进行监测；对隧道临近的环境要素进行监测。

2）地下水控制问题。

合肥城区对轨道交通工程隧道施工有直接影响的地下水主要为潜水，地下水位于隧道范围内，对矿山法施工隧道施工影响很大，本区地下水含水层为粉土、粉细砂层，夹有粉质黏土，含水层渗透系数小，采用降水措施地下水不宜疏干，影响隧道围岩的稳定性，同时降水施工还容易造成地面沉降。

对策：①地面降水结合洞内超前注浆。根据地层条件及降水参数，布置地表降水井降低地下水水位至隧道结构底板以下不小于1.0m，考虑到含水层中夹有黏性土，地下水不易疏干的特点，宜在降水井之间布设引渗井，同时在隧道内进行超前注浆，起到隔水、防渗作用，防止发生涌水、流砂现象。

为避免地面井点降水引起地层固结沉降对建筑物及管线的影响，在降水施工期间加强对建筑物沉降、倾斜及地下水位的监测，同时在区间隧道过建筑物处设置地面回灌井，以减少降水对建筑物和地下管线的影响，保证周边建筑物的安全。

②采用全面止水方案，可以选择高压水平旋喷桩止水方案，高压水平旋喷桩止水方案能够使隧道拱顶及周边形成封闭的水平旋喷帷幕体，起到止水、防渗效果，同时还能使地层得到加固，起到超前加固支护作用，防流砂、抗滑移，保障隧道掘进的安全。

3）基底隆起变形问题。

合肥地区南淝河北岸二级阶地深部分布有富水的粉土、粉细砂层，主要为承压水含水层，水量较大，承压性大。隧道基底承压水上覆土层重力不能够抵抗作用于不透水层的水头压力时，基底会突然出现过大隆起，甚至被承压水击穿，严重影响隧道支护体系的安全，如果不及时采取措施可能造成隧道塌方事故。

对策：如果基底的抗承压水稳定性不能满足要求时，应打设降压井降低承压水水头，直至满足抗隆起稳定要求，降水过程中尽量减小降水对周边环境影响。

6.3 盾构法施工主要工程地质问题及对策

盾构法施工遇到的主要工程地质问题主要包括围岩稳定性问题、盾构掘进困难（出土困难）、盾构机偏移、地面沉降问题等。

（1）盾构法施工在膨胀黏土地层中的工程地质问题。

合肥城区大部分位于南淝河二级阶地，轨道交通工程隧道范围内地层以弱膨胀黏土为主，盾构法施工在膨胀土地层中容易发生隧道围岩失稳、盾构掘进出土困难、盾构偏移等工程地质问题。

1）隧道围岩失稳。

隧道在穿越膨胀土底层时，在盾构掘进过程中，由于施工揭露，围岩土体含水量发生变化，造成膨胀土变形加剧；盾构机浆液、管片壁后注浆也会使土层产生膨胀变形，膨胀土体在反复涨缩变形过程中，容易产生较高的膨胀力，从而对盾构管片的稳定性产生较大危害，严重时引起掘进面失稳，造成地面沉降或坍塌。

对策：盾构掘进过程中应严格根据合肥地区膨胀土的特性，控制好掘进速度，并及时封闭，及时填充盾尾孔隙，防止围岩土体遭受长时间暴露引起含水量发生显著变化。

2）盾构出土困难。

合肥地区膨胀土为高塑性黏土，具有吸水膨胀、失水收缩和反复胀缩变形的特性，当刀盘搅动土体时，破坏了其原有的平衡状态，通过后方或上方来水，使土体内的水分增加。吸水后的膨胀土黏附在刀盘上，刀盘由于长时间切削土体温度比较高，黏附在刀盘上的膨胀土高温失水收缩，膨胀土的特性是在反复的胀缩过程中能产生较高的膨胀力，所以失水后的膨胀土再度遇水后就产生了更高的膨胀力，紧紧地黏附于刀盘上。这个过程不断反复，使黏附于刀盘上的土体越来越多，使刀具结泥饼，造成出土困难，引起刀盘糊死。

另外由于膨胀土的塑性高，和易性和流动性极差，当渣土进入螺旋机形成土塞效应后，螺旋机所需克服的阻力过大，因此造成了螺旋机压力过大且出土困难的现象。

对策：①土体改良，添加适宜的改良剂，增加土体的，降低土体的黏结强度。考虑到膨胀黏土的渗透性低的特点，无论采用何种土体改良剂，均应使用泡沫管路系统将改良剂注入至掌子面。

②严格控制掘进速度，掘进速度越快，则贯入度越大，切削下来的渣土体积越大，渣土改良效果越差，反而影响掘进速度，而掘进速度过慢，则施工效率太低，施工成本增加。

③合理盾构机选型，对于膨胀黏土地层，应尽可能选用大开口率盾构，土压平衡模式掘进，在土仓内设置土压力传感器，及时反映土仓内泥土黏附情况，预防“泥饼”的形成。刀盘内侧设有搅拌棒，随刀盘一起转动，可加速土体流动，减少泥饼的形成。

④根据土层特性，合理设置盾构掘进参数，包括推力、土仓压力、转速、扭矩等。

（2）盾构法施工在软硬不均地层中的工程地质问题。

合肥地区基岩埋深较浅，部分地段隧道同时穿越第四系地层和基岩层，由于掘进面土层软硬不均，相对软弱土层排土过多造成地面下沉，并造成盾构机在线路方向上的偏移。

对策：①根据地层特点，合理盾构机选型，控制掘进速度。

②通过调整盾构机千斤顶推力组合来改变刀盘开挖角度，使下部较硬岩层充分破碎，适当加大硬岩区的顶推力，保证轴线位置和隧道坡度的要求。

③适当加大渣土改良剂的注入，减少刀具及刀盘的磨损，防止刀盘中心泥饼的形成。

④当隧道上方围岩自稳性较差时，应适当降低盾构机推理及刀盘扭矩，减少对地层的扰动，避免地面沉陷，同时加强地面沉降检测。

（3）盾构法施工在富水砂层中的工程地质问题。

合肥地区在一级阶地、河床河漫滩位置（主要分布在南淝河两岸）分布有饱水的粉细砂层，且较为松散，盾构区间在穿越饱水砂层时，由于砂土的渗透性较好，在地下水作用下自稳能力差，盾构施工过程中难以保持土仓内砂土的流塑状态，致使盾构机在该地层掘进过程中土仓内不易形成连续的土压，容易形成喷涌和地层坍塌事故。

对策：①通过泡沫系统向掌子面注入膨润土浆液，在掌子面形成一层致密的泥膜，产生土塞效应，降低砂土的透水性，从而降低螺旋输送机出渣口喷涌的可能性。

②控制盾构掘进速度，避免盾构机推力和扭矩增大。

③保证同步注浆量和注浆压力充足，以此填充管片脱出盾尾后衬砌与周围地层之间的空隙，封堵水力通道。

④合理选择盾构机掘进方式，严格控制每环出土量，若发现盾构机多出土，则应该立即在地表有条件的地方注浆加固地层，避免地层空洞发展至地表。

（4）盾构法施工在穿越地表水体段的工程地质问题。

盾构施工在穿越地表水体时，由于盾构施工扰动，易造成隧道上方围岩土体坍塌、沉陷，破坏河底衬砌结构，引起河水渗漏，严重时造成河水倒灌，影响施工安全。

对策：①在穿越地表水体段对隧道围岩进行注浆加固，严控注浆量和注浆压力。

②在有条作的情况下，采用围堰断流施工。

③盾构机在穿越地表水体前，调整好盾构姿态和管片姿态，切不能出现盾构抬头或偏移现象，减少盾构对隧道围岩土体的扰动，同时应严格控制出土量。

④加强对河床、管片的监控量测，及时进行二次补充注浆。

参 考 文 献

[1] 北京城建勘测设计研究院有限责任公司. 合肥市轨道交通 1 号线一期工程地质灾害危险性评估报告 [R]. 2009.

[2] 北京城建勘测设计研究院有限责任公司. 合肥市轨道交通 1 号线一期工程岩土工程勘察报告 [R]. 2009.

[3] 北京城建勘测设计研究院有限责任公司. 合肥南站综合交通枢纽市政配套工程岩土工程勘察报告 [R]. 2011.

[4] 中国地震灾害防御中心. 合肥市轨道交通 1 号线一期工程场地地震安全性评估报告 [R]. 2009.

[5] 安徽省建设工程勘察设计院. 合肥市综合性工程地质研究报告（送审稿）[R]. 2006.

[6] 王国强. 合肥市岩土体工程特征及地基划分 [J]. 岩石力学与工程学报，1999，18（6）.

[7] 潘庆. 合肥地区膨胀土工程性质研究 [J]. 电力勘测，1998，20.

[8] 王国强. 合肥老城区填土工程地质特征 [J]. 合肥工业大学学报，1999，22（6）.

[9] 张平. 全断面膨胀黏土地层盾构掘进技术研究 [J]. 隧道/地下工程，2013.

[10] 孙剑平，等. 厚层杂填土基坑位移控制设计与施工技术 [J]. 岩土工程学报，2012，34.

[11] 曹红林. 地铁矿山法隧道过砂层的设计与施工 [J]. 现代隧道技术，2008，46（3）.

[12] 李海洋. 富水砂质地层的地铁区间隧道设计 [J]. 现代隧道技术，2012，49（2）.

[13] 罗忠，等. 富水砂层中暗挖隧道施工沉降控制技术 [J]. 现代隧道技术，2012，49（2）.

[14] 刘俊成. 水平旋喷技术在城市地铁富水砂层中的应用 [J]. 铁道建筑技术，2009.

济 南 市

1 自然地理

1.1 地　　理

济南市中国历史文化名城济南位于山东省的中西部，地理位置为东经116°54′~117°02′，北纬36°35′~36°40′之间，总面积8227平方公里，是中国东部沿海经济大省——山东省省会，是全省的政治、经济、文化中心和交通中心。济南自然风光秀丽，济南素有“泉城”的美称。泰山山脉丰富的地下水沿着石灰岩地层潜流至济南，被北郊的岩浆岩阻挡，于市区喷涌而出形成众多泉水。是京沪铁路与胶济铁路的交汇点，南面与列入“世界自然文化遗产”清单的泰山毗邻，北与被称为“中华民族母亲河”的黄河相依。

1.2 气　　象

济南地处中纬度内陆地带，属暖温带大陆性气候，春季干燥少雨，夏季炎热多雨，历年平均气温14.2℃，极端最高气温达42.7℃（1942年7月6日），极端最低气温达-19.7℃（1953年1月17日）。多年平均降水量为646.55mm，在6—9月集中降水，12月至翌年3月较小，降水量的大小直接影响到地下水的补给量。从气象资料分析，最大降水量1194.50mm（1962年），最小降水量340mm（1989年）。

（1）降水特征。

济南泉域内降水量在一年内的分配很不均匀，在6—9月大量集中降水，平均为500.014mm，占全年降水量的77.34%，其中7月份最大，为200.407mm，占全年降水量的31%，12月至翌年3月降水量较小，各月一般均小于12mm，其中1月份最小为5.853mm，占全年降水量的0.905%。降水量在空间上分配也有差异，南部山区多年平均降水量大于北部平原。

（2）蒸发特征。

本区的水面蒸发量是各种气象要素的综合反映，主要受控于气象、气压、降水、日照等。7、8月份蒸发量最大，1月份最小，多年平均蒸发量为2428.80mm。

（3）风速与风向。

济南地区主要以SSW风向为主，累年极大风速为33.3m/s（1951年7月21日），风向W，最大月份平均风速为26.3m/s，最小月平均风速为1.0m/s。

1.3 水　　文

1.3.1 地表水

区内河流主要有黄河、玉符河、北沙河、小清河。湖泊有大明湖（见插图62）。

（1）黄河。

黄河位于济南市区西北部，为一地上河，黄河水是济南市重要客水资源。研究表明黄河水与泉域岩溶水没有直接水力联系，与沿黄第四系孔隙水关系密切，河水补给沿岸第四系孔隙水。

（2）玉符河。

玉符河为黄河的支流，发源于工作区南部泰山北麓的长城岭，上游三川汇于卧虎山水库，流域面积751.3km^2，主要流经寨而头、西渴马、崔马、周王庄，最后注入黄河，全长70.2km。玉符河河道渗漏严重，是岩溶水的重要补给来源之一。

（3）北沙河。

位于济南市的西部，发源于万德南部的界首山区，流经万德、张夏、崮山、城关等地，于长清平安镇的老王府村流入黄河，河道全长54.3km，流域面积584km^2，汛期7—9月份多年平均径流量3072万m^3，属季节性河流。对本地区地下水的补给量较少。

（4）小清河。

小清河是山东省的主要河流之一，位于黄河之南，发源于济南西郊的睦里村，向东北方向径流，至寿光县羊角沟入莱州湾，济南段长60km。河床平均比降0.00045，经1997年拓宽整治，现平均河宽已达百米，河槽深4m左右，水深一般为1.3m。

（5）大明湖。

大明湖位于济南旧城之北，原面积46.5公顷，约占旧城区（护城河以内）的四分之一。现大明湖之水主要来源一是珍珠泉、泮池、王府池等诸泉，泉水在曲水亭处汇入百花洲（俗称小明湖），然后流入大明湖；二是西护城河汇集趵突泉与五龙潭泉水汇入。湖水出汇波桥，汇集护城河水，入小清河。

1.3.2 地下水

（1）含水岩组的划分及其水文地质特征。

根据含水介质的特点以及地下水在含水层中的运动、储存的特点，济南地区可划分为四大含水岩组，即：松散岩类孔隙含水岩组；碳酸盐岩裂隙岩溶含水岩组；碎屑岩夹碳酸盐岩岩溶裂隙含水岩组；变质岩及岩浆岩裂隙含水岩组，其富水性因岩性及所处的地貌部位不同差别很大（见表11－1），各类型含水岩组受到相邻隔水层（组）的控制，虽然形成了各自独立的循环条件，但因受构造作用影响，在地下水总循环中又有机地联系在一起（插图63）。

各含水岩组主要特征分述如下：

表12－1 济南地区主要含水岩组特征一览表

地下水类型	含水岩组代号	主要岩性	单井出水量（m^3/d）
松散岩类孔隙水	Q_4	粉砂及粉细砂	<200
	Q_3 Q_2	中粗砂、砂砾石夹黏土	山前50～300 冲积扇1000～5000
碳酸盐岩 裂隙岩溶水	$\in_{2z}$、$\in_{3f}$、 O_1、O_2	鲕状灰岩、灰岩、 豹斑灰岩、白云岩	低山丘陵100～500 山前1000～5000 局部>10000
碎屑岩夹碳酸岩 岩溶裂隙水	$\in_1$、$\in_{2x}$、$\in_{3g}$、 $\in$（中、下部）	以页岩为主间夹少数薄层灰岩	一般<100 局部100～1000
变质岩及岩浆 岩裂隙水	Ar、δ	花岗片麻岩、辉长岩、 闪长岩裂隙	一般<100

（2）地下水的补给、径流与排泄。

1）岩溶水的补给、径流与排泄。

岩溶水的补给主要是大气降水入渗补给、河床渗漏集中补给、大气降水通过第四系覆盖层间接入渗补给岩溶水以及孔隙水补给。

济南泉域岩溶水系统岩溶水的径流方向和径流强度受地形、地貌、岩性和地质构造等因素控制。泉域岩溶水的运动方向与地形及岩层的倾斜方向大体一致，在接受上述形式的补给后总体方向由南向北运动。

岩溶水的排泄主要是泉水排泄、人工开采排泄、补给第四系含水层以及表流排泄。

2）孔隙水的补给、径流与排泄。

1）山前倾斜平原第四系松散岩类孔隙水的补给、径流与排泄。

地下水主要富集于山前洪冲积扇内，地下水的补给源充沛，除接受大气降水补给外，山区地下水侧向径流补给、河流渗入补给，都是主要补给源。

冲洪积扇的前缘粗颗粒逐渐减少，从而相对阻水，有利于地下水的储存，一般冲洪积扇的首部和中部是地下水最富集的部位。

蒸发和侧向径流是孔隙水的主要排泄途径。少量也以泉和补给河流的方式排泄。

2）黄河冲积第四系松散岩类孔隙水的补给、径流与排泄。

主要接受大气降水和黄河侧向补给，地下水自黄河向两侧运动。人工开采和蒸发是其排泄途径。

（3）裂隙水的补给、径流与排泄。

1）变质岩裂隙水的补给、径流与排泄。

泰山山脉构成区域地下水和地表水的分水岭，组成主要山体的太古界变质岩系，风化裂隙发育，深部结构致密。大气降水除一部分补给地下水外，其余皆转化为地表径流。由于风化裂隙细小，储水空间有限，地下水多以就地补给，浅部循环，短途排泄的裂隙下降泉的形式顺山坡向沟谷汇集，流入石灰岩分布区。

2）岩浆岩裂隙水的补给、径流与排泄。

岩浆岩裂隙水，主要接受孔隙水、侧向径流和岩溶水垂直补给；以侧向径流和局部以泉水的形式排泄。

1.4 地形地貌

济南地处鲁中山地的北缘，南依泰山，北临黄河，地形南高北低，变化显著。南部为绵延起伏的山区，泰山山脉走向近东西，山势陡峻，深沟峡谷，绝对标高在500～600m；中部为山前倾斜平原，绝对标高一般为25～50m；北部有燕山期侵入的辉长岩体分布，形成华山、鹊山、卧牛山等孤山，有“齐烟九点”之称，成为济南胜景之一。

济南地区地貌可分为平原地貌与山地地貌两个Ⅰ级区，依成因形态划分Ⅱ级区（见表12－2）。研究区自东南至西北地形由高渐低，地貌成因类型依次为：低山区、残丘、丘陵区、冲积－洪积平原区、冲积平原区、岩溶地貌区（见插图64）。

表12－2 地貌分级表

Ⅰ级		Ⅱ级
平原地貌	堆积地貌	冲积平原
		冲洪积平原
山地地貌	侵蚀地貌	残丘、丘陵
		低山
	岩溶地貌	溶蚀残丘

2 区域地质

2.1 地质构造

济南地区地质构造在总体上是一个以古生代地层为主的北倾单斜构造。单斜构造的北部有广泛的岩浆活动并发育有较多的东西向小型褶曲和断裂；单斜构造的南部，太古界片麻岩组成的结晶基底广泛出露，上覆古生界盖层断裂较发育但很少有褶曲及岩浆活动，倾角平缓。

单斜构造中发育有多条规模较大的北北西向断裂，此外还有北东向的断裂。北北西向断裂自东向西大致等距分布，将单斜构造分割为若干个断块，对区内水文地质条件起到重要作用（见插图65）。

（1）主要断裂的分布及地质特征。

1）东坞断裂。

东坞断裂从南到北可分为三段描述，其各段的特征如下：

①南段：下阁老－黄路泉峪。

该段自下阁老至黄路泉峪呈单支南北向波状布展。近南首断距减小，倾角变缓，断层走向北5°西至近南北，倾角45°~60°，断距180~250m。西盘为寒武系张夏组，东盘为太古界泰山群变质岩系。断裂带宽1~2m，有角砾岩充填。

②中段：黄路泉峪－鸡山寨。

该段过黄路泉峪呈三支，在十八盘又合为单支，北西向波状延展至鸡山寨。断层走向北18°~45°西，倾向南西，倾角60°~75°，断距80~200m。两盘地层皆为上寒武系凤山组和下奥陶系冶里、亮甲山组，相对地西盘地层新，东盘地层老。断层面上可见垂直擦痕。断层带中普遍可见构造角砾岩，有平行断层的构造透镜体，还可见方解石脉及石英脉发育。

③北段：鸡山寨－刘志远－大水坡村西－黄河。

在港沟西370.7m高地处，断层走向北320°~350°，倾向南西，倾角70°~80°，断距50~140m。在刘志远村南窑厂附近，断层走向北北西，倾向南西西，倾角约65°，断距约280m。西盘岩性为下奥陶系下马家沟组二段至上寒武系长山组，东盘岩性为上寒武系凤山组至中寒武系张夏组。

据钻孔资料，东坞断裂在义和庄西南，西盘地层为下奥陶系上马家沟组二段，东盘地层为下奥陶系下马家沟组一段至上寒武系凤山组。断层面倾向南西，断距300m左右。

在小张马庄附近，据钻孔资料，断层西盘为中奥陶系八陡组、阁庄组地层和闪长岩。东盘为中奥陶系阁庄组和下奥陶系上马家沟组二段地层。断面倾向南西，推测断距约250m（见插图66）。

东坞断裂是一条整体阻水，局部（炼油厂北、砌块厂）弱透水的断裂，构成济南泉域的东部边界。

2）港沟断裂。

根据断裂的走向，断裂带的特征及其力学性质的差异，该断裂自南而北大致可分为三段，各段的地质特征分述如下：

①段：团瓢村－潘家场。

断层在地面上分三支呈北东向波状展布，主断层在北坡西北，走向35°，倾向北西，倾角70°，在下寒武系地层中，断距约15m，断层带宽2~4m，断裂带中见角砾岩及构造透镜体。

②段：潘家场－黑龙峪西。

该段断裂自潘家场至黑龙峪西分为四支，呈近平行等距状分布，走向近南北，最东边的一条与最西边的一条相距约1000~1300m。主断裂（西起第二条）在猪耳顶东北，走向正北，倾向东，倾角76°，东盘地层为O_{1m}^{2}，西盘地层为O_{1}^{1}♁，断距约100m。在郑家窝铺东，走向北10°东，倾向南东，倾角74°，东盘地层为下奥陶系下马家沟组一段，西盘地层为下奥陶系马家沟一段至亮甲山组，断距较小约30m，该段平均断裂带宽3~10m，断裂带中有张性角砾岩组成的构造透镜体。主断裂在青铜山东与西侧断裂交错，故该处断距增大（见插图67）。

③段：黑龙峪西－程家庄。

港沟断裂带过黑龙峪后，由原来的四支变为二支：一支仍按近南北向布展，经太平庄向大汉峪延伸，该支称为“黑龙峪西－大汉峪断裂”；而另一支则按北东方向展布，自黑龙峪经郭家庄西隐伏于第四系之下，过西坞经过约3.5km的隐伏再度在港沟西南370.7m高地及港沟西北之棉花山出现，过棉花山之后又呈二支相距500~200m的高角度张性断裂隐伏于第四系之下。这两条断裂在区域北部（棉花山－郭店）构成地堑，称为港沟地堑。据钻孔揭露，在地堑倾向北西西，西侧断裂倾向南东东，倾角近直角，断距大于400m。

港沟断裂具有透水性。

3）千佛山断裂。

按地质特征自南而北大致可分为三段描述：

①南段：金牛山－小佛寺东段。

基本为单支延伸，但南首为三支平行展布，其中主断裂左右的两断裂规模较小，长度3～4km，主断裂东侧为太古界泰山群变质岩系和中、下寒武系地层；西侧为中、下寒武系地层。主断裂总体走向为330°～345°，倾角65°～76°，断距45～300m。断裂带中有张性角砾岩、断层泥、挤压片理及透镜体，反映出先张后压的特征。

②中段：大佛寺西－千佛山西哑口。

过大佛寺后分成三支，成树枝状向北西展布。断层总体走向为320°，倾向南西，倾角70°～80°，断距以东侧第二条较大，其他均较小，以上三支断层过北井之后，又合为单支，向北北西展布。该断裂在大佛寺－北井村一带，东盘为中寒武系张夏组地层；西盘以下奥陶系冶里、亮甲山组地层为主。北井村－扳倒井西，断层东侧为上寒武系凤山组地层；西侧为下奥陶系下马家沟组二段地层。

该断裂在兴隆村东350.4m高地东坡向北又分为四支，这四支断裂呈近平行等距状分布，断距40～100m不等，由南向北断距减小，东起第二条断层为主断层，在千佛山西哑口处断层走向北40°西，倾向南西，倾角80°，断距约70m。断层带宽约16m，断面呈舒缓波状，断裂带内见有张性角砾岩，并可见逆冲擦痕。

③北段：千佛山西哑口以北－黄河。

该段被第四系覆盖，总体走向北10°～30°西，断裂面倾向南西。在喷漆厂－跳伞塔之间，断距约70m左右。在山东省工会与自来水公司之间断距100m左右（见插图68）。断裂在垂直方向上，不仅下奥陶系冶里、亮家山组地层产生位移，而且岩浆岩体也被错断，呈现出西厚东薄现象。在平面上岩浆岩体于南郊宾馆北开始被错断，致使断裂东侧岩浆岩与灰岩的接触界线较断裂西侧向北推移约1500m，普利门以北至洛口据物探布格重力异常图分析，断裂已切穿岩浆岩体。

千佛山断裂在南部是阻水的，南郊宾馆以北是导水的。

4）文化桥断裂。

在千佛山断裂东约3.5km处，有一与其近于平行的规模较小的断层。因该断层通过文化桥，故称其为文化桥断层。文化桥断裂为透水断裂。

断层南起羊头峪庄，经体工大队西侧至中心医院文化桥附近向北延伸。已知长约3km，走向340°～350°西，倾向南东，倾角大于60°。据钻探资料，西盘下奥陶统冶里组、亮甲山组和上寒武系凤山组地层抬升，东盘下落；东盘为侵入岩体，在平面上东盘又向南推移。由于千佛山断层与文化桥断层的存在，使济南老城区内下奥陶系冶里、亮甲山组和上寒武系凤山组地层相对抬高，形成地垒，平面位置上两断层间灰岩向北突出至城区泉城路南（见插图69）。

5）炒米店断裂。

炒米店断裂由南而北大致可分为两段，各段特征分述如下：

①南段：石窝村－炒米店。

南段西侧由三条东倾的阶梯断层和东侧的五条断层（其中二条西倾）所组成。地堑西侧断裂可见段长约9km，东侧仅见于范家庄和炒米店附近，出露长约2km，该段地堑在地形上形成近南北向的沟谷，其地堑在范家庄附近的地质结构。

②北段：炒米店－周王庄。

北段全部被第四系覆盖。在北部炒米店断裂分成三支。各分支自东而向西分别：开山－担山屯断裂、炒米店－仁里庄断裂、范庄－古城断裂。这三条断裂总体走向北北东向，局部近南北向。开上－担山屯断裂、炒米店－仁里庄断裂、范庄－古城断裂。这三条断裂总体走向北北东向，局部近南北向、开山－担山屯断裂西倾；另两条断面东倾，从而构成炒米店北隐伏地堑（见插图70）。炒米店地堑透水性及导水性较强。

6）马山断裂。

马山断裂由南而北大致可分为两段描述：

①南段：大刘庄－后厦。

该段断裂基本上沿南沙河河谷分布，其主要地质依据为：在马山镇河谷西的鹰咀子山，出露的地层为古生界中、上寒武系地层；马山镇河谷东侧的高地则出露太古界泰山群。而河谷东侧在苾村东才有大片寒武系地层分布。从区域寒武系地层南北相对错开约6km分析推测，在河谷中一定有规模较大的断裂存在。岗辛东部卧牛寨南坡出露张夏组鲕状灰岩，二岗辛庄西150m处的机井，井深84m，第四系厚40m，下伏地层为奥陶系下统亮甲山组白云岩，从地层层位分析，垂直断距大于250m。

②北段：后厦－前隆村。

自后夏村向北，断裂进入山前倾斜平原区，据物探和钻孔资料确定该断裂西盘下降，东盘上升，为正断层，垂直断距约290～310m，自南向北有增大的趋势（见插图71）。

马山断裂在长清西关以南地段具阻水性；以北具透水性。

（2）山前地带褶曲群。

济南地区单斜构造的北部山前地带，构造活动相对较强烈，主要表现为地层的小型褶曲发育及岩浆岩侵入。

1）金牛山－母猪岭褶曲群。

位于长清县东南部金牛山－母猪岭一带。该褶曲群总体宽约4km。基本等距分布，轴面北倾，走向北75°东左右，单个褶曲宽约200～300m。其特点是：两翼不对称，背斜北翼倾角缓，一般10°左右，背斜南翼较陡，倾角一般为30°，少量大于40°，并伴随有平行轴向的高角度压性断层，局部有挤压紧密的直立岩带及代表早期东西向构造的配套节里组。

2）隆山－老虎洞山褶曲群。

位于兴隆村西南兴隆山－老虎洞一带，褶曲群轴向近东西，两翼不对称，背斜北翼倾角缓20°～25°，南翼倾角陡35°～40°，轴面北倾，褶曲间距约500～700m，褶曲轴近于平行展布。

3）皇山、鸡山－寨山后褶曲群。

位于大龙塘镇北部一带，该褶曲群由11个小型褶曲组成，其中背斜褶曲6个，向斜褶曲5个。褶曲轴多数近东西向，仅有一个走向为北东。两翼地层倾角较缓，一般5°～20°，个别褶曲两翼较陡，可达30°～47°，两翼岩性为厚层质纯灰岩及白云岩质灰岩。相邻背斜和向斜轴间距约200～500m。

2.2 历史地震

济南区域最晚的构造体系应属燕山晚期的产物，喜马拉雅运动以来泰山等山脉缓慢上升，华北平原缓慢下降，以前无明显的大规模活动性断裂发生，因此，主要以地震活动来评价区域地壳稳定性。经过山东境内较大的活动断裂有郯庐、聊考断裂，这两条区域性活动断裂严格控制着强震的发生。据山东省地震局“山东省近期地震危险区判定与研究”，济南市东距郯庐断裂165km，西至聊考断裂80km，处于地震震中网格的空白部位，不具备强震产生的地质背景。因此，历史上地震规模较小，震级低，古近纪以来活动性断裂有千佛山断裂、马山断裂、平安店断裂、炒米店断裂和东坞断裂，震级较弱。

据中国地震目录记载，济南自1375年以来，震级在3级以上的地震共有16次，其中破坏性地震2次，长清以北老屯庄在1622年4月17日曾发生5.5级地震1次，发生地震最高震级为5.5级，其余多为有感地震。千佛山断裂近600年来发震频率较高，发震8次，震级3～3.5级，震间平静期为28～277年，震级和平静期无增减趋势，且震中位置多在下盘北段，弱震密度相对较低。1978年泺口地震震源14km，为近期浅源地震，因震级低（3.1级），断裂南段活动性弱，根据应变能释放理论，千佛山断裂小震频发将起着缓解强震作用，千佛山断裂属微弱Ⅰ级活动断裂。

据地震史料记载，平安店断裂曾发震3次，最高震级4.5级，炒米店断裂附近1986年发生3.3级地震1次，马山断裂曾发震4次，东坞断裂1437年曾发生5级地震1次，其复活性弱。济南地区历史地震记录见表12－3。

表12－3　济南地区历史地震记录表

发震时间			震中位置			级	复活断裂	断裂产状			断裂主要特征	规模（km）
年	月	日	北纬	东经	地点			走向	倾向	倾角		
1662	4	17	36.60	116.7	长清老屯	5.5	马山断裂	330	南西		隐伏断裂	60
1678	7		36.70	116.7	长清小辛庄	3						
1887	7		36.60	116.7	长清老屯	3						
1904	2		36.60	116.7	长清老屯	3						
1375	5	16	36.70	117	国棉一厂附近	3	千佛山断裂	320～350	南西	78	南露北伏高角度正断层	30
1403	6	20	36.70	117	国棉一厂附近	3.5						
1542	3～4	15	36.70	117	国棉一厂附近	3						
1598	7	13	36.70	117	国棉一厂附近	3.5						
1622	秋		36.70	117	国棉一厂附近	3						
1909	11	14	36.70	117	国棉一厂附近	3						
1978	9	25	36.77	116.98	洛口	3.1						
1996	8	31	36.70	116.72		3						
1390	2	1	36.60	116.8	长清平安店	4.5	平安店断裂	350	北东至东		南露北伏正断层	30
1622	4	17	36.60	116.8	长清平安店	4.5						
1909	12		36.50	116.8	长清大彦庄	4						
1437	4	11	36.80	117.1	市区黄河北岸	5	东坞断裂	330～345	南西	60～80	南露北伏高角度正断层	35
1986	9	17	36.74	116.13	齐河石门村东	3.3	炒米店断裂	10	东南	50～85	隐伏断裂	

注：来自济南市轨道交通线网工程建设场地地质灾害危险性评估报告。

2.3 地层岩性

济南地区地层由老到新依次出露有太古界泰山岩群；古生界寒武系、奥陶系、石炭系及二叠系；新生界第三系及第四系。

现将研究区地层简述如下：

（1）寒武系（$\in$）。

研究区内仅在绕城高速南线附近出露凤山组和长山组。

1）长山组（$\in_3C$）。

岩性是一套浅海相潮间带沉积岩。以泥灰岩和紫红色氧化圈竹叶状灰岩、竹叶状灰岩及涡卷状迭层石石灰岩为主。并以紫红色氧化圈竹叶状灰岩与其他各组的竹叶状灰岩相区别。底部为厚5m左右紫红色氧化圈竹叶状灰岩。顶部以9.7m的深灰色厚层涡卷状迭层石石灰岩与凤山组底部浅灰色的细晶白云质灰岩分界，且呈整合接触。区域厚度50m左右，变化不大。

2）凤山组（$\in_3 f$）。

岩性以浅海相厚层和中薄层灰岩、泥质灰岩、白云质灰岩及豹斑灰岩为主，并夹有竹叶状灰岩、鲕状灰岩及生物碎屑灰岩。底部为1m厚的含三叶虫化石的中晶白云质灰岩，顶部以浅灰色豹斑泥晶灰岩与含白云质条带状、竹叶状灰岩互层，与下奥陶统治里组底部褐灰色白云质胶结的竹叶状灰岩分界，整合接触。本组区域厚度较稳定，炒米店东山厚135.03m。

（2）奥陶系（O）。

1）冶里组（$O_1 y$）。

岩性主要为浅褐色中细晶白云岩夹竹叶状白云岩。底部为细晶白云岩和竹叶状白云质灰岩。顶部则与亮甲山组底部的含燧石结核白云岩为分界标志。本组厚度24.83～73.13m，区域厚度变化较大，由西向东有由厚变薄的趋势。

2）亮甲山组（$O_1 l$）。

岩性主要为灰褐色具燧石结核和燧石条带的白云岩和角砾状白云岩。其底部以含朝鲜角石、冶里角石的燧石结核白云岩的出现为标志。顶部则以泥质角砾状白云岩与下马家沟组一段页岩及角砾状泥灰岩分界。厚度71.43～79.83m。

3）马家沟组（$O_1 m$）。

马家沟组大致沿北东～南西向分布，出露广泛。本组主要岩性为泥晶灰岩、豹斑灰岩夹多层角砾状灰岩。

根据由角砾岩到灰岩和豹斑灰岩组成的沉积旋回又可分为两组四段：

第一段（$O_1 m^1$）：岩性为角砾状泥灰岩，薄板状泥灰岩和钙质页岩互层，厚20～30m。

第二段（$O_1 m^2$）：岩性为一套泥晶灰岩、豹斑灰岩和白云质灰岩，下部为由微层理泥晶灰岩、豹斑灰岩、角砾状白云质灰岩的沉积旋回，中、上部为豹斑灰岩，白云质灰岩与泥晶灰岩互层，厚211m。

第三段（$O_1 m^3$）：岩性为一套角砾状白云质灰岩，中部角砾状白云质灰岩中夹薄层板状泥质灰岩、钙质页岩，顶部为细晶泥质灰岩，厚72m。

第四段（$O_1 m^4$）：岩性为中厚层豹斑灰岩及深灰色中层泥晶灰岩。其下部灰岩中以含燧石结核、珠角石类及层孔虫为典型特征，顶部则以含燧石结核及燧石条带的细晶灰岩与中奥陶统阁庄组分界，厚度264m。

4）阁庄组（$O_2 g$）。

岩性主要是角砾状灰岩与薄层中细晶白云岩互层。

厚度94m左右，区域变化较大。

5）八陡组（$O_2 b$）。

岩性下部为含豹斑泥晶灰岩，中部为灰色白云质灰岩夹几层角砾状白云质灰岩。上部为泥晶灰岩及结晶灰岩，厚约153m。

八陡组的顶部有风化剥蚀面与中石炭统之紫红色页岩和粉砂岩，黄灰－灰白色铝土页岩呈平行不整合接触。

阁庄组和八陡组本区西部没有出露，东部有零星分布，大部分隐伏第四系及石炭系之下。

（3）石炭系（C）及二叠系（P）。

1）石炭系。

中统本溪组（$C_2 b$）：岩性为深灰色砂页岩，砂质页岩、黏土岩夹薄层细砂岩。

上统太原组（$C_3 t$）：岩性为深灰色薄层状砂岩、页岩、砂质页岩、黏土岩等，夹薄层灰岩，中、下部夹多层煤。

2）二叠系。

山西组（$P_1 s$）：岩性为深灰色细砂岩夹砂质页岩和砂质黏土岩，中部夹煤，煤层很薄，与石炭系地层整合接触。

（4）新生界上第三系和第四系。

1）上第三系（N）。

岩性主要为胶结砾岩、砂砾岩夹黏土岩，厚度变化较大，9～133m。

2）第四系（Q）。

第四系分布广泛，主要分布在山前倾斜平原、北部黄河冲积平原及玉符河、北沙河河谷地带。在山间盆地和山麓斜坡上也有小面积堆积。第四系厚度变化较大，由南东至北西厚度逐渐增大，局部低洼处大于150m。

第四纪堆积物的时代成因划分：通过对第四纪堆积物的野外调查及第四系钻探资料的综合分析，将区内的第四纪堆积物的时代及成因类型划分如表12－4。

表12－4 济南地区第四纪地层划分及成因类型简明表

时　代	地　层	成因类型	代　号	岩　性
全新世	全新统	冲积、冲洪积	Q_4^{al} Q_4^{al+pl}	粉土、粉砂、砂砾石层
晚更新世	上更新世	冲积、冲洪积、坡洪积	Q_3^{al} Q_3^{al+pl} Q_3^{dl+pl}	粉土、粉质黏土、中粗砂、砂砾石层
中更新世	中更新世	冲积、坡积、坡洪积	Q_2^{dl+pl} Q_2^{al} Q_2^{dl}	粉质黏土、砂砾石层、黏土夹姜石等
早更新世	下更新世	洪坡积、残坡积、残积、冲积	Q_1^{pl+dl} Q_1^{el} Q_1^{el+dl} Q_1^{al}	粉质黏土、黏土等

第四系堆积物岩性特征及分布规律：

①下更新统（Q_1）：

分布范围小，出露也较少，主要见于山麓坡角和山区河流Ⅱ级阶地陡坎下部，呈环带状分布于山前倾斜平原区，构成第四纪堆积物之底部。受古地形控制在凹陷处厚度较大，区域厚度5～20m。岩性为杂色黏土及红色紫红色含砂质黏土夹砾石。含有黑色铁锰质结核，所夹砾石多为砾径0.5～5cm的石灰岩，富含直径3～5cm的钙质结核。

②中更新统（Q_2）：

分布范围大，出露较广，厚度相对较稳定，在山区河流沟谷边坡、山麓坡角、山间洼地、山前孤丘坡下，以及山前倾斜平原均有分布。构成玉符河、北沙河等主要山区河流Ⅱ级阶地的上部及其冲积扇的中下部，区域厚度30～260m。在山前地带岩性为红棕色含砾石、钙质结核的砂质黏土，局部夹棕褐色半胶结砾石层。在玉符河、北沙河冲积扇地带，岩性主要为杂色黏土、砂质黏土含砾中粗砂等。层理较清晰，中粗砂分选较差，含砾成分为磨圆度较差的石灰岩。在山前倾斜平原区具黄土化现象，柱状节理和大孔隙较发育。

③上更新统（Q_3）：

分布广泛，是构成河流Ⅰ级阶地，山前倾斜平原及玉符河、北沙河冲积扇中上部的主要物质成分。层位较稳定，厚度较大，山前地带厚度一般15～20m。玉符河、北沙河冲积扇地带厚度20～50m。岩性主要为棕黄、褐黄色粉土，黄棕色、棕褐色粉质黏土及中粗砂、细中砂，局部有砂砾石层透镜体。此层粉土含量较高，山前地带垂直节理较发育。

④全新统（Q_4）：

分为黄河冲积层和玉符河、北沙河冲积层。

黄河冲积层：

沿黄河呈北东－南西向条带状分布，构成区内北部冲积平原，其厚度由南向北变厚，区内厚度0～20m。靠黄河边局部可达100m。岩性为粉砂、粉土，浅黄色、黄色。含大量云母片，颗粒均匀，结构松散，具有清晰的微层理和斜层理。

玉符河、北沙河冲积层：

主要分布在玉符河、北沙河的河漫滩之上及河床内。该层在河流中、上游，颗粒粗大，以直径5～15cm，个别达30cm的砾（卵）石为主，砾石成分主要为石灰岩，其次为片麻岩。

（5）典型地层及特征。

济南南依泰山，北临黄河，地形南高北低，变化显著。由老到新依次出露有寒武系及奥陶系的石灰岩、泥质灰岩、白云质灰岩及白云岩；石炭系及二叠系的砂岩、页岩、砂质页岩；燕山晚期侵入的岩浆岩（闪长岩和辉长岩）；第三系胶结砾岩、砂砾岩夹黏土岩及第四系土层。第四系厚度变化较大，由南东至北西厚度逐渐增大。

地铁车站及隧道影响范围内地层主要为第四系全新统人工堆积层（Q_4^{ml}）；第四系全新统冲洪积层（Q_4^{al+pl}）；第四系更新统冲积层（Q_{2+3}^{al}）及冲－坡洪积层（Q_{2+3}^{al+pl}、Q_{2+3}^{dl+pl}）；燕山晚期（v）侵入的闪长岩、辉长岩；奥陶系（O）石灰岩、泥质灰岩、白云岩；寒武系上统（$\in_3$f）石灰岩。

1）人工填土层（Q_4^{ml}），土质不均，结构松散，工程性质差。

2）第四系全新统冲洪积层（Q_4^{al+pl}）及冲积层（Q_4^{al}）岩性为可塑状粉质黏土，粉质黏土强度一般，工程性状尚可。

3）第四系更新统冲积层（Q_{2+3}^{al}）及冲－坡洪积层（Q_{2+3}^{al+pl}、Q_{2+3}^{dl+pl}）岩性为胶结砾岩、碎石土及含碎石粉质黏土，该层压缩性中等－低，工程性状及抗震性能好该层为局部分布。

4）燕山晚期（v）侵入的闪长岩、辉长岩；奥陶系（O）石灰岩、泥质灰岩、白云岩；寒武系上统（$\in_3$f）石灰岩。等基岩受风化、裂隙发育程度、岩溶发育程度及破碎程度不同其工程性质差异较大，一般散体状结构岩体在强烈的风化或构造作用下，岩体破碎－极破碎，裂隙发育，开挖时易产生局部边坡岩体失稳及坍塌等现象；碎裂状－层状结构岩体具弹塑性材料特征，结构面主要为构造节理，其次为风化裂隙，岩体承载力较高，岩体稳定性一般－较差，开挖过程中易沿节理面产生坍塌或岩块崩落现象；块状－整体块状岩体节理较发育－不发育，节理面紧闭，裂隙贯通较差，岩芯多呈柱状－长柱状。岩体的整体强度中等，完整性好，呈现弹性材料特征，在一定的工程荷载作用下可视为不可压缩体。整体强度高，工程性状及抗震性能良好，是良好的持力层。

典型地层剖面见插图72和插图73。

2.4 地层岩性划分及分布

根据我院在济南市41条交通主干道现场钻探结果、收集的钻孔资料以及物探结果，济南地区地层自上向下主要为：

（1）第四系松散层。

第四系分布广泛，主要分布在山前倾斜平原，北部黄河冲击平原地带。第四系厚度变化较大，总体由南东至北西厚度逐渐增大。

全新统（Q_4）

主体为冲洪积，坡洪积形成的粉质黏土层（Q_4^{al+pl}，Q_4^{dl+pl}）。褐黄色，局部顶部受有机质侵染呈褐灰色，部分区域含姜石，粒径1～3cm不等，含量在5%～15%之间，分布不均。

更新统（Q_{2+3}）

揭露的更新统地层主要为冲－洪积，坡－洪积形成的胶结砾岩，碎石土，黏土混碎石（Q_{2+3}^{al+pl}，Q_{2+3}^{dl+pl}），残积土等。

胶结砾岩：红棕色，砾石主要成分为石灰岩，白云岩等，泥质胶结或钙质胶结，胶结程度不均匀，泥质胶结形成的砾岩层多松散，胶结很差，钻探取芯困难，机械破碎严重，钙质胶结形成的砾岩，胶结程度好，钻探过程中容易取芯，而且岩芯多呈柱状。

碎石土：棕黄色，棕红色，碎石成分以石灰岩碎块为主，粒径1～6cm不等，大者>3cm，局部泥质胶结，胶结差，碎石含量约55%，黏性土充填。黏土混碎石：棕褐色，含黑色铁锰质氧化物，含石灰岩碎石，粒径2～6cm，含量约30%，钻探中所取岩芯以黏土为主，多呈柱状，碎石不均匀分布在其中，局部富集。

残积土：浅黄灰色－浅灰绿色，可塑为主，为辉长岩风化残积物，风化剧烈，原岩组织、结构均已破坏，具可塑性，无摇振反应，中等干强度，韧性中等。

（2）岩浆岩（侵入岩）。

燕山晚期侵入的岩浆岩，其主体为燕山晚期侵入的中－基性岩，主要类型为辉长盐类，其边缘相为闪长岩。大部分被第四系覆盖，其下多为亮甲山组白云岩发生蚀变形成的大理岩，主体呈东西向展布，揭露厚度3.0～150.0m，总体由南往北厚度逐渐增大。

全风化闪长岩（v）：灰绿色，灰黄色，岩芯风化成土、沙状，原岩结构构造已不可辨，风化不均匀，局部呈碎块状。

强风化闪长岩（v）：灰绿色，灰黄色，中粗粒结构，块状结构，节理裂隙极发育，风化教严重且风化不均，局部呈土状。

中风化辉（闪）长岩（v）：灰绿色，黄灰色，中粗粒结构，块状结构，局部节理裂隙发育。

微风化辉长岩（v）：深灰色，中粗粒结构，块状结构，节理裂隙少有发育，岩芯完整，断面新鲜，锤击声脆，局部稍破碎。

（3）碳酸盐岩。

揭露的基岩主要为古生代奥陶系碳酸盐岩，深度较大钻孔揭露寒武系碳酸盐岩。

奥陶系（O）

揭露的奥陶系碳酸盐岩主要为马家沟组段泥质灰岩，亮甲山组白云岩，冶里组白云岩。该层厚度约35.0～100.0m。

泥质灰岩（O_1m^1）：泥质结构，层状结构，节理裂隙较发育，溶蚀溶孔发育，发育有小溶洞。该层仅在文化路与山师东路交叉口南侧区域及乐文路与文化路交叉口西北角一带揭露，厚度10～15m，大部分范围内缺失。

白云岩（O_1l）：深灰色，细晶结构，层状结构，节理裂隙较发育，岩体多比较完整，局部溶蚀溶孔发育，强烈发育部位，呈溶洞，多无填充，个别填充有黏土，碎石等，含燧石结合和条带。该层厚度约为30～100m。在泉城路文化桥断裂以西至千佛山断裂以东区域内，在岩浆岩侵入接触带，白云岩表层不同程度的蚀变形成大理岩，浅灰绿色，灰白色，粒状变晶结构，块状构造，岩溶裂隙发育相对较少。

白云岩（O_1y）：灰白色，灰褐色，晶体结构，层状构造，节理裂隙较发育，岩体比较完整，局部溶蚀溶孔发育，发育强烈部位，呈溶洞，多无填充，个别充填有黏土、碎石等。该层主要在核心区东南部揭露，厚度约20～30m。

寒武系上统（$\in_3f$）

石灰岩：微晶结构，厚层状构造，节理裂隙较发育，溶蚀溶孔发育，发育有小溶洞。该层仅在少数较深钻孔中揭露，未揭穿，厚度不均，最大揭露厚度为98.49m。

2.5 工程地质分区

根据济南地层的复杂程度、对泉水影响的敏感程度、地貌特征、不同的地层分布、不同的地层组合划分出不同工程地质分区。

（1）工程地质分区Ⅰ。

该区（核心区）即市中心大部分地区，南起经十路，北到明湖北路，西起大纬二路，东到山大路围成的区域。

核心区内主要分布地层有第四系土层、岩浆岩、石灰岩层。

1）核心区第四系土层分布特征。

核心区第四系分布广泛，主要分布在山前倾斜平原，北部黄河冲击平原地带。第四系厚度变化较大，总体由南东至北西厚度逐渐增大。

本区地貌类型上属于山前倾斜平原地带，第四系厚度不大，一般小于 20m，且受地形坡向控制，厚度分布是东南薄西北厚，总体趋势由东南向西北逐渐变厚。第四系厚度分布情况具体如下：

第四系厚度 0 ~ 6m 的区域主要分布在本区东南部的山前坡脚地带。

第四系厚度 6 ~ 8m 的区域一部分分布 6m 等值线的外侧，另外，在和平路和利农庄路附近，以历山路为长轴方向，分布有两个小于 8m 的椭圆形地带。

第四系厚度 8 ~ 10m 的区域主要沿历山路两侧宽带状分布，在文化东路附近分成两叉，顺延分布于 8m 等值线的外侧。此外，在趵突泉及银座索菲特大酒店附近分布存在一个小于 10m 的地带。

第四系厚度 10 ~ 12m 的区域主要分布 10m 等值线的外侧，因此，其分布范围亦被小于 10m 区域切割为东西两个部分。东边部分北窄南宽；西边部分同样北侧较窄，中间较宽，向南至青年东路与经十路交叉口，转而向西与经十路平行。另外在趵突泉、黑虎泉及恒隆广场周边同样存在第四系厚度小于 12m 的地带。

第四系厚度 12 ~ 14m 的区域主要有两个部分，东边部分分布在地矿医院 - 山东建筑大学一带；西边部分主要分布在本区的中西部，自泉城广场向西，南起经十路，北近经四路，分布区域较广。

第四系厚度 14 ~ 16m 的区域主要分布在泉城路以北，向北至大明湖南岸一线，向西沿经四路两侧分布。另有一部分位于本区东北部的铁路机械学校以东地带。此为，在山东大学趵突泉校区 - 省电视台分布一个大于 16m 椭圆形区域。

第四系厚度大于 18m 的区域主要分布在本区的西北部，基本上位于铁路线以北，另外，在趵突泉北门附近分布有一小型大于 18m 椭圆形地带。

2）岩浆岩分布特征。

据已有钻孔资料统计分析，侵入岩厚度分布总体规律由南向北渐次变厚，同时本区被千佛山断裂以西地区、千佛山断裂和文化桥断裂之间地区及文化桥断裂以东地区。受断裂切割影响，各块段侵入岩的厚度分布存在较大差异。现详述如下：

①千佛山断裂以西地区。

这一地区侵入岩厚度较大，一般都在 150m 以上。

②千佛山断裂和文化桥断裂之间地区。

本区南部、东南部无侵入岩分布，侵入岩的侵入范围界线南起泉城公园 - 省电视台 - 山东画院、向东北山东新闻大厦以南而后转向东南交于文化桥断裂；另外，在趵突泉、黑虎泉周边地带分布有两个椭圆形奥陶系灰岩天窗。趵突泉天窗面积约 9.49 万 m^2，黑虎泉天窗面积约 7.21 万 m^2。

由于受两条断裂切割控制，致使该地区奥陶系地层相对抬高，因此侵入岩厚度较薄，多在 0 ~ 150m 之间，只有在北部地区侵入岩厚度大于 150m。受断裂切割牵引作用，在本区靠近两侧断裂的区域，侵入岩厚度比水平方向的其他区域都要厚一些。

侵入岩厚度 0 ~ 10m 区域沿侵入岩侵入范围界线呈条带状分布，另有，在趵突泉 - 银虎池周边分布有一小于 10m 的地带。

侵入岩厚度 10 ~ 20m 区域主要沿 10m 等值线外侧呈条带状分布，展布形态与 10 等值线相近，另外，在黑虎泉北路恒隆广场区域已有一小于 20m 的地带。

侵入岩厚度 20 ~ 30m 区域主要沿 20m 等值线外侧带状分布，东起文化桥断裂，向南交于千佛山断裂。

侵入岩厚度 30 ~ 40m 区域主要沿 30m 等值线外侧条带状分布，展布形态与 30m 等值线相似，该区域中间部位位于泉城路两侧。此外，位于泉城广场及附近区域分布有大于 30m 的椭圆形地带，其范围包括泉城广场大部，向南至天安时代广场一带。侵入岩厚度 40 ~ 50m 区域与 30 ~ 40m 区域分布形态相似，同样有两部分组成。其一沿 40m 等值线外侧呈条带状分布，展布形态与 40m 等值线相似；其二在济南二中至科技馆一带分布有大于 40m 的椭圆形地带。

侵入岩厚度 60m ~ 200m 等值线区域均渐次向北呈条带状展布，其展布形态与 60m 等值线相似。

③文化桥断裂以东地区。

这一地区侵入岩厚度比千佛山断裂和文化桥断裂之间地区的侵入岩厚度大一些，多在50～200m之间，只有在本区东南部地带侵入岩厚度小于50m。

0～50m区域主要分布在省体育学校以南地区；50～100m区域主要分布在和平路两侧200～300地区范围内。150m，200m等值线区域沿100m等值线外侧展布，其形态与100m等值线相似。

3）碳酸岩分布特征。

奥陶系灰岩顶板埋深总体规律由南向北渐次变深，同时本区奥陶系灰岩顶板埋深分布同样受千佛山断裂和文化桥断裂切割控制，各块段的灰岩顶板埋深分布和延展多有不同。因此，本区奥陶系灰岩顶板埋藏条件依然分为千佛山断裂以西地区、千佛山断裂和文化桥断裂之间地区及文化桥断裂以东地区进行阐述。先详述如下：

①千佛山断裂以西地区。

这一地区灰岩顶板埋藏深度较大，多在150～500m之间，这反映了千佛山断裂以西地区岩体厚度较大的特点。

②千佛山断裂和文化桥断裂之间地区。

由于受两条断裂切割控制，致使该地区奥陶系地层相对抬高，因此其埋藏深度较浅，多在5～150m之间，只有在北部地区灰岩顶板埋深大于150m。受断裂切割牵引作用，在本区靠近两侧断裂的区域，奥陶系灰岩顶板埋深比水平方向的其他区域都要深一些。

灰岩顶板埋深0～5m区域沿山前部位环状分布，主要分布于经十路以南地区。灰岩顶板埋深5～10m区域沿山前部位环状分布，主要分布本区东南部，于历山路以东、南起经十路、北至和平路的近三角地带地区。另外，在趵突泉公园内和圣凯摩登城附近分别存在一个小于10m的地带。

灰岩顶板埋深10～20m区域主要沿10m等值线外侧呈条带状分布，展布形态与10m等值线相似。此外，在趵突泉和黑虎泉的周围以及文化西路与趵突泉南路交叉口两侧各分布有小于20m的地带。

灰岩顶板埋深20～30m区域主要沿20m等值线外侧带状分布，其余东部文化桥断裂，收于南部泉城公园附近，空间上表现为两端窄幅、中间宽城展布的特点。另有，在黑虎泉北路恒隆广场区域亦有一小于30m的地带。

灰岩顶板埋深30～40m区域主要沿30m等值线外侧带状分布，于中信广场至齐鲁医院一带群在一个锲状区域向西南前突至文化西路一线。

灰岩顶板埋深40～50m区域主要有两个部分组成。其一沿40m等值线外侧呈条带状分布、展布形态与40m等值线相似，其中间部位向北至泉城路一线；其二位于泉城广场及附近区域分布有大于40m的椭圆形地带，其范围包括泉城广场大部，向南至天安时代广场一带。

灰岩顶板埋深50～60m区域与灰岩顶板埋深40～50区域分布形态相似，同样有两部分组成。其一沿50m等值线外侧呈带状分布，展布形态与50m等值线相似。其二在济南二中至科技馆一带分布有大于50m的椭圆形地带。

灰岩顶板埋深70～80m等值线区域均渐次向北呈条带状展布，其展布形态与60m等值线相似。其中150m等值线分布于大明湖南岸地区。

③文化桥断裂以东地区。

这一地区灰岩顶板埋藏深度比千佛山断裂和文化桥断裂之间地区灰岩顶板埋藏深度大一些，多在50～200m之间，灰岩顶板埋藏深度同样由南到北渐次变深。

0～50m区域主要分布在文化东路以南地区。50～100m区域主要分布在和平路与文化东路之间地区。100～150m区域主要分布在和平路与解放路所夹区域的中南部。150～200m区域主要分布在150m等值线向北至山大南路一线。山大南路以北地区灰岩顶板埋藏深度均大于200m。

（2）工程地质分区Ⅱ。

大致由二环西路、经十路、工业南路、二环北路围成的以北园高架和工业北路为长轴，历山路为短轴的扁椭圆形区域内核心区以外的区域（详见插图74中紫色区域）。区内主要为第四系与岩浆岩组合地层。

第四系土层：揭露最大厚度为60m，主要为填土、粉质黏土、碎石，局部分布有细中砂、粉土。其中，在该区表层普遍存在填土层，一般厚度为2～3m，最厚达8.7m；另外，在该区东部工业北路附近存在一层碎石层，厚度为6～10m，顶板埋深约10～20m；经十路附近有一层4～6m厚的碎石层，顶板埋深约20m。

岩浆岩：分布较广泛，从揭露埋深看，由该区中部济泺路附近东西向两侧逐渐变深，南北向由经十路附近向北逐渐变浅，由南往北厚度整体逐渐增加，揭露最大厚度为33m。其中，中部济泺路附近顶板埋深约为5～10m，经十路附近顶板埋深约为15～25m。

（3）工程地质分区Ⅲ。

该区主要分布于研究区域南部及东部，该区域多处于南部山区与北部黄河冲击平原之间的过渡带，地带经十路与工业南路以南至南绕城和东绕城所围成的区域内山丘之外的区域，分布比较分散（详见图中黄色区域）。该区域大部分位于济南市南部山区北侧及分散山丘周围，主要为第四系地层和灰岩，灰岩埋深较浅，上面直接覆盖有第四系土层。

第四系土层：揭露最大厚度为60.5m，主要为填土、粉质黏土，局部分布有碎石、胶结砾岩。其中，在该区普遍分布有填土层，一般厚度为2～4m，最厚近11m；在该区南部英雄山路附近存在一层碎石层，厚度为2～5m，最深可达10m，顶板埋深约12～20m；工业南路附近有一层4～10m厚的碎石层，最深可达16m，顶板埋深约5～10m；另外，在工业南路与世纪大道交叉口东侧及新泺大街附近存在一层胶结性很好的胶结砾岩，厚度为9～13m，顶板埋深为10～19m。

石灰岩：该区揭露的灰岩埋深普遍较浅，一般10m以浅，最浅0.8m即见灰岩，东部揭露最大埋深为27m，西部揭露最大埋深为30m，揭露最大厚度可达42m，埋深整体由东部向西部逐渐变深。本区灰岩裂隙普遍较发育，岩体中常见有岩浆岩侵入体、溶孔、溶洞等，溶洞大小不一，在经十东路龙奥大厦东侧2km处，发现最大的溶洞直径约7.5m，有少量黏性土充填。

（4）工程地质分区Ⅳ。

该区主要由经十路以北二环西路以西的西部区域，小清河流域以北的北部区域，华信路以东工业南路以北的东部区域三部分组成，分布较广，基本处于研究区北部外围区域（详见插图74中绿色区域）。

该区域揭露的地层主要为第四系，揭露最大厚度为60m，主要为填土、粉质黏土，局部分布有黄土、细中砂、黏土、粉土、碎石。其中，在该区大部分存在填土层，一般厚度为2m左右，最厚达4.5m。另外，在该区西北部京沪高铁附近存在一层较厚黄土层，厚度为8～15m，最厚可达26m，顶板埋深约0～3m。其他局部地段分布有细中砂、黏土、粉土、碎石，埋深大小不一。

（5）工程地质分区Ⅴ。

该区主要分布在研究区的南部山区及西南部、东部的山丘地带，南部山区分布连续，而山丘地带分布广泛（详见插图74中红色区域）。

该区域揭露的地层主要为灰岩，南部山区大部分地段2～3m以浅即可见灰岩，西南部分布有泥质灰岩，南部南绕城高速附近发现有豹皮灰岩，其他局部地段分布有少量白云质灰岩、大理岩、角砾岩以及粉砂岩。岩石大部分比较完整，风化程度多为中风化或微风化，一般顶部灰岩溶蚀裂隙发育，有少量溶洞发育。在山区及山丘均有灰岩露头。

2.6 主要地层物理力学参数

根据济南泉水保护勘察资料及搜集当地地质资料，对济南地区主要地层的岩土工程参数进行了统计分析，以下主要针对地铁以及工民建工程等工程提供需要的岩土工程参数经验值，供勘察设计人员参考使用。

2.6.1 主要地层物理试验指标

各土层的物理性质参数见表12－5。

表 12－5 济南地区主要土层物理性质参数统计表

地层编号	岩土名称	物理性质	稠性黏度	固结试验				
		天然含水量 ω	天然密度 ρ	孔隙比 e	液限 W_L	塑限 W_P	压缩模量 $E_{s0.1-0.2}$	压缩系数 $a_{0.1-0.2}$
		(%)	(g/cm^3)	—	(%)	(%)	(MPa)	(MPa^{-1})
①	填土	17.6～30.5	1.80～2.00	0.5～1.0	20.0～45.0	18.0～23.0	4.0～9.0	0.15～0.40
②	新近堆积黄土	15.0～30.0	1.80～2.01	0.615～0.899	27.0～40.5	16.0～22.5	3.3～7.6	0.23～0.58
$②_1$	粉土	20.7～28.4	1.93～2.02	0.614～0.789	26.2～48.1	26.0～30.9	11～20	0.08～0.15
$②_2$	粉质黏土	20.6～33.3	1.77～2.08	0.608～0.915	26.8～36.2	17.2～23.2	4～8	0.23～0.52
③	黏土	21.4～31.6	1.87～2.08	0.621～0.904	38.2～46.5	19.9～23.2	5～9	0.18～0.46
$③_1$	粉土	19.8～25.5	1.93～2.05	0.588～0.738	24.5～31.8	17.2～22.8	6～11	0.15～0.38
④	粉土	19.2～26.5	1.91～2.07	0.456～0.728	24.2～32.8	16.8～23.2	6～11	0.13～0.37
$④_1$	粉质黏土	22.5～29.8	1.96～1.99	0.673～0.754	25.5～34.1	17.9～25.7	4～9	0.15～0.32
$⑤_1$	粉质黏土	20.6～32.2	1.78～2.03	0.626～0.897	29.7～38.4	18.2～23.6	6～10	0.17～0.34
$⑤_2$	淤泥质土	39.0～61.8	1.43～1.72	1.242～1.863	36.1～60.3	20.9～34.4	1.0～2.5	1.45～1.85
⑥	黏土	19.0～33.2	1.83～2.09	0.543～0.987	24.9～36.9	14.3～20.9	4～9	0.19～0.49
⑦	黄土	10.1～35.1	1.55～2.10	0.606～0.887	27.1～45.6	16.2～25.4	4～9	0.16～0.42
$⑧_1$	粉土	16.0～25.0	1.76～2.01	0.576～0.912	24.5～33.2	16.4～22.5	8～14	0.15～0.28
⑧	粉质黏土	17.4～33.8	1.78～2.01	0.648～0.907	25.1～40.7	14.5～24.0	5～11	0.18～0.50
⑨	粉质黏土混姜石	23.8～33.1	1.82～1.99	0.744～0.916	30.3～38.8	18.0～23.9	5～8	0.24～0.38
$⑨_1$	黏土	21.4～35.9	1.81～2.00	0.686～0.891	36.9～49.7	19.3～26.4	5～9	0.20～0.40
⑩	粉质黏土	18.2～33.7	1.83～2.05	0.629～0.904	28.7～40.6	16.0～24.4	6～12	0.17～0.38
⑪	黏土	22.3～40.0	1.79～2.02	0.709～0.926	20.3～26.7	16.2～24.7	7～12	0.15～0.24
$⑪_2$	粉质黏土	20.9～34.2	1.71～2.05	0.735～0.996	22.4～29.0	16.0～22.4	6～11	0.20～0.42

2.6.2 主要地层力学试验指标

各土层的力学试验参数见表 12－6。

表 12－6 济南地区主要土层物理性质参数统计表

地层编号	岩土名称	直接剪切				三轴剪切					
		快剪		固结快剪		UU		CU			
		C	φ	C_q	φ_q	C_{uu}	Φ_{uu}	C_{cu}	Φ_{cu}	C'	Φ'
		(kPa)	(°)	(kPa)	(°)	(kPa)	(°)	(kPa)	(°)	(kPa)	(°)
②	新近堆积黄土	10～28	8～16	13～24	20～30	20	11	24～32	10～20	18～25	12～22
$②_1$	粉土	7～16	21～31	8～18	22～33	55	16	15	26	22	22
$②_2$	粉质黏土	10～25	16～29	12～27	18～32	16	8	24～42	9～11	16～37	12～15
③	黏土	19～36	18～28	20～38	19～30	45	11	36	10	16	19
$③_1$	粉土	9～18	25～32	10～20	25～34	52	15	16	27	23	24
④	粉土	10～20	26～32	12～22	26～37	53	16	17	27	22	23
$④_1$	粉质黏土	13～31	11～30	15～32	12～35	15	7	31	12	23	16

续表 12－6

地层编号	岩土名称	直接剪切				三轴剪切					
		快剪		固结快剪		UU		CU			
		C	φ	C_q	φ_q	C_{uu}	Φ_{uu}	C_{cu}	Φ_{cu}	C'	Φ'
		(kPa)	(°)	(kPa)	(°)	(kPa)	(°)	(kPa)	(°)	(kPa)	(°)
⑤$_1$	粉质黏土	15～33	12～30	16～34	15～35	17	8	33	14	25	17
⑤$_2$	淤泥质土	9～16	9～13	10～18	10～14	—	—	—	—	—	—
⑥	黏土	12～26	15～22	12～25	14～26	46～67	0.7～3.4	21～26	17～21	10～22	22～25
⑦	黄土	17～38	10～20	16～41	10～28	—	—	20～48	13～18	18～51	16～20
⑧$_1$	粉土	13～17	11～21	14～18	12～22	—	—	—	—	—	—
⑧	粉质黏土	12～30	8～17	21～38	13～19	—	—	20～24	13～19	16～21	16～22
⑨	粉质黏土混姜石	24～30	14～18	18～36	12～20	—	—	20～24	13～16	17～22	15～18
⑨$_1$	黏土	35～47	14～19	42～63	22～25	—	—	21～27	12～14	19～25	14～16
⑩	粉质黏土	16～28	11～16	20～37	12～20	—	—	19～23	15～19	14～19	18～22
⑪	黏土	38～70	15～26	34～60	12～22	—	—	22～30	11～16	19～30	15～22
⑫	粉质黏土	14～31	8～17	24～37	12～23	—	—	21～29	12～17	18～29	13～21

注：UU 为三轴不固结不排水剪，CU 为三轴固结不排水剪。

2.6.3 主要地层特殊试验参数

针对地铁工程的特殊需求，根据济南地铁勘察资料及济南地区经验综合确定各土层的特殊试验参数见表 12－7。

表 12－7 济南地区主要地层特殊试验参数统计表

地层编号	岩性	基床系数		热物理指标			静止侧压力系数 K_0	无侧限抗压强度 q_u（kPa）
		水平基床系数 K_H（MPa/m）	垂直基床系数 K_V（MPa/m）	导热系数 λ（W/m·K）	导温系数 α（m^2/h）	比热容 C（kJ/kg·K）		
①	填土	20～24	18～23	1.05	0.00145	1.38	0.48	10.5
②	新近堆积黄土	25～28	20～25	1.45	0.00158	1.59	0.56	14.5
②$_1$	粉土	28～30	23～25	1.40	0.00154	1.52	0.52	13.8
②$_2$	粉质黏土	28～31	29～75	0.96	0.00124	1.36	0.45	18.5
③	黏土	32～35	35～37	1.32	0.00151	1.55	0.47	20.0
③$_1$	粉土	21～29	25～32	1.42	0.00156	1.52	0.52	13.9
④	粉土	24～26	26～39	1.79	0.00256	1.34	0.41	28.4
④$_1$	粉质黏土	31～35	30～34	1.17	0.00136	1.61	0.43	40
⑤$_1$	粉质黏土	40～43	50～54	1.03	0.00111	1.68	0.46	53
⑤$_2$	淤泥质土	20～23	21～23	1.43	0.00211	1.38	0.26	—
⑤$_3$	粉土	26～29	25～28	1.69	0.00266	1.36	0.42	28.6
⑥	黏土	42～45	50～54	1.53	0.00171	1.53	0.45	63.6
⑦	黄土	30～34	28～32	1.65	0.00215	1.45	0.45	107.6
⑦$_1$	碎石	52～28	50～55	1.25	0.00213	1.21	0.26	—
⑧$_1$	粉土	29～34	28～31	1.30	0.00210	1.25	0.45	68

续表 12－7

地层编号	岩性	基床系数		热物理指标			静止侧压力系数 K_0	无侧限抗压强度 q_u（kPa）
		水平基床系数 K_H（MPa/m）	垂直基床系数 K_V（MPa/m）	导热系数 λ（W/m·K）	导温系数 α（m^2/h）	比热容 C（kJ/kg·K）		
⑧	粉质黏土	32～36	24～30	1.63	0.00191	1.57	0.45	65.6
$⑧_2$	碎石	55～60	50～55	1.25	0.00215	1.24	0.28	—
$⑧_3$	砂土	40～45	35～40	1.15	0.00235	1.10	0.33	—
⑨	粉质黏土混姜石	38～42	37～40	1.37	0.00149	1.67	0.52	—
$⑨_1$	黏土	42～45	35～38	1.58	0.00190	1.55	0.38	238
⑩	粉质黏土	35～40	26～35	1.54	0.00186	1.56	0.47	55.7
$⑩_1$	碎石	65～70	55～60	1.35	0.00250	1.30	0.25	—
$⑩_3$	砂土	45～50	40～45	1.20	0.00240	1.15	0.32	—
⑪	黏土	40～45	38～42	1.65	0.00195	1.60	0.36	—
$⑪_1$	碎石	85～90	75～80	1.45	0.00280	1.38	0.25	—
$⑪_2$	粉质黏土	35～38	30～35	1.60	0.00190	1.56	0.38	63
⑫	碎石	95～100	86～90	1.50	0.00290	1.45	0.24	—
⑬	全风化闪（辉）长岩残积土	55～60	50～55	1.05	0.00185	1.24	—	—
⑭	强风化闪（辉）长岩	105～110	100～105	1.35	0.00235	1.15	—	—
⑮	中风化闪（辉）长岩	150～160	140～150	2.05	0.00275	1.05	—	—
⑯	微风化闪（辉）长岩	180～190	165～175	2.23	0.00309	0.84	—	—
⑰	石灰岩、泥灰岩	185～190	175～180	2.14	0.00265	1.05	—	—

3 地 下 水

3.1 水文地质分区

根据济南地区地貌特征、地层分布规律、地下水埋藏分布规律等影响因素，按照水文地质条件的复杂程度将研究区划分为四个水文地质单元，如插图75所示。

（1）水文地质Ⅰ单元。

该单元主要位于研究区西北部及北部，分布范围包括：经十西路以北、二环西路以西的西部部分，小清河流域以北的北部区域，颖秀路以西华信路东的区域，工业北路以北的东北部区域三部分组成，基本处于外围区域（插图75中浅绿色区域）。

受黄河及小清河控制，地貌单元属于冲积平原，区内地层主要为第四系土层，北部处于黄河、小清河冲积平原地带，地层层序良好。

地下水以第四纪松散岩类孔隙水（一）为主，地下水类型为潜水，含水层岩性为粉细砂层、碎石土层，水位埋深一般为 1.50 ~ 4.00m，水位标高为 15.00 ~ 33.00m，整体上水位标高是由南向北部逐渐递减。主要补给来源为侧向径流补给、大气降水入渗补给、地表水体补给及地下管线渗露补给，以蒸发、地下径流的方式进行排泄。

（2）水文地质Ⅱ单元。

该单元主要位于研究区的中部及北部地区，分布范围：大致由二环西路、经十路、工业南路、二环北路围成的以北园高架和工业北路为长轴，历山路为短轴的扁椭圆形区域内核心区以外的区域（插图 75 中浅蓝色区域）。

地貌单元属于冲洪积平原，北部地区受小清河影响，属于冲积平原。区内主要为第四系土层与侵入岩组合地层，地下水以第四纪松散岩类孔隙水和侵入岩类裂隙水为主，地下水类型主要为潜水和承压水。

该区分布主要有两种类型的地下水：第四系松散层孔隙水（一）和岩浆岩裂隙水（二）。其中，东部和北部只揭露有第四系松散层孔隙水（一），西南部揭露有第四系松散层孔隙水（一）和岩浆岩裂隙水（二），由于地形地势差别较大，从整体上看各层水位埋深深度波动也较大。

孔隙水（一）地下水类型属于潜水，含水层主要为粉质黏土层，局部为填土层、碎石土层、细中砂层，水位埋深一般约为 2.00 ~ 5.00m，最深为 11.50m。主要补给来源为侧向径流补给、大气降水入渗补给、裂隙岩溶水补给及地下管线渗露补给，以蒸发、地下径流、向下补给侵入岩风化裂隙水的方式进行排泄。

岩浆岩裂隙水（二）赋存于风化裂隙、构造裂隙中，水位埋深一般约为 6.00 ~ 11.00m，最深为 17.10m，局部受下部岩溶水的顶托补给作用具有一定承压性。主要补给来源为裂隙岩溶水补给、松散岩类孔隙水入渗补给及侧向径流补给，以向下补给裂隙岩溶水、地下径流的方式进行排泄。

（3）水文地质Ⅲ单元。

该单元主要位于研究区的南部、东南部、市中心部分地区，分布范围：该区主要分布于研究区域南部及东部，该区域多处于南部山区与北部黄河冲击平原之间的过渡带，地带经十路与工业南路以南至南绕城和东绕城所围成的区域内山丘之外的区域，分布比较分散。

地貌单元分属于冲洪积平原及残丘、丘陵，该区域大部分位于济南市南部山区北侧及分散山丘周围，主要为第四系地层和灰岩组合地层，灰岩埋深较浅，上面直接覆盖有第四系土层。山区灰岩以山的形式直接出露。

该区分布主要有两种类型的地下水：第四纪松散层孔隙水（一）和碳酸盐岩裂隙岩溶水（三）。其中，东部世纪大道以北、西部魏华西路以北地段揭露有第四纪松散孔隙水（一），中部和南部大部分揭露有第四纪松散层孔隙水（一）和碳酸盐岩裂隙岩溶水（三）两层水。由于该区处于南部山区与北部黄河冲击平原之间的过渡带，地形地势差别很大，从整体上看各层水位埋深深度波动较大（插图 75 中绿色区域）。

孔隙水（一）地下水类型属于潜水，含水层岩性主要为粉质黏土层，局部为碎石土层，水位埋深一般约为 5.00 ~ 10.00m，最深为 20.20m。主要补给来源为侧向径流补给、大气降水入渗补给及裂隙岩溶水补给，以蒸发、地下径流、向下补给岩溶水的方式进行排泄。

碳酸盐岩裂隙岩溶水（三）地下水类型为承压水，水头埋深一般约为 11.00 ~ 19.00m，最深为 24.25m，水头标高 35.00 ~ 55.00m，最高在英雄山路南端可达 147.00m，整体上水头标高是由东南向西北部递减。主要补给来源为侧向径流补给、大气降水入渗补给及松散岩类孔隙水补给，以地下径流、人工开采、向上补给孔隙水的方式进行排泄。

（4）水文地质Ⅳ单元。

该单元主要位于研究区的市中心地带，分布范围包括：南起经十路玉函立交桥北到黑虎泉北路，西起顺河高架，东到历山东路围成的区域（插图 75 中红色区域）。

地貌单元属于冲洪积平原，区内主要分布地层有第四系土层、岩浆岩、石灰岩层。第四系分布广泛，主要分布在山前倾斜平原，北部黄河冲击平原地带，厚度变化较大，总体由南东至北西厚度逐渐增大；受断裂切割影响，侵入岩的厚度分布存在较大差异，总体规律由南向北渐次变厚；灰岩顶板埋深总体规律由南向北渐次变深，并且受千佛山断裂和文化桥断裂切割控制，各块段的灰岩顶板埋深分布和延展多有不同。

该区分布主要有三种类型的地下水：第四纪松散层孔隙水（一）、侵入岩裂隙水（二）和碳酸盐岩裂隙岩溶水（三）。

孔隙水（一）地下水类型为潜水，含水层为填土层、粉质黏土层、黄土层、碎石层、黏土层、残积土层；水位埋深 0.84 ~ 8.72m，水位标高 22.13 ~ 47.51m。主要补给来源为侧向径流补给、大气降水入渗补给、裂隙岩溶水补给及地下管线渗露补给，以蒸发、地下径流、向下补给侵入岩风化裂隙水及岩溶水的方式进行排泄。

侵入岩裂隙水（二），赋存于岩浆岩风化裂隙、构造裂隙中，有承压性，水位埋深 1.20 ~ 15.35m，水位标高 19.54 ~ 26.72m。主要补给来源为裂隙岩溶水补给、松散岩类孔隙水入渗补给及侧向径流补给，以向下补给裂隙岩溶水、地下径流的方式进行排泄。

碳酸盐岩裂隙岩溶水（三）地下水类型为承压水，水头埋深 0.85 ~ 21.40m，水头标高 28.23 ~ 28.92m，整体上水头标高是由南向北部递减。主要补给来源为侧向径流补给、松散岩类孔隙水及侵入岩风化裂隙水下渗补给，以地下径流、人工开采、向上补给孔隙水及侵入岩风化裂隙水的方式进行排泄。

3.2 各层地下水之间的水力联系

通过对地层结构、地下水的补给来源、地下水的流场特征等的研究，并结合现场抽水试验、水位监测以及水质分析的结果，表明济南地区岩溶水、孔隙水和裂隙水这三种类型地下水存在复杂的水力联系。特别是四大泉群集中出露的核心区，钻探结果显示四大泉群附近存在灰岩天窗、风化深槽、全风化破碎带等特殊的地层结构，这些结构成为泉水出露的通道，在这些地段三种类型地下水水力联系密切。

（1）孔隙水与裂隙水水力联系密切。

1）抽水试验结果反映孔隙水与裂隙水水力联系密切。

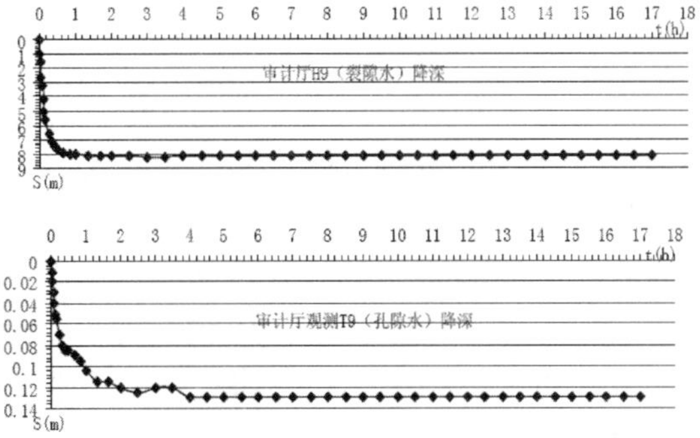

图 12-1 裂隙水抽水孔隙水水位降深历时曲线

核心区孔隙水和裂隙水具有相似的流场，相近的水动力特征，皆受地表水体补给和排泄条件影响。根据现场试验结果，孔隙水钻孔抽水试验时，裂隙水钻孔水位都有不同程度下降；裂隙水钻孔抽水试验时，孔隙水水位也有不同程度下降。如位于共青团路省审计厅门口的 H9 号（裂隙水）孔，抽水试验时水位降深 8.15m，距离其 4.19m 的 T9 号（孔隙水）孔水位下降 0.13m。

2）地层结构特点反映孔隙水与裂隙水水力联系密切。

济南地区侵入岩裂隙发育，风化程度高，侵入岩全风化带在很多地段与第四系碎石土层直接接触，如科技馆处 H6 号钻孔、解放桥东南角 H15 号钻孔。水位统测资料分析（见表 12-8），这些地段孔隙水与裂隙水水位标高相近，具有相似的水面形态。水位标高相差最大的是青龙桥孔组，孔隙水水位高于裂隙水 0.237m；相差最小的是解放桥孔组，孔隙水水位仅比裂隙水水位高 0.010m。一般孔组两者水位差介于 0.018 ~ 0.081m 之间，水位差值小，多处于厘米级。

表 12-8 孔隙水与裂隙水水位对比表

孔号	位置	孔深（m）	水位埋深（m）	水位标高（m）	水位差（m）
T6	科技馆	10	3.7	28.143	0.026
H6		35	3.655	28.117	
T11	趵突泉公园北门	15	3.02	26.632	0.079
H11		40	3	26.711	
H12	省府前街	40	2.032	26.968	0.156
T12		15	1.9	27.124	
H14	青龙桥	30	5.791	27.853	0.237
T14		15	5.466	28.09	
T7	老济南二中	14	2.84	29.598	0.081
H7		41.6	2.953	29.517	
H9	共青团路省审计厅	40.5	3.01	29.961	0.034
T9		15	3.12	29.927	
H15	解放桥东南角	40	4.126	36.018	0.01
T15		15	4.15	36.028	
T18	大明湖南门	15	1.115	24.045	0.052
H18		41	0.98	24.097	
H20	制锦市十三中学	30	0.43	25.782	0.016
T20		14	0.46	25.766	
T19	老东门市场	15	2.48	25.186	0.052
H19		40	2.53	25.134	
H13	县西巷南	40	2.48	29.122	0.018
T13	泉城路南	15	2.59	29.104	

（2）岩溶水与孔隙水或裂隙水存在水力联系。

1）地层结构特点反映岩溶水与孔隙水或裂隙水密切水力联系。

①趵突泉及黑虎泉群所处的区域石灰岩埋深较浅，其上为第四纪碎石土，隔水性较差，存在天窗，承压性极高的岩溶水直接通过第四纪松散岩出露。如饮虎池处 S9 和 T8 号钻孔水位标高相差仅 0.995m，孔隙水与岩溶水存在明显水力联系。

②珍珠泉、五龙潭泉群所处的区域存在极深的风化深槽（如青龙桥、县西巷处），石灰岩之上的侵入岩风化程度极高，已经风化成砂状，透水性好，在承压性极高的岩溶水顶托补给作用下，存在明显水力联系；老济南二中、文化西路西口处，石灰岩之上虽然存在侵入岩，但是侵入岩裂隙发育，在承压性极高的岩溶水作用下，存在明显水力联系。

③裂隙发育程度或第四系土层的渗透性强弱决定了岩溶水与孔隙水或裂隙水联系的强弱。

2）水化学结果反映了三者的水力联系。

水化学分析结果显示，孔隙水、裂隙水和岩溶水的水化学类型均以 HCO_3-Ca 型为主，说明孔隙水、裂隙水的水源均来自岩溶水；局部地段孔隙水、裂隙水受到人为污染影响，呈现 $HCO_3 \cdot SO_{4-Ca}$ 型、$HCO_3 \cdot Cl-Ca$ 型等其他水化学类型。例如位于泺源大街老济南二中 S_{10}、H_7 孔组，H_7 号孔裂隙水中 Cl^- 含量达 91.04mg/L，略高于岩溶水的 51.05mg/L，SO_4^{2-} 含量 95.60mg/L，略高于岩溶水的 68.28mg/L，矿化度 739.77mg/L，全硬度 356.01mg/L，与岩溶水相当，水化学类型均属于 $HCO_3 \cdot Ca$ 型；位于饮虎池的是 S_9 和 T_8 孔组，T_8 号孔孔隙水中 Cl^- 含量 40.84mg/L，是岩溶水的 0.98 倍；SO_4^{2-} 含量 86.49mg/L，是岩溶水的 1.3 倍，矿化度 878.98mg/L，全硬度 260.93mg/L，与岩溶水相当，水化学类型均属于 $HCO_3 \cdot Ca$ 型。水化学分析结果结合前述地层结构特点说明岩溶水与孔隙水、裂隙水存在水力联系。岩溶水与孔隙水、裂隙水水化学成分特征值对比见表 12-9。

表 12 -9　岩溶水与孔隙水、裂隙水水化学成分特征值对比表

孔号	位　置	阳离子含量（mg/L）			阴离子含量（mg/L）				全硬度（mg/L）	矿化度（mg/L）	水化学类型
		$K^+ + Na^+$	Ca^+	Mg^+	Cl^-	SO_4^{2-}	HCO_3^-	NO_3^-			
S9	饮虎池	18. 17	113. 35	15. 04	41. 69	66. 01	267. 93	38. 55	344. 96	576. 24	HCO_3—Ca 型
T8		25. 48	108. 04	18. 8	40. 84	86. 49	277. 01	40. 58	347. 17	613. 08	HCO_3—Ca 型
S11	省科技馆	20. 13	102. 73	17. 19	40. 84	63. 73	274. 74	39. 83	327. 27	574. 54	HCO_3—Ca 型
T6		187. 69	60. 22	26. 85	129. 33	182. 09	281. 55	3. 27	260. 93	878. 98	HCO_3 · SO_4 · Cl—Na · Ca 型
H6		162. 67	147	28. 46	131. 03	163. 88	535. 85	3. 03	484. 27	1190. 32	HCO_3—Ca 型
S12	老电报大楼	15. 75	91. 21	22. 56	34. 03	47. 8	263. 38	26. 62	320. 63	515. 71	HCO_3—Ca · Mg 型
T10		101. 43	161. 17	27. 93	114. 87	152. 5	372. 37	57. 12	517. 44	1013. 68	HCO_3—Ca 型
H10		53. 67	38. 08	12. 89	62. 96	75. 11	95. 36	4. 13	148. 15	345. 57	Cl · SO_4 · HCO_3—Na · Ca 型
S13	趵突泉北门	17. 55	97. 41	17. 19	37. 44	43. 25	263. 38	26. 82	314	517. 2	HCO_3—Ca 型
T11		157. 33	180. 66	40. 82	146. 35	170. 71	588. 07	93. 78	619. 15	1397. 55	HCO_3—Ca 型
H11		45. 29	38. 96	15. 04	59. 56	100. 15	95. 36	7. 88	159. 21	368. 11	SO_4 · Cl · HCO_3—Ca · Na
S15	青龙桥	17. 55	101. 84	17. 19	33. 18	68. 28	258. 84	26. 55	325. 06	537. 2	HCO_3—Ca 型
T14		114. 55	139. 03	27. 39	119. 97	113. 81	381. 45	50. 38	459. 94	969. 96	HCO_3 · Cl—Ca 型
H14		55. 29	113. 35	17. 19	62. 11	86. 49	308. 8	40. 94	353. 8	705. 1	HCO_3—Ca 型

注：S 编号为岩溶水，T 编号为孔隙水，H 编号为裂隙水。

4 特殊地质条件

4.1 不良地质作用

（1）断裂。

济南市市区内主要的断裂有千佛山断裂、文化桥断裂、东坞断裂及炒米店断裂等。根据地震史料记载，千佛山断裂1622年在国棉一厂附近发生过3级地震，平安店断裂曾发震3次，最高震级4.5级，炒米店断裂附近1986年发生3.3级地震1次，马山断裂曾发震4次，东坞断裂1437年曾发生5级地震1次，但上述断层在Q_3未有活动迹象，但考虑到工程的重要性，建议地铁车站等重要设施应采取避让，线路穿越断裂带应采取有效的抗震措施。另外，千佛山断裂已经切穿石灰岩上覆的岩浆岩体，高承压性岩溶水有可能通过该断裂导水，对轨道交通施工产生不利影响。东坞断裂是一条整体阻水断裂，局部（炼油厂北、砌块厂）弱透水的断裂，线路穿越断裂后可能会改变断层的阻水性，施工时可能会发生瞬间涌水的事故。

（2）岩溶及岩溶塌陷。

济南地区碳酸盐岩广泛分布，地表岩溶不甚发育，地下岩溶相对发育，岩溶最易发育的层位是寒武系中统张夏祖，奥陶系下统亮甲山组、马家沟组二段及中统八陡组，岩溶最易发育的岩性是鲕状灰岩类，其次是泥晶灰岩类和豹斑灰岩类，第三为白云岩类。在鲕状灰岩中，溶孔、溶隙均易发育成溶蚀孔洞－溶隙网络系统。在泥晶灰岩中则以裂隙为基础扩溶成宽溶隙系统，局部有较大的孔洞。白云岩类则以较均匀分布的溶孔和小型孔洞为主。

1）亮甲山组地下岩溶较发育，市区的钻孔在该层中每孔均见有溶隙、孔洞和小型洞穴，钻孔出水量均较大，显示其有层状较均匀发育的特点。

2）马家沟组、阁庄组和八陡组，地下岩溶主要形态为溶孔、溶隙和孔洞，统计181个钻孔，对溶洞有明确描述的30个钻孔情况可以看出，溶洞直径大于20cm的绝大部分发育在地表以下200m深度范围内，在200m深度以下到460m深度内尚可见一定数量的溶洞，个别钻孔在550m尚可见20～40cm的溶洞。根据统计资料显示，－150m以上溶洞占总数的68%，－150到－450m占30%，－450m以下仅占2%，其中尤其以＋50～100m之间溶洞最发育。

3）张夏组灰岩不仅地表溶蚀强烈，地下岩溶也相当发育，钻孔中均见到了较发育的溶孔与溶槽，在200～500m深度内大部分可见到溶洞。张夏组岩溶发育的部位，大都是顶部、上部及底部。

在进行济南轨道交通建设对泉水影响研究及后期的可研勘察钻探过程中，共发现106处岩溶发育区。其中存在明显溶隙发育区域77处，溶洞发育区域23处及溶孔发育区1处（即山东医学科学院）。

以M2号线为例，沿英雄山路约10km距离所布置的13个钻孔，均出现不同程度的掉钻、卡钻、漏浆不止的现象，且其岩溶发育部分的岩芯采取率低下，溶洞或岩溶、裂隙发育带的发育深度一般集中在地表下35m左右深度范围内，如下表12－10所示。

表12－10 岩溶发育垂直分布特征统计表

垂直孔深	分布数量	溶洞或裂隙尺寸范围	备注（岩溶发育突出点）
0～10m	2	一般30mm～50mm	位于英雄山路分水岭站以南约450m处，其溶洞尺寸为6.4m
10～20m	10	一般10mm～100mm	溶洞尺寸在大于1.0m的溶洞有2处
20～30m	16	一般10mm～200mm	溶洞尺寸在大于1.0m的溶洞有3处
30～50m	2	一般10mm～60mm	溶洞尺寸在大于1.0m的溶洞有1处

岩溶发育易发生岩溶塌陷，勘探时发现位于英雄山路分水岭站以南约450m处M2-KY-032号钻孔中揭露的溶洞，其溶洞尺寸约为6.4m，超过轨道交通隧道本身6m的范围，充填物不均，大小不等，施工时的震动会加剧岩溶塌陷的速度，破坏岩土结构的平衡。

M_2号线沿线南段岩溶发育情况见插图76。

据调查了解济南历史上曾多次发生岩溶塌陷，其主要原因为大型溶洞疏干排水导致的地面塌陷。

（3）地裂缝。

济南东郊冷水沟一带发生过地裂缝，距线路约1.5km。1988—1991年济南东郊陈家张马至冷水沟一带（A27+644~A28+071），发生由自然因素（水位下降）和人为因素（采空塌陷）引起的地裂缝现象，裂缝宽达35cm，延伸百余米，造成50间房屋被破坏导致直接经济损失达50万元以上。但由于年代久远，地裂缝已治理。

4.2 特殊性岩土

（1）填土。

填土层普遍分布，填土的力学性质差异较大，稳定性差，对基坑支护和地面沉降可能产生不利影响。

（2）软土。

济南地区北部受大明湖、小清河分布有淤泥、淤泥质土，软土具有高灵敏度、高压缩性、低强度等特点，极易发生蠕动和扰动，工程性质差，建议设计施工过程中要充分考虑对基坑支护和地面沉降稳定可能产生不利影响。

（3）风化岩。

济南地区基岩主要是燕山期侵入的辉长岩、闪长岩及寒武、奥陶系石灰岩，上部为残积土、全风化岩及强风化岩，薄层-中厚层状，其中全风化辉长岩、闪长岩、石灰岩，岩芯风化成土、砂状，原岩结构构造已不可辨，风化不均匀，局部呈碎块状；强风化辉长岩、闪长岩中粗粒结构，块状结构，节理裂隙极发育，风化较严重且风化不均，局部呈土状；强风化石灰岩，块状结构，局部有溶蚀现象。

另外，由于岩浆岩的风化均匀性很差，在岩浆岩的全风化和残积土中形成许多球状风化体，会给工程施工（尤其是盾构施工）带来潜在的风险；在岩浆岩和灰岩的接触带上存在风化深槽，如泉城路县西巷附近，风化深槽岩体深度破碎，构成深部与浅部地下水的联系通道，给结构施工和泉水保护带来困难。

（4）黄土。

西南部人工填土层之下普遍存在一层黄土，厚度在4.0~13.0m，人工探坑取样进行湿陷性试验，各探井湿陷性计算值及湿陷等级见下表所示：

表12-11 沿线黄土湿陷性评价表

探坑	湿陷系数δs	湿陷程度判定	湿陷量△s（mm）	湿陷等级
TK2	0.019~0.030	轻微	128.4	Ⅰ（轻微）
TK3	0.003~0.038	轻微	27.8	Ⅰ（轻微）
R1CT-1	0.005~0.023	轻微	114	Ⅰ（轻微）
R1CT-2	0.017~0.053	轻微-中等	177	Ⅰ（轻微）
R1CT-3	0~0.009	非湿陷性	0	Ⅰ（轻微）

续表 12－11

探坑	湿陷系数 δs	湿陷程度判定	湿陷量Δs（mm）	湿陷等级
R1CT－4	0.004～0.044	轻微－中等	198	Ⅰ（轻微）
R1CT－5	0.004～0.036	轻微	106	Ⅰ（轻微）
R1CT－6	0.001～0.026	轻微	41	Ⅰ（轻微）
R1CT－7	0.003～0.054	轻微－中等	185	Ⅰ（轻微）

通过搜集当地资料及湿陷性试验，济南地区黄土为非自重湿陷性黄土，黄土湿陷等级为轻微，个别揭露有中等湿陷性黄土。黄土分布深度一般为10m以浅，对出入口等附属结构影响较大。

（5）胶结卵石。

济南地区卵石及碎石地层普遍分布，受冲洪积影响，山前地段卵石及碎石层成分较复杂，多夹砂土或黏性土。砂土及黏性土含量在卵石层中含量不等，部分卵石存在胶结现象，胶结程度不同。卵石层成分的多变及局部存在胶结，会对该层极限侧摩阻力和地基承载力大小产生影响，局部的胶结层可能会对桩基施工钻进带来困难。

4.3 城市轨道交通建设对泉水影响

4.3.1 泉水成因及分布

（1）宏观成因。

济南泉域总体为单斜构造，地形南高北低，南部低山丘陵区，寒武和奥陶系灰岩裸露，地表岩溶发育，易于接受大气降水补给。地下水沿单斜构造向北运动，受北部燕山期岩浆岩侵入体的阻挡；同时由于千佛山和文化桥的断裂作用，市区灰岩向北突出，地下径流在这一带受到西、北、东三面的阻挡，水头抬高，在较高压力下沿灰岩裂隙岩溶通道和岩浆岩构造裂隙穿过不厚的松散层或被溶蚀的砾石层于低洼地段喷涌成泉。济南泉水形成的宏观模型见插图77。

（2）微观结构。

由于区域地质构造影响和所处的水文地质单元位置的不同，加之地形的差异，泉水的出露结构存在较大差别，济南泉水的微观出露结构主要有3种形式，分别是天窗式、渗流式及第四纪式出露。济南泉水的微观出露结构地质剖面见插图78。

（3）泉水的分布。

据山东省水文地质一队1964年调查，仅市区即有天然泉池108处。1980年，济南市城市规划建设领导小组调查材料上列举了119处泉池。1983年6月到7月之间和1998年的6月，市园林局、市名泉保护管理办公室又以上述记载为基础进行调查，查出城区有名称的泉池139处。截至1998年6月，除湮没、填埋者外，尚有103处泉池基本完好，其中金代《名泉碑》所列七十二名泉者有41处。这些泉池，集中在东起青龙桥，西至筐市街，南至正觉寺街，北到大明湖，在面积仅2.6km^2的范围里形成了趵突泉、珍珠泉、五龙潭、黑虎泉四大泉群（见插图79）。除市区之外，在近郊和远郊还有一批泉群，在近郊有东部姚家镇回龙山中的浆水泉和龙洞山中的林汲泉，在南部有玉函山的蕊珠泉和柳埠白虎山中的涌泉。在远郊东部的章丘市境内有两个泉群，一是在县城明水的百脉泉群，由东麻湾、西马湾、墨泉、荷花泉等近十个泉组成，它们共同构成了成了章丘境内绣江河的发源地，二是在章丘与历城交界处有鸡山泉群，它们是章丘与历城分界的巨野河的源头，远古时期龙山文化、岳石文化就因此河而繁荣。在西部长清区灵岩寺、五峰山、莲台山等处有泉，在平阴县有洪范池泉群，由东流泉、扈泉、白雁泉、拔箭泉、日月泉等十几个泉组成。

4.3.2 城市轨道交通建设对泉水影响

2009年6月至2013年7月，北京城建勘测设计研究院有限责任公司针对济南泉水的特点，从轨道交通工程建设的全新角度，首次在规划阶段系统地开展地质勘查工作，进行济南市轨道交通建设对泉水的影响研究。通过收集轨道交通规划区域内已有的资料，并结合城市轨道交通的结构特点及施工特点，确定研究范围及研究技术路线。综合采用工程（水文）地质钻探，水文地质调查、抽水试验、示踪试验、水质分析测试、水位观测、地质雷达探测、高分辨率浅层地震、陆地声呐法勘探、微动探测、波速测井、钻孔电视等手段掌握了济南地区轨道交通影响范围内的水文地质及工程地质条件，确定了泉水保护的敏感区域（核心区）为南起经十路、北到明湖路，西起顺河高架、东到历山路围成的区域。敏感区涉及的轨道交通主要通道有：泺源大街、泉城路、历山路、经十路、明湖路等。

通过三维地质建模、情景分析、建立评价体系及进行专家咨询等研究方法，对济南地区建设城市轨道交通的适宜性进行评价，济南市城市轨道交通建设适宜性分区图见插图80。

研究表明，在轨道交通建设中只要做到不揭露不破坏岩溶水，就能够保护泉水喷涌不受影响。主要的研究结论如下：

（1）研究区内非灰岩区中修建轨道交通工程不会对泉水喷涌造成影响，适宜修建轨道交通工程。

（2）在灰岩区（除泉水保护敏感区外）修建轨道交通工程不会影响泉水的喷涌，适宜修建轨道交通工程。

（3）在泉水保护敏感区内各个主要通道进行地铁建设对泉水的影响性如下：

1）泺源大街上进行地铁工程建设，在施工期间可能导致泉水断流，严重影响泉水喷涌，建议在该道路上暂不布设地铁线路；

2）泉城路地质情况非常复杂，道路位于珍珠泉和五龙潭的径流通道上方，地铁施工和结构可能会影响珍珠泉和五龙潭的喷涌量，建议在该道路上暂不布设地铁线路；

3）历山路泉水保护敏感段为解放路－文化路段长约497m，考虑到岩溶水的动态变化，建议该段线路地铁埋置深度不大于12.0m；

4）经十路泉水保护敏感段为广电中心－千佛山路长约1422m；考虑到岩溶水的动态变化，建议埋置深度不超过16.0m；

5）明湖路建议采用不降水的施工方法进行地铁工程建设；

6）文化路局部地段存在施工突水的可能，施工中可采取浅埋或底板加固的工程措施进行治理。

7）在白泉区域隧道结构主要位于浅部渗透性较差的粉质黏土层中，黏土的渗透性较差，不利于岩溶水的上涌；而在局部地段，如裴家营至新东站区间及新东站以北局部隧道范围内存在砂卵砾石层，隧道结构内砂卵砾石层厚度约为3～5m，且该层越向东厚度越大，这些地段轨道交通结构对含水层会产生一定影响。

规划线路时应使线路走向与白泉地下水的径流方向一致（即南向北敷设）；地下区间隧道应采用盾构法施工；车站施工需要抽排地下水时，应尽量缩短降水周期，做到分段降水、分层降水、分时降水、按需降水，把抽取的地下水量控制在最小。同时，还可在车站周边设置回灌井，将抽取的地下水回灌减小地下水位变化范围保证白泉泉水的溢出。

5　城市轨道交通主要工程地质问题

通过对济南地区工程地质条件、水文地质条件、不良地质作用、特殊性岩土和地铁工程特点的分析，主要工程地质问题有：

（1）岩溶对地基、基坑边坡及围岩稳定性的影响。

（2）地质构造、风化深槽、球状风化等特殊地质体对隧道工程的影响。

（3）地下水控制及对周边环境的影响。

（4）济南地区北部小清河流域和黄河流域，软土的触变性、高压缩性、低强度等工程特性对地基稳定性的影响。

（5）风化岩、卵石等特殊性岩土对基坑边坡、围岩稳定性的影响。

（6）盾构法施工时，开挖面进入软硬两种地层可能造成盾构偏移等问题。

（7）卵石（碎石土）对盾构法施工的影响。

（8）软土、卵石及基岩等对成桩的影响。

5.1 岩溶对地基、基坑边坡、围岩稳定性的影响及对策

济南地区溶洞或岩溶、裂隙发育带的发育深度一般集中在土石界面至35m左右深度范围内。岩溶塌陷主要位于灰岩发育区（即工程地质分区Ⅰ、Ⅲ和Ⅴ区），勘探时发现位于经十东路上的钻孔中揭露的最大溶洞，直径有6～7m，超过轨道交通隧道本身6m的范围，充填物不均，大小不等。

岩溶的稳定性主要有以下几方面：岩溶洞隙上存在一定厚度的土层，在地下水作用下，会引起地面塌陷，影响结构基础稳定；构筑物底板下岩体破碎或存在溶沟、溶蚀裂隙、溶洞，同时随着时间推移，在溶蚀作用下，它们的规模会进一步扩大，可能影响构筑物基础稳定；大的溶洞可能导致盾构机倾覆；采用钻爆法施工时的震动会破坏岩土结构的平衡，加剧岩溶塌陷的速度。

因此，勘察时应采用钻探结合物探的方法查明岩溶的水平垂向分布、形态、充填物的物理力学性质以及地下水等情况，统计计算可溶岩累计钻探长、溶洞累计高度、溶蚀岩体累计高度、冲洗液消耗量、见溶洞率、总岩溶率、线岩溶率等参数，对于岩溶强发育地段应加密钻孔；施工前应对基底进行岩溶探查，对于构筑物底板下10m范围内溶洞、溶孔、溶隙等施工时采取注浆等处理措施；矿山法及盾构法施工应做好开挖前的超前地质预报工作，对岩溶及地下水提前采取应对措施，通过施工过程中揭示的地质情况及时调整支护参数；钻爆施工时应注意控制药量并采取相应措施。

5.2 特殊地质体对隧道工程的影响

（1）断裂构造发育降低了岩体的强度及稳定性，断层破碎带力学强度低，压缩性增大；岩层中发育的节理裂隙是地下水的通道，同时也会对风化作用起着加速进行的效应，随着岩石风化程度增强和水对岩石的浸泡软化，岩块质地变软、强度降低，矿山法施工掌子面穿过断层及其破碎带，一经开挖，潜在应力释放、围岩失稳。风化深槽（主要存在于岩浆岩和灰岩的接触带上（即工程地质分区Ⅰ和Ⅱ区））构成深部与浅部地下水的联系通道，矿山法施工时可能会发生瞬间突水，给结构施工带来困难。

因此，设计时当隧道轴线与断层走向平行时，应尽量避开断层破碎带；施工时严格按照浅埋暗挖“管超前、严注浆、短进尺、强支护、早封闭、勤量测”的十八字方针进行施工。由于隧道多位于地下水位以下，施工前须采取有效的地下水控制措施，对前方围岩破碎地下水丰富地段可以采用超前周边孔注浆、全断面帷幕注浆等措施，对围岩进行补强加固；做好开挖前的超前地质预报工作，对断裂及地下水提前采取应对措施，通过施工过程中揭示的地质情况及时调整支护参数；当前方裂隙发育的岩体、断层破碎带、风化深槽等地下水较少的情况下可以采用超前锚杆进行预支护；地下水较丰富时采用超前小导管注浆的方式进行预支护；施工过程中应控制爆破药量并作好减振措施。

（2）位于工程地质分区Ⅰ和Ⅱ区的岩浆岩，由于风化的差异性，在岩浆岩的全风化和残积土中形成许多球状风化体，会给隧道施工（尤其是盾构施工）带来潜在的风险，由于风化球对盾构机的

刀盘产生不均一的作用力，最后造成刀盘损坏及盾构机瘫痪，甚至会导致盾构机顶部塌方。

因此，勘察时应加密工程钻孔控制查清风化球发育程度及分布；施工时在遇到球状分化带时，可在盾构机前方同步注浆加固岩土体，使盾构机前方的风化球和风化堆积物胶结连成一体，当刀盘旋转时，风化球无法松脱，刀具受力均匀并有效切割前方岩土体。

5.3 地下水控制及对周边环境的影响

济南地区水文地质条件复杂，孔隙水、裂隙水、岩溶水水（头）位较高，且三种水之间存在复杂的水力联系，特别是在工程地质分区Ⅰ区，岩溶水水头较高，水头压力大，存在基坑突涌、突水问题。

因此，施工时要根据水文地质条件合理选择工程降水或隔水帷幕两种地下水控制，在对泉水有影响的地段要慎重选用注浆和管井降水措施；当采用管井围降时须控制地下水降低引起的地面沉降，减少差异性沉降，减少对周边环境的影响，确保周边环境设施不会由于降水造成安全问题；基坑开挖周期较长，地下水控制周期场，长时间大量降水使基坑内外水动力条件发生改变，会对周围道路、建筑物产生不利影响。地下水控制期间加强地下水位变化监测及周边环境的监测，必要时采取回灌等措施。

5.4 软土的工程特性对地基稳定性的影响及对策

在济南地区北部小清河流域和黄河流域，其浅层土体存在淤泥、淤泥质土等软弱土体。软土具有高灵敏度、高压缩性、低强度等特点，对于埋深较浅的出入口等附属结构，基底处若位于该层中，在长期荷载作用下会缓慢地产生不均匀沉降或在较短的时间内发生沉降过大等工程地质问题。对于车站结构，软土极易发生蠕动和扰动，若不及时采取有效支护措施，基坑边坡极易发生坍塌。软土的触变特性，会导致钻探取样时取出的土样不能完全反映土的实际情况；也会导致隧道结构受车辆动荷载震动影响产生地面沉降，对周边环境造成破坏。

因此勘察期间宜采用十字板剪切试验等原位测试手段配合取样试验获取其参数，并分析评价软土地基不均匀沉降、基底变形等对工程的影响；对于明挖基坑的地基可采取换填、堆载预压法、搅拌桩等地基处理方式或采用桩基；对于矿山法、盾构法施工的区间隧道可采取化学加固的处理方法。

5.5 特殊性岩土对基坑边坡及隧道围岩稳定性影响及对策

（1）上覆第四纪土层下伏基岩，在基坑开挖后，当岩层向临空面倾斜时，上覆第四纪土层受到震动、水的作用力时，沿岩土界面滑塌是基岩区常见基坑失稳现象。

（2）全风化及强风化岩，水稳定较差，浸水后强度急剧降低，工程性能较差，基坑或隧道开挖后容易产生滑塌。

（3）卵石或碎石土因其黏聚力几乎为零，明挖时施工充填其间的砂土层开挖后很快失水扰动塌落，矿山法施工不易形成自然应力拱，极易造成边坡失稳或坍塌，需及时进行支护。

因此，基坑或隧道设计时应充分考虑顺层岩层面一侧的基坑侧壁或隧道围岩由于岩层滑移而增大的对支护结构的压力；基坑施工时应遵循“分层、分区、分块、分段、抽槽开挖、留土护壁、先撑后挖、先形成中间支撑，减少无支撑暴露时间”的原则，确保基坑支护结构的稳定和周围建构筑物的安全；隧道施工时可采用大管棚超前支护，型钢拱架支撑，加强初衬、及时二次衬砌，降雨时做好排水或止水工作；同时施工开挖过程应注意不稳定岩块的滑移和塌落，伤害施工人员和机械。

5.6 软硬两种地层对盾构法施工影响及对策

济南地区地质条件复杂，特别在南部山区及山前冲积平原地区（即工程地质分区Ⅰ、Ⅱ、Ⅲ和Ⅴ区），基岩埋深普遍较浅且起伏比较大，轨道交通结构基底可能同时置于第四系、灰岩和岩浆岩等不同地层。当盾构掌子面上部为第四纪土层，下部为基岩层时，盾构掘进时由于下部基岩强度高，掘进速度慢，长时间原位转动刀盘对上部软弱围岩的扰动大而使其失稳，且刀盘顶部地层易被掏空，上部地层将形成以刀盘为中心的漏斗状塌空区，强行掘进可能会导致地面出现坍塌；由于隧道掌子面不同类别围岩单轴抗压强度差异大，引起掌子面正面压力不均，造成盾构偏移。另外，在轨道交通运营过程中，反复施加的动载导致车站基底沉降不均引发工程地质问题。

因此应采取有效的措施对软弱地层进行必要的加固处理，增强地层和地面的自稳能力。在掘进过程中适时向盾壳外部注入膨润土减小阻力的同时，通过不间断的监控量测手段，适时调整掘进参数。

5.7 卵石（碎石土）对盾构法施工影响及对策

（1）地表隆起或沉降。

济南地区卵石或碎石地层普遍分布，在卵石或碎石土层中，因切削头带动而扰动地层，造成超挖或地层下降；变形控制是盾构施工的难点，在盾尾注浆过程中，如注浆压力、注浆液配比不适，极易引起地表沉降或隆起。

施工时应控制盾构姿态及出土量，采取地面预加固注浆、跟踪注浆、盾构同步注浆、监控量测等综合手段，根据监测数据随时调整隧道掘进施工参数（包括推进速度、同步注浆量、二次补充注浆等）。

（2）刀具磨损过度及刀具抱死。

济南北部及西部地区内的地层存在砂土地层，盾构在砂层、卵石层中掘进时，由于砂层中石英含量高硬度大，卵石强度高，刀具磨损快；砂土的自稳能力差，盾构施工停机再启动时，刀具容易被砂土抱死，出现启动扭矩过大。

勘察市通过基坑调查、人工挖探等形式，充分了解卵石粒径的分布情况，对遇到大卵石情况时，做好施工对策；设计施工时应结合卵石调查情况，合理选择刀盘及推进速度；对于地下水位较深的卵石地层施工，可以采用敞开式盾构。

（3）盾构机进尺缓慢。

在济南地区北部小清河流域和黄河流域，存在较厚的黏性土层，盾构在黏性土地层中掘进时，如果土层的黏粒含量过高，容易在刀盘上形成泥饼，使掌子面上出现不见刀、泥磨土的情况，导致进尺缓慢。

勘察期间要详细查明土层的黏粒含量；施工前认真研究地质资料，施工全过程现场跟踪地质条件的变化，并根据地质条件优化施工措施；施工过程中，及时观察土体情况，分析土体黏性和含砂比例，及时添加适量的土体改良剂，减小土体黏性度和黏着力。避免长时间的停机而导致土仓内土压逐步升高、流动性减弱使刀盘及刀具板结泥饼的可能性增加。

5.8 卵石（碎石土）、胶结卵石对成桩的影响及对策

济南地区卵石或碎石地层普遍分布，成分较复杂，多夹砂土或黏性土，部分卵石存在胶结现象，胶结程度不同。碎石或卵石粒径比较大，强度较高，造成成孔困难，进度慢、机械磨损大；且各层卵石、砂土的自稳能力差，易发生孔壁坍塌和漏浆现象，成桩难度加大；胶结卵石，会对该层极限侧摩阻力和地基承载力大小产生影响。

因此，防止卵石塌孔、漏浆可在泥浆制备时选用高塑性黏性土或膨润土，泥浆应根据施工机械、工艺及穿越土层情况进行配合比设计；施工过程中应采用适当的工艺，可采用冲击钻机成孔。

参考文献

[1] 北京城建勘测设计研究院有限责任公司.《济南轨道交通建设对泉水影响研究报告（线网规划阶段)》[R]. 2010.

[2] 北京城建勘测设计研究院有限责任公司.《济南轨道交通建设对泉水影响研究报告（近期建设规划阶段)》[R]. 2011.

[3] 北京城建勘测设计研究院有限责任公司.《济南轨道交通建设对泉水影响研究报告（R1 线可研阶段)》[R]. 2013.

[4] 山东省地矿工程勘察院.《济南市轨道交通线网工程建设场地地质灾害危险性评估报告》[R]. 2013.

昆 明 市

1 自然地理

1.1 地理位置

昆明位于中国西南云贵高原中部，南濒滇池，三面环山，滇池平原。昆明是中国面向东南亚、南亚乃至中东、南欧、非洲的前沿和门户，具有东连黔桂通沿海，北经川渝进中原，南下越老达泰柬，西接缅甸连印巴的独特区位优势。

昆明位于东经102°10′~103°40′，北纬24°23′~26°22′，市中心位于北纬25°02′11"，东经102°42′31"。南北长237.5km，东西宽152km，总面积约21011km^2。

1.2 气象

昆明市属于低纬度高原山地季风气候。由于纬度低，海拔高，南下冷空气受到群山阻隔，形成了冬暖夏凉的宜人气候。干雨季分明，属于亚热带高原季风气候。

立体气候显著，小气候多样，全市多年平均气温16.0℃，最热月份平均气温19.8℃，极端高温31.5℃，最冷月份平均气温7.7℃，极端低温-5.4℃，年日照时数为2481.2小时，无霜期227天。多年平均降水量1002mm。冬春两季（11月至翌年4月）干旱少雨，月平均气温在6.4℃以上，蒸发旺盛，蒸发量为全年的60%~70%，降水量稀少，为全年的10%~17%；夏秋季节（5月至10）雨水充沛，月平均气温小于21.7℃，降水量占全年的86%~90%，其中6~9月份降水量占全年的70%~75%，全年平均大雨日数（≥25mm）8.8天，暴雨日数（≥50mm）1.68天。降水在空间分布上不均一，坝区小于山区，山的迎风面降水随高度而增加，梯度为24.4~55.2mm/100m，暴雨强度大，历时短，笼罩面积小，衰减快，常造成暴雨灾害。

主导风向为西南风，全年平均风速2.0~3.0m/s。昆明市多年平均蒸发量大于降水量，而且坝区大于山区，同时随高程的增加而减少，坝区干旱指数为2，山区干旱指数为1~2，全区年均蒸发量1900~2100mm，相对湿度68%。昆明气候历年平均值数据见表13-1。

表13-1 昆明气候历年平均值数据（数据来源：中国气象局）

月份	一	二	三	四	五	六	七	八	九	十	十一	十二
平均气温℃	8.1	9.9	13.2	16.6	19.0	19.9	19.8	19.4	17.8	15.4	11.6	8.2
平均最高℃	15.3	17.2	20.7	23.8	24.4	24.1	23.9	24.1	22.7	20.4	17.4	15.1
平均最低℃	2.2	3.6	6.4	10.0	14.3	16.6	16.9	16.2	14.6	11.8	7.3	3.1
极端最高℃	22.4	25.5	27.0	30.4	31.2	30.2	29.3	28.1	28.5	27.4	24.5	25.1
极端最低℃	-5.4	-2.9	-5.2	1.0	5.5	9.9	11.6	9.9	6.2	2.4	-2.9	-7.8
降水量mm	15.8	15.8	19.6	23.5	97.4	180.9	202.2	204.0	119.2	79.1	42.4	11.3

1.3 水文

昆明市总体趋势北高南低，位于金沙江、南盘江、红河流域的分水岭地带。属金沙江流域滇池水系。区内主要地表水体为滇池及其主要支流盘龙江、宝象河，其余均为流域小、流程短的溪沟、小河，大多由四周流向滇池，向螳螂川排泄。

滇池位于昆明市西南部，湖面海拔1885m，面积297km^2，平均水深5m，是云贵高原最大的湖泊。湖西岸逼近山岭，多断崖峭壁；湖东岸为丘陵区，有盘龙江等20余条河流汇入（见插图81）。

盘龙江源于嵩明县梁王山麓，汇入松花坝水库，再经昆明坝区注入滇池，全长约105km。是一条山区峡谷型河流，水量受降雨控制而动态变化很大。雨季为径流丰期，径流随降雨暴涨暴落，最大洪峰达151m^3/s（1983年8月28日）。在干季，各支流均已断流，仅主流保持有微弱的径流，最枯为0.06m^3/s（1983年5月21日）。径流总量最大为3.81亿m^3，最小仅0.81亿m^3，平均为1.97亿m^3。其中：雨季（5—9月）径流量达1.34亿m^3，占年总量的75%。在盘龙江中游建有松华坝水库，坝高48m，蓄水量6600万m^3，最大泄洪能力400m^3/s。除用于灌溉外还是昆明市的饮用水源。另外，在上游还建有黄龙、闸坝、大石坝等小型水库，均用于灌溉。

宝象河源于官渡区东南部老爷山，经小寨村至三岔河汇支流小河（源于阿底村）来水入老宝象河水库（径流面积67.2km^2，总库容2091万m^3），出库后经大板桥、干海子、大石坝、小石坝、小板桥、官渡镇龙马，在宝丰村附近汇入滇池。河道全长41.4km，流域面积292km^2，属天然河道，下垫面多为山坡地和农田。除主流上建有老宝象河水库外，老宝象河还在支流上建有天生坝，前卫屯、铜牛寺、茨冲、复兴等小型水库，总控制径流面积109.6km^2。同时沿河修建了金马村、鸳鸯坝、羊甫、小板桥等13座小型拦河坝。

1.4 地形地貌

昆明市域地处云贵高原，高原是基本地貌形态。总体地形北部高，南部低，由北向南呈阶梯状逐渐降低；中部隆起，东西两侧较低。以湖盆岩溶高原地貌形态为主，红色山原地貌次之；大部分地区海拔在1500至2800m之间；城区坐落在滇池坝子，海拔1891m，三面环山，南濒滇池。

昆明市中心海拔约1891m。拱王山马鬃岭为昆明境内最高点，海拔4247.7m，金沙江与普渡河汇合处为昆明境内最低点，海拔746m。山岭海拔在700~4300m之间，同时由于地处金沙江、南盘江及元江3大水系的分水岭之间，河流侵蚀作用不强，高原面保存较好，大部分地区地形较平缓，高差小于500m，分布着一系列山间盆地。

昆明盆地位于金沙江、南盘江、红河三流域的分水岭地带，是在中新世末期云南准平面形成以后，沿普渡河断裂带发生断陷而形成的新生代盆地，呈南北向狭长腰子形，南北长70余千米，东西宽15~25km，面积约1500km^2，其中西南部还保存着306余平方米的滇池水面，海拔1885m。盆地四周有山地围绕。自盆地内部向周围山区，发育显著多层夷平面地貌。昆明市地貌卫星图见插图82。

（1）低山丘陵与湖盆岸坡过渡地貌单元，基本位于昆明盆地山坡坡脚，地形呈犬牙交错状，具侵蚀、溶蚀特征，东西向地形有一定起伏，海拔高程在1893~1955m之间，自然横坡3°~30°。

（2）滨湖相与河流相交汇沉积地貌单元，位于昆明盆地中部偏西位置，为海河、运粮河、梁家河等地表径流所形成的三角洲平原与滇池湖滨相交汇区，地势平坦，海拔高程在1888~1891m之间，自然横坡小于1°，微向滇池方向倾斜。

（3）湖积平原地貌单元，位于昆明盆地中心区，地势平坦，海拔高程在1889~1896m之间，自然横坡1°~3°。

（4）风化剥蚀残丘间夹沟谷地貌，位于昆明盆地东侧丘陵地带，地形以圆丘状为主，间夹风化剥蚀后洪水冲刷形成低凹沟谷，海拔高程在1900~1980m之间，自然横坡10°~35°。

2 区域地质

2.1 地质构造

昆明盆地处在扬子准地台康滇背斜东部。南北向构造是盆地的控制性构造，断裂构造发育。昆明盆地是第三纪以来沿南北向主干断裂形成的断陷河湖型沉积盆地，基底构造较复杂，有隐伏活动断裂存在。据云南省物探队和原煤炭部湖南地震队所完成的昆明盆地磁法勘探和地震测深资料及云南省地矿局钻探资料，昆明盆地基底构造为多组斜滑断层形成的复式地堑盆地，横向上呈现“两凹夹一隆”的构造格局。

（1）龙头街－九甲－晋宁凹陷带。

位于昆明盆地东缘龙头街、小坝、六甲、九甲、宝丰村、晋宁一带，长约60km，宽4～10km，呈南北向－北北东向展布，自北而南由龙头街、九甲、文家河、晋宁四个次级凹陷组成，基岩埋深分别为600m以上、800m以上、200m以上和400m左右。相邻两个次级凹陷之间基底相对隆起，基岩埋深小于200m。凹陷受蛇山断裂和黑龙潭官渡断裂所控制，为一条地堑式凹陷带，最大凹陷幅度为800m。

（2）昆明－洪家村隆起区。

位于昆明盆地北部。夹于两个地堑式凹陷带之间，沿北北东方向展布，北高南低。呈鼻状向盆地内延伸，北部圆通山、五华山一带基岩出露，往南至海子村一带基岩埋深也有200～300m。西边受普吉－韩家村断裂、蛇山断裂控制，东边受黑龙潭－官渡断裂控制，为一地垒式隆起。

（3）普吉－韩家村凹陷带。

位于昆明盆地西缘大普吉、新发村、梁家河、韩家村一带，长20km，宽3～6km，南北向展布。由两个次级凹陷组成，北面的普吉凹陷基岩埋深400m，南面的韩家村最大凹陷1000m。两凹陷之间为六和村相对隆起，基岩埋深100m。该凹陷带西边受普渡河－西山断裂控制，东边受普吉－韩家村断裂控制。

根据《昆明市轨道交通3号线站点工程场地地震安全性评价报告》（送审稿），昆明市轨道交通3号线场地近场区断裂构造发育，主要有近南北向、北东向、北西向和近东西向四组不同走向的20条断裂（带）（见插图83），其中具有明确意义的地震构造主要有：小江西支断裂、普渡河－西山断裂、汤郎－易门断裂、一朵云断裂及马厂－县街断裂。小江西支断裂为全新世活动断裂，普渡河断裂、汤郎－易门断裂、一朵云断裂及马厂－县街断裂均为晚更新世活动断裂。各条断裂特征简述如下：

（1）小江西支断裂（F1）。

小江断裂带北起巧家以北，南至建水、个旧一带，全长约400km。断裂带形成时代较早，发育历史长，经历了多期构造活动。小江断裂带自蒙姑向南，分为东西两支，大体平行向南偏西延伸，东、西支间隔15km左右，小江东、西支断裂在平面上并不是简单的单条线状断裂，而是由一系列作羽列式排列的次级剪切断层所组成，绝大多数次级剪切断层的端部重叠部位以左阶方式衔接，因而形成拉分盆地。小江东、西支断裂分别各由数条次级断层组成。东、西支断裂之间又发育有数条次级断层。近场区位于小江断裂带南段。小江西支断裂（F1－1）由龙街附近进入近场区，经李子箐、火头村、冬瓜营、石头山，至阳宗海，海风园、施家嘴、阳宗、核桃树、大松棵、阳宗丫口、梁王冲、西龙潭、龙王庙，区内长度约75km。断层总体走向NE18°，倾南东或北西，倾角55°～60°，为左旋逆冲断层。断层破碎带宽数米至数十米，新活动多沿老断层发生，成为不同时代地层的界线。

小江西支断裂为全新世活动断裂，新活动以左旋走滑运动为主。具备发生7级以上强震的构造条件。

（2）普渡河－西山断裂（F11）。

北起沈家村以北，往南经散旦、沙朗、水节箐、黑林铺、山邑村、西山、古连村西、黑桥母白鱼口入滇池，全长＞100km。总体走向近南北，倾向东，倾角50°～80°。断层破碎带宽数十米至数百米，断层地貌清晰，控制了昆明盆地的西部边界，具多期活动特征。晚新生代以来表现为左旋剪切拉张性质，在昆明盆地地段，以垂直差异活动为主，西盘上升为中山区，有高达500m的西山断层陡崖分布；东盘下降形成普吉－韩家村凹陷，基岩埋深

400～1000余米。

根据断层泥测年、水系错动等综合分析认为，近场区内的普渡河－西山断裂的主要活动时代在早、中更新世，部分段落可能延至晚更新世早期。

（3）汤郎－易门断裂（F16）。

断裂北起四川境内会理老营盘，向南经汤郎、法窝、罗茨、禄脿，终止于易门附近。总体走向为南北向，倾角陡立，全长200km。在近场区，断裂由罗茨盆地南缘通过，向南经马关营至禄脿，区内长约30km，距离的茨坝隧道场地约25km。断裂具多期次活动特征。印支期显示右旋张扭性质，燕山期转变为压扭性，新构造运动时期左旋张扭性活动，并控制了插甸、罗茨等第四纪盆地的发育。

（4）一朵云断裂（F3）。

位于近场区南部，断裂走向北东30°～50°，总体倾向南东，局部倾向北西，倾角50°～84°。北东端与小江西支断裂斜交。北东起自宜良火头村，顺南西方向经老爷山西麓、一朵云、青岩水库、土瓜塘、龙潭山，至呈贡新册村附近进入滇池盆地，后被第四系覆盖，出露长度约20km。断层泥测年结果显示，它的最新活动时代为晚更新世早期，大约距今10万年左右。

（5）马厂－县街断裂（F20）。

北东起于县街盆地，南西经杨兴庄、石宝庵盆地西南、王家庄，终止于马厂盆地南端，区内长约20km。该断裂尤其是南段，在地貌上有清楚显示，对石宝庵、马厂等第四纪盆地的形成与发育有明显地控制作用。石宝庵盆地长约5km、宽约500m，呈北东向延伸，与断裂走向一致。马厂盆地宽1km，长8km，显示出活断层的槽谷地貌特征。在县街东北约500m的三级阶地砾石－黏土层中（Q2）发育多条断层，但上覆一套晚更新统残积层未断开。表明断裂可能在中更新世晚期有过较强活动，其活动时限可能延入晚更新世早期。

（6）蛇山断裂（F10）。

北起桃园以北，往南沿长虫山西麓经大坝、铁峰庵至黄土坡，长10余千米。总体走向近南北，倾向东，倾角60°～75°。断裂走向常被横向小断层错断、截切。断裂破碎带宽数百米，由一组平行的更次一级的小断层组成迭瓦状构造。沿断层走向发育断层三角面等断层地貌，跨断层水系具同步弯曲现象，显示该断层具左旋压扭性质。综合分析认为该断裂为早第四纪活动断裂，晚更新世以来活动迹象不明显。

（7）黑龙潭－官渡断裂（F_8）。

北起羊街以北，往南经双桥、小哨、石关，止于黑龙潭。前人研究认为，进入昆明盆地后，断裂沿波罗村、关坡、官渡一带延伸，全长50余公里。

该断层在晚更新世中期曾有过断层活动。最新活动时代为晚更新世中期。

（8）白邑－横冲断裂（F_7）。

北起嵩明白邑盆地西缘，往南经旧关、双龙、高坡村、果林水库、新册村、郎家营，止于横冲以南，全长60km。断层总体走向近南北，倾向东或西，倾角60°～85°，断层破碎带宽数十米至数百米。

白邑－横冲断裂最新活动时间为晚更新世晚期，新活动以左旋走滑兼正断运动为主，晚更新世晚期以来的水平滑动速率为0.8mm/a，属中等活动水平的活动断裂。沿断裂有小震和6级以下中强地震发生，具备发生6级左右地震的构造条件。

2.2 历史地震

昆明及周边地区为地震多发区之一。根据史料记载，近场区历史上共记有4.75级以上的破坏性地震23次，其中6级以上强震均发生于场区东部的小江断裂带，即1500年宜良南≥7级，1725年嵩明－宜良6.75级、1750年澄江6.25级，以及最大的1833年嵩明－宜良8级地震。具体见表13－2“近场区M≥4.75级以上地震目录表”。

表 13-2 近场区 $M\geqslant4.75$ 级以上地震目录表

编号	地震时间	震中经纬度		震中参考地名	震级	震中烈度
	年 月 日	东经	北纬			
1	1500.01.13	103.1	24.9	宜良	≥7 级	≥Ⅸ
2	1507.11.14	102.5	24.9	安宁、玉溪间	5.25	Ⅺ +
3	1560.04	103.1	24.9	宜良	5.5	Ⅶ
4	1596.09	102.9	24.9	澄江阳宗一带	5	
5	1599.10.16	103.0	25.3	嵩明	5	Ⅵ
6	1600.12.02	102.8	25.0	昆明附近	5.25	
7	1612.03.12	103.1	25.3	寻甸、昆明一带	5.25	
8	1696.07.07	102.8	25.0	昆明	≥5.75	≥Ⅶ
9	1701	102.5	25.2	富民	5.5	Ⅶ
10	1725.01.08	103.1	25.1	宜良、嵩明间	6.75	Ⅸ
11	1750.09.15	102.9	24.7	澄江	6.25	Ⅷ
12	1833.09.06	103.0	25.0	嵩明-宜良	8	≥Ⅹ
13	1834.04.11	103.0	25.0	宜良汤池	5	Ⅵ
14	1913.09	102.7	24.7	晋宁	5	Ⅵ
15	1927.11.24	102.5	25.2	富民	5.5	Ⅶ
16	1932.11.02	103.1	24.5	弥勒糯租一带	5	Ⅵ
17	1937.11.10	102.8	24.9	呈贡	5	Ⅵ
18	1940.06.19	102.6	24.5	玉溪皂角营	5.75	Ⅶ +
19	1943.12.15	102.7	25.1	昆明	4.75	Ⅵ
20	1970.01.27	102.8	24.5	江川东北	4.8	
21	1986.10.07	102.45	25.4	富民麻地箐	5.2	Ⅵ
22	1989.09.20	103.08	25.4	寻甸羊街	5.2	
23	1999.11.25	102.87	24.6	澄江尖山	5.2	

2.3 地层岩性

昆明盆地东临南北向的小江断裂，西部边界为南北向普渡河-西山断裂，是一个受南北向活动断裂控制的新生代断陷盆地。

根据盆地新生代地层（见图 13-1）沉积相的变化规律，控制性断裂活动的活动方式及活动时代，昆明盆地的形成、演化大致可以分为三个阶段。

上新世初期，地壳有一次不均匀的上升，使原来准平原面抬升并遭到一定的破坏。化乐向斜、鼠街等下古近系红色盆地沉积发生褶曲并有断裂发生。西山断裂和黑龙潭-官渡断裂之间相对下降，形成断陷盆地。龙头街和滇池是盆地中两个规模不同的凹地，堆积了上新世底部和河流相砂砾岩，厚 4~82m，起填平补齐的作用。中、晚期逐渐平静，只是非常缓慢的升降，盆地的沉降与堆积速度大体一致，故滇池盆地成为湖沼环境并沉积了一套湖相细粒土含煤建造。厚 270~430m。局部山区小型山间凹地也堆积了厚10余米的粉砂岩、泥岩及灰岩层。

中更新世时期，南北向构造各主干断裂活动加剧，地壳剧烈大幅上升，使准平原抬升为现今的高原。各地有较大的差异，以嵩明梁王山和澄江梁王山地区升幅最大，滇池盆地最小，其间为由东向西的掀升及抬升，山前形成大规模的洪积扇或洪积台地，以粗大砾石及砂、黏土与下伏下更新世地层形成明显的不整合接触。滇池西山也在此时骤然拔起。滇池湖盆继续为湖泊环境接受周边的剥蚀物堆积，但范围比前期大大缩小。白邑谷盆继续下陷加深和扩展，堆积了厚达162余米的山麓相洪积砾石层。晚期地壳升速减缓，地形稍有消平。基本上构成了目前的地貌轮廓。

晚更新世时期，地壳运动为小幅度的振荡式升降，属相对宁静期。滇池局部有所扩展，继续沉积河湖相地层。滇池北部相对掀升、南部相对下降，但幅度不大。大河、柴河、盘龙江等河流的中、下游普遍形成二级阶地或掩埋阶地。部分盆、谷区并有小范围的新生河湖及沼泽形成。山区主要是剥蚀环境而对前期地形有所减缓，发育二级剥蚀面，广泛发育棕红壤，局部堆积钙华层，岩溶得到较充分发育。

进入全新世时期，地壳又出现普遍抬升加剧的趋势，经向、纬向、山字型构造主干断裂复活迹象较为明显。主要表现为：滇池盆地湖面逐渐缩小、西移，湖水变浅，沉积了一套新的河湖相、沼泽相砂泥及草煤，前期小型湖沼消亡；多数河流侵蚀下切，晚更新世阶地形成数米高的陡坎，堆积物粒度显著变粗。山前河流向源侵蚀强烈，高原面进一步遭受破坏，部分山前区出现洪积扇。

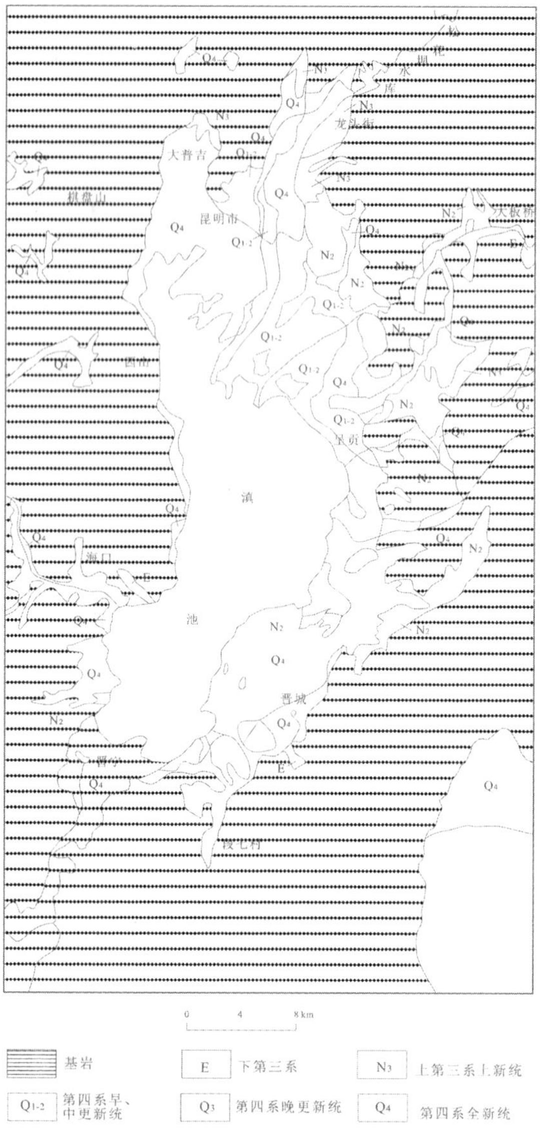

图13-1 昆明盆地新生代地层分布图

昆明盆地内除局部地点有构造残山出露及前新生代地层外，大范围分布的松散沉积层均为晚新生代地层，根据云南省地矿局1/50000区域地质调查及昆明盆地内数十个揭露到基岩的深钻资料，昆明盆地内新生代地层分为古近系和第四系。

古近系：盆地内古近系分布零星，主要为陆相沉积，不整合于上古生界或中生界之上。

路美邑组：出露于宝象河水库及其以北、海口东侧、晋城石碑村等地，具有典型的二元结构，下部砾砂质沉积，上部粉砂泥质沉积，属山麓间歇性河流相沉积。

古近系上新统茨营组：是新生代一个重要的含煤建造，分布在昆明、晋城盆地的凹陷部位及竹园村－大坡村与龙头街等地，为一套河湖沼泽相沉积，分为上下两部分。下部为一套灰、青灰色砾岩、砂砾岩或含砾砂岩、黏土岩组成，岩石松散半胶结状态，厚度稳定，砾岩成分多为玄武岩、石灰岩、砂岩等；下部为灰、灰白、褐灰色粉砂岩、砂质黏土岩、泥灰岩，夹多层褐煤及碳质黏土岩，岩性松散，呈半胶结状态。

第四系：第四系主要分布于昆明盆地及边缘山麓地带。总体以碎屑沉积为主，夹有一定有机质，为昆明最后一个成煤期，与新古近系呈弱不整合－假整合接触。按成因可将第四系划分为湖积、洪积、坡积、残积、洞穴堆积及其复合类型。

下更新统：为河湖相、沼泽相沉积的灰、灰白色等杂色黏土夹灰黑色黏土，炭质黏土及褐煤，不整合于上新统茨营组之上。

中更新统：盆地边缘一带以冲积、冲洪积为主，盆地内以湖相沉积为主。冲积层总体以杂色砾石层和黄、灰白色砂质黏土、黏土组成；洪积层以含砾黏土、粗砂、粉砂、黏土相间出现；湖积层以含炭砂质黏土、褐灰色块状黏土夹硅藻土和粉砂互层。

上更新统：为河湖相、岸滩、三角洲相沉积。上部岩性为灰、褐灰色砾石层夹含砾砂岩，含螺壳碎片；中下部为灰绿色、暗灰色细砂、粉砂夹褐色黏土。

全新系统：为湖沼相沉积岩性为浅绿、灰黑色细至粉砂、黏土夹黑褐色炭质黏土、淤泥及草煤，含螺蚌化石。

3　典型地层及特征

3.1　岩土分布及特征

根据搜集到的资料，昆明总体地势四周高中间低，呈宽缓的“U”字形，大致可划分为以下五个地貌单元：

（1）湖盆岸坡及低山丘陵与湖盆岸坡过渡地貌单元，位于昆明盆地山坡坡脚，地形呈犬牙交错状，具侵蚀、溶蚀特征；对应的工程地质单元为Ⅰ。

湖盆岸坡段：上部为第四系全新统冲洪积粉质黏土、黏土及冲湖积相有机质土、泥炭质土、粉质黏土、黏土、粉土、粉砂、圆砾等，厚度10～25m；中下部为第四系上更新挺冲湖积相有机质土、泥炭质土、黏土、粉质黏土、粉土、粉砂、圆砾等，厚度普遍大于30m；下部为第四系上更新统坡洪积＋湖积相和中更新统冲洪积＋湖积相粉质黏土、黏土、粉土、粉砂、泥炭质土、砾砂、圆砾等，厚度4～20m，下伏基岩为二叠系灰岩。

低山丘陵段：上覆第四系全新统坡残积粉质黏土和黏土，厚度0～8m，下伏基岩为寒武系砂岩、泥岩偶夹灰岩和白云岩，地表局部有基岩出露。

（2）滨湖相与河流相交汇沉积地貌单元，位于昆明盆地中部偏西位置，为海河、运粮河、梁家河等地表径流所形成的三角洲平原与滇池湖滨相交汇区，地势平坦，微向滇池方向倾斜；对应的工程地质单元为Ⅱ。

上部为第四系全新统冲洪积相粉质黏土、黏土及冲湖积相有机质土、泥炭质土、粉质黏土、黏土、粉土、粉砂、砾砂、圆砾等，厚度15～25m；中下部为第四系上更新统冲湖积相有机质土、泥炭质土、黏土、粉质黏土、粉土、粉砂、圆砾等，厚度普遍大于40m。

（3）湖积平原地貌单元，位于昆明盆地中心区，地势平坦；对应的工程地质单元为Ⅲ。

上部为第四系全新统冲洪积相粉质黏土、黏土及冲湖积相粉土、粉砂、砾砂、圆砾等，厚度5～15m；中下部为第四系上更新统冲湖积相有机质土、泥炭质土、黏土、粉质黏土、粉土、粉砂、圆砾等，厚度大于40m；局部地段揭露寒武系页岩、砂岩。

（4）风化剥蚀残丘间夹沟谷地貌，位于昆明盆地丘陵地带，地形以圆丘状为主，间夹风化剥蚀后洪水冲刷形成低凹沟谷；对应的工程地质单元为Ⅳ。

上覆第四系全新统坡残积、坡洪积相黏土、粉质黏土，第四系上更新统坡洪积相粉土、粉质黏土，第四系上更新统坡残积相粉质黏土，第四系下更新统冲洪积相砾砂、黏土，覆盖层厚度为8～25m，下覆基岩为泥盆系灰岩及寒武系砂岩。

（5）冲湖积平原地貌：地势平坦，对应的工程地质单元为Ⅴ。

地层分布见插图84、插图85和插图86。

昆明城区上部地层主要以第四系全新统冲湖积的黏性土、粉土粉砂层为主，表层广泛分布的粉质黏土为昆明市主城区内上部的“硬壳层”，密度为1.8～1.9g/cm^3，压缩模量E_{s1-2}可达4～7MPa；

中部夹淤泥质土、淤泥、泥炭质土等，厚度约1～15m，为软夹层，密度为1.3～1.7g/cm^3，最大含水量达134%，孔隙比最大达4.6，压缩模量E_{s1-2}仅为2～3MPa；下部以第四系上更新统冲湖积的圆砾土为主，中密－密实。

人工堆积层（Q_4^{ml}）：

杂填土：杂色，松散－稍密状，稍湿，广泛分布。

素填土：红褐色或灰黄色为主，松散－稍密状，稍湿，广泛分布。

第四系全新统冲洪积层（Q_4^{al+pl}）：

〈2－1〉粉质黏土：红褐、棕黄、棕褐色，硬－可塑状，局部软塑，第Ⅰ、Ⅳ地貌单元内局部地段分布，第Ⅱ、Ⅲ地貌单元内表层人工填土层以下广泛分布。

〈2－2〉黏土：红褐、棕黄、棕褐色，可塑状，局部软塑，第Ⅰ、Ⅳ地貌单元内局部地段分布。

〈2－3〉淤泥质黏土、泥炭质土：棕黄、棕褐、灰褐色、灰黑色，流塑－软塑状，第Ⅱ、Ⅲ地貌单元内局部地段分布。

第四系全新统冲湖积层（Q_4^{al+l}）：

〈4－1〉淤泥质黏土、淤泥：灰褐色、灰色，流塑－软塑状，第Ⅱ地貌单元内局部地段分布。

〈4－2〉有机质土、泥炭质土：深灰、灰黑色，软塑状，局部可塑，第Ⅱ地貌单元内较广泛分布。

〈4－3〉粉质黏土、黏土：灰褐、灰、深灰、灰蓝色，软塑－可塑状，第Ⅱ地貌单元内与本单元其他土层呈多层韵律状广泛分布。

〈4－6〉粉砂：灰、深灰、灰褐色，稍密－中密，饱和，局部为细砂，第Ⅱ地貌单元内较广泛分布。

〈4－8〉圆砾：深灰、蓝灰色，稍密为主，局部松散或中密，饱和，第Ⅱ地貌单元内局部地段分布。

第四系全新统坡残积层（Q_4^{dl+el}）：

〈6－1〉粉质黏土、黏土：红褐、灰黄色，可－硬塑状，局部含风化砾石，第Ⅰ、Ⅳ地貌单元内山坡地段广泛分布。

第四系上更新统冲洪积层（Q_3^{al+pl}）：

〈8－1〉粉质黏土：灰色、灰褐、灰黄、褐黄、褐色、灰蓝色、灰黑色，可塑状为主，局部软塑，局部硬塑。

〈8－2〉黏土：灰色、灰褐、灰黄、灰黑，可塑，局部软塑，局部硬塑。

〈8－4〉有机质土、泥炭质土：灰褐、深灰、灰黑色，软塑状为主，局部可塑状，局部流塑。

〈8－7〉砂卵石：灰色、灰绿、灰褐、深灰、灰黄色，稍密，局部中密，饱和。

第四系上更新统冲湖积层（Q_3^{al+l}）：

〈9－1〉淤泥质黏土、有机质土、泥炭质土：灰褐、灰、深灰色、黑色，流塑－软塑状，第Ⅱ、Ⅲ地貌单元内局部地段零星分布。

〈9－2〉粉质黏土、黏土：灰、灰褐、深灰、灰蓝色，可塑状，局部硬塑，局部软塑，局部含螺壳，第Ⅱ、Ⅲ地貌单元内广泛分布。

〈9－6〉粉砂：灰、灰褐、灰绿、灰蓝色，稍－中密，饱和，局部为细砂，第Ⅱ、Ⅲ地貌单元内广泛分布。

泥盆系上统宰格组（D3z）：

〈19－1〉白云岩、白云质灰岩：灰、青灰、黄灰色，细晶－粉晶结构，块状构造，溶蚀轻微发育，强风化，节理裂隙发育，岩石较破碎，质坚性脆，第Ⅰ、Ⅳ地貌单元局部地段分布。

泥盆系中统海口组（D2h）：

〈20－1〉砂岩夹页岩：灰黄、褐黄、褐红色，全－强风化，泥质结构，岩石矿物大部分已被破坏，但依稀可见原始结构，岩芯呈粉砂状或土柱状，第Ⅰ地貌单元局部地段分布。

寒武系下统沧浪铺组乌龙箐段（E1c2）：

〈23－1〉砂岩、粉砂岩夹泥岩：灰绿、灰黄、褐黄色，全－中风化，泥质胶结，粉细粒结构，岩石矿物大部分已被破坏，但依稀可见原始结构，岩芯呈土柱状或粉土状、局部夹有少量强风化碎块，第Ⅰ、Ⅳ地貌单元内局部地段分布。

3.2 主要岩土物理力学参数

昆明盆地为断陷盆地，地貌类型多样，从湖盆边缘地貌逐渐过渡到湖盆岸滩地貌及湖积平原地貌，盆地边缘又呈现出中低山丘陵及风化丘陵地貌；盆地内既存在冲洪积的黏性土层、砂砾石层，又广泛分布有冲湖积的软土层、砂层，同时在低山丘陵地带还分布有坡残积层，工程性质有明显差异。

盆地内软土广泛分布于盆地中心及中心外围，呈现出与其他土层多层韵律的分布特征，流塑－软塑状态，具有有机质及腐殖质含量大、灵敏度高、含水量大、压缩性高等特性。

（1）主要土层物理试验指标。

根据昆明市岩土工程勘察资料及地区经验综合确定各土层的物理试验参数，供勘察设计人员参考使用，详见表13－3。

表13－3 昆明地区第四系主要土层的物理试验参数

地层编号	岩性名称	天然密度ρ	天然含水量ω	孔隙比e	液性指数I_L	压缩模量E_{s1-2}
		(g/cm^3)	(%)	—	—	(MPa)
②$_1$	粉质黏土	1.85～1.90	19～51	0.55～1.42	0.25～0.87	4～7
②$_2$	黏土	1.70～1.85	30～50	0.70～1.43	0.16～0.87	3～6
②$_3$	淤泥质黏土、泥炭质土	1.50～1.65	68～75	1.00～4.63	0.24～1.10	3～4
④$_1$	淤泥质黏土、淤泥	1.50～1.60	22～75	0.64～2.00	0.70～1.10	2～3
④$_2$	有机质土、泥炭质土	1.30～1.70	35～134	0.992～3	0.59～0.95	2～3
④$_3$	粉质黏土、黏土	1.72～1.84	30～50	0.84～1.44	0.43～1.00	3～5
④$_6$	粉砂	1.90～1.95	19～30	0.53～0.85	—	(6.5～12)
④$_8$	圆砾	1.90～2.90	15～30	0.50～0.70	—	—
⑥$_1$	粉质黏土、黏土	1.80～1.90	24～35	0.65～1.06	0.04～0.47	6～7
⑧$_1$	粉质黏土	1.90～1.95	21～29	0.68～0.86	0.18～0.74	4～7
⑧$_2$	黏土	1.80～1.85	33～45	0.95～1.28	0.12～0.78	3～7
⑧$_4$	有机质土、泥炭质土	1.60～1.70	46	1.28～1.34	0.53～1.11	2～3
⑧$_7$	砂卵石	2	—	—	—	—
⑨$_1$	淤泥质黏土、有机质土、泥炭质土	1.50～1.80	37～76	0.90～1.89	0.32～0.96	2～5
⑨$_2$	粉质黏土、黏土	1.70～1.90	19.0～54.0	0.90～1.16	0～0.87	3～7
⑨$_6$	粉砂	1.95～2.02	22.0～35.7	0.65～0.92	—	—

（2）主要土层剪切试验指标。

根据昆明市岩土工程勘察资料及地区经验综合确定各土层的剪切试验参数，供勘察设计人员参考使用，详见表 13－4。

表 13－4 昆明地区第四系主要土层的剪切验参数

地层编号	岩 性 名 称	直 接 快 剪		固 结 快 剪	
		C (kPa)	φ (°)	C (kPa)	φ (°)
②$_1$	粉质黏土	18～30	10～15	51～63	10～16
②$_2$	黏土	20～30	4～13	27～37	6～9
②$_3$	淤泥质黏土、泥炭质土	8～12	6～8	21～59	4～14
④$_1$	淤泥质黏土、淤泥	8～12	3～6	10～15	6～8
④$_2$	有机质土、泥炭质土	8～16	3～7	12～15	10
④$_3$	粉质黏土、黏土	13～25	3～12	10～25	8～12
④$_6$	粉砂	5	20～25	—	—
④$_8$	圆砾	—	30～35	—	—
⑥$_1$	粉质黏土、黏土	23～30	10～15	—	—
⑧$_1$	粉质黏土	20～30	5～10	—	—
⑧$_2$	黏土	15～30	5～10	—	—
⑧$_4$	有机质土、泥炭质土	13～15	3～4	—	—
⑧$_7$	砂卵石	—	30～35	—	—
⑨$_1$	淤泥质黏土、有机质土、泥炭质土	12～25	5～20	15	8
⑨$_2$	粉质黏土、黏土	16～40	5～20	25～40	9～10
⑨$_6$	粉砂	5～20	25～35	—	—

（3）主要地层特殊试验参数。

根据昆明地铁勘察资料及地区经验综合确定地铁工程各土层的特殊试验参数，供勘察设计人员参考使用，详见表 13－5。

表 13－5 昆明地区主要地层特殊试验参数表

地层编号	岩土名称	热 物 理			基 床 系 数		固结不排水剪		无侧限抗压强度 q_u
		导热系数 λ (W/m·K)	导温系数 α (m^2/h)	比热容 C (kJ/kg·K)	垂直 K_v (MPa/m)	水平 K_h (MPa/m)	黏聚力 C (kPa)	内摩擦角 Φ (°)	
②$_1$	粉质黏土	1.26～1.41	0.00098～0.00164	1.50～1.70	15～18	13～15	30	18	50～55
②$_2$	黏土	0.95～1.41	0.00143～0.00200	1.30～1.56	13～18	13～16	28	16	45～50
②$_3$	淤泥质黏土、泥炭质土	0.82～1.20	0.0012～0.00152	1.15～1.42	5～8	4～5	10	11	20
④$_1$	淤泥质黏土、淤泥	0.82～1.75	0.0012～0.002	1.16～1.83	3～8	3～5	10	11	18～25
④$_2$	有机质土、泥炭质土	0.77～1.20	0.00098～0.00152	1.15～1.70	4～8	3～5	16	13	18～25
④$_3$	粉质黏土、黏土	1.34～1.45	0.00178～0.002	1.26～1.84	10～18	12～15	25	15	55
④$_6$	粉砂	0.82～1.60	0.00175～0.00209	1.00～1.59	10～20	8～18	10	27	—
④$_8$	圆砾	1.40～1.65	0.0026～0.0036	0.89～0.91	25～30	20～25	—	35	—

4 地 下 水

4.1 地下水类型

昆明市地下水类型有孔隙水、裂隙水、岩溶水四类，地下水分区见图 13－2；各类地下水特征分述如下：

（1）孔隙水。

孔隙水按赋存条件分为潜水和承压水。

第四系潜水普遍分布，地下水位受地形起伏和地层的分布及变化影响，局部受地下水开采或工程降水的影响，起伏较大。含水层主要为粉土、砂类土及圆砾、卵石层，在北市区及盘龙江沿岸，含水层以圆砾、卵石层为主，渗透性强，其与盘龙江有水力联系，地下水位较高，水量大。

第四系承压水主要分布在各主要河流冲洪积扇中、下部，水头高度主要受山区基岩潜水水位和冲洪积扇顶部潜水水位控制，卵石、圆砾和砂类土等粗颗粒地层被若干隔水层分隔，形成多层承压水。部分含水层局部地段因隔水层分布的变化或受地下水开采影响，地下水位低于含水层顶板，形成层间潜水。

（2）裂隙水。

裂隙水为富水性较弱－弱含水层组，主要分布于南部山地。裂隙水主要为风化裂隙水，地下水赋存于浅部风化裂隙中。

（3）岩溶水。

岩溶水为富水性较强含水层组，包括二迭系茅口组灰岩及石炭系中上统灰岩，主要分布于场地北部和南部地区，岩体节理裂隙发育，岩溶发育较均匀，以溶隙为主。

1.松散岩类孔隙水；2.碳酸盐岩岩溶水；3.基岩裂隙水；4.水域面；5.地下水类型分界线；6.断层；7.流域边界

图 13－2 昆明盆地地下水类型分布图

4.2 地下水补径排关系

上层滞水水量较小，主要接受大气降水、灌溉水、盘龙江等河流流水、生活废水和自来水、雨水、污水等地下管线漏水垂直渗漏补给。在不同地段含水层的渗透系数相差较大，补给方式和补给量相差悬殊。排泄方式为蒸发、向下补给潜水和人工抽降地下水。

第四系潜水总体径流方向为由北向南、由东向西方向运动。接受大气降水、灌溉水、盘龙江等河流流水和上层滞水的补给，排泄方式为径流、侧向补给及垂直补给。

第四系承压水补给以径流和越流为主，排泄以侧向径流和人工抽取地下水方式为主。径流总体方向指向冲洪积扇下游或人工抽取地下水形成的地下水漏斗中心。

裂隙水一般埋藏浅，径流距离短，没有大量汇集排泄条件，接受大气降水渗入补给后，在地形低洼处以小泉水或片状散流形式排泄；风化裂隙水动态变化较大。

岩溶水补给主要为大气降水和地表河水，由北东向南西径流、排泄。

4.3 地下水动态

昆明地区地下水以孔隙水为主，盆地边缘分布少量基岩裂隙水和岩溶水；孔隙水按赋存条件分为上层滞水、潜水和承压水。

上层滞水的水位随季节的变化而变化，受大气降水、灌溉水、河流流水及管道渗漏的影响，变化与赋存区域的环境关系密切，没有明显的变化规律。

潜水的动态与大气降水关系密切，每年6—9月份为大气降水的丰水期，地下水位自6月份开始上升，9—10月份达到最高水位，随后逐渐下降，次年5月底达到最低水位，平均年变幅约为1～5m。

承压水的动态变化比潜水稍有滞后。

5 特殊地质条件

5.1 不良地质作用

昆明市不良地质作用主要有岩溶、有害气体。

（1）岩溶。

岩溶在我国是一种相当普遍的不良地质作用，在一定条件下可能发生地质灾害，严重威胁工程安全。

岩溶塌陷的形成受两方面因素控制。一是自然因素，塌陷区上覆松散层厚度小，下伏碳酸盐岩岩溶化程度高；二是人为因素，人类工程建设对松散层结构的破坏、开采地下水造成的水位波动、地面工程和生产活动引起的振动、地面建筑物加载等，是近年来诱发岩溶塌陷的主要因素。发生岩溶塌陷的地方常伴生地面沉降、地面开裂和塌陷地震现象。

昆明因其优越的自然地理条件及丰富的资源，成为当地的政治、经济、科技和文化中心。近年来，随着昆明城市发展及人口增长，滇池流域生态环境遭到破坏，使昆明市的缺水状况更加严峻。

昆明的岩溶塌陷多发生在盆地底部沉积平坝区边缘浅覆盖型岩溶含水层分布区，上覆地层为全新统冲积相地层，岩性主要为黏土、砂质黏土夹中细砂，厚度大多小于30m，下伏基岩为石炭、二叠及寒武系纯碳酸盐岩，岩溶化程度高，地下多发育溶蚀孔隙及溶洞。岩溶塌陷形成的时段多在雨季或地下水抽汲、疏干强度较大及人为工程活动较剧烈时。

（2）有害气体。

空气主要由氧气和氮气组成，且能够流动，处于开放系统，地表空气中各种气体体积分数基本不变。但由于局部条件的变化，如在相对封闭的地下洞室，空气流动性差，导致各种气体成分变化，超过正常值，当达到一定量时就会给人类带来危害。

地铁施工所遇到的有害气体亦称为浅层生物气、沼气，其形成必须具备三个必要条件，一是丰富的有机质，二是相对密封的地质环境，三是地层具有一定的储存空间。

昆明地区在第四纪地壳抬升运动中，滇池水面经历了萎缩和湖沼发育等过程，在这一过程中，大量有孔虫及动植物化石碎屑经历近万年的地质历史过程，沉淀堆积，随后被水和泥沙覆盖起来并与空气隔绝，在厌氧菌的作用下分解发酵，伴随着一定的温度和压力，这些生物的残骸变成泥炭，同时产生气态产物。

5.2 特殊性岩土

昆明市揭露的特殊性岩土主要有软土、红黏土、膨胀土等。

（1）浅层软土。

1）软土成因及分布。

昆明盆地经历了上新世、早更新世、中更新世及晚更新世四个时期的地质运动和地质沉积阶段，山间槽谷形成，滇池水面先后扩张和后退，造成湖生动植物遗体大量堆积，河流沼泽发育，滇池湖面在后退过程中由于冲积淤填而变浅，出现了宽广的三角洲平原、滨湖滩及湖湾，这些地带的低凹沼泽湿地及湖水浸没地区是良好的软土生成环境。昆明盆地浅层软土按沉积规律形成了相应的湖相沉积、沼泽沉积（沼泽相和泉沼相沉积）、河滩相沉积（牛辘湖相及河漫滩相沉积）等三大类五亚类成因类型的软土，见图 13 –3。

2）软土分类。

①湖相沉积软土。

这类土体是晚更新世以来，湖面在缩小的过程中形成的湖相堆积物，其堆积范围土要集中在昆明马街梁家河小板桥 – 呈贡 – 晋城 – 晋宁一线向滇池一侧的广大区域，该土层主要赋存于距地表 30m 深度范围内呈浅绿、褐灰色及深灰色粉细砂土层的中上、顶部。其顶板埋深一般在0 ~10m，层厚 3 ~5m，呈层状展布，局部地段呈夹层或透镜状，属裸露 – 埋藏型软弱土体。

这类软土岩性呈黑褐一褐黑色，有机质含量极高（平均约 34%），具粗、细纤维状、球状、架空、蜂窝状结构，并有弹性，风干后吸水量大. 植物残体大量保存（以芦苇为主），有机物纤维大于 15%，总腐殖酸大于 30%，呈软一流塑状，松软欠固结，高压缩性，在中低应力条件下，其强度偏高，[R] 值一般小于 40kPa，其物理力学性质见表 13 –6。

②沼泽沉积（沼泽相及泉沼相）软土。

沼泽相沉积软土：

这类软土形成于上述湖相沉积区以外的滨湖地区及一些低凹沼泽湿地，这类软土主要分布于昆明市西北及北区（如图 9 示），其中以北区②地段面积最大。该软土层主要赋存于黏性土、粉砂、细砂或碎石类土层中，其顶板埋深一般为 0.5 ~16m，层厚 0.5 ~4m，多呈层状（图12 –3中②地段以层状分布为主）、鸡窝状、透镜状分布，属埋藏型软弱土体。该土体岩性呈灰黑、黑色，有机质含量较高（一般在 5% ~20% 之间），呈软 – 流塑状，饱和松软，压缩性高，强度低，[R] 一般小于 40kPa，最大不超过 100kPa。其物理力学性质指标见表 13 –6 沼泽相沉积淤泥类土示。

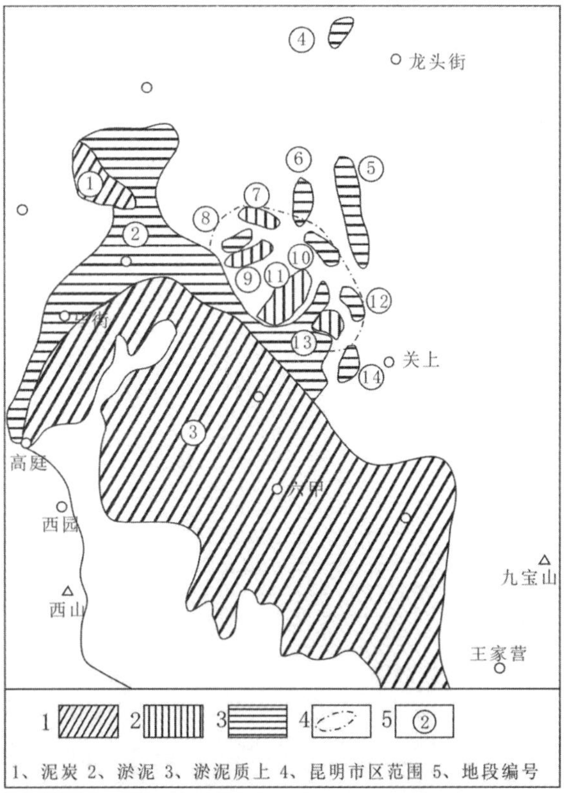

图 13 –3　昆明市区淤泥类土分布示意图

泉沼相沉积软土：

这类软土是在低凹谷地的微地貌条件下，有泉水溢出，排泄不畅，地下水很浅，造成过湿积水，导致喜湿植物的大量繁殖，使不断死亡积累的大量植物残体得不到完全分解而形成的。它主要分布于昆明西北部海源寺（如图 13 –3中硬块段软土）及中部的翠湖（因面积太小，在图 13 –3 中未能表示出来，故省略）

等地。该软土层主要赋存于黏性土、粉细砂或砾石类土层中，其顶板埋深约 3 ~ 10m，层厚 1 ~ 4m，多呈层状、透镜状分布，属埋藏型软土。

该土层工程性质与上述湖相沉积软土性质基本一致。

③河滩沉积（牛扼湖相及河漫滩相）软土。

昆明盆地内地势总体上比较平缓，许多河流具曲流河形态，在古河道及现代河床两岸的河漫滩，河流截弯取直形成的牛辘湖形成了相应的淤泥类软土堆积。其岩性主要呈灰黑、黑色，有机质含量较高（5% ~10%），呈软 - 流塑状，饱和松软，压缩性高，强度低，［R］一般小于 100kPa，其物理力学性质指标见表 13 - 6 示。

表 13 - 6　昆明市不同成因软土的物理力学指标表

软土成因	含水量 w（%）	重度 γ（kN/m^3）	液限 W_L（%）	孔隙比 e	液性指数 I_L	压缩系数 a_{1-2}（MPa^{-1}）	黏聚力 C（kPa）	内摩擦角 φ（°）	有机质含量 w_u（%）	渗透系数 K（m/d）
湖相沉积（泥炭质土）	209	12.7	131	3.7	1.6	3.54	23	7	34	0.0001
沼泽相沉积（淤泥）	178	14.5	93	3.1	1.5	3.05	18	4	13	0.004
沼泽及河滩相沉积（淤泥质黏土）	51	17.9	51	1.4	1.1	2.77	17	10	8	0.04

该类土体分布很不稳定，多呈夹层或透镜体分布于古河道及现代河床两岸（因其分布面积小且不稳定，故在图 13 - 3 中未能表示出来），由于其工程地质性质较差，分布很不稳定，在勘察中可能被疏忽，容易造成工程建筑的变形开裂，昆明盆地沿河道（包括古河道）两岸修筑工程建筑时应注意这类软土的危害。

3）软土物理力学指标，见表 13 - 7。软土有机质含量见量 13 - 8。

表 13 - 7　昆明市软土主要物理力学指标表

土层名称	含水量 w（%）	液限 W_L（%）	孔隙比 e	液性指数 I_L（%）	压缩系数 a_{1-2}（MPa^{-1}）	压缩模量 Es_{1-2}（MPa）	黏聚力 C（kPa）	内摩擦角 φ（°）	灵敏度 S_t
软黏土	30 ~ 72	34 ~ 48	0.76 ~ 1.20	0.69 ~ 1.28	0.49 ~ 2.04	1.38 ~ 4.69	2.9 ~ 40.1	1.4 ~ 18.3	2.69 ~ 6.79
淤泥质黏土	42 ~ 89	30 ~ 60	1.10 ~ 2.69	080 ~ 1.45	0.56 ~ 3.00	1.6 ~ 3.81	1.0 ~ 32.7	1.0 ~ 19.1	2.78 ~ 9.9
有机质黏土	40 ~ 171	63 ~ 86	0.86 ~ 3.46	0.72 ~ 2.86	0.52 ~ 3.01	1.3 ~ 4.61	2.2 ~ 36.4	6.0 ~ 17.3	1.86 ~ 6.89
泥炭质土	101 ~ 358	56 ~ 314	1.6 ~ 6.03	0.75 ~ 2.88	0.97 ~ 9.97	0.7 ~ 2.7	5.8 ~ 38.6	1.0 ~ 16.9	2.2 ~ 8.3

表 13 - 8　昆明市软土有机质含量表

土层名称	有机质黏土	泥炭质土	泥炭	淤泥	淤泥质黏土
有机质含量 w_u（%）	6.85	38.7	52.6	5.5	4.5

（2）红黏土。

1）红黏土成因。

昆明红黏土多数是由石灰岩在亚热带高原季风型温湿气候的影响下，经化学、物理风化作用形成。其形成主要经过两个阶段：第一阶段为碎屑化和红土化作用的准备阶段，在化学风化主导作用和物理风化的辅助作用下，母岩风化破碎，经地下水的溶蚀淋滤作用，碳酸盐矿物大量分解迁移，硅、铝显著分离，出现大量硅 - 铝酸体氧化物，形成一些黏土矿物，含大量易溶解的二价铁，风化产物为黄、灰白色或杂色的黏性土；第二阶段为红土化阶段，岩基成分基本淋失，形成大量的以伊利石、高岭石为主的黏土矿物，同时形成大量的三价氧化铁和少量的三水铝石矿物，风化产物为棕红、褐红色黏性土为主。

2）物理力学特征。

昆明红黏土地表出露特征表现为：颜色呈棕红、褐红、褐黄、土黄色，具有上硬下软的特征。地表土体多数处于坚硬状态和半坚硬状态，下部土体常处于可塑至软塑状态。土体中网状裂隙发育。该土体物理指标特征见表 13－9。

表 13－9 昆明市红黏土的物理力学指标表

	含水量 w（%）	液限 W_L（%）	塑限 W_P（%）	液性指数 I_L	塑性指数 I_P	比重 Gs	孔隙比 e	压缩系数 a_{1-2}（MPa^{-1}）	压缩模量 Es_{1-2}（MPa）	黏聚力 C（kPa）	内摩擦角 φ（°）	渗透系 K（m/d）	承载力（kPa）
范围值	24 ~ 80	50 ~ 80	30 ~ 45	0.1 ~ 0.5	20 ~ 25	2.76 ~ 2.96	0.9 ~ 1.8	0.1 ~ 0.5	3.0 ~ 10.0	10 ~ 90	10 ~ 30	0.8×10^{-4} ~ 1.0×10^{-3}	120 ~ 180
平均值	45.9	61.7	38.6	—	22	2.86	1.47	—	—	—	—	—	—

昆明红黏土还具有弱膨胀性、强收缩性，浸水后多数红黏土表现出弱膨胀性，自由膨胀率一般为 43% ~56%。失水后原状土的体缩率一般为 11% ~23%，扰动土的体缩率高达 43%。

3）分布。

昆明市红黏土主要分布在东部和北部的广大地形平缓地区，西部分布较少，南部的广大冲湖积平原区内无红黏土分布（见图 13－4）；从地貌上看，红黏土基本上分布于滇池盆地边缘，连续分布。红黏土厚度随岩体表面起伏而发生较大变化，分布于晋宁中低缓坡地段的大面积红黏土，埋深较浅，且厚度较小，一般厚度为 8 ~20m；西部地形较陡地区红黏土埋深较大，厚度也较大，部分地区厚度为 25 ~35m。

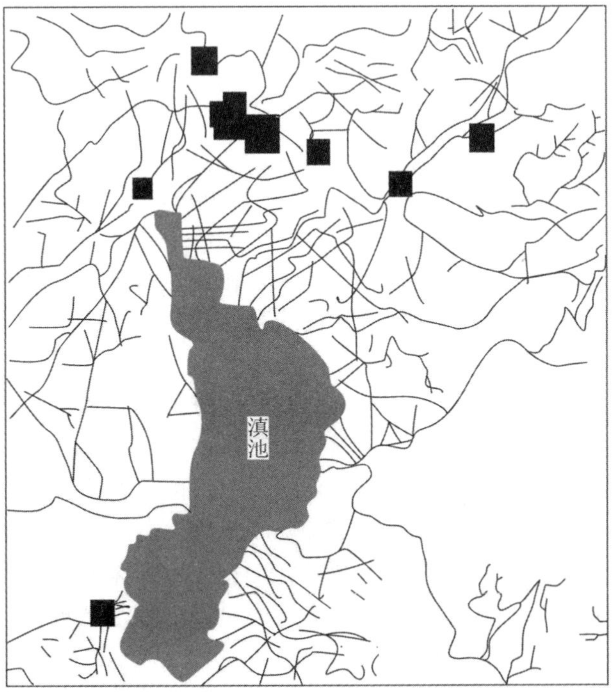

图 13－4 昆明市红黏土分布示意图

注：黑色区域为红黏土分布区

（3）膨胀土。

1）成因。

昆明城市膨胀土为古近系和第四系坡残积黏土，由含钙的泥质岩类经强烈风化、短途或未经搬运形成。岩芯切开后其颜色鲜艳复杂，以黄色和红色条带为主色，夹杂褐色、灰白等条状斑，切面结构致密细腻（类似于光滑镜面），土质坚硬。其组成物质以伊利石（70%）、蒙脱石（接近30%）为主，高岭石成分极少，薄片镜下伊利石呈隐晶质纤片状定向排列，另见有少量绢云母、氧化铁等。

2）物理力学特征。

昆明膨胀土一般出露于地貌形态简单的浑圆状缓坡山丘区，其工程特征为失水后相当坚硬，手难折断，浸水后很快成为散状、崩解极为迅速，硬塑－坚硬，含水量与塑限相当，塑性指数>20，自由膨胀率40%～82%，收缩变形为其主要标志，线缩率接近10%，弱－中等膨胀潜势。见表13－10。

表13－10　昆明城市膨胀土主要物理力学性质指标范围值

成因类型	含水量 W（%）	液限 W_L（%）	塑限 W_P（%）	塑性指数 I_P	自由膨胀率 δ（%）	线缩率 δ（%）	收缩系数 λ	50kPa压力下膨胀率 δ	膨胀力 P（kPa）
坡积土	23～53	36～83	25～51	12～37	21～82	2.0～12.5	0.14～0.65	－2.3～0.2	0～50
残积土	28～85	37～88	24～58	12～38	14～78	2.3～11.3	0.08～0.49	－0.37～0.3	0～40

3）分布。

昆明城市膨胀土主要分布于西部和东部缓坡残丘区域，西部以安宁市草埔镇（老工业区）为典型分布区，东部一般分布于大阪桥、大石坝、干海子区域。

6　城市轨道交通主要工程地质问题

6.1　盾构法施工存在的工程地质问题

（1）盾构穿越岩溶区易引起的围岩变形及较大的地面沉降。

岩溶区溶、土洞发育强烈，溶洞中富含水、沙，盾构施工很容易掘穿溶洞，引起涌水、涌沙和坍塌，造成土体固结沉降和地面沉陷；另外盾构在正常掘进过程中，造成隧道周围围岩变形，应力释放也是引起沉降的重要原因。同时，围岩的径向位移及其释放率在有溶洞存在时有增大趋势，且随溶洞尺寸增加而增大。

地铁隧道工程施工在穿越岩溶地层时，若不能对溶洞进行妥善处理，由于部分溶洞富含泥水混合物，可能与周边水系连通而存在承压水，将对施工安全造成严重影响；若处理不当，亦会导致地基承载力不足、局部地基滑动和塌陷、不均匀沉降，对以后的工程安全运营造成极大影响。

首先，合理地利用TSP、超前钻探、地质雷达超前地质预报技术探测出岩溶的位置、发育状况，为岩溶段的施工和处治提供依据；其次，隧道施工过程中需采用地质综合超前预报，结合地表降水和注浆的方法探查和控制岩溶水，并及时在隧道内对岩溶进行处理。

（2）盾构进出洞口需进行围岩加固。

盾构工程中，进出洞口边的土体有两个方向临空面，只考虑静荷载的情况已经是最不稳定状况了；软弱土层及饱和砂土地层中，很容易产生涌水、涌砂等现象；破洞门时的振动较大，对土体的扰动非常大；同时软土强度较低，很难承受盾构机进洞口时的巨大推力，易造成地表隆起或过量沉降；在盾构机到达出洞口时，由于地层卸压，对于稳定性较差的软土很容易发生塌方；上述问题均严重影响盾构施工的安全；故在盾构进出洞口时必须采取切实可行的加固措施。

可采用深层搅拌、压密注浆、化学注浆、冻结法等地基加固措施，但地基加固后的土体强度均匀性差，特别是在软土地层中尤为突出，所以必须加强检测，使加固土体的强度及其均匀性、加固范围等，均符合加固设计的标准。

（3）软土可导致盾构开挖面失稳、产生过量沉降。

昆明市普遍存在淤泥、淤泥质土、泥炭质土等软弱土，具有高含水量、高压缩性、低强度，高灵敏度等特点，具较明显的触变、流变特性，土层的流动易造成开挖面失稳。

盾构施工中，匹配好土仓压力、推进速度与出土量这三项施工参数，能有效减少盾构的偏移和旋转，减小盾构推进对地表沉降的影响；在盾构施工中要根据不同土质和覆土厚度、地面建筑物，结合监测信息的分析，及时调整平衡压力值的设定，保持平稳的推进速度，减少对土体的扰动。

管片脱出盾尾后，在管片与土体之间将产生空隙，若不及时注浆，土体很快就塌落到空隙内，产生较大沉降，因此，盾尾同步注浆是控制地表沉降的重要手段之一。同时根据推进速度、出土量和地层变形的监测数据，及时调整注浆量，从而将轴线和地层变形控制在允许的范围内。但土质较软时，注浆压力不宜过高，否则会对地层产生较大的扰动，增加后期沉降甚至破坏管片。

（4）软硬复合地层易导致盾构偏离线路。

软土层中夹有砂砾石层，而砂砾石层中又夹有软土层或透镜体，这种软硬相间和互层、高压缩性土与低压缩性土相交错的复杂土层结构，是昆明城市软土有别于于其他地区软土特性的典型特征所在。

盾构掘进时由于砂砾石层强度高，掘进速度慢，长时间原位转动刀盘对软弱围岩的扰动大而使其失稳，且刀盘顶部地层易被掏空，上部地层将形成以刀盘为中心的漏斗状塌空区，强行掘进可能会导致地面出现坍塌，应采取有效的措施对软弱地层进行必要的加固处理，增强地层和地面的自稳能力。在掘进过程中适时向盾壳外部注入膨润土减小阻力的同时，通过不间断的监控量测手段，适时调整掘进参数。

（5）盾构机在红黏土区易造成泥饼及地表隆起。

昆明市红黏土平均塑性指数达22，黏粒含量相当高，盾构施工中易产生因粘着造成盾构设备或管路堵塞，使开挖难以进行；另外其渗透性较低，压力设定不适当易造成地表隆起甚至冒浆、泥水后窜。

施工中尽量使用齿刀刮刀刀具，增大刀盘开口率，增加刀具对地层的撕裂效果；加扩散剂，降低泥浆黏度－勤换泥浆；实时监测，如发生堵塞刀盘情况，立即处理。

（6）有害气体在盾构施工中可导致人员中毒及机械爆燃。

昆明地质构造为有害气体的形成提供了良好的形成和储藏条件，盾构施工过程中，有害气体可从盾构头部、刀盘接缝、盾尾间隙及管片接缝处等进入隧道，当从土层中溢出到隧道内的有害气体浓度到达一定界限值后，不但会造成人员中毒，甚至发生火灾、爆炸等严重事故，造成重大财产损失和人员伤亡等灾难性后果。盾构机例行开仓检查时，将造成人员中毒伤亡甚至机械爆燃等安全事故。

对有害气体的防范贯彻于前期勘察、施工建设期及运营期全过程。研究其来源，并尽量避开有毒气体地区。若无法避让，应对地下洞室有毒气体进行检测及保持良好的通风，并在结构设计上给予足够的重视。

针对含有害气体的场地，可在结构施工前进行预处理。

针对排气的难易程度，排气可分为单孔排气和双孔排气。应采取探杆端头的钻孔多而密，且钻孔口径应尽可能小，同时滤网应采用纹路细密，并在出气口处增设节流阀和减压阀，可调节排放的压力和流量，做到有控放气。

有害气体释放时应进行补充注浆，回填因放气而造成的地层损失，同时还应对周边建（构）筑物及地下管线进行监测。

（7）厚层填土易引发盾构区间地表隆起或喷浆。

填土堆积时间短，密实度差，当存在厚层填土时，填土的空隙使土层压力突变，破坏盾构机的压力平衡，可能造成漏气、喷发（当采用气压盾构时），造成地面沉降或隆起，或管片背后注浆的浆液沿填土的空隙喷出地面。

勘察阶段需查明填土坑的范围、填土的成分及密实度，施工前需对厚层填土进行注浆加固处理。

6.2 明挖法施工存在的工程地质问题

基坑土体开挖改变了地基中应力场和渗流场，引起地基土体的变形和位移。地基土体的变形和位移往往对邻近基坑工程的建（构）筑物、地下管线和道路等造成不良影响；基坑工程施工扰动对环境的影响如不能得到很好控制，不仅会影响基坑工程施工，而且还会影响生命和财产的安全。

（1）软土可引发支护结构变形、基坑失稳及周边地面变形等。

饱和软土深基坑可能遇到的岩土工程问题有以下三个方面：

1）由于开挖临空和卸载而引起的边坡土体和支护结构变形、基底隆起或整体失稳；

2）由于开挖造成地下水水力坡度陡降使得地下水从侧壁涌出而产生涌水和流土，或者由于承压含水层上伏不透水层的揭穿而造成坑底管涌和冒砂；

3）由于前两方面原因造成基坑周边地面（或地下）的变形，甚至破坏。

由于软土具有压缩性高、强度低和结构灵敏性高的特点，进行深基坑开挖后会产生主动土压力大，被动土压力小，基坑周边和坑底土体会产生较大的变形，土体中剪应力集中的部位易形成剪切滑移面，导致坑周土体滑动，当滑动面绕过支护结构底端时，周边土体滑移又直接导致了坑底的隆起。土体变形可造成支护体系失稳甚至破坏。

应对措施：

1）深厚软土深基坑支护结构设计时，要求嵌入深度除满足结构本身稳定需求外，还应就坑底隆起、支护结构变形、整体稳定性进行验算，防止整体失稳现象发生。

2）由于软土主动土压力系数很大且主动土压力与基坑开挖深度的平方呈正比，基坑挖土顺序和挖土速度对基坑围护体系受力和稳定性有很大影响，故应严防超挖现象，分段及时浇筑垫层，以避免人为因素造成支护结构的失稳和坡顶位移过大。

3）对于存在的被动土压力，对坑底应进行必要的加固或进行抽条加固。

4）基坑围护结构设计应方便施工。

（2）膨胀土对明挖施工的影响。

1）胀缩性。膨胀土吸水后体积会加速膨胀，使其上面的建筑物或道路路面隆起，如果膨胀过程中受阻会产生膨胀力；失水后体积会收缩，造成土体的开裂，并使其上面的建筑物下沉。

2）崩解性。膨胀土吸水后体积膨胀，在无侧限的条件下则吸水湿化，发生崩解。

3）超固结性。膨胀土的超固结特性，使土体中储存有较高的初始应力。当基坑土体开挖后，随即会引起土体超固结而造成应力释放、强度降低，产生卸荷膨胀；并常在坡脚形成应力集中区和塑性区，容易使边坡被破坏。

4）裂隙性。膨胀土的中发育有各种形态的裂隙，形成土体的多裂隙性。膨胀土的裂隙将土体分割成具有一定几何形状的块体，破坏了土体的完整性。由于反复的吸水膨胀、失水干缩，反复周期性变化，导致土体结构松散，而结构的松散使得雨水进入，又为膨胀创造了条件，容易造成土体崩塌。

5）风化特性。膨胀土受气候因素影响，极容易产生风化破坏作用。基坑开挖后的土体在风化作用下，很容易产生碎裂、脱落和泥化等现象，使土体强度降低，破坏土体结构，造成边坡失稳，从而影响基坑稳定性。

6）在基坑施工过程中，由于基坑施工是露天的，边坡位置土体含水量会发生变化，造成膨胀土变形加剧，容易在基坑边坡部位形成浅层滑坡，从而造成基坑边坡垮塌。因此，基坑施工过程中应采取有效措施，防止基底和边坡土体遭受长时间暴晒、风干、浸水。

应对措施：

1）围护结构计算时需要考虑膨胀土的膨胀力作用，膨胀力作为一种活荷载，参与荷载组合。内支撑轴力及结构抗浮计算时要考虑膨胀力的不利影响。

2）受膨胀土影响的基坑，围护结构宜采用钻孔灌注桩（地下连续墙）+内支撑支护（锚索）体系。不宜采用土钉墙支护及放坡开挖。对于需要放坡开挖的基坑，边坡坡率宜小些。

3）基坑施工前完成场地土方、挡土墙、护坡、排水沟等工程，使排水畅通，护坡稳定。施工时要妥善处理施工用水，并采取相应措施避免管网漏水，避免内在隐患。同时，车站结构施工宜快速作业，防止基槽开挖后长时间地暴晒或浸泡。对于建筑工地上用水量较大的临时生活和生产设施，如临时水池、洗料场、搅拌站等应远离基坑边，距离应大于1H（H为基坑深度）。同时应做好相关排水设施，使施工临时用水不能够流入基坑。

4）基坑施工时宜选择在旱季进行，开挖后应及时施工主体结构；防止基底和边坡土体遭受长时间暴晒、风干、浸水。基坑周边地面应采取有效的防水、排水措施；顶部做截水沟，做好地面排水工程，使排水畅通，同时硬化地面，以防止地表水渗入土体。

5）对基坑还要严格封闭，防止蒸发失水引起膨胀土干裂收缩；围护结构采用钻孔灌注桩+内支撑支护体系时，桩间应及时挂网喷射混凝土，防止大气影响。

6）基坑开挖应避免大面积全面展开，开挖应采用分区层、分阶段的快速作业法进行，施工期间不得使基坑暴晒浸水。基坑挖土接近基底设计标高时，在其上预留150~300mm土层，待下道工序开始前继续挖除。对开挖到位部分立即用不小于200mm厚C20混凝土垫层进行封闭。

7）基坑的开挖、结构的施工和基坑回填等应连续进行，并应避免在雨天施工；特殊条件下需要雨季施工时，应采取雨季施工措施。

8）基坑回填时必须使用非膨胀土来做土料，严禁使用膨胀土。回填土料应符合设计要求。如无特殊要求时，宜选用非膨胀性土、弱膨胀土或掺有适当比例的石灰及其他松散材料的膨胀土。

9）地铁基坑应采用信息化施工，做好必要的监测工作，对周围土体、地表沉降、桩身、支撑轴力及基坑位移等及时观测并做好可能出现的事故预案。

（3）基坑坑底在承压水作用下隆起和管涌。

昆明地区局部存在承压水，如果开挖至坑底时坑底承压水上覆土层重力不能够抵抗作用于不透水层的水头压力时，基坑底会突然出现过大隆起，同时会伴随出现围护墙体变形、墙体踢脚及墙后土体沉降等的突然增大。这是坑底在承压力作用下破坏的典型征兆，如果不及时采取措施可能造成基坑失稳事故。

应对措施：

如果基坑的抗承压水稳定性不能满足要求时，应打设降压井降低承压水水头，直至满足基坑抗隆起稳定要求。基坑应根据围护与承压水层关系确定降压井打设的位置，尽量减小降水对周边环境影响。当然防止坑底隆起和管涌的关键在于围护结构的防渗帷幕墙，要连续封闭和有足够的入土深度、可靠的施工质量。

基坑开挖过程中也采取减压井减压的措施防止坑内隆起，但是有可能基坑范围内存在击穿承压水层废弃井或者地质探孔等，开挖过程中会出现涌水，可采取钢护筒在原位造降水井，抽水减压，稳定住水位不影响下道工序施工。待主体结构混凝土施工完成后，再封井的处理方法。

6.3 矿山法施工存在的工程地质问题

（1）矿山法施工在软土中的问题。

造成的掌子面失稳、过量沉降和变断面等特殊部位的坍塌，软土的流变性、触变性很容易导致开挖面失稳和洞顶超挖，导致过量沉降，变断面部位的坍塌。

施工前对隧道顶部采用管棚及小导管注浆加固，或采用冻结法加固。

（2）暗挖法在膨胀土层中的问题。

膨胀土的超固结特性，使土体中储存有较高的初始应力，当隧道开挖后，引起围岩应力释放，强度降低，产生卸荷膨胀，产生较大的塑性变形；同时膨胀土围岩具有强度与变形的各项异性和随时间的衰减性、吸水膨胀、失水收缩的特性，导致围岩初期变形大、围岩压力增大等现象。

应对措施：

1）膨胀土围岩隧道在开挖过程中或过程后，周边土体容易向洞内膨胀突出，导致初期支护变形及局部失稳，必须加大初期支护刚度，以抵抗膨胀土开挖初期产生的膨胀力，控制初期支护变形，将隧道围岩监控量测纳入工序管理，注意设计是否合理。

2）采取临时支护技术，早封闭成环，尤其需要对中下台阶钢架接头处的自由端进行必要的约束。

3）采取小导管超前支护技术，由于超期支护施做后会对开挖轮廓线内侧的土体产生扰动，易造成超挖，因此超前支护按照钢架间距每榀施做，小导管外插角要严格按照设计要求施做。

4）膨胀土隧道围岩应力释放是导致隧道塌方的主要原因，采取合适的开挖方式最为重要。可选择三台阶开挖，上台阶开挖先预留核心土，避免了围岩长时间暴露，能够较好地控制膨胀土开挖面的应力释放，待中台阶开挖前挖出核心土设置上台阶临时仰拱，中、下台阶采用交错开挖支护，支护完成后立即施做临时横支撑，能有效减少隧道中下台阶及仰拱开挖过程中导坑的下沉量。当后续工序滞后或因安全距离超标等原因造成暂停施工时，应及时封闭掌子面。

5）立钢拱架之前，要严格控制隧道中线，当拱架与初喷之间存在空隙时，必须采用同几倍的喷射混凝土回填密实，必要时应在处置拱顶预留注浆孔，进一步回填密实钢架背后的空隙。

6）由于膨胀土对水的敏感性，必须严格做好防水、排水处理；严格控制施工用水管理，防止积水浸泡隧道拱脚、边墙和基底；洞外地下水应集中引排，不能造成漫流或散流，流水槽不能设在边墙附近，槽下应铺设防水材料，防止下渗软化土体。

（3）有害气体可导致人员中毒。

有机质含量高土层易含有害气体，隧道施工开挖时，隧道内的有害气体浓度到达一定界限值后，不但会造成人员中毒，甚至发生火灾、爆炸等严重事故，造成财产损失和人员伤亡等灾难性后果。

对可能存在的有害气体的场地，可在结构施工前进行预处理。

6.4 降水施工的工程地质问题

（1）降水引起的地基土变形及地层塌陷。

昆明地下水位较高，对城市轨道工程施工有直接影响，大量抽取地下水对水，将使土层产生固结，引发不匀均沉降及地基土的变形，严重时可引发地层塌陷，同时对水资源也是一种浪费，应做好回灌措施。

（2）对周围结构物及地下构筑物影响。

降水会造成地层压密，产生固结沉降，当产生的附加沉降超出建筑物及地下构筑物的容许变形范围，使建筑物和地下构筑物产生破坏，影响正常使用，严重时可能危及其安全。

需加强既有建构筑物的监测，采用信息化施工，及时发现问题。

参 考 文 献

［1］胡剑功，徐国民，卢宗明，吴道明．昆明城市特殊性土的工程地质问题［J］．工程地质学报，1004－9665/200816（Suppl.）－0634－05.

［2］张慧颖，张云淑，彭玉林，等．昆明红黏土的基本特征及工程效应影响机理的探讨［J］.

云南农业大学学报，2007，22（4）.

［3］张静，陈剑平，王清. 昆明红黏土工程地质性质研究［J］. 工程地质学报，004－9665/2006/14（Suppl.）－0082－04.

［4］姜朝松，周奇瑞，胡耀雄. 昆明盆地的地质构造特征［J］. 地震研究，2003，26（1）.

［5］符必昌，黄英，李琴书，等. 昆明盆地浅层软土成因及工程地质分类研究［J］. 昆明理工大学学报，2000，25（5）.

［6］彭淑惠，王宇，张世涛. 昆明岩溶断陷盆地的环境地质问题及治理［J］. 地质灾害与环境保护，2008，19（2）.

［7］梅稚平，肖扬，李洪强，等. 水电工程地下洞室有害气体成因及防治措施［J］. 隧道建设，2010，30（6）.

兰州市

1 自 然 地 理

1.1 地 理 位 置

兰州市位于北纬 36°03′，东经 103°40′，依黄河而建，世界地理版图的几何中心，黄河自东西穿城而过，是唯一一个黄河穿越市区的省会。由于南北两山夹峙地形的影响，市区东西狭长，约 30km，南北最窄处，仅 5km 左右。

1.2 气　　象

兰州属中温带半干旱大陆性季风气候。总的特征是气候干燥、降水量少、蒸发强烈、温差大、日照时数长，四季分明，春秋适宜，夏热多雨，冬寒干燥。多年平均降水量仅 287.6mm，在一年内分布不均衡，主要集中在 7—9 三个月。据兰州市气象资料，兰州城区的主要气象指标如下：

表 14－1　兰州市主要气象指标

<table>
<tr><td>地理位置</td><td>N 36°03′ E 103°53′</td><td>高程</td><td>1517.2</td><td>建站时间</td><td>1951.1</td></tr>
<tr><td>代表里程及地点</td><td colspan="5">1 号线全线</td></tr>
<tr><td colspan="3">数值及统计年限</td><td>数 值</td><td colspan="2">统计年限及出现时间</td></tr>
<tr><td colspan="3">气压（mb）（年平均）</td><td>848.3</td><td colspan="2">1998—2007 年</td></tr>
<tr><td rowspan="6">气温（℃）</td><td colspan="2">年平均</td><td>11.1</td><td colspan="2">1998—2007 年</td></tr>
<tr><td rowspan="2">极端</td><td>最高</td><td>39.8</td><td colspan="2">2000—07—24</td></tr>
<tr><td>最低</td><td>－21.7</td><td colspan="2">1964—01—27</td></tr>
<tr><td colspan="2">最热月平均</td><td>22.8</td><td colspan="2">1998—2007 年</td></tr>
<tr><td colspan="2">最冷月平均</td><td>－4.6</td><td colspan="2">1998—2007 年</td></tr>
<tr><td colspan="2">最大月平均日较差</td><td>18.6</td><td colspan="2">1998—2007 年</td></tr>
<tr><td rowspan="5">湿度</td><td rowspan="3">绝对 mb</td><td>年平均</td><td>7.7</td><td colspan="2">1998—2007 年</td></tr>
<tr><td>日最大</td><td>27.1</td><td colspan="2">1951—08—14</td></tr>
<tr><td>日最小</td><td>0.3</td><td colspan="2">1963—03—29</td></tr>
<tr><td rowspan="2">相对（%）</td><td>年平均</td><td>52</td><td colspan="2">1998—2007 年</td></tr>
<tr><td>日最小</td><td>0</td><td colspan="2">2007—12—29</td></tr>
<tr><td rowspan="7">降水量（mm）</td><td colspan="2">年平均</td><td>287.6</td><td colspan="2">1998—2007 年</td></tr>
<tr><td colspan="2">年最大</td><td>546.7</td><td colspan="2">1978 年</td></tr>
<tr><td colspan="2">年最小</td><td>168.3</td><td colspan="2">2006 年</td></tr>
<tr><td colspan="2">月最大</td><td>236.2</td><td colspan="2">1959—8</td></tr>
<tr><td colspan="2">日最大</td><td>96.8</td><td colspan="2">1978—8—7</td></tr>
<tr><td colspan="2">一次最大延续时间</td><td>5 天—38.8mm</td><td colspan="2">1991—8—22 ~ 1991—8—26</td></tr>
<tr><td colspan="2">年平均降水日数</td><td>73 天</td><td colspan="2">1998—2007 年</td></tr>
<tr><td rowspan="2">蒸发量（mm）</td><td colspan="2">年平均</td><td>1446.4</td><td colspan="2">1998—2007 年</td></tr>
<tr><td colspan="2">年最大</td><td>1742.8</td><td colspan="2">1998—2007 年</td></tr>
</table>

续表 14-1

<table>
<tr><td colspan="2">地理位置</td><td>N 36°03′E 103°53′</td><td>高程</td><td>1517.2</td><td>建站时间</td><td>1951.1</td></tr>
<tr><td colspan="2">代表里程及地点</td><td colspan="5">1 号线全线</td></tr>
<tr><td colspan="3">数值及统计年限</td><td colspan="2">数　值</td><td colspan="2">统计年限及出现时间</td></tr>
<tr><td rowspan="8">风
(m/s)</td><td colspan="2">平均风速及主导风向</td><td colspan="2">0.9m/s - NE</td><td colspan="2">1998—2007 年</td></tr>
<tr><td rowspan="4">各季平均风速及主导风向</td><td>春</td><td colspan="2">1.2m/s - NE</td><td colspan="2">1998—2007 年</td></tr>
<tr><td>夏</td><td colspan="2">1.2m/s - E</td><td colspan="2">1998—2007 年</td></tr>
<tr><td>秋</td><td colspan="2">0.7m/s - E</td><td colspan="2">1998—2007 年</td></tr>
<tr><td>冬</td><td colspan="2">0.6m/s - ENE</td><td colspan="2">1998—2007 年</td></tr>
<tr><td colspan="2">年平均大风日数（≥8 级）</td><td colspan="2">5.0</td><td colspan="2">1998—2007 年</td></tr>
<tr><td rowspan="2">最大风速及风向</td><td>定时</td><td colspan="2">16m/s - WNW</td><td colspan="2">1972—6—17</td></tr>
<tr><td>瞬时</td><td colspan="2">17m/s - ESE</td><td colspan="2">1959—7—21</td></tr>
<tr><td rowspan="2">雪</td><td colspan="2">降雪初终期</td><td colspan="2">11.4 ~ 4.11</td><td colspan="2">1998—2007 年</td></tr>
<tr><td colspan="2">最大积雪深度 cm</td><td colspan="2">10.0cm</td><td colspan="2">1967—01—30</td></tr>
<tr><td>冻土</td><td colspan="2">最大冻结深度（cm）及初终期</td><td colspan="2">103cm</td><td colspan="2"></td></tr>
<tr><td rowspan="4">其他</td><td colspan="2">平均雾天日数</td><td colspan="2">0.6</td><td colspan="2">1998—2007 年</td></tr>
<tr><td colspan="2">平均沙暴日数</td><td colspan="2">2.1</td><td colspan="2">1998—2007 年</td></tr>
<tr><td colspan="2">平均雷暴日数</td><td colspan="2">20.6</td><td colspan="2">1998—2007 年</td></tr>
<tr><td colspan="2">最大风速风压 kg/m²</td><td colspan="2">16.67</td><td colspan="2">1959—7—21</td></tr>
</table>

1.3 水　　文

兰州市区河流均属黄河干流水系。主要河流有黄河干流及其支流雷坛河、寺儿沟和一些季节性支流西果园沟、黄峪沟、李麻沙沟等。

黄河自宣家沟流入规划区，自西向东穿过兰州市区，于桑园峡流出市区。境内流程近 40 余公里。据兰州水文站多年资料统计，黄河多年平均流量为 $1025m^3/s$（1934 年—2000 年），最大流量为 $4085m^3/s$（1979 年），最小流量为 $219m^3/s$（1979 年）。1987 年以来，由于黄河上游大中型水库的调蓄作用，使黄河流量日趋稳定。多年平均径流量为 $325 \times 10^8 m^3$。黄河多年平均输沙量为 $8312 \times 10^4 t$。

黄河在市区的支流均属季节性的流水河沟。

雷坛河，发源于兴隆山，因上游山林破坏和地下水的大量开采，现已变为季节性河流。多年平均流量为 $13.5m^3/s$，最大流量为 $17.9m^3/s$（1964 年），最小流量为 $11.0m^3/s$（1964 年），雷坛河多年平均输沙量为 $4.86 \times 10^4 t$。

寺儿沟全年绝大部分时间有地表水流，年内流量变化较大，平均流量在 $13.5 \sim 17.9m^3/s$。多年平均流量为 $8.5m^3/s$，最大流量为 $11.9m^3/s$（1964 年），最小流量为 $6.30m^3/s$（1964 年），寺儿沟多年平均输沙量为 $2.78 \times 10^4 t$。

西果园沟是一条季节性沟谷，一般从当年 11 月至翌年 5 月断流，其余均有水流，流量变化较大，据韩家河附近（1984 年）监测资料，流量变化在 $2.9 \sim 856.8m^3/d$。

黄峪沟仅在河子村以上的河段有地表水流，上游河子村以下地表水流全部渗入补给地下水。据刘家堡附近（1984 年）监测资料，其平均流量为 $190.4m^3/d$。

市区其余小型沟谷均为季节性沟谷，遇暴雨产生洪水或泥石流。

1.4 地 形 地 貌

兰州市以黄土地貌著称。兰州市区地势总体而言，南北高而中间低。南部为皋兰山等黄土丘陵，海拔 1700 ~ 2500m；中部为黄河谷地，海拔 1520m 左右；北部为黄土丘陵及低中山，海拔多在 1700m 左右。

根据成因地貌类型及形态特征，调查区地貌可划分为以下三种类型（图 14-1）。

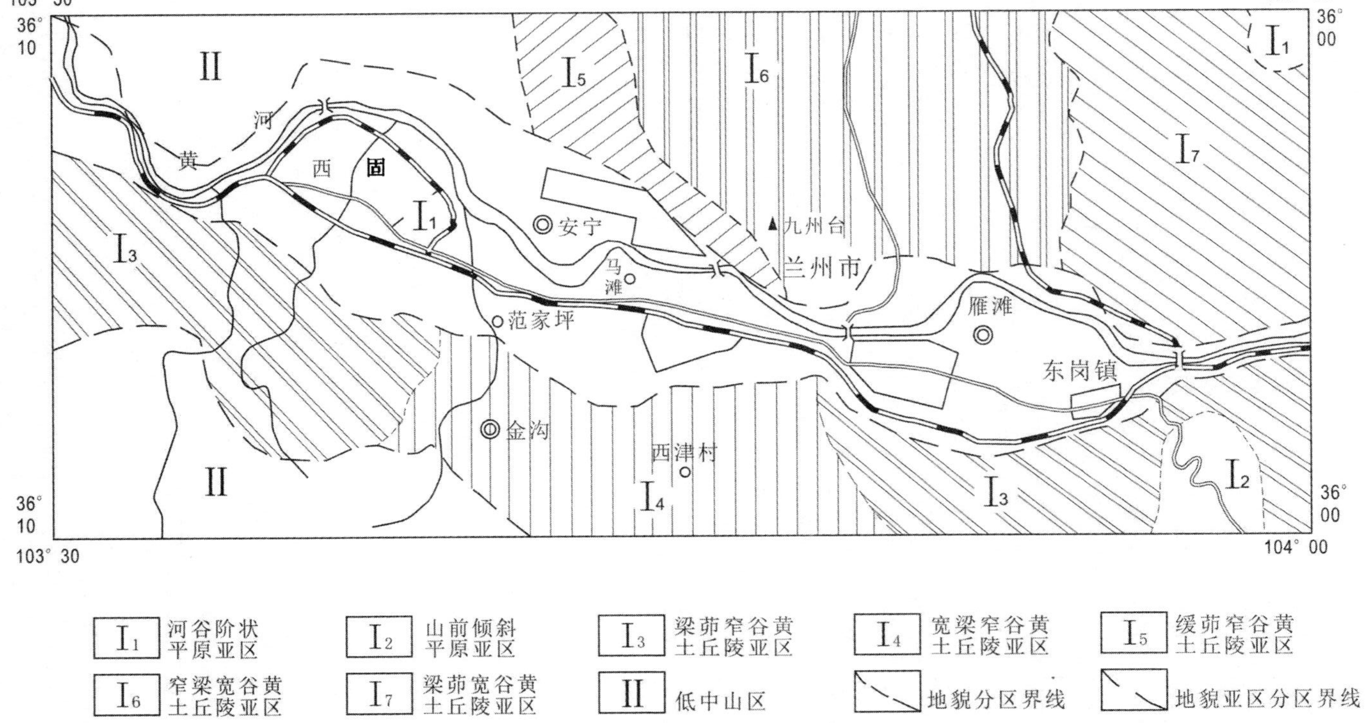

图 14－1　兰州市地貌分区图

（1）侵蚀堆积河谷阶状平原：分布在西固、城关、七里河及安宁。地势低缓平坦，包括黄河Ⅰ－Ⅳ级阶地和漫滩，其中以Ⅱ级阶地最为发育，其次为Ⅰ－Ⅳ级阶地。各阶地在河流两岸呈不对称分布，阶地多呈陡坎过渡，但在市区多为人工改造所夷平。

漫滩主要分布于崔家大滩、马滩、迎门滩和雁滩一带。宽1.5～2.5km，长4～6km。冲积物厚度一般为4～10m，以砾卵石为主，上覆薄层粉土。漫滩经过改造，多已成为建设用地。

Ⅰ级阶地主要分布在黄河以南。宽度一般1.5～2.5km，最宽可达3km，阶面平坦，高程在1510～1532m之间。其上部一般为4～10m厚的冲积相粉土或粉质黏土，下部为3～10m的砾卵石层，部分地段厚达20m，为内迭阶地。

Ⅱ级阶地分布最广。宽度一般2.0～3km，最宽可达4km。阶面平坦，平均坡降在5～8之间，高程在1515～1550m之间。其上部一般为5～17m厚的冲积相粉土或者粉质黏土，下部为3～8m的砾卵石层，为内迭阶地。

Ⅲ级阶地不发育，主要分布于安宁区。除沙井驿一带宽度在1km外，其他地段均呈窄条状分布，受后缘堆积洪积物影响，阶面坡降在6～15%之间，高程在1520～1580m之间。阶地结构复杂，为典型的洪积－冲积阶地。上部为粉土夹细砂层，厚度在5～10m，下部粉土夹砾卵石层及中细砂，厚度在5～12m，最厚处可达20m，为内迭阶地。

Ⅳ级阶地较为发育，分布在黄河两岸，呈带状分布，南宽北窄。由于沟谷的切割形成宽阔平坦的“坪”，如范家坪、桃树坪等，其中扎马台－晏家坪一带长度25.5km。阶面宽0.5～2km，最宽处达3.2km。高出河水面40～60m，最大可达100m。具有典型的三元结构，上部为马兰黄土、中部为具水平层理的粉质黏土、粉土互层夹粉细砂及砾石层，下部为下更新统砾石层。在范家坪一带，阶地上部还堆积有洪积物。阶地切割深度30～80m，切割密度为1.45km/km^2，属弱切割区。

河谷高阶地由黄土掩埋的黄河四级以上高阶地及部分沟谷四级以上沟台地组成。地面高程一般为1800～2100m，因侵蚀切割，阶面轮廓残缺不清，平均切割深度100～200m。黄河北岸切割密度为2.5km/km^2，黄河南岸切割密度为1.7km/km^2。

（2）侵蚀堆积黄土丘陵，依据地貌特征可分为五个亚地貌类型。

1）梁峁窄谷黄土丘陵亚区：分布在西固城以南及皋兰山南部一带。基底为白垩系砂砾岩、砂岩，皋兰山一带为新近系泥岩夹砂岩。地面高程在1800～2100m。沟谷深切，平均值达268m，最深可达500m。沟谷切割密度1.5～2.5km/km^2，属中等切割区。沟谷横断面大多呈V字型，谷坡多在25°～35°之间，沟间地以梁峁为主。

2）宽梁窄谷黄土丘陵亚区：分布在七里河、城关区南部。西段基底为断陷盆地巨厚砾卵石；东段基底为新近系泥岩夹砂岩。地面高程在1800～2100m。皋兰山一带沟谷深切，达300～500m，雷坛河以西切割深度为150～240m，沟谷切割密度1.5～2.5km/km^2，属中等切割区地貌最大特点是沟间地为宽阔的平梁和斜梁，宽阔而平坦，均为两条平行沟谷侵蚀切割黄土塬而成。如西津坪，面积达2.5km^2。沟谷横断面大多呈典型V字型，谷坡多在25°～35°之间，但雷坛河、黄峪沟则为宽谷，呈U字型谷底，且发育Ⅰ－Ⅳ级阶地。

3）缓峁窄谷黄土丘陵亚区：分布在黄河以北十里店曹家湾一带。基底为新近系泥岩夹砂岩，上覆黄土，一般厚50～180m。地面高程在1680～1800m。黄土梁峁和连续峁是最常见的地貌形态。沟谷婉转，沟谷深度一般为100～120m，沟谷切割密度2.98km/km^2，属较强切割区。沟谷横断面大多呈V字型，沟底坡降为50～70‰。

4）窄梁宽谷黄土丘陵亚区：分布在黄河以北盐池沟及马家铺一带。基底为新近系泥岩夹砂岩，上覆黄土，一般厚100～200m。地面高程在1800～1900m，九州台最高达2067m。沟间地貌为梁峁和连续峁，沟谷为典型的箱型谷，一般较宽，在150～400m之间，沟底坡降小，为1‰～30‰。沟谷切割深度平均为157m，沟谷切割密度3.18km/km^2，属较强切割区。

5）梁峁宽谷黄土丘陵亚区：分布在青白石以北至桑园子一带。基底为白垩系砂砾岩，前寒武系片岩及花岗岩，上覆黄土，一般厚10～50m。地面高程在1620～2000m。沟谷一般较狭窄，沟谷横断面大多呈V字型，沟底坡降为50‰～70‰。沟谷切割深度平均为148m，沟谷切割密度

2. 83km/km^2,属较强切割区。

（3）侵蚀构造低中山区：分布于西固、安宁西部。地势陡峻，沟谷深切，北部山顶多覆盖薄层黄土。地面高程在1700～1900m，沟谷切割强烈，沟谷横断面大多呈V字型，沟谷切割深度一般为240～300m，沟谷切割密度1. 76km/km^2，属中等切割区。

2 区域地质

2.1 地质构造

兰州地处青藏高原东北缘与黄土高原的交汇部位，大地构造属祁连山褶皱系中祁连隆起带东段河口凹陷东北部，次级构造发育，发育有三组Ⅳ级构造（图14－2）。

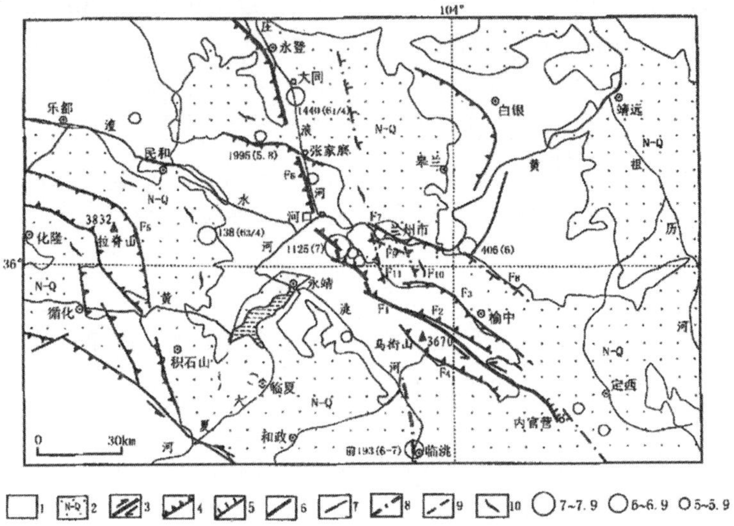

图14－2　兰州地区活动构造展布

1—前新近系；2—N－Q盆地；3—走滑断层；4—逆断层；5—正断层；6—Q_4断层；7—Q_3断层；8—隐伏断层；9—推测断层；10—活动褶皱；F_1—马衔山北缘断裂；F_2—兴隆山南缘断裂；F_3—兴隆山北缘断裂；F_4—马衔山南缘断裂；F_5—拉脊山北缘断裂；F_6—庄浪河断裂；F_7—金城关断裂；F_8—宛川河断裂；F_9—刘家堡断裂；F_{10}—雷坛河断裂；；F_{11}—深沟桥断裂

（1）北西西向构造带。

按其特征可分为：

1）白塔山隆起：分布在黄河以北，金城关断裂是七南部边界。由皋兰群片岩、河口群砂岩、泥岩组成，上覆新近系红层和第四系黄土。裂隙发育，但多被泥质充填。

2）兰州断陷：分布在黄河以南，南部和西部以宋家沟断裂和寺儿沟断裂为界，呈狭长带状分布，断陷内沉积了厚达1800m左右的白垩系、新近系和第四系。

（2）北北西向构造。

按其特征可分为：

1）了高山－雾宿山隆起：分布在寺儿沟断裂以西，主要为河口群山砂岩、泥岩组成。以隆起为主，活动断裂较发育，主要有寺儿沟断裂和王家圈断裂。

2）李麻砂沟－七道梁断坳：位于寺儿沟以东，雷坛河断裂以西，形成兰州断陷盆地，活动断裂发育，其中雷坛河河深沟桥断裂分别是盆地的东西边界，与前述北西西向的宋家沟断裂和寺儿沟断裂组成了断陷盆地，是地下水富集的良好构造条件。

3）白塔山－皋兰山隆起：分布在雷坛河断裂以东，由新近系、白垩系和皋兰群地层组成，以缓慢上升为主，断裂不发育。

（3）北东－北北东向构造。

按其特征可分为雷祖庙－兴隆山隆起、中铺－彭家坪凹陷、凤凰山在－雾宿山隆起，包括五条断裂，其中龚家湾断裂、安宁堡断裂及邹家庄断裂对兰州断陷盆地的形成有一定控制作用。

2.2　历 史 地 震

全新世以来的构造活动构成了青藏高原东北部地区现代强震活动独特的地震地质条件。根据甘肃省地震区带划分，市区处于青藏高原东北部地震区的天水－兰州－河西走廊地震带，其地震烈度为Ⅷ度区。

市区地震多发生在挽近活动断裂分布区与活动断密切相关。工作区地震时有发生，1125 年 9 月 6 日，兰州 7 级地震，震中位于兰州马滩断裂带附近的吊场，烈度为Ⅸ度，极震范围 $75\times25km^2$。据历史记载“兰州六城城坏，仓库皆没，陷数百家”，同时发生大规模的滑坡和地裂缝。1629 年 3 月，波及范围 350 多公里。1629 年，兰州 5.5 级地震，该地震主要与黄峪断裂关系密切。1968 年、1969 年、1973 年于工作区东部的皋兰山隆起带上分别发生过 4.4 级、2.8 级和 2.5 级地震。上述地震的发生都在断裂带及其附近的隆起带地带。

2.3　地 层 岩 性

兰州市第四纪出露地层主要为第四系全新统（Q_4）、上更新统（Q_3）、中更新统（Q_2）、下更新统（Q_1）。

（1）第四系全新统（Q_4）。

风积黄土，其岩性为浅黄色粉土，厚度 1～4m；粉土及碎石土，分布河谷Ⅰ、Ⅱ级阶地，厚度 7～28m；崩塌及泥石流堆积物，零星分布，岩性复杂。

（2）上更新统（Q_3）。

风积黄土，披覆于老地层之上，岩性为浅黄色粉土，疏松，具大孔隙，垂直节理发育，厚 20～30m；河谷区Ⅲ－Ⅳ级阶地分布有同期的粉土及碎石土；大型沟谷的沟脑，分布有湖沼相的灰绿、黑灰色淤泥质粉土及碎石土。

（3）中更新统（Q_2）。

风积黄土，分布于中部地区，岩性为浅黄色粉土，结构致密，含石膏结核，夹橘红色古土壤，厚度 88～193m；河谷区Ⅴ、Ⅵ级阶地分布同期的粉土及碎石土。

（4）下更新统（Q_1）。

分布于兰州断陷盆地及其外围九州台、皋兰山等地，其岩性为黄褐色粉土，致密坚硬，含黑褐色铁锰质斑点和石膏质小结核，夹橘红色古土壤，厚 10～186m；河谷区Ⅶ、Ⅷ级阶地分布有同期的粉土及碎石土。

分布于兰州断陷盆地之类，其岩性上部为黄褐色冰积泥砾，致密，砾石磨圆度好，偶含漂砾。下部为灰黑、灰褐色冲积砾卵石层，具水平层理，砾石分选性差，磨圆尚好，多为浑圆状，该层往往夹有洪积碎石层。

3　典型地层及特征

3.1　岩土分布及特征

兰州地区地层主要为地表的人工填土，其下为第四系全新统的冲积黄土状土、粉土、卵石、中砂；第四系下更新统卵石以及新近系中新统泥岩夹砂岩，新近系古－始新统砂岩组成。

（1）第四系全新统（Q_4）：

杂填土（Q_4^{ml}）：广泛分布于本场地地表和道路表面、取砂坑回填、鱼塘回填，成分复杂，以粉土、中粗砂、卵石、圆砾为主，含砖块、水泥块（板）、煤渣、木块、塑料、生活垃圾等，一般稍密～中密，路基及民房、村办企业厂房建筑物基础经压实处理，达密实状态。

黄土状土（Q_4^{al}）：灰黄色，以粉粒为主，硬塑。大孔隙、针状孔隙及虫孔发育，有铁锰质及钙质条纹，含植物根系、蜗牛壳、云母片等，具水平层理。塑性指数 Ip 平均值为 12.2，室内定名为粉质黏土。

中砂（Q_4^{al}）：灰色～灰黄色，湿。以中砂为主，中密。含量大于 50%，矿物成分主要为石英、长石、云母等。局部地段夹有细砂或粗砂，含少量圆砾、砾砂，含量约 10%～15%。具水平层理。该层分布不连续，以薄层状或透镜体状分布于卵石层顶面或卵石层中，该层于深沟桥沟口部位分布较多。

卵石（Q_4^{al}）：杂色～青灰色，局部夹有薄层或透镜状砂层，广泛分布于黄土状土之下。据颗分资料及现场调查，粒径大于 2cm 的漂石、卵石含量占 50%～55%，一般粒径 2cm～5cm，漂石含量较少，最大粒径为 40cm；粒径 0.2～2cm 的圆砾含量占 16%～24%；中粗砂充填。卵石、圆砾母岩成分主要为砂岩、花岗岩、石英岩、硅质岩、钙质泥岩、燧石等。级配不良，磨圆度较好、分选性较差。水位以下部分饱和。

卵石（Q_4^{al}）：杂色～青灰色，据颗分资料及现场调查，粒径大于 2cm 的漂石、卵石含量占 50%～55%，一般粒径 2～5cm，漂石含量较少，最大粒径为 40cm；粒径 0.2～2cm 的圆砾含量占 16%～24%；卵石、圆砾母岩成分主要为砂岩、花岗岩、石英岩、硅质岩、钙质泥岩、燧石等。级配不良，磨圆度较好、分选性较差。重型动力触探锤击数平均值 $N_{63.5}=26.7$ 击，超重型动力触探锤击数平均值 $N_{120}=13.2$ 击，密实。该层分布稳定。

（2）第四系下更新统（Q_1）：

卵石（Q_1^{al}）：灰黄色、青灰色、饱和，局部夹有薄层或透镜状砂层，广泛分布于高漫滩下部。该层粒径大于 2cm 的漂石、卵石含量占 50%～56%，一般粒径 2～5cm，漂石含量较少，最大粒径为 40cm；粒径 0.2～2cm 的圆砾含量占 23%～28%；中粗砂充填。卵石、圆砾母岩成分主要为砂岩、花岗岩、石英岩、硅质岩、钙质泥岩、燧石等。级配不良，磨圆度较好、分选性较差。泥质微胶结，局部呈钙质弱胶结，据钻孔岩心，局部可形成柱状岩心。重型动力触探锤击数平均值 $N_{63.5}=26.9$ 击，超重型动力触探锤击数平均值 $N_{120}=13.7$ 击，密实。该层分布稳定。

（3）新近系中新统（N_1）：

泥岩夹砂岩（N_1）：砖红色，湿，以泥岩为主，约占 90%，局部夹薄层砂岩，分布于一级阶地下部。据地面露头调查和钻孔揭示资料，该层具斜层理，层面产状一般为 N10°E/NW∠53°，产状稳定；泥岩以黏土矿物为主，含长石、石英、云母等粉砂成分，泥钙质胶结，成岩作用较差，呈半成岩状态。岩心多呈柱状，受深沟桥冲沟的影响，沟口部位泥岩顶板埋深较大，岩体较破碎，砂岩夹层较多，局部为薄层砾岩。泥岩遇水易软化、崩解，泥岩自由膨胀率 δef 为 17%～66%，具膨胀性。

（4）新近系古－始新统（E_{1-2}）砂岩：

强风化砂岩（E_{1-2}）：橘红色，密实，细粒结构，层状构造。岩芯较完整，多呈 5～8cm 短柱状，泥质胶结。矿物成分以长石、石英为主，含少量云母。成岩作用差，遇水易软化，暴露地表易风化，不经扰动时强度较高。动探锤击数 $N_{63.5}=30.6$ 击。

中风化砂岩（E_{1-2}）：橘红色，细粒结构，层状构造。岩芯较完整，多呈 10～30cm 柱状，最长可达 0.8m，泥质胶结。矿物成分以长石、石英为主，含少量云母，局部可见砾石。成岩作用差，遇水易软化，软化系数 0.02，暴露地表易风化。动探锤击数 $N_{63.5}=41.0$ 击。

砂岩分布于兰州地区西固城以东至城关区雁儿滩以西的广大地区，厚度逾千米。在新构造运动中被抬升，经受长期风化剥蚀及黄河的冲蚀切割作用，形成了表面起伏很大的风化剥蚀面，而后在其表面沉积了黄河阶地卵石和黄土层－第四系松散地层。

砂岩在黄河南北山区出露于沟谷内及山前陡坎下部，在黄河低级阶地，下伏于第四系松散层，构成阶地基座. 在西固城一带，一般埋深 25.0m 左右，近河一带 5.0～10.0m，岩层面标高在 1524.0～1534.0m。由西向东倾斜，七里河一带，由于受刘家堡断裂沉陷的影响，中部地带沉积了巨厚的早更新世卵砾石层，厚达 400m 以上，而断裂以东，砂岩埋深一般 15.0m 左右，标高 1513.0m 左右；城关区内新近系风化砂岩层面基本上是由东向西倾斜，坡降约为 2‰，标高为 1503.0～1512.0m,北部近河一带埋深 8.0～10.0m，南部近山一带埋深可达 20m 以上，安宁区一带，砂岩一般埋深 8.0～12.0m，标高 1525.0m 左右。

兰州地区自西向东经过西固区、安宁区、七里河区和城关区，典型地质剖面见插图 87。

西固区位于兰州市西端，该区地层上部为较大厚度的黄土状粉土，其下为河流相的卵石层其厚度 1～5m，阶地中部的局部阶段较厚，为 5～10m，基底为新近系泥岩。地下水埋深 5～10m，赋存于黄土状粉土和卵石层中。

安宁区位于黄河北岸，由北部山前到南部黄河边土层厚度由 20m 变为 0m，其下为坡洪积的角砾及卵石层，一般 20～30m，基底为新近系泥岩。

七里河区位于兰州市中部，七里河区大部分位于兰州断陷盆地之内，该区地层主要为杂填土、黄土状粉土及大厚度卵石地层，上部土层大部分地段 2～10m，卵石厚度 200～300m，地下水位一般大于 15m。

城关区位于兰州市东部，为兰州政治、文化、商业中心。该区地层主要有杂填土与黄土状粉土（粉质黏土），厚 2～10m（东部山前土层厚度大于 10m），卵石层 5～10m，其下为新近系砂岩，埋藏深度一般 5～15m。地下水位埋深 3m 左右，东南土层较厚地区，地下水位埋深大于 10m。

3.2 主要地层物理力学参数

3.2.1 主要地层物理试验指标

根据兰州地铁勘察资料及兰州地区经验综合确定各土层的物理试验参数，供勘察设计人员参考使用，详见表 14－2。

表 14－2 兰州地区主要地层物理试验指标表

岩土名称	物理性质			稠性黏度		固结试验		湿陷性	
	天然含水量 ω	天然密度 ρ	孔隙比 e	液限 W_L	塑限 W_P	压缩模量 $E_{s0.1-0.2}$	压缩系数 $a_{0.1-0.2}$	湿陷系数	自重湿陷系数
	（%）	（g/cm^3）	—	（%）	（%）	（MPa）	（MPa^{-1}）	（$\delta_{s2.0}$）	（δ_{zs}）
黄土状土	7.6～30.2	1.70～1.85	0.689～0.934	24～35	13～20	2.5～14.0	0.10～0.70	0.002～0.038	0.001～0.014
粉土	10.0～35.0	1.80～1.95	0.910～0.980						
泥岩	10.0～20.0	2.10～2.20	0.350～0.426						
强风化砂岩	8.3～16.2	2.03～2.21	0.241～0.465			13～37	0.04～0.08		

3.2.2 主要地层力学试验指标

根据兰州地铁勘察资料及兰州地区经验综合确定各土层的力学试验参数，供勘察设计人员参考使用，详见表 14－3。

表 14－3 兰州地区主要地层力学试验指标表

岩土名称	直接剪切				三轴剪切					
	快剪		固结快剪		UU		CU			
	C	φ	C_q	φ_q	C_{uu}	Φ_{uu}	C_{cu}	Φ_{cu}	C'	Φ'
	(kPa)	(°)	(kPa)	(°)	(kPa)	(°)	(kPa)	(°)	(kPa)	(°)
黄土状土	13～30	20～35	18～30	23～35						
卵石	0	35～45								
强风化砂岩	10～50	29～35					20～46	30～40	13～27	35～40

注：UU 为三轴不固结不排水剪，CU 为三轴固结不排水剪。

3.2.3 主要地层特殊试验参数

针对地铁工程的特殊需求，根据兰州地铁勘察资料及兰州地区经验综合确定各土层的特殊试验参数，供勘察设计人员参考使用，详见表 14－4。

表 14－4 兰州地区主要地层特殊试验参数表

岩土名称	热物理			基床系数		静止侧压力系数 K_0	泊松比 μ	无侧限抗压强度 q_u
	导热系数 λ	导温系数 α	比热容 C	垂直 K_v	水平 C_h			
	(W/m·K)	(m^2/h)	(kJ/kg·K)	(MPa/m)	(MPa/m)			
黄土状土	0.63～1.43	0.00129～0.00269	1.05～1.11	35～70	40～50	0.40～0.45	0.30～0.34	
卵石	1.55～1.65	0.00347～0.00364	0.80～0.89	80～110	85～150	0.18～0.33	0.15～0.28	
泥岩	1.60～1.85	0.00225～0.00359	0.84～1.27	170～200	130～200			
强风化砂岩	2.90～2.99	0.00520～0.00480	0.90～1.06	100～200	80～150	0.24～0.31	0.22～0.24	

4 地 下 水

4.1 地下水类型

兰州市地下水可分为三种类型：基岩裂隙水、碎屑岩类孔隙裂隙水和松散岩类孔隙水（见插图 88）。

4.1.1 基岩裂隙水

主要分布于北部青白石、白塔山、仁寿山一带山区，裂隙潜水主要赋存于前寒武系和白垩系基岩风化裂隙及构造裂隙中。地下水以接受大气降水补给为主，经短途径流后，多以泉水的形式出露地表。富水性变化较大，一般地下水径流模数0.2~1g/l，一般不具供水意义。

4.1.2 碎屑岩类孔隙裂隙水

碎屑岩类孔隙裂隙水，主要含水层为新近系砂岩、泥岩和白垩系碎屑岩中，构成孔隙、裂隙层间承压水。分布于西固、东岗和北部的安宁一带。富水性变化在50~500m³/d之间，中、新生界承压水赋存于新近系，由于径流缓慢，均为高矿化水。该类水主要接受大气降水补给，以潜流形式排泄，兰州中新生界盆地此类水可形成低温地下热水，具有良好的开发前景。

4.1.3 松散岩类孔隙水

主要有黄河及其支流河谷潜水和第四系断陷盆地潜水、微承压水。

黄河河谷潜水主要分布于城关、西固一带的Ⅰ、Ⅱ级阶地及漫滩中。含水层厚度3~28m，地下水埋深1~25m，自Ⅱ级阶地至漫滩逐渐变浅，单井出水量100~1000m³/d，在雁滩一带可达1000~5000m³/d。地下水水质一般极差，地下水矿化度3~10g/L，黄河主流及南河道两侧分布有淡水带，近年来受垃圾、污水的污染，水质趋于恶化，已不具开采价值。

第四系盆地潜水分布于兰州盆地。兰州盆地是晚近以来的断陷沉积盆地，边界由断层控制。断陷盆地西起深沟桥、东至雷坛河，东西长12.5km，南部边界至黄峪、北至安宁堡，南北宽10km，总面积约150km。表层为全新统疏松砂砾石，厚5~10m，已被疏干；下部为下更新统砾卵石层，是主要含水层。该层可分为上下两层，崔家大滩、马滩一带，上部卵砾石层厚160~220m，下部为含泥质卵砾石层，厚96~140m。盆地北部含水层为大厚度的卵砾石层，南部为多层结构的卵砾石层。地下水埋深在黄河南北两侧小于20m，向南至黄峪水位埋深达100m。

含水层富水性良好。马滩、迎门滩为水量丰富地段，单井涌水量达5000m³/d，向南至龚家湾、黄峪一带递减为水量中等地段，单井涌水量减为1000m³/d~500m³/d。

4.2 地下水的补径排关系

区域地下水从基岩山地接受降水补给，分别向南北径流，最终均排泄于黄河，构成一个完整的地下水循环系统。

基岩裂隙水主要在山区接受大气降水补给为主，经较短的途径径流，以泉的形式排泄于沟谷之中，并补给沟谷潜水。

松散岩类孔隙水以接受地表水、降水补给和地下潜流补给为主，其次为渠系灌溉回归水、城市输水管网的渗漏补给。其排泄途径为人工开采及潜流排泄。

4.3 地下水动态

通过地下水位动态长期监测资料，兰州市地下水位动态分为以下四种类型。

（1）水文-开采动态类型。

主要分布在三滩水源地。地下水动态的变化主要受黄河水和井群开采的双重作用的影响。地下水位动态的特点是高水位出现在8~9月份，低水位出现在3~4月份，地下水位与地表水位高低同步出现；含水层距黄河水位较近或处于底部，水力联系密切，两者具有同涨同落的特征，距河水越近，其变化幅度越大。反之，其变化幅度越小。

（2）渗入-开采动态类型。

主要分布在安宁堡、东岗镇及范家坪至龚家湾以南地区。地下水动态主要受降水入渗和开采控制。在年内其动态表现为高水位期出现在7~9月，低水位出现在3~4月份。地下水位变化幅度小，一般仅1.25~2.1m，受地下水开采的影响，多年水位逐渐趋于降低。距离黄河较远的地区亦如此。

（3）渗入－径流动态类型。

该动态类型主要受降水、地表水和灌溉水入渗补给影响地下水的动态变化。

1）渗入－径流－上升动态类型

主要分布在西固地区，地下水接受大气降水、灌溉水、市区给排水渗入和山区潜流补给，地下水位呈现不断上升的趋势，平均年上升幅度为0.338m。

2）渗入－径流－稳定动态类型

分布在安宁堡一带，距黄河地表水体较远，地下水动态主要受垂直入渗和径流条件影响。高水位期多出现在12月份，持续4～6个月，低水位出现在4月份，持续4个月左右，地下水位变幅小于0.5～1.0m，多年地下水位动态较稳定。

（4）水文动态类型。

分布在西固、雁滩等黄河沿岸地带，地下水位动态主要受黄河水位的影响，地下水位的变化与黄河水位的变化同步，水位变幅一般1.0～1.5m，季节性变化明显。

5 特殊地质条件

5.1 不良地质作用

（1）饱和砂土液化。

兰州市地震设防烈度为兰州市地震设防烈度为Ⅷ度，因次，砂土液化将是对建筑物安全威胁的问题之一。市区砂土多以透镜体夹于粉土或碎石土中，多构成土层结构中的软弱夹层。一般分布在黄河近岸地带，河漫滩分布较多。一般厚度小于1m，在小西湖段家滩及安宁堡一带厚度在1～2m，局部可大于5m。其埋藏深度一般在3～5m，局部5～10m。由于颗粒级配及分布位置的不同，力学性质的差别是很显著的。一般粗砂地基承载力200～400kPa，细砂承载力80kPa，粉砂则更低。

（2）黄土湿陷。

黄土或黄土状土是兰州市民用建筑和地层建筑物的主要持力层。黄土湿陷的危害主要表现在地基不均匀沉降，造成上部建筑物变形开裂，从而失去利用价值。另外黄土湿陷，造成地基形成地面塌陷，另外管道突水引发黄土湿陷造成的地面塌陷对城区道路破坏也很严重。综上，黄土湿陷的危害涉及面较广，危害较为严重。

5.2 特殊性岩土

根据勘察资料和区域资料分析，兰州地区特殊性岩土如下：

（1）黄土、黄土状土。

黄土状土广布黄河Ⅰ、Ⅱ、Ⅲ级阶地，黄土披覆在四级阶地（见插图89）。岩性以粉质黏土为主。局部为粉土，夹透镜状中粗、中细砂层、淤泥、淤泥质粉土、具水平层理。Ⅰ、Ⅱ、Ⅲ级阶地属黄河新近堆积物，Ⅰ级阶地黄土状土厚不足10m，西站一带最后达20m以上；Ⅱ、Ⅲ级阶地黄土状土一般10～30m，黄土厚20～45m。黄土、黄土状土的岩性特征是，颗粒已粉土为主，占60%～70%，颗粒均匀。黏土含量低，具大孔隙。垂直节理发育，含白色粉末状碳酸盐，结构疏松，具粒状架空接触式结构。颗粒之间呈点式接触，接触处由盐晶胶结。

总体来看，时代越老的黄土其压缩系数小于新近堆积的黄土，压缩模量是老的黄土大于新近沉积的黄土，全新统黄土具中等压缩性，马兰黄土和离石黄土具低压缩性。湿陷性是黄土的特性，市区的全新统黄土、上更新统马兰黄土上部湿陷系数均大于0.07为强湿陷性黄土，下部和离石黄土为中等湿陷性黄土。湿陷性黄土的深度一般界限在埋深10m左右。

(2) 淤泥质土。

兰州市淤泥质土主要分布在高漫滩和Ⅰ、Ⅱ级阶地中，呈条带状或片状分布。根据成因可大致分为以下两种。

1) 由泉水或地下水排泄带形成湿地同时堆积淤泥质土，埋深8~3m，厚度0.35~3.85m。

在文化宫-敦煌路一带，处于大型沟谷地下水的排泄带。过去历史时期曾为沼泽湿地，堆积淤泥质土，埋深3~16m。

2) 河流改道产生的古河道或牛轭湖形成的沼泽淤泥。该类淤泥质土一般沿古河道呈条状零星发育。主要分布于兰州火车站、兰州大学、穴崖子、迎门滩、安宁堡及西固城一带，一般埋深2~7m，厚度1~5m。淤泥质土为灰绿色、灰黑色粉土或粉质黏土，具水平层理，富含植物残体或螺壳，多夹有薄层或透镜状细砂或碎石层。天然状态多为软—流塑，液限一般为30.2%~30.57%。天然含水量接近液限，为27.3%~30.52%，空隙比只有0.76~0.9.压缩系数0.014~0.034，属中等压缩性，不具湿陷性、地基允许承载力75kPa。

(3) 含水弱胶结砂岩。

含水弱胶结砂岩工程性质介于砂性土和黏性土之间，在天然状态下，结构松散，在自重的作用下即可压密，埋深较大的粉细砂层，密度也较大，在工程上主要表现为：

1) 细砂的粒径分布均匀，且粒径范围很小，结构松散，在外界荷载作用下，很容易变形，在破坏滑移时往往是瞬间的，突然的。

2) 细砂体主要靠颗粒间法向压力形成的粒间摩擦力维持本身稳定和承载能力，所以在剪力的作用下土体很容易失稳。

3) 弱胶结砂岩体的围岩受水的影响变化极大，干燥无水的情况下密实，有较大的承载能力，但是在受水浸泡的作用下，颗粒之间立即分解，失去原有的形态，成为流塑性状态。

(4) 泥岩。

兰州市泥岩基本位于地下水位以下。据钻探资料，泥岩结构基本完整，岩心呈短柱状、碎块状或泥状；组织结构致密，整体性好，具不透水性，在浸水扰动情况下，性状软化似黏土，黏性大，塑性高，遇水具软化崩解特性。

(5) 人工填土。

兰州市人工填土以杂填土为主，有少量的素填土。分布零星，随意性大。人工填土的厚度一般在2-4m，局部地段大于4m。人工填土的成分极其复杂，主要为黄土、碎石、建筑垃圾及生活垃圾。由于是新近堆积，因此物理力学性质差异极大。表现为中-高压缩性，局部有较强的湿陷性。承载力仅为50-170kPa。

6 城市轨道交通主要工程地质问题

轨道交通工程具有规模大、敷设方式多、技术复杂，施工方法及施工工艺多而复杂的特点，加之轨道交通工程呈线性分布，线路穿越的环境条件、地质条件复杂多变。不同的施工工法、不同的地质条件，在设计施工中会遇到各种不同的工程地质问题。

6.1 卵石层对地铁施工的影响

兰州地区的砂卵石一般呈无胶结或泥质微胶结，中粗砂充填，一般粒径为20~60mm，最大粒径超过600mm，漂、卵石含量占60%，级配不良，磨圆度较好、分选性较，且具有高强度特点(抗压强度不小于100MPa)。区间地下水主要为第四系松散层孔隙潜水，卵石为主要含水层，渗透系数可达 65m/d。

(1) 卵石层对盾构施工的影响及对策。

由工程地质条件决定的盾构法隧道工程难点主要体现在：盾构掘削面前方大粒径卵石难以有效破碎；掘进过程中伴随着刀盘扭矩与总推力增大，刀盘、刀具与螺旋输送机磨损严重；掘进过程中的地层超挖现象与地层沉降难以有效控制；适合富水弱胶结砂卵石地层的渣土改良技术难以把握。

1）刀盘卡死，盾构掘进困难。

在砂卵石地层条件下，大粒径卵石易松动、掉落，尤其在弱胶结高渗透性的兰州地区，在刀盘旋转、切削作用下，大粒径卵石会随着刀盘一起转动，因此必须适当加大盾构机的工作扭矩以提高盾构机的掘进速度，加大螺旋机转速以利于大粒径卵石土的排出，同时还可以在盾构机壳体范围内加注膨润土浆液以减少盾壳摩阻力与总推力。

2）超挖量过大，隧道上方出现塌腔。

砂卵石地层中颗粒之间采用点对点的传力方式。若掘削面地层存在大粒径卵石，无法有效排出，则会导致掘削面上局部区域支护压力不足引起超挖，或有较大粒径卵石在螺旋输送机中卡住导致出土不畅，为了将卵石排出就需要加大螺旋机转速，进而出现过量出土引起的掘削面地层失稳与超挖。这都会导致开挖面上方围岩产生较大的空洞区域，弱胶结的卵石土在刀盘振动与切削影响下出现松动，极易在开挖面上方引起较大的塌落，在浅覆土条件下易导致地表出现局部沉陷。

在砂卵石地层条件下，由于存在局部大粒径卵石，与理想情况下的均质地层存在较大差异，掌子面前方土体很难真正做到土压平衡，一般都存在欠压掘进的情况，这是导致地层超挖的主要原因。因此，在施工中要保持盾构掘进的连续性，使盾构机快速通过，尽可能减小对地层的扰动，并根据盾构机掘进状态和地层地质情况，对土仓压力、泡沫注入量、刀盘转速扭矩等参数进行合理调整，以达到最佳状态。施工中为了更好地充填盾尾建筑间隙，对原同步注浆浆液进行了改良，采用大比重、高屈服强度的浆液，可缩短初凝时间。同时，在盾尾后方管片外环面按一定间距施作止水环，阻断了前后浆液的联系。

3）弱胶结卵石土粒径大小不一，渣土改良难度大。

由于卵石土胶结程度差，颗粒大小不一，大粒径卵石含量较高（见图 13－3），再加上相对丰富的地下水，导致土仓内渣土的溯流性较差，难以满足土压平衡盾构基本原理的要求。在实际施工过程中，因为渣土溯流性较差，经常导致掘削面平衡土压难以建立、地层超挖与地表沉降控制困难、螺旋机喷涌、总推进力与扭矩过大引起机械故障、刀具消耗严重、屑构机刀盘卡死无法转动等现象。

图 13－3　人粒径卵石含量较高的卵石土地层

土仓内渣土的溯流性主要取决于渣土的改良效果，而渣土的改良效果又主要取决于所用膨润土或泡沫剂的材料性能。一般情况下，良好的膨润土浆液可以很好地改善开挖面土体的物理和力学性质，其效果直接影响到土仓内土体的溯流性与抗渗性，又会进一步影响到螺旋机出土情况 MYM 盾构机掘削面刀盘扭矩的大小，以及出现掘削面土体的稳定性等问题。

砂卵石难以有效排出的主要原因为土仓内的砂卵石沉底，出现砂石分离的状况，只有让砂卵石“漂浮”起来，才能让其有效排出。施工中应适当调整膨润土浆液的稠度、改善泡沫剂的发泡率，并将膨润土浆液与泡沫剂联合使用，增加渣土的溯流性。

(2) 卵石层对桩基施工的影响及对策。

巨厚层碎石类土工程性质较好，是高架线路桩基的良好桩端持力土层，但因其间分布的漂石粒径大、强度高，对桩基成孔有一定的影响，需采用适宜的施工机械和施工工艺。

(3) 卵石层对暗挖施工的影响及对策。

巨厚层碎石类土地层围岩级别以 V ~ VI 级为主，碎石土等粗粒土无凝聚力，自稳能力差，暗挖施工不易形成自然应力拱，施工过程中容易发生塌落，施工时需要及时支护。

(4) 卵石层对明挖基坑施工的影响及对策。

作为明挖基坑边坡土层，碎石类土地层因其黏聚力几乎为零，充填其间的砂土层开挖后很快失水扰动塌落，极易造成边坡失稳或坍塌，需及时进行支护。

6.2 地下水对地铁施工的影响

轨道交通工程的施工对防水提出了较高要求。隧道将两次穿越黄河，施工时不仅要注意隔水层的保护和隧道变形的控制，同时不能简单采用排降水的方法，这样会使水流畅通，形成水力梯度，引起地面沉降、突涌灾害，不能达到降水的目的。在古河床区段，区间的施工方法建议主要采取盾构法，车站的施工方法主要采取明挖顺作法和盖挖逆作法。对采用连续墙隔水的区间，连续墙的深度应大于含水层，然后再降水施工；对于古河床中心地带，含水层较厚，不宜使用连续墙隔水，也不宜使用降水法，应尽快封闭围岩。对于以浅层孔隙潜水含水层组和弱承压孔隙水含水层组为优势含水层区段，浅层孔隙潜水含水层组一般位于隧道的上方，弱承压孔隙水含水层组位于隧道的下方，局部与隧道切割。施工应在尽量减少对地下水扰动的同时，对含水层切割的地段快速通过。对于以基岩裂隙水为优势含水层组的区段，应重点防治断层水。根据地层的实际情况，采用灌注浆加固、合理疏导等综合治理措施将会是行之有效的办法。

在含水层中开挖隧道，易导致地下水连续性的破坏，如不采取降排水或隔水措施，地下水将不断流入隧道，在动水压下就可能引起管涌、流土和边坡失稳现象发生。兰州轨道交通隧道区间内地下水埋深较浅，在开挖中必须防止高水头差作用下的渗透变形。构筑适当厚度和深度的地下防渗墙可起到防渗作用。

6.3 隧道下穿黄河

兰州轨道交通涉及多次下穿黄河，从地层剖面上看，黄河下部主要为卵石层。盾构工法下穿卵石层且穿越黄河，属于长距离穿越卵石地层，盾构工法受地层条件与水文条件影响较大，可能引起盾构掘进困难、隧道涌水、涌砂等风险。

隧道穿越施工对河堤挡墙基础可能造成不均匀沉降，河堤存在变形风险。

6.4 地层软硬突变

兰州地区地质条件复杂，地层发育较多且变化快，地铁隧道在穿越岩土体时经常遇到地层软硬突变的问题。地层软硬的连续性变化可能产生盾构中心线偏移、盾构上抛、盾构卡壳、刀具磨损严重等一系列问题。另外，由于地层软硬突变而频繁更换盾构器械，影响地铁施工。

6.5 泥岩膨胀性

（1）对明挖基坑影响及对策。

泥岩属于膨胀土，具有显著的吸水膨胀和失水收缩的变形性能，在基坑施工过程中，由于施工揭露，边坡土体含水量发生变化，造成膨胀土变形加剧，容易在基坑边坡部位形成浅层滑坡，从而造成基坑边坡垮塌，因此基坑施工过程中应采取有效措施，防止基底和边坡土体遭受长时间曝晒、风干、浸水等。

车站在施工中，应采取必要封闭措施，尽量保证侧壁土层含水量不发生显著变化。

（2）对盾构隧道施工影响及对策。

1）盾构施工通过泥岩层中可能产生泥饼问题，对盾构刀盘磨损影响较大，建议根据地层组合，选择相适应的盾构类型，选择相应的添加剂和注入方式、注入量等。

2）泥岩围岩稳定性和整体性较好，但该层围岩风干易开裂，再吸水易崩解，且具有强膨胀性，施工过程中应及早封闭围岩，尽量减小含水量变化，保持围岩的天然性状。

参 考 文 献

［1］甘肃省地质环境监测院. 甘肃省兰州市城市环境地质调查评价报告［R］（任务书编号：水［2006］009－2，工作项目编号：12121054402）. 兰州：2007.

［2］戴聚昌，袁道阳. 兰州地区活动构造的基本特征［J］. 高原地震，200214（3）：35－40

［3］甘肃省地质矿产局. 甘肃省区域地质志［M］. 北京：地质出版社，1692.

［4］国家地震局兰州地震研究所，甘肃省计划委员会. 甘肃省地震危险区划研究［M］. 兰州：兰州大学出版社，1993. 88－91.

［5］袁道阳，贾亚会，才树华，等. 兰州马衔山北缘断裂带古地震初步研究［R］. 西北地震学报，2002，24（1）：199－205.

［6］庄飞舟. 兰州市地质灾害特征与防灾减灾对策［J］. 工业科技，2007，36（3）：32－33.

［7］姚宝贵. 兰州市市区地质灾害分布与防治建议［J］. 甘肃地质，2007，16（1－2）：71－75.

［8］张永军，宣世进，孙军兰. 工程建设诱发地质灾害实例分析［J］. 甘肃科学学报，2003，15（专辑）：167－170.

［9］王博. 富水弱胶结大粒径砂卵石地层盾构施工技术［J］. 都市快轨交通，2014 年 4 月（第 24 卷第 2 期）.

［10］王文斌. 兰州地区第三系风化红砂岩工程地质特性研究［J］. 兰州铁道学院学报，1997，16（1）.

［11］姚伟，洪政，等. 兰州轨道交通建设中的工程地质问题与对策探讨［J］. 铁道工程学报，2013.

南　宁　市

1 自然地理

1.1 地理位置

南宁市是广西壮族自治区的首府，位于广西南部，地处亚热带，北回归线以南，介于北纬22°13′~23°32′、东经107°45′~108°51′之间，坐落在南宁盆地中部邕江两岸，面向东南亚、背靠大西南，东邻粤港澳琼、西接印度半岛，具有得天独厚的区位优势和地缘优势。南宁市地形是以邕江广大河谷为中心的盆地形态。这个盆地向东开口，南、北、西三面均为山地围绕，北为高峰岭低山，即大明山龙头峰（古称昆仑山）直系山脉，南有七坡高丘陵，西有凤凰山（西大明山东部山地）。形成了西起凤凰山，东至青秀山的长形河谷盆地。盆地中央成为各河流集中地点，右江从西北来，左江从西南来，良凤江从南来，心圩江从北来，组成向心水系。盆地的中部，即左、右江汇口处，南北两边丘陵靠近河岸，形成一天然的界线，把长形河谷、盆地分割成两个小盆地，一是以南宁市区为中心的邕江河谷盆地；二是以坛洛镇为中心的侵蚀——溶蚀盆地。

1.2 气象

南宁市阳光充足，雨量充沛，霜少无雪，气候温和，夏长冬短，主要气候特点是炎热潮湿，年平均气温在21.6℃左右。冬季最冷的1月平均12.8℃，夏季最热的7、8月平均28.2℃，极端最高气温40.4℃，极端最低气温-2.1℃，多年平均日照1834.5h，平均日照率41.5%。多年平均风速1.9m/s，主导风向夏季为南东，冬季为北西。年均降雨量达1304.2mm，极端降雨量1640.5mm（1964年），平均相对湿度为79%，相对而言，一般是夏季潮湿，而冬季稍显干燥，干湿季节分明，夏天比冬天长得多，炎热时间较长。春秋两季气候温和，集中的雨季是在夏天，每年降雨汛期为4—10月，占全年降雨量的85%，11月至下年3月为枯水季节，占全年降雨量的15%。其气候标准值见表15-1。

表15-1 南宁市（1971—2000年）气候标准值

月份	月平均气温（℃）	月极端最高气温（℃）	月极端最低气温（℃）	月平均相对湿度（%）	月平均风速（0.1m/s）	月降水量（mm）
1	12.8	31.0	-0.7	78	12	35.3
2	14.1	36.2	0.8	80	13	42.6
3	17.6	35.5	3.7	82	15	59.4
4	22.05	38.3	9.2	81	16	97.1
5	25.9	37.9	14.5	80	16	185.6
6	27.9	37.7	18.2	81	16	207.1
7	28.4	38.0	19.7	82	17	218.8
8	28.2	39.0	19.9	82	13	205.3
9	26.9	38.2	15.5	78	11	128.3
10	23.5	34.9	7.9	75	11	65.5
11	18.9	33.7	3.2	74	9	40.3
12	14.9	29.6	-1.9	73	10	24.5
年平均值	21.8	39.0	-1.9	79	13	1309.7

1.3 水　　文

南宁市主要河流均属珠江流域西江水系，较大的河流有邕江、右江、左江、红水河、武鸣河、八尺江等（见插图90）。

邕江是流经南宁盆地的主干河流，由上游之左江、右江汇集而成，其下游为郁江。据根南宁市水文站资料：邕江历史最高洪水位为77.81m，常态水位为61.17～64.67m，近期最高河水位是2001年7月8日邕江洪峰水位77.42m。南宁市的设防水位为69.0m，洪水警戒水位为79.4m（按50年一遇的设防标准）。

1.4 地形地貌

南宁市地形是以邕江宽广河谷为中心的盆地形态，四周为低山及剥蚀残丘。地势总体呈北高南低，南宁盆地内以峙坡、长岭坡、二塘、屯里一线为界，地势总体呈东高西低，东部高程在100m以上，平均高程120m左右；西部高程在100m以下，平均高程80m左右。河流流向为东部河流自北向西南流的特征。

根据地貌类型和形态组合特点可将南宁市分为四个地貌分区，再根据次一级形态特征划分为五个亚区，各地貌分区分布范围见表15－2和插图91。

表15－2　南宁市地貌分区表

分区代号	分区名称	亚区代号	亚区名称
Ⅰ	侵蚀堆积河谷阶地区	$Ⅰ_1$	邕江低阶地亚区
		$Ⅰ_2$	邕江高阶地亚区
Ⅱ	侵蚀剥蚀丘陵区	$Ⅱ_1$	园状低丘亚区
		$Ⅱ_2$	垄状低丘亚区
		$Ⅱ_3$	垄状高丘亚区
Ⅲ	溶蚀残峰坡地区	$Ⅲ_1$	峰林谷地亚区
		$Ⅲ_2$	残丘洼地亚区
Ⅳ	构造侵蚀低山丘陵区		

2 区域地质

2.1 区域构造

根据《南宁市区域工程地质调查报告（1∶5万）》，南宁市在地质构造上位于华南准地台南端，即右江再生地槽南缘的西大明山东段高峰隆起束内。区内主要经历了三个构造发展阶段，分别为早古生代（加里东期）地槽阶段；晚古生代（海西期）地台阶段；中生代晚期至新生代（燕山至喜山期）陆内断陷盆地阶段。因此褶皱和断裂都比较发育，而且普遍具有继承性和多期活动的特点（见插图92）。

2.2 断　　裂

南宁地区断裂构造发育，分为东西向、北东向和北西向三组。

东西向断层：多沿盆地周围分布，其中以盆地北缘最为发育，盆地周围及内部，东西向断层也有分布，但规模较小。

北西向断层：主要分布于盆地西侧、西南，其他地方零星分布，走向300°~315°，倾向南西和北东均有，较大的有龙潭水库、华香和玉洞等断层，盆地内亦存在北西向断层。

北东向断层：主要出现于西部，有正断层、逆断层和性质不明断层，以前者为主，断面倾向北西为主，切割寒武系、泥盆系、石炭系和第三系。在第四系出现的断层，多属正断层，规模较小，零星分布。

2.3 褶　皱

根据褶皱型式和特征，大致可分为北区、中区和南区3个构造区。

北区：大致在将台、峙坡和那笔一线以北地区，由寒武系组成的紧密现状褶皱，由北至南有高峰背斜、香炉岭向斜和象鼻台背斜。

中区：包括市区范围及市辖邕宁县部分地区。由第三系组成的向斜盆地，是本区主要构造形迹。

南区：大致在渌芦、留村和赖村一线以南地区。主要由泥盆系、石炭系组成的单斜构造，岩层走向北东东，倾向南南东为主，局部呈北北西，倾角10°~38°。其内次级褶皱也较发育。

另外，据物探资料推测，在南宁盆地之下，还存在三个隐伏和半隐伏褶皱构造。其中两个背斜分布在北部将台至高峰林场和南部狮子头至那律一带，核部为寒武系，翼部为泥盆系、石炭系；向斜分布在中部石埠至四塘一带，轴部为石炭系，翼部为石炭系、寒武系。它们的轴向呈北东东向，大部分被第三系、第四系所覆盖，出露不全。

2.4 线性构造

据卫星和航测照片解译，盆地内有线形构造和环形构造。线形构造代表性有三条，其成因有待进一步调查证实；环形构造主要出现在北部由寒武系组成的背斜轴部、翼部以及东部由第三系组成的向斜轴附近。

2.5 历史地震

广西是位于华南地震带，是一个中强地震发生地带，南宁市处于北西向右江活动性大断裂与西乡塘断层交汇部位的东面，从2000年地震历史记载来看，南宁市曾发生过3~3.9级地震3次和1~1.9地震2次；据邕宁地震台记录资料，0.1~1.2级地震活动较频繁；结合近年来地质勘探资料的分析，在西乡塘北面钻孔揭露第四系深度63.5m，砾石层底部高程为21.4m，比附近邕江河床低30余米，存在第四纪断层或老断层复活的迹象。但还没有发生过5级以上的破坏性地震，曾经也受过周边地区一些强烈地震的影响，如平果发生5.5级的地震，灵山发生6.8级地震的影响，南宁市没有形成6度以上的破坏，区域地壳稳定性相对较好。

南宁地质条件相对较稳定，地震活动不活跃，出现的地震多属于低震级的地震，震级多在5级以下，破坏性不强，灾害性比较小。但南宁市地处四条北西向和北东向深大断裂带切割组成的菱形块体中，南宁盆地地基底隆起、凹陷、断裂、构造复杂，而且北西向活动大，断裂已切穿南宁盆地，具长期活动性的西乡塘－韦村断层（北东向）与右江活动大断裂带（北西向）复合于西郊老口－石埠地段，是应力较为集中的复合部位，具有产生地震的地质构造条件。

2.6 地层岩性

南宁市出露的地层有寒武系、泥盆系、石炭系、白垩系、第三系和第四系（见插图93）。

寒武系分为小内冲组和黄洞口组，主要分布于北部和西南部，东部有少量分布。主要岩性为浅灰、灰绿、灰黄、浅紫色中厚至厚层砂岩、粉砂岩、泥质砂岩和泥岩。

泥盆系分布于西北部、西南部、南部及东部。按岩性特征分为下统莲花山组、那高岭组、郁江组，下－中统新坡组，中统五象岭组和上统榴江组、五指山组。下统主要是灰白、浅灰、紫红、灰绿、深灰色中厚－厚层石英砂岩、砂岩、泥岩、泥灰岩、生物碎屑灰岩等。新坡组为灰、灰黑色薄层硅质岩夹少量薄层泥岩。五象岭组为黑色薄层泥岩夹少量燧石条带及灰岩薄层。榴江组为灰、灰黑色薄层硅质岩、夹硅质泥岩或泥岩薄层。五指山组为浅紫、紫红色中厚－厚层扁豆状灰岩、泥质条带灰岩夹条带状泥晶灰岩。

石炭系主要分布于东南部，分为下统岩关阶、大塘阶，中统和上统马平组。下统下部主要是浅灰、灰色薄－中厚层灰岩夹生物碎屑灰岩、含燧石灰岩和硅质结核灰岩，最底部为灰黑色薄层硅质岩和硅质灰岩，上部灰白、灰、深灰色厚层灰岩夹生物碎屑灰岩和少量白云质灰岩。中统为浅灰白、灰色厚层白云岩夹白云质灰岩或灰岩。上统为灰白、浅灰色中厚－厚层灰岩－碎屑灰岩等。

白垩系仅在东南偶有少许分布，称新隆组，为暗紫色、紫红色薄－中厚层砂岩夹泥岩和粉砂岩，底部为含细粒砂岩。

第三系分为古－始新统、渐新统。古－始新统自下而上分为第一至第四组。第一组为灰黑色厚－巨厚层砾岩。第二组为浅紫色、紫红色钙质砂岩、砂岩夹泥灰岩和泥质砂岩。第三组为黄色、紫红、杂色厚层砂岩、细砂岩，底部含砾砂岩。第四组为灰白、灰黄、黄色厚层含砾砂岩、粗砂岩、砂岩及石英砂岩等。渐新统为含煤碎屑岩系，分为底部岩组、南湖组、里彩组和北湖组。底部岩组为灰白、灰黄厚层细砂岩、粉砂岩，底部为含砾砂岩。南湖组为浅灰、灰、灰绿色中厚－厚层泥质粉砂岩、粉砂质泥岩、泥岩夹粉砂岩，下部夹钙质泥岩或泥灰岩。里彩组为灰白、灰黄、黄色中厚－厚层石英砂岩、泥质砂岩夹泥岩。湖北组为浅灰、灰绿、灰色中厚－厚层粉砂质泥岩、泥岩夹粉砂岩等。

第四系主要分布于邕江两岸的平原区，自下而上分为浔江组、白沙组、望高组和桂平组等，有黄灰、棕红、黄色砾石层、砂层、粉土层及黏性土层组成。

砾石层：为一套松散的河流阶地砾石层，各组均有分布。浔江组、白沙组、桂平组之砂砾石多裸露于地表；望高组之砂砾石层多被其上部的砂黏土层所覆盖，地表较少出露。浔江组仅见于南郊五象岭之老鼠夹，白沙组主要分布于盆地中南部的留村、三兴村、佛子岭、天狮岭等地，桂平组主要分布于邕江拐弯处，如邕江大桥南桥头下、白沙村等地。砂砾石层多呈褐黄色、黄色。砂砾石成分多为石英，含量达80%，次为硅质岩和砂岩等。砾石磨圆度良好，一般为圆状或椭圆状，分选极差。

砂土层：主要是现代河床河漫滩沉积，分布于盆地东部及西南部的小河沿岸。为砂土、砂、砾石混杂堆积，厚度仅数米。

黏性土层：位于望高组之上部，广泛分布于盆地西部邕江Ⅱ～Ⅲ级阶地中。为黏土、粉质黏土或黏质粉土，呈棕红或砖红色，厚度一般为10多米。

3　典型地层及特征

3.1　岩土分布及特征

南宁市市区主要为堆积及剥蚀堆积平原区，市区多为第四系地层覆盖，厚度多为10～30m，仅在心圩、农学院北西侧及邕江二桥北侧桥头等地段厚达40m，厚度在20m左右的地段，多为邕江Ⅰ～Ⅲ级阶地的分布区。在Ⅳ～Ⅵ级阶地分布区，由于其砂土、砾石层遭受剥蚀，覆盖层厚度一般为几米到十多米，局部还可见基岩裸露。

南宁市城市轨道交通一号线、二号线和三号线，呈东西向和南北向贯穿市区，沿线地层揭露的地层反映了南宁典型地层的分布和特征，分述如下：

南宁市城市轨道交通一号线位于市中心的中部，东西向贯穿于市中心（线路位置见插图94，A－A′），揭示了南宁市东西向的典型地层分布特征。在地貌上属于邕江低阶地（I_1）、邕江高阶地（I_2）和垄状高丘（II_3）地貌，第四系沉积物上部为粉质黏土和黏土，局部有粉土分布，下部为砾石层，局部有砂土层，成因为冲积和残、坡积，下伏基岩为第三系泥岩、粉砂质泥岩、泥质粉砂岩、粉砂岩（地层分布见插图95，A－A′）。沿线黏性土硬塑，具膨缩土，部分黏性土呈流塑～软塑状，砂土分布较少，砾石层分布广，一般厚度1.60～6.40m，最厚达31.3m，局部缺失，卵石粒径大，坚硬，下伏泥岩、粉砂质泥岩有膨胀性，为中等胀缩土。

南宁市城市轨道交通二号线位于市中心的中部，南北向贯穿于市中心（线路位置见插图94，B－B′），揭示了南宁市南北向的典型地层分布特征。在地貌上属于邕江低阶地（I_1）、邕江高阶地（I_2）和残丘洼地亚区（III_2）地貌，第四系沉积物主要为粉质黏土和黏土，硬塑黏性土具膨缩土，局部有粉土分布，以及少量的砂土和砾石层，成因为冲积和残、坡积，下伏基岩为第三系及泥盆系的泥岩、粉砂质泥岩、泥质粉砂岩、粉砂岩，在南段下部有风化灰岩分布，有溶洞发育。沿线北端基岩埋深大，第四系沉积物以碎石土为主，中段基岩出露较早，南段灰岩分布区有岩溶发育，溶洞内主要充填物为黏性土（地层分布特征见插图96）。

南宁市城市轨道交通三号线位于市中心的中部，南北向贯穿于市中心（线路位置见插图94，C－C′），揭示了南宁市南北向的典型地层分布特征。在地貌上属于邕江低阶地（I_1）、邕江高阶地（I_2）、垄状高丘（II_3）和溶蚀残峰坡地区（Ⅲ）地貌，第四系沉积物上部主要为粉质黏土和黏土，硬塑黏性土具膨缩土，局部有粉土分布，下部为砾石层，少量砂土。成因为冲积和残、坡积，下伏基岩为第三系及泥盆系的泥岩、粉砂质泥岩、泥质粉砂岩、粉砂岩，在南段下部有风化灰岩分布，有溶洞发育（地层分布特征见插图97）。

3.2 典型地层划分

根据南宁市城市轨道交通一、二、三号线工程勘察制定的岩土分层系统，对南宁市地层进行统一划分，地层划分及特性如下：

（1）第四系全新统（Q_4）。

杂填土①$_1$层：杂色，稍密为主，稍湿－湿，以碎石、砖渣、建筑垃圾为主，含少量黏性土，土质不均匀，多分布于地表。

素填土①$_2$层：灰色，灰黑色，软塑－可塑，表层植物根系发育，含有较多有机物质，具腐臭味，为高压缩性土，多分布于地表。

（2）第四纪上更新统（Q_3）。

淤泥、淤泥质土②$_1$层：灰色－深灰色，流塑状，含有粉砂，含有机质，具臭味，手捏有滑腻感，属高压缩性软土，工程性质极差。

硬塑状黏土、粉质黏土②$_2$层：褐棕黄色、灰黄色、灰白色，组成物主要为黏粒，局部含较多粉粒则相变为粉质黏土，硬塑状为主，局部可塑状，干强度较高，韧性较好，属中压缩性土，多具中等胀缩性。

流塑－软塑状黏土、粉质黏土②$_3$层：灰色，主要为粉质黏土、黏土，局部为粉土，流塑－软塑状，属中压缩性土。

粉土③层：灰色、深灰色，组成物主要为粉粒，局部含较多粉砂则相变成粉砂，稍湿－很湿，松散－稍密状，摇震反应较灵敏，干强度差，韧性差。

粉砂、细砂④$_1$层：灰色、灰黄色，以粉砂、细砂为主，颗粒成分以石英砂为主，颗粒较不均匀，局部含少量黏粒、粉粒，湿－饱和，松散－稍密状。

中砂④$_2$层：灰色、灰黄色等，组成物主要为中砂，含较多粉、黏粒，级配不均匀，湿－饱和，稍密－中密状。

粗砂④$_3$层：灰色、灰黄色，组成物主要为粗砂，级配不均，含较少量黏粒。湿－饱和，稍密－中密状。

圆砾⑤$_1$层：灰色、灰白色、灰黄色等杂色，饱和，中密－密实状，局部稍密状，主要由圆砾组成，颗粒不均匀，局部为卵石或砾砂，最大粒径不小于40mm，母岩主要成分为石英岩、硅质岩、砂岩，磨圆度较好，以次圆状为主。

黏土、粉质黏土⑥$_1$层：黄褐－褐红色，硬塑，黏粒含量高，切面光滑，手可捏断，韧性中等，干强度中等，多具中等胀缩性。

粉土⑥$_2$层：灰黄色、褐黄色，组成物主要为粉粒，稍密－中密状，摇震反应较灵敏，干强度差，韧性差。

粉砂、细砂⑥$_3$层：灰色、灰黄色，稍湿，松散－稍密状，以粉砂、细砂为主，颗粒成分以石英砂为主，颗粒较不均匀，局部含少量黏粒、粉粒。

红黏土⑥$_4$层：棕红、褐黄色，局部夹有较多砂砾、卵石，可塑－硬塑状，覆盖于碳酸盐岩系之上，为石炭系碳酸盐岩残坡积层，为液限大于或等于50%的高塑性黏土，具有失水收缩、裂隙发育、上硬下软的特征。

（3）第三系岩层（R）。

泥岩、粉砂质泥岩⑦$_{1-1}$层：灰－青灰色，成岩程度较浅，成硬塑土状，含锰质结核，岩芯呈短－中柱状状，泥质结构，层理不明显，微裂隙发育，切面光滑，有蜡状光泽；干强度较高，遇水易软化，晒干易开裂，其天然单轴抗压强度值为0.446～0.700MPa，平均值为0.584MPa，多具中等胀缩性。

泥岩、粉砂质泥岩⑦$_{1-2}$层：红褐色、青灰色，为古近系半成岩，成岩程度较浅，岩芯呈土块或短柱状，泥质胶结，层状构造，蜡状光泽，切面光滑，手捏具有滑腻感；遇水易软化，失水易开裂。属于极软岩。天然单轴抗压强度为1.310～5.575MPa，平均2.898MPa，属于极软岩，多具中等胀缩性。

泥岩、粉砂质泥岩⑦$_{1-3}$层：灰－青灰色，成岩程度较深，蜡状光泽，岩芯呈长柱状，泥质胶结，硬度较小，局部夹少量碳质泥岩，切面光滑，手捏具有滑腻感；干强度较高，遇水易软化，失水易开裂。其天然单轴抗压强度值为1.041～3.839MPa，平均值为2.025MPa，属于极软岩，多具中等胀缩性。

粉砂岩、泥质粉砂岩⑦$_{2-1}$层：灰－青灰色，尚未成岩，呈中密砂土状，含少量铁锰质结核，含粉砂较多，用清水回转钻进，取上岩芯呈粉细砂状，少量呈碎块状；干钻时取出沿线呈碎块状，用手易掰开；其天然单轴抗压强度值为0.446～0.840MPa，平均值为0.723MPa，属于极软岩。

粉砂岩、泥质粉砂岩⑦$_{2-2}$层：灰黄－青灰色，为古近系半成岩，成岩程度较浅，呈密实土块状，含少量铁锰质结核，含粉砂较多，用清水回转钻进，取上岩芯呈碎块状；干钻时取出岩芯呈碎块状，用手易掰开；天然单轴抗压强度为3.020～3.045MPa，平均3.033MPa，属于极软岩。

粉砂岩、泥质粉砂岩⑦$_{2-3}$层：灰色－灰黄色，局部为紫褐色，砂质结构，泥质胶结，胶结程度一般，送水钻进进尺较快，岩体较完整。岩芯采取率高，岩芯呈长柱状，局部呈碎块状和粉砂状。其天然单轴抗压强度值为0.822～3.430MPa，平均值为1.733MPa，属于极软岩。

粉砂质泥岩⑦$_{3-1}$层：灰－青灰色，已固结成岩石状的半成岩，土状光泽，岩芯呈长柱状，泥质胶结，硬度大，切面光滑，手捏具有滑腻感，干强度较高，遇水易软化，失水易开裂。其天然单轴抗压强度值为1.363～5.306MPa，平均值为3.011MPa，属于极软岩。

泥质粉砂岩⑦$_{3-2}$层：灰黄－青灰色，已固结成岩石状的半成岩，含少量铁锰质结核，含粉砂较多，岩体较完整，岩芯采取率高，岩芯呈长柱状，天然单轴抗压强度值为3.740～6.102MPa，平均值为4.621MPa，属于极软岩。

粉砂岩⑦$_{3-3}$层：褐红色、灰色－灰白色，为古近系半成岩，成岩程度较深，泥质结构，已固结成岩石状的半成岩，岩芯以短柱状为主，局部含泥量较高，岩质较硬，锤击声脆、易断。天然单轴抗压强度为8.170～44.450MPa，平均22.243MPa，属于较软岩。

炭质泥岩⑦$_4$层：褐色～黑色，为古近系半成岩，成岩程度较浅，呈硬塑至坚硬土块状，有机质含量高，钻进进尺较快，岩芯呈土状或碎块状，用手易掰开；天然单轴抗压强度为3.785～

3.785MPa，平均3.785MPa，属于极软岩。

(4) 泥盆系（D）、石炭系（C）岩层。

石炭系灰岩、硅质灰岩和泥盆系砂质泥岩、泥质砾岩、砂岩、泥岩、扁豆状灰岩等⑧层：褐黄色、灰黄色、灰白色等，风化程度不一，灰岩风化带中有溶洞，强风化岩属较软岩，中风化和微风化岩属坚硬岩。

3.3 主要岩土物理力学参数

根据南宁市地铁勘察成果资料及搜集当地勘察单位资料，对南宁地区主要地层的岩土工程参数进行了统计分析，以下表15－3、表15－4主要针对地铁工程提供需要的岩土工程参数经验值，供勘察设计人员参考使用。

表15－3 主要地层参数的经验值

地层时代	地层岩性编号	岩性名称	天然密度 ρ (g/cm^3)	压缩模量 $Es1-2$ (MPa)	固结快剪		渗透系数 K (m/d)
					黏聚力 C (kPa)	摩擦角 φ (°)	
第四纪上更新统（Q3）	②$_{1}$	淤泥、淤泥质土	1.50～1.75	1.5～3.0	6～12	2～5	0.001～0.002
	②$_{2}$	硬塑状黏土、粉质黏土	2.00～2.08	6.0～12.0	25～40	10～20	0.002～0.004
	②$_{3}$	流塑－软塑状黏土、粉质黏土	1.60～1.80	2.0～5.0	8～12	3～6	0.0015～0.0025
	③	粉土	1.98～2.08	6.0～10.0	10～18	15～20	0.3～0.6
	④$_{1}$	粉砂、细砂	1.98～2.03		0	20～25	3.0～5.0
	④$_{2}$	中砂	2.00～2.05		0	25～35	3.0～8.0
	④$_{3}$	粗砂	2.00～2.05		0	28～38	3.0～8.0
	⑤$_{1}$	圆砾	2.03～2.08		0	30～40	60～180
	⑥$_{1}$	黏土、粉质黏土	2.00～2.05	8.0～12.0	25～40	10～20	0.005～0.001
	⑥$_{2}$	粉土	2.00～2.18	10.0～15.0	10～20	18～25	0.5～1.0
	⑥$_{3}$	粉砂、细砂	2.00～2.05		0	25～35	3～8
	⑥$_{4}$	红黏土	2.00～2.05	8.0～12.0	25～40	10～20	0.005～0.01
第三系（R）	⑦$_{1-1}$	泥岩、粉砂质泥岩	2.00～2.05	10.0～15.0	35～45	15～25	0.0005～0.001
	⑦$_{1-2}$	泥岩、粉砂质泥岩	2.03～2.08	12.0～18.0	40～55	18～30	0.0005～0.001
	⑦$_{1-3}$	泥岩、粉砂质泥岩	2.05～2.10	13.0～20.0	50～80	25～35	0.0005～0.001
	⑦$_{2-1}$	粉砂岩、泥质粉砂岩	2.03～2.08	13.0～16.0	20～30	25～38	1～5
	⑦$_{2-2}$	粉砂岩、泥质粉砂岩	2.05～2.10	14.0～18.0	30～50	30～40	1～5
	⑦$_{2-3}$	粉砂岩、泥质粉砂岩	2.06～2.12	15.0～20.0	40～55	35～45	1～5
	⑦$_{3-1}$	粉砂质泥岩	2.10～2.50	18.0～20.0	60～90	20～30	0.0005～0.001
	⑦$_{3-2}$	泥质粉砂岩	2.20～2.60	20.0～25.0	80～110	35～40	0.1～1.0
	⑦$_{3-3}$	粉砂岩	2.40～2.80	25.0～30.0	30～35	45～50	0.3～1.0
	⑦$_{4}$	炭质泥岩	2.00～2.05	8.0～13.0	40～55	20～30	0.0005～0.001
泥盆系岩层（C）	⑧$_{H-2}$	强风化灰岩	2.50～3.00				1.5～2.5
	⑧$_{H-3}$	中风化灰岩	2.80～3.30				2.0～3.5

表 15－4 主要地层参数的经验值表

地层时代	地层岩性	岩性名称	垂直 K_v (MP/m)	水平 K_x (MP/m)	静止侧压力系数 K_0	泊松比 μ	隧道围岩分级（修正后）	岩土施工分级
第四纪上更新统（Q3）	②$_1$	淤泥、淤泥质土	3~7	3~8	0.70~0.80	0.40~0.50	Ⅵ	Ⅱ
	②$_2$	硬塑状黏土、粉质黏土	35~45	30~40	0.40~0.50	0.28~0.35	Ⅴ	Ⅱ
	②$_3$	流塑－软塑状黏土、粉质黏土	3~10	4~12	0.60~0.75	0.40~0.50	Ⅵ	Ⅱ
	③	粉土	15~25	15~23	0.40~0.50	0.30~0.40	Ⅵ	Ⅱ
	④$_1$	粉砂、细砂	15~20	15~20	0.35~0.45	0.28~0.33	Ⅵ	Ⅱ
	④$_2$	中砂	16~22	16~22	0.35~0.45	0.26~0.30	Ⅵ	Ⅱ
	④$_3$	粗砂	18~25	18~25	0.35~0.43	0.25~0.30	Ⅵ	Ⅱ
	⑤$_1$	圆砾	30~55	30~60	0.33~0.40	0.23~0.30	Ⅵ	Ⅲ
	⑥$_1$	黏土、粉质黏土	40~60	40~55	0.38~0.50	0.28~0.33	Ⅴ	Ⅱ
	⑥$_2$	粉土	25~40	25~35	0.35~0.50	0.28~0.35	Ⅵ	Ⅱ
	⑥$_3$	粉砂、细砂	18~25	18~25	0.35~0.45	0.23~0.30	Ⅵ	Ⅱ
	⑥$_4$	红黏土	45~65	45~60	0.35~0.45	0.25~0.30	Ⅵ	Ⅱ
古近系岩层（E）	⑦$_{1-1}$	泥岩、粉砂质泥岩	70~100	70~90	0.25~0.35	0.23~0.28	Ⅴ	Ⅲ
	⑦$_{1-2}$	泥岩、粉砂质泥岩	80~120	80~110	0.25~0.33	0.20~0.25	Ⅴ	Ⅲ
	⑦$_{1-3}$	泥岩、粉砂质泥岩	85~130	85~120	0.23~0.30	0.18~0.23	Ⅴ	Ⅳ
	⑦$_{2-1}$	粉砂岩、泥质粉砂岩	70~110	70~100	0.23~0.33	0.20~0.25	Ⅵ	Ⅲ
	⑦$_{2-2}$	粉砂岩、泥质粉砂岩	80~130	80~120	0.20~0.30	0.18~0.23	Ⅵ	Ⅳ
	⑦$_{2-3}$	粉砂岩、泥质粉砂岩	85~140	85~130	0.20~0.30	0.16~0.22	Ⅴ	Ⅳ
	⑦$_{3-1}$	粉砂质泥岩	140~160	110~140	0.20~0.33	0.20~0.25	Ⅵ	Ⅲ
	⑦$_{3-2}$	泥质粉砂岩	150~170	150~160	0.20~0.30	0.15~0.20	Ⅴ	Ⅲ
	⑦$_{3-3}$	粉砂岩	160~180	160~170	0.20~0.28	0.15~0.20	Ⅵ	Ⅳ
	⑦$_4$	炭质泥岩	30~40	30~35	0.35~0.45		Ⅴ	Ⅲ
泥盆系岩层（C）	⑧$_{H-2}$	强风化灰岩					Ⅳ	Ⅳ
	⑧$_{H-3}$	中风化灰岩					Ⅲ	Ⅴ

4 地 下 水

根据地下水赋存条件、含水介质及水力特征，南宁市地下水主要有四种，即松散岩类孔隙水、碎屑岩类孔隙裂隙水、基岩裂隙水和碳酸盐岩裂隙溶洞水（见插图98）。

4.1 松散岩类孔隙水

分布于邕江Ⅰ～Ⅳ阶地及东部各小河沿岸，含水层为第四系冲洪积砂砾石层、黏土层和粉土层，厚约5～63m，富水性分强、中、弱三个等级。

富水性强的孔隙水区：分布于邕江Ⅱ级阶地，如冶矿厂、牛奶厂、沙井农屋坡等地，含水层为望高组砂砾石层，岩性和厚度较稳定，厚13～15m，渗透系数一般为17～30m/d，水位埋深8～15m，单井涌水量大于1000m^3/d，补给来源主要为大气降水补给，其次为侧向补给，排泄主要为人工开采，地下水化学类型主要为HCO_3－Ca型，水质良好。

富水性中等的孔隙水区：分布于邕江Ⅱ级阶地，面积较大，含水层为望高组砂砾石层，一般厚5～15m，局部达20～25m，厚度变化较大，渗透系数一般为8～30m/d，水位埋深10～15m，单井涌水量100～1000m^3/d，以邕江河水倒灌补给为主，其次为降水和侧向补给，近地下水排泄区，以人工开采排泄为主，局部地段向邕江排泄。地下水化学类型为HCO_3－Ca型，局部受污染，为HCO_3·Cl－Ca型。

富水性弱的孔隙水区：分布于邕江Ⅱ级阶地后缘和Ⅲ级以上阶地及东部各小河沿岸，含水层为望高组、白沙组和全新统的砂砾石层，一般厚5～8m，部分地区含水岩组分布位置较高被切割或裸露地表，储水条件差，水量不丰富，水位埋深10～20m，单井涌水量小于100m^3/d，补给来源主要为大气降水补给，其次为侧向补给，为地下水径流区，矿化度多小于60mg/l，属低矿化度HCO_3－Ca型。

4.2 碎屑岩类孔隙裂隙水

分布于东部及西南部，含水岩组为上第三系中厚－厚层状砂岩、粉砂岩及泥岩，根据泉水流量、岩性与含水层组合关系的差异，将富水性划分为中等和弱两个等级。

富水性中等的孔隙裂隙水区：分布于东部北湖园艺场至那笔、红星奶厂至里彩及西南部金鸡一带。含水岩组为上第三系中厚－厚层状砂岩及粉砂岩，砂岩与泥岩或煤层互层，岩石固结程度较低，形成圆形地丘陵地形，或陇伏低丘陵地形，表层风化程度较高。水量不丰富，受降水补给，在地形切割较低处形成泉或沼泽。枯季泉水流量0.1～1.0l/s。化学类型主要为HCO_3－Ca型，水质良好。

富水性弱的孔隙裂隙水区：分布于东部区畜牧所至四塘圩一带。含水岩组为上第三系北湖组中厚－厚层状泥岩及粉砂质泥岩。表层风化程度高，为侵蚀剥蚀陇状低丘陵地形，储水条件差。受降水补给，水量贫乏，枯季泉水流量0.1l/s。

4.3 基岩裂隙水

分布面积广，含水岩层复杂。根据岩性、地貌、裂隙发育程度和泉水流量大小，将其富水性分为强、中、弱三个等级。

富水性强的裂隙水区：分布于西南部灵芦和南部凤凰岭。含水层为下石炭统岩关阶至下泥盆统的薄层状硅质岩，构造裂隙发育，岩石破碎。山坡较缓，山脚坡积层较厚，植被良好，储水条件好。山脚多泉水出露，泉流量一般为1～10l/s，泉水动态比较稳定，水化学类型为HCO_3－Ca型。

富水性中等的裂隙水区：分布于北部高峰林场至狮子岭，南部苏盆、那强，东部青山至剪刀大岭，西部银岭分场至象鼻台，西南部灵芦一带。含水层为下第三系、下白垩统、泥盆系、寒武系的中厚－厚层状含砾砂岩、粗砂岩、细砂岩和粉砂岩。含水岩层复杂，构造裂隙比较发育，形成低山丘陵地形。植被比较发育，储水条件较好，受降水补给，为地下水补给径流区，泉流量为0.1～1.0l/s。

富水性弱的裂隙水区：主要分布于北部老虎岭水库，南部五象岭，西部立芦、龙山至石西一带。含水层为下第三系、泥盆系、寒武系黄洞口组的中厚－厚层状粉砂岩、粉砂质泥岩及泥岩，形成低山丘陵地形。植被比较发育，地表岩石风化较强烈，风化裂隙较发育，地下水主要赋存于风化带中，储水条件较差，降水补给，泉流量小于0.1l/s。

4.4　碳酸盐岩裂隙溶洞水

仅见于东南部那黄至蒲庙一带，为石炭系至上泥盆统，岩性以中厚－厚层灰岩为主，白云岩次之，夹生物碎屑灰岩和白云质灰岩。按岩性及岩溶水出露及埋藏条件，分为裸露形裂隙溶洞水、覆盖形裂隙溶洞水、砾岩裂隙溶洞水三大类。

裸露形裂隙溶洞水：分布于东南部那黄至蒲庙一带，根据岩性、岩溶发育程度、地下暗河和泉水流量，将富水性划分为强、中、弱三级。

富水性强的裂隙溶洞水区：分布于东南部蒲庙附近一带，含水岩组为石炭系的中厚－厚层状灰岩及白云岩。地貌为溶蚀残丘谷地，构造裂隙及岩溶较发育。地下水枯季流量500～900l/s，地下径流模数5～9l/（s·km^2），水位埋深小于10m。受降水及侧向径流补给，为地下水排泄区，水化学类型主要为HCO_3－Ca型。

富水性中等的裂隙溶洞水区：分布于那黄·良庆一带，含水岩组为石炭系的中厚－厚层状灰岩、白云岩夹白云质灰岩，构造裂隙发育。地面以下30～80m为岩溶发育段，即主要含水段。受降雨补给，水位埋深10～30m，枯季地下径流模数3～5l/（s·km^2），泉水流量10～30l/s。

富水性弱的裂隙溶洞水区：分布于五象岭以南，含水岩组为岩关阶、五指山组的薄－中厚层状灰岩夹泥质条带灰岩，含泥质较高，裂隙、岩溶不发育，储水条件差。枯季地下径流模数小于3l/（s·km^2），泉水流量2～6l/s。

覆盖形裂隙溶洞水：分布于南部市养鸡厂一带，面积较小。含水岩组为石炭系至上泥盆统的中厚－厚层状灰岩及白云岩，裂隙、岩溶比较发育，但溶洞多被充填。上覆黏土层较厚，接受不给条件较差，除降水补给外，侧向补给较少，枯季地下径流模数3～5l/（s·km^2），泉水流量10～30l/s。

砾岩裂隙溶洞水：分布于东南部瓦窑村，南部市养鸡厂，西部将台及西南部龙潭水库一带。含水岩组为下第三系古新统的厚～巨厚层状砾岩，砾石成分主要为灰岩及硅质岩，少量砂岩、石英和燧石。砾岩胶结紧密，有裂隙溶洞发育，但因其分布位置较高，泉水出露很少。枯季泉水流量小于10l/s，水化学类型为HCO_3－Ca型。

5　特殊地质条件

5.1　不良地质作用

根据相关资料，南宁地区主要的不良地质作用有岩溶和有害气体。

（1）石炭系碳酸盐岩岩溶塌陷。

南宁地铁二号线玉洞站－大沙田站有石炭系灰岩分布，发育有溶洞。在溶蚀残丘谷地地区，地层为石炭系浅灰、灰、浅褐色中－厚层扁豆状灰岩、泥质条带灰岩、薄层泥晶灰岩，深灰色薄－中厚层状富含硅质条带的微晶灰岩、生物屑灰岩、砾屑灰岩、硅质岩，局部夹泥岩、粉砂质泥岩。灰岩地层节理裂隙较发育，岩溶弱－中等发育，岩溶形态主要有溶沟、石牙、溶槽、溶洞、谷地、残丘等。溶洞裂隙多被黏性土充填或半充填，基岩出露少，上覆残积黏土层厚度变化较大，局部线段较厚，地下水较丰富，富水性中等。

1）溶洞：主要分布于灰岩浅埋区，地铁地下线施工可能对溶洞顶板产生破坏，进而导致地面塌陷；溶洞造成基岩面起伏较大或有软土分布，可能造成地基不均匀下沉；基岩和上覆土层内，由于岩溶地区较复杂的水文地质条件，易产生新的岩土工程问题，造成地基恶化。

2）土洞：主要分布于第四纪覆盖层较厚区域，其下基岩中一般分布有溶洞、溶沟、溶槽，当溶洞地铁施工降水或桩基施工对溶洞顶板造成破坏，导致上覆残坡积黏性土层向下塌落形成土洞，土洞扩大到一定程度可导致地面塌陷。

（2）有害气体。

第四系松散地层中有害气体主要为沼气，有害气体主要考虑淤泥分布区和新近系半成岩中分布的炭质泥岩和煤泥，成分一般为甲烷。

5.2 特殊性岩土

南宁地区发育的特殊性岩土有：填土、胀缩土、软土、液化土、风化岩和残积土，特殊性岩土分布见插图99。

5.2.1 填土

南宁地区除邕江防洪堤为充填土外，其他为杂填土，零星分布于市区的朝阳广场东南菜市的旧城墙外围，厚度一般0.3～4.0m，局部达8m。上部填土主要为杂色黏土、粉质黏土、粉土夹碎砖瓦片等建筑垃圾，次为砂砾石及少量生活垃圾，含水量大，结构松散；下部塘泥主要为灰黑、黑色含腐殖质的黏土、粉质黏土，呈软塑、流塑状。

5.2.2 膨胀土

南宁地区胀缩土按成因分为三大类：Ⅰ类－第三系湖相泥岩、粉砂质泥岩及其风化残积的黏性土，Ⅱ类－第四系河流冲积黏土，Ⅲ类·碳酸盐岩风化形成的残坡积黏土（红黏土）。

Ⅰ类膨胀土：分布于东部丘陵区，上部由棕红色、灰黄色斑状黏土、粉质黏土组成，矿物成分主要为伊利石、高岭石，少量蒙脱石、石英，厚0～5m；下部为灰白、灰蓝色泥岩、粉砂质泥岩，中等胀缩性，物理力学性质参见表15－5。

Ⅱ类膨胀土：分布于北湖路·虎丘岭一带的邕江Ⅱ级阶地后缘和Ⅲ级阶地上。岩性为砖红色、灰白色斑状黏土，黏土矿物主要为高岭石、伊利石，含少量石英，厚度约1.5～9m，中等胀缩性，物理力学性质参见表5。

Ⅲ类膨胀土：一般为碳酸盐岩风化残积层，主要分布在东南部的玉洞－赖村一带的溶蚀谷地中，上部0～1m，一般为褐黄色粉质黏土、粉土，下部为砖红、黄色夹灰白色黏土。矿物成分主要为高岭石、石英及少量伊利石，厚约14～22m。土体上部网状风化，中等胀缩性，物理力学性质参见表15－6。

表15－5　膨胀土主要物理力学性质

膨胀土类型	岩性	天然含水量	天然孔隙比	压缩模量	黏聚力	内摩擦角	自由膨胀率		膨胀总率		膨胀率	
							一般值	平均值	一般值	平均值	一般值 ep0.5	平均值 ep0.5
		（%）		（kg/cm²）	（kg/cm²）	（°）	（%）	（%）	（%）	（%）	（%）	（%）
Ⅰ类	黏土	17	0.53		1.88	27.5	72～73	72.5	2.000～2.670	2.236	0.010～0.500	0.175
	粉质黏土	14	0.51		0.48	41.0	42～54	48.0				
	泥岩	12～20	0.36～0.65				31～90	51.4	1.507～5.580	3.760	0.025～2.900	1.123

续表 15－5

膨胀土类型	岩性	天然含水量	天然孔隙比	压缩模量	黏聚力	内摩擦角	自由膨胀率		膨胀总率		膨胀率	
							一般值	平均值	一般值	平均值	一般值 ep0.5	平均值 ep0.5
		（%）		（kg/cm²）	（kg/cm²）	（°）	（%）	（%）	（%）	（%）	（%）	（%）
Ⅱ类	黏土	19～31	0.46～0.84	88～146	0.59～1.17	4～24	25～116	75.0	1.408～5.280	2.930	0.010～0.920	0.420

表 15－6　红黏土主要物理力学性质

天然含水量	天然孔隙比	塑性指数	压缩模量	黏聚力	内摩擦角	自由膨胀率		膨胀总率		膨胀率	
						一般值	平均值	一般值	平均值	一般值 ep0.5	平均值 ep0.5
（%）			（kg/cm²）	（kg/cm²）	（°）	（%）	（%）	（%）	（%）	（%）	（%）
15.4～40.1	0.45～1.12	12～40	140～143	0.70	23.5	26～63	49.3	1.40～4.68	3.77	0.06～0.32	0.20

5.2.3　软土

主要分布在邕江Ⅱ级阶地中深灰色的黏土、粉质黏土，埋深 2～12m，厚 2～10m，局部呈透镜体分布，含有机质，一般上部为软塑状黏土，往下多为流塑状粉质黏土和粉土。具有触变性、高压缩性、低透水性、流变性等工程特性，软土主要物理力学性质参见表 15－7。

表 15－7　软土主要物理力学性质

天然含水量	天然孔隙比	天然重度	饱和度	液限	塑性指数	液性指数	压缩系数 α_{1-2}	压缩模量	黏聚力	内摩擦角	渗透系数
（%）		（kg/cm²）	（%）	（%）			（cm²/kg）	（kg/cm²）	（kg/cm²）	°	（cm/s）
15.4～40.1	0.85～1.67	0.72～1.93	92～100	26～71	8～27	0.5～1.58	0.038～0.111	18～50	0.02～0.34	0～14	4×10^{-6}～8×10^{-8}

5.2.4　液化砂土

主要分布在雅里村一带，为粉砂、粉细砂，不均匀系数大多小于 10，易发生管涌现象。

5.2.5　风化岩、残坡积土

全风化泥岩、粉砂质泥岩、泥质粉砂岩，风化程度高，地层相对松散，体现出土的物理力学性质，强风化泥岩、粉砂质泥岩以及强风化泥质粉砂岩层风化不完全，含有中风化泥岩、砂岩颗粒，岩性不均匀；中风化泥质粉砂岩层岩质较硬，属较软岩－较硬岩。风化程度、稳定岩层岩面埋深在纵横向上变化大，不稳定，土岩结合面或软硬结合面稳定性差。

残坡积土分布于古近系岩层上部，主要为灰岩、砂岩和泥岩全风化后形成。该类土具胀缩性，工程性质比较特殊，对地下车站、区间的基坑支护不利。

6 城市轨道交通主要工程地质问题

6.1 南宁市典型地层分析

南宁盆地位于广西西南部，盆地内部地势平坦，邕江自西向东穿越其间，两岸阶地发育明显，为上部覆盖黏性土或圆砾层、下部泥岩的典型二元结构阶地，位于浅表层的第三系风化泥岩具有典型膨胀岩土特性，其吸水后体积膨胀强度衰减剧烈，力学性质变化明显，在灰岩分布地段有溶洞发育。

软土、厚层圆砾层、膨胀岩土以及复杂的地下水，给地铁设计和施工带来了一定困难。

轨道交通工程具有规模大、敷设方式多、呈线性分布等特点。线路穿越不同的地质条件，在不同的施工工法中会遇到各种不同的工程地质问题。

6.2 典型地层中各施工方法存在的问题及对策

6.2.1 明挖法施工存在的问题及对策

（1）明挖法施工在膨胀岩土地层中的工程地质问题及对策。

1）边坡失稳。

膨胀岩土具有显著的吸水膨胀和失水收缩的变形性能，在基坑施工过程中，由于施工揭露，边坡土体含水量发生变化，造成膨胀土变形加剧，容易在基坑边坡部位形成浅层滑坡，从而造成基坑边坡垮塌。

对策：

①土工格栅加筋柔性支护措施。

柔性支护能够有效地保湿防渗，且允许边坡少量湿胀变形可释放边坡土体大部分应力和膨胀力，加之柔性挡墙具有足够的自重，能抵抗土压力。土工格栅加筋柔性支护具有“保湿防渗”及“刚柔相济”的特点。

②土工格室加土钉支护措施。

膨胀土边坡的破坏形式主要是浅层破坏，受气候变化、风化程度、裂隙发育程度等因素影响，在干湿循环作用下，土体强度受裂缝和降水影响下不断下降，表层2m内土体的抗剪强度明显低于深部。因此，膨胀土边坡必须做好防排水及防渗保湿工作，并结合防护、支挡和减少开挖面等综合治理措施。同时，防护工程应能够适应边坡膨胀土体可能产生的膨胀变形、膨胀应力变化而不破坏。采取土工格室加土钉处治方案。

③锚杆支护。

锚杆是岩土体加固的杆件体系结构。通过锚杆杆体的纵向拉力作用，克服岩土体抗拉能力远远低于抗压能力的缺点。表面上看是限制了岩土体脱离原体。宏观上看是增加了岩土体的黏聚性。从力学观点上主要是提高了围岩体的黏聚力 c 和内摩擦角 φ。其实质上锚杆位于岩土体内与岩土体形成一个新的复合体，从而使得岩土体自身的承载能力大大加强。

2）桩孔缩径、塌孔。

膨胀土具有吸水膨胀软化的特点，在灌注桩等成孔后，桩周土体受到开挖扰动以及大气等因素的影响，含水量发生变化，土体随着含水量的增加发生膨胀软化及膨胀变形，引起桩孔缩径、塌孔。

对策：

①合理选择施工时间，控制土体含水量。

灌注桩施工时，成孔过程中严禁向孔内注水，孔底虚土经清理后，应及时灌注混凝土成桩。在施工工艺的选择上可以采取人工挖孔等干作业施工工艺，减弱施工工艺对膨胀土体含水量的影响。

②“跳打法”施工。

采用“跳打法”施工膨胀土地层钻孔灌注桩，掌控好相应的施工顺序和时间节奏，是能够解决好钻孔灌注桩缩径问题。

3）地基变形。

膨胀土具有胀缩性，即使在荷重作用下仍能浸水膨胀，产生膨胀压力，同时膨胀土还具有胀缩变形的可逆性，在吸水膨胀、失水收缩后，有再吸水再膨胀、再失水再收缩的特性，在膨胀力及其反复收缩变形条件下，造成地基变形，容易使地铁结构发生开裂，对地铁出入口等浅基础影响较大。

对策：

①基坑挖时预留一定厚度（150～300mm）土层，待下道工序开始前挖除，避免基底土体含水量发生显著变化引起胀缩变形。

②基坑开挖后，应采取措施防止地下水、雨水等外部水源渗漏至基底，防止基底土体长时间暴露、风干、水浸，尽可能保证土体含水量不发生显著变化。

③对于车站出入口等附属结构，适当扩大散水。

④基坑肥槽应采用非膨胀土分层压实回填。

⑤加强地铁结构、沉降变形监测。

（2）明挖法施工在软土地层中的工程地质问题。

流塑－软塑状态的黏性土具有触变性及流变特性，基坑开挖时极易导致开挖面失稳。

对策：

为了减轻开挖对坑底软弱黏性土的扰动影响和减小坑底回弹变形量，在地下围护措施到位后，除预先进行坑内降水外，可对坑底软弱黏性土进行水泥土深搅拌桩加固措施。

6.2.2 矿山法施工存在的问题及对策

（1）矿山法施工在膨胀岩土地层中的工程地质问题及对策。

膨胀土地区隧道矿山法施工，由于土体开挖会导致地下水的流失，引起土体内含水量的变化：开挖断面附近水量增加，土体发生吸水软化，强度降低；较深处土体失水发生收缩开裂，为地下水的流动提供通道。因此，由于地下水的变化，膨胀土地区采用矿山法施工会增大隧道以上土体的沉降，对既有建筑基础及城市市政管线造成极大危害。

对策：

①全断面注浆。

为防止注浆时地下水涌出作业面引起膨胀岩土体内含水量的变化，在注浆地段起始处的掌子面采用0.8m厚C25挂网喷射混凝土墙作为止水、止浆墙。

②尽快封闭临时支护体系，缩短开挖自由暴露时间。

膨胀土隧道施工工序应尽可能紧凑、有序，洞身开挖后应尽快喷射混凝土，避免膨胀土长时间暴露。

③降水引流。

膨胀土隧道地表，特别是在浅埋段易出现地裂、地沟等不良地质现象，在地表降水的影响下极易对隧道造成破坏。应回填地裂、地沟，防止地表水流下渗；加强隧道地表排水处理，将地表水引至隧道影响范围外。

（2）矿山法施工在软土地层中的工程地质问题及对策。

隧道围岩存在软弱土时，易产生沿软弱夹层的整体滑动，对围岩侧壁整体稳定性不利。

对策：

需对此有针对性的支护设计；同时软土固结沉降会引起上覆地层的沉降，因此须对地面沉降进行监测。

（3）矿山法施工在岩溶地层中的工程地质问题及对策。

南宁分布有溶洞发育地区，溶洞中充填黏性土，施工过程中可发生岩溶塌陷及隧洞施工中的突水、涌泥。

对策：

在隧道开挖灰岩段采取超前地质预报和地质验证工作，对于高风险的溶洞，可在隧道开挖前自地面进行充填加固，并进行岩面注浆，采用井点降水的办法降低承压水水头。

6.2.3 盾构法施工存在的问题及对策

(1) 盾构法施工在膨胀土地层中的工程地质问题及对策。

盾构掘进对土体产生扰动和破坏以及膨胀土自身的裂隙性，形成裂隙，将为地下水及盾尾注浆液体进入膨胀土层提供通道。膨胀性地层中盾构掘进时，盾构周围土体受扰动以及土体含水量变化的影响，土体将产生膨胀并形成对衬砌的附加膨胀荷载。膨胀荷载将引起围岩应力重分布，且围岩应力及变形受膨胀土层分布的影响较大，这都会对管片、衬砌等结构的安全性及可靠性产生不利影响。

对策：

1) 结构对策：

针对膨胀土的分布情况，不同区段进行分别处理：

①当隧道下方或上方存在膨胀土时，膨胀土的膨胀将会增大管片结构的内力，可以通过增加局部配筋量来满足设计要求，或者采用通缝拼装方式来降低管片结构受力。

②当隧道单侧或两侧存在膨胀土时，在一定膨胀力范围内可以不做针对处理。若膨胀力过大，应根据围岩应力重分布的规律有针对性的特殊处理，如改变钢筋布设形式，增加负筋，避免膨胀力过大引起的反弯矩导致管片结构破坏。

③隧道完全处于膨胀土地层中，结构设计时不考虑膨胀力的影响是偏于安全的。

2) 施工措施。

膨胀土发生膨胀变形的诱因在于含水率的改变，从盾构施工来说可以从以下方面来避免和减轻岩土含水率变化带来的负面影响。

①盾构施工过程中应避免引起周围地下水位发生变化。

②在盾构施工过程中，应充分保证管片的防水能力和抗渗能力，包括接缝处及管片自身的防水。施工过程中应保证盾尾注浆质量，并适当地进行二次补浆，尽量减少或杜绝地下水沿管片流失。

(2) 盾构法施工在软土地层中的工程地质问题及对策。

第四系黏性土部分呈流塑－软塑状态，具高压缩性、高灵敏度、低抗剪强度及低承载力的特点，可能引起隧道基底不均匀沉降以致地面变形；隧道施工时易发生塑性破坏增加隧道衬砌的难度，区间隧道顶板有较厚软土可能使地表沉陷值增大。且受含水量变化影响大，盾构施工过程中由于土层流动易造成开挖面失稳，作为位于隧道围岩时，无自稳能力，易坍塌。

对策：

盾构施工中，匹配好土仓压力、推进速度与出土量这三项施工参数，能有效减少盾构的偏移和旋转，减小盾构推进对地表沉降的影响；在盾构施工中要根据不同土质和覆土厚度、地面建筑物，结合监测信息的分析，及时调整平衡压力值的设定，保持平稳的推进速度，减少对土体的扰动。

管片脱出盾尾后，在管片与土体之间将产生空隙，若不及时注浆，土体很快就塌落到空隙内，产生较大沉降，因此，盾尾同步注浆是控制地表沉降的重要手段之一。同时根据推进速度、出土量和地层变形的监测数据，及时调整注浆量，从而将轴线和地层变形控制在允许的范围内。但土质较软时，注浆压力不宜过高，否则会对地层产生较大的扰动，增加后期沉降甚至破坏管片。

(3) 盾构法施工在砾石地层中的工程地质问题及对策。

南宁地区分布有厚层的砾石层，粒径大小不一，强度高，盾构在砾石层中施工，刀具磨损快，损坏严重。特别是碰到大粒径的漂石，只能开仓进入土仓内进行处理，施工安全性大大降低，施工成本增大。

对策：

①施工前，通过基坑调查、人工挖探等形式，充分了解卵石粒径的分布情况，对遇到大卵石情况时，做好施工对策。

②结合砾石调查情况，合理选择刀盘及推进速度。

③对于地下水位较深的砾石地层施工，可以采用敞开式盾构。

（4）盾构法施工在岩溶地层中的工程地质问题及对策。

岩溶区易形成地下溶洞，上覆土体中形成土洞造成岩溶塌陷，此外，在隧洞施工中碰到岩溶管道，管道内有地下径流会发生涌水及地下泥石流。

对策：

查明岩溶分布的范围、形态、地貌特征、发育强度，岩性、地层厚度、地质构造、产状、节理裂隙的发育程度、地表水及地下水的关系，溶洞发育的形态、高程，洞顶厚度及完整程度、洞中沉积物充填状况、溶洞充填物成分等，为基础设计提供地质基础资料。

隧道施工过程中需采用地质综合超前预报，结合地表降水、超前钻探和注浆的方法探查和控制岩溶水，并及时在隧道内对岩溶进行处理。

6.3 地下水的影响分析

（1）松散岩类孔隙裂隙水。

地下水主要为孔隙潜水，含水层主要为砂层和砾石层中，水量丰富，并与地表水体水力联系密切，呈互补关系，一般采用管井法的地下水控制方案。

（2）碎屑岩类孔隙裂隙水。

新近系半成岩泥质粉砂岩、粉砂岩层中分布裂隙水，具承压性，富水性弱，属弱－中透水层，补给来源主要来自大气降水和冲积砂砾层越流补给，沿含水层渗流排泄。一般明排为主的地下水控制方案。

（3）基岩裂隙水。

石炭系至泥盆系的硅质岩，下第三系、下白垩统、泥盆系、寒武系的中厚－厚层状含砾砂岩、粗砂岩、细砂岩和粉砂岩中分布裂隙水，富水性弱，属弱－中透水层，补给来源主要来自大气降水和冲积砂砾层越流补给，沿含水层渗流排泄。一般明排为主的地下水控制方案。

（4）碳酸盐岩裂隙溶洞水。

主要分布在溶蚀残丘谷地区，岩溶水富水性较强，但极不均匀，与附近的河流有水力联系；补给方式分为灌式补给和渗入式补给，在低洼处汇集一定量的降水，通过漏斗或落水洞灌入地下或通过地面上微小的裂隙，较缓慢地渗入地下，汇入岩溶通道和地下河系之中；岩溶水主要沿溶洞及基岩裂隙循环流动。可采用井点降水，并结合洞内超前深孔预注浆封堵破碎带中的构造裂隙水的地下水控制方案。

南 京 市

1 自 然 地 理

1.1 地 理 位 置

南京位于长江下游沿岸，是长江下游地区重要的产业城市和经济中心，中国重要的文化教育中心之一，也是华东地区重要的交通枢纽。位于北纬31°14″～32°37″，东经118°22″～119°14″。南京市平面位置南北长、东西窄，成正南北向；南北直线距离150km，中部东西宽50～70km，南北两端东西宽约30km。南面是低山、岗地、河谷平原、滨湖平原和沿江河地等地形单元构成的地貌综合体。地貌为宁镇山脉的一部分，低山山陵占全市总面积的64.52%。长江南京段长度约95km；江南有秦淮河，江北有滁河，为南京市境内两条主要的长江支流，其河谷平原为重要农业区。水面占全市总面积11.4%，平原、洼地占24.08%。

1.2 气　　象

南京市属于北亚热带季风气候区，四季分明，由于受三面环山、一面临水地形的制约，南京小气候特征明显，夏季炎热、多雨，冬季寒冷、干燥，春秋季短暂，以干燥、凉爽天气为主。多年平均气温14.4℃，年均最高气温20.4℃，平均最低气温11.6℃，极端最高温43℃（1934.7.13），极端最低气温－14℃（1955.1.6）；年平均降水量1026mm，日最大降水量198.5mm（1931.7.24），降雨主要集中在6—8月，约占全年降水量的60%；全年无霜期达200～300天。

南京的灾害性天气主要有台风、寒潮、冰雹和高温。南京平均每年可有1～2次受台风影响，多在6—10月，其中8月最多；入侵南京的寒潮（即24小时内气温下降10℃以上，最低气温降至5℃以下的天气），平均每年5.5次，以12月出现次数最多；南京地区冰雹以3月和5月出现概率较高；南京日最高气温≥35℃的高温天气，从6月上旬至9月中旬都可能出现，并以7月中旬至8月下旬出现较多。

1.3 水　　文

南京市属长江下游滨江城市，市域内河流、湖泊较多，主要河流有长江、秦淮河、滁河等，湖泊主要有玄武湖、莫愁湖等（见图16－1）。秦淮河古河道由南东向北西纵贯南京市区，全长约16km，在平面上呈藕节状。河床相沉积为砂砾层、砂层和粉细砂，漫滩相沉积的粉质黏土和淤泥质黏土位于河床相砂体的两侧，少部分以透镜体散布在粉细砂体之中，沉积物的粒度自下而上由粗变细。

古河道中的地下水主要赋存于饱和粉细砂中，水量丰富，透水性好且有弱承压性，地下水位一般位于地面以下1.0～2.0m。

1.4 地 形 地 貌

南京市地处长江中下游，宁镇隆起与宁芜凹陷两大构造板块之交界处。南京市平面位置南北长、东西窄，成正南北向；南北直线距离150km，中部东西宽50～70km，南北两端东西宽约30km。南面是低山、岗地、河谷平原、滨湖平原和沿江河地等地形单元构成的地貌综合体。主城区位于长江东南－南面，北有幕府山、乌龙山、栖霞山，东有紫金山、青龙山，南有韩府山、牛首山，可谓三面环山，一面濒水。众山中以紫金山（古称钟山，海拔448m）为最高峰。

南京地貌特征属宁镇扬丘陵地区，以低山缓岗为主，低山占土地总面积的3.5%，丘陵占4.3%，岗地占53%，平原、洼地及河流湖泊占39.2%。南京市地形起伏变化很大。自北向南分

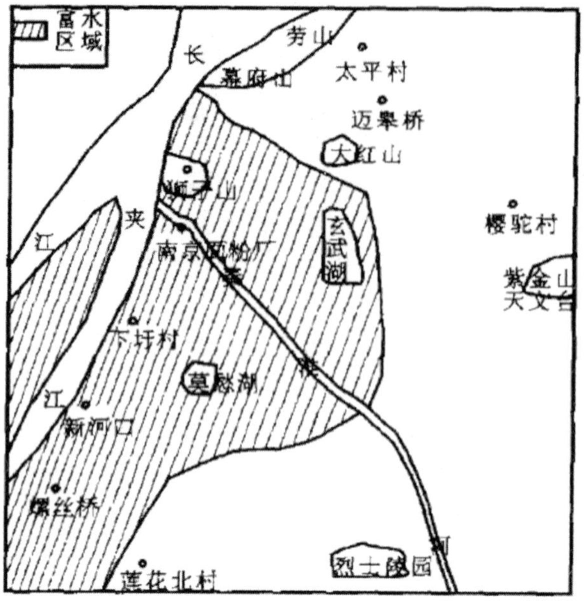

图 16－1　南京市富水区域分布图

布三道地势明显突起的近东西向横梁，北面为狮子山、象山、幕府山，中部为清凉山、五台山、鼓楼岗、北极阁、九华山、富贵山，南面有雨花台、菊花台。这三道横梁使城区地形呈波状起伏，也使城区地表水系以中部横梁为自然分水岭，形成城南秦淮河和城北金川河两大流域。另外，城西沿明城墙自北向南为狮子山、八字山、古平岗、石头城、清凉山、仓顶等连成一道近南北向横梁，构成城西临江天然屏障。区内地貌形态复杂多变。有风雨物理风化作用和滑坡、崩塌、泥石流等不良地质作用形成的剥蚀低山及残丘，有河流堆积作用形成的Ⅰ、Ⅱ、Ⅲ级阶地，有山丘间坡洪积作用形成的坳沟，有秦淮河故河道和长江冲淤积作用形成的漫滩等。其中，低山丘陵占市区总面积的 60% 左右，因此市区地貌形态总体上为低山丘陵，属于长江河谷的一个组成部分（见插图 99）。

1.4.1　低山丘陵

市区区内的低山丘陵按其成因、基岩岩性和海拔高度，可分为剥蚀低山（200m 以上）、残丘（50～200m）及河流堆积阶地（12～50m），现分别评述如下：

（1）剥蚀低山。

紫金山西端的天堡峰（紫金山天文台，248m）为剥蚀低山。基岩岩性主要为下中侏罗象山砂岩，部分为中三叠黄马青砂岩，北侧坡脚处为燕山晚期岩浆岩。上覆土层为晚更新世黏性土夹残坡积碎石土，厚度一般较薄或缺失。

（2）剥蚀残丘。

紫金山向西延伸的富贵山、九华山、北极阁，北面沿江一线的幕府山、象山、狮子山及北－东北郊一带的大小红山、乌龙山、杨坊山、聚宝山、农场山等，为剥蚀残丘。其中除幕府山、九华山为分别呈北东、近东西走向的条带状山丘外，其余均为突起孤立的山丘。富贵山－北极阁基岩岩性及上覆土层同紫金山天文台，幕府山－狮子山岩性为震旦－奥陶白云岩，大小红山基岩受断裂构造控制，东南侧为下三叠上青龙灰岩，西北侧为下中侏罗象山砂岩。上覆土层亦同上述紫金山天文台基本一致。

（3）河流堆积阶地。

区内的丘陵岗地按阶面高程可分为Ⅰ级阶地（12～20m）、Ⅱ级阶地（20～50m）及Ⅲ级阶地（50m）：

1）Ⅲ级阶地分布于雨花台一带，为基座阶地，基岩岩性为下白垩红层，上覆土层为晚更新世黏性土及中新统雨花台组砂砾层、卵砾石层，厚度一般为 10～20m。

2）Ⅱ级阶地分布于八字山、古平岗、清凉山、五台山、鼓楼岗、紫金山周边及紫金山与幕府山之间地带，亦为基座阶地。基岩岩性主要为下白垩红层，楼岗以北受断裂构造控制为上侏罗火山岩，中央路以东的玄武湖及紫金山与迈桥之间为燕山晚期岩浆岩。上覆土层为晚更新世黏性土，以呈褐黄－黄褐色，可塑状－硬塑状及富含铁锰质结核和灰白色黏土条带为特征，厚度一般为10～20m。其卫岗和板仓一带该层黏性土多为黏土，具轻微膨胀性。另外，该层底部常见一混合土－可－硬塑状黏性土混卵砾石，粒径一般2～5m，大者10cm左右，见20～30cm块石，含量约20%～40%，厚度1～3m，具较高强度。

3）Ⅰ级阶地分布于光华门－半山园、大光路－公园路、新街口－珠江路西侧、水佐岗－镇江路、紫竹林－中央门及仓顶等地，以及Ⅱ级阶地坡脚和故道两侧地带。其中，有些地段因经人为改造，阶地形态已不太明显。覆盖土层地表为老城区填土，厚度一般在2～3m，填埋沟塘地段厚达4～5m，底部常见一层混合土－软－可塑状黏性土混卵砾石层、粒径变化大，含量不均匀，强度不高。下伏基岩市区南半部主要为下白垩红层，中山门－中和桥及雨花台东南部有上侏罗火山岩分布；市区北半部基岩分布较杂，狮子山以东与幕府山以南为上白垩浦口层，山西路－草场门为上侏罗火山岩，三牌楼－中央门－迈皋桥为下中侏罗象山砂岩，紫金山以北为燕山晚期岩浆岩。

1.4.2 山丘间坳沟地貌

市区北部的幕府山南侧、东部的紫金山周边，以及南部的雨花台、西部的清凉山等周边，均发育有无数的冲沟。这些冲沟分别汇集成若干条大冲沟（坳沟）汇入秦淮河、月牙湖、玄武湖、金川河及长江等。

紫金山与幕府山之间有三条著名的坳沟：其一为南十里长沟，呈近东西走向由农场山往西经兴卫村、过街村、黑墨营、迈皋桥、东井亭，在南京火车站西侧汇入护城河；其二为北十里长沟，呈北东走向由晓庄南（南京塑料厂）往北经王家村、吉祥庵、太平村，在南京化工厂汇入长江；其三为东十里长沟，呈近南北走向由聚宝山往北经诚实村、小岗下、柳塘立交、南京化纤厂，在长江二桥公园西侧汇入长江。另外，卫岗与双拜岗之间的宽大冲沟，雨花台西侧的雨花西路，清凉山与五台山之间的广州路－乌龙潭等亦均为坳沟地貌形态。坳沟沉积土层，上游段一般为洪坡积形成的可塑性次生黏性土混碎石，中－下游段上部为软－可塑性次生黏性土，中部为灰色软黏性土，下部为可－硬塑状晚更新世黏性土。有时中－下游段底部分布一层混合土－软－可塑状黏性土混卵砾石层，粒径变化大，含量不均匀，强度不高。山丘中坳沟下伏基岩，南十里长沟主要为燕山晚期岩浆岩，北十里长沟主要为上白垩浦口层，东十里长沟南半部为燕山晚期岩浆岩，北半部为上白垩浦口层，其余地段基岩分布，往往是因地而异。

1.4.3 湖沼相地貌

市区的古湖泊主要为玄武湖、莫愁湖、白鹭洲、南湖及燕雀湖。其中玄武湖和白鹭洲及莫愁湖和南湖分别在秦淮河故河道及长江漫滩上人工开挖而成。而古燕雀湖已于明初建皇宫时填平，俗称“三山填燕雀”，可见工程规模之宏大。如今，古明城墙仍依山傍水巍然而立，但碧波荡漾的古湖面姿态已不复存在。古燕雀湖位于中山东路东端北侧，东自半山园西至黄浦路，东西长约3000m，南北宽400～1000m，为紫金山山前的琵琶湖、前湖、紫霞湖、燕雀湖等诸多湖泊中最大的一个。该湖泊地处紫金山西南部宽大坳沟的下游，主要接受山洪流水及其冲洪积物。

根据余勤等收集南京维景国际大酒店及明故宫广场工勘资料，湖区表层4～6m为由砂砾石夹少量碎石块石构成的密实杂填土，其下为富含有机质的湖沼相淤泥和淤泥质土，厚6～8m，再下为中粗砂混砾石层，厚3～5m，为湖底冲洪积层。下部土层，东部为晚更新世黏性土，底部为可～硬塑状黏性土混卵砾石；中～西部为全新世软黏性土，属秦淮河故河道沉积层。湖区范围下伏基岩为下白垩红层。

1.4.4 秦淮河古河道地貌

秦淮河古河道自江宁区东山镇，经节制闸、夫子庙、大行宫、小营、市政府、玄武湖、许府巷、模范马路、三牌楼、金川门、大桥南路等宛转曲折穿过市区，在长江大桥南堡公园西侧汇入长江。古时候长江无护岸控制，每逢洪水期即由集合村、水西门等地势较低处漫过，与秦淮河混为一体，从而形成宽厚不等的故河道沉积层。南京市古秦淮河河道分布示意见图 16－2。

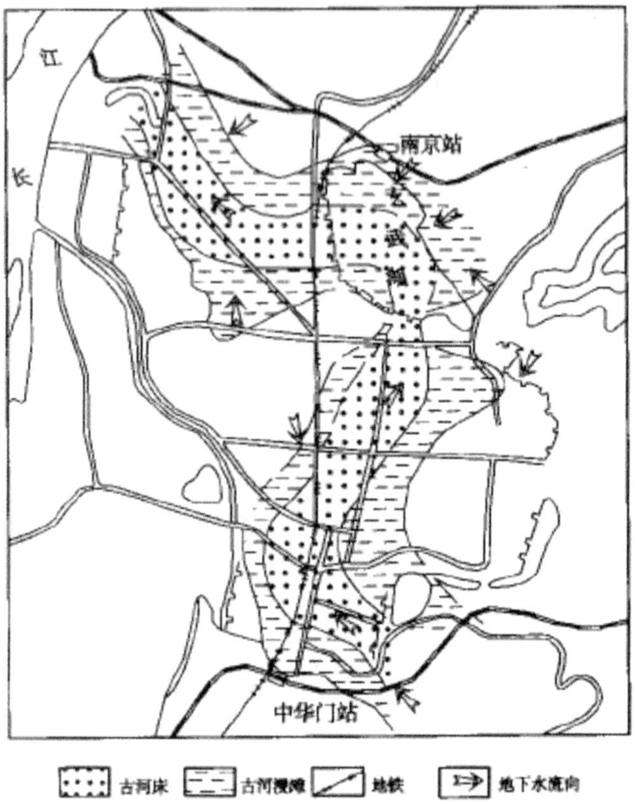

图 16－2 南京市古秦淮河河道分布示意

古河道沉积层，按其沉积环境及土层结构组合可划分为河床相沉积层和漫滩相沉积层。河床相沉积层位于故河道中心的深槽处，水流湍急，沉积物主要为粉细砂层。漫滩相沉积层位于河床左右两侧，水流较缓，沉积物以软黏性土和黏性土夹粉土粉砂为主。河床相沉积底部常见有一层混合土－软－可塑状黏性土混粗砂卵砾石层，厚度一般为 1～3m，粒径及含量均变化极大，强度不高。

市区古河道受地形和地貌形态制约，深浅、宽窄变化极大。最宽段为鸡鸣寺与九华山之间的市政府（古称武庙）段，仅 200m 左右。最开阔段：城南为水西门－大光路中段及新街口－明故宫段，宽约 3000m；城北最宽处为模范马路－许府巷及北京西路－模范马路段，宽 1800m～3000m。古河道沉积层厚度一般 30～38m，城南最厚处为瞻园路及小营一带，厚达 40～43m，城北最厚处为玄武湖菱洲与翠洲之间及三牌楼－金川门段，厚达 43～45m。长江大桥南堡公园西侧入江口处为最厚，达 55m。

市区古河道范围下伏基岩，城南段主要为下白垩红层，东南大学北端－市政府段为下中侏罗象山砂岩，玄武湖段为燕山晚期岩浆岩，许府巷－三牌楼－大桥饭店段为下中侏罗象山砂岩，大桥饭店－入江口段为上白垩浦口层。其间局部地段尚有上侏罗火山岩、下三叠上青龙灰岩等分布。

1.4.5 河西地区长江漫滩地貌

长江的东南－南侧，即板桥镇－幕府山一线，分布有大大小小的近岸漫滩，其中以西善桥－三汊河之间与秦淮河及南河－夹江之间的南京河西地区漫滩为最大，面积为 40 km^2 左右。

河西地区漫滩地势低平，地面标高 5.5～7.0m，小河及水沟水塘等地表水系发育，为长江河道西迁形成的低漫滩。原为南京西郊蔬菜、鱼肉副食品生产基地，自20世纪90年代初起按省市“城市主城区扩建规划”进行开发建设，现在由奥体中心至三汊河，已建设成为颇具规模的现代化河西新城区，奥体中心以南地区也快速在进行开发建设。随着城市建设的进展，区内地面标高相应提高至7~9m，地表水系也得到统一规划，从而大大改善了河西城区的防洪排涝能力。

根据大量勘察资料分析，河西漫滩沉积土层厚度，沿秦淮河及南河岸边附近为30~45m，向西至夹江为55~65m。按沉积环境和土层结构组合可划分为南北大区块；南区块为清凉门大街至奥体中心，土层结构组合为表层填土──→沼泽相及漫滩相软黏性土──→漫滩相软黏性土与粉土粉砂互层──→河床相粉砂、粉细砂、中粗砾砂、粗砾砂混砾石层；北区块为清凉门大街至三汊河，土层结构组合为表层填土──→沼泽相及漫滩相软黏性土──→漫滩相软黏性土与粉土粉砂互层──→漫滩相软黏性土局部夹透镜体状粉细砂──→河床相粗砾砂混卵砾石层。

南区块中，按河床相砂土层的埋深又可细分为三个带：水西门大街至清凉门大街为北带，砂土埋深为10~30m；南带中的兴隆大街西段南北两侧，表层填土以下即为砂土层，属砂土隆起带。

河西地区漫滩下伏基岩，除定淮门大街东段南北两侧有下中侏罗象山砂岩，清凉门大街－凤凰东街东端有上白垩浦口层外，其余均为下白垩红层。

2 区 域 地 质

2.1 地 质 构 造

南京地区大地构造属扬子准地台的下扬子凹陷褶皱带，这个凹陷从震旦纪以来长期交替沉积了各时代的海相、陆相和海陆相地层，下三迭系青龙群沉积以后，经印支运动、燕山运动发生断裂及岩浆活动，并在相邻凹陷区及山前山间盆地堆积了白垩纪及第三纪红色岩系及侏罗－白垩纪的火山岩系。地质构造主要处于宁镇弧形褶皱西段，各类不同期次、不同性质，不同方向的褶皱，断裂十分发育，重要地质构造是（见插图100）有：

近场区多数主要断裂分布在宁镇山脉和老山山脉的两侧边缘，构成了山脉与盆地间的分界断裂。其中规模较大的主要断裂有6条，它们分别是施官集断裂（F1）、南京－湖熟断裂（F2）、滁河断裂（F3）、江浦－六合断裂（F4）、幕府山－焦山断裂（F5）、汤山－东昌断裂（F6）。区内还有3条规模较小的次级断裂，即：杨坊山－长林村断裂（f1）、定淮门－马群断裂（f2）、西善桥－雨花台断裂（f3）。

施官集断裂（F1）：该断裂位于近场区长江西岸，大致顺滁河入江方向延伸，断裂南段与该工程线路的长芦站附近相交。施官集断裂横穿六合－全椒凹陷，对北西向的自来桥－八百里桥上新世－早更新世断坳的形成和发展起到了重要的控制作用，沿断裂带喷溢有大规模的玄武岩（N2－Q1）。玄武岩中见大量橄榄石团块和晶体，说明岩浆来源很深。该断裂发生时间较晚，切穿地壳较深。在灵岩山、黄岗等地，见到切穿新近系上新统（N2）的断层，方向亦为北西向。沿该断裂有一些小地震活动，如1980年3月在六合瓜埠镇发生了一次小震群，计18次小震，最大震级为ML2.1级。此外，在区外的六合竹镇于1968年3月发生了一次3¾级地震。所以施官集断裂在第四纪仍有一定新活动表现，属第四纪早、中更新世断裂。

江浦－六合断裂（F4）：该断裂位于长江西岸，在泰冯路站附近与工程场地南端相交。该断裂大致从浦口桥林镇向北东方向延伸，经珠江镇、泰山镇、大厂镇至长芦附近，后被北西向施官集断裂截断。江浦－六合断裂是宁芜断陷盆地与老山凸起的重要分界断裂，近断裂处形成了一个深凹，堆积了大量侏罗纪火山岩系（J1－2－J3）和部分白垩纪地层（K2P），中生代地层最大厚度近5000m。以后又沉积了厚度不大的新近纪（N＋Q）地层。该断裂在重、磁异常图上反映明显。沿断裂表现为重力异常梯级带，该梯级带延至六合、灵岩一带，与沿滁河断裂分布的重力异常梯级带会合。可能反映了江浦－六合断裂与滁河断裂在深部归为一条断裂。此外，在卫星影像上有一定的线性反映。地貌上，断裂西北侧为高程40～50m的岗地。该断裂在燕山期曾有强烈活动，至喜山运动时已逐渐减弱。根据上述地层层位、风化壳形成年代界线及断层测试年代数据，并结合浅层人工地震探测结果，综合分析认为：江浦－六合断裂的最新活动年代应为前第四纪，属不活动断裂。

滁河断裂（F3）：滁河断裂位于近场区的西南部，老山凸起北缘，该断裂顺滁河方向延伸，从江浦县汤泉镇经花旗营延至六合县龙池乡附近，在其北端被北西向施官集断裂截切。过施官集断裂后，断续向北东延伸，该断裂东北段分别在方州广场站附近及八百桥站附近与地铁线路相交。滁河断裂对六合－全椒凹陷的形成和演化有重要影响，在近滁河断裂的深凹中堆积了晚白垩纪红层（K2p－K2c）。自上新世以后断裂活动趋向缓和，但对N＋Q沉积仍起了一定的控制作用。滁河断裂对滁河水系有重要影响，滁河断裂倾向NW，由于东南侧龙洞山、钓鱼台等断块山体的不断抬升，使滁河形成一条极不对称的水系，北侧水系密而长，南侧水系疏而短。沿断裂有众多温泉、冷泉，且有零星小震发生。滁河断裂自第四纪以来仍有一定新活动性，主要表现为断块差异升降运动，但幅度很小。综合分析，推测该断裂为第四纪早更新世断裂。

2.2 历史地震

南京市地处华北地震区长江下游－黄海地震带内，是该带少数几个中强地震活动和原地复发水平较高的地区之一，辖区内地质构造复杂，区域性断裂发育，具备发生中强地震的地震地质条件。自从有文字记载以来，南京共发生有感地震近300次，其中破坏性地震三次，即公元499年8月4日和548年10月27日发生在城区的4.75级和5.5级地震，以及公元1712年12月22日发生在南京江北的4.75级地震，震中烈度分别达到Ⅵ度、Ⅶ度。外地发生的强度较大地震对南京市也曾造成过破坏。如1668年山东郯城的8.5级地震和1624年扬州6级地震，两次地震在南京造成的破坏均超过地震烈度Ⅵ度。现代地震中，1977年溧水4.6级地震和1979年溧阳6.0级地震等也曾使南京遭到破坏，地震烈度均达到Ⅵ度。2008年8月6日江苏省句容（北纬32.2°，东经119.1°）发生3.6级地震，震源深度9km左右，震中位于南京汤山与句容下蜀之间，南京市及镇江市震感较明显。由此可见，20世纪70年代以来，近场区内有感地震时有发生，加上外围地震波及，几乎每年都有地震事件产生影响，现代地震活动频度较高，但强度较弱。2009年11月13日南京市江宁区和句容交界地区（北纬31.9°，东经119°）发生里氏3.4级地震，镇江地区以及南京市江宁、河西等多个地区居民反映有震感。

根据中国南部地区中强地震与断裂构造的研究资料表明，F1、F3断裂虽不属于活动断裂，但由于规模相对较大，活动年代相对较新（已涉及第四纪中更新世），具有发生5～6级中强破坏性地震的危险性。另据国内外对地震震级与地表破裂关系的统计资料，小于6.5级的地震不会在地表产生同震地表破裂带，由于上述2条断裂不具备发生6.5级以上的强破坏性地震的构造条件。

南京地震构造图见插图101。

2.3 地层岩性

南京市区地层属华南地层大区下扬子分区，宁镇、江浦地层小区。全区地层发育齐全，从震旦系至第四系均有分布。震旦系至下三叠系以碳酸盐岩与浅海相碎屑岩相间为主，中三叠系至中侏罗系为陆相湖盆沉积碎屑岩－含煤碎屑岩。上侏罗系至白垩系为山间断陷型盆地沉积碎屑岩－火山碎屑岩－红色碎屑岩。第三系为断坳型盆地沉积杂色碎屑岩及灰色砂砾层夹玄武岩。区内第四系沉积不完整，中、下更新统在大部分地区缺失，仅在局部地段有分布，而上更新统和全新统则分布较广，覆盖了约全区$\frac{2}{3}$的面积。上更新统广泛分布于低山丘陵、河谷阶地，主要由棕黄、灰黄色粉质黏土构成。全新统主要在长江、滁河、秦淮河等河谷平原分布，岩性以灰至黄褐色的粉质黏土、粉土夹粉细砂为主。

2.3.1 第四系地层特征

南京地区第四系松散层多见于地形绝对标高 100m 以下，约占 6000km^2。特别是在绝对标高 50m 以下分布比较广泛；尤其在绝对标高 20m 以下的各条河流（长江、秦淮河、滁河等）的冲积平原、阶地等低凹开阔地段第四纪松散地层十分发育。除雨花台组砾石层外，第四纪松散地层主要是中－晚更新世至全新世时期的产物。

南京地域内的第四纪主要松散地层为人工填土、新近沉积土、一般黏性土、老年性土等四个大层。再加上雨花台组砾石层、残积层、基岩等，共分七大层。下表以南京地铁三号线诚信大道站勘察资料为例，说明典型地区地层岩性分布规律和特征。

表 16－1 南京市典型地层层序特征

时代	成因	大层	小层	层号含义	综合层号	地层名称	分布范围、特征
Q_4^{ml}	人工堆填、河塘淤积	①	①－1	填土	①－1	杂填土	地面表层、松散、不均质
			①－2		①－2	素填土	
			①－3	淤泥	①－3	淤泥	河、沟、塘底部
Q_4^{2-3}	冲积淤积	②	②－1	河漫滩或阶地区冲沟表面硬壳层，局部夹软黏性土	②－1a	黏土	河漫滩、冲沟区浅部，厚度 1～3m，以黏性土为主，可－软塑，局部为粉土、砂，夹软黏性土
					②－1b	粉质黏土	
					②－1c	粉土	
			②－2	河漫滩或冲沟区内淤泥质土	②－2a	淤泥质黏土	河漫滩或冲沟区，厚度 5～30m 不等，流塑，有砂土夹层
					②－2b	淤泥质粉质黏土	
					②－2c	粉土	
					②－2n	淤泥、泥炭	
			②－3	河漫滩冲淤积软土、粉土，冲沟区底部软土，河道浅部粉细砂	②－3a	黏土	河漫滩或冲沟区底部，厚度不等，黏性土软塑为主，粉土稍－中密，粉细砂稍－中密，常有夹层，层理较发育
					②－3b	粉质黏土	
					②－3c	粉土	
					②－3d	粉砂、细砂	
			②－4	河道中部粉细砂	②－4d	粉砂、细砂	河道中部，厚度不等，稍－中密，有夹层
			②－5	河道下部粉细砂	②－5d	粉砂、细砂	河道中部，厚度不等，中密－密实
Q_4^{1-2}	冲积	③	③－1	Ⅰ级阶地可塑偏硬一般黏性土，次生下蜀土	③－1a	黏土	Ⅰ级阶地上部、古河道埋藏阶地，岗前坡地，褐黄色
					③－1b	粉质黏土	
			③－2	Ⅰ级阶地可－软塑一般黏性土、稍－中密粉土、砂土、局部有软黏土	③－2a	黏土	Ⅰ级阶地中部、埋藏阶地，棕黄、灰黄、绿灰－灰色
					③－2b	粉质黏土	
					③－2c	粉土	
					③－2d	粉砂	
			③－3	Ⅰ级阶地可塑一般黏性土，次生下蜀土	③－3a	黏土	Ⅰ级阶地下部、岗前坡地，褐黄色
					③－3b	粉质黏土	

续表 16 - 1

时代	成因	大层	小层	层号含义	综合层号	地层名称	分布范围、特征
Q_4^{1-2}	冲积	③	③ - 4	细中砂、粗砂、砾砂、混砂砾土，局部为黏土和含砂粉质黏土	③ - 4a	黏土	古河道底部，阶地、坡地底部，灰 - 灰黄色，软 - 流塑及软 - 可塑，砂为中密 - 密实
					③ - 4b	粉质黏土	
					③ - 4d	砂土	
					③ - 4e	含砾粉质黏土	
Q_3	风积、底部冲洪积	④	④ - 1	Ⅱ级阶地硬塑老黏性土，下蜀土	④ - 1a	黏土	Ⅱ级阶地、丘岗之上，褐黄色
					④ - 1b	粉质黏土	
			④ - 2	Ⅱ级阶地可塑老黏性土	④ - 2a	黏土	
					④ - 2a	粉质黏土	
			④ - 3	Ⅱ级阶地硬塑老黏性土	④ - 3a	黏土	
					④ - 3b	粉质黏土	
			④ - 4	Ⅱ级阶地或长江底砂砾、卵砾石土	④ - 4e	砂砾、卵砾	阶地基座，长江河床底部

注：南京地区地层编号的基本方法为：采用“数字 + 字母 + 数字”的混合编码方法，也可简称为“岩性、强度”编码法。如：②1b2 - 3 前面的数字表示组（或层），中间的“字母”表示岩性（土名），后面的“数字”表示土的强度（定性）。层组：①人工填土，②新近沉积土，③一般黏性土，④老年性土，⑤雨花台砾石层，⑥残积土，⑦基岩。字母：层号中的 b 表示黏性土，d 表示砂性土，e 表示混合土。字母后的数字表示土的状态：1 表示硬塑或密实，2 表示可塑或中密，3 表示软塑或稍密，4 表示流塑或松散。

2.3.2 基岩特征

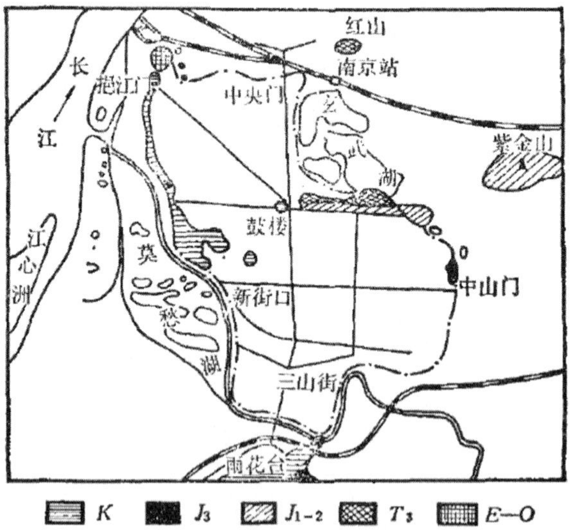

图 16 - 3 南京市基岩出露分布图

K—白垩纪火山岩系和红层；J_3—侏罗纪安山岩；J_{1-2}—侏罗纪砾岩；

T_3—第三纪黄马青组；∈—O 寒武—奥陶纪灰岩及页岩

南京地区岩层类别及分布亦复杂多变，自上元古界至新生界地层均有分布，并见有上侏罗世火山岩堆积层及燕山晚期岩浆岩侵入体，市区基岩基本为侏罗纪 - 白垩纪红层和火山岩系（见图 16 - 3）。

南京地区的红层主要指夹有局部火山岩系的 K - N 纪红色陆相碎屑建造。按谷德振先生，岩体结构控制岩体稳定的工程地质力学基本观点，据岩石成因、岩性、强度及岩石在地基中所表现的特性（成层条件、结构特征等），将红层划分为下列工程地质岩组：

（1）页岩粉砂质泥岩、泥质粉砂岩岩组（泥质岩岩组）：紫红、棕红、栗壳色，半坚硬，泥质成分高；易风化，遇水崩解泥化，风化后呈土状（居民俗称马干土），局部含石膏。为河漫滩相、冲积成因，局部为湖积。抗压强度 $49 \sim 100kg/cm^2$。

（2）粉砂岩、细砂岩、含砾砂岩组（砂岩岩组）：棕红色、紫红色，结构均匀，强度较稳定，半坚硬－坚硬。河流冲积成因，抗压弼度 $200 \sim 250kg/cm^2$。

（3）砾岩、砂砾岩组（砾岩岩组）：结构较松散，砾石成分主要为灰岩，次为砂岩近火山岩系时为火山角砾，泥质、钙质、铁质胶结，砾岩与砂砾岩常呈相变或夹层状，厚度变化大，一般粒径小于5cm，山前冲洪积成因，强度大于 $100 \sim 300kg/cm^2$。

（4）巨砾岩组：粒径 5～15cm，有时达 1.5m，钙质胶结，砾岩成分都为灰岩，常因地而异，强度大。当为钙质胶结时，沿断裂有溶蚀现象。山麓洪积成因。强度 $300 \sim 500kg/cm^2$。

（5）泥页岩及疏松砂岩软弱带组（红层软弱破碎带）：破碎带、强烈风化带，强度 $8 \sim 17kg/cm^2$。

（6）安山岩岩组：紫灰色，火山角砾岩、集块岩、安山岩、粗面岩和安山纷岩，出露的性脆而坚硬，在覆盖物下多风化。

南京市区典型地层见表 16－2。

表 16－2　南京市区典型地层简表

界	系	统	地层名称	代号	岩性描述
新生界	新近系		方山组	N_2f	上、下部为灰黑色橄榄玄武岩，中部为凝灰质砂砾岩、凝灰质细砂岩、粗砂岩及凝灰岩
			雨花台组	$N_{1\sim2}y$	上部为灰红色凝灰质砂岩、粉砂岩、砂砾岩夹灰白色凹凸棒黏土岩、薄层玄武岩；中部为灰黑色粗玄岩；下部为灰绿、灰红色泥质粉砂岩及含砾砂层；底部为砾石层
中生界	白垩系	上统	赤山组	K_2c	下部紫红、砖红色细砂岩、粉砂岩，灰绿色钙质泥岩夹薄层砂砾岩、含砾砂岩；上部红棕、紫红色局部为灰白色钙、泥、铁质细砂岩、粉砂岩、页岩或互层，夹泥岩
			浦口组	K_2p	上段为浅灰紫－紫红色中厚－中薄层中粒、细粒岩屑石英砂岩，夹砖红色泥质粉砂岩；下部为紫灰、紫红色砾石岩、棕黄色安山质角砾岩
		下统	黄石坝组	K_1hn	灰、灰黄、灰绿色安山岩、安山角砾熔岩、黑云母粗面岩夹安山质凝灰岩、粗安质凝灰岩
			红花桥组	K_1h	灰色黑云母英安岩、英安岩夹灰黄、灰紫色粉砂岩
	侏罗系	上统	西横山组	J_3x	上部为紫红、灰黄等色凝灰质泥岩，层凝灰角砾岩，粗安质集块熔岩等。中部为灰黄、紫红等色层凝灰质钙质砂岩，层角砾凝灰岩，层凝灰岩，凝灰砾岩。下部为紫红色钙质泥质粉砂岩，钙质砾岩
古生界	寒武系	下统	幕府山组	$\in_1m$	下部以灰白色含燧石结核灰岩、含磷白云质灰岩为主，其次是白云夹页岩；上部为灰褐色薄层白云岩，灰黑色薄层灰岩、白云岩及紫红色泥质灰岩
上元古界	震旦系	上统	灯影组	Z_2d	下部白色内碎屑白云岩；中部为黑色薄层含沥青质灰岩，含燧石条带及结核；上部灰白色中、厚层状白云岩含燧石结核及燧石团块。上部夹巨厚层石英岩（常称汤泉石英岩）
			黄墟组	Z_2h	下段为深灰、灰黄色中薄层千枚状泥岩、泥质粉砂岩，底为含铁锰质泥质白云岩；上段为灰、深灰色中厚层内碎屑灰岩、灰岩，夹灰黄色薄层泥灰岩，底部夹泥质粉砂岩

3 城区典型的地层与特征

3.1 典型基岩（红层）地层分布特征

依据资料，南京市位于长江中下游，长江漫滩、河流阶地、古河道和丘陵山地构成4个地貌单元。3道基岩隆起将市区分为两个盆地，北盆地中心在玄武湖，最大基岩埋深43m；南盆地中心在瞻园路一带，最大基岩埋深43.25m。两个盆地由古河道相通。市区地质构造的总特点是：基底为线形褶皱，上为红层所覆盖。由红层组成的盖层褶皱构成南京市区的主要基岩。红层是侏罗、白垩系的红色为主的火山岩及内陆湖相沉积的地层，其岩性及岩相变化较大，有石英砂岩、泥质粉砂岩、砂砾岩、泥岩、凝灰质粉细砂岩等陆相沉积的碎屑岩及凝灰岩、安山岩等火山岩类。

岩石完整性一般较好，尤其是白垩系及侏罗系上部红层裂隙不发育，完整性较好，按工程地质性质属半坚硬至坚硬岩组。白垩系红层强度低于侏罗系红层，尤其是含石膏的粉砂质泥岩及泥质粉砂岩，强度较低。

3.2 第四系地层成因与地层分布特征

第四系地层主要覆盖层为第四系下蜀组（Q_{2+3}）和冲积层（Q_4）。下蜀组从上至下的岩性为：上部为灰黄、褐棕色粉质黏土，以富含钙质结核或铁锰胶膜为特征，结核常富集成似层状，有似球状和姜状二种；中部以浅黄、褐棕色粉质黏土为主，黏土及粉土为次，含钙质和铁锰结核，底部有3～5m厚的河流相砾石层或砂砾层；下部为褐黄、棕红色含砾粉质黏土、黏土、碎石层，其底部颜色较红常见铁锰结核，质地较均一。下蜀土以可－硬塑为主，局部软塑或坚硬，结构紧密、具中等或低压缩性，强度和承载力都较高，承载力基本值为160～320kPa，一般能满足设计要求。冲积层（Q_4）是近代沉积物。主要分布在长江沿岸或山间冲沟、坳谷中。其岩性和成因各地不同、因地而异。长江两岸的长江冲积层以棕黄及土黄色砂质黏土和粉砂为主，常含有铁锰结核。在山间冲沟及坳谷地带，底部常有砾石层，上部为亚黏土，淤泥质亚黏土和粉砂层等。

B－B′剖面穿越横贯南北方向城区和东西方向城区，基本代表了城区主要地层特点，下面以B－B′剖面线为例（插图102）说明城市轨道交通工程地质特征。

（1）上全新统（Q_4^3）沉积土层。

1）层号①－人工填土。

人工填土：素填土、杂填土、冲填土，为近期人类活动堆积土，岩性以黏性土为主，灰色、灰黄色、杂色，由黏性土、砂土、碎石土、煤渣、废料、淤泥质土等组成，均匀性差，厚度变化大，一般在2m左右，南京城南老城区一带厚度可达4～5m。凡人类活动的地方均有分布，层号①。

2）层号②1－新近沉积土。

粉质黏土、黏土：灰黄色、黄褐色、灰色，呈软－可塑状态，该层近出露于地表或近地表，上部因处于潜水面之上的氧化环境中，经自然脱水固结和人类生产活动等作用的改造，成为次生硬土层（俗称“硬壳层”），而处于潜水面之下的地层，天然含水量呈增高，土体强度明显有所减弱。分布于古河道漫滩、长江漫滩及阶地坳沟近地表部位，层号②1b2－3。

粉细砂、粉土：灰黄色、灰色、褐灰色，松散，局部夹薄层灰色粉质黏土，分布于秦淮河漫滩、长江漫滩浅部，层号②1d4。在长江漫滩浅部尚可见同期沉积的淤泥质粉质黏土，层号②1b4。

在现代河流表层中见有近几十年来至现在正在堆积的粉细砂，灰色，结构松散，饱水，易液化，含贝壳碎片，分布于长江和床表层，层号②0d4；淤泥，灰色，灰黑色，流塑，含大量有机质，层号②0b4。

（2）下全新统－中全新统（Q_4^1～Q_4^2）沉积土层。

1）层号②2－新近沉积土。

淤泥质粉质黏土、粉质黏土：灰色，以流塑为主，部分软塑，具高压缩性，局部夹粉土、粉砂及腐殖物，分布于河床两侧及坳沟，在小红山等地的坳沟内尚见有灰黑色泥炭土，层号②2b4。

粉质黏土与粉土、粉砂互层：灰色，由软流塑粉质黏土－淤泥质粉质黏土与稍密粉土、粉砂呈交互层理，土质不均，主要分布于长江漫滩，在古河道漫滩局部部位亦见有该层分布，层号②2bd。

粉细砂、粉土：灰色，稍密，局部中密，分布于古河道漫滩及河床、长江漫滩及河床、坳沟洼地，在长江漫滩局部见有松散状态的中砂透镜体，层号②2d3。在滁河漫滩部位尚见有粉细砂、粉土，灰色，松散，局部稍密，层号②2d4。

2）层号②3－新近沉积土。

粉质黏土：灰色、灰黄色，呈软可塑状态，在长江漫滩部位呈软流塑状态，滁河漫滩部位该层夹粉土、粉砂。该层在不同地貌单元部位其状态有所不同。

粉细砂：灰色，中密、密实，主要分布于河床部位。层号②3d1－2. 在滁河古河道部位，在该层中上见有：粉质黏土，灰色，呈软流塑，透镜体分布，层号②3b3－4；粉土、粉细砂，灰色，稍密，局部中密，层号②3d3。

（3）上更新统晚期－全新统（$Q_3{}^3$～Q_4）沉积土。

1）层号$②_4$－新近沉积土。

中砂、砾砂：灰色，中密－密实，分布于长江漫滩，在长江河床部位分布的砾砂中混有砾石及少量卵石，含量10%～25%，其下见有密实的粉细砂，层号②4d1－2。河西地区在该层顶部见有粉质黏土，灰色，软塑－可塑，期间夹有砂土，呈不连续状分布，层号②4b2－3。

卵砾石层：在漫滩底部常见有粉质黏土混卵砾石，灰色、黄色，粉质黏土呈软－流塑状态，卵砾石含量极不均匀，一般在5%～30%，卵砾石直径一般在10～60mm，成分以石英质为主，次圆状；在河床底部，粉细砂混卵砾石或中粗砂混卵砾石，灰色，黄色，卵砾石含量较高，一般可达30%～60%，粒径变化大，最大可达100mm以上，层号②4e。

2）层号③－一般黏性土。

粉质黏土、黏土：褐黄色、灰绿色、褐色、黄色，可－硬塑，夹少量铁锰结核，层号③b1－2。夹中密粉细砂透镜体（层号③d2），局部夹软流塑粉质黏土透镜体（层号③b3－4）。

底部常见有粉质黏土混卵砾石：灰色、黄色、褐黄色，粉质黏土呈可塑状态，卵砾石含量极不均匀，一般在5%～40%，粒径变化大，卵砾石直径一般在10～80mm，成分以石英质为主，次圆状，层号$③_e$。

分布于古河道埋藏阶地与Ⅰ级阶地部位。其中古河道漫滩区灰绿－褐黄色，可－硬塑粉质黏土的顶面即为埋藏于地下－5～－8m的一级埋藏阶地。

（4）中－上更新统（Q_2－Q_3）。

下蜀土，层号④－老黏性土

粉质黏土、黏土，棕黄色、褐黄色，棕红色，结构紧密，夹颗粒铁锰结核，强度高，层号④b1－2。具有粉细砂（层号④d2）透镜体，有时底部见砾石（层号④e）。在中山门外及溧水等地区的丘岗地段分布有膨胀土，为褐黄色，硬塑状的黏土，自由膨胀率多在40%～50%，具弱膨胀潜势。

（5）上新统（N_2）。

雨花台组砾石层，层号⑤

棕黄色、灰绿色、棕红色、黄、黄白色，微胶结。砾石以石英为主，其次为燧石、砂岩、灰岩、变质岩和玛瑙彩砾，粒径大小不等，磨圆度好，与黏性土和中细砂混杂。层号$⑤_e$。大体沿长江及其支流两岸50～60m的Ⅲ级阶地分布，是Ⅲ级阶地的主要组成物质，雨花台、菊花台、西善桥、板桥、石佛寺、高旺、兰花塘、桥林、乌江、六合等地地表残留，属洪冲积沉积层，为古长江河床相堆积。

3.3 地层主要物理力学参数

根据南京地区地铁勘察成果资料及搜集当地勘察单位资料，对南京地区主要地层的岩土工程参数进行了统计分析，以下主要针对桥梁、地铁以及工民建工程等工程提供需要的岩土工程参数经验值（见表16－3～表16－7），供勘察设计人员参考使用。

表16－3 南京市典型地层主要物理力学参数

层 号	名 称	含水量 w (%)	土重度 γ (kN/m^3)	液限 W_L (%)	塑限 W_P (%)	压缩系数 a_{1-2} (MPa^{-1})	压缩模量 E_{s1-2} (MPa)
②－1b2－3	粉质黏土	30.8	19.1	37.8	21.7	0.349	5.50
②－1c2－3	粉土夹粉砂	31.3	18.5	25.6	17.4	0.320	6.18
②－2b4	淤泥质粉质黏土	38.7	18.0	35.5	20.9	0.667	3.45
②－3b2	粉质黏土	24.5	20.2	33.4	19.8	0.254	6.80
②－3b3－4	粉质黏土	26.4	19.6	29.7	18.1	0.352	5.17
③－1b1－2	粉质黏土	24.0	20.1	34.0	20.0	0.227	7.67
③－2b2－3	粉质黏土	23.3	20.0	28.5	17.3	0.259	6.66
③－2c－d2－3	粉土夹粉砂	20.7	20.3	26.1	17.1	0.205	8.13
③－4e	粉质黏土夹砾石	18.4	20.3			0.159	9.87
K1g－2	强风化泥质粉砂岩	14.1	20.8	26.4	17.1	0.142	11.32

注：表格中的数值为平均值。

表16－4 南京市典型地层剪切指标统计值1

层 号	名 称		直剪快剪 黏聚力 C_q (kPa)	直剪快剪 内摩擦角 φ_q (°)	直剪固快 黏聚力 C_c (kPa)	直剪固快 内摩擦角 φ_c (°)	慢剪 黏聚力 C_s (kPa)	慢剪 内摩擦角 φ_s (°)
②－1b2－3	粉质黏土	平均值	35.9	10.9	40.8	13.9		
		标准值	29.0	9.9	36.3	13.1		
②－1c2－3	粉土夹粉砂	平均值	12.0	25.7				
		标准值	(12.0)	(20.0)				
②－2b4	淤泥质粉质黏土	平均值	15.7	8.2	16.9	12.4		
		标准值	14.2	7.3	14.3	11.4		
②－3b2	粉质黏土	平均值	44.5	12.5	56.3	16.8		
		标准值	(40.5)	(12.0)	(50.0)	(16.0)		
②－3b3－4	粉质黏土	平均值	34.2	11.6	34.0	13.6		
		标准值	28.0	10.8	29.3	12.4		
③－1b1－2	粉质黏土	平均值	50.2	13.5	52.8	15.4		
		标准值	46.9	12.9	47.1	14.4		

续表 16－4

层号	名称		直剪快剪		直剪固快		慢剪	
			黏聚力 C_q	内摩擦角 φ_q	黏聚力 C_c	内摩擦角 φ_c	黏聚力 C_s	内摩擦角 φ_s
			(kPa)	(°)	(kPa)	(°)	(kPa)	(°)
③－2b2－3	粉质黏土	平均值	35.3	14.3	42.3	15.2	14.0	28.4
		标准值	30.8	12.2	39.1	13.5	(10.0)	(25.0)
③－2c－d2－3	粉土夹粉砂	平均值	13.8	26.7	18.8	25.8	3.7	35.9
		标准值	11.9	25.7	(7.1)	(25.2)	(3.4)	
③－4e	粉质黏土夹砾石	平均值	12.5	28.0	21.0	24.0	2.5	36.6
		标准值	(5.1)	(28.1)	(8.0)	(25.0)	(3.9)	(34.1)
K1g－2	强风化泥质粉砂岩	标准值	(45.0)	(15.0)	(40.0)	(18.0)		

表 16－5　南京市典型地层剪切指标统计值 2

层号	名称		不固结不排水剪		固结不排水剪			
			黏聚力 C_{uu}	内摩擦角 φ_{uu}	黏聚力 C_{cu}	内摩擦角 φ_{cu}	有效黏聚力 C'	有效内摩擦角 φ'
			(kPa)	(°)	(kPa)	(°)	(kPa)	(°)
②－1b2－3	粉质黏土	平均值	40.5	4.2	33.0	14.7	25.0	18.7
		标准值	36.5	3.0	30.0	14.0	22.0	17.5
②－2b4	淤泥质粉质黏土	平均值	20.6	1.0	13.0	11.6	6.3	15.6
		标准值	18.2	0.8	12.1	11.0	5.5	15.1
②－3b2	粉质黏土	平均值	51.0	4.4	49.0	15.9	42.0	18.8
		标准值	48.0	4.0	44.0	14.5	38.0	16.5
②－3b3－4	粉质黏土	平均值	35.5	3.0	33.5	14.0	25.5	17.9
		标准值	31.1	2.5	32.0	12.5	22.0	15.0
③－1b1－2	粉质黏土	平均值	55.1	4.8	53.7	15.8	46.8	18.7
		标准值	50.3	4.2	43.6	15.0	37.5	17.6
③－2b2－3	粉质黏土	平均值	47.9	4.2	41.5	14.9	32.6	19.0
		标准值	39.6	3.3	38.0	14.4	30.0	18.1
③－2c2－3	粉土夹粉砂	平均值			17.5	24.2	10.0	28.1
		标准值			17.0	20.0	10.0	25.0

表 16－6 南京市典型地层力学指标统计值

层号	名称	基床系数（Mpa/m）		无侧限抗压强度			静止侧压力系数	泊松比
		水平	垂直	原状 q_u（kPa）	重塑土 q_u'（kPa）	灵敏度 S_t		
②－1b2－3	粉质黏土	10.0	14.0				0.50	0.31
②－1c2－3	粉土夹粉砂	12.0	13.0	51.3	10.9	4.70	0.50	0.33
②－2b4	淤泥质粉质黏土	5.4	6.8	24.5	7.4	3.30	0.61	0.37
②－3b2	粉质黏土	25.0	28.0				0.45	0.31
②－3b3－4	粉质黏土	21.0	23.0				0.50	0.33
③－1b1－2	粉质黏土	28.3	29.5	147			0.41	0.28
③－2b2－3	粉质黏土	22.8	23.3				0.45	0.31
③－2c－d2－3	粉土夹粉砂	17.5	20.3				0.50	0.33
③－4e	粉质黏土夹砾石	20.0	25.0				0.50	0.30
K1g－2	强风化泥质粉砂岩	60.0	65.0	372.7			0.30	0.25

表 16－7 南京市典型基岩抗压强度参数的经验值表

地层代号	计算指标工程地质单元	抗压强度（kg/cm³）				软化系数
		保证率 α＝0.900		保证率 α＝0.909		
		R′（饱和抗压强度）	R（天然抗压强度）	R′（饱和抗压强度）	R（天然抗压强度）	
$K_{2P}^{1}-2$	页岩	191.8±41.3	327.3±29.0	191.8±167.1	327.2±17.3	0.59
$K_{3P}^{2}-2$	页岩	37.4±18.1	127.2±13.9	37.4±42.1	127.2±46.3	0.30
$K_{2P}^{1}-1$	深槽处松砂岩 深槽处软弱松砂岩 一般细砂岩	75.2±26.8 16.13±4.98 64.1±20.4	62.9±21 9.0±2.90 87.0±27.8	75.2±72.7 16.13±11.71 64.1±62.5	62.0±52.3 9.50±8.70 87.0±66.9	— — 0.74
K_{2P}^{1}	砂岩 软弱影响带砂岩 软弱带砂岩	109.5±9.1 111±20.2 24.8±3.3	106.3±17.2 73.9±29.6 24.3±4.7	109.5±19.6 111±51.5 21.8±9.1	62.0±52.3 9.50±8.70 87.0±66.9	1.00 — 1.00
K_1	近破碎带角砾岩 一般砾岩 砂岩	305±14.9 360.7±44.5 307±76.9	319.2±31.9 348±62.8 238.3	305±35.15 360.7±96.5 307±204.1	319.2±128.4 318.0±156.7 238.5	0.95 1.00 —

4 地 下 水

根据地下水赋存条件，南京市地下水类型主要为松散岩类孔隙水，其次为基岩水。

（1）松散岩类孔隙水。

松散岩类孔隙水为区内主要地下水类型，根据其埋藏条件和水力性质，又可划分为孔隙潜水和微承压水。

1）孔隙潜水。

含水层由近地表分布的上第三系（N2）、第四系上更新统（Q3）、全新统（Q4）冲积、冲－湖积粉质黏土组成，在不同地貌部位，含水层地层岩性、富水性及补径排条件等表现出较大的差异。

岗地区潜水含水层为上更新统下蜀土（Q_3）黄土、全新统（Q_4）早期次生黄土和上第三系（N2）微胶结砂砾石层、黏土层，含水层厚度3～15m，且多为粉质黏土，富水性差，单井涌水量一般小于$10m^3/d$。

长江河谷平原区和秦淮河河谷平原区由全新统（Q_4）粉质黏土、粉土、淤泥质粉质黏土组成，厚度一般小于6m。因含水层颗粒较细，透水性和富水性较差，单井出水量一般在$10～100m^3/d$之间。

潜水位埋深受地势控制，岗地区水位埋深3～5m，长江河谷平原区和秦淮河河谷平原区地势低洼，潜水位埋深浅，一般在1.0～1.5m之间，年际中水位变化受大气降水影响非常明显，丰水期水位埋深较浅，枯水期水位埋深较大，岗地区水位年变幅可达2～3m，在长江河谷平原区和秦淮河河谷平原区水位变幅较小，一般在0.5～1.0m之间。水化学类型受含水介质条件和人类活动影响，水质变化比较复杂，主要为$HCO_3-Ca·Na$型，局部为$HCO_3·SO_4$或者$SO_4·HCO_3-Ca·Mg$型水；市区受到人为污染较严重，80%为$HCO_3·CI$或$HCO_3·SO_4-Ca·Na·Mg$型水。大部分地区矿化度皆小于1g/l（淡水）。

大气降水入渗、灌溉水回渗是其主要补给源。因区内地势起伏不平，地下水顺其地势由高向低处径流，但较为滞缓，水力坡度仅在千分之几至万分之几，蒸发及向长江、河流等地表水体排泄是其主要排泄方式。

2）微承压水。

分布在长江河谷平原区和秦淮河河谷平原区，含水层主要由第四系全新统（Q4）冲积砂层组成。

长江河谷平原区：

由第四系全新统（Q_4）冲积的含砾中粗砂、砾石层、粉细砂层组成，顶板埋深5～10m，砂层厚度一般在10～45m之间，古河床区最大砂层厚度可达65.2m，透水性好，在长江河谷地带含水层与上层潜水及江水关系非常密切。富水性受含水砂层颗粒粗细和厚度控制，漫滩边缘区砂层厚度小于10m，单井涌水量$100～500m^3/d$；漫滩区砂层厚度在10～20m之间，单井涌水量在$500～1000m^3/d$；砂层厚度在20～40m之间，单井涌水量在$1000～2000m^3/d$；在古河床区砂层厚度大于40m，单井涌水量可大于$2000m^3/d$。水位埋深在高漫滩区1～2m，低漫滩区小于1m，水化学类型多为矿化度小于1g/l的$HCO_3-Ca·Mg$型淡水，但水中铁离子和砷离子含量较高，总铁含量0.68～24.4mg/l，砷含量0.01～0.14mg/l，均超过国家饮用水水质标准。

秦淮河谷平原区：

含水层主要由全新统（Q_4）冲积的粉砂夹粉土、粉细砂、含砾中粗砂、砾石层组成，其分布受古河道发育控制，顶板埋深2.0～4.5m。底部含砾中粗砂、砾石层顶板埋深在32.7～37.8m之间，厚度在1～5m之间。由于沉积物源颗粒较细，富水性不如长江沉积区，在古河道区粉砂夹粉土、粉细砂厚度在10～30m之间，单井涌水量一般在$500～1000m^3/d$之间，在漫滩区含水层为粉土为主，厚度小于10m，单井涌水量在$100～500m^3/d$。水化学类型在上游段为HCO_3-Ca型水，进入市区段水质渐变为$HCO_3-Ca·Mg$、$HCO_3·Cl-Na$型水，矿化度一般小于1g/l（淡水）。

微承压水顶板埋藏浅，潜水和地表水体关系密切，补给条件较好。地下水径流主要受制于水位变化，向长江水体径流是其排泄的主要方式。

（2）基岩地下水。

基岩水按含水岩类性质可分碳酸盐岩类裂隙溶洞水、碎屑岩类裂隙水、火成岩类块状裂隙水类型。

1）碳酸盐岩类裂隙溶洞水。

该类型水在B－B′剖面位置仅分布在滨江路站－五塘村站区段，B－B′剖面横穿幕府山背斜的西南端，遇震旦系上统灯影组（Z_2d）、奥陶系中下统（O_1、O_2）碳酸盐岩类裂隙溶洞富水含水岩组，含水岩性为白云岩、白云质灰岩、灰岩，埋藏深度在10～30m以浅，裂隙溶洞较发育，富水性较好，单井涌水量一般在500～1000m^3/d，在断裂带附近，单井涌水量大于1000m^3/d。水化学类型为HCO_3－Ca或Ca·Mg型水，矿化度小于0.5g/l。以泉或径流为排泄方式。

在线路附近的小红山地带，有残留分布的三叠系上统周冲组（T2z）角砾状灰岩，溶洞发育，富水性也很强。

2）碎屑岩类裂隙水。

该类型水在B－B′剖面经过地区分布的范围较大，含水层主要由白垩系上统浦口组（K2p）、白垩系下统葛村组（K_1g）、侏罗系上统龙王山组（J_3l）、侏罗系中下统象山组（$J_{1-2}xn$）、三叠系上统黄马青组（T_2h）泥质粉砂岩、泥岩、石英砂岩、砂岩、凝灰岩、安山岩、粗安岩组成。为浅埋藏型，顶板埋深6.6～30m，浅部以风化裂隙水为主，深部风化裂隙减弱，以构造裂隙水为主。构造裂隙发育程度总体较差，且多闭合，或遭风化物充填，富水性较差，一般单井涌水量小于100m^3/d，在区域上，一般被视为弱含水岩层。但其中以侏罗系中下统象山组（$J_{1-2}xn$）石英砂岩、砾岩裂隙较发育，富水性稍好，在北极阁－富贵山前构造有利部位，可形成相对富水的块段，单井涌水量可超过1000m^3/d。主要接受降水补给，以泉或径流为排泄方式。

3）侵入岩类块状裂隙水。

该类型水主要分布在B－B′剖面南京站－新庄－市政府一线，顶板埋深在16～28.8m之间，由闪长玢岩（δμ）辉长岩（υ）组成，以风化裂隙为主，富水性较差，单井涌水量一般＜100m^3/d。

5 特殊地质条件

5.1 不良地质作用

南京地区发育的不良地质主要有：断裂、土洞、滑坡、崩塌、地面沉降等。

（1）断裂。

南京地区断裂构造发育，以宁天城际一期工程为例，场地位于下扬子断块内，共涉及39条主要断裂，按其走向可分为北东向、北北东向、北西向和近东西向4组。北西向、北北东向及近东西向断裂为第四纪中、晚期以来仍有明显活动。北北东－北东及北西－北西西走向的断裂与破坏性地震关系密切，是区内的主要发震断裂。宁天城际一期工程线路直接穿越3条主要断裂，尽管这些断裂都不是晚更新世以来的活动断裂，不会对工程产生直接的影响，但是这些断裂的存在，也应当引起足够的重视，对于工程建设来讲，特别是在进行穿越断层时的设计、施工等，应该采取相应的工程措施，确保建设工程的安全。

（2）岩溶问题。

主要分布于第四纪覆盖层较厚区域，其下基岩中一般分布有溶洞、溶沟、溶槽，当溶洞地铁施工降水或桩基施工对溶洞顶板造成破坏，导致上覆残坡积黏性土层向下塌落形成土洞，土洞扩大到一定程度可导致地面塌陷。在地铁建设中．岩溶产生的工程地质问题主要表现为隧道开挖时的突泥、突水现象，以及隧道稳定性问题，突泥、突水现象主要与地下水的性质有关，隧道稳定性主要表现在溶洞与隧道的位置关系。对于研究区域来说，突泥、突水及稳定性问题均不容忽视。

依据收集该区域的勘察资料，在研究区域勘察时沿道路东、西两侧各布置了一条测线，进行了钻探和物探勘察工作。通过对勘察资料分析，在路段西侧发现溶洞36个，东侧发现溶洞19个，且路段的北侧发育溶洞数量比南侧多。溶洞主要发育于灰岩、灰岩与泥岩的交界面，溶洞的数量较多，成蜂窝状分布，但规模较小，大部分溶洞的直径为2～3m，且大多被黏土充填，溶洞发育深度大多位于2m深度以下。图16－4为勘察路段代表性地质剖面图。从溶洞与隧道的位置关系来看。隧道顶板以上溶洞分布较少，隧道的中部及下部为溶洞的主要分布区，且隧道底部的溶洞占大部分。从溶洞的类型与隧道的位置关系来看，单个溶洞在隧道的上部、中部和下部均有分布，串珠状溶洞主要位于隧道的中下部。主要的工程地质问题如下：

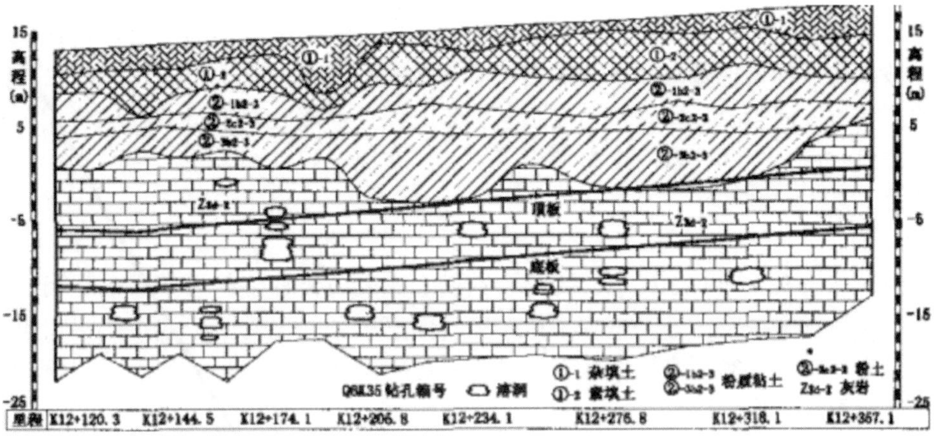

(a) 代表性地质剖面图

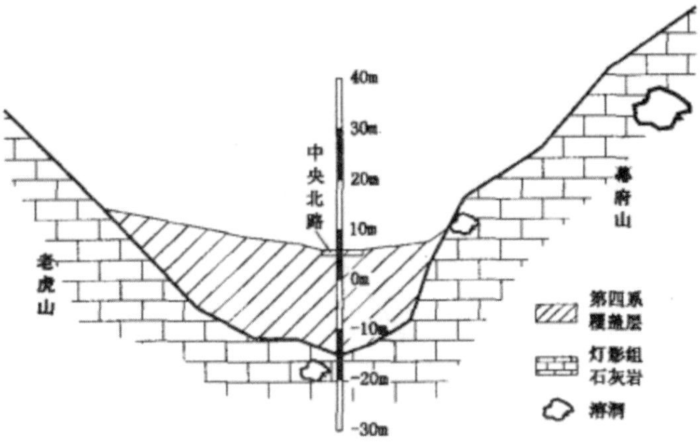

(b) 垂直向溶洞发育示意图

图16－4 南京市典型岩溶发育情况

1）突泥、突水问题：溶洞多被流态至流塑态黏土充填。靠近河流段溶洞内多被细砂充填，由此可见溶洞与水流的存在一定的联系。而且在钻探时出现多处漏水现象。在施工前必须对隧道开挖处地下水的承压性、溶洞与水流的连通性进行试验研究，虽然溶洞的规模较小。但是如果溶洞与水流联系紧密，在隧道开挖穿过溶洞时还是存在突泥、突水的可能性。

2）岩溶地基稳定性问题：溶洞主要是位于隧道的中下部，且大部分位于隧道底部，因此地基稳定性问题显而易见。溶洞顶板厚度较小处隧道开挖时就存在危害，在一些溶洞顶板厚度足以支撑隧道开挖的区域，在地铁运营时，由于受到振动荷载，而且是循环荷载，加之隧道周围渗流场、温度场的改变，溶洞周围的应力场肯定会发生改变，对溶洞的稳定性势必会产生影响。如溶洞区与非溶洞区产生差异沉降，隧道结构就有可能产生破坏，甚至是直接塌陷。所以溶洞在地铁运营时仍然有可能对工程产生危害。因此应对区域内的岩溶地基稳定性问题进行计算分析，为地铁建设提供可靠的处治方案。

（3）滑坡和崩塌。

滑坡和崩塌是区内主要的地质灾害，其在区内的分布具有一定的规律性。其中，滑坡主要沿岗地和风化较厚的低山丘陵分布，潜在崩塌则主要分布在露天开采矿产资源强烈的低山丘陵区。

南京市内发生的土质滑坡和不稳定斜坡的物质组成主要为第四系上更新统下蜀组粉质黏土、各类岩层的风化带及人工渣土（工程渣土、尾矿）等。坡体岩性为下蜀土的占多数，除与下蜀土主要分布于阶地、人类工程建设切坡强烈有关外，内在原因乃是垂直节理发育并具胀缩性工程地质特性。通常条件下，含水率较低，呈硬塑一可塑状态，内聚力（C）多在10～40kPa之间，或更大，内摩擦角一般介于16°～22°之间，抗压抗剪性较高，但是，当遭受强降雨入渗时，其含水量增加，体积膨胀，工程地质性质迅速变差。

南京市的岩质滑坡主要发生在露天采矿区和局部切坡地段，多以碳酸盐岩或硬质碎屑岩及岩浆岩为主，若在坡体偏下部出现破碎带或软弱夹层，即出现所谓的“下软上硬”地层岩性组合特征。当软弱夹层的产状与坡面倾向一致，且角度小于坡角时，在上部硬岩自重载荷的作用下，软弱夹层很可能成为滑动面，牵引上部硬岩的下滑而出现滑坡。在地层岩性组合中，这种夹层越多，发生滑坡的可能性越大。

（4）地面塌陷。

南京地区因采矿而发生地面塌陷主要为梅山铁矿、栖霞山铅锌锰矿等矿区。地面塌陷会造成建筑毁坏，生产、生活设施报废，甚至造成人员伤亡。南京市公路也常常发生塌陷，由于水管质量不好，上部覆盖管道土层未压实，呈松散状态，破裂水管中的水将土吸走，使地面以下产生空洞，时间一长即造成地面下沉、塌陷。

20世纪50～60年代全国性挖防空洞，由于是简易防空洞，无图纸施工，防空洞内无衬砌支护，天长日久，防空洞渗入大量降水，土质变软，顶土渐渐塌落，直至地表而发生地面塌陷。有些防空洞虽未塌至地表，由于无标明防空洞位置的图纸，地表上也无任何反映有防空洞存在的迹象，防空洞位置很难弄清。若在其上部施工建筑，即会造成地面塌陷，使建筑物毁坏。

5.2 特殊性岩土

南京地区发育的特殊性岩土有：填土、红黏土、膨胀岩土、软土、残坡积土和风化岩。

（1）填土。

凡人类活动的地方均有填土分布，厚度变化大，一般在2m左右，南京城南老城区一带厚度可达4～5m。

人工填土层一般堆积时间较短，未经压密处理，结构松散，土质很不均匀，力学性质差异较大，稳定性较差，孔隙较大，局部含水量高，孔隙比大，压缩性高，抗剪强度低，力学性质较差。

（2）膨胀岩土。

具膨胀性的土层主要为下蜀组（Q_3x）粉质黏土、黏土，如在泰冯路－长芦之间广泛分布，岗地一般直接出露地表，河流漫滩平原和岗间洼地区则被全新统地层覆盖；根据南京地区经验，该土层一般具有膨胀性，直接出露地表的土层由于长期日晒和雨淋反复作用，胀缩性相对较小，而位于全新统地层之下的新鲜土层的胀缩性相对较大，开挖后临空面上的土层直接裸露地表，大气降水极易膨胀，强度迅速衰减，对边坡稳定极为不利，易发生边坡滑坡灾害；而工程建成后，若膨胀土处理不彻底，土体的膨胀性也可能会导致路面及建（构）筑物的破坏。

（3）软土。

南京市长江漫滩区和秦淮河漫滩区分布有大面积淤积形成的软土，一般为嵌泥质粉质黏土，厚度通常为20～30m，秦淮河与长江之间的南京河西地区有大面积多达50m厚的软土层。该土层含水量高，且具有大孔隙率、高压缩性、低抗剪强度。因此，土体在建筑物荷重作用下，易产生过量沉降或不均匀沉降，造成建筑结构破坏。由于软土为淤泥、淤泥质土，具含水量、孔隙比高，压缩性高、强度低的特征。呈软塑－流塑状，具有高压缩性，强度低，在长江冲积阶地及河道区均分布，厚度1.40～18.70m。若地下车站基坑开挖深度范围内存在该层土，其对基坑开挖侧壁稳定性及基底方案影响很大；若采用桩基，当桩穿越淤泥质软土层时，可能引起桩侧负摩阻力，应考虑负摩阻力对桩基承载力和沉降的影响。

(4) 风化岩。

白垩系上统赤山组（K_2c）、浦口组（K_2p）泥岩、泥质粉砂岩岩组和侏罗系上统西横山组（J_3x）的凝灰质泥岩。上部以泥岩为主，部分为砂质泥岩，属极软岩，岩体基本质量等级为Ⅴ级。泥质砂岩较易风化，强风化后多呈紫红色密实砂土状，遇水易软化，岩体较破碎；中风化岩石裂隙稍发育，泥质胶结，遇水易软化。

6 南京市城市轨道交通主要工程地质问题

B－B′剖面穿越多个地貌单元，主要为长江阶地岗地区、长江冲积平原高漫滩、低漫滩区，宁镇山脉西端、岗间坳沟区和秦淮河河谷堆积平原区，地面高程在10～54m之间；且线路将横穿长江江底地层中。长江河槽地形复杂，江底标高达－30m，致使全线地面相对高差达75m。为考虑沿线地形变化对线路工程的影响，另外，需强调提出的是，建设区在长江漫滩区和秦淮河河谷堆积平原区河渠沟塘十分发育，对线路建设也可能造成一定的影响。

城市轨道交通工程具有规模大、敷设方式多、技术复杂，施工方法及施工工艺多而复杂的特点，加之轨道交通工程呈线性分布，线路穿越的环境条件、地质条件复杂多变。不同的施工工法、不同的地质条件，在设计施工中会遇到各种不同的工程地质问题。

6.1 明挖法施工主要工程地质问题

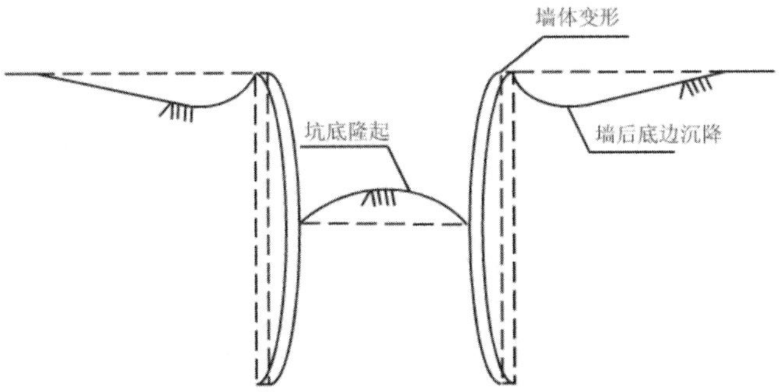

图 15－5 基坑开挖变形示意图

深基坑开挖过程中，不仅要保证基坑本身的安全与稳定，而且要满足基坑变形要求，有效控制基坑周围地层移动，保护周围环境。在可塑、硬塑黏土地区，中等密实以上的砂土地区，软岩地区等地层较好的地区，基坑开挖所引起的周围地层变形较小，适当控制，可减免影响周围的环境，但在软土地区的城市建设中，由于土质的特殊性，基坑开挖施工阶段往往会产生较大变形，引发地面沉降，严重影响深基坑周围的建筑物、地下管线、交通干道和其他市政设施，是一项复杂且具有风险性的工程。基坑开挖过程中，引起的基坑变形主要包括：围护结构的变形、基坑外侧的土体沉降变形以及基坑底部的土体隆起变形等三个方面，如图15－5所示。基坑土体开挖改变了地基中应力场和渗流场，引起地基土体的变形和位移。地基土体的变形和位移往往对邻近基坑工程的建（构）筑物、地下管线和道路等造成不良影响；基坑工程施工扰动对环境的影响如不能得到很好控制，不仅会影响基坑工程施工，而且还会影响生命和财产的安全。

(1) 软土可引发支护结构变形、基坑失稳及周边地面变形等。

在长江冲积阶地和滁河漫滩等河道区均分布有软土，具触变性、流变性、不均匀性、高压缩性等特点，一旦受到震动后，软土易成稀释状，易发生剪切变形，产生差异性垂向沉降，已发生压缩变形等，对地铁施工危害极大。

以 B－B′剖面为例，说明南京市区软土分布特征，对南京市城市轨道交通影响。

软土在岗间坳洼的全新世（Q_4）冲湖积平原区分布较为广泛，岩性为淤泥质粉质黏土，具高压缩性。软土地基的强度低、变形大、稳定性差，并具流变和触变性，工程建设中易造成地基沉降量过大、不均匀沉陷或基础面侧向滑动等问题，对工程造成不良后果。南京市轨道交通 3 号线工程工程沿线软土分布情况如下：

1）宏运大道－秦淮路段。

该区段软土沿秦淮新两侧呈东西向条带分布，属全新世湖沼相沉积，呈流塑－软塑状，埋深一般 5m 左右，厚度一般大于 5m，秦淮新河附近厚度达 9m。

2）天元西路－终点。

该区段软土沿九龙湖、东毛湖周边分布，是以九龙湖为古湖泊中心的较大的湖沼相洼地，软土呈流塑－软塑状，埋深一般为 3～4m，厚度一般在 7～9m 之间，坳沟地段最厚达 27m。

软土引发灾害的机理：软土在加荷后产生的沉降既有排水固结产生的主固结沉降，更有土骨架蠕变而产生的次固结沉降。软土加载作用下的变形特征，与排水固结的机理一致。即土骨架与土中孔隙水共同承担外部荷载，当荷载使孔隙水压力升高产生的超孔隙水压力随时间逐渐消散时，原由孔隙水承担的荷载便转由土骨架承担，并最终使土体固结压缩。工程建设中使土体承受不规则、周期性加、卸荷作用，破坏了土的结构连接，使土的强度降低或很快地使土变成稀释状态，容易产生侧向滑动或向两侧挤出现象。软土层在人工开挖基坑过程中，破坏了土体结构，易形成软弱滑动面，使基坑边坡增加不稳定因素，产生坍塌。

饱和软土深基坑可能遇到的岩土工程问题有以下三个方面：

①由于开挖临空和卸载而引起的边坡土体和支护结构变形、基底隆起或整体失稳；

②由于开挖造成地下水水力坡度陡降使得地下水从侧壁涌出而产生涌水和流土，或者由于承压含水层上伏不透水层的揭穿而造成坑底管涌和冒砂；

③由于前两方面原因造成基坑周边地面（或地下）的变形，甚至破坏。

由于软土具有压缩性高、强度低和结构灵敏性高的特点，进行深基坑开挖后会产生主动土压力大，被动土压力小，基坑周边和坑底土体会产生较大的变形，土体中剪应力集中的部位易形成剪切滑移面，导致坑周土体滑动，当滑动面绕过支护结构底端时，周边土体滑移又直接导致了坑底的隆起。土体变形可造成支护体系失稳甚至破坏。

应对措施：

①深厚软土深基坑支护结构设计时，要求嵌入深度除满足结构本身稳定需求外，还应就坑底隆起、支护结构变形、整体稳定性进行验算，防止整体失稳现象发生；

②由于软土主动土压力系数很大且主动土压力与基坑开挖深度的平方成正比，基坑挖土顺序和挖土速度对基坑围护体系受力和稳定性有很大影响，故应严防超挖现象，分段及时浇筑垫层，以避免人为因素造成支护结构的失稳和坡顶位移过大；

③对于存在的被动土压力，对坑底应进行必要的加固或进行抽条加固。

④基坑围护结构设计应方便施工。

3）膨胀土对明挖施工的影响。

山前堆积平原区分布具膨胀性的土层，主要为下蜀组（Q_3x）粉质黏土、黏土，一般具有膨胀性，吸水膨胀，失水收缩，一般垂直裂隙发育，具不明显的灾害性隐伏软弱层理，对边坡稳定极为不利，易发生边坡滑坡灾害；而工程建成后，若膨胀土处理不彻底，土体的膨胀性也可能会导致路面及建（构）筑物的破坏。

区内岗地区，第四系上更新统下蜀组（Q_3）粉质黏土广泛分布，属膨胀土。岗地表层下蜀土经长期日晒和雨淋反复作用，胀缩性相对较小，表层下的新鲜粉质黏土为硬塑状，据区域工程地质勘察评价资料反映，其膨胀率一般为 40%～50%。如在这一地区切坡开挖，黏性土坡面浸水后易发生变形，区内形成的较多浅层土体溜滑多与此有关，为膨胀土岗地切坡工程中常见的地质灾害类型。

膨胀土地质灾害形成机理：

膨胀土是以硅酸盐为主的矿物，形成时为温暖湿润气候条件，雨量分配不均，具化学风化的良好条件，钙盐大量流失，钾盐矿物被次生矿物吸收，形成含伊利石－蒙脱石混合型矿物的黏性土矿物，蒙脱石和伊利石矿物具亲水性，有吸水膨胀和失水收缩两重性能，开挖面遇大气降水易膨胀，使抗剪强度降低，物理力学性质发生较大改变，从而影响地基土的稳定性。

在开挖面和设置临空面上，膨胀土遇大气降水极易膨胀，抗剪强度降低，对开挖面稳定性、边坡稳定性不利，易发生地面隆起或边坡滑塌，造成工程损坏。

①胀缩性。膨胀土吸水后体积会加速膨胀，使其上面的建筑物或道路路面隆起，如果膨胀过程中受阻会产生膨胀力；失水后体积会收缩，造成土体的开裂，并使其上面的建筑物下沉。

②崩解性。膨胀土吸水后体积膨胀，在无侧限的条件下则吸水湿化，发生崩解。

③超固结性。膨胀土的超固结特性，使土体中储存有较高的初始应力。当基坑土体开挖后，随即会引起土体超固结而造成应力释放、强度降低，产生卸荷膨胀；并常在坡脚形成应力集中区和塑性区，容易使边坡被破坏。

④裂隙性。膨胀土的中发育有各种形态的裂隙，形成土体的多裂隙性。膨胀土的裂隙将土体分割成具有一定几何形状的块体，破坏了土体的完整性。由于反复的吸水膨胀、失水干缩，反复周期性变化，导致土体结构松散，而结构的松散使得雨水进入，又为膨胀创造了条件，容易造成土体崩塌。

⑤风化特性。膨胀土受气候因素影响，极容易产生风化破坏作用。基坑开挖后的土体在风化作用下，很容易产生碎裂、脱落和泥化等现象，使土体强度降低，破坏土体结构，造成边坡失稳，从而影响基坑稳定性。

⑥在基坑施工过程中，由于基坑施工是露天的，边坡位置土体含水量会发生变化，造成膨胀土变形加剧，容易在基坑边坡部位形成浅层滑坡，从而造成基坑边坡垮塌。因此，基坑施工过程中应采取有效措施，防止基底和边坡土体遭受长时间暴晒、风干、浸水。

应对措施：

①围护结构计算时需要考虑膨胀土的膨胀力作用，膨胀力作为一种活荷载，参与荷载组合。内支撑轴力及结构抗浮计算时要考虑膨胀力的不利影响。

②受膨胀土影响的基坑，围护结构宜采用钻孔灌注桩（地下连续墙）＋内支撑支护（锚索）体系。不宜采用土钉墙支护及放坡开挖。对于需要放坡开挖的基坑，边坡坡率宜小些。

③基坑施工前完成场地土方、挡土墙、护坡、排水沟等工程，使排水畅通，护坡稳定。施工时要妥善处理施工用水，并采取相应措施避免管网漏水，避免内在隐患。同时，车站结构施工宜快速作业，防止基槽开挖后长时间地暴晒或浸泡。对于建筑工地上用水量较大的临时生活和生产设施，如临时水池、洗料场、搅拌站等应远离基坑边，距离应大于1H（H为基坑深度）。同时应做好相关排水设施，使施工临时用水不能够流入基坑。

④基坑施工时宜选择在旱季进行，开挖后应及时施工主体结构；防止基底和边坡土体遭受长时间暴晒、风干、浸水。基坑周边地面应采取有效的防水、排水措施；顶部做截水沟，做好地面排水工程，使排水畅通，同时硬化地面，以防止地表水渗入土体。

⑤对基坑还要严格封闭，防止蒸发失水引起膨胀土干裂收缩；围护结构采用钻孔灌注桩＋内支撑支护体系时，桩间应及时挂网喷射混凝土，防止大气影响。

⑥基坑开挖应避免大面积全面展开，开挖应采用分区层、分阶段的快速作业法进行，施工期间不得使基坑暴晒、浸水。基坑挖土接近基底设计标高时，在其上预留150～300mm土层，待下道工序开始前继续挖除。对开挖到位部分立即用不小于200mm厚C20混凝土垫层进行封闭。

⑦基坑的开挖、结构的施工和基坑回填等应连续进行，并应避免在雨天施工；特殊条件下需要雨季施工时，应采取雨季施工措施。

⑧基坑回填时必须使用非膨胀土来做土料，严禁使用膨胀土。回填土料应符合设计要求。如无

特殊要求时，宜选用非膨胀性土、弱膨胀土或掺有适当比例的石灰及其他松散材料的膨胀土。

⑨地铁基坑应采用信息化施工，做好必要的监测工作，对周围土体、地表沉降、桩身、支撑轴力及基坑位移等及时观测并做好可能出现的事故预案。

4）基坑坑底在承压水作用下隆起和管涌。

南京地区软土、古河道、透水地层和破碎岩层发育，轨道交通施工通过这些地层时，施工难度很大。一些透水地层连通地表水体，施工可能出现突水、涌水、冒水等水害。秦淮河至新街口、傅厚岗至中央门地段，均为古秦淮河古河床分布区，砂性土层厚度大，水量丰富，地下开挖易发生涌水、涌砂等现象。

南京地区基岩中赋存有基岩裂隙水，基岩裂隙水的透水性因地层的岩性、风化程度、裂隙发育程度等因素存在较大差异，表现出强烈的不均匀性和各向异性，虽不能形成水量分布比较均匀的层状含水系统，但有时由于局部裂隙的发育，导致水量较大，给隧道开挖带来不利影响。

地铁施工会引起的地下水的变化对于地铁工程周围建筑物的影响也是不可忽视的。地铁对地下水的“拦截”会导致地下水位的变化，迎水面水位升高和背水面水位降低。当地下水位在基础底面以下压缩层范围内上升时，水浸湿、软化地基土，使其强度降低、压缩性增大，建筑物就可能产生较大的沉降变形。地下水位上升还可能使建筑物基础上浮，使建筑物失稳。地下水位的下降会造成地表塌陷。当降深保持在基岩面以上且较稳定时，不宜产生塌陷；水位降深小，地表塌陷坑的数量少，规模小；降深增大，水动力条件急剧改变，水对土体的潜蚀能力增强，地表塌陷坑的数量增多、规模增大。地下水位的下降使土层压密从而造成地面沉降。当地下水位在基础底面以下压缩层范围内下降时，岩土的自重应力增加，可能引起地基基础的附加沉降；如果地下水位突然下降，也可能使建筑物发生变形、破坏。

由于地铁施工，地下水流速增大。土体中的细颗粒极易被流动的地下水从粗颗粒之间带走，土体中的孔隙扩大，产生局部地面沉降，导致附近建筑物基础的不均匀沉降，引起路面变形、建筑物倾斜开裂等问题。另外，土体中孔隙扩大，水的实际流速也随之增大，则稍粗颗粒也被带走，便会形成孔道，恶性循环，孔道不断扩大、加深发生管涌，最终造成严重破坏。

南京市地区局部存在承压水，如果开挖至坑底时坑底承压水上覆土层重力不能够抵抗作用于不透水层的水头压力时，基坑底会突然出现过大隆起，同时会伴随出现围护墙体变形、墙体踢脚及墙后土体沉降等的突然增大。这是坑底在承压力作用下破坏的典型征兆，如果不及时采取措施可能造成基坑失稳事故。

应对措施：

如果基坑的抗承压水稳定性不能满足要求时，应打设降压井降低承压水水头，直至满足基坑抗隆起稳定要求。基坑应根据围护与承压水层关系确定降压井打设的位置，尽量减小降水对周边环境影响。当然防止坑底隆起和管涌的关键在于围护结构的防渗帷幕墙，要连续封闭和有足够的入土深度、可靠的施工质量。

基坑开挖过程中也采取减压井减压的措施防止坑内隆起，但是有可能基坑范围内存在击穿承压水层废弃井或者地质探孔等，开挖过程中会出现涌水，可采取钢护筒在原位造降水井，抽水减压，稳定住水位不影响下道工序施工。待主体结构混凝土施工完成后，再封井的处理方法。

6.2 矿山法施工存在的工程地质问题

（1）矿山法施工在软土中的问题。

造成的掌子面失稳、过量沉降和变断面等特殊部位的坍塌。

软土的流变性、触变性很容易导致开挖面失稳和洞顶超挖，导致过量沉降，变断面部位的坍塌。

施工前对隧道顶部采用管棚及小导管注浆加固，或采用冻结法加固。

（2）暗挖法在膨胀土层中的问题。

膨胀土的超固结特性，使土体中储存有较高的初始应力，当隧道开挖后，引起围岩应力释放，强度降低，产生卸荷膨胀，产生较大的塑性变形；同时膨胀土围岩具有强度与变形的各项异性和随时间的衰减性、吸水膨胀、失水收缩的特性，导致围岩初期变形大、围岩压力增大等现象。

应对措施：

1）膨胀土围岩隧道在开挖过程中或过程后，周边土体容易向洞内膨胀突出，导致初期支护变形及局部失稳，必须加大初期支护刚度，以抵抗膨胀土开挖初期产生的膨胀力，控制初期支护变形，将隧道围岩监控量测纳入工序管理，注意设计是否合理。

2）采取临时支护技术，早封闭成环，尤其需要对中下台阶钢架接头处的自由端进行必要的约束。

3）采取小导管超前支护技术，由于超期支护施做后会对开挖轮廓线内侧的土体产生扰动，易造成超挖，因此超前支护按照钢架间距每榀施做，小导管外插角要严格按照设计要求施做。

4）膨胀土隧道围岩应力释放是导致隧道塌方的主要原因，采取合适的开挖方式最为重要。可选择三台阶开挖，上台阶开挖先预留核心土，避免了围岩长时间暴露，能够较好地控制膨胀土开挖面的应力释放，待中台阶开挖前挖出核心土设置上台阶临时仰拱，中、下台阶采用交错开挖支护，支护完成后立即施做临时横支撑，能有效减少隧道中下台阶及仰拱开挖过程中导坑的下沉量。当后续工序滞后或因安全距离超标等原因造成暂停施工时，应及时封闭掌子面。

5）立钢拱架之前，要严格控制隧道中线，当拱架与初喷之间存在空隙时，必须采用同几倍的喷射混凝土回填密实，必要时应在处置拱顶预留注浆孔，进一步回填密实钢架背后的空隙。

6）由于膨胀土对水的敏感性，必须严格做好防水、排水处理；严格控制施工用水管理，防止积水浸泡隧道拱脚、边墙和基底；洞外地下水应集中引排，不能造成漫流或散流，流水槽不能设在边墙附近，槽下应铺设防水材料，防止下渗软化土体。

（3）有害气体可导致人员中毒。

有机质含量高土层易含有害气体，隧道施工开挖时，隧道内的有害气体浓度到达一定界限值后，不但会造成人员中毒，甚至发生火灾、爆炸等严重事故，造成财产损失和人员伤亡等灾难性后果。

对可能存在的有害气体的场地，可在结构施工前进行预处理。

6.3 盾构法施工主要工程地质问题

（1）盾构穿越岩溶区易引起的围岩变形及较大的地面沉降。

岩溶区溶、土洞发育强烈，溶洞中富含水、沙，盾构施工很容易掘穿溶洞，引起涌水、涌沙和坍塌，造成土体固结沉降和地面沉陷；另外盾构在正常掘进过程中，造成隧道周围围岩变形，应力释放也是引起沉降的重要原因。同时，围岩的径向位移及其释放率在有溶洞存在时有增大趋势，且随溶洞尺寸增加而增大。

地铁隧道工程施工在穿越岩溶地层时，若不能对溶洞进行妥善处理，由于部分溶洞富含泥水混合物，可能与周边水系连通而存在承压水，将对施工安全造成严重影响；若处理不当，亦会导致地基承载力不足、局部地基滑动和塌陷、不均匀沉降，对以后的工程安全运营造成极大影响。

首先，合理地利用 TSP、超前钻探、地质雷达超前地质预报技术探测出岩溶的位置、发育状况，为岩溶段的施工和处治提供依据；其次，隧道施工过程中需采用地质综合超前预报，结合地表降水和注浆的方法探查和控制岩溶水，并及时在隧道内对岩溶进行处理。

（2）盾构进出洞口需进行围岩加固。

盾构工程中，进出洞口边的土体有两个方向临空面，只考虑静荷载的情况已经是最不稳定状况了；软弱土层及饱和砂土地层中，很容易产生涌水、涌砂等现象；破洞门时的振动较大，对土体的扰动非常大；同时软土强度较低，很难承受盾构机进洞口时的巨大推力，易造成地表隆起或过量沉降；在盾构机到达出洞口时，由于地层卸压，对于稳定性较差的软土很容易发生塌方；上述问题均严重影响盾构施工的安全；故在盾构进出洞口时必须采取切实可行的加固措施。

可采用深层搅拌、压密注浆、化学注浆、冻结法等地基加固措施，但地基加固后的土体强度均匀性差，特别是在软土地层中尤为突出，所以必须加强检测，使加固土体的强度及其均匀性、加固范围等，均符合加固设计的标准。

(3) 软土可导致盾构开挖面失稳、产生过量沉降。

南京市普遍存在淤泥、淤泥质土、泥炭质土等软弱土，具有高含水量、高压缩性、低强度，高灵敏度等特点，具较明显的触变、流变特性，土层的流动易造成开挖面失稳。

盾构施工引起的地层损失和盾构隧道周围受扰动或受剪切破坏的重塑土再固结，是导致地面沉降的主要原因。采用同步注浆的方法进行加固处理，可有效控制过大的地面沉降。对粉性土和砂土地基地表往往表现为向下沉降，淤泥质土地基地表往往表现为隆沉（隆1cm沉3cm之内），故施工时应根据不同的地层分布情况注意及时调整盾构施工参数（如盾构工作姿态、顶力、注浆量等）。盾构掘进时遇到透镜体状砂土承压含水层时，易造成盾尾漏水，高水头压力也会产生盾构机姿态的改变。盾构进出洞时坑外土体加固盾构进出工作井之前，为保持隧道洞口范围内土体稳定，应对其进行加固处理，可采用搅拌桩或高压旋喷桩止水帷幕法、冻结法或深降水进行加固处理以防止隧道洞门打开时产生涌水、涌砂。盾构隧道进洞和出洞是盾构施工的关键，是盾构施工成败的重要环节。应确保盾构正常地从非水土压力平衡工况向水土压力平衡工况过渡以达到控制地面沉降。

盾构施工中，匹配好土仓压力、推进速度与出土量这三项施工参数，能有效减少盾构的偏移和旋转，减小盾构推进对地表沉降的影响；在盾构施工中要根据不同土质和覆土厚度、地面建筑物，结合监测信息的分析，及时调整平衡压力值的设定，保持平稳的推进速度，减少对土体的扰动。

管片脱出盾尾后，在管片与土体之间将产生空隙，若不及时注浆，土体很快就塌落到空隙内，产生较大沉降，因此，盾尾同步注浆是控制地表沉降的重要手段之一。同时根据推进速度、出土量和地层变形的监测数据，及时调整注浆量，从而将轴线和地层变形控制在允许的范围内。但土质较软时，注浆压力不宜过高，否则会对地层产生较大的扰动，增加后期沉降甚至破坏管片。

(4) 软硬复合地层易导致盾构偏离线路。

南京地区岩层类别及分布复杂多变，自上元古界至新生界地层均有分布，并见有上侏罗世火山岩堆积层及燕山晚期岩浆岩侵入体，不同岩类性质差异大。

南京市轨道交通3号线沿线均为第四纪地层覆盖区，但第四系厚度、工程地质层差异变化很大。在长江Ⅰ级阶地区和岗间坳洼区土体厚度受下伏基岩面起伏影响较大，一般在3～30m之间；而在长江漫滩区和秦淮河河谷平原区厚度较大，且比较稳定，秦淮河谷平原区厚度一般在30～40m之间，长江河谷地带厚度一般达50～65m。

基岩面起伏在长江Ⅰ阶地区和岗间坳洼区变化大，长江漫滩区和秦淮河河谷平原区基岩面较为和缓；下伏基岩为中生界白垩系上下统（K）和侏罗系上统（J）泥质粉砂岩和火山碎屑岩，巨厚层状；沿江幕府山西部丘岗一带，为宁镇褶皱山体西延部位，线路工程开挖遇古生界白云岩、白云质灰岩、灰岩，以及大片中生界侏罗系中下统层状石英砂岩；在通过玄武湖附近的路段，则为闪长玢岩等较大型侵入岩体。不同基岩地层，岩性及强度差异较大，在地铁工程建设中可能引发不同类的环境地质问题。

在基岩埋深较大区域，地铁工程一般在土体中布设，但沿线主要在长江、秦淮河冲积地层中，土体条件复杂，其间以淤泥质粉质黏土和结构松散饱水的粉土、粉细砂等不良工程地质层为主，虽较有利于地下盾构作业。但由于掘进改变原有土体的自然平衡状态，容易引起软土砂土坍塌、滑动、涌砂、形变等工程地质问题，尤其是在长江底部和秦淮河古河道带施工时，由于穿越厚层砂层均为富水性极强的含水层，如施工措施不当，有产生涌水和坍塌的可能。

处于冲积漫滩和岗间坳沟区交接部位及岗间坳沟区，基岩面埋深起伏变化较大，地铁工程将在岩土体交替变化深度区间布设，既有土体也存在岩体，软硬相间频繁变化，由此造成的复杂性，不仅给地铁设计和施工方案增加难度，施工建设中，也较容易引起隧道洞体在软硬岩土接触部位坍塌、滑坡等工程地质问题，同时还可能出现沿线地面不均匀沉降变形问题。

盾构掘进时由于基岩层强度高，掘进速度慢，长时间原位转动刀盘对软弱围岩的扰动大而使其失稳，且刀盘顶部地层易被掏空，上部地层将形成以刀盘为中心的漏斗状塌空区，强行掘进可能会导致地面出现坍塌，应采取有效的措施对软弱地层进行必要的加固处理，增强地层和地面的自稳能力。在掘进过程中适时向盾壳外部注入膨润土减小阻力的同时，通过不间断的监控量测手段，适时调整掘进参数。

(5) 厚层填土易引发盾构区间地表隆起或喷浆。

填土堆积时间短，密实度差，当存在厚层填土时，填土的空隙使土层压力突变，破坏盾构机的压力平衡，可能造成漏气、喷发（当采用气压盾构时），造成地面沉降或隆起，或管片背后注浆的浆液沿填土的空隙喷出地面。

勘察阶段需查明填土坑的范围、填土的成分及密实度，施工前需对厚层填土进行注浆加固处理。

6.4 降水施工的工程地质问题

(1) 降水引起的地基土变形及地层塌陷。

南京地下水位较高，对城市轨道工程施工有直接影响，大量抽取地下水对水，将使土层产生固结，引发不匀均沉降及地基土的变形，严重时可引发地层塌陷，同时对水资源也是一种浪费，应做好回灌措施。

(2) 对周围结构物及地下构筑物影响。

降水会造成地层压密，产生固结沉降，当产生的附加沉降超出建筑物及地下构筑物的容许变形范围，使建筑物和地下构筑物产生破坏，影响正常使用，严重时可能危及其安全。需加强既有建构筑物的监测，采用信息化施工，及时发现问题。

6.5 砂土液化和渗透变形

(1) 砂土液化。

砂土液化灾害是平原区由强烈震动而引发的一种地质灾害。砂土液化常伴有大规模的地面形变、滑移和喷水、冒砂等现象，造成道路、各种建（构）筑物的破坏。

拟建工程液化砂土主要分布在高湖路站东 - 牛首山河南侧地段，为全新世古牛首山河冲积粉土夹粉砂河道，埋深 8 ~ 14m，稍密，具层理，饱水，局部夹薄层粉质黏土，厚度 1 ~ 11m，向南北两侧变薄尖灭。

本区的地震烈度为 7 度，砂土分布地段一旦发生强烈地震，所受到的动力作用可促使砂性土产生液化。砂土的局部液化可使地基产生不均匀沉降；砂土的全部液化可使地基强度完全失去，河堤侧向滑移坍塌，给工程建设带来极大的威胁。

砂土液化的机理：砂土颗粒受到震（振）动力瞬间作用而处于运动状态，它们之间的结构必然发生改变以降低总势能而最终达到稳定状态；位于地下水面以下的疏松饱水砂土必须排水才能趋于密实稳定。如果饱水砂土较细，则整个砂体渗透性不良，瞬时振动变形必然使砂体孔隙水压力上升，致使砂粒间有效正应力随之降低；当孔隙水压力上升到使砂粒间有效正应力为零时，砂粒在水中完全处于悬浮状态，砂体就失去了强度和承载能力。

砂土液化的条件：一是有一定的场地环境和土体条件；二是有地震活动等强烈震动因素。前者是内因，后者是外因，两者缺一不可。

(2) 砂土渗透变形。

砂土渗透变形灾害主要发生在地下水埋藏较浅的区域，在工程开挖和掘进时，饱水的粉砂、粉土等细小颗粒容易产生渗流悬浮现象，从而产生涌水、涌砂和基坑壁坍塌等问题，如果不及时防治或处理，流砂发展结果就是使基础发生滑移、不均匀沉降，影响建（构）筑物的稳定性，带来较严重的经济损失。

参 考 文 献

[1] 余勤，黄金生. 浅谈南京市地铁建设对地质环境的影响及可能诱发的地质灾害 [J]. 江苏地矿信息，2000，25（5）.

[2] 罗国煜，等. 南京地质环境的基本特征和几个主要环境岩土工程问题 [J]. 高校地质学报.

[3] 王宁，阎长虹，邵勇，等. 南京地铁3号线岩溶发育规律及其对工程建设的影响 [J]. 江苏建筑，2011（6）.

[4] 胡建平. 南京市地下空间开发与地质环境效应初探 [J]. 江苏地质，2005，46－49.

[5] 蒋斯善，昂潮海，杨惠成，等. 南京市秦淮河古河道及沉积物时代的初步研究. 地质学报 [J]，1986，59（1）：89－101.

[6] 刘进峰，陈杰，雷生学，等. 南京市区埋藏古河道沉积物的年代 [J]. 第四纪研究，2009，29（4）.

[7] 顾玉明，凌国华. 浅谈南京市区地形地貌和工程地质层构成. 城市建设理论研究：电子版，2012.

[8] 邢崴崴，阎长虹. 南京市地铁工程环境地质评价 [J]. 工程地质学报，2006，12（03）.

[9] 北京城建勘测设计研究院有限责任公司. 宁天城际轨道交通一期工程 DNT－XK03 标扬子石化站岩土工程详细勘察报告 [R].

[10] 江苏今迈工程勘察有限公司，南京地铁3号线 D3－XK03 标常府街站岩土工程详细勘察报告 [R]，2011.

[11] 江苏南京地质工程勘察院，南京地铁3号线 D3－XK04 标诚信大道站岩土工程详细勘察报告，2012，11.

[12] 高振鲲，郭红梅，刘志强. 膨胀岩土研究综述 [J]. 工程勘察，2012 增刊，（1）：84－94.

宁 波 市

1　自然地理概况

1.1　地 理 位 置

宁波市位于浙江省东北部的东海之滨，居中国大陆海岸线的中段，长江三角洲的东南隅，宁绍平原的东端。地理坐标，东经120°55′~122°16′，北纬28°51′~30°33′。北临钱塘江、杭州湾，西接绍兴市的上虞、嵊州、新昌三县，南濒三门湾，陆域南缘与台州市的三门、天台两县接壤，东与舟山市（舟山群岛）隔海相望。市境陆域东西宽175km，南北长192km，总面积9365km^2，其中市区面积1033km^2。

1.2　气　　象

宁波位于东海之滨、长江三角洲的东南隅，地处宁绍平原东部，纬度适中，属北亚热带季风气候区，温暖湿润，雨量充沛，光照强，四季分明。但由于所处纬度常受冷暖气团交汇影响，加之倚山靠海，特定的地理位置和自然环境使天气多变，差异明显。冬季受蒙古高压控制，盛行西北风，以晴冷干燥天气为主，是本区低温少雨季节；春末夏初为过渡时期，副热带季风开始影响本区，气候活动频繁，冷暖空气交替，空气湿润，阴雨绵绵；夏秋7—9月间，受太平洋副热带高压控制，天气晴热少雨且常有热带风暴侵入所带来大风大雨等灾害性天气。

根据宁波市气象站自1971年至2010年共计40年来的气象资料统计：

（1）气温：年平均气温16.6℃，极端最高气温39.0℃（2003年7月17日），极端最低气温-6.6℃（1977年1月31日），最热月平均气温27.9℃（7月），最冷月平均气温5.4℃（1月）。

（2）降水量：多年平均降水量1305.3mm，年最大降水量1625.6mm（1997年），年最小降水量797.3mm（1979年），年平均降雨天数150.9d，最大连续降雨天数18d，雨量达251.3mm（1990年8月30日—9月16日）。

（3）蒸发量：多年平均蒸发量1458.4mm，月最大蒸发量293.0mm（1971年7月），月最小蒸发量33.9mm（1990年2月）。

（4）积雪：历年最大积雪深度14.0cm（1977年1月30日）。

（5）风向：全年主导风向为西北向，频率10%，夏季主导风向以东南偏东为主，冬季主导风向以西北为主。

（6）风速：夏季平均风速（7、8、9月）4.8m/s，冬季平均风速（12、1、2月）5.8m/s，历年瞬时最大风速>40.0m/s（1981年9月1日，1986年8月28日，1988年8月7日），最大台风十分钟平均风速34.3m/s（东风，1988年8月8日）。

（7）雷暴：年平均雷暴日数27.5d，年最多雷暴日数44d（1980年），年最小雷暴日数8d（1978年）。

本区灾害性天气主要为强冷空气、热带风暴和台风，影响本地区的强冷空气为11月至翌年4月，平均每年2~4次，24h内一般降温7~9℃，最多达12~14℃，多出现降雨和8级以上偏北大风；热带风暴和台风是影响宁波的主要灾害性天气之一，当它袭来时，常伴随狂风、暴雨等。

据1949—2008年60年间的统计资料表明，影响本区的热带风暴有200个，平均每年为4个。影响最多的年份是1959年和1960年，均为8个，影响最少的年份是1996年，几乎不受热带风暴影响。热带风暴和台风发生在每年的5—11月，而主要集中在7—9月，占总数的80%。8月份是热带风暴和台风活动的高峰期，为70个，占总数的35%。本区受热带风暴和台风影响最早的是5月19日（6103号台风），结束最迟是11月18日（6721号台风）。

1.3 水 文

市主要河流有钱塘江、东苕溪、京杭运河等，它们分属于钱塘江、太湖两大水系（见插图 103 宁波市水系图）。

宁波市区河流纵横，地表水体十分发育，主要河流有余姚江、奉化江、甬江，它们均属于甬江水系，为浙江省八大水系之一。宁波沿海潮汐属不正规半日期潮型，一天有两个高潮和两个低潮。平均高潮为吴淞零点以上 3. 14m，最高潮位 4. 86m，平均低潮位 1. 47m，最低潮位为 0. 31m。

余姚江简称姚江，由梁弄溪与通明江在新江口汇合而成，全长约 107km，流域面积 1934km^2，原为潮汐河流，感潮可上溯至上虞丰惠镇东北 4km，后因姚江大闸修建而变为平原型河流，河宽 50 ~ 150m，最宽处达 250m，中水位 0. 93m（1985 年国家高程），余姚站最高洪水位 2. 49m。

奉化江由奉化东江、奉化西江与鄞江三条干流组成，自源头到三江口全长 92. 6km，流域面积 1354km^2，属潮汐河流，感潮可上溯至鄞江、萧镇及西坞等地，拟建场地段水面宽度 130 ~ 150m，水深 3 ~ 8m，三江口处最深可达 20m。

甬江由姚江与奉化江在三江口汇合而成，全长约 25. 6km，流域总面积 4518km^2，属感潮河流，年径流量约 40 亿 m^3，宁波水文站潮位：历年最高潮水位 2. 903m，历年最低潮水位 – 1. 657m，平均高潮水位 1. 213m，平均低潮水位 – 0. 487m（1985 年国家高程）。

1.4 地 形 地 貌

宁波市大部分地区属浙西中低山丘陵，小部分地区属浙北平原。地势西高东低，最高点在浙皖交界的清凉峰，海拔 1787m，最低处在东北部余杭县的东苕溪平原，海拔 2 ~ 3m。市内地貌可分为山地、丘陵、平原三部分，自西向东地貌结构的层次和区域过渡性十分明显，各个地貌层次都有第四系分布。

宁波市地处东海之滨，杭州湾南岸，市区大部分地区属于浙北平原，东、西、南三面环山，属浙东低山丘陵区（见图 17 – 1）。

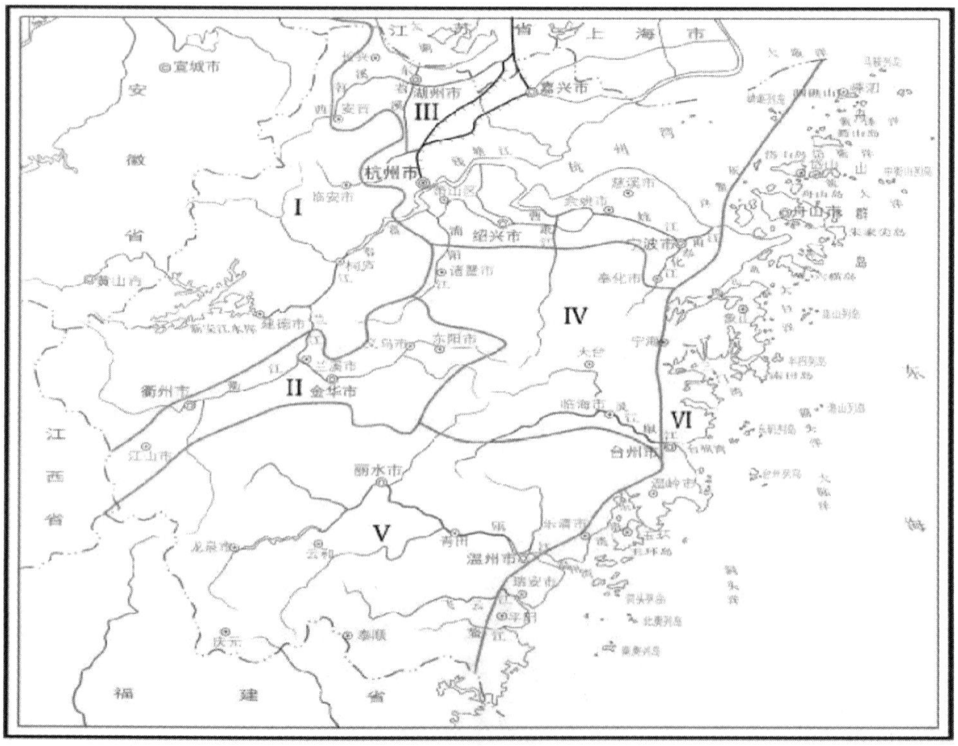

图 17 – 1 浙江省地貌分区图

Ⅰ—浙西中山丘陵区；Ⅱ—浙中盆地区；Ⅲ—浙北平原区；Ⅳ—浙东低山丘陵区；Ⅴ—浙南中山区；Ⅵ—浙东南沿海丘陵平原及岛屿区

平原区地势低平，河渠纵横，海拔仅 1 ~ 3m（黄海高程，下同），新垦滩涂低于 1m，地貌类型较单一，属海相沉积平原类型。

山区以剥蚀丘陵为主，海拔 300 ~ 500m 的高丘陵分布较广，最高峰太白山标高 656.9m，坡度 20° ~ 40°，风化层厚度一般小于 3m；海拔 300m 以下的低丘分布于山区边缘，或呈孤山、残丘散布于平原之中，坡度 10° ~ 30°，风化层厚度一般 2 ~ 5m，局部达 10 余米。

2 区 域 地 质

印支运动以后，浙东南地区处于陆缘活动阶段，由于太平洋板块持续不断地向欧亚板块俯冲，此阶段地壳运动以差异性断块运动为主，表现为多期次剧烈的断块运动及大规模的多旋回岩浆活动，形成大量规模不等、深浅不一、方向各异、性质不同的断裂构造以及众多的断陷盆地。

2.1 地 质 构 造

宁波市区域构造单元属华南加里东褶皱系浙东南褶皱带丽水 – 宁波隆起带中的新昌 – 定海断隆带。地质构造形迹以断裂为主，褶皱次之，不同展布方向和不同切割深度的断裂相互交织，形成了本区特有的网格状构造格局，并控制了区内的地质作用和地震活动（见插图 104 宁波市区域构造纲要图）。

宁波市区主要断裂有四组，分别为：北东走向的奉化 – 丽水断裂带（F8）、北北东走向的镇海 – 宁海断裂（F9）、北北东向的岱山 – 黄岩断裂（F10）和近东西走向的昌化 – 普陀断裂（F21）以及次级断裂。

（1）奉化 – 丽水断裂（F8）。

奉化 – 丽水断裂整体走向为北东 45° ~ 60°，沿大碶盆地与宁波盆地东南边界经奉化、天台、仙居盆地达丽水碧湖镇，过龙泉、庆元西进入福建境内，全长约 350km。该断裂控制了舟山群岛的西边界，成为宁波盆地及大碶盆地的东南边界，并控制了天台盆地、仙居盆地等一系列盆地，显示该断裂自第四纪以来有一定的活动。该断裂属中更新世（Q_2）断裂。

（2）镇海 – 宁海断裂（F9）。

镇海 – 宁海断裂北起镇海，往南经奉化、宁海终止于临海一带，总体走向 20° ~ 30°，全长大于 100km，由数条 20° ~ 30°左行断裂逆冲走滑断层构成。近场区内断裂北起育王山东侧，经东钱湖东侧一直向南延伸，近场区内全长约 45km，距拟建场地最近距离约 12km。该断裂在大碶盆地西侧分为东西两支，西支断裂为中更新世断裂，东支断裂为晚更新世活动断裂。

（3）岱山 – 黄岩断裂（F10）。

岱山 – 黄岩断裂北起岱山岛北端，横贯岱山岛、舟山岛后，基本沿浙江沿海经象山、三门湾在乐清伸入乐清湾，全长大于 100km，总体走向 20° ~ 30°，该断裂在近场区有柴桥 – 伍佰岙断层（$F10_{-1}$）和沙岙 – 戴家断层（$F10_{-2}$）。

柴桥 – 伍佰岙断层（$F10_{-1}$）：南起象山湾北岸伍佰岙以南，向北经大嵩、慈东延至柴桥以北，进入舟山岛境内，全长约 50km，走向 40°倾向北西，倾角 50° ~ 80°，属不活动断层，为中更新世断层。

沙岙 – 戴家断层（$F10_{-2}$）：北起舟山黄沙周，经舟山十字路向南，推测入海域后在六横岛的沙岙附近通过，而后向南再次进入海域，之后在象山登陆，止于锡象山戴家附近，全长约 60km，走向 30°左右，倾向南东，倾角约 80°，为不活动断层。

（4）昌化 – 普陀断裂（F21）。

昌化 – 普陀断裂横跨浙江省北部，西起昌化以西，向东经太阳镇、于潜、高坎、临安，到杭州南后被第四系覆盖，在上虞小越复出，陆域全长约290km，总体走向近东西，属中更新世不活动断层。

次级断层有：宁波－小港断层（f1）、算山－曹隘断层（f2）、宁波－邱隘断层（f3）、宁波－余姚断层（f4）和定海－城北水库断层（f5）。

宁波－小港断层（f1）：该断层大部分隐伏于宁波盆地之下，地表出露在小港西南的东庙山到小港一带，全长约25km，断层带走向约45°～60°，为一条逆断层，属中更新世中期断层。

算山－曹隘断层（f2）：该断层南起姜山镇，向北经潘火桥、姜家陇至白石庙以西，总体走向北东，南段走向约40°，北段走向约75°，倾向南东，倾角65°～82°，全长约28km，属中更新世断层。

宁波－邱隘断层（f3）：该断层东起邱隘镇东，经宁波延伸至余姚岐阳，全长约30km，走向295°，倾向北东，倾角65°，大部分隐伏于宁波盆地之下，为不活动断层。

宁波－余姚断层（f4）：该断层东起宁波瞻岐，向西北经宁波盆地延伸至余姚，全长约70km，走向295°，倾向北东，倾角65°，距拟建场地最近距离约5.5km，为中更新世不活动断层。

定海－城北水库断层（f5）：该断层走向近南北，全长约10km，为中更新世不活动断层。

2.2 历史地震

根据活动性断裂与历史地震资料分析，镇海－温州活动性断裂是导致区内地震活动的主要断裂构造。宁波市处于镇海－定海$4\frac{3}{4}$～$5\frac{1}{4}$级地震危险区，是浙江省地震相对活动区，按中国地震区带划分，宁波市区位于东南沿海Ⅱ等地震区的东北段之定海－温州地震带（Ⅲ）。

根据记载：从929—2006年共发生$M\geqslant4.7$级地震24次，最大地震为6.1级。近场区历史上从1520年至今发生过$M\geqslant3.5$级地震32次，其中$M\geqslant4$级地震5次，最大地震为1523年镇海海滨$5\frac{1}{2}$级地震。自1975年以来，记录到$M\geqslant1.0$级地震264次，$M\geqslant2.0$级地震20次，最大地震为4.7级。其中自1970年以来，大于2级地震共有16次，详见表17－1。近场区地震主要发生在镇海－宁海断裂带附近和近场区西部皎口水库附近，其余地方较少，场区地震具有强度弱、频度低，且以弱震、微震为主的特点，区域稳定性较好，见图17－2。

表17－1　近场区历史地震目录（$M\geqslant2$）

发震日期	纬度（°）	经度（°）	震级	地名
1520.12	29.6	121.6	4	奉化东
1523.08.24	30.0	121.7	4.75	镇海
1715.02.17	30.0	121.7	4	镇海
1799.06	29.7	121.7	4	鄞州、象山间
1977.04.26	29.1	122.1	2.0	象山
1977.05.19	29.5	121.5	2.4	宁波北仑西
1978.07.27	29.5	121.5	2.2	宁波柴桥镇
1983.03.11	29.5	121.2	2.1	鄞县
1984.07.06	29.5	121.2	2.8	宁波市西
1993.09.04	29.4	121.4	2.4	奉化东
1993.02.26	29.2	120.7	3.3	宁波鄞州皎口水库
1994.09.07	29.9	121.2	4.2	宁波鄞州皎口水库
1998.10.07	29.5	121.2	2.0	鄞县
1999.07.30	29.5	121.2	2.0	宁波鄞州樟水镇
2000.02.20	29.4	121.4	2.0	宁波东钱湖西南
2000.03.30	29.4	121.3	2.4	宁波东钱湖西南

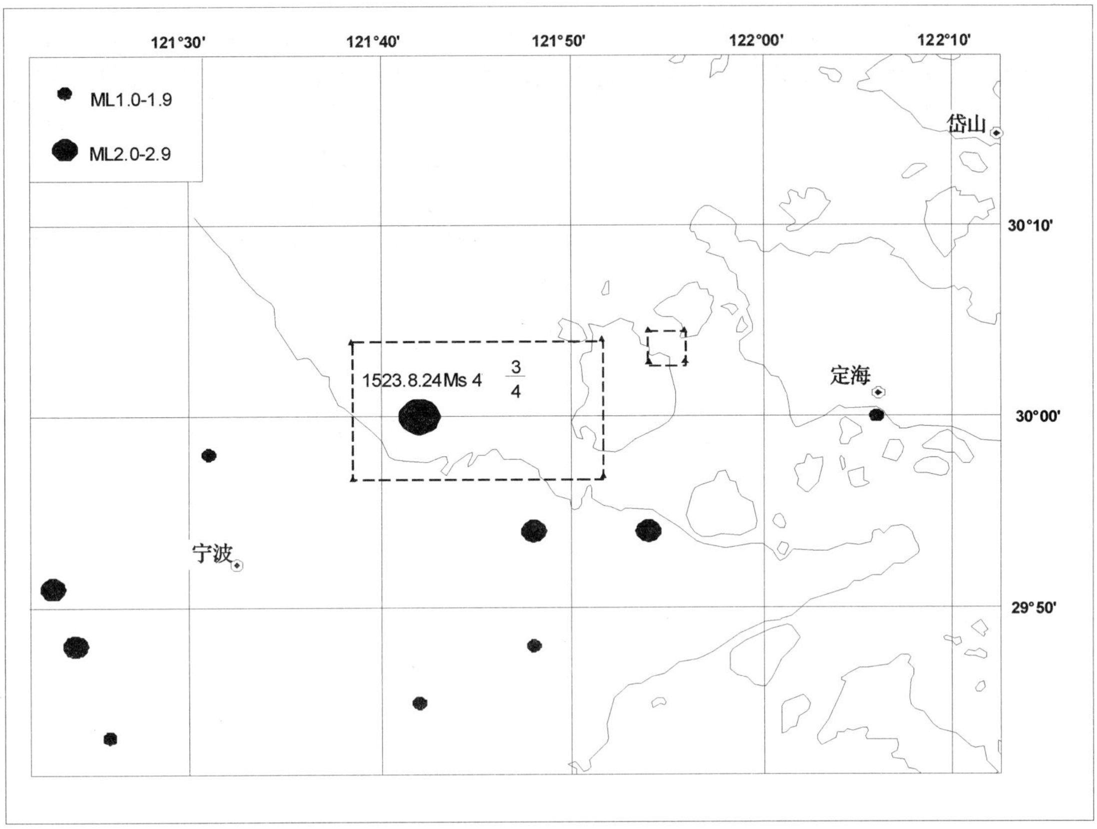

图 17－2　近区域地震活动分布图

2.3　地层岩性

2.3.1　前第四纪地层及侵入岩

宁波地区出露的前第四纪地层有侏罗系上统和白垩系下统。

侏罗系上统可细分为大爽组（J3d）、高坞组（J3g）、西山头组（J3x）、茶湾组（J3c）、九里坪组（J3j），其中大爽组、西山头组、茶湾组为英安质－流纹质晶屑玻屑熔结凝灰岩、流纹质熔结凝灰岩、凝灰岩夹沉凝灰岩、凝灰质砂页岩；高坞组为貌似花岗岩的流纹质晶屑熔结凝灰岩；九里坪组以岩性单一的流纹岩为主，局部为霏细岩、球泡流纹岩。

白垩系下统仅见于洪家（官庄）、东钱湖、东吴镇、岐阳、姜山等地，岩性为赭红、灰绿、紫红色砂砾岩、砂岩、泥岩夹凝灰岩。

与火山喷溢相伴生的次火山岩有流纹斑岩、霏细斑岩和石英霏细斑岩。

燕山晚期中酸性、酸性侵入岩体有白峰石英闪长岩、三山慈东花岗岩和育王庙花岗斑岩。上新世至早更新世玄武岩、橄榄玄武岩，地表仅见于赭山、岐山两处。

2.3.2　第四纪地层

第四纪地层发育，厚度较大，且层位较稳定，50～110m，最厚达 120 余米，从中更新世至全新世地层发育齐全。主要成因类型有河流相、河湖相及海相等，从老到新是由一套陆相堆积－海陆交替堆积－海相堆积地层组成，上部软弱土层厚 30～45m，总体特点是：

（1）沉积物粗细韵律变化明显，具多旋回性，总趋势为：自老到新粒度变细。每一个地层组（段）岩性都具有下部粗（以中细砂、粉细砂为主），上部细（以黏性土为主）的韵律变化特点。每一个时代为一个沉积旋回，整个第四纪沉积物是多个沉积旋回的叠合，沉积物粒度变化的总趋势是随着沉积时代的推进粒度由粗变细，反映了侵蚀基准面的振荡性持续上升。

（2）沉积物的沉积环境由陆相向海相过渡。中更新世早期以洪积为主，中更新世晚期至晚更新世早期以冲积，冲湖积为主，晚更新世晚期则以海陆交互相沉积为主，全新世则以海相沉积为主。

（3）沉积物的物性变化。土层自下而上由硬塑向流塑变化，这与沉积时间早晚及成因有关，老地层沉积时间早，上覆土层厚，利于脱水固结，成为力学性质较好的土层，反之土层内含水量大、孔隙比高，土的力学性质就差。砂性土自下而上由密实向松散变化，这是由于上覆地层的厚度增加而被压密。

2.3.3 第四纪综合地层表

表 17－2 宁波平原地区第四纪综合地层表

地质时代			成因类型	代号	厚度（m）	顶板标高（m）	岩性描述
系	统	组					
第四系	全新统	上组	冲湖积 海积	$al-lQ_4^2$ mQ_4^3	0.7～2.9	2.1～3.5	灰黄色粉质黏土，软塑－可塑，厚层状
		中组	海积	mQ_4^2	9.9～25.0	0.1～1.9	灰色淤泥质粉质黏土、淤泥质黏土，流塑，局部平粉砂、粉土
		下组	冲海积	$al-mQ_4^1$	2.4～3.7	－13.3～－14.2	灰、灰绿色粉砂、粉土，饱和，稍－中密，厚层状，局部夹淤泥质粉质黏土、粉质黏土薄层
			海积	mQ_4^1	2.7～23.9	－9.5～－18.2	灰色粉质黏土、淤泥质粉质黏土，流～软塑，具鳞片状构造
	上更新统	上组	冲湖积	$al-lQ_3^2$	6.3～14.8	－13.4～－35.9	灰绿，灰黄、褐黄色粉质黏土、黏土，可塑，厚层状构造，夹铁锰质结核
			海积	mQ_3^2	1.3～26.3	－19.7～－43.1	灰色粉质黏土、黏土，软－可塑
			冲海积、 冲积	alQ_3^2、 $al-mQ_3^2$	6.3～13.8	－28.3～－46.9	灰、灰黄色粉土、砂砾石，中密，厚层状，局部黏性土含量较高
		下组	冲湖积	$al-lQ_3^1$	2.7～12.7	－34.6～－57.4	灰绿色，黄绿色，可－硬塑，厚层状
			冲积、 冲洪积	alQ_3^1、 $al-plQ_3^1$	4.1～28.6	－32.8～－64.4	灰色、灰黄色粉砂、砾石、卵石、砂砾石，中密－密实，厚层状。局部地段夹灰色粉质黏土软弱夹层
	中更新统	上组	冲湖积	$al-lQ_2^2$	1.6～28.0	－50.2～－74.5	灰蓝色，灰黄色粉质黏土，可－硬塑，厚层状
			冲积	alQ_2^2	5.5～15.1	－66.2～－77.4	褐黄色砂砾石，中密－密实，厚层状
		下组	冲湖积 冲洪积	$al-lQ_2^1$、 $al-plQ_2^1$	18.6	－39.7～－92.5	黄褐色粉质黏土夹碎砾石，土质不均，局部为砾卵石，硬塑，中密－密实，厚层状

3 典型地层及特征

3.1 岩土分层及特征

3.1.1 第四系

山区剥蚀丘陵区第四系厚度一般小于40m，地层比较简单，主要有上更新统坡洪积、洪积含碎（砾）石粉质黏土、含黏土砂砾石和全新统冲积、冲洪积砂砾石上覆薄层砂或粉质黏土。

平原区第四系厚度50－110m，最厚达120余米，成因类型复杂。地层从中更新世至全新世一般均有发育，主要成因类型有河流相、河湖相及海相、滨海相等。

中更新统为冲积、冲洪积、坡洪积层，岩性主要为砂砾石、含黏土砂砾石、含碎砾石粉质黏土等。

上更新统为海、陆相相互叠置的沉积层，成因类型有冲积、冲湖积、冲海积、海积，岩性为粉质黏土、黏土、砂、砂砾石。

全新统是以海相淤泥质土为主的沉积层，成因有海相、冲海相、滨海沼泽相沉积等，岩性为淤泥质粉质黏土、淤泥质黏土、粉细砂和含有机质粉质黏土，局部有泥炭层分布。

3.1.2 下伏基岩

轨道交通线网覆盖范围内主要为平原区，与工程紧密相关的主要为土体，但在宁波市区外围的线网上局部分布有基岩岩体（⑩层）。在区内基岩根据岩石类型、结构、物理力学性质划分为三类工程地质岩体：

（1）坚硬块状次火山岩、侵入岩：分布于图区中部四顾山——老鹰山尖、宝幢北面的石巷山－灵峰山、东钱湖与三溪浦水库之间的龙珠山。除此以外还包括太白山、九峰山一带的上侏罗统九里坪组。岩性主要为流纹斑岩、流纹岩、霏细斑岩、石英霏细斑岩，以及零星出露的花岗岩、花岗斑岩、石英闪长岩等。岩石致密坚硬，呈块状结构，较均质、完整、抗风化能力强。

（2）坚硬－较坚硬火山碎屑岩夹沉积岩：组成图区东南部主要山体，分布面积广。包括上侏罗统大爽组、高坞组、西山头组、茶湾组地层，岩性以流纹质晶屑玻屑熔结凝灰岩、晶屑玻屑凝灰岩夹沉积岩，特别是茶湾组夹多层凝灰岩及凝灰质砂岩、泥岩。熔结凝灰岩、凝灰岩呈块状，致密坚硬。砂岩、泥岩易风化、软化，属软弱夹层，工程地质条件较复杂。

（3）较坚硬厚层状砂砾岩：仅零星分布于图区西北角。岩性以紫红色砂砾岩为主，局部为粉细砂岩、泥岩等岩石较坚硬，厚层状，水平成层，易风化。

3.1.3 典型地质剖面

宁波市位于浙北平原，第四纪地层发育，厚度较大，且层位较稳定，50～110m，最厚达120余米，从中更新世至全新世地层发育齐全。主要成因类型有河流相、河湖相及海相等，从老到新是由一套陆相堆积－海陆交替堆积－海相堆积地层组成。

宁波市属于典型的软土地区，广泛分布海相沉积的厚层软土，具“天然含水量大于等于液限，天然孔隙比大于或等于1.0，压缩性高，强度低，灵敏度高，透水性低”等特点。软土地层主要由海相沉积的$①_3$层灰色淤泥质黏土、$②_{2-1}$层灰色淤泥、$②_{2-2}$层灰色淤泥质黏土组成，厚度一般为10～20m。典型地质剖面图见插图105和插图106。

3.2 主要岩土物理力学参数

根据宁波地铁勘察资料及宁波地区经验综合确定各土层的物理、力学、特殊试验参数，供勘察设计人员参考使用，详见表17－3～表17－5。

3.2.1 物理试验指标

表17－3 宁波地区主要地层物理指标参考值表

地层编号	岩土名称	物理性质			黏性稠度	
		天然含水量 ω	天然密度 ρ	孔隙比 e	液限 W_L	塑限 W_P
		(%)	(g/cm³)	—	(%)	(%)
①$_3$	淤泥质黏土	40～60	1.61～1.78	1.100～1.500	34～51	20～29
②$_{2-1}$	淤泥	52～61	1.60～1.68	1.500～1.700	40～52	19～29
②$_{2-2}$	淤泥质黏土	40～54	1.65～1.78	1.100～1.500	34～51	20～29
③$_1$	粉砂（含黏性土）	18～52	1.66～2.02	0.519～1.400	25～43	14～23
③$_2$	粉质黏土（含粉砂）	25～38	1.78～1.91	0.745～1.086	26～35	16～22
④$_{1-2}$	粉质黏土	26～42	1.75～1.94	0.741～1.173	27～38	16～23
④$_2$	黏土	38～52	1.63～1.78	1.094～1.490	38～53	19～28
⑤$_2$	粉质黏土	22～36	1.82～2.02	0.626～1.000	29～45	17～25

3.2.2 力学试验指标

表17～4 宁波地区主要地层力学指标参考值表

地层编号	岩土名称	直接剪切				三轴剪切				固结试验	
		快剪		固结快剪		UU		CU		压缩模量	压缩系数
		C	φ	C_q	φ_q	C_{uu}	Φ_{uu}	C_{cu}	Φ_{cu}	E_{s1-2}	a_{1-2}
		(kPa)	(°)	(kPa)	(°)	(kPa)	(°)	(kPa)	(°)	(MPa)	(MPa^{-1})
①$_3$	淤泥质黏土	12～17	7～8	11～15	10～14	20～22	0.6～0.8	10～12	11～13	2.0～2.8	0.8～1.2
②$_{2-1}$	淤泥	10～14	6～9	9～13	8～12	19～21	0.6～0.7	10～12	11～13	1.8～2.0	1.05～1.50
②$_{2-2}$	淤泥质黏土	13～15	7～9	10～14	10～15	22～23	0.7～0.8	12～13	12～13	2.2～2.9	0.90～1.20
③$_1$	粉砂（含黏性土）	7～9	25～27	3～24	20～31	9～10	26～27			2.1～13.0	0.12～1.15
③$_2$	粉质黏土（含粉砂）	18～33	11～16	15～22	15～21	60～67	0.3～1.6			3.9～8.6	0.21～0.49
④$_{1-2}$	粉质黏土	16～36	12～14	15～24	13～20	55～92	0.2～2.0			3.9～6.7	0.26～0.50
④$_2$	黏土	14～19	7～9	14～16	10～13	30～40	1.0～1.4			2.9～3.5	0.63～0.81
⑤$_2$	粉质黏土	32～48	8～14	29～52	11～20	79～126	0.3～3.7			4.7～9.5	0.17～0.41

3.2.3 特殊试验参数

表 17-5 宁波地区主要地层特殊试验指标参考值表

地层编号	岩土名称	热物理			基床系数		静止侧压力系数 K_0	无侧限抗压强度 q_u
		导热系数 λ (W/m·K)	导温系数 α (m^2/h)	比热容 C (kJ/kg·K)	垂直 K_v (MPa/m)	水平 K_x (MPa/m)		
①$_3$	淤泥质黏土	1.01	0.001224	1.74	6.0	7.0	0.62	39.7
②$_{2-1}$	淤泥	1.00	0.001188	1.78	5.0	5.5	0.66	27.3
②$_{2-2}$	淤泥质黏土	0.96	0.001152	1.79	6.0	6.0	0.62	32.7
③$_1$	粉砂（含黏性土）	1.29	0.001728	1.40	16.0	18.0	0.35	
③$_2$	粉质黏土（含粉砂）	1.16	0.001548	1.42	12.0	16.0	0.50	
④$_{1-2}$	粉质黏土	1.25	0.001650	1.50	13.0	17.0	0.47	
④$_2$	黏土	1.20	0.001550	1.45	11.0	16.0	0.52	
⑤$_2$	粉质黏土	1.40	0.002200	1.40	35.0	45.0	0.35	

4 地 下 水

4.1 地下水类型

宁波市地下水根据赋存条件、水力特征等可分为松散岩类孔隙水和基岩裂隙水两大类。

4.1.1 第四系松散岩类孔隙水

根据地下水含水层介质、水动力特征及其赋存条件，又可将第四系松散岩类孔隙水分为孔隙潜水和孔隙承压水两类。

（1）孔隙潜水。

浅部地下水主要为孔隙潜水，主要赋存于表部填土及其下伏的黏土和淤泥、淤泥质土中，水位埋深一般0.3~2m。其富水性和透水性具有明显的各向异性。表部杂填土当碎块石含量高时透水性较好，富水性好，水量较大，而当碎块石含量较少，以黏性土为主时，透水性及富水性较差；浅层黏土和淤泥质土富水性、透水性均差，入渗微弱，水量贫乏，单井出水量小于5m^3/d。孔隙潜水主要接受大气降水的竖向入渗补给，多以蒸发方式排泄。水位受季节及气候条件等影响，但动态变化不大，潜水位变幅一般在1m以内。

（2）孔隙承压水。

根据宁波市区域水文地质资料，宁波市平原地区一般分布有2~3层孔隙承压含水层，主要为浅部③层微承压水及深部第2~3层承压含水层组（Q_3）。

1）孔隙微承压水。

浅层微承压水主要赋存于③层含黏性土粉砂或粉砂层中，含水层厚一般为2~4m，一般夹较多黏性土薄层，透水性一般，水量相对较小，单井出水量在 10 ~ 25m^3/d，砂质较纯出水量较大，静止水位测压标高在 1.24 ~ 1.45m 左右，渗透系数一般在 $2.19 \times 10^{-4} \sim 5.44 \times 10^{-4}$cm/s，水温为 18℃左右，水质为微咸水，地下水基本不流动。

2）深部孔隙承压水。

第 2 ~ 3 层孔隙承压水赋存于$⑤_3$、$⑥_{2a}$、⑧层砂土中，透水性一般较好，平均渗透系数约 30.5m/d，水量丰富，单井开采量 500 ~ 1000m^3/d，含水层顶板埋深一般为 45 ~ 60m，含水层厚度 1 ~ 10m，⑧层砂土层位稳定，其余含水层埋深及厚度变化均较大。水位埋深 2.0 ~ 2.6m，静止水位测压力标高约 0m，动态变化不明显，基本不流动。⑧层砂土是市区地下水主要开采层之一，水温为 19.5 ~ 20.0℃，水质为微咸水，水化学类型以 Cl · SO_4 – Na · Ca 型为主。

4.1.2 基岩裂隙水

山区基岩裂隙水为低矿化淡水，但水量贫乏无供水意义。

4.2 地下水补径排关系

（1）孔隙潜水。

孔隙潜水主要接受大气降水的竖向入渗补给，多以蒸发方式排泄。

（2）孔隙承压水。

以大气降水入渗、地下水侧向径流和“天窗”渗漏补给方式为主，以侧向径流和向下越流、人工开采方式排泄。

（3）基岩裂隙水。

在裸露区接受大气降水的入渗补给及地表水体的侧向渗漏补给，径流条件受地形坡降、地质构造裂隙发育程度等条件制约，一般由山区向平原或沿构造线方向径流；以季节性下降泉、人工开采以及向上部越流的形式进行排泄。

4.3 地下水动态

据区域水文地质资料，潜水地下水位主要受地形地貌、短期气象条件等因素的控制，动态变化不大，潜水位变幅一般在 1m 以内。

微承压含水层地下水位在时间上的变化规律主要是随季节的不同，水位有一定的起伏，短期临时的降水对该层含水层的水位变化影响不大。一般在梅雨季节后期，其水头标高最高，梅雨季节来临前，相对较低。年变化幅度一般在 2.0m 左右。该层地下水在与潜水贯通位置，其水位变化规律于潜水的水位变化规律基本一致。

第 2 承压含水层地下水位与地形地貌、短期气象条件有一定的联系，具有一定的变化。总体而言，地下水位随着梅雨期和台汛期的到来而升高，随着梅雨期和台汛期的离去而降低，稍有滞后。该层地下水位年变幅一般在 2.0m 左右。

第 3 承压含水层地下水位在天然条件下变化较小，受人工开采影响较大。1980 年以前，地下水基本不开采或开采量极小，水位基本无变化；1980—1989 年，地下水开采量逐步提高，地下水位逐渐降低；1990—1996 年，地下水大量开采，地下水位降幅明显，局部形成明显的降落漏斗；1997—2000 年，地下水限制开采，地下水位下降速率降低，局部地区水位有所上升；2001—2005 年，地下水由限制开采转向全面禁止开采，2005 年全面完成禁采封井后，地下水位逐步回升。2005 年以后，由于地下水已全面禁采，地下水位进一步回升而趋于稳定，年变幅一般在 2.0m 左右。

5 特殊地质条件

5.1 不良地质作用

根据宁波市区域地质资料，宁波市区不良地质作用总体发育一般，但种类也不少，目前发现的不良地质作用主要有地面沉降与暗浜、有害气体。

5.1.1 地面沉降

地面沉降主要造成区域性地面高程损失、防洪能力下降等。宁波城区的地面沉降问题，大致始于20世纪60年代初期。1965—1972年间的地面沉降是微量的，1972年以后沉降速率明显加快，至1977年已形成了江东区以张斌桥为中心的沉降漏斗，漏斗中心的最大累积沉降量达158.3mm。从1977年到1985年，市区地面沉降进一步加速，沉降面积进一步扩大，江东张斌桥一带在这8年中地面下沉了56.7mm，沉降中心区范围内平均沉降速率为8.8mm/a，最大可达18mm/a，自20世纪60年代至今累计沉降量已达300mm以上。区域地面沉降，主要是由于长期开采地下水，致使地下水位逐年下降所引起的。自1987年以来，通过采取压缩地下水的开采量，同时增加地下水回灌量这一措施后，地面沉降速率才大幅度减缓，预计最近若干年内，宁波市区地面沉降速率仍将在5～7mm/年内。2003年后通过采取压缩地下水的开采量，同时增加地下水回灌量这一措施后，地面沉降速率才进一步减缓，沉降速率为3.5～4.6mm/a。江东和丰地面沉降中心区地面累计沉降量为498mm，地面沉降范围东近邱隘、南至栎社、西越望春、北近骆驼，地面沉降面积198.89km^2，见插图107。

滨海城市地面沉降造成的整体环境变化莫过于海水面相对上升，由于地面不断下降，江潮水位相对上升，致使市区防潮汛能力和排水效能逐年下降，同时对地面建筑物，尤其是采用浅基础建筑物的稳定性和深基坑的抗浮能力产生了一定的影响。

5.1.2 暗浜

根据宁波市的历史地形图，宁波地区古地形沟渠纵横，受近代人类活动与工程改造影响，地形发生了很大改变，原有的沟、塘、小河等大多已被填埋，导致宁波市区分布有较多暗浜。

暗浜处原有淤积物以及软弱土层仍然存在、且回填土厚度大，一般含有大块石及建筑垃圾，且回填土岩性极不均匀，黏性土及碎块石的含量变化均很大，对地下工程基坑的围护结构施工、止水有较大影响，基坑的围护设计及施工时应引起重视。

5.1.3 有害气体

宁波市软土层中有害气体主要是指浅层沼气。浅层沼气是地铁施工时所可能遇到的地质灾害之一。当盾构隧道推进作业时，由于浅层沼气释放，危及人身安全，亦可能造成下伏土层失稳，使已建好的隧道产生位移、断裂，造成无可挽回的重大经济损失。

5.2 特殊性岩土

根据地质调查资料，宁波市区内主要特殊性岩土主要为软土和人工填土。

5.2.1 软土

宁波市属于典型的软土地区，广泛分布海相沉积的厚层软土，具“天然含水量大于等于液限，天然孔隙比大于或等于1.0，压缩性高，强度低，灵敏度高，透水性低”等特点。软土地层主要由①$_3$层灰色淤泥质黏土、②$_{2-1}$层灰色淤泥、②$_{2-2}$层灰色淤泥质黏土组成，厚度一般10～20m。

大面积厚层软土分布对本工程建设会带来一系列岩土工程问题，主要表现为：

（1）由于软土广泛分布，其引发的区域性地面沉降现已成为宁波市的区域地质灾害，将可能导致结构长期处于沉降状态。

（2）软土压缩性高、稳定性差，对地下工程的基坑侧壁稳定性、围岩稳定性有不利影响。

（3）由于软土具有触变性，在大面积预制桩基施工过程中，孔隙水压力消散导致地基土与桩基产生相对向下的位移，从而产生负摩阻力。

（4）由于软土层渗透性低，在大面积堆载作用下，沉降稳定需较长时间。

（5）软土中富含的有机质在还原环境条件下会分解出沼气，因此，对地下工程的开挖尤其是密闭空间内施工有较大的安全隐患。

5.2.2 填土

杂填土：夹植物根茎以及夹碎石和碎砖，土层结构中密。分布较普遍。

素填土层：褐黄－灰黄色，松软，以黏性土为主，含少量碎石，含植物根茎。属第四系全新统（Q_4^{ml}）近代人工堆积物，该层压缩性不均，土质不均一。

淤泥质填土：灰黑色，流塑，以淤泥质土为主，含有机质及腐殖物，有臭味。土层具高压缩性。

填土结构一般较松散，均一性差，会给基坑围护结构的稳定性造成不利影响。同时，填土渗透性大，深基坑开挖时需做好排水措施。

6 城市轨道交通主要工程地质问题

6.1 盾构法施工主要工程地质问题

（1）隧道沉降问题。

②$_{2-1}$层灰色淤泥和②$_{2-2}$层灰色淤泥质黏土呈流塑状，属高灵敏度土，具易触变性，在外力作用下易扰动且强度降低，盾构掘进中不仅保持土压平衡极为困难，而且往往会出现前期沉降及盾构通过后沉降长期不收敛；另外，该上述土层属高灵敏度土，开挖扰动易产生结构破坏，强度降低，重新固结导致隧道产生过大沉降或不均匀沉降。

对策：

盾构施工中，匹配好土仓压力、推进速度与出土量这三项施工参数，能有效减少盾构的偏移和旋转，减小盾构推进对地表沉降的影响；在盾构施工中要根据不同土质和覆土厚度、地面建筑物，结合监测信息的分析，及时调整平衡压力值的设定，保持平稳的推进速度，减少对土体的扰动。

（2）非均质土层问题：

当盾构掘进涉及到软土（如②$_{2-1}$层灰色淤泥、②$_{2-2}$层灰色淤泥质黏土等地层）、与相对工程性质较好的③$_1$层灰色粉砂、③$_2$层灰色粉质黏土夹粉砂和和④$_{1-2}$层灰色粉质黏土等二元地层时，在土质条件不均情况下掘进容易造成盾构正面阻力分布不均匀，影响盾构姿态。

对策：

1）在掘进过程中适时向盾壳外部注入膨润土减小阻力的同时，通过不间断的监控量测手段，适时调整掘进参数。

2）掘进过程中须严格控制出土量防止盾构倾斜，随时保持盾构的稳定性。

3）盾构下坡推进时，要防止盾构“磕头”，严格控制出土量，调整土压力设定值，确保切口土体不下沉；盾构上坡推进时，盾构很容易发生“上抛”现象，故需调整好土压力设定值，以切口土体不隆起或少隆起为主。

（3）淤泥质黏土高稠度（黏性、稠度大）问题。

上述软弱黏性土层具高黏性，易黏着盾构设备或造成管路堵塞致使刀盘空转、槽口及出土管道堵塞，导致地层隆起、沉降。

对策：

为防止掘进介质稠度高易造成刀盘空转、结泥饼等问题，建议盾构选择适当的开口率，尽可能体现土体进舱顺利；在盾构机现场施工时，应适当添加土体改良剂，减低土体黏性和黏聚力；同时合理设定盾构机掘进的参数，控制循环水温度等。

（4）地面沉降问题。

盾构施工引起的地层损失和盾构隧道周围受扰动或受剪切破坏的重塑土再固结，是导致地面沉降的主要原因。

当隧道穿越淤泥、淤泥质土等软土时，由于土层具有含水量、压缩性高、强度低的特性，同时具有明显的流变性和触变性，在一定的动力作用下易发生流变，破坏土体结构，使土体强度突降，从而引起地面沉降。施工时应尽量减少对该土层的扰动。另外，高塑性土侧阻力大，易黏着盾构设备或造成堵塞，使盾构掘进难以进行，施工时应注意。

处理措施建议：

由于软土围岩自稳能力差，必要时可辅助壁后注浆加固围岩，正确把握注浆材料、注浆时间、注浆范围及注浆方法等，使较大空隙做到及时加固填充，避免因开挖面的不稳定而导致过大的地表沉降。

6.2 明挖法施工主要工程地质问题

（1）基坑围护结构变形问题：

轨道交通工程基础埋深大，采用明挖法施工时，基坑开挖深度大，宁波地区属典型软土分布区，基坑开挖范围内涉及多层软土，又可能同时分布有砂土、粉土等含水层，土层性质差异很大，在地下水作用下，对基坑边坡稳定更为不利。尤其是软土具含水量高、孔隙比大、低强度、高灵敏度、高压缩性、低渗透性，有较明显的触变、流变特性，基坑开挖时土体易扰动，土体结构较易破坏，使强度骤然降低，从而产生较大变形，若不及时采取有效支护措施，基坑边坡极易发生坍塌。

处理措施建议：

1）充分考虑并利用软土基坑时空效应理论，采用“化整为零”施工技术，沿纵向逐段开挖，做到“随挖随撑、减少坑底土暴露时间”。

2）基坑开挖前进行必要的基坑土体加固，如：在地下连续墙底下因清孔不好土体很软时可进行地下连续墙墙底注浆加固以防止开挖时引起地下连续墙沉降和墙外侧土体松动沉降；车站两端头井内土体加固以保开挖土体的稳定。

（2）坑底隆起变形问题：

坑底隆起通常是指在软弱黏性土中，连续墙背面的土压引起基坑底面的滑动破坏现象。坑底隆起变形主要由以下几个因素产生：由于坑内土体的挖除，坑底土的自重应力释放，向上回弹，土体产生松弛和蠕变，基底隆起；坑内的卸载，使围护结构在多种原因共同作用下，产生向内的位移，在坑底范围内，向基坑方向挤压土体，造成坑底隆起。

处理措施建议：

1）在基坑底面以下地下连续墙被动土压力区以注浆法或其他方法加固；

2）对基坑内自地面下至基坑底以下一定厚度的土体用降水法加固土体。

（3）墙外土体的固结沉降：

基坑围护结构的外侧地面上拥有不均匀超载，引起土体的竖向固结，造成地表下沉，并随着超载量的增加沉降量有所增加。另外，无论是坑内降水还是坑外降水，都将引起坑外土体中孔隙水压力下降，有效应力增加，使土体产生固结沉降，随着距基坑距离的增加，沉降量减小，使建（构）筑物产生不均匀沉降。

处理措施建议：

1）条件允许的情况下，应优先考虑坑内降水，减少土层的固结沉降量。

2）对支护结构外软弱土体以注浆法或其他方法加固。

6.3 暗挖法施工主要工程地质问题

（1）隧道围岩稳定性问题。

当隧道穿越厚层淤泥质土等软土时，由于软土具高压缩性、低强度、弱透水性、高灵敏度，易蠕变坍塌等特点，工程性质很差，在施工开挖时，容易导致开挖面失稳或形成圆弧滑动，造成围岩坍塌。

（2）地层损失（地面沉降）。

暗挖隧道周围软弱土层受扰动或受剪切破坏的重塑土的再固结，是地面沉降的重要原因。

（3）浅层沼气。

浅层沼气是地铁施工时所可能遇到的地质灾害之一。当盾构隧道推进作业时，由于浅层沼气释放，危及人身安全，亦可能造成下伏土层失稳，使已建好的隧道产生位移、断裂，造成无可挽回的重大经济损失。

处理措施建议：

1）对掌子面周围软弱土体以注浆法或其他方法加固。

2）建议对软土地层采用冷冻法施工，宁波地区$①_3$层灰色淤泥质黏土、$②_{2-1}$层灰色淤泥以及$②_{2-2}$层灰色淤泥质黏土均属不透水层，有利于冷冻法施工。

3）管超前、严注浆、短开挖、强支护、勤量测、早封闭。

4）加强监测工作，做好信息化施工，根据监控量测结果实时调整辅助工艺，如注浆材料、注浆量与注浆时机等。

5）加强甲烷等有毒有害气体浓度的监测，并加强隧道通风。

参 考 文 献

［1］成琨，朱继文，戴慧丽．宁波地铁深基坑的变形规律研究［J］．中国市政工程，2013．

［2］董建忠，林克芳．宁波地铁试验段深基坑施工技术研究［J］．探矿工程（岩土钻掘工程），2012，39（3）．

青 岛 市

1 自 然 地 理

1.1 地　　理

青岛市位于东经 119°30′~121°00′，北纬 35°40′~37°09′。地处胶东半岛西南端，东南濒临黄海，西接日照市、潍坊市，北与烟台市为临。市区所辖面积 1316.27km^2，人口 200 余万人，是一座地理位置优越、风景优美的港口城市。

1.2 气　　象

青岛属华北暖温带沿海季风区，大陆性气候。受海洋影响，空气湿润、气候温和，雨量较多，四季分明，具有春迟、夏凉、秋爽、冬长的气候特征。

（1）风。

根据团岛近 20 年统计资料，青岛风向以 SE、N、NNW 向频率最高，分别占 12%、11% 和 10%。6 级以上大风以 N、NNW 向最多，年平均风速 5.5m/s，最大风速 38m/s（ENE）。强风向为 WNW 和 NNW，风速为 23m/s，多出现在 3 月及 12 月。瞬时风速大于 17m/s 的天数为 42.83 天/年。年平均受台风侵袭或受台风外围影响达 13 次。

（2）降雨。

青岛累年平均降水量为 714mm，年最大降水量为 1225.2mm（1975 年），最小降水量 347.4mm。由于受地形、地貌的影响，降水量地区分布很不均匀，累年平均降水量等值线走向呈 SW~NE 向，年最大降水量与最小降水量比值在 3~5 之间，73% 的降水集中在 6~9 月。按日降水量≥0.1mm/日计算，年平均降雨日为 82 天，最多 116 天，最少 56 天。累年平均暴雨日，即日降水量≥50mm，为 2.9 天，最多为 7 天。年最大降雪量 270mm。

（3）气温。

青岛年平均气温 12.3℃。累年各月平均气温：8 月最高，1 月最低，分别为 25℃，和 -0.4℃。极端最高气温 38.9℃（2002 年 7 月 15 日），极端最低气温 -20.5℃（1957.1.22）。青岛寒潮一般发生于 11 月~次年 2 月，平均每年发生 4.9 次，年均结冰日 82 天。

（4）雾。

海雾频繁是青岛特点之一，夏季是海雾盛行季节。以 SE 风产生雾最多，累年平均雾日，即能见度小于 1000m 时，雾出现日数为 43.4 天，多发生在 4~7 月，雾盛行季节，有时可持续近 10 天。

（5）相对湿度及蒸发量。

青岛累年平均相对湿度 75%，累年 7 月最大，可达 92%，11 月最小为 64%。陆上水面蒸发量 1398.90mm，陆面蒸发量 521.70mm。

1.3 水　　文

1.3.1 地表水

（1）河流。

区内河流属沿海近缘水系，大都呈东西走向，向西注入胶州湾中。所有河流流量明显受降水控制，季节性变化明显。主要河流有白沙河、海泊河、张村河、李村河及大村河，张村河、大村河分别在曲哥庄及胜利桥汇入李村河后流入胶州湾。

白沙河发源于崂山巨峰北麓天乙泉，由东向西流经北宅、夏庄、黄埠、洼里、流亭，于西后楼流入胶州湾，全长35km，流域面积202.9km^{2}河流比降12.6‰。据乌衣站1977年资料，最大流量6.98m^3/s（7月27日），最小流量干枯，年平均流量0.14m^3/s，年径流量4.42×107m^3，侵蚀模数0.670t/km^2。近几年由于受崂山水库截流及天气干旱影响，大部分时间断流。

海泊河发源于浮山，流经市北区，穿越海泊河公园、沿八号码头北侧汇入胶州湾，河道总流域面积27km^2，全长6.8公里。到目前为止，市北段河床均已经硬化，除雨后有短暂流水，其他时间仅主河槽有少量污水及干道、暗渠排水，市北区于2008年对海泊河南京路至八号码头段进行综合治理改造，现河道内均为海水。

位于青岛市李沧区，发源于石门山南侧卧龙沟，源头海拔高程480m。河道南下流经毕家上流和李家上流后于姜家下河处转为西南，在毛公地西和东李村分别汇入上藏河和枣儿山北流，经李村后又在阎家山处与张村河交汇，最后在胜利桥附近注入胶州湾。李村河全长16.7km，流域面积139.0km^2，其50年一遇洪峰流量为1090m^3/s，100年一遇洪峰流量为1290m^3/s，是市区一条主要的防洪、排涝河道，李村河50年一遇的高潮位为3.09m，100年一遇的高潮位为3.21m。在青岛市社会和经济发展中占有重要位置。

张村河发源于崂山，在曲格庄汇入李村和，全长约21km，线路通过区河床宽约160m，仅主河道有少量流水，水深约2m，河漫滩杂草丛生。

大村河属张村河支流，全长约7km，自金水路－胜利桥段河床均已硬化，仅雨后有短暂流水，常年多为断流状态，只局部地段有污水及暗渠等排水水流。

（2）海洋水文。

1）波浪。

唐岛湾没有波浪实测资料，根据胶南气象台的风资料，并根据临近海区的波浪资料，浪向主要取决于风向，强浪向为SE、ESE向，由于北部有陆地阻挡，全年中，偏北向波浪较小，NE向浪主要为外海经鱼鸣咀绕射后产的浪，这个方向的波浪由冬季寒潮大风和台风过境形成。湾口湾内波浪不尽相同，鱼鸣咀掩护后的海域波浪比湾外减少许多。

胶州湾的强浪向为E向，最大浪高3.1m，次浪向为NNE向，最大浪高2.2m。常浪向为SE向，频率为21%；次浪向为NW向，频率为17%，根据观测期间的天气情况分析，该湾的大浪均系台风所致。

2）潮流、潮汐。

唐岛湾的海流主要为潮流，表层为顺时针旋转流，底层为往复流。唐岛湾没有长期的潮汐观测资料，参照胶州湾长期资料分析结果，潮汐类型属正规半日潮，最高潮位（大港高程）5.30m，最低潮位－0.57m，平均高潮位3.85m，平均低潮位1.08m，平均潮差2.78m，最大潮差4.61m。

黄岛前湾的潮流，属于规则半日潮流，基本的运动形式为往复流，其旋转规律不甚明显，一般的潮流方向为反时针。潮汐类型指标值为0.4，属正规半日潮，平均海平面为2.42m，最高高潮高5.30m，平均高潮高3.80m，最低低潮高－0.70m，平均低潮高1.02m，最大潮差4.75m，平均潮差2.78m，平均涨潮时间为5小时39分，平均落潮时间为6小时46分。

1.3.2 地下水

根据含水岩组的分布特征、发育规模及特征，区域地下水类型划分为三种类型：松散岩类孔隙水、碎屑岩类孔隙裂隙水和基岩裂隙水（见插图108）。

（1）松散岩类孔隙潜水。

黄褐色冲积、冲洪积的砂砾层，海积的砂、淤泥层。砂砾层沿河床或河谷阶地均匀分布，顶板埋深0～14m，透水性良好，富水性不均。其他河谷冲积平原，滨海堆积平原，含水层以细中砂为主，透水性较好，富水性一般，单井涌水量500～1000m^3/日，或<500m^3/日。此类水以大气补给为主，次为地表水或基岩裂隙水补给；以蒸发和地下径流、补给河水方式排泄，水位埋深0.5～10m。水质良好，矿化度为0.407g/L。

（2）碎屑岩类孔隙裂隙水。

该区分为两种碎屑岩类孔隙裂隙水：白垩系王氏群中的碎屑岩类孔隙裂隙水和莱阳群中的碎屑岩类孔隙裂隙水。王氏群中的碎屑岩类孔隙裂隙水含水岩层以砖红紫红色厚层中细粒长石砂岩、砾岩、安山质凝灰砂砾岩、粉砂岩、粉砂质黏土岩互层为主，岩石中发育有钙质结核。孔隙裂隙发育不均匀，水量一般 $<100m^3$/日，且受季节性控制明显，地下水水位埋深变化大，水质较复杂，矿化度0.26g/L。莱阳群中碎屑岩类孔隙裂隙水含水岩层以灰绿、黄绿及灰白色中厚层长石石英砂岩、含砾砂岩、砾石为主，孔隙裂隙发育不均匀，水量一般 $<100m^3$/日，且受季节控制明显，地下水水位埋深变化大，水质较复杂，矿化度0.249g/L。

（3）基岩裂隙水。

基岩裂隙水分为喷出岩类孔洞裂隙水、块状岩类裂隙水和层状岩类裂隙水。喷出岩类孔洞裂隙水含水岩层是砖青、浅灰绿色安山质英安质凝灰角砾岩，集块岩及安山岩，以安山玄武岩、橄辉玄武岩等为主，风化裂隙发育不均匀，风化带为主要含水层，风化厚度30～45m，水量一般 $<100m^3/d$，断层附近水量较大，水位埋深随地形而异，受季节影响。块状岩类裂隙水含水岩层粗粒斑状黑云母花岗岩为主，裂隙发育较差，风化带为主要含水层，风化厚度一般为20m，水位埋深随地形而异，水量一般 $<100m^3/d$。层状岩类裂隙水含水层以白粒状混合岩化粒岩为主，地下水主要富集在风化带中，水量 $<100m^3/d$。水位埋深随地形而异，且受季节影响，水质良好。

1.4 地形地貌

青岛市地形特征呈东高西低，中间凹陷。东南部崂山主峰海拔1132.7m，为山东省第三高峰，其余脉向北绵延至即墨东北部，向西南延伸到青岛市区。中西部广大地区为胶莱盆地，地形低平，海拔高度一般不超过50m。地铁1号线沿线地貌是在新生代以来，经构造－侵蚀－剥蚀－堆积，内外地质营力共同作用下形成的。其成因类型多，形态类型也比较复杂，其分布与沿线地质构造关系密切，地貌类型主要有侵蚀构造地貌、构造剥蚀地貌、侵蚀堆积地貌及堆积地貌。

（1）侵蚀构造地貌。

1）中度切割的中山区：分布于青岛崂山山脉一带，北到三标山南，南至沙子口，西至崂山区夏庄，东到崂山头，包括以崂山顶为主体的浮山、午山、石门山、青峰顶、滑溜口等山峰，主要沟谷受NE向断裂构造制约，以北东向为主，次为北西西向展布，沟谷切割深度一般大于500m。岩性以崂山期的花岗岩类为主。

2）浅切割低山区：于研究区小珠山、扒山一带，最大海拔高度724.9m，一般在500m左右。沟谷切割深度200～400m，呈北东向展布。岩性主要由胶南群的变质岩及崂山期花岗岩类组成。

（2）构造剥蚀地貌一丘陵区。

主要分布于红石崖一王台以南及崂山一青岛市区范围内，大多由胶南群变质岩系及崂山期岩浆岩组成，绝对标高50～300m，沟谷切割深度小于100m。经长期缓慢上升，风化剥蚀，形成连绵起伏的低矮山丘，山顶浑圆，山坡平缓，坡角10度左右。

（3）侵蚀堆积地貌一准平原区。

主要分布于胶州市南部营房，东部马戈庄及红岛一带，绝对标高30～100m，相对高差10m左右，主要由白垩系青山群火山岩及莱阳群砂、砾岩组成，呈低矮平缓的残丘、坡地等形态，坡降2‰。残破积物发育，厚度较薄，一般1～2m。

（4）堆积地貌。

1）山前冲洪积平原区：主要分布于沧口南部，楼山北部及洋河北部一带，绝对标高20m左右，地形平坦，微向河流倾斜，坡降2‰左右，堆积物厚可达20～26m，具多层结构。

2）山间河谷冲洪积平原区：主要分布于大沽河、墨水河、白沙河、洋河等河流两侧，呈带状沿山谷分布，上游狭窄，下游宽广，宽度由数百米至数公里。

3）滨海堆积区：主要分布于胶州湾沿岸，其他海湾及河流入海处。地形极平坦，微向海倾斜，地面标高一般小于5m。地表以砂性土、淤泥及淤泥质土为主，系由海水作用堆积而成。

2 区域地质

2.1 地质构造

青岛市位于中朝准地台鲁东隆起区东南部，Ⅲ级构造单元胶莱凹陷中部及胶南隆起东北部，Ⅳ级构造单元朱吴－即墨凹陷南部及胶南凸起东北部，“青岛－海阳断块凸起”五级构造单元的西南部，断裂构造比较发育，褶皱构造不发育。根据断裂带的活动历史、结构面力学性质及其相互关系，可划分为二个构造体系：区域东西向构造带，华夏式构造。它们对市区地段第四系的形成与展布起着控制性作用，见插图109区域构造图。

（1）区域东西向构造带。

主要由胶州断裂，百尺河－二十五里夼断裂、郝官庄断裂组成，走向NEE－EW，倾向N或SSE，倾角71°～75°，具长期活动特点，燕山期以右行压扭性活动为主，对中生代地层及岩浆岩的展布有一定控制作用。

（2）华夏式构造。

主要由四条主要断裂组成，它们对青岛市区地形、地貌、第四系沉积及地下洞室的稳定性起到重要的控制性作用，自西向东断裂名称为：

1）即墨断裂，即区域上郭城－即墨断裂南延部分。该断裂自海阳郭城至即墨市南部，全长约130km，断裂带走向40°～45°，倾向南东，倾角70°～80°。断裂带下盘为青山群火山岩系，上盘为王氏群及青山群地层。断裂破碎带宽几十至几百米，糜棱岩、断层泥、构造透镜体、擦痕多处可见。该断裂带大部分为第四系覆盖。

2）沧口断裂，即区域上朱吴－店集断裂南延部分。该断裂自海阳朱吴，经即墨店集至沧口，全长约170km，走向呈北东40°～45°，总体向南东倾斜，局部为北西，倾角70°～85°，断裂带中糜棱岩、断层泥、构造透镜体发育，断裂上盘为燕山期崂山花岗岩，下盘为青山群火山岩系。为区域上Ⅳ级构造边界。

3）劈石口－浮山所断裂，该断裂自三标山南经崂山张村至浮山所，全长约28km，断裂带走向40°～45°，倾向北西，倾角约80°。上下盘均为崂山期花岗岩，沿断裂带发育煌斑岩及正长岩岩脉。断裂宽几米至几十米，以断层角砾岩、碎裂岩为主，可见糜棱岩，是海阳－劈石口断裂南延部分。

4）王哥庄－山东头断裂，该断裂自王哥庄，经汉河村至山东头，全长约30km，走向40°～45°，断裂带主要由断层角砾岩、碎裂岩组成，上下盘均为崂山期花岗岩，是区域上乳山－留格庄断裂南延部分。

上述四条断裂，走向均为NE40°～45°，倾向不一，倾角较陡，具反向倾斜的特点。结构面力学性质以压性－压扭性为主，燕山早期左行平移特征十分突出，燕山晚期右行平移运动明显；四条断裂的平面展布大致具有等间距性，派生构造发育。

（3）节理。

研究区的节理受区域性断裂构造控制，不同岩性其节理发育程度差异较大，在中－粗粒花岗岩中，节理走向以NE－NEE及NNW－NW向为主，节理频率为10～20条/m，在正长花岗斑岩、细晶岩等酸性脉岩中，一般节理很发育，频率可达20～30条/m；在火山岩中节理以NEE及NNW向两组为主，节理密度为20～37条/m。节理结构面一般较平直，紧闭－闭合，很少有充填物，倾角一般60°～80°。节理空间分布上一般在断裂带两侧比较发育，常形成节理密集带，地下水相对较丰富。

2.2 历史地震

根据《山东省地震目录》和《中国地震目录》等资料记载，公元前70—1992年，青岛及其邻区共有Ms>4.75级地震70次，Ms>2级地震近万次。其中，震中距青岛市区320公里以内的Ms>6级地震8次，前5次属于沂沭地震带，2次属于蓬莱-威海地震带，1次在南黄海。距青岛市区最近的4次地震：一是1932年南黄海千里岩6.25级地震，震中距113km；二是公元前70年诸城-昌乐7级地震，震中距120km；三是1829年临朐6.25级地震，震中距175km；四是1548年渤海海峡7级地震，震中距为196km。最大的地震为1668年郯城8.5级地震，距青岛市区230km，对青岛市的影响烈度为8度。

青岛市区周围100km范围内，没有直接发生过6级和6级以上地震。周围80km范围内，没有发生过5级地震。周围50km内，1506年即墨以东（36°18′N~120°42′E）发生一次4.75级地震。市区现代地震活动较微弱，小震的分布具有随机性，与断裂构造无明显的关系。市区2~3级地震也较少，近20年只有8次地震，最大震级为1979年2月7日胶州湾3.2级地震，距市区约23km。

1992年1月23日，市区东南的南黄海发生5.3级地震，震中距市区117km，市区震感强烈，影响烈度为5度，整个胶东地区及苏北沿海普遍有感。

2.3 地层岩性

青岛地区地层属鲁东分区。侵入岩较为发育，形成时代为新元古代至新生代。

该区自太古代-元古代以来一直处在一个长期、缓慢、稳定的上升隆起状态，缺失华北型地层沉积。自中生代燕山晚期以来，区域性构造活动强烈，发生大规模、区域性酸性岩浆侵入，形成稳固的花岗岩岩基，以深成相似斑状中-粗粒花岗岩为主要组成岩石。随后受华夏式构造体系影响，形成NE向为主的压扭性断裂构造。其后，酸性-中基性岩浆沿岩基内薄弱面入侵，形成煌斑岩、细晶岩和辉绿岩等浅成相岩脉，与花岗岩岩基组成复合岩体。在漫长的地壳抬升、风化、剥蚀、夷平作用的反复改造下，使燕山晚期稳固的花岗岩体，以基底形式分布于地表或地下一定深度内，并在长期风化作用下形成了一定厚度的风化带，其上沉积了厚度不一的第四纪松散堆积物。

区域上，出露有新生代地层、中生代地层，见插图109。新生代地层在区内发育有第四系临沂组、旭口组、黑土湖组、泰安组、大站组；中生代地层在区内发育有白垩系王氏群、青山群、莱阳群。白垩系王氏群有辛格庄组；白垩系青山群有方戈庄组、八亩地组、石前庄组、后夼组；白垩系莱阳群有杜村组、杨家庄组。

岩浆岩在区内大面积分布，主要形成于中生代燕山晚期，划为崂山超单元、小珠山超单元。区内也分布新元古代晋宁期和中元古代四堡期，但发育较少（见插图110）。中生代燕山晚期崂山超单元有孤山单元碱长花岗斑岩、小平兰单元细粒碱长花岗岩、大平兰单元中细粒、斑状细粒碱长花岗岩、湛山单元正长花岗斑岩、北大崮单元中细粒正长花岗岩、下书院单元中粒正长花岗岩、大麦岛单元二长花岗斑岩、望海楼单元细粒二长花岗斑岩、浮山单元中细粒、斑状细粒二长花岗岩、青台山单元中粒二长花岗岩；中生代燕山晚期小珠山超单元有西崮顶单元斑状中细粒石英正长岩、隐珠山单元斑状中细粒石英二长岩、狮子山单元斑状细粒石英闪长岩；新元古代晋宁期有塔山超单元陡楼单元片麻状细粒二长花岗岩；中元古代四堡期有花林单元片麻状细粒闪长岩。

区内脉岩发育，种类较多，大多属中生代燕山期成岩，主要有石英正长岩脉、闪长玢岩脉、闪长岩脉、正长岩脉、正长斑岩脉、流纹斑岩脉、花岗斑岩脉、霏细斑岩脉、花岗细晶岩脉、石英正长斑岩脉、正长花岗斑岩脉、碱长花岗斑岩脉、碱长花岗岩脉、正长花岗岩脉、煌斑岩脉、二长花岗岩脉等。

第四系包括全新统（Q_4）和上更新统（Q_3），其下缺失中更新统和下更新统，主要为全新统人工填土（Q_4^{ml}）、全新统海相沉积层（Q_4^{m}）、全新统冲洪积层（Q_4^{al+pl}）及上更新统冲洪积层（Q_3^{al+pl}），岩性以粉质黏土、砂类土为主。

3 典型地层及特征

青岛地处胶东半岛西南端，东南濒临黄海，其地层从老到新可以分为太古界一元古界胶南群、中生界白垩系、新生界第四系。青岛地区的第四系具有成因类型多，厚度变化大（在青岛市区的北部厚度较大），物理力学性质差异大的特点，其分布主要受各河流及胶州湾的控制。

地铁车站及隧道影响范围内地层主要为第四系全新统人工堆积层（Q_4^{ml}）；第四系全新统冲洪积层（Q_4^{al+pl}）；第四系全新统海相沉积层（Q_4^{m}♁）；上更新统洪冲积层（Q_3^{al+pl}）；燕山晚期粗粒花岗岩（γ_5^3♁）；白垩系青山群（Kq）的安山岩、流纹岩、粗面岩；白垩系莱阳群（KL）砾岩；白垩系王氏群（Kw）砂岩及构造岩，第四系岩性主要为黏性土、砂类土。

（1）人工填土层（Qml），土质不均，结构松散，工程性质差。

（2）第四系全新统冲洪积层（Q_4^{al+pl}）岩性为可塑状粉质黏土及稍密－中密状粗砂，粉质黏土强度一般，工程性状尚可；粗砂强度及压缩性中等，工程性状及抗震性能一般。

（3）第四系全新统海相沉积层（Q_4^{m}♁）岩性为粗砂及淤泥质粉质黏土、砂土。该层为局部分布，工程性质较差。

（4）上更新统洪冲积层（Q_3^{al+pl}）岩性为可塑－硬塑状粉质黏土局部为粗砂或碎石，该层压缩性中等－低，工程性状及抗震性能好。

（5）燕山晚期粗粒花岗岩（γ_5^3♁）；白垩系青山群（Kq）的安山岩、流纹岩、粗面岩；白垩系莱阳群（KL）砾岩；白垩系王氏群（Kw）砂岩及构造岩等基岩受风化及破碎程度不同其工程性质差异较大，一般散体状结构岩体在强烈的风化或构造作用下，岩体破碎－极破碎，裂隙发育，开挖时易产生局部边坡岩体失稳及坍塌等现象；碎裂状－层状结构岩体具弹塑性材料特征，结构面主要为构造节理，其次为风化裂隙，岩体承载力较高，岩体稳定性一般－较差，开挖过程中易沿节理面产生坍塌或岩块崩落现象；块状－整体块状岩体节理较发育－不发育，节理面紧闭，裂隙贯通较差，岩芯多呈柱状－长柱状。岩体的整体强度中等，完整性好，呈现弹性材料特征，在一定的工程荷载作用下可视为不可压缩体。整体强度高，工程性状及抗震性能良好，是良好的持力层。典型地层剖面见插图 111 ~ 插图 113。

3.1 岩土分布及特征

（1）第四系全新统人工堆积层（Q_4^{ml}）。

第 1 层，素填土：褐色、黄褐色等，稍湿－湿，松散，由黏土、粉质黏土、砂夹少量碎石等组成，局部夹有碎砖等，部分地面为 10 ~ 30cm 厚的水泥或沥青路面。

第 1－1 层，杂填土：杂色，稍湿－湿，松散，由黏土、砂、碎砖块、碎石、混凝土块、生活垃圾等组成。胶济铁路以西地段回填成分较为复杂，建筑垃圾、生活垃圾、工业垃圾等混杂，回填年代不一。

（2）第四系全新统冲洪积层（Q_4^{al+pl}）。

第 3 层，粉质黏土，褐色，软塑－可塑，韧性及干强度低，有光泽反应，切面光滑－粗糙，含粉土及粉砂薄层或透镜体。

第 5 层，粗砂：黄褐色，湿－饱和，松散－稍密，以长英质砂为主，分选较差，磨圆一般－较差，黏性土含量小于 30%，局部形成沼泽化薄层。

第7层，粉质黏土：褐黄色－黄褐色，可塑，见有铁锰氧化物条纹，局部夹有水孔，内充饱和黏性矿物或腐烂植物根系，含少量砂粒，局部形成沼泽化薄层。

第9层，粗砂：灰白色－褐黄色，湿－饱和，稍密－中密，以长英质砂为主，分选一般，磨圆一般－较差，局部夹有粉质黏土薄层。

（3）第四系全新统海相沉积层（Q_4^m♁）。

第2层，粗砂：褐色－黄褐色，磨圆、分选较好，以长英质砂为主，含少量黏粒，具水平层理。

第4层，淤泥质砂土：灰黑色，流塑，有腥臭味，含少量腐殖物及贝壳，局部夹少量砂。

第6层，淤泥质粉质黏土：灰黑色，流塑，局部为软塑，有腥臭味，含少量腐殖物及贝壳，局部夹少量砂。

（4）上更新统洪冲积层（Q_3^{al+pl}）。

第10层，淤泥质粉质黏土：灰黑色，可塑－软塑，略有腥臭味，含少量贝壳，局部夹少量砂。

第11层，粉质黏土：黄褐－褐黄色，可塑－硬塑，见有铁锰氧化物及结核，夹有灰白色高岭土条带，含少量砂粒。

第12层，含黏性土砾砂：黄褐色，稍湿－湿，中密－密实，以长英质砂为主，以粗砾砂和风化碎屑为主，多呈黏性土胶结状，稍具塑性，夹有风化碎石。

（5）基岩。

根据青岛地铁1号线及R3线钻探情况，青岛市区及黄岛地区基岩为中生代燕山晚期（γ_5^3♁）、白垩系莱阳群林寺山组（KlL）、白垩系青山群八亩地组（KqB）、白垩系青山群石前庄组（KqS）、白垩系青山群八亩地组（KqB）等多个地质时代的岩层，岩性共有十几种，每一种岩性都有其相应岩性的构造岩，具体划分如表18－1。

表18－1　岩层划分一览表

岩层编号	地质时代	岩 层 名 称	岩体结构类型	岩体地质类型
16	γ_5^3♁	强风化花岗岩	散体状结构	强风化带
16－0－1		花岗岩（糜棱状）	散体状结构	断层破碎带
16－0－2		花岗岩（砂土碎裂岩）	散体状结构	断层破碎带
17		中等风化花岗岩	碎裂状结构	中等风化带
17－0－2		花岗岩（块状碎裂岩）	散体状结构	断层破碎带
17－0－3		中等风化花岗岩（JL）	碎裂状结构	构造影响严重的破碎岩层
18		微风化花岗岩	块状－整体状结构	块状－巨块状岩浆岩
18－0－3		微风化花岗岩（JL）	碎裂状结构	构造影响严重的破碎岩层
16－1	X_5^3♁	强风化煌斑岩	散体状结构	强风化带
16－1－1		煌斑岩（糜棱状）	散体状结构	断层破碎带
16－1－2		煌斑岩（砂土碎裂岩）	散体状结构	断层破碎带
17－1		中等风化煌斑岩	碎裂状结构	中等风化带
17－1－2		煌斑岩（块状碎裂岩）	散体状结构	断层破碎带
17－1－3		中等风化煌斑岩（JL）	碎裂状结构	构造影响严重的破碎岩层
18－1		微风化煌斑岩	块状－整体状结构	块状－巨块状岩浆岩
18－1－3		微风化煌斑岩（JL）	碎裂状结构	构造影响严重的破碎岩层

续表 18－1

岩层编号	地质时代	岩 层 名 称	岩体结构类型	岩体地质类型
16－2	$\gamma_5^3\delta$（x）	强风化细粒花岗岩	散体状结构	强风化带
16－2－1		细粒花岗岩（糜棱状）	散体状结构	断层破碎带
16－2－2		细粒花岗岩（砂土碎裂岩）	散体状结构	断层破碎带
17－2		中等风化细粒花岗岩	碎裂状结构	中等风化带
17－2－2		细粒花岗岩（块状碎裂岩）	散体状结构	断层破碎带
17－2－3		细粒花岗岩（JL）	碎裂状结构	构造影响严重的破碎岩层
18－2		微风化细粒花岗岩	块状－整体状结构	块状－巨块状岩浆岩
18－2－3		微风化细粒花岗岩（JL）	碎裂状结构	构造影响严重的破碎岩层
16－9	KqB	强风化安山岩	散体状结构	强风化带
16－9－1		安山岩（糜棱状）	散体状结构	断层破碎带
16－9－2		安山岩（砂土碎裂岩）	散体状结构	断层破碎带
17－9		中等风化安山岩	碎裂状结构	中等风化带
17－9－2		安山岩（块状碎裂岩）	散体状结构	断层破碎带
17－9－3		中等风化安山岩（JL）	碎裂状结构	构造影响严重的破碎岩层
18－9		微风化安山岩	块状－整体状结构	块状－巨块状岩浆岩
18－9－3		微风化安山岩（JL）	碎裂状结构	构造影响严重的破碎岩层
16－13	KqB	强风化泥质粉砂岩	散体状结构	强风化带
16－13－1		泥质粉砂岩（糜棱状）	散体状结构	断层破碎带
16－13－2		泥质粉砂岩（砂土碎裂岩）	散体状结构	断层破碎带
17－13		中等风化泥质粉砂岩	层状结构	中厚层状沉积岩
17－13－3		中等风化泥质粉砂岩（JL）	碎裂状结构	构造影响严重的破碎岩层
18－13		微风化泥质粉砂岩	块状结构	厚层状沉积岩

1）中生代燕山晚期。

中生代燕山晚期，大规模的酸性岩浆侵入，形成稳固的花岗岩岩基，以中生代燕山晚期深成相全晶质粗粒花岗岩为主，细粒花岗岩、煌斑岩、花岗斑岩等浅成相岩脉穿插其中，与花岗岩岩基组成复合岩体，基岩面随地形地貌略有起伏。

①粗粒花岗岩（$\gamma_5^3\delta$）。

褐黄色－肉红色，粗粒结构，块状构造，主要矿物成分钾长石（含量40%～70%）、石英（含量10%～30%）、斜长石（含量5%～20%），少量角闪石及黑云母（含量5%～10%）。现分述如下：

第16层，强风化，褐黄色－肉红色，矿物蚀变强烈，长石多高岭土化，岩芯手搓多呈粗砂－碎颗粒状，局部夹有角砾状岩芯，岩芯采取率在65%～70%左右。

第17层，中等风化（见图18－1），肉红色，岩芯多呈短柱状，岩芯表面粗糙，构造节理及风化裂隙较发育，节理面呈闭合－微张开状，节理面见铁染现象，局部浸水明显，长石部分蚀变、褪色，锤击易沿节理面裂开。岩芯采取率在70%左右。部分地段岩体受构造（沧口断裂）影响，在临近构造破碎带区域，岩体节理发育密集，形成17－0－3节理发育带（JL），岩芯呈碎石－碎块状，局部呈角砾状。岩芯采取率在65%左右。

第18层，微风化（见图18－2），肉红色，矿物蚀变轻微，仅节理面矿物有所蚀变，节理一般发育，节理面与岩芯轴向夹角0°～15°。局部贯通性良好，岩芯较完整，坚硬，锤击声脆，岩样多呈短柱－柱状，岩芯采取率可达80%以上。部分地段岩体受构造（沧口断裂）影响，在临近构造破碎带区域，岩体节理发育密集，节理面矿物蚀变较明显，形成18－0－3节理发育带（JL），岩芯多呈碎块状。岩芯采取率在70%左右。

图18－1　中等风化粗粒花岗岩

图18－2　微风化粗粒花岗岩

②煌斑岩。

煌斑岩为沿软弱结构面侵入的脉岩，其走向与区域构造走向一致，以北东向为主，倾角多为高角度，一般脉宽约0.5～2.0m。其颜色为黄绿－墨绿色，细粒斑状结构，块状构造，主要矿物成分为斜长石（含量50%～60%）、角闪石（含量30%～50%）、少量石英（含量约5%）。煌斑岩强风化层一般厚度较大，多呈砂土状，具遇水软化的特性；中等风化煌斑岩强度较高，但遇水及暴露后强度降低较大；微风化煌斑岩强度高，多属坚硬岩。

第16－1层，强风化，褐黄色，矿物蚀变强烈，岩芯多呈土柱状－碎屑状，手搓呈砂土状，浸水后略具塑性，局部夹有少量直径1～4cm块状岩芯，手可掰碎，锤击易碎散，岩芯采取率在65%左右。

第17－1层，中等风化，黄绿色，岩体破碎，节理裂隙较发育，沿节理面见有铁锈色矿染，岩芯呈碎块－块状，矿物蚀变中等，岩样锤击声喑哑易碎，岩芯采取率在70%左右。

第18－1层，微风化（见图18－3），灰绿色，矿物蚀变轻微，节理裂隙较发育，沿节理面见有铁锈色矿染，岩芯多呈短柱－柱状，部分碎块状，柱体光滑，矿物新鲜，锤击声清脆，不易碎。岩芯采取率在80%以上。部分地段岩体破碎，节理很发育，形成18－1－3节理发育带（JL），岩样呈碎块状，岩芯采取率70%左右。

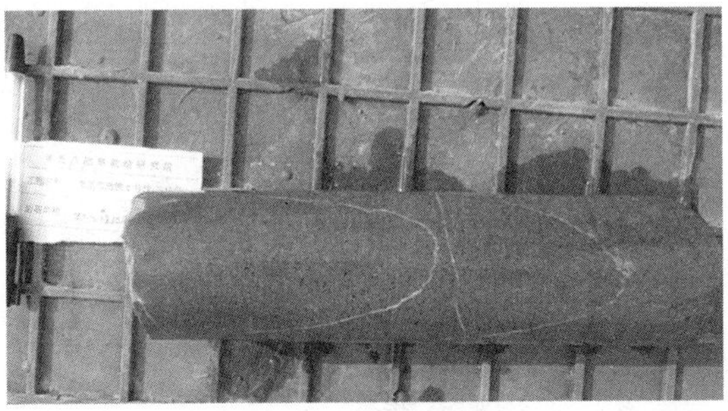

图18－3　微风化煌斑岩

③细粒花岗岩。

细粒花岗岩是沿软弱结构面侵入的脉岩。一般脉宽0.5～2.0m，但局部侵入范围较大，形成细粒花岗岩岩株，细粒花岗岩抗风化能力强，但一般节理、裂隙发育，岩体多破碎。细粒斑状结构，块状构造，主要矿物为钾长石（含量约20%～60%）、石英（含量10%～30%）、斜长石（含量约10%），斑晶成分以长石为主，斑晶含量约为10%～30%。在牛毛山基岩裸露处，测量三条主要节理面产状为115°～150°∠68°～80°；200°～205°∠65°～81°；120°～125°∠34°～40°。

第16－2层，强风化，肉红色，节理裂隙发育，岩芯多为角砾状，夹少量碎块状，岩芯采取率在65%左右。

第17-2层，中等风化，肉红色-紫红色，岩体破碎，构造节理及风化裂隙较发育，节理面呈闭合-微张开状，节理面见铁染现象，局部浸水明显，长石部分蚀变、褪色，锤击易沿节理面裂开。岩芯采取率在70%左右。受沧口断裂影响，在临近构造破碎带区域，岩体节理发育密集，形成17-2-3节理发育带（JL），岩芯呈碎石-碎块状，局部呈角砾状。岩芯采取率在65%左右。

第18-2层，微风化（见图18-4），肉红色-紫红色，节理裂隙较发育，矿物新鲜，沿节理面见铁染、绿泥石化斑点。金刚石钻进采取的岩芯呈块-柱状，柱体光滑，岩块坚硬，锤击声清脆，难碎，揭露段RQD一般60~90，个别地段RQD为25~55。岩芯采取率在75%~95%。其中兴华路与永平路交口西侧，兴国路与重庆路交口北侧地段，受沧口断裂影响，岩体破碎，节理发育，节理面矿物蚀变较明显，形成18-2-3节理发育带（JL），岩芯呈碎石-碎块状，岩芯采取率在70%~75%。

图18-4　微风化细粒花岗岩

④花岗斑岩。

花岗斑岩是沿软弱结构面侵入的脉岩。一般脉宽0.5~2.0m，但局部侵入范围较大，形成花岗斑岩岩墙，花岗斑岩抗风化能力强，但一般节理、裂隙较发育，岩体多破碎。细粒斑状结构、块状构造。主要矿物为钾长石（含量约20%~60%）、石英（含量约10%~30%）、斜长石（含量约10%），斑晶成分以长石为主，斑晶含量约为10%~30%。

第16-3层，强风化，肉红色，节理裂隙发育，岩芯多为角砾状，夹少量碎块状，岩芯采取率在65%左右。

第17-3层，中等风化，肉红色-紫红色，岩体破碎，构造节理及风化裂隙较发育，沿节理面见铁染、绿泥石化斑点。节理面呈闭合-微张开状，节理面见铁染现象，局部浸水明显，长石部分蚀变、褪色，锤击易沿节理面裂开。岩芯采取率在70%左右。四流中支路受沧口断裂影响，岩体节理发育密集，形成17-3-3节理发育带（JL），岩芯呈角砾-碎石-碎块状。岩芯采取率在65%左右。

第18-3层，微风化（见图18-5），肉红色，构造节理及风化裂隙较发育，矿物新鲜，沿节理面见铁染、绿泥石化斑点。金刚石钻进采取的岩芯呈块-柱状，柱体光滑，岩块坚硬，锤击声脆，难碎。揭露段RQD一般55~65，受构造影响节理密集发育带RQD一般<20。岩芯采取率80%~85%。四流中支路上受沧口断裂影响，岩体节理发育密集，形成18-3-3节理发育带（JL），岩芯呈碎石-碎块状。岩芯采取率为65%~70%。

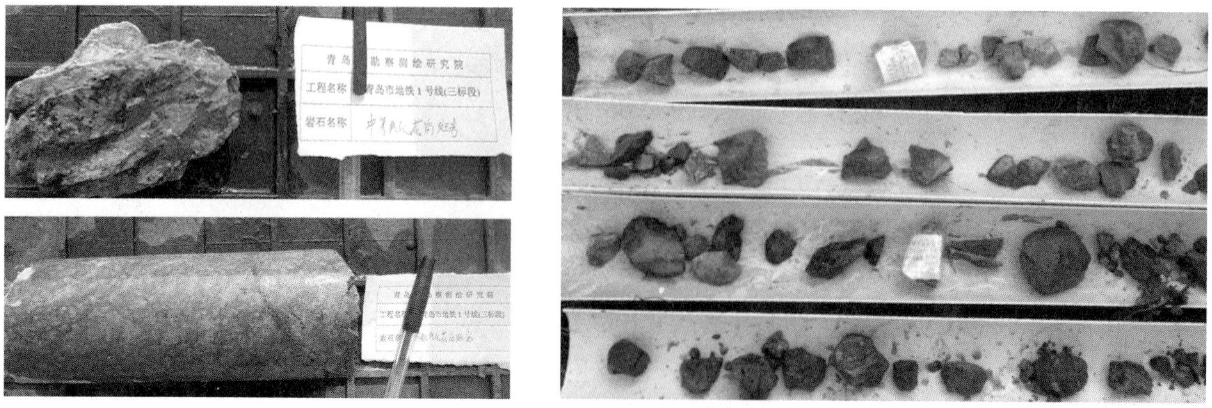

图18-5　微风化花岗斑岩及节理发育带

2）白垩系青山群八亩地组（KqB）。

①安山岩。

安山岩主要为中心喷出岩，浅红－棕红色－紫灰色，通常具斑状结构，多具气孔、杏仁构造或块状构造。主要矿物为斜长石（含量约20%～60%）、角闪石（含量约10%～30%）、辉石（含量约10%），黑云母为主。

第16－9层，强风化，棕红色－紫灰色，矿物蚀变强烈，节理很发育，岩芯破碎，岩芯以土柱状和角砾状为主，夹有碎块状岩芯，手可掰碎，岩芯采取率在65%～70%左右。

第17－9层，中等风化（见图18－6），浅红－棕红色－紫灰色，矿物风化蚀变中等，岩芯呈碎块－短柱状，柱体粗糙－稍光滑，构造节理及风化裂隙较发育，多为高角度节理，节理面呈闭合－微张开状，节理面见铁染现象，长石部分蚀变、褪色，锤击易沿节理面裂开。岩芯采取率在70%左右。部分地段岩体受构造（沧口断裂）影响，在构造破碎带或岩性过渡带区域，岩体节理发育密集，节理面矿物蚀变较明显，形成第17－9－3中等风化安山岩节理发育带（JL），该层岩体属碎裂状结构，构造影响严重的破碎岩层，岩样多呈碎块状，局部角砾状，岩芯软硬不均，岩芯采取率在65%左右。

图18－6　中等风化安山岩

第18－9层，微风化，棕红色－紫灰色，矿物蚀变轻微，仅节理面矿物有所蚀变，节理发育，节理面见有铁锰矿染，取芯较完整，坚硬，锤击声脆，岩芯多呈短柱－长柱状，岩芯采取率可达80%以上。部分地段岩体受构造（沧口断裂）影响，在临近构造破碎带或岩性过渡带区域，岩体节理发育密集，节理面矿物蚀变较明显，形成第18－9－3微风化安山岩节理发育带（JL），该层岩体属碎裂状结构，构造影响严重的破碎岩层，节理多为高角度节理，岩体较破碎，岩样多呈块状－饼状，岩芯采取率在70%左右。

②泥质粉砂岩（KqB）。

砖红色－浅灰色，粉砂质结构，块状构造，具水平层理，发育裂隙，裂隙一般被方解石脉填充。矿物成分主要为长石、石英和黑云母（20%），填隙物为黏土矿物。

第16－13层，强风化，砖红色，泥质胶结，具水平层理，矿物蚀变强烈，结构构造不可辨认，岩芯呈土柱状－碎块状，碎块状岩芯手掰可碎，遇水易软化，具有一定的可塑性，干时表面出现裂纹，易崩解；岩芯采取率在75%左右。

第17－13层，中等风化（见图18－7），砖红色－浅灰色，泥质胶结，具水平层理，矿物蚀变中等，岩芯以短柱状－柱状为主，锤击声较哑－较脆，易碎，遇水易软化；取芯率80%。

图18－7　中等风化泥质粉砂岩

③构造岩。

岩体受构造影挤压影响而形成的构造破碎带及不同岩性接触带，岩体根据岩性及破碎程度的强弱可分为：花岗岩（糜棱状）、花岗岩（砂土状）、花岗岩（块状碎裂岩），细粒花岗岩（砂土状）、细粒花岗岩（块状碎裂岩）、安山岩（糜棱状）、安山岩（砂土状碎裂岩）、安山岩（块状碎裂岩）。

第 16－0－1 层，花岗岩（糜棱状），原岩为花岗岩，受沧口断裂带挤压明显，矿物成分高岭土化、绿泥石化严重，矿物基本上呈黏土状，具明显动力变质特征。钻探揭示岩石具泥状结构，手搓呈土状，岩块干时较坚硬，湿时易软化，呈硬塑状，具低压缩性。岩芯采取率 70% 左右。

第 16－0－2 层，花岗岩（砂土状），原岩为花岗岩，受沧口断裂带挤压明显，矿物受构造挤压影响蚀变强烈，主要造岩矿物多高岭土化、绿泥石化，夹有灰绿色构造泥，手搓呈砂土状，夹角砾－碎块状岩芯，部分钻孔岩芯可见挤压擦痕。岩芯采取率 65% 左右。

第 17－0－2 层，花岗岩（块状碎裂岩）（见图 18－8），原岩为花岗岩，受沧口断裂带挤压明显，矿物绿帘石化明显，岩体节理发育，节理面呈闭合至微张状，部分节理面见有构造泥充填，岩芯多呈碎块－短柱状，柱体粗糙－稍光滑，岩芯锤击易断，易沿节理面碎散，断裂面不规则。岩芯采取率在 65% 左右。

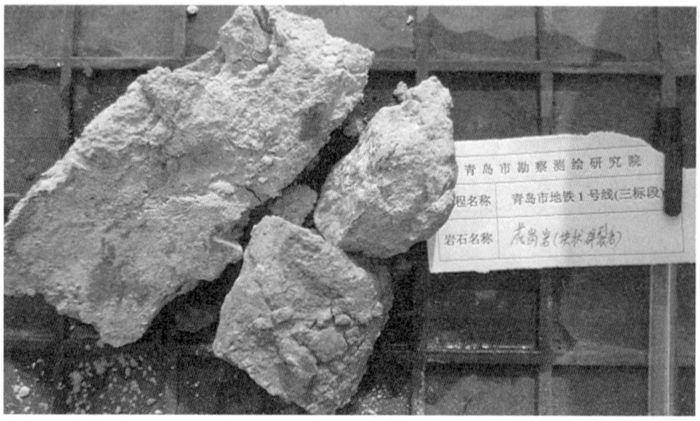

图 18－8　花岗岩碎裂岩

第 16－1－2 层，煌斑岩（砂土状），原岩为煌斑岩，受沧口断裂带挤压明显，矿物受构造挤压影响蚀变强烈，主要造岩矿物多高岭土化、绿泥石化，夹有灰绿色构造泥，手搓呈砂土状，夹角砾－碎块状岩芯，部分钻孔岩芯可见挤压擦痕。岩芯采取率 60% 左右。

第 16－2－2 层，细粒花岗岩（砂土状），原岩为细粒花岗岩，受沧口断裂带挤压明显，矿物受构造挤压影响蚀变强烈，主要造岩矿物多高岭土化、绿泥石化，夹有灰绿色构造泥，手搓呈砂土状，夹角砾－碎块状岩芯，部分钻孔岩芯可见挤压擦痕。岩芯采取率 65% 左右。

第 17－2－2 层，细粒花岗岩（块状碎裂岩），原岩为花岗岩，受沧口断裂带挤压明显，矿物绿帘石化明显，岩体节理发育，节理面呈闭合至微张状，部分节理面见有构造泥充填，岩芯多呈碎块－短柱状，柱体粗糙－稍光滑，岩芯锤击易断，易沿节理面碎散，断裂面不规则。岩芯采取率在 65% 左右。

第 16－9－1 层，安山岩（糜棱状）（见图 18－9），原岩为安山岩，受沧口断裂带挤压明显，矿物成分高岭土化、绿泥石化严重，矿物部分呈黏土状，具明显动力变质特征。钻探揭示段岩石风化强烈，岩石具泥状结构，手搓呈粉末状，岩块干时较坚硬，湿时易软化，呈硬塑状，具低压缩性。岩芯采取率 70% 左右。

图 18－9　安山质糜棱岩

第 16－9－2 层，安山岩（砂土状碎裂岩），浅红－紫褐色，原岩为安山岩，受沧口断裂带挤压明显，影响蚀变强烈，主要造岩矿物多高岭土化、绿泥石化，手搓呈砂土状，夹角砾－碎块状岩芯，部分钻孔岩芯可见挤压擦痕，岩芯软硬不均。岩芯采取率 65% 左右。

第 17－9－2 层，安山岩（块状碎裂岩），浅红－棕红色－紫灰色，原岩为安山岩，受压破碎形成，矿物绿帘石化明显，岩体节理发育，节理面呈闭合至微张状，部分节理面见有构造泥充填，岩芯多呈碎块－短柱状，柱体粗糙－稍光滑，岩芯软硬不均，岩芯锤击易断，易沿节理面碎散，断裂面不规则。岩芯采取率在 65% 左右。

3.2　主要岩土物理力学参数

根据青岛地铁勘察资料及搜集当地地质资料，对青岛地区主要地层的岩土工程参数进行了统计分析，以下主要针对地铁以及工民建工程等工程提供需要的岩土工程参数经验值，供勘察设计人员参考使用。

3.3.1　主要土层物理试验参数

各土层的物理性质参数见表 18－2。

表 18－2　青岛地区主要土层物理性质参数统计表

地层编号	岩土名称	物理性质			稠性黏度		固结试验	
		天然含水量 ω	天然密度 ρ	孔隙比 E	液限 W_L	塑限 W_P	压缩模量 $E_{s0.1-0.2}$	压缩系数 $a_{0.1-0.2}$
		(%)	(g/cm^3)	—	(%)	(%)	(MPa)	(MPa^{-1})
3－0	粉质黏土	—	1.90	—	—	—	5.0	—
6－0	淤泥质粉质黏土	23.5～35.1	1.65～1.99	0.670～1.220	23.1～33.3	13.1～16.9	3.0～5.6	0.32～0.65
7－0	粉质黏土	16.5～34.8	1.67～2.08	0.551～1.135	25.1～532.6	10.3～29.5	4.5～9.9	0.21～0.43
10－0	淤泥质粉质黏土	30.7	—	0.900	—	—	4.9	0.40
11－0	粉质黏土	18.3～57.0	1.65～2.08	0.610～0.860	24.0～76.3	11.9～38.0	6.5～8.7	0.22～0.30

注：试验数据来自青岛地铁 1 号线及 R3 线勘察报告。

3.3.2　主要土层力学试验指标

各土层的力学试验参数见表 18－3。

表 18－3　青岛地区主要土层力学试验参数统计表

地层编号	岩土名称	直接剪切				三轴剪切	
		快剪		固结快剪		UU	
		C	φ	C_q	φ_q	C_{uu}	Φ_{uu}
		(kPa)	(°)	(kPa)	(°)	(kPa)	(°)
6－0	淤泥质粉质黏土	3.3	19.7	9.2	15.7	—	—
7－0	粉质黏土	4.1～37.7	10.7～19.5	8.1～50.4	20.0～21.1	38.5	16.0
9－1	粉质黏土	50.8	19.4	—	—	—	—
10－0	淤泥质粉质黏土	—	—	5.3	20.6	—	—
11－0	粉质黏土	7.5～45.9	8.9～65.8	16.2～49.7	18.20～22.1	28.20～35.5	14.60～15.4

注：UU 为三轴不固结不排水剪，CU 为三轴固结不排水剪。试验数据来自青岛地铁 1 号线及 R3 线勘察报告。

3.3.3　主要岩土层特殊试验参数

针对地铁工程的特殊需求，根据青岛地铁勘察资料及青岛地区经验对青岛地区各岩土层的特殊试验参数进行了统计，见表18－4。

表18－4　青岛地区主要地层特殊试验参数统计表

地层编号	岩　性	基床系数		热物理指标			静止侧压力系数 K_0
		水平基床系数 K_H（MPa/m）	垂直基床系数 K_V（MPa/m）	导热系数 λ（W/m·K）	导温系数 α（m^2/h）	比热容 C（kJ/kg·K）	
2	粗砂	—	—	1.40	0.00185	1.47	0.49
3－0	粉质黏土	12	10	1.40	0.00185	1.47	0.43
4	淤泥质砂土	—	—	1.40	0.00185	1.47	0.49
5－0	中粗砂	13～50	12～30	1.40～1.66	0.00185	1.47	0.33～0.47
6－0	淤泥质粉质黏土	10～12	6～10	1.55～1.85	0.00183～0.00185	1.41～1.83	0.49～0.54
7－0	粉质黏土	12～18	11～15	1.64～1.70	0.0018～0.00183	1.41～1.72	0.47～0.49
7－1	含黏性土中粗砂	25	20	—	—	—	0.41
9－0	粗砾砂	20～50	18～30	1.11～1.40	0.00185～0.00264	1.39～1.47	0.33～0.43
9－1	粉质黏土	25	20	—	—	—	0.44
10	淤泥质粉质黏土	—	—	1.80	0.00185	1.85	0.19
11－0	粉质黏土	28～30	20	1.52～1.70	0.00181～0.00185	1.47～1.71	0.43～0.49
11－1	含黏性土粗砂	50	30	—	—	—	0.40
12－0	含黏性土粗砾砂	35～60	40	1.40	0.00185	1.47	0.33－0.39
12－1	粉质黏土	30	20	—	—	—	0.44
15	全风化花岗岩	120	100	—	—	—	0.45
15－1	全风化煌斑岩	100	80	—	—	—	0.50
16－上	强分化粗粒花岗岩	180	150	1.88～2.18	0.00271～0.00301	1.11～1.21	0.32～0.46
16－下	强分化粗粒花岗岩	200	160	1.99～2.12	0.0028～0.0032	1.11～1.23	0.30～0.44
16－0	强风化花岗岩	180	150				0.43
16－1	强风化煌斑岩	150	130	2.04～2.12	0.00289	1.20	0.33
16－2	强风化细粒黄岗岩	180	150	1.99	0.0028	1.11	0.30－0.43
16－2－2	砂土状碎裂岩	150	130	2.17～2.18	0.0028～0.00301	1.21～1.24	0.33
16－3	强风化花岗斑岩	180	150	—	—	—	0.43
16－4	强风化闪长岩			2.22	0.00289	1.20	0.30
16－7	强风化流纹岩	150	130	—	—	—	0.32

续表 18－4

地层编号	岩　性	基床系数		热物理指标			静止侧压力系数 K_0
		水平基床系数 K_H（MPa/m）	垂直基床系数 K_V（MPa/m）	导热系数 λ（W/m．K）	导温系数 α（m^2/h）	比热容 C（kJ/kg．K）	
16－7－1	强风化流纹岩（糜棱状）	80	60	—	—	—	0.36
16－7－2	强风化流纹岩（碎裂状）	100	80	—	—	—	0.34
16－8	强风化凝灰岩			2.22	0.00289	1.20	0.30
16－9	强风化安山岩	150	130	2.22	0.00289	1.20	0.28～0.32
16－9－1	强风化安山岩（糜棱状）	80	60	—	—	—	0.33～0.36
16－9－2	强风化安山岩（碎裂状）	100	80	—	—	—	0.30－0.34
16－10	强风化粗面安山岩	150	130	—	—	—	0.32
16－10－2	强风化粗面安山岩（碎裂状）	100	80	—	—	—	0.34
16－11	强风化火山角砾岩	150	130	—	—	—	0.32
16－11－1	强风化火山角砾岩（糜棱状）	80	60	—	—	—	0.36
16－11－2	强风化火山角砾岩（砂土碎裂状）	100	80	—	—	—	0.34
16－13	强风化泥质砂岩	100	80	—	—	—	0.30
16－13－1	泥质砂岩（糜棱状）	80	60	—	—	—	0.33
16－13－2	泥质砂岩（砂土碎裂岩）	100	80	—	—	—	0.30
16－14	强风化火山集块岩	80	60	—	—	—	0.32
16－14－2	强风化火山集块岩（砂土碎裂状）	100	80	—	—	—	0.34
17－0	中等风化粗粒花岗岩	500	400	2.67～2.78	0.00385	1.04	0.18～0.28
17－0－2	中等风化粗粒花岗岩（块状碎裂岩）	250	200	—	—	—	0.27
17－0－3	中等风化粗粒花岗岩（节理发育带）	450	350	—	—	—	0.25
17－1	中风化煌斑岩	350	300	2.64～2.67	0.00374	1.07	0.20
17－2	中等风化细粒花岗岩	500	400	2.67～2.78	0.00301	1.04～1.21	0.18～0.28
17－2－2	块状碎裂岩	350	300	2.12	0.0032	1.23	0.20
17－3	中等风化细粒花岗斑岩	500	400	2.67	0.00385	1.04	0.18～0.28
17－4	中风化闪长岩			2.78	0.00385	1.04	0.18
17－7	中等风化流纹岩	350	300	—	—	—	0.25

续表 18－4

地层编号	岩　性	基床系数		热物理指标			静止侧压力系数 K_0
		水平基床系数 K_H（MPa/m）	垂直基床系数 K_V（MPa/m）	导热系数 λ（W/m．K）	导温系数 α（m^2/h）	比热容 C（kJ/kg．K）	
17－7－2	中等风化流纹岩（块状碎裂岩）	250	200	—	—	—	0.27
17－7－3	中等风化流纹岩（节理发育带）	300	250	—	—	—	0.26
17－8	中风化凝灰岩			2.78	0.00385	1.04	0.18
17－9	中等风化安山岩	350	300	2.78	0.00385	1.04	0.20－0.25
17－9－2	中等风化安山岩（碎裂状）	250	200	—	—	—	0.27
17－9－3	中等风化安山岩（节理发育带）	300	250	—	—	—	0.26
17－10	中等风化粗安岩	350	300	—	—	—	0.25
17－10－2	中等风化粗安岩（碎裂状）	250	200	—	—	—	0.27
17－10－3	中等风化粗安岩（节理发育带）	300	250	—	—	—	0.27
17－11	中等风化火山角砾岩	350	300	—	—	—	0.25
17－11－2	中等风化火山角砾岩（块状碎裂岩）	250	200	—	—	—	0.27
17－13	中等风化泥质砂岩	250	200	—	—	—	0.22
17－14	中等风化火山集块岩	450	350	—	—	—	0.24
17－14－2	中等风化火山集块岩（块状碎裂岩）	250	200	—	—	—	0.27
17－14－3	中等风化火山集块岩（节理发育带）	400	300	—	—	—	0.25
18－0	微风化粗粒花岗岩	1000	800	2.93～3.11	0.0046	0.90	0.15～0.18
18－0－2	微风化粗粒花岗岩（块状碎裂岩）	900	700	—	—	—	0.19
18－0－3	微风化粗粒花岗岩（节理发育带）	900	700	—	—	—	0.19
18－1	微风化煌斑岩	1000	800	2.93～3.11	0.0046	0.90	0.15
18－2	微风化细粒花岗岩	1000	800	2.93～3.11	0.0046	0.90	0.15
18－2－3	节理密集带	500	400	2.67	0.00385	1.04	0.18
18－3	微风化细粒花岗岩	1000	800	3.11	0.0046	0.90	0.15
18－4	微风化闪长岩			2.93	0.0046	0.90	0.15
18－6	微风化辉绿岩	1000	800	3.11	0.0046	0.90	0.15
18－7	微风化流纹岩	1000	800	—	—	—	0.19
18－7—2	微风化流纹岩（块状碎裂岩）	900	700	—	—	—	0.21

续表 18－4

地层编号	岩性	基床系数		热物理指标			静止侧压力系数 K_0
		水平基床系数 K_H（MPa/m）	垂直基床系数 K_V（MPa/m）	导热系数 λ（W/m．K）	导温系数 α（m^2/h）	比热容 C（kJ/kg．K）	
18－7－3	微风化流纹岩（节理发育带）	900	700	—	—	—	0.21
18－8	微风化凝灰岩	—	—	2.93	0.0046	0.90	0.15
18－9	微风化安山岩	1000	800	2.93	0.0046	0.90	0.15－0.19
18－9－2	微风化安山岩（块状碎裂岩）	900	700	—	—	—	0.21
18－9－3	微风化安山岩（节理发育带）	900	700	—	—	—	0.21
18－10	微风化粗安岩	1000	800	—	—	—	0.19
18－10－3	微风化粗安岩（节理发育带）	900	700	—	—	—	0.21
18－11	微风化火山角砾岩	1000	800	—	—	—	0.19
18－13	微风化泥质粉砂岩	—	—	2.88	0.0045	0.92	0.20
18－14	微风化火山集块岩	1000	800	—	—	—	0.19
18－14－3	微风化火山集块岩（节理发育带）	900	700	—	—	—	0.21

注：试验数据来自青岛地铁1号线及R3线勘察报告。

3.3.4 主要岩层参数统计表

各岩层的试验参数及围岩基本分级见表18－5。

表18－5 岩层的试验参数及围岩基本分级统计表

岩层编号	岩层名称	岩体弹性纵波波速 V_{pm}（m/s）	岩石弹性纵波波速 V_{pr}（m/s）	岩石单轴饱和抗压强度 R_c（MPa）	围岩基本分级
16	强风化花岗岩	*2000	—	—	Ⅴ
16－0－2	花岗岩（砂土碎裂岩）	2367	—	—	Ⅴ
17	中等风化花岗岩	2412－5814	2851－6375	14.3－47.5	Ⅲ
17－0－2	花岗岩（块状碎裂岩）	*3400	—	—	Ⅳ
17－0－3	中等风化花岗岩（JL）	3430	—	—	Ⅳ
18	微风化花岗岩	3690－5618	4575－6240	43.0－120.0	Ⅱ
18－0－3	微风化花岗岩（JL）	4642	—	—	Ⅲ
16－1	强风化煌斑岩	2499	—	—	Ⅴ
16－1－2	煌斑岩（砂土碎裂岩）	*1800	—	—	Ⅴ
17－1	中等风化煌斑岩	2412－3366	2851	14.3－15.0	Ⅳ

续表 18－5

岩层编号	岩层名称	岩体弹性纵波波速 V_{pm}（m/s）	岩石弹性纵波波速 V_{pr}（m/s）	岩石单轴饱和抗压强度 R_c（MPa）	围岩基本分级
18－1	微风化煌斑岩	3546－5102	4390－5673	33.3－68.4	Ⅲ
16－2	强风化细粒花岗岩	2100	—	—	Ⅴ
16－2－2	细粒花岗岩（砂土碎裂岩）	2000	—	—	Ⅴ
17－2	中等风化细粒花岗岩	3125－3212	4325－4439	23.2－31.3	Ⅲ
17－2－2	细粒花岗岩（块状碎裂岩）	*3570	—	12.0	Ⅳ
17－2－3	细粒花岗岩（JL）	*3570	—	—	Ⅳ
18－2	微风化细粒花岗岩	4275－4536	—	20.1－96.4	Ⅱ
18－2－3	微风化细粒花岗岩（JL）	4080	—	25.0	Ⅲ
17－3	中等风化花岗斑岩	3590	—	24.8－28.8	Ⅲ
17－3－2	花岗斑岩（块状碎裂岩）	2740	—	—	Ⅳ
17－3－3	花岗斑岩（JL）	2744	—	—	Ⅳ
18－3	微风化花岗斑岩	4414	—	49.3	Ⅱ
18－3－3	微风化花岗斑岩（JL）	4678	—	—	Ⅲ
16－9	强风化安山岩	1567	—	—	Ⅴ
16－9－1	安山岩（糜棱状）	1778	—	—	Ⅴ
16－9－2	安山岩（砂土碎裂岩）	2181	—	—	Ⅴ
17－9	中等风化安山岩	3431	—	10.8－35.7	Ⅲ
17－9－2	安山岩（块状碎裂岩）	2908	—	21.5－62.8	Ⅳ
17－9－3	中等风化安山岩（JL）	3095	—	—	Ⅳ
17－13	中等风化泥质粉砂岩	2468	—	12.6－47.1	Ⅳ
18－9－3	微风化安山岩（JL）	3500－3971	—	41.4	Ⅲ
16－13	强风化泥质粉砂岩	1744	—	—	Ⅴ
16－13－1	泥质粉砂岩（糜棱状）	*1600	—	—	Ⅴ

注：*表示经验值，其他为实测值，试验数据来自青岛地铁1号线及R3线勘察报告。

4 地 下 水

4.1 地下水类型

场区的地下水按赋存介质及埋藏条件的差异，可划分为三大类：松散岩类孔隙水、碎屑岩类孔隙裂隙水和基岩裂隙水。松散岩类主要含水层是第四系孔隙水，碎屑岩类孔隙裂隙水和基岩裂隙水主要含水层是风化裂隙水和构造裂隙水。各类基本特征如下：

第四系孔隙水：主要赋存于山间冲洪积成因的中粗砂中。水位埋深1～3m，主要含水层砂土，以潜水为主，局部存在弱承压水。张村河以北区域孔隙水相对丰富，渗透系数 $K=17\sim30$m/d；单井涌水量600～1000m^3/d，其他区域孔隙水相对较贫，渗透系数 $K=5\sim15$m/d；单井涌水量100～500m^3/d。

风化裂隙水：主要赋存于基岩花岗岩强风化－中等风化带中，岩石呈砂土状、砂状、角砾状，风化裂隙发育，呈似层状分布于地形相对低洼地带。一般含水层厚度小于3m，局部受断裂构造影响含水层厚度可达10m左右。地下水位随地形的升高而增大，渗透系数 $K=5\times10^{-1}$m/d～2×10^{-2}m/d。地下水接受大气降水和上覆孔隙水的补给。其下伏微风化－未风化花岗岩为良好的隔水层，涌水量受季节性影响较大。富水性贫－极贫，单井涌水量小于100m^3/d。

构造裂隙水：主要赋存于断裂带两侧的构造影响带、细晶岩、细粒花岗岩、煌斑岩等后期侵入的脉状岩脉挤压裂隙密集带中，呈脉状、带状产出，地下水径流深度较大，主要接受大气降水、风化裂隙水的补给，无统一水面，具有一定的承压性。在汇水条件较好地段，地下水一般较丰富。洞室开挖过程中，常形成点状或线状涌水。

4.2 地下水补径排关系

地下水补给来源主要为大气降水及河流、滨海地表水和地下水侧向补给。一般情况下，场区地下水以蒸发及侧向径流的形式排泄。沿线地下水总体流向：嘉陵江路以西地表水总体自北向南流；团岛附近北高南低，中山路附近北高南低；海泊河附近东高西低；李村河至白沙河，自东向西流；城阳区地势较为平坦。地下水总体流向与地形坡向基本一致。

地下水水位随季节性波动较大，地下水位随季节变幅为1.5～2.0m。在临海地段，地下水因潮汐影响，地下水位随涨潮、落潮具同相的有规律的变化。变化幅度随含水介质的差异而不同，一般在1～20cm。

4.3 地层渗透性

以地铁1号线为例，沿线钻探揭露各土层的渗透性及透水性见表18－6。

表18－6 土层渗透性及透水性建议值表

岩土层名称	渗透系数建议值（m/d）	透水性
第1层素填土	5～10	中等透水
第1－11层杂填土	20～50	强透水
第2层中砂－粗砂	15～25	强透水

续表 18 - 6

岩土层名称	渗透系数建议值（m/d）	透水性
第 4 层淤泥质粗砂	10 ~ 15	强透水
第 5 层粗砂	20 ~ 30	强透水
第 6 层淤泥质粉质黏土	0.05 ~ 0.01	弱透水
第 7 层粉质黏土	0.02 ~ 0.01	弱透水
第 7 - 1 层粗砂	20 ~ 30	强透水
第 9 层粗砂	30 ~ 40	强透水
第 9 - 1 层粉质黏土	0.02 ~ 0.1	弱透水
第 11 层粉质黏土	0.02 ~ 0.1	弱透水
第 11 - 1 层粗砂	20 ~ 40	强透水
第 12 层含黏性土砾砂	15 ~ 20	强透水

5 特殊地质条件

5.1 不良地质作用

青岛地区主要断裂有 17 条，较大的断裂为沧口断裂（F10）、青岛山断裂（F7）和即墨断裂（F16），其中沧口断裂属于活动性断裂。活动断裂破坏对线路的破坏性主要表现断裂两盘的位移活动频繁造成差异沉降、错动；断裂带附近岩性复杂，软硬夹层发育。如发生断裂活动破坏，将对地铁线路带来和造成的损失重大，对工程的影响大。

5.2 特殊性岩土

（1）填土。

填土层普遍分布，厚度不均，一般 1 ~ 6m，局部可达 17m，填土的力学性质差异较大，稳定性差，对基坑支护和地面沉降可能产生不利影响。在基坑开挖过程中，在人工填土较厚地段，由于人工填土的抗剪强度较低且不均匀，透水性强，如周边管线漏水或遇强降雨，土中细颗粒被流水带走，容易在地下形成陷穴，发生坍塌。人工填土仅对明挖发施工车站有影响，对矿山法施工车站及区间隧道基本无影响。

（2）软土。

青岛地区软土有陆相及海相两种不同成因，其中陆相软土以淤泥质粉质黏土为主，灰 - 灰黑色，软塑，在海泊河和李村河附近厚度较大，其中在李村河附近厚度达 13.5m，对洞身开挖范围有较大的影响，对明挖段车站工程也有一定的影响。海相软土为淤泥（淤泥质土）：深灰色、灰黑色，流塑 - 软塑，含贝壳，局部含少量砂（部分地段相变为淤泥质砂），一般厚度 2 ~ 5m。

根据现场十字板剪切试验结果，第 6 层淤泥质粉质黏土的土的不排水抗剪强度 Cu（kPa）最大值为 63.2kPa，最小值为 32.4kPa，平均值为 46.1kPa；重塑土的不排水抗剪强度 Cu′（kPa）最大值为35.4kPa，最小值为16.2kPa，平均值为25.5kPa；灵敏度St最大值为2.3kPa，最小值为1.5kPa，平均值为1.8kPa，属于中低灵敏度土。

6 城市轨道交通主要工程地质问题

通过对青岛地区工程地质条件、水文地质条件、不良地质作用、特殊性岩土和地铁工程特点的分析，主要工程地质问题有：

（1）地质构造、节理裂隙等特殊地质体对隧道工程稳定性的影响；

（2）软土的触变性、高压缩性、低强度等工程特性对地基稳定性的影响；

（3）软土、风化岩等特殊性岩土对基坑边坡、围岩稳定性的影响；

（4）盾构法施工时，开挖面进入软硬两种地层可能造成盾构偏移等问题；

（5）软土、填海区回填区及基岩等对成桩的影响。

6.1 地质构造、节理裂隙等特殊地质体对隧道工程稳定性的影响及对策

（1）断裂构造发育降低了岩体的强度及稳定性，断层破碎带力学强度低，压缩性增大；节理将岩层切割成块体，这对岩体强度和稳定性有很大影响。节理间距越小，岩石破碎程度越高。岩层中发育的节理裂隙是地下水的通道，同时也会对风化作用起着加速进行的效应，随着岩石风化程度增强和水对岩石的浸泡软化，岩块质地变软、强度降低。矿山法施工掌子面穿过断层及其破碎带，或在岩脉、节理裂隙发育地段，一经开挖，潜在应力释放、围岩失稳。

（2）地下水、风化作用等外力地质作用往往起控制作用。地下水的软化、浸泡、冲蚀、溶解等作用加剧围岩的失稳和坍塌。当围岩中有软弱夹层等岩体，在地下水的作用下，软弱面强度降低，而发生滑塌。

因此，设计时当隧道轴线与断层走向平行时，应尽量避开断层破碎带；施工时严格按照浅埋暗挖“管超前、严注浆、短进尺、强支护、早封闭、勤量测”的十八字方针进行施工。由于隧道多位于地下水位以下，施工前须采取有效的地下水控制措施，对前方围岩破碎地下水丰富地段可以采用超前周边孔注浆、全断面帷幕注浆等措施，对围岩进行补强加固；做好开挖前的超前地质预报工作，对特殊地质体及地下水提前采取应对措施，通过施工过程中揭示的地质情况及时调整支护参数；当前方裂隙发育的岩体、断层破碎带地下水较少的情况下可以采用超前锚杆进行预支护；地下水较丰富时采用超前小导管注浆的方式进行预支护；施工过程中应控制爆破药量并作好减振措施。

6.2 软土对地基稳定性的影响及对策

青岛海岸线较长，水系较发达，淤泥质土分布广泛，根据地铁1号线勘察结果来看属中低灵敏度土，但青岛地区的软土富含水、强度较低、压缩性较高（第6层淤泥质粉质黏土压缩系数$a_{0.1-0.2}$为0.32－0.65），在长期荷载作用下会缓慢地产生不均匀沉降或在较短的时间内发生沉降过大等工程地质问题。另外，软土受到震动后，易产生侧向滑动、沉降和基础下土体挤出等现象。软土的触变特性，会导致钻探取样时取出的土样不能完全反映土的实际情况；也会导致隧道结构受车辆动荷载震动影响产生地面沉降，对周边环境造成破坏。

因此勘察期间宜采用十字板剪切试验等原位测试手段配合取样试验获取其参数，并分析评价软土地基不均匀沉降、基底变形等对工程的影响；对于明挖基坑的地基可采取堆载预压法、搅拌桩等地基处理方式或采用桩基；对于矿山法、盾构法施工的区间隧道可采取化学加固的处理方法。

6.3 特殊性岩土对基坑边坡及隧道围岩稳定性影响及对策

（1）在基坑或隧道开挖过程中，软土由于局部应力场发生改变以及因降水的原因，又可引发侧向潜蚀现象，并导致坑壁或隧道围岩侧移、滑塌或失稳，甚至威胁周边建筑物的安全。若不及时采取有效支护措施，基坑边坡及隧道围岩极易发生坍塌。

（2）上覆第四纪土层下伏基岩，在基坑开挖后，当岩层向临空面倾斜时，上覆第四纪土层受到震动、水的作用力时，沿岩土界面滑塌是基岩区常见基坑失稳现象。

（3）全风化及强风化岩，水稳定较差，浸水后强度急剧降低，工程性能较差，基坑或隧道开挖后容易产生滑塌。

因此，基坑或隧道设计时应充分考虑顺层岩层面一侧的基坑侧壁或隧道围岩由于岩层滑移而增大的对支护结构的压力；基坑施工时应遵循“分层、分区、分块、分段、抽槽开挖、留土护壁、先撑后挖、先形成中间支撑，减少无支撑暴露时间”的原则，确保基坑支护结构的稳定和周围建构筑物的安全；隧道施工时可采用大管棚超前支护，型钢拱架支撑，加强初衬、及时二次衬砌，降雨时做好排水或止水工作；同时施工开挖过程应注意不稳定岩块的滑移和塌落，伤害施工人员和机械。

6.4 软硬两种地层对盾构法施工的影响及对策

当盾构掌子面上部为第四纪土层，下部为基岩层时，盾构掘进时由于下部基岩强度高，掘进速度慢，长时间原位转动刀盘对上部软弱围岩的扰动大而使其失稳，且刀盘顶部地层易被掏空，上部地层将形成以刀盘为中心的漏斗状塌空区，强行掘进可能会导致地面出现坍塌，另外由于隧道掌子面不同类别围岩单轴抗压强度差异大，引起掌子面正面压力不均，造成盾构偏移。

因此应采取有效的措施对软弱地层进行必要的加固处理，增强地层和地面的自稳能力。在掘进过程中适时向盾壳外部注入膨润土减小阻力的同时，通过不间断的监控量测手段，适时调整掘进参数。

6.5 软土、填海区回材料及基岩等对成桩的影响及对策

（1）软土区淤泥质土具明显触变性、流变性，在动力作用下土体强度极易降低，围护桩施工时易产生缩颈现象，影响围护结构质量。

（2）填海区在回填材料里夹杂大量大直径块石，散乱分布，成分以硬质花岗岩为主，造成成孔困难，进度慢、机械磨损大。

（3）基坑支护时一般情况需要桩体嵌入中微风化基岩层，基岩硬度大，成孔困难；节理裂隙发育或遇断层破碎带等容易出现漏浆现象，成孔困难。

因此，防止软土缩颈可在泥浆制备时选用高塑性黏性土或膨润土，泥浆应根据施工机械、工艺及穿越土层情况进行配合比设计；施工过程中应采用适当的工艺，可采用冲击钻机成孔。

参 考 文 献

［1］宋键．青岛地区第四系地层划分与环境演变［D］．烟台：鲁东大学，2007.

［2］山东省地质矿产局．山东省区域地质志［M］．北京：地质出版社，1991.

厦门市

1 自然地理

1.1 地　　理

厦门市位于福建省东南部，属经济特区，是现代化国际港口风景旅游城市；海西重要的中心城市，现代服务业、科技创新中心和国际航运中心。此外，国家十二五规划明确提出推进厦门两岸区域性金融服务中心建设。位于福建东南端，南接漳州，北邻泉州，东南与金门岛隔海相望。公元282年置同安县，属晋安郡，1933年设市。2003年5月起，厦门市辖思明、湖里、集美、海沧、同安和翔安6个区。市政府驻思明区湖滨北路。厦门市行政区划图见插图114。

厦门市位于福建省南部沿海、台湾海峡西岸中部、闽南金三角的中心，地处东经117°52′53.8″~118°26′1.2″、北纬24°23′12.7″~24°54′29.3″，隔海与金门县、龙海市相望，陆地与南安市、安溪县、长泰县、龙海市接壤。厦门市境域由福建省东南部沿厦门湾的大陆地区和厦门岛、鼓浪屿等岛屿以及厦门湾组成。陆地面积1565.09km^2，海域面积300多km^2。厦门岛南北长13.7km，东西宽12.5km，面积约128.14km^2，是福建省第四大岛屿。也是一个国际性海港风景城市。

1.2 气　　象

厦门设有厦门海洋站和气象站两个长期观测站，根据对鼓浪屿英雄山、东渡双狮山和狐尾山、海沧猫公屿等测站资料的分析表明：厦门气象台（设在鼓浪屿英雄山，测站位置北纬24°27′，东经118°24′，海拔高度63.2m）的观测资料统计成果，基本可代表厦门气象要素。

根据厦门气象站长期和东海域五通站短期观测资料统计分析，各气象要素分述如下：

（1）气温。

厦门地区属南亚热带海洋性季风气候，冬无严寒、夏无酷暑、四季温和湿润，花草树木四季如春。月平均气温2月份最低，平均气温12.4℃；7月份最高，平均气温28.5℃。

多年平均气温　　20.8℃

极端最高气温　　38.5℃（1979年8月15日）

极端最低气温　　2.0℃（1957年2月12日）

日最高气温≥35℃的天数（多年平均）　　8d

（2）降水。

厦门地区降水主要集中于4—8月，占全年总降水量的67%，其中6月份降水量最大。年降水天数为118~160天，具有降水量大，降水持续时间长，短期降水强度大的特点。多年年平均降水量为1183.4mm，年最多降水量1998.8mm，年最少降水量892.4mm（1970年），日最大降雨量320mm（2000年6月18日），最大降雨强度88mm/h。日降水量≥25mm的天数多年平均13.6d。

区内多年平均蒸发量1910.4mm，历年最大蒸发量2533.4mm，最小蒸发量1358.2mm，蒸发量大于降雨量；蒸发量最大月出现在最热月（8—10月），平均蒸发量216.3mm，蒸发量最小月出现在最冷月（1—3月），平均蒸发量104.7mm。

（3）雾。

厦门岛沿海多雾，多产生在1—5月，以3月最多，7—8月为绝雾期，能见度最佳。全年以3—4月雾日数最多，平均雾日数5.4d。多年平均雾日数22d（能见度≤1km），多年最多雾日数36d（1973年），多年最少雾日数8d（1971年）。

（4）相对湿度。

本区3—8月较潮湿，相对湿度80%~85%，10月至翌年2月较干燥，相对湿度70%，多年平均相对湿度78%。

（5）风况。

本地区春、夏两季以SE向风为主，秋、冬两季以NE向风为主，每年5—6月下午常有较强的NE或SW向风，平均风力3～4级，最大5～6级，瞬时极大风力可达7～8级。厦门气象站鼓浪屿英雄山、东渡狐尾山和五通站观测场地的风速特征值见表19－1。

表19－1　风速特征值统计表

地点项目	鼓浪屿英雄山（1952—1979）	东渡狐尾山（1980—1999）	东渡狐尾山（2001.8—2002.9）	五　通（2001.8—2002.9）
多年平均风速（m/s）	3.2	3.8	2.3	2.4
常风向	NE	E	ESE	ENE
频率（%）	15	16.1	12	19
次常风向	ENE	NNE	ENE、E	NE
频率（%）	11	14.3	10	13
强风向	NE	NNW	NNE、SE	NE
实测最大风速（m/s）	28	23	10	14
次强风向	SSE	ESE	SSE	ENE
实测最大风速（m/s）	24	19	9	13
风速≥6级大风天数（d）		27（1994—1996）	12	14

（6）台风。

厦门每年7—10月经常受台风影响，据1949—2000年《台风年鉴》资料统计：52年中热带气旋共出现344次，平均每年6.7次，最多年14次（1961年）；强热带风暴共出现212次，平均每年4.2次；台风共出现191次，平均每年3.7次，瞬时最大风速曾达80m/s（5914号台风），台风中心海平面气压最高900mb（6907号台风）。

1.3　水　　文

厦门湾潮流属正规半日潮流，以往复流为主，主流向与深槽等深线一致。其中高崎海域及集杏海堤外侧海域属港湾型强潮海区，潮汐性质属正规半日潮型。本海区常浪向为E－ESE－SE向，强浪向为SE－SSE－S向。厦门海区的大浪是台风影响产生的台风浪，以SE向居多；冬季寒潮大风引起的风浪多为NE向；风浪的季节性变化明显。

根据厦门鼓浪屿海洋站1957年—2003年观测资料，最高高潮位7.10m（相当1985国家高程4.051m）；最低低潮位－0.05m（相当1985国家高程－3.099m）。

根据厦门港区水文资料，水文要素分述如下：

（1）潮汐。

1）潮汐性质：根据鼓浪屿长期资料计算的潮汐形态系数和各测站短期资料分析，本海区属正规半日潮。

2）潮位特征：根据临时潮位站的同步资料分析，厦门港潮位特征是：高潮位从湾口向湾顶逐步递增，低潮位基本持平；西海域潮差从湾口向湾顶先增大后减小，海沧一带达到最大，往九龙江口沿程递减；潮汐日不等现象非常明显。各站潮位特征值见表19－2。

表19－2　各站潮位特征值　（单位：m）

地点项目	鼓浪屿海洋站	鼓浪屿海洋站	黄河油码头	海沧	鼓浪屿海洋站	澳头	五通
最高高潮位	7.10	6.58	6.81	6.81	6.47	6.42	6.47
最低低潮位	－0.20	－0.05	0.03	0.00	0.06	0.04	0.02
平均高潮位	5.39	5.51	5.77	5.84	5.29	5.32	5.32

续表 19-2

地点项目	鼓浪屿海洋站	鼓浪屿海洋站	黄河油码头	海沧	鼓浪屿海洋站	澳头	五通
平均低潮位	1.40	1.32	1.31	1.32	1.24	1.25	1.22
平均潮差	3.99	4.19	4.46	4.52	4.04	4.03	4.06
最大潮差	6.92	6.41	6.53	6.63	6.30	6.35	6.41
最小潮差	0.99	2.94	3.04	3.09	2.64	2.64	2.67
统计年限	1957—1983	2000.7.1—2000.8.6			2003.6.15—2003.7.15		

注：以厦门理论最低潮面起算（即黄零下 3.02m），下同。

3）设计水位：

设计高水位　　6.14m（高潮 10%）

设计低水位　　0.72m（低潮 90%）

高潮 2 小时 90% 保证率　　4.60m（1983 年—1992 年）

高潮 3 小时 90% 保证率　　4.44m（1983—1992 年）

（2）海流。

厦门湾潮流属正规半日潮流，以往复流为主，主流向与深槽等深线一致。浯屿以外逐步成椭圆状旋转流。嵩鼓水道和海沧深槽主槽的中、底层先涨、先落现象明显，厦门港深水航道开辟后该水道涨潮流增强。

内航道涨落潮流速差别不是很大，一般涨潮流速大于落潮流速，流速在 1m/s 左右，但外航道后石附近落潮流速明显大于涨潮流速，测点最大落潮流速可以达到 1.5m/s，而涨潮流速仅在 1.0m/s 左右。据福建省航道局勘测大队 2001 年 5 月的水文测验资料，口外潮流呈明显旋转流，长短轴之比在 1∶2 左右，落潮垂线平均最大流速在 0.7m/s 左右，流向在 200°左右，涨潮垂线平均最大流速在 0.5m/sec，流向在 0°左右，一般流速在 0.3～0.4m/s。内航道流速由湾口向湾顶逐步递减，垂线方向基本成对数分布，涨落潮历时内航道落潮略大于涨潮，在外航道垂直分布差异很大。

（3）波浪。

根据各站测波资料分析，本海区常浪向为 E-ESE-SE 向，强浪向为 SE-SSE-S 向。受地形影响，厦门湾内、外波浪要素有很大差别，波高从湾口的流会向湾内的嵩屿逐渐减小，多为风浪与涌浪的混合浪；东海域受大、小金门岛掩护，主要为有限风区产生的风成浪。厦门海区的大浪是台风影响产生的台风浪，以 SE 向居多；冬季寒潮大风引起的风浪多为 NE 向；风浪的季节性变化明显。各站波浪特征值见表 19-3。

表 19-3　各测站波浪特征值

测站项目	流　会	塔　角	嵩屿（猫公屿）	五　通	
常浪向	E	ESE	SE	ESE	E
频率（%）	43.2	24.6	66.5	9.92	9.92
次常浪向	ENE	SE	ESE	NE	ENE
频率（%）	19.4	15.5	12.48	7.51	7.16
强浪向	SE	SE	S	SSE	
实测最大波高 H1/10（m）	6.9	4.3	1.4	2.32	
出现时间	1973.7.3	1996.8.2	—	2002.2.14	
次强浪向	S	NNW	—	E	
实测最大波高 H1/10（m）	5.8	3.1	—	2.28	
代表范围	厦门湾湾口	航道附近	海沧港区	刘五店港区	

厦门市轨道交通 1 号线厦门本岛段沿线无常年性河流水系分布，局部冲沟地带分布有季节性短小溪流，水量一般较小，并受地形、汇水面积及季节控制，地表水体排泄经人工渠道或沟谷汇流入海。

高崎、集杏海堤跨海段水域面积较广。其中高崎海域及集杏海堤外侧海域属港湾型强潮海区，潮汐性质属正规半日潮型。历年平均高潮位 7.56m（理论低潮面，黄零下 3.02m，下同），最低潮位 -0.28m，平均高潮位 5.46m，平均低潮位 1.47m，平均潮差 3.99m。

集杏海堤内侧为杏林湾水库，库区位于厦门市集美和杏林的交界处，发源于集美西北部的老寮仓，其上游有萱溪和许溪汇合注水。杏林湾水库属亚热带海洋性季风气候，年平均水温 20.56℃，每年 2 月至 6 月为雨季，平均降水量 1288mm。水库 1979 年建成，集雨面达 142km^2，总库容 1660 万 m^2。库区 50 年一遇设计最高洪水位为黄高 3.90m。

集美区段主要河流水系为碧溪，属常年性溪流，流域区为孙坂水库 - 杏林湾水库，流量主要受孙坂水库调节，也是孙坂水库主要泄洪通道。

其他地表水体集中区为碧溪以南地段成片池塘水体，长约 550m。各池塘面积不一，其间塘堤纵横交错，池塘水深一般为 1～2m。池塘补给主要为抽取地下水，其次为地表水引入和大气降水，排泄途经为碧溪或杏林湾水库区。

1.4 地形地貌

厦门地形以滨海平原、台地和丘陵为主（见插图 115）。厦门地势由西北向东南倾斜，地势地貌构成类型多样，有中山、低山、高丘、低丘、台地、平原、滩涂等。按照地表类型分类，低丘和阶地占土地总面积的 62.5%，平原占 14%，滩涂占 7.9%，高丘、低山和中山占 15.6%。西北部为戴云山脉的东南余脉，地势较高。西北部多中低山，其中位于同安与安溪交界处的云顶山海拔 1175.2m，为全市最高的山峰。从西北往东南，依次分布着高丘、低丘、阶地、海积平原和滩涂，南面是厦门岛和鼓浪屿。云顶山为厦门市最高峰，云顶岩为厦门岛最高峰，日光岩为鼓浪屿最高峰。

厦门海域包括厦门西港、外港区、马銮湾、同安湾、九龙江河口区和东侧水道，总面积约 324km^2。厦门港分为外港和内港，外港有大金门、小金门、大担、二担等岛屿环抱；内港有厦门岛、鼓浪屿等岛屿屏障，形成天然避风港。港区内锚地条件良好，万吨级以上船舶泊位达 10 余处。海岸线总长 234km，其中 12m 以上深水岸线 43km，适宜建港的深水岸线 27.4km，可建万吨级深水泊位 40 余个。港区外岛屿星罗棋布，港区内群山四周环抱，港阔水深，终年不冻，是条件优越的海峡性天然良港，历史上就是中国东南沿海对外贸易的重要口岸。

厦门岛为福建省第四大岛，位于全市最南端，其地势由南向北倾斜，东南部多高丘陵，最高点云顶岩海拔 339.6m，北部则为海拔 200m 以下的低丘和阶地。厦门岛以中部筼筜港 - 钟宅湾北东向展布的长条形洼地为界，把该岛明显地分为两个形态不同的地貌单元，构成南高北低、东陡西缓、港湾发育的地貌形态。北部丘陵区，以北东向狐尾山 - 仙岳山 - 圆山为主体，构成北部分水岭，脊圆坡缓；山前台地、阶地发育，坳沟、小型冲沟不甚发育。南部山区地形陡峻，脊尖坡陡，最高峰云顶岩是本岛最大分水岭；山脊走向北东、北西向，山坡多怪石；山前沟系呈放射状发育，阶地、台地环布。筼筜港从西部拦腰切入厦门岛，1971 年 9 月筼筜海堤竣工后，筼筜港成为内湖[7]。

2 区域地质

2.1 地质构造

厦门地区的大地构造处于大陆板块边缘活动带，在福建省构造单元划分中属于闽东火山断坳带和闽东南沿海变质带，主要是原有断裂基础上的活动，都具有正反向、多期交替活动的特点（见插图 116）。构造作用主要发生于中生代（晚侏罗世 - 早白垩世），地质构造格局基本定型，构造形式为日耳曼式的断块造山作用，构造形迹则表现为断裂构造为主，褶皱造山作用极为罕见。断裂构造主要发育北东、北北东断裂、东西向断裂和北西向断裂。分别受长乐 - 南澳区域深断裂带、厦门 - 南靖区域大断裂带和永安 - 晋江区域大断裂带控制。

厦门大陆部分属于缓慢的不均匀上升区，相对应的海面属下降区。据现代地壳的垂直变形观测资料，地壳上升速度 1 ~ 3mm/a；海面观测资料 1920—1972 年间，海面下降 170mm，平均3. 3mm/a。

厦门岛处于“闽东燕山断坳带”东侧与闽东沿海变质带相接部位的中部。厦门岛的四周由几组不同方向的断裂所围限，为断裂带切割形成的典型的断块岛屿。

晚侏罗世本区经历过规模巨大的燕山运动，随着太平洋板块向欧亚大陆板块俯冲，断块构造运动加剧，奠定了岛内的基本构造格局。发育了呈北东东（NEE）方向展布的韧性剪切带、变质相带、岩浆岩带。许多断裂带成为火山喷发的天然通道，造成规模巨大的火山喷发，形成本市境内分布广泛的上侏罗统南园组巨厚的钙碱性火山岩系堆积。同时，由于板块构造活动剧烈，幔源物质沿断裂带上升，形成大面积的侵入岩体——花岗岩，并且在区域变质作用基础上产生广泛发育的各种混合岩。本区中生代末期此后转入喜马拉雅构造活动期，主要表现为断块差异升降运动及局部老断裂的重新复活与新断裂的产生。

自晚白垩纪以来的喜马拉雅运动，本区地壳表现为继续隆升，造成白垩纪、老第三纪、新第三纪沉积缺失，第四纪地层直接超覆于上侏罗统南园组火山岩之上。本工程场地近场区处于长乐 - 诏安断裂带中段与九龙江下游北西向断裂带及漳州 - 厦门近东西向构造带的交汇地区，地质构造较为复杂。

2. 2 断　　裂

厦门岛近场区断裂构造纲要图见插图 117。

下面对穿过或指向场地及其附近、较有代表性的主要断裂予以叙述。

（1）北东 - 北北东向断裂。

1）文灶 - 五通断裂带（F_4）。

该断裂带主体南起文灶，经龙山、金山，穿过阶地平原区后于坂美附近进入海域。断裂走向北东 50°左右，倾向以北西向为主，倾角 60° ~ 70°，长约 13. 5km。断裂形迹多以小断裂面或密集节理形式出现，北东段在金山的侏罗纪火山岩中可见，南西段在龙山的燕山期花岗岩中可见，其余大多推测展布于红土台地区，为残积层所覆盖。

该断裂带由两条分支断裂（F_{4-1}、F_{4-2}）组成。推测 F_{4-1} 在莲坂圆环附近穿过轨道交通 1 号线，钻探未揭示典型的断裂破碎带，左线主要表现为灰绿岩脉侵入，右线主要表现为风化加剧；F_{4-2} 在嘉禾路与松柏路交叉路口附近穿过轨道交通 1 号线，钻探未揭示典型的断裂破碎带，主要表现为风化加剧。

2）狐尾山 - 钟宅断裂带（F_5）。

该断裂带展布于厦门岛筼筜港凹陷的北西侧，主体南起官浔，经七星山、仙洞山至乌石埔，沿园山南坡进入阶地平原呈隐伏状态，在骑马山向北进入海域。断裂走向北东 50° ~ 60°，倾向以南东为主，倾角 60°以上。断裂西南段形迹清楚，发育于侏罗纪火山岩内；断裂北东段在骑马山可见形迹外，大多展布于红土台地区，被残积层所覆盖，长约 11km。

该断裂由两条分支断裂（F_{5-1}、F_{5-2}）组成。推测 F_{5-1} 在观音寺东门附近、F_{5-2} 在 SM 城市广场附近穿过轨道交通 1 号线。

3）筼筜港断裂（F_6）。

筼筜港原为厦门岛上的小海湾，后因城市建设人工填土使得海湾区域逐步缩小。筼筜港断裂为走向北东、倾向南东的高角度正断层。由筼筜港向海域延伸，长约 2. 5km，宽约 3. 5km，沿场区西北侧通过。

（2）北西 - 北西西向断裂。

1）石胄头 - 高崎断裂（F_{20}）。

该断裂从石胄头经潘宅、薛岭、园山、高崎至集美大桥下进入杏林湾海域，走向北西 310° ~ 320°，倾向北东，倾角 60° ~ 70°。在卫星影像上反映线性色调界面平直、清晰，其东南段地貌上为丘陵与阶地截然分界，二者呈陡坡接触。在构造形迹上，在南山东坡、石鼓山花岗岩中、圆山东坡火山岩中，见有北西向320°的断裂和密集节理，在高崎海边的斑状花岗岩体中，北西向315°节理发育。在高崎地段离线路最近距离约0.15km。

2）濠头－塔头断裂（F_{21}）。

本断裂自濠头经感光厂、梧村、西姑岭东，至塔头，发育于侏罗纪火山岩和燕山期花岗岩中，走向北西310°～320°，倾向北东，倾角70°～80°，在感光厂附近，在火山岩中见断层角砾岩带宽35～40m，在梧村至塔头花岗岩中北西向裂面和断层清晰可见，山沟谷地亦呈北西向发育。推断该断裂在湖滨南路与后埭溪路交叉路口附近穿过轨道交通1号线，钻探未揭示典型的断裂破碎带，主要表现为灰绿岩脉侵入及风化加剧。

根据区域资料及地震安评资料，以上断裂均为第四纪早期断裂，更新世晚期以来不活动。

据以往研究资料，厦门岛内不存在区域性深大断裂，本岛是一个相对稳定的断块岛屿，但岛内也存在构造活动的差异性。晚更新世后期至全新世早期（年代距今35000～7300年），全岛处于持续缓慢上升过程，平均上升速率为1.41mm/年；距今7300～4600年期间，筼筜港区总体呈现下降趋势，平均下降速率为1.01mm/年，而港区之外仍保持继续上升，平均上升速率为0.67mm/年；距今约4600年之后，筼筜员当港区下降速率减缓并逐渐转变为随整个厦门岛一起缓慢上升，厦门地区近期仍保持缓慢上升趋势，平均上升速率为0.52～0.86mm/年。

勘察线位经过构造稳定区－构造基本稳定区－构造稳定区（见图19－1），无大的构造通过，场地稳定。

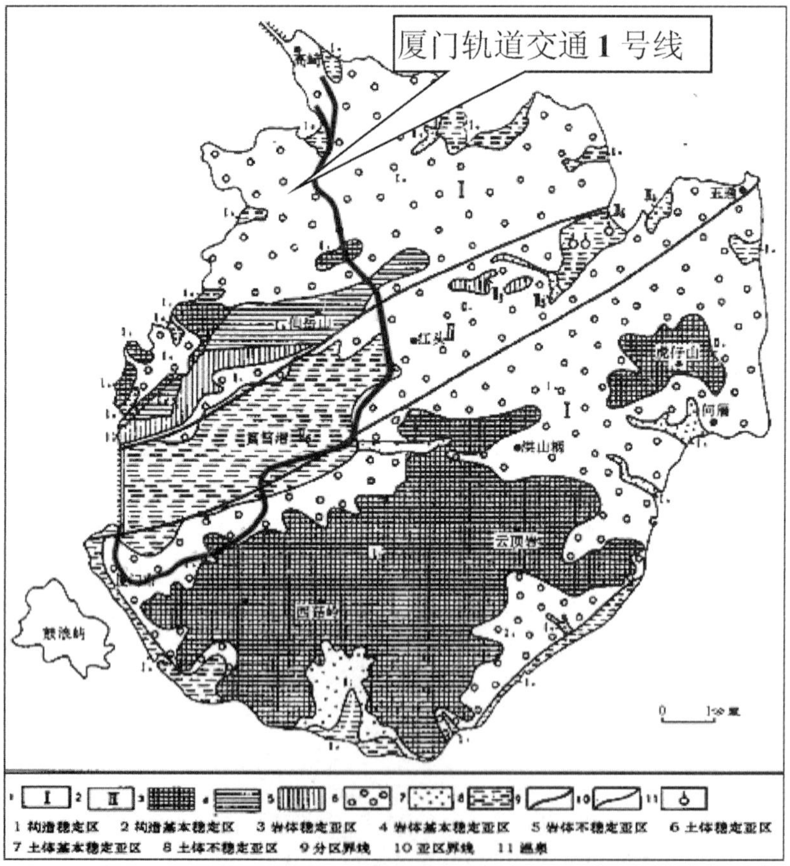

图19－1　厦门区稳定性分区评价区

（1）构造稳定区：起点－中山公园站、将军祠站－文灶站、火炬园站－高崎站属土体稳定亚区；中山公园站－将军祠站、塘边－火炬园站属岩体稳定亚区。

（2）构造基本稳定区：文灶站－莲坂站、吕厝站－城市广场站属土体不稳定亚区；莲坂站－莲花路口站、城市广场－塘边站属土体稳定亚区。

2.3 第四纪地质

厦门轨道交通 1 号线场区范围内上覆地层主要为第四系全新统人工填筑层（Q^s）（杂填土、黏土质、砂质及碎石素填土、抛石及耕植土），全新统冲洪积层（Q_4^{al-pl}）（黏性土及砂卵石层），海积层（Q_4^m）（淤泥、淤泥质黏性土、砂层及淤泥质砂），海陆交互沉积层（Q_4^{mc}）（黏性土），上更新统冲洪积层（Q_3^{al-pl}）（黏性土及砂层），坡积层（Q^{dl}）（黏性土及碎石土），残积层（Q^{el}）（砂质黏性土）。下伏基岩为侏罗系上统南园组（J_3n）凝灰熔岩，为燕山晚期侵入岩——中粗粒花岗岩（γ），燕山晚期第二次侵入似斑状二长花岗岩（$\eta\gamma_5^{3(1)b}$），燕山早期第三次侵入花岗岩（$\gamma_5^{2(3)c}$），辉绿岩（γδ）。

2.4 地 震 历 史

（1）区域地震活动特征。

厦门市地处我国东南沿海地震带，虽然历史上未发生过破坏性地震（*Ms*≥5 级的强震也未记录过），说明本区不是震源区，但福建省南部是东南沿海地震带活动相对较频繁和强烈的地区（图 19－2），从 1445 年以来共发生 *Ms*≥5 级的强震 8 次，其中，1604 年在泉州海外发生的 8 级地震（震中烈度 >10 度），到达厦门的烈度可达 7.7 度，厦门外围西部的华安、漳州，西南的东山、诏安，东北的南日岛，东北的南日岛、平潭岛以及东部金门岛以东海域都是强震危险区，对厦门有一定影响。

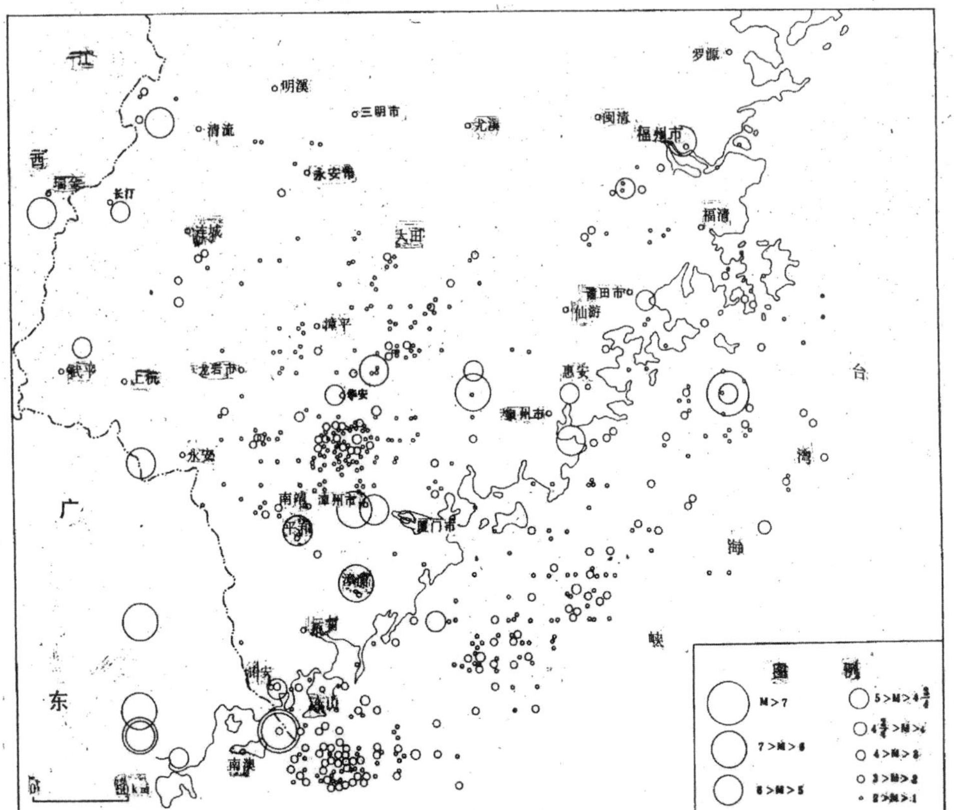

图 19－2 福建南部震中分布图

厦门市地处泉州－汕头地震带中段，历史上曾经遭受邻区强震和台湾地震带内强震的影响而产生不同程度的破坏。本区域地震的分布总体上属于东南沿海地震带，大致沿福建、广东至广西沿海展布，形成一条狭长的地震带。在该带上历史记载以来，发生过 4 次 7 级以上强震，21 次 6.0～6.9 级地震和 71 次 5.0～5.9 级地震。这些地震在空间上分布不均匀，大多局限于某些地区，如潮汕盆地、南澳岛海外、泉州海外、漳州盆地、阳江断陷等地，其中7级以上地震都发生在滨海地带。从地震活动的强度和频率分析，明显地看出地震活动呈现出从东南向西北逐渐减弱的趋势。

厦门地区地震分布，主要属于东南沿海地震外带中段，即泉州－汕头地震带。其强震分布主要集中在沿海南日岛至广东南澳岛海域及漳州盆地和潮汕盆地等地。历史上记载 $Ms \geq 4.75$ 级地震共有40次，其中7级以上3次，6.0～6.9级5次，其余均为4.75～5.9级地震。区内现代小地震活动分布也主要在历史强震分布区及其邻近地区，并且以北东成带状分布为主要特征。此外，在某些地区还形成小震密集区。这些小震区与活动断裂交汇部位密切有关。

厦门地区内地震在时间上，同样存在不均匀分布的特征，也就是说在同一个地震带内地震活动存在地震集中活动的高活动期和无强震活动的相对平静期。1996年9月16日在台湾海峡浅滩南侧发生了一次7.3级强震，1999年9月21日在台湾南投县发生了7.6级地震，这说明厦门邻区自1900年以来还具有较强的地震活动特征。此外，1992年、1995年还先后在南日岛海域、晋江东南海域发生过5.2级和5.3级地震活动。

厦门轨道交通1号线一期工程线路在地震烈度为Ⅶ度的条件下，不存在地震边坡效应，可不考虑地震断层效应，潜在的地震地质灾害为砂土液化及软土震陷。结论经采取适当的防护措施，厦门轨道交通线1号线一期工程线路项目适宜建设。

（2）地震设防。

根据《中国地震动参数区划图》GB 18306—2001，厦门市抗震设防烈度为7度，地震动峰值加速度为0.15g，地震动反应谱特征周期为0.40s，设计地震基本烈度为Ⅶ度（第二组）。

厦门轨道交通1号线一期工程线路场地的地震动参数如下：

1）线路计算点超越概率50年10%的基岩场地有效峰值加速度取值范围为133.57～144.87gal。

2）线路超越概率50年10%中硬场地峰值加速度值范围为140.17gal～171.88gal，厦门轨道交通1号线均属0.15g分区。

3）厦门轨道交通1号线一期工程线路50年超越概率10%中硬场地加速度反应谱特征周期归档分为0.40s。

（3）建筑抗震地段类别。

厦门轨道交通1号线沿线发育软弱土及液化土，建筑抗震类别多为抗震不利地段。

2.5 不良地质作用

（1）砂土液化。

厦门市轨道交通1号线一期工程高崎站（不含）－设计终点、厦门北车辆段及出入线的工程场地范围内主要不良地质现象为砂土液化，沿线砂土液化情况见表19－4。

表19－4 沿线砂土液化工点及液化土名称统计一览表

序号	工程名称	液化土分层代号及名称
1	高崎站－集美学村站	〈4－4－1〉中砂
		〈4－6〉淤泥质砂
2	集美学村站－园博苑站	〈4－4－1〉中砂
3	园博苑站－内林站	〈4－4－1〉中砂
4	董任站－集美中心站	〈3－4－1〉中砂
		〈4－6〉淤泥质砂
5	集美中心站－诚毅广场站	〈3－4－1〉中砂
		〈3－4－2〉粗砂
6	诚毅广场站	〈3－4－1〉中砂

续表 19－4

序　　号	工 程 名 称	液化土分层代号及名称
7	诚毅广场站－软件园站	〈3－3－1〉粉砂
		〈3－4－2〉粗砂
		〈4－3－1〉粉砂
8	软件园站	〈3－4－1〉中砂
		〈3－4－2〉粗砂
9	软件园站－集美大道站	〈4－4－1〉中砂
		〈4－4－2〉粗砂
10	集美大道站	〈3－4－2〉粗砂
		〈4－4－2〉粗砂
11	集美大道站－崎沟站	〈3－3－2〉细砂
		〈3－4－2〉粗砂
12	崎沟站－圣果院站	〈3－3－2〉细砂
13	厦门北站－岩内北广场站	〈3－4－1〉中砂
14	岩内北广场站	〈3－4－1〉中砂
15	厦门北车辆段出入线	〈3－4－1〉中砂
16	厦门北车辆段	〈3－3－2〉细砂
		〈3－4－1〉中砂
		〈3－4－2〉粗砂

（2）软土震陷。

线路工程场址地震基本烈度为Ⅶ度，根据福建省工程建设地方标准《岩土工程勘察规范》DBJ13－84—2006、J10857—2006 表 8.4.2 规定，软土（淤泥〈4－1〉、〈4－2〉）地基的等效剪切波速平均值 Vse＝78.5m/s＜90m/s，存在软土震陷，设计中应考虑采取软土震陷。

（3）断裂。

根据区域地质资料，厦门岛内（中山路西站－高崎站（不含试验段）高崎停车场出入线及场坪）推测断裂 F4－1 在莲坂圆环附近穿过轨道交通 1 号线，钻探未揭示典型的断裂破碎带，左线主要表现为灰绿岩脉侵入，右线主要表现为风化加剧；断裂 F4－2 在嘉禾路与松柏路交叉路口附近穿过轨道交通 1 号线，钻探未揭示典型的断裂破碎带，主要表现为风化加剧；断裂 F21 在湖滨南路与后埭溪路交叉路口附近穿过轨道交通 1 号线，钻探未揭示典型的断裂破碎带，主要表现为灰绿岩脉侵入及风化加剧。

根据区域资料及地震安评资料，以上断裂均为第四纪早期断裂，更新世晚期以来不活动，对场区稳定性影响较小。但断裂破碎带透水性强，在施工中易产生透水、涌泥、涌砂等不良地质现象，应予以高度重视。

塘边站所穿越的断裂（分支）以压扭性为主，断层破碎带主要由碎裂状强风化岩组成，断层带附近岩体风化加剧，构造裂隙发育，裂隙将岩石切割呈碎裂结构，破坏了岩体完整性及降低了岩体强度。断层破碎带部位地下水一般较为复杂，易产生坍塌或涌水。受其影响，塘边站的基坑边坡若防护不当可能产生滑塌，以及影响地基的不均匀性等不良地质现象。

（4）有害气体。

第四系松散地层中有害气体主要以沼气（成分一般为甲烷）。气源层一般应具腐烂植物碎屑等高含量的有机质以及人工封闭的盖层，形成较强的还原环境，并有利于浅层气聚集和储存的地质条件，拟建场地不具备相应条件，因此，原生性有害气体对区间隧道影响程度属微弱。

另外，岩层爆破尤其是隧道暗挖产生的有害气体和粉尘对施工影响较大，应作好通风疏散等安全施工措施。

（5）流泥、流砂。

第四系松散或软弱土层（如砂土或淤泥等）开挖后在地下水动水压力作用下易产生流泥、流砂现象。拟建城市广场站基坑开挖，应充分考虑地下水动水压力作用下产生的潜蚀、流土等渗透变形问题。

3　城市典型地层与特征

3.1　典型地质剖面概述

厦门市轨道交通 1 号线一期工程起于中山路与鹭江道的交叉口，主要路由为：中山路、文园路、厦禾路、嘉禾路、海堤路、高集海堤、集杏海堤、杏前路、杏林北路、和美路、珩崎路、珩田路，止于厦门北广场站，设置有控制中心、高崎停车场、厦门北车辆段等。

轨道交通 1 号线一期工程起于高崎站出站端，止于厦门北车辆段，包括园博苑、内林、杏北、董任、集美中心站、诚毅广场、软件园、集美大道、崎沟、圣果院、厦门北站、岩内北广场 12 座地下车站、集美学村站 1 座高架车站、10 段地下区间隧道、1 段高架、4 段地面区间，1 座车辆段及其他附属工程。地下段隧道顶板埋深 3. 5 ~ 18. 5m。线路长度 17. 145km。

场地地形较为平缓 – 一般倾斜，主要有滩涂潮间带、冲海积平原区及残积台地地貌；岩土类型多，岩性成分复杂，变化大，不良地质作用主要为砂土液化，部分特殊岩土需要专门处理；地下水位高，且有孔隙潜水、孔隙微承压水和承压水、基岩裂隙水等多种类型。

厦门城市轨道交通典型工程地质剖面图见插图 118。

3.2　典型地层岩性、成因及分布

厦门市轨道交通 1 号线一期工程详勘阶段高崎站（不含） – 设计终点、厦门北车辆段及出入线每个岩土层描述如下：

〈1〉第四系全新统人工填筑土层（Q^s）

〈1 – 1〉杂填土

灰、灰黄、灰黑等杂色，稍湿，松散 – 稍密。主要由角砾、砖块及混凝土等建筑垃圾组成。厚 0 ~ 8m。回填时间在 1 年左右，零星分布于沿线地表。

〈1 – 2 – 1〉黏土质素填土

灰、褐红、褐黄色，褐红色，松散 – 稍密，稍湿 – 潮湿，主要为可塑黏性土，局部夹少量砂土、角砾及碎石，广泛分布于沿线地表，厚 0 ~ 22m。

〈1 – 2 – 3〉砂质素填土

灰褐、褐红、褐黄色，松散，稍湿，主要黏性土及石英中粗砂回填而成，厚 0 ~ 17. 5m。主要分布于集杏海堤、高集海堤段，其他地段零星分布。

〈1 – 2 – 4〉碎石素填土

灰白、灰黑、褐红、灰黄色，松散 – 稍密，稍湿 – 饱和，灰黄色，松散，饱和，碎石含量约 50%，粒径 60 ~ 200mm，石质成分为花岗岩，余为中细砂及黏性土填充。主要为修路回填形成。零星分布于沿线道路下方，厚 0 ~ 10m。

〈1 – 3〉抛石

黄褐、青灰、灰白、灰黄等杂色，成分主要由花岗岩块石抛填而成，间隙冲填碎石和砂等，成分不均，松散 – 中密，潮湿 – 饱和，块径约 10 ~ 40cm，最大可达 50cm。厚 0 ~ 20m，最大厚度达 31. 3m。主要分布于高集海堤及集杏海堤，其他地段零星分布。如图 19 – 3。

图 19－3　海堤段人工抛石

〈1－4〉耕植土

黄褐色，可塑－硬塑，该层主要为黏性土，可见植物根系及少量碎石角砾，厚 0.5～1m。主要分布于厦门北车辆段及出入线，另在董任站－集美中心站、诚毅广场站－圣果院站段也有零星分布。

〈3〉第四系全新统冲洪积层（Q_4^{al-pl}）

〈3－1－1〉软塑状粉质黏土

灰褐、深灰色，软塑，主要成分为黏粉粒，微含少量细砂粒及有机质，韧性好，黏性强。厚 0～5m。零星分布于沿线冲洪积沟槽及平原地带。

〈3－1－2〉可塑状粉质黏土

灰、灰白、灰黄、褐黄及褐红色，可塑，主要成分为黏粉粒，含有少量砂粒组成，韧性好，黏性强。厚 0～8m。分布于沿线冲洪积沟槽及平原地带。

〈3－1－3〉硬塑状粉质黏土

灰白、灰黄、褐红色，硬塑，主要成分为黏粉粒，成分以粘粉粒为主，含少量石英颗粒，切面稍有光泽。厚 0～9m。分布于沿线冲洪积沟槽及平原地带。

〈3－3－1〉粉砂

灰褐色，饱和，松散－稍密，成分以石英为主，无胶结。

〈3－3－2〉细砂

黄褐、深灰夹灰白色，潮湿－饱和，松散－中密，砂粒成分以石英为主，含量约 65%～90%，余为黏粒、粉粒组成。厚 0～5m。分布于沿线冲洪积沟槽及平原地带。

〈3－4－1〉中砂

黄褐、灰褐、灰白、灰色，松散－中密、饱和，成分以石英为主，余为粉质黏土充填，分选差，厚 0～16m。分布于沿线冲洪积沟槽及平原地带。

〈3－4－2〉粗砂

灰、灰黄、灰褐、灰白色，饱和，稍密－中密。主要成分为石英、长石，棱角状、次棱角状，分选性较好，含少量黏性土，局部为中砂。厚 0～10m。分布于沿线冲洪积沟槽及平原地带。

〈3－4－3〉砾砂

灰黄色，饱和，松散－中密，石英质圆砾约占 30%，粗砂约占 30%，余为中细砂及泥质，分选性差。厚 0～4m。零星分布于沿线冲洪积沟槽及平原地带。

〈3－6〉卵石、碎石土

浅黄、灰白、褐等杂色，潮湿－饱和，中密－密实，砾质以石英、砂岩为主，含量约为 75%，一般粒径 15～30mm，余为细砂及粉粒组成。磨圆度差，分选性差。厚 0～8m。零星分布于集美大道站、厦门北车辆段及出入线。

〈4〉全新统海积层（Q_4^{m}）

〈4－1〉淤泥

黑色、黑灰色，软塑－流塑，成分以黏粒为主，含有机质成分，具腥臭味。具腥臭味，含少量贝壳等腐殖质，含 20%～30% 粉细砂，切面稍有光泽，韧性低，干强度中等，无摇振反应。厚 0～11m。主要分布于沿线滨海滩涂及海冲积平原地带。

〈4－2〉淤泥质（粉质）黏土

灰色、黑灰色，软塑－流塑，黏粒为主，粉粒次之，含有机质成分及腐殖质，具腥臭味，干强度中等，韧性低，黏性好。厚 0～9m。主要分布于沿线滨海滩涂及海冲积平原地带。如图 19－4。

图 19－4　海积淤泥质土

〈4－3－1〉含有机质粉砂

灰褐色，饱和，松散－稍密，单粒结构，砂成分以石英为主，余为淤泥质黏土。主要分布于诚毅广场站－软件园站区间。

〈4－4－1〉中砂

灰、灰黄色，饱和，稍密－中密。主要成分为石英、长石，棱角状、次棱角状，级配不均，分选性较差，含少量黏粒。厚 0～8m。透镜状分布于沿线滨海滩涂及海冲积沟槽。

〈4－4－2〉粗砂

灰褐色，灰色，饱和，稍密－中密。主要成分为石英、长石，次棱角状，级配不均，分选性较差，含少量黏粒。钻探揭示层厚 0～7m，透镜状分布于沿线滨海滩涂及海冲积沟槽。

〈4－4－3〉砾砂

灰褐色，饱和，中密－密实。主要成分为石英、长石，棱角状，级配不均，分选性较差，圆砾约占 40%，含少量黏粒。钻探揭示层厚 0～7m，透镜状分布于沿线滨海滩涂及海冲积沟槽。

〈4－6〉淤泥质砂

灰白、灰黄、灰色，饱和，松散－中密。主要成分为石英、长石，次棱角状，砂质较均匀，含少量有机质，略具臭味。钻探揭示层厚 0～10m，透镜状分布于沿线滨海滩涂地带。

〈5〉海陆交互沉积层（Q_4^{mc}）

〈5－1－1〉软塑状粉质黏土

灰－灰黄色，软塑，成分以黏粒为主，切面稍有光滑。无光泽，无摇振反应，干强度较高，韧性较高。钻探揭示层厚 0～4m，零星分布于台地与滨海滩涂过渡带。

〈5－1－2〉可塑状粉质黏土

灰－灰黄、灰褐色，可塑，成分以黏粒为主，切面较光滑。无光泽，无摇振反应，干强度高，韧性高，钻探揭示层厚 0 ~ 11m。零星分布于沿线海冲积平原及滨海滩涂潮间带。

〈5 - 1 - 3〉硬塑状粉质黏土

灰 - 灰黄、褐红色，硬塑状，成分以黏粉粒为主，含少量石英颗粒，干强度中等，韧性中等，无摇振反应，切面稍有光泽。厚 0 ~ 4m，零星分布于沿线海冲积平原及滨海滩涂潮间带。

〈8〉上更新统冲洪积层（Q_3^{al-pl}）

〈8 - 1 - 2〉可塑状粉质黏土

黄褐、灰、灰褐、红褐色，可塑，主要成分为黏粉粒，含有 5% 左右的砂粒组成，韧性差，黏性好。厚 0 ~ 5m。零星分布于高崎 - 高集海堤、集美大道站 - 圣果院站段。

〈8 - 1 - 3〉硬塑状粉质黏土

砖红、灰白、黄褐夹灰蓝色，硬塑，成分以黏性土为主，韧性中等，干强度中等，无摇振反应，切面较粗，成分较均匀，含少量砂粒，手捻具砂感，厚 0 ~ 8m。场地范围内呈零星状分布。零星分布于集美大道站 - 圣果院站段。

〈8 - 3 - 2〉细砂

黄褐色，中密，潮湿 - 饱和，砂粒含量约 65%，成分以石英为主，余为粉质黏土充填，颗粒级配不良。厚 0 ~ 4m。零星分布于集美大道站 - 圣果院站段。

〈8 - 4 - 2〉粗砂

黄褐、灰白色，潮湿，稍密 - 中密。粗砂含量约为 75%，余为中砂、细砂及少量黏粉粒组成，砂质以石英为主。厚 0 ~ 3m。零星分布于集美大道站 - 圣果院站段。

〈10〉坡积层（Q^{dl}）

〈10 - 1 - 2〉可塑状粉质黏土

黄褐、红褐色，可塑，成分以黏粉粒为主，局部地段含少量砂质成分，干强度中等，韧性中等，黏性一般，无摇震反应。厚 0 ~ 6m。零星分布于厦门北车辆段及其他台地。

〈10 - 1 - 3〉硬塑状粉质黏土

黄褐、红褐色，硬塑，成分以黏粉粒为主，局部地段含 10% ~ 20% 石英颗粒成分，干强度中等，韧性中等，黏性一般，无摇震反应。厚 0 ~ 8m。零星分布于厦门北车辆段及其他台地。

〈10 - 1 - 4〉碎石土

棕红、褐黄色，稍密，约含 40% ~ 60% 左右的强、中等风化状凝灰熔岩碎石，局部为块石，余为黏、粉粒充填。该层一般分布于地表附近，层厚 0 ~ 7m，主要分布于厦门北车辆段边坡地带。

〈11〉残积层（Q^{el}）

〈11 - 1 - 2〉可塑状残积砂质黏性土

灰褐、褐黄、黑褐、褐红色夹灰白色斑点，可塑，主要以长石等矿物风化后的黏性土为主，含石英颗粒在 10% ~ 20%，可见少量黑云母碎片，黏性较差，韧性低，干强度低，无摇震反应，切面粗糙。系花岗岩、辉绿岩及凝灰熔岩风化残积物。场地范围内广泛分布，钻探揭示该层层厚 0 ~ 16m。全线均有分布。

〈11 - 1 - 3〉硬塑状残积砂质黏性土

灰白、褐黄、砖红、灰黄色，硬塑，主要以长石等矿物风化后的黏性土为主，含石英颗粒在 15% ~ 20% 左右，可见少量黑云母碎片，黏性较差，韧性较低，无摇震反应，切面粗糙。系花岗岩、辉绿岩及凝灰熔岩风化残积物。场地范围内广泛分布，钻探揭示该层层厚 1 ~ 29m，局部没有揭穿。全线均有分布。

〈12〉侏罗系上统南园组凝灰熔岩（J_3n）

〈12 - 1〉全风化凝灰熔岩（J_3n）

黄褐色，原岩结构基本破坏，结构尚可辨认，裂隙极发育，岩芯呈土柱状，手捏易碎，浸水可捏成团，场地范围内局部发育，部分钻孔揭示该层，揭示厚度 0 ~ 21m。主要分布于厦门北车辆段及出入线。

〈12 - 2〉散体状强风化凝灰熔岩（J_3n）

褐黄色，原岩结构基本破坏，块状构造，裂隙发育，裂面具铁锰质染，岩芯呈碎块状、砂状，碎块锤击易碎。揭示厚度为0~25m。主要分布于厦门北车辆段及出入线。

〈12-2-1〉碎裂状强风化凝灰熔岩（J_3n）

青灰、灰白、灰黄色，主要矿物成分以暗色矿物为主，含黄铁矿和碎屑，凝灰结构，块状构造，节理裂隙发育，钻孔岩芯呈碎块状，岩质软，厚0~20m。主要分布于厦门北车辆段及出入线。

〈12-3〉中等风化凝灰熔岩

灰白色、青灰色，中等风化，主要矿物成分以暗色矿物为主，含黄铁矿和碎屑，凝灰结构，块状构造，节理裂隙较发育，无充填，岩芯呈短柱状和块状。天然极限抗压强度 f_c = 27.0 ~ 182.3MPa，饱和极限抗压强度 f_r = 50.8 ~ 119.3MPa。主要分布于厦门北车辆段及出入线。

〈12-3-1〉凝灰熔岩中等风化球形风化体（孤石）

青灰色，中粗粒花岗结构、块状构造，矿物成分为长石、石英、黑云母等组成，岩芯呈短柱状，节长3~8cm，厚度0.3~8.6m。天然极限抗压强度一般为 f_c = 21.2 ~ 180.0MPa，极大值为192.0MPa，饱和极限抗压强度一般为 f_r = 46.3 ~ 131.0MPa，极大值为142.0MPa。勘察过程中在厦门北车辆段及出入线零星揭露。

〈12-4〉微风化凝灰熔岩

浅灰、青灰色，主要矿物成分以暗色矿物为主，含黄铁矿和碎屑，块状构造，节理较发育，裂面具铁锰质染，岩芯呈柱状、短柱状，岩体完整，质硬，锤击声清脆，天然极限抗压强度 f_c = 136.3 ~ 225.3MPa，饱和极限抗压强度 f_r = 112.3 - 207.3MPa。主要分布于厦门北车辆段及出入线。

〈17〉燕山晚期第二次侵入花岗岩（$\eta\gamma_5^{3(1)b}$）

〈17-1〉全风化花岗岩

灰白、黄褐、褐红等色，原岩结构可辨，但岩石矿物组织结构已破坏，裂隙极发育，绝大部分长石等易风化矿物已风化成次生黏土矿物。岩芯呈土状，手捏易碎，浸水可捏成团，偶夹有强风化岩块。厚0~29m。主要分布于高崎站-厦门北站段。

〈17-2〉散体状强风化花岗岩

灰褐、灰黄、灰白夹褐黑色，岩芯呈土柱状。中粗粒花岗结构，散体状结构，原岩结构清晰可辨，但岩石矿物组织结构已破坏，风化强烈，裂隙发育。大部分长石等易风化矿物已风化成次生黏土矿物，仅残留少量长石矿物硬核。干钻困难，厚0~38m，盾构区间段未揭穿该层。主要分布于高崎站-厦门北站段。

〈17-3〉碎裂状强风化花岗岩

灰褐、褐黄、灰白夹浅肉红色，中粗粒花岗结构，碎裂状结构，岩芯呈碎块状。原岩矿物成分由长石、石英及黑云母等组成，原岩结构较清晰，但岩石矿物组织已严重破坏，大部分长石已风化变质，其中部分已风化成黏土矿物，风化较强烈，裂隙发育，岩体破碎。岩芯锤击易碎、声哑。主要分布于高崎站-厦门北站段。

〈17-4〉中等风化花岗岩

灰白夹褐黑、肉红、白色，中粗粒花岗结构，块状构造，为风化残留体，矿物成分主要由长石、石英及黑云母等组成，裂隙稍有发育，裂隙面铁锰质渲染。岩芯锤击声脆。岩芯呈柱状、短柱状。天然极限抗压强度一般为 f_c = 40.8 ~ 117.0MPa，饱和极限抗压强度一般为 f_r = 20.2 ~ 91.8MPa，主要分布于高崎站-厦门北站段。

〈17-4-1〉花岗岩中等风化球形风化体（孤石）

灰白色夹黑色，中等风化，中粗粒结构，块状构造，主要矿物成分为长石、石英、云母等。岩质坚硬，岩石节理裂隙较发育，岩体较完整，岩芯多呈20~50cm柱状，少数3~6cm块状、碎块状，颜色新鲜，锤击声脆。天然极限抗压强度一般为 f_c = 25.7 ~ 138.0MPa，饱和极限抗压强度一般为 f_r = 14.1 ~ 99.1MPa。主要发育于诚毅广场站-集美大道站范围。如图19-5。

图 19 – 5　花岗岩球形风化体（孤石）

〈17 – 5〉微风化花岗岩

灰、灰白夹褐黑色，矿物成分以灰白色长石为主，石英含量约为 20%，含少量暗色矿物，中粒花岗岩结构，节理裂隙发育，岩芯多呈柱状、短柱状。天然极限抗压强度 f_c = 61.7 ~ 143.0MPa，饱和极限抗压强度 f_r = 58.3MPa ~ 124.3MPa。主要分布于高崎站 – 厦门北站段。

〈17 – 5 – 1〉花岗岩微风化球形风化体（孤石）

灰、灰白夹肉红色，中粗粒花岗结构、块状构造，矿物成分为长石、石英、黑云母等组成，岩芯呈短柱状，节长 10 ~ 20cm，锤击声清脆。天然极限抗压强度 f_c = 55.5MPa ~ 160.0MPa，饱和极限抗压强度 f_r = 50.0 ~ 125.0MPa。主要发育于诚毅广场站 – 集美大道站范围。

〈19〉燕山晚期第二次侵入辉绿岩岩脉（γδ）

〈19 – 1〉全风化辉绿岩

褐黄、棕红、灰白、灰黄夹灰绿色，原岩结构基本破坏，仅外观可辨。岩芯呈土柱状，遇水易软化，手可折断。厚 0 ~ 16m。主要发育于崎沟站附近，其他段零星分布。

〈19 – 2〉散体状强风化辉绿岩

灰绿、褐黄、灰褐夹灰白色，强风化，原岩结构清晰可见，节理裂隙很发育，岩芯呈土柱状，击打易碎，遇水后软化，风化不均匀。厚 0 ~ 20m。主要发育于崎沟站附近，其他段零星分布。

〈19 – 2 – 1〉碎裂状强风化辉绿岩

灰绿、褐黄、灰褐色，主要由斜长石和辉石组成，岩芯呈碎块状，原岩结构可辨，岩体风化强烈，裂隙发育，裂面见黑色铁锰质浸染。锤击易碎，声音沙哑。主要发育于崎沟站附近，其他段零星分布。

〈19 – 3〉中等风化辉绿岩

青灰、灰绿夹灰白色，辉绿结构，块状构造，裂隙较发育，裂面铁锈色，岩芯为短柱状、碎块状，岩质较硬，锤击声不脆。天然极限抗压强度 f_c = 34 ~ 115MPa，饱和极限抗压强度 f_r = 25.6 ~ 82.3MPa。主要发育于崎沟站附近，其他段零星分布。

〈19 – 4〉微风化辉绿岩

绿灰色，辉绿结构，块状构造，裂隙较发育，节理裂隙间绿泥石充填岩芯柱状为主，岩质较硬，锤击声脆。天然极限抗压强度 f_c = 34 ~ 115MPa，饱和极限抗压强度 f_r = 25.6MPa ~ 82.3MPa。主要发育于崎沟站附近，其他段零星分布。

〈20〉燕山早期第三次侵入花岗岩（$\gamma_5^{2(3)\varepsilon}$）

〈20 – 1〉全风化花岗岩

褐黄、灰褐、灰白色，原岩结构可辨，但岩石矿物组织结构已破坏，裂隙极发育，绝大部分长石等易风化矿物已风化成次生黏土矿物。岩芯呈土状，手捏易碎，浸水可捏成团，偶夹有强风化岩块。厚 1 ~ 19m。主要分布于厦门北站 – 设计终点、厦门北车辆段及出入线。

〈20 – 2〉散体状强风化花岗岩

褐黄、灰褐、灰白色，岩芯呈土柱状。中粗粒花岗结构，散体状结构，原岩结构清晰可辨，但岩石矿物组织结构已破坏，风化强烈，裂隙发育。大部分长石等易风化矿物已风化成次生黏土矿物，仅残留少量长石矿物硬核。干钻困难。主要分布于厦门北站－设计终点、厦门北车辆段及出入线。

〈20－3〉碎裂状强风化花岗岩

灰白、褐黄色－斑杂，成分以长石、石英为主，含少量暗色矿物，中粗粒花岗结构，块状构造，裂隙发育，张开型，裂面水锈色，岩芯碎块状为主，少量柱状，岩质软，锤击声哑，部分手可折断，岩石风化不均匀。主要分布于厦门北站－设计终点、厦门北车辆段及出入线。

〈20－4〉中等风化花岗岩

灰白、灰色－斑杂，成分以长石、石英为主，含少量暗色矿物，中粒花岗结构，块状构造，裂隙较发育，张开－微张开，裂面铁锰质浸染，岩芯柱状，岩质较硬，锤击声较脆。天然极限抗压强度 $f_c=77.8\sim172.7$MPa，饱和极限抗压强度 $f_r=50.1\sim115.0$MPa。主要分布于厦门北站－设计终点、厦门北车辆段及出入线。

〈20－4－1〉花岗岩中等风化球形风化体（孤石）

灰白、灰褐、灰色－斑杂，成分以长石、石英为主，含少量暗色矿物，中粒花岗结构，块状构造，钻孔岩芯柱状，岩质较硬，锤击声较脆。根据室内试验：天然极限抗压强度 $f_c=60.3\sim196$MPa，饱和极限抗压强度 $f_r=41.5\sim120.0$MPa。主要分布于厦门北站－设计终点、厦门北车辆段及出入线。

〈20－5〉微风化花岗岩

灰、灰白、灰褐色，中粗粒花岗结构，块状构造，矿物成分主要由长石、石英及黑云母等组成，裂隙稍有发育，裂隙面铁锰质渲染。岩芯锤击声脆。岩芯呈柱状、短柱状。天然极限抗压强度 $f_c=96.80\sim196.00$MPa，饱和极限抗压强度 $f_r=78.3\sim133$MPa。主要分布于厦门北站－设计终点、厦门北车辆段及出入线。

3.3 主要地层评价分析

线路地下车站底板埋深 15～27m，车站主体结构多位于硬塑残积砂质黏性土、全风化花岗岩中，底板结构多位于全风化花岗岩，局部为冲洪积黏性土及砂土。残积土以硬塑为主，局部为可塑；全风化岩呈坚硬土或中密砂土状；强风化岩呈密实砂土夹少量碎石状或角砾土状，软硬不均[1-3]。

线路暗挖段落洞顶板以上覆土厚度大于 6m，隧道洞身主要穿过硬塑状冲洪积黏性土，硬塑残积砂质黏性土、全风化花岗岩，局部穿过可塑残积砂质黏性土及冲洪积砂土；隧道底板穿越主要岩层为全风化花岗岩；隧道顶板穿越主要岩层为硬塑残积砂质黏性土、全风化花岗岩，局部为可塑残积砂质黏性土及冲洪积砂土。另外花岗岩普遍存在差异风化，局部风化差异较大，形成风化孤石。风化孤石及差异风化对隧道区间施工影响较大。

线路路基段主要为高集、集杏海堤段，沿鹰厦铁路路基通过。地层岩性主要为抛填石，厚度 5～20m，淤泥及淤泥质土，厚度 2～8m，常与海浪、暗流和潮汐的水动力作用形成较粗的颗粒相掺杂，使其不均匀和极疏松，增强了淤泥的透水性能，易于压缩固结。

3.4 主要地层物理力学参数

厦门城市轨道交通周围地层主要为第四系全新统人工填筑层（Q^s）（杂填土、黏土质、砂质及碎石素填土、抛石及耕植土），全新统冲洪积层（Q_4^{al-pl}）（黏性土及砂卵石层），海积层（Q_4^m）（淤泥、淤泥质黏性土、砂层及淤泥质砂），海陆交互沉积层（Q_4^{mc}）（黏性土），上更新统冲洪积层（Q_3^{al-pl}）（黏性土及砂层），坡积层（Q^{dl}）（黏性土及碎石土），残积层（Q^{el}）（砂质黏性土）。下伏基岩为侏罗系上统南园组（J_3n）凝灰熔岩，燕山晚期第二次侵入似斑状二长花岗岩（$\eta\gamma_5^{3(1)b}$），燕山早期第三次侵入花岗岩（$\gamma_5^{2(3)c}$），辉绿岩（γδ）等。各个地层的岩土物理力学参数见表 19－5 和表 19－6。

表 19－5 岩土物理性质参数表

岩土名称	地层代号	含水量 w（%）	重度 r（kN/m³）	比重 G_S（g/cm³）	孔隙比 e	液限 ω_l（%）	塑限 ω_p（%）
素填土	1b	29.3	17.5	2.69	0.95	35.2	21.5
杂填土	1c		18				
填石	1d		20				
淤泥	2a	53.2	16.3	2.7	1.53		
粉质黏土	3a	27.5	18.4	2.71	0.88	36.6	21.9
中砂	3d		18.5		0.85		
淤泥质土	4b	47.2	16.7	2.7	1.37	42.6	25
粉质黏土	8a	26.1	18.8	2.71	0.82	37.5	22.5
中砂	8d		19		0.75		
残积砂质黏性土	11a	28.6	18.5	2.68	0.89	37.2	23.1
凝灰熔岩残积黏性土	11c	28	18.3	2.69	0.91	36.2	22.4
辉绿岩残积黏性土	11d	35.4	17.9	2.69	1.00	41	24.6
全风化凝灰熔岩	12a		19.2				
散体状强风化凝灰熔岩	12b		20				
碎裂状强风化凝灰熔岩	12c		22				
中风化凝灰熔岩	12d		24.5				
微风化凝灰熔岩	12e		26.5				
全风化花岗岩	17a		19.5				
散体状强风化强风化岩	17b		21				
碎裂状强风化花岗岩	17c		23				
中风化花岗岩	17d		25				
微风化花岗岩	17e		27				
全风化辉绿岩	19a		19				
散体状强风化辉绿岩	19b		20				
碎裂状强风化辉绿岩	19c		22				
中风化辉绿岩	19d		24				

表 19－6 岩土力学性质参数表

岩土名称	地层代号	抗剪强度				岩石			
		天然快剪		固结快剪		点荷载抗压强度（MPa）	岩石饱和抗压强度（MPa）	吸水率（%）	饱和吸水率（%）
		黏聚力 C（kPa）	内摩擦角 φ（°）	黏聚力 C（kPa）	内摩擦角 φ（°）				
素填土	1b	20	12	25	15				
杂填土	1c	10	20	10	25				
填石	1d	3	40		45				
淤泥	2a	11	2	12	10				
粉质黏土	3a	27	12	28	14				
中砂	3d	5	22						

续表 19-6

岩土名称	地层代号	抗剪强度				岩石			
		天然快剪		固结快剪		点荷载抗压强度（MPa）	岩石饱和抗压强度（MPa）	吸水率（%）	饱和吸水率（%）
		黏聚力 C（kPa）	内摩擦角 φ（°）	黏聚力 C（kPa）	内摩擦角 φ（°）				
淤泥质土	4b	13.5	3	13	12				
粉质黏土	8a	35	13	37	15				
中砂	8d	5	28						
残积砂质黏性土	11a	30	21	31	23				
凝灰熔岩残积黏性土	11c	30	18	32	19				
辉绿岩残积黏性土	11d	29	17	30	18				
全风化凝灰熔岩	12a	25	25						
散体状强风化凝灰熔岩	12b	28	30						
碎裂状强风化凝灰熔岩	12c		50 *			7.2			
中风化凝灰熔岩	12d		60 *				31.8		
微风化凝灰熔岩	12e		70 *				79.8	0.24	0.28
全风化花岗岩	17a	25	28						
散体状强风化强风化岩	17b	28	32						
碎裂状强风化花岗岩	17c		55 *			13.3			
中风化花岗岩	17d		65 *				39.3		
微风化花岗岩	17e		75 *				75.3	0.18	0.23
全风化辉绿岩	19a	26	22						
散体状强风化辉绿岩	19b	30	28						
碎裂状强风化辉绿岩	19c		45 *			5.5			
中风化辉绿岩	19d		55 *				31.8		

注：打“*”数值为计算摩擦角，选用计算摩擦角时，不再计内摩擦角和黏聚力。

3.5　特殊性岩土

特殊岩土为人工填筑土、软土、残积土和风化岩及风化孤石。

（1）人工填筑土。

1）厦门岛内（中山路西站－高崎站（不含试验段）高崎停车场出入线及场坪）：

场区均有分布，为新近人工堆填，主要为素填土及杂填土，成分为筑路用中粗砂、黏性土夹碎石、块石、建筑垃圾及生活垃圾等，结构疏密不均，透水性及力学性能差异较大。

2）厦门岛外（高崎站（不含）－设计终点、厦门北车辆段及出入线）：

人工填筑土主要表现为杂填土、黏土质素填土、砂质素填土、碎石素填土、抛石及耕植土。〈1－1〉杂填土：灰、灰黄、灰黑等杂色，稍湿，松散－稍密。主要由角砾、砖块及混凝土等建筑垃圾组成。厚0－8m。回填时间在1年左右，零星分布于沿线地表；〈1－2－1〉黏土质素填土：灰、褐红、褐黄色，褐红色，松散－稍密，稍湿－潮湿，主要为可塑黏性土，局部夹少量砂土、角砾及碎石，广泛分布于沿线地表，厚0～22m；〈1－2－3〉砂质素填土：灰褐、褐红、褐黄色，松散，稍湿，主要黏性土及石英中粗砂回填而成，厚0～17.5m。主要分布于集杏海堤、高集海堤段，其他地段零星分布；〈1－2－4〉碎石素填土：灰白、灰黑、褐红、灰黄色，松散－稍密，稍湿－饱和，灰黄色，松散，饱和，碎石含量约50%，粒径60～200mm，石质成分为花岗岩，余为中细砂及黏性土填充。主要为修路回填形成。零星分布于沿线道路下方，厚0～10m；〈1－3〉抛石：黄褐、青灰、灰白、灰黄等杂色，成分主要由花岗岩块石抛填而成，间隙冲填碎石和砂等，成分不均，松散～中密，潮湿～饱和，块径约10～40cm，最大可达50cm。厚0～20m，最大厚度达31.3m。主要分布于高集海堤及集杏海堤，其他地段零星分布；〈1－4〉耕植土：黄褐色，可塑－硬塑，该层主要为黏性土，可见植物根系及少量碎石角砾，厚0.5～1m。主要分布于厦门北车辆段及出入线，另在董任站－集美中心站、诚毅广场站－圣果院站段也有零星分布。

人工填筑土对埋置在下部的区间隧道工程影响小；对明挖基坑及桩基础成桩影响大。

（2）软土。

1）厦门岛内［中山路西站－高崎站（不含试验段）高崎停车场出入线及场坪］。

本区间大部分布有软土，主要为淤泥及淤泥质土，厚度变化较大，其具有含水量高、孔隙比大、压缩性高、强度低、易发生触变和流变等不良特性。软土有机质含量见表19－7，属有机质土。

表19－7　软土有机质含量

统计项目 \ 有机质含量 \ 土层	淤　泥	淤泥质土
统计个数	28	16
最大值	8.7	7.5
最小值	3.5	3.3
平均值	6.4	5.7

注：试验采用灼烧法。

2）厦门岛外［高崎站（不含）－设计终点、厦门北车辆段及出入线］。

沿线软土主要表现为冲洪积软塑状粉质黏土、海积淤泥及淤泥质黏性土、海陆交互沉积软塑状粉质黏土。〈3－1－1〉软塑状粉质黏土：灰褐、深灰色，软塑，主要成分为黏粉粒，微含少量细砂粒及有机质，韧性好，黏性强。厚0～5m。零星分布于沿线冲洪积沟槽及平原地带；〈4－1〉淤泥：黑色、黑灰色，流塑，成分以黏粒为主，含有机质成分，具腥臭味。具腥臭味，含少量贝壳等腐殖质，含20%～30%粉细砂，切面稍有光泽，韧性低，干强度中等，无摇振反应。厚0～11m。主要分布于沿线滨海滩涂及海冲积平原地带；〈4－2〉淤泥质土、淤泥质（粉质）黏土：灰色、黑灰色，软塑－流塑，黏粒为主，粉粒次之，含有机质成分及腐殖质，具腥臭味，干强度中等，韧性低，黏性好。厚0～9m。主要分布于沿线滨海滩涂及海冲积平原地带；〈5－1－1〉软塑状粉质黏土：灰－灰黄色，软塑，成分以黏粒为主，切面稍有光滑。无光泽，无摇振反应，干强度较高，韧性较高。钻探揭示层厚0～4m，零星分布于台地与滨海滩涂过渡带。

由于软土具触变性、流变性、高压缩性、低强度、不均匀性等特点，对工程具不同程度的影响。

（3）残积土和全、强风化岩及风化孤石。

1）厦门岛内［中山路西站－高崎站（不含试验段）高崎停车场出入线及场坪］。

场区基岩主要为燕山晚期侵入花岗岩（γ），花岗岩残积土一般呈灰黄与灰白相杂的花斑色，除石英颗粒外，其他矿物基本风化为高岭土（属亲水矿物）；土中砾石级颗粒一般占2.7%～42.7%，场区大多属砾质黏性土，少部分段落为砂质黏性土，为不连续级配土，两头大，中间小；土体孔隙率高，干燥状态颗粒间有一定结合力，遇水后由于亲水矿物迅速与水相结合，形成泥状物，导致强度急剧降低；地下水位以下，0.5mm以下细粒土多呈软塑－流塑状态。在动水压力作用下，细粒土易流失，使渗透系数不断增大，从而产生涌泥和坍塌现象。

岩体风化分带比较明显，一般随着深度的增加，自上而下岩体的风化程度由全风化带向中微风化带过渡。全强风化带除石英外其他矿物基本风化为黏土矿物（主要为高岭土），岩石结构仍可辨，颗粒间结合力完全丧失，岩体呈砾质黏性土或砂质黏性土状，遇水后强度易急剧降低，地下水位以下细粒土呈软塑－流塑状，工程性能与花岗岩残积层有相似之处。

花岗岩风化带的另一主要特点是差异风化现象特别明显，残积层及全、强风化带中普遍存在中等－微风化球状风化体（孤石），中等风化带中也存在强风化岩体囊状风化带特征，风化带的均匀性差，风化界面复杂，增加了工程勘察和地下工程施工的难度。

2）厦门岛外［高崎站（不含）－设计终点、厦门北车辆段及出入线］。

根据厦门花岗岩地区的风化特征，球状不均匀风化较发育，应考虑孤石或不均匀风化残留体存在的可能性，属地下障碍物种类之一，对地下结构施工不利。

段内大部分隧道区间部分位于花岗岩、凝灰熔岩残积层与风化岩层中，风化岩以全风化层为主，少部分为强风化、中等风化或弱风化层。车站主体结构大部分位于花岗岩、凝灰熔岩残积层与全、强风化岩层中。全风化岩呈坚硬土或中密砂土状；强风化岩呈密实砂土夹少量碎石状或角砾土状，软硬不均。残积土和全、强风化岩在动水作用下易软化崩解，强度急剧降低，自稳性差的特点。另外花岗岩普遍存在差异风化，局部风化差异较大，形成风化孤石。风化孤石及差异风化对隧道区间盾构施工影响较大。勘察二标段详勘阶段共计揭示球形风化体（孤石）121个，揭示孔数86个（含岛外试验段）。勘察二标段详勘阶段布置钻孔923个，钻孔见孤石率9.3%。钻孔揭示孤石层厚一般0.3～4.3m，该层厚范围的孤石占揭示孤石总数93%，其他层厚5.3～12.8m，由于钻探口径较小，孔内揭示厚度并不能充分体现孤石粒径大小，施工开挖揭示孤石大小可能变化，对工程的影响亦有不同，施工时应及时调整应对措施。根据详勘阶段勘察情况孤石主要分布于诚毅广场站至厦门北车辆段，尤其诚毅广场站至软件园站段最为发育。设计及施工应高度重视。

4 地 下 水

4.1 地表水、地下水的赋存及类型

(1) 厦门岛内［中山路西站－高崎站（不含试验段）高崎停车场出入线及场坪］。

本段范围内地表水系不发育，按赋存介质，地下水可分为三类：赋存于第四系填土层中的松散岩类孔隙水；赋存于残积层及全、强风化带中的风化残积孔隙裂隙水；赋存于碎裂状强风化带以下的基岩裂隙水。

(2) 厦门岛外［高崎站（不含）－设计终点、厦门北车辆段及出入线］。

本段范围内地表水发育，跨海段有大片海域分布，集美中心至诚毅广场线路右侧有杏林湾水库，软件园站－集美大道站区间有碧溪，其他段零星分布有大小不等的鱼塘。

地下水主要有第四系孔隙水、基岩裂隙水。第四系孔隙潜水主要赋存于冲洪积、海积砂卵石层中。以孔隙潜水为主，人工填土层中局部存在上层滞水，地下水位埋深0～17.2m。

基岩裂隙水主要赋存于基岩强、中等风化带中。基岩的含水性、透水性受岩体的结构、构造、裂隙发育程度等的控制，由于岩体的各向异性，加之局部岩体破碎、节理裂隙发育，导致岩体富水程度与渗透性也不尽相同。岩体的节理、裂隙发育地带，地下水相对富集，透水性也相对较好，反之不然。总体上，基岩裂隙水发育具非均一性。

区间范围内冲洪积砂层与海积砂分布规律性差，主要呈透镜状分布，局部层状分布，级配较好，分选较差，厚度大体在2.0～4.0m，埋深3.0～13.9m，富水性及透水性一般，含水量一般；大部分位于隧道之上，对隧道影响较小。粉质黏土、残积土及全化层富水性及透水性较差，含水量较小，为相对隔水层。局部地段含水层与相对隔水层交错分布，因此在区间范围地下水局部具有微承压性。

4.2 地下水的补给、径流、排泄及动态特征

(1) 厦门岛内[中山路西站 – 高崎站(不含试验段)高崎停车场出入线及场坪]。

场区松散岩类孔隙水、风化残积孔隙裂隙水及基岩裂隙水均直接或间接靠大气降水补给,但补给程度有一定差异。

松散岩类孔隙水含水岩组上部往往具有一层渗透性能较差的黏性素填土或混凝土地面,局部可能接受植物灌溉或生活用水渗漏补给。

风化残积孔隙裂隙水除接受大气降水补给外,尚有基岩裂隙水的侧向补给或托顶上渗补给。

地下水的运动主要受地形、地貌的控制,基岩裂隙水及风化孔隙裂隙水向低处汇流。

地下水的动态变化受年降水量变化规律的控制,地下水位一般 3 月开始上升,9 月逐渐下降,5—6 月为最高水位,12 月至翌年 2 月为最低水位,其变化幅度又因地形、含水层的不同而有差异,总体上基岩裂隙水和风化残积孔隙裂隙水水位随降雨变化较大,第四系松散层地下水变幅较小。

(2) 厦门岛外[高崎站(不含) – 设计终点、厦门北车辆段及出入线]。

地下水主要受大气降水补给,其次受地表水补给,径流途径较好,局部较差。地下水的渗流方向由相对较高水头处向相对较低水头处渗流,流速低,流量小。从地下水位反映的形态看,地势高则地下水水位高,反之则地下水位低。

场地范围内地下水动态变化:海湾附近受海水影响,变化幅度小,岩内维修基地附近,远离海水区域,受大气降水影响大,年变化幅度稍大。年变幅一般 2 ~ 4m。

4.3 水化学特征

共取地表水水质类型以 $SO_4^{2-} \cdot HCO^{3-} \cdot Cl^- - Ca^{2+} \cdot Na^+$、$Cl^- - Na^+$、$Cl^- \cdot HCO_3^- - Na^+$、$Cl^- \cdot HCO_3^- - Na^+ \cdot Ca^{2+}$、$HCO_3^- - Na^+ \cdot Ca^{2+}$ 型为主。地下水水质类型以 $HCO_3^- - Ca^{2+} \cdot Na^+$、$HCO_3^- \cdot Cl^- \cdot SO_4^{2-} - Ca^{2+} \cdot Na^+$、$SO_4^{2-} \cdot HCO_3^- \cdot Cl^- - Ca^{2+} \cdot Na^+$、$Cl^- - Na^+$、$HCO_3{}^- - Na^+$ 型为主。

沿线地表水主要为海水、杏林湾水库水,及局部有分布的水塘水。海水主要分布于高崎站 – 园博苑站段内,取段内海水分析,按《岩土工程勘察规范》GB 50021—2001(2009 版)判定结果为,按Ⅰ类环境判定 SO_4^{2-} 对混凝土结构具强腐蚀,Mg^{2+} 具微 – 弱腐蚀性,OH^- 具微腐蚀性,总矿化度具中等腐蚀性;在 A 类条件下具微 – 弱腐蚀性,对钢筋混凝土结构中的钢筋在干湿交替环境中具强腐蚀性,在长期浸水环境下具微 – 弱腐蚀性;杏林湾水库水按Ⅰ类环境判定 SO_4^{2-}、Mg^{2+}、OH^-、总矿化度具微腐蚀性;在 A 类条件下具微腐蚀性,对钢筋混凝土结构中的钢筋在干湿交替及长期浸水环境下均具微腐蚀性。

沿线地下水对混凝土结构、钢筋混凝土中的钢筋及钢结构均具有一定的腐蚀性,按《岩土工程勘察规范》GB 50021—2001(2009 版)判定,Ⅰ类环境下 SO_4^{2-} 对混凝土结构具中 – 强腐蚀性,主要分布于高崎站 – 园博苑站段,中腐蚀性段落主要分布于董任站 – 软件园段;Mg^{2+} 对混凝土结构一般具微 – 弱腐蚀性,弱腐蚀性段落亦分布于高崎站 – 园博苑站段;OH^- 对混凝土结构具微腐蚀性;总矿化度对混凝土结构具中腐蚀性,主要分布于高崎站 – 园博苑站段。在 A 类条件下地下水对混凝土结构具有微 – 中腐蚀性,中等腐蚀主要分布于高崎站 – 园博苑站段、内林站 – 杏北站段、集美中心站以及诚毅广场站。地下水对混凝土结构中的钢筋在长期浸水条件下普遍具有微 – 弱腐蚀性,在干湿交替条件下多具微 – 弱腐蚀性,中等腐蚀性主要分布于董任站 – 集美大道站段,强腐蚀性主要分布于高崎站 – 园博苑站段。

4.4 岩土层的富水性及渗透性

通过工程勘察钻孔简易抽水试验、室内试验，并结合当地经验，各岩土层透水性及富水性见表19－8。

表19－8 各岩土层透水性及富水性一览表

岩土编号	岩土名称	地下水类型	渗透系数 K（m/d）			给水度	透水性	富水性
			试验值	经验值	建议值			
1－1	杂填土	松散岩类孔隙水			差异大		强	好
1－2	素填土	松散岩类孔隙水		5.0～20.0	20.0	0.40	强	好
3－1	粉质黏土	松散岩类孔隙水	0.002	0.001～0.1	0.03	0.10	弱	差
3－4	中粗砾砂	松散岩类孔隙水		10～50	20	0.30	强	好
4－1	淤泥	松散岩类孔隙水	0.0001	<0.001	0.001	0.01	微	差
4－2	淤泥质土	松散岩类孔隙水	0.0003	<0.001	0.001	0.01	微	差
4－4	中粗砾砂	松散岩类孔隙水		10～50	10	0.30	强	好
5－1	粉质黏土	松散岩类孔隙水	0.002	0.001～0.1	0.01	0.10	弱	差
5－4	中粗砾砂	松散岩类孔隙水		20～50	20	0.30	强	好
8－1	粉质黏土	松散岩类孔隙水	0.01	0.01～0.05	0.03	0.10	弱	低
8－4	中粗砂	松散岩类孔隙水		20.0～50.0	20	0.30	强	好
10－1	粉质黏土	松散岩类孔隙水		0.01～0.1	0.2	0.20	弱	低
11－1	残积砂质黏性土	风化残积孔隙裂隙水		0.25～0.5	0.3	0.20	弱	差
11－2	残积砾质黏性土	风化残积孔隙裂隙水	0.585	0.25～0.5	0.3	0.20	弱	差
11－3	凝灰熔岩残积土	风化残积孔隙裂隙水		0.25～0.5	0.3	0.20	弱	差
11－4	辉绿岩脉残积土	风化残积孔隙裂隙水	0.083	0.01～0.1	0.1	0.10	弱	差
12－1	全风化凝灰熔岩	风化残积孔隙裂隙水		0.25～0.5	0.2	0.15	弱	差
12－2	强风化凝灰熔岩	风化残积孔隙裂隙水		0.5～1.0	0.3	0.35	弱	差
12－3	中等风化凝灰熔岩	基岩裂隙水		0.5～1.0	3.0	0.40	中等	较好
12－4	微风化凝灰熔岩	基岩裂隙水		0.1～0.25	0.8	0.25	弱	差
17－1	全风化花岗岩	风化残积孔隙裂隙水	0.723	0.25～0.5	0.3	0.15	弱	差
17－2	散体状强风化花岗岩	风化残积孔隙裂隙水		0.5～1.0	0.4	0.35	弱	差
17－3	碎裂状强风化花岗岩	基岩裂隙水		1.0～5.0	5.0	0.45	中等	较好
17－4	中等风化花岗岩	基岩裂隙水	3.27	0.5～1.0	3.0	0.40	中等	较好
17－5	微风化花岗岩	基岩裂隙水		0.1～0.25	0.8	0.25	弱	差
19－1	全风化辉绿岩	风化残积孔隙裂隙水		0.01～0.1	0.1	0.15	弱	差
19－2	强风化辉绿岩	风化残积孔隙裂隙水		0.25～0.5	0.3	0.30	弱	差
19－3	中等风化辉绿岩	基岩裂隙水		1.0～5.0	2.0	0.40	中等	较好
19－4	微风化辉绿岩	基岩裂隙水		0.5～1.0	0.5	0.25	弱	差

5 主要工程地质问题及对策

5.1 明挖法施工存在的问题及对策

5.1.1 明挖法基坑工程主要地质问题为：

（1）局部地段场区临近海岸或筼筜湖，地下水与海水联系密切，地下水位埋藏较浅，与海面接近并随潮汐变化；碎石类填土透水性强，水量丰富；此外，碎裂状强风化及中等风化岩体透水性也较好，且也可能与海水存在水力联系；如降水方法不当或围护结构隔水效果不理想，施工降水可导致坑外土体因地下水位下降过多而出现沉降超标现象，也可能因抽排水过多引起海水倒灌，使场区地下水的水质有所改变。

积层及花岗岩全－强风化带均有可能存在中等－微风化球状风化体（孤石），将会给地连墙成槽造成一定困难。

基坑范围内广泛分布冲洪积粉质黏土及残积土、全强风化岩，开挖后边坡易发生坍塌现象，基坑坑壁及出入口通道边坡应加强防水及防护措施，边坡开挖后应及时封闭。

（2）花岗岩残积土及全－强风化层在开挖扰动后岩土体强度降低，泡水后亲水矿物形成泥状，使强度急剧降低，在动水压力作用下细粒土易发生渗透变形；当围护体系搭接不严时，可导致坑外土体发生管涌或流土等现象，严重时会出现地面塌陷甚至围护结构失稳。

花岗岩残积土及全强风化岩普遍具明显的砂性土、砾质土的特征，扰动敏感性较强。土工试验反映其级配差，砂（砾）含量较高。施工开挖时一旦周围地下水渗入该层，其水量会迅速增加，且均被黏粒所吸收；因此，短时间内会迅速软化崩解，降低其承载力，并给坑内施工带来一定难度。

（3）局部车站中等－微风化基岩侵入基坑范围内，围护结构需穿过残积层并进入基岩一定深度，场区残积层及花岗岩全－强风化带均有可能存在中等－微风化球状风化体（孤石），将会给地连墙成槽造成一定困难。

基坑范围内广泛分布冲洪积粉质黏土及残积土、全强风化岩，开挖后边坡易发生坍塌现象，基坑坑壁及出入口通道边坡应加强防水及防护措施，边坡开挖后应及时封闭。

（4）基坑壁的可塑状黏性土土质软弱，砂土含水量较丰富，自稳能力差，坑壁稳定性极差，基坑边坡极易发生坍塌、失稳并引起附近地面沉降问题。地面大流量车流形成的震动效应或者附近场地抽取大量抽取地下水扰动地层时，可能造成水泥路面沉降和路面悬空现象发生，同时，抽排水时因水头压力较大，砂土层常产生管涌，造成地基不均匀沉陷。残积土及全强风化岩在遇水浸泡、扰动后极易软化，其强度会有较大的降低。

部分车站地层中发育饱和砂土，当围护结构有缺口时，开挖过程中极易发生流砂现象，另外，风化残留体顶部周围渗透系数大，开挖时涌水量较大，也可能出现流砂现象，由此可导致坑外地面沉陷或围护结构失稳。

（5）由于土体的卸载作用，土体的自重应力的释放，坑底土向上回弹，基坑在开挖后都会有不同程度的隆起变形发生。在基坑开挖深度不大时，坑底为弹性隆起，其特征为坑底中部隆起最高，当开挖达到一定深度且基坑较宽时，出现塑性隆起，隆起量也逐渐由中部最大转变为两边大中间小的形式，但对于较窄的基坑或长条形基坑，仍是中间大，两边小的分布形式；本车站基坑开挖深度较大且坑底置于全、强风化岩中，坑底土体会有一定的回弹，基底土体回弹后，土体松弛和蠕变的影响使土体隆起。

（6）在基坑开挖过程中为了保证正常的施工，常常采用各种降水方法降低地下水位，地下水位降低后，在抽水影响半径范围内土体会产生新的固结，从而引起地面沉降。它的影响范围较大，一般是以深基坑为中心的环形区域内。根据工程实践经验，当土质较差而支挡结构入土深度不大时，支挡结构侧向变形较大，最大地表沉降常发生在坑边，随距坑边距离的增加而减少；当坑底的土层较好或墙体入土深度较大时，支挡结构产生的侧向变形较小地表沉降的最大值位于离墙一定距离的位置上。在实际工程中，基坑周围的地表沉降往往是地下水疏干和围护结构变形叠加的结果。当降水过大，而且疏干范围又小，可能使周围建筑物产生不均匀沉降导致建筑物的倾斜和墙体开裂，造成严重的破坏。

（7）基坑抗浮问题：当车站主体结构自重、围护结构自重加上覆土自重不能满足抗浮安全要求时，可结合中柱下布桩解决抗浮问题。

（8）高崎停车场场坪工程及出入线段普遍分布有结构疏密不均的人工填土及高压缩性软土层，容易导致浅基建筑物出现不均匀沉降甚至变形破坏。人工填土成分复杂、结构疏松、颗粒大小悬殊，钻孔桩成孔过程中易发生漏浆、塌孔现象，较大硬质块体有碍于预制桩及沉管灌注桩的外管下沉，部分桩基施工时会遭遇到成孔、沉桩困难现象，挤土效应可能影响沉管灌注桩的桩身质量。软土属于欠固结土层，在附加荷载作用下，极易出现不均匀沉降，由此可能导致浅基构筑物沉降或变形破坏。

5.1.2 相关控制对策

（1）工程勘察期间，详细查明碎石类填土、可塑状黏性土土质、饱和砂土、花岗岩残积土及全－强风化层、碎裂状强风化及中等风化岩体等的透水性，明确各类特殊性岩土的具体工程特性，明确地下水与海水的水力联系。

（2）工程施工过程中，采用适宜的降水方法，同时注意基坑围护结构的隔水效果，防止地下水向基坑内容渗入而影响施工。

（3）注重围护体系搭接部位的施工，尤其在花岗岩残积土及全－强风化层中开始时，严格保证围护体系的施工质量。

（4）地连墙成槽时，针对可能存在的中等－微风化球状风化体（孤石），采用合理的施工机械进行开挖。

（5）基坑开挖过程中，及时架设支撑，严格执行基坑开挖步骤，防止支护不及时或过量超挖造成的基坑侧壁坍塌。

（6）施工过程中，加强对基坑工程自身和周边环境的监测工作，出现风险预警时进行及时的处理，以保证工程自身和周边环境的安全。

5.2 暗挖法施工存在的问题及对策

5.2.1 暗挖法隧道工程主要地质问题为：

（1）花岗岩残积土及全－强风化层在开挖扰动后岩土体强度急剧降低，当形成临空面时，在动水压力作用下细粒土易发生渗透变形，易出现突泥或塌方事故，应采取预支护措施。

（2）花岗岩中普遍存在差异风化现象，在矿山法施工中，应对差异风化对施工产生的不利影响引起足够重视。

（3）碎裂状强风化带和中等风化带水量较丰富，开挖掘进遭遇此类地层时可能发生突水现象，用做好相应对策。

（4）隧道洞身局部可能会产生涌水现象，特别是在强风化岩下部含水较丰富，应加强施工加固措施；同时施工止水会引起地下水局部壅升，使影响范围内的部分岩土体软化，强度降低，施工时应采取合理的止水措施。

（5）花岗岩残积土及全、强风化层普遍具明显的砂性土、砾质土的特征，扰动敏感性较强。土工试验反映其级配差，砂（砾）含量高。施工开挖时一旦周围地下水渗入该层，其水量会迅速增加，且均被黏粒所吸收；因此，该层短时间内会迅速软化崩解呈泥浆状，降低其承载力，并给施工带来一定难度。

5.2.2 相关控制对策

（1）矿山法开挖过程中，应采取预支护措施，并根据基岩差异风化情况采取适宜的开挖方式和支护措施。

（2）开挖过程中，加强超前地质预报，防止出现涌水、突水现象。

（3）根据花岗岩残积土及全、强风化层的砂性土、砾质土特征，采用适宜的开挖和支护方式，并针对可能出现的工程开挖风险制定应急预案。

5.3 盾构法施工存在的问题及对策

5.3.1 盾构法隧道工程主要地质问题为：

（1）隧道大部为城市浅埋隧道，两侧建（构）筑物较多，施工过程中会引起围岩松弛，严重时会引起塌方、冒顶等事故，施工降水加剧了受影响范围土体的固结沉降，防护措施不当时会导致邻近建筑物、地下管线等出现下沉、开裂，甚至更严重的破坏。

（2）部分段落隧道场区临近海岸或筼筜湖，地下水位埋藏较浅，地下水与海水有一定水力联系，碎石类填土透水性强，水量丰富，此外碎裂状强风化及中等风化岩体透水性也较好，隧道施工时可能引起海水倒灌。

（3）在盾构法施工段落，当隧道两端（与车站交接处）围岩自稳能力差或存在饱和砂土层时，盾构进口端的围岩加固、止水措施不当时，极易出现突泥、突水及渗透变形破坏，由此可能导致坑外地表下陷事故的发生。

（4）局部盾构工法区间段落上覆土层多以软弱土及透水性强的砂土为主，盾构掘进过程中，盾构机或补充浆液压力过大时，可能引起地表冒浆或隆起现象，当遇到顶进困难或机械故障时，容易发生超挖引起的地面下陷事故。

（5）隧道底板埋深较深，局部砂土中孔隙水及裂隙水可能承压，产生涌水、突水现象。施工止水会引起地下水局部上升，使影响范围内的部分岩土体软化，强度降低。若止水不当，易使管片上浮形成错台。

（6）花岗岩风化不均匀，差异大，软硬交界面（中等风化界面）起伏不平，残积层及基岩全－强风化带内发育中等－微风化球状风化体（孤石），对盾构施工极为不利，掘进过程中容易出现掘进困难、偏向、刀具损坏等问题。

5.3.2 相关控制对策

（1）盾构法施工建议设置试验段，以获取适宜该地区的盾构机参数，减小施工对地层的扰动。

（2）加强对工程周边建（构）筑物、地下管线等的监测工作，发现问题时及时进行监测预警报警，并采取处理措施。

（3）盾构施工过程中加强注浆和二次补浆，并密切关注开挖面的地下水情况，防止海水倒灌情况的出现。

（4）针对花岗岩差异风化和球状风化情况，选用适宜的盾构刀片，并针对可能存在的盾构风险制定应急预案。

参 考 文 献

[1] 中铁大桥勘测设计院集团有限公司. 厦门市轨道交通1号线一期工程详勘阶段中山路西

站 - 高崎站（不含试验段）高崎停车场出入线及场坪工程岩土工程勘察总报告 [R]. 武汉：2013.

[2] 中铁二院工程集团有限责任公司. 厦门市轨道交通 1 号线一期工程详勘阶段高崎站（不含）- 设计终点、厦门北车辆段及出入线岩土工程勘察总报告 [R]. 成都：2012.

[3] 厦门地质工程勘察院. 厦门市嘉禾路地下疏解工程详细勘察阶段岩土工程勘察报告 [R]. 厦门：2012.

[4] 厦门地震勘测研究中心. 厦门轨道交通 1 号线一期工程线路工程地震安全性评价报告 [R]. 厦门：2011.

[5] 刘金全，何乃清，苏志辉. 厦门岛地壳稳定性基本特征 [J]. 福建地质，14 (4)：257 - 262.

[6] 刘亚辉，王权民，廖河山. 厦门市区域地震地质特征 [J]. 地下空间与工程学报，2006，2 (5)：867 - 872.

[7] 王光禄. 厦门市的环境地质 [J]. 水文地质工程地质，1999，14 (4)：24 - 25.

上 海 市

1 自 然 地 理

1.1 地　　理

上海简称“沪”或“申”，中国第一大城市，中华人民共和国直辖市之一，中国国家中心城市，中国的经济、金融中心，繁荣的国际大都市，是中国首个自贸区“中国（上海）自由贸易试验区”的所在地。上海市行政区划图见插图 119。

上海市地处东经 120°52′～122°12′，北纬 30°40′～31°53′之间，位于太平洋西岸，亚洲大陆东沿，中国南北海岸中心点，长江和黄浦江入海汇合处。北界长江，东濒东海，南临杭州湾，西接江苏和浙江两省。是长江三角洲冲积平原的一部分，平均高度为海拔 4m 左右。陆地地势总趋势是由东向西略微倾斜。以西部淀山湖一带的淀泖洼地为最低，海拔仅 2～3m；在泗泾、亭林、金卫一线以东的黄浦江两岸地区，为碟缘高地，海拔 4m 左右；浦东钦公塘以东地区为滨海平原，海拔 4～5m 间。西部有天马山、薛山、凤凰山等残丘，天马山为上海陆上最高点，海拔 98.2m，立有石碑“佘山之巅”。

海域上有大金山、小金山、浮山、佘山等岩岛，大金山海拔 103.4m，为上海境内最高点。全市总面积 6340.5km²，东西最大距离约 100km，南北最大距离约 120km。陆海岸线长约 172km。在北面的长江入海处，有崇明岛、长兴岛、横沙岛等岛屿。崇明岛为中国第三大岛，由长江挟带下来的泥沙冲积而成，面积约 1267.05km²，海拔 3.5～4.5m。长兴岛面积 88.54km²，横沙岛面积 55.74km²。

1.2 气　　象

上海属北亚热带季风性气候，雨热同期，日照充分，雨量充沛。上海气候温和湿润，极端最高气温 40.8℃（2013 年 8 月 7 日），极端最低气温 -12.1℃（1893 年 1 月 19 日），春秋较短，冬夏较长。市区年降水量最多 1794mm（1999 年），最少为 709mm（1892 年）；市区月降水量最多达 726mm（1999 年 6 月），而历史上 6 月降水量最少为 19mm（1897 年）。

1971—2010 年上海年平均气温地区差异小，市区年平均气温为 16.2℃，位于北部的崇明最低，为 15.4℃，其他区在 15.6～16.0℃。最热月（7 月）平均气温为 27.2～27.9℃，市区最高，崇明最低；最冷月（1 月）平均气温为 3.4～4.3℃，市区最高，崇明最低。

1971—2010 年上海平均年降水量在 1098～1190mm 之间，市区降水量最多，位于北部的崇明降水量最少，地区分布大体呈现以市区为中心、由南向北减少的趋势。降水量的 60% 左右集中在 5—9 月，6 月的降水量最多，在 172～188mm 之间，12 月降水量最少，为 32～41mm。上海地区的暴雨（日降水量≥50mm）日数分布呈现出明显的地区性特点。年平均暴雨日数市区为 38 天，金山和青浦最少，为 27 天，其他区在 28～36 天之间。平均暴雨日数出现在 4—9 月，其中 80% 集中在 6—9 月。上海近年来气温、降水数据表见表 20-1～表 20-3。

表 20-1　上海气温数据表（2001—2010 年）

温度	2001 年	2002 年	2003 年	2004 年	2005 年	2006 年	2007 年	2008 年	2009 年	2010 年	平均（℃）
1 月	5.9	7	3.6	4.1	3.4	5.7	5.5	4.2	3.8	5.3	4.85
2 月	6.8	8.5	6.8	8.6	4.3	5.6	9.4	4	8.9	7.5	7.04
3 月	11	13	9.8	9.9	9	11.1	12	11.4	10.6	9.3	10.71

续表 20－1

温度	2001 年	2002 年	2003 年	2004 年	2005 年	2006 年	2007 年	2008 年	2009 年	2010 年	平均（℃）
4 月	15.2	17	15.4	16.2	17.8	16.6	15.6	15.9	16.3	12.8	15.88
5 月	20.8	19.4	19.8	20.9	20.7	20.8	22.8	21.6	21.9	20.8	20.95
6 月	24.2	25.2	24.5	24.4	26.5	25.6	24.7	24	26.2	23.8	24.91
7 月	29.7	27.6	29.5	29.8	29.3	29.4	29.7	30.2	28.8	28.9	29.29
8 月	27	27.3	29.2	28.9	28.3	30.2	29.5	28.4	27.9	30.7	28.74
9 月	24.9	24.8	26.1	24.3	26.3	23.9	25.1	25.6	25	26.2	25.22
10 月	20.2	20	18.7	19.2	19.2	22.1	20.4	20.7	21.3	19.2	20.1
11 月	13.7	12.9	13.9	14.6	15.2	15.7	13.9	13.1	12.1	14	13.91
12 月	7.1	7.7	6.4	9.1	4.9	8.2	9.2	7.5	6.4	7.9	7.44
全年平均（℃）	17.2	17.5	17	17.5	17.1	17.9	18.2	17.2	17.4	17.2	17.42

表 20－2 上海降水数据表（2001—2010 年）

降水	2001 年	2002 年	2003 年	2004 年	2005 年	2006 年	2007 年	2008 年	2009 年	2010 年	平均（mm）
1 月	105.9	38.4	51.7	92.1	73	146.2	45.2	90.9	51.7	40.6	73.57
2 月	65	38.3	72.2	71.5	124.9	75.9	62.9	32.3	124.6	80.2	74.78
3 月	28	100.4	95.8	48.7	42.7	35.9	82.6	30.1	56.2	172.8	69.32
4 月	6705	111.1	81.5	118.2	33.1	124.4	88.8	55.5	75.2	96.3	748.91
5 月	40.4	259.7	29.9	109.8	75.6	107.9	60.6	84.5	59.4	60.9	88.87
6 月	313.1	134.7	99	145	37.3	93.4	158.8	300	142.7	100.4	152.44
7 月	80.9	150.8	77.7	94	118.6	298.4	238.7	105.8	217	124	150.59
8 月	377.9	247.1	114.2	76	307.4	22.7	233.4	113.5	290.4	202	198.46
9 月	19.1	197.8	26.4	141.3	101.5	101	180.1	109.3	86.2	120.5	108.32
10 月	21.4	890	44.6	5.2	39.3	13.2	113.8	56.7	17	81	128.22
11 月	44.2	50.9	40.7	72.3	84.7	181.1	19.5	81.6	106.2	5	68.62
12 月	113.4	116.2	23.2	86.9	21.7	12.6	36	26.3	62.8	45.2	54.43
全年总量（mm）	1276.8	1435.4	756.9	1061	1059.8	1149.7	1290.4	1086.5	1289.4	1128.9	1153.48

表 20－3 2013 年气温、降水记录

月份	1	2	3	4	5	6	7	8	9	10	11	12
气温	4.2	6.9	9.4	14.9	20.6	24.4	27.9	27.1	24.4	17.6	12.2	7.3
降水量	42	64	90	112	117	153	138	119	141	102	88	71

1.3 水 文

上海市地处长江入海口、太湖流域东缘。境内河道（湖泊）面积约500多平方公里，河面积率为9%～10%；全市河道长度2万余公里，河网密度平均每平方公里3～4km。境内江、河、湖、塘相间，水网交织，主要水域和河道有长江口，黄浦江及其支流吴淞江（苏州河）、蕰藻浜、川杨河、淀浦河、大治河、斜塘、圆泄泾、大泖港、太浦河、拦路港，以及金汇港、油墩港等。

其中黄浦江干流全长80余公里，河宽大都在300～700m之间，其上游在松江区米市渡处承接太湖、阳澄淀泖地区和杭嘉湖平原来水，贯穿上海至吴淞口汇入长江口。吴淞江发源于太湖瓜泾口，在市区外白渡桥附近汇入黄浦江，全长约125km，其中上海境内约54km，俗称苏州河，为黄浦江主要支流。上海的湖泊集中在与苏、浙交界的西部洼地，最大的湖泊为淀山湖，面积为60余平方公里。

1.4 地形地貌

上海市地处长江三角洲前缘，东濒东海，南临杭州湾，西接江苏、浙江两省，北界长江入海口，正当我国南北海岸线的中部，交通便利，腹地广阔，位置优越，是一个良好的江海港口。

上海境内除西南部有少数丘陵山脉外，全为坦荡低平的平原，是长江三角洲冲积平原的一部分，平均海拔高度为4m左右。陆地地势总趋势由东向西低微倾斜。平均海拔高度为4m左右。

除西南部有少数丘陵山脉外，上海境内全为坦荡低平的平原，是长江三角洲冲积平原的一部分。2000年，上海全市面积6340.5km^2，占全国总面积的0.06%，南北长约120km，东西宽约100km。其中陆地面积6219km^2，水面面积122km^2。境内辖有崇明岛，面积为1041km^2，是我国的第三大岛。

上海市地形地貌见插图120。

2 区域地质

2.1 区域构造

上海及邻近地区可划分有下扬子地块、华夏地块和江南地块3个次级构造单元。下扬子地块和华夏地块是主体部分。江南隆起带位于扬子地块的东南缘，呈北东－北东东向夹持于扬子地块与华夏地块之间。区域地层分布、断裂构造、褶皱形态具有一定的差异性。

下扬子地块北部与大别－苏鲁造山带以泗阳－连云港断裂为界。江南隆起带北缘以江南断裂与下扬子地块分界，发育了大量古中元古代浅变质地层，震旦系－古生界零星分布，上三叠统－白垩系分布在凹陷－断陷盆地之中。

褶轴轴迹总体上呈EW－NEE向，轴面多倾向南或南东。下扬子地块内的江苏和皖南境内除局部有前震旦系出露外，广泛分布有古、中生界，苏北地区发育巨厚的古近纪沉积。断裂构造以北东、北西向为主，苏南地区东西向断裂构造逐渐增多。前陆变形在长江以北地区呈现为由北向南的推覆，而长江以南地区呈现为由南向北的推覆。

2.2 断　　裂

2.2.1 断裂构造基本特征

上海及其邻近地区断裂构造发育，主要分为北东、北北东、北西－北北西、近东西向4组。北东、近东西向断裂一般属早期构造；北北东、北西－北北西向断裂为晚期构造（插图121、表20－4）。

表20－4　上海市陆域断裂构造基本情况

编号	断裂构造名称	总体走向	主断面倾向	倾角	区长延长（km）	性质	新构造期活动性		
		（°）		（°）			分段性	最新活动时间	断距（m）
F_1	湖州－苏州断裂	NE45	SE		＞25	早期压性，晚期张性	未分	第四记	
F_2	太仓－奉贤断裂	NW330	SW		75	逆冲挤压断裂带	北段（外冈以北）	中更新世	30
							南段（莘庄以南）	晚更新世	7～17
F_5	苏州－嘉善断裂	NW330	SW	60－80	100	左旋水平位移			
F_6	徐市－大兴断裂	NEE	SE		＞35	早期压性，晚期张扭性			
F_7	太仓－二堡镇断裂	EW－NEE	N		＞75	张扭性正断层			
F_9	枫泾－川沙断裂	NE60	NW	＞75	70	早期压扭，晚期张扭性	枫泾－车墩	中更新世	30
							莘庄南－黄浦江	中更新世	15～40
							北蔡北－川沙北	早更新世	11～23
F_{10}	张堰－南汇断裂	NE60	SE	80	70	早期逆冲，晚期正断层	未分	早更新世	6～16
F_{15}	罗店－周浦断裂	NW320～330	NE	85	50	张扭性	江苏浏河－大场	早－中更新世	12～18
							大场－黄埔江边	早－中更新世	7～10
							六里－新场	早－中更新世	30
F_{16}	昆山－嘉定断裂	不明					蓬朗以东	早更新世	10
							蓬朗以东	早更新世	15～30
F_{18}	姚家港－白鹤断裂	NE25	SE	70	22	张性正断层		早更新世	9
F_{19}	虹桥－五角场断裂	NE30	SE		17	张姓正断层			

续表 20－4

编号	断裂构造名称	总体走向（°）	主断面倾向	倾角（°）	区长延长（km）	性质	新构造期活动性		
							分段性	最新活动时间	断距（m）
F_{20}	兴塔－泖港断裂	NE60	NW		36	张性－张扭性正断层			
F_{21}	大场－j九亭断裂	NE25	NW	50	22	早期压扭，晚期张扭性		早更新世	7～12
F_{22}	绿华－三星断裂	EW	N		12	张扭性正断层			
F_{23}	千灯－黄渡断裂	EW	N	50	>25	张性－张扭性断裂		第四记	
F_{24}	大场－江湾断裂	EW	N		13	张性－张扭性正断层		早更新世	6～19
F_{25}	丰庄－静安寺断裂	NWW	N	30～50	10	张性正断层		早更新世	
F_{26}	青浦－龙华断裂	NE60－EW	SE－S	50	56	张性－张扭性正断层		早更新世	4～26
F_{27}	梅陇－邓镇断裂	EW	N		30	张性－张扭性正断层			
F_{28}	卖花桥－鲁汇断裂	NEE－NWW	S		35	张性正断层		早更新世	9～44
F_{29}	葛隆－南翔断裂	NW300	SW		32	张性－张扭性断裂		早更新世	10～15
F_{30}	马桥－金汇断裂	EW－NW	NE		20	张性正断层		早更新世	18～35
F_{31}	灯塔－赵家宅断裂	NW335	NE		>40	张扭性断裂	北段	前第四纪	10
							南段	早更新世	10～15
F_{32}	张堰－金山卫断裂	NW320	SE		15	张性正断层	北段	早－中更新世	30
							南段	早－晚更新世	5～13
F_{33}	淞南断裂	NW295	SE		12	张性正断层			
F_{34}	高东断裂	EW	S		8				
F_{35}	钱桥－奉断裂城	NE60	NW		16	张扭性正断层			
F_{36}	永盛－施庙断裂	NE75	NW		6	张性正断层			
F_{37}	凉城断裂	NE55	NW		1.6	压性逆断层			

续表 20－4

编号	断裂构造名称	总体走向（°）	主断面倾向	倾角（°）	区长延长（km）	性质	新构造期活动性		
							分段性	最新活动时间	断距（m）
F_{38}	愚园－动物园断裂	NE60	NW		7	压性逆断层			
F_{41}	松隐－廊下断裂	NE20	SE	50	26	张性正断层		早更新世	17
F_{42}	朱行断裂	NW330	SW	70	＞7	张性正断层	未分	中更新世	5
F_{43}	江山－绍兴断裂	NE40～50	SE		＞280	压性逆断层			
F_{44}	唐镇－合庆断裂	NEE	NW		＞10	压性逆断层			

2.2.2 主要断裂构造分述

（1）江山－绍兴断裂（F_{43}）：东段从浦东芦潮港东南杭州湾北缘起，经长江口牛皮礁、鸡骨礁南侧，向东继续延伸；西段自王盘山，经绍兴、诸暨、金华、江山进入江西省，规模巨大；中段构造行迹不显。走向 NE40°～50°，地表产状近直立，深部倾向南东。杭州湾东北 45km 区段，断面 80% 倾向北西，倾角 45°以上，宽 1.1～3.8km，皆为正断层。形成于新元古代至喜马拉雅期仍有活动。早期为韧性剪切带，晚期为裂陷及推覆构造。陆域西北侧自震旦纪至志留纪堆积了巨厚的海相沉积物，燕山期火山活动较弱；南东侧仅见少量震旦系沉积岩，向西北的逆冲—推覆特征明显，燕山期火山活动强度大，以火山喷发活动为主。

（2）湖州－苏州断裂（F_1）：由浙江湖州，经苏州、沙溪、崇明岛西延入黄海与勿南沙南界断裂相交。走向北东，浅部北西倾，深部南东倾。两侧地层发育存在极大差异，南东侧见前震旦系、震旦系及下古生界，上侏罗统火山岩类分布广泛；而北西侧广见泥盆系—三叠系，只在局部盆地中见到上侏罗统，上白垩统分布广泛。早期压性特征基础上叠加了后期的张性特征。

（3）鸡骨礁－镇海断裂（F_4）：分布于长江口灶前礁－鸡骨礁一线，南与浙江镇海－温州大断裂相接。断裂带北段宽 1～3km，南段宽 5～10km。切割深度达中上地壳。切割燕山期酸性岩体，控制白垩纪盆地的发育，在凹陷内次级断凹边界附近发生有一系列中强地震。在舟山岛上地表可见到断裂切过第四纪砾石层及其上部黄土层；一系列泉水沿此断裂带分布；镇海附近发生过 5.5 级地震及较多的小震，是区内海域中一条重要的活动断裂。

（4）枫泾－川沙断裂（F_9）：沿枫泾、车墩、周浦、川沙一线分布，走向 NE60°，浅部倾向 NW75°，深部倾向南东。由数条北东向断裂组成，宽 4～6km。北东经白龙港附近延入海域。马桥至颛桥之间，行迹不显。切割深度达中下地壳并受岩石圈深部构造控制。早期为压扭性，晚侏罗世以后表现为张扭性，新构造期主要呈地垒型构造组合。枫泾－车墩段最新活动时间为中更新世，在松江城南的浅层地震反射剖面上自基岩面向上断距逐渐较小。自莘庄南，经朱行、长桥至黄浦江边的断裂中段为中更新世断裂，北支基岩破碎带宽 20～60m，基岩面落差 13～30m，倾向北西；南支基岩破碎带宽 20～60m，落差 24～44m，倾向南东。

（5）张堰－南汇断裂（F_{10}）：大致位于钱圩－张堰－朱行－奉贤－浦东一线，奉贤以东分南、北两支。北支齐贤－航头－新场－盐仓一线，南支光明－曹家宅－塘桥－惠南镇－义灶泓。东延人海至九段沙浅滩。走向 NE60°，倾角较陡，主断面倾向南东，浅部以倾向北西为主。见挤压片理、动力变质岩或构造角砾岩，热液蚀变现象普遍。早期为逆冲断层，晚期正断层。张堰镇松金路、奉贤南桥北沪杭公路人工地震测线均证实为早更新世断裂。

（6）太仓－奉贤断裂（F_2）：北西自江苏福山长江边，经常熟支塘－太仓－上海外岗－诸翟－莘庄－奉贤西南入杭州湾，在北桥断陷带和杭州湾形迹不详。走向 NW330°，倾向北东，倾角上陡下缓的，长约 140km，宽约数千米。以压性变形特征为主。主体部分在支塘至新桥之间，切割深度在 10km 以上，支塘以北和新桥以南是后期伸展的浅层断裂，深度不超过 5km。该断裂是上海湖沼平原区和冲、海积平原地貌的重要界线。1990 年太仓 4.9 级地震、1992 年奉贤西北 2.1 级地震等震线长轴方向及余震分布方向均与断裂走向一致。此外，沿断裂北桥、莘庄等处有地热异常。

（7）罗店－周浦断裂（F_{15}）：从南通狼山西侧，经上海罗店、大场、周浦等地，雁行排列，断续分布，据布格重力异常，有可能向南延伸至新场一带。走向 NW320°～330°，主断面倾向北东，陡倾。切割古生界及上侏罗统火山岩，局部构成断凸、断凹的边界，或错断两盘地质体。在罗店、大场地区钻孔中均见有挤压破碎带，沈庄、周浦一带的燕山期侵入体与之有关。推测主要形成于燕山期，喜马拉雅期仍有活动。浦东新区六里至新场的南段由两条断裂雁列排列，倾向南西，倾角 70°。基岩面断距 12～30m，自北向南断距逐渐减小。上断点埋深 160～190m，呈向南逐渐加深的趋势。

（8）大场－九亭断裂（F_{21}）和松隐一廊下断裂（F_{41}）：两者在走向上基本一致，为区内两条主要的北北东向断裂。以张一张扭性特征为主，断裂带宽 2～3km。向东 15～30km 从布格重力异常上推断构成区内一个主要的北北东向构造带。前者沿大场、北新泾、九亭镇一带分布。走向 NE25°，倾向北西，倾角约 50°。切割多条北东向断裂，并被罗店－周浦断裂、丰庄－静安寺断裂切割。切割重固－北新泾下古生界断凸，使两盘基岩埋深落差大于 400m。后者沿金山廊下、松隐一线分布。沿廊下向南西入浙江省，越杭州湾可能与丽水－上虞断裂相连。走向 NE25°，倾向南东，倾角约 50°。构造形迹比较清楚，切割兴塔－泖港断裂，在吕巷一带，见有角砾岩，为早更新世晚期活动地裂。

（9）灯塔－赵家宅断裂（F_{31}）：自浦东新区灯塔经曹路、机场、赵家宅、老港一线。走向 NW335°，倾向北东，单条破碎带宽约 130m。南段为 3 条相间约 1500m 的断层构成的断裂带，南西侧及中间两条断层的北东侧下落，北东侧一条则南西侧下落，其间构成一地堑型断裂带。在杨家宅见构造破碎带和擦痕，为一组张性正断层构成的断裂带。北段最新活动时间为新近纪末，南段为早更新世布格重力异常主要表现为等值线弯曲、局部异常轴的间断。

（10）张堰－金山卫断裂（F_{32}）：走向 NW322°，自钱圩以东至查山附近，向南延伸人海，主体倾向南西，倾角陡。构成查山凸起和金山凹陷的分界。新构造期活动明显，东侧第四系等厚线呈北东向分布，厚 100～140m；西侧第四系等厚线呈北西向分布，沉积厚度向西迅速变厚，最厚可达 240m。陆上可分成两段，呈雁行排列。北段走向 NW330°～335°，倾向南西，倾角 60°，上断点埋深为 160m 左右，为早更新世断裂。往南至张堰附近，表现为由阶梯状的两条断裂构成，宽 60m，倾向北东，倾角 55°～65°，基岩面落差约 30m，上断点埋深 90m 左右，属中更新世断裂。南段倾向南西，倾角 70°。也具向南活动时代更新的特点，北部断裂上断点埋深 135m；南部断裂上断点埋深 75m，属晚更新世断裂。

2.3 第四纪地质

上海软土以海相沉积和河湖淤积的淤泥、淤泥质土为主，力学性质较差，同时地下水丰富，地层中含有多层地下水，其中承压水对工程影响突出。工程界将上海地区修筑隧道形象的比喻为豆腐中打洞。

上海境内除西南部裸露有零星火山岩残丘外，基岩面被厚约 250～350m 的第四系所覆盖。地铁工程地质条件主要涉及 100m 以浅的主要由软土、粉土和黏性土组成的第四系松散土体。

为典型的软土地区，地铁工程建设范围内广泛分布淤泥质黏性土层。西部地区一般黏性土层和淤泥质土层均有分布，含水量较小，压缩性较低，夹粉土薄层少，工程性质较好。东部地区则属水动力条件更弱的滨海－浅海相沉积，以淤泥质粉质黏土为主，且普遍夹有粉土、粉砂薄层，工程性质差（图 20－1）。

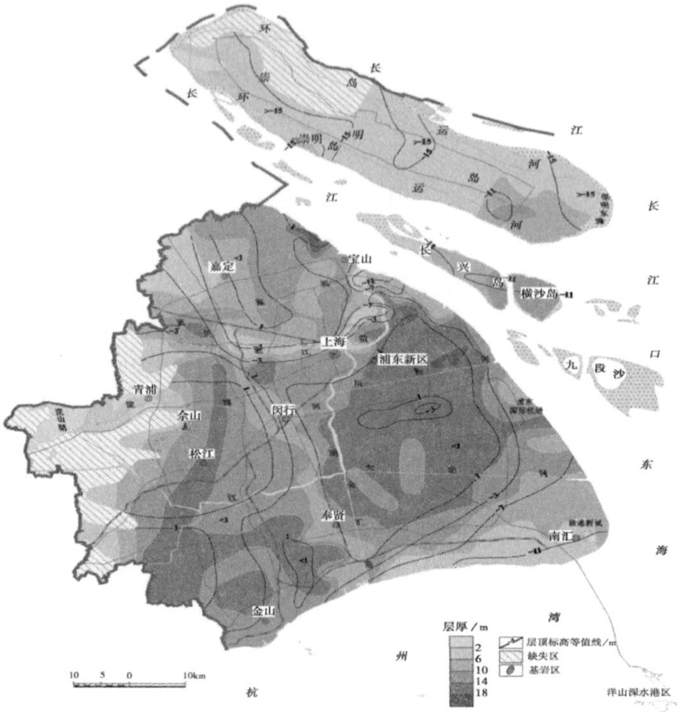

图 20－1　上海地区软土层埋藏分布示意图

2.3.1　第四纪地质概述

上海市第四纪地层划分情况见表 20－5。

表 20－5　上海市第四纪地层划分简表

年代地层	岩石地层	代　号	层底埋深（m）	层厚（m）	岩 性 特 征	沉积相
全新统	青浦组 / 如东组	Qh_3q / Qh_3r	1～14	1～14	褐黄色粉质黏土、砂质粉土。河口区中下部多粉细砂，太湖区下部夹泥炭	湖泊－河口滨海相
	上海组	Qh_2s	10～20	0～15	灰色淤泥质粉质黏土夹粉砂，河口区粉质黏土、粉砂互层。太湖区褐黄色粉质黏土夹粉砂	泻湖－河口滨海相
			18～26	0～12	深灰色淤泥质黏土，下部夹含贝壳粉砂纹层。太湖区灰色黏土，多植物碎屑，偶夹泥炭，下部粉质黏土夹砂质粉土，含贝壳	泻湖－滨海－浅海相
	娄塘组	Qh_1l	23～42	0～20	深灰色淤泥质粉质黏土、黏土，多植物碎片，含泥钙质结核，西南部地区下部夹泥质炭层	河口滨海相
			39～61	0～18	灰、黄灰色粉土、粉细砂夹粉质黏土，较多软体动物介壳	支流河道、河口组

续表 20－5

年代地层	岩石地层	代号		层底埋深（m）	层厚（m）	岩性特征	沉积相
上更新统	南汇组／滆湖组	上段	Qp_3n^3／Qp_3g^3	5～43	0～14	暗绿、褐黄色粉质黏土、黏土，含铁锰质结核、斑纹	泛滥平原、湖泊相
上更新统	南汇组／滆湖组	中段	Qp_3n^2／Qp_3g^2	48～85	10～54	上部姜黄色粉质黏土，黄、黄灰色粉细砂，中部灰色粉质黏土频夹粉细砂、砂质粉土纹层，下部多为灰色细砂，含砾中细砂。河口区全组为粉细砂、含砾砂。太湖区为褐黄色、暗绿、杂色褶纹状粉质黏土、黏土夹粉土，下部灰色细砂、含砾砂	滨海－浅海相
上更新统	南汇组／滆湖组	下段	Qp_3n^1／Qp_3g^1	54～91	0～16	深灰、灰绿色粉质黏土、砂质粉土，含钙核。河口与嘉定区灰色粉质黏土、粉细砂薄互层	泛滥平原相
上更新统	川沙组	QP_3C		85～133	16～75	上部浅灰、黄灰色粉细砂夹粉土，河口区夹含砾砂，中下部以含砾砂为主，太湖区灰色粉质黏土夹粉砂	河流－三角洲河流－河口相
中更新统	嘉定组	上段	Qp_2g^2	95～23	0～22	灰绿、蓝灰色黏土，东南部深灰色细砂夹粉质黏土	泛滥平原－湖泊相
中更新统	嘉定组	上段	Qp_2g^2	109～134	0～33	灰、黄灰色细砂、含砾砂、砂砾石。西部夹灰色砂质粉土、粉质黏土，含贝、螺壳碎片	河流－三角洲河流相
中更新统	嘉定组	下段	Qp_2g^1	111～143	0～20	灰、蓝灰杂色黏土、粉质黏土，具细网纹构造，含钙质、铁锰质小结核及螺、蚌壳碎片，上部夹灰、褐黄色细砂、粉土	泛滥平原－湖泊相
中更新统	嘉定组	下段	Qp_2g^1	131～165	1～35	灰、黄灰色粉细砂、含砾砂，底部含砾砂、砂砾石，河口区为砾质砂、砂砾石与含砾砂互层。太湖区部分为杂色网纹状黏土、粉砂互层	三角洲河流－泛滥平原相
下更新统	安亭组	上段	Qp_1a^3	159～203	6～62	蓝灰、灰绿、褐黄色黏土、粉质黏土，网纹、斑纹状，中下部夹褐黄色粉细砂。叫多钙质结核。中下部见较大淡水螺壳、丽蚌碎片。黏土层见节理	三角洲河流－泛滥平原相
下更新统	安亭组	上段	Qp_1a^3	173～217	0～48	灰、褐黄色细砂夹粉质黏土，杂色网纹状粉质黏土，富钙核；下部为灰、灰黄色、含砾砂、砂质砂和砂砾石，哈半炭化木块，顶部常见钙质细砂岩	泛滥湖泊相
下更新统	安亭组	中段	Qp_1a^2	196～238	0～49	杂色、网纹斑杂状黏土、粉质黏土、粉土，夹中细砂，较多钙质结核、网脉。顶部常为蓝灰、灰绿色黏土，下部夹钙质砂岩薄层1～3层。局部有紫灰色黏土。黏土内见有擦痕的节理	泛滥湖泊相

续表 20-5

年代地层	岩石地层	代号		层底埋深（m）	层厚（m）	岩性特征	沉积相
下更新统	安亭组	中段	Qp_1a^2	213 ~ 255	0 ~ 31	浅灰、灰黄色中细砂，含砾砂，松散成弱胶结。中部部分地段为绿、蓝灰色斑杂状黏土、粉质黏土与砂互层	河流 - 三角洲湖泊相
		下段	Qp_1a^1	259 ~ 296	0 ~ 60	中上部褐黄、褐色杂灰绿、黄绿、紫灰、褚红等色网纹状、斑杂状黏土，粉质黏土、黏质粉土。含大量钙质结核、网脉，常见具擦痕的节理。常夹姜黄、灰色粉细砂、含砾中细砂，含砾石、泥砾，砂中岩屑较多，常具弱胶结，夹有细砂岩钙板层。下部棕黄、灰色中细砂、含砾中粗砂夹砂质粉土、粉质黏土	泛滥湖泊 - 河流相

（1）上新统。

崇明组（N_2c）为一套冲洪积相、湖相沉积，岩性以灰绿、黄绿色为主、夹杂紫红、紫褐、褐黄等色的黏土和粉质黏土，黏土呈坚硬状态，节理比较发育；与大都为泥质胶结的含砾砂、砂砾石组成互层，形成多个沉积旋回。主要发育于晚新生代沉陷最深的崇明等河口地区，其次在宝山、浦东的滨岸地带及嘉定区西北部等地凹陷区内也有分布。

（2）下更新统。

安亭组（Qp_1a）在全区广泛分布，厚度约占第四纪地层的一半，埋深一般在 150 ~ 300m，由西南太湖沉积区向东北的河口砂岛区逐渐加大。为一套河流 - 泛滥湖泊相沉积，具特征的岩性以褐黄、褐色为主，有灰绿、黄绿、蓝灰色网纹或斑纹穿插的杂色网纹状、斑杂状黏土、粉质黏土，中下段黏性土一般呈坚硬 - 硬塑状，上段则呈硬塑 - 可塑状，常见具擦痕的节理，普遍含有钙质结核、网脉和铁锰质结核；与浅灰、灰黄、褐黄色砂、含砾砂、砂砾石间互成层。自下而上大体形成砾砂层与黏土层交替出现的 3 个沉积旋回，与冷、暖交替周期性变化的气候旋回基本相随，因而可相应划分为下、中、上 3 段。主要分布于东北部的安亭崇明凹陷，其次分布在南部的枫泾南汇三墩凹陷内。

（3）中更新统。

嘉定组（Qp_2j）在全区分布广泛，为一套三角洲河流—泛滥平原、湖泊相沉积，其岩性、岩相具有早、晚更新世地层之间过渡的特点。具特征的岩性为蓝灰、灰绿色黏土、褐黄杂蓝灰、灰绿色细网纹状、条纹状黏土、粉质黏土，也有灰色粉质黏土和粉土，多为可塑状，少部分为硬塑状；与灰色、黄灰色含砾砂、粉细砂间互成层。嘉定组在全区分布广泛，但在东、西部地区地层发育有所差异。在冈身以西的太湖沉积区，中更新世地层保存齐全，存在粗、细相间两个沉积旋回形成的上、下两段地层，其埋深通常在 95 ~ 150m，层厚为 50 ~ 60m。而在冈身以东的滨海平原、河口沙岛等地区，由于晚更新世地层底界的下切，中更新统上段地层因遭受侵蚀而断续出现，大都只保存下段地层，其埋深 120 ~ 160m，厚度为 25 ~ 35m。

（4）上更新统。

上更新统在上海全区分布广泛，基本由海陆过渡和海相地层组成，一般以下部的海陆过渡相砾砂层与上部的一个完整海侵旋回而分为上、下两套地层。

1）川沙组（Qp_3c）。

川沙组在上海全区分布广泛，基本为一套河流—弱海陆过渡的三角洲河流相细砂和含砾砂。其埋深由西南向东北逐渐加大：陆域西部埋深一般介于 65 ~ 95m；陆域东部至崇明岛，其顶界埋深在 75 ~ 90m，底界埋深在 100 ~ 130m。

2）南汇组（Qp_3n）和涌湖组（QP_3g）。

南汇组/滆湖组为末次冰期期间形成的陆相－海相/海、陆相交替－陆相沉积序列，相应的区内南汇组/涌湖组地层总体上可分为下、中、上 3 段地层。下段埋深大体上由西南向东北加大，底界埋深为 52～90m，厚度 0～17m。岩性、岩相与厚度变化较大。在上海西部的太湖湖沼平原区内连续分布；在滨海平原区内，浦东、宝山滨岸地带和嘉定、闵行、市区等区的部分地段缺失，奉贤区基本连续分布；而在河口沙岛地区因上覆砂层的下超而全部缺失。典型岩性为泛滥平原－湖泊堆积的灰绿、灰黑、深灰色及局部的杂色黏土、粉质黏土和黏质粉土；局部夹有砂质粉土或粉砂层。含钙质结核、腐木碎块，见有陆相软体动物化石碎片。

中段地层在全区普遍分布，厚度占上更新统上部地层的大半。其埋深由西南向东北逐渐加大，底界埋深为 41～90m，厚度 13～61m。在陆域东部的现滨海平原区，大致包括嘉定、宝山、市区、浦东等区。其北部地区基本为浅海－海湾相灰色粉质黏土频夹浅灰色细砂、砂质粉土纹层或呈薄互层，上部常为河口滨海相灰色、灰黄色粉细砂夹砂质粉土；其以南地区为滨海－浅海相灰、灰黄色粉细砂、砂质粉土互层夹粉质黏土。

上段在西部湖沼平原区分布普遍，在中东部的滨海平原区内沿金山廊下－黄浦江西岸－吴淞口－宝山滨岸－上海市北侧与江苏接壤区因受古河道的穿插侵蚀而缺失。本段埋深由西南向东北逐渐加大，底界埋深为 6～48m。岩层下部通常为姜黄、褐黄色粉质黏土，局部夹砂质粉土或粉细砂；上部为暗绿、灰绿或黄绿色黏土和粉质黏土，厚度为 0～9m 不等。西部地区较厚，中部较薄，东部地区厚薄不一。

（5）全新统。

全新世地层在上海全区分布广泛，但地层的发育程度及岩性、岩相变化较大。由西向东地层发育程度由差趋好，地层底界埋深及厚度逐渐加大。

1）娄塘组（Qh_1l）。

娄塘组为一套海陆过渡相堆积，厚度具有西南部薄、东北部厚的变化规律，至现长江河口地区厚度明显加大。太湖沉积区厚度多为 3～6m，长江三角洲沉积区为 4～32m 不等，在河口沙岛分区普遍厚达 30m。

可划分为上、下两段，下段在长江三角洲沉积区多为河口相，在崇明岛西部为溺谷相堆积。岩性常为灰色砂质粉土、黏质粉土与灰白色粉砂互层，部分如外高桥孔为灰色砂质粉土与粉质黏土互层，普遍为滨海堆积。大都为深灰、褐灰色（淤泥质）黏土、粉质黏土，具特征的标志是可见大量的植物茎叶与黄色泥灰质结核，局部形成泥炭或碳质黏土层。广泛分布于金山、奉贤等区和市区、浦东、宝山等区部分地段，属潮滩或海湾堆积。

2）上海组（Qh_2s）。

上海组的埋深和厚度总体上由西南的太湖沉积区向东北的长江三角洲河口区逐渐加大。在西部太湖沉积区，其顶、底界深度通常介于 2. 5～15m，厚度为 7～12m；东部的长江三角洲沉积区，包括冈身带，顶、底界深度通常介于 5～25m，厚度多为 10～18m。按岩性、岩相组合基本可分为两种类型：

一是分布于冈身带以东的长江三角洲沉积区的滨岸浅海－河口滨海堆积。下段为滨岸浅海堆积的深灰色淤泥质黏土和淤泥质粉质黏土；上段为滨海堆积的灰色砂质粉土、黏质粉土夹粉砂，其上部常为灰色砂质粉土与粉质黏土互层或为黏土、粉质黏土夹砂质粉土和粉砂。

另一是分布于冈身带之西太湖沉积区的泻湖－滨海沼泽堆积。通常为较单一的深灰色淤泥质黏土、黏土和淤泥质粉质黏土。中、下部常含植物茎叶、泥灰质结核及贝壳碎片；中上部频见粉砂、砂质粉土纹层，偶呈 1m 和 2m 厚的夹层。

3）青浦组（Qh_3g）。

青浦组厚度一般为 2～4m，大致有从东向西、即从湖盆边缘向湖盆内部加厚的趋势。主要为夹有泥炭层的深灰、棕灰色淤泥质黏土、粉质黏土的湖沼沉积，见于青浦西南部及与松江、金山接壤地区、超覆于上更新统涌湖组台地之上的特征岩性；在上述地区以东至冈身带之间的青浦组为湖泊沉积的褐灰、褐黄色粉质黏土夹粉砂，仅局部可见泥炭或碳质黏土夹层。

4）如东组（Qh_3r）。

如东组在上海中东部的长江三角洲沉积区内广泛发育，尤以河口地区及江南滨岸地带发育最好。岩性、岩相主要类型为河口湾—滨岸潮滩堆积的灰、灰黄色砂质粉土、黏质粉土夹粉砂，其上部普遍为滨岸潮滩堆积的褐黄、褐灰色粉质黏土，分布于包括冈身带及以东的长江三角洲沉积区，堆积厚度多为5～8m，局部逾10m。次要类型为古吴淞江所在三角洲支流河道堆积的青灰色粉砂和砂质粉土及古吴淞江滨岸堆积灰褐色砂质粉土，堆积厚度为2～10m不等，具有西薄、东厚的变化规律。

2.3.2 第四纪地基土层层序

上海市地方标准《地基基础设计规范》DGJ 08—11—2010对上海市滨海平原区地区土层层序描述见表20－6。

表20－6 上海滨海平原区地基土层层序表

地质时代		土层名称	土层序号	顶面埋深（m）	常见厚度（m）	成因类型	状态密实度	包含物及工程特征	分布状况
全新世 Q_4	Q_4^3	人工填土	①$_1$	0	0.5～2.0	—	松散	含碎石、石块、垃圾、植物根茎等	遍布
		浜底淤泥	①$_2$	1.0～2.0	1.0～4.0	—	流塑	黑色淤泥、杂物、有臭味	暗浜、塘区
		灰色粉性土（俗称江滩土）	①$_3$	2.0～3.0	4.0～15.0	滨海－河口	松散－稍密	含螺壳、碎贝壳屑、根丝等杂质，以黏质粉土为主，局部夹较多淤泥质土，局部砂质较纯，呈砂质粉土状	—
		褐黄色黏性土	②$_1$	0.5～2.0	1.5～2.0	滨海－河口	可塑－软塑	含氧化铁锈斑及铁锰结核。俗称"硬壳层"，是天然地基良好的持力层	遍布
		灰黄色黏性土	②$_2$	1.5～2.0	0.5～2.0	滨海－河口	软塑	含铁锰质斑点、云母、粉砂等	遍布
		灰色粉性土、粉砂	②$_3$	2.0～3.0	3.0～15.0	滨海－河口	松散－稍密	含云母，夹薄层黏性土，土质不均匀。土性强度较高，压缩性较低，但应注意其产生地震液化和"流砂"的可能性	沿苏州河向（主要位于苏州河以北）呈带状分布
	Q_4^2	灰色淤泥质粉质黏土	③$_1$、③$_3$	3.0～7.0	5.0～10.0	滨海－浅海	软塑－流塑	含云母，夹薄层状粉砂、有机质等。常在深度5m～7m范围内夹有厚薄不等的粉性土，基坑开挖时应防止产生管涌或"流砂"	遍布（局部为黏性土）

续表 20－6

<table>
<tr><th colspan="2">地质时代</th><th>土层名称</th><th>土层序号</th><th>顶面埋深（m）</th><th>常见厚度（m）</th><th>成因类型</th><th>状态密实度</th><th>包含物及工程特征</th><th>分布状况</th></tr>
<tr><td rowspan="6">全新世 Q_4</td><td rowspan="2">Q_4^2</td><td>灰色粉性土、粉砂</td><td>③$_2$</td><td>4.0～5.0</td><td>1.0～3.0</td><td>滨海－浅海</td><td>松散－稍密</td><td>含云母，夹薄层黏性土，土质不均匀。应评定其产生地震液化和“流砂”的可能性</td><td>局部分布，呈透镜体状</td></tr>
<tr><td>灰色淤泥质黏土</td><td>④</td><td>7.0～12.0</td><td>5.0～10.0</td><td>滨海－浅海</td><td>流塑</td><td>含云母、有机质，夹薄层粉砂，局部夹贝壳碎屑。属高压缩性、高灵敏度、低强度、低渗透性土，是天然地基的主要软弱下卧层</td><td>遍布</td></tr>
<tr><td rowspan="4">Q_4^1</td><td>褐灰色黏性土</td><td>⑤或⑤1</td><td>15.0～20.0</td><td>5.0～15.0</td><td>滨海、沼泽</td><td>软塑－可塑</td><td>含云母、有机质，夹泥、钙质结核，半腐芦苇根茎。土性自上而下逐渐变好</td><td>遍布（局部为淤泥质土）</td></tr>
<tr><td>灰色粉性土、粉砂</td><td>⑤2</td><td>20.0～30.0</td><td>5.0～10.0</td><td>滨海、沼泽</td><td>稍密－中密</td><td>含云母、天然气，夹薄层状黏性土，具交错层理。可以作为一般工程的桩基持力层，但应注意土层的变化</td><td rowspan="2">暗绿色硬土层缺失区分布</td></tr>
<tr><td>灰－褐灰色黏性土</td><td>⑤3</td><td>25.0～32.0</td><td>9.0～15.0</td><td>溺谷</td><td>可塑</td><td>含云母、有机质，局部为泥炭质土，当暗绿色土层缺失或埋深较大时，也可作为一般工程的桩基持力层</td></tr>
<tr><td>灰绿色黏性土</td><td>⑤4</td><td>35.0～46.0</td><td>1.0～3.0</td><td>溺谷</td><td>可塑－硬塑</td><td>含氧化铁、有机质，俗称次生硬土层</td><td>古河床边缘暗绿色硬土层缺失区</td></tr>
<tr><td rowspan="2">上更新世 Q_3</td><td rowspan="2">Q_3^2</td><td>暗绿－草黄色黏性土</td><td>⑥</td><td>16.0～40.0</td><td>1.5～5.0</td><td>河口－湖泽</td><td>可塑－硬塑</td><td>含氧化铁斑点，偶夹钙质结核。属超固结土，压缩性低，强度高，可作为桩基持力层</td><td>分布较广，局部受古河道切割而缺失</td></tr>
<tr><td>草黄－灰色粉性土、粉砂</td><td>⑦$_1$</td><td>28.0～35.0
（43.0～48.0）</td><td>4.0～8.0</td><td>河口－滨海</td><td>中密－密实</td><td>含云母，夹薄层状黏性土，土质不均匀。属中－低压缩性土，强度较高，为良好的桩基持力层</td><td>分布较广，厚度变化较大</td></tr>
</table>

续表 20－6

地质时代		土层名称	土层序号	顶面埋深（m）	常见厚度（m）	成因类型	状态密实度	包含物及工程特征	分布状况
上更新世 Q_3	Q_3^2	灰色粉细砂	⑦$_2$	35.0～40.0（50.0～54.0）	6.0～30.0	河口－滨海	密实	由长石、石英、云母等矿物颗粒组成，土质较均匀致密。属低压缩性，高强度，为良好的桩基持力层	分布较广，层位不稳定
		灰色黏性土夹粉砂	⑧$_1$	40.0～60.0	10.0～20.0	滨海－浅海	软塑－可塑	含云母、腐殖质，夹砂，具交错层理。属轻度超固结土，中等压缩层，是桩基持力层的软弱下卧层	分布较广，局部缺失
		灰色粉质黏土、粉砂互层	⑧$_2$	50.0～60.0	10.0～20.0	滨海－浅海	可塑或中密	含云母，具交错层理，夹砂互层呈“千层饼”状。可作为超高层建筑物的桩基持力层	分布较稳定，局部缺失
	Q_3^1	青灰色粉细砂夹黏性土	⑨$_1$	65.0～77.0	5.0～8.0	滨海－河口	中密－密实	砂砾自上而下变粗，属低压缩性土，强度高，可作为荷载特别大的超重建筑物的桩基持力层	分布较稳定，局部缺失
		青灰色粉、细砂夹中、粗砂	⑨$_2$	75.0～81.0	5.0～10.0	滨海－河口	密实	夹砾石及黏性土透镜体。属低压缩性土	分布较稳定，局部缺失
	Q_2^2	蓝灰－褐灰色黏性土	⑩	86.0～101.0	4.0～10.0	河口－湖泽	硬塑	含钙质、铁锰质结核。属超固结土	遍布
		青灰色粉细砂	⑪	88.0～101.0	10.0～30.0	河口－滨海	密实	含贝壳片	遍布
		绿灰色黏性土	⑫	110.0～120.0	8.0～12.0	河口－滨海	硬塑	含云母，夹粉砂	遍布

2.4 地 震 历 史

2.4.1 上海及邻近地区地震活动规律

（1）区域地震活动特征。

上海及邻近地区地震活动总体上表现为北强南弱、东强西弱（海域强、陆地弱）的特点。结合上海及邻近地区地震活动和地质构造特征，可以划分为 3 个地震活动区（见插图 122）。南黄海和邻近苏北地区为“北区”，“北区”地震活动性水平最高，上海及邻区内最大一次 7 级地震发生于该区。北纬 29. 8°以南地区为“南区”，区域地震活动性水平明显较低，强度亦相对较弱。公元 1500 年至今记载到 $M_s \geq 4$ 级地震仅两次。其他为“中区”，地震活动性次于北区，5 级左右地震活动频度较高，且分布较广，最大地震为 1505 年的南黄海 6 级地震[1]。

目前，北区的地震活动性低于平均水平，中区基本上处于地震活动性的平均水平。外推预测结果表明，未来 50 年，北区的地震活动在平均水平的基础上偏低。

（2）上海地区主要地震影响。

自有地震记载（1475 年）以来，据不完全记载，上海地区曾遭受过 160 余次中强地震袭击，发生在今上海行政区及其东侧海域内的地震有 70 余次，最高地震影响烈度为Ⅵ度。上海行政区近 500 年来遭遇过 26 次Ⅳ度以上的地震影响，其中有 13 次地震的影响烈度为Ⅴ～Ⅵ度（含 4 次Ⅵ度），其余 13 次地震的影响烈度为Ⅳ度（不重复统计影响烈度次数）。地震烈度达Ⅵ度（或局部达Ⅵ度）的地震有：

1）上海及邻近陆域地震。

1624 年 9 月 1 日上海老城厢 4¾级地震。上海境内唯一的一次破坏性地震，上海民居有倾者，最远波及江苏常熟，震级 4¾级，震中位置为北纬 31. 2°、东经 121. 5°，正好位于大场一南市中更新世断裂段的东南端部。

1990 年 2 月 10 日太仓 4. 9 级地震。该地震是新中国成立后历次波及地震中较重之一。上海大部分地区Ⅳ度有感，但嘉定区娄塘乡西北部遭到一定程度损失（Ⅴ度），房屋轻微损坏 24 户，基本完好的有 108 户，尤以陆渡、庵桥、新浏 3 村较重，墙壁裂缝宽可达数毫米。另外，唐行乡有 24 户民房具细微震裂，一户简易棚倒塌。嘉定区城关震感强烈，许多居民拥向街头。共造成江苏太仓、常熟、昆山及上海嘉定 21 个乡（镇）：300 余村不同程度的损害，受损共 2. 6 万余户，房屋 10. 6 万余间。江苏太仓在沙溪也曾在乡间小路边缘及桥堍填土处出现细小裂缝，方向随地形变化而异，宽不及 1cm，长不过数米。

2）1668 年 7 月 25 日山东郯城 8½级地震。

崇明、嘉定有破坏记载，前者为地面崩裂，后者为距嘉定城南 0. 5km 的留光寺（今废）殿倾。其他只是“地大动，河水尽沸，浦水（黄浦江水）腾跃，楼房有倾倒之势”。

3）南黄海地震活动。

1853 年 4 月 14 日南黄海 6¾级地震。上海全境地大震，连日屡震，百姓喧哗，出立户外，竟夕不寐。有的地方烟囱和墙壁倒塌；川沙（今浦东新区）民居有倾者；奉贤沿海产生地滑，于钱桥北张至桃花村、海堤南侧宽约 10km 的海涂盐田向海中滑移，庐舍、船只、晒盐工具沦丧；崇明河水翻激等。

1927 年 2 月 3 日南黄海连续两次 6¾级地震。上海江湾赛马场（原万国体育场，今废，现为建筑机械厂附近）俱乐部及钟塔大片墙皮及多处石块脱落，甚至部分石墙坍塌。

1984 年 5 月 21 日 23 时 39 分南黄海 6. 2 级地震，震中位置为北纬 32°27′，东经 121°33′，波及苏、沪、浙、皖、鲁四省一市，上海东北部以东地区Ⅴ度强烈有感，建筑物轻微损坏，上海间接死亡 3 人，有几十人跳楼受伤，川沙有少数厩棚倒塌，砸死砸伤家畜数头。

4）长江口海域地震活动。

长江口海域地震活动较陆上地震频度高、强度大，曾发生多次强烈有感地震：

1855 年 11 月 20 日长江口Ⅴ级地震，震中为北纬 31. 5°，东经 122. 0°，波及上海、江苏及浙江等部分县（市）。

1971 年 12 月 30 日 18 时 46 分长江口 4. 9 级地震，震中位置为北纬 31°18′，东经 122°18′，波及上海，江苏南通、常熟、苏州、吴江及浙江嘉兴、海盐、舟山、慈溪、三门、象山等地。佘山岛、鸡骨礁、嵊泗、花鸟山岛烈度Ⅴ度，建筑物有轻微损坏。

1996 年 11 月 9 日 21 时 56 分长江口东 6. 1 级地震，震中位置为北纬 31°49′，东经 123°13′。江苏阜宁、南京，安徽芜湖，浙江建德、金华、台州以东有震感，等震线呈北东向展布。崇明东部江口乡、港东乡有轻微破坏，上海普遍有震感，高层建筑震感强烈，如东方明珠电视塔顶有3根避雷针折断坠落，出现书柜倾倒、大花盆翻地等现象。

1984年5月21日南黄海6.2级地震序列和1996年11月9日长江口东6.1级地震序列形成区内两次强震序列；1990年2月10日太仓4.9级地震系列为一次中强震序列；还发生了多次小震群序列，如长江口小震群、南通小震群、滩浒山小震群、常熟以北福山小震群，以及张家港小震群等。

2.4.2 地震构造条件分析

区域内绝大部分地震受第四纪活动断裂，尤其是晚更新世活动断裂的控制。主要发生在多组断裂的交会处和新生代盆地的边缘和次级隆凹交界处。在条带相交区域的中强地震频度与强度相对较高。如北东向溧阳－南黄海5～6级地震条带；北东向杭州－上海长江口4级地震条带；北西向的杭州－溧阳－南京－盱眙5级地震条带和可能存在的南黄海－长江口4～6级地震条带等。这4个条带相交区域内的地震相对活跃。区域上，地震活动与构造条件的关系主要有如下特征。

（1）北北东向和北西向断裂交叉部位是主要发震部位。如溧阳地震位于茅东断裂与北西向断裂交会处。

（2）北东（北北东）向与东西向断裂的交叉部位，如扬州地震位于茅山断裂带北延部位与宁镇沿江断裂交会处；泾县地震位于茅山－泾县断裂与泾县－广德断裂交会处等。

（3）新生代断陷盆地的边界断裂。如沿角直断陷的边界断裂发生5级以下地震有数十次。南浔新生代凹陷的北侧边界断裂，也发生过几次4级地震等。

（4）大型盆地边缘往往有6～7级地震发生。如南黄海、苏北盆地边缘。

（5）盆地内次级隆凹交界处和小盆地附近往往有4～5级地震。如1642年盱眙5级地震与1502年、1662年盐城的两次4级地震即属前者类型；后者则有999年常州盆地的5½，级地震，角直盆地的1731年5级地震，桐乡盆地1621年的4¾级地震等。

（6）那些既控制盆地沉积中心，又是盆地边缘的断裂带有较大地震。如南黄海北西西向3号断裂，茅山东侧断裂等。

（7）新生代盆地的地震较多，强度也较大，这主要是指古近系直接覆盖于前白垩纪地层之上的地区，如南黄海。

2.5 不良地质作用

2.5.1 浅层沼气

根据上海地层资料，上海地区浅层沼气最浅仅8m，最深约30m左右，浅层沼气主要有两个层位：

（1）20m以上的气层，分布在地质历史时期海侵最大时形成沉积层内（海相层），一般呈交互状的扁豆体出现，以贝壳、贝壳砂层为主储气层，构成本市埋藏最浅的储气层。

（2）25m左右的气层，为上海海相沉积层，受中部陆相层顶部起伏的控制，主要储气层为砂层，一般呈透镜体单向尖灭体出现。

地铁13号线勘察施工过程中在一个钻孔深度24.0～26.0m处第⑤－1夹黏质粉土内有沼气喷出，喷出物为泥浆夹多量贝壳碎片，喷出高于地面1.0m左右，持续时间约5分钟。

2.5.2 暗浜

地铁13号线勘察布置的勘探点在多个钻孔内有暗浜发现，暗浜内为淤泥填土，浜底深度为

2.8 ~4.9m，相应标高为1.68 ~ −0.79m。

2.6 特殊性岩土

上海地区软土层③、④层具有高含水量、大孔隙比、低强度、高压缩性等性质，在外荷载作用下压缩变形量大，易产生较大的沉降。根据已有的监测资料分析，上海地区区间隧道施工大部分区域涉及软土层，软土层厚度越大，压缩性越高，沉降量越大而且隧道为线性工程，沿线软土层分布特征的差异将会造成不均匀沉降，致使轨道产生裂缝，严重影响隧道的正常运营。

此外，软土由于抗剪强度低，基坑开挖时，坑边难自立，从而导致边坡失稳；软土还具有明显的流变特征，对于基坑工程，开挖时易产生侧向变形和剪切破坏，导致支护结构变形或边坡失稳；软土还具有明显的触变特性，若土体受到扰动或震动，影响土体结构，会使强度骤然降低，导致土体沉降或滑动，使地铁隧道施工的安全度降低。

3 城区典型地层及特征

上海具有高含水量、高流变性、高空隙比、高压缩性、高灵敏度、低渗透性、低强度等一般特点。同时，它的主要组成土层 − 淤泥质软土、亚黏土中常夹带众多的粉砂薄层，形成俗称的“千层饼”、“千层糕” 等。总的来说，上海软土（浅层土）属第四纪沉积层，地质年代较近，其地层构造特征是土层较厚，层理比较明显。土层分布虽较均匀且有一定规律性，但土层的起伏和厚薄仍有较多的变化。

3.1 典型地质剖面概述

上海市轨道交通13号线第一标段全长约3.79km（线路部分，不包括车辆段），主要位于上海市的嘉定区，线路起点位于金园一路与金沙江西路（原名金鹤路）路口处，沿金沙江西路向东延伸，途径双阳港、华江路、风华路、老申纪港、A20公路，轨道交通13号线第一标段止于新郁路(丰庄站)。

线路由西向东依次下穿双阳港、华江路、丰华路、老申纪港、A20公路。线路全长约3790m，里程桩号为K0 +0 − K3 +790，共包括2座车站和3个区间，即华江路站、金沙江西路站、起点 − 华江路站区间、华江路站 − 金沙江西路站区间、金沙江西路站 − 丰庄站区间。

沿线场地周围以市政道路、商场和单位厂房为主。拟建场地地貌单一，属滨海平原地貌。

上海市轨道交通13号线典型地层剖面见插图123。

3.2 典型地层岩性、成因及分布

由地层剖面可知，上海市轨道交通13号线第一标段区间地基土在75m深度范围内均为第四纪松散沉积物，地质时代为第四纪全新世 Q_4^3 − 上更新世 Q_3^1，属第四系滨海平原地基土沉积层，主要由饱和黏性土、粉性土以及砂土组成，一般具有成层分布特点。根据土性和成因类型可分8个层次，其中第①层、第②层、第⑤层、第⑦层和第⑧层各分若干个亚层。

地层剖面土层概况如下：

(1) 第四纪全新世 Q_4^3。

杂色－灰黄色填土①$_1$层和黑灰色浜底淤泥填土①$_2$层：上部主要为碎砖、碎石等建筑渣土，下为黏性土素填土、混杂浜底淤泥，结构松散，土质不均匀，淤泥夹多量有机质，有臭味。

灰黄色黏质粉土②$_1$层、灰色砂质粉土②$_{3a}$层和灰色黏质粉土②$_{3b}$层：滨海－河口成因，含云母、氧化铁、少量有机质，夹薄层黏性土，中等－低等干强度，中－低韧性。

（2）第四纪全新世 Q_4^2。

灰色淤泥质黏土④层：滨海－浅海成因，含云母、有机质，夹少量粉性土。无摇震反应，光滑，中等干强度，中韧性。

（3）第四纪全新世 Q_4^1。

灰色黏土⑤$_{1-1}$层，灰色粉质黏土⑤$_{1-2}$层，灰色黏质粉土⑤$_2$层，灰色粉质黏土⑤$_3$层，灰绿色－暗绿色粉质黏土⑤$_4$层：含云母、有机质和少量半腐殖物，光滑，中－高干强度，中－低韧性。

（4）第四纪上更新世 Q_3^2。

暗绿色粉质黏土⑥层：含云母、氧化铁和少量铁锰结核，无摇震反应，光滑，高干强度，高韧性。

灰绿色～草黄色黏质粉土⑦$_1$层，灰色－草黄色砂质粉土夹粉砂⑦$_2$层：含云母、少量石英颗粒，摇震反应迅速，无光泽反映，低干强度，低韧性。

灰色粉质黏土⑧$_1$层，灰色黏质粉土⑧$_2$层：含云母、少量有机质。无－中等摇震反应，中－低干强度，中－低韧性。

（5）第四纪上更新世 Q_3^1。

灰色粉砂夹细砂⑨$_1$层：云母、石英、长石颗粒。摇震反应迅速，无光泽反应，低干强度，低韧性。

3.3 主要地层评价分析

线路车站段有两层地下室，底板结构深度为16.94～15.54m，属于一级基坑。

车站底板位于第④层淤泥质黏土和⑤$_{1-1}$黏土层内，此层土质软弱，呈流塑软塑状态。具有触变性及流变特性，基坑开挖时极易导致开挖面失稳。为了减轻开挖对坑底软弱黏性土的扰动影响和减小坑底回弹变形量，在地下围护措施到位后，除预先进行坑内降水外，建议对坑底软弱黏性土进行水泥土深搅拌桩加固措施。

线路车站基坑开挖上部深度范围内主要有第①$_1$填土、局部第①$_2$层浜填土和第②$_{-3a}$砂质粉土和②$_{-3b}$黏质粉土。第①$_1$层填土厚度一般为1.0～2.5m，第①$_2$层最大深度为4.3m，该两层成分较杂，结构松散，基坑开挖时极易产生坍塌。第②$_{-3a、b}$层粉性土渗透系数相对较大，在水头差值作用下极易产生流砂和管涌，基坑开挖时易导致开挖面失稳，因此必须加强基坑支护结构的止水性能，防止对周边已有环境产生不利影响。

线路区间段隧道底板约在－12.5～－24m左右，按场地土层构成分析，大部分位于第④层流塑的淤泥质黏土层和第⑤$_{1-1}$层、第⑤$_{1-2}$层软塑的黏性土层内，局部底板接近⑤$_{-2}$黏质粉土和第⑥层硬土层内。但隧道顶板埋深在区段两端与车站衔接处深度约10m左右，将位于②$_{-3}$粉性土层内，同时隧道埋深随走向又呈一定坡度在变化，故势必会穿越多个不同土性的土层，从而产生不均匀沉降，在盾构施工时应予以注意。

3.4 主要地层物理力学参数

上海市地方标准《地基基础设计规范》DG J08－11－2010对上海市滨海平原区地区各层土的物理力学性质指标描述见表20－7、表20－8。

表 20－7　上海滨海平原区土的物理力学性质指标统计表 1

土层名称	土层序号	数值统计	含水量 ω(%)	密度 ρ(g/m3)	比重 G	孔隙比 e	液限 ω_L(%)	塑限 ω_p(%)	塑性指数 I_p	压缩系数 $a_{0.1\sim0.2}$(MPa^{-1})	压缩模量 $E_{s0.1\sim0.2}$(MPa)
褐黄－灰黄色黏性土	②$_1$ ②$_2$	幅值	25.4～40.5	1.79～1.98	2.72～2.75	0.73～1.14	30.1～43.8	17.6～24.1	11.5～21.0	0.20～0.65	3.00～7.22
		变异系数	0.094	0.022	0.001	0.086	0.086	0.069	0.145	0.251	0.274
灰色粉性土、粉砂	②$_3$	幅值	36.0～43.0	1.76～1.93	2.69～2.72	0.75～1.17	—	—	—	0.09～0.57	3.50～12.50
		变异系数	0.124	0.025	0.003	0.114	—	—	—	0.439	0.315
灰色淤泥质粉质黏土	③$_1$ ③$_3$	幅值	36.0～49.7	1.71～1.86	2.72～2.74	1.00～1.36	29.6～40.1	17.8～23.0	10.3～17.0	0.30～1.03	2.20～5.97
		变异系数	0.110	0.022	0.001	0.104	0.066	0.060	0.145	0.290	0.292
灰色淤泥质黏土	④	幅值	40.0～59.6	1.64～1.79	2.73～2.76	1.12～1.67	34.4～50.2	19.0～26.0	17.0～25.1	0.55～1.65	1.32～3.58
		变异系数	0.08	0.018	0.001	0.075	0.078	0.067	0.112	0.196	0.179
褐灰色黏性土	⑤或⑤$_1$	幅值	29.8～42.5	1.75～1.90	2.72～2.74	0.85～1.22	28.3～42.9	17.3～23.8	10.2～20.0	0.28～0.71	3.00～6.77
		变异系数	0.082	0.019	0.003	0.079	0.096	0.073	0.152	0.214	0.200
灰色粉性土、粉砂	⑤$_2$	幅值	28.0～37.1	1.78～1.93	2.69～2.73	0.78～1.09	—	—	—	0.12～0.47	4.50～11.50
		变异系数	0.060	0.019	0.004	0.069	—	—	—	0.331	0.342
灰－褐灰色黏性土	⑤$_3$	幅值	28.1～40.0	1.78～1.91	2.72～2.74	0.82～1.15	28.3～41.6	17.0～24.3	10.4～18.6	0.22～0.52	4.00～7.50
		变异系数	0.062	0.013	0.001	0.057	0.081	0.077	0.121	0.174	0.168
灰绿色黏性土	⑤$_4$	幅值	19.3～28.3	1.89～2.08	2.71～2.73	0.58～0.84	25.1～34.0	14.1～19.5	10.1～15.8	0.14～0.34	5.26～11.27
		变异系数	0.090	0.024	0.002	0.101	0.076	0.074	0.124	0.253	0.210
暗绿－草黄色黏性土	⑥$_1$ ⑥$_2$	幅值	21.3～27.7	1.91～2.05	2.72～2.73	0.63～0.80	28.2～36.5	15.6～20.3	11.3～16.8	0.14～0.30	5.50～10.51
		变异系数	0.054	0.017	0.001	0.056	0.056	0.058	0.096	0.111	0.156

表 20－8　上海滨海平原区土的物理力学性质指标统计表 2

土层序号	数值统计	固结快剪		三轴 UU		三轴 CU				无侧限抗压强度	高压固结		波速试验	
		C(kPa)	φ(°)	C_u(kPa)	φ_u(°)	C_{cu}(kPa)	φ_{cu}(°)	C'(kPa)	ϕ'(°)	q_u(kPa)	C_C	C_V	V_P(m/s)	V_S(m/s)
②₁ ②₂	幅值	8.5～28.5	12.7～26.2	32.0～80.0	0	0～32.0	21.0～26.0	0～10.0	30.0～32.0	48～89	0.166～0.403	0.017～0.081	300～1290	84～117
	变异系数	0.278	0.19	0.27	—	—	—	—	—	0.239	0.3	0.35	0.373	0.092
②₃	幅值	0～13.0	23.5～35.0	—	—	—	—	—	—	—	—	—	—	—
	变异系数	0.42	0.126	—	—	—	—	—	—	—	—	—	—	—
③₁ ③₃	幅值	8.5～14.2	12.1～28.0	21.0～40.0	0	0～5.0	18.0～26.0	0	31.0～38.0	31～66	0.169～0.472	0.024～0.070	708～1449	84～142
	变异系数	0.24	0.25	0.18	—	—	—	—	—	0.186	0.266	0.336	0.176	0.126
④	幅值	11.5～15.7	8.5～16.9	18.0～44.0	0	0～19.0	11.0～19.2	0～12.0	22.0～32.5	42～77	0.429～0.628	0.041～0.109	874～1481	100～166
	变异系数	0.037	0.162	—	—	—	—	—	—	0.152	0.107	0.263	0.121	0.114
⑤或⑤₁	幅值	11.5～20.0	12.7～27.4	35.0～94.0	0	0～25.0	15.0～27.0	0～15.0	30.0～35.3	50～135	0.239～0.436	0.020～0.093	656～1570	112～256
	变异系数	0.223	0.217	0.24	—	—	—	—	—	0.256	0.208	0.4	0.233	0.185
⑤₂	幅值	0～14.2	23.5～37.0	—	—	—	—	—	—	—	—	—	1040～1370	183～232
	变异系数	0.39	0.124	—	—	—	—	—	—	—	—	—	0.068	0.072
⑤₃	幅值	10.0～24.3	15.5～28.7	50.0～139.0	0	—	—	—	—	119～136	0.251～0.345	0.016～0.039	823～1781	151～310
	变异系数	0.272	0.169	0.275	—	—	—	—	—	—	0.116	0.233	0.211	0.189
⑤₄	幅值	28.5～57.1	15.5～27.4	100～177	0	—	—	—	—	—	0.087～0.189	0.006～0.027	1087～2223	172～373
	变异系数	0.359	0.186	0.283	—	—	—	—	—	—	0.34	0.45	0.272	0.209
⑥₁ ⑥₂	幅值	42.9～53.0	15.5～20.9	135～195	0	30.0～70.0	20.0～29.0	20.0～43.0	25.2～35.0	185～382	0.132～0.245	0.016～0.026	1250～1739	227～357
	变异系数	0.06	0.099	0.13	—	—	—	—	—	0.231	0.165	0.202	0.095	0.152

4 地下水

上海地区地下水主要赋存于第四纪松散岩类孔隙介质中，其次是赋存于碎屑岩类孔隙、碳酸盐岩类裂隙溶洞和基岩裂隙中。其中，松散岩类含水层地下水不是一个完整、独立的含水系统，而是属于长江三角洲含水系统中的一部分。该系统西起江苏仪征，东濒东海，北界扬州、泰州、海安一线，西部沿江苏茅山、浙江天目山麓，向南沿杭州湾北岸达东海，包括苏北平原和苏南平原之苏锡常地区，杭嘉湖平原及上海市等地区，面积达4万km^2，由古长江、古钱塘江、水下三角洲等子系统组成。整个长江三角洲地下水系统中，自西向东含水层具有由单层向多层、其分布由窄向宽、含水介质颗粒由粗向细的展布规律。在天然条件下，上海各承压含水层地下水沿同层由西部邻省向东补给上海，并向东海大陆架水下三角洲排泄，即地下水径流方向由西向东（见图20-2）。

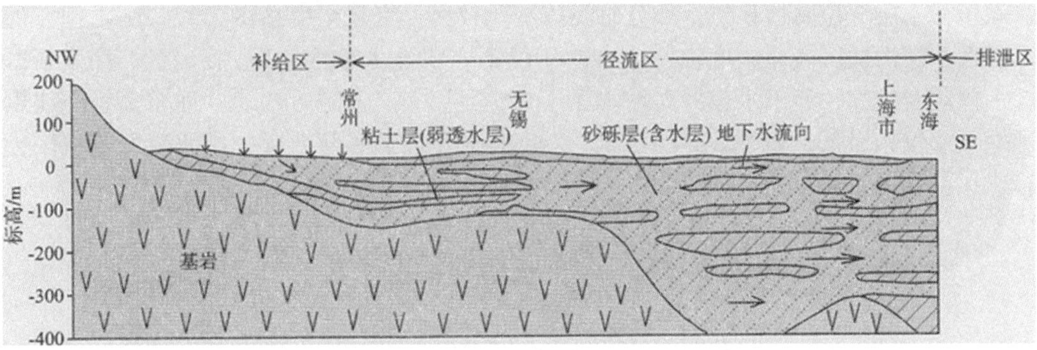

图20-2 上海地下水运移模式示意图

上海地区地下水主要赋存于第四纪松散岩类孔隙介质中，松散岩类孔隙水是上海地区主要地下水类型，因此，根据第四纪地层的形成时代、成因和水动力条件，将松散岩类孔隙水划分为三大含水岩组，7个含水层（组），即：全新统潜水含水岩组：潜水含水层（A）和微承压含水层（B）；上、中更新统承压含水岩组：第一（I）、第二（Ⅱ）、第三（Ⅲ）承压含水层；下更新统含水岩组：第四（Ⅳ）、五（V）承压含水层，并相应划分出各承压含水层之间的弱透水层（N_1－N_7）。上海地区与地下空间开发建设密切相关的潜水含水层、微承压含水层和第一承压含水层。

4.1 潜水含水层（A）及微承压含水层（B）

潜水含水层为全新世（Qh）河口－滨海相沉积，潜水含水层底面埋深3～25m，厚度介于2.5～24m，长江河口砂岛地区厚度较大。根据含水层岩性结构特征可分为两类，一类以单一黏性土（A_1）为介质的孔隙水，全市普遍分布，岩性以填土、褐黄色粉质黏土为主；另一类上部为黏性土（A_1），下部以砂性土（A_2）为介质的孔隙水，A_2层分布范围有限，与工程地质②$_3$层相当，主要分布在滨海平原区以及长江河口沙岛地区。潜水含水层富水性差，单井涌水量为1～20m^3/d（口径500mm，降深2m时）。潜水地下水系统天然防护条件较差，直接与大气圈、水圈相接触，易受外界影响。

潜水水位动态较为稳定，但年内有一定的变化幅度，水位动态变化规律多年基本相似。2009年上海地区中心城区以外水位标高基本保持在3.5m左右，变化幅度一般为0.5m；而位于市中心地区的潜水水位总体处于相对低的状态，水位标高在2.4m左右。

微承压含水层（B）主要由全新世早期的溺谷相、河流相灰色粉细砂层构成，零星分布在古河道分布区及河El沙岛区，滨海平原区仅局部分布。该层岩性以砂质粉土为主，部分地区下部为粉砂，其顶面埋深15~22m，厚度介于2~15m。微承压含水层富水性贫乏，单井涌水量为1~20m^3/d（口径500mm，降深2m时）。

根据2009年的监测数据，市中心南部世博会会址区周围黄浦江两岸水位相对较低，标高一般小于-4m，其他地区一般在-1~-3m之间，而市中心以外地区相对较高，一般大于-2m。

4.2 第一承压含水层（Ⅰ）

第一承压含水层为晚更新世晚期中段（Qp_3^{2-2}）滨海-泻湖相沉积物，区内除西部、西南部剥蚀残丘-基岩凸起区和长江河口砂岛区缺失外，分布较为广泛，但含水层发育状况不一。第一承压含水层顶、底面埋深一般为20~40m和28~53m，厚3~18m。上海南部莘庄-漕泾-奉城等地区，第一承压含水层与下伏第二承压含水层沟通。第一承压含水层富水性弱，单井涌水量小于500m^3/d（口径254mm，降深5m时，下同）；水化学类型以滨海相Cl-Na型咸水或盐水为主，矿化度较高，总硬度为30~60德国度。由于含水层水质差，基本未被开采利用。

第一承压含水层水位总体稳定，部分时间段变化较大，变化幅度总体在1~2m之间，但在该含水层与下部含水层沟通区变化幅度较大。2009年位于外环线北部的宝山、杨浦区，浦东新区北部高桥等地区水位相对较高，地下水位标高基本界于0.5~-2m。普陀-闸北-浦东金桥一线以南的广大地区，地下水位相对低，界于-3~-5m，最低水位分布于南部塘桥、世博园区等地区，地下水位标高普遍在-4~-5m。

4.3 第二承压含水层（Ⅱ）

第二承压含水层为晚更新世早期（Qp_3^1）河口-滨海相沉积物，除基岩凸起处缺失外全区广泛分布，且发育良好。其顶面埋深一般60~70m，层厚一般20~30m，含水层岩性以灰色细中砂含少量砂砾石为主。第二承压含水层是上海地区透水性和富水性最好的含水层组之一，除基岩浅埋区富水性小于100m^3/d外，西南部汉流河道及东北部边缘地区富水性介于1000~3000m^3/d之间，西部汉流河床与东部古汉流入海地段则为3000~5000m^3/d，而古长江人海地段即崇明的西南部及西部湖沼平原青浦区的大盈-白鹤一带富水性大于5000m^3/d，但该含水层水质较差，淡水分布面积仅占全区的20%左右，多为矿化度1~3g/L的微咸水和3~10g/L的半咸水。

第二承压含水层地下水天然状态下由西、西北部、西南部邻区对区内进行侧向径流补给，地下水径流方向总体呈自西向东的趋势。20世纪80年代后郊区的宝山刘行地区、浦东周浦地区分别形成水位降落漏斗，同时受区外江苏太仓、浙江嘉善等地区开采影响，陆域的东北部地下水总的径流方向由东南流向西北，接受回灌水及东海大陆架的补给，向各个漏斗中心及江苏太仓方向排泄；陆域西南部的金山枫泾地区，地下水径流由东北流向西南，接受东北部侧向补给，向区外的浙江嘉善方向排泄。岛域的崇明县地下水开采集中在南部的堡镇地区，故地下水接受侧向径流补给，由北部流向南部开采区，并以深井抽水方式进行排泄。长兴、横沙岛则受陆域开采影响，地下水径流由岛域流向陆域。

4.4 第三承压含水层（Ⅲ）

第三承压含水层为中更新世早期（Qp_2^1）河口-滨海相沉积物，除基岩凸起区缺失外全区普遍分布，含水层埋藏具有西南浅-中部深-东北浅的规律，毗邻基岩浅埋区和三角洲前缘含水砂层逐渐尖灭。其顶面埋深一般110~120m，厚度一般20~30m，岩性在西部南、北古汉流河床地段为含砾中粗砂夹细砂，其他地段一般为中细砂。该含水层富水性较好，崇明的西北、宝山及浦东的川沙-新场-果园等地区为3000~5000m^3/d，崇明西端大于5000m^3/d，古河道边滩则为1000~

3000m^3/d，含水层水质较差，淡水分布面积略大于第二承压含水层，主要分布在陆域北部及金山卫－松江镇以西地段，向东南逐渐过渡为矿化度1～3g/L的微咸水－矿化度大于10g/L的咸水。

第三承压含水层地下水天然状态下由西、西北部、西南部邻区对区内进行侧向径流补给，地下水径流方向总体呈自西向东的趋势。20世纪80年代以后由于地下水开采向郊区转移，分别在宝山区的大场与浦东新区的高桥、北蔡及周浦地区形成水位降落漏斗，同时受江、浙地区对本层地下水开采的影响，上海西部的嘉定区娄塘、青浦区白鹤、金山区枫泾地区水位很低，尤其是枫泾地区受区内及区外邻省开采的双重影响，其水位是上海境内的最低水位区。故陆域的东北部地下水总的径流方向由东南流向西北，接受东南部东海大陆架的补给；陆域西南部的枫泾地区地下水由东北流向西南。岛域的崇明县其南部水位低于北部，故地下水径流由北向南流接受北部的侧向补给；岛域的长兴、横沙受陆域开采影响，地下水由东向西流向陆域方向。地下水开采是第三承压含水层地下水排泄的主要形式。

4.5 第四承压含水层（Ⅳ）

第四承压含水层为早更新世中晚期（Qp_1^2）河流相沉积物，除青浦莲盛－松江泗联、金山吕巷－金山嘴、奉贤齐贤－星火农场、北新泾小闸镇至嘉定南翔一带以及浦东坦直等基岩浅埋处无堆积外分布较为广泛。第四承压含水层的埋藏具西南部浅，向东北部逐渐加深的变化趋势。根据沉积环境和地层结构的空间变化，第四承压含水层可划分为第四上层（$Ⅳ_1$）、第四下层（$Ⅳ_3$）两个含水层组段。上层顶面埋深一般160～180m，厚20～30m，下层顶面埋深一般200～220m，厚10～20m，含水层岩性以灰色细砂、中粗砂为主。含水层富水性较好，尤以含水层厚的地区富水性佳，大部分地区单井涌水量为1000～3000m^3/d，浏南古河道在3000～5000m^3/d之间，而在邻近基岩凸起区富水性弱，为小于100m^3/d。含水层水质以矿化度小于1g/L的淡水为主，仅在闵行－南桥一带因与上覆第三承压含水层沟通，分布有孤立的咸水体，微咸水则分布在该咸水体周围及崇明县中部、嘉定镇及长兴岛北部地区。该层是上海地区最良好的饮用水源，也是上海地区目前开采量最大的含水层位。

第四承压含水层地下水天然状态下由西、西北部、西南部邻区对区内进行侧向径流补给，地下水径流方向总体呈自西向东的趋势。20世纪80年代以后由于地下水开采向郊区转移，郊区的宝山顾村－葑塘、闵行纪王、吴泾－车沟桥一带形成水位降落漏斗；位于浦东新区东南部的东海农场、芦潮港及奉贤区南部的五四农场、星火农场、燎原农场大量开采本层地下水，地下水位亦较低。故上海东部地区以浦东新区坦直地区（缺失第四承压含水层）为界，坦直以南地区地下水接受侧向径流补给由北向南流向农场低水位区；坦直以北地区地下水径流由东向西、由西南向西北流向两个漏斗中心区。上海西南部的金山地区亦受嘉兴地区开采影响，地下水径流方向由东向西。岛域的崇明县北部由于受江苏省开采影响，地下水位最低，故地下水径流方向由南向北。而岛域的长兴、横沙两岛地下水径流方向由东向西。地下水开采是第四承压含水层地下水排泄的主要形式。

4.6 第五承压含水层（Ⅴ）

第五承压含水层为早更新世早期（Qp_1^{1-2}）河流相沉积物，主要分布在陆域的北部、东北部及长江口岛域，明显受基岩起伏控制的沟谷凹陷地区，呈西南向东北倾伏趋势，是区内埋藏最深、水量较贫乏的含水层。其顶面埋深一般在250～280m，底面埋深300～320m，凹陷中心为330～350m，含水层厚薄不均，介于10～80m之间，表现为富水性强弱不一，长江南支以北的岛屿区富水性为1000～3000m^3/d，以南则以100～1000m^3/d为主。其水质较好，多为矿化度小于1g/L的淡水和1～3g/L的微咸水，仅在浦东南部凹陷地区为微咸水，该含水层亦是上海地区主要的开采层位。

第五承压含水层地下水天然状态下由西、西北部邻区对区内进行侧向径流补给，地下水径流方向总体呈自西向东的趋势。本层的地下水开采主要集中在上海西郊及岛域，多年来形成以西郊闵行华漕一带为中心的水位降落漏斗，故上海陆域部分地下水流向西郊漏斗区。岛域的崇明县由于其开采集中在西部，故地下水径流方向由东向西。岛域的长兴、横沙岛地下水位不仅受当地大量开采影响，同时又受陆域的区域水位变化影响，故地下水由岛域流向陆域方向径流，并接受东湖大陆架的补给。采用管井形式开采地下水是第五层承压含水层地下水排泄的主要形式。

5 主要工程地质问题及对策

上海软土的主要岩土工程问题为强度小、变形大、震陷、欠固结等。地铁隧道车站影响范围内的地基土层以软黏性土和砂、粉性土为主，建设过程中引发的主要工程地质问题有砂、粉性土的流砂、软土地基变形、基坑突涌水问题，此外还有因施工引起的变形、稳定等问题[4,5]。

5.1 明挖法施工存在的问题及对策

5.1.1 明挖法基坑工程主要地质问题

明挖法基坑工程主要地质问题为：

（1）基坑坍塌、基底回弹。

按场地土层分布，底板应位于第④层淤泥质黏土和$⑤_{1-1}$黏土层内，此层土质软弱，呈流塑软塑状态。具有触变性及流变特性，基坑开挖时极易导致开挖面失稳。为了减轻开挖对坑底软弱黏性土的扰动影响和减小坑底回弹变形量，在地下围护措施到位后，除预先进行坑内降水外，建议对坑底软弱黏性土进行水泥土深搅拌桩加固措施。

基坑开挖上部深度范围内主要有第$①_1$填土、局部第$①_2$层浜填土和第$②_{-3a}$砂质粉土和$②_{-3b}$黏质粉土。第$①_1$层填土厚度一般为1.0～2.5m，第$①_2$层最大深度为4.3m，该两层成分较杂，结构松散，基坑开挖时极易产生坍塌。第$②_{-3a、b}$层粉性土渗透系数相对较大，在水头差值作用下极易产生流砂和管涌，基坑开挖时易导致开挖面失稳，因此必须加强基坑支护结构的止水性能，防止对周边已有环境产生不利影响。

（2）流砂。

上海地区大部分地铁车站均需进行基坑开挖，在开挖过程中需进行降水，从而使坑外地下水位大于坑内，由于地下水位较高，施工过程中往往发生流砂问题。流砂发生时能造成大量的土体流动，引发基坑边坡失稳、塌方及塌陷等地质灾害，使周围环境受到严重破坏，特别是当地下工程从江、河等地表水体以下穿越时，流砂造成的管涌可能使大量泥砂和地表水体涌入地下结构物，造成重大财产损失或人员伤亡。

上海地区地铁车站基坑开挖揭露的砂、粉性土层主要为上述的$②_3$、$⑤_2$、⑦层。对于地铁车站等开挖较大的基坑工程，施工时产生流砂的可能性非常大。上海地区地铁隧道施工时因流砂导致的工程事故屡见不鲜，如2003年7月某轨道交通施工中就有因⑦层的流砂问题而导致施工事故。事故地点隧道埋深约35m，处于第$⑦_1$、$⑦_2$砂性土之中，由于施工中联络通道出现渗水，随后出现大量泥沙涌入，引起地面大幅沉降，导致附近防汛墙折断、新建排水泵站毁坏，附近二幢八层楼房由于严重倾斜而拆除，造成了巨大的经济损失。

（3）基坑突涌水。

上海地区由于浅部承压含水层水头高，地下空间开发中常受浅部承压含水层地下水影响而发生基坑突涌现象。基坑突涌主要发生在车站基坑开挖以及联络通道施工等过程中。当基坑开挖超过一定深度，在高水头地下水作用下，坑底下地基土不足于抵抗承压水水头压力，可能会使坑底土层产生隆起现象甚至破坏，严重时地下水和砂土一起突然涌出，淹没已开挖的基坑，从而造成地面塌陷或基坑边坡失稳，不仅对工程本身安全造成影响，对周围环境也带来严重影响。

上海地区易产生突涌问题土层主要为⑤$_2$、⑦层砂、粉性土层，该两层分别是上海地区的微承压含水层和第一承压含水层，根据上述水文地质条件可知，承压水头较高，基坑开挖面或盾构施工时易形成较大的水头差，极易诱发基坑突涌问题。因此，在地铁车站基坑开挖施工工程中，应特别重视该两层土引发的基坑突涌问题，施工时做好降水工作。

5.1.2 相关控制对策

对采用明挖法施工的地下车站，当开挖深度较大或基坑开挖受周边环境影响时，基坑侧壁土层稳定性较差，应考虑基坑支护和降排水措施，基坑支护可采用地下连续墙、排桩加止水帷幕及内支撑方案，地下水排水方案可采用坑内降排水措施。

（1）岩土工程勘察工作应详细查明浅层沼气、暗浜等不良地质作用的特征、成因、分布范围、发展趋势和危害程度，为工程治理提供依据和建议。详细查明上海软土的类型、年代、成因、分布范围、工程特性等，提出相关治理建议。详细查明上海潜水、承压水的埋藏条件，提供勘察水位、水质、岩土渗透系数、地下水位变化情况等水位地质参数，为地下水控制提供依据和建议。

（2）工程设计应采取以下控制措施：

1）结合实际情况进行技术经济比选，选择合适的围护结构体系，选定合理的支撑结构体系，选择合理的内支撑或锚杆的竖向间距。

2）多道支撑的排列方式采用上疏下密的方式对于控制支护结构的水平位移具有较好的效果。

3）考虑是否对基坑底部或被动区土体进行加固。

4）保证围护墙体的最小入土深度，否则会造成“踢脚”现象。

5）制定合理的变形控制指标，以控制基坑变形。

6）为保障基坑安全并防止或降低减压降水引发的地面沉降等环境地质问题，采用强度高和隔水性能好的围护结构、增加围护结构深度、按需降水、人工回灌及信息化监测等措施。

7）对邻近建筑物进行软托换处理等措施。

（3）工程施工应采取以下控制措施：

1）应合理架设钢支撑等支护结构，有效减小基坑变形；

2）应采用合理的施工工序和挖土过程；

3）合理开展降排水以消除地下水的隐患，开挖前提前一段时间进行基坑内降水，通过坑内土体固结，可以提高土体的力学性能，以利于墙内被动区土体抗力的发挥和减少底部开挖面的隆起。

4）注重施工监测和信息化施工，确保施工信息化的切实开展，有效控制基坑变形。

5）确保相邻的施工工序不相互干扰，同时防止基坑周遍地面超载。

（4）地下连续墙施工应注意的事项：

1）杂填土对导墙修筑有影响，导墙修筑深度应根据填土层性质决定，一般宜置于原状土层上；

2）周边土体承载力应满足施工要求；

3）泥浆液面高度、比重应根据土的性质综合确定，对淤泥、淤泥质土应控制成槽速度，确保槽壁的稳定性；

4）成槽时对垂直度应严格控制。

（5）水泥土搅拌桩、SMW 工法桩施工应特别注意事项：

1）应根据土层性质选择合适的设备；

2）选择合适的水泥掺入量和水灰比，是确保工程质量和顺利施工的重要指标；

3）喷浆搅拌时，搅拌头的提升速度应严格控制。

（6）地下水控制：

为防止潜水直接渗入基坑而产生不良的地质现象，必须采取相应的止水措施。采用地下连续墙的支护型式，可有效切断潜水含水层与坑内的水力联系，达到截水目的。同时应采取有效措施，防止基坑周边的地表水及地下排水管道漏、渗水进入基坑。

降水设计时应考虑基坑开挖周期较长，地层透水性较好，长时间大量降水使基坑内外水动力条件发生改变，会对周围道路、建筑物产生不利影响。应设置坑外观测井，实时监控地下水位变化情况，根据监测结果，采取回灌等措施。

5.2 盾构法施工存在的问题及对策

5.2.1 盾构法隧道工程主要地质问题

盾构法隧道工程主要地质问题为：

（1）隧道穿越多层不同土层。

地铁盾构隧道穿越软土地层：如地铁13号线隧道底板约在 $-12.5m \sim -24m$ 左右，按场地土层构成分析，大部分位于第④层流塑的淤泥质黏土层和第$⑤_{1-1}$层、第$⑤_{1-2}$层软塑的黏性土层内，局部底板接近$⑤_{-2}$黏质粉土和第⑥层硬土层内。但隧道顶板埋深在区段两端与车站衔接处深度约10m，将位于$②_{-3}$粉性土层内，同时隧道埋深随走向又呈一定坡度在变化，故势必会穿越多个不同土性的土层，从而产生不均匀沉降，在盾构施工时应予以注意。

（2）地下水及地表水对盾构的影响。

地铁盾构隧道靠近两端车站区段穿越软土地层：如地铁13号线盾构隧道在穿越粉性土第②-3a、②-3b土层时，施工时需做好隔水降水措施，防止流砂、管涌现象发生。

地铁盾构隧道下穿地表水体：如地铁13号线隧道区间多次下穿地表河流，如在里程约为K0+470与里程约为K0+620附近线路两次下穿双阳港；在里程K1+290附近线路下穿沙河；在里程约为K2+930附近线路下穿老申纪港。河水的下渗会对盾构施工带来不利影响，设计施工时应予以注意。

（3）地面沉降。

对浅部盾构施工引起的地层损失、盾构隧道周围受震动或受剪切破坏的重塑土再固结以及浅部欠固结软土层骨架蠕变，都会导致地面沉降。按以往类似工程经验，可采用同步注浆及二次注浆的方法进行土层加固，可有效控制过大的地面沉降。

（4）地下沼气的防治。

地下沼气对盾构施工机械和操作有较大影响，需采取措施进行监测和防治。

（5）对周边环境的影响。

施工对周围环境的影响主要涉及导致地面附加沉降问题，即盾构施工过程中，由于地层损失以及盾构隧道周围受震动或受剪切破坏的重塑土再固结，均会导致地面沉降，设计和施工时必须注意防止地面沉降过大导致周围建（构）筑物倾斜、开裂以至倒塌，以及破坏周围环境中的地下管线。

5.2.2 相关控制对策

（1）盾构法施工建议设置试验段，以获取适宜该地区的盾构机参数，减小施工对地层的扰动。

（2）加强对工程周边建（构）筑物、地下管线等的监测工作，发现问题时及时进行监测预警报警，并采取处理措施。

（3）盾构施工过程中加强注浆和二次补浆，并密切关注开挖面的地下水情况，防止地下水对盾构机造成影响。

（4）盾构施工过程中对地下沼气进行监测，及时测定地下沼气的浓度，并适时采取地下沼气抽排工作。

（5）盾构隧道穿越江河地段控制措施：

1）盾构始发前更换全新的盾尾刷，并填充饱满盾尾油脂；
2）盾构始发前更换全新盾构铰接密封；
3）设定合理的土仓压力，减小对地层的扰动；
4）连续不间断施工，保持盾构机均匀、连续穿越海河，避免在河床底下停机；
5）盾构机进入海河区域前调整盾构姿态至最佳位置，穿越过程中尽量减少纠偏或不纠偏；
6）控制同步注浆的注入量，以填充饱满为宜，不应过大；
7）提高浆液强度，缩短浆液固化时间；
8）适时进行二次注浆，及时进行跟踪注浆，严格控制注浆压力；
9）加强施工监测和施工组织管理。

参 考 文 献

[1] 魏子新，翟刚毅，严学新，等．上海城市地质［M］．北京：地质出版社．2010．

[2] 上海市建设工程安全质量监督总站．城市轨道交通工程施工风险控制技术［M］．北京：中国建筑工业出版社．2011．

[3] 上海现代建筑设计（集团）有限公司．上海市地方标准地基基础设计规范（DGJ08－11－2010）［S］．上海：上海市建筑建材业市场管理总站．2010．

[4] 北京城建勘测设计研究院有限责任公司．上海市轨道交通13号线1标段北翟车辆段工程岩土工程初步勘察报告［R］．北京：2006．

[5] 北京城建勘测设计研究院有限责任公司．上海市轨道交通13号线1标段区间和车站工程岩土工程初步勘察报告［R］．北京：2006．

[6] 史玉金．上海地铁隧道建设中工程地质条件及主要地质问题研究［J］．工程地质学报，2010，18（5）：774－780．

深 圳 市

1 自然地理

1.1 地理位置

深圳市位于广东省中南部沿海，南隔深圳河，与香港九龙新界毗邻，东临大亚湾，西接珠江口伶仃洋，北与东莞、惠阳交界[1]。陆域位置是东经113°46′~114°37′，北纬22°27′~22°52′。东临大亚湾与惠州市相连，西至珠江口伶仃洋与中山市、珠海市相望，南至深圳河与香港毗邻，北与东莞市、惠州市接壤，全市总面积2020km^2。深圳经济特区是深圳市的一部分，位于东经113°52′~114°21′，北纬22°27′~22°39′。深圳经济特区东起大鹏湾背仔角，西至珠江口的安乐村，南临深圳河，北靠梧桐山、羊台山山脉，面积为327.5km^2，东西长49km，南北宽平均7km，呈狭长带状。

1.2 气　　象

1.2.1 区域气候概况

深圳市地处北回归线以南，属亚热带海洋性季风气候。由于受海陆分布和地形等因素的影响，春季，常出现阴雨天气；初夏，常有雷暴雨；盛夏，会出现晴热天气及台风；初秋，台风仍较活跃，常有冷空气入侵，气温明显下降；秋末，天气清爽，晴天较多；冬季，暖而时有阵寒。全年气候温和湿暖，夏长冬短，雨量充沛，日照充足，干、湿分明。深圳地区主要气象要素见表21-1。

表21-1　深圳地区主要气象要素一览表

项　　目	单　　位	北京市观象台
年平均太阳总辐射量	MJ/m^2	5225
年平均日照时数	小时	1933.8
年平均气温	℃	22.0
月平均气温最小值	℃	11.4
月平均气温最大值	℃	29.5
极端最低气温	℃	0.2
极端最高气温	℃	38.7
年平均无霜期	天	355
年平均降水量	mm	1966.3
最小降水量	mm	910.03（1963年）
最大降水量	mm	2747（2001年）
年平均蒸发量	mm	1755.4
年平均降水量与蒸发量的比值	%	1.12
年平均风速	m/s	2.6~3.6
年最大风速	m/s	11~20
年瞬时最大风速	m/s	10~29
年平均气压	hpa	1009.8
年平均相对湿度	%	77

1.2.2 气象灾害

深圳的主要气象灾害有台风、暴雨、洪涝、干旱等。

台风：台风是深圳发生最多、危害最大的灾害性天气。台风影响时间为每年的5—12月，以6—10月较多，尤以7—9月为高峰期，台风季节年平均82天，最长为174天（1974年），最短1天（1968年、1981年、1982年）。

暴雨：历次台风登陆和影响都含带了强降雨或暴雨。雷雨大风天气，受淹、水浸、山体滑坡等灾害频发，给深圳市人民的生命财产安全带来了极大的危害。

1.3 水　　文

（1）河流。

深圳市流域面积大于1km^2的河流（河涌）共计310条，总长度为998.9km。流域面积大于50km^2的河流仅10条。其特点是小河众多，大河稀少，具有雨源类河流特性，枯水期河道基流极小，河道自净能力极差，且多为感潮河流，防洪和水质受潮汐影响较大。这些河道多数从市区、城镇区穿过，与市区、城镇区发展息息相关[6]。

深圳市河流受地质构造控制，以海岸山脉和羊台山为主要分水岭，其地形地貌的特点决定了河流水系的分布和走向。以海岸山脉和羊台山为主要分水岭，深圳市河流划分为珠江三角洲水系、东江中下游水系和粤东沿海水系三个水系。

珠江三角洲水系：西部和南部地区诸河流，流入珠江口伶仃洋，主要河流有深圳河、大沙河、西乡河和茅洲河。

东江中下游水系：主要为东北部河流，发源于海岸山脉北麓，由中部往北或东北流，流入东江中、下游，主要河流有龙岗河、坪山河和观澜河。

粤东沿海水系：河流发展源于海岸山脉南麓，流入大鹏湾和大亚湾，主要河流有盐田河、葵涌河、王母河、东涌河等。

深圳市主要河流概况见表21－2。

表21－2　主要河流概况表

主要河流	干流长度/km	流域面积/km^2
龙岗河	37.4	372.1
坪山河	25.0	152.2
观澜河	23.0	202.0
茅洲河	46.0	400.7
西乡河	16.6	75.0
深圳河	37.0	312.5
大沙河	15.0	77.6
葵涌河	10.4	42.0

（2）海湾

深圳的主要海湾有大亚湾、大鹏湾、深圳湾和前海湾。

深圳市海湾概况见表21－3。

表21－3　海湾概况表

海湾名称	位置及其特征
大亚湾	位于深圳市东部，西面为大鹏半岛，湾口水深达20m，水质优良
大鹏湾	位于深圳市东南方向，东面是大鹏半岛，西界为香港，北面是低山和高丘陵。大鹏湾纵深约30m，横宽约12km，湾口朝南，口宽约10km，水域面积390km^2，容积$58\times10^8 m^3$

续表 21－3

海湾名称	位置及其特征
深圳湾	位于深圳市的西南部。西北面是南头半岛（南山区），东北面为福田区，东南面为香港。湾内纵深约14km，平均宽度约7.5km沿岸多砂和淤泥沉积，离岸1km内水深不超过1m
前海湾	前海湾又称大铲湾，位于南头半岛西北面，面积约20km²，属浅水海湾。前海湾周围水域是珠江口主要的水产养殖区

1.4 地形地貌

1.4.1 地形地貌分布

深圳是一个以丘陵和平原为主的山海城市，地貌骨架由三个地貌带构成：

南带半岛海湾地貌带：半岛与海湾相间，平缓的槽形海湾与半岛的陡峭海岸形成强烈反差。

中带海岸山脉地貌带：自梧桐山至笔架山为一条北东向山脉，多为400～700m的低山，梧桐山高913.7m，是深圳市最高点。

北带丘陵谷地带：河流分割，高程多为100～150m的低丘陵和谷地。深圳市地势大体上是东南高，西北低。

1.4.2 地形地貌特征

深圳市地貌类型多样，有低山、丘陵、台地、阶地和平原五种类型，其中丘陵面积最大，台地和平原面积次之。地貌的垂向变化大体上可分为五级，阶梯状层面结构较为明显。

（1）低山与高丘陵（高程300m以上）：低山主要分布在海岸山脉的东、西两端和大鹏半岛三片，高丘陵主要分布在海岸山脉、大鹏半岛、鸡公山和羊台山四片。

（2）低丘陵（高程100～150m）：主要分布在海岸山脉、大鹏半岛、龙岗河和坪山河的分水岭及羊台山周围。

（3）高台地（高程45～80m）：主要分布在坪山河、沙湾河、观澜河和河谷平原及西部的三大水库区。

（4）低台地（高程5～25m）：主要呈弧形分布在深圳西部及西南部沿海地带。

（5）阶地与平原（高程小于5m）：包括冲积平原，西部滨海的冲积、海积平原。

2 区域地质

2.1 地质构造

深圳市位于华南褶皱系的紫金－惠阳凹褶断束中东西向高要－惠来断裂带的南侧，北东向莲花山断裂带西北支的五华－深圳断裂亚带的南西段展布区。地质构造比较复杂，以断裂构造为主，可分为北东、东西和北西向三组。北东向断裂规模宏大，北西向多出现在沿海，沿断裂有多次大面积的岩浆侵入和喷发，动力变质和接触变质作用分布普遍。褶皱构造多与断裂相伴产出，由于受到多次断裂作用及岩浆侵入的破坏，多数不太完整。北东向的五华－深圳断裂带斜贯全区，是区内的主导构造。自新第三纪以来为现代地貌主要形成期，此期的新构造运动，受北东及北西向两组断裂的联合控制，其主要表现为区域性不均衡间歇上升、第四纪断陷盆地、深圳断裂束的继承性活动。深圳断裂束较强烈的最后构造活动期为早－晚更新世，晚更新世晚期以来，整个深圳断裂束的构造活动已显著减弱，区内尚未发现全新世沉积层为断裂切割现象及断裂活动形成的构造地貌。构造基本稳定，不会发生突发性构造运动。深圳市地质略图如图 21 - 1 所示。

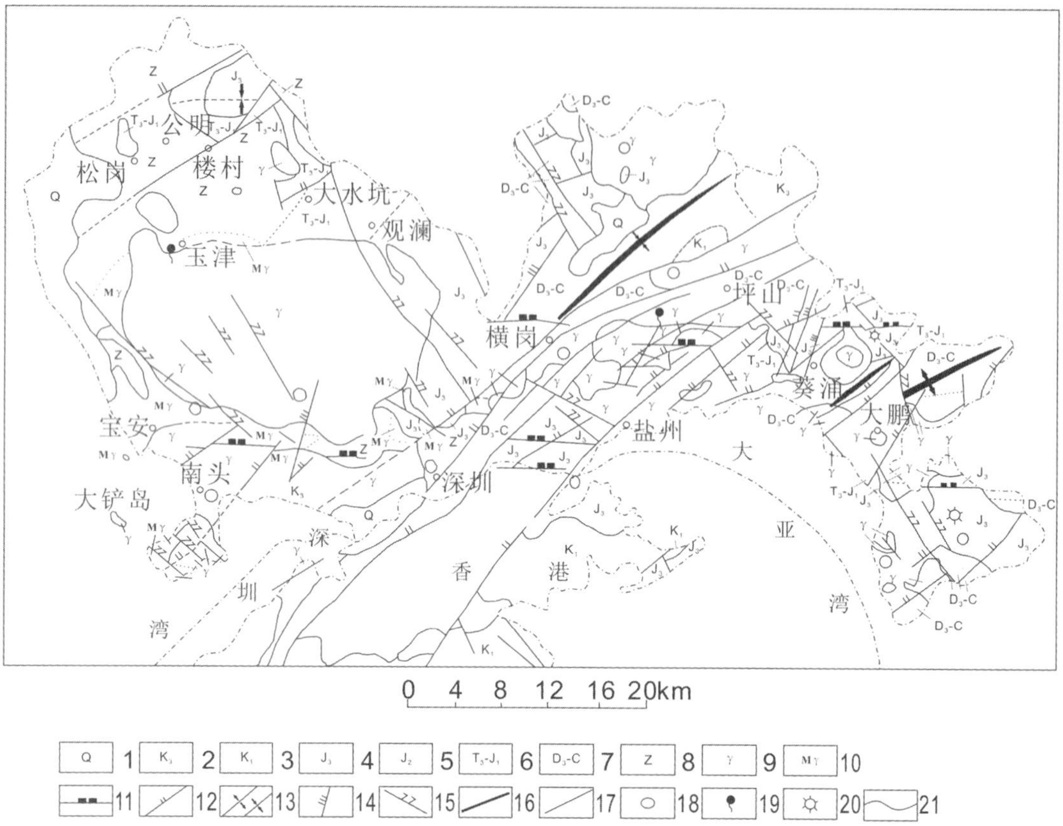

图 21 - 1　深圳市地质略图

（引自互联网）

2.1.1　褶皱

深圳市的褶皱构造由于受断裂构造的破坏，花岗岩体的吞噬、火山喷发和自中生代以来的地层覆盖，显得支离破碎、残缺不全。主要有：发育于泥盆 - 石炭系中的北东向排牙山背斜、钓神山向斜、横岗 - 坪山背斜、龙岗向斜、草塘背斜，以及发育于上三叠统至下侏罗统的东西向横沥向斜。

（1）北东向褶皱：包括排牙山背斜、钓神山向斜、横岗 - 坪山背斜、龙岗向斜、草塘背斜。

（2）东西向褶皱：横沥向斜（黄京坑向斜、新陂头向斜），向斜位于宝安东北角白鹤陂、白鹤岭一带。轴向近东西向，长约 8km，宽约 4km。核部为下侏罗统桥源组，两翼由下侏罗统金鸡组，上三叠统小坪组组成。地层倾向相向，倾角平缓（25° ~ 35°）。基本对称，属于开阔型向斜构造，可能属于燕山构造运动的产物。

2.1.2　断裂

深圳市区内主要断裂是深圳断裂带和北西向断裂束，此外还有比较分散小规模的东西向断裂[7]。深圳断裂构造分布图如图 21 - 2 所示。

（1）深圳断裂带：该断裂带主要由横岗断裂、莲塘断裂、盐田断裂和九尾岭断裂等 4 条断裂所组成，均属于广东的区域大断裂五华 - 深圳断裂的南西段。该断裂南西段自惠阳淡水进入深圳后呈散开态势，从而分为 4 条断裂，其中横岗断裂是主干断裂，西侧是九尾岭断裂，东侧是莲塘断裂和盐田断裂。

（2）北西向断裂束：深圳地区北西向断裂束主要由自东向西的沙湾断裂、天堂围 - 莲塘断裂、布心断裂、水贝断裂、上步断裂等组成。

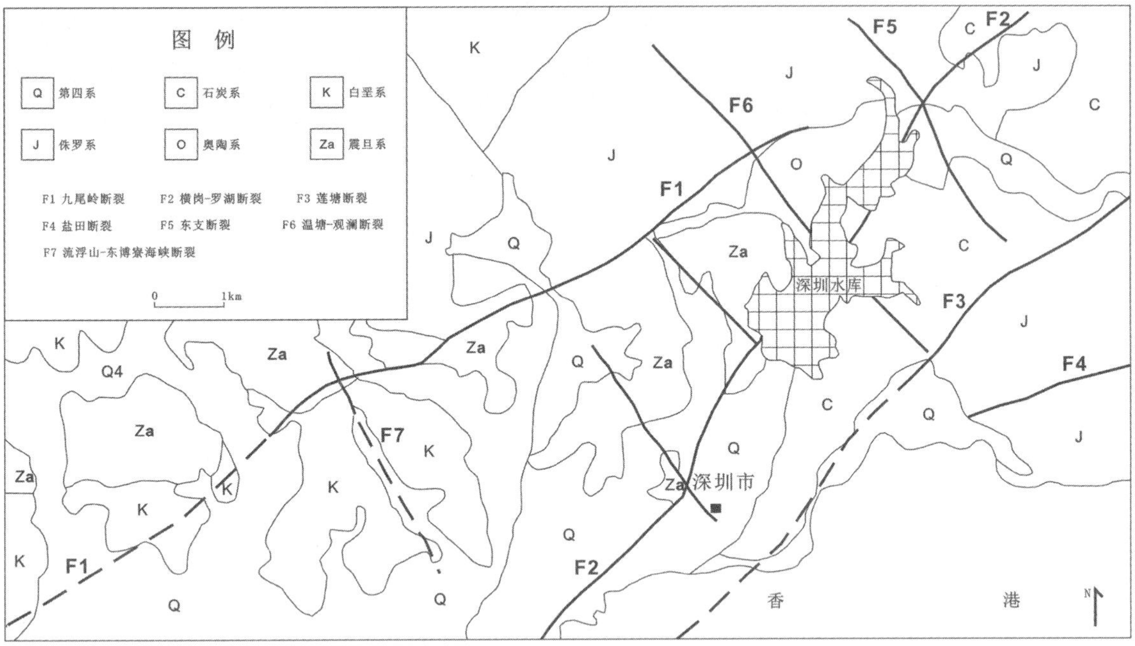

图 21－2　深圳市断裂构造分布图

（引自互联网）

2.2　历 史 地 震

据历史记载，南头曾发生过多次 Ms 为 3 级（ML 为 3.6 级）地震，对地面的影响地震烈度均未超过 5 度，根据区域构造和地震活动之间关系的分析，深圳地区目前不具备发生大于 5 级地震的构造背景，即近场浅震导致深圳达到和超过地震烈度 6 度的可能性较小，但应注意可能出现的小震叠加导致地面破坏增强的可能性。自 1970 年广东省地震台网建立以来，在区内记录到的地震最大震级为 ML3.6 级，绝大多数均为 ML＜3 级的微震，微震震源深度多在 5～25km 左右。地震活动大致呈相隔 2～3a 的相对活跃与相对平静的间歇性特征。深圳地区现代地震活动多以微震和弱震为主，活动水平不高。

2.3　地 层 岩 性

2.3.1　地层岩性划分

深圳市地层划分见表 21－4。

表 21－4　地层划分表

界	系	统	阶组群	代号	分 布 地 区	特征、成因
新生界	第四系	全新统		Qh	海岸带、河流两侧、台地和丘陵等地区	陆相、海相、海－陆交互相等松散沉积物
		上更新统		Qp		
	古近系	古新统	莘庄组	E_1x		
中生系	白垩系	上统	大塱山组	K_2d	市区东部，西部沿海分布星散	陆相湖盆或河流－湖口三角洲粗碎屑岩
		下统	官草湖群	K_1Gc		陆相火山碎屑岩及熔岩
			七娘山群	K_1Qn		
	侏罗系	上统	梧桐山组	J_3Wt	西北部、东部及中部大部分地区	陆相火山碎屑岩及火山碎屑岩建造
		中统	吉岭湾组	J_2j		喷溢相英安岩、安山质凝灰熔岩建造
			塘厦组	$J_{1-2}t$		
		下统	桥源组	J_1q		内陆湖泊相沙泥质碎山碎屑岩及熔岩堆积
			金鸡组	J_1j		
	三叠系	上统	小坪组	T_3x	西北部	海－陆交互相滨海沼泽沉积

续表 21－4

界	系	统	阶组群	代号	分布地区	特征、成因
上古生界	石炭系	上统		C_2Ht	东北部	碳酸盐岩建造
		下统	大塘阶	C_1c	东部	浅滨海相碎碎屑岩、浅海相碳酸盐岩、海－陆交互相碎屑岩建造
				C_1sh		
			岩关阶	C_1d		
	泥盆系	上统	上泥盆统双头群	D_3Sh	见于深圳中、东部赤澳、上径心与排牙山等地	黄白、灰紫色石英砂砾岩、石英砂岩、粉砂岩等组成。属浅海相砂泥质岩－含碳酸岩盐类沉积
		中统	中泥盆鼎湖山群	D_2Dh	主要分布于东部径心背－钓神山、排牙山、西冲等地	灰白、黄褐色厚层状石英质砾岩、粗砾岩与砂砾岩、含砾粗砂岩互层、中粒石英砂岩、粉砂质泥岩等组成，沉积韵律层十分显著
新元古界	震旦系	上统	黄婆山岩组	Zh	分布于宝安区沙井燕川村及赖屋山水库一带	长石云母片岩、石英片岩等，含微古植物小光球藻等化石
		下统	石岭岩组	Zs	仅见于西部宝安区沙井共和村附近，市区北邻东莞长安一带分布较广	石英岩、云母石英岩、云母长石石英岩、条带状矽线石长石石英岩等
	南华系		笔架山群	NhBj	见于西部虎背山南坡，中部福田变电站至银湖笔架山，以及深圳水库西南侧，大体呈东西走向	变质中细粒石英砂岩、混合质变粒岩、条带状混合岩、混合质含红柱石黑云母片岩、石榴子石石英岩、含石榴子石石英云母片岩、混合质黑云母斜长片麻岩、变质含砾中粒石英砂岩
中－新元古界	青白口系－蓟县系		银湖群	$J_{x-Q}byh$	分布于西部虎背山以东，经横龙山隧道、银湖至深圳水库西侧，呈东西走向	上部：混合质黑云斜长片麻岩、钾长混合花岗岩、含石榴子石黑云母石英岩、混合变质砂岩； 下部：混合质黑云斜长片麻岩、混合质黑云斜长变粒岩混合花岗岩
中元古界	长城系		福永片麻岩	Chf	分布于深圳市西部虎背山南侧企岗山以西至福永一带，而中部仅见于银湖东侧的一套杂岩系，总体呈近东西向展布	眼球装混合岩、条带状混合岩、条痕状混合岩、片麻状混合花岗岩、混合质黑云母片岩、含矽线石混合黑云母片岩、黑云斜长变粒岩

2.3.2 第四纪地层

深圳市第四纪地层类型从成因上可分为两种主要类型，一种是冲海积相的近海平原沉积，另一种是冲洪积相的山间盆地沉积。深圳地区第四系主要是距今65000年来沉积而成，可划分出残积层、上更新统和全新统地层。

深圳沿海地区与珠江三角洲地区一样，自晚更新世晚期以来发生过两次明显的海侵事件。第一次海侵大致发生在距今2.5万年～2.7万年，第二次海侵发生在距今0.7万年～0.2万年，海侵规模后面一次比前面一次大，海侵时间也是后面比前面长。

（1）全新统。

全新统的沉积层较为发育，沉积物由砂砾、砂、砂质黏土、黏土和淤泥等组成，局部夹有泥炭、厚度一般为10～20m，最厚达36m。按其成因可分为海相沉积层，海－陆交互相河湖沉积层及海积冲积层，陆相的冲积－冲洪积层、洪积层等。

1）海积层：包括砂堤沉积层和海滩沉积层。砂堤沉积层沿海湾分布，沉积层主要由石英砂组成。海滩的沉积类型分为泥滩。沙滩和砾滩。泥滩沉积物质成分主要为淤泥和粉砂，孔隙比和压缩性高，强度低。沙滩沉积主要分布于东部海岸的一些海湾湾口，西部海岸仅见于蛇口，沙滩的组成物质多为白色、黄白色中细砂。砾滩沉积分布于东部海岸，且较发育，砾石成分以石英砂岩和火山岩为主，少量珊瑚和介壳碎块。

2）河湖沉积层：东部海岸甚为发育，见于盐田、大梅沙、小梅沙、溪冲、上洞、屯洋、官湖、迭福、上围、东、西冲及新圩等地，沉积物多为淤泥质砂及砂质黏土。

3）海积冲积层：沉积物的形成明显受陆上水体（包括河流、潮流）与海洋水体相互作用的控制，属海－陆交互相沉积。

4）冲积－冲洪积层：分布在光明、玉律、石岩、龙华、观澜、龙岗、坪山、坪地、坑梓、王母、葵涌及深圳水库周边等地。

5）洪积层：分布于黄田、西乡、草埔、横岗、莲塘、盐田、葵涌、王母等地，为一级洪积阶地沉积，组成物质以砾石和砂、黏土为主，厚度大于5m，其特征是较松散，未经胶结，未红土化或微红土化。

（2）上更新统。

上更新统沉积物主要由砂砾、砂、砂质黏土、淤泥，局部夹泥炭等组成，厚度一般为5~15m。按成因可分为海相沉积层、海－陆交互相河湖沉积层，陆相的冲击层和洪积层等。

1）海积层：沉积物以砂为主，含少量砾石及泥质，厚约9m。沉积物由黄白色粗、中砂和泥质等组成。

2）河湖沉积层：河湖沉积层属于海－陆互相沉积类型，分布面积不大，厚约5.72m。

3）冲积层：分布于河流两侧的冲积二级阶地，阶面一般相对平缓。冲积物具有二元结构，下部以黄褐色砂砾、砾石为主；上部由黄褐色砂质黏土、黏土质砂等组成，厚度5~10m。

4）洪积层：分布于葵涌、坝光、王母一带，沿低山、高丘陵等坡麓堆积成山前洪积扇（裙），形成二级洪积阶地，阶面向洪积扇前缘倾斜，坡度约3°~10°。洪积物主要由黄、黄红色砾石层组成。砾石含量为50%~80%，估计厚5~10m。

3 典型地层及特征

3.1 岩土分布及特征

3.1.1 按地铁线路经过区域分区

根据本线路经过的地貌单元特征、工程地质特征及水文地质特征等因素，将本线路分为三个岩土工程分区。

其中Ⅰ区为起点－车公庙附近，属滨海滩地及平原区，第四系沉积物为全新统海相沉积土层，揭露基岩为燕山晚期花岗岩。砂层局部分布，赋水性一般。

Ⅱ区为车公庙－人民南站附近，属台地及低丘陵区，第四系沉积物为全新统冲洪积土层，揭露基岩为燕山晚期花岗岩及震旦系云开群混合岩。本区段中间及丘间砂土层及碎石层基本连续分布，揭露层厚为2~10m，赋水性较好。

Ⅲ区为人民南站－文锦路，属河谷冲积平原区，第四系沉积物为全新统冲洪积土层，揭露基岩为侏罗系塘厦群混合岩。本区段砂土层及碎石土层基本连续分布，揭露厚为2~12m，赋水性较好。

3.1.2 地层岩性划分及分布

根据野外地质钻探及区域地质资料，场区普遍为第四系松散层覆盖，下伏基岩主要由变质砂岩（侏罗纪）、混合岩（震旦系）和花岗岩（燕山晚期）等组成。第四系松散层主要由人工填土层、海相沉积层、冲洪积层及残积层等组成。现由新至老分述如下：

（1）第四系（Q）。

主要是人工填土层（Q_4^{ml}）、海相沉积层（Q_4^{mc}）淤泥及淤泥质土层、冲－洪积沉积层（$Q_4^{2+3al+pl}$）淤泥及淤泥质土、粉质黏土、粉细砂、中粗砂、圆砾及砾砂、卵石层和残积土层（Q^{el}）砂质黏性土、砾质黏性土及粉质黏土层等共4大层。

（2）变质砂岩（J_{2t}）。

主要分布为鹿丹村－文锦区间。岩性主要为浅灰色厚层变质砂岩，呈浅灰色，粉、细粒结构，块状构造，钙质胶结。原岩石英粉砂岩在热变质作用下胶结物产生变质重结晶，生成了较多显微鳞片状绢云母及少量绿泥石，部分石英砂亦见有重结晶增长加大现象。从切片下看，岩石中见有一些小碎裂隙，并为次生方解石充填形成方解石脉，此外，有些较大的石英颗粒亦见有碎裂现象。上述现象表明，经过变质后的砂岩受到过轻度构造作用的破坏。

（3）混合岩（Z）。

大部分分布于景田－泥岗段。岩性主要为变质形成的混合岩、花岗片麻岩及片岩，呈灰色，粒状结构，条带状构造。片岩结构构造仍保存较好，具细粒拉长的石英和细长的黑云母相对集中成带状平行定向排列的片理构造仍浅析可辨。片岩出现轻微的混合岩化，新生长石英质脉沿片理面注入，长石矿物均为钾长石，已土化或绢云母化，黑云母多已出现绿泥石化现象，为次生绿泥石交代，并析出许多微粒状铁质物。

（4）花岗岩（$\gamma_5^{3(1)}$）。

场区内广泛分布，主要为燕山晚期侵入岩，为粗类黑云母花岗岩。

（5）受构造影响的岩石。

在断裂带附近，揭露了受构造影响的千糜岩及碎斑岩等。千糜岩岩性：呈浅灰绿色，结构致密，条带状构造。原岩结构已基本消失，岩石主要由绢云母、黑云母、方解石及一些泥铁质物质组成，它们均由变质原岩经强烈构造压应力作用碾磨成粉状物质级份，在变质重结晶作用下形成的产物，它们并常相对集中聚集成断续的小条带状、线纹状定向排列，构成千枚糜棱结构及千糜状构造。从千小的石英残碎粒及存在有一些泥铁质条带看，糜棱岩的原岩极有可能为变质砂岩。

根据岩矿鉴定结果，碎斑岩岩性：呈浅灰色，结构细密，坚硬，块状构造。原岩在强烈的构造压应力作用下，岩石中的大部分矿物均已被碾成小碎粒或粉状，小部分较大碎块或单个矿物晶体被碎粒或碎粉包围，从而形成碎斑状结构。碎斑和碎粒几乎全为石英，偶见长石，碎基出现有重结晶现象，生成显微粒状石英及少许绢云母、绿泥石。方解石为晚期形成，从碎斑和小碎粒几乎全为石英构成来看，碎斑岩的原岩可能为变质砂岩或石英岩。

深圳市区地铁9号线地层相关信息见表21－5及插图124、插图125。

表21－5 深圳市区地铁9号线沿线地层分布表

地质时代	成因类型	成因符号	土层编号	岩土名称	颜色	状态	地层分布特征概况	地层主要特征概况
全新世Q_4	人工堆积层	ml	①$_1$	素填土	褐黄色－紫红色	湿，松散	场区均有分布	局部稍经压实，主要由黏性土及砂土组成，路面段顶部0.2～0.3m为混凝土路面
			①$_2$	杂填土	杂色	稍湿	Ⅲ区浅层均有揭露	由黏性土混建筑垃圾组成
			①$_3$	碎石填土	灰色		主要在Ⅰ区浅层分布	部分地段为抛石挤淤形成，主要由混合岩及花岗岩岩块组成，块径大小不均，有50～200mm的碎石，也有200mm甚至直径1m以上的块石

续表 21-5

地质时代	成因类型	成因符号	土层编号	岩土名称	颜色	状态	地层分布特征概况	地层主要特征概况
全新世 Q_4	海相沉积层	m	②$_1$	淤泥及淤泥质土层	深灰色	流塑	仅在Ⅰ区分布，主要分布在深圳湾至滨海医院附近，其余地段零星分布	土质黏滑，局部含少量砂，略有腥味
全新世及早更新世 Q_{3+4}	冲-洪积层	al+pl	③$_1$	淤泥及淤泥质土层	深灰色	流塑	Ⅱ区及Ⅲ区浅层分布	土质黏滑，局部含少量砂，略有腥味
			③$_2$	黏性土层	黄褐色、紫红色	可塑-硬塑	场区均有分布	切面稍光滑，韧性中等，干强度中等，局部含砂或砾
			③$_3$	粉细砂层	褐黄、灰色	饱和，稍密-中密，局部松散	在场区零星分布	级配不良，含少量黏粒，局部黏粒含量较高
			③$_4$	中粗砂层	灰褐色、灰白色、灰黄色	饱和，稍密-中密，局部松散	场区均有分布	级配不良，含少量黏粒
			③$_5$	圆砾及砾砂层	褐黄色、灰白色、灰黄色	饱和，稍密-密实	场区均有分布	级配良好，含少量亚圆形石英质卵石，分选性一般，局部含少量黏土
			③$_6$	卵石层	浅灰、灰白色	饱和，稍密-密实	Ⅱ区和Ⅲ浅层呈零星分布	分选性较好，局部含胶结状黏土，最大粒径约10cm，砂质填充
Q	残积土层	el	⑥$_1$	残积可塑状黏性土层	褐红色、褐黄色	可塑	主要在Ⅰ区及Ⅱ区呈层状分布于基岩之上	土质粗糙，黏性较差，遇水易崩解，由下伏基岩残积而成
			⑥$_2$	残积硬塑状黏性土层	褐红色、褐黄色	硬塑	主要在Ⅰ区及Ⅱ区呈层状分布于基岩之上	土质粗糙，黏性较差，遇水易崩解，由下伏基岩残积而成
侏罗系	塘厦群混合岩	J_{2t}	⑧$_1$	全风化变质砂岩	褐黄色		该层仅在Ⅲ区揭露	风化剧烈，组织结构基本破坏，岩芯呈坚硬土状，遇水易崩解
			⑧$_2$	强风化变质砂岩	褐黄色		该层仅在Ⅲ区揭露	风化剧烈，组织结构基本破坏，岩芯呈半岩半土状或土夹碎块状，土状强风化岩遇水崩解
			⑧$_3$	中风化变质砂岩	褐黄、灰黄、青灰色		该层仅在Ⅲ区揭露	细、粉粒状结构，块状构造，岩石风化裂隙发育，岩芯呈碎块状、扁柱状，局部呈短柱状，结构部分破坏，锤击声哑，易击碎，岩石质量指标RQD约<10%。岩体破碎，属于软岩，岩体质量等级为Ⅴ级

续表 21 – 5

地质时代	成因类型	成因符号	土层编号	岩土名称	颜色	状态	地层分布特征概况	地层主要特征概况
侏罗系	塘厦群混合岩	J_{2t}	⑧$_4$	微风化变质砂岩	青灰色、绿灰、灰白色		主要分布在Ⅲ区	细、粉粒状结构，块状构造，有少量风化裂隙，岩芯呈短柱 – 长柱状，结构基本未变，锤击声不清脆，较易击碎，岩石质量指标 RQD 约为 80%。岩体较完整，属于较软岩，岩体质量等级为Ⅳ级
震旦系	云开群混合岩	Z	⑪$_1$	全风化混合岩	褐黄色		该层仅在Ⅱ区揭露	岩石风化剧烈，组织结构已基本破坏，岩芯呈坚硬土状，遇水易崩解
			⑪$_2$	强风化混合岩	褐黄色		该层仅在Ⅱ区揭露	岩石风化强烈，组织结构已部分破坏，岩芯呈半岩半土状或土夹碎块状，土状强风化岩遇水崩解
			⑪$_3$	中风化混合岩	褐黄、灰黑、青灰色		该层仅在Ⅱ区揭露	岩石风化裂隙发育，岩芯呈碎块状、扁柱状，局部呈短柱状，结构部分破坏，锤击声不清脆，较易击碎，岩石质量指标 RQD 约 < 10%。岩体较破碎，属于较软岩，岩体质量等级为Ⅳ级
			⑪$_4$	微风化混合岩	青灰色、灰黑色		该层在Ⅱ区揭露	有少量风化裂隙，岩体较完整，粗粒状结构，块状构造，岩芯呈短柱 – 长柱状，结构基本未变，锤击声较清脆，较难击碎，岩石质量指标 RQD 约为 80%。属于较硬岩，岩体质量等级为Ⅲ级
燕山晚期	花岗岩	$\gamma_5^{3(1)}$	⑫$_1$	全风化花岗岩	褐黄色、褐红色		主要在Ⅰ区及Ⅱ区呈层状分布于基岩之上	岩石风化剧烈，组织结构已基本破坏，岩芯呈坚硬土状，遇水易崩解
			⑫$_2$	强风化花岗岩	褐黄色		主要在Ⅰ区及Ⅱ区呈层状分布于基岩之上	岩石风化强烈，组织结构已部分破坏，岩芯呈半岩半土状或土夹碎块状，土状强风化岩遇水崩解
			⑫$_3$	中风化花岗岩	肉红色、灰白色		该层在Ⅰ区及Ⅱ区揭露	岩芯呈碎块状、扁柱状，局部呈短柱状，结构部分破坏，锤击声不清脆，较易击碎，岩石质量指标 RQD 约 < 10%。岩体较破碎，属于较软岩，岩体质量等级为Ⅳ级

续表 21-5

地质时代	成因类型	成因符号	土层编号	岩土名称	颜色	状态	地层分布特征概况	地层主要特征概况
燕山晚期	花岗岩	$\gamma_5^{3(1)}$	⑫$_4$	微风化花岗岩	肉红色、灰白色		该层在Ⅰ区及Ⅱ区揭露	粗粒状结构，块状构造，岩芯呈短柱-长柱状，结构基本未变，锤击声较清脆，较难击碎，岩石质量指标RQD约为80%。岩体较完整，属于较硬岩，岩体质量等级为Ⅲ级

3.2 主要岩土物理力学参数

本文根据深圳市地铁9号线经过区域的地貌单元特征、工程地质特征及水文地质特征等因素，将本区分为三个岩土工程分区，并根据参数统计结果给出各区的岩土物理力学性质参数。

3.2.1 主要物理试验指标

表 21-6 Ⅰ区各土层主要物理指标范围值

地层编号	岩土名称	物理性质			稠性黏度		垂直渗透系数 K_v
		天然含水量 ω	天然密度 ρ	孔隙比 e	塑性指数 I_P	液性指数 I_L	
		(%)	(g/cm^3)				(cm/s)
①$_1$	黏土素填土	19.2~25.9	1.82~1.86	0.801~0.804	20.0	-0.30	
②$_1$	淤泥及淤泥质土层	47.7~68.6	1.60~1.63	1.539~1.866	11.6~27.1	0.97~3.77	
③$_2$	黏性土层	14.4~37.4	1.82~2.09	0.509~1.076	8.1~24.2	0.28~0.62	0.006~124.0
⑥$_1$	残积可塑状黏性土层	17.6~42	1.70~2.12	0.615~1.287	8.8~39.3	-0.43~1.01	0.006~200.0
⑥$_2$	残积硬塑状黏性土层	17.4~40.4	1.63~2.01	0.617~1.362	12.0~30.5	-0.25~1.02	0.695~18.2
?$_1$	全风化花岗岩	14.0~36.6	1.55~2.17	0.457~1.199	7.7~21.8	-0.34~1.00	0.920~22.3
?$_2$	强风化花岗岩	10.9~22.8	1.69~2.05	0.551~0.968	9.0~38.2	-0.44~0.48	81.5~81.5

表 21-7 Ⅱ区各土层主要物理指标范围值

地层编号	岩土名称	物理性质			稠性黏度		垂直渗透系数 K_v
		天然含水量 ω	天然密度 ρ	孔隙比 e	塑性指数 I_P	液性指数 I_L	
		(%)	(g/cm^3)				(cm/s)
①$_1$	黏土素填土	15.0~44.9	1.64~2.01	0.581~1.312	9.1~31.4	-0.46~2.91	90.2
③$_1$	淤泥及淤泥质土层	33.5~100.0	1.31~2.15	1.010~3.292	8.0~35.0	0.33~2.48	0.008~12.1
③$_2$	黏性土层	14.3~44.7	1.62~2.13	0.485~1.402	7.4~28.9	-0.50~0.86	0.061~9.4
⑥$_1$	残积可塑状黏性土层	18.4~91.5	1.55~2.03	0.612~1.936	5.4~28.6	-0.24~3.97	0.066~187.0

续表 21－7

地层编号	岩土名称	物理性质			稠性黏度		垂直渗透系数 Kv
		天然含水量 ω	天然密度 ρ	孔隙比 e	塑性指数 I_P	液性指数 I_L	
		(%)	(g/cm³)				(cm/s)
⑥₂	残积硬塑状黏性土层	13.9～47.8	1.46～2.07	0.540～1.405	1.8～33.0	－0.29～10.94	0.532～32.9
?₁	全风化混合岩	12.5～38.2	1.69～2.08	0.545～1.232	7.4～17.0	－0.30～1.19	0.011～2.40
?₂	强风化混合岩	6.5～46.7	1.69～1.97	0.628～1.378	8.5～18.9	－1.04～1.40	0.038～11.2
?₁	全风化花岗岩	12.8～54.7	1.62～2.08	0.505～1.636	3.5～23.2	－0.49～2.51	42.9～46.3
?₂	强风化花岗岩	12.1～42.1	1.65～1.97	0.623～1.370	8.9～23.8	－0.46～0.76	27.8～27.8

表 21－8 Ⅲ区各土层主要物理指标范围值

地层编号	岩土名称	物理性质			稠性黏度		垂直渗透系数 Kv
		天然含水量 ω	天然密度 ρ	孔隙比 e	塑性指数 I_P	液性指数 I_L	
		(%)	(g/cm³)				(cm/s)
③₁	淤泥及淤泥质土层	37.1～64.0	1.53～1.75	1.220～1.875	7.4～30.0	1.01～4.05	
③₂	黏性土层	14.5～47.9	1.73～2.08	0.559～1.351	7.6～42.0	－0.40～1.23	
⑥₂	残积硬塑状黏性土层	13.7～40.0	1.72～2.07	0.485～1.208	6.6～21.3	0.00～1.25	0.003～6.3
⑧₁	全风化变质砂岩	12.7～36.7	1.79～2.07	0.485～1.036	0.9～16.0	－0.47～7.67	4.1
⑧₂	强风化变质砂岩	13.8～27.6	1.69～2.16	0.433～1.005	9.7～14.9		

3.4.2 主要力学指标

表 21－9 Ⅰ区各土层主要力学指标范围值

地层编号	岩土名称	直接快剪		固结快剪		固结试验	
		凝聚力 C	摩擦角 φ	凝聚力 C	摩擦角 φ	压缩系数 $a_{0.1-0.2}$	压缩模量 E_s
		(kPa)	(°)	(kPa)	(°)	(°)	(kPa)
①₁	黏土素填土	11.1～14.1	24.7～28.2			0.45～0.71	2.5～4.1
②₁	淤泥及淤泥质土层	9.0～12.9	3.2～8.9	6.3	21.5	0.70～1.78	1.6～3.6
③₂	黏性土层	6.1～31.9	6.5～28.5	22.0～39.8	13.9～15	0.20～0.50	3.7～7.7
⑥₁	残积可塑状黏性土层	6.7～29.8	15.0～36.1	12.2～33.9	24.0～34.8	0.28～0.92	2.0～6.6
⑥₂	残积硬塑状黏性土层	6.7～36.7	8.8～37.4	15.4～25.4	30.1～33.3	0.29～0.96	2.2～5.7
?₁	全风化花岗岩	9.7～35.6	20.8～41.9	16.1～21.0	33.8～34.9	0.23～0.81	2.6～6.3
?₂	强风化花岗岩	11.5～32.7	28.4～38.7				

表 21－10 Ⅱ区各土层主要力学指标范围值

地层编号	岩土名称	直接快剪		固结快剪		固结试验	
		凝聚力 C	摩擦角 φ	凝聚力 C	摩擦角 φ	压缩系数 $a_{0.1-0.2}$	压缩模量 E_s
		(kPa)	(°)	(kPa)	(°)	(°)	(kPa)
①₁	素填土	1.0～52.0	12.6～41.4	31.5～31.5	24.0～24.0	0.150～0.640	3.0～13.1
③₁	淤泥及淤泥质土层	3.3～31.8	4.1～17.6	7.4～55.9	3.1～16.3	0.300～2.630	1.5～6.8

续表 21－10

地层编号	岩土名称	直接快剪		固结快剪		固结试验	
		凝聚力 C	摩擦角 φ	凝聚力 C	摩擦角 φ	压缩系数 $a_{0.1-0.2}$	压缩模量 E_s
		(kPa)	(°)	(kPa)	(°)	(°)	(kPa)
③$_2$	黏性土层	11.5～47.2	4.1～36.3	34.8～34.8	14.4～19.9	0.090～0.830	2.4～19.9
⑥$_1$	残积可塑状黏性土层	5.5～54.8	12.2～39.5	9.1～50.2	13.6～39.5	0.180～1.120	2.2～13.6
⑥$_2$	残积硬塑状黏性土层	2.0～39.0	11.0～38.8	9.6～40.8	15.3～41.6	0.150～1.270	1.8～12.1
?$_1$	全风化混合岩	6.7～39.9	13.8～39.5	16.3～30.2	27.1～32.0		
?$_2$	强风化混合岩	11.7～43.9	16.4～35.1	24.5～24.5	34.2～34.3		
?$_1$	全风化花岗岩	5.3～44.9	23.7～41.8	15.2～22.5	29.6～38.6		
?$_2$	强风化花岗岩	8.2～32.2	17.7～36.4	24.4～24.4	34.7～34.7		

表 21－11 Ⅲ区各土层主要力学指标范围值

地层编号	岩土名称	直接快剪		固结快剪		固结试验	
		凝聚力 C	摩擦角 φ	凝聚力 C	摩擦角 φ	压缩系数 $a_{0.1-0.2}$	压缩模量 E_s
		(kPa)	(°)	(kPa)	(°)	(°)	(kPa)
③$_1$	淤泥及淤泥质土层			12.0～14.8	7.5～16.9	0.58～1.24	2.1～3.9
③$_2$	黏性土层	9.2～48.3	6.2～35.5	20.5～24.4	14.5～32.0	0.18～0.46	4.1～9.3
⑥$_2$	残积硬塑状黏性土层	7.4～35.1	7.6～32.9	21.3～28.1	29.4～33.0	0.21～0.64	3.0～7.4
⑧$_1$	全风化变质砂岩	10.4～35.0	21.4～30.8	9.2～34.6	15.1～33.2		
⑧$_2$	强风化变质砂岩	18.5～31.6	18.7～34.4				

4 地 下 水

4.1 地下水类型

根据《综合水文地质图图例及色标》GB/T 14538—93 的规定，结合深圳市地下水赋存介质的差异，将深圳市地下水类型分为松散岩类孔隙水、基岩裂隙水及碳酸盐类裂隙溶洞水。其中基岩裂隙水又根据其成因类型的差别，再细分为层状基岩裂隙水、块状基岩裂隙水和红层裂隙水。深圳市地下水类型分布示意图见图 21－3。

（1）松散岩类孔隙水。

松散岩类孔隙水主要分布在滨海平原、观澜河、龙岗河、坪山河、深圳河、茅洲河等河流流域，含水层多为河流冲洪积、冲积海积的细砂、粗砂及砾石层等，含水层分布较零星、分散，含水量不均一，较贫乏至中等。

（2）基岩裂隙水。

基岩裂隙水分布在广大基岩山区及丘陵地带，不同岩石类型的地下水类型也不同。

1）层状基岩裂隙水：主要分布在震旦系石岭岩组（Zs）、黄婆山岩组（Zh）的长石云母片岩、石英片岩、堇青石黑云母片岩、矽线石黑云母片岩，泥盆系鼎湖山群（DDh）、双头群（Dsh）、石炭系大湖组（Cd）、测水组（Cc）、下三叠统小坪组（Tx）、下侏罗统金鸡组（Jj）、桥源组（Jq）、塘厦组（Jt）、中侏罗统吉岭湾组（Jjl）的各类砂砾岩中。

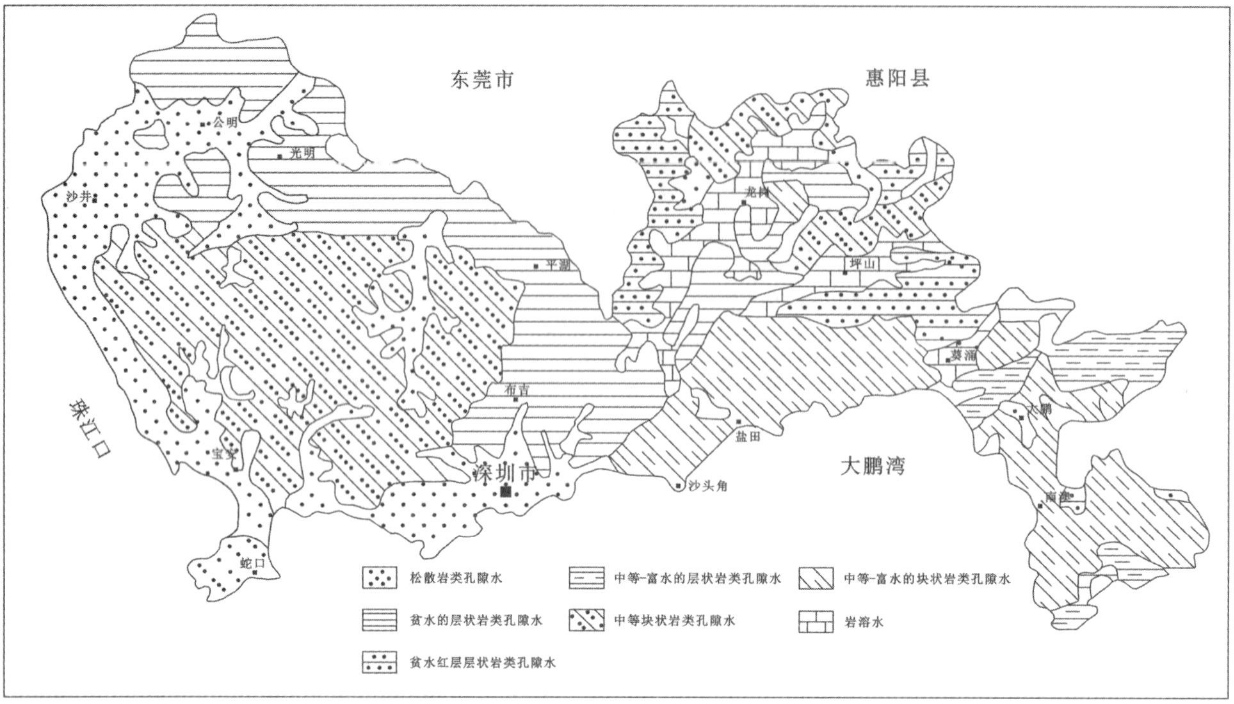

图 21－3　深圳市地下水类型分布示意图

2）块状基岩裂隙水：主要分布在古生代及中生代侵入岩、上侏罗统梧桐山群（JWt）、下白垩统七娘山群（KQn）的火山岩分布区。

3）红层裂隙水：分布范围局限，分布在东莞、惠州交界的下白垩统官草湖群（JWt）、上白垩统大朗山组（Kd）、第三系古新统莘庄组（Ex）的紫红色砂岩和砂砾岩中。

（3）碳酸盐类裂隙溶洞水。

碳酸盐类裂隙溶洞水分布在龙岗区龙岗、坪山、坪地、坑梓、横岗及菊涌的隐伏岩溶盆地，赋存于石炭系石磴子组（Csh）、壶天群（CHt）的白云岩、白云质灰岩、白云质大理岩、大理岩、结晶灰岩及角砾状灰岩的岩溶裂隙内。

4.2　地下水补径排关系

4.2.1　第四系松散岩类孔隙水

由于该类地下水主要分布于低平的沟谷冲积平原浅部，部分含水层直接暴露于地表，且沟谷中多有常年流水溪，故而其补给来源主要来自大气降水的入渗补给，临河溪地带，河水位高于地下水位时可直接接受河水补给。

当含水层与基岩裂隙水相邻时，往往由于基岩裂隙水来源高于孔隙水故而可接受基岩裂隙水的侧向补给。

由于地形特征多为由上游向下游微倾斜，地下含水层与地表相近似呈微向下游倾斜，故而地下水径流方向亦呈由上游向下游缓慢运动。

地下水的排泄则因该含水层位下游多与海水或地下咸水相接触，因此在无其他排泄形式下，多直接沿海岸线向海水排泄，或蒸发排泄（含植物蒸腾作用），也有少部分以人工开采形式排泄。枯水季节当地下水位高于河水位时近河地段则有部分直接排向河溪。

河溪入海口段因受潮汐影响产生海水沿河溪倒灌，致使河水位高于地下水位而发生海水补给地下水，因此于近海岸地段多分布海咸水。

地下水的季节性变化较大，尤其是临近河溪地段，与降雨量变化息息相关。

4.2.2 基岩（构造）裂隙水

基岩裸露及浅埋地段，基岩裂隙水主要补给来源为大气降水入渗补给，部分上覆第四系为含水层，则可接受第四系孔隙水的直接补给或越流补给。其径流则多由高处向低处径流，由于丘陵不高，径流途径多较短。地下水的排泄多是就近排向海水、河水或第四系孔隙水，基岩裸露地段也有部分以蒸发形式排泄。

4.2.3 碳酸盐类裂隙溶洞水

由于这部分基岩多掩埋于地下一定深度，故而接受大气降水的入渗补给量相对较少，因上覆第四系多有富含地下水的砂卵石层，因此第四系孔隙水则成为岩溶水的主要补给源，尤其是砂层或卵石层直接覆盖于碳酸盐岩之上时。

地下水的径流也是由上游向下游径流。缓慢补给下游花岗岩裂隙水。

排泄方式：一是以泉的形式于适当位置直接排泄于地表，二是部分向下游径流补给该沟谷出口处花岗岩裂隙水。

4.3 地下水赋存条件

4.3.1 第四系松散岩类孔隙水

（1）冲积海积层孔隙水。

深圳地区冲积海积层中普遍含有淤泥及黏土等，孔隙比虽然很大，但由于黏粒间空隙小，且充满结合水，不利于地下水的渗透与径流，因此，富水性普遍较差，水量相对较贫乏。

（2）冲击洪积层孔隙水。

冲击洪积层孔隙水的赋水地层为石排组（Qsh）、三角组（Qs）、万顷沙组（Qw）、灯笼沙组（Qd）。石排组（Qsh）组要发育在河流Ⅱ级阶地等处，岩层由粗砂和砂砾层组成，龙岗河二级阶地二元特征明显。三角组（Qs）发育于河谷平原Ⅱ级冲积阶地或Ⅱ级洪积阶地，具明显的二元结构，下部由砂砾、砾石层组成，上部为砂质黏土、黏土质砂、黏土夹泥炭、腐木，厚5m至大于10m。万顷沙组（Qw）分布在河流Ⅰ级阶地，深圳河下游平原为含砾混合砂层。灯笼沙组（Qd）为现代河床、河漫滩等地。在深圳河下游平原埋深3~5m，为含泥粉砂或粉砂黏土。厚度一般为10~20m。

冲积洪积砂砾层的孔隙率高，孔隙大，有利于地下水的赋存与径流，在补给来源充足的情况下，水量较丰富。但由于该类沉积物分布不稳定，厚度变化较大，同时受到补给来源及补给量的限制，一般单井涌水量达100~300m^3/d，属中等富水的松散岩类孔隙水。如坑辛地区砂砾石层厚0.60~3.15m，平均厚4.17m，单井涌水量71.97m^3/d，单位涌水量多为32.40~40.00m^3/d·m；坪山地区砂砾石层厚度1.20~12.30m，平均厚7.39m，单井涌水量107.40m^3/d，单位涌水量20.70m^3/d·m，渗透系数为5m^3/d；坪地地区砂砾石层厚1.00~13.00m，平均厚5.11m，含水层富水性及水文地质参数与龙岗地区相似，深圳大沙河河口段，沙湾河水库下游河段富水性好，单井涌水量可达1300m^3/d，水量丰富。

冲积洪积砂砾石层局部地段富水性差，如福永凤凰、黄田等冲洪积层的下部揭露黏土质中－粗砂层，厚度为10~13m，经抽水试验表明，单井涌水量20~32m^3/d。

（3）残积（残坡积）层孔隙水。

残积层及坡积层普遍分布于台地、丘陵、低山的顶部或山坡，平原地区冲洪积层下部。大多以砾质黏性土、砂质黏性土、粉质黏性土为主，一般厚度小于20m。其富水性及透水性较差。

在基岩裸露的山区，残积层及坡积层多分布在高陡的山坡地带，不利于地下水的补给与赋存，富水性差，水量贫乏，局部地段受下部不透水基岩的顶托，在其底部可形成上层滞水。

在河谷平原、山前平原及滨海平原松散沉积层底部的残坡积土层，一般位于地下水位以下，但由于赋水空间小、透水性差，富水性差，泉流量9.50～59.61m^3/d，单井涌水量一般小于100m^3/d。

4.3.2 基岩（构造）裂隙水

深圳地区块状基岩裂隙水主要由火山岩块状基岩裂隙水和侵入岩基岩裂隙水组成，该类型水分布广泛，面积约984km^2，占全区面积的48.9%。

（1）火山岩块状基岩裂隙水。

该含水岩组由上侏罗统梧桐山群（J*Wt*）和下白垩统七娘山群（K*Qn*）喷出岩组成，分布于梧桐山、葵冲笔架山、南澳七娘山等地，面积约224km^2。

火山岩多为硬脆性岩石，岩石的裂隙一般较稀疏，呈开启状，裂隙延伸较长，相互穿插连通，形成网脉状的赋水及透水空间，有利于地下水的赋存与转移，梧桐山群枯水季节地下水径流模数为5.08～10.83L/s·km^2，七娘山群岩组枯水季节地下水径流模数为6.5～10.5L/s·km^2，均属水量中等至丰富的含水岩组。由于地质构造作用的差异性，裂隙发育程度也存在差别，其富水性不均一，局部地段的富水性较差，地下水径流模数小于1L/s·km^2，水量贫乏。

（2）侵入岩块状基岩裂隙水。

深圳市位于莲花山－深圳北东向构造岩浆岩带和高要－惠来东西向构造岩浆岩带交接部位的南缘，侵入岩十分发育，出露面积约760km^2。主要分布在宝安的石岩、龙华，盐田－龙岗王母－大鹏－南澳、坪地等地。侵入岩面积大、分布广，常形成大小不一的复式岩体，如龙岗葵涌屯洋、王母、宝安及南山白芒等侵入体。

侵入岩以花岗岩为主，岩性以细粒、细粒斑状花岗岩，中－粗粒黑云母花岗岩，细粒斑状黑云母二长花岗岩，其次为元古代（变质）混合花岗岩，均不同程度地含有裂隙水。根据枯季对花岗岩溪沟水流量的测定，结合部分水文钻孔资料进行分析，花岗岩的富水性因地段而异，富水性贫乏至丰富，东部地区富水性较好，富水性属中等至富水。

（3）红层基岩裂隙水。

红层裂隙水的含水岩组为下白垩统官草湖群（KGn）、上白垩统大塱山组（Kd）及第三系古新统莘庄组（Ex），分布在场区东部龙岗区坑梓－三棵松水库、王母下沙、白石洲东局部地区，出露范围小。岩性为紫红色砂泥质砾岩、砂砾岩，与下伏地层间为不整合接触关系。由于该层沉积年代较新，砾岩粗碎屑间由砂泥质充填和胶结，岩石具有一定的塑性，在构造应力作用下形成的节理裂隙往往呈闭合状态，不利于地下水的赋存和渗透，因此富水性差。

（4）层状基岩裂隙水。

深圳层状基岩裂隙水根据其富水性的差异大致可分为3个岩组。

1）水量贫乏的层状基岩裂隙水。

该含水岩组由上古生代－中生代海－陆交互相含炭质的泥砂质为主的碎屑岩组成。主要有细碎屑的凝灰岩、凝灰质粉砂岩、泥质粉砂岩、泥岩等夹砂砾岩、长石石英砂岩等，总体上呈塑性的泥质类岩层较多，在构造应力的作用下产生塑性变形，破坏形式以剪断为主，常形成闭合乃至隐藏的裂隙，其裂隙密度大，张开度差，延伸长度较短，使其缺少地下水的赋存空间及径流通道，因此富水性差，一般在枯季地下水径流模数0.14～2.11L/s·km^2，水量贫乏。

2）水量中等至丰富的层状基岩裂隙水。

该含水岩组主要由中、上泥盆统鼎湖山群（DDh）、双头群（DSh）及石炭系大湖组（Cd）地层构成。该含水岩组以硬脆性砂岩为主，夹少量泥岩、页岩和千枚岩等，岩层在构造应力作用下形成的裂隙以开启状为主，并具有一定的延伸性，为地下水的赋存和径流提供了良好的空间，因此，该水岩组富水性及透水性较好，枯水期地下水径流模数为5.02～13.56L/s·km^2，属富水性中等至丰富含水岩组。受岩性及构造部位等控制，岩组裂隙发育不均匀，因此，其富水性在不同岩性段或不同的构造部位存在较大差异。

3）水量贫乏的层状变质岩裂隙水。

该含水岩组主要由南华系笔架山群（Nhb）、震旦系石岭岩组（Zs）、黄婆山岩组（Zh）变质岩组成，分布在宝安区公明北部、百花及其西部、福永－西乡－西丽、梅林－银湖及北部、深圳水库北西部等地。为一套陆源碎屑沉积，经区域变质作用及混合岩化作用形成的变质岩系，岩性以变粒岩、黑云母片岩、条带状混合岩互层出现，夹石英岩、含砾中粒石英砂岩等，在光明、白花、罗田水库一带为片岩。岩层经构造及变质作用，裂隙一般呈闭合状态，对地下水的赋存及运移不利，因此，枯水期地下水径流模数仅 1.04L/s·km^2，富水性差，水量贫乏。

（5）岩溶水（龙岗、横岗、坪山、坪地、坑梓、葵涌隐伏岩溶盆地）。

该含水岩组由地下石炭统石磴子组（C*sh*）、局部地区的中上石炭统壶天群（C*Ht*）灰岩及其变质岩组成，分布于龙岗、坪地、坪山－碧岭、葵涌、坑梓、大康、荷坳－爱联－龙岗－坪地一带，零星分布与回龙铺、黄阁坑等地的第四系盆地内，多数被第四系河流冲洪积层掩盖，仅在原石场采坑内见有零星露头，为一套浅海相碳酸盐岩建造。石磴子组为浅海相碳酸盐岩夹砂泥质岩，夹薄层深灰－灰黑色细粒石英砂岩、粉砂岩，受中生代侵入岩体影响，灰岩多已变质为白色、灰白色大理岩、白云质大理岩及灰色、深灰色结晶灰岩。壶天群岩性为灰色、局部紫红色白云质灰岩、结晶灰岩，下部夹有角砾状灰岩。

该含水岩组受岩性分布和地质构造等因素的影响，岩溶孔隙及裂隙发育极不均匀，导致该含水岩组富水性不均，富水地段单井涌水量 500～1000m^3/d，泉流量 13.6～15.1L/s，属极富水的含水岩组。

4.3.3 碳酸盐类裂隙溶洞水

由于富水性受岩层本身岩溶溶洞、裂隙发育程度及这些溶洞及裂隙的充填情况制约，因此其富水性非常不均匀，野外调查岩溶泉水流量约 432m^3/d，属水量中等级，结合调查和收集到的资料显示，岩溶溶洞裂隙水总体属水量丰富－贫乏级。

5 特殊地质条件

5.1 不良地质作用

深圳位于华南南海之滨，属亚热带海洋潮湿气候。在此气候条件下，由软岩组成的坡体必然易于风化，致使残积层不易积存；由于风化岩风化速度快，在丰沛雨水及暴雨下易于产生坍塌及边坡滑坡等地质灾害。正因为全年降雨量多，破碎岩石组成的山坡，由于断裂发育处地下水丰富，常产生滑坡及塌落等地质灾害。特别在由风化的土及破碎岩石组成的山坡植被茂盛的地段，本已由植物固坡而稳定的坡体，人工在削坡及破坏植被后，坡体松弛，再受地表水、暴雨冲刷及暂时水压的作用，易产生崩塌、落石、坍塌以及边坡滑坡等地质灾害。

（1）岩溶（塌陷）。

该类灾害主要发生于深圳东北部覆盖型岩溶发育区，岩溶分布范围约 100km^2以上。该地区地表水系发育，地下水动态变化大，第四纪冲积堆积物厚度变化大，中上石炭统及下石炭统灰岩（多已变质为大理岩）广泛分布。为地下岩溶及土层内土洞发育提供了地质条件，自 1990 年以来该地区已发生多起突发性的地面塌陷灾害。例如：1990 年人民大道塌陷约 10m^2，深 5m，造成一辆正在行驶的汽车掉入坑内。

（2）近海及海岸带地质灾害。

近海与海岸带作为岩石圈、水圈、大气圈、生物圈四大层圈相互作用、相互渗透、相互影响的关键地带，陆海相互作用过程复杂、频繁。随着对海洋的开发利用加大，也引发了海水入侵、海港淤积和海平面上升与风暴潮等地质灾害。

1）海水入侵。

由于深圳湾及西部海岸带广泛分布半咸－咸水，滨海前缘隔水条件差，加上部分区域断裂影响，在河谷与海积平原交接地段，地下水变咸，加上工程建设大量抽取地下水，导致海水入侵，沿

海岩土层地下水 Cl^- 含量逐年增加，严重威胁建筑地基及地下构筑物。

2）海港淤积。

深圳市海港淤积现象主要发生在西部海域，深圳区低平的海积平原。珠江及深圳河、大沙河、石厦河等入海河流，沿岸带倾斜大量泥沙，使陆地向海洋推进，致使海岸变迁，滩涂拓宽，海岸线拉直。由于河口悬浮泥沙在潮水与海水的作用下运动，其移动一般局限于海底面附近，从水面上很难察觉，同时一旦粉砂和黏土被扰动，就能向上部水层扩散，并在较长时间内处于悬浮状态，因此导致海底地形变化无常，给港口、水下隧道建设带来极大不便。

3）海平面上升与风暴潮。

据 1992 年中国科学院地学部组织的专家考察组综合评价，至 2050 年珠三角地区海平面将上升 50~60cm。海平面上升将导致深圳市区沿岸较低洼部分被海水淹没，同时加剧地下水盐碱化，随之而来的就是地基发生软化，对工程建设影响巨大。同时，由于海平面上升，将导致海浪作用加强，台风季节的风暴潮加剧。由于潮水位的上升，加强了潮流托顶作用，将导致河口海水倒灌，咸水入侵，洪涝灾害加剧。

（3）滑坡。

滑坡类地质灾害是深圳主要的地质灾害类型之一，分布广泛，危害最大。仅 2005 年 8 月 20－21 日的强降雨，深圳市共发生滑坡、崩塌 117 处，造成 2 人死亡，其中平南铁路填土滑坡造成交通中断 3 天，直接经济损失超过 300 万元。

（4）微弱活动断裂。

近年来，深圳市地质勘察单位对深圳断裂束中黄贝岭 F_8 断裂进行断层位移监测，结果表明，该断裂属现今仍微弱活动断裂，其活动异常与邻近地区地震有较好的对应关系。目前对该断裂的研究仍在开展过程中。活动断裂对地铁工程选址影响较大，在进行工程选址时应当有效利用建设场地，对场地地质情况、断层发育情况应进行详细调查。尤其是对于有断层通过或附近存在断层的场地，要对断层的准确位置、活动时代、运动特性及活动方式等进行详细的分析评价，选择合理的避让距离，达到既能保证工程的安全，又能有效利用场地的目的。

5.2 特殊性岩土

根据地质调查资料，深圳市区内主要特殊性岩土主要为填土、软土、砂土、残积土、风化岩以及孤石。

（1）填土。

深圳市自 20 世纪 80 年代开始，由于城市建设的需要一直在填海造地，很多地方为了土方平衡一方面挖方，一方面填海。所以深圳市区普遍分布素填土和杂填土，杂填土内含大量的建筑垃圾及工业废料或生活垃圾等杂物。此外由于深圳水系发达，冲填土亦是深圳常见的填土之一。

吹填土的成因：深圳冲填土主要成因一是为了整理和疏浚江河航道弃岸土。二是为了吹沙造地，有计划地用挖泥船通过泥浆泵将泥沙加水吹至制定地区，经排水固结，形成的一种填土。吹填土的颗粒组成随泥沙来源的不同而有变化，有砂粒（不同粒径）、粉粒、黏粒。在吹填管的出口处，近距离沉积的颗粒较粗，距离越远，颗粒越细，并呈扇形分布。相邻吹填管或移动吹填管会造成层序交替，沉积物形成透镜体或薄层状构造。

吹填土的危害：吹填土的颗粒较细，含水量大，渗透能力差，排水固结慢。在黏土颗粒集中区域，往往长时间处于流塑状态。随着水分的蒸发，土层表面会发生干缩龟裂，但下面土层由于水分不易排出，稍加扰动就会发生触变现象。

吹填土的治理：在利用冲填土进行工程建设时，多采用预压（增设排水板）的办法，人为提高冲填土排水固结的速度。

（2）软土。

深圳软土沿深圳湾沿岸、珠江口东岸的沙井－妈湾、盐田港区、坝光西岸等地分布，为浅海相或海－陆交互相淤泥、淤泥质黏性土、泥炭、泥炭质土等，一般厚度为5～10m，部分为10～16m，最厚达22m，加上填海造地时填土为5～10m，总厚度为15～25m。软土的特点是含水量高，压缩性高、强度低，渗透性差，具有流变性和不均匀性，其工程特性远不能满足建筑物的变形和承载力及地面使用要求，必须进行加固处理。

整治措施：目前填海造陆普遍采用的方法是先抛石挤淤或爆破挤淤形成海堤或隔堤，然后抽排海水，晾晒淤泥、铺砂垫层、插塑料排水板，堆载预压或强夯加固等方法处理。

（3）残积土和风化岩。

深圳地区广泛分布花岗岩残积土和全风化花岗岩。花岗岩风化岩土质不均，饱和状态下受扰动后，极易软化变形，强度、承载力骤减。

花岗岩残积土主要为砂质黏性土或砾质黏性土。其物理力学性质较好，但水力性质差，其特点是岩石中的长石及云母已风化成黏性土，包裹在很难风化的石英颗粒周围，在遇水的情况下，黏性土会逐渐脱离对石英颗粒的包裹，而发生崩解。在该层土中揭露了孤石，孤石揭露的位置及空间分布，施工和设计应引起注意。另外，砂质黏性土及砾质黏性土层经扰动后黏结强度降低快，扰动后的土层的性质接近砂层，可能引起基坑失稳、地面沉降等灾害，施工风险大。

（4）差异风化。

深圳市地下存在花岗岩区，花岗岩残积层和风化岩中普遍存在差异风化现象，突出表现为球状风化，即风化程度较高的地层中存在风化程度较低的岩块。几组方向的节理将岩体切割成多面体的岩块，岩块的边缘和棱角从多个方向受到温度及水溶液因素的作用而最先风化破坏，而且破坏深度较大。久之，其棱角逐渐消失，变成球形。随着风化作用深入，岩块最后变成了一个个椭球或圆球，这种现象叫球状风化。

花岗岩的成岩环境：岩浆在浸入同熔围岩物质时，在岩体边部和顶部发生不完全同熔和混染作用，结果在该部位保留了大量的围岩碎块，岩体与围岩界线模糊。这类岩石的矿物结晶、重结晶顺序紊乱，充分结晶和不充分结晶的交织，导致矿物成分、结构构造的多变。一般来讲，铁镁质矿物和基性斜长石组成的超基性岩最容易风化，而耐性火成岩较难风化，中性火成岩介于两者之间。由于岩性的不均匀，其抗风化能力有很大差异，为风化球的形成创造了内在条件。

构造运动：北东、北西两组断裂带及其伴生的次一级断裂为岩浆气液提供了良好的通道，气化热液作用使岩体的部分矿物重结晶，产生了蚀变。蚀变花岗岩一般带状分布，并与已知断裂位置相近。蚀变类型以钠长石化和云英岩化为主。正常花岗岩中，钾长石的含量高于斜长石，而蚀变花岗岩中二者几乎相等，局部斜长石含量甚至高过钾长石。岩石中斜长石抗风化能力低于钾长石。花岗岩局部发生的不完全同熔及断裂构造蚀变带均发生强烈地重结晶，因此产生大量的次生节理裂隙，这些节理裂隙多无方向性。节理裂隙破坏了岩石的连续性和完整性，增加了岩石的可透水性，是促进岩石风化的重要因素。

6 城市轨道交通主要工程地质问题

6.1 花岗岩的差异风化对轨道交通建设的影响

6.1.1 花岗岩差异风化的分布特征

由于花岗岩在成岩、岩浆中石英的分布、后期构造作用或风化的不均一性，导致花岗岩风化土中存在花岗岩风化残留体，即为孤石，其往往存在于不同风化程度的岩层中，孤石形状大小各异，强度不一。孤石在深圳地区是普遍存在的一种地质现象。

6.1.2 花岗岩差异风化对盾构施工的影响

（1）花岗岩差异风化对盾构施工影响的作用机理。

花岗岩风化土中的球状风化核，其成因是岩浆中的石英富集部分不容易风化所致。由于其埋藏分布及大小是随机的，很难通过地质钻探探明其分布情况。孤石形状各异，大小从几十厘米到几米，岩石单轴抗压强度可以达到100Mpa以上。相对于孤石的强度，周边风化土层强度小很多。盾构推进过程中，很容易出现孤石不能被滚刀破碎，在刀盘前滚动，严重损坏刀具和刀盘的现象。同时孤石通常存在于自稳能力不好的残积层，洞内基本上无条件直接进行处理，因此盾构在存在孤石的花岗岩残积层中掘进，将面临极大的施工风险，严重影响工程进度及成本。

（2）花岗岩差异风化地区盾构施工措施。

1）针对花岗岩差异风化地区，应该有针对性的加密勘察孔，可按5～10m布置。

2）根据地层情况，建议设计、施工合理选择盾构机。对于掘进过程中应注意掘进的异常以及盾构机参数的变化，动态调整盾构机的推力，并根据参数提前预判，有针对性地更换刀盘，确保不因刀具过大磨损而停工。

3）在花岗岩球状风化孤石地层，由于周边地层为花岗岩全风化和残积土，遇水易软化崩解泥化，易因软硬不均造成刀盘破损。掘进过程中可以增加土体改良剂或其他处理措施，平顺盾构掘进过程。

4）沿线路中心10m间距钻孔取芯，确定地质条件。如果存在孤石，应标明孤石的特性，并沿线路的法线方向和线路方向增设钻孔，对孤石的大小与隧道的关系进行勘察。

5）地质条件探明后，绘制含有孤石中心位置勘探孔的地质柱状图，对地质柱状图要求如下：

①标准勘探孔所在里程（轨道交通工程一般采用右线里程）；

②标注勘探孔孔口标高和各地层深度，明确孤石的标高位置和深度，图示孤石与隧道的管线；

③描述孤石所在处地层的水文情况；

④通过试验确定孤石岩芯的饱和单轴抗压强度；

⑤根据以上地质条件综合分析孤石处理措施，并根据施工条件建议合理的处理措施，当距地面较浅，采用地面处理比较经济时应建议采用地面处理的方式，否则采用洞内处理。

6）孤石的施工处理措施主要有以下几种方法：

①盾构机直接破除法。

盾构机直接破除法就是通过盾构机刀具配置及优化掘进参数，利用盾构机自身能力破除风化球，俗称（硬吃硬）。

由于风化球岩质较硬，饱和单轴抗压强度一般大于80MPa，盾构机刀具应以单刃盘形滚刀为主，掘进时应采用小推力、低转速来将其破碎成碎块。

在盾构掘进过程中，应随时监测刀具和刀盘受力状态，防止刀盘产生变形，在接近可能存在风化球的位置时，应放慢掘进速度。要严格监测推进油缸和刀盘伸缩油缸的推力，盾构机姿态及土仓压力，出碴量的变化，必要时可进入土仓进行检查，以判断是否存在风化球，并确定风化球与刀盘的位置关系。若盾构掘进速度很慢或风化球随刀盘一起滚动时，应对土体进行注浆加固以“固定”风化球，以免掘进时风化球随刀盘转动。

②盾构开仓处理法。

对较大粒径的风化球，不能从刀盘开口进入土仓，且又不能被刀盘破碎，或因土质太软弱，不能产生足够的破碎反力，此时必须进入开挖面人工清除风化球。

人工清除是危险性较大的作业，为确保开挖面的稳定，可采用地层预加固处理或者带气压开仓作业。

当地面施工条件允许时，地层预加固处理应优先选用，常用的地面加固处理方法有注浆、搅拌桩、旋喷桩等，当地面施工条件不允许时，可以通过盾构机上预留的超前注浆孔进行土体超前注浆加固，但该方法必须防止注入土层的浆液流入刀盘把刀盘固结“抱死”，为此一般每隔30分钟应转动刀盘一周到两周。

③人工挖孔桩加岩石分裂机：此法采取从孤石上方人工挖孔进入孤石区域利用岩石分裂机对孤石进行处理。本法适合非软土地区、地下水水位较深、孤石量较少、工期较长，隧道埋深较浅地段。

④冲击钻地面破碎：确定孤石的方位、大小和形状后，从地面用冲击钻对隧道范围内孤石存在的区域进行满堂冲击，每个钻孔完成后用原土对钻孔分层回填夯实，直至将整个孤石区域处理完毕。

此方法采用冲击钻从地面对孤石进行处理，对孤石群的处理比较有效，操作简单、处理周期较短，不需要人工直接处理孤石，施工安全性高，不受孤石位置、深度限制，仅受地面场地要求。

⑤钻孔爆破：在地质勘探过程中遇到孤石时，查明孤石的数量、产状、大小、形状并依此来制定爆破孔的数量、分布和装药量，利用小口径钻头从地面下钻，在孤石上钻出爆破眼，然后在小孔内安放适量的炸药对孤石进行爆破。一次爆破完毕后，清除孔内岩块继续进行下一次，进而达到分裂、瓦解孤石的目的。对于垂直高度特别大的巨石可以进行多次爆破直到钻孔穿过巨石。

7）孤石的洞内处理主要有洞内凿除和洞内静态爆破两种方式。

①洞内凿除：在盾构机内对刀盘前方地层改良或加固处理后，在保证刀盘前方周围地层和土仓满足气密性要求的条件下，利用空气压缩机将空气加压，并注入土仓，以气压代替土压，通过在土仓内建立合理的气压来平衡刀盘前方水、土压力，达到稳定掌子面和防止地下水渗入。作业人员在气压条件下进入土仓，利用土仓内气压的稳定，在土仓内直接进行破除孤石，根据不同强度，可以采用岩石分裂机或者风镐。

②洞内静态爆破：对孤石进行静态爆破，大石化小，再把小石块从刀盘前方移进土仓由螺旋输送机排出土仓。此方法不进行地面加固，等刀盘抵达孤石表面后，采用盾构机的预留超前注浆孔进行超前注浆，使刀盘前方拱顶形成稳固整体性良好的围岩，然后再开仓对孤石采取静态爆破，再将碎石进一步粉碎后由螺旋输送机排出土仓。这种方法同样需要再静爆，处理 1 米孤石后，盾构机即刻要向前掘进 1 米，始终保证刀盘与孤石的距离不大于 1 米，防止土体坍塌造成地面塌陷。

6.1.3 花岗岩差异风化对明挖基坑施工的影响

（1）作用机理。

1）级配不均匀：花岗岩残积土粒度具有“两头大、中间小”的分布特征，即颗粒成分中，粗颗粒（>0.5mm）的组分及颗粒小的组分（<0.005mm）的含量较多，而介于其中的颗粒成分则较少，粗粒组中的中、细砂及粉砂的含量较少。这种独特的组分特征，使其既具有砂土的特征，亦具黏性土特征，物质组成的不均匀性和结构的不连续性显著，导致工程性质复杂，差异性大。

2）花岗岩风化岩、残积土具有遇水易软化，失水易崩塌性：残积土中粉粒、黏粒含量高（10%~20%），天然状态下具有较好的力学性质，遇水后“土变泥、泥变浆”迅速软化、泥化、崩解土体强度等力学性质急剧变差，甚至丧失承载力。组分中长石含量高，风化后所形成的黏土矿物越多，软化、泥化性越明显。

3）孤石随机分布：燕山晚期第一、二阶段花岗岩残积土层中，常夹有中、微风化球状孤石，影响土的均匀性，对围护桩施工机械选型及桩基施工影响较大。

4）出露地表花岗岩残积土具有上硬下软特征：花岗岩分布区出露地表或地下水位以上接近地表的残积土，因受水的淋滤作用，氧化铁富集，并稍具胶结状态，形成网纹结构，土质坚硬，而其下强度低于上部土段，再下由于风化程度减弱，强度逐渐增加。

5）残积土透水性差异较大：残积土均为弱微透水性土，但同一类土的透水性差异较大，大值为小值的数倍至数十倍。花岗岩残积土层中采用重力式降水效果较差，在残积土层区域重力式降水速度慢、工效低，降水井易堵塞。

基坑开挖过程中，若无基坑内降水或降、排水效果不好，第四系松散土层孔隙水汇集到残积土层开挖面，造成土层软化、泥化；特别是上覆的冲洪积砂层为主要含水层时，由于砂层富水性和透水性强，基岩裂隙较发育时，使得裂隙水具有较大的承压性。基坑开挖使强、中风化花岗岩上覆风化土层压力减少，具有承压性的基岩裂隙水通过上覆风化土中原生节理、孔隙通道向上、渗流，潜流过程中不断将软化后的黏土矿物带出，逐渐形成更多、更大的导水通道。若基岩上覆风化土层压力难以承受裂隙水压力，土层甚至可能被承压水击穿，造成上覆风化土层遇水软化、泥化。

（2）花岗岩差异风化地区明挖基坑施工措施：

1）基坑围护结构加深。

围护结构嵌入花岗岩中风化、微风化带一定深度，减弱或切断基坑内外地层间的水力联系。

该方案适用于车站埋深较大或花岗岩岩面较浅地段，否则工程投资增加过大；在满足围护结构受力和稳定的前提下，设计单位应结合水文地质特征、地层抽水试验及渗透试验结果进行抗渗流验算，确定围护结构深度。围护结构加深部分可采用素混凝土形式以降低工程造价。

2）基坑内基底加固。

基坑开挖前对基坑内基底以下一定范围内花岗岩风化土层（包括残积土、全风化土层）进行旋喷桩预加固形成复合地基，复合地基受水的影响相对较小，加固桩体成桩质量能够保证，复合地基承载力一般都能达到设计要求。

该方案采用较保守、被动的思路去应对风化土遇水软化承载力不够问题。通过实践发现，该方案工程投资较大，仍存在基岩裂隙水通过加固体间土层向上涌流现象，加固体间风化土软化后需做换填处理，基岩裂隙水发育地段上述问题更为严重甚至无法满足地基验收条件，裂隙水渗流失水过多，易导致基坑周边地表、建筑物沉降。

3）基坑内注浆止水。

基坑开挖前对基坑内基底以下一定范围内花岗岩风化土层采用梅花形布置袖阀管低压注浆，目的是填充土层内原生节理、孔隙，阻断基岩裂隙水向上渗流的通道，注浆填充、挤密也对风化土有了一定程度的改良。

该方案以主动处理的思路来治水，理论上可行，但工程投资亦较大，从地表长距离在天然状态花岗岩风化土中进行低压注浆的质量有待进一步论证和实践。

4）基坑外注浆止水。

基坑开挖前，在基坑围护结构外围采用前进式注浆工艺，对连续墙墙底以上 2m 向下至进入微风化带 1.5m 范围内的风化土层和岩层进行注浆止水，目的是在围护结构外侧形成一道防渗帷幕，减弱或切断基坑内外花岗岩强、中风化带间的水力联系，该工艺采用自上而下分段循环灌浆，可操作性较好。

该方案亦以主动处理的思路来治水，适用于花岗岩岩面较浅的工程，否则注浆范围大导致工程投资较大。

5）基坑内系统降水。

基坑开挖前、开挖中至结构施工期间采用集水井（重力式）或井点（强制式）方式进行基坑内降水，目的是通过降水始终保持基坑内开挖面或基底面不泡水。井点降水常见有井点、管井等降水形式。

该方案亦以主动处理的思路来治水，理论上可行，工艺很成熟，工程投资小，但花岗岩风化土层为弱微透水性土，该段地层采用重力式降水速度慢、工效低，采用井点式降水效果较好，但井点式降水工艺相对复杂，对基坑开工进度有一定的影响。另外，设计单位选择降水方案前应充分论证降水施工对基坑周边建构筑物的影响程度，因为深圳地区地下水位浅，地下水丰富，水力联系复杂，降水不当就会对基坑周边浅基础、摩擦桩基类型的建筑物或周边地下管线造成影响。因此，设计单位应详细调查工程周边环境、水文情况，通过科学、合理的验算和必要的试验来制定和完善降水方案。

6.1.4 花岗岩差异风化对隧道暗挖施工的影响

（1）作用机理。

全、强风化花岗岩在开挖出来后表现为砂土，类似于第四纪沉积物，但是在未开挖时却与砂土有本质区别，这种区别按照天然含水量不同，表现形式不同。当含水量 $<8\%$ 时，即干燥状态，开挖时极

易滑塌；当含水量 >13% 时，表现为蠕变；介于二者之间，可表现为较好的稳定性。其中最难的是含水量较大时的围岩，而围岩中水的形式为裂隙水（非孔隙水，与第四纪沉积物区别），当埋深较大时，又表现为承压水，这样，水除了软化作用之外，尚有因流动而造成的突泥、突水危害。

全强风化花岗岩表现为“松散的砂土”，所以，处理方法很容易想到注浆固结。而事实证明，全强风化花岗岩围岩的施工难度远比第四纪沉积物甚至人工堆积物围岩难，其原因就在于全强风化花岗岩其实并不松散，渗透系数为 0.03 ~0.1m/d 之间，岩土渗透性等级划分当 K<0.001m/d 时为不透水，所以注浆（尤其注固体浆）是无效的。

（2）花岗岩差异风化地区暗挖隧道施工措施：

1）含水量较低（干燥）的全强风化花岗岩具有一定的自稳能力，但是在隧道开挖后如果开挖方法及支护方式不当，其极易随着应力的释放而变得松散；

2）初期支护更强调及时闭合，以控制应力释放，所以长台阶的开挖方式不妥，应该采取短台阶开挖；

3）在贯彻“初期支护闭合”这一支护原则时，因始终贯彻“新奥法”设计 - 施工 - 量测一体化原则，在初期支护发生较大变形、变形速率较快时宜首先采取控制变形的措施如临时闭合初期支护、稳定侧壁等措施；

4）全、强风化花岗岩浅埋隧道的地下水主要以地表水补给，水量、水压均不大，且由于隧道开挖造成的隧道掌子面的排水、降水作用，地下水出露部位一般在隧道中部以下，所以隧道上台阶的开挖较稳定，中台阶开挖基本稳定，主要问题是下部及仰拱围岩因富水而成流塑 - 流动状态；隧道底部的降水措施是个关键；

5）进洞稳定仰坡是个关键，如套拱宜为全环闭合结构；如果仰坡较高，宣先施工明洞，然后回填或部分回填明洞以稳定仰坡之后再进洞；

6）注浆只起到回填作用，预支护主要靠钢插管；

7）钢架接点是支护薄弱点，应加强或是降低节点同一截面率；

8）富水全强、风化花岗岩重点解决好超前预支护，目前的技术只有水平旋喷 + 超前小导管最理想；

9）做好超前降水及隧道底部降水。

6.2 软土对轨道交通建设的影响

6.2.1 软土的分布特征

沿线软土为海相淤泥和淤泥质土层及冲洪积相淤泥和淤泥质土层，海相软土在 Ⅰ 区分布，冲积相软土在 Ⅱ 区和 Ⅲ 区分布。淤泥、淤泥质土具含水量高，孔隙比大，压缩性高，抗剪强度低，灵敏度高的特点。软弱土地层易发生地面建筑物沉降变形，易导致基坑失稳，在施工中易产生流泥，地震或震动力作用时可能发生震陷，不利于车站及隧道的开挖和稳定。

6.2.2 软土的物理力学性质

软土的固结沉降包括主固结沉降和次固结沉降，主固结沉降是固结沉降的主要部分，它是指饱和或接近饱和的黏性土在基础荷载作用下，随着超静孔隙水压力的消散，土骨架产生变形所造成的沉降（固结压密），主固结沉降速率取决于孔隙水的排出速率。次固结沉降是指主固结过程（超静孔隙水压力消散过程）结束后，在有效应力不变的情况下，土骨架仍随时间继续发生变形，这种变形的速率与孔隙水排出的速率无关，而是取决于土骨架本身的蠕变性质。

在骨架应力作用下，由于颗粒表面所吸附的水（气）的黏滞性，颗粒的重新排列和骨架体的错动具有时间效应，因而土体变形与时间有关。另一方面，土体内部应力调整，也与时间有关。上体变形和应力与时间有关现象称为土的流变现象，流变性质是软土的重要的工程性质之一，由于黏性土的流变性，土体在相对稳定的状态下随暴露时间的延长而产生移动是不可避免的。

6.2.3 软土对盾构施工的影响

（1）作用机理。

由于软土沉积时间短，固结程度低，且常常夹有薄砂层，导致垂向渗透性较小，水平向渗透性相对较大，因此排水困难，固结困难，并具有较高的灵敏度，对地下结构的施工，以及运营期结构的稳定都带来较大的隐患。盾构法施工时主要注意以下几点：

1）高灵敏度土中盾构井基坑开挖、支护问题；

2）盾构进出井时，盾构旋转、上漂问题；

3）地表变形的控制问题；

4）注浆偏压问题。

（2）技术措施：

1）盾构井的施工要考虑软土、填土具有触变性及流变性，施工过程中尽量减少扰动，同时，由于具有较高的灵敏度，开挖深度尽量减小，并及时支护，防止坍塌。

2）盾构针对软土特性，出入口加固区应设置过渡段，让盾构逐渐适应软硬变化；同时，由于软土存在结构性，加固时需考虑其水平向渗透系数较大，竖直向渗透系数较小，可倾斜设置注浆管，并在不同的层内均有出浆口，保证浆液与土体均有的发生胶结作用。

3）盾构过软土、吹填土地区时，由于土体较软，易导致上部土体因变形开挖量过大，导致地面沉陷，同时由于上下土体开挖量不均，易导致盾构“抬头”现象，应及时调整盾构参数，同时对地面实时监测。

4）由于软土中往往夹砂薄层，导致局部浆液过多，压力降低，而黏粒含量较高地区压力过大，导致地面拱起、隧道拱顶因支护不及时坍塌等问题，在勘察过程中应详细描述软土层砂的含量、均匀性，及时调整注浆参数，并根据相应地层设置试验段。

5）软土地区盾构施工中端头井土体加固的成功与否直接关系到盾构机能否安全始发、到达。合理的端头土体加固施工工法，是保证盾构顺利施工的非常重要的环节在盾构法施工中，常见的盾构端头井加固可以采用搅拌桩、旋喷桩、水平冰冻及垂直冰冻、SMW 工法等方法进行，但施工成本、施工速度及施工的安全性却各不相同。在具体的工程中，加固方案主要考虑地层的工程地质条件和水文条件进行选取，对于加固范围内地层主要为砂性地层的，一般采取旋喷桩或冻结法进行加固，对于黏性土及其他非砂性地层，一般采取搅拌桩进行加固，砂性地层端头地层加固建议采用三重管旋喷法，黏性土等软土地层建议采用三轴搅拌桩进行加固。

6.2.4 软土对明挖车站施工的影响

（1）作用机理。

深圳地区地下水位较浅，地层复杂多变，基坑上部土层较软弱，一般由软土、风化残疾土构成，下部较硬，存在风化不完全的基岩，基坑边坡支护问题较多。

1）当基坑周边及底部涉及软弱黏性土时，由于具有高灵敏度，明显触变特性，在动力作用下土体强度极易降低，易产生较大的基坑侧壁位移。

2）桩基施工易产生缩颈现象。

3）软土地区还会出现锚杆的蠕变，导致锚杆松弛或失效。

4）搅拌桩在软土地区出现夹砂、夹泥，抗渗性能达不到要求。

5）软土层具有触变、流变特性，地下连续墙施工时易产生侧向蠕变、缩颈现象，影响成槽质量。

（2）技术措施：

1）勘察阶段的措施：

①加强对软土范围的勘察，详细查明软土的成因类型、结构、分布规律及物理力学性质，软土的固结历史、水平向和垂直向的均匀性、结构破坏对强度和变形特征的影响，地表硬壳层的分布与

厚度、下伏硬土层或基岩的埋深和起伏。

②针对软土结构稳定性较差，在土样运输过程中易导致结构破坏而导致力学参数与实际物理力学性质差异较大，有针对性地多做静力触探、十字板、旁压等现场原位测试和尽量采用现场载荷板、电法勘察等其他手段取得相对客观的参数。

③根据软土成层条件、应力历史、结构性、灵敏度等力学特性和排水条件有针对性地进行评价，并建议相应的施工措施。

④有针对性的对建筑物进行沉降、变形分析，必要时要考虑软土的次固结效应。

⑤针对软土的特点有针对性的提供施工支护、基坑开挖建议，同时有大面积堆载时，分析对相邻建筑物的不利影响。

⑥针对花岗岩风化层、残积土层遇水易软化特点，勘察时，应查明风化层的软化系数、风化程度。对于花岗岩残积土还应详细查明细粒土的天然含水量、塑限、液限。对于厚层的风化岩和残积土还考虑其风化的均匀性，对存在球状风化的地区，应增加勘察钻孔密度，并对孤石的分布密度、粒径范围、单桩抗压强度以及风化程度进行详细勘察。

2）施工阶段措施：

①待围护桩及旋喷桩止水帷幕完成后，并且达到设计强度后方可进行基坑土方开挖。严禁超挖，即基坑开挖至钢支撑设计高程后，及时进行钢支撑安装（包括施加预应力）工作，钢支撑安装未经检查验收合格，严禁往下进行土石方开挖，以保证基坑围护结构的稳定和安全。

②软土地基基坑开挖应优先采用分段阶梯分层开挖形式，这样不仅便于施工组织，而且对基坑的稳定较为十分有利。分段阶梯分层开挖每个阶梯平台均可作为挖土机械土方转运的工作平台，大大地加快开挖进度。每个阶梯的高度按规范的要求控制在1.0m以内，阶梯的边坡坡度根据软土的稳定性而定，坡度一般在2.0～3.5之间；每个阶梯的开挖长度需结合结构施工段而定，一般在20.0～30.0m之间。

③软土地基基坑土方开挖时在围护结构前，根据软土的稳定性适量留置部分反压土，以使反压土与基坑的围护结构共同抵抗围护桩外部土压力（土压力、水压力等），这样可部分减少基坑围护结构变形累积，且可作为钢支撑安装的工作平台。待基坑中心部分土方开挖完毕后再挖除反压土，挖除反压土时，桩体周围约300mm的土方需采用人工挖除，防止挖掘机碰撞桩体，导致支护体系失稳。

④明挖深基坑一般采用钻（冲）孔桩围护结构，桩间施作高压旋喷桩止水，基本截断基坑内外的地下水的流通，剩余雨水及地下水的垂直渗透，而软土基本属于弱透水－不透水地层，但土的含水量较为丰富，尤其是淤泥和淤泥质土层，其含水量一般在34%～72%，且土体中的有机质或透水性较好和夹层等原因。土方开挖过程需采取有效的降水措施，一般采用边开挖边降（排）水，即在每个阶梯四周施作简易的排水沟，转角处设置集水坑集中抽排雨水或地下水。

⑤监测是基坑开挖工作的一个重要工作，特别是软土开挖。基坑开挖前，依据国家规程《建筑基坑支护技术规程》对各项监测项目的监测点进行布设（桩顶位移、桩体测斜、土体测斜、土体沉降及地下水位等），并测出其初始值。对于软土地基开挖过程，一般按每日两次的监测频率，及时对监测数据进行分析，如果监测值是一种渐变的递增过程，则说明基坑处于合理的稳定状态，如果某一个监测值发生了突变，则说明基坑的支护体系的平衡状态有可能遭受破坏，当险情预兆出现后，需加大基坑的监测频率，放慢土方开挖速度或立即停止土方开挖，待基坑突变监测值停止增长或增长十分缓慢，方可继续进行土方开挖。

⑥在软土地基基坑开挖过程中，需科学地利用土体自身控制位移的潜力，尽量减少每步开挖无支撑的暴露时间，减少开挖过程中的土体扰动范围，防止水土离析，最大限度减少基坑的位移和变形，必要时应改变挖土速度、挖土方式，确保基坑稳定。

6.2.5 软土对矿山法施工的影响

（1）作用机理：

深圳地区表层存在大量软土，尤其海港地区填海造地，或采用吹填土造地等，导致大量地区基岩上面就是软土。该地区采用矿山法施工时，由于上面土层较软，含水量较大，结构灵敏度高，对于下面基岩采用钻爆法施工时，由于炸药震动扰动，易导致隧道拱顶及侧壁坍塌。若采用其他方法施工，对工期影响较大。

（2）技术措施：

1）勘察期间应详细查明基岩面的分布情况，并根据基岩面绘制基岩等值面图；针对上面的软土，应详细查明软土的物理力学性质，同时对其抗扰动能力进行评估；根据软土结构分布规律、水平向、垂直向的均匀程度有针对性的提供加固建议；增加施工勘察，在隧道开挖过程中，及时采集土层物理力学数据，并及时调整岩土层物理力学参数；可以采用超前地质雷达等物探手段，对掌子面土层及隧道围岩与详细勘察时的地质吻合度进行对比，对发现异常的地段，进行有针对性的施工勘察，并及时调整土层的岩土物理力学参数。

2）洞口段施工。

①放坡开挖：放坡开挖方式施工程序简便，能够满足机械作业的需要，对于洞口两侧边坡和仰坡可根据实际地质条件采用土钉墙和喷射混凝土来进行边坡防护。

②洞口加强环：在洞口边坡和仰坡的防护满足了稳定要求后，及时进行洞口加强环的施工为暗挖施工创造条件，洞口加强环是为确保洞口稳定而设置的，要求封闭成环，其结构稳定性必须满足超前预支护等施工作业产生的附加荷载，这是隧道施工必不可少的洞口支护措施。

3）超前预支护。

浅埋暗挖法施工时，由于开挖的影响将波及地表，为了避免地面交通、周边建筑物及地下管线的破坏，必须严格控制地表沉陷变形。为此，需要采用对前方围岩条件进行改良及超前预支护措施，主要包括：管棚、超前小导管注浆、超前锚杆和超前小钢管等。

（3）软土地基发生塌陷实例。

根据施工项目部介绍，塌方的原因是该地铁工地在施工风井基坑开挖至12m深时支撑脱落，围护结构发生变形引起塌方，坑外土体涌入坑基，所幸事故没有造成人员伤亡。(见图21-4)

图21-4 深圳地铁5号线风井坍塌示意图

（引自互联网）

6.3 地下水对轨道交通建设的影响

（1）作用机理。

深圳地区地表水系较发育，含水层复杂，既有第四纪松散粗粒土含水层，也存在基岩裂隙含水层。由于含水层的性质、渗透系数、水头压力等不同，对建（构）筑物的施工已经运营期稳定影响较大。主要体现在以下几个问题：

1）软土地区降水引起的地基土变形及地层塌陷。

2）承压水头较高地区基坑开挖时易导致基坑底板拱起。

3）软土、流砂地区，采用管井降水等地下水控制措施时，易导致周边建筑物因为土体固结沉降发生变形过大开裂；基坑边坡由于流砂导致基坑支护失稳。

4）降水井渗透性差，很难达到设计预期。

5）围护桩施工质量较差，未能达到密闭效果。

6）止水帷幕出现较大变形，导致失效的问题。主要是基坑开挖后，由于基坑变形，止水帷幕随之变形，可能出现裂缝，从而导致止水帷幕失效。尤其是当施工冷缝未能有效处理时，在基坑开挖过程中，侧壁的渗漏水也会带走土体中的细颗粒，导致该处的围护结构变形增大，从而导致较长范围内的止水帷幕出现裂缝。

7）基坑底位于基岩面附近，受表层基岩裂隙影响，存在“疏不干效应”。

（2）技术措施：

1）勘察期间应分层查明地下水的水位、含水层的厚度和渗透系数、地下水的补给、排泄通道，以及地下水水位（头）的变化规律。

2）了解当地水区域文地质条件，对地下水与地表水的水力联系进行调查，必要时建议施工前对地表水与地下水的联络通道进行截断。

3）对于基岩裂隙水还应详细查明基岩风化程度、范围和深度；查明构造裂隙性质、分布、发育情况、产状特征；基岩裂隙的导水性、充填物和岩脉阻水性。

4）对于基岩裂隙水发育地区，地下水控制应结合基岩破碎带的分布、发育情况，有针对性的布置降水井，并尽可能在基岩面上设置地下连续墙等集水（阻水）通道；对于基岩裂隙水发育地区，同时应预测构造断层破碎带“突水”可能性。

5）降水井渗透性差的原因可能由于降水井井壁材料选择不当、滤料的材料选择不当、洗井（成井的关键在于洗井，它直接影响到整个基坑降水的效果）不规范等；同时也存在降水井运行过程中，地层中的细颗粒被水流带到井壁附近，导致降水井渗透困难、水跃值大；因此对于黏粒含量较多的砂层，建议井管降水优先选用绕丝管降水井。

6）目前止水帷幕多采用三轴搅拌桩止水帷幕。施工过程中若施工机械故障、管线等影响形成的施工冷缝，在采用高喷桩封闭止水帷幕过程中封闭不彻底；三轴搅拌桩水泥参量偏小，很可能达不到止水要求的渗透系数、强度等的要求。同时由于砂层较厚，围护桩塌孔较为严重（基坑开挖过程中暴露出围护桩扩孔现象严重），在一定程度上影响了后期止水帷幕的施工质量，建议今后应提高围护桩的施工质量。

7）当地质等因素较为复杂，采用单一的措施无法处理时，可采取如下几种措施：

①在基坑外侧施工减压降水井。基于车站基坑距离周边建筑物相对较远情况下，可在坑外布置降水减压井，同时在降水困难地段，可采用轻型井点配合管井的降水，以确保尽快将地下水位降至预定目标，同时减少降水时间，从而避免长期降水产生较大的降水漏斗，对周边环境产生较大影响。

②局部施作导流明沟。当基坑底局部存在难以疏干的问题时，选取适当位置做明沟导流，待基坑底疏干至满足施工要求时，尽快施工垫层及底板结构。

③局部加深处采用真空井点降水配合管井降水。采用真空井点降水和管井降水的混合降水方法，快速将地下水位降到设计要求，并尽快封底，减少基坑暴露时间和基坑的抽水量。

④加强对止水帷幕施工冷缝的处理。在砂层较厚，对于施工中出现的断桩冷缝，应确保二次下沉深度至少达到断桩冷缝处以下1m以上，同时在冷缝以下部位，应加大喷浆数量和喷浆时间进行补强。对于因咬合冷缝导致止水帷幕不能封闭的地段，应在止水帷幕外侧施工高压旋喷桩，旋喷桩的深度应与搅拌桩深度一致，同时厚度应大于搅拌桩的咬合厚度。

⑤加强对侧壁渗漏水处的处理。当基坑范围内存在厚层砂层时，基坑开挖过程中，基坑侧壁出现渗漏水时，需及时封堵。若封堵不及时，渗漏水会带走砂层中的细颗粒，使得基坑变形增大，从而引起较大范围内的止水帷幕产生较大的变形或裂缝，使得封堵难度增加。首先可选择采用压浆的措施进行封堵处理，同时可采用基坑内壁挂钢筋网、喷速凝抗渗水泥；当采用压浆方法不能有效解决时，应进行及时回填，同时在基坑外侧采用高压旋喷桩进行低压补强，补强过程中应加强对围护桩的变形的监测，待高喷桩达到强度后，再进行该段的开挖。

8）对于软土地区基坑以下存在承压水层，易导致基底隆起时，建议采用止水帷幕，隔断地下水补给，同时也可以增设辐射井，降低基底地下水水位，保障地基开挖时的安全。

参 考 文 献

[1] 孙杰，贾建业，等. 深圳断裂带构造活动性分析 [J]. 地球科学进展，2007，22（3）：

14－20.

［2］黄永胜，成建国，等. 深圳市地理信息共享服务的关键技术［J］. 城市空间信息共享，2009，8（4）：24－28.

［3］林逸，力梅，等. 深圳市气象行业资源现状及加强行业管理的对策［J］. 2007，29（1）：42－44.

［4］江岑，谭明艳，等. 深圳市气象监测综合业务平台的设计与实现［J］. 广东气象，2010，32（3）：57－59.

［5］兰红平，陈训来，等. 深圳市气象灾害分区预警系统研究［J］. 气象科技，2010，38（5）：629－634.

［6］李长兴. 浅论深圳市河流治理［J］. 中国水利，2004，11（2）：100－106.

［7］陈伟光，赵红梅，等. 深圳市断裂构造的活动性及其对地质环境的影响［J］. 热带地理，2001，21（1）：45－60.

［8］马浩明，陈庞龙，等. 深圳市断裂活动与地震研究进展［J］. 华南地震，2010，30（3）：1－10.

［9］徐俊，余成华，等. 深圳市活断层探测与地震危险性评价［J］. 城市勘测，2012，2（1）：161－166.

［10］张玉芳. 深圳市地质灾害及防治技术［J］. 中国地质灾害与防治学报，2003，4（14）：1－4.

［11］《深圳地质》编写组. 深圳地质［M］. 地质出版社，2009.

［12］王英珺. 球状风化孤石对盾构施工的影响及其处理措施［J］. 山西建筑，2010（30）.

［13］杨巧凤. 深圳海岸带地表水和浅层地下水的水文地球化学［D］. 北京：中国地质大学，2009.

［14］周祥鹏. 深圳市东部片区水文地质条件研究［J］. 城市建设理论研究，2011（21）.

［15］包宏涛. 某地铁车站深基坑降水设计及施工问题分析［J］. 铁道建筑技术，2012（z2）.

［16］李玉春. 盾构法隧道球状风化孤石处理关键技术［J］. 中国科技信息，2009，23：75－76.

［17］邱林，黄汉盛. 深圳地区花岗岩风化球成因探讨及勘察对策［J］. 广东地质，1974（4）.

［18］高建国. 花岗岩风化土中地铁基坑施工风险和对策［J］. 铁道勘察，2010（3）.

［19］许育强. 浅谈软土地基明挖深基坑土方开挖施工［J］. 广东科技，2006，8：80－81.

沈　阳　市

1 自然地理

1.1 地理位置

沈阳市位于中国东北地区的南部，辽宁省的中部，在东经122°25′~123°48′、北纬42°12′~42°17′，是辽宁省的省会，全国文化名城。沈阳市总面积为1.3万km^2，东西长115km，南北宽205km，其中市区面积3495km^2。沈阳市的地理位置十分优越，背倚长白山，面向渤海之滨，是辽宁半岛的腹地。在以沈阳为中心的150km的半径内，围绕着著名的钢都鞍山、煤都抚顺、煤铁之城阜新、石油之城盘锦、轻纺之城丹东、化纤之城辽阳和粮食煤炭基地铁岭，这些资源丰富、实力雄厚的辽宁中部工业城市形成了世界上罕见的城市群（见插图126）。沈阳还与沟通世界各大港口的大连港，以及正在开发建设的营口新港和锦州港的距离也不超过400km。在长期的经济发展过程中，形成了密如蛛网的航空、铁路、公路运输网络，良好的交通基础设施建设费辽宁市创造了极好的发展条件。

1.2 气象

沈阳市地处亚欧大陆东部，属北温带，受季风影响的半湿润大陆气候，具有中纬度西风带气候特点。全年气温、降水分布由西南向东北和由东南向西北递减。四季分明，冬季漫长；春季回暖快，日照充足；夏季热而多雨，空气湿润；秋季短促，天高云淡，凉爽宜人。

（1）气温：多年平均为7.0~8.0℃。一月最低，平均-5.5℃，最低达-33.1℃。7月最高，平均24℃，最高达39.30℃。

（2）降雨量：年内降水多集中在6、7、8、9月份四个月，按1970—2007年降水系列资料，月均值为55.21mm；最小月份1、2、12月，月均值6.96mm。降水量多年变化情况及月平均降雨量见图22-1和图22-2。

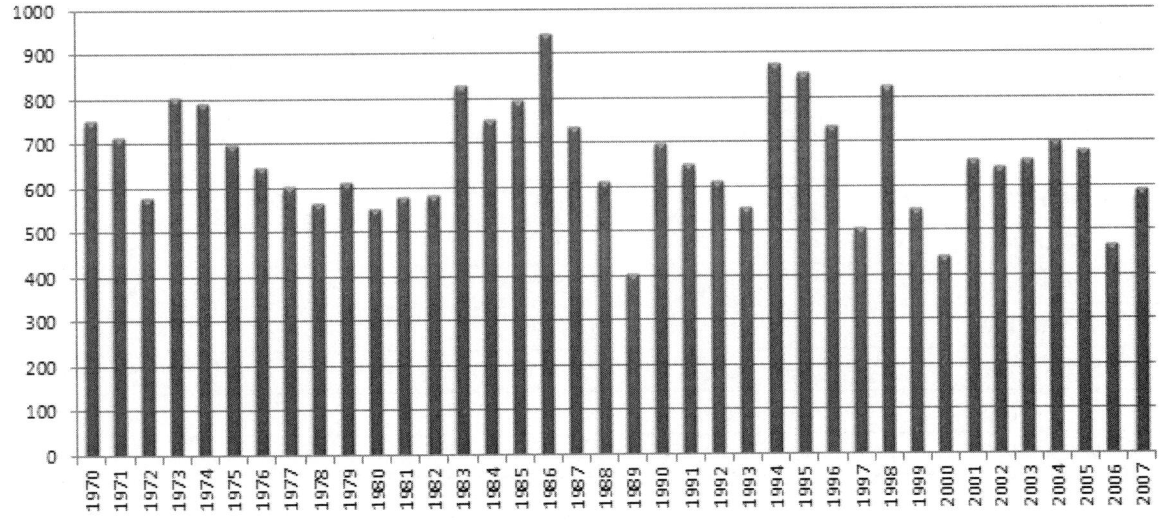

图22-1 1970—2007年总降雨量图

（3）风、雪、雾。

沈阳市春夏主导风向为S、秋冬主导风向为NW，多年平均风速3.4m/s，最大风速20~25m/s，春季多风，秋季晴朗。

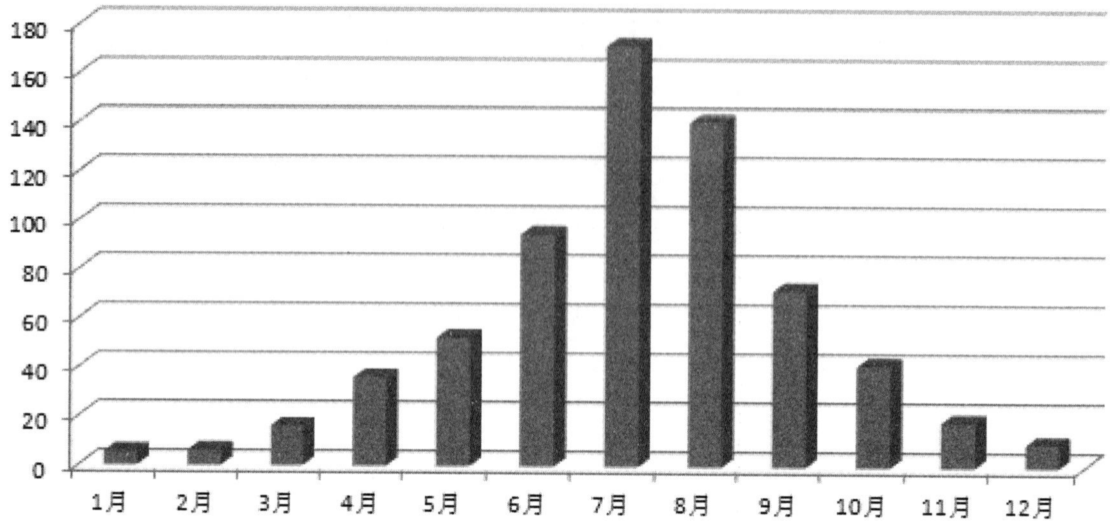

图 22－2　1970—2007 年月平均降雨量

一般情况下 11 月上旬开始降雪，12 月至来年 3 月为积雪期，4 月开始融雪，降雪初、终期分别为当年的 11 月至来年的 4 月，最大积雪厚度 21cm（2005 年 3 月）。

最大季节冻土深度 120cm。

据沈阳市 1951 年至 2003 年的观测资料统计，本地区主要气象资料见表 22－1。

表 22－1　沈阳地区主要气象要素一览表

项　　目	单　　位	观测统计资料	备　　注
平均风速	m/s	3.2	
最大风速	m/s	29.7	
平均降水量	mm	727.4	7－8 月占全年 50% 左右
平均蒸发量	mm	1420	4－9 月份最大，占全年 67.4%
年平均相对湿度	%	63.1	
最小相对湿度	%	52.0	多出现在 4 月份
最大相对湿度	%	78.0	多出现在 7、8 月份
年平均气温	℃	7.9	
最高气温	℃	39.3	
最低气温	℃	－33.1	
年平均地温	℃	8.6	
最早结冰日期	—	10 月 19 日	
最晚解冻日期	—	5 月 7 日	
最大积雪深度	cm	28	
最大冻结深度	cm	148	

1.3　水　　文

流经本市的河流有浑河水系和南、北运河水系。南、北运河水系统流经城区的南部和北部，最终汇入浑河水系。浑河是沈阳市的一条内陆河，从东至西穿越沈阳城区。浑河发源于抚顺市清原县境内的滚马岭，流经抚顺、沈阳、辽阳、鞍山、海城，在海城、台安、盘山三县交界处汇合太子河后，称大辽河，至大洼县与营口市之间注入辽东湾。全长415km，流域总面积11481km^2，其中山区面积7233km^2，占流域面积的63%；丘陵区面积230km^2，占流域面积的2%；平原面积4018km^2，占流域面积35%。浑河一般平均流量为50~90m^3/s，汛期最大流量为20900m^3/s，最小流量为3~6m^3/s。冬季结冰期约3~4个月。河源以下自然落差588m。流域地势东北高，西南低，河道曲折，呈不规则河型，水系发育，水量丰富，中、下游可通航。主要支流有蒲河、苏子河等。下游河口段地势低洼，水面宽阔，暴雨期常遭受水患。水源来自上游山地降雨补给。1995年浑河发生百年一遇的特大洪水，沈阳浑河洪峰流量为5010m^3/s，最大流速314m/s，最高水位40.95m。

1.4 地形地貌

沈阳位于辽东山地与下辽河平原的交接地带。沈阳城区东北－东南与天柱山、辉山坡麓相连，西北－西南与辽河冲积平原相接。浑河由东向西穿过本区，浑河扇状冲洪积平原控制着区内地形，东北部分布阶梯状台地。地形总体趋势由东北向西南逐渐降低。浑河冲洪积扇东部上缘宽9km，高程60m；扇面下缘宽28km，高程30m；扇东西长40km，坡降0.75%，面积达710km^2。浑河冲洪积扇由新、老二扇叠置而成，老扇在不断破坏，新扇在不断形成，老冲洪积扇在浑河地质作用下发育成一级阶地。北岸的一级阶地与全新统形成的新冲洪积扇以陡坎接触，坎高4~8m。南岸的一级阶地以陡坎形式与浑河高漫滩相接，高差2~3m。

新冲洪积扇分布于现代浑河河床两侧。浑河北部新扇留有两条残坎道，地表呈带状槽开洼地。在河的南侧则呈条带状分布，表面平坦，宽度200~2500m，高出低漫滩1~2m，低漫滩沿浑河两岸呈不规则带状或新月状分布，平水期高出水面0.5~1.0m，洪水期大部分被淹没。

沈阳市区的地貌形态主要分为波状台地、浑河老扇、浑河新扇、浑河高漫滩与古河道等地貌单元。山地丘陵分列于东西两侧，中部为平原，北部为波状平原及丘陵低地。地势东、北高，西、南低，其高程一般在40~60m之间。全市最高海拔为447.20m，位于法库县境内；最低海拔为5.30m，位于辽中县于家房镇。

波状台地（Q_3^{1dl+pl}）：地形标高一般在60m以上，地形是波状起伏，构成波状台地地貌景观。上部为棕黄色粉质黏土，厚度大于10m；下部为不稳定的砂土，呈透镜状或薄层状，厚度1~5m；其下与Q_1-Q_2冰碛物呈不整合接触。主要分布在城区的东北角，第四系地层厚度0.5~20m，其下伏基岩岩性为前震旦系花岗片麻岩。

浑河老扇（Q_3^{2al+pl}）：地形标高在50m以上，微向前缘倾斜构成的浑河老扇地形。上部为枯黄色粉质黏土，厚度一般大于6m；下部分别由细砂、中砂、粗砂、砾砂组成，厚度较大，其中埋深6~10m粉质黏土中，局部夹有砂类土呈透镜体。第四系厚度约为40~50m，其下伏基岩岩性为古近系砂砾岩。

浑河新扇（Q_4^{1al+pl}）：地形标高在45~50m，由于浑河的河道变迁侵蚀切割作用形成，残留现今的浑河新扇北部呈条带状，中部呈孤岛状。与老扇呈明显的侵蚀、陡坡接触，坎高4~8m，漫滩界限由于人为破坏，无明显标志。新扇的轴部走向，近东西向，并伴有砂土出露，组成新扇的地层。主要由褐黄色粉质黏土组成，厚度3~6m。局部夹有灰色、灰黑色粉质黏土、黏土，厚度一般在0.5~3.5m之间。粉质黏土的下部为不均匀的粉土和砂土层，局部地段零星分布沼泽相堆积物。西部和北部尚可见到第二层粉质黏土。第四系地层厚度为39~80m，下伏基岩为古近系砂砾土。

浑河高漫滩及古河道（Q_4^{2al}）：主要沿南、北运河两侧大致呈北东－南西走向分布，且地势逐渐变低，地面标高一般在50~35m之间，相对高差约10余米。地表岩性主要以黄褐色粉质黏土、粉土和砂土组成，并有新近黏性土堆积，厚度一般不超过1m。分布不均匀，岩性变化较大，埋深及厚度变化很不稳定。主要受地形地貌控制，沿古河道及运河两侧零星分布沼泽相淤泥及淤泥状黏性土堆积。该区的西部和北部，可见到第二层粉质黏土，埋深一般6~10m之间。其第四系地层厚度为39~80m，下伏基岩为古近系砂砾岩。

浑河低漫滩（Q_4^{3al}）：现代浑河沿北东－南西走向流经城区南部，呈条带状沿浑河分布，宽度

100～500m。主要堆积有砂土及碎石土，局部有现代风成沙丘。其第四系地层厚度一般在30～40m之间，下伏基岩为古近系砂砾岩。

2 区域地质

沈阳市所处的大地构造位置是阴山东西向复杂构造带的东延部位与新华夏系第二巨型隆起带和第二巨型沉降带的交接地区。东部属于辽东台背斜，西部属于下辽河内陆断陷。两个单元基底均由太古界鞍山群老花岗片麻岩、斜长角闪片麻岩组成。老古近系地层分布在城区北部，新古近系地层不整合于前震旦系花岗片麻岩上。第四系地层不整合于基岩之上，厚度东薄西厚，北薄南厚。

沈阳地区基底为太古界鞍山群片麻岩，于铁西区西部沈大公路附近埋深190m，东山咀基底埋深100m左右。此外还有三处基底突起处，即和平区邮政局、太原街和中华路交叉处深度分别为60m、50m和80m。

2.1 地质构造

沈阳市地处两个构造单元的衔接地带，郯庐断裂的主干断裂与两侧分支浑河断裂构成复杂的交汇区。表现出有明显的差异升降运动，并伴随有中更新世断裂的发育，这就是沈阳地区发生地震的地质构造背景。特别是经过城区西部的郯庐断裂带是目前一条仍在活动的深大断裂。它制约着两侧地壳的抬升和沉降。通过浑河南岸的浑河断裂虽然也是一条长期活动的深大断裂，但是进入第四纪以来活动已不明显，它与郯庐断裂带在苏家屯区永乐一带相会并被其折断。两条大断裂向北东各自走向延伸，从而构成一个三角形状地块，该地块除有较薄的上古近系地层覆盖外，主要由太古代混合花岗岩构成，是处于两大构造活动带之间的刚性地块，在构造运动中具有相对的稳定性。

2.2 历史地震

在地震活动带划分上，沈阳市区位于华北地震区，郯庐断裂带北段。为了研究历史地震对沈阳地区的影响，对区域强震资料进行了分析。从区域的历史记录来看，对沈阳地区影响较大的几次地震是1765年的沈阳故宫5.5级地震；1940年8月15日的辽宁熊岳5.75级地震；1974年12月22日的葠窝水库4.8级地震；1975年2月4日的辽宁海城7.3级地震；1988年2月25日的辽宁彰武4.8级地震；1999年11月29日的海岫5.6级地震；2001年1月12日的海岫5.1级地震；2003年3月30日沈阳东陵满堂4.3级地震。实际上对沈阳地区影响最大的是1765年的沈阳故宫5.5级地震和1975年的海城7.3级地震，影响烈度分别为5度和6度。

2.3 地层岩性

2.3.1 第四纪地质分布概况

沈阳市区古近系不整合于花岗片麻岩之上，为黄色及灰黄色，泥砂质半胶结砾岩。砾石成分较复杂，表层风化呈残积粉质黏土含卵石，斑状结构，其风化厚度介于0.20～13.5m。在市区分布趋势主要为东薄西厚（0.10～157.2m）、南薄北厚（48～107.6m）。

第四纪地层不整合于古近系地层之上，其沉积厚度的趋势为东薄西厚。厚度变化从小于10m到80m不等，并存在由NE向SW逐渐增厚的趋势。以塔湾－辽宁大学－北塔－毛君屯－后陵前堡一线为界，以北地区第四纪地层主要为中更新统冰水堆积层和上更新统冲洪积层、坡洪积层，岩性分布具有一定的横向和纵向差异性；以南地区主要为全新统冲积、冲洪积层，岩性分布具有横向均匀性和纵向差异性。此外，在市胸科医院、河湾村－东黄泥坎地区、长白乡等地存在着沉积较厚区域，主要是基岩凹陷所致。

2.3.2 第四纪地质

沈阳地区覆盖层为第四纪流水作用及冰川作用所形成的冲洪积相及冰水相堆积，伏于基底之上。地层由下更新统、中更新统冰水积、冰积，与上更新统及全新统冲洪积堆积物构成。堆积物岩相由东向西无论是水平还是垂直均具有扇地分带特点：水平向上岩相颗粒由粗变细；垂直上，岩相结构由单层变为双层至多层。按其地层岩性依次可划分为三个沉积旋回，每个旋回都是以上细下粗，即上部为颗粒相对较细的砂质黏土、中粗砂，下部为砂砾土（或圆砾）层为其特征，因此砂砾石（或圆砾）层便成为地质时代划分的重要标志。

沈阳市城区东部边缘属辽东山地，是长白山系哈达岭和千山山脉的西延部分，西部大部分地区则属于下辽河平原。城区根据其成因可以划分为冲洪积和侵蚀堆积和侵蚀剥蚀三种类型。具体成因如下：

（1）冲洪积，由浑河、辽河及其支流在不同时期的冲积、冲洪积作用形成，其中浑河及其支流具主导作用。根据地层结构可将堆积地貌进一步地划分为浑河河床、低河漫滩，冲积高河漫滩，冲积一级阶地，新冲洪积扇和老冲洪积扇等五种类型。第四纪地层具有以下特点：浑河河床、低河漫滩主要为全新统上部的冲积层，岩性为粉细砂、砂土、砂砾石等，下部中砂、卵石及粉质黏土逐渐增多。冲积高河漫滩与河床、低河漫滩相似，以全新统上部的冲积层为主，岩性为砂砾石、卵石，表面覆盖有耕土或人工填土，向下逐渐过渡为较早期的卵石含黏土等。一级阶地主要由全新统下部冲积层构成，从上至下为粉质黏土、黏性土、砂砾石、卵石等，向下逐渐过渡为黏土、砂砾石、卵石、卵石含黏土等早期第四纪地层。新冲洪积扇的沉积层中黏土、粉质黏土等细粒成分明显增多，分选差，磨圆度低，地层时代属于全新世早期，层序从上至下大致可以划分为粉质黏土和黏土、砂土、砂砾石含黏土、砂砾石和卵石等。老冲洪积扇由上更新统上部坡洪积层构成，岩性成分为粉质黏土、砂土及砂砾石，向下过渡为早期的卵石含砂土等。

（2）侵蚀堆积，发育于城区北部侵蚀剥蚀丘陵与老冲洪积扇之间的过渡地带，呈不规则的带状，沿 NW 方向延伸。根据第四纪地层的成因差异可以将侵蚀堆积地貌划分为山前坡洪积倾斜平原和残留冰碛台地两种地貌类型。山前坡洪积倾斜平原由上更新统下部坡洪积层构成，岩性成分为砂砾石、黏土等。台地沉积物主要由中更新世山麓冰川的底碛和侧碛物质组成，包括冰碛泥砾、砾石含黏土、粉质黏土及中粗砂等，厚度差异较大。

（3）侵蚀剥蚀，圆顶状低丘陵缺失第四纪沉积，主要由太古宙混合花岗岩等构成，局部地段有上古近系砾岩、砂岩等出露，表面风化强烈。

沈阳市地区第四系的特征地层见表 22－2：

表 22－2　沈阳地区第四系划分

地层年代		代号	岩性简述	成因
全新统		Q_4^{ml}	杂色杂填土，松散，为人类生产活动形成	人工活动
	上段	Q_4^{2}♂	砂砾石、中粗砂、粉质黏土、砂土、风积砂、湖积淤泥质黏土等	冲积为主，包括冲洪积、风积、湖积等
	下段	Q_4^{1}♂	砂砾石、中粗砂、粉质黏土、卵砾石、砂土等	冲积、冲洪积
上更新统	上段	Q_3^{2}♂	砂砾石、卵砾石、中粗砂、粉细砂、粉质黏土等	冲洪积
	下段	Q_3^{1}♂	粉质黏土、砂砾石、中粗砂、中细砂、卵砾石等	坡洪积为主，包括冲洪积等
中更新统	上段	Q_2^{2}♂	中粗砂、砂砾石、卵石、砂土等	冲积、冲洪积为主
	下段	Q_2^{1}♂	砾石含黏土、砂砾石含黏土、黏土	冰水堆积
下更新统		Q_1^{1}♂	卵砾石含黏土、砂砾石含黏土、黏土、粉质黏土等	冰水堆积

3 典型地层及特征

3.1 岩土分布及特征

沈阳市区第四系地层不整合于古近系地层之上，东薄西厚。该层由灰褐色杂积土、黄褐色砂、砂砾构成。由浑河数万年来冲积演化而来。在市区分布呈东薄西厚的格局特征。自上而下地层年代为：全新统（Q_4）、上更新统（Q_3）、中更新统（Q_2）和下更新统（Q_1）。

沈阳市地层主要由第四纪的杂填土、黏性土、砂类土、碎石类土以及古近系泥砾岩和基底混合花岗岩片麻岩组成，由上至下分述如表 22－3 所示：

表 22－3 沈阳地区地层划分一览表

地质时代		成因类型	主层序号	土层编号	岩土名称	颜色	状态	地层分布及主要特征概况
全新世 Q_4	Q_4^{ml}	人类活动	①		人工填土	杂色、褐黄色、灰黄色、灰黑色	松散、流塑	主要为建筑垃圾，部分地区为生活垃圾和沟塘等淤泥质填土
	$Q_4^{2al+eol}$	冲洪积、风积、湖积等	②	②$_1$	粉质黏土	灰色、褐色	软塑	仅在浑河新扇
				②$_2$	淤泥质粉质黏土	灰色	流塑	
				②$_3$	粉细砂	青灰色		
	$Q_4^{2al+pl+dl}$	冲洪积、坡积	③	③$_1$	粉质黏土	黄褐色	可塑	从北陵公园至松山路，越向北粉质黏土厚度越大
				③$_2$	中粗砂	黄褐色	松散－密实	
				③$_3$	砾砂	黄褐色	密实	夹有较多的圆砾和中粗砂薄层透镜
	$Q_4^{1al+pl+dl}$	冲洪积、坡积	④	④$_1$	砾砂	黄褐色	密实	由花岗岩、石英岩等结晶岩组成，充填物为砾砂及少量黏性土
				④$_2$	圆砾	杂色	密实	
上更新世 Q_3	Q_3^{al+pl}	冲洪积	⑤	⑤$_1$	粉质黏土	黄褐色－红褐色	可塑	部分地段为粉土
				⑤$_2$	中粗砂	黄褐色	密实	
				⑤$_3$	砾砂	黄褐色	密实	
				⑤$_4$	圆砾	杂色	密实	充填物主要为砂，含少量黏性土，局部地段夹砾砂
中更新世 Q_2	Q_2^{2al+pl}	冲洪积	⑥	⑥$_1$	粉质黏土	黄褐色	硬塑	
				⑥$_2$	砾砂	黄褐色	密实	
				⑥$_3$	圆砾	杂色	密实	
	Q_2^{1fgl}	冰水堆积	⑦	⑦$_1$	中粗砂	黄褐色	硬塑	砾石含黏土、砂砾石含黏土、黏土
				⑦$_2$	砾砂	黄褐色	密实	
				⑦$_3$	圆砾	杂色	密实	
				⑦$_4$	卵石	杂色	密实	
下更新世 Q_1	Q_1^{fgl}	冰水堆积	⑧	⑧$_1$	粉质黏土	黄褐色	硬塑	卵砾石含黏土、砂砾石含黏土、黏土、粉质黏土等
				⑧$_2$	黏土	黄褐色	硬塑	
				⑧$_3$	中粗砂	黄褐色	密实	

续表 22－3

地质时代		成因类型	主层序号	土层编号	岩土名称	颜色	状态	地层分布及主要特征概况
下更新世 Q_1	Q_1^{fgl}	冰水堆积	⑧	$⑧_4$	圆砾	杂色	密实	卵砾石含黏土、砂砾石含黏土、黏土、粉质黏土等
				$⑧_5$	卵石	杂色	密实	
古近系	N		⑨	$⑨_1$	砾岩（全、强风化）	褐黄色		矿物成分以长石、石英为主，长石已严重风化，呈乳白色－褐黄色，用手可捏碎，局部呈黏土状。砂砾状结构基本破坏，半胶结状态，泥质－钙质胶结，水平层理
				$⑨_2$	泥岩（全、强风化）	褐黄色		矿物成分以黏土矿物为主，泥质结构基本破坏，泥质胶结，已风化成土状，可塑偏硬。局部含中、粗砂颗粒
				$⑨_3$	砂岩（全、强风化）	褐黄色		矿物成分以石英、长石为主，长石已经严重风化，呈乳白色、褐黄色，手捏可捏碎，局部呈黏土状
太古宙基岩 A_r			⑩	$⑩_1$	混合花岗岩片麻岩（全风化）	深灰色		变晶结构，片麻状构造基本破坏，主要矿物为石英、斜长石、黑云母和角闪石局部长石已高岭土化，岩体极破碎，岩体基本质量等级为Ⅴ级
				$⑩_2$	混合花岗岩片麻岩（强风化）	灰白－粉色		粗砾粒状结构，块状构造，花岗片麻结构大部分破坏，岩芯呈砂土状，矿物成分为斜长石、石英岩、角闪石、少量云母，岩石为软岩，岩体破碎，岩体基本质量等级为Ⅴ级
				$⑩_3$	混合花岗岩片麻岩（中风化）	灰粉色		粗砾粒状结构，块状构造，矿物成分为斜长石、石英岩、角闪石、少量云母，岩石为较软岩，岩体较完整，岩体基本质量等级为Ⅳ级
				$⑩_4$	混合花岗岩片麻岩（微风化）	深灰色		花岗片麻结构基本未变，有少量风化裂隙，块状构造。主要矿物为石英、斜长石、黑云母和角闪石。岩石为较硬岩，岩体较完整，岩体基本质量等级为Ⅲ级

沈阳市区典型地质剖面图见插图 127～129。

3.2 主要岩土物理力学参数

沈阳地区粉质黏土及粉细砂层分布较广，其物理力学性质相对较好。

3.2.1 主要岩土物理试验指标

根据沈阳地铁勘察资料及地区经验综合确定各土层的物理试验参数，供勘察设计人员参考使用，见表 22－4。

3.2.2 主要地层剪切试验指标

根据沈阳地铁勘察资料及经验综合确定各土层的剪切试验参数，供勘察设计人员参考使用，见表 22－5。

表 22-4 沈阳地区主要岩土物理试验指标表

地层编号	岩土名称	物理性质				固结试验	
		天然含水量 ω	重度 γ	孔隙比 e	液性指数 I_L	压缩模量 E_s	固结系数 C_v ($10^{-3}cm^2/s$) 100
		(%)	(KN/m^3)			(MPa)	(kPa)
③$_1$	粉质黏土	23.4~39.1	18.3~20.3	0.653~1.045	0.14~0.66	3.7~8.8	0.19~0.55
③$_3$	粉、细砂	6.0~23.4	16.5~20.1	0.622~0.767		10.7~17.9	0.09~0.15
③$_4$	中、粗砂	6.5~21.2	17.7~19.8	0.468~0.731		7.6~20.6	0.11~0.20
③$_5$	砾砂	9.2~18.2	19.4~20.8	0.427~0.543		9.4~18.5	0.08~0.15
④$_1$	粉质黏土	19.4~37.7	17.2~20.0	0.594~1.154	0.49~0.87	3. 6~8.9	0.18~0.61
④$_3$	粉、细砂	14.6~20.0	19.3~19.8	0.565~0.657		12.5~13.1	0.12~0.13
④$_4$	中、粗砂	10.1~22.0	19.3~20.7	0.447~0.622		8.5~19.0	0.07~0.16
④$_5$	砾砂	9.6~10.1	19.9~20.3	0.437~0.459		14.8~17.6	0.08~0.10
⑤$_1$	粉质黏土	19.9~39.0	18.3~20.6	0.613~1.066	0.26~0.66	4.5~11.8	0.16~0.41
⑤$_3$	粉、细砂	15.2~31.3	18.6~20.3	0.661~0.769		8.7~16.3	0.10~0.19
⑤$_4$	中、粗砂	10.7~27.5	18.8~20.7	0.431~0.773		6.7~13.9	0.11~0.23
⑤$_5$	砾砂	8.7~20.1	20.0~20.9	0.400~0.560		9.9~17.2	0.08~0.15
⑥$_1$	粉质黏土	30.8~30.8			0.62~0.62		
⑥$_4$	中、粗砂	15.1~28.5	18.7~20.5	0.501~0.808		10.5~13.5	0.12~0.17
⑥$_5$	砾砂	14.0~19.7	19.8~20.4	0.488~0.602		10.8~16.5	0.09~0.15

表 22-5 沈阳地区主要地层剪切试验指标表

地层编号	岩土名称	直接剪切				三轴剪切	
		快剪		固结快剪		UU	
		C	φ	C_q	ϕ_q	C_{uu}	Φ_{uu}
		(kPa)	(°)	(kPa)	(°)	(kPa)	(°)
③$_1$	粉质黏土	23.4~23.4	13.2~13.2	29.2~29.2	12.7~12.7	31.5~34.7	2.7~3.4
③$_3$	粉、细砂	3.0~6.4	32.3~37.4			2.5~2.5	34.3~34.3
③$_4$	中、粗砂	0.6~4.7	25.7~43.5	0.7~7.7	22.8~39.9	1.0~7.6	30.8~36.4
③$_5$	砾砂	1.0~5.6	33.6~41.9			1.8~12.2	32.8~36.4
④$_1$	粉质黏土	25.8~32.2	7.3~24.7	36.7~41.5	14.3~27.6	28.6~40.1	6.5~7.2
④$_3$	粉、细砂	1.0~1.3	37.4~38.7	4.4~4.4	28.4~38.5	12.8~12.8	32.0~32.0
④$_4$	中、粗砂	1.0~9.1	35.6~44.5	1.3~7.1	35.3~42.9	1.0~5.8	28.8~37
⑤$_1$	粉质黏土	22.7~55.0	14.0~22.9	39.0~47.5	18.5~21.8	29.8~52.9	4.0~18.5
⑤$_3$	粉、细砂	1.5~4.0	29.3~37.6	2.0~6.3	30.8~36.3	5.5~7.2	29.3~29.8
⑤$_4$	中、粗砂	1.1~3.3	34.2~38.7	2.5~12.9	30.8~40.3	1.6~13.3	27.6~34.3
⑤$_5$	砾砂	1.0~4.3	35.7~42.7	3.0~12.4	32.6~37.2	1.3~7.8	31.8~35.1
⑥$_4$	中、粗砂	1.0~1.0	30.5~30.5	1.3~1.3	34.4~34.4	5.0~5.0	33.2~33.2
⑥$_5$	砾砂	1.3~1.3	34.0~34.0				

3.2.3 主要地层特殊试验参数

根据沈阳地铁勘察资料及地区经验综合确定地铁工程各土层的特殊试验参数，供勘察设计人员参考使用，详见表 22-6。

表 22-6 沈阳地区主要地层特殊试验参数表

地层编号	岩土名称	基床系数 垂直 K_v (MPa/m)	基床系数 水平 C_h (MPa/m)	静止侧压力系数 K_0	泊松比 μ	无侧限抗压强度 q_u
③$_1$	粉质黏土	13.2~91.8		0.23~0.42	0.19~0.30	99.1~99.1

4 地 下 水

4.1 地下水类型

沈阳城区地貌是由浑河高漫滩及古河道、冲积新扇和老扇叠置而成。地下水的赋存条件，与古地貌、地层结构、岩土孔隙度和水理性质等因素密切相关，不同的砂体赋存地下水丰富程度有很大差别。整个城区蕴藏着丰富的孔隙承压水、微承压水、潜水。从扇顶到扇缘带，含水层岩性由扇顶圆砾、卵石，过渡到中部砾砂、中粗砂，至扇前缘为中细砂。在浑河扇冲洪积的中部中粗砂层中普遍含有砾卵石，含水层结构由单层逐渐变为多层，厚度从薄变厚。区域地下水含水层大致可划分为三层，分别为第四纪全新统（Q_4）潜水含水层、上更新统（Q_3）和中、下更新统（Q_2、Q_1）浅层承压水含水层。

全新统冲积-冲洪积砂砾石孔隙潜水含水层：

分布在新洪积、冲积扇中，岩性为砂砾土，砂卵石，厚度为10~20m左右。水位埋深为8~17m。单位涌水量为10~15L/s·m。渗透系数50~90m/d。给水度为0.2~0.26，补给源以大气降雨和地下径流为主。

上更新统冲洪积砂砾石孔隙潜水及微承压含水层：

分布在老洪积扇以及山前低洼平原。老冲积扇含水层岩性为砂砾石和碎卵石。山前低洼平原含水层岩性为砂砾石和碎石层，厚度15~30m，水位埋深为16~17m，山前地区为3~12m。单位涌水量5~15L/s·m，渗透系数一般大于80m/d。

中、下更新统冰水沉积、冰喷砂砾、砂卵石孔隙承压含水层：

为第四系最下部的地层。岩性为半胶结砂砾，砂卵夹黏土含水层，局部砂砾石层，厚度10~40m。单位涌水量1~2L/s·m，渗透系数为5~10m/d，补给源主要为地下径流。

4.2 地下水补径排关系

（1）全新统冲积-冲洪积砂砾石孔隙潜水含水层：

补给源以浑河补给和降水入渗补给为主。主要排泄方式为地下水开采。

（2）上更新统冲洪积砂砾石孔隙潜水及微承压含水层：

地下水补给源以地下水径流为主，降雨和灌溉入渗为辅。主要排泄方式为地下水开采。

（3）中、下更新统冰水沉积、冰喷砂砾、砂卵石孔隙承压含水层：

含水层分布不稳定，主要受大气降水入渗补给为主。

4.3 地下水动态

沈阳地区地下水主要补给源是区内主要河流——浑河水系和南、北运河水系，除此之外地下水主要接受大气降水地下径流补给，人工开采是地下水主要排泄途径。该区地下水动态属于人工开采气象型，大区域的地下水天然流向为北东－南西向，流速为0.3～0.6m/d。据地层特点，沈阳城区主要为砂砾石层组成，因此含水层厚度较大，一般含水层厚度18.0～30.0m，而粉质黏土层及下部泥砾层，含水微弱，可视为隔水层。除泥砾层外，沈阳城区粉质黏土层北部、西部较厚并且稳定，南部、东部地段往往缺失，中部地段间断性分布，连续性差，隔水地层厚度变化极不稳定。这样就形成了一层水－三层水，潜水－微承压水－承压水的多种类型的地下水。

4.4 地下水水位埋深

沈阳城区地下水位埋深，基本和地势坡度变化一致，呈现出东部高西部低的基本趋势。第一层地下水为孔隙潜水，主要为大气降水补给，浑河地表水补给，稳定水位埋深为6.0～9.0m；第二层水为微承压水，主要为大气降水补给，稳定水位埋深为7.0～10m。第三层水为承压水，主要为大气降水补给，地下水补给，稳定水位埋深为7.5～10.5m。

5 特殊地质条件

5.1 不良地质条件

在没有人为因素的影响下，根据沈阳市的工程地质条件、地形地貌、区域地质条件等情况综合分析，沈阳市区不良地质作用总体发育一般，目前发现的不良地质作用主要为采空区、崩塌、滑坡和泥石流等。

5.1.1 采空区

目前，地面塌（沉）陷是沈阳市最为发育的地质灾害类型，均为煤矿开采引发的采空塌（沉）陷。目前全市已发现的地面塌（沉）陷点共38处，主要分布于平原煤矿开采区，即康平、法库、沈北新区及苏家屯等县（区）内煤炭开发规模较大的村镇。

5.1.2 崩塌

崩塌也是沈阳市较发育且常见的地质灾害类型之一，目前全市有崩塌隐患点14处，以法库县分布最多达9处，其余零星分布于沈北新区、东陵区和苏家屯区。

5.1.3 滑坡

滑坡也是沈阳市地质灾害类型之一，一般规模较小，远离人群，并未造成损失。滑坡隐患主要产生于人类工程活动较强烈的公路、铁路、民房等切坡地段。受到沈阳市地形地貌条件的限制，滑坡仅在东部、东南部低山丘陵区偶有发生。

5.1.4 泥石流

泥石流地质灾害在沈阳并不突出。目前仅统计到在苏家屯区白清寨镇曾发生过1起，但规模不大，造成损失较小。目前坡上植被发育，为低易发隐患点。但沈城的东部、东南部地区地势较高，如若有矿山废石随意堆放的情况，则可能造成泥石流隐患。

5.2 特殊性岩土

根据地质调查资料，沈阳市区内主要特殊性岩土主要为填土、软土、残积土及风化岩。

5.2.1 填土

由于填土堆积条件上的差异，它的分布范围和厚度变化缺乏规律性，往往在一个小范围内变化较大。属一种欠压密的土，一般具较高的压缩性、较低的强度、较大的变异性，一般难以在工程中利用。

该层土对工程建设的影响主要包括，浅基础工程中，若填土分布较厚，需挖除或特殊处理，否则不能直接作为基础持力层；桩基础工程中，若填土分布深厚，夹杂块石等障碍物时，需清除表层后，才能进行桩基础施工；在基坑工程中，由于杂填土的性质差异，对该层土物理力学性质指标的选取有很大的难度，直接影响到基坑支护方案的选择，冒进容易出问题，保守则工程浪费严重。此外，在顶管工程中，由于杂填土的存在，对顶管的施工影响也较大，填土深厚，含障碍物多，顶管难以实施，极易产生工程事故。

考虑到该层土的性质，结合具体工程项目的需要，主要是需要在前期勘察阶段，有针对性地做好调查工作，应充分查清该层土的组成成分、分布范围、堆积年代、深度变化情况、均匀性情况等，为后期设计施工方案的选择提供参考依据。

5.2.2 软弱土

在沈阳市区分布的软土工程地质特性较差，该层土以灰色，灰黑色为主，厚度变化大，呈流塑状，含有机质及大量碳化-半碳化植物，结构松散、含水量高、压缩性高、强度低、灵敏度高。

5.2.3 强风化岩、全风化岩及残积土

沈阳市内局部基岩埋深起伏较大，局部较浅，分布有强风化岩、全风化岩，且一般其上均上伏残积土层。这些地层的存在对于采用明挖法施工的基坑及盾构法施工的地铁隧道均有不利影响。

5.2.4 混合土（第四系冰碛物）

黄褐色，含卵、砾石30%～50%，一般粒径5～20mm，可见最大粒径60mm，含黏性土约20%，其余为中粗砂，饱和，中密-密实。该层土相较于卵石层，压缩性较高，成分复杂。当相较于土层，其工程性质明显改良，当骨料成分较高时，表现为低压缩性特征，同时由于该层随机分布大量大颗粒卵石、砾石，对于钻探成孔、桩基施工以及盾构施工有一定的影响。

6 城市轨道交通主要工程地质问题

6.1 巨厚砂层对轨道交通建设的影响

（1）砂层的分布特征。

沈阳地区在全市范围内普遍分布着较厚的富水砂层，总体上北侧薄南侧厚，西侧薄，东侧厚。

（2）巨厚砂层对盾构施工的影响。

1）盾构在无水砂土层中：

①当隧道范围内的地层以砂土为主时，砂土的自稳能力差，盾构施工停机再启动时，刀具容易被砂土抱死，出现启动扭矩过大。

②当隧道范围内的地层以砂土为主时，容易引起地层沉降大、盾构姿态难控制等问题。

应对措施：

①采用土压平衡模式掘进，进行开挖面稳定计算，设定合理的掘进参数，控制盾构机姿态，控制土压力以稳定开作面，控制地表沉降，将施工对地层的影响减到最小。

②保持连续掘进，减少盾构机停顿时间。同时，运用导向系统和分区操控推进油缸，控制盾构姿态，防止盾构抬升。

③适当缩短浆液胶凝时间，保证注浆质量。盾尾同步注浆的量与地面沉降有较大关系，过少会造成地面较大的沉降，过多会窜浆至地面，污染环境。注浆的标准是确保脱出盾尾的管片背后的空隙能填满，这不仅可降低后期地面的沉降，也对管片防水起到一定有利作用。盾尾同步注浆是从盾尾圆周上的四个点同时注浆，考虑到水土压力的差别和防止管片大幅度下沉和浮起的需要，各点的注浆压力将不同，并保持合适的压差，以达到最佳效果。

2）盾构在富水砂层中：

①容易出现开挖面喷涌、冒顶等问题。

②容易出现地面变形较大，塌陷等问题。

③容易出现管片上浮问题。

④容易出现开挖面不稳定，刀盘磨损严重，容易造成盾构机损坏问题。

⑤容易出现实际注浆量与计算值偏差较大等问题。

应对措施：

①关闭出土闸门，关掉螺旋机，在顶部土压不超限的情况下继续往前掘进，使土仓基本满土后（此时刀盘油压较高，扭矩较大）停止；然后稍开出土闸门，不启动螺旋机，让土压把砂土挤出，待砂土挤出速度较慢甚至不自动流出时再启动刀盘往前掘进。

②严格控制盾构正面的平衡压力。盾构机在过砂层时，通过下列两种方法控制土仓压力处于平衡状态：一是在保持推进速度不变的情况下，调节螺旋输送器的转速或闸门开度（螺旋输送器转速减小均能达到增大土仓压力的效果），控制出土量，建立和保持密封土仓压力；二是在保持螺旋输送器的转速或闸门开度不变的情况下，加大盾构机千斤顶的总推力，提高刀盘的转速和推进速度，增大密封土仓压力。

③渣土改良：在砂土和砂砾等砂质土地层中，由于砂土的摩擦阻力很大，地下水丰富，土的透水系数也较高，依靠、削土的土压力保持开挖面上的压力（地下水压力和开挖面土压力）是很困难的。另外，通过开挖土体来很难保证出土的流动性，在这种砂性土的地层中，单纯依靠出土闸门等机械控制很难保证开挖面的稳定，所以在开挖面上加压或注入化学聚合物、泡沫剂、膨润土等材料，进行充分搅拌，改良切削下来的渣土性质，保证砂土的流动性和止水性，以求开挖面的稳定，防止喷涌、冒顶等。

④加强管片的背后注浆控制由于砂土的渗透性较好，含水量大，实际注浆量应大于理论计算量，以保证注浆质量。

⑤加强对出土量的计量。及时掌握开挖面的地质情况和出土量，防止超挖造成地表塌陷。

⑥加强监测工作，及时反馈监测信息加强地面的沉降、洞内的管片上浮、旋转、收敛等监测，及时根据监测数据调整相应掘进参数，以保证盾构掘进施工安全及成型隧道质量。

⑦向土仓内及刀盘面注入泡沫等添加材料，形成隔水泥膜，防止水从地层中渗出，提高土仓内渣土的稠度来改善渣土的止水性以及在螺旋输送机上安装保压泵碴装置，以使土仓内的压力稳定平衡。防止涌水流砂和发生喷涌现象，并利于螺旋输送机排土。在富水砂层中掘进可适量往土仓加入发泡剂，但必须根据实际情况严格控制发泡剂配比及加入量。

⑧为控制管片上浮问题，应采用快凝浆液注浆，尽快封闭管片与地层的间隙，防止隧道上浮。同步注浆、注意注浆的同步性和均匀性，注浆时均匀注入空隙，同时做到上部的两个注浆管的注浆量为总的注浆量的3/4。在同步注浆的基础上，结合聚氨酯注浆在隧道周围形成环箍，每隔10m打一道环箍，使隧道纵向形成间隔的止水隔离带，在堵水防渗漏的同时以减缓、制约隧道上浮。加强对隧道沉降的监测，适当调整同步注浆的孔位。若管片出盾尾后出现上浮时，则加大上部2个孔的注浆量；若管片出盾尾后出现下沉时，则增加下部2个孔的注浆量，并采取二次注浆的方法稳定管片，进一步控制管片的后期变化。加强测量和监测的频率，并及时调整盾构姿态，在进入砂层100环范围采集数据，根据数据采集情况适当将轴线降低掘进。

（3）巨厚砂层对暗挖施工的影响。

①富水砂层含水量大，具有流动性、自稳性差等特点，隧道以上土层在自然状态下一般处于应力平衡的稳定状态，但在施工开挖过程中会导致土体位移，引发较大的沉降。

②富水砂层含水量大，隧道开挖时必须采取地表降水。隧道开挖过程中地下水位的下降会导致土层的压缩变形、孔隙水压力降低等，引发较大的沉降。

③超前小导管和全断面小导管注浆在富水砂层地质条件下注浆效果不理想，不能有效固结砂层。

④施工降水容易引起地面沉降过大等问题。

应对措施：

①富水砂层地质条件下浅埋暗挖隧道施工的思路："预排水、预注浆、小断面开挖、及早成小环、大环套小环"。

②隧道施工严格遵守"管超前、短进尺、强支护、早封闭、勤量测"的 18 字方针。严格控制上下台阶之间的距离，施工中做到快封闭、早成环。在上台阶开挖时，切实做好拱架、拱脚处理，保证锁脚锚管及注浆的质量，拱脚连接板下放置木板方木垫实，保证拱架拱脚密实。由于混凝土的自重及喷混凝土密实度等的影响，初期支护背后与土体之间不可避免地会出现空隙，使初期支护与围岩分离，不能一起承受荷载，这样对结构的安全性和控制地表沉降很不利。因此，当结构全断面初期支护封闭并达到设计强度后，及时对初期支护混凝土实施回填注浆，对止水、加固结构、改善结构受力条件和控制地层沉降有很重要的意义。

③富水砂层中暗挖施工的一个要点就是每一道工序必须快，因为此段围岩自稳时间非常短，必须在其失稳过程前将其及时封闭，从开挖到架设拱架再到喷射混凝土，必须尽最快速度完成。控制沉降除了采用一些先进的施工方法及仪器设备外，施工中每一道工序施工的好坏也直接影响到沉降控制的效果，比如纵向连接筋的布置及焊接、拱架各细部的焊接、锁脚锚管的打设、台阶法开挖时台阶留置长度以及隧道内引排水等，任何一项工作没有做到位都有可能使沉降量加大，甚至酿成险情。

④富水砂层中暗挖施工的另一个要点就是解决水的问题。主要是采取地面降水和洞内止水两种。

采用降水和引水等预排水技术，将水引到隧道中间，使隧道两侧很少水甚至无水，加强了砂层自身稳定性，特别是冲积－洪积粉细砂层（带有一定黏性的粉细砂）在流水很小条件下能够自稳，有利于暗挖施工。预排水技术与预注浆技术结合在一起，相辅相成，取得一定的经济效益。

⑤富水砂层中暗挖施工的重点就是采取超前辅助措施的效果。

对富水砂层比较有效的方法是洞内全断面注浆加固法、高压水平旋喷桩、地面井点降水法。

洞内全断面注浆加固法属于撑子面稳定法的一种，全断面帷幕注浆法有 TSS 管注浆法和深孔注浆法等，通过试验对比深孔注浆法效果较好。二重管水平深孔注浆能处理各种各样的复杂地质条件，对裂隙水丰富、透水性较强的地段具有更大的优势，且施工灵活，能适应隧道窄小环境；注浆材料经济无污染；加固效果好，能严格控制地表沉降。

高压水平旋喷桩支护原理与管棚法类似，可起到超前加固支护作用，水泥与土体凝固成一个强度较高的硬拱，同时还有封闭地下水的作用。

⑥采用新技术。例如，采用围壁注浆和扩散注浆技术，使初支外围形成固结体，在开挖过程中护壁不发生塌方，使掌子面中粗砂层固结，但又不形成坚硬的固结体，便于掌子面开挖，加快施工进度，而且开挖过程中成块的固结体不会突然崩塌伤人。另外，在中隔壁法基础上，于上导洞留核心土，小断面开挖可增加掌子面稳定性，确保暗挖施工安全。

（4）富水砂层在明挖施工中的问题。

①采用地下连续墙围护结构时容易渗漏；

②土方开挖过程中，开挖工况和设计工况不一致时，基坑极易造成超挖和围护结构出现渗漏水极易造成基坑围护结构变形过大，危及基坑和周围建筑物的安全。

③基坑围护结构插入坑底过短时，在基坑被动侧与主动侧压力差作用下，会造成围护结构“踢脚”破坏，围护墙体向基坑内移动失稳，坑底土体大量隆起破坏。

④基坑基底存在承压水时，如果开挖至坑底时坑底承压水上覆土层重力不能够抵抗作用于不透水层的水头压力时，基坑底会突然出现过大隆起，同时会伴随出现围护墙体变形、墙体踢脚及墙后土体沉降等的突然增大。这是坑底在承压力作用下破坏的典型征兆，如果不及时采取措施可能造成基坑失稳事故。

应对措施：

①方案设计时，可采用复合锁口管连接或刚性十字钢板接头工艺，另外，在接头处接头内预埋注浆管。

②施工方面，加强地连墙施工质量，如穿越上部软土层段，可在墙两侧进行超前加固，易保证成槽质量，防止槽壁坍塌；施工时保证其垂直度、接头刷壁处理质量等；合理安排土方开挖顺序，控制连续墙的变形，可降低接缝漏水程度。

③如果已经发生渗漏，则在墙体缺陷处杂质清理干净然后插入引流管，引流管后绑缠棉纱封堵泥沙后将水引流，然后采用水泥封堵缺陷处，等封堵的水泥形成一定强度后再关闭导管，然后灌注聚氨酯。止水帷幕不封闭的地方采取在缺陷处用膨胀螺丝固定钢板，钢板上设置阀门进行引流注浆的方法进行封堵。

如果围护结构缺陷较大，渗漏较为严重时，直接封堵较为困难，则应首先在坑内回土反压封堵水流，然后在坑外引孔采取双液注浆泵灌注双液注浆材料封堵渗漏处。注浆完成后待浆液凝固后探挖，确认封堵住渗漏点后再继续向下开挖基坑，随挖随探。

④作为事前预防措施基坑围护结构的第一道钢支撑改为钢筋混凝土支撑，把基坑变成一个整体框架结构，钢筋混凝土支撑既能承受压力又能承受拉力，确保围护结构变形在设计允许范围之内。开挖工况要尽量与设计工况一致，充分认识和利用基坑的时空效应，支撑随架设及时、随挖随架，支撑预加轴力符合设计要求，加强监控量测，出现情况及时反馈给设计，采取措施加强基坑围护结构刚度，确保基坑及周边建筑物的安全。

⑤控制基坑的插入比，即围护结构插入坑底以下的深度 D 与基坑挖深 H 之比，而控制 D/H 的方法是控制基坑设计时的抗隆起稳定安全系数 Ks 值。这一点在设计进行基坑验算时要根据基坑的重要程度采用不同大小的安全系数。

基坑支撑安装不及时也会造成坑底隆起失稳。因此，及时安装最下道支撑，减少基坑暴露面；在最下层开挖中，分步开挖、分步浇捣快凝混凝土垫层等措施对控制基坑坑底隆起失稳也有重要作用。

对于围护结构墙底面以下，当地基中有软弱夹层时，还要考虑地基的整体滑动稳定性。

⑥如果基坑的抗承压水稳定性不能满足要求时，应打设降压井降低承压水水头，直至满足基坑抗隆起稳定要求。基坑应根据围护与承压水层关系确定降压井打设的位置，尽量减小降水对周边环境影响。当然防止坑底隆起和管涌的关键在于围护结构的防渗帷幕墙，要连续封闭和有足够的入土深度、可靠的施工质量。

基坑开挖过程中也采取减压井减压的措施防止坑内隆起，但是有可能基坑范围内存在击穿承压水层废弃井或者地质探孔等，开挖过程中会出现涌水，可采取钢护筒在原位造降水井，抽水减压，稳定住水位不影响下道工序施工。待主体结构混凝土施工完成后，再封井的方法处理。

6.2 软弱土对轨道交通建设的影响

（1）软土的分布特征。

该层土一般发育在浑河新扇两侧 100m 范围内，在沈阳市区分布的软土工程地质特性较差，该层土以灰色，灰黑色为主，厚度变化大，呈流塑状，含有机质及大量碳化－半碳化植物，结构松散，含水量高、压缩性高、强度低、灵敏度高。

（2）软土的物理力学性质。

软土的固结沉降包括主固结沉降和次固结沉降，主固结沉降是固结沉降的主要部分，它是指饱和或接近饱和的黏性土在基础荷载作用下，随着超静孔隙水压力的消散，土骨架产生变形所造成的沉降（固结压密），主固结沉降速率取决于孔隙水的排出速率。次固结沉降是指主固结过程（超静孔隙水压力消散过程）结束后，在有效应力不变的情况下，土骨架仍随时间继续发生变形，这种变形的速率与孔隙水排出的速率无关，而是取决于土骨架本身的蠕变性质。

在骨架应力作用下，由于颗粒表面所吸附的水（气）的黏滞性，颗粒的重新排列和骨架体的错动具有时间效应，因而土体变形与时间有关。另一方面，土体内部应力调整，也与时间有关。上体变形和应力与时间有关现象称为土的流变现象，流变性质是上的重要的工程性质之一，由于黏性土的流变性，土体在相对稳定的状态下随暴露时间的延长而产生移动是不可避免的。

（3）软土对盾构施工的影响。

由于软土沉积时间短，固结程度低，且常常夹有薄砂层，导致垂向渗透性较小，水平向渗透性相对较大，因此排水困难，固结困难，并具有较高的灵敏度，对地下结构的施工、以及运营期结构的稳定都带来较大的隐患。盾构法施工时主要注意以下几点：

1）高灵敏度土中盾构井基坑开挖、支护问题；

2）盾构进出井时，盾构旋转、上漂问题；

3）地表变形的控制问题；

4）注浆偏压问题。

技术措施：

1）盾构井的施工要考虑软土、填土具有触变性及流变性，施工过程中尽量减少扰动，同时，由于具有较高的灵敏度，开挖深度尽量减小，并及时支护，防止坍塌。

2）盾构针对软土特性，出入口加固区应设置过渡段，让盾构逐渐适应软硬变化；同时，由于软土存在结构性，加固时需考虑其水平向渗透系数较大，竖直向渗透系数较小，可倾斜设置注浆管，并在不同的层内均有出浆口，保证浆液与土体均发生胶结作用。

3）盾构过软土地区时，由于土体较软，易导致上部土体因变形开挖量过大，导致地面沉陷，同时由于上下土体开挖量不均，易导致盾构“抬头”现象，应及时调整盾构参数，同时对地面实时监测。

4）由于软土中往往夹砂薄层，导致局部浆液过多，压力降低，而黏粒含量较高地区压力过大，导致地面拱起、隧道拱顶因支护不及时坍塌等问题，在勘察过程中应详细描述软土层砂的含量、均匀性，及时调整注浆参数，并根据相应地层设置试验段。

5）软土地区盾构施工中端头井土体加固的成功与否直接关系到盾构机能否安全始发、到达。合理的端头土体加固施工工法，是保证盾构顺利施工的非常重要的环节。在盾构法施工中，常见的盾构端头井加固可以采用搅拌桩、旋喷桩、水平冰冻及垂直冰冻、SMW 工法等方法进行，但施工成本、施工速度及施工的安全性却各不相同。在具体的工程中，加固方案主要考虑地层的工程地质条件和水文条件进行选取，对于加固范围内地层主要为砂性地层的，一般采取旋喷桩或冻结法进行加固，对于黏性土及其他非砂性地层，一般采取搅拌桩进行加固，砂性地层端头地层加固建议采用三重管旋喷法，黏性土等软土地层建议采用三轴搅拌桩进行加固。

（4）软土对明挖车站施工的影响。

沈阳地区软土一般发育在浑河新扇两侧 100m 范围内，尽管范围较小，但由于近年来对浑河两侧开发较多，尤其是旅游设施、酒店等高层建筑也频频出现在浑河两侧浑河新扇范围内。

1）当基坑周边及底部涉及软弱黏性土时，由于具有高灵敏度，明显触变特性，在动力作用下土体强度极易降低，易产生较大的基坑侧壁位移；

2）桩基施工易产生缩颈现象；

3）软土地区还会出现锚杆的蠕变，导致锚杆松弛或失效；

4）搅拌桩在软土地区出现夹砂、夹泥，抗渗性能达不到要求；

5）软土层具有触变、流变特性，地下连续墙施工时易产生侧向蠕变、缩颈现象，影响成槽质量。

技术措施：

1）勘察阶段的措施：

①加强对软土范围的勘察，详细查明软土的成因类型、结构、分布规律及物理力学性质，软土的固结历史、水平向和垂直向的均匀性、结构破坏对强度和变形特征的影响，地表硬壳层的分布与厚度、下伏硬土层或基岩的埋深和起伏。

②针对软土结构稳定性较差，在土样运输过程中易导致结构破坏而导致力学参数与实际物理力学性质差异较大，有针对性地多做静力触探、十字板、旁压等现场原位测试和尽量采用现场载荷板、电法勘察等其他手段取得相对客观的参数。

③根据软土成层条件、应力历史、结构性、灵敏度等力学特性和排水条件有针对性地进行评价，并建议相应的施工措施。

④有针对性地对建筑物进行沉降、变形分析，必要时要考虑软土的次固结效益。

⑤针对软土的特点有针对性地提供施工支护、基坑开挖建议，同时有大面积堆载时，分析对响铃建筑物的不利影响。

2）施工阶段措施：

①待围护桩及旋喷桩止水帷幕完成后，并且达到设计强度后方可进行基坑土方开挖。严禁超挖，即基坑开挖至钢支撑设计高程后，及时进行钢支撑安装（包括施加预应力）工作，钢支撑安装未经检查验收合格，严禁往下进行土石方开挖，以保证基坑围护结构的稳定和安全。

②软土地基基坑开挖应优先采用分段阶梯分层开挖形式，这样不仅便于施工组织，而且对基坑的稳定较为十分有利。分段阶梯分层开挖每个阶梯平台均可作为挖土机械土方转运的工作平台，大大地加快开挖进度。每个阶梯的高度按规范的要求控制在1.0m以内，阶梯的边坡坡度根据软土的稳定性而定，坡度一般在2.0~3.5之间；每个阶梯的开挖长度需结合结构施工段而定，一般在20.0~30.0m之间。

③软土地基基坑土方开挖时在围护结构前，根据软土的稳定性适量留置部分反压土，以使反压土与基坑的围护结构共同抵抗围护桩外部土压力（土压力、水压力等），这样可部分减少基坑围护结构变形累积，且可作为钢支撑安装的工作平台。待基坑中心部分土方开挖完毕后再挖除反压土，挖除反压土时，桩体周围约300mm的土方需采用人工挖除，防止挖掘机碰撞桩体，导致支护体系失稳。

④明挖深基坑一般采用钻（冲）孔桩围护结构，桩间施作高压旋喷桩止水，基本截断基坑内外的地下水的流通，剩余雨水及地下水的垂直渗透，而软土基本属于弱透水-不透水地层，但土的含水量较为丰富，尤其是淤泥和淤泥质土层，且土体中的有机质或透水性较好和夹层等原因。土方开挖过程需采取有效的降水措施，一般采用边开挖边降（排）水，即在每个阶梯四周施作简易的排水沟，转角处设置集水坑集中抽排雨水或地下水。

⑤监测是基坑开挖工作的一个重要工作，特别是软土开挖。基坑开挖前，依据国家规程《建筑基坑支护技术规程》对各项监测项目的监测点进行布设（桩顶位移、桩体测斜、土体测斜、土体沉降及地下水位等），并测出其初始值。对于软土地基开挖过程，一般按每日两次的监测频率，及时对监测数据进行分析，如果监测值是一种渐变的递增过程，则说明基坑处于合理的稳定状态，如果某一个监测值发生了突变，则说明基坑的支护体系的平衡状态有可能遭受破坏，当险情预兆出现后，需加大基坑的监测频率，放慢土方开挖速度或立即停止土方开挖，待基坑突变监测值停止增长或增长十分缓慢，方可继续进行土方开挖。

⑥在软土地基基坑开挖过程中，需科学地利用土体自身控制位移的潜力，尽量减少每步开挖无支撑的暴露时间，减少开挖过程中的土体扰动范围，防止水土离析，最大限度减少基坑的位移和变形，必要时应改变挖土速度、挖土方式，确保基坑稳定。

（5）软土对矿山法施工的影响。

沈阳地区软土分布不是很广，该地区采用矿山法施工时，除特殊情况下，可避免施工竖井处于软土范围。但在隧道施工过程中，尤其是过浑河隧道施工时，对软土的性质及应采取的控制措施不足时，易导致隧道拱顶及侧壁坍塌。

技术措施：

浅埋暗挖法施工时，由于开挖的影响将波及地表，为了避免地面交通、周边建筑物及地下管线的破坏，必须严格控制地表沉陷变形。为此，需要采用对前方围岩条件进行改良及超前预支护措施，主要包括：管棚、超前小导管注浆、超前锚杆和超前小钢管等。

6.3 地下水对轨道交通建设的影响

地下水对轨道交通建设的影响：

（1）由于沈阳市地下水位较浅，降水引起的地基土变形及地层塌陷。

（2）降水会造成地层压密，产生固结沉降，当产生的附加沉降超出建筑物及地下构筑物的容许变形范围，使建筑物和地下构筑物产生破坏，影响正常使用，严重时可能危及其安全。

（3）地下水可引发基坑侧壁管涌、基底隆起等问题。

（4）超深、超大基坑，常规降水很难有效降低水头。

技术措施：

（1）降水时应高度重视地下水下降对周围建筑物的影响，设置监测点，加强周围建筑物和地表变形的监测。

（2）降水前应该对基坑周围管线进行保护，防止因为地下水下降，土体变形过大导致管线破裂。

（3）尽量采用截排结合综合地下水控制措施，减少抽水量，同时可在基坑周围设置回灌井。

（4）严格控制降水对周围环境的影响，降水井井壁采取特殊措施（投泥法）封闭砂层，隔离砂层中的地下水，使降水井不至于成为排水井，而将砂层中的水全部抽出。

（5）基坑开挖至含水层后，水会产生侧向流动、渐出，如果侧向止水效果不好，土体中细粒物质会被冲走，引起土体结构强度丧失，上部土体失稳。若基坑周边有民房或市政管网，则会引起民房开裂，地下管网断裂等事故；承压水引起的岩土工程问题主要是坑壁、坑底砂性土流动，产生冒水、冒砂现象，一旦出现险情，由于坡脚排砂量大引起边坡失稳，甚至出现基坑周边大面积沉陷。若基坑开挖范围大，需大面积降低承压水位，土层失水固结会引起大范围的地面沉降，引起周边民用建筑物和地下管网的破坏，影响其正常使用；过渡层承压水主要是发生在粉土、粉砂层的“管涌”现象，随着管涌的发生，细粒物质被冲走，管涌继续发展，会造成周围地面下沉甚至产生垮坡。总之，流土或涌水会造成基坑周边灾难性的后果，应设置竖向或水平向的防水帷幕，或采用可靠的降水减压、疏干措施，以防止灾害的发生。

（6）大面积疏干地下水会引起地面沉降，往往采用止水与降水减压相结合的办法。

参 考 文 献

[1] 王世平，梁政国. 沈阳市第四纪沉积物工程地质研究 [J]. 辽宁地质，2010.

[2] 万波，石彦文，等. 沈阳市城区第四纪地层的划分 [J]. 东部地震研究，2001，17 (2).

[3] 闫冬. 基于 VisualMODFLOW 的沈阳中心城区地下水数值模拟研究 [D]. 沈阳：辽宁师范大学，2009.

[4] 梁永国. 沈阳市地铁 1 号线铁西广场 - 兴工北街区间水文地质条件分析 [J]. 铁道勘察，2012.

石家庄市

1 自然地理

1.1 地　　理

石家庄市是河北省的省会，是年轻的省会城市（80年历史）。地处河北省中南部，环渤海湾经济区，西依太行山，东部为辽阔的河北平原，南北向最长148km，东西向最宽175km，周边界长760km。位于东经113°18′~115°30′，北纬37°30′~38°40′。辖区总面积15848km^2，其中平原面积6967.4km^2，井陉盆地1709.28km^2。在行政区划上东与衡水接壤，南与邢台毗连，西与山西为邻，北与保定为界，距北京283km。

石家庄市辖6区17县（市），即新华区、桥西区、桥东区、长安区、裕华区、矿区、辛集市、晋州市、藁城市、新乐市、鹿泉市、正定县、深泽县、无极县、赵县、栾城县、高邑县、元氏县、赞皇县、井陉县、平山县、灵寿县、行唐县和1个高新技术开发区。区内有京广、石太、石德三条铁路交会于此，朔黄铁路横穿石家庄市北部；公路运输四通八达，京深、石太、石黄、石济高速公路和107、307、308等国家级公路在市域内纵横交错；地方道路基本实现乡乡通公路，村村通公路，形成了以国省干线公路为骨架，地方道路为支脉，纵横交错，四通八达的公路交通网络。

1.2 气　　象

石家庄市地处中纬度欧亚大陆东缘，属于暖温带大陆性季风气候。太阳辐射的季节性变化显著，地面的高低气压活动频繁，四季分明，寒暑悬殊，雨量集中于夏秋季节。干湿期明显，夏冬季长，春秋季短。多年平均降水量535.1mm（1956—2000年），年最大降水量1211.1mm（1996年），年最小降水量240.8mm（1972年），日最大降水量280.2mm，一小时最大降水量92.9mm。降雨量多集中在7月至8月，占全年降水量70%左右。年平均相对湿度为60%~70%。多年平均气温13℃左右，一月份气温最低，月平均温度0.6℃左右，山区为-2.7℃。7月份气温最高，月平均气温为26℃。极端最高气温为42.7℃，最低气温-26.5℃。风向一般冬季北偏西风，夏季东南风，场地年平均风速1.8m/s，主导风向为东风，概率为13%，最大风速为20.7m/s，风向为西风（2000年4月），基本风压值0.35kN/m^2。全年无霜期为180~210天。最大积雪深度190mm，基本雪压值0.30kN/m^2。全年日照时数2737.8h。最深冻土一般0.5m。该地区近五年温度变化图（见图23-1），石家庄地区近30年来蒸发与降水情况对比表（表23-1）。

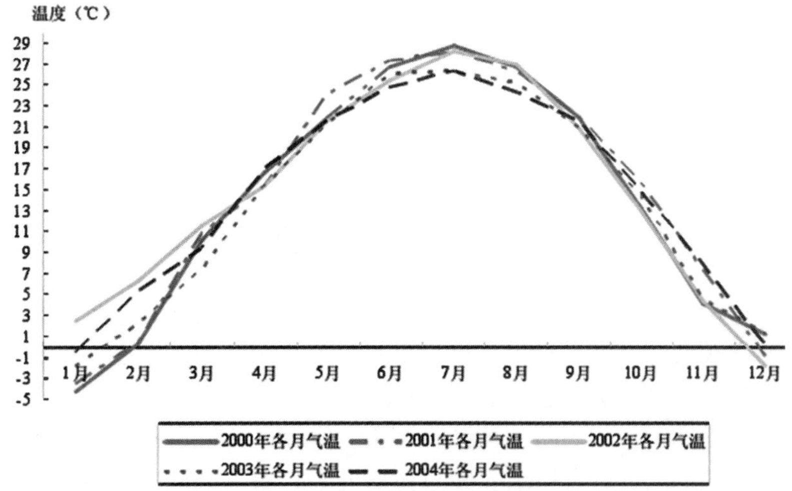

图23-1 石家庄地区近5年气温变化对比图

表 23－1　石家庄地区近 30 年来蒸发与降水情况对比表

年份区间	1971—1981 年	1982—1992 年	1993—2003 年
降水量（mm）	489.7	511.4	535.5
蒸发量（mm）	1567.53	1410.03	1624.51
降水－蒸发（mm）	－1077.83	－898.63	－1099.01

1.3 水　　文

石家庄地区属海河流域，区内河流均属于海河水系五大河中的大清河水系和子牙河水系。其中除磁河、大沙河属于海河流域中部的大清河水系外，其余均属于海河水系西南支的子牙河水系。石家庄市主要有滹沱河、太平河、洨河三条河流。滹沱河发源于太行山山区，集水面积大，河道干流长，具有较大调蓄能力；太平河（含古运河）、洨河水系均发源于太行山浅山区，源短流急，流域调蓄能力小，洪水陡涨陡落。石家庄区域水系见插图 130。

（1）滹沱河发源于山西省繁峙县，向西南流经晋西北高原上的忻州盆地，在平山县猴刎村附近流入石家庄地区境内。滹沱河在境内先后经由平山、灵寿、藁城、无极、深泽五县（市），至深泽县大兴村附近出境，流程为 172km（滹沱河全长 540km。）本区境内接纳众多支流中，主要有营里河、卸甲河、柳林河、文都河、郭苏河、南甸河、松阳河、蒿田河、险溢河、古月河、温塘河、马中河、冶河。在流经平山、获鹿河段内，建有总库容为 27.81 亿 m^3 的岗南、黄壁庄大型水库两座。在南甸河上，建有下观中型水库一座。在文都河上建有石板中型水库一座。

根据黄壁庄水文站 1933—1957 年的记载，滹沱河平均流量为 82.9m^3/s，其中 7—9 三个月的平均流量为 584m^3/s，占全年平均流量的 58.7%。据黄壁庄水库 1959—1978 年的观测，其淤积量为 1.39 亿 m^3，平均年淤积量为 903.5 万吨。侵蚀模数为 1255 吨/km^2·年。

（2）太平河、洨河水系发源于太行山区，流域总面积 470.3km^2，山区面积占流域总面积的 68%。其中，太平河发源于鹿泉市水峪山，流域面积 131.1km^2，流经鹿泉市城区，向东于田家庄西入汉河，在京广铁路大桥东汇入滹沱河。上游建有梁庄、西薛庄、二街 3 座小型水库，总库容 $237\times10^4m^2$；古运河发源于鹿泉市的北白砂，流域面积 117.3km^2，向南于石家庄市大安舍村北与太平河交汇入汉河，在京广铁路大桥东北入滹沱河。洨河发源于鹿泉市山区，汇金河、石家庄泄洪渠后入栾城县境，又汇北沙河、潴龙河，穿赵县向东南出境入邢台市宁晋县，石家庄段全长 48km，洨河既是石家庄市的主要行洪河道，也是全市主要排涝工程之一，京广铁路以下防洪标准为 12 年一遇，过水能力 665m^3/s，排涝标准为 3 年一遇，最大流量 178m^3/s。其支流潴龙河建有中型水库八一水库，南泄洪渠汇流口以上流域面积 221.9km^2。其支流方台沟、台头沟、金河入南泄洪渠，再汇入洨河，封龙河（洨河南支）在寺家庄村西汇入洨河。

汉河上游有太平河（流域面积 123km^2）和古运河（流域面积 108km^2）两条支流汇入，发源地分别是井陉县的南平旺和鹿泉市的北白沙。

1.4 地 形 地 貌

石家庄地区跨太行山地和华北平原两大地貌单元。西部地处太行山总面积的 50%，东部为滹沱河冲积平原。地势西高东低，西部太行山，地貌由西向东依次排列为中山、低山、丘陵、盆地、平原。石家庄市区域地形地貌剖面见图 23－2。区域地貌见插图 131。

石家庄市的平原是河北平原中太行山前倾斜平原的滹沱河冲积扇形平原，坐落在市域东部，由滹沱河水系和滏阳河水系的冶河联合组成，大致包括灵寿－深泽一线以北的太行山山前平原地区延伸 70～80km，坡缓，平均坡降为 1/850，其中石家庄至辛集的坡扇顶冲沟发育，近扇缘带保留有密集的滹沱河故道。故道分布区伴冲积扇的北部分布于本区，规模较小，山麓平原也相对狭窄。总地势由西、西北向东、东南倾斜，地面坡降为1.5‰~2.0‰。

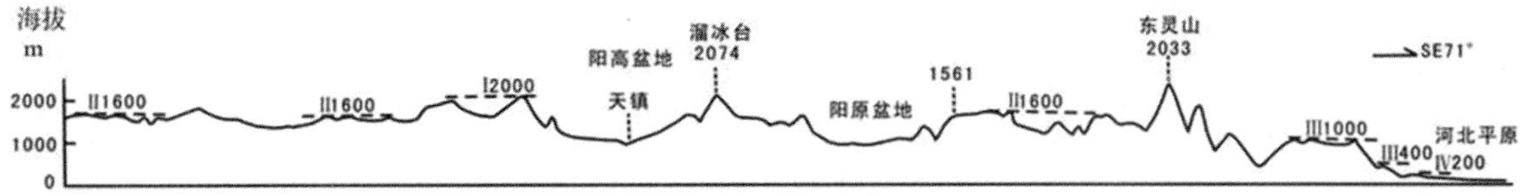

图23-2　区域地形地貌剖面

区域地貌单元划分为侵蚀构造山地区、堆积平原区。石家庄在建轨道交通一期工程位于堆积平原区，该区划分2个亚区：老冲洪积平原亚区、新冲洪积平原亚区。

（1）老冲洪积平原亚区。

分布于西部，太行山山前，紧邻丘陵台地，是晚更新世时期冲洪积作用形成的扇形地，在全新世时期又遭受剥蚀破坏而形成的一种地貌形态，宏观上保持原来的微倾斜地貌特征，但因水流的下切作用，其上发育着很多顺山势而下的冲沟，使广阔的缓斜平原支离破碎。物质组成多以亚黏土、砂土、黄土类土。一般为倾斜地小区。

（2）新冲洪积平原亚区。

分布于东部，太行山山前，主要为滹沱河平原河谷及东北侧扇上平地或缓倾斜地，紧邻丘陵台地，主要为全新世时期河流冲洪积作用形成的扇形地及扇间洼地，宏观上保持着微倾斜地貌特征，但因水流的下切作用，其上发育着很多顺山势而下的冲沟，地形略有起伏。物质组成多以亚砂土、碎石土、砂砾卵石。可划分为扇上平地或缓斜地、河漫滩地小区。河漫滩地小区包括黄壁庄下游平原河谷；扇上平地或缓斜地指黄壁庄下游滹沱河平原河谷东北区。场区及附近地貌分区，见插图131石家庄区域地貌图。

2　区域地质

2.1　地质构造

石家庄地区大地构造，属山西地台和渤海凹陷之间的接触地带。西部山区为山西地台太行山复背斜之东翼，不同地质时代的地层，主要分布在这一地区。东部平原分属于华北凹陷之西部边缘的冀中台陷和临清台陷，其上覆盖着巨厚的第四纪沉积物。太古代和早元古代，本区属下沉地区，陆表海占绝对优势，并沉积了巨厚的砂岩、页岩、石灰岩及火山岩系。经过阜平运动、五台运动、特别是吕梁运动以后，太行山发生了巨大的褶皱隆起，致使本区西部平山、灵寿、行唐境内的太古界和下元古界形成了以褶皱为主并伴有较为发育的断裂态势。如常裕被斜、古佛向斜、蒿亭－楼底向斜及合河口－九口子断裂群等。

进入早古生代后，地壳呈缓慢升降运动，但以下沉运动为主。到中奥陶纪，海侵达到空前规模，因而大量沉积了构成本区物质基础的砂岩、砂页岩、石灰岩。到奥陶纪后期随华北地台整体上升，海水撤退。受志留纪后期加里东运动的影响，全省高出海面达1亿年之久，所以本区同全省一样，普遍缺失上奥陶纪、志留纪、泥盆纪和下石炭纪岩系。

进入中生代，受燕山运动的影响，岩浆侵入和喷出的火成岩活动比较活跃，并使以前沉积的地层发生了较为强烈的褶皱和断裂。如石家庄－元氏－临城断裂带以及现今沿山区和平原交界带的一系列小型断裂就是那时形成的。

新生代的第三纪发生了喜马拉雅运动。本区在表现以大型断裂下陷为特色的前提下，还显示了下陷与隆升并存的局面。当时以太行山山前断裂带为界，东部平原不断凹陷，西部山区不断隆升。至此，奠定了本区目前山区和平原的基本态势。

2.2 主要断裂及褶皱构造

石家庄平原区位于中朝准地台的中间，华北板块上的冀中板块与晋冀板块的交界部位，以石家庄山前深断裂带为界，以西属山西中台降的东部边缘，井陉盆地在沁源台陷的东北端，是山西地台背斜遭受破坏的向斜断陷盆地；以东属华北拗断带的一部分，地处冀中拗陷的西南部；东邻沧县隆起。形成于燕山运动的北东向太行山山前断裂带，纵贯石家庄地区。该构造带是一条重力异常带，沿此带发生过1966年邢台6.8级和7.2级等地震。因此它是一条地震活动带。石家庄地区新构造运动活跃，其主要特征是在山前平原大面积沉降的基础上，沿太行山山前断裂带附近，产生新的断陷活动。这些新生代断陷至今活动仍很强烈。断陷内部及附近曾发生过强震或中强地震。对本区地震活动起控制作用，主要活动断裂有：石家庄－临城断裂带、衡水－石家庄断裂带、辛集断裂带、高邑－赵县－晋县－深泽断裂带、保定－石家庄断裂带等（见插图132）。

2.3 第四系地质

石家庄市域属华北地层区，该地层分布以古生界分布面积最广；太古界、下元古界地层零星分布，主要分布在鹿泉市西北一带；二叠系零星分布于矿市镇北部一带；新生界及第四系松散层普遍分布于太行山山前、滹沱河、冶河、小作河河谷及山麓地带。石家庄第四系松散层总的规律是，在以滹沱河为主要流水作用下，携带大量粗碎屑物质在出山口近山前开阔地带迅速堆积，形成第四纪以来不同时代扇形堆积，并在古地形及新构造运动影响下，其堆积厚度存在着较大的差异，形成了西薄东厚的空间格局，又由于受古气候冷暖周期性变化和流水动力条件强弱更迭的影响，形成了在垂直方向上地层层序的粗细相间变化，且以粗碎屑堆积为沉积主体，形成了多个沉积旋回，第四系地层由老至新依次为：

下更新统（Q_1）：底板埋深140～580m，岩层厚度70～170m，颜色以棕红、棕褐色为主，下部紫色，夹灰绿色，岩性为中粗砂、中细砂及黏性土。

中更新统（Q_2）：属冲洪积及河相沉积。底板埋深自西向东60～420m，厚约20～200m。颜色主要为棕红、黄棕色夹锈黄色，岩性为砂卵砾石、中粗砂及部分黏性土。

上更新统（Q_3）：底板埋深自西向东一般20～160m，岩层厚度一般为50～100m。颜色为棕黄色、浅黄色，岩性为粉土、黏性土、中粗砂及砂卵砾石。

全新统（Q_4）：底扳埋深自西向东一般10～30m。颜色以褐黄色为主，黄褐次之的粉土、粉细砂、中粗砂及砂卵砾石，东部南部为黏性土，多夹有淤泥层，砂层多为粉细砂透镜体。

2.4 历 史 地 震

石家庄市处于太行山前张性活动断裂中段，应力集中少，为相对少震区。自东周以来（公元前231年至公元1990年），石家庄市发生有感地震30余次。石家庄地区曾先后发生数十次有感地震。其中：震中位于石家庄地区、震级在4¾以上的破坏性地震有11次，内含6级以上地震3次。1882年12月2日辛集－深县间6½级地震，震中烈度为8度，邻近石家庄地区边缘地带，石家庄地区造成一定程度破坏的强烈地震有9次，详见插图133区域破坏性地震震中分布图。

3 典型地层及特征

石家庄市位于太行山前滹沱河冲洪积扇上，市区及近郊面积约400km^2。西部为残丘台地，台地以下是由古运粮河、太平河、金河及佼河等山区小河形成的山前冲洪积锥群分布带。该带以东为广阔的山前冲洪积平原。

3.1 主要地层成因

石家庄浅部地层成因主要包括残丘台地风化、山麓坡洪积、河流冲洪积和河漫滩侵蚀堆积四种成因，具体分布及土层特征如下：

（1）残丘台地风化。

分布于石家庄市西部，残丘上多分布有强风化的元古界变质岩系。上部分布有中、上更新统黄土及黄土碎石层，厚度极不稳定，其下伏为风化变质岩，风化带厚度20~30m。

（2）山麓坡洪积。

分布于石家庄市西部山区与平原的过渡地带，地形起伏较大，冲沟十分发育。地表为全新统及上更新统坡洪积粉质黏土及黄土状土，其下伏为中更新统黏土砾石层。

（3）河流冲洪积。

分布于市区及近郊区，地形较为平坦。主要为全新统及上更新统冲洪积黏性土及砂类土。南部边缘表层土中有淤泥质土。

（4）河漫滩侵蚀堆积。

分布于石家庄市北部滹沱河二级阶地以下。20m以上主要为全新统冲洪积砂类土，其下部为上更新统冲积砂类土和砾质土。

3.2 地层的划分

综合考虑地层的成因类型、沉积时代、岩性岩相及地形地貌等，编制了如下石家庄市较统一的工程地质层号。

对主层序的划分，主要的划分标准是沉积时代、成因类型、沉积环境，同时考虑到对浅部土层研究较多，兼对工程建设影响大，因此上部土层划分相对较细，下部土层划分相对较粗，具体如下：

第①层，人类活动期，现代人工堆填，岩性杂，颜色杂、变化多；

第②层，新近沉积，河漫滩侵蚀堆积，以砂土为主，局部为黄土状黏性土，主色为黄白色、灰白色，分布于石家庄市北部滹沱河二级阶地以下；

第③层，第四系全新统，河流冲洪积，黄土状粉质黏土、粉土为主，局部含砂土层，主色为褐黄色，石家庄区表层的标志性地层；

第④层，第四系全新统，河流冲洪积，砂土为主，主色为褐黄色，石家庄标志性地层；

第⑤层，第四系上更新统，河流冲洪积，黏性土为主，局部夹粉土层、砂土层，主色为褐黄色；

第⑥层，第四系上更新统，河流冲洪积，砂土为主，含少量卵石，局部含砂质胶结，土层颜色以为灰白色为主基调，石家庄市的标志性地层；

第⑦层，第四系上更新统，河流冲洪积，黏性土为主，夹粉土粉砂层，主色为褐黄色；

第⑧层，第四系上更新统，河流冲洪积，砂土为主，含少量卵石，土层颜色以为灰白色、灰黄色为主基调，局部含砂质胶结；

第⑨层，第四系中更新统，河流冲洪积，黏性土为主，局部为砂土层，主色为褐黄色，局部含砂质胶结。

石家庄市第四纪地层编号表见表23-2。

表 23-2 石家庄市第四纪地层编号表

地质时代		主层序号	主要岩土类别	成因	土层编号	岩性名称	一般埋藏深度	地层分布特征概况	地层主要特征概况
全新世 Q_4	Q_4^{ml}	①	人工填土	ml	①$_1$	杂填土	地表1~2m之间	城区及周边村庄地表	人类活动产物、无规律、色杂，岩性、包含物较杂
				ml	①$_2$	素填土	地表	废弃的防护沟、渠、坑填埋区	
	Q_4^3	②	新近沉积层	al	②$_1$	粉细砂	0~9m之间	滹沱河河床、漫滩区及支流河谷区	沉积时间较短，结构松散，具有不均匀性，易产生不均匀沉降，砂土松散为主，黄白、灰白色，黄土状土具中高压缩性、湿陷性，黄褐、褐黄色，可见大孔、虫孔，可含碎陶、砖块等人类活动遗弃物，含白色螺壳碎屑
				h+l	②$_2$	淤泥质粉质黏土	0~9m之间	滹沱河及支流的两岸附近暗浜区	
				al+pl	②$_3$	黄土状粉土	0~5m之间	滹沱河岸边阶地边缘及西部山前河流出山口洪积扇锥、裙表部	
				al+pl	②$_4$	黄土状粉质黏土	3~5m之间	夹层状分布	
	Q_4^2	③	黄土状土	al+pl	③$_1$	黄土状粉质黏土	0~3m之间	平原区地表分布广泛、滹沱河河谷区缺失	本大层为标志性地层。以黄土状黏性土、粉土为主，褐黄、灰黄色，浅部具黄土状，具湿陷性，一般为中压缩性，可见小孔及少量大孔，少量姜石，局部可见古河道状粉细砂夹层，含少量白色螺壳
				al	③$_2$	黄土状粉土	2~6m之间	平原区地表分布广泛、滹沱河河谷区缺失	
				al+pl	③$_3$	粉细砂	3~6m之间	透镜体分布	
				al	③$_4$	中粗砂	3~6m之间	透镜体分布	
				al+pl	③$_5$	黄土状粉质黏土	4~6m之间	在③$_2$层底部或层中呈夹层状	
				al+pl	③$_6$	黄土状粉土	4~6m之间	在③$_1$层底部或层中呈夹层状	
	Q_4^1	④	一般性砂土	al	④$_1$	粉细砂	5~10m之间	在平原区第一层砂上部分布	
				al	④$_2$	中粗砂	8~20m之间	平原区广泛分布	本层为标志性地层，区域性第一层砂土，黄白、灰白色，一般为稍密-中密，分选性好，含少量白色螺壳，局部层底可见砾砂
				al+pl	④$_3$	粉土	8~12m之间	呈透镜体状局部分布	
				al	④$_4$	粉质黏土	8~12m之间	呈透镜体状局部分布	
上更新世 Q_3	Q_3	⑤	黏性土、粉土	al+pl	⑤$_1$	粉质黏土	10~15m之间	平原区广泛分布，局部缺失，滹沱河河谷区缺失	为第一层砂以下的土层。以黏性土、粉土为主，含姜石较多，褐黄、棕黄色，黏性土以可塑、硬塑为主，粉土以中密-密实为主，含少量白色螺壳碎屑。由于受河道的侵蚀作用，在滹沱河附近缺失
				al+pl	⑤$_2$	粉土	13~17m之间	平原区广泛分布，局部缺失，滹沱河河谷区缺失	
				al	⑤$_3$	粉细砂	13~20m之间	呈透镜体状局部分布	
				al	⑤$_4$	中粗砂	13~20m之间	呈透镜体状局部分布	
				al+pl	⑤$_5$	黏土	13~20m之间	呈透镜体状局部分布，滹沱河河谷区缺失	
		⑥	砂土、卵石	al	⑥$_1$	细中砂	18~22m之间	平原区广泛分布	本大层为标志性地层，区域性第二层砂土层，黄白、灰白、杂色为主，市区西部卵砾含量较多，粒径较大，东部则卵砾石含量偏少，粒径也较小。一般以中密-密实为主，局部夹黏性土，层位不稳定。30m以下可见少量钙质胶结层
				al	⑥$_2$	中粗砂（含卵石）	21~30m之间	平原区广泛分布	
				al	⑥$_3$	卵石	25~30m之间	主要在市区西部分布	
				al+pl	⑥$_4$	粉质黏土	20~30m之间	呈夹层或透镜体状局部分布	
				al	⑥$_5$	中粗砂（含卵石）	30~40m之间	主要在市区东部分布，位于⑥$_2$层以下，以⑥$_4$层为分界	

续表 23－2

地质时代		主层序号	主要岩土类别	成因	土层编号	岩性名称	一般埋藏深度	地层分布特征概况	地层主要特征概况
上更新世 Q_3	Q_3	⑦	黏性土、粉土	al + pl	⑦$_1$	粉质黏土	30～40mm 之间	主要在市区东部分布	为第二层砂以下的土层，以黏性土为主，褐黄、棕黄色，层厚变化较大，在市区西部分布不连续，主要分布在西部
				al + pl	⑦$_2$	粉土	36～41m 之间	呈夹层状局部分布	
				al	⑦$_3$	粉细砂	38～42m 之间	呈透镜体状局部分布	
				al	⑦$_4$	中粗砂	38～42m 之间	呈透镜体状局部分布	
		⑧	砂土、卵石	al	⑧$_1$	中粗砂（含卵石）	40～55m 之间	呈夹层或透镜体状分布	一般 30（西部）～40（东部）m 以下，一般呈卵砾石、砂土互层状，灰白、杂色，可见钙质胶结砂层 层中可见较多灰绿色杂色黏性土
				al	⑧$_2$	卵石	42～55m 之间	平原区分布广泛	
				al + pl	⑧$_3$	粉质黏土	40～55m 之间	呈夹层或透镜体状分布	
				fgl	⑩$_2$	粉土	45～100mm 以下	平原区分布广泛	
				fgl	⑩$_3$	粉细砂	45～100mm 以下	呈夹层或透镜体状分布	
				gl	⑩$_4$	卵石	45～100mm 以下	呈夹层或透镜体状分布	
		⑩	黏土岩		⑪$_1$	黏土岩	约 300m 以下	平原区南部埋藏	固结、半固结成岩状
			砾岩		⑫$_2$	砾岩	约 300m 以下	平原区北部埋藏	
		⑬	灰岩、白云岩		⑬$_1$	灰岩、白云岩		西北部丘陵山前地带分布	基岩
		⑭	变质岩		⑭$_2$	变质岩		西南部丘陵山前地带分布	

3.3 典 型 地 层

根据石家庄地铁勘察资料，绘制了石家庄市横纵四条典型地质剖面概化图，各剖面线平面位置见插图 134，工程地质剖面图见插图 135～插图 138。

3.3.1 主要地层物理试验指标

根据石家庄地铁勘察资料及石家庄地区经验综合确定各土层的物理试验参数，供勘察设计人员参考使用，详见表 23－3。

表 23－3 石家庄地区主要地层物理试验指标参考值表

地层编号	岩 土 名 称	物 理 性 质			稠 性 黏 度	
		天然含水量 ω	天然密度 ρ	孔隙比 e	液限 W_L	塑限 W_P
		（%）	（g/cm^3）		（%）	（%）
②$_2$	淤泥质粉质黏土	25～45			30～40	10～15
②$_3$	黄土状粉土	13～30	1.60～2.10	0.580～0.900	20～30	14～22
②$_4$	黄土状粉质黏土	18～33	1.80～2.00	0.590～0.980	28～35	17～21
③$_1$	黄土状粉质黏土	11～37	1.70～2.10	0.510～0.920	24～43	13～26
③$_2$	黄土状粉土	6～30	1.60～2.10	0.500～0.850	20～30	13～24
③$_5$	黄土状粉质黏土	15～35	1.70～2.10	0.600～0.950	25～45	15～30
③$_6$	黄土状粉土	10～35	1.70～2.10	0.550～0.900	25～35	15～25
④$_3$	粉土	15～25	1.90～2.10	0.480～0.670	25～30	15～20
④$_4$	粉质黏土	11～28	1.80～2.10	0.460～0.880	25～34	14～21

续表 23－3

地层编号	岩土名称	物理性质			稠性黏度	
		天然含水量 ω	天然密度 ρ	孔隙比 e	液限 W_L	塑限 W_P
		(%)	(g/cm^3)		(%)	(%)
⑤$_1$	粉质黏土	12～35	1.70～2.10	0.550～0.930	22～40	10～27
⑤$_2$	粉土	11～28	1.70～2.07	0.520～0.850	19～33	11～25
⑤$_5$	黏土	21～32	1.85～2.05	0.700～0.900	37～45	20～25
⑥$_4$	粉质黏土	15～30	1.80～2.10	0.520～0.850	25～40	13～23
⑦$_1$	粉质黏土	15～35	1.80～2.10	0.520～0.890	25～40	15～25
⑦$_2$	粉土	18～28	1.80～2.00	0.600～0.850	24～28	15～19
⑧$_3$	粉质黏土	23～33	1.85～2.00	0.650～0.950	30～40	18～24

3.3.2 主要地层力学试验指标

根据石家庄地铁勘察资料及石家庄地区经验综合确定各土层的力学试验参数，供勘察设计人员参考使用，详见表 23－4。

表 23－4 石家庄地区主要地层力学试验指标参考值表

地层编号	岩土名称	直接剪切				三轴剪切				固结试验	
		快剪		固结快剪		UU		CU		压缩模量	压缩系数
		C	φ	C_q	φ_q	C_{uu}	Φ_{uu}	C_{cu}	Φ_{cu}	$E_{s0.1-0.2}$	$a_{0.1-0.2}$
		(kPa)	(°)	(kPa)	(°)	(kPa)	(°)	(kPa)	(°)	(MPa)	(MPa^{-1})
②$_1$	粉细砂	0～3	15～20	0～3	18～22					5～10	
②$_2$	淤泥质粉质黏土	10～15	5～8	12～18	8～12	15～20	10～14	12～18	8～12	2～8	
②$_3$	黄土状粉土	16～20	20～25	18～23	22～28	17～21	21～27	18～22	23～28	8～15	0.1～0.2
②$_4$	黄土状粉质黏土	20～25	15～18	23～28	17～21	25～30	12～18	22～26	16～20	4～8	
③$_1$	黄土状粉质黏土	28～32	17～20	25～35	19～22	30～38	18～25	23～28	18～22	4～13	0.1～0.5
③$_2$	黄土状粉土	19～21	22～25	20～25	25～30	20～25	25～28	20～25	25～30	5～18	0.1～0.3
③$_3$	粉细砂	0～3	22～25	0～3	25～30					10～20	
③$_4$	中粗砂	0～3	25～30	0～3	28～35					15～25	
③$_5$	黄土状粉质黏土	28～32	20～22	30～35	23～28	32～38	20～25	24～29	20～25	5～15	0.1～0.5
③$_6$	黄土状粉土	20～23	25～28	22～25	30～35	21～25	25～28	21～26	26～30	6～20	0.1～0.3
④$_1$	粉细砂	0～3	25～30	0～3	30～35						
④$_2$	中粗砂	0～3	28～32	0～3	32～38						
④$_3$	粉土	20～23	25～28	22～25	30～33			20～25	25～30	5～13	
④$_4$	粉质黏土	27～30	18～22	30～35	20～25	28～30	18～22	25～30	18～22	5～12	0.1～0.3
⑤$_1$	粉质黏土	25～33	16～18	30～35	18～22	25～32	15～18	28～33	20～25	4～15	0.1～0.4
⑤$_2$	粉土	16～20	21～25	18～22	23～28	18～22	22～26	22～25	26～31	4～12	0.1～0.4
⑤$_3$	粉细砂	0～3	25～30	0～3	30～35					15～25	
⑤$_4$	中粗砂	0～3	29～33	0～3	33～38					20～30	
⑤$_5$	黏土	28～32	16～20	30～35	20～25	28～33	18～22	30～35	22～28	5～10	0.2～0.4
⑥$_1$	细中砂	0～3	25～30	0～3	33～38					20～30	
⑥$_2$	中粗砂（含卵石）	0～3	30～34	0～3	35～40					25～35	
⑥$_3$	卵石	0～3	38～42	0～3	38～43					30～40	
⑥$_4$	粉质黏土	26～30	16～20	30～33	18～22	28～32	18～22	28～32	18～22	3～10	0.2～0.5
⑥$_5$	中粗砂（含卵石）	0～3	33～38	0～3	35～43					25～35	
⑦$_1$	粉质黏土	25～30	18～22	30～35	20～25	28～32	20～25	30～35	20～25	5～12	0.2～0.3
⑦$_2$	粉土	18～22	28～32	20～25	30～35	20～25	30～35	22～25	26～32	5～15	0.1～0.3
⑦$_3$	粉细砂	0～3	28～32	0～3	30～35					25～35	
⑦$_4$	中粗砂	0～3	30～35	0～3	33～38					30～40	
⑧$_1$	中粗砂（含卵石）	0～3	33～38	0～3	35～40					35～45	
⑧$_2$	卵石	0～3	35～40	0～3	38～43					40～50	
⑧$_3$	粉质黏土	28～32	18～22	30～35	20～25	28～35	18～25	30～35	20～25	5～10	

注：UU 为三轴不固结不排水剪，CU 为三轴固结不排水剪。

3.3.3 主要地层特殊试验参数

针对地铁工程的特殊需求，根据石家庄地铁勘察资料及石家庄地区经验综合确定各土层的特殊试验参数，供勘察设计人员参考使用，详见表23－5。

表23－5 石家庄地区主要地层特殊试验指标参考值表

地层编号	岩土名称	热物理			基床系数		静止侧压力系数 K_0	无侧限抗压强度 q_u
		导热系数 λ	导温系数 $\alpha\times10^{-3}$	比热容 C	垂直 K_v	水平 C_h		
		(W/m·K)	(m^2/h)	(kJ/kg·K)	(MPa/m)	(MPa/m)		
②$_1$	粉细砂	0.80～1.15	1.00～2.00	0.85～1.00	5～15	15～20	0.25～0.45	
②$_3$	黄土状粉土	1.15～1.55	1.60～2.00	1.30～1.50	28～30	30～40	0.25～45	
②$_4$	黄土状粉质黏土	1.15～1.55	1.15～1.55	1.35～1.75	18～22	30～35		
③$_1$	黄土状粉质黏土	1.10～1.60	1.50～1.90	1.25～1.65	30～35	35～40	0.30～0.50	60～100
③$_2$	黄土状粉土	1.20～1.60	2.00～2.50	1.20～1.50	30～35	35～40	0.21～0.41	50～90
③$_3$	粉细砂	0.60～1.00	1.60～2.00	0.80～1.20	10～20	15～25	0.23～0.43	
③$_4$	中粗砂	1.00～1.30	2.00～3.00	0.95～1.25	22～35	28～35	0.25～0.45	
③$_5$	黄土状粉质黏土	1.20～1.40	1.50～1.90	1.25～1.65	30～35	35～40	0.29～0.49	60～100
③$_6$	黄土状粉土	1.20～1.60	2.10～2.50	1.10～1.40	30～35	35～40	0.20～0.40	50～90
④$_1$	粉细砂	0.60～1.00	1.50～1.90	1.00～1.20	20～35	25～40	0.25～0.45	
④$_2$	中粗砂	0.55～0.95	1.20～1.70	0.95～1.20	25～35	30～40	0.23～0.43	
④$_3$	粉土	1.15～1.85	1.45～2.55	1.35～1.65	25～35	30～40	0.25～0.45	
④$_4$	粉质黏土	1.10～1.50	1.50～1.90	1.20～1.80	30～45	40～50	0.40～0.60	
⑤$_1$	粉质黏土	1.20～1.70	1.60～2.00	1.25～1.65	30～45	40～50	0.35～0.55	
⑤$_2$	粉土	0.90～1.20	1.45～1.65	1.10～1.30	35～45	25～40	0.23～0.43	
⑤$_3$	粉细砂	0.60～1.00	1.50～1.90	1.05～1.15	20～35	30～40	0.30～0.50	
⑤$_4$	中粗砂	0.90～1.20	2.30～2.80	0.80～1.20	30～40	40～45	0.20～0.40	
⑤$_5$	黏土	1.20～1.60	1.50～2.00	1.20～1.60	20～30	25～35	0.40～0.60	
⑥$_1$	细中砂	1.00～1.30	1.80～2.20	0.90～1.30	30～40	40～45	0.25～0.45	
⑥$_2$	中粗砂（含卵石）	0.80～1.20	2.20～2.80	0.90～1.10	30～40	40～45	0.20～0.40	
⑥$_3$	卵石	1.00～1.60	1.00～1.40	1.10～1.50	50～70	55～75	0.15～0.35	
⑥$_4$	粉质黏土	1.10～1.50	1.50～2.00	1.20～1.60	35～50	40～55	0.40～0.60	
⑥$_5$	中粗砂（含卵石）	0.80～1.60	2.20～2.80	0.90～1.30	45～60	50～65	0.18～0.38	

4 地　下　水

4.1　地下水类型

依据相关资料，石家庄地区浅部地层仅存在一层地下水，根据石家庄市区含水层的分布特点和对地下水位长期观测孔测得的水位资料进行分析，认为石家庄市区浅层地下水类型为潜水。但由于大气降水、管道渗漏等原因，局部也可能存在上层滞水。

由于地下水超采严重，导致地下水位埋藏较深，在石家庄市中心形成了地下水降落漏斗。西部地下水位埋深相对较浅，东部地下水位埋深较深，部分地段地下水位埋深甚至超过45m（见插图139）。

4.2　地下水流向

地下水总体流向为由西北流向东南，在石家庄市区由于受地下水降落漏斗的影响，地下水由四周向漏斗中心流动。

4.3　地下水补径排条件

4.3.1　地下水的补给条件

石家庄地区内地下水的主要补给来源有：大气降水入渗补给、侧向径流补给、灌溉回归补给、河渠渗漏补给以及黄壁庄水库的副坝渗漏补给等。

（1）降水入渗补给。

降水入渗补给是本区地下水最重要的补给来源。降水入渗补给量的大小受降水特征、包气带岩性及厚度、地形地貌、降水前土壤含水量，植被情况和地表硬化程度等各种因素的影响。石家庄地区多年平均降雨量约为528.4mm，自1956年以来，有28年的降雨量达到或超过多年平均降雨量。石家庄降雨量多集中在7月至8月，从地下水位长期观测数据看，7月至10月地下水位略有上升，反映了石家庄市地下水受大气降雨补给明显。但随着城市化发展，城区道路和建筑覆盖面积增大，城区内降水入渗量逐年减少。

（2）侧向径流补给。

侧向补给主要来自西部及西北部，山区灰岩岩溶含水层与平原第四系含水层直接接壤，岩溶地下水可以直接侧向补给第四系含水层。此外由于山前平原的地层颗粒较粗，河渠渗透力强，河渠侧向补给也是地下水入渗补给的一个重要来源。

（3）灌溉回归补给。

灌溉回归补给一般发生在农灌季节，视大气降水总量及强度的不同，每年的灌溉次数在3～5次，每次5～15天不等。这是一种人为干预下的入渗补给。

（4）河渠渗漏补给。

石家庄地区浅部分布的黄土状土厚度在3～10m左右，其下为渗透系数较大的砂土层，未进行防渗处理的河渠中地表水对地下水有补给作用。近年来，随着河渠节水防渗能力的逐步提高，以及有些河渠近年来大多处于断流干枯的状态，河渠补给地下水的数量越来越少。特别是滹沱河因上游修建黄壁庄水库，河流年径流量明显减少，近30年来河道基本处于断流状态，只有在汛期，当黄壁庄水库弃水时，滹沱河才有水流通过，对地下水形成短暂补给。

(5) 黄壁庄水库弃水补给。

黄壁庄水库在副坝防渗加固之前有 $1.6\times10^{8}m^{3}/a$ 的副坝渗漏量通过滹沱河河道补给地下水，是研究区地下水的重要补给来源，2003 年底黄壁庄水库副坝防渗加固工程完成后，副坝渗漏量下降到 $3646.69\times10^{4}m^{3}/a$，但对研究区地下水的补给仍有重要意义。

4.3.2 地下水径流条件

石家庄平原区主体由滹坨河冲洪积形成，第四系沉积物以砂土、砂砾石为主，水平向含水层水力联系密切。天然状态下地下水受地形条件影响，总体由西北向东南方向流。

20 世纪 70 年代以来，由于石家庄地区的地下水超采现象严重，地下水降落漏斗形成，改变了地下水的天然径流状态，在东部形成了地下水分水岭，出现了地下水的反向径流。在地下分水岭以西地区地下水径流方向基本上由周围指向降落漏斗中心处汇流；在地下分水岭以东地区，地下水径流方向仍为西北向东南方向汇流（见插图 140 和插图 141）。地下水水力坡度西部大于东部，南部大于北部。

4.3.3 地下水排泄条件

石家庄地区地下水位埋藏较深，地下水通过蒸发排泄已不复存在，区内地下水的排泄方式主要是人工开采，包括城市工业、生活的集中开采和市区外围的农业开采，此外区内东部还存在侧向径流排泄。由于石家庄地区地下水一直处于超采状态，形成了地下水降落漏斗，漏斗东部出现了地下水的反向补给，因此地下水向区外的侧向排泄量减少。

5 特殊地质条件

5.1 不良地质作用与地质灾害

石家庄地区位于构造相对稳定地带，无新构造活动迹象。地势平坦，无泥石流、滑坡、采空区、岩溶、有害气体等不良地质作用。

根据收集资料，结合现场调查、走访及所收集的建设场地及其所在区域的地质、水文地质、工程地质、地震地质、环境地质等资料，石家庄地区目前存在的地质灾害种类主要为黄土湿陷和砂土液化。

(1) 黄土湿陷。

通过对收集的资料分析，此区内普遍分布有黄土状土，深度约 2.0 ~ 10.2m，湿陷量计算值 Δ_s 一般在 33 ~ 175mm，基本为轻微湿陷性，仅在石家庄地区西部局部地段湿陷量计算值 Δ_s 大于 300mm，为中等湿陷性。对城市轨道交通工程和主体结构影响不大，只对浅基工程影响较大。

(2) 砂土液化。

由于石家庄地下水埋深较大，浅部砂土及粉土层密实度较高，即使按历史最高水位进行判别，大部分地区浅层的砂土及粉土不会产生液化。但在滹沱河河谷区域浅部砂土由于沉积年代较新，土质较为松散，局部地段浅层的砂土存在液化现象。

5.2 特殊性岩土

根据地质调查资料，石家庄市区内特殊性岩土主要为填土、新近沉积层及湿陷性黄土状土。

(1) 填土。

杂填土：杂色，在路基上为灰黄色，在现有道路位置该层土为路基土，路面下 0.3 ~ 0.5m 为沥青路面，其下为三合土，以黏性土为主，混石灰，密实，下部为碎石垫层；路基两侧以及居民区内为杂填土，夹植物根茎以及夹碎石和碎砖，土层结构中密。分布较普遍。土层工程地质性能差。

素填土层：褐黄－灰黄色，松软，以黏性土为主，含少量碎石，含植物根茎。属第四系全新统（Q_4^{ml}）近代人工堆积物，该层压缩性不均，土质不均一，除河道附近缺失外其余地段均有分布。

淤泥质填土：主要位于河道附近，灰黑色，流塑，以淤泥质土为主，含有机质及腐殖物，有臭味。土层具高压缩性、工程地质性能极差。

（2）新近沉积层。

在滹沱河河谷区域存在新近沉积的粉细砂②$_1$层黄土状粉土②$_3$层，新近沉积层由于沉积时间较短，因此具有承载力低、变形大、有湿陷性等特点，可能会产生较大的不均匀沉降，对建筑物有较大的危害。

（3）黄土状土。

通过对收集的资料分析，此区内普遍分布有黄土状土，深度约 2.0～10.2m，基本为轻微湿陷性，仅在石家庄地区西部局部地段为中等湿陷性。对城市轨道交通工程和主体结构影响不大，只对浅基工程影响较大。

6 城市轨道交通主要工程地质问题

根据以上对石家庄市工程地质与水文地质条件分析，在石家庄市进行工程建设时主要面对的地质问题主要为湿陷性黄土状土、抗浮设防水位的确定、地震液化等。

6.1 湿陷性黄土状土

根据已有勘察成果及搜集石家庄市区域资料显示，石家庄市及近郊地面下平均 8m 普遍存在黄土状土（为黄土状粉土及黄土状粉质黏土），而地铁工程车站基坑开挖深度一般为 15m 左右，因此，在基坑范围内普遍存在黄土状土，另外车站出入口、车辆段建筑物等浅基础的地基均位于黄土状土上。已有勘察成果及搜集资料显示，自重湿陷量计算值 Δ_{zs} 为 15～46mm，湿陷量计算值 Δ_s 为 33～443.5mm，湿陷性黄土场地类型为非自重湿陷性，地基的湿陷等级为Ⅰ－Ⅱ级，具轻微－中等湿陷性。

由于黄土状土对地铁工程的基坑支护及地基承载力产生较大影响，为解决黄土状土对地铁工程的影响，在勘察工作过程需要针对黄土状土进行以下方面的研究：

（1）黄土状土物理力学指标的特殊性；

（2）物理指标变化与力学指标的变化规律；

（3）黄土状土物理力学性质对工程建设的影响；

（4）提出适合石家庄地铁的湿陷性黄土状土基坑支护及地基处理方法。

解决方案：

采用搜集资料、人工挖探、现场原位测试及试验、室内试验、数值模拟分析的手段和方法进行研究，具体方法如下所述。

（1）搜集资料。

搜集国内外针对黄土状土的研究成果及石家庄市勘察资料，了解陷性黄土状土的年代、成因及其与地质、地貌、气候之间的关系，为下一步工作提供条件。

（2）人工挖探与钻探相结合。

根据地铁线路走向及车站分布情况，布置一定数量的人工探井，利用探井进行土样采取和原位测试，了解黄土状土的空间分布情况，对石家庄市黄土状土进行分区，并根据现场勘察，查明湿陷性黄土状土的地层结构，厚度变化以及与非湿陷性土层的关系。

（3）现场原位测试及试验。

主要采用标准贯入、K_{30}现场载荷试验、现场试坑浸水试验等原位测试手段，了解黄土状土的基本物理力学指标。

（4）室内试验。

通过人工探井采取原状土样进行室内试验，主要进行常规物理指标、湿陷系数、自重湿陷系数、起始压力、基床系数、抗剪强度等物理力学指标。并根据各种指标的关系，绘制成分散图，并了解湿陷系数与自重湿陷系数随深度的变化规律。

（5）数值模拟分析。

采用有限元数值模拟软件（ANSYS、FLAC 等），利用前期研究建立的黄土状土计算方法，分析计算在各种支护下的基坑变形与应力变化，并对比现场监测数据，验证和改进计算方法，同时分析围岩应力与支护结构相互作用力变化过程和规律以及对地铁建设的影响，指导设计和施工。

（6）提出合理的基坑支护及地基处理方法。

目前，国内地铁基坑多采用桩锚、灌注桩加内支撑、土钉墙支护或相结合的支护方式。而湿陷性黄土状土地基处理工程中比较常见的处理方法有：换土垫层法、强夯法、挤密土（灰土）桩法、深层搅拌法和预浸水法等。各种方法都有各自的适用范围。通过对黄土状土物理力学性质对工程建设的影响研究，针对黄土状土提出适合石家庄地铁的基坑支护及地基处理方法。

6.2 抗浮设防水位

石家庄市区域内地下水位普遍较深，地下水最大埋深达 55m，一般在 25 ~ 50m 之间。

历史上，石家庄市抗浮设防水位尚未进行系统的科学研究工作，没有形成一套比较完善的抗浮设防水位研究和计算体系。经调研，已建工程的设防水位多由勘察、设计单位凭经验确定，出现了距离很近的工程但抗浮设防水位却相差较大的现象，导致工程设计或偏于保守或存在安全隐患，而且近些年由于水位下降幅度较大，有些工程已不再提供抗浮设防水位。

地铁工程因属于百年重点项目，地下结构埋置深度较大，虽目前石家庄地下水位于结构底板以下，且距离较大，但考虑到地下水位的年变幅大小及其他因素的影响，在工程使用期限内地下水位将可能高于结构底板，因此需进行结构抗浮设计，确定设防安全和经济合理的抗浮设防水位是进行抗浮设计的主要依据。

地铁工程不同于一般民用单体建筑，整体为线状形态，穿越城市多个水文地质单元及分区，且地铁建成后将不同程度地改变区域水文地质环境及地下水赋存、运移条件，使抗浮设防水位确定更为复杂。浮力的大小主要取决于作用于地下结构物底板的孔隙水压力，且与地下水的赋存特征及运移规律息息相关。

因此，开展石家庄市轨道交通工程抗浮设防水位专项研究工作就显得十分必要。

解决方案：

为解决石家庄地铁工程抗浮设防水位问题，北京城建勘测设计研究院有限责任公司进行了家庄市轨道交通工程抗浮设防水位专项研究工作。主要是在收集石家庄市地下水长期观测资料的基础上，通过对沿线多年来地下水的动态分析，预测地下水的水位变化趋势，充分考虑历史地下水位的动态变化、线路附近地表水体的分布、河流的洪水位等，结合石家庄地区典型地层结构及地铁结构特点，提出安全可靠经济合理的抗浮设防水位高程。

各种研究方法主要涉及的内容如下。

（1）收集资料，了解区域及整个线路的水文地质条件或地下水埋藏条件，并进行水文地质单元划分。

（2）水文地质试验。

1）长期观测孔。

为查明石家庄市轨道交通一期工程沿线地下水水位动态变化及水质变化情况，在线路范围内布置适量的长期观测孔，并对地下水位和水质进行监测。

2）地下水渗透试验。

根据目前收集到的资料，石家庄市地下水位埋深较大，地铁结构多位于水位以上，为获取结构基底以上岩土体的渗透系数，取原状土样进行室内渗透试验。

（3）数值模拟法。

利用研究区的水文地质资料建立三维地质模型，采用国际通用的模拟软件 GMS 软件中的 MODFLOW 程序包或者 FEFLOW 软件或者 FLAC3D 软件建立研究区地下水多级三维流数值模型。通过分析影响地下水变化的各种随机因素，确定进行地下水渗流分析的各种源汇项的大小。在对模型进行拟合、识别、验证的基础上，进行地下水位变化模拟分析，预测石家庄市轨道交通一期工程沿线各车站使用期限内可能出现的最高水位值。

（4）理论分析法。

理论分析包括动态曲线比拟法、统计回归分析法、频率分析法、水量均衡分析法等。

1）动态曲线比拟法。

利用地下水年内及多年水位变化过程线，采用与最大水位埋深之差、与最小水位埋深之差的方法，推测出各车站今后百年的最小水位埋深。

2）统计回归分析法。

将地下水系统视为“灰箱”，根据地下水动态观测资料，提取和分析历史资料本身所蕴含的信息，找出其规律，并利用这些规律，达到预报未来的目的。

3）频率分析法。

利用多年动态曲线比拟法确定的过去的地下水位埋深序列，采用频率分析法确定 P = 1% 时最高水位埋深。

4）水量均衡方程法。

利用地下水均衡方程分析地下水位变化，按月份计算地下水补给量和排泄量，研究区近期水位埋深为基础，推算出各车站不同月份的平均地下水位埋深，再考虑设计标准情况下的水位增幅值影响，得到 P = 1% 时最高水位埋深。

（5）专家咨询法。

将研究方案、中间成果、分项成果以及成果报告请专家进行咨询和评审，依靠国内外专家的智慧和经验，对地下水位预测结果进行修正，得出比较符合实际的未来可能出现的地下水位最高值。

（6）综合研究法。

根据地下水位预测结果，结合地铁结构所处的地质环境条件，综合确定石家庄市轨道交通一期各车站的水压力建议值。

成果结论：

在分析石家庄市轨道交通所在场地水文地质条件及影响地下水位变化的各种因素的基础上，通过地下水渗流数值分析，结合轨道交通沿线地层分布及初步设计条件，确定石家庄市轨道交通一期1、2、3 号线各车站的抗浮设防水位建议值，得到以下几点结论：

（1）石家庄市轨道交通沿线目前地下水位埋藏较深，一般大于 25m；

（2）石家庄地区影响地下水位升降的因素主要有地下水开采、大气降水、黄壁庄水库放水、灌溉回归水入渗等；

（3）石家庄市轨道交通一期 1、2、3 号线各车站未来地下水位有可能上升到地面下埋深 11 ~ 17m 左右。

6.3 地 震 液 化

石家庄市处于抗震设防烈度 6 度区内，历史上也曾发生过多次地震，其中近代以 1966 年的邢台 7 级地震最为强烈，房屋倒塌过半。据地震安全性评价，石家庄地铁工程的抗震设防烈度按 7 度考虑，因此根据相关规范要求，需要对场区内粉土及砂土层进行地震液化分析和评价。

由于石家庄地下水开采较为严重，整个石家庄市区域内地下水位普遍较深，地下水最大埋深达55m，一般在25～50m之间，均位于地铁结构底板以下，但考虑地铁工程设计期内（100年）地下水位上升的可能性，仍有必要对场区粉土及砂土层按饱和状态下进行地震液化分析和评价。

勘察过程中如果没有查清液化土层的分布范围及液化程度，会给工程留下隐患。

解决方案：

对应石家庄地区粉土、砂土地震液化的问题提出以下勘察解决方案：

（1）根据区域资料分析各工点的地形地貌、地层、地下水等与液化有关的场地条件，地下水位深度按历史最高水位考虑；

（2）依据石家庄地区的工作经验，结合土工试验及原位测试，确定粉土、砂土的沉积年代，首先进行初步判定；

（3）对于初步判定为可能液化的土层，采用标准贯入、静力触探、波速测试等原位测试方法进一步判定其液化可能性。

6.4 工程地质条件对地铁施工的影响分析

综上分析，石家庄区域工程地质问题主要包括人工填土、湿陷性黄土状土、新近沉积层、地下水位抗浮设防等。这些工程地质条件在地铁施工过程中会产生什么样的影响，需要采取什么措施来规避或解决这些问题，本节将进行初步的分析并提出一些施工措施。限于石家庄城市环境条件和工程地质条件，地铁施工的工法主要为明挖法、盾构法，局部采取矿山法施工，下面将根据不同工法来分析工程地质条件对地铁施工的影响。

6.4.1 明挖法施工

石家庄地铁施工以明挖法为主。对于明挖法，石家庄城市环境条件和工程地质条件主要存在以下不利影响。

不利影响：

（1）填土为松散土层，具有分布不稳定、力学性质差的特点。由于人工填土的抗剪强度较低且不均匀，透水性强，容易导致基坑坡壁失稳，发生坍塌。如有雨、污水管线渗漏，土质松软，施工地层扰动后，易造成侧壁坍塌。

（2）区域内普遍分布中粗砂（含卵石）及卵石层。根据区域资料显示，卵石层中局部可能存在漂石，并在局部含有砂质胶结层，硬度较大，漂石或胶结层的存在对围护桩施工影响较大。

解决措施：

（1）填土层厚度较大处，施工时应予以高度重视。在地铁工程施工中，应对填土采取加固或使用围护桩对其进行隔离等处理措施，减少或避免其对工程的不利影响。

（2）对于卵石地层的成桩施工，可采用大直径反循环回转钻机成孔，在成孔过程中注意根据地层情况及时调整钻进速度及泥浆比例，防止塌孔和埋钻。

（3）由于基坑支护系统具有动态性与复杂性特点，因此在基坑支护系统设计中，概念设计是关键。基坑开挖中为确保基坑周围建构筑物的安全和支护结构的稳定，应遵循“分层、分区、分块、分段、抽槽开挖、留土护壁、先撑后挖、先形成中间支撑，减少无支撑暴露时间”的原则。

（4）基坑开挖深度变化较大，且在开挖范围内粉土、粉质黏土内聚力较小，主动土压力系数较大，而被动土压力系数较小，悬壁桩承受较大弯矩，应根据开挖进展情况及时采取内支撑方案，以减少坑壁位移。

（5）为了保证坑内良好的施工条件，基坑开挖范围内的粉土、砂层，必须分层、分段均衡开挖，层高不超过1.0m，分段长度不超过10.0m。同时应控制开挖速度，使土体应力逐步释放，有效控制基坑边坡稳定。

（6）基坑开挖到坑底标高后应及时封闭并进行基础施工，基坑开挖过程中应尽量减少对坑底原状土的扰动，并采取措施防止碰撞支护结构和工程桩。

（7）基坑周边严禁超堆荷载，对交通车辆采取适当的隔离措施。

（8）在支护系统设计中，支护状态的动态监测与控制，是一个不容忽视的重要环节。利用信息化监测手段，对基坑支护结构的位移和应力、地下水位情况以及周围建筑物的沉降进行跟踪监测，系统、全面、及时地掌握基坑周围各相关因素的状况，及早发现施工中存在的问题，挖土过程中如出现土体异常情况时，应立即停止挖土，并应立即查清原因，及时调整设计方案并采取相应的补救措施，在确认消除安全因素后，方能继续挖土施工，从而达到施工控制和指导施工的目的，使基坑设计施工达到优质安全、经济合理、施工快捷。

（9）基坑周围的地表水应及时排除，及时发现周边水管的破裂渗漏事故，并采取相应措施，严禁地表水或基坑排出的水倒流回渗入基坑。

（10）深基坑开挖后土体会有一定的回弹，同时由于坑底土的回弹，会对基坑支护结构、周围邻近已有建筑物、地下管线等产生不利影响。

（11）基坑开挖前应作出系统的开挖监控方案，监控方案应包括监控目的、监测项目、监控报警值、监测方法及精度要求、监测点的布置、监测周期、工序管理和记录制度以及信息反馈系统等。

（12）设计与施工应严格遵循《建筑基坑支护技术规程》JGJ 120－99 的有关规定。

6.4.2　盾构法施工

石家庄地铁工程区间一般采用盾构法施工，隧道主要现状道路和密集的建筑物附近下穿，隧道施工时应注意下列问题：

不利影响：

（1）区域内普遍分布中粗砂（含卵石）及卵石层。根据区域资料显示，卵石层中局部可能存在漂石，并在局部含有砂质胶结层，硬度较大，漂石或胶结层的存在对盾构法施工影响较大。

（2）盾构垂向穿越土层多，土层力学性质有差异，运行后会产生纵向不均匀沉降。

（3）区间下穿主要现状道路的立交桥及人行天桥时，盾构施工可能对桥桩造成影响。

解决措施：

（1）在卵石地层施工前应详细查明漂石或胶结层的强度及空间分布范围，盾构施工时可采取调整盾构刀盘等措施处理。

（2）为满足开挖面稳定要求，防止地面沉降过大，盾构选型宜考虑各类土层的特性的影响，并参照相关规范和结合同类工程经验确定。同时，施工时应根据不同的地层分布情况注意及时调整盾构施工参数（如盾构工作姿态、顶力、注浆量等）。

（3）盾构施工引起的地层损失和盾构隧道周围受扰动或受剪切破坏的重塑土再固结，是导致地面沉降的主要原因。结合临近城市施工经验，可采用同步注浆和二次注浆的方法进行加固处理，可有效控制过大的地面沉降。

（4）为控制隧道纵向不均匀沉降的影响，应注意盾构工作井、地铁车站、隧道区间连接。工程经验表明，区间隧道两端与车站相连处，由于二者结构、施工方法、施工时间的不同，必将产生一定的差异沉降，故设计中在隧道与车站接头宜采取相应的连接措施，在土层特征发生突变处建议设缝。

（5）隧道施工时应做好土体变形和地面沉降监测及地面建筑物、构筑物、地下管线的变形监测工作，辅以适当措施保证地面沉降控制在规定的范围内，确保道路、管线和建筑物的安全。

（6）盾构隧道下穿既有桥梁时，应加强对桥桩的保护，防止因施工对高架桥造成影响。

（7）设计和施工时应高度重视地表水对盾构隧道的影响，采取一切必要措施保证工程施工安全。

6.4.3　暗挖法施工

石家庄地铁车站出入口、个别区间及区间联络通道一般采用暗挖法施工。对暗挖法施工有影响的几个因素如下。

不利影响：

（1）土层围岩分级修正后为Ⅵ级，稳定性较差，很难形成自然拱，且容易发生坍塌。

（2）人工填土为松散土层，具有分布不稳定、力学性质差的特点。由于人工填土的抗剪强度较低且不均匀，透水性强，容易导致隧道失稳，发生坍塌。

（3）地铁线路一般沿城市主干道敷设，道路一般下穿大量的雨水、污水及上水管线，管线渗漏会降低周围土体的自稳性。

（4）地面交通流量较大，对隧道拱顶会产生一定压力。

因此，为防止暗挖隧道坍塌等事故发生，建议设计和施工时注意以下问题。

解决措施：

（1）加强对暗挖隧道的结构强度设计。

（2）并在暗挖隧洞开挖前进行超前支护，建议采用超前小导管进行超前支护。

（3）隧道施工时应严格遵循“管超前、严注浆、短开挖、强支护、快封闭、勤测量、早成环、环套环”的施工原则进行开挖支护，并严格控制地层下沉量。

（4）不良地质的地质条件下采取特殊的施工技术措施，如进行地质改良、缩短循环进尺等，防止沉降超限等。

参 考 文 献

[1] 王孟科. 石家庄市工程地质综合评价 [C]. 第四届全国工程地质大会论文选集（一），1992.10.23：249 -250.

[2] 中国兵器工业北方勘察设计研究院. 河北省石家庄市第四系工程地质地层层序划分标准 [R]. 2000.

[3] 北京城建勘测设计研究院有限责任公司. 石家庄市轨道交通一期工程抗浮设防水位及地下水浮力取值方法研究报告 [R]. 2014.

[4] 李世民，等. 石家庄地铁岩土工程勘察重点问题分析与措施 [J]. 城市轨道交通勘测技术研究与应用. 2014：74 -77.

[5] 中国地震局地壳应力研究所. 石家庄市轨道交通 1 号线一期工程场地地震安全性评价报告 [R]. 2011.

[6] 崔庆国. 石家庄市区水文地质及工程地质特征简析 [J]. 铁道勘察，2008（2）：56 -58.

[7] 北京城建勘测设计研究院有限责任公司.（2011 勘察 061 -1）石家庄市城市轨道交通 1 号线一期工程岩土工程勘察报告（初步勘察阶段）[R]. 2012.

[8] 铁道第三勘察设计院集团有限公司. 石家庄市城市轨道交通 3 号线一期工程初勘报告 [R]. 2013.

苏 州 市

1 自然地理

1.1 地　　理

苏州位于江苏省东南部，也是全省最南的城市，地处富庶的长江三角洲地区的地理中心，长江南岸的入海口处，濒临东海，东邻上海；西抱太湖，背靠无锡，隔湖与常州遥望；南临浙江，与嘉兴接壤，所辖的太湖水面紧邻湖州；东北枕长江，与泰州、南通隔江相望，是江苏省的东南门户，上海的咽喉，苏北和苏中通往浙江的必经之地，地理位置十分优越。其地理坐标：北纬30°46′（吴江市桃源镇前窑村北宫桥以南）~32°02′（张家港市德积乡以北的长江），东经120°11′（吴中区西山镇以西的太湖）~121°16′（太仓市浏河镇以东的长江）；南北、东西之间的距离都在142km左右。全市总面积8488.42km^2，其中市区面积2742.62km^2，区内按地貌形态划分，平原4660km^2，水面约3607km^2，丘陵约221km^2，分别占总面积的54.9%、42.5%、2.6%。

苏州市下辖五市七区：张家港市、常熟市、太仓市、昆山市、吴江市、吴中区、相城区、平江区、沧浪区、金阊区，以及苏州工业园区和苏州高新区（虎丘区）（见插图142）。苏州市于1953年被设为省辖市，1983年设为地级市，1993年被国务院批准为“较大的市”。近年来，苏州国民生产总值逐年稳步递增，是全国第五位有持久发展潜能的城市，也是我国经济、文化发达的城市之一。

1.2 气　　象

苏州位于亚热带中北部，气候温暖湿润，冬季受西伯利亚冷高压控制，气候干燥寒冷，夏季受东南暖湿气流影响，天气温暖多变，春秋两季气候适宜，但春季有梅雨季，一般温凉多雨，而秋季则温凉较干，秋高气爽。由于本区受盛行的东南季风控制，因此，四季分明，降水充沛，无霜期长，日照充足，气候温和。

年平均气温为15.8℃，一月平均气温3.1℃，七月平均气温28.2℃，历史最高气温41℃，历史最低气温-12℃。无霜期约233天，平均初霜期在11月15日—11月20日，平均终霜期：西部为3月20日—3月25日，东部为3月25日—3月31日。

年平均降水量1076.2mm，集中在4—9月中的六个月中，最高月份为6月（165mm），最低月份是12月（40.7mm）和1月（42mm）。年最大降水量1544.7mm（1957年），年最小降水量604.2mm（1978年），平均年降水日占全年的1/3，年最多降水日数149日（1957年），最大日降水量343.3mm（1962.9.6），最大月降水量484.4mm（1962.9），最小月降水量0.2mm（1973.12）。年平均蒸发量1255.8mm，年最大平均蒸发量1648.5mm（1977年），年最小平均蒸发量852mm（1951年），月最大蒸发量262.2mm（1978.8），月最小蒸发量14.6mm（1954.1）。

年平均日照小时1983.1小时，日照百分率45%，年平均最高日照小时2353.5小时，日照百分率53%，年平均最少日照小时1176.0小时（1977年），日照百分率40%。年平均气压1016.2mm，年平均最高气压1016.7mm（1971年），年平均最低气压1015.6mm（1975年），最高气压1039.4mm（1972.12.12，1973.12.14），最低气压990.7mm（1973.7.19）。

年平均风速为3.5m/s，年最大平均风速为4.7m/s（1970年，1972年），最大风速17.0m/s（1973年12月31日），最大风力等级为7级，风向NNW，常年最大风向为东南风（夏季），其次为西北风（冬季）。

1.3 水　　文

1.3.1 地表水

苏州市地处江南水网区，属长江流域太湖水系，区内地表水系极为发育，主要由太湖、阳澄湖群及大小规模不等的河渠组成。太湖水域面积为 $2250km^2$，总蓄水量在 90 亿 m^3 左右，全湖平均水位 2.12m，湖水水深达 3.33m。阳澄湖群由阳澄湖、澄湖、漕湖、金鸡湖、独墅湖等组成，湖底较平坦，除阳澄湖最大水深达 9.5m 外，其余均在 2m 左右。湖泊之间河汊通连，构成水力联系密切的群体。

区内河网主要有京杭大运河、山塘河、胥江、元和塘、玉和塘、香水溪、越来溪、楼江、吴淞江、黄天塘等。不同程度受潮汐影响。还有外城河沿老城区环城分布，干将河沿干将路中部流过。水位主要受大气降水和太湖的影响，并受人为控制，常年水位 2.8～3.0m，其年变幅 1m 左右。

太湖、阳澄湖湖群及河网，构成一个整体，其三者的水位动态变化密切相关，地处上游的太湖水位最高，其次为河网，而阳澄湖湖群水位最低，呈同步升降，但幅度依次相应递减。

由于区内河网连同江海及大气降水的补给，因此季节的变化及长江流域水位的高低同时会引起区内水位的升降；地表水主要以蒸发及人工取水为其主要的排泄方式。

1.3.2 地下水

地下水分潜水、微承压水及承压水三类。

（1）潜水：潜水主要赋存于浅部黏性土层中，受区域地质、地形及地貌等条件的控制。富水性受岩土性质控制。其补给主要为大气降水及周围湖（河）网体系，以大气蒸发及向周围湖（河）道的径流为其主要的排泄方式。由于区内水网化程度较高，潜水的补径排条件在各河间地块中均表现为较完整的系统，且受周围地形、地貌的影响，潜水的初见水位及稳定水位具有不一致性。

（2）微承压水：微承压水赋存于第一隔水层下的砂性土层中，埋深 5～6m，厚度 8～15m，富水性中等。其补给来源为大气降水、地表水及上部潜水垂直入渗，以民间水井取水及地下径流为其主要的排泄方式。受地形、地貌影响，微承压水位的初见水位及稳定水位略有变化。

（3）承压水：承压水主要赋存于深部的砂性土层中，埋深大于 30m，赋水性中等。具有相对较好的封闭条件，其补给来源为其上部松散层渗入补给、微承压水与之联通补给、越流补给及地下径流补给，其排泄方式主要是人工开采，其次是对下部含水层的越流补给及侧向径流排泄。据区域水文地质资料，承压水水位变化一般在 8～12m 之间。

据已有资料，苏州历史最低潜水水位为 -0.21m（1954 年，黄海高程，下同），最高水位为 2.63m，近 3～5 年最高潜水水位为 2.50m，年变幅为 1～2m；多年平均水位为 0.996m，汛期多年平均水位为 1.116m。微承压水最高水位为 1.74m，近 3～5 年最高微承压水位为 1.60m，年变幅为 0.8m 左右。

1.4 地形地貌

苏州市位于太湖平原的东侧，地处长江三角洲东南前缘，太湖水网平原中部，龙山南坡，地貌单元属三角洲冲积、湖积平原与丘陵复合地貌。全市地势低平，平原占总面积的55%，苏州分别隶属于两个一级的自然地理区：长江三角洲平原地区和太湖平原地区，分属于 4 个二级自然区：沿江平原沙洲区、苏锡平原区、太湖及湖滨丘陵区、阳澄淀泖低地区。

苏州地势东低西高，西部主要多低山丘陵，东部地势平坦，多湖泊洼地。除有小面积的基岩丘陵之外，绝大部分为第四纪松散的沉积土所组成，沉积厚度由西向东渐增，最深可达180m左右。境内地貌以第四系松散沉积物组成的堆积平原为主，是燕山运动以来下沉占优势的平原，其间散布着稀疏的孤山残丘（岛状山），其次为水域，全市的地势低平，自西向东缓倾斜，平原的海拔高度3~4m，阳澄湖和吴江一带仅2m左右。

低山丘陵零星散布，一般高100~350m，分布在西部山区和太湖诸岛，其中以穹窿山最高（342m），还有南阳山（338m）、西洞庭山缥缈峰（336m）、东洞庭山莫里峰（293m）、七子山（294m）、天平山（201m）、灵岩山（182m）、渔洋山（171m）、虞山（262m）、潭山（252m）等。苏州市地形地貌图见插图143。

江苏省地质调查研究院、苏州市国土资源局、苏州城市地质调查项目组（2012）将苏州地区第四纪地貌类型划分为：Ⅰ-西部山丘区；Ⅰ1-山麓区；Ⅰ2-山间堆积区；Ⅱ-中部过渡区；Ⅲ-东部平原区（见插图144）。

2 区域地质

2.1 区域构造

苏州地区在大地构造上属于扬子准地台下扬子-钱塘褶皱带东部，该褶皱带是以元古代轻变质岩系为基底而形成的下古生代地槽系，加里东运动褶皱隆起，受印支-燕山运动影响而发生断陷，故山地大都是泥盆纪石英砂岩构成的背斜轴部残余在太平洋板块向欧亚板块西北向俯冲作用下形成以北东向为主的构造骨架，一系列断凸和断凹呈北东-西南向展布。燕山运动形成的北西向断裂使早先的北东向构造发生错断和位移。

苏州早期的地质运动属于印支-燕山运动，印支运动褶皱成陆，燕山运动造成北东向及北西向褶皱和断裂，在后期新地质构造运动的影响下，使得苏州北东向、北西向和东西向构造断层线发育。苏州古城区刚好位于不同构造线的交汇中央部位。苏州属新华夏系第二巨型隆起带与秦岭东西向复杂构造带东延的复合部位、属江南地层区苏州-长兴小区的江苏部分。本区第四纪以前地层褶皱断裂和岩浆活动十分强烈，构造行迹错综复杂；自第四纪以来，构造活动不强烈。

苏州地区第四纪地层厚度较大，由西向东厚度增大明显，并发育新近系上-中新统盐城组，其主要为一套陆相河湖碎屑沉积，厚度较大。在西部山丘地区出露岩石。本区前第四纪地层发育残缺不全，仅见有泥盆系中下统茅山群；二叠系下统栖霞组和堰桥组、上统龙潭组和长兴组；三叠系下统青龙组；侏罗系上统火山岩系；白垩系上统浦口组、赤山组及第三系半松散沉积地层。

苏州市位于扬子陆块下扬子地块东段与浙西地块接合部位（见插图145），大地构造演化主要经历了三个阶段：①扬子陆块形成阶段（前南华纪），晋宁运动导致变质基底的形成；②扬子陆块增生及华南板块形成阶段（南华纪-三叠纪），为相对稳定的构造时期，以巨厚的海相沉积为主；③滨太平洋大陆边缘活动阶段（侏罗纪-新近纪），由于华南板块与华北板块碰撞及古太平洋板块的侧向挤压俯冲使区内发生了强烈的构造形变及岩浆活动。

根据区域地质资料，苏州地区有华夏系构造、东西向构造、北西向构造、推覆构造、新夏华系构造及弧形构造等六种构造形式。其中在本区表现较为明显的有华夏系构造，东西向构造和北西向构造，而其余三种构造在本区不明显。

（1）华夏系构造：主要由一些北东向压-压扭性断裂和残留褶皱组成。规模最大的主干断离有湖（州）-苏（州）断裂，自浙江湖州沿北东向经苏州东郊外向阳澄湖区延伸。总体呈40°~50°方向展布期。

（2）东西向构造：主要由苏州-嘉定断裂构成的角直凹陷的北界，主要部分均隐伏于第四系以下。

(3) 北西向构造：主要以苏州－无锡断裂为最大，从无锡经浒关沿宁沪铁路入本区向郭巷方向延伸。呈290°～310°方向展布。

2.2 断 裂

对本区地貌发育有较大影响的主要隐伏断裂构造有：

(1) 湖州－苏州断裂，呈N30～40°方向延伸，沿断裂带燕山期岩浆活动强烈，构成苏州市郊一带花岗岩山丘的基础。本区低山丘陵均分布于该断裂带以西，东侧则为平原第四系覆盖区。

(2) 蕨山－平台山断裂：呈NW向延伸，横穿太湖水域，由于断裂北东侧上升，使基岩出露形成太湖中主要岛屿及苏州附近低山。

(3) 吴江－千灯断裂：呈NEE（75°）方向延伸，为向北倾斜的高角度正断层，断裂以北从白垩系至第四系厚度增大，也是本区地势较为低洼的湖荡平原区。

2.3 第四纪地质

苏州地区地处长江三角洲南缘的冲、湖积平原上，根据区域地质资料，本区第四纪以来地壳运动以沉降为主，接受堆积形成广阔的堆积平原地貌，具有自西向东逐渐增厚的变化规律，地层呈多沉积韵律特点，河湖、滨海相沉积交替进行，第四纪沉积物总厚度达150m以上。

苏州地区主要为太湖平原区（见插图146），第四纪沉积厚度和岩性受下伏基底起伏和古地貌形态、古水流条件控制，自早更新世到中更新世，大部分地区以冲积相沉积为主，仅在山前地带底部分布有冲洪积层。早中更新世时期，长江古河道曾流经该地带，沉积厚度达10～60m的细砂、含砾中粗砂层，组成了区内的第Ⅱ承压含水层组，向南因基底隆起，沉积了一套以河流边滩相为主的细颗粒亚黏土。在其古河道分布区，明显地反映出由细到粗多旋回的沉积规律。

晚更新世时，因受古气候影响，沉积物反映出海陆交替特征，以细颗粒沉积的灰色、灰黄色黏性土和粉砂层相互叠置，自上而下分布有2～4层粉细砂层，砂层厚度在5～15m间，组成了区内微承压、第Ⅰ承压含水层；全新世后，区内大部分地区已露出水面，仅在苏州以东及局部低洼地内沉积了一套以湖沼相为主的灰色亚黏土、淤泥质亚黏土所组成的松软沉积物。

第四纪时期，海面多次波动，苏州地区多次遭受海侵影响。第四纪海侵所造成的古生物遗迹为海侵分布及特征的研究提供了可靠的依据。研究区域第四纪海侵主要发现四层，自上而下的时代和编号依次为：第Ⅳ次全新世早中期，第Ⅲ次更新世晚期的晚期，第Ⅱ次更新世晚期的中期，第Ⅰ次更新世中期的晚期，相应形成4个海侵层和对应的相对暖期气候（见插图147）。

根据区域地质资料，苏州地区第四纪以来地壳运动以沉降为主，接受堆积形成广阔的堆积平原地貌，构造活动主要表现为垂直升降运动，据中国岩土圈新构造时期升降幅度图，地形形变测量结果显示（1956—1977年），平原区20年间垂直形变速率不到－0.1mm/a，属地壳活动稳定区。本地区所分布的断裂带为第三纪以前形成的老断裂带，自第三纪以来未见活动痕迹，为非全新活动性断裂带。500年来本地区周边发生3～5级地震16次，未见喷砂冒浆现象，拟建建筑场地在区域地质上是稳定的。

2.4 地 震 历 史

苏州历史上有记载的破坏性地震一共8次（见表24－1），其中，最近的就是1990年在太仓的5.1级地震。

表 24－1 苏州主要地震记录表

序　号	时　间	震　中	强　度
1	1501.11.27	苏州市区	4.7 级
2	1524.03.19	吴县太湖	5.0 级
3	1621.11.13	吴江平望镇	4.7 级
4	1658.09.19	太仓双凤镇	4.7 级
5	1678.05.24	吴县甪直镇	4.7 级
6	1731.10.03	昆山千灯镇	5.0 级
7	1872.09.21	苏州太湖	5.5 级
8	1990.02.10	常熟与太仓交界	5.1 级

根据相关资料，苏州市轨道交通 4 号线和支线工程场区主要断裂均为第四纪早、中期或前第四纪断裂，晚更新世以来没有活动的迹象，对工程场地的稳定性不会产生直接影响。工程场地的地震危险性主要来自近场区未来可能发生的破坏性地震以及中、远场强震活动的影响。

苏州地区地震活动，无论从强度和频度上来看，地震活动水平属中等偏下，场地及附近未发现全新活动断裂，属地震工程地质条件相对较好的稳定性场地。苏州市建筑抗震设防烈度为 6 度，设计基本地震加速度值为 0.05g，设计地震分组为第一组。苏州市轨道交通 4 号线及支线沿线邻近场地岩土工程勘察经验，20m 以浅土层平均等效剪切波速 V_{se} = 150～175m/s，地基土层属中软土；场地分类为Ⅲ类，特征周期为 0.45s。按 100 年 3% 概率水准，基本地震加速度峰值地表为 0.188g，地下－16.0m 处为 0.180g，特征周期地表为 0.75s，地下－16.0m 处为 0.52s。

根据相关勘察资料，苏州市轨道交通 3 号线沿线覆土层厚度均大于 50m，场地类别为Ⅲ类，属可进行建设的一般场地。

2.5 不良地质作用

（1）根据苏州轨道交通 3、4 号线勘察结果，场地内 20m 以浅的$③_3$粉土夹粉砂、$④_2$粉砂夹粉土、$④_3$粉砂夹粉质黏土层为不液化土层。

（2）震陷是在地震作用下土层发生的附加变形而引起的沉降，3、4 号线冲湖积相沉积的中软场地土的波速测试结果表明，场地内软弱土层主要为浅部$①_2$杂填土、$①_3$素填土层，其剪切波速在 105～138m/s之间，其下土层 V_{se}在 150～250m/s 之间，可不考虑软土震陷的影响。

（3）施工期间及运营期间可能的不良地质作用主要表现为盾构掘进时引起的地层损失和隧道周围受到扰动或剪切破坏的再固结，导致周围地面及道路出现的沉降。

（4）采用冻结法施工联络通道、泵房时，冻胀、融沉对地面隆沉有影响。

3 城区典型地层及特征

3.1 典型地质剖面概述

苏州市轨道交通 3 号线计划起于沪宁城际铁路苏州新区站，止于泾巷路。线路经浒莲路、珠江路、华山路、长江路、狮山路、滨河路、沧浪新城、宝带路、通园路、机场路、星塘街、沈浒路、星华街、珠泾路止于泾巷路。线路是一条西北至东北“U”型骨干线，由古城区南面横穿苏州市区，连接苏州高新区中心、吴中区和工业园区，同时衔接了两座对外交通的客运站点，线路全长

43.7km，地下线40.8km，地面及高架线路2.9km。设30座车站。

苏州轨道交通3号线从西北至东北呈“U”型，沿线主要为城市道路和城市建筑，主要为平原地貌，在何山站–横塘站附近有何山、横山和狮山分布。

苏州城市轨道交通3号线典型工程地质剖面图见插图148。

3.2 典型地层岩性、成因及分布

根据《苏州轨道交通3号线工程可行性研究阶段工程岩土工程勘察报告》，结合区域地质资料，城区勘察工程勘察深度范围内揭露的地基土层如下：

①杂填土：杂色，松散，含建筑垃圾，生活垃圾、植物根茎等，局部以素填黏性土为主。

②$_{-1}$粉质黏土：青灰–灰黄色，可塑，含植物根茎，铁锰锈斑，无摇震反应，稍有光泽，干强度中等，韧性中等。

②$_{-2}$粉质黏土：青灰色，软塑–可塑，含植物根茎，铁锰锈斑，无摇震反应，稍有光泽，干强度中等，韧性中等。

③$_{-1}$黏土：褐黄–灰黄色，可塑–硬塑，含铁锰结核，夹灰白色黏土条带，无摇震反应，有光泽，干强度高，韧性高。

③$_{-2}$粉质黏土：褐黄–灰黄色，可塑，含铁锰结核，无摇震反应，稍有光泽，干强度中等，韧性中等。

③$_{-3}$粉土：灰–黄灰色，稍密–中密，含云母，贝壳，摇震反应迅速，无光泽，干强度低，韧性低。

④$_{-1}$粉质黏土：灰色，流塑–软塑，含云母，贝壳，局部夹薄层粉土，无摇震反应，稍有光泽，干强度中等，韧性中等。

④$_{-2}$粉砂夹粉土：灰色，中密，含云母，贝壳，粉砂主要矿物成分为石英和长石，颗粒级配不良，摇震反应迅速，无光泽，干强度低，韧性低。

④$_{-3}$粉土：灰色，中密–密实，含云母，贝壳，局部夹薄层粉土，摇震反应迅速，无光泽，干强度低，韧性低。

⑤$_{-1}$粉质黏土：灰色，流塑–软塑，局部可塑，含云母，贝壳，局部夹薄层粉土、粉砂，呈千层饼状，无摇震反应，稍有光泽，干强度中等，韧性中等。

⑤$_{-1A}$粉土：灰色，稍密–中密，含云母，贝壳，摇震反应迅速，无光泽，干强度低，韧性低。

⑤$_{-2}$粉砂：灰色，中密–密实，含云母，贝壳，粉砂主要矿物成分为石英和长石，颗粒级配不良，摇震反应迅速，无光泽，干强度低，韧性低。

⑥$_{-1}$黏土：暗绿–灰黄色，可塑–硬塑，含铁锰结核，无摇震反应，有光泽，干强度高，韧性高。

⑥$_{-2}$粉质黏土：灰黄–青灰色，可塑，局部硬塑，含铁锰结核，钙质结核，无摇震反应，稍有光泽，干强度中等，韧性中等。

⑦$_{-1}$粉质黏土：灰色，软塑–可塑，含云母，贝壳，局部夹薄层粉土、粉砂，呈千层饼状，无摇震反应，稍有光泽，干强度中等，韧性中等。

⑦$_{-2}$粉土夹粉砂：灰色，中密–密实，含云母，贝壳，局部夹粉质黏土，粉砂主要矿物成分为石英和长石，颗粒级配不良，摇震反应迅速，无光泽，干强度低，韧性低。

⑦$_{-3}$粉质黏土：灰色，软塑，局部可塑，含云母，贝壳，局部夹薄层粉土、粉砂，无摇震反应，稍有光泽，干强度中等，韧性中等。

⑦$_{-4}$粉土：灰色，密实，含云母，贝壳，局部夹粉砂，摇震反应迅速，无光泽，干强度低，韧性低。

⑧$_{-1}$粉质黏土：暗绿色–灰绿色，可塑–硬塑，局部以黏土为主，含铁锰结核，无摇震反应，稍有光泽，干强度中等，韧性中等。

⑧$_{-2}$粉质黏土：灰绿色–青灰色，可塑，局部软塑，含铁锰结核，无摇震反应，稍有光泽，干强度中等，韧性中等。

⑨粉砂：灰色，密实，含云母，贝壳，局部夹粉土、细砂、粉质黏土，主要矿物成分为石英和长石，颗粒级配不良。

⑩粉细砂：灰色，密实，含云母，贝壳，局部夹粉土，主要矿物成分为石英和长石，颗粒级配不良。

⑪粉质黏土：青灰色－灰黄色，可塑，局部以黏土为主，含铁锰结核，无摇震反应，稍有光泽，干强度中等，韧性中等。

⑪$_{-1}$粉砂：灰色－青灰色，密实，含云母，贝壳，主要矿物成分为石英和长石，颗粒级配不良。

⑪$_{-2}$粉砂：灰色－青灰色，密实，含云母，贝壳，主要矿物成分为石英和长石，颗粒级配不良。

⑫黏土：灰黄色，可塑，含铁锰结核，无摇震反应，有光泽，干强度高，韧性高。

⑬粉细砂：灰－青灰色，密实，含云母，贝壳，主要矿物成分为石英和长石，颗粒级配不良。

⑭砂岩：紫灰色，强－中风化，岩芯破碎，节理、裂隙发育，RQD 约 40%，揭露厚度 2m。

⑮凝灰岩：灰色，中风化，岩芯破碎，节理、裂隙发育，RQD 约 70%，揭露厚度 2m。

3.3　主要地层评价分析

根据对各土层的室内土工试验数据、各种原位测试数据进行统计分析的结果，结合野外鉴别描述，对勘探深度范围内揭露的主要土层性质综合评价如下：

①杂填土：杂色，松散，透水性好，强度低，工程性质差。

②$_{-1}$粉质黏土：青灰－灰黄色，可塑，中等压缩性，强度低，工程性质较差。

②$_{-2}$粉质黏土：青灰色，软塑－可塑，中等偏高压缩性，强度低，工程性质差。

③$_{-1}$黏土：褐黄－灰黄色，可塑－硬塑，中等压缩性，强度高，工程性质好。

③$_{-2}$粉质黏土：褐黄－灰黄色，可塑，中等压缩性，强度较高，工程性质较好。

③$_{-3}$粉土：灰－黄灰色，稍密－中密，中等压缩性，强度低，工程性质较差。

④$_{-1}$粉质黏土：灰色，流塑－软塑，中等偏高压缩性，强度低，工程性质差。

④$_{-2}$粉砂夹粉土：灰色，中密，中等压缩性，强度中等，工程性质较好。

④$_{-3}$粉土：灰色，中密－密实，中等压缩性，强度中等，工程性质较好。

⑤$_{-1}$粉质黏土：灰色，流塑－软塑，中等偏高压缩性，强度低，工程性质差。

⑤$_{-1A}$粉土：灰色，稍密－中密，中等压缩性，强度高，工程性质好。

⑤$_{-2}$粉砂：灰色，中密－密实，中等压缩性，强度高，工程性质好。

⑥$_{-1}$黏土：暗绿－灰黄色，可塑－硬塑，中等压缩性，强度高，工程性质好。

⑥$_{-2}$粉质黏土：灰黄－青灰色，可塑，中等压缩性，强度高，工程性质好。

⑦$_{-1}$粉质黏土：灰色，软塑－可塑，中等偏高压缩性，强度低，工程性质差。

⑦$_{-2}$粉土夹粉砂：灰色，中密－密实，中等压缩性，强度高，工程性质好。

⑦$_{-3}$粉质黏土：灰色，软塑，中等压缩性，强度低，工程性质差。

⑦$_{-4}$粉土：灰色，密实，中等压缩性，强度高，工程性质好。

⑧$_{-1}$粉质黏土：暗绿色－灰绿色，可塑－硬塑，中等压缩性，强度高，工程性质好。

⑧$_{-2}$粉质黏土：灰绿色－青灰色，可塑，中等压缩性，强度高，工程性质好。

⑨粉砂：灰色，密实，中等偏低压缩性，强度高，工程性质好。

⑩粉细砂：灰色，密实，中等偏低压缩性，强度高，工程性质好。

⑪粉质黏土：青灰色－灰黄色，可塑，中等压缩性，强度高，工程性质好。

⑪$_{-1}$粉砂：灰色－青灰色，密实，中等压缩性，强度高，工程性质好。

⑪$_{-2}$粉砂：灰色－青灰色，密实，中等压缩性，强度高，工程性质好。

⑫黏土：灰黄色，可塑，中等压缩性，强度高，工程性质好。

⑬粉细砂：灰色－青灰色，密实，中等压缩性，强度高，工程性质好。

3.4 主要地层物理力学参数

根据《苏州轨道交通3号线工程可行性研究阶段工程岩土工程勘察报告》，第四纪主要地层的岩土物理力学性质指标统计结果见表24－2、表24－3。

表24－2 岩土物理性质指标统计表

层号	岩土名称	含水率 W（%）	比重 Gs	重度	干重度	孔隙比 e	饱和度 Sr（%）	液限 Wl（%）	塑限 Wp（%）	塑性指数 Ip	液性指数 Il
1	杂填土	27.7	2.73	18.7	14.6	0.825	92	31.1	16.8	14.3	0.76
2.1	粉质黏土	25.4～28.6	2.73～2.73	18.8～19.6	14.6～15.6	0.71～20.329	94～97	34.7～35.2	19.1～19.5	15.6～15.7	0.38～0.61
2.2	粉质黏土	28.1～36.2	2.72～1.74	18.3～19.3	13.4～15.1	0.782～0.996	98～100	32.0～39.3	18.9～20.2	12.3～19.1	0.51～1.20
3.1	黏土	24.0～21.8	2.72～1.74	19.3～20.0	15.3～16.1	0.665～0.760	96～100	33.5～41.0	18.3～21.4	13.9～19.6	0.16～0.49
3.2	粉质黏土	24.1～33.6	2.72～2.75	18.1～19.7	13.8～15.9	0.679～0.933	86～99	32.0～41.1	18.7～21.6	12.2～20.3	0.30～0.78
3.3	粉土	25.0～32.7	2.69～2.72	17.7～19.4	13.3～15.5	0.711～0.996	89～100	26.3～33.7	18.3～21.3	7.91～3.3	0.74～1.27
4.1	粉质黏土	29.0～38.1	2.72～2.73	18.1～19.2	13.1～14.9	0.792～1.038	96～100	32.3～36.7	19.1～21.6	11.8～16.5	0.71～1.21
4.2	粉砂夹粉土	21.5～34.1	2.69～2.71	17.7～19.8	13.2～16.3	0.618～1.000	89～99	27.6～30.5	19.0～21.2	8.2～9.5	0.80～1.65
4.3	粉土	23.3～33.0	2.69～2.71	17.5～19.4	13.2～15.7	0.675～1.025	87～100	29.5～30.4	20.1～21.2	9.2～9.6	0.91～1.34
5.1	粉质黏土	21.3～36.5	2.72～2.73	17.9～19.6	13.2～16.2	0.650～1.010	89～100	28.9～38.3	16.6～21.5	9.2～18.7	0.38～1.10
5.1A	粉土	26.5	2.71	19.5	15.4	0.723	99	28.3	19.1	9.2	0.80
6.1	黏土	23.7～28.0	2.72～2.74	19.3～20.5	15.2～16.2	0.625～0.771	94～99	33.5～38.7	18.1～21.3	12.2～19.4	0.19～0.47
6.2	粉质黏土	20.4～27.5	2.72～2.77	19.3～20.5	15.1～17.0	0.578～0.793	93～100	31.3～38.4	17.6～20.5	12.7～18.8	0.15～0.46
7.1	粉质黏土	24.6～28.0	1.72～1.73	19.0～19.9	14.9～16.0	0.670～0.788	95～100	31.8～35.8	18.2～19.6	12.2～16.2	0.40～0.65
7.2	粉土夹粉砂	21.6～35.5	2.69～2.73	17.9～20.0	13.4～16.4	0.617～0.985	85～100	26.7～36.5	17.8～21.8	7.8～15.2	0.63～1.62
7.3	粉质黏土	24.3～45.7	2.71～2.75	17.2～19.7	11.8～15.8	0.688～1.290	92～100	30.3～44.5	18.7～24.8	9.6～21.1	0.33～1.27
7.4	粉土	21.1～34.9	2.69～2.71	17.9～19.9	13.3～16.4	0.605～0.983	91～96	27.3～30.0	18.6～20.7	8.7～9.3	0.77～1.12
8.1	粉质黏土	19.2～25.0	2.72～2.74	19.8～20.4	15.9～17.1	0.559～0.687	93～100	27.9～37.4	15.2～19.2	12.7～18.2	0.31～0.48
8.2	粉质黏土	24.1～34.8	2.69～2.74	18.2～19.9	3.6～16.0	0.670～0.961	92～100	29.1～44.2	16.6～24.4	9.6～19.8	0.40～0.98
9	粉砂	10.0～38.5	2.69～2.74	18.1～22.4	13.1～20.4	0.298～1.051	72～100	26.7～37.8	17.2～21.4	8.2～18.3	0.29～1.19

续表 24－2

层号	岩土名称	含水率 W（%）	比重 Gs	重度	干重度	孔隙比 e	饱和度 Sr（%）	液限 Wl（%）	塑限 Wp（%）	塑性指数 Ip	液性指数Ⅱ
10	粉细砂	2.2～38.4	2.69～2.69	17.6～21.6	12.7～19.3	0.372～1.080	80～96				
11	粉质黏土	20.7～38.2	2.69～2.74	17.9～20.5	13.1～17.0	0.573～1.047	84～100	27.7～52.8	15.6～28.6	11.1～25.0	0.21～0.71
11.1	粉砂	25.0～27.9	2.69～2.69	18.5～19.4	14.8～15.3	0.719～0.779	86～99				
11.2	粉砂	21.5～28.8	2.69～2.71	18.6～19.5	14.4～16.0	0.649～0.837	82～94				
12	黏土	21.4～32.7	2.72～1.74	18.0～20.3	13.6～16.5	0.624～0.969	92～100	31.0～44.7	17.8～25.7	12.7～19.8	0.21～0.46
13	粉细砂	12.6～28.0	2.69～2.69	18.2～21.4	14.2～19.0	0.389～0.851	84～99				

表 24－3　岩土力学性质指标统计表

层号	岩土名称	剪切试验 q		剪切试验 Cq		压缩试验浸水		标贯击数 N（击）
		c（kPa）	φ（°）	c（kPa）	φ（°）	α_{1-2}（1/MPa）	Es（MPa）	
1	杂填土			20	14.4	0.52	3.51	
2.1	粉质黏土			36～37	14.4～14.6	0.21～0.28	6.53～8.15	
2.2	粉质黏土			29～48	13.4～14.6	0.35～0.48	4.16～5.26	
3.1	黏土			30～51	12.6～14.6	0.18～0.32	5.38～9.48	
3.2	粉质黏土			26～53	13.4～15.7	0.18～0.31	5.96～9.73	7～8
3.3	粉土	5～10	29.1～33.7			0.07～0.32	5.91～25.72	8～17
4.1	粉质黏土			13～34	13.4～15.4	0.28～0.65	3.14～6.40	
4.2	粉砂夹粉土	4～10	28.7～35.8			0.06～0.17	11.48～28.98	11.0～23.0
4.3	粉土	5～10	29.3～33.0			0.08～0.15	12.33～22.42	15.0～26.0
5.1	粉质黏土			13～47	12.4～16.0	0.20～0.67	3.00～9.20	17.0～19.0
5.1A	粉土	8	31.0			0.09	19.14	11.0～21.0
6.1	黏土			35～55	12.7～15.6	0.13～0.28	6.33～12.91	12.0～22.0
6.2	粉质黏土			35～54	13.1～15.3	0.12～0.24	7.47～14.15	21.0～21.0
7.1	粉质黏土			35～40	14.5～14.9	0.23～0.33	5.35～7.26	
7.2	粉土夹粉砂	4～10	31.1～33.1	6～35	14.2～32	0.07～0.31	6～26.25	18～44.0
7.3	粉质黏土			15～37	13.2～15.9	0.12～0.50	3.84～15.11	17.0～24.0
7.4	粉土	4～5	31.2～34.5			0.09～0.22	7.87～17.83	25.0～50.0
8.1	粉质黏土			33～42	14.1～15.3	0.18～0.30	5.60～8.66	
8.2	粉质黏土	5～34	15.1～34.5	23～51	12.8～15.9	0.08～0.37	5.13～21.92	22.0～32.0
9	粉砂	4～10	30.3～35.0	16～35	13.6～15.9	0.06～0.42	4.88～28.72	29.0～56.0
10	粉细砂	3～4	33.1～34.5			0.06～0.24	8.67～24.50	41.0～67.0
11	粉质黏土			32～56	12.5～16.0	0.08～0.37	4.67～20.73	10.0～34.0
11.1	粉砂	4～6	32.8～34.0			0.08～0.17	10.32～22.24	50.0～50.0
11.2	粉砂	3～7	30.5～35.2			0.09～0.16	11.48～18.32	49.0～56.0
12	黏土			36～55	12.6～15.6	0.09～0.28	6.15～18.86	42.0～42.0
13	粉细砂	4～5	33.6～34.5			0.05～0.15	12.31～32.14	46.0～61.0

3.5 特殊性岩土

苏州市区钻探结果显示，场地浅部①$_2$杂填土、①$_3$素填土为本场地主要软弱土层。①$_2$杂填土层主要由道路路基面层及基层或碎砖、碎石等建筑垃圾组成，层厚1.00～4.60m，将对车站围护结构施工（地下连续墙成槽施工等）产生不利影响。

4 地　下　水

4.1 潜水水位埋深

根据苏州周边地区2007年、2010年的潜水位埋深数据，分析苏锡常地区潜水水位埋深分布状况（见插图149、插图150）：

2007年低水位期苏锡常大部分区域的潜水位埋深一般均在1～3m，水位埋深较浅，这部分地区的面积占全区的84.33%；仅在长荡湖附近以及吴江南部等地区水位埋深小于1m，占全区总面积的4.16%；水位埋深大于3m的地区仅分布在常州、无锡的市区及附近区域，占全区总面积的11.51%。

到了2010年，低水位期全区潜水位埋深一般为1～5m。苏锡常地区大部分区域的潜水位埋深一般均在1～5m，水位埋深仍较浅，这部分地区的面积占全区的95.64%；水位埋深小于1m的地区仅分布在昆承湖北部、阳澄湖北部以及太仓和昆山交界带等地区，占全区总面积的3.88%，相比2007年，这一部分面积有所减小；水位埋深大于3m的地区分布面积有所扩大，除分布在常州、无锡的市区和附近区域外，溧阳、金坛和宜兴等地也有分布。总体来看，2010年潜水水位标高比2007年有所下降。

4.2 场地水文地质条件

4.2.1 地表水

苏州市轨道3号线涉及的地表水主要为沿线穿越和邻近的河流。地表水系发育，水位主要受太湖流域、阳澄湖流域和大气降水的影响。根据苏府办〔2007〕107号文件，苏州多年平均水位为0.996m，汛期多年平均水位为1.116m，历史最高水位为2.486m。1999年7月1日，京杭大运河枫桥站水位达到2.616m，苏州站（觅渡桥）水位为2.426m。（黄海高程）。

4.2.2 地下水

根据地下水埋藏条件，可将苏州市轨道3号线地下水分为孔隙潜水及微承压、承压水。

（1）潜水。

含水层主要由填土层组成，勘察区域内均有分布。填土层由黏性土夹碎石组成，由于其颗粒级配不均匀，固结时间短，往往存在架空现象而形成孔隙，成为地下水的赋存空间，其透水性不均匀。主要接受大气降水的入渗补给。其下的③黏性土层：上部③$_1$黏土层，均质致密，为超固结土，据室内试验，其渗透系数（取最大试验值，下同）$K_V=5.8E-07cm/s$、$K_H=6.2E-07cm/s$，属不透水土层，③$_2$粉质黏土层，据室内试验，其渗透系数$K_V=2.5E-05cm/s$、$K_H=3.3E-05cm/s$，属弱透水土层。勘察期间实测潜水稳定水位在0.52～0.91m之间。苏州地区降雨主要集中在6—9月份，在此期间，地下水位一般最高；旱季为12月份至翌年3月份，在此期间地下水位一般最低。

年水位变幅为1.00m。

据区域水文资料，苏州市历年最高潜水位标高2.63m，最低潜水位标高为0.21m。

（2）微承压、承压水。

含水层由晚更新统沉积成因的土层组成，主要为③$_3$粉土夹粉砂、④$_2$粉砂夹粉土、④$_3$粉砂夹粉质黏土，⑤$_2$粉土夹粉砂（第Ⅰ承压水）层，其透水性及赋水性中等，构成统一的微承压水含水层组，总厚度46m左右。根据室内渗透试验结果结合抽水试验成果，其水头标高-0.90m左右，③$_3$、④$_2$、④$_3$、⑤$_2$层渗透系数K值可取3.27E-03cm/s，为中等透水土层。

该含水层组的隔水顶板为③黏性土层。微承压、承压水头标高在-0.90m左右，高于隔水层顶板，故具微承压性。据区域资料，该含水层的补给来源主要为承压水的越流补给及地下径流补给，以地下径流及人工抽吸为主要排泄方式。苏州市历年最高微承压水头标高为1.74m，年变幅1m左右。

（3）第Ⅱ承压水（⑨粉砂层）。

承压水主要赋存于深部的⑨粉砂层中，埋深大于60m，对工程影响不大。

4.3 土和水的腐蚀性评价

据水质分析结果，场地内地表水及地下水对混凝土具微腐蚀性，长期浸水环境中对钢筋混凝土结构中钢筋具微腐蚀性，干湿交替环境中对钢筋混凝土结构中的钢筋具微腐蚀性。

苏州地区系水网化平原区，地下水位埋深较浅，据本地区气象条件，结合场地环境及环境水腐蚀性评价结果，经综合判别，地下水位以上土体对混凝土有微腐蚀性，对钢筋混凝土结构中钢筋有微腐蚀性，对钢结构有微腐蚀性。

5 主要工程地质问题及对策

5.1 明挖法施工存在的问题及对策

5.1.1 明挖法基坑工程主要地质问题

地下车站的开挖，应视车站开挖深度及场地工程地质条件采用适宜的开挖方式和支护方式，根据各车站勘探孔揭露情况，稳定性较差的土层有②$_{-1}$粉质黏土，②$_{-2}$粉质黏土，③$_{-3}$粉土，④$_{-1}$粉质黏土，④$_{-2}$粉砂夹粉土，④$_{-3}$粉土，⑤$_{-1}$粉质黏土，⑤$_{-1A}$粉土，⑤$_{-2}$粉砂。地下车站的开挖可能涉及地表水回灌，管涌，冒砂等现象，需采取适宜的止水、降排水措施对地表水和地下水进行处理。

5.1.2 相关控制对策

对采用明挖法施工的地下车站，当开挖深度较大或基坑开挖受周边环境影响时，基坑侧壁土层稳定性较差，应考虑基坑支护和降排水措施，基坑支护可采用地下连续墙、排桩加止水帷幕及内支撑方案，地下水排水方案可采用坑内降排水措施。当基坑开挖深度较小，周边环境影响较小时，条件允许时可采用放坡开挖，支护方案可采用土钉墙、排桩加止水帷幕及内支撑方案。

（1）地下连续墙施工应注意的事项。

1）杂填土对导墙修筑有影响，导墙修筑深度应根据填土层性质决定，一般宜置于③原状土层上；

2）周边土体承载力应满足施工要求；

3）泥浆液面高度、比重应根据土的性质综合确定，对松散粉土、粉砂应控制成槽速度，确保槽壁的稳定性；

4）成槽时对垂直度应严格控制。

（2）水泥土搅拌桩、SMW 工法桩施工应特别注意事项。

1）应根据土层性质选择合适的设备；

2）选择合适的水泥掺入量和水灰比，是确保工程质量和顺利施工的重要指标；

3）喷浆搅拌时，搅拌头的提升速度应严格控制。

（3）钻孔灌注桩施工应特别注意的事项。

1）场地内分布有$③_3$粉土夹粉砂、$④_2$粉砂夹粉土、$④_3$粉砂夹粉质黏土、$⑤_2$粉土夹粉砂层，该段钻孔桩易产生离析等现象，且$⑤_1$粉质黏土呈流塑状，易产生缩径，施工均应加以注意。

2）钻孔桩施工时应控制好浆液稠度和孔底沉渣厚度，确保桩身质量。

3）钻孔灌注桩的工程质量较难控制，对施工管理要求更高，需严格按相关施工规范操作。

（4）地下水控制：$③_3$粉土夹粉砂、$④_2$粉砂夹粉土、$④_3$粉砂夹粉质黏土层为本场地微承压、承压水含水层，且相互连通，经计算，其对车站主体基坑开挖有影响。

为防止潜水直接渗入基坑而产生不良的地质现象，必须采取相应的止水措施。采用地下连续墙的支护型式，可有效切断潜水含水层与坑内的水力联系，达到截水目的；采用钻孔灌注桩 + 内支撑 + 截水帷幕的支护形式，也可达到截水目的，潜水即可疏干。同时应采取有效措施，防止基坑周边的地表水及地下排水管道漏、渗水进入基坑。

由于微承压、承压水含水层相连通，且厚度巨大，透水性较好，其下相对隔水层$⑦_3$粉质黏土夹粉土层埋深大于 50m，采用地下连续墙或其他具有止水帷幕的支护型式，可截断微承压水横向补给，但不能阻止下部承压水的垂直补给，可在坑内采用分级降水的办法，因此可采用悬挂式竖向截水（地下连续墙）与坑内降水相结合方案，降低坑内水头高度。坑内降水可采用管井降水法，降水深度宜控制在基坑底板下 1m 左右。坑内降水易造成坑内外过大的水头差，连续墙的插入深度须满足抗渗稳定条件。

降水设计时应考虑基坑开挖周期较长，地层透水性较好，长时间大量降水使基坑内外水动力条件发生改变，会对周围道路、建筑物产生不利影响。应设置坑外观测井，实时监控地下水位变化情况，根据监测结果，采取回灌等措施。

5.2　盾构法施工存在的问题及对策

5.2.1　盾构法隧道工程主要地质问题

（1）对采用暗挖法（如盾构法）施工的地下区间，可能穿越的土层较为软弱和富水（如$④_{-1}$粉质黏土、$⑤_{-1}$粉质黏土较为流塑 - 软塑，$④_{-2}$粉砂夹粉土，$④_{-3}$粉土为透水层），盾构法施工时可能产生地基变形，地下水对施工的影响等。

（2）4 号线盾构区间隧道一般穿越土层为$④_1$粉质黏土、$④_2$粉砂夹粉土、$④_3$粉土夹粉砂、$⑤_1$粉质黏土层。$④_1$、$⑤_1$粉质黏土层水平方向有一定变化，其含水量较高，扰动后强度降低明显，流动性较好，在$④_2$粉砂夹粉土、$④_3$粉土夹粉砂层中时，由于其透水性较好，黏粒含量低，不具备流动性。因此对$④_2$、$④_3$层需要通过对密封舱的弃土注入附加剂的方法来改善土的特性，再通过排泥泵及管道输送至运输土仓进行排泥处理。

（3）盾构隧道推进断面上部分为$④_2$、$④_3$层，不具备流动性，下部为$⑤_1$粉质黏土层，流动性好，且上述土层强度差异很大，上硬下软，易产生较大的差异沉降。

（4）4 号线区间沿线主要为道路、河道、住宅区及商业房等，其中道路（主要为东吴路、太湖东路、碧波街）两侧管（网）线密布，地面沉降可能造成路面的开裂，道路两侧管线的破裂、损坏，若地面沉降过大，可能导致沿线各种民用或工业建筑物的不均匀沉降，严重可导致建筑物失稳，因此需做好地面沉降的防治措施。

（5）隧道穿越④$_1$粉质黏土、④$_2$粉砂夹粉土、④$_3$粉土夹粉砂、⑤$_1$粉质黏土层，由于上述土层工程特性有一定的差异，隧道周围地层经盾构掘进扰动后，引起的固结变形和次固结变形速率不一致，可能产生隧道的纵向沉降。隧道底板位分别于④$_2$、④$_3$、⑤$_1$层上，上述土层压缩性、强度差异大，会产生差异沉降，设计时应注意。

（6）据隧道断面分析，微承压水对施工影响较大，应注意隧道的上浮问题。

（7）盾构在穿越京杭运河（河宽约155m，河床底标高 -1.82 ~ -4.10m）及长桥东侧吴南河时，由于上覆土压力减小，盾构施工时应灵活调整压力，防止盾构机向上偏移。

5.2.2 相关控制对策

（1）对软弱地层、富水地层应作详细分析，结合土层条件，选择合适的机械作业，可选用土压平衡盾构或混合型盾构。

（2）盾构法施工建议设置试验段，以获取适宜该地区的盾构机参数，减小施工对地层的扰动。

（3）加强对工程周边建（构）筑物、地下管线等的监测工作，发现问题时及时进行监测预警报警，并采取处理措施。

（4）针对地层上硬下软，可能出现较大差异沉降等情况，选用适宜的盾构刀片，并针对可能存在的盾构风险制定应急预案。

（5）盾构推进中，土体断面不均匀，土层中黏粒含量不同，均可能影响盾构的正常施工，建议注入附加剂等相应的辅助措施，改变其性质，控制出土速度，确保顺利出土。

（6）盾构穿越京杭运河、吴南河时，应适当调整盾构参数，加强盾构注浆，密切监测河流水位变化情况，水面出现漩涡、气泡情况，以及河堤可能出现的裂缝情况。

参考文献

[1] 苏州中岩勘察有限公司. 苏州轨道交通3号线工程可行性研究阶段工程岩土工程勘察报告[R]. 2010.

[2] 江苏苏州地质工程勘察院. 苏州轨道交通4号线（主线）岩土工程详细勘察报告[R]. 2012.

[3] 虞俊杰. 苏州地铁工程风险评估及处置对策初探[J]. 地下工程与隧道，2011（1）：18-21.

[4] 马浩. 苏锡常地区水土地质环境特征及质量分析（硕士学位论文）[D]. 北京：中国地质大学（北京），2011.

[5] 姜佳佳. 苏州地区第四纪地层划分对比与断裂构造活动性分析（硕士学位论文）[D]. 北京：中国地质大学（北京），2013.

[6] 颜乐. 南通市第四纪沉积物粒度特征及沉积环境分析（硕士学位论文）[D]. 北京：中国地质大学（北京），2012.

太 原 市

1 自然地理

1.1 地理位置

太原位于山西省境中央，太原盆地的北端，位于华北地区黄河流域中部，东接阳泉市、西连吕梁市、北毗忻州市、南邻晋中市。海拔最高点为2670m，最低点为760m，平均海拔约800m，地理坐标为东经111°30′~113°09′，北纬37°27′~38°25′。区域轮廓呈蝙蝠形，东西横距约144km，南北纵约107km。辖6区3县1市，市区面积1460km^2，中心城区面积695km^2。

1.2 气　　象

太原市地处内陆，属暖温带干旱、半干旱大陆性季风气候区，四季分明。春季干旱多风；夏季温高湿重，秋季天高气爽，冬季寒冷干燥。据省气象局统计资料，年平均降水量459.5mm，一日最大降水量为183.5mm（另据梅洞沟水文站雨量记录，1996年8月4日，一日最大降水量314mm，一小时最大降水量大88.3mm，10分钟最大降水量26.2mm）；年平均气温10.8℃，极端最高气温39.4℃，极端最低气温-25.5℃，最冷月平均-13℃，最热月平均23.5℃；年平均相对湿度60%，最热月平均相对湿度72%，最冷月平均相对湿度51%；年平均风速2.5m/s，主导风向为偏北风，冬季为西北风，夏季为东南风；最大积雪深度16cm；11月份冰冻，来年3月份解冻，最大冻结深度77cm。

1.3 水　　文

太原境内地表水依阳曲县的轿顶山、文昌山、水头岭、两岭山一线以南属黄河水系一级支流汾河流域，流域面积6331km^2，占全市流域总面积的90.6%；依阳曲县轿顶山、文昌山、水头岭、两岭山一线以北温川河、乌河和岔上乡北部及高村乡西北部区域属海河水系滹沱河流域，流域面积657km^2，占全市流域总面积的9.4%。

汾河发源于山西省宁武县境内管涔山南麓，全长716km，流域面积39471km^2，为黄河第二大支流。汾河年平均径流量2.88亿m^3，最大年径流量5.87亿m^3（1964年）、最小年径流量0.90亿m^3（1972年），径流量极值比6.4。最大洪峰流量1450m^3/s，河道平均比降4‰。

汾河干流经忻州地区静乐县流入太原境内，流经娄烦县、古交市、太原市区、清徐县，于杨房乡南部出境，境内长约140km。上游河床较窄，进入太原盆地后，流向自北向南，河滩宽达1500~2000m，纵坡变缓、平均0.5‰，排泄不畅，易涝易碱，是全河最不稳定的一段。太原境内有涧河、天池河、柳林河、玉门河、白石河等45条河流汇入汾河，境外经太原注入汾河的有岚河、干河、潇河、乌马河、象峪河。

1.4 地形地貌

太原市地貌西、北、东三面环山，中、南部为河谷平原，全市整个地形北高南低呈簸箕形。太原地貌卫星图见插图151。

境内地貌形态复杂多样，山地、丘陵、平原、盆地、谷地均有分布。山地4528km^2，占总面积的64.79%；丘陵904km^2，占12.94%；平原1093km^2，占15.64%；盆地279km^2，占3.99%；谷地184km^2，占2.63%（资料来源于太原市地矿局）。境内地势起伏较大，高差悬殊，位于境西北娄烦县的赫赫岩山，海拔2708m，为全市最高峰；最低处位于境内南部清徐县西青堆的汾河漫滩，海拔760m，高差1948m。

太原市地貌类型大致可分为山地、丘陵、平原、盆地、谷地五种地貌单元，各地貌单元按其成因、岩性，又可划分为穹窿剥蚀中山、溶蚀侵蚀中山、溶蚀侵蚀低中山、剥蚀侵蚀中山，山前黄土台丘、梁状黄土丘陵、碎破黄土塬，冲洪积平原、冲积平原，山间侵蚀小盆地、山间构造小盆地11个不同的亚类。

2 区域地质

太原地区在距今18亿年前是一个较为活动的大地构造系统。在经历了几次较大的地质构造变动，地壳相对趋于稳定。之后，随着地壳上升，长期处于遭受剥蚀的大陆状态，到震旦纪末期形成为极平缓的平原。从早寒武纪后期起，开始为海水所超覆，直到奥陶纪时，仍是一片广阔的海洋，从而形成了巨厚的碳酸盐沉积。中奥陶纪以后，地壳又趋上升，直到中石炭纪地壳再度下沉，但呈现为频繁的周期性的升降运动。这期间，当发生海浸时，形成了石灰岩沉积；发生海退时，即形成了砂岩、粉砂岩等的沉积。这样在一升一降的一个周期内，一般就生成了一层煤。这种成煤的古地理环境，自中石炭纪起一直保持到晚二迭世末，因而形成了本市东、西山区的十多层成煤旋回。

2.1 地质构造

从大地构造单元看，太原地处山西台背斜中段，太原断陷盆地内部。太原断陷盆地是喜马拉雅运动期形成的断陷盆地，断陷的东西两侧均为断裂下陷，构造形迹以断裂为主。

太原盆地内与盆地边缘平行、垂直或斜交的隐伏断裂，将太原市基底切割成许多块段，由于不均匀下沉，太原市内形成次一级隆起与凹陷，太原盆地基地构造呈南北向凹陷与地垒相间排列，自北向南分别为：城北凹陷、三给地垒、市区凹陷、亲贤地垒、晋源凹陷、西温庄隆起，见插图152。

太原地铁2号线位于太原断陷盆地中西部的太原中等凹陷区，该凹陷西界为柴村断裂和交城断裂，东界为新城-亲贤断裂，南界为田庄断裂。近场区主要分布有24条断裂，按走向分为NE-NNE向、NNW向和近EW向3组，线路自南向北依次通过新城-亲贤断裂（F2）、王家坟地垒南侧断裂（F3）、王家坟地垒北侧断裂（F4）、迎泽大街断裂（F5）、三给地垒南侧断裂（F6）、三给地垒北侧断裂（F7）。以上断裂除新城-亲贤断裂晚更新世有活动，其余断裂最晚活动期均为早更新世。

新城-亲贤断裂（F2）是太原盆地中部的一条隐伏断裂，北起泥屯北，向南经北固碾、太原市区、亲贤、小店后与田庄断裂相交，全长51km，总体走向N10°W。以三给地垒北界断裂为界，北段称为新城断裂，南段称为亲贤断裂。

新城断裂长24km，走向近SN，为断面东倾的正断层。西盘北固碾村奥陶系灰岩埋深约100m，东盘南寨村二叠系埋深约419m，两盘垂直断距大于319m。据钻孔资料分析对比，新城断裂主要错断了第四纪早、中更新世地层。

亲贤断裂长27km，走向NNW，为断面西倾的正断层。据亲贤一带的钻孔资料，断裂东盘在180m深见二叠系，西盘717m深见三叠系基岩，两盘断距537m，亲贤断裂在晚更新世仍有活动。

新城-亲贤断裂是非全新世活动断裂，其活动期主要发生在上新世至早、中更新世，晚更新世以后活动性减弱。其平均垂直位错速率约为0.14mm/a。

2.2 历史地震

有史料记载以来，太原盆地发生$M \geq 4.7$级破坏性地震13次，其中$M = 6\frac{1}{2}$级地震1次，5.9≥

$M \geq 5.0$ 级地震 9 次，$4.9 \geq M \geq 4.0$ 级地震 3 次，最大地震为 1102 年太原 $6\frac{1}{2}$ 级地震。

1970 年－2006 年 10 月有地震台网记录以来，近场区发生 $ML \geq 2.0$ 级地震 617 次，其中 $5.9 \geq ML \geq 5.0$ 级 1 次，$4.9 \geq ML \geq 4.0$ 级 8 次，$3.9 \geq ML \geq 3.0$ 级 85 次，$2.9 \geq ML \geq 2.0$ 级 714 次，最大地震为 2002 年太原郝庄 4.7 级地震。

2.3 地层岩性

晚新生代以来，太原盆地进入成熟发展时期，大致经历了上新世充填超覆和第四纪披盖两个发展阶段。

在上新世之前，山西地块长期隆起，处于遭受剥蚀的状态，研究区内发育了广泛的准平原地形。到上新世早期，区内拉张应力起主导作用，盆地处于沉降过程中，王吴组和城子组即属于沉积初期填平补齐式的沉积层。上新世中期，盆地开始了一个历时较长的稳定下沉阶段，对应的沉积层则为西谷组至史家社组。上新世晚期，地壳活动频繁，沉积物受到多次风化，盆地内部沉积的地层为义安组，在盆地边缘还普遍沉积了红土相的红崖组。在上新世时期，盆地北部的沉积厚度不大，一般低于 500m，而盆地西侧的沉积厚度则明显大于盆地东侧。交城、清徐一带为盆地在本时期的沉积中心，其最大沉积厚度超过 2500m。

上新世之后，本区发生了强烈的构造运动，先前沉积的松散地层（晋中群）遭到了不同程度的剥蚀。到第四纪时，盆地开始了全面沉降，在此期间沉积的汾河群覆盖了太原盆地的一切凸起和断陷，其厚度在 400m 上下，包括下、中、上更新统与全新统的沉积，岩性多为砂、粉土、粉质黏土。

在早更新世初期，盆地接受了一套以砂砾为主的粗粒沉积，主要分布在盆地边缘；而后，盆地在太原市以南继续下沉，接受了一套以粉质黏土、黏土为主的细粒相沉积。在早更新世时期，盆地沉积物厚度表现为盆地中央大于盆地边缘的特征。在盆地北部与东部的局部地区，缺失下更新统沉积则说明这些地区在此期间相对上升，未接受沉积。

中更新世初期地壳上升，盆地开始形成边山洪积物与汾河阶的冲积物，主要由沙砾石层组成。在中更新世晚期，在盆地边界断层活动的影响下，盆地与周边地区的高差有所增加，在盆地外围开始沉积风成的黄土。中更新世时盆地的沉积物厚度大体上在 50～100m 之间，其中盆地西侧的沉积物厚度大于盆地中央与东侧；盆地北部与东部的局部地区缺失中更新统沉积。

在晚更新世，盆地中央沉积物以砂与淤泥为主，间夹黏土沉积，在盆地边缘则沉积了厚度较大的黄土夹沙砾层。盆地在此期间所沉积的松散地层的厚度在几十米左右，沉积物厚度在区域上表现为西部大于东部的特征；在盆地的北部、东部、西南部的局部地区，缺失上更新统沉积。到全新世，盆地全新统沉积物的厚度基本在 50m 之内，而且，在区内北部、东部、西南部的大面积地区，均缺失全新统沉积。盆地中广泛沉积沙砾层与淤泥质沉积物，并形成了太原盆地如今的地貌形态。上新世以来的新构造运动（主要表现为盆地边缘的断裂活动）显著地改变了盆地准平原面的原始形态，是控制盆地内松散地层沉积过程的主导因素。

太原境内的第四纪地层以黏性土与砂土的互层为主，下部为浅褐色、灰色和黄灰色夹紫灰色泥岩、粉砂质泥岩及黄灰色泥质粉砂细砂岩。第四纪地层见表 25－1 所示。

表 25－1　第四纪地层表

地层年代	代号	厚度（m）	岩 性 简 述	成因
	Q_4^{ml}		耕土或人工填土	人为活动
全新统	Q_4	0～35	广布于盆地中级山间河谷地带，为灰黄、灰黄色黏性土、砂类土、白色细砂夹砂砾石层。在盆地中部夹有灰黑色、灰绿色淤泥质黏性土	冲洪积
上更新统	Q_3	20～50	晋中盆地中心一般为冲积物，为黄色和褐黄色砂类土，黄褐色和青灰色黏性土及黄褐色黏性土、黏土夹粉细砂层；盆地边缘夹砂层，砂砾石层增多，至山前地带则以洪积相的砂砾石、卵砾石为主，夹砾层及混合土	冲、洪积

续表 25－1

地层年代	代号	厚度（m）	岩性简述	成因
中更新统	Q_2	55～168	在晋中盆地中心主要为冲积、湖积物，为灰黄色、黄色和黄褐色砂类土、黏性土与深色黏土、淤泥质黏土互层，下部夹细砂层。想盆地边缘则砂层增多；在盆地边缘，山前地带为中细砂岩、含砾砂层，夹黄色砂类土、灰褐色黏土；下部多为砂砾层、卵砾层	湖积、冲积、冲洪积
下更新统	Q_1	80～155	晋中盆地中部为湖泊堆积，为灰色、灰褐色、灰绿夹黑色和紫红色粉土、黏土、淤泥质黏土及砂类土，夹灰黄色、棕灰色和褐灰色粉砂、细砂、中砂层。盆地边缘砂层增多，变为黏土与砂互层，局部含砾石或卵石层	

太原盆地由临汾和侯马两凹陷构成，是在一定的空间背景和气候变化背景下产生的。

裂谷体系的形成是上地幔或软流层上拱、导致地壳向两侧拉张而形成的。而上拱的高温物质在构造活动减弱或稳定时期发生冷却收缩现象，在很多陆地构造区也都存在，并导致地壳的间歇性抬升和下沉。地球物理方面的资料证实汾河地堑系地下深处地幔活动和盆地的形成也是如出一辙。在构造控制下，盆地的地貌－沉积发育过程与地下深部的上地幔活动具有因果关系，地貌－沉积特征及特征的变化是对地下上地幔活动的一种直接反映。在上地幔强烈上拱→减弱或渐趋稳定→再次强烈上拱的构造循环中，地表湖盆会以大幅快速湖退→缓慢湖侵→再大幅快速湖退这样的表现与之对应。

上新世以来形成的汾河地堑系是由一系列断陷盆地构成。这些断陷盆地在第四纪期间曾长期为湖泊所占据而成为湖盆，因而在盆地中广泛分布着厚层湖相沉积地层。但由于受着构造和气候变化的影响及控制，盆地中的湖泊范围经常发生着湖侵－湖退的变化，以致在地貌上留下了系列湖积或湖蚀台地（阶地），而同时在沉积上表现出：水平向上，不同时期的湖相沉积层范围或大或小；垂向上，湖相沉积与河流相沉积或风成黄土沉积呈互层分布。

3 典型地层及特征

3.1 岩土分布及特征

太原市南部城区以粉土、砂土互层为主；市中心表层为粉土层，其下为厚层的砂土层，下部为黏性土层，局部夹卵石透镜体；太原市北部城区表层分布有薄层的黄土状土，其下为圆砾层，下部巨厚的粉土、黏性土为主。

根据搜集的资料，整理了南北向贯穿太原市的地质剖面，由小店南部沿人民路、太茅路、长治路、解放路、恒山路、新兰路至南寨，太原市地层分布情况及剖面位置见插图153。

通过搜集太原地铁勘察资料，综合考虑工程地质层的成因类型、沉积时代、岩性岩相、地形地貌等，编制了太原市较统一的工程地质层号，见表25－2。

表 25－2 太原市第四纪地层编号表

地层年代	成因类型	层号	岩性名称	颜色	状态
人工填土 Q_4^{ml}	人为活动	〈1－1〉	杂填土	杂色	松散
		〈1－2〉	素填土		松散
全新统 Q_4^{al+pl}	冲、洪积	〈2－1〉	黄土状土	黄褐色、褐黄色	
		〈2－2－1〉	粉质黏土		软塑－可塑
		〈2－2－2〉	粉质黏土		可塑－硬塑
		〈2－3－1〉	黏质粉土		稍密
		〈2－3－2〉	砂质粉土		稍密
		〈2－4〉	粉细砂	黄褐色、褐灰色	中密
		〈2－5〉	中砂		密实
		〈2－6〉	粗砂	褐黄色、灰褐色	密实

续表 25－2

地层年代	成因类型	层　号	岩性名称	颜　色	状　态
上更新统 Q_3^{al+pl}	冲、洪积	〈3－3〉	粉质黏土	灰褐色	可塑－硬塑
		〈3－4－1〉	黏质粉土		中密
		〈3－4－2〉	砂质粉土		中密
		〈3－5〉	粉细砂		密实
		〈3－6〉	中砂		密实

3.2　主要地层物理力学参数

太原市地层整体物理力学性质较好，除局部存在软塑状的高压缩性黏性土外，主要以可塑－硬塑的中压缩性土为主；粉土多呈中密－密实的低压缩性；砂卵石层呈中密－密实为主，局部稍密；城区北部的黄土状土以粉粒为主，可见孔隙，具有湿陷性。各土层物理力学指标见表 24－3～表24－5。

3.2.1　主要地层物理试验指标

根据太原地铁勘察资料，整理出的各土层的物理试验参数详见表 25－3。

表 25－3　太原地区主要地层物理试验指标表

地层编号	岩土名称	物理性质			黏性稠度		固结试验	
		天然含水量 ω	天然密度 ρ	孔隙比 e	液限 w_L	塑限 w_P	压缩系数 $a_{0.1-0.2}$	压缩模量 E_s
		(%)	(g/cm³)				(1/MPa)	(MPa)
2－2	粉质黏土	16.4～42.6	1.75～2.13	0.505～1.233	24.6～41.5	16.0～22.8	0.16～0.56	3.44～9.65
2－3－1	黏质粉土	19.2～36.0	1.86～2.08	0.553～1.003	24.3～38.1	16.3～21.4	0.106～0.259	6.85～15.91
2－3－2	砂质粉土	18.8～21.0	1.96～2.07	0.550～0.667	20.9～21.8	15.6～15.8	0.084～0.091	17.51～19.84
2－4	粉细砂	13.7～31.1	1.88～2.16	0.438～0.837	—	—	0.067～0.190	8.65～21.66
2－5	中砂	11.8～30.3	1.88～2.13	0.392～0.836	—	—	0.077～0.117	13.75～18.84
3－3	粉质黏土	16.4～38.1	1.74～2.13	0.481～1.175	21.6～43.3	15.7～23.5	0.194～0.412	4.53～9.14
3－4－1	黏质粉土	16.0～30.3	1.82～2.18	0.431～0.947	20.3～37.2	15.5～21.0	0.129～0.277	6.81～12.63
3－4－2	砂质粉土	12.9～24.6	1.97～2.05	0.574～0.709	21.8～34.3	15.8～19.8	0.096～0.112	14.62～16.74
3－5	粉细砂	14.4～22.8	1.90～2.16	0.426～0.713	—	—	0.063～0.117	14.11～22.91
3－6	中砂	16.7～24.4	1.96～1.99	0.578～0.682	—	—	0.114	14.75

3.2.2　主要地层剪切试验指标

根据太原地铁勘察资料，整理出的各土层的剪切试验参数详见表 25－4。

表 25－4　太原地区主要地层剪切试验指标表

地层编号	岩土名称	直接剪切				三轴剪切					
		直接快剪		固结快剪		UU		CU			
		C	φ	C_q	φ_q	C_{uu}	Φ_{uu}	C_{cu}	Φ_{cu}	C'	Φ'
		(kPa)	(°)	(kPa)	(°)	(kPa)	(°)	(kPa)	(°)	(kPa)	(°)
2－2	粉质黏土	5.0～28.5	4.8～27.1	10～46.6	9.1～24.2	8.0～44.0	0.1～13.6	12～41	12～21	15～35	12～23
2－3－1	黏质粉土	10.2～29.6	9.1～32.2	7.0～19.0	11.0～33.2	9.0～72.0	3.0～21.0	18～54	17.2～26.5	18～55	18～27
2－3－2	砂质粉土	4.6～6.5	27.8～29.2	11.7～21.6	23.3～33.7	47.8	6.5	18～20	28～41	19～24	31～41

续表 25－4

地层编号	岩土名称	直接剪切				三轴剪切					
		直接快剪		固结快剪		UU		CU			
		C (kPa)	φ (°)	C_q (kPa)	φ_q (°)	C_{uu} (kPa)	Φ_{uu} (°)	C_{cu} (kPa)	Φ_{cu} (°)	C' (kPa)	Φ' (°)
2－4	粉细砂	2.8～7.2	24.9～33.1	5.1～8.6	30.4～30.8	14.8～42.0	6.7～8.5	—	—	—	—
2－5	中砂	3.1～8.0	21.9～31.3	19.0	27.5	—	—	30	22	32	24
3－3	粉质黏土	10.0～35.8	5.4～24.9	11.0～58.8	8.6～21.8	10.8～51.0	3.6～9.0	—	—	—	—
3－4－1	黏质粉土	3.0～14.3	14.6～34.2	2.9～34.5	21.7～32.3	9.0～48.1	17.9～21.4	13～35	21～26	14～30	23～26
3－4－2	砂质粉土	2.0～6.1	30.9～31.5	6.9	34.9	21.0～31.0	4.2～4.5	—	—	—	—
3－5	粉细砂	2.9～6.9	26.0～31.9	6.1	33.9	—	—	—	—	—	—
3－6	中砂	4.3	29.2	—	—	—	—	—	—	—	—

注：UU 为三轴不固结不排水剪，CU 为三轴固结不排水剪。

3.2.3 主要地层特殊试验参数

根据太原地铁勘察资料，整理出的各土层的特殊试验参数详见表 25－5。

表 25－5 太原地区主要地层特殊试验参数表

地层编号	岩土名称	热物理			基床系数		静止侧压力系数 K_0	泊松比 μ	无侧限抗压强度 q_u
		导热系数 λ (W/m·K)	导温系数 α ($10^{-3}m^2/h$)	比热容 C (kJ/kg·K)	垂直 K_v (MPa/m)	水平 C_h (MPa/m)			
2－1	黄土状土	—	—	—	30～60	30～50	0.50	0.33	—
2－2	粉质黏土	1.32～1.41	1.42～1.49	1.73～1.78	13～15	16～20	0.50～0.55	0.35	40～59
2－3－1	黏质粉土	1.28～1.62	1.75～1.91	1.43～1.52	15～25	18～30	0.45～0.50	0.33	45～73
2－3－2	砂质粉土	1.88	2.14	1.54	30	35	0.44	0.31	—
2－4	粉细砂	1.47～1.73	2.23～2.35	1.11～1.35	20～30	22～35	0.35～0.43	0.30	—
2－5	中砂	1.58～1.78	2.00～2.08	1.42～1.57	25～35	30～40	0.35～0.40	0.29	78
2－6	粗砂	1.71	2.48	1.39	35	40	0.38	0.28	—
3－3	粉质黏土	1.36～1.40	1.45～1.50	1.71	30	33～35	0.45～0.50	0.33	68～89
3－4－1	黏质粉土	1.58～1.82	1.69～2.25	1.40～1.66	20～30	25～35	0.43～0.48	0.32	55
3－4－2	砂质粉土	1.78	2.26	1.37	45	50	0.44	0.31	—
3－5	粉细砂	1.48～1.74	1.82～2.24	1.35～1.42	32～50	35～55	0.34～0.40	0.29	—
3－6	中砂	1.55～1.57	2.01～2.06	1.28～1.35	50	55	0.33～0.38	0.28	—

4 地 下 水

4.1 地下水类型

太原断陷盆地内，地表沉积了厚层第四系松散物，根据含水介质的岩性、地下水赋存条件及水力特征，地下水主要为松散岩类孔隙水含水岩组。

太原盆地松散岩类孔隙水含水岩组根据含水层埋深特征，分为浅层地下水、深层地下水。含水层埋深 50m 以上的为浅层地下水，含水层埋深 50m 以下为深层地下水。

（1）浅层水松散岩类孔隙水。

浅层潜水含水层岩性为第四系上更新统、全新统冲积粉细砂、中砂及粉砂层，粉质黏土为隔水层。小店南－畜研所地下水埋深2.3～3.3m；畜研所－中心街地下水埋深3.3～13.9m；中心街－王村南街地下水埋深3.5～5.0m；王村南街－西涧河地下水埋深5.0～8.0m。含水层厚度30m左右，地下水混合水位标高介于764～790m，水位变幅1－2m左右，评估区一带单井涌水量100～300m^3/d，水化学类型为$HCO_3 \cdot SO_4$—$Ca \cdot Mg$型。

（2）深层水松散岩类孔隙水。

深层承压水含水层岩性为第四系下、中、上更新统冲洪积砂卵砾石及粉土。含水层总厚度大于60m，水位埋深70m左右，单井涌水量500～1000m^3/d，水化学类型多为重碳酸型水，矿化度小于1.0g/L。

按照《城市轨道交通岩土工程勘察规范》GB 50307—2012的规定，当场地存在对工程有影响的多层含水层时，应分层量测。

4.2 地下水补径排关系及动态

（1）浅层潜水由于埋深浅，水量小，极易受大气降水和人类活动影响。汾河每年3月和10月的两次放水，导致地下水位明显上升，放水结束后，水位明显回落，9月份的水位上升是雨季降水，汾河流量增大引起。根据《山西省太原市地下水动态观测报告》，每年12月至次年1月为枯水期，7—9月为丰水期，地下水位变幅0.8～1.4m。

该类水接受大气降水、地表水入渗补给及侧向径流补给，地下水流向主要为由东至西径流，以垂直排泄（蒸发）为主。

（2）深层承压水主要接受地下水侧向径流补给、地表水补给、上覆水渗漏补给；排泄方式为人工开采。近几十年来深层水由于大量开采，地下水水位不断下降，其动态类型为在开采－下降型。

4.3 地下水水位埋深

根据搜集的资料，2011年太原市潜水水位标高约为770～800m，深层承压水的水位标高为700～780m，太原市深层地下水开采形成了3个漏斗区：西张漏斗区、阳曲漏斗区、城区漏斗区。近年由于小店农耕灌溉开采地下水，致使小店地下水水位进一步下降，小店形成新的降水漏斗中心，2011年太原市浅层及深层地下水等水位线图见插图154、155。

5 特殊地质条件

5.1 不良地质作用

太原市不良地质作用主要包括地面沉降及场地地震效应等，其中地面沉降是太原较为突出的地质灾害之一。

（1）地面沉降。

太原市地面沉降历史，可划分为4个沉降阶段：

沉降中心形成阶段（1956—1980年）、沉降快速发展阶段（1981—1989年）、沉降急剧扩张阶段（1990—2000年）、沉降趋缓阶段（2000年以后）。

太原市1956—2000年地面沉降分布见插图156。

1965年以前区内无明显地面沉降现象；1965—1970年，太原市盆地缓慢沉降，沉降速率甚小；

1971—1980 年间，盆地进入不均匀沉降期，在此期间吴家堡沉降中心（长治路西侧约 3km）首先形成。1980—1989 年为太原市地面沉降的快速发展阶段，期间地面快速下沉，吴家堡沉降中心进一步发展，其沉降量、规模、速率仍为区内最大。1990—2000 年间，市区地面沉降发展至急剧扩张阶段。2000 年以后由于引黄水的应用，关停地下水开采，各沉降漏斗的沉降趋势趋于平缓，地面沉降趋于缓和。

根据 2007 年 9 月山西省地质环境监测中心《山西省重点地区地裂缝地面沉降调查》，太原市地面沉降是由于不合理开采（超采）地下水而引起孔隙水压力下降，土体骨架所承担的有效应力增加，从而使黏性土层释水压密，产生塑性变形，最终引起地面沉降。

基本处于以上 3 个沉降中心边缘，线路离最近的吴家堡沉降中心约 3km，2004—2006 年线路通过处累计沉降量不足 0.05m；北固碾沉降中心位于线路西北侧，距线路最近约 6km，线路通过处地面基本未发生沉降；线路通过小店沉降中心，2004—2006 年最大累计沉降为 0.21m。

2004—2006 年小店南附近沿线路方向沉降差为 6mm/100m，小店南以西至通达街沉降差为 1.6mm/100m，通达街至畜研所以北沉降差为 0.7mm/100m，畜研所以北至中心西街沉降差为 1mm/100m，中心西街至南中环街沉降差为 2.6mm/100m，南中环街至长风街沉降差为 0，长风街至缉虎营沉降差为 1mm/100m，辑虎营至西涧河沉降差为 0.8mm/100m。

由于近年“引黄入并、关井压采”后地面沉降趋于平缓，差异沉降也逐渐减少或不明显，地面沉降已对工程影响不大。变化不大。

（2）地震效应。

汾河漫滩及一级阶地分布有第四系全新统冲积成因的饱和粉土、砂类土，具地震液化现象，汾河漫滩地基液化等级为中等－严重，一级阶地地基液化等级为轻微－中等。属建筑不利地段。

5.2 特殊性岩土

根据地质调查资料，太原市区内主要特殊性岩土主要为湿陷性土、盐渍土。

（1）湿陷性土。

1）湿陷性土的成因：

黄土类土是一种特殊的第四纪大陆松散堆积物，由风力搬运而成，含 60 多种矿物，以碎屑矿物为主，并含部分黏土矿物。碎屑矿物中主要为石英、长石；黏土矿物绝大多数为水云母，并有少量蒙脱石和高岭石等。易溶盐、中溶盐和有机物的含量较少。粗颗粒以点接触构成架空孔隙和支架孔隙，是黄土湿陷的主要原因，孔径越大，湿陷类别越高。

2）湿陷性土的特征（见表 25－6）：

太原地区的湿陷性黄土呈黄色－黄褐色，含砂质较多，局部地带含少量小砾石，可塑－硬塑状态，大孔隙结构、虫孔也较发育，具白色钙质菌丝及植物根系，干燥，中等压缩性，个别还具高压缩性，土质均匀，厚度 2～12m，最厚可达 15m。

表 25－6 太原市湿陷性黄土特征

湿陷等级	所处阶地	湿陷土厚度	物理力学特征
Ⅰ级	Ⅰ级阶地后缘与Ⅰ级阶地前缘	2～4m	黄褐色，岩性多为粉质黏土和粉土，$w = 17\%$ 左右，$r = 1.65g/m^3$ 左右，$e = 0.85$ 左右，$\delta s = 0.030$ 左右，具弱湿陷性和中等压缩性，分级湿陷量 12cm 左右
Ⅱ级	Ⅰ级阶地后缘	4～6.5m	黄色－黄褐色，含白色钙质菌丝，局部呈环带状，岩性为粉土，$w = 15\%$ 左右，$r = 1.6g/m^3$ 左右，$e = 0.962$ 左右，$\delta s = 0.04$ 左右，具中等湿陷性和中等压缩性，个别为高压缩性，分级湿陷量 20cm 左右
Ⅲ级	高级阶地与黄土台地	7～13m	黄褐色含钙质结核，岩性为粉土，$w = 16\%$ 左右，$r = 1.5g/m^3$ 左右，$e = 1.00$ 左右，$\delta s = 0.06$ 左右，较严重湿陷（局部出现），中等压缩性，局部（坡洪积地段）高压缩性，分级湿陷量 38cm 左右

3）湿陷性土的分布：

太原市湿陷性黄土主要分布在汾河两岸高阶地至黄土台地，除局部坡积、洪积有原生黄土发育地段为自重湿陷性黄土外，绝大部分地区属非自重湿陷性黄土。其分布见图25－1。

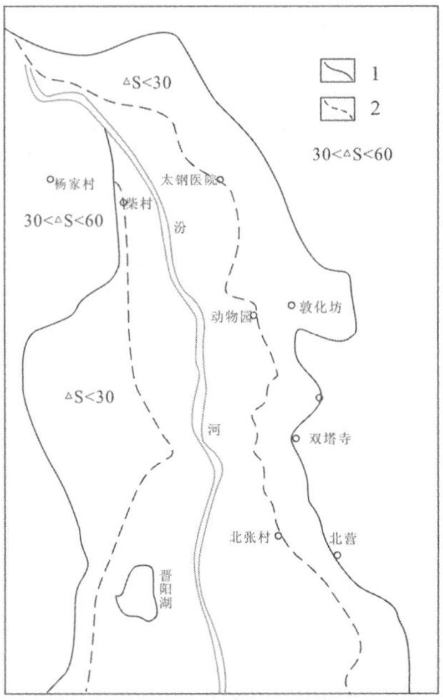

1、Ⅰ~Ⅱ级湿陷分界线；2、非湿陷；

图25－1　太原市黄土湿陷等级分布图

（2）盐渍土。

1）盐渍土的成因：

盐渍土是一种土层内含有石膏、芒硝、岩盐（硫酸盐或氯化物）等易溶盐且其含量大于0.5%的土。其成因主要是海水浸入到沿岸地区或内陆盆地或洼地中，易溶盐随水流由高处带往低处或冲积平原含易溶盐的地下水位上升，经过毛细作用和蒸发作用，盐分残留、凝聚地面而形成。

太原市盐渍土的形成主要是受地下水蒸发影响的草甸盐化过程，凡地下水埋深稳定大于3m处，基本不受盐化威胁，而地下水埋深小于3m时，因潜水蒸发、灌溉等使地面积盐，雨季时盐分被雨水淋洗，场地经长期的积盐和脱盐交替作用，在地表附近形成了盐渍土。

2）盐渍土的主要工程性质：

溶陷性：盐渍土浸水后由于土中易溶盐的溶解，在自重压力作用下产生沉陷现象。盐渍土的含盐类型多为硫酸盐、碳酸盐和氯化物，而其中的钠、镁和钾盐都属易溶盐，这些盐类成为土颗粒之间胶结物的主要成分，干燥状态下它具有强度高、压缩性小的特点，但遇水后，可溶性盐类溶解，土体在荷载或自重作用下下沉。

盐胀性：硫酸盐沉淀结晶时体积增大，失水时体积减小，致使土体结构破坏而疏松。碳酸盐渍土中$NaCO_3$含量超过0.5%时，也具有明显的盐胀性。以含硫酸钠、芒硝为主的盐渍土表层约1m左右由盐胀作用使土的空隙增大，土粒松散形成与盐结壳脱离的蓬松层。

腐蚀性：硫酸盐渍土对混凝土及金属具有较强的腐蚀性，氯盐渍土、碳酸盐渍土也有不同程度的腐蚀性，导致混凝土强度降低或丧失，地下金属管线受到腐蚀。

3）盐渍土的分布：

太原市盐渍土主要分布于小店一带，盐渍土类型为氯盐渍土和硫酸盐渍土，主要为中、强盐渍土。盐渍土临界深度一般1.0m，最深不超过1.5m。

6　城市轨道交通主要工程地质问题

6.1　盾构法施工存在的工程地质问题

（1）盾构在湿陷性黄土地层中的问题。

盾构在湿陷性黄土地层中施工时，湿陷性黄土在盾构机推力和地下水的共同作用下，刀盘前方土体的结构迅速破坏，承载力急剧降低，湿陷性黄土上部土体随之下沉，从而反映至地表，出现地表沉降、建筑物倾斜甚至开裂等风险。

应对措施：

1）在盾构通过湿陷性黄土地层中时，放慢掘进速度，适当降低总推力，减小盾构施工对地层的扰动。

2）加强同步注浆方量及砂浆初凝时间控制，缩短砂浆初凝时间，一般4~5小时为宜，防止盾构在湿陷性黄土中出现二次沉降。

3）提高盾构刀盘仓压力，刀盘仓压力保持在掌子面水土压力的120%，防止掌子面出现坍塌。

4）可对盾构前方地层土体进行改良，对前方一定范围内的土体进行预处理，可进行地基土注浆或对既有建筑设置隔离桩等，能减小盾构通过时对地层扰动产生的影响。另外，根据盾构下穿或侧穿的特点，可以对盾构拱顶或环向进行同步加固注浆，有效的控制建筑物的沉降变形。

（2）盾构在软黏土中易形成泥饼。

挖掘面的黏性土体受到刀盘的碾压，极易自刀盘中心位置向四周逐步在刀盘面和土仓内壁上形成附着的泥饼，坚硬的泥饼将会把刀盘开口堵塞，严重降低了盾构机掘进能力；泥饼的存在加重了盾构机刀盘和刀具的负荷，常常使掘进参数出现突变，大大降低施工效率；此外，刀盘泥饼与土仓中隔板的长时间摩擦，会导致中隔板等位置的温度快速升高，从而引起回转中心橡胶密封件性能的下降，威胁盾构施工的安全。

应对措施：

1）盾构机选型。泥饼是在掘进过程中，泥质粉砂岩地层遇水软化和刀盘掘进挤压形成泥团堆积附着在刀盘及刀盘牛腿上，不断碾压后形成的。因而增强土仓内循环的能力，降低黏土的附着，对减轻盾构泥饼的形成有非常重要的作用。

2）严格控制环流泥水性能参数，防止土块在刀盘和士仓附近堆积，保证刀盘开口处通畅。因此要选择适合泥浆指标，并进行严格控制。掘进过程中，严格控制泥浆的各种性能指标，包括黏度、密度和析水率等。同时，在盾构掘进的过程中，要及时进行泥浆指标的实验，根据泥浆情况，通过泥浆处理设备排浆和连续加注清水的方式，稀释黏稠的高浓度泥浆。

3）控制盾构掘进参数和环流系统的配置及操作加强对盾构掘进参数的观察，注意刀盘扭矩推力的异常变化。在掘进期间，保持循环泵和刀盘防泥饼装置对刀盘不间断的泥浆循环和对刀盘不间断的冲洗，同时结合刀盘中心注水系统的使用。掘进完成后继续进行泥浆循环，尽量排空刀盘及土仓内的渣土，防止其大量的附着；加大送排泥浆流量；掘进时要密切注意出渣量的变化，当发现出渣量异常减少时，要及时采取对土仓和刀盘实施循环清洗。

4）刀盘泥饼在不开仓情况下的消除。

对于轻微的泥饼现象，可以用泥浆或高压水清洗刀盘。同时高速空转刀盘，借助泥饼自身的离心力脱离出刀盘的表面。使用专业除垢剂或者漂白剂破坏黏土土质性状，通过刀盘注水或清洗系统将注入工业除垢剂或者漂白剂注入刀盘处。在经过一段时间浸泡后，转动刀盘搅拌，经过搅拌。可显著瓦解刀盘表面泥饼的结块情况。

5）开仓清除刀盘泥饼。

在地质条件好的地方比较容易实现气压或者常压开仓，人工进入采取高压水切割或者其他机械方式实施清除。由于泥饼是经过长时间挤压受热后形成，硬度极大，需要较长的清除时间。而在地质较软，或者富水地层中进行人工开仓清除泥饼，安全风险就比较大，而且准备的工作多，时间长。必要时，还必须在地面加强配合的条件下才能进行，费用也高。

6.2 明挖法施工存在的工程地质问题

（1）湿陷性土在基坑围护结构施工中可能引起塌孔、形成土洞等。

1）钻孔桩（墙）施工过程的风险分析。

在湿陷性黄土地层中采用湿式成孔（槽）方法进行围护桩（墙）施工时，易因护壁泥浆渗入湿陷性黄土地层而引起相应地层发生湿陷，在成孔（槽）过程中引起塌孔（槽），继而出现周边地面及建（构）筑物沉降风险。

应对措施：

在钻孔阶段应注意在湿陷性黄土地层里的钻进速度和钻压的控制，减小机械钻孔对孔壁湿陷性黄土的扰动；另外，根据黄土湿陷性的特点，正、反循环钻孔机械应加大泥浆的比重和黏度，泥浆相对密度控制在1.25以上，黏度不得大于28，及时补浆，提高泥浆水头，控制槽内液面标高高于地下水位1m以上，增加泥浆对孔壁的侧向压力，达到泥浆护壁效果。

2）旋喷桩施工过程的风险分析。

在高压旋喷注浆过程中，湿陷性黄土受压力及水的作用结构受到破坏，易在地层中形成土洞，会导致注浆量的增加和注浆压力的损失，地层注浆加固效果无法得到保障。

应对措施：

①旋喷桩钻孔阶段应控制钻进速度，并减小旋喷机械的抖动，避免对地层的扰动；注浆旋喷过程中应考虑对注浆浆液配比的合理设置，并且注浆压力的控制在一定范围内，防止压力过大或者水泥浆浓度过低而破坏地层土体受力均衡性。

②在喷射过程中应随时观察冒浆情况，发现异常应立即采取措施。如果发现冒浆量大于灌浆量的20%，则说明提升速度过慢，应加快提升速度；若地面不冒浆，则地层内含有较大孔隙，应停止提升，用孔口充砂或向浆液中添加适量的外加剂的方法来解决，直至冒浆正常后才能开始提升。冒出地面的浆液应经过滤、沉淀、除去杂质和调整浓度后方可回收利用。

③施工过程中必须连续喷射，若中途需换喷射管或设备发生故障必须停止喷射时，则第二次下管时要多下0.5m，以保持旋喷桩的连续性。

④相邻两桩的施工间隔时间应大于48h，旋喷桩与相邻的钻孔灌注桩的施工间隔时间也应大于48h，避免高压浆束把相邻的旋喷桩体或灌注桩的保护层破坏。

⑤注浆完毕，应迅速拔出注浆管，防止浆液凝固收缩影响桩顶标高，必要时可在原孔位采取二次注浆等措施。

⑥一根桩配一次浆，水泥按量使用，水量以计量桶控制，严格执行单桩浆量和设计水灰比。水泥浆至少搅拌3min才能使用，当某种原因配制的水泥停留时间大于3h后，应作为废浆应处理掉。

3）围护结构渗漏的风险分析。

由于基坑在土方开挖过程中揭露湿陷性黄土后对已湿陷的黄土地层形成的土洞回填处理不理想，或者在某些情况下黄土地层含水量较大，并且水源补给较快，导致在开挖喷护过后在围护结构上出现较多渗漏水，影响围护结构稳定性。

应对措施：

对于开挖面以上的渗漏区，可采用先疏后堵的方案，在漏水点预埋导流管，将渗漏出来的水疏导出去，再在缝隙间使用混凝土封堵，待混凝土达到一定强度后，最后封堵导流管。当采用钻孔灌注桩、地下连续墙等围护结构时，基坑开挖后如出现局部缝隙渗漏，可采用疏堵结合的方案，使用棉絮、碎布等塞满缝隙空间，再用瞬凝水泥混凝土封堵缝隙。

4）放坡开挖过程的风险分析。

湿陷性黄土地层在放坡开挖揭露后，由于开挖面有一定的坡度，开始暴露时土体结构竖向节理处于稳定状态，并且能有一定的强度，但是在暴露时间较长，且受到雨水、地层止水作业下土体结构立刻破坏而转为流塑状，从而产生滑动流失，在坡面上形成空洞。

应对措施：

在放坡开挖过程中对已揭露的湿陷性黄土立即进行挂网喷护，对于已湿陷的黄土地层应尽快在该部位进行封堵回填，必要时分层挂网进行回填；对于出现厚度较大、范围较广的湿陷性黄土地层应提前进行注浆加固。

5）对周边建筑物的风险分析。

在地铁明挖基坑周边的建筑物下方存在湿陷性黄土的，会受基坑开挖的地层应力释放而产生向基坑的侧向土压力，地层在遇水湿陷后产生沉降会随地铁明挖基坑开挖而变形加增，地层变形较为显著，从而更加剧建筑物沉降的幅度。

应对措施：

针对临近明挖基坑周边的建筑物的防变形的处理，可采取在建筑物和明挖基坑之间设置混凝土隔离桩（隔离墙），建筑物基础加固或托换。

同时，在建筑物的结构柱或角部设置沉降监测点，主要观察建筑物的沉降变形和差异变形，防止建筑物的变形、开裂。

（2）盐渍土。

根据搜集的资料，太原市盐渍土多分布在地表或浅层土，盐渍土对工程的危害主要是其浸水后的溶陷、含硫酸盐地基的盐胀和盐渍土地基对基础和其他地下建筑的腐蚀性。具有溶陷性的盐渍土地基一旦浸水后，因土中的可溶盐的溶解，结构强度的丧失，使地基承载力下降并产生较大的沉降，不均匀的浸水产生不均匀的地基沉降，从而导致建筑物的开裂和破坏；硫酸盐渍土可因失水或因温度降低，导致的盐类结晶膨胀，在温度湿度变化较大的土层范围内，盐胀性表现得更明显。

盐渍土的防治措施：

1）对地铁地面车站、车站出入口、车辆段等浅基础，清除地基表层松散土层及含盐量超过规定的土层，使基础埋于盐渍土层以下，或采用含盐类型单一和含盐低的土层作为地基持力层或清除含盐多的表层盐渍土而代之以非盐渍土类的粗颗粒土层（碎石类土或砂土垫层），隔断有害毛细水的上升。

2）铺设隔绝层或隔离层，以防止盐分向上运移。

3）采用垫层、重锤击实及强夯法处理浅部土层，可消除基土的湿陷量，提高其密实度及承载力，降低透水性，阻挡水流下渗；同时破坏土的原有毛细结构，阻隔土中盐分向上运移。

4）厚度不大或渗透性较好的盐渍土，可采取浸水预溶，水头高度不应小于30cm，浸水坑的平面尺寸，每边应超过拟建房屋边缘不小于2.5m。

5）施工时做好现场降排水，防止含盐水在土层表面及基础周围聚集，而导致盐胀。

6）有防腐要求的构件可采用表面涂层的防腐措施。

6.3 矿山法施工存在的工程地质问题

（1）竖井周边地表过大沉降的风险分析。

工作竖井围护结构大多采用倒挂井壁的形式，竖井在施工前，采用管井方式进行坑外大面积降水，湿陷性黄土遇水沉陷，并因失水发生固结，会引起周边地表沉降过大。另外，竖井土方开挖后，因基坑卸载或基坑围护结构变形，使围护结构外侧湿陷性黄土受到扰动，导致竖井周边地表沉降更加突出。

应对措施：

在竖井开挖过程中对井壁已揭露的湿陷性黄土地层，应立即进行格栅安装，并合理打设锚管，适时进行注浆，对于已湿陷的黄土地层应尽快在初支背后进行封堵回填，对于存在厚度较大、范围较广的湿陷性黄土地层应提前对该地层进行注浆加固。

（2）竖井涌水的风险分析。

在部分开挖竖井附近地层中地下水丰富，地层透水性小，导致降水效果差，地层中含有大量滞水。湿陷性黄土会因地层中的含水而产生较明显的湿陷性，在地层中形成“土洞”和“土管”，这些空洞就会与滞水相通，在竖井开挖后会出现涌水现象，造成一定的风险。

应对措施：

对于竖井周边降水效果不理想、地层透水性差的情况，可以采取增设坑外降水井和井内降水井的措施，也可以采取在竖井内涌水方向的一定距离外增加止水帷幕的办法隔断过水通道。

（3）破除洞门土体坍塌的风险分析。

对于竖井破马头门部位的洞门处拱部土体一般在6～12m，常伴有砂层和湿陷性黄土，因此，在洞门破除过程中，竖井周围降水效果不理想，洞门处拱部土体会因为存在湿陷性黄土，湿陷后在洞门拱部土体自稳性差，开挖扰动后易产生坍塌。

应对措施：

一般在竖井破马头门前设计有大管棚对洞门处土体进行预加固，这可以有效避免因洞门临空面较大的情况下拱部地层不良所造成的坍塌风险，也有在竖井开挖前对马头门前方的地层进行旋喷注浆进行加固的措施。另外，就是要严格控制洞门破除过程中开挖循环进尺深度和洞口密拼格栅的安装封闭时机。

(4) 掌子面土体坍塌的风险分析。

隧道土方开挖掌子面出现湿陷性黄土地层时，如果降水效果好的情况下，该地层的稳定性较好，并且掌子面土体具有一定的强度，开挖过程中比较安全；但是，在地层中含水较大时，湿陷性黄土遇水后结构强度迅速损失，自稳性几乎消失，掌子面土体快速形成流塑状态，如果开挖扰动较大时会产生坍塌的风险。

应对措施：

目前所采取的掌子面前方超前地质探测的方法能预知前方3~5m的地层情况和含水情况，能在开挖扰动前做出相应的处理。在隧道内对掌子面前方土体进行加固通常采取的方法有WSS深层注浆、小导管超前注浆、大管棚注浆、水平旋喷注浆等。

(5) 初支结构过大变形的风险分析。

初支结构施工完成后，若上部存在湿陷性黄土地层时，隧道围岩遇水湿陷后会对初支结构产生较大的侧向土压力，初支结构格栅之间的连接强度不足以抵御侧向土压力的推力，格栅间将产生差异沉降变形，甚至出现开裂。

应对措施：

对于出现初支结构过大变形的情况，应考虑以下应对措施：

1) 在允许范围内缩小上、下台阶距离，尽早使初支结构进行闭合。

2) 对初支背后土体进行回填注浆加固，减小地层变形。

3) 加强降水井抽排，并核查隧道上方地层有水管线渗漏情况，及时进行处理，减小地层渗水。

(6) 大管棚施做风险分析。

由于在湿陷性黄土中，大管棚在湿陷性黄土地层中施工的主要风险是注浆工艺，当向湿陷性黄土地层中进行超前注浆时，土体遇水强度立即降低，产生沉陷后在地层中迅速形成土洞。由于小导管注浆的压力一般在0.5~2.0MPa，形成较多土洞的地层受较大注浆压力的作用产生的土洞无法用水泥浆有效填充密实，不仅影响了隧道围岩的加固效果，还会因注浆对湿陷性地层产生扰动而造成进一步的地层湿陷，不能有效加固开挖掌子面前方土体，从而对矿山法施工土方开挖产生安全风险。

应对措施：

目前对于大管棚施做过程中产生的黄土湿陷性风险处理的措施主要为WSS超前深孔注浆、水平旋喷注浆等。先对前方地层内的湿陷性黄土进行加固处理，然后再施做大管棚，能较好地达到超前加固的效果。

参考文献

[1] 林景贤，曹希胜．太原市湿陷性黄土及其分布［J］．华北地质矿产杂志，1996，1（11）．

[2] 赵景波，岳应利，陈云．黄土湿陷性及其成因［J］．地质力学学报，1997，3（4）．

[3] 王胜利．太原市地面沉降的原因浅析［J］．科技情报开发与经济．2008，18（8）．

[4] 温利强．我国盐渍土的成因及分布特征［D］．合肥：合肥工业大学，2010．

[5] 谷云峰，王国体，俞竞伟．盐渍土的基本特性及其工程治理［J］．安徽建筑，2004，10．

[6] 陈乔松，刘德智，杨俊宇，等．泥水平衡盾构机刀盘泥饼形成机理及防止技术［J］．长沙铁道学院学报，2011，02．

[7] 刘彦忠，刘志忠．太原地区基坑支护技术综述［J］．山西建筑，2001，27（6），

［8］胡小猛，郭家秀，胡向．汾河地堑湖盆第四纪地貌－沉积特征的构造控制［J］．地理学报，2010，65（1）．

［9］胡小猛，傅建利，马志正，等．太原盆地洪山第四纪剖面的发现［J］．地层学杂志，2002，26（3）．

［10］山西省地质工程勘察院．太原市地下水动态报告［R］．2011．

［11］孙宝忠，彭稳，等．太原市轨道交通2号线一期工程地质灾害危险性评估报告［R］．中铁工程设计咨询集团有限公司．2012．

［12］山西省地质环境监测中心．山西省太原市地面沉降调查报告［J］．2009．

［13］倪倩．太原盆地地质结构及其演化［J］．科技情报开发与经济，2008，18（29）．

天　津　市

1 自然地理

1.1 地理位置

天津市地处华北平原的东北部，海河流域的下游，东临渤海湾，北依燕山，有枕海襟河之势，地理坐标为北纬38°34′至40°15′，东经116°43′至118°04′之间，属于国际时区的东八区。南运河、子牙河、大清河、永定河、北运河在金刚桥附近汇合形成海河，贯穿市区，蜿蜒72km，东流入海。同时，天津还是子牙新河、独流减河、永定新河、朝白新河、蓟运河等河流的入海地。因此便得了“九河下梢”以及“河海要冲”的称呼。

天津市是中央直辖市，全市辖18个区、县，20个乡，120个镇和101个街办事处。距北京120km，自古以来就是拱卫京师的要地和门户，也称谓畿辅首邑。天津海陆空交通便捷，铁路、公路四通八达。腹地辽阔，辐射华北、东北、西北13个省市自治区，对外面向东北亚，是中国北方最大的沿海开放城市。

1.2 气象

天津市属于暖温带半湿润季风气候，位于大陆性与海洋性气候的过渡带上，四季分明。冬季受蒙古冷高气压控制盛行西北风，夏季受西太平洋副热带高气压左右而多偏南风。气候特点是春季干旱多风，冷暖多变；夏季温高湿重，雨热共济；秋季天高云淡，风和日丽；冬季寒冷干燥，雨雪稀少。地区气象特征值如下：

（1）气温：年平均气温12.9℃，七月平均气温26℃以上，一月份平均气温-4℃以下，极端最高气温40.5℃，极端最低气温-16.3℃。

（2）降雨量：年平均降水量为484.3mm，日最大暴雨量304.4mm，每年6—9月为汛期，平均雨日34天左右，占全年总降水量的73%以上；冬季雨雪量只占全年总降水量的1%~3%。

（3）蒸发量：历年平均蒸发量约1602mm。

（4）风向：天津市大部分地区西南风频率最高，风向有明显的季节性变化。冬季盛行西北风，夏季盛行东南风，春秋盛行西南风。年平均风速为2.7m/s，最大风速14.3m/s，大风年平均最多日数为22.3天。

（5）风速：历年平均风速为2.7m/s，历年最大风速14.3m/s。

（6）积雪：最大冻结深度0.7m，冻结期平均为130天，霜冻期可达187天。历年最大积雪厚度约10.0cm。

（7）湿度：天津的空气相对湿度以夏季最大，7、8月份平均值可达80%左右，春季最小，2—4月份最低值为0。

（8）雷暴：年最多雷暴日数43日，年平均雷暴日数为30.3日。

近几年气象资料见表26-1~表26-3。

表26-1 天津1999—2008各气象要素最大最小值统计

项目	最小（年.月.日）	最大（年.月.日）
历年气温（℃）	12.8（2003）	13.6（2007）
历年1月份气温（℃）	-6.5（2000）	-0.1（2002）
历年7月份气温（℃）	25.9（2004.6）	28.8（2000）

续表 26－1

项　　目	最小（年．月．日）	最大（年．月．日）
历年春季气温（℃）	5.2（1999.3）	23（2001.5）
历年秋季气温（℃）	3.4（2002.11）	22.1（2007.9）
历年年降水量（mm）	383.1（2002）	647.5（2003）
6—8月降水量占全年降水量%	30%（2002）	87%（2003）
历年年平均风速（m/s）	2.0（2001）	2.6（2008）
历年年日照时数（小时）	1993.6（2003）	2415.4（2008）
历年年相对湿度（%）	51（4月）	76（7月）77（8月）

表 26－2　天津 1999—2008 年累年天气日数统计

天 气 要 素	日　　数
年大风日数（天）	11.7
年大雾日数（天）	18.7
年雷暴日数（天）	24.5
年积雪日数（天）	10.8
年沙尘暴日数（天）	0
年降雪日数（天）	10.9
年冰雹日数（天）	0.4

表 26－3　天津 1999—2008 年气象要素累年值统计

项　　目	数　　值	出 现 日 期
年平均气温（℃）	13.1	
年平均相对湿度（%）	62	
年降水量（mm）	484.9	
年蒸发量（mm）（市区）	1609.6	
最大积雪深度（cm）	10	2001.1.9
年平均风速（m/s）	2.3	
年最大风速（m/s）及风向	17.0　NNW	2007.2.13
年最多风向	SE	
霜日数初、终期及天数（平均）	152.6 天	10 月 23 日－次年 3 月 24 日
霜日数初、终期及天数（最多）	168 天	11 月 13 日－次年 3 月 7 日
霜日数初、终期及天数（最少）	131 天	11 月 11 日－次年 4 月 7 日
≥10℃积温（℃）及日数	46482.9　2184 天	
年最低气温≤－5℃（寒潮）日数	526 天	
最长连续无降水（干旱）日数	104 天	止日 1999 年 3 月 7 日
年平均气压（hpa）	1016.6	
年极大风速（m/s）（塘沽）2005—2008）	21.6	
最大冻土深度（cm/日期）	35	11 个/2 月 2000 年
市区平均风速，最大风速及风向（日期）	1.7m/s　11.3m/s（NNW）	1999.12.21

1.3 水　　文

1.3.1 地表水

流经本市的河流有海河水系和蓟运河水系，主要为海河水系（见插图157）。海河水系由上游的永定河、北运河、大清河、南运河、子牙河五大河流在天津市区及附近汇合，金钢桥以下为海河干流，至入海口全长约72km。蓟运河水系由燕山南、北运河和滦河之间各水汇流成蓟运河，在北塘入渤海。

1.3.2 地下水

天津地下水受基底构造、地层岩性和地形、地貌、气象以及海进、海退等综合因素影响，水文地质条件复杂。按地下水类型可分为：松散岩类孔隙水赋存于第四系、第三系松散堆积层中；碳酸盐类岩溶裂隙水赋存于碳酸盐岩溶裂隙中。从地下水资源评价和地下水开采条件方面将地下水划分为浅层地下水和深层承压水，一般将埋藏较浅、由潜水及与潜水有水力联系的微承压水组成的地下水称为浅层地下水，而将埋藏相对较深（一般80m以下），与浅层地下水没有直接联系的地下水称为深层承压水。

天津地区在自然条件下总的地下水补、径、排特点是：在水平方向上，浅层水和深层水由北向南形成地下径流，在垂直方向上，下伏含水岩组接受上覆含水岩组的越流渗透补给。

补给：地下水接受大气降水入渗和地表水入渗的垂直补给和区域地下水的侧向径流补给，地下水具有明显的丰、枯水期变化，丰水期水位上升，枯水期水位下降。

径流：由于含水介质颗粒较细，水力坡度小，地下水径流十分缓慢。

排泄：排泄方式主要有蒸发、向深层承压水渗透、人工开采和区外侧向径流排泄。

1.4 地 形 地 貌

天津市在地貌上处于燕山山地向滨海平原的过渡地带，北部山区属燕山山地，南部平原属华北平原的一部分，东南部濒临渤海湾（见插图158）。总的地势北高南低，由北部山地向东南部滨海平原逐级下降，最高峰为蓟县九顶山，海拔1078.5m，最低处为滨海带大沽口，海拔高程为零。

西部从武清永定河冲积扇尾部向东缓缓倾斜，南从静海南运河大堤向海河河口逐渐降低，地貌形态呈簸箕状。新构造运动使山区不断隆起上升，形成了以剥蚀为主的山地地貌，平原地区新生代以来大面积缓慢下降，接受巨厚的松散沉积层。

根据地貌基本形态和成因类型，划分为山地丘陵、堆积平原、海岸潮间带三个大的形态类型区和八个次级成因形态类型。

（1）山地丘陵区。

山地丘陵区面积727km^2，占全市面积的6.0%，按成因和形态可分为构造侵蚀中低山、构造剥蚀低山丘陵和剥蚀堆积山间盆地三种类型。

1）构造侵蚀中低山。

主要分布在蓟县北部，在与遵化、兴隆县接壤处主要为中山，海拔高程在800m以上，山势陡峻，切割较深，向南部以低山为主，海拔多在200～800m，山势略为低缓，沟谷变浅。山体主要由中上元古界碳酸盐岩和碎屑岩构成，常形成岩层产状与地形坡向一致的单面山，并可见干谷、溶洞等碳酸盐岩岩溶地貌，但溶洞规模不大，表明以白云岩为主的现代岩溶地貌不发育，多以常态山为主。

2）构造剥蚀低山丘陵。

主要分布于蓟县县城以北靠近平原的近山麓地带及于桥水库以南地带，海拔高程100～300m，相对高度 50~100m，山丘浑圆，沟浅谷宽，山低坡缓，岩层风化剥蚀较剧，坡脚多坡洪积物覆盖，间歇性流水作用较强。可见多级阶地，以基座阶地为主。

3）剥蚀堆积山间盆地。

分布于于桥水库以东一带。面积约 200km²，占山区面积的 27%。周边有低山丘陵环绕，为遵化盆地的西南部分，盆地主要由冲洪积层构成，地势由北东向南西微倾，海拔 20~50m。其上有岩溶残丘孤峰分布，如凤凰山、堡子山、峰山、藏山庄山等，是山丘长期风化剥蚀的结果，坡脚多碳酸盐岩角砾及崩塌堆积物，并有蚀余红土。于桥水库位于盆地下游，是引滦入津调蓄水库。

（2）堆积平原区。

平原区面积 11192.7km²，约占全市总面积的 93%。按成因由北而南和自西北向东南可分为冲积洪积倾斜平原、洪积冲积平原、冲积平原、海积冲积低平原和海积低平原几种类型。

1）山前冲积洪积倾斜平原。

沿呈扇形分布，宽度约 4~6km，主要分布于刘家顶－洇溜－礼明庄一线以北，海拔高程 10~50m，由北向南降低，地面坡降 5‰~8‰。主要为由州河及山前沟谷间歇性水流冲洪积层组成的扇形地，规模不大，顶部常有坡洪积物。

2）洪积冲积平原。

沿山前倾斜平原南侧分布，南界西起新集，向东至大埜上以北一带。主要由州河、沟河冲积而成，在成因上为山前冲洪积平原向冲积平原的过渡地带，地面高程 4~20m，地势平坦，坡降一般小于 0.5‰。其前缘常形成洼地。

3）冲积平原。

主要分布于宝坻西北部和武清西部，由蓟运河、北运河、永定河泛流冲积而成。地面高程 4~10m，由北西向东南微倾，地势平坦，坡降小于 1/5000，其上多古河道，河床多淤高形成“地上河”。

4）海积冲积低平原。

分布于九王庄－崔黄口－北仓－杨柳青一线以南及以东的广大地区，其北界大致与全新世最后一次海侵范围相一致，构成天津平原的主体，约占平原区的 80% 以上。海拔高程小于 5m，地势低平，由近代海侵层和河流冲积而成，海相层分布广，厚度自西向东增厚。平原上多泻湖、洼淀、湿地、残留故道，较大的洼地有大钟庄洼地、黄庄洼、大黄堡洼、里子沽洼、东七里海、贾口洼、团泊洼等。并有数条贝壳堤和牡蛎滩，呈南北向分布，是海侵的遗迹。

5）海积低平原。

沿汉沽、塘沽、大港东部滨海地带呈条带状分布，宽度 4~10km，地面高程 1~3m，地势低平，微倾向海面，海相层厚度大，多盐滩、盐水沼泽和湿地，常受海潮影响沿河内伸，土层盐渍化严重。

（3）海岸潮间带区。

潮间带位于海积平原至水下岸坡之间，指特大潮线以下地区，为潮汐作用形成的近岸海底地形。渤海湾属淤泥质海岸。自陆地向海面可分潮间浅滩、河口浅滩和水下岸坡三种类型，具有明显的分带性。

1）潮间浅滩。

是潮间带的主要部分，位于高潮线与低潮线之间地带，称海涂或浅滩，其中高潮线与特大潮线之间称“龟裂带”，仅在特大潮时被海水淹没，该带常为一贝壳堤淤积起来。向下又可分为中潮滩面和低潮滩面，常被海水淹没，该带常有冲刷陡坎、坑洼、生物洞穴和波痕等微地貌形态。

2）河口浅滩。

主要发育于海河，蓟运河河口零米等深线之间，呈扇形向河口外侧延伸，是河流、潮流交互作用和人工放淤影响形成的浅滩，比潮间浅滩高 0.2~1.2m。滩面有龟裂、冲刷陡坎、冲刷沟、波痕等微地貌形态，其组成以淤泥粉细砂为主。

3）水下岸坡。

位于低潮线至水深 25m 的地带，可分为河口水下三角洲、海湾三角洲、溺谷等地貌类型。河口水下三角洲主要分布于海河口，系海河入海泥沙沉积形成的水下扇形地，以粉砂和亚砂土为主。海湾三角洲系由黄河、滦河、海河的入海泥沙经潮流再搬运沉积而成，以粉砂和淤泥土为主。溺谷位于渤海湾北部，呈北西—南东向槽形分布，并与海河、蓟运河河道相连，谷中表层为粉砂和淤泥质土，下部有河流相砂砾层、泥炭层。

1.5 古河道

大量的工程勘察实践，越来越多的资料显示古河道在天津地区南部平原地区均有揭露，随着近几年来城市地下空间开发建设，古河道沉积物的性质及其地下水特性对地下工程不利影响越加显现。除现代河流两岸附近分布有古河道外，还有近代及现代人工填埋的废弃河道、古代由于河流改道自然填埋的古河道。插图159为天津市勘察院对天津市区2000多年以来的历史资料进行了深入研究，编制的《天津市区古河道分布图》。

2 区域地质

2.1 地质构造

（1）构造单元的划分。

天津市在大地构造上属华北准地台的一部分，天津市划分为构造单元两个二级构造单元：燕山台褶带和华北断坳；四个三级构造单元：蓟宝隆褶、沧县隆起、冀中凹陷、黄骅凹陷；十五个四级构造单元。天津市地质构造图见插图160。天津市地质构造区图见图26－1。

（2）构造单元基本特征。

1）燕山台褶带（Ⅱ1）。

燕山台褶带位于华北准地台的东北部，天津市处于台褶带中段，仅划出一个三级构造单元，命名为蓟宝隆褶。

蓟宝隆褶：为三级构造单元。其南以宁河－宝坻断裂为界。太古界仅在东北部少量出露。中上元古界普遍发育，是燕山台褶带强烈下陷中心区，最大沉积厚度近万米，并伴有玄武岩、粗面岩的滨海喷发。古生代有近2000m碳酸盐岩沉积和海陆交互相的含碎屑岩（夹火山岩）沉积。中生代强烈隆起，新生代晚期宝坻一带发生断陷，形成100～200m第四纪沉积。根据地质发展的差异，蓟宝隆褶可分为蓟县穹褶、宝坻凹褶两个四级构造单元。

蓟县穹褶：位于蓟县北部，主要由中、上元古界组成。受印支－燕山运动的影响，形成北西向府君山向斜、盘山背斜、庄果峪向斜以及杨庄断裂、黄崖关断裂等。印支期有盘山花岗岩、石臼花岗岩侵入，燕山早期有朱耳峪正长岩侵入。中、新生代一直处于隆起状态。

宝坻凹褶：位于蓟县南部及宝坻北部，主要由寒武奥陶系和石炭二迭系组成，二迭系含中酸性火山喷出岩。受印支－燕山运动的影响，形成北西向的下仓向斜和落差为200～300m的工部断裂。燕山晚期有流纹斑岩侵入。

2）华北断坳。

华北断坳是华北准地台的二级构造单元，为新生代以来的裂陷区。天津市处于华北断坳的东北部，其中包括沧县隆起、黄骅凹陷和冀中凹陷三个三级构造单元。

冀中凹陷（天津段西侧）：冀中凹陷位于华北断坳的西北部，由中、上元古界、古生界和巨厚的中、新生界组成。其中中、上元古界和古生界主要形成北东向的背斜、半背斜和断裂构造。冀中凹陷（天津段）包括武清凹陷、杨村斜坡和里坦凹陷三个四级构造单元。

图 26－1　天津市地质构造区图

（引自天津地质资料馆网站）

①杨村斜坡：位于凹陷的东北角，东以下第三系缺失线或断裂与大城凸起、王草庄凸起分界，以西以第三系底面深线为斜坡与凹陷两者的界线。北以宝坻断裂与宝坻凹褶分界。

②里坦凹陷：位于凹陷的东部，周围以下第三系缺失线与沧县隆起、大城凸起分界。

沧县隆起：沧县隆起位于冀中凹陷东侧，以下第三系缺失线及断裂为界，其东以沧东断裂与黄骅凹陷为邻。主要由中、上元古界和古生界组成。中生界大多缺失。新生界厚度 1000～1600m，缺失下第三系。近年来在一些地热钻孔中发现缺失下马岑组。推测其在下马岭期曾处于隆起状态。航磁解释其结晶基底为下、中太古界和花岗岩带。沧县隆起（天津段）划分为王草庄凸起、潘庄凸起、双窑凸起和白塘口凹陷四个四级构造单元。

①王草庄凸起：位于沧县隆起北段，东北以宁河－宝坻断裂为界，西以下第三系缺失线及汉沽断裂为界，与冀中凹陷为邻，东以沧东断裂为界。主要由中上元古界和古生界组成，缺失中生界和下第三系，沉积厚度约 1400m 左右。

②潘庄凸起：北以汉沽断裂为界，与王草庄凸起为邻，西以天津断裂与武清凹陷为界，东以沧东断裂与黄骅凹陷为邻，南至海河断裂。主要由中、上元古界和古生界组成，缺失中生界和下第三系，沉积厚度为 1400～1600m。

③双窑凸起：位于静海斜坡带之东，以天津断裂为界，白塘口凹陷之西，以大寺断裂为界，主要由中、上元古界和古生界组成，缺失中生界和下第三系，沉积厚度为 1400～1600m。

④白塘口凹陷：位于大寺断裂之东，与双窑凸起为界，其东以白塘口断裂与小韩庄凸起分界，主要由上古生界和中生界组成，新生界下第三系有几百米沉积，上第三系和第四系沉积厚度约 1000m。

⑤小韩庄凸起（包括小东庄凸起）：位于白塘口凹陷之东，其东以沧东断裂与黄骅凹陷为界，小韩庄凸起是以寒武系为核，以奥陶系和石炭二迭系为翼的半背斜构造。

⑥大城凸起：位于双窑凸起西部，其东以天津断裂为界，断裂之西为大城凸起，其西以下第三系缺失线与冀中凹陷的杨村斜坡、文安斜坡为界。

黄骅凹陷（天津段）：黄骅凹陷位于沧县隆起之东，其东入渤海与埕宁隆起为邻，北以宁河－宝坻断裂与燕山台褶带分界。基底由太古宇，中上元古界、古生界、中生界组成，缺失下马岑组。盖层主要由新生界组成，沉积厚度最大可达7100m，为陆相碎屑岩，并伴有基性玄武岩喷发。黄骅凹陷（天津段）划分为宁河凸起、北塘凹陷、板桥凹陷和歧口凹陷四个四级构造单元。

①宁河凸起（Ⅳ12）包括西河凸起，位于黄骅凹陷北段，其南以汉沽断裂与北塘凹陷分界。由古生界和中生界（包括下中三叠系）组成，新生界沉积厚度约4500m。

②北塘凹陷：位于宁河凸起之南，其南以海河断裂与板桥凹陷分界，由古生界和中生界（缺失下中三叠系）组成，新生界厚达5000m。

③板桥凹陷：北以海河断裂与北塘凹陷为邻，西以沧东断裂与双窑凸起为界，由古生界和中生界组成，新生界厚度达5000m。

④歧口凹陷：位于板桥凹陷之东南，其南以扣村羊三木断裂与孔店凹陷为界，由古生界和中生界组成，新生界沉积层厚达7000m。

（3）断裂。

天津地区位于华北平原沉降带的东北部、纬向构造体系和新华夏构造体系的交接部位，所处大地构造单元为华北准地台的华北断坳，三级构造单元为沧县隆起，本设计标段四级构造单元为潘庄凸起与双窑凸起，第四系沉积厚度在千米以上，其下为新生界和下古生界基岩。市区内主要断裂有海河断裂、天津断裂、沧东断裂、大寺断裂等。

海河断裂：该断裂总体呈NWW方向，西自河北省固安附近，穿过天津市区，经东丽区、塘沽区一直延伸到渤海湾西部海2井附近，贯穿了沧县隆起和黄骅凹陷北部，长约300公里，天津地区长70余公里。为潘庄凸起与白塘口凹陷、塘沽鼻状凸起与板桥、歧口凹陷的分界断裂。该断裂为一条切割深度大于8km的深大断裂，断层倾向南，上部倾角约70°，向下逐渐变缓，为张性正断层。历史上海河断裂无发生6级以上强震的记载，但60年代以来，发生过4级以下地震若干次，地震频繁。

天津断裂：走向NE，倾向NW，穿过天津市区，向南延伸至唐官屯，向北延伸至潘庄附近，总长近70km。该断裂带作为冀中凹陷与沧县隆起的分界断裂，由三条规模较大的断裂组成，即宜兴埠断裂、天津北断裂、天津南断裂。天津断裂西侧为静海斜坡带。天津断裂与海河断裂呈近于直交的复杂交切关系。天津断裂与大城断裂的位置相互对应，作为大城断裂的延伸部分，存在较大的地震危险性。但是，由于海河断裂的相互切割，天津断裂被分为若干部分，各段长度不超过30km。

沧东断裂：总体呈NNE向延伸，长度350km，倾向SE，倾角较缓（20°~50°），为壳断裂，南起河北省东光，北至宁河以北，与蓟运河断裂相交，是三级构造单元沧县隆起与黄骅拗陷的分界断裂，属壳断裂。该断裂第三纪活动强烈，具同生断裂性质，第四纪时期仍有继承性活动，但活动强度明显减弱。该断裂1615—1898年曾发生过5~5.5级地震4次，1974—1976年发生4.2~4.9级地震5次。

大寺断裂：又名白塘口西断裂，属于沧东断裂带的西支断裂，与现沧东断裂在天津大港区南部一带汇合，向北穿过大港区、津南区，呈北北东向。在大寺乡以北至财经学院一段转为北东向，在财经学院以北又转为北北东向，从财经大学、灰堆、辛庄、张贵庄一带通过，向北东延伸并与汉沽附近的桐城断裂相接。该断裂倾向南东，倾角较陡，为拉张正断裂，全长约50km。为白塘口凹陷与双窑凸起的分界断裂。该断裂晚第四纪以来活动性不强，发生6级以上中强地震的可能性不大。

上述断裂活动时代较老，且有巨厚的新生界第四系和第三系松散沉积层覆盖于古生界和元古界地层上。本工程最大埋深在地表下约19.4m，地质构造对本工程影响不大。

2.2 历史地震

天津古代历史上有记载的破坏性地震一共8次；自1980年以来的资料统计，天津及周边地区两个月内先后发生两次4级以上地震的情况共出现过10次，平均每3年1次；1级以上地震平均每月3次，2级以上地震平均每月1次，就是说，天津每月都会发生2～4次地震。最近一次地震，2012年8月26日上午7时13分35秒，在天津市宝坻区发生了3.3级地震，震中位于北纬39.60度，东经117.40度，震源深度6.5km。震中地区少数人有感。

2.3 地层岩性

天津市绝大部分地区被第四系覆盖，基岩露头仅出现在蓟县北部。露头区面积约为640Km^2，占天津市总面积的5.66%。出露的地层以中、上元古界长城系、蓟县系、青白口系为主，此外仅有零星的太古宇八道河群王厂组和古生界寒武系下统府君山组。在广大的覆盖区，根据钻孔和地球物理资料，在第四系之下存在中、上古元界，古生界寒武系、奥陶系、石炭系、二叠系，中生界三叠系、侏罗系、白垩系和新生界第三系。

天津市埋深75m以上的地基土均属于第四系全新统及上更新统沉积，地表主要为第四系全新统人工填土层，其下为交互沉积形成陆相土层和海相层。局部为古河道新近沉积层，分布于沟塘底部、古河道及洼淀。岩性特征描述见表26－4。

表26－4 天津地区岩性特征表

时代成因	土层名称	层底埋深（m）	厚度（m）	岩性特征
Qml	人工填土层	0.0～≥4.0	0～4.0	由人类活动堆积而成，主要为杂填土，一般具有均匀性差，强度低、压缩性高等特征
$Q_4^{3N}al$	新近沉积层	2.0～14.0	2.0～14.0	以黑灰－褐灰色黏件土为主，并堆积有粉土、淤泥及淤泥质土，呈软塑、流塑状，工程性质较差。古河道堆积的粉土在地震作用下极易液化
Q_4^3al	第Ⅰ陆相层	4.0～7.0	4.0～5.0	以黄褐、灰褐色黏性土为主，含氧化铁。多呈可塑状，为浅基础良好持力层
Q_4^2m	第Ⅰ海相层	11.0～15.0	6.0～9.0	以灰色粉质黏土为主，富含海相软体动物贝壳。上部由软塑状粉质黏土及粉土组成，工程性质较差；中部常见软－流塑状千层状粉质黏土及淤泥质土，工程性质差；下部由软－可塑状粉质黏土及粉土组成，工程性质尚好
Q_4^1al+h	第Ⅱ陆相层	18.0～20.0	3.5～7.5	上部为灰白色粉质黏土，软塑－可塑，下部河流相沉积层以褐黄色粉质黏土为主，呈可塑状，夹黏土、粉土或粉砂，含姜石。底部出现“混粒土”。本层土质较密，层位稳定的粉土或砂土可作为桩尖持力层
Q_3^eal	第Ⅲ陆相层	25.0～30.0	6.0～9.0	以黄褐色粉质黏土、粉土为主，呈可塑偏硬状态，夹砂土和黏土，含姜石及氧化铁锈斑。顶部见褐色黏土。本层工程性质及抗震性质较好。层位稳定的粉土或砂土宜作为桩尖持力层
Q_3^dmc	第Ⅱ海相层	31.0～33.0	2.0～5.0	以灰－灰黄色黏性土为主，呈可塑状态。顶部见灰色黏土。本层标高、厚度变化较大

续表 26－4

时代成因	土层名称	层底埋深（m）	厚度（m）	岩 性 特 征
$Q_3^c al$	第Ⅳ陆相层	47.0～53.0	14.0～20.0	由褐－黄褐色黏性土、粉土及粉细砂层组成。黏性土一般呈可塑－硬塑状态。层位稳定的砂土、粉土或硬塑状态黏性土层均可作为桩尖持力层
$Q_3^b m$	第Ⅲ海相层	57.0～63.0	5.0～10.0	以灰－褐灰色黏性土为主，夹粉土，多呈可塑状态。底部常见薄层黑色及灰白色沼泽相黏性土。本层分布变化稳定
$Q_3^a al$	第Ⅴ陆相层	74.0～75.0	12.0～16.0	以灰黄－黄褐色粉质黏土为主，多呈硬塑状态，下部富含大块姜石。层位稳定的砂土、粉土或硬塑状态黏性土可作为高层建筑物的桩尖持力层

3 城区典型地层及特征

天津市在地貌上处于燕山山地向滨海平原的过渡地带，北部山区属燕山山地，南部平原属华北平原的一部分，东南部濒临渤海湾。总的地势北高南低，城区地层主要为第四纪地层，为一套河流相的沉积建造，偶尔伴有海侵。地表主要为第四系全新统人工填土层，其下为交互沉积形成陆相土层和海相层。局部为古河道新近沉积层，分布于沟塘底部、古河道及洼淀。

地铁车站及隧道影响范围内地层主要为第四系全新统人工填土层（Qml）、新近冲积层（$Q_4^{3N}al$）、第Ⅰ陆相层（Q_4^3al）、第Ⅰ海相层（Q_4^2m）、第Ⅱ陆相层（Q_4^1al）及第Ⅲ陆相层（Q_3^eal）、第Ⅱ海相层（Q_3^dmc），岩性主要为黏性土、粉土、粉细砂。

（1）人工填土层（Qml），土质不均，结构松散，工程性质差。

（2）新近冲积层（$Q_4^{3N}al$）岩性为流塑－软塑状粉质黏土夹流塑状淤泥质土、稍密状态粉土，高压缩性土，工程性质较差。

（3）第Ⅰ陆相层（Q_4^3al）岩性为可塑状粉质黏土及稍密－中密状态粉土，工程性质尚可。第Ⅰ海相层（Q_4^2m）由流塑－软塑状粉质黏土、中密状态粉土组成，工程性质较差。

上述两层为潜水含水层，渗透系数小，水量小，潜水是基坑开挖过程中主要疏排对象。

（4）第Ⅱ陆相层上部为湖沼相沉积层（Q_4^1h），主要为可塑－软塑状态粉质黏土、黏土，该层厚度较小，工程性质较差；下部为河床－河漫滩相沉积层（Q_4^1al），主要为可塑状态粉质黏土，密实状态的粉土、粉砂。该层土土质较好。其中粉土、粉砂层为第一承压含水层，该层水具有水量小水头高的特点，是基坑开挖过程中主要疏排对象。

（5）第Ⅲ陆相层（Q_3^eal）以粉质黏土、粉土、粉砂为主，含姜石，工程性质较好。其中粉土、粉砂层为第二承压含水层，该层水具有水量小水头高的特点，该层对基坑底板稳定性有较大影响，基坑开挖前需进行基坑底板稳定性验算，必要时要设置减压井。

（6）第Ⅱ海相层（Q_3^dmc）为可塑状粉质黏土，该层厚度较小，局部缺失，工程性质一般。

城区典型地层剖面见插图 161 和插图 162。

3.1 岩土分布及特征

根据《天津地铁 5 号线工程初步勘察岩土工程勘察报告》及《天津地铁 6 号线工程初步勘察岩

土工程勘察报告》，结合区域地质资料，场区勘察深度范围内揭露的地基土层如下：

全新统——人工堆积层（Qml）

第1~1层、杂填土层，杂色，松散，稍湿，含砖块、水泥块、石子、植物根系。分布不均匀，层底埋深起伏较大，局部层厚较大，最大厚度2.9m。

第1~2层、素填土层，杂色，松散，稍湿，以粉质黏土为主，场地范围内分布不连续。填筑年限大于10年。

沟、坑底淤积层（$Q_4^{3N}si$）

第2层、淤泥，黑色，流塑状态，无层理，含大量腐殖物、有机质，属高压缩性土。本层土质极软，强度极低。

新近冲积层（$Q_4^{3N}al$）

第3-1层、黏土，洪泛冲积层，褐黄-褐灰色，流塑-可塑状态，有层理，含铁质。局部夹粉土及淤泥质土透镜体。

第3-2层、粉土，故河道冲积层，褐灰色，稍密状态，无层理，局部夹粉砂薄层。

第3-3层、淤泥质土，故河道冲积层，褐灰色，流塑状态，有层理。

第3-4层、粉质黏土，故河道冲积层，褐灰色，流塑-可塑状态，有层理，局部夹黏土透镜体。

全新统上组（陆相）——河床-河漫滩相沉积层（Q_4^3al）

第4-1层、粉质黏土层，灰黄色-褐黄色，软塑，局部可塑，中压缩性，局部高压缩性，以粉质黏土为主，偶见螺壳、有机质，含锈斑，场地范围内普遍分布，个别钻孔处缺失。

全新统中组——浅海相沉积层（Q_4^2m）

第6-1层、粉质黏土层，灰色，软塑-流塑，局部可塑，中-高压缩性，含贝壳，有机质，含粉质粉土夹薄层，土质较软，场地范围内普遍分布。

第6-2层、淤泥质土层，灰色，流塑，高压缩性，含贝壳，淤泥质粉质黏土为主，工程性质差，场地范围内局部分布。

第6-3层、粉土层，灰色，中密，局部密实，湿，局部很湿，含云母、氧化铁、贝壳，局部含粉质黏土互层，场地范围内不连续分布，层厚较薄。

第6-4层、粉质黏土层，灰色，软塑-流塑，局部可塑，中-高压缩性，含云母、贝壳，场地范围内普遍分布。

全新统下组——沼泽相沉积层（Q_4^1h）

第7-0层、粉质黏土层，灰白-灰黄色，软塑-可塑，中压-高压缩性，含云母、氧化铁，层顶多分布有10~20cm黑色泥炭层，场地范围内普遍分布。

全新统下组（陆相）——河床-河漫滩相沉积层（Q_4^1al）

第8-1层、粉质黏土层，黄褐色-褐黄色，软塑-可塑，中压缩性，含云母、氧化铁、遇见贝壳碎片，场地范围内普遍分布；局部夹粉土层，褐黄色，密实，湿，含云母、氧化铁、贝壳，不连续分布。

第8-2层、粉土层，灰色，中密，局部密实，湿，局部很湿，含云母、氧化铁、贝壳，场地范围内不连续分布，层厚较薄。

上更新统五组（陆相）——河床-河漫滩相沉积层（Q_3^eal）

第9-1层、粉质黏土层，黄褐色-褐黄色，可塑，局部软塑，中压缩性，局部高压缩性，含云母、氧化铁、偶见贝壳碎片，场地范围内普遍分布。

第9-2层、粉土粉砂层，褐黄色，饱和，密实，含云母，氧化铁，以石英长石为主，以透镜体形式分布。

上更新统四组——滨海-潮汐相沉积层（Q_3^dmc）

第10-1层、粉质黏土层，灰黄色-黄褐色，可塑，局部软塑，中压缩性，含贝壳，局部夹少量黏土薄层，场地范围内普遍分布。

第 10－2 层、粉土粉砂层，褐黄色，饱和，密实，含云母，氧化铁，以石英长石为主，以透镜体形式分布。

上更新统三组（陆相）——河床－河漫滩相沉积层（$Q_3^c al$）

第 11－1 层、粉质黏土层，褐黄色，可塑，中压缩性，含云母、氧化铁、场地范围内普遍分布，个别钻孔处有缺失。

第 11－2 层、粉土层，褐黄色，密实，湿，含云母，氧化铁，粉土层以透镜体形式分布。

第 11－3 层、粉质黏土层，褐黄色，可塑，中压缩性，含云母、氧化铁，场地范围内普遍分布；该层内夹粉土，中密，湿，含云母，氧化铁，粉土层以透镜体形式分布。

第 11－4 层、粉砂层，褐黄色，饱和，密实，含云母、氧化铁，以石英长石为主，场地范围内普遍分布；局部夹粉质黏土层，褐黄色，可塑，中压缩性，含铁质，含云母、氧化铁，粉质黏土层以透镜体形式分布。

第 11－5 层、粉质黏土层，褐黄色，可塑，中压缩性，含云母、氧化铁，场地范围内普遍分布；该层内夹粉土，中密，湿，含云母，氧化铁，粉土层以透镜体形式分布。

上更新统二组——浅海－滨海相沉积（$Q_3^b m$）

第 12－1 层、粉质黏土层，褐黄色－灰色，可塑，中压缩性，含云母、氧化铁。

第 12－2 层、粉砂层，褐黄色－灰色，饱和，中密，含云母，氧化铁，局部含少量粉土薄层。

上更新统第一组陆相冲积层（$Q_3^d al$）

第 13－1 层、粉质黏土，褐黄色，可塑－硬塑状态，无层理，含铁质、礓石，局部为黏土透镜体。

第 13－2 层、粉砂褐黄色，密实状态，无层理，含铁质。

天津市液化土层分区图见插图 164。

3.2 主要地层物理力学参数

根据天津地铁勘察资料及搜集当地地质资料，对天津地区主要地层的岩土工程参数进行了统计分析，以下主要针对地铁以及工民建工程等工程提供需要的岩土工程参数经验值，供勘察设计人员参考使用。

3.2.1 主要地层物理试验指标

各土层的物理性质参数见表 26－5。

表 26－5　天津地区主要土层物理性质参数统计表

地层编号	岩土名称	物理性质			稠性黏度		固结试验	
		天然含水量 ω	天然密度 ρ	孔隙比 e	液限 W_L	塑限 W_P	压缩模量 $E_{s0.1\sim0.2}$	压缩系数 $a_{0.1\sim0.2}$
		(%)	(g/cm³)	—	(%)	(%)	(MPa)	(MPa⁻¹)
2－0	淤泥	43.3	1.80	1.189	48.0	23.0	3.3	0.66
3－1	粉质黏土	22.9～41.5	1.76～1.95	0.613～1.219	26.2～48.1	15.3～25.8	4～8	0.20～0.48
3－2	粉土	18.6～28.0	1.88～2.00	0.632～0.804	27.2～33.3	18.9～24.2	8～12	0.15～0.21
3－3	淤泥质土	35.8～39.0	1.79～1.86	1.020～1.135	34.9～39.0	18.8～21.0	2～4	0.46～0.78

续表 26－5

地层编号	岩土名称	物理性质			稠性黏度		固结试验	
		天然含水量 ω	天然密度 ρ	孔隙比 e	液限 W_L	塑限 W_P	压缩模量 $E_{s0.1\sim0.2}$	压缩系数 $a_{0.1\sim0.2}$
		(%)	(g/cm³)	—	(%)	(%)	(MPa)	(MPa⁻¹)
3－4	粉质黏土	24.7～34.1	1.85～2.00	0.690～0.968	26.0～36.7	14.8～21.8	3～12	0.14～0.54
4－1	粉质黏土	22.0～31.8	1.90～2.02	0.637～0.918	29.4～42.0	17.4～22.6	4～9	0.21～0.42
4－2	粉土	22.5～27.8	1.96～1.99	0.673～0.754	25.5～34.1	17.9～25.7	11～18	0.09～0.15
6－1	粉质黏土	22.8～43.0	1.81～2.00	0.652～1.173	25.4～42.3	14.7～23.6	3～11	0.16～0.63
6－2	淤泥质土	36.6～50.0	1.71～1.84	1.030～1.400	—	—	8～18	—
6－3	粉土	20.4～29.6	1.86～2.07	0.576～0.854	24.5～35.2	17.7～27.2	8～18	0.09～0.20
6－4	粉质黏土	22.7～34.8	1.82～2.00	0.684～0.968	23.8～36.2	13.5～23.0	4～11	0.15～0.52
7－0	粉质黏土	19.0～33.2	1.83～2.09	0.543～0.987	24.9～36.9	14.3～20.9	4～9	0.19～0.49
8－1	粉质黏土	13.6～34.0	1.81～2.20	0.389～0.979	18.5～37.0	9.7～19.9	4～12	0.12～0.57
8－2－1	粉土	19.3～24.2	1.97～2.04	0.573～0.660	24.6～28.7	17.8～25.0	13～18	0.09～0.12
8－2－2	粉砂	13.2～22.7	2.01～2.22	0.372～0.618	—	—	11～25	0.06～0.13
9－1	粉质黏土	15.0～30.3	1.88～2.16	0.444～0.906	21.5～42.4	10.9～23.2	5～14	0.11～0.39
9－2－1	粉土	9.6～25.8	1.95～2.22	0.383～0.774	20.0～39.2	10.8～23.2	8～21	0.07～0.23
9－2－2	粉砂	14.9～25.3	1.94～2.17	0.424～0.737	—	—	8～20	0.08～0.18
10－1	粉质黏土	16.7～25.9	1.97～2.12	0.481～0.738	23.6～36.2	13.4～19.5	5～9	0.17～0.35
10－2	粉土	19.6～20.8	1.97～2.08	0.547～0.650	22.4～49.0	12.2～26.3	5～10	0.16～0.30
11－1	粉质黏土	16.1～33.5	1.87～2.13	0.490～0.935	21.6	12.0	12～18	0.09～0.13
11－2－1	粉土	14.0～25.2	1.93～2.13	0.440～0.710	22.4～29.0	16.0～22.4	11～22	0.07～0.15
11－2－2	粉砂	—	—	—	—	—	11～22	—
11－3	粉质黏土	17.3～32.5	1.91～2.13	0.481～0.896	22.1～46.5	12.0～24.9	5～10	0.17～0.34
11－4	粉砂	14.8～25.0	1.96～2.18	0.417～0.716	22.7～29.3	15.0～22.0	10～20	0.08～0.15
11－5	粉质黏土	16.6～32.8	1.87～2.12	0.480～0.960	24.5～48.4	13.9～25.9	6～12	0.15～0.30
12－1	粉质黏土	19.8～33.8	1.86～2.05	0.590～0.985	27.6～46.5	15.1～23.3	6～11	0.15～0.29
12－2	粉砂	19.0～23.8	2.00～2.10	0.524～0.649	—	—	10～18	0.09～0.16
13－1	粉质黏土	17.6～23.6	1.99～2.09	0.514～0.693	26.2～37.3	15.3～20.1	11～17	0.15～0.29

3.2.2 主要地层力学试验指标

各土层的力学试验参数见表26－6。

表26－6 天津地区主要土层力学试验参数统计表

地层编号	岩土名称	直接剪切				三轴剪切					
		快剪		固结快剪		UU		CU			
		C	φ	C_q	φ_q	C_{uu}	Φ_{uu}	C_{cu}	Φ_{cu}	C'	Φ'
		(kPa)	(°)	(kPa)	(°)	(kPa)	(°)	(kPa)	(°)	(kPa)	(°)
3－1	粉质黏土	11～32	10～23	10～19	21～21	13～59	0～6.3	23～30	8.3～22.5	5～30	9.7～33.6
3－2	粉土	11～12	27～29	13～15	32.2～32.3	39～53	1.7～3.5	—	—	—	—
3－3	淤泥质土	19	10	5～18	10～19.8	—	—	—	—	—	—
3－4	粉质黏土	13～23	15～27	12～17	20～28	20～51	0～6.9	11～28	14～19	1～6	22～35
4－1	粉质黏土	13～22	15～22	11～32.9	12～28.1	20～56	0～4.2	20～48	12～23	17～23	18～32
4－2	粉土	9～16	30～33	7～15	23.9～36.3	—	—	—	—	—	—
6－2	淤泥质土	—	—	8～18	10～23	—	—	—	—	—	—
6－1	粉质黏土	11～20	16～29	10～19	18～29.7	14～54	0.1～6.5	13～23	21～34	2～14	34～39
6－3	粉土	8～16	27～34	7～15	25～36.9	10～58	0～5	15	35	3	37
6－4	粉质黏土	12～23	15～26	11～26	18～30.1	17～57	0.3～4.6	18	18	2	28
7－0	粉质黏土	12～26	15～22	11～25	14～27.9	24～67	0～4.6	21～26	17～21	10～12	28.5～28.9
8－1	粉质黏土	13～26	15～28	11～25	17～28.8	16～57	0～6.3	20～39	11～23	1～2	36～38
8－2－1	粉土	8～15	28～34	7～17	25.9～39	8～93	0～4.7	—	—	—	—
9－1	粉质黏土	16～26	18～28	12～29	16.7～29.1	23～90	0.1～3.5	23～51	11～28	3～70	5.3～36
9－2－1	粉土	10～15	28～34	10～14	30～38	5～89	0～7.5	57～65	31～33	33～38	33～35
10－1	粉质黏土	19～26	14～23	12～44	13.8～30	10～103	0～5	22～62	12～30	17～21	33～38
10－2	粉土	9～11	29～35	6～12	30～40	—	—	24	40	9	40
11－1	粉质黏土	22～30	17～30	12～42	17～29.6	48～119	0～6.9	26～57	10～28	12～86	4～37
11－2－1	粉土	8～19	28～33	5～17	30～41	46	10	80	30～33	56～99	25～37
11－3	粉质黏土	23～35	16～27	10～33	16～30.9	50～106	0.1～3.3	35～55	21～30	20～41	26～34
11－4	粉砂	—	—	6～14	27～38.4	—	—	—	—	—	—

续表 26－6

地层编号	岩土名称	直接剪切				三轴剪切					
		快剪		固结快剪		UU		CU			
		C	φ	C_q	φ_q	C_{uu}	Φ_{uu}	C_{cu}	Φ_{cu}	C'	Φ'
		(kPa)	(°)	(kPa)	(°)	(kPa)	(°)	(kPa)	(°)	(kPa)	(°)
11－5	粉质黏土	—	—	14～26	18～31.2	—	—	47～54	6～15	46～51	6～19
12－1	粉质黏土	—	—	12～50	14.2～30	—	—	—	—	—	—
12－2	粉砂	—	—	6～16	25～39.8	—	—	—	—	—	—
13－1	粉质黏土	—	—	10～33	18～31	—	—	—	—	—	—

注：UU 为三轴不固结不排水剪，CU 为三轴固结不排水剪。

3.2.3 主要地层特殊试验参数

针对地铁工程的特殊需求，根据天津地铁勘察资料及天津地区经验综合确定各土层的特殊试验参数见表 26－7。

表 26－7 天津地区主要地层特殊试验参数统计表

地层编号	岩性	基床系数		热物理指标			静止侧压力系数 K_0	无侧限抗压强度 q_u (kPa)
		水平基床系数 K_H (MPa/m)	垂直基床系数 K_V (MPa/m)	导热系数 λ (W/m·K)	导温系数 α (m^2/h)	比热容 C (kJ/kg·K)		
3－1	粉质黏土	11.93	10.09	1.69	0.00184	1.64	0.50	76.6
3－2	粉土	12.00	11.00	1.79	0.00264	1.15	0.45	(35.0)
3－4	粉质黏土	15.26	14.65	1.69	0.00184	1.64	0.50	(65.0)
4－1	粉质黏土	12.29	11.50	1.69	0.00184	1.64	0.50	41.9
6－1	粉质黏土	16.82	12.17	1.63	0.00197	1.41	0.52	65.2
6－3	粉土	26.38	24.04	1.45	0.00178	1.59	0.45	(36.0)
6－4	粉质黏土	13.38	11.73	1.69	0.00184	1.64	0.55	69.4
7－0	粉质黏土	15.50	15.16	1.41	0.00164	1.56	0.45	92.3
8－1	粉质黏土	18.86	16.28	1.41	0.00164	1.56	0.45	(75.0)
8－2	粉土	35.63	33.25	1.26	0.00158	1.50	0.43	42.2
9－1	粉质黏土	25.76	23.1	1.55	0.00183	1.41	0.42	130.8
9－2－1	粉土	36.97	35.09	1.26	0.00158	1.50	0.43	(30.0)
9－2－2	粉砂	36.97	35.09	1.26	0.00158	1.50	0.43	(30.0)
10－1	粉质黏土	22.9	17.93	—	—	—	0.40	(140.0)
11－1	粉质黏土	—	—	—	—	—	0.40	112.8

4 地 下 水

4.1 地下水类型

（1）潜水。

地下埋藏较浅，地下水位埋深一般1.0~2.0m，含水层岩性为砂质粉土、黏质粉土及粉质黏土层，含水层平均一般厚度7.0~10.0m，其下伏地层粉质黏土层为相对隔水层。含水层水平、垂直向渗透性差异较大，当局部地段夹有粉砂薄层时，其富水性、渗透性相应增大。

（2）微承压水。

第一承压水，水头埋深2.0~3.0m，含水层岩性为粉砂层，含水层层底埋深一般25.0~30.0m，含水层一般厚度3.00~6.0m，下伏地层粉质黏土层为相对隔水层。该层地下水水位受季节影响较小。

第二承压水，水头埋深3.0~5.0m，含水层岩性为砂质粉土、黏质粉土、粉细砂层，含水层层底埋深一般40.0~50.0m，含水层一般厚度5.0~10.0m，局部较薄处仅1.0~2.0m，下伏地层粉质黏土层为隔水层。该层地下水水位受季节影响较小。该层水与第一微承压水水力联系密切。

第三承压水：水头埋深10.0~13.0m，含水层岩性为粉砂层，含水层层底埋深一般65.0~75.0m，含水层一般厚度3.0~5.0m，下伏地层粉质黏土层为相对隔水层。该层地下水水位受季节影响较小。该层水与第一、二微承压水水力联系一般。

4.2 地下水补径排关系

潜水接受大气降水和地表水入渗补给，地下水具有明显的丰、枯水期变化，丰水期水位上升，枯水期水位下降，多年变化平均值0.8m。主要含水介质颗粒较细，水力坡度小，地下水径流十分缓慢。排泄方式主要有蒸发、人工开采和下渗补给下部承压水。

第一承压水主要接受上层潜水的渗透补给，与上层潜水水力联系紧密，排泄以相对含水层中的径流形式为主，同时以渗透方式补给深层地下水。第二、三层主要接受侧向径流补给及越流补给，排泄以相对含水层中的径流形式为主，同时以渗透方式补给深层地下水。

4.3 地下水的渗透性

根据《天津地铁5号线工程初步勘察岩土工程勘察报告》及《天津地铁6号线工程初步勘察岩土工程勘察报告》，室内渗透试验结果，结合地区经验埋深约50.00m以上各层土的渗透系数及渗透性如表26-8所示。

表26-8 各层土的渗透系数及渗透性表

地层编号	岩 性	室内试验渗透系数		渗透性
		K_V（cm/s）	K_H（cm/s）	
3~1	粉质黏土	（3.60~9.37）$\times 10^{-7}$	1.72×10^{-6}	微透水
3~2	粉土	6.49×10^{-6}	1.23×10^{-4}	弱透水
3~3	淤泥质土	1.54×10^{-7}	8.75×10^{-7}	不透水
3~4	粉质黏土	（1.60~2.65）$\times 10^{-7}$	3.10×10^{-5}	弱透水

续表 26 – 8

地层编号	岩　性	室内试验渗透系数		渗透性
		K_V（cm/s）	K_H（cm/s）	
4 – 1	粉质黏土	(4.81 ~ 9.35) × 10^{-8}	2.56 × 10^{-7}	不透水
4 – 2	粉土	1.54 × 10^{-5}	2.40 × 10^{-5}	弱透水
6 – 1	粉质黏土	(2.62 ~ 5.06) × 10^{-7}	2.33 × 10^{-6}	微透水
6 – 3	粉土	(2.01 ~ 4.40) × 10^{-5}	1.97 × 10^{-5}	弱透水
6 – 4	粉质黏土	(1.78 ~ 6.88) × 10^{-6}	4.63 × 10^{-6}	微透水
7 – 0	粉质黏土	(1.26 ~ 4.60) × 10^{-7}	2.10 × 10^{-7}	不透水
8 – 1	粉质黏土	1.41 × 10^{-6} ~ 4.06 × 10^{-7}	1.06 × 10^{-6}	不透水
8 – 2	粉土、粉砂	2.75 × 10^{-5} ~ 7.66 × 10^{-6}	1.42 × 10^{-5}	弱透水
9 – 1	黏土、粉质黏土	(1.73 ~ 9.03) × 10^{-7}	2.38 × 10^{-7}	不透水
9 – 2	粉土、粉砂	7.01 × 10^{-4} ~ 4.60 × 10^{-5}	8.21 × 10^{-5}	弱透水
10 – 1	黏土、粉质黏土	(1.05 ~ 6.52) × 10^{-7}	1.70 × 10^{-7}	不透水
10 – 2	粉土	9.99 × 10^{-6}	1.92 × 10^{-5}	弱透水
11 – 1	黏土、粉质黏土	(1.23 ~ 2.12) × 10^{-7}	6.60 × 10^{-7}	不透水
11 – 2	粉土、粉砂	(2.02 ~ 2.20) × 10^{-5}	6.48 × 10^{-5}	弱透水
11 – 3	黏土、粉质黏土	(1.85 ~ 5.11) × 10^{-7}	2.17 × 10^{-7}	不透水
11 – 4	粉砂	(4.45 ~ 9.56) × 10^{-5}	7.43 × 10^{-5}	弱透水
11 – 5	黏土、粉质黏土	1.15 × 10^{-7}	2.36 × 10^{-7}	不透水

注：1.0m/d = 1.16 × 10^{-3}cm/s。

另外，根据现场抽水试验，结合地区经验埋深约 50.00m 以上各层土的渗透系数及渗透性如表26 – 9 所示。

表 26 – 9　抽水试验参数一览表

含　水　层	岩　　性	平均厚度（m）	渗透系数（m/d）	影响半径（m）	水位（头）埋深（m）	备　　注
潜水	3 – 2、4 – 2 层粉土	8	0.6	32	1.90 ~ 1.96	天津站交通枢纽工程后广场工程
第一微承压水	7 – 4 层粉细砂	5	6.3 ~ 8.8	61 ~ 98	2.79 ~ 2.83	
第二微承压水	9 – 2 – 1 层粉土	3	0.61 ~ 0.91	40	3.07 ~ 3.38	
第三微承压水	11 – 4 层粉砂	4	4.2 ~ 4.6	133 ~ 340	12.24 ~ 12.35	
潜水	3 – 2、4 – 2 层粉土	8	0.4	35	2.37 ~ 2.43	天津站交通枢纽工程副广场工程
第一微承压水	7 – 4 层粉细砂	8	3.8 ~ 6.5	30 ~ 80	5.90 ~ 5.95	
潜水	4 – 2、6 – 3 层粉土	8	0.43	30	1.56 ~ 1.63	6 号线文化中心站
第一微承压水	8 – 2 – 2、9 – 2 – 2 层粉砂	5	6.2 ~ 9.7	200	5.42 ~ 5.64	
第二微承压水	11 – 4 层粉砂	7	6.4 ~ 10.0	180	6.28 ~ 6.58	
第三微承压水	13 – 2 层粉砂	4	6.1 ~ 6.5	145	12.64 ~ 12.74	
第二微承压水	11 – 2 层粉土、11 – 4 粉砂	10	5.7 ~ 8.3	240	4.59 ~ 4.81	6 号线肿瘤医院站
第三微承压水	12 – 2 层粉砂	6	5.5 ~ 8.5	220	5.40 ~ 5.51	
第二微承压水	11 – 4t 层粉土、11 – 2 层粉土、粉砂	11	3.6 ~ 5.3	220	5.36 ~ 6.07	6 号线宾馆西路站
第三微承压水	13 – 2 层粉土、粉砂	13	5.6 ~ 7.8	280	5.57 ~ 5.92	

5 特殊地质条件

5.1 不良地质作用

（1）地面沉降。

天津地区不良地质作用主要为地面沉降，除地面沉降无其他断裂、滑坡、泥石流、岩溶等其他不良地质作用。引起地面沉降的原因主要为地下水超量开采。1959 至 2008 年地面沉降累计监测结果显示，天津市累计沉降量主要集中在 1959 至 1985 年之间，1985 年以后形成的累积沉降量所占比例很小。但近几年来，天津中心市区（外环线以内）地面沉降出现反弹趋势，据专家论证，中心市区地下水开采量已经大幅度减少，并多年维持在较低水平，地下水开采量已经低于可开采量，反弹原因是周边区域地下水以及地下热水大规模开发利用的影响。

天津市开发利用水资源始于 1923 年，据历史水准点资料，伴随着地下水的开发，地面沉降相应发生，年沉降仅几毫米。解放后随着工农业的发展，地下水开采量逐渐增加，地面沉降越来越严重，1950—1957 年沉降速率 7.0 ~ 12.0mm/a，1958 ~ 1966 年沉降速率 30 ~ 46mm/a，沉降中心逐步形成，1967—1985 年沉降速率 80 ~ 100mm/a，这期间沉降继续发展。1986 年进入沉降治理阶段，大部分地区沉降明显减缓，市区沉降速率低到 10 ~ 15mm/a。市区及近郊 540km^2 监测范围内，1959—2000 年最大累计沉降值已达 2.85m，位于河北区小王庄京津桥。累计沉降量 2.0 ~ 2.5m 的面积已达 37km^2。

地面沉降对地铁的危害主要为：过大的地面沉降将导致地铁结构变形和渗漏。设计过程中应考虑运营过程中地面沉降对地铁的长期影响。

（2）砂土液化。

天津市地震液化分布范围较广（见插图 163），根据唐山地震液化调查和工程经验，天津市液化土层主要为新近沉积层的饱和粉（砂）土，其中尤以古河道沉积粉（砂）土为重。天津为九河下梢，分布着大面积的古河道粉（砂）土。饱和粉（砂）土地震液化造成的危害很多，如淤塞河道，破坏田地，毁坏建构筑物、道路、桥梁等，因此地震液化对于城市轨道交通勘察来说很重要。但根据大量勘察资料的统计天津市埋深 15 ~ 20m 段饱和粉（砂）土基本不液化，对城市轨道交通工程建设影响甚微。

5.2 特殊性岩土

市区及滨海新区第四系覆盖层厚度大于 100m，在地铁结构影响范围内，存在以下特殊性地层岩土。

（1）填土。

填土层普遍分布，填土的力学性质差异较大，稳定性差，对基坑支护和地面沉降可能产生不利影响。

（2）软土。

天津地区软土主要包括软黏性土、淤泥质土、淤泥和泥炭质土、泥炭等几种类型的软弱土类。它们的成因类型见表 26 - 10。

表 26 - 10 软土的成因类型

地貌特征	成因类型	沉积特征
滨海平原	滨海相	土质不均匀、极疏松，具交错层理，常与砂砾层混杂，砂砾分选、磨圆度好，有时也有生物贝壳及其碎片局部
	泻湖相	颗粒细、孔隙比大、强度低，显示水平纹层，交错层不发育，常夹有泥炭薄层

续表 26－10

地貌特征	成因类型	沉积特征
滨海平原	溺谷相	孔隙比大、结构疏松、含水量高
	三角洲相	分选性差，结构疏松，多交错层理，多粉砂薄层
湖积平原	湖相	沉积物中粉土颗粒成分高，季节韵律带状层理，结构松软，表层硬壳厚度不规律
河流冲积平原	河漫滩相	沉积物成层情况较复杂，呈特殊的洪水层理，成分不均一，以淤泥及软黏性土为主，间与砂或泥炭互层
	牛轭湖相	沉积物成层情况较复杂，成分不均一，以淤泥及软黏性土为主，间与砂或泥炭互层，下部含有各种植物物质和软体动物贝壳
山间谷地	谷地相	软土呈片状、带状分布，靠山边浅，谷地中心深，厚度变化大；颗粒由山前到谷地中心逐渐变细；下伏硬层坡度较大
泥炭沼泽地	沼泽相	以泥炭沉积为主，且常出露于地表，孔隙极大，富有弹性，下部有淤泥层或薄层淤泥与泥炭互层

注：摘自《天津市轨道交通岩土工程勘察技术细则》。

不同成因的软土，由于其沉积环境不同，其分布范围、层位的稳定性、土层的厚度均有其特点。

表26－11为天津地区6个工点的静力触探资料，根据《铁路工程地质原位测试规程》（TB 10018）中使用双桥探头划分土类，$q_c \leq 0.7$MPa为软土的规定，天津地区软土主要分布于10m以浅，根据现场十字板剪切试验确定土的灵敏度一般3.5～5.0，属中－高灵敏度软土，而10m以下的黏性土土质较好。软土具有高灵敏度、高压缩性、低强度等特点，极易发生蠕动和扰动，工程性质差，建议设计施工过程中要充分考虑对基坑支护和地面沉降稳定可能产生不利影响。

表26－11　天津地区静力触探成果一览表

工程名称	土名	深度（m）	单桥 P_s（MPa）	双桥 q_c（MPa）	孔数	
					单桥	双桥
泰丰工业园（塘沽）	黏土	0.6～2.8	0.503	0.313	5	4
	淤泥质土	1.8～15.0	0.457	0.350	5	4
	粉质黏土夹粉土	10.0～19.0	3.801	4.022	5	4
	粉质黏土	19.0～23.0	1.154	0.871	5	4
	粉质黏土	21.0～27.0	2.127	1.547	5	4
	粉土	23.0～27.0	3.497	2.521	5	4
天津开发区动植检（塘沽）	黏土	1.0～3.8	0.560	0.379	3	13
	淤泥质土	3.0～16.6	0.586	0.513	3	13
	粉质黏土夹粉土	15.1～21.1	3.289	2.045	3	13
	粉土	21.8～30.0	4.740	5.688	3	13
CTT罐区工程（塘沽）	淤泥质土	4.5～10.8	1.412	1.081	5	14
	淤泥	9.0～19.8	0.765	0.687	5	14
	粉土	18.2～24.4	2.386	2.976	5	14
	粉质黏土	20.2～26.2	1.311	1.120	5	14
	粉砂	22.5～28.7	4.070	3.638	5	14
	粉土	24.6～35.0	21.822	18.370	5	14

续表 26－11

工程名称	土名	深度（m）	单桥 P_s（MPa）	双桥 q_c（MPa）	孔数	
					单桥	双桥
琼州道高层（市区）	黏土	2.4～4.4	1.250	1.073	2	5
	粉质黏土	4.0～6.6	1.582	1.181	2	5
	粉土	5.7～9.7	3.491	3.416	2	5
	黏土	9.3～11.6	0.788	0.726	2	5
天津三和电机厂房（西青区）	黏土	1.0～3.4	1.278	0.773	9	8
	粉质黏土	2.5～8.3	1.017	0.639	9	8
	粉质黏土	6.0～11.0	1.531	1.087	9	8
	粉土	8.8～16.6	3.990	2.669	9	8
	粉质黏土	14.0～18.0	1.860	1.316	9	8
天津机场集中供热工程（东丽区）	黏土	1.8～3.5	0.555	0.497	4	5
	粉质黏土	3.2～7.6	0.598	0.484	4	5
	粉质黏土夹粉土	7.2～9.4	1.410	1.154	4	5
	粉质黏土	8.8～13.0	0.959	0.798	4	5

注：摘自《静力触探技术在天津软土地区的应用研究》。

6 城市轨道交通主要工程地质问题

通过对天津地区工程地质条件、水文地质条件、不良地质作用、特殊性岩土和地铁工程特点的分析，主要工程地质问题有：

（1）软土的触变性、高压缩性、低强度等工程特性对地基稳定性的影响；

（2）淤泥质土及粉土、粉砂层易发生水土流失，地下连续墙接缝或墙体夹泥易产生渗漏；

（3）地下水控制及对周边环境的影响；

（4）基坑开挖时临时立柱周边涌水及盾构掘进时引发地表河水倒灌；

（5）饱和砂土、软土等对隧道围岩稳定性影响；

（6）盾构法施工时开洞门突水涌砂及盾构法施工刀盘结泥饼问题；

（7）氯离子含量过高影响冻结法冷冻效果。

6.0.1 软土的工程特性对地基稳定性影响及对策

天津地区车站多采用明挖法施工，车站基坑深度约为17.0～25.0m，主体结构多采用地下连续墙加内支撑的支护体系，附属结构多采用SMW工法桩加内支撑支护体系或钻孔灌注桩加内支撑支护体系（桩间土采用搅拌桩进行止水）。

基坑开挖范围的土层主要为人工填土层（Qml）；新近冲积层（Q_4^{3N}al）岩性为流塑－软塑状粉质黏土夹流塑状淤泥质土、稍密状态粉土；第Ⅰ陆相层（Q_4^3al）岩性为可塑状粉质黏土及稍密－中密状态粉土；第Ⅰ海相层（Q_4^2m）由流塑－软塑状粉质黏土、中密状态粉土组成；第Ⅱ陆相层上部为湖沼相沉积层（Q_4^1h），主要为可塑－软塑状态粉质黏土、黏土，下部为河床－河漫滩相沉积层（Q_4^1al），主要为可塑状态粉质黏土，密实状态的粉土、粉砂；第Ⅲ陆相层（Q_3^eal）以粉质黏土、粉土、粉砂为主；第Ⅱ海相层（Q_3^dmc）为可塑状粉质黏土。

新近冲积层及第Ⅰ海相层淤泥质土层以透镜体的形势存在，且分布较多，具有高灵敏度、高压缩性、低强度等特点，对于埋深较浅的出入口等附属结构，基底处若位于该层中，在长期荷载作用下会缓慢地产生不均匀沉降或在较短的时间内发生沉降过大等工程地质问题。对于车站结构，软土极易发生蠕动和扰动，若不及时采取有效支护措施，基坑边坡极易发生坍塌。

另外，软土受到震动后，易产生侧向滑动、沉降和基础下土体挤出等现象。软土的触变特性，会导致钻探取样时取出的土样不能完全反映土的实际情况；也会导致隧道结构受车辆动荷载震动影响产生地面沉降，对周边环境造成破坏。

因此勘察期间宜采用十字板剪切试验等原位测试手段配合取样试验获取其参数，并分析评价软土地基不均匀沉降、基底变形等对工程的影响；对于明挖基坑的地基可采取堆载预压法、搅拌桩等地基处理方式或采用桩基；对于矿山法、盾构法施工的区间隧道可采取化学加固的处理方法。

6.0.2 淤泥质土、粉土、粉砂层对地下连续墙施工的影响及对策

在地下连续墙施工时，淤泥质土及粉土、粉砂层易发生水土流失，混凝土灌注时易发生接缝夹泥砂现象，甚至导致墙体加泥。接缝夹泥处形成渗漏通道，渗漏严重会引起基坑周边地面沉降，造成管线和建筑物破坏，连续墙夹泥降低了墙体的承受荷载和抵抗化学腐蚀的能力。

施工时要严格控制成槽质量，控制好泥浆比重防止槽壁发生坍塌，及时对地下连续墙接头刷壁并利用超声波对接缝的刷壁质量进行检测。基坑开挖前根据地下连续墙浇筑过程对缺陷墙体进行评估，提前采用旋喷桩进行加固处理。加固完成后采用电渗法进行检测，确定该墙体内外有无明显水力联系。若有水力联系采用袖阀管重新进行注浆加固。

6.0.3 地下水控制及对周边环境的影响及对策

天津地区地铁车站基坑属于典型的软土地区深基坑工程，基坑开挖深度大，土方开挖出土量较大；结构及支护结构施工工艺复杂；结构施工周期长，降水深度大时间长；水文地质条件复杂，降水深度范围内海陆相沉积土层交互存在，地下水的连通性较好，各含水层之间存在水力联系能产生越流补给，地下水具有弱腐蚀性，而且具有典型的水头高水量小的特点。地下水控制时需要注意以下几点：

（1）潜水、第一承压水一般位于基坑开挖范围内，对基坑开挖有直接影响，连续墙将侧向补给截断，可采用坑内疏干降水。

（2）由于天津地区第二承压水水头较高，一般当基坑开挖至地面下13.0～15.0m，上覆土层的自重压力小于承压水含水层顶板处的承压水顶托力，易发生底鼓、突水等现象，因此在地下水控制时多采用设置减压井或加深连续墙的插入深度隔断下层承压水的补给来源。

（3）当设置减压井时须控制地下水降低引起的地面沉降，减少差异性沉降，减少对周边环境的影响，确保周边环境设施不会由于降水造成安全问题。

（4）采用坑内降水，基坑开挖结构施工与降水必然产生矛盾，为了保证降水工程的顺利进行，降水设施须进行有效的保护和保留。

（5）车站基坑范围较大，地下连续墙长度较大，如果施工中个别单元与单元之间的连接部位的质量不达要求，则可能导致发生渗漏增加地下水控制难度，加大降水对周边环境的影响。

（6）各含水层水力联系密切，降水设计要根据勘察资料严格控制降水井深度，做好各含水层之间的止水工作，防止因上下水串通引发事故。

（7）基坑开挖周期较长，地下水控制周期场，长时间大量降水使基坑内外水动力条件发生改变，会对周围道路、建筑物产生不利影响。地下水控制期间加强地下水位变化监测及周边环境的监测，必要时采取回灌等措施。

6.0.4 临时立柱周边涌水及盾构掘进时引发地表河水倒灌的影响及对策

天津地区各层含水层之间的水力联系十分密切，且各层承压水水头压力很大，由于临时立柱施工时穿透承压水层，且临时立柱与周边土体、混凝土不密实，致使桩底承压水沿桩体周围涌出。线

路会多次穿越地表河流，在隧道上打孔勘探未予有效封孔，会引发河水倒灌；江河水位突然大幅度变化，也会导致盾构机压力失衡，压力过大会严重扰动河床，如压力过小不能有效支撑掌子面稳定，均有可能造成河床坍塌河水灌入隧道。

对于临时立柱周围涌水的影响，可以使用桩侧注浆管对基础桩进行注浆，注浆水泥总量和注浆压力均达到设计参数，保证注浆量；通过基坑降水，减小水压力差，减少水力供应，可以消除管涌危害，在降水生效前，应采取反压、疏排等缓解措施，避免管涌情况恶化；在涌水外围处用编织袋或麻袋装土抢筑围井，井内同步铺填反滤料，从而制止涌水带砂，以防险情进一步扩大，围井面积应根据地面情况、险情程度、料物储备等确定；根据涌水点的位置推断围护结构薄弱点，从而在该位置采用水泥~水玻璃双液注浆加固，切断涌水路线。

对于盾构掘进时引发地表河水倒灌的影响，施工前，认真核查隧道土体范围内是否存在勘探孔；盾构机在穿越河流前首先要充分了解调查好河床的地质情况和水深、水位变化规律，及时对水位变化情况进行观察，根据水位变化情况及时调整掘进参数，确保掘进安全。

6.0.5 饱和砂土、软土等对隧道围岩稳定性影响及对策

天津地铁隧道结构穿越地层主要为第Ⅰ陆相层（Q_4^3al）岩性为可塑状粉质黏土及稍密－中密状态粉土；第Ⅰ海相层（Q_4^2m）由流塑－软塑状粉质黏土、中密状态粉土组成；第Ⅱ陆相层上部为湖沼相沉积层（Q_4^1h），主要为可塑－软塑状态粉质黏土、黏土，下部为河床－河漫滩相沉积层（Q_4^1al），主要为可塑状态粉质黏土，密实状态的粉土、粉砂。

第Ⅱ陆相层的粉土、粉砂较为松散，且为含水层，隧道掘进过程中容易引起涌水、流砂，使隧道上方形成空洞，随着空洞范围的扩大而引起地面大范围的塌陷。施工时应严格控制掘进速度，严格控制每环出土量，并及时注浆，注浆时应严格控制注浆压力，防止压力过大造成地面隆起。

局部穿越软土层，因具有高含水量、高压缩性、低强度，高灵敏度特点，具较明显的触变、流变特性，开挖面易失稳、易产生沉降过大等问题。盾构掘进时需保持泥浆及土压平衡。

6.0.6 盾构法施工时开洞门突水涌砂及盾构法施工刀盘结泥饼问题及对策

天津地区黏性土地层往往不均匀分布着砂层、粉土等透水性强地层，在地下承压水作用下，一旦出现孔洞，就会形成地下水土流失，在开洞门时易发生坍塌。因此需要对盾构洞门土体加固，一方面是为了防止洞门破除后土体坍塌，更为重要的是为了使加固土体具有良好的封水效果，加固可采用搅拌桩加高压旋喷桩加固或冻结法加固。采用搅拌桩加高压旋喷桩加固方案时，要严格按照设计和规范施工，确保桩体质量，尤其是旋喷桩的密封作用要得到充分保证；采用冷冻加固时，严格按照设计要求布设冻结孔，对成孔质量要逐孔检查，冷冻过程中确保循环盐水的温度，并时刻关注冻结土体内的温度变化判断冻结效果，冷冻结束后要认真进行胶圈验算；加固检验合格后，在洞门处钻孔检验洞门加固体止水效果，如发生漏水情况说明加固效果未能达到要求，需重新补充设计方案进行加固。

另外，天津地区黏性土黏粒含量较高，盾构刀盘切削下来的黏性土、碎屑在刀盘区聚集，形成半固结或固结块状体泥饼，会造成扭矩、总推力大幅增大、出土不畅、推进速度减慢、刀盘发热，重则造成掘进困难、在富水地层诱发喷涌、甚至盾构机严重损坏。因此勘察期间要详细查明土层的黏粒含量；施工前认真研究地质资料，施工全过程现场跟踪地质条件的变化，并根据地质条件优化施工措施；施工过程中，及时观察土体情况，分析土体黏性和含砂比例，及时添加适量的土体改良剂，减小土体黏性度和黏着力。避免长时间的停机而导致土仓内土压逐步升高、流动性减弱使刀盘及刀具板结泥饼的可能性增加。

6.0.7 氯离子含量过高影响冻结法冷冻效果的影响及对策

天津地区地下水中氯离子含量较高，根据勘察资料氯离子含量一般为106.12~669.07mg/L，

氯离子含量过高土层冷冻时间会大大延长，甚至影响冷冻效果。因此，开始冷冻之前须进行氯离子含量检测，并用原状土做实验，根据实验结果确定冷冻时间，优化冷冻工艺、确定冻结温度。

参考文献

[1] 天津市地质矿产局. 天津市区域地质志［M］. 北京：地质出版社，1992.

[2] 高颂东. 静力触探技术在天津软土地区的应用研究［D］. 天津：天津大学，2006.

[3] 羊小云. 天津新港软土工程地质特征［J］. 港工技术，2007.

[4] 万中喜. 黄骅港软土与天津港软土的对比［J］. 港工技术，2005.

乌鲁木齐市

1 自 然 地 理

1.1 地 理 位 置

乌鲁木齐市地处亚欧大陆中心，地处东经86°37′33″~88°58′24″、北纬42°45′32″~45′30″之间的内陆地带，位于天山山脉中段北麓、准噶尔盆地的南缘，是新疆维吾尔自治区的首府，东、西、北三面与新疆昌吉回族自治州毗邻，南临吐鲁番地区和巴音郭楞蒙古自治州。是全疆政治、经济、文化中心，也是第二座亚欧大陆桥中国西部桥头堡和我国向西开放的重要门户。

乌鲁木齐市辖七区一县，即天山区、沙依巴克区、新市区、水磨沟区、头屯河区、米东区、达坂城区、乌鲁木齐县。其中在新市区设立两个国家级开发区，即经济技术开发区、高新技术产业开发区。市域总面积13787.6km^2，其中中心城区建成区面积343km^2。

1.2 气　　象

乌鲁木齐市地处北半球亚热带的欧亚大陆腹地，是世界上离海洋最远的大城市，属中温带干旱大陆性气候区，以气候干燥，降雨量小，冰冻期长，昼夜温差变化较大，春、秋多风，夏季短促而炎热，冬季漫长且严寒为其主要特征。

（1）气温、湿度。

年平均气温7.7℃、极端最高气温42.1℃（1973年8月1日）、极端最低气温-32.8℃（1976年12月26日）、最热月平均气温24.0℃、最冷月平均气温-12.8℃，多年平均相对湿度57%。

（2）降水量、蒸发量。

乌鲁木齐市降水量较少，年平均降水量308.3mm，年最大降水量419.5mm，月最大降水量126.1mm，日最大降水量57.7mm；年平均蒸发量1925.8mm，最高年蒸发量为3119.9mm，最低年蒸发量为1723.5mm。

（3）风、雪、雾。

乌鲁木齐市春夏主导风向为NW、秋冬主导风向为S，多年平均风速2.4m/s，最大风速38m/s（瞬时），年平均大风（≥8级）日数12.8天。

一般情况下10月开始降雪，11月至来年2月为积雪期，3月开始融雪，降雪初、终期当年的10月16日至来年的4月19日，最大积雪厚度44cm（1978年1月）。

最大季节冻土深度162cm。

具体乌鲁木齐气象资料见表27-1：

表27-1　乌鲁木齐市主要气象资料汇总表

台站名称及地点			乌鲁木齐市气象站	
地理位置及海拔高程（m）			北纬43°47′　东经87°39′　高程935.0m	
代表里程及地点			乌鲁木齐市东大梁西街448号	
数值及统计年限			数值	出现时间及统计年限
平均气压（mb）		夏季	905.5	1993—2012
		冬季	918.2	1993—2012
气温（℃）	年平均		7.7	1993—2012
	极端	最高	42.1	1961—2012　1973年8月1日
		最低	-32.8	1961—2012　1976年12月26日

续表 27－1

气温（℃）	年最高		37.3	一年中所测得的最高温度的多年平均值。1993—2012
	年最低		－24.7	一年中所测得的最低温度的多年平均值。1993—2012
	最热月平均		24.0	1993—2012（7月）
	最冷月平均		－12.8	1993—2012（1月）
湿度	年平均相对湿度%		57	1993—2012
	年平均最小相对湿度%		7	1993—2012
覆冰			15	1993—2012
降水量（mm）	年平均		308.3	1993—2012
	年最大		419.5	1961—2012　出现在2007年
	月最大		126.1	1961—2012　出现在1998年5月
	日最大		57.7	1961—2012　1978年6月11日
	年平均降水日数		72	1993—2012
	雨季起讫时间		汛期	6—8月
蒸发量（mm）	年平均		1925.8	1993—2012
	年最大		3119.9	1961—2012　出现在1974年
	年最小		1723.5	1961—2012　出现在1999年
风	平均风速（m/s）		2.4	1993—2012
	各季平均风速（m/s）及主导风向	春（3～5）	N2.8	1993—2012
		夏（6～8）	NW2.8	1993—2012
		秋（9～11）	S2.3	1993—2012
		冬（12～2）	S1.7	1993～2012
	最大风速（m/s）及风向	定时	30.7SSE	1961—2012 出现在1977年2月8日
		瞬时	38SE	1961—2012 出现在2009年4月11日
	最小风速		1.9	1961—2012 出现在1998年和1999年
雪冻	降雪初终期（月、日）		1961—2012　10月16日—4月19日	
	最大积雪厚度（cm）		44	1961—2012　1978年1月
	冻土初终期（月、日）		11月26日—3月21日	
	最大冻土深度（cm）		162	1961—2012　1969年3月

1.3 水　　文

乌鲁木齐地表水系均属于乌鲁木齐河流域，乌鲁木齐河流域位于天山北坡中段、准噶尔盆地南缘。流域南起乌鲁木齐河上游天山山脉依连哈比尕山分水岭，北至古尔班通古特沙漠南缘东道海子，西接头屯河流域，东到柴窝堡洼地及米泉县的东缘。

乌鲁木齐河流域由乌鲁木齐河水系和东山水系组成，乌鲁木齐河水系包括南山的乌鲁木齐河和10条小河。东山水系包括源于东山的水磨沟、芦草沟、铁厂沟、白杨沟等15条小河和山泉（详见图27－1）。流域内较大的河流有乌鲁木齐河、板房沟、小东沟、水磨沟、铁厂沟。

乌鲁木齐河是唯一一条纵贯乌鲁木齐市区的河流，是乌鲁木齐230万市民的“母亲河”。

乌鲁木齐河发源于北天山天格尔Ⅱ峰，出山口后至乌拉泊流向正北，穿越乌鲁木齐市区至米泉县北部东道海子。河流总长214km，流域面积5803km^2。年径流量2.37亿m^3。出山口后河流汇集南山、东山及头屯河的流量被全部引入渠道和水库；乌拉泊水库以下原河道已改建成河滩公路，河水由和平渠输往下游。

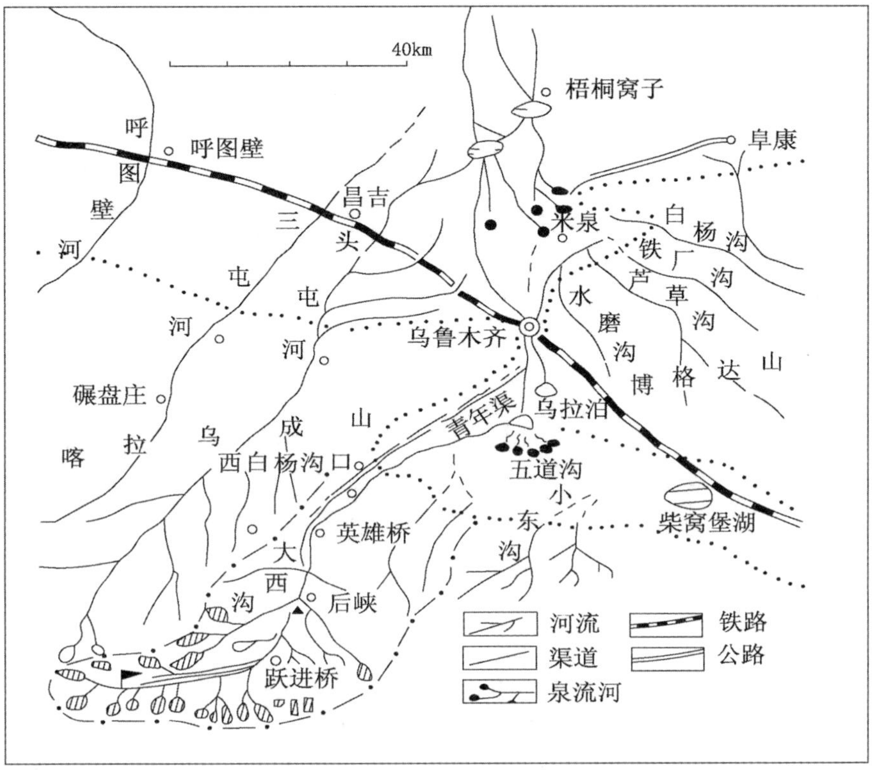

图 27－1　乌鲁木齐河流域位置示意图

沿河建有乌拉泊、红雁池、八一、猛进四座水库，总库容 1.8 亿 m^3。

1.4　地 形 地 貌

乌鲁木齐市地处天山地槽褶皱和准噶尔凹陷两个构造带，地形起伏较大，地势南高北低，东高西低，平均海拔 800m。其轮廓大致可概括为东、南、西三面环山，北部是倾斜平原及沙漠，境内最高点博格达峰，海拔 5445m，最低点是北部的古尔班通古特沙漠南缘的东道海子，海拔 418m。

乌鲁木齐市地貌按形态可划分为四类，即山地（海拔高度大于 2000m）、山间盆地与丘陵（海拔高度 800～2000m）、平原（海拔高度 800m 以下）、沙漠。其中山地主要有横亘于区域南部、呈东西走向的天格尔山（俗称南山）和走向呈向北突出的弧形博格达山（俗称东山）和西山地区；山间盆地主要是位于乌鲁木齐市西南部的柴窝堡盆地；丘陵主要分布于南山前峡及东段山缘地带和东山山麓地带；平原主要由东山、西山所夹的狭长乌鲁木齐河谷平原及北部山前地带的冲、洪积平原组成；沙漠主要位于米东区北部的古尔班通古特沙漠（见插图 164）。

乌鲁木齐市区地势南高北低，局部地形略有起伏。自南向北依次穿越的地貌单元可分乌鲁木齐河冲洪积河谷地区（新医路以南）和乌鲁木齐河冲洪积平原区（新医路以北），两者大致以新医路为界，各地貌分区如下：

（1）乌鲁木齐河冲洪积河谷区。

乌鲁木齐河冲洪积河谷区位于北天山中段北麓雅玛里克山与博格达山前低山丘陵所挟乌鲁木齐河冲洪积谷地内，河谷宽 5～8km，近南北走向，地形略有起伏，总体地势由南向北倾斜，自然坡降为 1.0%～3.0%。现代河床（河滩公路）从谷地中央穿过，两岸发育有 4 级阶地，其中Ⅰ级阶地，拔河高度 2～4m，属堆积阶地；Ⅱ级阶地拔河高度 5～10m，属于基座阶地；Ⅲ级和Ⅳ级阶地呈零星分布，地貌表现为浑圆丘陵，两者均属侵蚀阶地，Ⅲ级阶地拔河高度15～20m，Ⅳ级阶地拔河高度40～60m。经过多年的城市化建设，自然地貌已被改造得面目全非，趋于更加平坦，边坡坡度一般小于10°。

（2）乌鲁木齐河冲洪积平原区。

乌鲁木齐河冲洪积平原区系由乌鲁木齐河出山口后向北散开的扇状冲洪积平原，地形平坦开阔，冲沟不发育，地势由东南向西北倾斜，自然坡降为1.0%～1.9%。

2 区域地质

2.1 地质构造

乌鲁木齐市位于博格达弧形隆起带和准格尔盆地南缘乌鲁木齐山前凹陷的结合部位，在结合部位的边缘凹陷中沉积有巨厚的中、新生带地层，受海西运动以来历次构造运动的影响，形成了一系列轴向北东—南西向的褶皱和断裂。乌鲁木齐市红山嘴以北市区位于乌鲁木齐市山前凹陷南部背斜隆起带的东段，而南部市区则位于博格达弧形隆起带的西翼上，二者大体以雅马里克山断裂为界。

2.1.1 褶皱

（1）雅玛里克复式背斜：分布在雅马里克山－红山嘴一带，可见长度15km，被乌鲁木齐河分为东西两段，西段轴N40°W，东段转向NEE向。背斜轴部较紧密，南翼西段内陡（70°）外缓（40°），东段倾角中等，北翼西段向南东倒转，倾角80°，发育有许多紧密的小褶皱，东段正常，倾角也陡。距轴不远被断层截割。该背斜由上二叠统砂岩、泥岩组成，轴部为芦草沟组砂岩。

（2）乌鲁木齐向斜：分布在市东南一带，可见长度28km，宽7～8km，西段覆盖，轴向北东东，东部翘起，为一箱状褶皱，轴部甚平，造成桌状地形。两翼近缓（15°），边缓陡（70°），南翼局部倒转。该向斜由三叠系地层组成。

（3）七道湾向斜：其轴线方向约60°左右，轴部有七道湾西侧向东缓缓翘起，主要由侏罗系地层组成，向西翘起比较迅速，该构造消失于乌鲁木齐河附近。

（4）七道湾背斜：该背斜构造高点在白杨沟东一带，主要由侏罗系地层组成，往东倾伏较快。

（5）芨芨槽子褶皱组（包括七个褶曲）：密集分布于红雁池－柳树沟逆断层南芨芨槽子一带。一般轴向北东东－北东，主要由二叠系地层组成。

2.1.2 断裂

乌鲁木齐市区由南向北主要有四条断裂（具体位置见插图165），分别为雅玛里克断裂带、碗窑沟断层、九家湾断层组、八钢－石化断层，各断裂详细叙述如下：

（1）雅玛里克断裂带：该断裂带基本由两条主要断层组成。南支：雅玛里克断层；北支：柏杨南沟断层。该断裂是博格达弧形构造中一条区域性断裂，为博格达弧前的古生界与中生界分界。断裂西起雅玛里克山北麓，向东经红山北、七一棉纺厂至市区外、全长约60km，断裂走面N65°～70°E，倾向S，倾角70°～80°，具逆冲性质。该断裂东段在晚更新世有活动，西部尾段活动性逐渐减弱，最新活动时代为中更新世末期至晚更新世早期。

（2）碗窑沟断层：碗窑沟断层位于乌鲁木齐城市东北郊，展布于博格达山西北麓（东山地区）的梁状黄土台地。断层西起东八家户附近，向东北延伸经红光山南坡、七道湾乡、八道湾、石咀山－馒头山的新纪煤矿、跨芦草沟，再向东到大红沟煤矿延出市区。全场约50km，西段断裂走面N40°～50°E，倾向N，倾角70°～80°，具逆冲性质。该断裂形成于中更新世中晚期，最新活动时间为晚更新世晚期，属晚更新世活动断裂。

（3）九家湾断层组：九家湾断层组主要分布于西山隆起东北侧高台地上，断层组为西山掀斜隆起断块内部的次级断层，其主断层为褶皱地层之下深度约10km的侏罗系煤系内的滑脱面。其主要由4条走向N60°~65°E，基本等间距平行排列的一组正断层组成，单条断层带长度3~5km。在地表形成北低南高的陡坎和宽数米甚至40m、深1~2.5m的沟槽。九家湾断层组中F2-3断层有5条断层面，其中南面的4个断层产状相同为N30°~45°E/57°~75°N，北面的一条断层产状N38E°/72°S，五条断层构成了典型的断陷式地堑构造，地堑宽度45m，为全新世活动断裂。该断层从西山向东北方向延伸至河滩路附近。2007年有新疆维吾尔自治区地震局组织完成的“乌鲁木齐市城市活断层探测与地震危险性评价”项目，对九家湾断层组进行了1:1万地质地貌带状填图工作，确定九家湾断层组错断了晚更新世-全新世早期的沉积层，属全新世和晚更新世断层。

（4）八钢-石化断层：八钢-石化断层位于城市北郊，是准噶尔沉降盆地边缘与中间隆起地带的地质地貌分界。断层西起火车西站南，向东北延伸至米泉县城南侧，再向东北到石化厂至柏杨河水库一带，并继续向东北延伸，全长逾42km。断裂走向在火车北站以西地段为近东西，乌鲁木齐北郊至石化厂一带走面N60°E，倾向S，倾角75°~85°，具逆冲性质。断裂最重要的地质证据是断层两侧第四系厚度存在150~500m的巨大落差。断层最新活动时代为晚更新世中期，属晚更新世活动断层。

2.2 历史地震

乌鲁木齐市区属北天山地震带中段，处于天山褶皱带与准噶尔凹陷带的复合部位，新构造运动较为强烈，且以活动断裂占优，地震发生常与活动断裂有关。根据《中国地震动峰值加速度区划图》乌鲁木齐市区地震动峰值加速度值为0.20g，乌鲁木齐地区地震基本烈度为Ⅷ度。

以乌鲁木齐即东经87.7°，北纬43.8°为中心，半径100km范围内，3级以上地震平均每年5次以上，5级以上地震为3~4年即发生一次。根据《乌鲁木齐市志》记载最大一次是1965年11月13日发生在乌鲁木齐市东北方的6.9级地震（震中位置为东经88°08′，北纬43°59′），在极震区多处发生地面塌陷、滑坡和基岩崩塌。由此可见，多发的地震是区内突发性地质灾害发生的重要激发因素之一。

2.3 地层岩性

乌鲁木齐市区地势南高北低，自南向北依次穿越的地貌单元可分乌鲁木齐河冲洪积河谷地区和乌鲁木齐河冲洪积平原区，两者大致以新医路为界，冲洪积河谷地区地层岩性以基岩为主，冲洪积平原区地层岩性以第四系卵石为主，如图3.2，各区具体地层岩性叙述如下。

2.3.1 乌鲁木齐河冲洪积河谷区

乌鲁木齐河冲洪积河谷区构造上位于乌鲁木齐山前凹陷内的第一排褶皱带，主要由中生代三叠系、侏罗系地层构成，局部出露古生代二叠系，轴向呈北东-北东东向展布，由南向北褶皱带分为乌鲁木齐箱状向斜、红山背斜和七道湾向斜。其中乌鲁木齐箱状向斜轴向北东，向西南倾伏，轴部宽缓，北翼缓而南翼陡，北翼地层倾角30°~40°，南翼达70°，核部为上三叠统，两翼由下三叠统构成，宽度约7km。红山背斜，呈紧闭线状展布，轴向40°，南翼由上二叠统组成，雅玛里克逆冲断裂沿核部发育，造成北翼缺失，下盘下侏罗统岩层陡立，出露背斜宽度约2.5km；七道湾向斜，轴向北东，核部出露上侏罗统，南翼为下侏罗统，倾角60°~80°，北翼受碗窑沟断裂控制，中、上侏罗统地层倒转，倾向北西，呈单斜构造，倾角40°~60°，向斜出露宽度约3km，南。晚古生代-中生代基岩主要分布于乌鲁木齐河河床和Ⅰ级阶地底部、Ⅱ级阶地基座，为Ⅲ、Ⅳ级阶地组成物质，风化程度由表及里逐渐减弱，钻探揭露，除近地表发育极薄层的残积土和全风化层外，基岩强风化层揭露厚度一般为2.0~19.4m，中等风化层埋深为13.5~19.4m。具体岩性包括：

上二叠统妖魔山组（P_2），灰黑-灰褐色，页岩、粉砂岩夹油页岩、粉砂质白云岩、硬砂岩；

下三叠统仓房沟群（T_{1+2}），紫红色砾岩、泥岩夹硬砂岩；

上三叠统小泉沟群（T_3），黄绿色泥岩、硬砂岩夹砾岩；

下侏罗统八道湾组（J_1），灰色、灰黄色泥岩、粉砂岩、砂岩、砾岩夹煤；

中侏罗统三工河组、西山窑组（J_2），灰绿色、黄灰色泥岩、砂岩、粉砂岩夹炭质页岩和煤；

上侏罗统头屯河组、齐古组（J_3），灰绿色、紫红色泥岩、硬砂岩、石英长石砂岩、砾岩。

晚更新世－全新世卵石层（Q_{3-4}^{apl}），构成河谷区Ⅰ、Ⅱ级阶地主要土层，冲洪积河床相，青灰色－灰黄色，卵粒2～5cm为主，少许5～15cm，含量占50%～60%；砾粒含量占15%～30%，中粗砂充填，局部含少量粉粒，级配良好。磨圆度较好，呈次圆状。岩性以花岗岩、凝灰岩、灰岩和砂岩等为主。骨架颗粒排列紧密，钻具剧烈跳动，中密－密实。埋深1.3～2.6m，揭露厚度7.0～15.6m。

晚更新世－全新世粉土层（Q_{3-4}^{apl}），呈零星分布，冲洪积河漫滩，灰黄色，稍湿－湿，大孔隙结构，局部含0.2～0.5cm的细小砾石，稍密。埋深0～3.5m，厚度0.7～3.2m。

2.3.2 乌鲁木齐河冲洪积平原区

该工程地质地貌单元地场地土主要由晚更新世－全新世冲洪积物（Q_{3-4}^{apl}）组成，具二元结构，上覆极薄层粉土、粉质黏土（Q_4^{apl}），之前的城市道路和管网等基础设施建设已完全破坏其原状结构；下伏厚层卵石层、圆砾层（Q_3^{apl}）。纵向上冲洪积扇向下游方向上覆细粒土层分布逐渐变厚，粗碎屑土粒径组成逐渐变细，由卵石逐渐相变为圆砾；横向上越靠近主河床，粗碎屑土粒径逐渐变粗。

3 城市典型地层及特征

3.1 地层土质特征

乌鲁木齐市区地层岩性复杂多样，表层主要为第四系全新统和上更新统的松散沉积物（圆砾、卵石为主，局部为砂类土及黏性土），下伏侏罗系（J）、三叠系（T）、二叠系（P）的砂岩、泥岩、页岩等，见图27－2～图27－7，具体叙述如下：

（1）第四系全新统（Q_4）。

该层主要分布于乌鲁木齐河谷阶地区，表层分布有第四系全新统的人工填筑土，厚度1～3m；上部为全新统卵石，厚度5～10m，成分以砂岩、砾岩为主，一般粒径20～150mm，最大粒径400mm，多以泥、砂质充填，多为中密，局部密实，局部分布有角砾、粉质黏土、粉土及砂层夹层，详细叙述如下：

①－1杂填土：杂色，稍密，稍湿－湿，以卵石、砖渣、灰渣、建筑垃圾为主，局部含生活垃圾、黏性土、树根等，土质不均匀。

①－3卵石填土：杂色，稍密－中密，湿－饱和，级配较差，一般粒径约20～40mm，最大粒径约200mm，含建筑垃圾、砖块等杂物、土质不均匀。

②－3粉质黏土：褐黄色－灰黄色，湿，可塑－硬塑，含云母、姜石、氧化铁、有机质、碎石，局部夹黏土薄层，干强度较高，韧性较好。

②－4粉土：褐黄色－灰黄色，湿，中密，含云母、姜石、氧化铁、碎石，摇震反应中等，可见颗粒孔隙，切面无光泽。

图27－2 第四系全新统沉积层

②-10 卵石：杂色，密实，湿-饱和，一般粒径约 20~40mm，最大粒径约 400mm，大于 20mm 者占 60%~75%，余为砂粒及粉、黏粒充填，卵石颗粒呈亚圆形，级配良好，成分以砂岩、灰岩为主。

②-11 角砾：浅黄色，稍湿-饱和，稍密~中密，砾径约在 30~80mm，角砾呈尖棱状-片状，含量约占总质量的 60%~80%，余为杂粒砂及粉黏粒充填。

（2）第四系上更新统（Q_3）。

该层主要分布在乌鲁木齐河冲洪积平原区，岩性以卵石为主，厚度大于 30m，砾石成分以砂岩、灰岩、花岗岩为主，一般粒径 2~100mm，最大粒径可达 800mm，中密-密实；该层局部分布有薄层粉土、粉质黏土、砂层、角砾等，详细叙述如下：

图 27-3 第四系上更新统沉积卵石

图 27-4 人工探井挖出大粒径卵石

③-3 粉质黏土：褐黄色-灰黄色，湿，可塑-硬塑，含云母、姜石、氧化铁、有机质、碎石，局部夹黏土薄层，干强度较高，韧性较好。

③-4 粉土：褐黄色-灰黄色，湿，中密，含云母、姜石、氧化铁、碎石，摇震反应中等，可见颗粒孔隙，切面无光泽。

③-11 角砾：浅黄色，稍湿-饱和，稍密-中密，砾径约在 30~80mm，角砾呈尖棱状-片状，含量约占总质量的 60%~80%，余为杂粒砂及粉黏粒充填。

③-12 含角砾粉质黏土：褐黄色-灰黄色，湿，可塑-硬塑，角砾含量约占 20%~35%，局部夹黏土薄层，干强度较高，韧性较好。

④-10 卵石：杂色，中密-密实，稍湿-湿，一般粒径约 20~40mm，大于 20mm 者占 65%~75%，余为砂粒及粉、黏粒充填，局部含漂石，最大粒径约 800m，卵石颗粒呈亚圆形，级配良好，成分以砂岩、灰岩、粗粒花岗岩为主。局部泥质或钙质半胶结。

（3）侏罗系（J）。

侏罗系基岩主要分布于新兴街以北至大西沟一带，主要砂岩、砂质泥岩及煤层，强风化-中风化，中风化泥岩单轴抗压强度一般小于 10MPa，中风化砂岩单轴抗压强度 10.0~40.0MPa，岩层产状：330°~350°∠60°~75°，岩体类型呈层状结构，砂岩和泥岩呈互层状分布，节理裂隙较为发育，修正后围岩分级为Ⅴ~Ⅵ级，岩土工程施工等级为Ⅳ~Ⅴ级，详细叙述如下：

⑤-1-1 全风化泥岩：褐黄色-灰黄色，原岩结构构造已破坏，岩芯呈土状，硬塑，含少量碎石颗粒。

⑤-1-2 强风化泥岩：黑灰色-青灰色，泥质结构，层状构造，泥质胶结，岩芯比较破碎，岩芯采取率约 50%~65%，呈碎块状，局部有短柱状，裂隙发育，锤击声哑。

⑤-1-3 中风化泥岩：黑灰色-青灰色，泥质结构，层状构造，泥质胶结，岩芯呈短柱或长柱状，岩芯采取率约 70%~80%，岩石倾角较大，锤击声哑。

⑤-2-2 强风化砂岩：黑灰色-青灰色，砂状结构，层状构造，钙质胶结，岩芯较破碎，岩芯采取率约 50%~65%，呈碎块状，局部呈短柱状，裂隙发育，锤击声脆。

⑤-2-3 中风化砂岩：黑灰色-青灰色，砂状结构，层状构造，钙质胶结，岩芯呈柱状，岩芯

采取率约85%，岩石倾角较大，锤击声脆。

⑤-3-2强风化砾岩：杂色，灰绿色为主，细-粗砾状结构，砾石成分主要为灰岩、砾石最大粒径约200mm，泥钙质胶结，厚层状构造，节理裂隙发育，岩芯采取率约65%，岩芯多呈块状、短柱状。

⑤-3-3中风化砾岩：杂色，灰绿色为主，细-粗砾状结构，砾石成分主要为灰岩、砾石最大粒径约200mm，泥钙质胶结，厚层状构造，少量节理裂隙，岩芯采取率约80%。岩芯多呈柱状。

⑤-4煤：黑色，强风化，光泽暗淡，粒状结构，可见植物化石。

图27-5 王家梁南侧侏罗系陡倾岩层

⑤-4-2炭质泥岩：灰黑色~黑色，强风化，泥质结构，层状构造，岩芯破碎，局部可见植物化石。

(4) 三叠系(T)。

三叠系基岩主要分布于三屯碑至南门一带，主要为泥岩、砂岩、砾岩等，强风化-中风化。中风化泥岩单轴抗压强度一般小于10MPa，中风化砂岩单轴抗压强度10.0~50.0MPa，岩层产状：140°~160°∠20°~30°，岩体类型呈层状结构，砂岩和泥岩呈互层状分布，节理裂隙较为发育，修正后围岩分级为Ⅴ~Ⅵ级，岩土工程施工等级为Ⅳ~Ⅴ级，详细叙述如下：

⑥-1-2强风化泥岩：黄绿色、紫红色，泥质结构，层状构造，泥质胶结，岩芯比较破碎，岩芯采取率约50%~65%，呈碎块状，局部有短柱状。

⑥-1-3中风化泥岩：黄绿色、紫红色，泥质结构，层状构造，泥质胶结，岩芯呈短柱或长柱状，岩芯采取率约70%~80%，锤击声哑。

⑥-2-2强风化砂岩：灰绿色、紫红色，砂状结构，层状构造，钙质胶结，岩芯比较破碎，岩芯采取率约65%，呈碎块状，局部有短柱状。

⑥-2-3中风化砂岩：灰绿色、紫红色，砂状结构，层状构造，钙质胶结，岩芯呈柱状，岩芯采取率约70%~80%，锤击声脆。

⑥-3-2强风化砾岩：杂色，细-粗砾状结构，砾石成分主要为灰岩、砾石最大粒径约150mm，泥钙质胶结，层状构造，节理裂隙发育。岩芯多呈块状、短柱状，岩芯采取率约60%。

⑥-2-3中风化砾岩：杂色，细-粗砾状结构，砾石成分主要为灰岩、砾石最大粒径约150mm，泥钙质胶结，厚层状构造，少量节理裂隙。岩芯多呈柱状，岩芯采取率约70%。

(5) 二叠系(P)。

二叠系基岩主要分布于沿线南门至新兴街一带。主要由泥岩、砂岩组成，强风化-微风化，中风化泥岩单轴抗压强度一般小于10MPa，中风化砂岩饱和单轴抗压强度10~60MPa。微风化砂岩饱和单轴抗压强度30.0~150.10MPa。根据现场调查在新都酒店附近为雅玛里克复式背斜轴部，南翼岩层产状：140°~160°∠40°~70°，北翼岩层产状：330°~350°∠60°~75°，岩体类型呈层状结构，砂岩和泥岩呈互层状分布，节理裂隙较为发育，局部存在未填充的大裂隙。修正后围岩分级为Ⅴ~Ⅵ级，岩土工程施工等级为Ⅳ~Ⅵ级，详细叙述如下：

图 27－6 新疆大学东侧出露的三叠系岩层

⑦－1－2 强风化泥岩：黑灰色－青灰色，泥质结构，层状构造，泥质胶结，岩芯比较破碎，岩芯采取率约 50%～65%，呈碎块状，局部有短柱状。

⑦－1－3 中风化泥岩：黑灰色－青灰色，泥质结构，层状构造，泥质胶结，岩芯呈短柱或长柱状，岩芯采取率约 70%～85%，锤击声哑。

⑦－2－1 全风化砂岩：褐黄色－黄褐色，原岩结构构造已经破坏，岩芯呈砂状。

⑦－2－2 强风化砂岩：黑灰色－青灰色，砂状结构，层状构造，钙质胶结，岩芯比较破碎，岩芯采取率约 65%，呈碎块状，局部有短柱状。

⑦－2－3 中风化砂岩：黑灰色－青灰色，砂状结构，层状构造，钙质胶结，岩芯呈柱状，岩芯采取率约 85%，岩石倾角大，裂隙较发育，锤击声脆。

⑦－2－4 微风化砂岩：黑灰色－青灰色，砂状结构，层状构造，钙质胶结，岩芯呈长柱状，岩芯采取率约 85%，岩石倾角大，有少量裂隙，锤击声脆。

乌鲁木齐由南向北（三屯碑－飞机场）典型地质剖面见插图 166～插图 170。

图 27－7 新兴街南侧附近出露的二叠系岩层

3.2 地层主要物理力学参数

乌鲁木齐市区主要分布的地层包括：第四系全新统和上更新统的松散沉积物和侏罗系（J）、三叠系（T）、二叠系（P）的砂岩、泥岩、砾岩等。

第四系全新统地层以卵石和角砾层为主，局部为黏性土和粉土，卵石和角砾层沉积时间较短，主要位于地层上部，呈中密－密实状态，以砂粒及粉、黏粒充填，自稳性相对较好，第四系上更新统地层主要以卵石和角砾为主，沉积时代长，一般呈密实状态，局部呈胶结状态，自稳性好，抗剪强度高。

基岩区二叠系单轴抗压强度最高（31.5～164.0MPa）、三叠系单轴抗压强度次之（11.6～51.4MPa）、侏罗系单轴抗压强度最低（10.1～40.4MPa）。由于乌鲁木齐地区岩体类型呈层状结构，岩层倾角大、砂岩和泥岩呈互层状分布，岩体结构面是基坑边坡最容易破坏的部位，基坑设计施工时应予以考虑。

根据乌鲁木齐地铁勘察成果资料及搜集当地地质资料，对乌鲁木齐地区主要地层的岩土工程参数进行了统计分析，以下主要针对地铁以及工民建工程等工程提供需要的岩土工程参数经验值，供勘察设计人员参考使用，详见表 27－2 和表 27－3。

表 27－2 乌鲁木齐地区主要土层物理力学性质指标表

地层时代	地层编号	岩土名称	物理性质			稠性黏度				压缩指标		抗剪强度指标	
			天然含水量 ω	天然密度 ρ	孔隙比 e	液限 W_L	塑限 W_P	塑性指数 I_P	液性指数 I_L	压缩模量 $E_{s0.1-0.2}$	压缩系数 $a_{0.1-0.2}$	黏聚力 C	摩擦角 φ
			（%）	（g/cm³）	—	（%）	（%）			（MPa）	（MPa^{-1}）	（kPa）	（°）
第四系全新统（Q_4）	②－3	粉质黏土	12.7～22.44	1.90～2.10	0.508～0.850	17.0～37.1	11.2～19.5	10.1～15.444	0.12～0.70	6.0～14.0	0.11～0.20	28～36	22～26
	②－3	粉土	11.0～20.5	1.85～1.95	0.468～0.810	15.1～35.2	10.2～18.3	6.5～9.4	0.11～0.60	8.0～16.0	0.09～0.18	14～24	20～25
	②－10	卵石	—	2.00～2.20	—	—	—	—	—	30～40	<0.01	0	35～40
	②－11	角砾	—	2.00～2.10	—	—	—	—	—	25～35	<0.01	5	28～32
第四系上更新统（Q_3）	④－10	卵石	—	2.10～2.30	—	—	—	—	—	50～70	<0.01	5	40～45

表 27－3 乌鲁木齐地区主要岩石层物理力学性质指标表

地层时代	地层岩性符号	岩性名称	天然密度（g/cm³）	饱和单轴抗压强度（MPa）	抗剪强度				弹性模量	泊松比	修正后围岩分级
					岩体		结构面		E	μ	
					C（MPa）	φ（°）	C（MPa）	φ（°）	（×10^4MPa）		
侏罗系（J）	⑤－1－2	强风化泥岩					0.02～0.04	20～22			Ⅵ
	⑤－1－3	中风化泥岩	2.20～2.50	1.03～8.4	0.2～0.5	30～40	0.04～0.10	25～27	0.25～0.40	0.21～0.30	Ⅴ
	⑤－2－2	强风化砂岩					0.02～0.06	22～23			Ⅵ
	⑤－2－3	中风化砂岩	2.35～2.55	10.1～40.4	0.6～1.2	33～42	0.20～0.60	28～30	0.70～1.0	0.21～0.30	Ⅳ～Ⅴ
三叠系（T）	⑥－1－2	强风化泥岩					0.02～0.05	20～25			Ⅵ
	⑥－1－3	中风化泥岩	2.30～2.50	1.60～9.12	0.3～0.6	30～40	0.06～0.10	24～30	0.28～0.40	0.20～0.30	Ⅴ
	⑥－2－2	强风化砂岩					0.05～0.06	21～25			Ⅵ
	⑥－2－3	中风化砂岩	2.35～2.55	11.6～51.4	0.7～1.5	35～43	0.20～0.60	30～35	0.80～1.20	0.20～0.30	Ⅳ～Ⅴ
二叠系（P）	⑦－1－2	强风化泥岩					0.02～0.05	21～23			Ⅵ
	⑦－1－3	中风化泥岩	2.20～2.45	1.65～10.6	0.3～0.7	30～40	0.06～0.10	27～30	0.30～0.50	0.20～0.30	Ⅴ
	⑦－2－2	强风化砂岩					0.04～0.07	22～25			Ⅵ
	⑦－2－3	中风化砂岩	2.35～2.55	12.5～61.6	0.8～1.8	35～45	0.30～0.60	33～35	1.00～1.50	0.18～0.28	Ⅳ～Ⅴ
	⑦－2－4	微风化砂岩	2.40～2.60	31.5～164	1.5～2.5	35～48	0.60～0.70	35～39	1.50～2.00	0.16～0.26	Ⅳ

4 地 下 水

乌鲁木齐区域地下水源来自大气降水，乌鲁木齐南部低山丘陵区地下水的补给包括雨水入渗、和高山融雪水的径流补给，排泄方式为泉水溢流及重力作用下地下水自高向低径流。平原区地下水主要来自南部柴窝铺盆地的径流补给，河谷去有两侧基岩裂隙水的加入补给，地下水排泄以人工开采、泉泄、径流补给为主。区域地下水流向自东南向西北径流。

4.1 地下水类型

乌鲁木齐市区地下水类型按照赋存条件分为第四系松散堆积层中的孔隙潜水、基岩裂隙水及构造裂隙水三种。

（1）第四系孔隙潜水主要分布于乌鲁木齐河两岸阶地、漫滩区及冲、洪积平原区，第四系孔隙潜水地下水水位南高北低，赋水量较小。

（2）基岩裂隙水主要赋存于与第四系接触带附近的表层基岩中。

（3）构造裂隙水主要分布于雅玛里克背斜轴部及断裂带附近。

4.2 地下水水位埋深

（1）三屯碑起点至二道桥以南地段为剥蚀丘陵区，局部赋存基岩裂隙水，含水层主要为三叠系砂岩夹泥岩、砾岩，水量较小，水位埋深 8 ~ 10m。

（2）二道桥以南至新兴街南段为乌鲁木齐河阶地区，含水层主要为卵、砾石层，为第四系孔隙潜水，地下水位埋深 3 ~ 10m，水量较小。

（3）新兴街站南至南湖广场站南段为剥蚀丘陵区，线路通过雅玛里克复背斜，受构造作用，岩体破碎，背斜核部可能为地下水的富积区。

（4）南湖广场南至电信公司西段主要含水层为卵、砾石，主要为第四系孔隙潜水，地下水位埋深 5 ~ 10m。

（5）电信公司西至三中为乌鲁木齐河老河道及河漫滩，地下水位埋深 5 ~ 10m，为第四系孔隙潜水，水量丰富；

（6）三中至大西沟南段为乌鲁木齐河阶地区，地下水位埋深 5 ~ 10m，为第四系孔隙潜水，水量较小；

（7）大西沟站南至小西沟北为山前冲洪积平原区，地下水主要为第四系孔隙潜水，水位埋深大于 20m；

（8）小西沟北至铁路局北为山前冲洪积平原区，地下水位埋深 15 ~ 17m，位于基岩面附近，为第四系孔隙潜水和基岩裂隙水；铁路局北至线路终点机场站为山前冲、洪积平原区，大部分地下水位埋深大于 20m。

4.3 地下水补径排关系

乌鲁木齐市区河谷第四系厚度一般厚 20 ~ 40m，北部倾斜平原厚度 300 ~ 400m，堆积的松散砂砾石和卵砾石层，成为地下水赋存和径流通道。主要接受南来地下水径流补给、水库坝渗、两侧山区基岩裂隙水侧向补给、大气降水和绿化灌溉入渗补给、和平渠等地表水的垂直渗漏补给。地下水沿河谷由南向北径流，穿过红山构造缺口，受基地起伏和鲤鱼山翘起的影响，地下水分成两股，进入二宫和八家户老河道。沿途除消耗于人工开采外和少量蒸发外，均地下径流泄入北部乌鲁木齐山前倾斜平原。

4.4　地下水动态

（1）三屯碑－红山段地下水动态特征。

该区段地下水开采主要用于绿化用水，该段河谷潜水动态具有补给径流特征，其补给受控于春季融雪和夏季的降雨入渗，地下水动态类型为径流－气候型，地下水位变化无规律，年内水位变幅2.09～4.21m。2006—2013年，多年地下水水位曲线基本水平。

（2）红山－鲤鱼山段地下水动态特征。

该区段地下水开采主要用于绿化用水，地下水位最高出现3—4月及7—9月，年内水位变幅1.2～2.8m，该段河谷潜水动态具有补给径流特征，其补给受控于春季融雪和夏季的降雨入渗，地下水动态类型为径流－气候型。多年动态受补给区降水因素影响，多年水位曲线变化呈波状起伏，整体趋势基本水平。

（3）鲤鱼山－体育中心段地下水动态特征。

该区段地下水开采主要用于绿化用水，地下水位最高出现11月至次年3月，最低水位出现在6—9月，年内水位变幅2.5m，该段河谷潜水动态具有补给径流特征，其补给受控于下游地下水开采和河谷径流补给，地下水动态类型为径流－开采型。多年动态由于大规模的限采地下水，1996—2013年多年水位变化曲线整体呈水平。

（4）北部倾斜平原地下水动态特征。

主要受农业灌溉开采地下水影响，地下水位最高出现11月至次年3月，最低水位出现在6—9月，年内水位变幅5m。1966年以前地下水位多年动态基本稳定，1966年以后由于下游农业灌溉常年开采，导致地下水水位下降，一直到1993年以后由于开采量减少，地下水位出现上升趋势，多年水位以基本稳定和慢速下降为主。

5　特殊地质条件

5.1　不良地质作用

乌鲁木齐市区不良地质作用主要包括活动断裂、采空区、人为坑洞、有害气体等。

活动断裂：乌鲁木齐市区断裂主要包括雅玛里克断裂、碗窑沟断裂、九家湾断裂和八钢－石化隐伏断裂等，除九家湾断裂为全新世活动断裂，其他均为晚更新世活动断裂，属于薄皮构造，断裂深度较浅，不易聚积太多的能量，具备发生6级地震的构造条件，考虑到工程的重要性，建议地铁车站等重要设施应采取避让，线路穿越断裂带应采取有效的抗震措施。

采空区：根据收集资料，贯穿乌鲁木齐市的含煤层分为南大槽和北大槽（见图27－8、图27－9和插图171），中间相隔不过几十米远。地下采空区从河滩路开始，一直向北穿水磨河延伸到八道湾、米东区芦草沟、碱沟和铁厂沟，在乌奎高速以西、西山南侧、骑马山南坡、八道湾、南山、达坂城及艾维尔沟等地也有大面积分布。采空区对工程建设有重大安全隐患。

人为坑洞：主要表现为人防工程、废弃民井、渗水井、古墓等。其主要分布于老城区及市区周围山体上。废弃民井、渗水井和古墓深度可达10m，多已回填，人防工程深度8～15m，地下人防工程由于历史原因，在乌鲁木齐城区大多数地方广泛分布，其中包括支护较好的正规人防工程，还有大量无序开挖的各种无支护土地道，多无资料可查，经过几十年建设改造和城区变迁，地道多已废弃、填埋及处理，地面上已难寻踪迹，现场周边居民毫不知晓。因此，人防地道的不确定性给设计、勘察、施工带来了很大困难。施工前应对人防通道进行专项调查和安全评估，采取保护措施。

图 27－8　北大槽上的塌陷坑

图 27－9　南大槽上的塌陷坑

有害气体：南湖广场至大西沟之间侏罗系地层中存在有煤层气，废弃的坑道内存在有害气体。

5.2　特殊性岩土

乌鲁木齐市区特殊岩土主要包括人工填土、盐渍土、风化岩、膨胀岩等。

人工填土：城区范围内普遍分布，其土质结构疏松不均，水位以上含水量较低，但在地下排污管道渗漏处及地下水位附近具有较高的含水量。人工填土由杂填土和素填土组成，厚 1～5m，局部可达十余米。人工填土的极不均匀性使其最大的特点，人工填土对工程建设有很大的影响。

盐渍土：主要分布在山前冲、洪积平原区，夹杂在圆砾、卵石层中，其分布产出特点：出露无明显规律，随机出露。层位也不连续，出露深度上也无规律可循。基本上呈“窝”状产出，无溶蚀现象。石膏土颜色一般土黄色，结晶体多呈“针”状或“粒”状，与土混杂，板结成团，较为密实，石膏含量 20%～40%。

风化岩：风化岩主要为强风化泥岩和砂岩。强风化带的厚度为 0.8～10m，变化较大。强风化泥岩中夹有砂岩，并赋存有地下水，力学性质差异较大。泥岩具有遇水易软化、失水崩解的特性。砂岩及泥岩岩层倾角较大，岩层呈互层状，且泥岩软化易形成软弱夹层，对边坡及围岩稳定不利。

膨胀岩：泥岩的自由膨胀率 F_S＝11%～27%，蒙脱石含量 M＝31%～68%，阳离子交换量 CEC（$NH4^+$）＝109mmol/kg。泥岩成岩作用差，岩质较软，节理、裂隙发育，易风化剥落，岩体遇水易崩解，胀缩性大。

6　城市轨道交通主要工程地质问题

综合考虑乌鲁木齐工程地质条件、水文地质条件和周边环境条件的特征，结合地铁施工方法，乌鲁木齐地铁结构的施工过程中可能引起以下工程地质问题，

6.1　特殊地质条件对地铁施工的影响及对策

（1）活动断裂对地铁工程的影响及对策。

乌鲁木齐地铁 1 号线由南向北依次穿越了雅玛里克断裂、碗窑沟断裂、九家湾断裂和八钢－石

化隐伏断裂，根据地震安评结果，其中：九家湾断裂为全新世断裂、其余三条为晚更新世断裂，活动断裂对地铁建设的影响主要表现为：

1）活动性：活动断裂带是地表表层薄弱地带，直接影响到地铁工程建设场地的整体稳定性，若有新的地壳运动发生，往往会产生新的位移，危及地铁结构的安全。

2）断裂带岩体的破碎性：断裂构造降低了岩体的强度及稳定性，断层破碎带力学强度低，压缩性增大，会发生较大沉陷，断裂面是极不稳定的滑移面，对基坑边坡稳定、隧道围岩稳定常有重要影响。

3）断裂带的富水性：断裂构造带不仅使岩体破碎，而且断裂构造破碎带常为地下水良好的通道，隧道工程通过断裂破碎带地段，易发生坍塌甚至冒顶。

主要对策：

1）对活动断裂进行专项勘察，查明断裂的活动性、断层破碎带的位置、宽度、填充物、含水性和断层构造线的方向等。建议车站不宜设置在断层破碎带上。

2）隧道通过断裂带，须进行超前地质预报，防止掌子面突涌，危及施工人员安全

3）断层带内充填软塑状的断层泥或特别松散的颗粒时，比照松散地层中的超前支护，采用先拱后墙法；如断层带特别破碎，则可采用马口开挖。

4）如断层地段出现大量涌水，则宜采取排堵结合的治理措施。随工作面的掘进挖好排水沟，准备足够的抽水设备，并安排适当的集水坑。

5）通过断层带的各施工工序之间的距离应尽量缩短，并尽快全封闭衬砌，以减少围岩的暴露、松动和地压增大。

6）在隧洞断层地段，对钻爆设计作特殊的交底。严格控制各炮眼特别是周边眼的数量、深度及装药量，原则上尽量减少爆破对围岩的扰动。

7）在断层地带开挖后应立即进行初喷砼，并坚持“宁强勿弱”的原则，加强支护。

8）紧跟开挖面进行现场监控量测，根据量测所反馈的信息及时调整初期支护的参数及掌握二次衬砌的最佳时间。

（2）采空区对地铁工程的影响及对策。

地下煤层采空后，上覆岩层失去了支撑力或支撑力大大减少，当上覆岩层重力大于其下的支撑力时或遇到激发因素而使上覆岩层重力瞬时大于其支撑力时，就会发生地面塌陷。采煤塌陷引起的地质灾害类型有很多，如下沉盆地、塌陷坑、地裂缝等，这几种类型在乌鲁木齐地区采空区都有出现。

采空区对地铁工程的不利影响主要表现在采空区垮塌引起地面塌陷和开裂，以及采空区上部岩体产生破坏和变形，引起隧道下沉和断裂。

主要对策：

1）线路可研阶段，应通过调查、专项勘察等手段查明采空区的范围和深度，分析采空区对地铁线路的影响程度，为线路设计和施工提供依据，一般线路选线应避让采空区，若无法避让，需进行采空区治理。

2）采空区处理建议：

①乌鲁木齐采空区从勘探的结果来看，南北大槽的地下空体分布多为不连续分布，由于在此之前的回填和放顶工作，部分属于没有回填而留下的采空区，还有一部分属于回填不实而形成的地下空体，目前的地下空体比较复杂，分布不连续，地下空体有深有浅，有大有小。对于地下空体埋深较大的，且不易进入机械和人员的地下空体建议选用充填处理法，干式充填在乌鲁木齐采空区已经不合适，因为干式充填需要有供运输机械运输的通道，并且研究区域内的采空区空体分布在不同深度，不连续，对开辟运输通道来说并不容易，所以就具体情况选择湿式充填较好。对于采空区内埋深在 30m 以上的空体可以选择人工放顶后分层碾压或注浆充填处理，对于埋深在 30m 以下的地下空体选择钻孔注浆充填。

②由于乌鲁木齐煤层均为急倾煤层，采空区宽度较小，但深度较大，对于地铁隧道，若条件允

许，可采用地下桥方案通过（见图 27－10）。地下桥方案应建立在对采空区充填处理的基础之上，确保顶板部位的地层不垮塌，确保桩的变形满足承载力要求。

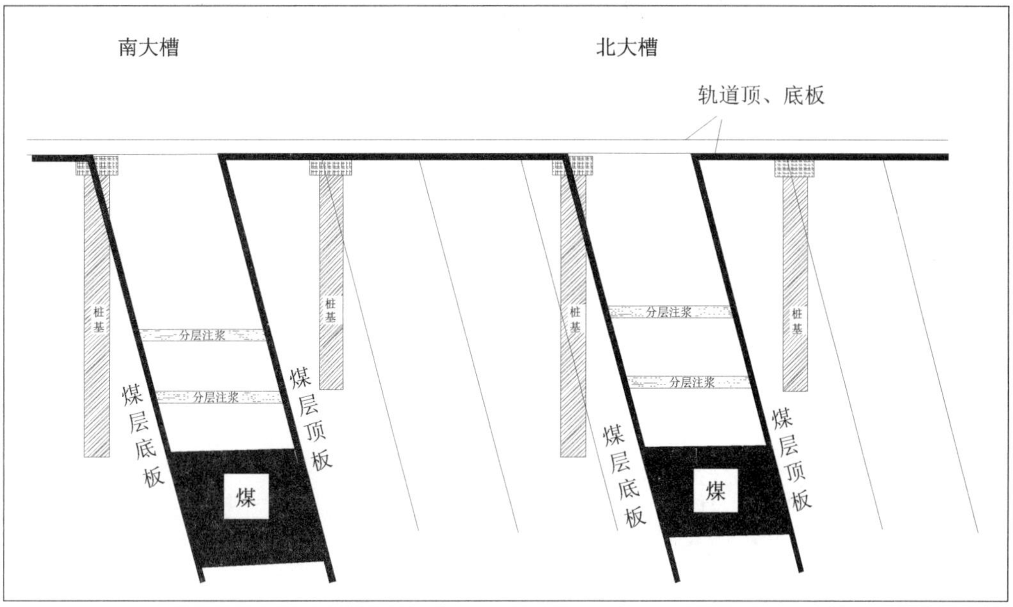

图 27－10　乌鲁木齐地铁 1 号线采用地下桥方案跨越采空区

6.2　明挖法施工

（1）围护桩成孔困难。

由于乌鲁木齐基岩地层主要为互层状较坚硬－软弱的砂岩及泥岩组成，泥岩与砂岩强度差异较大，强风化岩中局部存在硬质岩块或夹层，中风化岩中砂岩强度高，钻进困难，另外由于基岩裂隙较为发育，成孔过程中，容易出现漏浆现象，岩层倾角大，容易造成孔斜，严重时可折断钻杆，造成成孔困难或者钢筋笼无法下入。

主要对策：

1）施工过程中应采用适当的工艺，如：在钻进时应调节钻压、控制钻速，钻具进出孔内时应慢速，防止碰剐到孔壁碎块，引起掉块而导致卡钻事故；

2）泥浆制备应选用高塑性黏性土或膨润土，泥浆应根据施工机械、工艺及穿越土层情况进行配合比设计。

3）由于岩层倾角较大，且软硬不均，钻头易沿软弱结构面滑移，影响成孔的垂直度，钻进时应控制钻速，施工前要充分调研和试成孔。

（2）基坑边坡失稳。

由于乌鲁木齐地铁基坑大部分为上部土层、下部岩层的所谓“土岩组合”基坑。“土岩组合”地质条件下的基坑支护是新疆乌鲁木齐地区遇到的特殊工程问题，设计施工难度大，“土岩组合”基坑支护选型困难。另外有乌鲁木齐地区基岩地层主要为互层状较坚硬－软弱的砂岩及泥岩组成，岩层倾角较大，岩层呈互层状。且泥岩软化易形成软弱夹层，容易造成边坡失稳。

主要对策：

1）在基坑支护系统设计施工中，应遵循“分层、分区、分块、分段、抽槽开挖、留土护壁、先撑后挖、先形成中间支撑，减少无支撑暴露时间”的原则，确保基坑支护结构的稳定和周围建构筑物的安全。

2）由于乌鲁木齐地区基岩岩体类型呈层状结构，岩层倾角较大，节理裂隙较为发育，施工开挖过程应注意不稳定岩块的滑移和塌落，伤害施工人员和机械，特别是对于顺层岩层面一侧的基坑侧壁，岩层滑移增大了对支护结构的压力，设计应予以考虑。

3）由于地铁施工周期较长，基坑需跨越冬季，乌鲁木齐冬季严寒，基坑长时间暴露，可能引起基坑侧壁土层冻胀等问题，影响基坑稳定性。春季化冻时间，容易产生冰溜坠落伤人事故，建议春季化冻前对整个基坑的支护结构进行检查，消除各种隐患。

（3）基坑附近建（构）筑物倾斜或开裂。

乌鲁木齐街道狭窄、地铁基坑周围建筑物众多，在基坑开挖过程中，由于应力释放、边坡受力状态改变，边坡易产生变形，从而引起建筑物邻近基坑一侧的沉降增加，导致建筑物倾斜或开裂。

主要对策：

1）施工前对临近建构筑物的基础情况进行专项调查和安全评估，根据评估结果，选择经济合理的基坑支护形式。

2）结合地质条件和环境条件，采取必要保护隔离措施，例如设置隔离桩、注浆加固、复合锚杆桩等。

（4）地基软化、承载力降低。

乌鲁木齐地区基岩普遍分布有泥岩，泥岩岩质较软，节理、裂隙发育，易风化剥落，岩体遇水易崩解，风干干裂导致地基承载力降低。

主要对策：

1）采取有效的措施对地下水进行控制，避免泡槽现象发生。

2）基坑开挖到坑底标高后应及时封闭并进行基础施工，基坑开挖过程中应尽量减少对坑底岩体的扰动。

3）乌鲁木齐冬季严寒，冬季地基施工，需做好防冻措施。

6.3 盾构法施工

（1）硬质岩层中掘进困难。

盾构机正常掘进的情况下，穿越全断面中风化砂岩时，因围岩较硬，影响盾构的掘进效率。

主要对策：

根据地层组合，选择相适应的盾构类型，掘进过程中不断观察出土情况，并结合推力、扭矩、速度、土压，以及渣土中石块的比例和大小，判断硬岩的比例，及时调整掘进参数。

（2）开挖面进入软硬两种地层可能造成地面塌陷或盾构偏移。

当盾构掌子面上部为卵石地层，下部为基岩层时，纵横断面上的分布也有较大的起伏，盾构掘进时由于下部基岩强度高，掘进速度慢，长时间原位转动刀盘对软弱围岩的扰动大而使其失稳，且刀盘顶部地层易被掏空，上部地层将形成以刀盘为中心的漏斗状塌空区，强行掘进可能会导致地面出现坍塌，另外由于隧道掌子面地层以中风化砂岩和泥岩互层为主，力学性质差异较大，基岩倾角大，一般为60°~75°，不同类别围岩单轴抗压强度差异大，互层地层引起掌子面正面压力不均，造成盾构偏移。

主要对策：

应采取有效的措施对软弱地层进行必要的加固处理，增强地层和地面的自稳能力。在掘进过程中适时向盾壳外部注入膨润土减小阻力的同时，通过不间断的监控量测手段，适时调整掘进参数。

（3）地表隆起或塌陷。

盾构推进过程中出土过多，或盾尾注浆过程中注浆压力、注浆液配比不适，极易引起地表沉降或隆起。

主要对策：

控制盾构姿态，控制盾构出土量，采取地面预加固注浆、跟踪注浆、盾构同步注浆、监控量测等综合手段，根据监测数据随时调整隧道掘进施工参数（包括推进速度、同步注浆量、二次补充注浆等）。为了防止前方掌子面坍塌，采用土压平衡的掘进模式，严格控制每环出土量。若发现盾构机多出土，则应该立即在地表有条件的地方注双液浆加固地层，避免地层空洞发展至地表，造成地面塌陷。

（4）刀具磨损快。

大西沟以北段，以卵石地层为主，卵石层粒径分布随机性较强，粒径大小不一，卵石层可能遇到的最大粒径的卵石不小于800mm，强度高，盾构在卵石地层施工，刀具磨损快，损坏严重。特别是碰到大粒径的漂石，只能开仓进入土仓内进行处理，施工安全性大大降低，施工成本增大。

主要对策：

1）施工前，通过基坑调查、人工挖探等形式，充分了解卵石粒径的分布情况，对遇到大卵石情况时，做好施工对策。

2）结合卵石调查情况，合理选择刀盘及推进速度。

3）对于地下水位较深的卵石地层施工，可以采用敞开式盾构。

（5）障碍物等导致异常停机。

乌鲁木齐地下构筑物多，特别是人防地道多，突遇地下障碍物、空洞、古井后，可能造成刀具迅速磨损、土压力突然减小或增大，使盾构机无法正常工作。

主要对策：

施工前对沿线地下构筑物进行详细调查，与人防办沟通协调，明确人防地道具体的位置及埋深等基础资料，以便采取有效措施。

6.4 暗挖法施工

（1）基岩强度高、开挖困难。

由于本段地层主要为砂岩及泥岩组成，岩土工程施工等级为Ⅳ～Ⅵ级，泥岩与砂岩强度差异较大，强风化岩中局部存在硬质岩块或夹层，中风化岩中砂岩强度高，开挖困难，暗挖法施工过程中常采用钻爆法施工。爆破震动对围岩扰动范围较大，对沿线地面房屋结构及地下构筑物的稳定性产生一定影响，在城市使用雷管、炸药的运输及存放也存在安全隐患。

主要对策：

1）合理选择岩石开挖方法，主要根据地质条件而决定，既要保证被开挖空间岩石的稳定，又要减少对被开挖空间岩石的扰动。建议采用液压式凿岩机，不仅工作效率比空气式凿岩机高，特别是钻孔时液压式凿岩机所产生的粉尘少，保护环境。

2）爆破效果受岩层产状、结构、岩石物理力学性质和水文地质的影响极大。有时还要受到地形、地貌和周边环境条件的制约，施工前应充分了解地层情况，并对已有工程进行调研，采用工程类比的方法，合理选择爆破参数。

（2）隧道围岩坍塌、地表塌陷。

乌鲁木齐基岩隧道围岩分级修正后为Ⅴ～Ⅵ级，本段区间地层主要为互层状较坚硬－软弱碎屑岩的砂岩及泥岩组成，岩层倾角较大，岩层呈互层状。且泥岩软化易形成软弱夹层，对围岩稳定不利，支护不当，会产生较大的坍塌，引起地表出现沉陷开裂。

主要对策：

1）建议采用大管棚超前支护，型钢拱架支撑，施工过程中应控制爆破药量并作好减振措施，加强初衬、及时二次衬砌，降雨时做好排水或止水工作。

2）由于隧道多位于地下水位以下，施工前须采取有效的地下水控制措施，确保施工安全。

3）施工中应通过超前地质预报，对不良地质作用、特殊岩土及地下水提前采取应对措施，通过施工过程中揭示的地质情况及时调整支护参数。

4）对于隧道位于土岩结合面，基岩面埋深变化大，施工风险大，建议进行施工勘察，查清分界面。

5）施工开挖过程应注意不稳定岩块的滑移和塌落（特别是对于顺层岩层面一侧），伤害施工人员和机械，设计施工时应予以考虑。

6.5 地下水控制

乌鲁木齐地铁施工主要对以下三种地下水进行控制，地下水控制建议和降水井施工建议如下：

（1）第四系潜水。

含水层主要为卵石、角砾以及全风化砂岩，含水层底板为中风化砂岩和泥岩，含水层厚度主要沿基岩面起伏，一般是2~3m，局部基岩下凹地段，含水层厚度大，建议采用管井的地下水控制方案。

（2）基岩裂隙水。

乌鲁木齐地区基岩中赋存有基岩裂隙水，基岩裂隙水的透水性因地层的岩性、风化程度、裂隙发育程度等因素存在较大差异，表现出强烈的不均匀性和各向异性，虽不能形成水量分布比较均匀的层状含水系统，但有时由于局部裂隙的发育，导致水量较大。建议以明排为主的地下水控制方案。

（3）构造裂隙水。

构造裂隙水主要位于断裂带附近，岩性破碎，裂隙发育，水量丰富，建议采用井点降水，并结合洞内超前深孔预注浆封堵破碎带中的构造裂隙水的地下水控制方案。

（4）降水施工建议。

1）地铁施工周期长，降深设计需考虑丰水期地下水位上升的不利影响。

2）乌鲁木齐基岩区地层一般上部为第四系松散地层，成井施工易出现塌孔现象，下部为基岩层，成井较为困难，施工时应选择合适的施工工艺和机械，确保成井质量。

3）由于潜水位于基岩面之上，以及基岩裂隙水、构造裂隙水分布无规律，基坑边坡局部可能存在地下水渗出，施工时应做好明排、导流措施。

4）降水设计施工须考虑地下水位下降、细颗粒流失等对周边环境产生不利影响。

参 考 文 献

［1］杨发义. 乌鲁木齐地质构造与地震活动［J］. 新疆师范大学学报，1990.

［2］胡伟华，等. 乌鲁木齐市轨道交通1号线一期工程场地地震安全性评价［R］. 新疆防御自然灾害研究所，2011.

［3］何红光，等. 乌鲁木齐市城市轨道交通1号线工程抗浮设防、防渗水位专题报告［R］. 新疆地质工程勘察院，2014.

［4］《乌鲁木齐河流域志》编纂委员会. 乌鲁木齐河流域志［M］. 乌鲁木齐：新疆人民出版社，2000.

无 锡 市

1 自 然 地 理

1.1 地　　理

无锡市为江苏省省辖市，位于北纬 31°7′至 32°2′，东经 119°33′至 120°38′，长江三角洲江湖间走廊部分，江苏省东南部。东邻苏州，距上海 128km；南濒太湖，与浙江省交界；西接常州，距南京 183km；北临长江，与泰州市所辖的靖江市隔江相望。全市总面积为 4787.61km^2（市区 1659km^2，其中建成区面积 188.14km^2），其中山区和丘陵面积为 782km^2，占总面积的 16.8%，水面面积为 1502km^2，占总面积的 31.4%。2003 年末耕地面积为 152.27 千公顷。

无锡市境内以平原为主，星散分布着低山、残丘。南部为水网平原；北部为高沙平原；中部为低地辟成的水网圩田；西南部地势较高，为宜兴的低山和丘陵地区。宜兴地区山体均作东西向延伸，绝对高度 500m 以上，最高峰为黄塔顶，海拔 611.5m。锡山、江阴和市区的山丘总体上呈北东、北东东走向，其高度由西南往东北逐级下降。最高峰为惠山的三茅峰，海拔 328.98m。

1.2 气　　象

据无锡市气象、水文资料，无锡地区属长江中下游海洋性温暖湿润气候带，特点是：冬季偏北风为主，受北方大陆冷空气侵袭，干燥寒冷；夏季以东南风为主导风，受海洋季风的影响，炎热湿润；其中春夏之交的“梅雨”天气是江南地区特有的气候特征，天气闷热、多雨、湿气较大。夏末秋初台风次数较多，往往带来较大降水，狂风暴雨相结合具有较大的破坏性。

据无锡气象台 1955－2002 年观测资料统计，各气象要素特征见表 28－1。

表 28－1　气象要素特征表

气温（℃）	累年平均气温	15.5	
	累年极端最高气温	38.9	1978 年 7 月 7 日，1990 年 7 月 24 日
	累年极端最低气温	－12.5	1969 年 2 月 6 日
	累年平均极端最高气温	36.7	
绝对湿度（Pa）	累年平均绝对湿度	1630	
	累年最大绝对湿度	4180	1963 年 7 月 13 日
	累年最小绝对湿度	80	1955 年 1 月 16 日，1965 年 1 月 11 日
相对湿度（%）	累年平均相对湿度	79	
	累年最小相对湿度	9	1986 年 3 月 2 日
降水量（mm）	累年平均年降水量	1088.5	
	累年最大年降水量	1713.1	1999 年
	累年最大月降水量	568.4	1999 年 8 月
	累年最大日降水量	202.9	1962 年 9 月 6 日
蒸发量（mm）	累年平均蒸发量	1378.5	
	累年最大蒸发量	1678.7	1973 年
日照（h）	累年平均日照时数	2001.1	
	累年平均日照百分率	45.1%	
雷暴（d）	累年平均雷暴日数	33.3	
	累年最多年雷暴日数	59.0	1963 年

续表 28－1

积雪（mm）	累年最大积雪深度	25.0	1984年1月19日
风速（m/s）	累年平均风速	3.0	
	累年日平均最大风速	20.5	1977年9月11日
	三十年遇平均最大风速	22.5	
风向	累年全年主导风向	SE（10.5%）	
	累年夏季主导风向	SE（15.6%）	
	累年冬季主导风向	NW（10.2%）	

1.3 水　　文

无锡市区地表水体十分发育，其中对地表水体影响最大的是太湖，京杭运河、望虞河是无锡市区境内的2条流域性一级河道，具有流域性引排水的功能。随着无锡市区水系规划的逐步落实，九里河、走马塘河的开凿疏浚，市区境内将形成“八纵六横”骨干河网水系主框架。其中八纵为望虞河、新沟河、走马塘河、锡澄运河、白屈港、直湖港、蠡河、大溪港；六横为京杭运河、伯渎港、九里河、锡北运河、梁溪河、曹王泾。具有区域性引排水功能。在骨干河网的基础上，连接着低等级的区域性一般河道、村镇河道、景观河道。河道总长度近3000km。除太湖外，市区范围内尚有现有湖泊湖荡14处，总面积约16.7km^2。

无锡地区降水丰富，降雨集中在每年5—9月份的梅雨期与台汛期，在此之间易酿成洪涝灾害。例如1954年梅雨型洪水和1962、1991年的台汛型洪水，1954年5—7月份无锡降水量为798.5mm，此次洪涝灾害特点为降水日多，降水总量大，太湖出现持续高水位（受浙西来水影响），同时长江中上游亦出现大洪水，使太湖流域排水严重受阻，京杭大运河无锡南门水位超过1.70m警戒水位长达141天，7月28日当天最高水位达2.85m。无锡地区洪水一览表见表28－2。

表28－2　无锡地区洪水一览表

梅雨型洪水		1954年、1991年、1999年
台风型洪水		1962年
百年一遇洪水位	1954年	5—7月降雨量1300mm
		无锡市5—7月降雨量798.5mm
		无锡南门最高水位2.85m（7月28日）
		超1.70m警戒水位141天
	1991年	南门最高水位3.05m
		梅雨总量801mm（6月12日到6月16日、7月1日到7月15日）
台风型洪水（1962年）		受9月5日—9月7日的第14号台风影响
		无锡市及周边地区24小时降雨214mm
		南门水位从1.48m升至2.73m，日涨1.28m
无锡百年一遇设计洪水位		3.32m

1.4 地　　形

无锡市区总体上属苏南水网平原区，地势平坦，原始坡降在万分之一左右。在滨湖区的太湖沿岸、惠山区的阳山地区、锡山区的吼山地区、芙蓉山等处断续分布有一些低山丘陵。平原地区的原始地面高程在1～5m，其中惠山区圩区内地势较低，地面标高一般在2.0m以下，锡山区临近江阴张家港位置地面标高较高，一般在黄海高程 4.0m 以上。其余地区相对较高；低山丘陵海拔最高在 328.98m（惠山三茅峰），低山丘陵与周围原始地面的自然坡度一般在 30°左右。由于人类活动的影响，特别是近年来城市建设的大力推进，原始地形已经变化较大，尤其在几个中心城区和低山丘陵地区。中心城区目前建筑密集，道路等市政工程众多，对地形的改造较大。特别是太湖新城、新区等处的人工堆山工程对地形的改造尤其巨大。低山丘陵地区由于前几十年的人为开山取石，近年来的人工复绿工程的影响，原始地形很多都已遭到破坏。

1.5 地　　貌

无锡市区地貌按成因类型、地形高差以及形态差异来划分，总体上可分为二大类，其一是低山丘陵剥蚀构造区，主要分布在太湖沿岸山体和区内出露的孤山（例如阳山、吼山、三山）位置，属新构造运动上升区，风化剥蚀强烈；其二是长江三角洲太湖流域冲湖积平原区，除山区外，其余地区均属本地貌，属新构造运动长期沉降区，第四系堆积较厚。

根据山体形态和出露的位置，对低山丘陵剥蚀构造区可以进一步细分为 3 个亚区，分别为：①低山区，主要分布在太湖沿岸，包括锡山、惠山、舜柯山、雪浪山、军嶂山、马山等，这些山体基本能形成自身的一段山脉形态并能基本互相串联，总体上形成环抱太湖的形态，基岩大部分由泥盆纪石英砂岩组成，抗风化能力较强，该地貌形态受人为影响相对较小，基本能辨析出原始的地貌状态；②残丘区，主要分布在区内平原上，包括吼山、芙蓉山、嵩山等，这些残丘基本呈零星分布，相互之间存在的关系不明显，海拔高度小于 100m，山顶基本呈浑圆状、馒头状，基岩以砂岩、灰岩为主，该地貌形态受人为影响很大，由于采石和建设发展等多种原因，已遭到较大破坏，很多残丘如果不注意已很难辨析；③孤岛区，主要指分布于太湖水域中的孤山小岛，如三山岛、拖山岛、龟山岛等，岛上基岩裸露、山顶大多成馒头状，海拔高度小于 50m，该地貌形态基本未受到大的影响。

根据平原区不同的生成机理、物质来源、沉积环境、地形高低，对冲湖积平原区可以进一步细分为 3 个亚区，分别为：①高亢平原区，主要指低山、残丘的山麓地段，与冲湖平原区相接，地面高程相对较高，一般不小于 5m，地表覆盖上更新统的黄土等堆积物，地形坡降平缓；②冲湖平原区，为无锡市区分布最广的地貌形态，区内地势低平，一般在黄海高程 2.5～5m 之间，地表由全新统冲湖积形成的黏性土为主，侵蚀和堆积作用明显；③湖沼平原区，主要分布在前洲、洛社、市区西北（北塘区）一线、新区荡口及以东片区及马山、五里湖人工堆积区，区内地势低洼，地面一般在黄海高程 1～2.5m 之间，地表由全新统湖沼积形成的黏性土、淤泥、淤泥质土为主。无锡市地貌分区略图见插图 172。

2 区 域 地 质

根据区域地质资料，无锡市位于扬子准地台下扬子台褶带东端。印支运动（距今约 2.3 亿年）使该区褶皱上升成陆，燕山运动发生，使地壳进一步褶皱断裂，并伴之强烈的岩浆侵入和火山喷发。白垩纪晚世，渐趋宁静，该区构造格架基本定型。进入新生代，地壳运动总的趋势是山区缓慢上升，平原区缓慢沉降，并时有短暂海侵。本区第四系较厚，前第四纪地层均覆盖于深部。各土层水平向分布较稳定，基底地质构造与水文地质条件较复杂，人类工程活动对地质环境的扰动和作用强烈。地质环境条件复杂程度属中等地区。据中国岩石圈新构造时期升降幅度图，地形形变测量数据表明（1956－1977 年），平原区 20 年间垂直形变速率不到 －0.1mm/a，区域范围无浅层新构造明显活动痕迹，本区属地壳活动相对稳定区。

2.1 地 质 构 造

无锡市位于扬子准地台下扬子－钱塘褶皱带东端。印支运动以前，本区处于相对稳定的地壳下沉阶段，连续接受沉积，印支运动在本区褶皱成山，形成一系列 NE 向宽缓的背、向斜构造，并伴有 NW 向、NE 向断裂发生，这一构造活动基本奠定了区内基底的构造格架；燕山运动使区内构造更趋复杂，褶皱形成的山体（背斜）继续隆起抬升，且在 NW 向、NE 向断裂作用下褶皱及两翼发生错移、跌落，形成隆起与凹陷相间的构造格局，并伴有岩浆侵入和火山喷发溢出；白垩纪晚期渐趋宁静，表现为凹陷区沉积为主，沉积了一套红层地层，区内构造格局至此已基本定型。无锡正处于锡虞断皱带上，东南为荡山凹陷，北部为祝塘凹陷，新生代以来，地壳运动总的特点是山区缓慢上升、平原区持续缓慢下降。

2.2 历 史 地 震

根据区域地质资料，新生代以来无锡地区地壳运动进入稳定发展时期，新构造运动反映不强烈，主要以升降运动为主，生成河湖交替相沉积物，区内第四系冲积层厚度 50 ~ 120m，区域内无活动性断裂通过。

据历史资料记载，无锡市尚未发生过烈度大于六级的破坏性地震，本区及周边地区共发生大于 4 级的地震 49 次，大于 5 级的地震 9 次，其中较大的地震有 1974 年 4 月 22 日溧阳市上沛 5. 5 级地震，和 1990 年 2 月 10 日常熟 – 太仓沙溪 5. 1 级地震。

本区中强震较集中地分布在茅山断裂带及其附近地区、扬州、昆山附近以及上海长江口等。1970 年以来现代地震则主要集中分布在南黄海海域及苏北沿海地区、茅山断裂带的溧阳地区以及沿长江一带等。

本区基底岩性较弱，具柔性，很难具备大震活动的岩石条件，地层可塑性强，破裂变形弱，能量易释放而不易孕育大震。并据中国岩石圈新构造时期升降幅度图，与 1956—1977 年地形形变测量结果，无锡地区平原区 20 年间垂直形变速率不到 – 0. 1mm/a。因此，从地质背景、新构造运动、历史地震分析表明，本地区地震活动频率低，强度弱，为一个比较稳定的地区。

2.3 第四纪地质

本区地层属江南地层区江苏部分，区内第四纪沉积物覆盖广泛，沉积连续，层序清晰，覆盖厚度一般大于 80. 0m。场地位于太湖冲湖积平原区，地势平坦，地表水系发育，第四纪覆盖层厚度较大，各土层水平向分布较稳定，基底地质构造与水文地质条件较复杂，人类工程活动对地质环境的扰动和作用较强烈，地质环境条件复杂程度属中等地区。第四纪地层见表 28 – 3 所示。

表 28 – 3 第四纪地层表

地层年代		代号	厚度（m）	岩性简述	成因
		Q_4^{ml}	0 ~ 5	杂色杂填土，松散，为人类生产活动形成	人工活动
全新统	上段	Q_4^3 ♂	0 ~ 15	灰色 – 灰黑色淤泥质粉质黏土和粉土，富含有机质及植物根茎；灰黄色黏土和粉质黏土，含铁锰质结核	河湖 – 湖沼相
	中段	Q_4^2 ♂	0 ~ 15	灰色粉土粉砂，含云母碎屑	河湖相
	下段	Q_4^1 ♂	0 ~ 7	灰色粉土，含云母碎屑；灰色粉质黏土、淤泥质粉质黏土，含有机质	滨海 – 浅海相
上更新统	上段	Q_3^3 ♂	12 ~ 35	灰黄色黏土、粉质黏土夹较多的铁锰质结核；粉土，含云母碎屑	河湖相
	中段	Q_3^2 ♂	8 ~ 15	青灰色 – 灰色粉质黏土、淤泥质粉质黏土、粉土、粉砂，含云母碎屑	滨海 – 河口相
	下段	Q_3^1 ♂	20 ~ 45	青灰色 – 灰黄色粉质黏土，夹钙质结石；灰色粉土、粉砂，含云母碎屑	河湖相、滨海 – 河口相
中更新统	上段	Q_2^2 ♂	14 ~ 24	灰黄 – 青灰色粉质黏土，灰色粉砂	河湖相、河流相
	下段	Q_2^1 ♂	10 ~ 25	灰黄色细砂；灰黄色黏土	河湖相
下更新统		Q_1^1 ♂	0 ~ 35	黄褐色 – 红褐色黏土、含碎石粉质黏土	

3 典型地层及特征

3.1 第四纪地层成因

无锡地区第四纪地层成因主要分为两种，其一为冲湖积，其二为低山丘陵剥蚀构造，具体成因如下：

（1）冲湖积。

无锡地处江南水网区，属长江流域太湖水系，区内地表水系极其发育，河流注入湖泊挟带大量泥沙，使湖底抬高；湖内水生生物残体也在湖内大量堆积，遂使湖盆缩小、变浅、填平、干涸形成湖积平原。

地层结构以砂（砾）与黏性土互层为特征，韵律清晰。每个沉积旋回的上部因沉积间断发育了风化淋溶层，形成含铁、锰质结核，以褐黄色为主色，色调呈杂斑状的杂色硬黏土层，后期因潜育化作用，杂色层有时呈暗绿色、灰绿色调。由于上述硬黏性土层迭复出现，在各组段地层之间留下清晰的间断面，形成“间断型”沉积层序。杂色硬黏性土层的广泛分布，形成地层划分的标志层。

第四系沉积物在基底隆起产生的次级凹陷和凸起相间的背景上堆积，沉降幅度相较小。第四系厚度为40～197m，大多在80～130m，仅石塘湾、港下、荡口等少部分地段有下更新统地层分布区，这些地段厚度为170～197m。

（2）低山丘陵剥蚀构造。

无锡市地层雏形，形成于中生年代印支期（距今约1.8亿年）的华夏系构造，它使无锡地区褶皱成陆。而燕山运动（距今约1.5亿～7000万年）因强烈的火山活动和新块褶皱构造的形成，使原来比较稳定的基底又生新复活升高。距今约2500万年的喜马拉雅运动，以差异性升降运动为主，它在老构造的基础上，又加强了东西间褶皱和断裂，使江阴、宜兴一线以东形成了以现代太湖为中心的凹陷盆地，即太湖盆地。

分布于本区西南部和东北部低山丘陵区的第四纪沉积物，受地形地貌的影响，沉积物质的成分和堆积方式与平原区截然不同，一般以洪坡积、残坡积、冲坡积、冲积形式混杂堆积，岩性复杂，分布极不稳定。

3.2 地层的划分

通过搜集无锡地铁前期勘察资料及当地勘察单位资料，综合考虑工程地质层的成因类型、沉积时代、岩性岩相、地形地貌等，编制了如下无锡市较统一的工程地质层号。

对主层序的划分，主要的划分标准是沉积时代、成因类型、沉积环境，同时考虑到对浅部土层研究较多，兼对工程建设影响大，因此上部土层划分相对较细，下部土层划分相对较粗，具体如下：

第①层，人类活动期，现代人工堆填，岩性杂，颜色杂、变化多；

第②层，全新统上段，湖沼相沉积，黏性土为主，主色为灰色，无锡市区表层的标志性软土层；

第③层，全新统中段，河湖相沉积，黏性土为主，主色为黄色，无锡市区表层的标志性硬土层；

第④层，全新统中段，河湖相沉积，粉土、粉砂为主，主色为灰色；

第⑤层，全新统下段，滨海－浅海相沉积，黏性土为主，局部夹粉土层，主色为灰色，无锡地区遭受最近一次海侵时沉积；

第⑥层，上更新统上段，河湖相沉积，黏性土为主，局部夹粉土层，土层颜色以为黄色为主基调，浅部过渡层呈灰色，无锡市区的标志性第2硬土层；

第⑦层，上更新统上段，滨海－浅海相沉积，黏性土为主，夹粉土粉砂层，主色为灰色，无锡地区遭受海侵时沉积；

第⑧层，上更新统下段，河湖相沉积，黏性土为主，夹粉土粉砂层，土层颜色以为黄色为主基调，兼有灰绿、灰青色；

第⑨层，上更新统下段，滨海－浅海相沉积，黏性土为主，夹粉土粉砂层，主色为灰色，无锡地区遭受海侵时沉积；

第⑩层，中更新统上段，河湖相沉积，黏性土为主，局部夹少量粉土层，土层颜色以为黄色为主基调，兼有灰绿色；

第⑪层，中更新统上段，河湖相沉积，黏性土为主，夹粉土粉砂层薄层，颜色以灰黄色、灰色为主；

第⑫层，中更新统下段，河湖相沉积，黏性土为主，土层颜色以为黄色为主基调，以棕黄色为主；

第⑬层，中更新统下段，河流相沉积，砂性土为主，层间夹有黏性土层，颜色以灰色、灰黄色为主，古长江河道及漫滩沉积；

第⑭层，下更新统，冲洪积相沉积，因所处的平面位置不同，土层表现差异很大，主要是原始沉积阶段时或处于山前，或处于山间盆地，或处于山间冲沟等位置不同，沉积层差异较大。

对亚层序的划分，主要划分的标准是岩土层的岩性、颜色、状态，其中岩性主要包括黏土、粉质黏土、粉土、粉砂、细砂、淤泥质土等，分类的指标标准按现行国家标准《岩土工程勘察规范》GB 50021 执行；颜色主要区分氧化环境系列（灰黄、褐黄、棕黄等）、还原环境系列（灰、青灰、灰黑等）；状态主要区分软硬程度、密实程度，划分标准按 GB 50021 执行。

无锡市第四纪地层编号表见表 28－4。

表 28－4 无锡市第四纪地层编号表

地质时代		成因类型	主层序号	土层编号	岩土名称	颜色	状态	地层分布特征概况	地层主要特征概况
全新世 Q_4	Q_4^{ml}	人类活动	①	$①_1$	杂填土	杂色		城区及周边村庄地表	人类活动产物、无规律、色杂，岩性、包含物较杂
				$①_2$	素填土	褐黄色、灰黄色		河湖沟浜及古河道附近	夹大量的有机质及半腐殖物，有臭味
				$①_3$	淤泥质填土	灰黑色			沉积时间较短，结构松散，具不均匀性，易产生不均匀沉降
	$Q_4^{3(l+h)}$	河口－湖沼	②	$②_1$	粉质黏土	灰色、褐色	软塑	标志层，普遍分布	视工程情况分 a、b、c 三层
				$②_2$	淤泥质粉质黏土	灰色	流塑		
				$②_3$	粉质黏土	灰色、青灰色	可塑	标志层，在河道内变薄或缺失	
	Q_4^{2al}	河口－湖沼	③	$③_1$	黏土	灰黄色、褐黄色	可塑－硬塑	普遍存在，西部缺失	夹少量黏性土或粉土，稍有光泽，干强度、韧性中等，无摇振反应

续表 28－4

地质时代		成因类型	主层序号	土层编号	岩土名称	颜色	状态	地层分布特征概况	地层主要特征概况
全新世 Q_4	Q_4^{2al}	河口－湖沼	③	$③_2$	粉质黏土夹粉土	灰黄色	可塑－软塑	局部透镜体分布	含腐殖物、贝壳碎片
				$③_3$	粉土	灰黄色		城区东部局部分布	
		河口－湖沼	④	$④_1$	粉土	灰黄色、灰色		城区及东部分布，西部缺失	
				$④_2$	粉砂	灰色、暗绿色		局部透镜体分布	
				$④_3$	粉质黏土	灰色	可塑－软塑	局部透镜体分布	
	Q_4^{1al}	滨海－沼泽	⑤	$⑤_1$	粉质黏土	灰色	软塑－流塑		
				$⑤_2$	粉土	灰色			
				$⑤_3$	粉质黏土	灰色	软塑－流塑		
	$Q_3^{3(al+l)}$	河口－湖沼	⑥	$⑥_1$	粉质黏土	青灰色、灰色、暗绿色	可塑，局部硬塑	城区及东部分布，西部缺失	含铁锰质结核及高岭土，见钙质结核，黏性土局部夹粉土团块，粉土偶见贝壳碎屑，局部粉土与粉质黏土呈互层状分布
				$⑥_2$	黏土	灰黄色、褐黄色	硬塑	标志层，普遍分布	
				$⑥_3$	粉质黏土	灰黄色	可塑，局部软塑	西部缺失	
				$⑥_4$	粉土	灰黄色		局部以透镜体分布	
				$⑥_5$	粉砂	青灰色		局部以透镜体分布	
				$⑥_6$	粉质黏土	青灰色、蓝灰色、灰黄色	可塑，局部硬塑	局部以透镜体分布	
	Q_3^{2al}	河口－滨海	⑦	$⑦_1$	粉质黏土	灰色	软塑，局部可塑	普遍分布，局部缺失	层理较发育，夹薄层状粉土及贝壳碎片切面稍有光泽
				$⑦_2$	粉砂（粉土）	灰色		局部以透镜体分布	
				$⑦_3$	粉质黏土（淤泥质粉质黏土）	青灰色、灰色	软塑－流塑	局部以透镜体分布	
	Q_3^{1al}	河口－湖沼	⑧	$⑧_1$	粉质黏土	灰色、灰绿色、灰黄色	可塑－硬塑	标志层，普遍分布	含氧化铁斑点、含钙质结核，局部夹薄层粉土，切面有光泽，具水平层理
		河口－滨海		$⑧_2$	粉质黏土夹粉土	灰黄色、灰色	可塑－软塑	透镜体分布	
		河口－滨海		$⑧_3$	粉质黏土	灰绿色、灰黄色、青灰色	硬塑，局部可塑	普遍分布，局部缺失	
		河口－滨海		$⑧_4$	粉砂	灰黄色、灰色		东部分布	
		河口－滨海	⑨	$⑨_1$	粉质黏土	灰色	软塑－流塑		
				$⑨_2$	粉砂（粉土）	灰色			
				$⑨_3$	粉质黏土	灰色	软塑－流塑		

续表 28－4

地质时代		成因类型	主层序号	土层编号	岩土名称	颜色	状态	地层分布特征概况	地层主要特征概况
中更新世 Q_2	Q_2^{2al}	河湖相	⑩	⑩$_1$	粉质黏土	黄褐色、灰绿色	硬塑－坚硬		
				⑩$_2$	粉质黏土		可塑		
		河湖相	⑪	⑪$_1$	粉质黏土		软塑－流塑		
				⑫$_2$	粉质黏土、粉土				
		河湖相	⑫	⑬$_1$	粉质黏土		可塑		
				⑭$_2$	粉质黏土	黄褐色	硬塑		
				⑮$_3$	粉质黏土		软塑－可塑		
		河湖相	⑬	⑯	粉细砂				
下更新世 Q_1	Q_1^{al+pl}	冲洪积相	⑭	⑰	黏土	棕红色、褐黄色	硬塑－坚硬		

3.3 典型地层

根据无锡地铁勘察资料，绘制了无锡市横纵两条典型地质剖面概化图，各剖面线平面位置见插图 173，工程地质剖面图见插图 174。

3.4 主要地层物理力学参数

3.4.1 主要地层物理力学性质指标

根据无锡地铁勘察资料及无锡地区经验综合确定各主要地层的物理力学性质参数，供勘察设计人员参考使用，详见表 28－5。

3.4.2 主要地层剪切试验指标

根据无锡地铁勘察资料及无锡地区经验综合确定主要地层的剪切试验参数，供勘察设计人员参考使用，详见表 28－6。

3.4.3 主要地层特殊试验参数

根据无锡地铁勘察资料及无锡地区经验综合确定地铁工程主要地层的特殊试验参数，供勘察设计人员参考使用，详见表 28－7。

表 28－5　无锡地区主要地层物理力学性质指标表

地层编号	岩土名称	物理性质			稠性黏度		固结试验				
		天然含水量 ω	天然密度 ρ	孔隙比 e	塑性指数 I_P	液性指数 I_L	压缩系数 $a_{0.1\sim0.2}$	压缩模量 E_s	固结系数 C_v（$10^{-3}cm^2/s$）		
		（%）	（g/cm³）				（°）	（kPa）	100	200	400
③₁	黏土	20～31	1.84～2.07	0.582～0.878	17～24	0.05～0.65	0.140～0.443	4～12	0.23～7.75	0.31～6.84	0.18～5.55
③₂	粉质黏土夹粉土	21～35	1.79～2.06	0593～0.959	8～14	0.18～1.09	0.180～0.529	4～10	0.22～8.52	0.36～7.39	0.39～7.30
④₁	粉土	21～35	1.76～2.01	0.660～0.940	5.2～10	0.25～1.88	0.083～0.383	5～20			
④₂	粉砂	18～37	1.81～2.06	0.573～0.994			0.078～0.270	6～22	0.23～8.35	0.32～9.39	0.58～8.21
④₃	粉质黏土	25～32	1.89～1.95	0.741～0.893	10.2～11.7	0.66～1.26	0.121～0.399	5～15			
⑤₁	粉质黏土	21～45	1.79～2.03	0.643～1.177	11～17	0.16～1.75	0.112～0.618	3～15	0.22～7.72	0.36～9.06	0.40～7.05
⑤₂	粉土	25～35	1.87～2.00	0.690～0.945	7～10	0.52～1.50	0.133～0.398	5～14	0.23～7.11	0.43～8.08	0.54～8.01
⑤₃	粉质黏土	23～41	1.80～2.06	0.620～1.180	11～17	0.31～1.37	0.120～0.600	3～10	0.22～8.15	0.34～7.24	0.36～7.25
⑥₁	粉质黏土	22～27	1.95～2.00	0.645～0.745	14～17	0.15～0.39		4～11			
⑥₂	黏土	17～31	1.85～2.10	0.567～0.929	17～26	0.00～0.87	0.120～0.378	5～14	0.22～7.73	0.24～7.47	0.22～7.92
⑥₃	粉质黏土	19～39	1.82～2.08	0.562～1.001	11～17	0.00～1.35	0.112～0.450	4～15	0.49～10.79	0.34～6.78	0.21～6.86
⑥₄	粉土	25～33	1.80～1.98	0.069～0.980	6～10	0.53～1.71	0.089～0.340	5～21	0.07～7.13	0.48～8.87	0.35～7.66
⑥₅	粉砂	22～35	1.78～2.00	0.664～1.003							
⑥₆	粉质黏土	20～40	1.83～2.08	0.560～1.100	11～17	0.00～1.30	0.110～0.500	3～10			
⑦₁	粉质黏土	20～43	1.75～2.06	0.615～1.209	11～17	0.04～1.48	0.171～0.710	3～11	0.21～7.53	0.36～7.18	0.35～7.80
⑦₂	粉砂（粉土）	22～39	1.77～2.06	0.610～1.089	5～10	0.004～1.99	0.082～0.567	4～22	0.22～9.13	0.39～8.89	0.44～8.75
⑦₃	粉质黏土（淤泥质粉质黏土）	18～45	1.77～2.06	0.584～1.249	11～17	0.23～1.68	0.159～0.750	3～11	0.22～7.39	0.37～6.88	0.42～7.35
⑧₁	粉质黏土	15～33	1.82～2.07	0.518～0.960	11～17	0.04～1.14	0.120～0.437	4～14			
⑧₂	粉质黏土夹粉土	17～34	1.77～2.07	0.523～1.029	5～17	0.23～1.63	0.067～0.470	4～23			
⑧₃	粉质黏土	20～35	1.42～2.08	0.574～0.980	6～17	0.10～1.39	0.118～0.425	4～14			

表 28－6 无锡地区主要地层剪切试验指标表

地层编号	岩土名称	直接剪切				三轴剪切					
		快剪		固结快剪		UU		CU			
		C	φ	C_q	φ_q	C_{uu}	Φ_{uu}	C_{cu}	Φ_{cu}	C'	Φ'
		(kPa)	(°)	(kPa)	(°)	(kPa)	(°)	(kPa)	(°)	(kPa)	(°)
③$_1$	黏土	41～51	10～18	56～66	14～20	72～82	4～8	40～50	17～23	20～28	22～32
③$_2$	粉质黏土夹粉土	23～33	9～17	26～36	14～20	47～57	5～9	26～36	15～23	14～20	22～32
④$_1$	粉土	3～10	20～30	5～13	24～34	10～18	13～19	15～23	17～23	8～16	21～31
④$_2$	粉砂	4～12	25～35	10～18	25～35						
④$_3$	粉质黏土	11～17	18～26								
⑤$_1$	粉质黏土	13～23	8～12	5～11	18～24	18～28	2～6	22～32	18～26	9～17	24～34
⑤$_2$	粉土	4～12	21～31	1～7	17～23	8～14	14～20	22～32	17～25	6～10	25～35
⑤$_3$	粉质黏土	14～24	13～17	26～36	12～18	23～33	3～7	20～28	16～20	10～16	21～31
⑥$_1$	粉质黏土	60～70	14～18	44～54	15～21	50～60	2～6	31～41	17～21	18～24	23～33
⑥$_2$	黏土	58～68	14～18	63～73	17～23	84～94	2～4	42～52	18～24	22～32	24～34
⑥$_3$	粉质黏土	37～47	10～16	37～47	17～23	54～64	2～6	24～34	17～23	14～20	21～31
⑥$_4$	粉土	12～22	20～30	8～12	13～19	8～12	12～18	13～19	20～28	8～14	24～34
⑥$_5$	粉砂	6～10	24～34	5～9	27～37	3～7	20～30	3～7	20～28	9～15	24～34
⑥$_6$	粉质黏土	37～47	10～16								
⑦$_1$	粉质黏土	19～29	9～13	20～30	12～18	21～31	1～3	23～33	15～21	12～18	19～29
⑦$_2$	粉砂（粉土）	10～16	19～29	7～11	25～35	3～7	18～28	3～7	27～37	9～15	22～32
⑦$_3$	粉质黏土（淤泥质粉质黏土）	22～32	9～15	29～39	13～19	27～37	1～3	23～33	15～25	18～28	18～24
⑧$_1$	粉质黏土	48～58	13～19	29～39	15～23	80～90	2～4	22～28	15～25	22～32	23～33
⑧$_2$	粉质黏土夹粉土	17～23	15～23	17～23	17～23			15～21	15～25		
⑧$_3$	粉质黏土	36～46	12～18	37～47	13～19	55～65	2～4	35～45	15～25	12～18	23～33

注：UU 为三轴不固结不排水剪，CU 为三轴固结不排水剪。

表 28－7 无锡地区主要地层特殊试验参数表

地层编号	岩土名称	热物理			基床系数		静止侧压力系数 K_0	泊松比 μ	无侧限抗压强度 q_u
		导热系数 λ	导温系数 α	比热容 C	垂直 K_v	水平 C_h			
		(W/m·K)	(m^2/h)	(kJ/kg·K)	(MPa/m)	(MPa/m)			
③$_1$	黏土	1.39	0.00136	1.55	18～22	30～35	0.44	0.31	205
③$_2$	粉质黏土夹粉土	1.65	0.00184	1.50	15～20	20～25	0.47	0.32	136
④$_1$	粉土	1.62	0.00225	1.36	14～18	16～20	0.49	0.38	62
④$_2$	粉砂	1.6	0.00209	1.53	16～20	18～22	0.31	0.25	
⑤$_1$	粉质黏土	1.75	0.00212	1.42	7～9	12～16	0.58	0.37	39
⑤$_2$	粉土	1.72	0.00244	1.26	12～15	14～18	0.35	0.26	55
⑤$_3$	粉质黏土	1.77	0.00250	1.43	8～12	14～18	0.53	0.42	23
⑥$_1$	粉质黏土	1.19	0.00151	1.42	35～40	40～45	0.50	0.33	102

续表 28-7

地层编号	岩土名称	热物理			基床系数		静止侧压力系数 K_0	泊松比 μ	无侧限抗压强度 q_u
		导热系数 λ (W/m·K)	导温系数 α (m^2/h)	比热容 C (kJ/kg·K)	垂直 K_v (MPa/m)	水平 C_h (MPa/m)			
⑥$_2$	黏土	1.30	0.00158	1.49	25~30	40~45	0.46	0.32	179
⑥$_3$	粉质黏土	1.61	0.00167	1.68	24~28	30~35	0.60	0.37	84
⑥$_4$	粉土	1.64	0.00245	1.13			0.40	0.29	
⑥$_5$	粉砂	1.79	0.00266	1.16			0.40	0.29	
⑦$_1$	粉质黏土	1.87	0.00231	1.49			0.65	0.39	56
⑦$_2$	粉砂（粉土）	1.63	0.00244	1.13	18~22	23~28	0.38	0.28	
⑦$_3$	粉质黏土（淤泥质粉质黏土）	1.54	0.00181	1.40	28~32	32~38	0.41	0.29	

4 地 下 水

根据相关资料，无锡市区地势平坦，区内除太湖、京杭大运河、望虞河等地表水体以及少量基岩出露区外，其余广大地区均为第四纪松散堆积物，成因类型以冲积、湖积、沼积、海积或几种组合形式的沉积相为主。岩性成分以粉质黏土、黏土、粉土、砂土为主，除黏土、粉质黏土外，其余土层结构较松散，导水性较好，同时厚度也较大，是区内地下水分布和运动的重要介质条件。

无锡市区气候温湿多雨，累年平均降雨量在1100mm左右，地表水系发育，除太湖外，湖塘星罗棋布，河渠成网，并与地下水有水力联系，有利于松散堆积物中的孔隙潜水和承压水的赋存。

4.1 地下水类型及成因

根据本区含水层的岩性、地下水的赋存条件、水理性质、水力特征，本区地下水划分为松散岩类孔隙水、碳酸盐岩类裂隙岩溶水、基岩裂隙水，该区域为冲湖积平原区，地下水为松散岩类孔隙水，本节主要介绍区内主要分布的松散孔隙水的水文地质特征。

本区域内的第四系松散岩类孔隙水主要为：上层滞水、潜水、微承压水、第Ⅰ承压水、第Ⅱ承压水。

（1）潜水。

潜水主要分布于浅部填土中，埋深及水位受地形及地貌等因素的控制具有一定的变化。其补给来源主要为大气降水及周围湖（河）水体补给。以地面蒸发、植物的蒸腾及向周围湖（河）水网的径流为主要排泄方式。

（2）微承压水。

该含水层主要赋存于全新统中段河湖相为主的灰、灰黄色粉砂层中，富水性中等。顶板埋深一般在6~10m。其补给来源主要为上部潜水的垂直入渗及周围河（湖）水网的侧向补给。以民间水井用水及向周围河（湖）水网的侧向径流为该含水层的主要排泄方式。见插图175。

(3) 第Ⅰ承压水。

该含水层主要赋存于上更新统滨海－河湖相的灰、灰黄色粉砂层中，顶板埋深一般在27～32m，厚度变化较大，一般为2～10m，局部大于15m。地下水水位埋深5～10m，富水性较丰富。以上部潜水（微承压水）垂向越流补给、周围河（湖）的侧向补给为主要来源，以人工开采及对深层地下水的越流补给为主要排泄方式。见插图176。

(4) 第Ⅱ承压水。

该含水层主要受常锡苏等地带中更新统古河床的控制，含水层的岩性在河床部位以中细砂、中粗砂为主，厚度较大；在河漫滩及次级支流发育地段，含水层岩性以粉砂、细砂为主。含水层顶板埋深大多在75～85m之间，局部较深。该含水层水量丰富，以邻区的侧向补给、基岩地下水的补给，含水层顶板黏性土的压密释水，人工回灌等为主要补给来源。人工开采利用是本区第Ⅱ承压含水层的最重要排泄方式。见插图177。

(5) 基岩裂隙水。

在裸露区接受大气降水的入渗补给及地表水体的侧向渗漏补给，径流条件受地形坡降、地质构造裂隙发育程度等条件制约，一般由山区向平原或沿构造线方向径流；以季节性下降泉、人工开采以及向上部越流的形式进行排泄。富水性弱，水质好。

4.2 地下水水位动态分析

根据区域水文地质资料，潜水地下水位主要受地形地貌、短期气象条件等因素的控制，具有较大的变化，极端情况下地下水位最高可与地表一致，最低可能无地下水。

微承压水水位在时间上的变化规律主要是随季节的不同，水位有一定的起伏，短期临时的降水对该层含水层的水位变化影响不大。一般在梅雨季节后期，其水头标高最高，梅雨季节来临前，相对较低。年变化幅度一般在2.0m左右。该层地下水在与潜水贯通位置，其水位变化规律于潜水的水位变化规律基本一致。

第Ⅰ承压水水位与地形地貌、短期气象条件有一定的联系，具有一定的变化。总体而言，地下水位随着梅雨期和台汛期的到来而升高，随着梅雨期和台汛期的离去而降低，稍有滞后。该层地下水位年变幅一般在2.0m左右。

第Ⅱ承压水水位在天然条件下变化较小，受人工开采影响较大。1980年代以前，地下水基本不开采或开采量极小，水位基本无变化；1980—1989年代，地下水开采量逐步提高，地下水位逐渐降低；1990—1996年代，地下水大量开采，地下水位降幅明显，局部形成明显的降落漏斗；1997—2000年代，地下水限制开采，地下水位下降速率降低，局部地区水位有所上升；2001—2005年代，地下水由限制开采转向全面禁止开采，2005年全面完成禁采封井后，地下水位逐步回升。2005年以后，由于地下水已全面禁采，地下水位进一步回升而趋于稳定，年变幅一般在2.0m左右。

5 特殊地质条件

在没有人为因素的影响下，根据无锡市的工程地质条件、地形地貌、区域地质条件等情况综合分析，无锡市区不良地质作用总体发育一般，但种类也不少。区内主要特殊性岩土主要为填土、软土、砂土、残积土及含碎石粉质黏土。

5.1 不良地质作用

无锡市目前发现的不良地质作用主要有地面沉降、地裂缝、滑坡、崩塌、以及岩溶及地面塌陷等。

（1）地面沉降。

地面沉降是指在一定的地表面积内所发生的地面水平面降低的现象。造成地面沉降的原因比较复杂，本区域地面沉降的主要原因有：欠固结土的自然固结沉降；城市中心区由于建筑群密集，造成地基土受附加应力影响而形成的沉降；强烈开采地下水，致使地下水水位下降，造成土层受附加应力影响而形成的沉降等。其中对地面沉降影响最大的是地下水的开采。沉降的机理主要是黏性土层的排水固结沉降、砂性土层的压密沉降、松散土层的压密沉降等。

地面沉降的发展过程与地下水开采的开采过程基本同步，稍有滞后，主要如下：1980 年代以前，地面沉降基本无；1980—1989 年代，地面沉降零星、逐步发育；1990—1996 年代，地面沉降大面积发育，部分地区地面沉降较严重；1997—2000 年代，地面沉降发育处于基本平稳期；2001—2005 年代，地下水由限制开采转向全面禁止开采，2005 年全面完成禁采封井，地下水位逐步回升，地面沉降速率明显趋缓。2005 年以后，由于地下水已全面禁采，地下水位进一步回升，因地下水开采造成地面沉降而导致的工程危害情况基本得到缓解。

（2）地裂缝。

地裂缝灾害主要是地面不均匀沉降的一种特殊表现形式，即在特定地质条件下局部地段发生沉降差异而导致，地表上呈现一定特征的开裂。本区地裂缝的发展时段与地面沉降的发展时段基本一致。地裂缝发生的位置主要在古河道位置、第四纪地层厚度较小、变化较大位置、软弱地层厚度突变地段位置等。地裂缝是地面沉降严重化后，在特定部位所表现的新恶化形式。无锡市区地裂缝的发生、发展过程与地面沉降的发生、发展过程基本一致。截至 2006 年底，无锡市区曾经共调查出地裂缝灾害点 12 处，主要分布在惠山区钱桥、洛社、堰桥、张泾、石塘湾，锡山区东亭、查桥一带。地裂缝带多呈 NE 向展布，延伸长度一般 100～600m，最长约 1000m，带宽 20～80m，个别达 300m。2006 年以后，随着地面沉降发展速率的变缓，也未有新的地裂缝发现，同时，原来发现的 12 条地裂缝也大部分逐步趋于休止，由地裂缝而导致的工程危害情况基本得到缓解。

（3）滑坡、崩塌。

由于不适当的切坡，造成山体斜坡岩土体失稳，在降雨作用下，导致无锡市滑坡、崩塌灾害时有发生。滑坡、崩塌规模以小型为主，主要分布在工程地质分区的低山丘陵剥蚀构造区。主要是因为工程建设以及露采石料切坡造成。

（4）岩溶及地面塌陷。

无锡市区主要分布在锡山区查桥、冯更上、厚桥等地，地貌类型为高亢平原，地势较平坦。浅埋基岩地层主要由青龙、栖霞、黄龙组灰岩构成，岩溶较发育，赋存有岩溶地下水，上覆松散层厚度由小于 10～30m 不等，历史上因开采岩溶地下水，导致地面多次发生塌陷，并诱发地裂缝灾害。

5.2 特殊性岩土

根据地质调查资料，无锡市区内主要特殊性岩土主要为填土、软土、砂土、残积土及含碎石粉质黏土。

（1）填土。

杂填土：杂色，在路基上为灰黄色，在现有道路位置该层土为路基土，路面下 0.3～0.5m 为沥青路面，其下为三合土，以黏性土为主，混石灰，密实，下部为碎石垫层；路基两侧以及居民区内为杂填土，夹植物根茎以及夹碎石和碎砖，土层结构中密。分布较普遍。土层工程地质性能差。

素填土层：褐黄－灰黄色，松软，以黏性土为主，含少量碎石，含植物根茎。属第四系全新统（Q_4^{ml}）近代人工堆积物，该层压缩性不均，土质不均一，除河道附近缺失外其余地段均有分布。

淤泥质填土：灰黑色，流塑，以淤泥质土为主，含有机质及腐殖物，有臭味。土层具高压缩性、工程地质性能极差。

（2）软弱土。

粉质黏土，灰色，软－流塑，含腐殖物、贝壳碎片，夹少量云母碎屑，局部夹粉土薄层，该层局部分布。土层具中偏高压缩性、工程地质性能差。

淤泥质粉质黏土，灰色，软塑，局部流塑，局部分布。土层具中偏高压缩性、工程地质性能差。

（3）砂土。

砂土主要存在砂土液化和渗透变形两种形式。无锡地区地震设防烈度为6度，根据地震液化初步判别，无锡市范围内一般为非液化场地。砂土渗透变形主要是在工程开挖和掘进时，饱水的砂性土易发生涌水流砂和基坑壁坍塌等问题，大量疏排地下水，还可能引发附近地面严重形变，对建设场区附近已有的地面建筑造成较大的威胁。

（4）强风化岩、全风化岩及残积土。

无锡市内局部基岩埋深起伏较大，局部较浅，分布有强风化岩、全风化岩，且一般其上均上覆残积土层。

6 城市轨道交通主要工程地质问题

根据以上对无锡市工程地质与水文地质条件分析，在无锡市进行轨道交通工程建设时主要面对的地质问题有特殊性岩土、地下水等。下面针对轨道交通工程三种工法，简单介绍一下无锡特殊的工程地质条件对工程建设影响及对策。

6.1 明挖法施工存在的问题及对策

（1）填土。

由于填土堆积条件上的差异，它的分布范围和厚度变化缺乏规律性，往往在一个小范围内变化较大。属一种欠压密的土，一般具较高的压缩性、较低的强度、较大的变异性，一般难以在工程中利用。

该层土对工程建设的影响主要包括，浅基础工程中，若填土分布深厚，需开挖或特殊处理，否则不能直接作为基础持力层；桩基础工程中，若填土分布深厚，夹杂块石等障碍物时，需清除表层后，才能进行桩基础施工；在基坑工程中，由于杂填土的性质差异，对该层土物理力学性质指标的选取有很大的难度，直接影响到基坑支护方案的选择，冒进容易出问题，保守则工程浪费严重。此外，在顶管工程中，由于杂填土的存在，对顶管的施工影响也较大，填土深厚，含障碍物多，顶管难以实施，极易产生工程事故。

考虑到该层土的性质，结合具体工程项目的需要，主要是需要在前期勘察阶段，有针对性地做好调查工作，应充分查清该层土的组成成分，分布范围，堆积年代、深度变化情况，均匀性情况等，为后期设计施工方案的选择提供参考依据。

（2）浅层软土。

在无锡市区分布的软土工程地质特性较差，该层土以灰色，灰黑色为主，厚度变化大，呈流塑状，含有机质及大量碳化－半碳化植物，结构松散，含水量高、压缩性高、强度低、灵敏度高。

该层土对工程建设的影响主要包括，基础类型的选择、基坑支护方案的选择，施工方案的选择等。由于该层土的力学性质极差，力学指标的准确确定难度也较大，对基坑支护方案的选择有很大的影响，如何充分的利用该层土或者如何尽量地减少该层土对工程的影响，都需要岩土设计人员做慎重周密的考虑；由于该层土的放坡自立高度非常有限，灵敏度又非常高，因此，在地铁明挖基坑施工过程中需要确定合适的临时坡比和施工次序，否则极易产生边坡整体失稳、破坏已施工的围护桩等工程事故。

考虑到该层土的性质，结合具体工程项目的需要，首先是需要在前期勘察阶段，查明软土的成因类型、成层条件、分布规律、均匀性情况等，为后期选择处理方案提供充分的依据。

（3）浅层砂性土。

这里的浅层砂性土主要指④层粉土粉砂层，严格意义上说，该层土并非算特殊性岩土，但考虑到该层土在条件具备时极易产生流砂管涌现象，无锡市区因为该原因产生的工程问题较多，故作特殊评价。

流砂是一种不良的工程地质现象，在土方开挖施工过程中经常可能遇到。当土颗粒之间的有效应力等于零（动水压力大于或等于土的浮重度），土粒就处于悬浮状态，此时，土的抗剪强度为零，土粒能随着渗流的水一起流动，这种现象被称为流砂。流砂是流土的一种形式。管涌：在渗流作用下，无（或弱）黏性土中的细小颗粒通过较大颗粒之间的孔隙，发生移动并被带出的现象。流砂和管涌经常同时出现。

流砂的主要危害有：土完全失去承载力，流砂边挖边冒，土方开挖无法达到设计深度，掏空地下或周边的土体，极易引起土体塌方，严重时引起邻近位置的建构筑物、地下管线、地面道路等下沉、倾斜，管线堵塞。

流砂形成条件和原因主要有2个，一是土层条件（内因），包含粉土、粉砂、细砂的土层容易发生；二是水力条件（外因），当动水压力大于或等于土的浮重度就会产生。动水压力大小与水力坡度成正比，即水位高差愈大，渗流路径愈短，则动水压力愈大。

在无锡市区，主要是④层粉土粉砂容易产生流砂现象，此外包括$③_2$层粉质黏土夹粉土中的粉土夹层也易产生该现象。由于土层埋置深度较浅，地铁基坑一般埋深较大，因此在地铁明挖基坑施工过程中容易发生该现象。

流砂应以防为主，尽量在施工中避免发生该现象。

主要可采用的防治方法有：

1）降低地下水头；可采用井点降水、管井降水、枯水期施工等；

2）延长渗流路径；可采用深层搅拌桩、旋喷桩、板桩等隔水止水措施；

3）带水（水下）施工；保持基坑中的坑内水头与地下水的水头基本一致；

4）改良土体性质，土体中注浆，冻结土体等。

（4）强风化岩、全风化岩及残积土。

无锡市内局部基岩埋深起伏较大，局部较浅，分布有强风化岩、全风化岩，且一般其上均上伏残积土层。这些地层的存在对于采用明挖法施工的基坑及盾构法施工的地铁隧道均有不利影响，工程建设前应根据相应规范对这些地层进行详细地勘察，查明其空间分布范围、工程特性及力学参数等。

6.2 暗挖法施工存在的问题及对策

对暗挖法施工有影响的几个因素如下：

（1）无锡地铁隧道开挖范围内土层主要为较软的黏性土，围岩分级修正后为Ⅵ级，稳定性较差，很难形成自然拱，且容易发生坍塌。

（2）人工填土为松散土层，具有分布不稳定、力学性质差的特点。由于人工填土的抗剪强度较低且不均匀，透水性强，容易导致隧道失稳，发生坍塌。

（3）地铁线路一般沿城市主干道敷设，道路一般下穿大量的雨水、污水及上水管线，管线渗漏会降低周围土体的自稳性。

（4）地面交通流量较大，对隧道拱顶会产生一定压力。

因此，为防止暗挖隧道坍塌等事故发生，建议设计和施工时注意以下问题：

（1）加强对暗挖隧道的结构强度设计。

（2）并在暗挖隧洞开挖前进行超前支护，建议采用超前小导管进行超前支护。

（3）隧道施工时应严格遵循“管超前、严注浆、短开挖、强支护、快封闭、勤测量、早成环、环套环”的施工原则进行开挖支护，并严格控制地层下沉量。

（4）不良地质的地质条件下采取特殊的施工技术措施，如进行地质改良、缩短循环进尺等，防止沉降超限等。

6.3 盾构法施工存在的问题及对策

地铁工程区间一般采用盾构法施工，隧道主要现状道路和密集的建筑物附近下穿，隧道施工时应注意下列问题：

（1）区域内普遍分布较软弱黏性土层。盾构施工时盾构刀盘切削下来的黏土、碎屑在刀盘区聚集，形成半固结或固结块状体泥饼，会造成扭矩、总推力大幅增大、出土不畅、推进速度减慢、刀盘发热，重则造成掘进困难、在富水地层诱发喷涌、甚至盾构机严重损坏。施工前，认真研究地质资料，施工全过程现场跟踪地质条件的变化，并根据地质条件优化施工措施。

（2）为满足开挖面稳定要求，防止地面沉降过大，盾构选型宜考虑各类土层的特性的影响，并参照相关规范和结合同类工程经验确定。同时，施工时应根据不同的地层分布情况注意及时调整盾构施工参数（如盾构工作姿态、顶力、注浆量等）。

（3）盾构施工引起的地层损失和盾构隧道周围受扰动或受剪切破坏的重塑土再固结，是导致地面沉降的主要原因。结合临近城市施工经验，可采用同步注浆和二次注浆的方法进行加固处理，可有效控制过大的地面沉降。

（4）盾构垂向穿越土层多，土层力学性质有差异，运行后会产生纵向不均匀沉降，为控制隧道纵向不均匀沉降的影响，应注意盾构工作井、地铁车站、隧道区间连接。工程经验表明，区间隧道两端与车站相连处，由于二者结构、施工方法、施工时间的不同，必将产生一定的差异沉降，故设计中在隧道与车站接头宜采取相应的连接措施，在土层特征发生突变处建议设缝。

（5）隧道施工时应作好土体变形和地面沉降监测及地面建筑物、构筑物、地下管线的变形监测工作，辅以适当措施保证地面沉降控制在规定的范围内，确保道路、管线和建筑物的安全。

（6）盾构隧道下穿既有桥梁时，应加强对桥桩的保护，防止因施工对高架桥造成影响。

（7）设计和施工时应高度重视地表水对盾构隧道的影响，采取一切必要措施保证工程施工安全。

6.4 地下水问题及对策

由于无锡市地下水位较浅，对于采用明挖法施工的基坑工程，应根据《建筑地基基础设计规范》GB 50007 基坑底抗渗流稳定性验算公式，对微承压水和承压水进行基坑底抗渗流稳定性验算。若微承压水或承压水对基坑底抗渗流不稳定，应在微承压水和承压水分布地段，基坑开挖前须进行降排水或止水措施，否则开挖过程中可能会出现管涌、流砂等渗透变形现象。

（1）为防止潜水直接渗入基坑而产生不良的地质现象，必须采取相应的止水措施。采用地下连续墙的支护型式，可有效切断潜水含水层与坑内的水力联系，达到截水目的；采用钻孔灌注桩＋内支撑＋截水帷幕的支护形式，也可达到截水目的，潜水即可疏干。同时应采取有效措施，防止基坑周边的地表水及地下排水管道漏、渗水进入基坑。

（2）由于微承压、承压水含水层相连通，且厚度巨大，透水性较好，其下分布有相对隔水层较厚时，可采用地下连续墙或其他具有止水帷幕的支护型式，可截断微承压水横向补给，但不能阻止下部承压水的垂直补给，可在坑内采用分级降水的办法，因此可采用悬挂式竖向截水（地下连续墙）与坑内降水相结合方案，降低坑内水头高度。坑内降水可采用管井降水法，降水深度宜控制在基坑底板下 1m 左右。坑内降水易造成坑内外过大的水头差，连续墙的插入深度须满足抗渗稳定条件。

(3) 降水设计时应考虑基坑开挖周期较长，地层透水性较好，长时间大量降水使基坑内外水动力条件发生改变，会对周围道路、建筑物产生不利影响。应设置坑外观测井，实时监控地下水位变化情况，根据监测结果，采取回灌等措施。

参 考 文 献

[1] 无锡市建设局，无锡市勘察设计协会，江南大学. 无锡市第四纪地层的划分与工程特性研究 [R]. 2013.

[2] 北京城建勘测设计研究院有限责任公司. (2010 初勘总 001) 无锡地铁 2 号线岩土工程勘察总报告（初步勘察阶段）[R]. 2010.

[3] 铁道第四勘察设计院集团有限公司. 无锡市轨道交通 1 号、2 号线工程可行性研究阶段岩土工程勘察报告 [R]. 2009.

武 汉 市

1 自然地理

1.1 地理位置

武汉位于中国腹地中心，长江与汉江交汇处，江汉平原东部，是中部六省唯一的副省级城市，也是国务院批准的中部地区中心城市。地处京汉铁路、京珠和沪蓉高速公路中心地带，为华中地区交通枢纽。目前，已形成铁路和公路交通网络，可通往全国各省、市、自治区、直辖市，交通极为便利。

武汉地处长江中下游，东经113°41′~115°05′，北纬29°58′~31°22′。最东端位于新洲区徐古镇将军山村，最西端位于蔡甸区侏儒街国光村，最南端位于江夏区湖泗街道均堡村，最北端位于黄陂区蔡店街道李冲村。

1.2 气象

武汉市属亚热带大陆性季风气候，具有四季分明、气候温和、雨量充沛的气候特征。冬夏温差大，历年7月份气温最高，平均气温为28.8~31.4℃，极端最高气温41.3℃（1934.8.10），历年最低气温为1月，平均为2.6~4.6℃，极端最低气温-18.1℃（1977.11.30）。每年7、8、9月为高温期，12月至翌年2月为低温期，并有霜冻和降雪发生。多年平均降雨量1204.5mm，最大年降雨量2107.1mm，最大月降雨量为820.1mm（1987.6），最大日降雨量317.4mm（1959.6.9），最小年降雨量575.9mm，降雨一般集中在6—8月，约占全年降雨量的40%。年平均蒸发量为1447.9mm。最大风速27.9m/s（1956.3.6和1960.5.17）。多年平均雾日数32.9天。年平均绝对湿度为16.4毫巴，年平均相对湿度为75.7%。

1.3 水文

武汉市区内河网湖泊水系发达，其中水域总面积约191km^2，约占市区总面积的14%。其中长江、汉水横贯市区，两大水系支流有府河、长河、倒水及巡司河等；区内湖泊星罗棋布，大小湖泊170个，其中较大的湖泊有东湖、汤逊湖、金银湖、南湖、野芷湖、沙湖等。武汉市主城区主要湖泊分布见插图178。

长江武汉河段江面宽1080~1380m；据汉口水文站实测资料，历年最高水位29.73m（1954.8.18，吴淞高程，下同），历年最低水位10.08m（1965.2.4），多年平均水位18.97m。最大流量76100m^3/s（1954.8.14），最小流量为4830m^3/s（1963.2.7），最大输沙量为5.79亿吨/年，最小输沙量为2.33亿吨/年，多年平均悬移质中值粒径为0.021mm，多年平均河床质中值粒径为0.181mm。水量、沙量主要来源于上游干流和汉江支流。其水沙变化受水文年的随机影响，没有明显的变化趋势。

1.4 地形地貌

武汉市地处江汉平原东部边缘，属剥蚀残丘平原，地势南高北低，西高东低，中间凹谷呈Y字型切割成三块，称之为武汉三镇。

武汉城区处于长江、汉江、府河河谷所组成的洼地之中。南部分布近东西走向的条带状丘陵，四周分布比较密集的树枝状冲沟。武汉素有“水乡泽国”之称，境内大小近百个湖泊星罗棋布，形成水系发育、山水交融的复杂地形。最高点高程150m，最低陆地高程18m。

武汉市按地貌形态及成因类型，可分为剥蚀丘陵、剥蚀－堆积垅岗平原与堆积平原三类地貌单元，地貌略图见插图179。

（1）剥蚀丘陵区：主要分布在武昌、汉阳地区，丘陵呈线状或残丘状分布，如武昌的磨山、珞珈山、汉阳的扁担山等，丘顶高为80～150m，组成残丘的地层为志留系与泥盆系的砂页岩。

（2）剥蚀堆积平原区（Ⅲ级阶地）：主要分布在武昌、汉阳的平原湖区与残丘之间。地形波状起伏，垅岗与坳沟相间分布，高程为28～35m。组成垅岗的地层主要为中、上更新统黏性土（老黏土）。

（3）堆积平原区：分布于整个汉口市区及武昌、汉阳沿江一带，主要为由长江、汉江冲洪积物构成的Ⅰ、Ⅱ级阶地。

Ⅰ级阶地：广泛分布于长江、汉江两岸地区，地面标高19～21m。地层由全新统黏性土、砂性土及砂卵石层构成。区内有众多湖泊、堰塘、残存的沼泽地及暗沟、暗浜等。

Ⅱ级阶地：主要分布于青山镇及汉口张公堤附近及以北东西湖与武湖一带，地面标高为22～24m，地层由上更新统的黏性土与砂性土组成。

2 区域地质

2.1 地质构造

2.1.1 构造

武汉市区位于淮阳山字型前弧西翼与新华夏构造体系的复合部位，属淮阳山字型前弧西翼葛店－汉阳褶皱带。区内大地构造跨及扬子准地台和秦岭褶皱系两个一级构造单元。以襄（樊）－广（济）深大断层为界，中南部隶属扬子准地台的四级构造单元武汉台褶束，北部为秦岭褶皱系之四级构造单元新洲凹陷之南缘。

由于区内经历了大别、扬子、加里东、华力西－印支、燕山－喜马拉雅等多次构造运动，使区内构造更趋复杂。新洲凹陷是在古老结晶基底上发展起来的中生代沉积盆地；武汉台褶束由古生界及早三叠系组成的一系列北西西向或近东西向复式褶皱组成，并伴有与轴线平行或近于平行的走向断层及北西向、北东向、北北东或近南北向的断层。

2.1.2 褶皱

区内地壳由于受燕山运动南北向水平挤压应力作用，致使古生代及中生代早中三迭世地层形成一系列近东西向紧密线状褶皱。褶皱形态总的来讲呈两条带状，即市区南部的构造剥蚀丘陵区及东北部的青山镇一带，两组褶皱带在市区东部有渐趋重合之势。褶皱形态以紧密线状为主，背斜较宽阔，一般隐伏于地下，构成谷地，向斜狭窄，构成丘陵主要骨架，轴面大多向南倒转。背斜核部由志留系地层组成，向斜轴部由二迭系或三迭系地层组成。其特点为轴线呈北西西或近东西向，并略向南凸出的弧形，西端有向北偏转之势。

区内主要褶曲特征见表29－1。

2.1.3 断裂

区内断层较为发育，但由于地表覆盖严重，出露不甚完整。主要见有四组不同方向（北西西或近东西、北西、北北东、北东向）及不同性质（主要为逆断、正断层、平推断层）和不同规模的断层。其中北西西向或近东西向、北西向断层较为发育，为区内主干断层，次为北北东、北东向断层。

区内主要断层特征见表29－2。

表 29－1　主要褶曲及特征一览表

名称	位置	规模		轴向	特征
		长（km）	宽（km）		
岱家山－青山复向斜	盘龙城岱家山青山	35	3～5	300	核部为三叠系成。两翼为泥盆系－二叠系组成次一级背向斜。主干构造为谌家矶－青山向斜。北翼被青山断层（F3）所切。发育不完整；南翼次级褶曲有盘龙湖背斜②、代家湖背斜④、楠姆庙向斜⑤。该复向斜被北北东向断层切为数段
汉口－左岭复背斜	汉口塘林湖严西湖左岭	50	4～12	290	核部为志留系坟头组。两翼由泥盆系－二叠系组成次一级背、向斜。在武昌张家铺以西，复背斜多被东湖群覆盖；向东分为两支，北支为何董村背斜⑩、南支为驼子店扇形背斜⑰。两背斜之间为花山倒转向斜⑮。至左岭－带复背斜变窄，分支褶曲合二为一。在上述构造格架基础上，发育一系列短轴褶曲。走向断层发育，并被晚期北北东向断层错断
大桥倒转向斜	舵落口龟山珞珈山八蝶山	40	05～1.5	北北西－近东西	核部为三叠系大冶组，两翼为泥盆－二叠系，产状均向北倾斜、倾角50°～70°。北翼受王家山逆断层（F34）影响，泥盆系五通砂岩逆冲于二叠系栖霞灰岩、孤峰硅质岩之上；南翼发育梅家山逆断层（F64）。向斜多处被北西、北北东向断层错断
龙阳湖－王家店倒转背斜	龙阳湖广埠屯王家店	40	2～4	北北西－近东西	核部由志留系组成，两翼为泥盆－二叠系，西段墨水湖一带被东湖群覆盖。两翼产状均向北倾斜，倾角40°～70°。王家店以东分为两支，北支沿黄柏峰一线展布，于九峰水库倾伏；西支向东延出图区，中间为蚂蚁峰向斜（21）。该倒转背斜多处被北西、北北东向断层错断
汤家山－新安村扇形向斜	汤家山武泰闸关山	25	0.5～3	290	核部为三叠系大冶组，两翼由泥盆系－二叠系组成，西段墨水湖一带被东湖群覆盖。北翼倾向北，倾角40～70度；南翼倾向南，倾角35°～60°。向斜于汤家山一带扬起，被北北东向龙阳湖断层（F31）、长江断层（F9）、五通口断层（F2）等错断，使之不连续
申湾倒转背斜	快活岭申湾朱湖新港	6	1.5～3	300	核部为志留系坟头组。两翼为泥盆系－二叠系，两翼产状均向北倾，倾角26°～45°，背斜被舵落口断层（F4）、龙阳湖断层（F31）切断。背斜西段延出图外

表 29－2　断层主要特征一览表

断层组	断层走向	主要特征
北西西－近东西向断层	270°～300°	该组断层规模较大，为区内主干断层，共计26条。发育于褶皱翼部，多倾向北，倾角大于40度，主要表现为逆掩、逆冲断层，断层下盘柔性岩石经挤压，多形成小型褶曲，并发生褶皱倒转，新老地层倒置，且常造成地层缺失。规模较大的逆冲、逆掩断层，如：王家山断层（F34），走向270～290度，延伸30余千米，断层位于大桥倒转向斜北翼，上盘泥盆系五通石英砂岩逆冲于二叠系孤峰硅质岩之上，断面倾北，倾角陡，下盘地层多处扭曲变形。再如梅家山逆断层（F64）走向270～285度，延伸长约15km，沿断层走向泥盆系五通石英砂岩逆冲于二叠系栖霞灰岩之上，于武昌梅家山，见五通组石英砂岩强烈挤压破碎，破碎带宽约10m，劈理发育，被北西及北东向断层错断。顺层滑脱正断层仅见有汉钢断层（F33）、鸡笼山断层（F56）、八蝶山断层（F98）等

续表 29－2

断层组	断层走向	主 要 特 征
北西向断层	300°～350°	该组断层一般斜切褶皱，多为平推断层，呈顺时针方向扭动，错距 100～1000m，倾北东，倾角大于 60 度，少数除具水平错移外，尚有上下滑动，如：阳逻断层（F10）、青山武丰闸断层（F15）、小刘村断层（84）、山冈村断层（F95）为平推正断层。其他则以平移逆断层为主，如：曹家花园断层（F66）沿东湖风光村一线展布，走向 340 度。倾南东，倾角较陡，延长 4km，斜切大桥倒转向斜、王家店倒转背斜，两盘作顺时针扭动，错距 1000m。该方向断层共计 27 条
北北东向断层	10°～25°	该组断层多被覆盖，据遥感、物探资料分析，为一组规模较大的区域性隐伏断层，沿走向呈逆时针方向扭动，断面近于直立，断层形成较晚、切割了北西、北北西向断层，如：长江断层（F9），走向 25～30 度，倾南东，倾角 80 度，延伸长 15km，于汉阳晴川阁处地表所见为一垂直地层走向发育的一组劈理，劈理间石英砂岩挤压破碎，形成典型的断层角砾岩。本组断层共计 18 条，其中半边山断层（F5）和山口铺断层（F87）为平推正断层
北东向断层	30°～60°	该组断层多出露于地表，规模较小，一般为平推断层，作逆时针扭动，错距小于 100m，断面近于直立，图内共计 19 条，主要有严西湖断层（F11）、阳逻水泥厂逆断层（F22）、大苏村平推断层（F99）、龟山头平推断层（F72）、青龙嘴平推断层（F36）、白浒山逆断层（F61）、龙口平推断层（F23）等

2.1.4 断陷盆地

由前述构造运动产生的断陷盆地主要有：

（1）施岗 K～E 断陷盆地，位于市区东北部的 F3 断裂以北。

（2）解放公园－徐家棚 K－E 断陷盆地，位于 F12、F14 所夹地块内。

（3）十里铺 K－E 断陷盆地，位于大桥倒转向斜与龙阳湖－王家店倒转背斜之间的断块内。

（4）蔡家岭－白沙洲 K－E 断陷盆地，位于 F62 断裂以南。

武汉市区域地质构造纲要图见图 29－1。

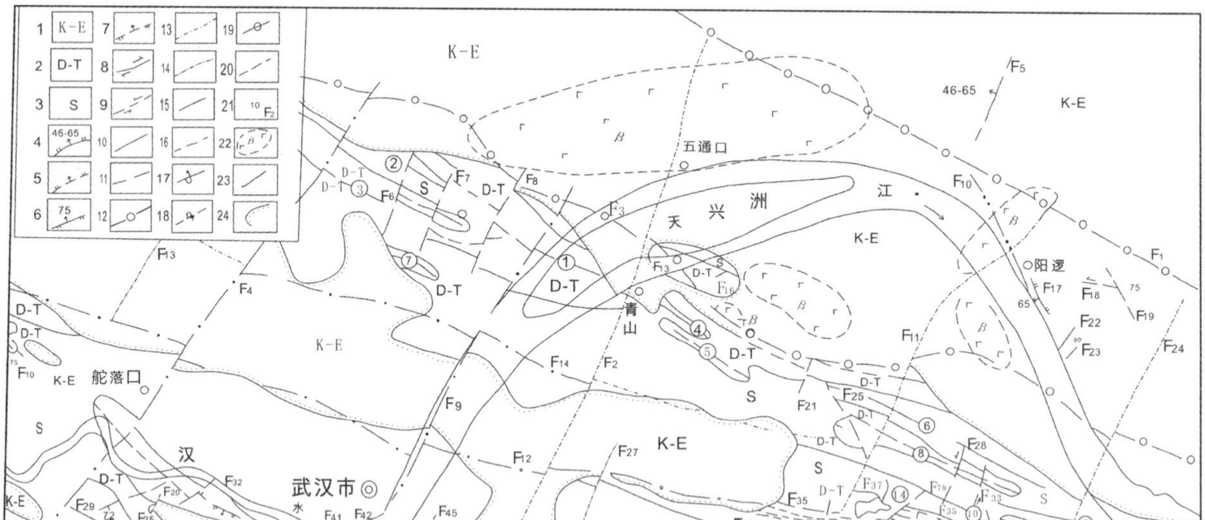

图 29－1 武汉市区域构造纲要图

1—白垩－下第三系；2—泥盆系－三叠系；3—志留系；4—实测正断层；5—推测正断层；6—实测逆断层；7—推测逆断层；8—实测平推断层；9—推测平推断层；10—实测性质不明断层；11—推测性质不明断层；12—物探推测深断层；13—物探推测断层；14—航卫片解释断层；15—正常背斜轴；16—正常向斜轴；17—倒转背斜轴；18—倒转向斜轴；19—扇形背斜轴；20—扇形向斜轴；21—褶皱及断层编号；22—物探推测隐伏玄武岩；23—构造层之间界线；24—构造层之间不整合界线

2.2 历史地震

武汉市境内的地震记录，始见于《晋书·元帝纪》。据考此次地震是东晋大兴元年（公元319年）十二月江西靖安西北（北纬290，东经1150）$5\frac{1}{2}$级地震波及。此后，元、明、清和民国时期的记载渐趋完整。经地震部门收集、稽考和论证，自东晋靖安西北强震波及直至1985年的1666年间，武汉地区的$M \geq 3\%$级地震和省内外波及地震共57次，按年代划分，元代以前2次，明代33次，清代11次，民国时期11次，按震级划分，境内共发生$M \geq 3\%$级地震31次，震中烈度多为4度。最大地震为明万历三十三年二月（1605年3月19日—4月17日间）的43/4级地震，震中烈度达6度。康熙《武昌府志·灾异》记述："武昌府地大震，三昼夜"；余为省内中强地震波及武汉市的13次，外省中强地震波及的13次，其中武汉市附近50~200km范围5~6.52级为8次。

武汉处于中国大陆东部长江中下游的地震带，属于中等地震灾害区，地震强度和频度居全国中等水平。据历史地震记载和近数十年地震仪监测的记录表明，武汉市受邻区地震波及，除1917年安徽霍山几次61/4、51/2级地震波及武汉市境有房屋倒塌的震灾外，其余均属有感地震，其烈度多为强度5度强。

2.3 地层岩性

武汉市地层按其特征分为南、北两区，与湖北省所跨的秦岭－大别、扬子二个Ⅰ级地层区相吻合，界限以襄（樊）－广（济）深断裂为界（武汉市内该断裂大体从黄陂横店－武湖－涨渡湖一带隐伏通过）。北部属秦岭－大别地层区，出露地层主要为前震旦纪大别山群和红安群变质岩系，少量的古生代地层和中－新生代白垩－第三纪地层、第四纪地层，缺失中生代三叠纪－侏罗纪地层；南部为扬子地层区，出露地层有古生代志留纪、泥盆纪、石炭纪、二叠纪地层，中生代三叠纪、侏罗纪地层，中新生代白垩－第三纪地层及大范围的第四纪地层。本市区内扬子地层区实为下扬子地层区。武汉市地层分区图见图29－2。

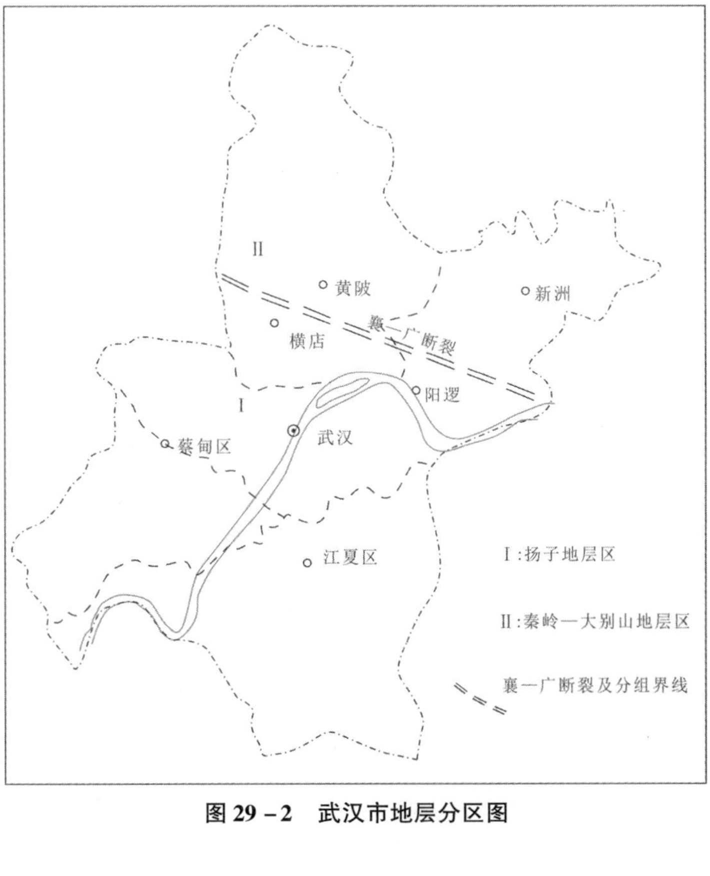

图29－2 武汉市地层分区图

早更新世，武汉经喜马拉雅山运动后，形成如黄冈、阳逻、流芳岭等低洼湖盆，在其内沉积 Q_1 阳逻组砾石层。以后由于地壳上升使阳逻一带形成Ⅳ级基座阶地，其后地壳相对稳定，阶地遭受风化剥蚀，在东湖群上部和阳逻组顶部，广泛发育红色风化壳。

中更新世，早期地壳缓慢下降，沉积 Q_2 泥砾层和黏土层，在气候湿热，降水充沛的条件下，黏土层遭受湿热化作用，形成网纹状黏土。后期地壳大幅度上升，河床下切，普遍遭受剥蚀，广泛发育冲沟，形成岗状平原，即广布武昌、汉阳一带的Ⅲ级基座阶地。

晚更新世，早期地壳急速下降，沉积砂砾层和黏性土层（Q_3^1δ），曾一度上升后，又缓慢下降，沉积青山层（Q_3^2δ）亚砂土、亚黏土及细砂层，并组成青山等Ⅱ级阶地和汉口东西湖的湖泊阶地。

全新世，地壳复又缓慢下降，使汉口和沿江地带沉积 40 ~ 55m 冲积、洪积和湖积的砾石、砂层和黏性土层。其后地壳稍有上升，形成广布沿江两岸的Ⅰ级阶地（或高河漫滩）。现今地壳处于缓慢下降的趋势。

武汉市地层从志留系到第四系均有出露，其中第第四纪堆积物分布最广，占总面积的 70.9%。志留系、泥盆系裸露地表，多形成低山丘陵。第四纪地层在武汉市内分布广泛，主要于黄陂区城区 – 新洲区城关一线以南大范围出现，厚度大于 200m。地层岩性特征及分布表 29 – 3 武汉市综合地层表。

表 29 – 3　武汉市综合地层表

界	系	统	群	组	岩性成因及特征	分布地区
新生界	第四系	全新统			为冲积、湖积、湖冲积层。厚度变化大。 上部为黄褐色黏土、亚砂土、亚黏土透镜体，厚度在 10 ~ 25m，局新夹湖积、湖冲积黑色淤泥。中部为黄色砂层，粒径由上至下逐渐变粗，厚度 15 ~ 40m，间夹深灰色淤泥质与砂互层。下部由灰白色砂砾石层过渡砂卵石层，厚度 5 ~ 20m，间夹砂或黏土、卵石	分布长江、汉水两岸，构成长江、汉水一级阶地。厚度大于 45m
		上更新统			为冲积、湖冲积层。 冲积层：上部为杏黄、褐黄色黏土，金铁锰结核，局部具灰白色黏土团块，并夹有淤泥质，厚度 10 ~ 30m。下部以砾石为主，局部相变成含砾的中粗砂夹亚砂土与淤泥质亚黏土，厚度 6 ~ 26m。 湖冲积层：黄褐略带青灰色淤泥质亚黏土，局部含白色螺壳，厚度 0.5 ~ 3m，具明显的二元结构	主要分布在汉口的巨龙湖一东西湖大湖，五通口以北等地的二级阶地上。厚度 20 – 40m
		中更新统			冲积、冲洪积层。 上部为网纹状红、棕红色黏土，县灰白色高岭土网纹及条带，局部铁锰质结核密集，并夹有砂透镜体，下部为粗砂夹砾石层，由泥质充填。此层在江北具明显的二元结构，而在江南多呈棕红、灰白色黏土类砾石，厚度变化一般在 3 ~ 37m	主要分布在汉阳独山 – 龟山、武昌南湖 – 青山镇 – 北湖 – 线以南，属三级阶地。厚度 10 ~ 40m
		下更新统			冲积层，主要为砾石层，充填物为亚黏土及亚砂土，砾石具定向排列，颗径一般在 3 ~ 5cm	地表见于阳逻、横店、流芳岭及土地堂等地。厚度 20m
	第三系		东湖群		上部为砖红色巨厚层含钙质粉砂岩，含钙质砂岩、角砾岩。 下部为灰白色细粒石英长石砂岩与紫红色钙质粉砂岩、粉砂质泥岩互层，底部夹中一粗粒长石砂岩	横店到阳逻一带，流芳岭、犬沟湖以东。厚度大于 1589m

续表 29 - 3

界	系	统	群	组	岩性成因及特征	分布地区
中生界	白垩系	下统		大系组	含晶质、玻屑凝灰岩夹凝灰溶岩。顶部为流纹岩、安山岩，底部安山质凝灰岩。项部流纹岩，上部流纹岩，下部安山岩，底部杂色凝灰角砾岩。 上部流纹岩，下部角砾凝灰岩，两岩间夹凝灰岩。中及上部流纹岩，下部凝灰角砾岩、角砾凝灰岩夹凝灰岩	武昌县的贺胜桥、湖泗等地
中生界	侏罗系	上统	灵乡群		上部夹黄色泥质砂岩、紫红色钙质粉砂质泥岩夹黄褐色钙质长石石英砂岩。中部黄绿灰色钙质粉砂岩、泥岩夹蓝灰色含粉砂灰岩及砾岩。下部紫红色、紫灰色凝灰岩夹钙质粉砂岩。底部砾岩、角砾岩	厚度 2748m
		中统		下火山岩组	上部为粉质页岩、页，岩、含砾砂岩。中部含角砾岩屑晶屑凝灰岩、安山岩。下部层凝灰质火山角砾岩、凝灰质细砂岩、粉砂岩及安山岩	仅见于武昌县马鞍山、狮子山、山坡、天子山和湖山等地零星出现。厚度大于 1077m
					中上部紫红色粉砂质泥岩，紫灰色长石石英粉砂质细砂岩夹浅黄褐包细 - 中粗长石石英砂岩。下部砖红黄褐色层长状中一粗粒长石石英砂岩夹紫红色粉砂质泥岩。底部砾岩	
		下统	武日群		白色厚层状石英砂岩，夹粉细砂质泥岩、炭质泥岩	
	三叠系	上统	蒲圻群		从上至下由粉砂岩及粉砂质泥岩组成，夹灰质泥岩	
		中统		嘉陵江组	上部灰白色、肉红色巨厚层白云质灰岩、灰岩。 中下部为浅灰、灰白色巨厚层角砾状白云质灰岩、灰岩夹白云岩	主要出露在向斜核部。 武汉市土桥及武昌县金水闸官家畈等地
		下统	大冶群		上部灰色、灰白色泥状灰岩，具缝合线构造。中部浅灰色薄层状泥质灰岩，含白云质灰岩。下部褐黄绿色页片状钙质泥岩、混灰岩	厚度大于 2821m
古生界	二叠系	上统		大隆组	黄灰色灰黑色页片状含硅质水云田泥岩，含泥质硅质岩；东南部华家山一带为灰岩	武汉市土桥一带，武昌县五里界等地，厚度 6 ~ 30m
				龙潭组	西北部为砂岩、粉砂岩、泥岩、炭质泥岩，含 1 ~ 2 层煤层，往东南华家山一带为灰岩	土桥、二龙山、汉阳陈家等地，厚度 37 ~ 73m
		下统		孤峰组	西部为硅质岩，往东南在鹿耳山全相变为灰岩、含燧石团块灰岩、灰岩、硅质岩	马放山、黄金堂一带，汉阳县陈家、武昌豹子獅等地。厚度 76 ~ 230m
				栖霞组	上部深灰色灰岩，含炭质灰岩，局部含磷锰结核；上、中、下部灰色深灰色燧石结核条带灰岩，含白云质生物灰岩，局部夹硅质岩；底部灰黑色薄层透镜状炭质灰岩	主要出露在黄金堂一带。厚度 105 ~ 230m

续表 29-3

界	系	统	群	组	岩性成因及特征	分布地区
古生界	石炭系	上统	船山群		深灰色、浅灰及肉红色球粒灰岩、生物灰岩	出露在武昌县乌龙泉等地。厚度0~35m
		中统	黄龙群		中上部浅灰色、灰白色泥状灰岩、微粒灰岩、白云质灰岩、生物灰岩；下部浅灰、灰白色白云岩	吴家山、马放山、黄金堂、汉阳陈家、武昌八分山、龙泉山等地。厚度30~108m
		下统			上段：上部为灰白色石英砂岩、粉砂岩、黏土岩夹铁锰矿一层；中部为褐黄色钙质黏土岩夹透镜状生物碎壳灰岩；下部为米黄色粉砂质细粒、砂岩夹透镜赤铁矿。 下段：杂色黏土岩、粉砂岩及细砂岩，1~3层煤层	市郊花山、黄金堂，汉阳县侏儒及武昌县乌龙泉等地。厚度0~44m
元古界	泥盆系			五通山	上部灰白色石英细砂岩、粉砂岩及含粉砂质黏土岩。 中下部灰白色石英岩状砂岩，有大量楔形层理，底部石英砾岩	市郊锅顶山、九峰、汉阳县侏儒、龟山、六神山、大埠山和武昌县二龙山、八分山、铁锅山等地，厚度大于319m
	志留系	上-中统			上部黄绿色粉砂岩、页片状砂赝泥岩。 中部黄灰浅砖红色细粒砂岩、石英砂岩。 下部黄绿色灰色页片状泥岩、细砂页粉岩互层	出露在武汉市郊、武昌县和汉阳县境内，厚度174m

3 典型地层及特征

3.1 岩土分布及特征

武汉地区处于长江中游，长江、汉江汇聚武汉并穿城而过，第四系沉积主要受长江、汉江控制，沿河两岸分布着一级阶地冲洪积地层，具有典型的河流相二元沉积结构，上部为黏性土，下部为砂性土，总的特征为上细下粗，在黏性土和砂性土之间大多有一定厚度的粉土、粉砂、淤泥质土交互土层，习惯称“过渡层”。一级阶地后缘的局部分布有湖积地层，淤泥及淤泥质土厚度最大可达20m以上。

以北东向长江为界，西侧汉口段属江汉-洞庭断陷东北边缘部，东侧武昌段属下扬子陷降带边缘部分。地貌上，西侧汉口处于江汉-洞庭沉降区东北缘，东侧武昌段处于黄石-咸宁波状升降区。中更新世末以来，武昌、汉阳广泛发育Ⅱ~Ⅲ级河湖阶地；汉口东西湖地区则沦为埋藏阶地。

武汉市南北向的地层分布剖面位置示意见插图180，特征示意参见插图181（A-A’剖），东西向的地层分布特征示意参见插图182（B-B’剖）、插图183（C-C’剖）。

A、B剖面覆盖了武汉市沌口经济技术开发区、汉阳区、硚口区、江汉区、江岸区、东西湖区共6个城区，A-A’剖面起于汽车城北路、江堤中路、鹦鹉大道、崇仁路，到中山大道；B-B’剖面起于大智路、香港路、姑嫂树路、花园中路，到金山大道；C-C’剖面起于武汉黄陂区盘龙城，经府河、金银潭大道，往南过后湖大道、幸福大道、竹叶山、赵家条，走黄浦大街，过永清街拐向芦沟桥路，穿越长江，到徐家棚，过和平大道，走徐东大街，到梨园。

根据地质调查和搜集地铁工程的钻孔资料，武汉市表层分布人工填土层，其下依次为第四系全新统冲积层粉土、黏土、粉质黏土，粉质黏土、粉土、粉砂互层和粉细砂，下伏基岩主要为志留系泥岩和泥质粉砂岩、二叠系和三叠系灰岩。

（1）人工填土（Qml）。

杂填土（1－1）：以混凝土块、碎石、砖块等建筑垃圾与少量生活垃圾、工业废料为主的人工填土，结构松散。该层分布于场地表层，厚1.0～4.0m，分布不连续。

素填土（1－2）：黏性土，混杂少量砂土，偶夹少量碎砖块、块石，结构松散。该层分布于场地表层，一般厚1.0～4.5m，分布较连续。

淤泥（1－3）：也称上层淤泥，呈灰、灰褐色，主要为暗埋原塘、沟、浜内沉积物，含有机质及少量砖、瓦、碎石等杂质，厚度0～2.2m不等，局部厚达4.9m。零星分布于杂填土或素填土以下。

（2）第四系全新统冲湖积层（Q_4^{al+l}）。

淤泥质土（2－1）：灰褐色，软塑状为主，局部流塑状，切面较光滑，多为黏土，夹少量粉土及粉砂薄层，轻拍水易渗出，饱和状，性软。局部有臭味，有机质含量0.9%～5.0%，偶见螺壳碎片。厚度变化大，一般1.5～7.5m。局部分布。

黏土（2－1a）：灰褐－灰黄色，软塑－可塑状，偶夹少量粉质黏土，为2－1与3－1之间的过渡层。厚度变化大，一般0.5～4.8m，不连续分布。

黏土（3－1）：褐黄色，少量灰－灰褐色，有光泽反应，切面光滑，主要呈可塑状，偶见硬塑状，一般上硬下软，底部少量呈软塑状，含少量铁锰质结核。该层厚度变化大，一般1.0～6.5m，局部达8.8m，顶板埋深1.5～6.6m。分布较连续。

淤泥质土（3－4）：灰－深灰色，主要为黏土，少量粉质黏土，偶见粉土，软塑状为主，底部少量呈可塑状。稍有光泽反应，部分切面光滑，手摇之有水析出，多呈饱和状态。有机质含量0.6%～6.4%，偶见螺壳碎片。厚度多在2.0～7.5m之间。分布不连续。

（3）第四系上更新统冲积层（Q3al）。

黏土（7－1）：灰黄、灰绿色，可塑－硬塑状，局部达坚硬状，切面光滑，黏粒含量高，可塑性强，局部具弱膨胀性。厚度0.8～4.8m，顶板埋深起伏大，不连续分布。

粉质黏土（7－2）：褐黄色，硬塑～坚硬状，局部可塑状，含少量铁锰质结核。厚度1.5～8.0m，最厚达22.5m，顶板埋深起伏大，分布稳定、连续。

粉质黏土（7－3）：褐黄色、灰褐色，可塑状为主，局部软塑状，含少量粉土与粉砂，底部偶夹细砾。厚度在1.3～4.0m之间，局部达7.6m，顶板埋深起伏较大，分布不连续。

泥质粉细砂（8－1）：灰褐－褐黄色，细粒为主，含量25.4%～61.6%，次为黏粒，含量16.9%～59.8%，少量粗粒与砾石。结构中密，厚度一般为0～2.1m，多呈透镜状分布。局部夹有粉质黏土透镜体或薄层。

（4）第四系中更新统冲洪积层（Q2al＋pl）。

粉质黏土（10－2）：褐黄色，棕黄色，硬塑－坚硬状，少量可塑状，局部夹灰白色黏土。厚度在1.2～4.8m之间，分布不连续。

粉质黏土夹碎石（10－2a）：褐黄－灰黄色，结构中密，粉质黏土呈硬塑－坚硬状，少量可塑状，夹碎石，含量10%～30%不等，成分为石英砂岩、砂岩，偶见硅质岩，粒径2～4cm为主，大者达8cm，棱角－次棱角状。厚度在4.5～5.5m之间，零星分布。

黏土（10－3）：褐黄色、棕红色，坚硬状，局部硬塑状，偶含粉细砂，夹灰白色黏土，具弱－中等膨胀性。厚度较大，北厚南薄，分布不连续。

（5）残坡积层（Qel＋dl）。

黏土夹碎石（10－4）：褐黄色，中密结构，黏土呈可塑－硬塑状，夹碎石，含量5%～25%不等，局部达40%，成分为灰岩，少量石英砂岩，粒径1～3cm，大者达6cm，棱角－次棱角状。厚度约2.8m，呈透镜状分布。

泥质粉细砂（13－1a）：紫红色，灰白色，细粒为主，含量14.2%～38.2%，次为黏粒，含量

7.0% ~27.8%，少量中、粗粒与砾石，结构中密，为泥质粉砂岩残积物。厚度一般为 0 ~4.8m，呈透镜状分布。

粉质黏土（13 -1b）：紫红夹灰白色，硬塑状，局部可塑状，偶含粉细砂，夹少量灰白色黏土团块，局部夹碎石，含量5% ~15%，粒径以0.5 ~3cm 为主，成分主要为砂岩，偶见硅质岩，为泥质粉砂岩残积物。厚度0 ~10.7m，厚度变化大，局部分布。

黏土（13 -1c）：紫红色，可塑 -硬塑状，局部夹碎石，含量 5% ~10%，粒径以 2 ~4cm 为主，棱角状，成分主要为硅质岩，为泥质粉砂岩残积物。厚度 3.5 ~8.5m，局部分布。

粉质黏土（13 -2a）：灰黄、褐黄色，硬塑状，局部可塑状，偶夹灰白色黏土，局部夹砾石，含量一般小于5%。厚度0 ~8.2m，厚度变化大，零星分布。

粉质黏土夹碎石（13 -2b）：灰黄、褐黄色，结构中密，粉质黏土呈硬塑状，夹碎石，含量一般15% ~35%，成分主要为灰岩，偶见硅质岩，粒径一般2 ~4m，大者达8cm，厚度0 ~10.9m，厚度变化大，零星分布。

（6）白垩 -古近系东湖群（K -Edn）。

由紫红色含砾砂岩、粉砂岩及黏土岩等碎屑岩组成。本次揭示为泥质粉砂岩与砂砾岩，局部夹角砾岩。

泥质粉砂岩（15a）：棕红色、紫红色，薄 -中厚层状，主要矿物成分为黏土矿物、长石、云母，粉砂质结构，多泥质胶结，胶结较差；少量钙质胶结，胶结较好。岩体因含泥量与胶结程度不同，岩体软硬不均，强度差异较大；易失水干裂。

砂砾岩（15b）：棕红色、紫红色，薄 -中厚层状，与泥质粉砂岩存在相变关系，多为泥钙质弱胶结。砾石粒径一般 1 ~3cm，为圆或次圆状，成分主要为石英岩和石英砂岩，含量变化大，一般10% ~40%。岩芯多呈柱状。

角砾岩（15c）：棕红色、灰红色，薄 -中厚层状，粉砂质结构，泥钙质胶结，胶结较好，角砾含量 30% ~70%不等，成分为灰岩，粒径一般2 ~4cm，大者达6cm，棱角状。

（7）三叠系下统观音山组（T1g）。

为灰色厚层灰岩、灰质白云岩夹角砾状灰岩。本次揭示为灰岩，夹肉红色灰岩与薄层灰岩。

灰岩（16a）：灰色，中 -厚层状，微晶结构，块状构造，伏于第四系地层以下。

肉红色灰岩，呈肉红色，浅灰色，中 -薄层状，岩芯上可见溶蚀面，溶隙与溶孔；薄层灰岩呈灰色，浅灰色，薄层状，强度相对较低，岩芯多呈饼状。

据区域地质资料，本层厚度大于160m。

（8）三叠系下统大冶组（T1d）。

为黄绿色页岩，薄层泥灰岩夹厚层灰岩，具缝合线及蠕虫构造。本次揭示为灰岩，夹泥质条带灰岩。

灰岩（16b）：灰色，中 -薄厚层状，微晶结构，层状构造，主要矿物成分为方解石，少量水云母、白云石等矿物。

泥质条带灰岩呈灰色、灰黄色，薄层 -极薄层状，泥岩与泥灰岩条带为泥质结构或泥钙质结构。

据区域地质资料，本层总厚度 247 ~316m。

（9）二叠系上统 +下统孤峰组（P2 +P1g）。

由二叠系上统保安组、炭山湾组与下统孤峰组岩层组成。其中保安组主要为硅质页岩、炭质泥岩及黏土岩；炭山湾组主要为燧石结核灰岩、砂岩、炭质页岩夹薄煤层；孤峰组为硅质岩夹黏土岩。本次揭示为泥灰岩夹炭质灰岩与炭质泥岩、灰岩。

泥灰岩（17a）：灰黄色、浅灰绿色，薄层状，泥钙质结构，主要矿物成分为方解石，水云母等矿物，岩体易解理，岩芯呈碎片状。其中炭质灰岩呈深灰色、灰黑色，薄 -中厚层状，微晶结构，层状构造，含炭，污手；炭质泥岩夹灰岩呈灰黑色，泥岩为泥质结构，泥钙质胶结，含炭，污手，岩体破碎，性软；灰岩含量为薄 -中厚层状，岩性相对较硬。

据区域地质资料，本层总厚度120~207m。

(10) 二叠系下统栖霞组（P1q）。

为厚层状含燧石结核灰岩，含炭质、泥质条纹灰岩。

灰岩（17c）：灰色，中－厚层状，微晶结构，块状构造，主要矿物成分为方解石，少量水云母、白云石等矿物。

据区域地质资料，本层厚度170m左右。

武汉市东西向地层示意见插图183。

3.2 主要地层物理力学参数

3.2.1 主要地层物理试验指标

根据武汉地铁勘察资料及地区经验综合确定各土层的物理试验参数，供勘察设计人员参考使用，详见表29－4。

表29－4 武汉地区主要地层物理试验指标表

地层编号	岩土名称	物理性质					灵敏度 S_t	压缩模量 E_{s1-2}（MPa）
		天然含水量 ω（%）	重度 γ（kN/m³）	孔隙比 e	液性指数 I_L	自由膨胀率 δe（%）		
1－3	淤泥及淤泥质黏土	28.5~93.4	14.03~19.23	0.783~2.581	0.78~1.93	—	1.2~3.5	1.3~4.7
3－1	黏土	29.7~44.9	17.1~18.9	0.827~1.280	0.31~0.81	—	1.4~2.5	3.1~8.2
3－2	黏土	25.4~80.0	14.91~19.62	0.693~2.245	0.50~1.03		1.00~3.20	1.4~14.8
3－3	淤泥质黏土	26.2~83.2	14.91~19.52	0.712~2.302	0.65~1.64	—	0.90~2.40	1.3~8.8
3－4	淤泥质粉质黏土夹粉土、粉砂	29.2~56.0	16.28~19.23	0.793~1.575	0.68~1.35	—	2.50~5.10	1.9~8.4
3－5	粉质黏土、粉土、粉砂互层	31.6~47.1	16.48~18.74	0.880~1.399	0.64~1.33	—	5.30~7.00	2.7~6.9
4－2a	粉质黏土	30.3~32.5	18.15~18.64	0.865~0.948	0.59~0.77	—	—	4.9~5.4
6－1	黏土	22.4~53.1	16.78~20.01	0.632~1.453	0.24~1.10	—	1.10~2.70	16.8~20.0
6－2	粉质黏土	22.4~43.6	17.56~20.21	0.621~1.198	－0.01~0.60	—	2.10~2.10	3.9~22.9
7－1	黏土	14.5~33.3	17.95~21.19	0.442~0.978	－0.05~0.70	38~48	—	4.0~31.9
7－2	粉质黏土	23.0~30.4	18.54~20.01	0.628~0.861	0.26~0.72	12~12	—	5.9~13.5
7－3	粉质黏土	19.0~29.4	18.84~20.21	0.571~0.828	－0.05~0.62	51~51	—	5.7~17.8
10－1	黏土	14.1~28.9	19.03~21.48	0.422~0.797	－0.17~0.44	39~104	—	5.6~28.5
10－2	黏土混碎石	14.2~29.0	19.3~21.4	0.452~0.794	－0.22~0.25	—	—	6.0~20.0

3.2.2 主要地层剪切试验指标

根据武汉地铁勘察资料及经验综合确定各土层的剪切试验参数，供勘察设计人员参考使用，详见表29－5。

3.2.3 主要地层特殊试验参数

根据武汉地铁勘察资料及地区经验综合确定地铁工程各土层的特殊试验参数，供勘察设计人员参考使用，详见表29－6。

表 29-5 武汉地区主要地层剪切试验指标表

地层编号	岩土名称	直接剪切				三轴剪切			
		快剪		固结快剪		UU		CU	
		C	φ	C_q	φ_q	C_{uu}	Φ_{uu}	C_{cu}	Φ_{cu}
		(kPa)	(°)	(kPa)	(°)	(kPa)	(°)	(kPa)	(°)
1-3	淤泥及淤泥质黏土	4~25	3~8	33~54	9~15	11~40	1~3	—	—
3-1	黏土	20~48	4~11	26~38	11~19	19~60	1~12	2~16	14~21
3-2	黏土	18~43	3~8	14~30	9~22	11.0~28.0	1.0~5.0	—	—
3-2a	黏土	18~65	3~4	24~38	8~16	—	—	—	—
3-3	淤泥质黏土	7~36	3~7	16~40	9~15	14.0~24.0	1.0~4.0	—	—
3-4	淤泥质粉质黏土夹粉土、粉砂	10.0~42.0	3.0~13.0	17.0~48.0	5.0~18.0	15.0~30.0	1.0~4.0	15.0~30.0	21.0~21.0
3-5	粉质黏土、粉土、粉砂互层	12.0~40.0	3.0~14.0	14.0~44.0	11.0~16.0	5.0~40.0	1.0~5.0	19.0~19.0	18.0~18.0
4-2a	粉质黏土	26.0~26.0	26.0~26.0	—	—	—	—	—	—
6-1	黏土	23.0~56.0	4.0~13.0	15.0~87.0	12.0~18.0	46.0~66.0	3.0~4.0	—	—
6-2	粉质黏土	30.0~85.0	5.0~17.0	42.0~58.0	10.0~20.0	—	—	—	—
7-1	黏土	16.0~86.0	5.0~24.0	—	—	78.0~78.0	17.0~17.0	64.0~64.0	12.0~12.0
7-2	粉质黏土	18.0~71.0	7.0~17.0	—	—	22.0~73.0	5.0~17.0	9.0~46.0	16.0~24.0
7-3	粉质黏土	34.0~65.0	6.0~12.0	52.0~76.0	11.0~13.0	—	—	—	—
10-1	黏土	10.0~116.0	4.0~30.0	42.0~129.0	11.0~27.0	—	—	—	—
10-1a	黏土	13.0~127.0	5.0~29.0	30.0~126.0	6.0~27.0	—	—	—	—

注：UU 为三轴不固结不排水剪，CU 为三轴固结不排水剪。

表 29-6 武汉地区主要地层特殊试验参数表

地层编号	岩土名称	渗透系数 k	基床系数		静止侧压力系数 K_0	无侧限抗压强度 q_u
			垂直 K_v	水平 K_h		
		(cm/s)	(MPa/m)	(MPa/m)		
1-3	淤泥及淤泥质黏土	5×10^{-3}	6	8	—	1~35
3-1	黏土	3×10^{-6}	18	23	0.43~0.67	17~91
3-2	黏土	5×10^{-6}	22	28	—	17.8~69.0
3-2a	黏土	—	—	—	—	73.9~159.8
3-3	淤泥质黏土	3×10^{-6}	10	15	0.39~0.52	18.7~74.8
3-4	淤泥质粉质黏土夹粉土、粉砂	8×10^{-6}	16	20	0.51~0.54	23.5~101.5
3-5	粉质黏土、粉土、粉砂互层	—	—	—	0.53~0.55	28.2~38.7
4-2a	粉质黏土	1×10^{-5}	25	35	—	—
6-1	黏土	—	—	—	—	55.6~134.5
6-2	粉质黏土	—	—	—	—	138.0~138.0
7-1	黏土	3×10^{-6}	40	55	—	—
7-2	粉质黏土	1×10^{-6}	45	65	0.28~0.34	—
7-3	粉质黏土	—	—	40~40	0.40~0.43	—

4 地 下 水

4.1 地下水类型

武汉地区的地下水主要有两种类型：即冲洪积层孔隙水和碳酸盐岩型裂隙水。

（1）孔隙水。

1）一级阶地范围内有以下几种类型的地下水。

①上层滞水：

普遍分布于城区地表厚度不等的人工填土中，受大气降水、生活下水等的补给，未形成统一的地下水位及一致的地下水动态联动性。水位一般在地面下1～2m，因生活下水长期补给，水位季节变化不大。

②潜水或弱承压水：

分布于沿江一带浅部的粉土层中，埋藏在地面下3～4m，厚度3～4m，受大气降水、生活下水和丰水期江水补给，联通性较好，水位季节变化较大。

③承压水：

是一级阶地的主要含水层，其分布面积二百多平方公里。埋藏深度自地面下8～10m至基岩，总厚度20～40m。此含水层以厚层粉细砂为主，砂质较纯，分选好。其顶部过渡层厚度3～7m，有的地方厚达10m多或更大，具有明显的层状构造，垂直渗透系数远远小于水平渗透系数。其底部为中粗砂或砾卵石层，厚度一般为2～5m。从长期整体角度而言，以垂向下渗补给为主，由于含水层被长江、汉江等大河流切穿，江河成为地下水的天然排泄区，并形成互补关系。水位一般在地面下1～3m，年变化幅度3～5m。

2）在河流的二、三级阶地以形成时代较早的冲洪积黏性土为主，古河道区下伏有粗颗粒土。二、三级阶地范围内有以下几种类型的地下水。

①上层滞水：

普遍分布于城区地表厚度不等的人工填土以及坳沟低洼部位的黏性土层裂隙中，受大气降水、生活下水和湖塘沟渠等地表水的补给，水位因地势不同而深浅不一，水位季节变化不大。

②承压水：

呈条带状分布于古河道下部的砂卵石及黏性土与粉土的混合土层中，含水层顶板埋藏深度15m以下，厚度数米至数十米不等。具有承压性质。此含水层以含黏性土的砂卵石为主，其渗透性因黏性土含量不同而变化很大，含水层较为封闭，补给相对困难。

（2）裂隙水。

武汉地区基岩中有三个构造体系：淮阳山字型构造体系、新华夏构造体系、纬向构造体系。在近南北向压力作用下，形成一系列近东西走向的紧密线状褶皱。有五条复式向斜构造展布，五个构造之间没有水力联系，构成了本区的五个储水构造，组成了五个独立的水文地质单元。

本地区除了泥盆系五通石英砂岩，形成低山丘陵，露头较多外，二迭系上统的硅质层也有少数的露头，石灰岩的露头极为罕见，一般都被第四系松散沉积层所覆盖。覆盖的粉质黏土、黏土层厚度为5～25m，其中中更新统（Q2）棕红色黏土不透水，成为极好的隔水顶板，使灰岩含水层地下水具有承压水的水力特征。石炭系中上统船山灰岩、黄龙灰岩为厚层－巨厚层结晶灰岩、白云质灰岩，质纯层厚，而且裂隙发育，有利于岩溶发育，大溶洞多。平面上岩溶发育是不均匀的，并且岩溶沿着五个富水构造呈条带状发育，控制了地下水也呈条带状展布。岩溶在垂直方向上也具有不均匀性，有垂直分带性。岩溶发育强度取决于两个因素：水交替强度和水的侵蚀性。在包气带中，水交替强烈，因而形成较大的溶洞；在饱和带中，水交替系数随着深度的增加而降低，地下水以水平流动为主，形成水平或倾斜的溶洞，溶洞较小；在深部循环带中，水交替缓慢，只能形成小溶洞、溶孔和晶洞等。本地区的地下水一般是 HCO_3 型水，水中含有 CO_2 分子，具有一定的侵蚀性。由此可知，地下水的交替强度、水的侵蚀性随着深度的增加而减小，岩溶的发育程度也随之降低。

4.2　地下水补径排关系及动态变化

（1）孔隙水。

武汉市含水岩组中的地下水，主要接受地表水体、田间灌溉水和大气降水的入渗及相邻含水层的侧向径流和下伏含水层的越流补给。地下水总的流向是自北或北西向南及南东方向运移，最后排于长江。

分布于长江、汉江两岸的松散岩类孔隙承压水与其有直接的水力联系，水位变化与江水的变化形态基本一致，年变幅 5～6.5m，随江水的涨落而变化。长江以北的滠水、倒水、举水等一、二级阶地的全新统和上更新统的孔隙承压水，主要接受大气降水和北部岩浆岩和变质岩风化裂隙水的补给以及西部或周围相邻含水层的侧向径流补给。天然状态下，滠水、倒水、举水对地下水的直接补给很小，只有在大量开采条件下，可对地下水产生补给。地下水主要于枯水期，江水位低于侧压水位时排于江河水体。

（2）裂隙水。

本地区碳酸盐岩层除九峯山一带有极少数露头外，绝大部分都被第四系黏土层覆盖。降雨会沿着山坡或其他覆盖尖灭地段补给地下水。沿江地带，由于沿江大断裂的影响，江水和地下水有明显的水力联系。一般井孔的静止水位标高在 23～24m，而江水位常年水位标高在 20.05m，故这时地下水补给江水；当洪水期，江水位高于地下水时，江水就可补地下水。

汉江至石庙湾水文地质剖面见图 29－3。

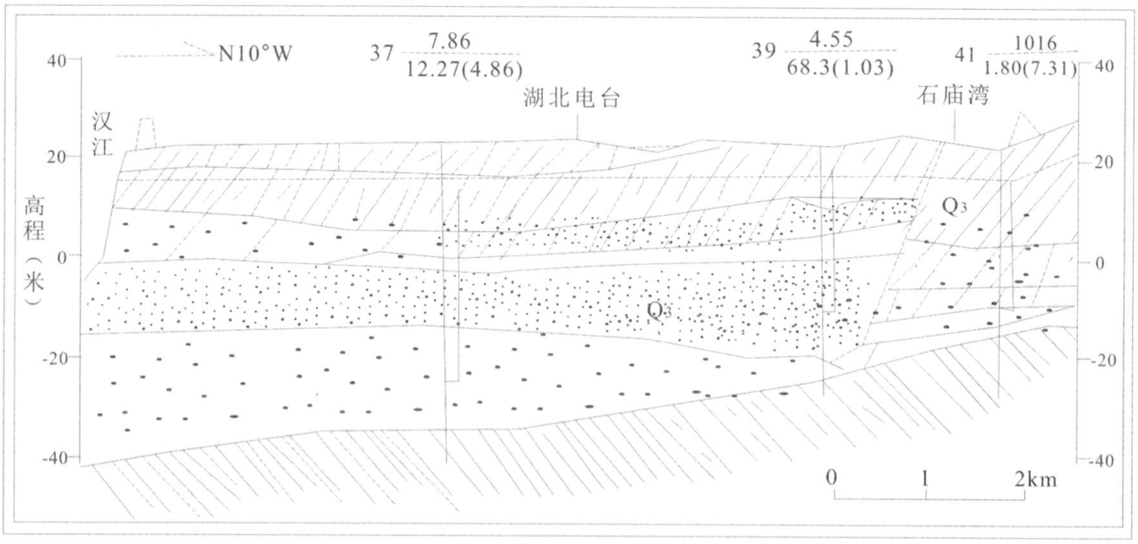

图 29－3　汉江至石庙湾水文地质剖面图

5 特殊地质条件

5.1 不良地质作用

武汉地区最突出的不良地质作用为岩溶塌陷崩塌等。

武汉市地处我国中部，属亚热带大陆季风气候；区内分布南北 3 条近东西向覆盖型碳酸盐岩条带，碳酸盐岩主要为石炭系中统黄龙组（C2hl）灰岩、二迭系下统栖霞组（P1q）灰岩夹炭质灰岩及三叠系下统大冶组（T1d）灰岩、泥灰岩，见图 29－4；武汉市岩溶以覆盖型为主，且地下水发育，岩溶裂隙水和承压水的长期互相补给，极易造成岩溶地面塌陷。

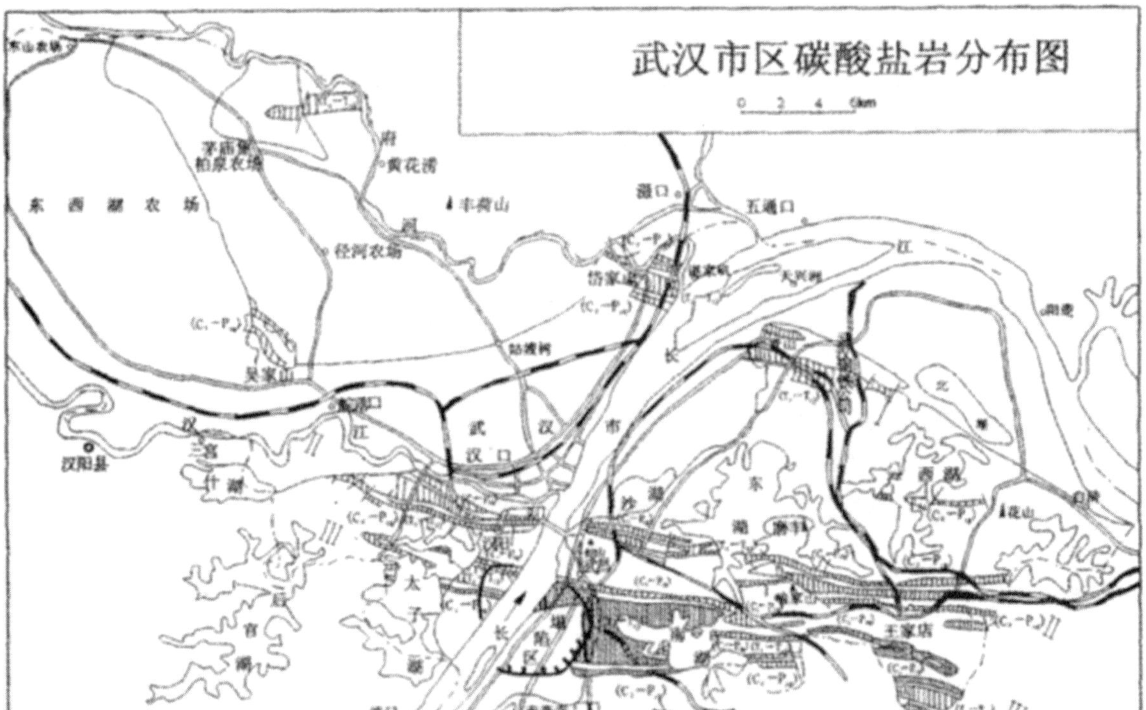

图 29－4 武汉市区碳酸盐岩分布图

5.2 特殊性岩土

武汉市分布的特殊性岩土主要为软土及膨胀土。

（1）软土。

武汉市地处长江与汉江交汇处，属丘陵向平原过渡地带，早期古云梦泽的边缘，由于地壳沉降的变迁，湖面缩小，遗留众多小湖泊低洼地，第四纪晚更新世以来，一二级阶地中，普遍隐含着 1～2 层淤泥质土。长江与汉江两岸的淤泥质土的分布与河流水道变迁有关。武汉市软土场地分布的一个特点是不连续性和不均匀性，特别是二级阶地；另一个特点是二级阶地的软土为单层性，沿河流的一级阶地为多层性淤泥质土，对工程影响较大。

以湖塘相为主的饱和软塑至流塑状态的软黏土，其强度低，结构性差，基坑开挖时必须采取强有力的支护措施下部砂、砾卵石层渗透系数大，富水性强，承压水头高且受长江水位控制；同时，由于隔水层分布不均，埋深、厚度变化大，有时呈透镜体状分布，导致承压水与上层滞水贯通，使得深基坑防渗设计变得复杂。

（2）膨胀土

武汉老黏性土，多呈褐黄、褐红、棕红等色，含铁锰质氧化物及铁锰质结核微粒，局部夹灰白色高岭土条带，切面呈花纹状、花斑状或网纹状等，切面较光滑；其含水量较低，塑性高，呈硬塑－坚硬状态；低压缩性，承载力较高。膨胀土具遇水膨胀，失水干裂的特性，其胀缩形成的裂隙易导致基坑失稳。一般具有弱至中等膨胀潜势，但在含水量增大时，其膨胀量和膨胀力都很小；在含水量减小时，将产生收缩变形。因此可以说，武汉老黏性土较普遍地具有一定的膨胀潜势，但在程度上不及典型的膨胀土显著。

6 城市轨道交通主要工程地质问题

6.1 本城市存在典型地层分析

武汉市地处长江和汉江的交叉口，其特殊的地理位置决定了该地区存在的厚层饱和砂土，又有软土和膨胀土等。

武汉市砂层的厚度从几米到几十米，且地层中赋存有丰富的地下水，地下水与地表水有直接的水利联系，厚层的饱水砂土在设计施工中会带来各种问题。

武汉市的软土呈不规则分布，空间埋深变化大，不连续分布，对工程影响较大。

武汉老黏性土较普遍地具有一定的膨胀潜势，但在程度上不及典型的膨胀土显著。

6.2 盾构法施工存在的工程地质问题

（1）盾构在富水砂土中的常见问题。

1）盾构在砂土层中容易出现机具抱死、沉降过大等问题。

当隧道范围内的地层以砂土为主时，砂土的自稳能力差，盾构施工停机再启动时，刀具容易被砂土抱死，出现启动扭矩过大；同时容易引起地层沉降大、盾构姿态难控制等问题。

应对措施：

①采用土压平衡模式掘进，进行开挖面稳定计算，设定合理的掘进参数，控制盾构机姿态，控制土压力以稳定开作面，控制地表沉降，将施工对地层的影响减到最小。

②向土仓内及刀盘面注入泡沫等添加材料，形成隔水泥膜，防止水从地层中渗出，提高土仓内渣土的稠度来改善渣土的止水性以及在螺旋输送机上安装保压泵碴装置，以使土仓内的压力稳定平衡。防止涌水流砂和发生喷涌现象，并利于螺旋输送机排土。在富水砂层中掘进可适量往土仓加入发泡剂，但必须根据实际情况严格控制发泡剂配比及加入量。

③保持连续掘进，减少盾构机停顿时间。

④适当缩短浆液胶凝时间，保证注浆质量。盾尾同步注浆的量与地面沉降有较大关系，过少会造成地面较大的沉降，过多会窜浆至地面，污染环境。注浆的标准是确保脱出盾尾的管片背后的空隙能填满，这不仅可降低后期地面的沉降，也对管片防水起到一定有利作用。盾尾同步注浆是从盾尾圆周上的四个点同时注浆，考虑到水土压力的差别和防止管片大幅度下沉和浮起的需要，各点的

注浆压力将不同，并保持合适的压差，以达到最佳效果。

⑤运用导向系统和分区操控推进油缸，控制盾构姿态，防止盾构抬升。

2）盾构在富水砂层中容易出现开挖面喷涌、冒顶、坍塌等问题。

应对措施：

①关闭出土闸门，关掉螺旋机，在顶部土压不超限的情况下继续往前掘进，使土仓基本满土后（此时刀盘油压较高，扭矩较大）停止；然后稍开出土闸门，不启动螺旋机，让土压把砂土挤出，待砂土挤出速度较慢甚至不自动流出时再启动刀盘往前掘进。

②关闭出土闸门，螺旋机正转转速调至2.0rpm左右，继续往前掘进，到顶部土压达2.8bar时停止；待土压降低到2.0bar以下时再按前面方法掘进，到刀盘扭矩较大（约3200kN·m）时，关闭刀盘及螺旋机，稍开出土闸门，让土压把砂土挤出，待砂土挤出速度较慢甚至不自动流出时再启动刀盘往前掘进。

③严格控制盾构正面的平衡压力。盾构机在过砂层时，通过下列两种方法控制土仓压力处于平衡状态：一是在保持推进速度不变的情况下，调节螺旋输送器的转速或闸门开度（螺旋输送器转速减小均能达到增大土仓压力的效果），控制出土量，建立和保持密封土仓压力；二是在保持螺旋输送器的转速或闸门开度不变的情况下，加大盾构机千斤顶的总推力，提高刀盘的转速和推进速度，增大密封土仓压力。

④渣土改良：在砂土和砂砾等砂质土地层中，由于砂土的摩擦阻力很大，地下水丰富，土的透水系数也较高，依靠、削土的土压力保持开挖面上的压力（地下水压力和开挖面土压力）是很困难的。另外，通过开挖土体很难保证出土的流动性，在这种砂性土的地层中，单纯依靠出土闸门等机械控制很难保证开挖面的稳定，所以在开挖面上加压或注入化学聚合物、泡沫剂、膨润土等材料，进行充分搅拌，改良切削下来的渣土性质，保证砂土的流动性和止水性，以求开挖面的稳定，防止喷涌、冒顶等。

⑤加强管片的背后注浆控制。由于砂土的渗透性较好，含水量大，实际注浆量应大于理论计算量，以保证注浆质量。

⑥加强对出土量的计量。及时掌握开挖面的地质情况和出土量，防止超挖造成地表塌陷。

⑦加强监测工作，及时反馈监测信息加强地面的沉降、洞内的管片上浮、旋转、收敛等监测，及时根据监测数据调整相应掘进参数，以保证盾构掘进施工安全及成型隧道质量。

3）富水砂层中易出现管片上浮的问题。

应对措施：

①采用快凝浆液注浆，尽快封闭管片与地层的间隙，防止隧道上浮。

②同步注浆、注意注浆的同步性和均匀性，注浆时均匀注入空隙，同时做到上部的两个注浆管的注浆量为总的注浆量的3/4。

③在同步注浆的基础上，结合聚氨酯注浆在隧道周围形成环箍，每隔10m打一道环箍，使隧道纵向形成间隔的止水隔离带，在堵水防渗漏的同时以减缓、制约隧道上浮。

④加强对隧道沉降的监测，适当调整同步注浆的孔位。若管片出盾尾后出现上浮时，则加大上部2个孔的注浆量；若管片出盾尾后出现下沉时，则增加下部2个孔的注浆量，并采取二次注浆的方法稳定管片，进一步控制管片的后期变化。

⑤加强测量和监测的频率，并及时调整盾构姿态，在进入砂层100环范围采集数据，根据数据采集情况适当将轴线降低掘进。

4）砂层中易造成刀盘、刀具磨损严重，难保证长距离连续施工的问题。

应对措施：

①在盾构机设计过程中，充分考虑到区间地层的特点及掘进距离，在刀盘的正面区加焊了大量的耐磨材料，在刀盘、刀具的材质选择上，充分考虑了其磨耗率。

②在掘进过程中，根据土仓内的温度，适时的向土仓内加入泡沫来降低刀盘、刀具的温度，以减小磨损。

（2）软土可能造成地面变形及开挖面失稳。

软土在武汉地区分布较广范，主要以淤泥质土形式存在，该软土层具高压缩性、高灵敏度、低抗剪强度及低承载力的特点，可能引起隧道基底不均匀沉降以致地面变形；隧道施工时易发生塑性破坏增加隧道衬砌的难度，区间隧道顶板有较厚软土可能使地表沉陷值增大。且受含水量变化影响大，盾构施工过程中由于土层流动易造成开挖面失稳，位于隧道围岩时，无自稳能力，易坍塌。

对策：盾构施工中，匹配好土仓压力、推进速度与出土量这三项施工参数，能有效减少盾构的偏移和旋转，减小盾构推进对地表沉降的影响；在盾构施工中要根据不同土质和覆土厚度、地面建筑物，结合监测信息的分析，及时调整平衡压力值的设定，保持平稳的推进速度，减少对土体的扰动。

管片脱出盾尾后，在管片与土体之间将产生空隙，若不及时注浆，土体很快就塌落到空隙内，产生较大沉降，因此，盾尾同步注浆是控制地表沉降的重要手段之一。同时根据推进速度、出土量和地层变形的监测数据，及时调整注浆量，从而将轴线和地层变形控制在允许的范围内。但土质较软时，注浆压力不宜过高，否则会对地层产生较大的扰动，增加后期沉降甚至破坏管片。

（3）盾构在膨胀土层中的问题。

膨胀土由于具有吸水膨胀和失水收缩的变形性能，即使在荷重作用下仍能浸水膨胀，产生膨胀压力，同时还具有胀缩变形的可逆性，在吸水膨胀和失水收缩后，有再吸水再膨胀、再失水再收缩的特性，在反复膨胀收缩的过程中，能产生较高的膨胀力。由于其在土体中杂乱分布的裂隙及反复胀缩变形造成强度衰减的特性，所以常常给人类的工程建筑带来严重破坏。

1）刀盘结泥饼。

由于膨胀土为高塑性黏土，具有吸水膨胀、失水收缩和反复胀缩变形的特性，当刀盘搅动土体时，破坏了其原有的平衡状态，通过后方或上方来水，使土体内的水分增加。吸水后的膨胀土黏附在刀盘上，刀盘由于长时间切削土体温度比较高，黏附在刀盘上的膨胀土高温失水收缩，膨胀土的特性是在反复的胀缩过程中能产生较高的膨胀力，所以失水后的膨胀土再度遇水后就产生了更高的膨胀力，紧紧地黏附于刀盘上。这个过程不断反复，使黏附于刀盘上的土体越来越多，直接减小刀盘对掌子面土体的切削，所以即便加大推力，掘进速度和刀盘扭矩也在下降，同时刀盘温度升高，对泥饼有“烧结促成”的作用，如果不及时开仓处理，轻则刀具结泥饼，重则刀盘开口以及刀盘辐条和回转体处被“糊死”。

应对措施：

①添加阳离子型添加剂，来改良膨胀土，增加渣土的流塑性，以防发生刀盘糊死现象。

②盾构机设计、选型方面，应选择适当的开口率（特别是中心位置），尽可能实现土体进仓顺利；在土仓内设置土压力传感器，及时反映土仓内泥土黏附情况，预防“泥饼”的形成。刀盘内侧设有搅拌棒，随刀盘一起转动，可加速土体流动，减少泥饼的形成。

③盾构掘进参数的设定方面，在膨胀岩土地层中的土压平衡盾构施工区段，土压力的设定以理论的土压力为基础，并作适当降低，具体可根据实际操作做调整。但在施工过程中必须观测分析盾构穿越地层的特性，在推进过程中应充分了解施工速度、盾构掘进性能、泥土温度之间的能量转换关系及其对“泥饼”形成的影响。控制好推进速度，较少“泥饼”产生的概率。

2）盾体“裹死”。

膨胀土围岩遇水后膨胀，填充了盾构机扩挖的空间，原设计的刀盘开挖直径不能满足盾构机在膨胀后的土体内顺利通过，导致围岩“裹”住盾体，从而出现盾构无法改变姿态，不受控制的向一个方向偏移现象。

应对措施：

扩大开挖直径。将边缘滚刀像外延适当距离，并且将3#辐条上的两把边缘刮刀外扩一定尺寸。采取此措施后，盾构机的姿态得以慢慢回纠，按原设计的线路顺利掘进。

（4）软硬复合土层可能造成盾构机在线路方向上的偏离。

在隧道盾构施工中，由较硬土层进入软土层或由软土层进入较硬土层时，由于沉降不均，可能造成盾构机在线路方向上的偏离。

盾构掘进时由于砂砾石层强度高，掘进速度慢，长时间原位转动刀盘对软弱围岩的扰动大而使其失稳，且刀盘顶部地层易被掏空，上部地层将形成以刀盘为中心的漏斗状塌空区，强行掘进可能会导致地面出现坍塌，应采取有效的措施对软弱地层进行必要的加固处理，增强地层和地面的自稳能力。

对策：在掘进过程中适时向盾壳外部注入膨润土减小阻力的同时，通过不间断的监控量测手段，适时调整掘进参数。

（5）越江。

盾构下穿长江时，可能引发突水、大面积塌陷等，一旦发生透水事故，将引发江水倒灌，危害性极大。

对策：在盾构机穿越的时候，为了保证开挖面能够保证稳定，不致塌陷或隆起，就需要保持泥土仓的土压力与开挖面的土压力和地下水的水压力相平衡，严密监测隧道内漏水点的数量及渗水量的变化，防止发生突涌；设计在计算排土量及排土速度时，应充分考虑本段的地质及水文情况，并制定预防措施，做好充足的物资准备；在联络通道施工前，须对隧洞周边土体进行冻结，起到预加固和止水作用。

（6）孤石。

由于花岗岩在成岩、岩浆中石英的分布、后期构造作用或风化的不均一性，导致花岗岩风化土中存在花岗岩风化残留体，即为孤石，其往往存在于不同风化程度的岩层中，孤石形状大小各异，强度不一。

在盾构法隧道的施工中，基岩地层的掘进效率低，刀盘刀具磨损严重，易产生卡刀、斜刀、掉刀、刀具偏磨、线路偏移等，处理起来速度较慢，严重影响施工进度，有的甚至因施工无法进展而变更设计，成本较高，经济效益差；在软土地层中，盾构机掘进时滚刀很难产生足够的反力将孤石破碎。若孤石不破碎，盾构机掘进时，孤石会在刀盘前方随着盾构机掘进方向移动，对地层造成很大的扰动。此外，对盾构机刀盘的主轴承、刀盘的钢结构产生伤害，对刀具产生破坏。盾构机的掘进姿态很难控制。

对策：当隧道上方地面具备冲孔、挖孔条件时，采取人工挖孔桩加岩石分裂机、冲击钻地面破碎、钻孔爆破等处理手段；当地面不具备上述条件时，采用洞内凿除、洞内静态爆破或从地面对孤石周边一定范围的地层采用袖阀管进行加固，使孤石收到刀盘正面的切削作用而破碎。无论从安全性、实用性、风险性及处理效果看，地面处理都要比洞内处理更加优越。

（7）岩溶问题。

武汉市南部碳酸盐岩条带岩溶发育明显强于背北面条带，近几十年发生的岩溶地面塌陷全部位于南部碳酸盐岩条带之上。

岩溶对建设工程的主要危害是岩溶区形成地下溶洞、上覆土体中形成土洞造成岩溶塌陷对建筑物造成破坏，此外，在隧洞施工中碰到岩溶管道，管道内有地下径流会发生涌水及地下泥石流。岩溶区表层土体往往是红黏土，具弱膨胀性，会造成浅基础建筑变形。岩溶区工程建设基础设计是关键，合理的基础方案可避免岩溶作用造成的灾害。

对策：勘察时查明岩溶分布的范围、形态、地貌特征、发育强度，岩性、地层厚度、地质构造、产状、节理裂隙的发育程度、地表水及地下水的关系，溶洞发育的形态、高程，洞顶厚度及完整程度、洞中沉积物充填状况、溶洞充填物成分等，为基础设计提供地质基础资料。

隧道施工过程中需采用地质综合超前预报，结合地表降水、超前钻探和注浆的方法探查和控制岩溶水，并及时在隧道内对岩溶进行处理。

6.3 明挖法施工存在的工程地质问题

(1) 富水砂层在明挖施工中的问题。

1) 围护结构渗漏水。

武汉明挖基坑多采用地下连续墙的方案，在一级阶地上，基坑侧壁或下部多为砂层，地下水位高，具有承压性，如地下连续墙未达到止水效果，则会出现漏水、漏砂等，可能导致周边环境的破坏或地下连续墙的变形。

应对措施：

①方案设计时，可采用复合锁口管连接或刚性十字钢板接头工艺，另外，在接头处接头内预埋注浆管。

②施工方面，加强地连墙施工质量，如穿越上部软土层段，可在墙两侧进行超前加固，易保证成槽质量，防止槽壁坍塌；施工时保证其垂直度、接头刷壁处理质量等；合理安排土方开挖顺序，控制连续墙的变形，可降低接缝漏水程度。

③如果已经发生渗漏，则在墙体缺陷处杂质清理干净然后插入引流管，引流管后绑缠棉纱封堵泥沙后将水引流，然后采用水泥封堵缺陷处，等封堵的水泥形成一定强度后再关闭导管，然后灌注聚氨酯。止水帷幕不封闭的地方采取在缺陷处用膨胀螺丝固定钢板，钢板上设置阀门进行引流注浆的方法进行封堵。

如果围护结构缺陷较大，渗漏较为严重时，直接封堵较为困难，则应首先在坑内回土反压封堵水流，然后在坑外引孔采取双液注浆泵灌注双液注浆材料封堵渗漏处。注浆完成后待浆液凝固后探挖，确认封堵住渗漏点后再继续向下开挖基坑，随挖随探。

2) 围护结构变形过大。

土方开挖过程中，开挖工况和设计工况不一致时，基坑极易造成超挖和围护结构出现渗漏水极易造成基坑围护结构变形过大，危及基坑和周围建筑物的安全。

应对措施：

作为事前预防措施基坑围护结构的第一道钢支撑改为钢筋混凝土支撑，把基坑变成一个整体框架结构，钢筋混凝土支撑既能承受压力又能承受拉力，确保围护结构变形在设计允许范围之内。开挖工况要尽量与设计工况一致，充分认识和利用基坑的时空效应，支撑随架设及时、随挖随架，支撑预加轴力符合设计要求，加强监控量测，出现情况及时反馈给设计，采取措施加强基坑围护结构刚度，确保基坑及周边建筑物的安全。

3) 基坑纵向滑坡失稳。

基坑挖土施工时，如果放坡过陡，在降水等因素诱导下，极容易造成纵向滑坡。

应对措施：

一般基坑要求基坑纵向坡度不小于1:2.5。不同地区应根据自己的土层情况和施工经验规定基坑纵向边坡的规定值，并且应该注意雨季时的边坡变形监测，以保证基坑的边坡稳定。

4) 基底隆起失稳。

基坑围护结构插入坑底过短时，在基坑被动侧与主动侧压力差作用下，会造成围护结构“踢脚”破坏，围护墙体向基坑内移动失稳，坑底土体大量隆起破坏。

应对措施：

控制基坑的插入比，即围护结构插入坑底以下的深度 D 与基坑挖深 H 之比，而控制 D/H 的方法是控制基坑设计时的抗隆起稳定安全系数 $K\mathrm{s}$ 值。这一点在设计进行基坑验算时要根据基坑的重要程度采用不同大小的安全系数。

基坑支撑安装不及时也会造成坑底隆起失稳。因此，及时安装最下道支撑，减少基坑暴露面；在最下层开挖中，分步开挖、分步浇捣快凝混凝土垫层等措施对控制基坑坑底隆起失稳也有重要作用。

对于围护结构墙底面以下，当地基中有软弱夹层时，还要考虑地基的整体滑动稳定性。

5）基坑坑底在承压水作用下隆起和管涌。

基坑基底存在承压水时，如果开挖至坑底时坑底承压水上覆土层重力不能够抵抗作用于不透水层的水头压力时，基坑底会突然出现过大隆起，同时会伴随出现围护墙体变形、墙体踢脚及墙后土体沉降等的突然增大。这是坑底在承压力作用下破坏的典型征兆，如果不及时采取措施可能造成基坑失稳事故。

应对措施：

如果基坑的抗承压水稳定性不能满足要求时，应打设降压井降低承压水水头，直至满足基坑抗隆起稳定要求。基坑应根据围护与承压水层关系确定降压井打设的位置，尽量减小降水对周边环境影响。当然防止坑底隆起和管涌的关键在于围护结构的防渗帷幕墙，要连续封闭和有足够的入土深度、可靠的施工质量。

基坑开挖过程中也采取减压井减压的措施防止坑内隆起，但是有可能基坑范围内存在击穿承压水层废弃井或者地质探孔等，开挖过程中会出现涌水，可采取钢护筒在原位造降水井，抽水减压，稳定住水位不影响下道工序施工。待主体结构混凝土施工完成后，再封井的处理方法。

6）基坑支撑体系失稳。

造成基坑支撑失稳破坏的原因，除了支撑本身的质量及安装问题外，坑底非正常隆起造成的格构柱上浮带动支撑向上弯曲也是一个重要原因。

支撑偏心受力往往是支撑破坏的主要原因。在偏心受力的情况下，活络头的颈部构件可能因受弯产生变形，甚至断裂。偏心受力也可能导致接头螺栓拉断甚至杆件失稳。斜撑支点错动，也会造成支撑失稳，引起地下墙过大位移，威胁支撑安全。如果基坑坑底在承压水作用下隆起，就会带动格构柱上浮，格构柱和地下墙之间会产生差异沉降，导致支撑挠曲或出现剪切裂缝，严重的会引起支撑失稳。斜撑架设的剪力块加工质量和预埋钢板的焊接质量要到达设计要求，防止斜撑承受轴力过大，将剪力块与预埋钢板的焊缝剪切破坏，造成支撑体系失稳。

应对措施：

为保证支撑体系稳定，对于直撑，通常应在支撑端头中心处设置一个承压板，以保证支撑不偏心受力；或在端头四周设置钢板锲代替中心承压板。空隙处用快硬型细石混凝土填塞。对于斜撑应验证锚固处和焊接处的抗剪安全系数 K，所有的钢支撑应增设经验算的、可靠的防脱落装置，防止钢支撑在非正常情况下脱落造成意外事故的发生。另外，还应加强对支撑立柱的监测，如果出现立柱过大隆起时，应调整立柱与支撑的 U 型抱箍以释放立柱隆起产生的过大的次应力。

（2）膨胀土对明挖施工的影响。

1）胀缩性。膨胀土吸水后体积会加速膨胀，使其上面的建筑物或道路路面隆起，如果膨胀过程中受阻会产生膨胀力；失水后体积会收缩，造成土体的开裂，并使其上面的建筑物下沉。

2）崩解性。膨胀土吸水后体积膨胀，在无侧限的条件下则吸水湿化，发生崩解。

3）超固结性。膨胀土的超固结特性，使土体中储存有较高的初始应力。当基坑土体开挖后，随即会引起土体超固结而造成应力释放、强度降低，产生卸荷膨胀；并常在坡脚形成应力集中区和塑性区，容易使边坡被破坏。

4）裂隙性。膨胀土的中发育有各种形态的裂隙，形成土体的多裂隙性。膨胀土的裂隙将土体分割成具有一定几何形状的块体，破坏了土体的完整性。由于反复的吸水膨胀、失水干缩，反复周期性变化，导致土体结构松散，而结构的松散使得雨水进入，又为膨胀创造了条件，容易造成土体崩塌。

5）风化特性。膨胀土受气候因素影响，极容易产生风化破坏作用。基坑开挖后的土体在风化作用下，很容易产生碎裂、脱落和泥化等现象，使土体强度降低，破坏土体结构，造成边坡失稳，从而影响基坑稳定性。

6）在基坑施工过程中，由于基坑施工是露天的，边坡位置土体含水量会发生变化，造成膨胀土变形加剧，容易在基坑边坡部位形成浅层滑坡，从而造成基坑边坡垮塌。因此，基坑施工过程中应采取有效措施，防止基底和边坡土体遭受长时间暴晒、风干、浸水。

应对措施：

①围护结构计算时需要考虑膨胀土的膨胀力作用，膨胀力作为一种活荷载，参与荷载组合。内支撑轴力及结构抗浮计算时要考虑膨胀力的不利影响。

②受膨胀土影响的基坑，围护结构宜采用钻孔灌注桩（地下连续墙）+内支撑支护（锚索）体系。不宜采用土钉墙支护及放坡开挖。对于需要放坡开挖的基坑，边坡坡率宜小些。

③基坑施工前完成场地土方、挡土墙、护坡、排水沟等工程，使排水畅通，护坡稳定。施工时要妥善处理施工用水，并采取相应措施避免管网漏水，避免内在隐患。同时，车站结构施工宜快速作业，防止基槽开挖后长时间地暴晒或浸泡。对于建筑工地上用水量较大的临时生活和生产设施，如临时水池、洗料场、搅拌站等应远离基坑边，距离应大于1H（H为基坑深度）。同时应做好相关排水设施，使施工临时用水不能够流入基坑。

④基坑施工时宜选择在旱季进行，开挖后应及时施工主体结构；防止基底和边坡土体遭受长时间暴晒、风干、浸水。基坑周边地面应采取有效的防水、排水措施；顶部做截水沟，做好地面排水工程，使排水畅通，同时硬化地面，以防止地表水渗入土体。

⑤对基坑还要严格封闭，防止蒸发失水引起膨胀土干裂收缩；围护结构采用钻孔灌注桩+内支撑支护体系时，桩间应及时挂网喷射混凝土，防止大气影响。

⑥基坑开挖应避免大面积全面展开，开挖应采用分区层、分阶段的快速作业法进行，施工期间不得使基坑暴晒浸水。基坑挖土接近基底设计标高时，在其上预留150～300mm土层，待下道工序开始前继续挖除。对开挖到位部分立即用不小于200mm厚C20混凝土垫层进行封闭。

⑦基坑的开挖、结构的施工和基坑回填等应连续进行，并应避免在雨天施工；特殊条件下需要雨季施工时，应采取雨季施工措施。

⑧基坑回填时必须使用非膨胀土来做土料，严禁使用膨胀土。回填土料应符合设计要求。如无特殊要求时，宜选用非膨胀性土、弱膨胀土或掺有适当比例的石灰及其他松散材料的膨胀土。

⑨地铁基坑应采用信息化施工，做好必要的监测工作，对周围土体、地表沉降、桩身、支撑轴力及基坑位移等及时观测并做好可能出现的事故预案。

（3）地下水可引发基坑侧壁管涌。

汉口地区二元结构的地层结构，其中的地下水可分为两层，即上层滞水或潜水；下部砂性土层中为承压水。由于水动力条件的多次更替，上部软黏土层和下部砂性土层之间出现一层粉质黏土、粉土、粉砂互层的承压水含水层，该层与下部砂性土层有直接的水力联系，该层渗透系数较下部砂性土层小，但其承压水头与下部一致甚至更高。因此该层被称为“过渡层”。由于其埋藏较浅，分布上具有不确定性，故而危害性大，且难以处理，往往是发生管涌的含水层，汉口地区深基坑多遇到此层位。

基坑开挖至含水层后，水会产生侧向流动、淅出，如果侧向止水效果不好，土体中细粒物质会被冲走，引起土体结构强度丧失，上部土体失稳。若基坑周边有民房或市政管网，则会引起民房开裂，地下管网断裂等事故；承压水引起的岩土工程问题主要是坑壁、坑底砂性土流动，产生冒水、冒砂现象，一旦出现险情，由于坡脚排砂量大引起边坡失稳，甚至出现基坑周边大面积沉陷。若基坑开挖范围大，需大面积降低承压水位，土层失水固结会引起大范围的地面沉降，引起周边民用建筑物和地下管网的破坏，影响其正常使用；过渡层承压水主要是发生在粉土、粉砂层的“管涌”现象，随着管涌的发生，细粒物质被冲走，管涌继续发展，会造成周围地面下沉甚至产生垮坡。总之，流土或涌水会造成基坑周边灾难性的后果，应设置竖向或水平向的防水帷幕，或采用可靠的降水减压、疏干措施，以防止灾害的发生。

大面积疏干地下水会引起地面沉降，往往采用止水与降水减压相结合的办法。对于上层滞水或潜水，工程中常采用侧向止水帷幕，多采用粉喷桩、静压注浆等。由于上层滞水或潜水分布于基坑上部，侧向水压力较小，设计过程中主要考虑桩与桩之间的搭接，其厚度一般在30～50cm即可。若开挖深度不大，侧向止水帷幕穿过填土层或粉土，进入下部黏土层1.5～2.0m即可达到侧向止水的目的；当基坑开挖深度较大，底板已进入过渡层或含水层时，侧向止水帷幕应深入基坑以下2.0～4.0m，同时结合井点降低基坑范围内承压水水位，防止坡脚坑底产生流砂、冒砂现象。

（4）软土可引发支护结构变形、基坑失稳及周边地面变形等。

饱和软土深基坑可能遇到的岩土工程问题有以下三个方面：

1）由于开挖临空和卸载而引起的边坡土体和支护结构变形、基底隆起或整体失稳；

2）由于开挖造成地下水水力坡度陡降使得地下水从侧壁涌出而产生涌水和流土，或者由于承压含水层上伏不透水层的揭穿而造成坑底管涌和冒砂；

3）由于前两方面原因造成基坑周边地面（或地下）的变形，甚至破坏。

由于软土具有压缩性高、强度低和结构灵敏性高的特点，进行深基坑开挖后会产生主动土压力大，被动土压力小，基坑周边和坑底土体会产生较大的变形，土体中剪应力集中的部位易形成剪切滑移面，导致坑周土体滑动，当滑动面绕过支护结构底端时，周边土体滑移又直接导致了坑底的隆起。土体变形可造成支护体系失稳甚至破坏。

对策：深厚软土深基坑支护结构设计时，要求嵌入深度除满足结构本身稳定需求外，还应就坑底隆起、支护结构变形、整体稳定性进行验算，防止整体失稳现象发生。同时由于软土主动土压力系数很大且主动土压力与基坑开挖深度的平方呈正比，故应严防超挖现象，以避免人为因素造成支护结构的失稳和坡顶位移过大。

（5）填土层易导致桩间侧壁漏水。

当拟建场地位于老城区时，往往存在一些不明地下构筑物和管线，且填土层较厚，经常会出现不明水源，如止水措施不当，可能形成流土、流水，如处理不及时，在局部地层掏空引起上部土层下陷，导致基坑边坡或建筑物破坏。

对策：可采用高压旋喷、挂浆喷射混凝土封闭或静雅注浆的止水加固措施。

6.4 矿山法施工存在的工程地质问题

（1）暗挖法在富水砂层中的问题。

1）地层开挖导致地面沉降过大。

富水砂层含水量大，具有流动性、自稳性差等特点，隧道以上土层在自然状态下一般处于应力平衡的稳定状态，但在施工开挖过程中会导致土体位移，引发较大的沉降。

应对措施：

①采取超前辅助措施，对富水砂层比较有效的方法是洞内全断面注浆加固法、高压水平旋喷桩、地面井点降水法。

洞内全断面注浆加固法属于撑子面稳定法的一种，全断面帷幕注浆法有TSS管注浆法和深孔注浆法等，通过试验对比深孔注浆法效果较好。二重管水平深孔注浆能处理各种各样的复杂地质条件，对裂隙水丰富、透水性较强的地段具有更大的优势，且施工灵活，能适应隧道窄小环境；注浆材料经济无污染；加固效果好，能严格控制地表沉降。

高压水平旋喷桩支护原理与管棚法类似，可起到超前加固支护作用，水泥与土体凝固成一个强度较高的硬拱，同时还有封闭地下水的作用。

当前解决水的问题主要是采取地面降水和洞内止水两种。

②隧道施工18字方针是砂层中控制沉降的指南及法宝：“管超前、短进尺、强支护、早封闭、勤量测”，只有落实每一个细节才能有效地控制沉降。以下几点对控制沉降也意义重大：

a. 严格控制上下台阶之间的距离，施工中做到快封闭、早成环。

b. 在上台阶开挖时，切实做好拱架、拱脚处理，保证锁脚锚管及注浆的质量，拱脚连接板下放置木板方木垫实，保证拱架拱脚密实。

c. 及时对初期支护背后进行回填注浆。由于混凝土的自重及喷混凝土密实度等的影响，初期支护背后与土体之间不可避免地会出现空隙，使初期支护与围岩分离，不能一起承受荷载，这样对结构的安全性和控制地表沉降很不利。因此，当结构全断面初期支护封闭并达到设计强度后，及时对初期支护混凝土实施回填注浆，对止水、加固结构、改善结构受力条件和控制地层沉降有很重要的意义。

③富水砂层中施工的另一个要点就是每一道工序必须快，因为此段围岩自稳时间非常短，必须在其失稳过程前将其及时封闭，从开挖到架设拱架再到喷射混凝土，必须尽最快速度完成。控制沉降除了采用一些先进的施工方法及仪器设备外，施工中每一道工序施工的好坏也直接影响到沉降控制的效果，比如纵向连接筋的布置及焊接、拱架各细部的焊接、锁脚锚管的打设、台阶法开挖时台阶留置长度以及隧道内引排水等，任何一项工作没有做到位都有可能使沉降量加大，甚至酿成险情。

2）降水导致地面沉降过大。

富水砂层含水量大，隧道开挖时必须采取地表降水。隧道开挖过程中地下水位的下降会导致土层的压缩变形、孔隙水压力降低等，引发较大的沉降。

降水施工中应该注意的问题：

①降水井施工前应探明地下管线实际情况，确保管井避开管线。

②降水过程中应加强水位、管线、建（构）筑物观测及其他监测，如有异常，采取必要的措施（如采用跟踪注浆或回灌井等措施）来确保管线及施工安全。

③严格控制降水对周围环境的影响，降水井井壁采取特殊措施（投泥法）封闭砂层，隔离砂层中的地下水，使降水井不至于成为排水井，而将砂层中的水全部抽出。

④降水井应在隧道掘进前20天左右或超前30m左右提前降水，隧道初期支护完成后约50m可停止降水。

⑤区间隧道工程竣工后，做好降水井的后期处理，如灌注水泥砂浆回填，以恢复原地貌。

⑥降水范围内可根据实际情况，设置一定数量的水位观测孔，以随时监控地下水的变化情况；为保证降水持续进行，至少配备2台备用水泵。

3）超前小导管和全断面小导管注浆在富水砂层地质条件下注浆效果不理想，不能有效固结砂层。

应对措施：

①富水砂层条件下浅埋暗挖隧道采用超前分段后退式双液注浆工艺，注浆效果好。

②创新地采用围壁注浆和扩散注浆技术，使初支外围形成固结体，在开挖过程中护壁不发生塌方，使掌子面中粗砂层固结，但又不形成坚硬的固结体，便于掌子面开挖，加快施工进度，而且开挖过程中成块的固结体不会突然崩塌伤人。

③采用降水和引水等预排水技术，将水引到隧道中间，使隧道两侧很少水甚至无水，加强了砂层自身稳定性，特别是冲积－洪积粉细砂层（带有一定黏性的粉细砂）在流水很小条件下能够自稳，有利于暗挖施工。预排水技术与预注浆技术结合在一起，相辅相成，取得一定的经济效益。

④在中隔壁法基础上，于上导洞留核心土，小断面开挖可增加掌子面稳定性，确保暗挖施工安全。

⑤富水砂层地质条件下浅埋暗挖隧道施工的思路："预排水、预注浆、小断面开挖、及早成小环、大环套小环"。

（2）暗挖法在膨胀土层中的问题。

膨胀土的超固结特性，使土体中储存有较高的初始应力，当隧道开挖后，引起围岩应力释放，强度降低，产生卸荷膨胀，产生较大的塑性变形；同时膨胀土围岩具有强度与变形的各项异性和随时间的衰减性、吸水膨胀、失水收缩的特性，导致围岩初期变形大、围岩压力增大等现象。

应对措施：

①膨胀土围岩隧道在开挖过程中或过程后，周边土体容易向洞内膨胀突出，导致初期支护变形及局部失稳，必须加大初期支护刚度，以抵抗膨胀土开挖初期产生的膨胀力，控制初期支护变形，将隧道围岩监控量测纳入工序管理，注意设计是否合理。

②采取临时支护技术，早封闭成环，尤其需要对中下台阶钢架接头处的自由端进行必要的约束。

③采取小导管超前支护技术，由于超期支护施做后会对开挖轮廓线内侧的土体产生扰动，易造成超挖，因此超前支护按照钢架间距每榀施做，小导管外插角要严格按照设计要求施做。

④膨胀土隧道围岩应力释放是导致隧道塌方的主要原因，采取合适的开挖方式最为重要。可选择三台阶开挖，上台阶开挖先预留核心土，避免了围岩长时间暴露，能够较好地控制膨胀土开挖面的应力释放，待中台阶开挖前挖出核心土设置上台阶临时仰拱，中、下台阶采用交错开挖支护，支护完成后立即施做临时横支撑，能有效减少隧道中下台阶及仰拱开挖过程中导坑的下沉量。当后续工序滞后或因安全距离超标等原因造成暂停施工时，应及时封闭掌子面。

⑤立钢拱架之前，要严格控制隧道中线，当拱架与初喷之间存在空隙时，必须采用同几倍的喷射混凝土回填密实，必要时应在处置拱顶预留注浆孔，进一步回填密实钢架背后的空隙。

⑥由于膨胀土对水的敏感性，必须严格做好防水、排水处理；严格控制施工用水管理，防止积水浸泡隧道拱脚、边墙和基底；洞外地下水应集中引排，不能造成漫流或散流，流水槽不能设在边墙附近，槽下应铺设防水材料，防止下渗软化土体。

（3）岩溶塌陷。

武汉溶洞发育，溶洞中充水填泥，施工过程中可发生岩溶塌陷及隧洞施工中的突水、涌泥。

对策：在隧道开挖灰岩段采取超前地质预报和地质验证工作，对于高风险的溶洞，可在隧道开挖前自地面进行充填加固，并进行岩面注浆，采用井点降水的办法降低承压水水头。

（4）隧道围岩存在软弱土时，易产生沿软弱夹层的整体滑动，对围岩侧壁整体稳定性不利，需对此有针对性的支护设计；同时软土固结沉降会引起上覆地层的沉降，因此须对地面沉降进行监测。

6.5 地下水给地铁施工带来的问题

地下水的不良作用主要有潜蚀、流砂和管涌三类。

（1）潜蚀。

渗透水流在一定的水力梯度下产生较大的动水压力冲刷、挟走细小颗粒或溶蚀岩土体，使岩土体中的孔隙逐渐增大，甚至形成洞穴，导致岩土体结构松动或破坏，以致产生地表开裂缝、塌陷等，影响工程基础的稳定。

其防治措施，原则上可分为两大类：

1）改变渗透水流的动力条件，使水流梯度小于临界水力梯度，可用堵截地表水流入岩土层；阻止地下水在岩土层中流动；设反滤层；减小地下水流速等。

2）改善岩、土的性质，增强其抗渗能力。如爆炸、压密、打桩、化学加固处理等，可以增加岩土的密实度，降低岩土层的渗透性能。

（2）流砂。

流砂是指松散细颗粒土被地下水饱和后，在动水压力即水头差的作用下，产生的悬浮流动现象。流砂多发生在颗粒级配均匀而细的粉、细砂等砂性土中，有时在粉土中亦会发生。其表现形式是所有颗粒同时从一近似管状通道被渗透水流冲走。流砂发展结果是使工程基础发生滑移或不均匀下沉，基坑坍塌，基础悬浮等。流砂通常是由于工程活动而引起的。流砂的破坏一般是突然发生的，对岩土工程危害很大。

为此应尽量避免水下大开挖施工。若必须时，可以利用下列方法防治流砂：

1）人工降低地下水位。将地下水降至可能产生流砂的地层以下，然后再开挖。

2）打板桩。其目的一方面是加固坑壁，另一方面是改善地下水的径流条件，即增长渗流途径，减小地下水力梯度和流速。

3）水下开挖。在基坑开挖期间，使基坑中始终保持足够的水头（可加水），的水头差，增加坑侧壁土体的稳定性。

4）其他方法。如冻结法、化学回固法、加重法、爆炸法。

（3）管涌。

地基土在具有某种渗透速度（或梯度）的渗透水流作用下，其细小颗粒被冲走，岩土的孔隙度逐渐增大，慢慢形成一种能穿越地基的细管状渗流通路，从而掏空地基或坝体，使地基或斜坡变形、失稳，此现象称为管涌。管涌多数是由于工程活动而引起的。

地铁施工中对管涌的防治措施：在可能发生管涌的地层修筑挡水坝、挡土墙工程及基坑排水工程等，设计时必须控制地下水出逸点处的水力梯度，使其小于容许的水力梯度。防止管涌发生最常用的方法与防止流砂的方法相同，主要是控制渗流，降低水力梯度，设置保护层，打板桩等。

参 考 文 献

［1］郝卫华，张琳，冀涛．饱和软土深基坑开挖中的主要岩土工程问题——以汉口地区软土为例［J］．中国煤田地质，2007，1（2）．

［2］徐瑞瑚，齐国凡，杨礼茂．武汉地区第四纪地质与新构造运动的研究［J］．湖北大学学报（自然科学版），10（2）．

［3］姚磊明．武汉地区老黏土的膨胀特性［J］．土工基础，1996，10（4）．

［4］徐惠芬．武汉市城区软土场地的分布类型及动态反应特征［J］．土工基础，1997，11（3）．

［5］王英琚．球状风化孤石对盾构施工的影响及其处理措施［J］．山西建筑，2010，36（30）．

［6］唐传政，彭晓秋，熊秋敏等．武汉地铁 3 号线一期工程车站基坑施工风险控制分析［J］．岩土工程学报．2012，34（11）．

［7］武卫星，朱敏，郭晓刚．地铁工程穿越岩溶地区处理技术研究［J］．人民长江，2011，42（1）．

［8］钟威，陈建平，孙金山．武汉地铁 2 号线矿山法施工区间隧道风险分析及其控制［J］．安全与环境工程，2012，19（1）．

［9］龚海峰．富水砂层中暗挖隧道施工沉降控制技术［J］．城市建设理论研究，2011，11．

［10］武静，李保峰．武汉湖滨景观变迁实证研究［D］武汉：华中科技大学，2010．

［11］赵巨川．盾构在膨胀岩土中掘进的应对措施［J］，城市建设理论研究电子版，2012．

［12］王敏．刍议膨胀土隧道施工质量控制［J］．城市建设理论研究，2013，21．

［13］李沛．膨胀土对深基坑稳定性影响的研究［J］．城市建设理论研究，2012，18．

［14］马德胜，董国君．富水砂层中车站基坑施工常见事故及预防措施［J］．城市建设理论研究，2011，30．

［15］洪三金，蒋学文，邬疆．全断面富水砂层浅埋暗挖隧道施工技术［J］．建筑施工，32（10）．

［16］文远高，肖尚德，熊启华．武汉地区地下水资源及其可利用的潜能［R］．全国暖通空调制冷学术年会，2008．

［17］林国庆，冯青华．浅谈地下水对武汉市地铁工程建设的影响［J］．资源环境与工程，2011，25（1）．

［18］万诗群．武汉地区基岩地下水富水规律探讨［J］．土工基础，2010，24（2）．

西 安 市

1 自 然 地 理

1.1 地 理 位 置

西安市位于中国大陆腹地黄河流域中部的关中盆地，东经107°40′～109°49′和北纬33°39′～34°45′之间。东以零河和灞源山地为界，与华县、渭南市、商州市、洛南县相接；西以太白山地及青化黄土台塬为界，与眉县、太白县接壤；南至北秦岭主脊，与佛坪县、宁陕县、柞水县分界；北至渭河，东北跨渭河，与咸阳市市区和杨凌区、三原、泾阳、兴平、武功等县和扶风县、富平县相邻。辖境东西204km，南北116km；面积9983km^2，其中市区面积1066km^2。面积9983km^2。秦岭山脉横亘于西安以南，山脊海拔2000～2800m，是我国地理上北方与南方的重要分界。

1.2 气 象

西安气候温和，四季分明，雨量适中，属于暖温带半干旱、半湿润大陆季风气候。夏季高温多雨，冬季稍冷少雨，多年（1956—2010年）降水量在312.2～903.2mm之间（图30－1），年最大降水量为903.2mm（1983年），年最小降水量为312.2mm（1995年），年均降水量550.1mm，多年平均蒸发量1426.8mm，年最大蒸发量1580.8mm。月平均降水量以7月最多，为96.8mm，9月次之，为93.4mm；月最大降水量为344.4mm（1957年7月）。年平均气温13.3℃，极端最高气温45.2℃（1934年7月14日），极端最低气温－20.6℃（1955年1月22日）。年最多风向为东北风，年内主要气象灾害有干旱、雨涝、冰雹、大风、干热风和低温冻害。

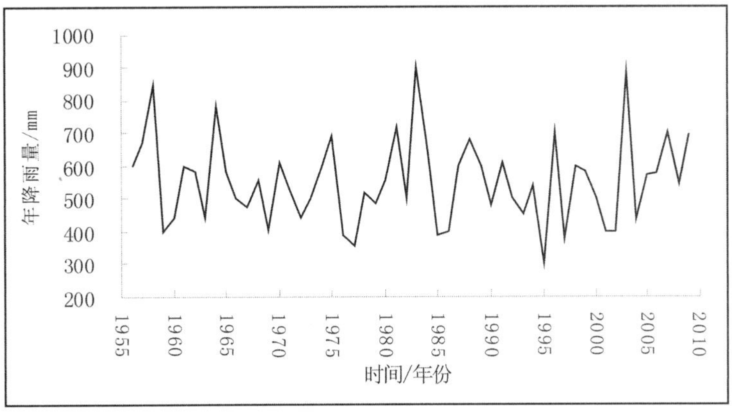

图30－1 西安市多年降水曲线图

西安市区降水量在区域上的分布相差不大，大致表现为东南稍多于西北。年内降水量分配极不均匀（见图30－2），主要集中在7、8、9三个月，且多以暴雨形式出现，三个月的多年平均降水量为262.5mm，占全年降水量的46.3%；冬春和初夏干旱少雨，冬春两季降水仅占全年降水量的13.1%。

西安市区的暴雨多出现在每年的7—9月，暴雨虽然次数少，持续时间短，但由于强度大，在市区地面沉降漏斗中心形成水患，引起车辆熄火，造成交通堵塞等，如2003年7月7日和2004年7月20日两次暴雨在市区造成1人死亡和数百辆车堵塞，引起交通混乱，给市民正常生活造成了很大的影响。同时暴雨在郊区农田加剧地裂缝灾害，如2001年7月一场暴雨后，在曲江池附近农田中出现地裂缝灾害。

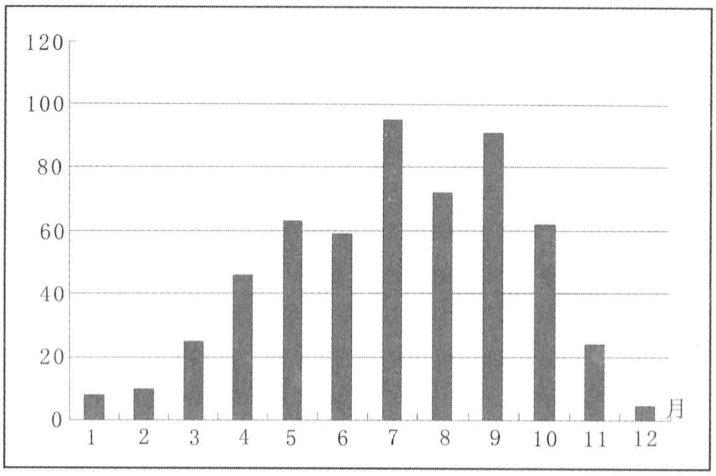

图 30－2　西安市区 1956—2010 年月平均降水量分布图

1.3 水　　文

西安地区的主要河流有渭河及其支流灞河、浐河、皂河、沣河、滈河、曲江池等，均由南东向北西穿过汇入渭河，西安属黄河流域渭河水系。渭、灞、浐河和曲江池的水文情况见插图 184。

（1）渭河。

渭河是一条自西向东流经西安市的最大过境河流，为区内唯一干流。境内流长 26km，河床宽 200～2000m，河流曲折，迂回摆动，以侧蚀北岸为主。由于河流上游修库建坝、引水灌溉，河流多年平均流量逐渐减少。据咸阳水文站资料，1932—1985 年平均流量为 156.98m^3/s，1985—2006 年平均流量为 153.14m^3/s。

（2）灞河。

灞河发源于蓝田灞源镇，为渭河一级支流。主河全长 108km，汇水面积 1601km^2。自南向北流经本区汇入渭河。据马渡王水文站 1985—1995 年资料记载，多年平均径流量 $3.901\times10^8 m^3/a$，径流量年内分配不均，每年 3—5 月径流量上升，7—9 月洪水期径流量占全年径流量的 39.23%，灞河属降水型河流，流量极不稳定，干旱季节常断流，1998 年断流达 100 多天。

（3）浐河。

浐河是西安市区东侧的一条河流，自南向北流经本区东部，在光大门入灞河，属于灞河一级支流，渭河二级支流。据长安县高桥站资料，多年平均流量为 0.29m^3/s，多年平均径流量为 $0.0917\times10^8 m^3/a$。

（4）曲江池。

曲江池遗址公园于 2008 年在原曲江池基础上建成（包括南湖和北湖），占地 471 亩，曲江池水面南北纵长达 1088m，东西宽窄不等，最宽处达 552m，全池水面约 0.7km^2，距地铁四号线经沿的芙蓉西路直线距离最近处约为 60m，最远处约 800m。其蓄水作用导致周边地区水位抬升，造成黄土湿陷和地表变形现象，在地裂缝发育地段（包括 f_8、f_9、f_{10}、f_{13} 在内）的灾害效应会有一定加剧作用。

1.4 地 形 地 貌

西安城区位于关中平原的中部，北依渭河，南靠秦岭，东起洪庆，西到沣河，面积 1025km^2。地形大致为东南高西北低之势。

西安市地貌按成因形态类型以及堆积物的物质来源、成因类型、颗粒的粗细等特征，可分为渭河冲积平原、沪溺河冲积平原、黄土源前洪湖积台地、黄土源和洪积扇。地形总体是南高北低，比较平坦，但在不同地貌单元，地形有所不同，见图 30－3。

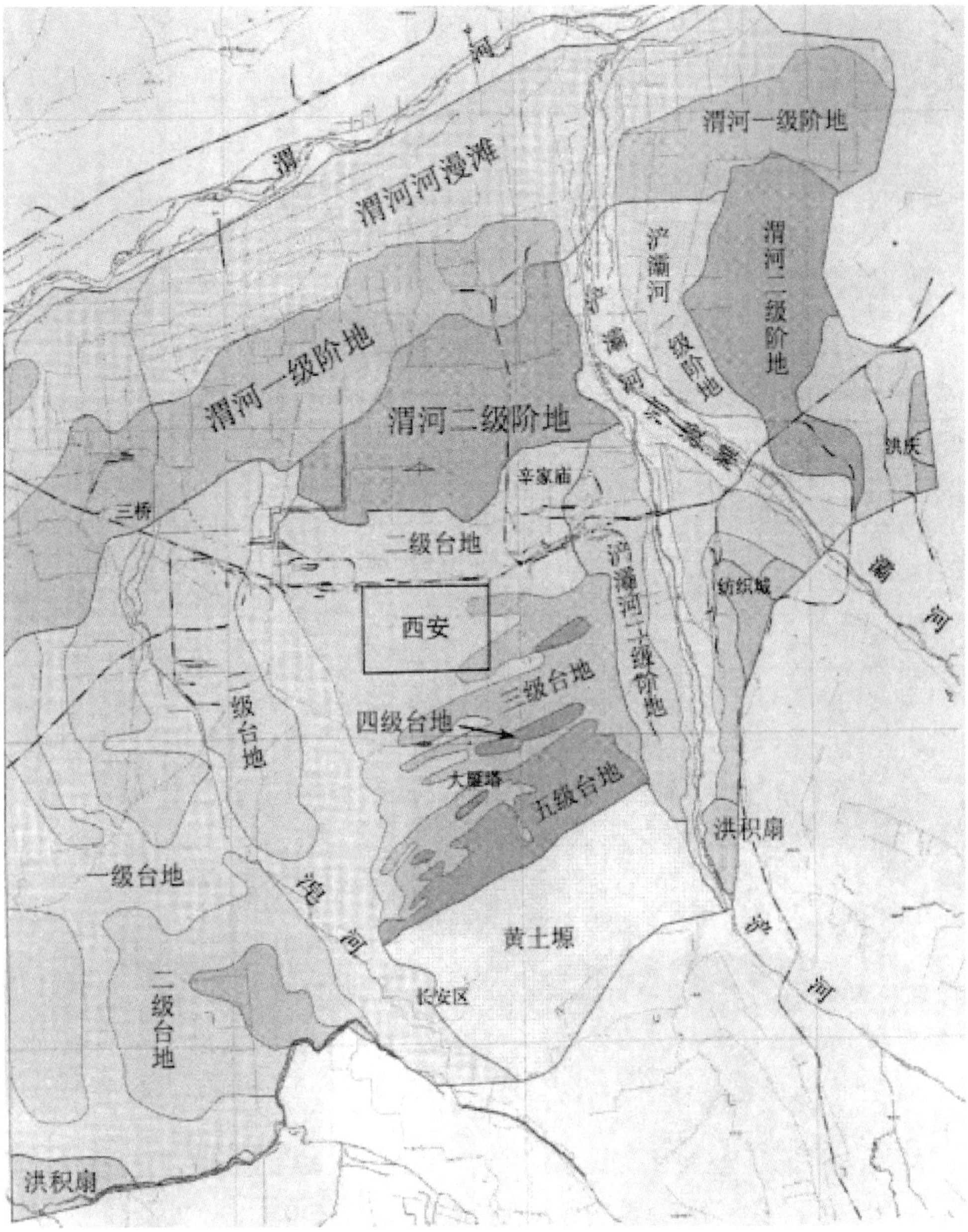

图 30－3　西安市地貌单元分布图

2　区 域 地 质

2.1　地 质 构 造

西安市位于渭河盆地东南隅，该盆地夹持于鄂尔多斯地块与秦岭断隆之间，是典型的断陷盆地。盆地内构造运动强烈，发育有不同时期、不同规模与不同方向的多组活动断裂，将渭河盆地切割成大小不等、形态各异的构造断块。西安即位于盆地中部两个次一级构造单元－西安断陷与骊山断隆的交接部位，分别被渭河断裂、临潼－长安断裂、皂河断裂和浐河断裂所切围（见插图185）。

（1）渭河断裂（F1）位于西安市北渭河附近，走向近东西，是渭河盆地基底岩相的分界线。

（2）临潼 - 长安断裂（F2）位于西安市南郊，由三条平行断裂组成，（F2 -1、F2 -2、F2 -3）走向 NE，倾向 NW，南升北降，以浐河为界，东段活动强烈，西段相对较弱。地裂缝就发育在临潼 - 长安断裂的上盘，与其活动密切相关，所有地裂缝的总体走向均与临潼 - 长安断裂大致平行。

（3）皂河断裂（F3）位于西安市西郊，沿皂河河床 NW 向分布，倾向 SW，活动相对微弱。

（4）浐河断裂（F4）位于西安市东郊，沿浐河近南北向分布，倾向 E。活动微弱。

2.2 历史地震

据历史记载和现代仪器记录，区域范围内自公元前 2300 年以来发生 4¾级以上地震 73 次，其中 5.0 ~5.9 级地 43 次，6.0 ~6.9 级地震 8 次，7.0 ~7.9 级地震 2 次，8.0 ~8.9 级地震 1 次，最大地震为 1556 年 2 月 2 日陕西华县 8¼级地震，震中烈度为Ⅺ度强。表 30 -1 给出了本区公元前 2300 年以来 72 次≥4¾级地震的基本情况，可以看到震中精度大部分在 3 类以上。

表 30 -1 区域范围破坏性地震目录（≥4¾，前 23 世纪至 2010 年）

编号	发震时刻	震中位置	精度	震级 M	震中烈度	地 名
1	BC23 世纪	34.9°，110.4°	5	≥5½	Ⅶ	山西永济、蒲州
2	BC780. —. —	34.5°，107.8°	5	≥7	≥Ⅸ	陕西岐山
3	BC280. —. —	34.4°，108.8°	5	5½	Ⅶ	陕西咸阳东北
4	BC91. 10. 10	34.3°，108.9°	5	5½	Ⅶ	陕西西安
5	BC35. 07. 09	34.3°，109.0°	3	5¾	Ⅶ	陕西蓝田西北
6	600. 12. 13	34.8°，107.0°		≥6	Ⅷ⁺	陕西陇县东南
7	788. 01. 14	34.5°，110.5°	5	5¼		河南陕县一带
8	788. 03. 12	32.5°，109.4°	4	6½	Ⅷ	陕西安康
9	793. 05. 31	34.5°，109.7°	4	6	Ⅶ - Ⅷ	陕西潼关西
10	835. 04. 15	34.3°，108.9°	2	4¾	Ⅵ	陕西西安
11	836. 02. 29	34.3°，108.9°	2	4¾	Ⅵ	陕西西安
12	879. 03. —	34.2°，109.3°	2	4¾	Ⅵ	陕西蓝田附近
13	880. 02. —	34.5°，107.6°	3	4¾	Ⅵ	陕西岐山
14	1161 - 1189	34.2°，108.2°	5	5	Ⅵ	陕西周至
15	1307. —. —	34.5°，107.6°	3	5	Ⅵ	陕西岐山
16	1485. 01. 26	34.8°，110.3°	3	5½	Ⅶ	山西蒲州一带

续表 30－1

编号	发震时刻	震中位置	精度	震级 M	震中烈度	地　　名
17	1487. 08. 19	34. 4°，108. 9°	3	6¼	Ⅷ	陕西临潼、咸阳间
18	1501. 01. 29	34. 8°，110. 1°	2	7	Ⅸ	陕西朝邑
19	1505. 10. 26	35. 2°，110. 9°	3	5¼	Ⅵ	山西安邑、万泉间
20	1506. 03. 29	35. 3°，110. 1°	2	5½	Ⅶ	陕西合阳
21	1515. 01. 17	35. 3°，111. 0°	4	4¾		山西闻喜西
22	1556. 02. 02	34. 5°，109. 7°	2	8¼	Ⅺ	陕西华县
23	1558. 12. 01	34. 5°，109. 7°		5½	Ⅶ	陕西华县
24	1568. 01. —	34. 2°，109. 3°		5½	Ⅶ	陕西蓝田
25	1568. —. —	36. 0°，107. 9°	3	5½	Ⅶ	甘肃庆阳
26	1568. 04. 11	34. 4°，109. 2°		5½	Ⅶ	陕西临潼
27	1568. 04. 22	33. 1°，107. 0°	2	5	Ⅵ	陕西汉中
28	1568. 04. 23	33. 1°，107. 0°	2	5	Ⅵ	陕西汉中
29	1568. 05. 25	34. 4°，109. 0°		6¾	Ⅸ	陕西西安东北
30	1569. —. —	34. 6°，110. 3°	3	5	Ⅵ	陕西潼关
31	1569. —. —	32. 7°，109. 0°	2	5	Ⅵ	陕西安康
32	1582. 前.	35. 7°，107. 3°	2	5	Ⅵ	甘肃镇原
33	1587. 10. 04	35. 2°，110. 8°	2	5	Ⅵ	山西临猗
34	1599. —. —	35. 6°，109. 2°	2	4¾	Ⅵ	陕西黄陵
35	1607. 10. 02	34. 3°，108. 9°	2	5	Ⅵ	陕西西安
36	1622. 06. 21	35. 8°，111. 3°	3	4¾		山西汾城一带
37	1624. 10. —	33. 2°，107. 5°	2	5½	Ⅶ	陕西洋县
38	1631. 07. —	35. 5°，107. 9°	2	5	Ⅵ	甘肃宁县
39	1632. —. —	32. 4°，109. 7°	2	5	Ⅵ	湖北竹溪
40	1634. 12. —	35. 1°，107. 6°	2	5½	Ⅶ	甘肃灵台
41	1635. 10. 26	33. 2°，107. 5°	2	5½	Ⅶ	陕西洋县
42	1636. —. —	33. 1°，107. 0°	2	5½	Ⅶ	陕西汉中

续表 30－1

编号	发震时刻	震中位置	精度	震级 M	震中烈度	地　名
43	1642. 06. 30	35. 0°，110. 9°	2	6	Ⅷ	山西安邑西
44	1648. 04. 01	34. 5°，108. 4°	4	4¾		陕西泾阳西
45	1654. 07. 22	34. 5°，107. 0°	4	5½		甘肃天水东
46	1655. 03. 18	34. 8°，108. 1°	4	5¼	Ⅵ	陕西凤翔东北一带
47	1675. 06. —	34. 8°，111. 1°	3	5	Ⅵ	山西平陆、芮城间
48	1681. —. —	35. 8°，109. 4°	2	5	Ⅵ	陕西洛川
49	1704. 09. 28	34. 9°，107. 0°	2	6	Ⅷ	陕西陇县
50	1708. 10. 25	33. 8°，108. 4°	5	4¾		陕西周至、宁陕一带
51	1765. 08. 16	34. 5°，108. 2°	4	5		陕西西安、凤翔间
52	1789. 11. 07	34. 6°，110. 3°	2	5	Ⅵ	陕西潼关
53	1812. 04. 02	34. 6°，110. 6°	3	5½	Ⅶ	河南灵宝西北
54	1815. 10. 23	34. 8°，111. 2°	2	6¾	Ⅸ	山西平陆
55	1815. 11. 26	34. 8°，111. 2°	2	4¾	Ⅵ	山西平陆
56	1820. 10. —	34. 8°，111. 2°	3	5	Ⅵ	河南陕县
57	1823. 08. —	32. 7°，107. 9°	1	5½	Ⅶ	陕西镇巴
58	1827. 03. 23	34. 9°，111. 1°	2	5½	Ⅶ	山西平陆
59	1827. 04. 22	34. 6°，111. 3°	3	4¾	Ⅵ	河南渑池
60	1829. 08. 18	34. 6°，110. 6°	2	4¾	Ⅵ	河南灵宝西北
61	1868. 07. 21	32. 8°，109. 7°	3	5½		陕西白河、旬阳间
62	1880. 07. 17	34. 8°，108. 1°	2	5	Ⅵ	陕西永寿
63	1882. 04. 25	35. 4°，109. 3°	4	4¾		陕西黄陵一带
64	1887. —. —	32. 4°，111. 0°	2	4¾	Ⅵ	湖北武当山
65	1916. 08. —	35. 7°，111. 3°		5	Ⅵ	山西新绛
66	1921. 10. 07	36. 0°，110. 1°		5	Ⅵ	陕西宜川
67	1921. 11. 23	35. 1°，106. 7°		4¾	Ⅵ	甘肃华亭南
68	1959. 08. 11	35. 6°，110. 9°	2	5. 4	Ⅵ⁺	陕西韩城附近
69	1959. 09. 28	33. 0°，109. 3°	5	5	Ⅵ	陕西旬阳一带
70	1964. 09. 05	33. 2°，110. 7°	2	4. 9	Ⅶ	湖北郧西
71	1967. 08. 20	32. 7°，106. 8°	3	4. 8	Ⅵ	陕西南郑西南
72	1998. 01. 05	34. 42°，108. 95°	1	4. 8	Ⅵ⁺	陕西泾阳
73	2010. 01. 24	35. 57°，110. 76°	1	4. 8	Ⅵ	山西河津

自陕西及邻区区域地震台网建成以来，1970 年 1 月至 2010 年 6 月区域内共记录到 *ML*2.0 级以上地震 2171 次，其中 *ML*3.0 ~ 3.9 级地震 204 次，*ML*4.0 ~ 4.9 级地震 23 次，*ML*5.0 ~ 5.9 级地震 4 次。4 次 *ML*5.0 级地震分别为 1989 年 12 月 25 日山西侯马 *ML*5.3 级地震、1998 年 1 月 5 日陕西泾阳 *ML*5.2 级地震、1998 年 7 月 11 日山西永济 *ML*5.0 级地震和 2010 年 1 月 24 日山西河津 *ML*5.2 级。1970 年以来地震的定位精度大部分在Ⅱ类以上。

2.3 地层岩性

西安市位于关中平原中部，其内沉积了巨厚的第四系地层（见图 30 - 4），西安地区涉及的主要有第四系全新统、上更新统和中更新统地层，现分述如下：

（1）第四系全新统。

1）人工填土（Q_4^{ml}）。

广泛覆盖于城区及其附近地表、道路表面等，为人类活动所致，由杂填土和素填土组成，厚 1 ~ 7m，局部可达十余米。

杂填土：分布于城内的弃土坑，在城外的垃圾填埋场或河流阶地的取砂坑也有分布，含有大量的建筑垃圾、工业废料或生活垃圾等，由一种或多种成分组成，大小混杂、大孔隙、色杂、极不均匀、潮湿，不均匀，部分段落含素填等包裹体。

素填土：沿线地表普遍分布，主要由黏性土、碎石、砂质、粉土质等组成，一般由一种或多种成分组成，含少量砖瓦碎屑，具大孔结构和轻微湿陷性，硬塑 - 可塑。不均匀，部分段落含砖瓦等杂填包裹体。

2）第四系全新统冲积黄土状土（Q_4^{al}）。

分布于渭河漫滩及一级阶地上，厚度 1 ~ 8m。土体一般为褐色、褐黄色，粉土质，土质相对均匀，部分段落含砂层透镜体，坚硬 - 可塑。土体一般具Ⅰ ~ Ⅱ级非自重湿陷性。

3）第四系全新统冲积砂类土（Q_4^{al}）。

分布于渭河漫滩及一级阶地上，厚度 1 ~ 20m，部分段落为透镜状。成分主要由粉细砂、中砂、粗砂、砾砂等组成，潮湿 - 饱和，稍密 - 中密为主，部分密实。

4）第四系全新统冲积圆砾土（Q_4^{al}）。

主要分布于渭河漫滩及一级阶地上，厚度 1 ~ 10m，部分段落为透镜状。圆砾成分一般为花岗岩、片岩、石英、片麻岩等，磨圆度一般呈浑圆 - 圆棱状，分选性好，圆砾含量一般为 50% ~ 65%，其余为砂及黏性土充填，中密 - 密实，稍湿 - 饱和。

（2）第四系上更新统。

1）第四系上更新统风积新黄土（Q_3^{eol}）。

广泛覆盖于渭河二级阶地、黄土台地区和黄土塬上部，地层主要为风积新黄土，厚度 5 ~ 10m。黄褐色，粉土质、大孔发育，土质疏松，均匀，含少量的蜗牛碎片及钙质菌丝，具湿陷性，阶地区及台地区水位上为坚硬 - 硬塑，部分为可塑。黄土台地区洼地部分地下水位附近分布有厚 1 ~ 5m 的饱和黄土或饱和软黄土，一般呈层状或透镜状，软塑为主，部分为流塑状，具中高压缩性。

2）第四系上更新统残积古土壤层（Q_3^{el}）。

广泛覆盖于渭河二级阶地、黄土台地区和黄土塬上部的风积新黄土层下部，厚度 1 ~ 3m，红褐色，黏土颗粒为主，含大量钙质菌丝、结核，大孔发育，土质疏松，多具湿陷性，硬塑 - 可塑。

（3）第四系中更新统风积层、残积层、冲积层（Q_2^{eol}、Q_2^{el}、Q_2^{al}）。

1）第四系中更新统风积老黄土层（Q_2^{eol}）。

分布于黄土台地区中下部及黄土塬中部，阶地上分布厚度 5 ~ 10m，黄土台地段落分布有多层，被古土壤层分隔，一般每层厚度 5 ~ 10m，灰黄色、褐黄，粉土颗粒为主，有少量的孔隙，含蜗牛碎片、钙质菌丝等，坚硬 - 可塑；在黄土台地洼部的局部段落因受地下水位变动浸润软化影响，土体的含水量增大，强度降低，为饱和软黄土或饱和黄土，可塑 - 软塑。

2）第四系中更新统残积古土壤层（Q_2^{el}）。

分布于黄土台地区及黄土塬风积老黄土层中，一般厚度 1 ~ 3m，部分段落厚度可达 5m，在黄土台地段落一般有 2 ~ 3 层，局部梁部可达 5 层，棕红色，黏土颗粒为主，含钙质菌丝、钙质结核，部分段落钙质富积形成钙板，厚度一般小于 20cm，硬塑 - 可塑。

3）第四系中更新统冲积粉质黏土（Q_2^{al}）。

广泛分布在河流阶地的下部、黄土台地的底部，厚度一般大于 10m，含较多的薄层或透镜体状粉土、砂层透镜体，褐 - 黄褐色，黏土颗粒为主，部分为粉土，含钙质结核、铁锰质斑点等，硬塑 - 可塑。

4）第四系中更新统冲积砂类土（Q_2^{al}）。

主要分布于中更新统冲积粉质黏土间，褐灰色，杂色，锈黄色，层状、薄层、透镜状，一般厚度 1 ~ 5m，以中砂、粗砂、砾砂为主，密实，饱和。

5）第四系中更新统冲积圆砾土（Q_2^{al}）。

主要分布于河流阶地附近的中更新统粉质黏土间，层状、薄层、透镜状，厚度一般 1 ~ 6m，褐色、褐黄色，卵石、砾石成分主要为石英、花岗岩、片岩、片麻岩等，浑圆 - 圆棱状，卵砾石含量一般可达 50% ~65%，其余为砂及土颗粒充填，饱和，密实。

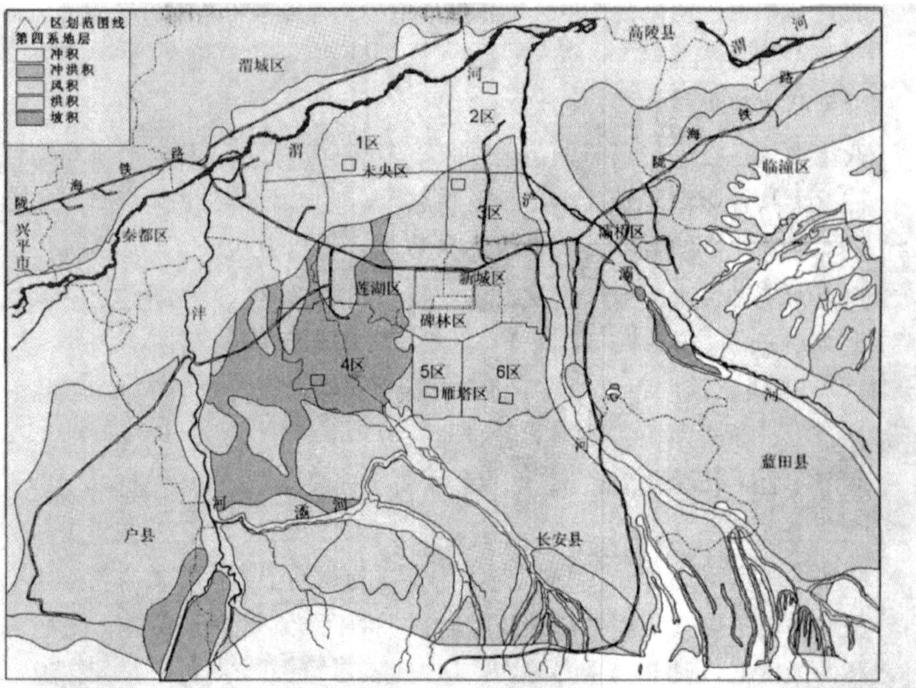

图 30 - 4　西安地区第四纪地层图

（据西安地区环境地质图集改编）

3　典型地层及特征

3.1　岩土分布及特征

3.1.1　岩土分布

西安市岩土类型主要有黄土类土（包括黄土状土和黄土）、黏性土、粉土、砂土、圆砾土。

黄土状土主要分布在渭河、浐灞河一级阶地，源前一级台地的上部，局部渭河、浐灞河的河漫滩上部。

黏性土分布很广，各河流阶地、台地均有分布。

粉土主要分布在一级台地中，各河流的一、二级阶地的局部地段也有分布。

砂土也分布很广，各河流阶地、台地均有分布。

圆砾土主要分布在浐灞河漫滩的中部和上部，浐灞一、二级阶地的中部。

特殊土：主要指饱和软黄土和人工填土。饱和软黄土主要分布在源前高级台地和渭河二级阶地中；人工填土分布比较散，主要呈点状分布。

3.1.2 岩土特征

（1）黄土类土。

1）黄土状土（Q_h^1），灰黄色，以粉粒为主，大孔隙发育，具湿陷性，主要分布于一级阶地以及源前一级台地上。本层土的性质变化大，指标十分离散，如液性指数 I_L 为 <0 ~ 1.19，压缩模量 Es 为 2.15 ~ 25.49MPa，孔隙比 e 为 0.529 ~ 1.034。总体分析，黄土状土堆积时代较近，其湿陷性轻微，压缩性和承载力中等，其工程性质略优于 Q_P^{3eol} 黄土。在黄土塬梁的坡脚，源前冲沟中，以及黄土梁洼区的洼地中，亦有黄土状土，分布较零散。

2）黄土，西安区内所涉及的黄土，包括自早更新世（Q_p^{1eol}）到晚更新世（Q_p^{3eol}）各个时期的黄土。但由于早更新世（Q_p^{1eol}）黄土和中更新世早期（Q_p^{2-1eol}）黄土的埋藏深，土的物理力学性质指标少，现着重将中更新世晚期（Q_p^{2-2eol}）和晚更新世（Q_p^{3eol}）黄土的工程性质叙述如下：

上更新世（Q_p^{3eol}）黄土，为黄褐色，大孔发育，土质疏松，具有湿陷性。底部古土壤呈棕褐色，块状结构，富含白色钙质粉末、钙质结核，见铁锰黑色斑点。由于受埋藏条件，地形、地貌、地下水和人类活动的影响，其工程性质变化较大。为此，将上更新统黄土分为湿陷性黄土、非湿陷性黄土、饱和软黄土和古土壤四层。湿陷性黄土孔隙比 e 为 1.026，其中二级台地为 0.969 ~ 0.982，其他各区段均在 1.030 左右；天然含水量为 20.5%；具中等压缩性，压缩系数 a_{1-2} 为 0.37MPa^{-1}。非湿陷性黄土的孔隙比 e 为 0.876；中等压缩性，压缩系数 a_{1-2} 为 0.23MPa^{-1}。古土壤的孔隙比 e 为 0.781，压缩性为中等偏低，压缩系数 a_{1-2} 为 0.20MPa^{-1}，其中源区 a_{1-2} 为 0.11MPa^{-1}，属低压缩性。

中更新世晚期（Q_p^{2-2eol}）黄土，呈褐黄色，孔隙不发育，局部顶层有轻微湿陷性，上部夹有四层棕色古土壤；中更新世早期黄土尚有 3 ~ 4 层古土壤，富含钙质结核。中更新世黄土的工程性质指标在各区都比较均匀，孔隙比 e 为 0.691 ~ 0.822，压缩性较低，压缩系数 a_{1-2} 为 0.12MPa^{-1}，其工程性质较好。

（2）黏性土。

本区所见黏性土，几乎均为粉质黏土，仅在一级台地的极个别处见薄层黏土。粉质黏土的成因多为冲积、冲洪积，亦有湖积的，颜色呈黄褐色 - 褐黄色，中更新世的粉质黏土有呈黄棕色，湖积的则呈现黄绿 - 深灰色。区内黏性土具有以下几个特点：

1）无论全新世、晚更新世和中更新世的粉质黏土，其工程性质均较好，压缩系数 a_{1-2} 为 0.144 ~ 0.182MPa^{-1}，压缩性属中等偏低，液性指数 I_L 为 0.32 ~ 0.55，属于可塑状态。

2）全新世的粉质黏土，孔隙比 e 为 0.707 ~ 0.784，晚更新世和中更新世的粉质黏土，孔隙比 e 为 0.650 ~ 0.790，两者相近。

3）各河流阶地及台地中都有出现不同时代的粉质黏土，工程性质指标有随埋藏深度增大而变好的趋势。

（3）粉土。

分布于各河流的一、二级阶地的局部地段，一级台地出现稍多，多呈灰黄 - 黄褐色。

本区内的粉土的工程性质好，全新世和上更新世的粉土，都有较高的承载力和中等偏低的压缩性；上更新世粉土工程性质比较稳定，较全新世粉土为好。

（4）砂土。

西安区内粉、细、中、粗、砾砂均有存在，但分布最多的是中砂和中粗砂，要占砂土层的百分之七十以上。颜色以灰黄为多，成分以石英为主，长石次之，含少量黏性土和黑色矿物，一般均埋于地下水位以下，为主要的含水层。

粉细砂层，主要分布于河漫滩、一级阶地和一级台地上，由全新世冲洪积和冲积而成，平均标贯击数 N 为 15.3～19.3 击，呈稍密到中密状态，少数粉细砂层呈松散状态，在 8 度地震条件下具有地震液化可能性。在二级阶地和源前二级台地上，亦有少量晚更新世沉积的粉细砂，平均标贯击数 N 为 25.5～35.8 击，呈中密－密实状态，不具地震液化可能性。

中粗砂层，各级河流阶地及台地区均有分布，但测试指标以渭河一级阶地和源前一级台地为最多，二级阶地次之。河漫滩、一级阶地和一级台地的全新世中、粗砂层，呈中密状态。但有少数中砂层呈松散－稍密状态，具有地震液化可能性，二、三级阶地及高级台地的晚中更新世中粗砂层，呈中密－密实状态，不具地震液化可能性。

（5）圆砾土。

圆砾土主要分布在沪浐河漫滩及其各级阶地上，岩性以卵石、圆砾以及含砂卵石为主，成分以花岗岩、石英岩为主、粒径较粗。

圆砾土，中密到密实，强度高，承载力标准值在 400kPa 以上。

3.1.3 典型地层剖面

由北向南，渭河河漫滩及低阶地表层为第四系全新统人工填筑土（Q_4^{ml}），其下为第四系全新统冲、洪积（Q_4^{al}）的黄土状土、砂类土、粉质黏土及粉土；高阶地上部地层为第四系上更新统风积（Q_3^{eol}）新黄土及残积（Q_3^{el}）古土壤，下部为中、上更新统冲积粉质黏土及砂类土；黄土梁洼区上部为上、中更新统风积黄土，其间夹有多层残积的褐色土型古土壤，下部为中更新统冲积粉质黏土及砂类土；长安区附近的橘河、诧河漫滩及阶地上部为第四系全新统冲积粉质黏土，中部为全新统冲积砂类土及圆砾，下部为第四系晚更新统冲积粉质黏土及砂类土。

由东向西，沪灞河河漫滩及低阶地表层为第四系全新统人工填筑土（Q_4^{ml}）其下为第四系全新统冲、洪积（Q_4^{al}）的黄土状土、粉质黏土、粉土、砂类土及碎石类土；高阶地上部地层为第四系上更新统风积（Q_3^{eol}）新黄土及残积（Q_3^{el}）古土壤，下部为中、上更新统冲积粉质黏土及砂类土；黄土梁洼区上部为上、中更新统风积黄土其间夹有多层残积的褐色土型古土壤，下部为中更新统冲积粉质黏土及砂类土；诧河河漫滩及阶地上部为第四系全新统冲积粉质黏土，中部为全新统冲积粉质黏土及砂类土，下部为第四系晚更新统冲积粉质黏土及砂类土。

西安地区自西南向东北地层情况基本反映了西安地区典型的地貌特征。

3.2 主要地层物理力学参数

3.2.1 主要地层物理试验指标

根据西安地铁勘察资料及西安地区经验综合确定各土层的物理试验参数，供勘察设计人员参考使用，详见表 30－2。

表 30－2 西安地区主要地层物理试验指标表

土层名称	物理性质			稠性黏度		固结试验		湿陷性	
	天然含水量 ω	天然密度 ρ	孔隙比 e	液限 W_L	塑限 W_P	压缩模量 $E_{s0.1-0.2}$	压缩系数 $a_{0.1-0.2}$	湿陷系数	自重湿陷系数
	（%）	（g/cm³）	—	（%）	（%）	（MPa）	（MPa^{-1}）	$\delta_{s2.0}$	δ_{zs}
新黄土	20.8～24.2	1.52～1.90	0.782～1.118	30.1～31.9	18.1～19.1	3.8～12	0.18～0.75	0.001～0.074	0.001～0.037
饱和软黄土	26.8～30.7	1.83～1.92	0.804～0.958	28.7～32.9	17.2～19.7	4.2～9.2	0.26～0.53	0.001～0.023	0.001～0.005
老黄土	14.8～34.4	1.57～2.13	0.459～1.096	25.3～36.4	15.5～21.5	3.5～20.7	0.09～0.49	—	—

续表 30－2

土层名称	物理性质			稠性黏度		固结试验		湿陷性	
	天然含水量 ω	天然密度 ρ	孔隙比 e	液限 W_L	塑限 W_P	压缩模量 $E_{s0.1-0.2}$	压缩系数 $a_{0.1-0.2}$	湿陷系数	自重湿陷系数
	(%)	(g/cm^3)	—	(%)	(%)	(MPa)	(MPa^{-1})	$\delta_{s2.0}$	δ_{zs}
黄土状土	20.3～25.5	1.66～1.96	0.669～0.925	28.0～29.1	17.3～17.8	5.5～7.2	0.24～0.44	—	—
古土壤	20.4～30.8	1.90～2.02	0.592～0.870	27.8～37.8	17.2～22.3	3.5～9.0	0.17～0.38	—	—
粉质黏土	16.3～27.4	1.91～2.09	0.521～0.808	29.1～36.4	17.9～21.4	4.4～14.3	0.06～0.17	—	—
中砂	15.8～20.9	1.98～2.06	0.600～0.621	—	—	8.5～13.1	0.12～0.19	—	—

3.2.2 主要地层力学试验指标

根据西安地铁勘察资料及西安地区经验综合确定各土层的力学试验参数，供勘察设计人员参考使用，详见表 30－3。

表 30－3 西安地区主要地层力学试验指标表

土层名称	直接剪切				三轴剪切					
	快剪		固结快剪		UU		CU			
	C	ϕ	C_q	ϕ_q	C_{uu}	Φ_{uu}	C_{cu}	Φ_{cu}	C'	Φ'
	(kPa)	(°)	(kPa)	(°)	(kPa)	(°)	(kPa)	(°)	(kPa)	(°)
新黄土	19.0～92.0	14.5～20.9	24.0～45.0	18.8～23.9	24.0～87.0	17.7～18.9	38.0～63.0	15.2～22.4	36.0～57.0	16.1～23.8
饱和软黄土	18.0～51.0	11.7～20.4	—	—	32.0～45.0	18.1～21.1	—	—	—	—
老黄土	26.0～44.0	12.9～37.0	26.0～46.0	17.6～25.7	20.0～98.0	6.6～23.2	49.0～89.0	16.7～23.9	44.0～78.0	18.2～25.5
古土壤	27.0～47.0	13.4～22.0	29.0～64.0	20.0～26.8	24.0～64.0	7.9～10.6	55.0～91.0	15.2～20.4	49.0～89.0	16.7～22.3
粉质黏土	15.0～68.0	5.7～27.4	32.0～69.0	20.0～25.0	32.0～78.0	17.5～24.2	40.0～66.0	16.3～24.9	41.0～67.0	17.5～26.1
中砂	0	24	0	24	0	24	0	24		

注：UU 为三轴不固结不排水剪，CU 为三轴固结不排水剪。

3.2.3 主要地层特殊试验参数

针对地铁工程的特殊需求，根据西安地铁勘察资料及西安地区经验综合确定各土层的特殊试验参数，供勘察设计人员参考使用，详见表 30－4。

表 30-4 西安地区主要地层特殊试验参数表

土层名称	热物理			基床系数		静止侧压力系数 K_0	泊松比 μ	无侧限抗压强度 q_u
	导热系数 λ (W/m·K)	导温系数 α (m^2/h)	比热容 C (kJ/kg·K)	垂直 K_v (MPa/m)	水平 C_h (MPa/m)			
新黄土	0.92	0.00147	1.44	30~55	15~55	0.39~0.50	0.30	100~300
饱和软黄土	1.18	0.00175	1.34	25~35	15~35	0.39~0.47	0.35	105~330
老黄土	1.42~1.56	0.00184~0.00192	1.26~1.55	35~75	30~70	0.30~0.39	0.28	136~270
黄土状土				30~50	30~50			
古土壤	0.90~1.73	0.00145~0.00263	1.15~1.35	50~70	30~70	0.38~0.47	0.32	130~360
粉质黏土	1.30	0.00160	1.50	60	70	0.28~0.45	0.27	200~385
中砂	1.20	0.00255	0.80	40	45	0.37	0.28	

西安地区地层剖面图见插图 186。

4 地 下 水

4.1 地下水类型

根据地下水的赋存条件和水力特征，分为潜水和承压水。目标区内承压水主要为松散岩类孔隙承压水，根据承压含水岩组的埋藏深度，分成浅层承压水和深层承压水，浅层承压含水岩组底板埋深 120~180m，含水层主要为中更新统砂层；深层承压含水岩组埋藏于 120~180m 以下至 300m 左右，含水层主要为下更新统砂层。

（1）潜水。

由于所处的地貌单元不同，潜水含水层的岩性及其富水性等水文地质条件也不同。

1）分布在渭河、浐灞河的河漫滩及低阶地区，含水层为全新世、晚更新世冲积的砂、砂砾石、卵砾石层以及黄土状土、粉质黏土，岩性疏松、颗粒粗、透水性好。含水层厚度大且比较稳定，渗透系数 20~80m/d，其富水性从河漫滩向低阶地逐渐变差。潜水埋深一般小于 15m。

2）分布在渭河及支流二级阶地区，潜水赋存于晚更新世黄土和晚更新世冲洪积粉质黏土及砂砾石中。上部黄土透水性差，渗透系数 2~5m/d，下部冲洪积层随着所处地貌部位的不同，其透水性有着明显的差别，在渭河二级阶地区，含水层为砂砾石层，渗透系数一般 40~60m/d，源前一、二级台地砂砾石层薄，一般厚 2~5m，渗透系数 20m/d，地下水位埋深一般为 10~25m。

3）分布在黄土源、源前高级台地，潜水赋存在中更新世黄土和古土壤层中，含水层厚度 20~80m，渗透系数 2~15m/d，透水性差，潜水埋深，在源前高级台地一般 10~20m。源区大于 25m。

（2）承压水。

浅层承压水在目标区内广泛分布。

1）分布于渭河及其支河浐灞河的阶地中，富水性较好，含水层为洪湖积及冲洪积层，岩性为砂、砂砾石和卵石，厚30~80m，承压水埋深<45m。

2）分布于源前一、二级台地中，富水性中等，含水层为洪湖积及冲洪积层，岩性为砂、砂砾卵石与厚层粉质黏土互层，厚10~60m，承压水位埋深变化较大，最深达37m。

3）分布于源前高级台地、黄土源以及洪积扇中，富水性较弱，含水层为洪湖积及冲洪积厚层粉质黏土夹砂砾石，洪积扇去为洪积含泥砂砾卵石，厚10~40m，承压水埋深80~120m，山前洪积扇最深80m，局部自流，黄土源区50~80m。

深层承压水广泛分布于不同地貌单元的深部。主要赋存于下更新统洪湖积、冲洪积和洪积砂层中。含水层东南薄、西北厚，渭河河漫滩及一、二级阶地地区水量丰富。东南部黄土台源和洪积扇富水性较弱。水质均良好。

4.2 地下水补径排关系

（1）潜水。

潜水补给有大气降水、地表水渗入和承压水的顶托补给以及区外径流补给。潜水流向与地形总体坡度一致，主要流向北北西，近渭河处向北东方向偏转。金花路以东地下水向东北流向浐河。平均水力坡度为4‰，其水力坡度东南大，西北小。潜水排泄方式主要为径流排泄、人工开采、潜水越流排泄及蒸发消耗等。

（2）承压水。

浅层承压水主要有上覆潜水的越流补给，次为深层承压水的顶托补给。浅层承压水总的流向由东南向西北，但与潜水径流方向差异甚大，表现在西安城郊郊区长期过量开采，使承压水水头下降，形成了区域性漏斗，在北部出现东西向延伸的承压水分水岭。分水岭以北在草滩农场形成椭圆形漏斗，分水岭以南自东而西分为三个承压水径流带：东部沪溺河地区总体径流方向为北西向，中部承压水主要由外围向西安城区径流，西部径流自南而北，会与洋河水源地。排泄方式主要通过人工开采和向潜水及深层承压水越流两种途径。

深层承压水主要补给来源为上覆浅层承压水的越流。深层承压水总的流向由东南向西北，但其径流受人工开采影响很大，由于西安城郊郊区的过量开采，承压水大幅度下降，已形成区域性降落漏斗。全区形成南、北两大径流域，北部呈北东向槽谷状向渭滨水源地汇流；南部承压水则向西安城区汇流。排泄途径主要是城郊区自备井及水源地的人工开采。

5 特殊地质条件

5.1 不良地质作用

（1）地裂缝。

地裂缝是一种地区性的地质灾害现象，包括已出露地表的地裂缝和未在地表出露的隐伏地裂缝。目前西安共发育有14条地裂缝（见图30-5），均分布在黄土梁洼地貌范围内，面积约150km²，地裂缝出露总长度72km，延伸长约103km，单条地裂缝地表出露最长14.5km，最短2km。地裂缝向东西两侧延伸，东过溺河，西过诧河。西安地裂缝已构成西安城市建设的主要地质灾害。有关西安地裂缝的成因，多数专家认为是在NE-SW向挤压应力与上地慢隆升作用下，临潼-长安断裂发生伸展正断活动，成为渭河盆地中最活跃的一条铲式断裂，致使其上盘产生有规律的反倾向正断破裂而造成。西安市区过量开采地下水则加剧了地裂缝的活动量，从而引起地裂缝超常活动。

（2）地面沉降。

西安市的地面沉降主要发生在城区和近郊区（见图30-6），其原因与承压水的超量开采有密切关系，从1959年开始大范围的水准测量，截至1996年，累积沉降量超过200mm的范围，西起鱼化寨，东到纺织城，南达三艾村，北至龙首村，面积约为145.5km²。并产生小寨、铁炉庙、沙坡村、胡家庙、西工大、八里村等7个沉降中心。7个沉降中心的累计沉降量超过2000mm，最大达到了2600mm。以上地面沉降资料均为1996年以前的监测资料。西安地铁一号线地质灾害评估工作运用INSAR技术对西安地面沉降进行了量测。其结果表明：1992—1993年的沉降速率最大为160mm/a，沉降中心集中在胡家庙、辛家庙、纺院、八里村，且沿着地裂缝的方向展布，呈椭圆形；1996年的沉降速率最大为220mm/a，最大沉降中心在八里村并向西南郊新建的高新区扩张，沉降范围和量级较1992年明显增大，而胡家庙、辛家庙、纺院的沉降量减小到12cm，初步判断1996年为西安地区沉降最严重的阶段；2005—2007年的沉降较90年代有明显变化，沉降中心由20世纪90年代的东郊和南郊变换为西南郊（高新区）和东南郊，呈“V”型展布，且随着高新区的扩建沉降范围也在扩张和移动，最大沉降速率降为90mm/a，位于鱼化寨。

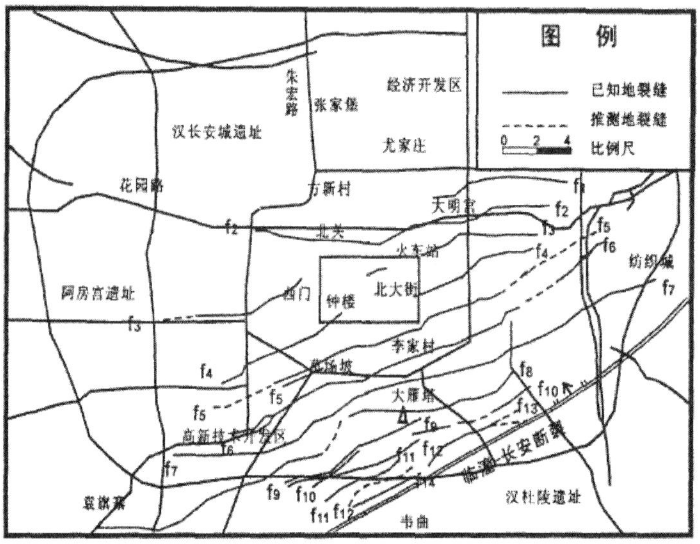

图30-5　西安地裂缝分布图

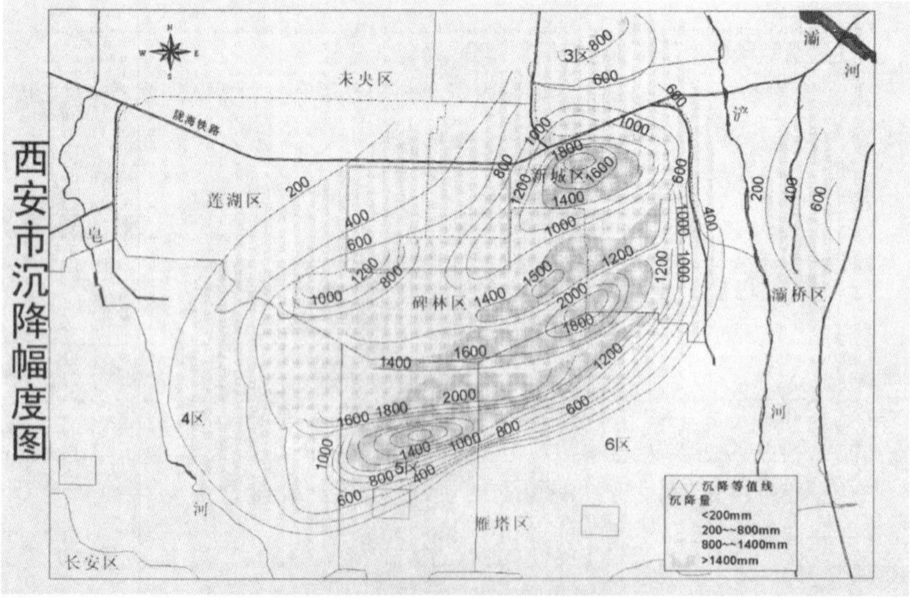

图30-6　西安地区地面沉降幅度图

（据西安地区环境地质图集改编）

（3）砂土液化。

西安市的抗震设防烈度为8度，在8度地震条件下，目标区存在砂土液化现象，主要分布在渭河河漫滩、一级阶地和塬前一级台地中。浐灞河河漫滩和一级阶地有零星分布。渭河河漫滩和一级阶地和塬前一级台地上分布的可液化饱和砂土以中砂为主，粉细砂和粉土次之。其液化等级属轻微至中等液化。浐灞河河漫滩和一级阶地，整体岩性颗粒较粗，且含有卵砾石，液化砂土不成片分布，呈零星状分布，液化等级属于轻微液化。

（4）黄土湿陷。

Ⅰ级非自重湿陷性场地：主要分布于西安城区和城西之皂河一、二、三级阶地，沪、溺河一级阶地和黄土梁洼的中部和西北部，面积约160km^2。湿陷系数（δ_S）为0.015～0.064，自重湿陷量（Δzs）≤3.6cm，总湿陷量（Δs）为2.7～29.4cm，湿陷性黄土层厚度一般4～7m，湿陷性土深达5～10m。属轻微湿陷。Ⅱ级非自重湿陷性场地：主要分布于马旗寨一胡家庙以东的渭河二、三级阶地和黄土梁洼区的中南部以及羊头镇一带的黄土台源区，皂河二、三级阶地局部地段也有分布。面积约50km^{2}湿陷系数（δ_S）为0.034～0.065，自重湿陷量（Δzs）≤6.0cm；总湿陷量（Δs）为30.90～58.05cm湿陷性黄土层厚度一般为4～9m，湿陷性土深达6～11m。属中等湿陷。

Ⅱ级自重湿陷性场地：主要分布于渭河二级阶地后缘枣园村附近、黄土梁洼区西南部以及白鹿源边地带，面积约34kmzo湿陷系数（δ_S）为0.023～0.077，自重湿陷量（Δzs）为7.63～15.63cm；总湿陷量（Δs）为32.80～78.37cm，湿陷性黄土层厚度一般为6～9m，湿陷性土深达4.5～15m。属中等湿陷。

西安地区黄土湿陷分布图见图30－7。

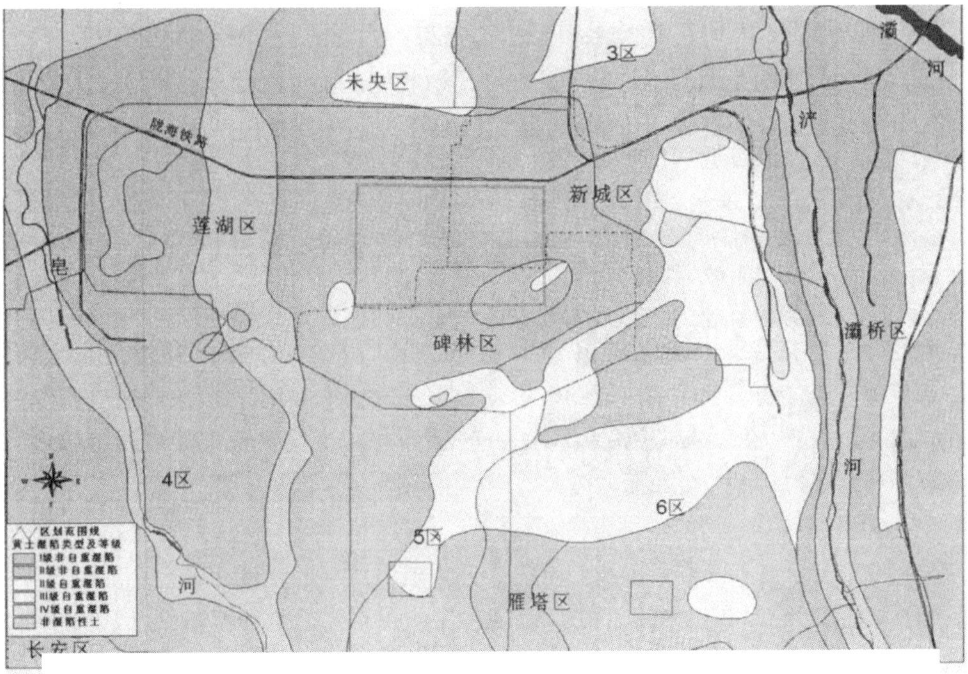

图30－7　西安地区黄土湿陷分布图

Ⅲ级自重湿陷性场地：主要分布于浐、灞河三级阶地和黄土梁洼区东南部，面积约36km^2。湿陷系数（δ_S）为0.058～0.084，自重湿陷量（Δzs）为8.17～29.3cm；总湿陷量（Δs）为54.59～101.00cm湿陷性黄土厚度6.5～10m，湿陷性土深达8～12cm，属严重湿陷。

Ⅳ级自重湿陷性场地：零星分布于浐河三级阶地、黄土梁沫区东部，面积约2km^2。湿陷系数（δ_S）为0.045～0.126，自重湿陷量（Δzs）为36.8～48.86cm，总湿陷量（Δs）为76.86～130.60cm。湿陷性黄土层厚度大于9m，湿陷性土最深达18m。属很严重湿陷。

区内黄土湿陷程度大致呈从东南到西北由严重到轻微的区域变化规律。自重湿陷性场地多分布在区内的南部和东部，但局部黄土地基湿陷性变化较复杂，这主要与潜水位埋深、微地貌以及人类活动等因素有关。

5.2 特殊性岩土

根据勘察资料和区域资料分析，西安地区域特殊性岩土如下：

（1）人工填土。

西安市的人工填土分为杂填土和素填土两种类型。杂填土在城区及近郊均有广泛分布。土的颜色多而杂，结构疏松，物质组成是以各时期的建筑垃圾为主，土的均匀性极差，工程建设中不能直接选作天然地基的持力层。素填土在城区一般是伏于杂填土之下，在城郊则多直接出露地表。该填土主要由黏性土组成，一般含有少量砖、瓦碎屑等，具大孔结构和轻微湿陷性。可作为一些次要或临时性建筑的地基持力层，对二级建筑及其以上建筑一般均应进行地基的加固处理。

（2）饱和软黄土。

西安城区及周边地区，广泛覆盖了一层晚更新世黄土。由于水位上升，使黄土的含水量达到饱和，常呈软塑－流塑状态，液性指数 $I_L \geqslant 0.90$，承载力低，$f_K < 130\text{kPa}$，压缩性高，压缩系数 $a_{1-2} \geqslant 0.40\text{MPa}^{-1}$，承载力低，压缩性较高，成为软弱地基，出现地基不均匀沉降和建筑物破坏等问题。饱和软黄土主要分布区是黄土源前高级台地，其埋藏浅、厚度大、土的工程性质差。此外，渭河二级阶地的西部，有一片面积较大的饱和软黄土分布。

（3）湿陷性黄土。

黄土的湿陷性，是指黄土类土在一定压力条件下，土体受水浸湿后，结构迅速遭到破坏而产生显著附加下沉的性质。区内有此性质的土层有：①晚更新世黄土；②全新世以来形成的黄土状土；③全新世的素填土；④中更新世黄土的顶部。其中晚更新世黄土是西安地区湿陷性土层中分布最广、厚度最大、湿陷性强、危害最大。

黄土的湿陷性对工程建筑造成的危害主要是由湿陷引起的附加下沉常使建筑物产生不均匀沉降；地基土受水浸泡后造成地基土软化，承载力降低，致使地基失效，从而造成建筑物变形或破坏。处理措施应从结构，地基处理和防水三方面入手，以地基处理为主，结构和防水措施加以配合，才能收到良好的效果。西安地区对湿陷性黄土常用的处理方法有：灰土挤密桩、强夯及灰土换土垫层法等，处理后的承载力可达 150～200kPa。

6 城市轨道交通主要工程地质问题

6.1 黄土的湿陷性

黄土的湿陷性是黄土最基本的特性。对轨道交通的影响主要表现在以下几个方面：

（1）地下车站、隧道位于湿陷性黄土地基上，特别是自重湿陷性黄土地基上，地基湿陷变形可使车站或隧道产生不均匀沉降。

（2）地下车站、竖井等深基坑围护结构外侧湿陷性黄土浸水湿陷后，作用于围护结构上的主动土压力增大，土体抗剪强度降低，易产生基坑坍塌或超量的变形；周边建筑物的变形加大，出现过量的沉降或裂缝等危害。

针对以上影响，在轨道交通设计和施工过程中，应采取相应的措施加以防范：

（1）对于出入口等处采用浅基础的附属结构，按《湿陷性黄土地区建筑规范》GB 50025 的有关规定，需对黄土的湿陷性进行处理，可采用垫层或挤密桩方案进行处理。

（2）由于轨道交通为线性工程，线路往往穿越不同的地貌单元，各地貌单元湿陷性黄土的厚度、场地湿陷类型和地基湿陷等级往往差异较大，因此，首先应避免将区间隧道设计在湿陷性黄土层，由于西安地市地下水位埋深不大，可以将隧道埋于地下水位以下土层，若必须将隧道建于湿陷性黄土层中，在设计中要考虑湿陷性黄土遇水湿陷、土压力增大，相应土的力学性质降低，支护措施受力增大的特点，适当地采取加固措施。

（3）对于黄土层的重要力学参数，应综合考虑天然状态和饱和状态两种条件下的指标。当基坑壁有可能受水浸湿时，宜采用饱和状态下黄土的物理力学指标进行设计与验算。

（4）施工前要调查清楚地下排水和供水管道的位置，做好接水、排水措施，防止地下水渗入基坑中造成事故。施工过程中必须注意基坑一定范围内疏排水工作，做好场地硬化。

6.2 饱和软黄土

6.2.1 饱和软黄土对区间隧道和车站影响

对于区间隧道的饱和软黄土，主要分布在隧道顶板和隧道侧壁范围，由于饱和软黄土的软、流塑性质，易变形，处理不当会出现洞顶坍塌，严重时可能会出现地表下沉（陷）。因此，对于区间隧道围岩的饱和软黄土，在设计时应优先采用盾构法施工。若在采用暗挖法施工的情况下，处理的措施是加强拱部的初期支护强度，采用小导管压注水泥水玻璃浆液；在施工措施上采用短进尺开挖，初期支护尽早封闭，二次衬砌紧跟的施工措施，尽量减少对地层的扰动。

对于施工竖井和地铁车站侧壁的饱和软黄土，自稳性较差，边坡易发生变形失稳事故，支护设计时应充分考虑饱和软黄土的上述特性，应加强支护结构强度。

当车站附属结（构）筑物以该层作为地基持力层或下卧层，应进行承载力及变形验算，当不能满足时，应进行地基处理。地基处理的方法可采用砂石垫层的方法。

6.2.2 饱和软黄土降水对周边建筑物的影响

饱和软黄土由于其土质疏松，含水量大，在基坑降水过程中当地下水位降低到饱和软黄土层以下时，饱和软黄土中的孔隙水北疏干，对土颗粒的浮力消失，土的自重压力增大，其自重压力增加值相当于消失的浮力值，从而引起地面沉降和地面建筑物的变形。

6.3 水对黄土隧道的影响

水对黄土隧道有着非常大的影响，概括起来有以下几点：

（1）黄土浸水后容重显著增大，作用在支护结构上的荷载逐渐增加。

（2）黄土浸湿后强度降低，自稳能力减弱，严重时导致隧道失稳，产生塌方。

（3）湿陷性黄土浸水后发生湿陷，地表沉降显著加大。严重时会导致地面管线破裂，地面建筑物产生不均匀沉降，导致倾斜、开裂等现象。

（4）饱和软黄土地层降水后地表沉降很大，沉降量在40mm以上，导致地面建筑物产生开裂，因此需要严格控制降水量，必要时在洞内进行超前堵水，以保证掘进安全。

水是地下工程的最大危害，对于黄土隧道更是如此。因此，必须加强对地下水和地表水的综合整治，严防水对地铁工程造成危害。

（1）地表水防治。为防止地表水涌入隧道需对竖井口、下料孔、降水井、勘察孔等进行防护。为防止雨水下渗对隧道围岩强度的影响，地表尽量硬化或覆盖。

（2）管线渗漏水防治。为防止地下管线破裂造成大量水涌入隧道，首先要对周围管线进行调查和监控，制定相应的保护方案，并与管线产权单位建立联系，一旦出现险情可迅速采取相应措施。

（3）地下水防治。对于地下水首先要立足地面降水，如果地面无条件降水或降水效果不理想，可采用在洞内真空降水，或洞内与地面降水相结合的方案，尽量把水位降低到开挖面以下，以保证开挖面安全，减少地层变形。对于饱和软黄土地层，应尽量减少降水，采用洞内注浆堵水，以免降水引起地面建筑物开裂。对于地裂缝和有砂层的地段，一定要特别注意地下水情况，采用超前探测，严防涌水、涌砂造成地面塌陷。必要时可采用旋喷桩、WSS 工法注浆堵水。

（4）二次衬砌渗透水处理。对于初期支护及二次衬砌渗透水问题，可采用反复注水泥浆，并结合化学注浆等措施进行处理。

6.4 地 裂 缝

地裂缝活动对地铁工程的影响主要集中在以下几点：

（1）地裂缝两侧上下盘相互错动，导致地铁隧道结构跟随地层变形，造成结构开裂或压曲变形；

（2）地裂缝带的活动通过衬砌传递到隧道内部的轨道结构，从而导致跨地裂缝处的轨道产生变形，将严重影响列车的正常运行；

（3）地裂缝的活动造成隧道结构开裂或变形缝防渗设施破坏，引起地铁隧道渗漏水，影响列车安全运行。

地铁穿越地裂缝防治措施应当是多方面的，包括结构、防水、地基基础处理和变形监测及预警等方面，其中结构和防水措施尤为重要。

结构措施：根据地裂缝活动特点，建议：①在地裂缝带内设沉降缝，预留净空变形量；②做好沉降缝处的防水、止水工作；③加强结构刚度，同时预留轨道、接触网等的调整高度；④加强地裂缝变形带内的变形监测；⑤对地裂缝带进行必要的基础处理工作。

此外由于地裂缝变形带的土体裂隙多、工程性质相对较差，施工时可能会造成基坑坑壁或隧道局部坍塌，也可能出现沿裂缝带的集中渗水现象；基底还可能出现不均匀沉降，应加强各类支护措施；另外，施工中水沿地裂缝的大量渗入还可能引起地裂缝的局部活动，应予以重视。

采用明挖或暗挖施工通过地裂缝带时，必须进行降水。场地条件不具备外围降水时，应设隔水帷幕并进行坑道内降水，同时应采取有效措施防止地下水沿坑道底部的地裂缝涌入的可能性。若降水困难可做围护桩，桩间设止水帷幕。

当地铁穿越地裂缝时，应充分考虑到地裂缝对隧道的危害，在充分掌握地裂缝活动规律的前提下，预测其变形，留足变形空间，并采用适宜的柔性支护结构类型适应其不均匀沉降的要求；对隧道通过地裂缝段防水措施也应采取柔性防水结构，防止地下水因地裂缝活动错断防水层浸入隧道内。

参 考 文 献

[1] 王富辉，严智杰．浅谈西安地铁岩土工程勘察［J］．陕西建筑，2009（170）：62－66．

[2] 李忠明．西安城市区工程地质环境与岩土工程勘察特点探讨［J］．煤田地质与勘探，2002（5）：44－46．

[3] 陕西工程勘察研究院．西安市地铁六号线（南客站－纺织城）抗浮水位咨询报告［R］．西安：2012．

[4] 西安城市工程地质图集．西安地图出版社，1998．

[5] 湿陷性黄土地区建筑规范（GB 50025—2004），北京：中国建筑工业出版社，2004．

[6] 铁道第一勘察设计院．西安市城市快速轨道交通二号线工程可行性研究报告［R］，2006．

[7] 李忠明，等．西安地铁穿越地裂缝地段地裂缝与地下水的关系研究［R］．2009．

[8] 李祖刚，陈彪，陈小宁．西安城市工程地质环境质量评价［J］．甘肃科技，2004，20（1），108－109．

[9] 李新生，等．西安地铁二号线沿线地裂缝特征、危害及对策［J］．工程地质学报，2007．

[10] 西安市地图集编纂委员会．西安市地图集［M］．西安：西安地图出版社，1989．

[11] 西安市地下铁道有限责任公司．西安地铁勘察技术与管理［M］．西安：陕西科学技术出版社，2014．

长 春 市

1 自然地理概况

1.1 地 理 位 置

长春市是吉林省省会，位于中国东北（43°05′~45°15′；东经124°18′~127°05′），是闻名中外的汽车城、电影城、森林城、雕塑城、大学城、科学文化名城、绿色食品城；是中国四大园林城市之一；是近海沿边开放城市，享受长吉图国家战略和国家沿海开放城市相关优惠政策。具有承东启西、贯通南北的重要区位优势，是全省政治、经济、文化、信息、金融和商贸中心，也是全国重要的科研教育基地。

周边毗邻为：东至吉林市与吉林地区为邻，西与农安县合隆镇、九台县卡伦镇交界，南临辽源地区与辽源市相望，北与松原地区接壤。东西横距133km，南北纵距124km。全市总面积20604km^2，其中市区面积4926km^2，市辖区为：朝阳、南关、绿园、宽城、二道等老市区及经开、高新、净月等新市区。

1.2 气 象

长春市属寒温带大陆型季风气候，四季分明，春季干旱多风，夏季短暂炎热多雨，秋季凉爽温差大，冬季严寒而漫长。历年各月极端最高气温38℃，最低气温-36.5℃，多年平均气温4.9℃，总的趋势气温逐渐升高。

每年7—9月相对湿度最高，达70%以上，属湿度不足地带。

多年平均降水量为583.8mm，其中，20世纪50年代为649.0mm，60年代为571.6mm，70年代为559.8mm，降水量呈逐年减少趋势，见图31-1。

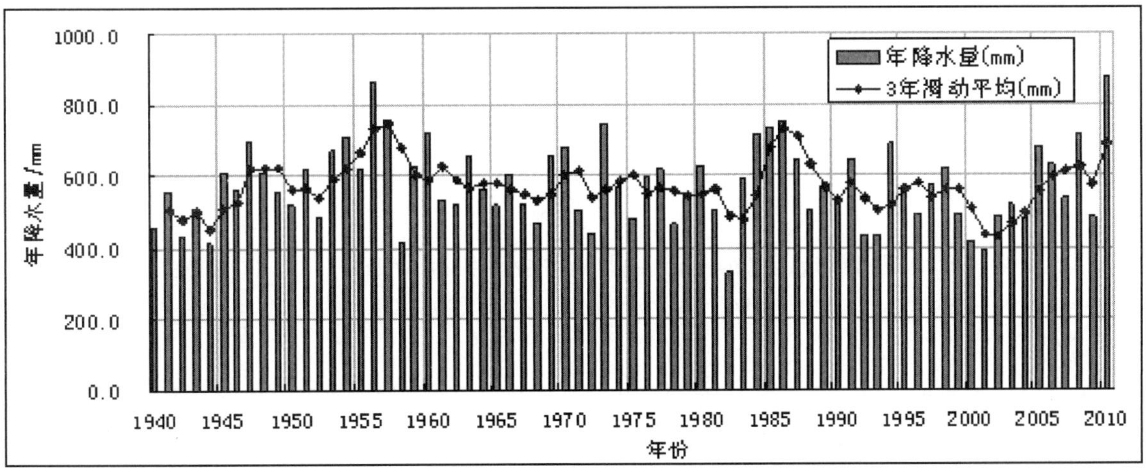

图31-1 长春市历年降水量变化图

每年4—6月份蒸发较强烈，占年蒸发量的50%左右，多年平均蒸发量1719.3mm。近30年月降雨最大月份为7月，蒸发量5月最大，见图31-2。

每年结冻期为11月—翌年4月，长达6个月之久，结冻深度为1.5~1.8m。全年日照时间2519小时，无霜期140~150天。

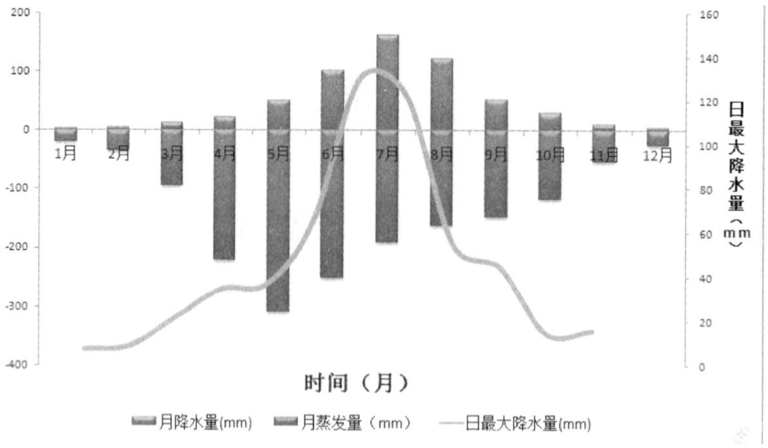

图 31－2　近 30 年降雨量及蒸发量变化图

1.3　水　　文

伊通河是第二松花江的二级支流、是饮马河的最大支流，发源于在农安县靠山镇东汇入饮马河，北东注入第二松花江。河流流向为由南至北，流经伊通满族自治县、新立城水库、农安县（见插图 187）。河道全长 342.5km，流域总面积 $8440km^2$，本市境内流长 286.9km，流域面积 $4011km^2$，是长春市第三大河流。境内主要支流有雾开河、新凯河等。伊通河从长春市城区流过，水资源比较贫乏。河流上游修建有大型控制性枢纽工程——新立城水库，为长春市供水水源地之一。伊通河长春市城区以下河段受城市排污影响，水质污染严重。

新立城水库位于城区南部约 20km 处，库区面积 $84km^2$，蓄水量 $2.88 \times 10^8 m^3$。新立城截流后流量随季节和新立城水库放流量大小变化，多年平均流量 $6.25m^3/s$，最大流量 $256m^3/s$，最小流量 $0.0365m^3/s$，平水期最大水深 2.50m，最小水深小于 1.00m，局部河段断流。

石头口门水库位于城区东北部约 25km 处，库区面积 $65.5km^2$，蓄水 $2.10 \times 10^8 m^3$。

南湖是市区内最大的水面，也是大气降水的暂时汇存地，湖水面积 $0.91km^2$，蓄水量 300 万 m^3。立城截流后流量随季节和新立城水库放流量大小变化，多年平均流量 $6.25m^3/s$，最大流量 $256m^3/s$，最小流量 $0.0365m^3/s$，平水期最大水深 2.50m，最小水深小于 1.00m，局部河段断流。

1.4　地 形 地 貌

长春市城区区域地貌属于松辽平原东部高平原地貌（见插图 188），总的地势由东南向西北逐渐降低，地面海拔高度为 189.0～306.8m，可分为伊通河谷冲积阶地（Ⅰ）、冲积洪积波状台地（Ⅱ）和剥蚀丘陵（Ⅲ）。

伊通河谷冲积阶地（Ⅰ）：海拔高度 189.0～205.0m。主要由伊通河一级阶地构成，高出河床 2～3m。阶地由全新统黏性土和砂砾石组成二元结构。阶地东宽西窄，除人工开挖造成的坑塘沟渠外，大部分地段表面平坦，微向河床和下游倾斜，地面纵向坡度 0.4‰，横向坡度 1.25‰。东侧阶地后缘与冲积、洪积波状台地相接。河漫滩不发育。

冲积洪积波状台地（Ⅱ）：主要分布于伊通河西岸，海拔高度 205.0～230.0m，表层为中更新统黄土状粉质黏土，下部为黏土，局部为砂砾石，第四系总厚度约为 15.0～28.0m，个别地区大于 30.0m。地面呈波状起伏，波峰与波谷相对高差一般为 10.0～15.0m，波峰呈北东－南西走向，波谷较宽。

剥蚀丘陵（Ⅲ）：仅在东南部边缘局部有由侏罗纪地层组成的剥蚀丘陵，地面海拔高度 230.0～306.8m，面积约 $5km^2$。

2 区域地质

2.1 地质构造

根据吉林省工程地震研究中心所提供的《长春地铁1号线一期工程场地地震安全性评价报告》，长春市区范围内发育有7组断裂（见插图189），简述如下：

（1）农安－万金塔断裂F1。

该断裂位于近场区西北部，走向NE，蛇曲状，倾向SE，倾角66°，为一条基底断裂，构造上位于松辽盆地东部东南隆起区农安背斜带上，该地区缺失上白垩统和第三系，该断裂长14km，属前第四纪断裂。根据野外调查，近场区内断裂构造不明显，地貌上没有任何显示。

（2）石家屯－开安镇断裂F2。

断裂沿石家屯－韦家窝堡－开安镇－腰福来一线展布，断层走向北25°～30°东，倾向北西，倾角约30°，主要表现为正断层活动，是一条第四系之下的隐伏断层，该断裂为一条白垩纪早期活动断裂，该断裂长60km，属于前第四纪断裂。

（3）开源堡－小城子断裂F3。

该断裂是松辽盆地东缘断裂带中段的一部分，也是松辽盆地东缘断裂带的主干断裂之一。断裂沿五家子、四间房、小城子、于家一线展布。断裂走向NE45°、倾向SE、倾角70°，为隐伏正断层。该断裂长40km，为前第四纪断裂。

（4）尖山子－卡伦断裂F4。

沿贾家洼子、砖瓦厂、腰分水岭一线展布，总体走向为NE，总体倾向NW，局部的分支断裂倾向SE，倾角70°，该断裂在近场区内长68km，为早第四纪断裂，中更新世以来没有活动。

（5）南湖－桑家窝堡断裂F5。

该断裂自砖瓦厂，过南湖，沿景阳广场至桑家窝堡展布。南湖－桑家窝堡断裂总体走向312°～317°，平均走向315°，倾向NE，倾角63°。该断裂长约30km，为中更新世以来没有活动过的早第四纪断裂。

（6）伊通河断裂F6。

该断裂大体沿伊通河西岸断续分布，走向SN，倾向E，倾角较陡，该断裂长52km，为早第四纪断裂。

（7）伊舒西支断裂F7。

近场区内出露的西支断裂处于山区与平原结合部位，总体走向N50°E，以NW倾为主。该断裂严格控制着第四系松散堆积物的沉积。断裂延伸平直，见于伊通县靠山、双阳县新安堡，产状以倾向北西为主，倾角80°～85°，该断裂长29km，为早第四纪断裂。

2.2 历史地震

由于历史文化、地域等诸方面因素，东北地震区早期历史地震记载缺失较多。根据黄玮琼等人研究结果表明，东北地区自公元1920年以后$Ms \geq 4\frac{3}{4}$级的地震可以认为是基本完整的。区域地震目录主要包两部分。

第一部分是破坏性地震目录，这部分地震资料主要取自《中国历史强震目录（公元前23世纪—公元1911年）》（国家地震局震害防御司，1995）、《中国近代地震目录（公元1912年—1990年）》（中国地震局震害防御司，1999）、《东北地震史料辑》（地震出版社，1992）③。对于1990

年以后的地震目录主要取自中国地震局分析预报中心汇编的《中国地震详目》（1970—2011 年 3 月），地震资料包括研究区域自有地震记载以来的全部破坏性地震，地震震级取为历史文献记载的 $Ms\geq4\frac{3}{4}$级的地震和区域地震台网资料中的 $Ms\geq4.7\frac{3}{4}$级的地震。

第二部分地震是 20 世纪 70 年代以来的现代小地震目录，地震震级范围为 $1.0\leq M_L\leq4.9$ 级。区域内共记录到 $Ms\geq4\frac{3}{4}$级地震 10 次，其中 $Ms4\frac{3}{4}\sim4.9$ 级地震 4 次，$Ms5.0\sim5.9$ 级地震 5 次，$Ms6.0\sim6.9$ 级地震 1 次。最早一次地震是公元 1119 年吉林前郭 $6\frac{3}{4}$级地震。

1970 年至 2011 年 01 月，区域内共记录 $M_L2.0\sim5.0$ 级地震共 347 次，其中 $M_L2.0\sim2.9$ 级地震 280 次，$M_L3.0\sim3.9$ 级地震 62 次，$M_L4.0\sim4.9$ 级地震 5 次。2013 年 11 月松原地震次数 472 次，长春也有震感，其中 3.0 级以上地震 20 次。长春市历史主要地震见表 31－1。

表 31－1　长春市历史主要地震目录

序号	发震时间	震中位置		震级	震源深度（km）	参考地名	精度
		纬度	经度				
1	1119－02－15	44°54′	124°48′	$6\frac{3}{4}$		吉林前郭	Ⅳ
2	1594－10－26	42°36′	124°00′	$4\frac{3}{4}$		辽宁开原	Ⅰ
3	1596－06－15	42°36′	124°00′	5		辽宁开原	Ⅰ
4	1875－06－15	42°36′	124°00′	$4\frac{3}{4}$		辽宁开原	
5	1882－冬	43°00′	126°42′	$4\frac{3}{4}$		吉林桦甸	Ⅳ
6	1937－06－11	44°12′	126°35′	5.0		吉林缸窑	
7	1960－04－13	44°42′	127°00′	5.8		吉林榆树	Ⅱ
8	1963－04－15	43°18′	126°30′	4.8		吉林梨树	Ⅰ
9	1966－10－02	43°50′	125°07′	5.2	10	吉林怀德	Ⅰ
10	2006－03－31	44°36′	124°03′	5.0	15	吉林前郭	1
11	2013－11－22	44°42′	124°06′	5.3	8	吉林前郭	
12	2013－11－23	44°36′	124°06′	5.8	9	吉林前郭	

2.3　地层岩性

长春市在大地地构造上位于天山－兴安地槽褶皱区吉黑褶皱系的松辽平原断陷上，有侏罗系、白垩系及第四系松散岩类沉积。

2.3.1　前第四系岩层

侏罗系上统（J_3）：仅出露于本区东南部。下部为青灰色、灰白色凝灰质砂砾岩夹煤层，中上部为安山岩，流纹岩、粗面岩、凝灰质砂岩、砂砾岩等。地层产状走向多为北东，倾向北西，倾角 20°～40°。与下伏石炭－二叠系呈不整合接触。

白垩系下统（K_2）：由区内东南往西北依次分布有白垩系下统一套棕红色内陆湖相碎屑岩沉积，

共分四组，即泉头组、青山口组、姚家组、嫩江组，总厚1575m。地层走向北东，倾向北西，倾角一般小于10度，与下伏地层呈不整合接触。

泉头组（K_1q）：为一套棕红、棕褐、灰棕色含砾（或不含砾）泥岩，粉砂质泥岩、泥质粉砂岩与灰白色粉砂岩、砂岩和砂砾岩互层，构成若干个上细下粗的旋回，为正韵律层，每个韵律层底部常有一层厚度不大的含砾粗砂岩、砂砾岩或砾岩，与下伏侏罗系为不整台接触，总厚930m。

青山口组（K_1q^n）：由下而上为棕色泥岩，粉砂质泥岩与灰色粉砂岩互层，以灰色细砂岩为主，棕色粉砂质泥岩和泥质粉砂岩次之。多为钙质胶结，岩石硬脆，裂隙发育，总厚240m。与泉头组呈整合接触。大多地区富含地下水，富水带主要分布于大房身。杨家屯，东分水岭、前腰屯、后分水岭一带。

姚家组（K_1y）：分布于万顺堡、火烧里、宋家洼子、金荣堡一带。底部为块状泥岩，中部为棕红色泥岩夹细砂岩，上部为灰绿色粉细砂岩夹含砾中粗砂岩。以颗粒细，泥质岩石厚度大为主要特点。水平层理和斜层理发育。总厚300m，与青山口组呈整合接触。

嫩江组（K_1n）：分布于四间房、蔡家窝堡及西合堡。以灰色泥岩，粉砂岩为主，夹少量粉细砂岩。具缟状层理，底部富含钙质，岩石硬脆，构造裂隙发育，大多地区富含地下水，总厚105m，与姚家组呈整合接触。

2.3.2 第四系

第四系（Q）：遍布全区。其岩性分布特征严格受地貌控制，河谷阶地广布全新统粉质黏土（或淤泥质粉质黏土），下部为含砾中粗砂和砂砾石，台地上分布有下更新统冰水砂砾石和中更新统冲积，洪积黄土状粉质黏土。按地层时代，结合成因类型分述如下：

下更新统白土山组（Q_1b）：由一套冰水堆积的砂，砾，黏土组成，上覆黄土状粉质黏土。分布在罗家窝堡－斯大林大街以东波状台地上。与姚家组粉砂岩呈不整合接触。

中更新统冲积、洪积层（Q_2^{al+pl}）：分布于波状台地上。岩性以黄土状粉质黏土为主，一般厚度10～20m，最厚达20～30m，覆盖于下更新统之上或不整合于白垩系地层之上。

全新统冲洪积层（Q_4^{al+pl}）：分布于伊通河河谷阶段。阶地由上部黏性土和下部砂砾石组成二元结构。黏性土主要为粉质黏土，部分为淤泥质粉质黏土，最厚达15m，下部为松散的含砾石中粗砂或砂砾石其埋藏深度，东侧胡家桥－贺家屯一线可达4.3～9.0m，厚度4.5～5.0m；西侧埋藏较浅，厚度变薄，埋深一般不足5.0m，厚度2.0m左右。不整合于白垩系地层之上。

3 典型地层及特征

3.1 岩土分布及特征

3.1.1 第四系成因

长春地区位于松辽波状平原东缘与吉东山地接址带，亚泰大街以西属长春波状台地，亚泰大街以东属伊通河一级阶地，区内地表大部分被第四系地层所覆盖，其中以中更新统粉质黏土分布最广，第四系沉积物主要成因类型为洪积、冲积类型。

3.1.2 典型地层特征

长春地层沉积具有一定的规律性，上部主要以第四系冲洪积黏性土为主，下部为白垩纪泥岩，仅伊通河地区有较大区域砂砾石层存在。地层主要由三部分组成：人工堆积杂填土层、第四系全新统冲洪积黏性土和砂土层、第四系中更新统冲洪积黏性土和砂土层、白垩系泥岩层。

地区工程地质分区主要依据地貌特征判别。第四系沉积物厚度、分布明显地受地貌、基底构造控制。西北、西部及西南为抬升区，第四系厚度一般为 10 ~ 20m，东部及东南部为下降区，厚度为 25 ~ 40m，最厚达 50m 以上。

主要地层特征自上而下分述如下：

人工堆积填土层（Q_4^{ml}）：

杂填土①层：杂色、黑色，稍湿，主要由黏性土和建筑垃圾组成，结构松散，密度不均。

第四纪全新统冲洪积层（Q_4^{al+pl}）：

粉质黏土Ⓐ$_1$层：黄褐色，可塑偏软，摇振反应轻微，稍有光泽、干强度中等，韧性中等，中等压缩性。

粉质黏土Ⓐ$_2$层：灰褐色，可塑偏软，稍具摇振反应，稍有光泽、干强度中等，韧性中等，中等压缩性，含大量有机质。

中砂Ⓐ$_3$层：褐灰色，饱和状态，颗粒主要由石英、长石组成，呈次棱角状，有一定磨圆，级配一般，稍密 - 中密状态，伊通河东岸为松散状态。

粗砂Ⓐ$_4$层：褐灰色，饱和状态，颗粒主要由石英、长石组成，呈次棱角状，有一定磨圆，级配一般，自上而下颗粒逐渐变粗，强度增加，稍密 - 中密状态，伊通河东岸则为松散状态，底部见有薄层卵砾石。

第四纪中更新统冲洪积层（Q_2^{al+pl}）：

粉质黏土②$_1$层：黄褐色，可塑偏硬，含少量铁锰结核，摇振无反应，稍有光泽、干强度中等，韧性中等，中等压缩性。

粉质黏土②$_2$层：黄褐色，可塑偏软，含少量铁锰结核，摇振无反应，稍有光泽、干强度中等，韧性中等，中等压缩性。

粉质黏土②$_3$层：黄褐色，可塑偏硬，含铁锰结核，摇振无反应，稍有光泽、干强度中等，韧性中等，中等压缩性。

粉质黏土②$_4$层：黄褐色，硬塑，摇振无反应，稍有光泽，干强度和韧性中等，含锰质结核，含量自上而下逐渐增加，顶部一般 10% ~15%，底部为 20% ~25%，含氧化物条带，夹黏土。

黏土②$_5$层：黄褐色，坚硬，有光泽，含大量铁锰结核，干强度及韧性高，夹粉质黏土。

中粗砂②$_6$层：黄色，中密 - 密实，饱和，主要矿物成分为长石、石英，呈次棱角状，有一定磨圆性，颗粒级配一般，自上而下颗粒逐渐变粗，强度增加，含少量砾石或砾砂，含黏性土，局部夹黏性土薄层。

白垩纪泥岩（K）：

全风化泥岩③$_1$层：为紫红色泥岩夹灰白色、灰黄色、灰绿色泥质粉砂岩，泥质结构，层状构造，伊通河以西泥岩为主，以东夹大量砂岩薄层，原岩结构基本破坏，有少量残余结构强度，泥岩呈黏性土状，硬塑 - 坚硬状态，遇水易软化、失水崩解，泥质粉砂岩呈砂土状，局部夹钙质胶结砂岩薄层。

强风化泥岩③$_2$层：为紫红色泥岩夹灰白色、灰黄色、灰绿色泥质粉砂岩，泥质结构，层状构造，伊通河以西泥岩为主，伊通河以东夹大量砂岩，原岩结构大部分破坏，风化裂隙较为发育，岩芯呈柱状及块状，锤击声闷，泥岩遇水易软化、失水崩解，局部夹钙质胶结砂岩薄层。

中风化泥岩③$_3$层：紫红色泥岩夹灰白色、灰黄色、灰绿色泥质粉砂岩，泥质结构，块状构造，伊通河以西泥岩为主，伊通河以东夹大量砂岩，原岩结构部分破坏，风化裂隙发育，岩芯呈柱状 - 长柱状，少量呈块状，泥岩遇水易软化、失水崩解，局部夹钙质胶结砂岩薄层。

3.1.3 典型地层剖面

长春市典型地层剖面图见插图 190、191。

3.2 主要地层物理力学参数

3.2.1 物理试验指标

表 31－2 主要地层物理指标参考值表

地层编号	岩土名称	物理性质			稠性黏度	
		天然含水量 ω	天然密度 ρ	孔隙比 e	液限 W_L	塑限 W_P
		(%)	(g/cm^3)	—	(%)	(%)
②A$_1$	粉质黏土	26.8	1.94	0.771	33.3	20.8
②A$_2$	粉质黏土	27.6	1.91	0.817	32.0	20.2
②A$_3$	中砂	14.8	1.97	0.544	—	—
②A$_4$	粗砂	11.6	1.99	0.475	—	—
②$_1$	粉质黏土	24.3	1.98	0.708	32.8	20.3
②$_2$	粉质黏土	26.1	1.95	0.759	31.7	19.8
②$_3$	粉质黏土	24.2	1.98	0.706	33.8	21.0
②$_4$	粉质黏土	22.7	1.99	0.683	35.5	21.5
②$_5$	黏土	22.3	2.02	0.665	42.8	24.5
②$_6$	粗砂	13.5	2.08	0.430	—	—
③$_1$	全风化泥岩	19.5	2.04	0.593	33.5	20.8
③$_2$	强风化泥岩	15.0	2.15	—	—	—

3.2.2 力学试验指标

表 31－3 主要地层力学指标参考值表

地层编号	岩土名称	直接剪切				三轴剪切		固结试验	
		快剪		固结快剪		CU		压缩系数	压缩模量
		C	φ	C_q	φ_q	C_{cu}	Φ_{cu}	a_{1-2}	E_{s1-2}
		(kPa)	(°)	(kPa)	(°)	(kPa)	(°)	(MPa^{-1})	(MPa)
2A$_1$	粉质黏土	20.0	11.0	22.4	11.1	29.5	12.7	0.36	4.9
2A$_2$	粉质黏土	15.5	12.0	18.1	13.1	28.3	12.1	0.38	4.7
2A$_3$	中砂	0	25	—	—	—	—	0.15	10.2
2A$_4$	粗砂	0	30	—	—	—	—	0.13	11.3
②$_1$	粉质黏土	20.5	10.5	22.8	11.7	31.2	13.0	0.32	5.1
②$_2$	粉质黏土	19.1	11.4	18.8	11.3	29.5	12.2	0.38	4.6
②$_3$	粉质黏土	31.3	9.9	34.5	10.8	38.4	13.5	0.25	6.7
②$_4$	粉质黏土	40.2	10.6	42.4	11.4	49.5	13.2	0.18	8.8
②$_5$	黏土	51.6	11.3	54.5	12.1	58.8	12.9	0.16	10.3
②$_6$	粗　砂	0	30	—	—	—	—	0.12	11.9
③$_1$	全风化泥岩	13.8	12.9	22.1	12.9	49.5	15.1	0.13	11.9
③$_2$	强风化泥岩	13.6	11.1	19.1	13.5	—	—	—	—

3.2.3 特殊试验参数

表 31－4 主要地层特殊试验指标参考值表

地层编号	岩土名称	热物理			基床系数		静止侧压力系数 K_0	无侧限抗压强度 q_u
		比热容 C	导热系数 λ	导温系数 $\alpha\times10^{-3}$	垂直 K_v	水平 K_x		
		(kJ/kg·K)	(W/m·K)	(m^2/h)	(MPa/m)	(MPa/m)		
$2A_1$	粉质黏土	1.72	1.65	1.78	25	16	0.48	96.2
$2A_2$	粉质黏土	1.75	1.56	1.63	20	13	0.52	82.3
$2A_3$	中砂	1.376	1.67	2.25	23	—	0.36	—
$2A_4$	粗砂	1.73	1.51	1.63	33	—	0.29	—
②$_1$	粉质黏土	1.53	1.59	1.77	32	24	0.44	98.2
②$_2$	粉质黏土	1.66	1.49	1.75	26	17	0.47	114.4
②$_3$	粉质黏土	1.54	1.57	1.77	49	34	0.42	158.1
②$_4$	粉质黏土	1.49	1.55	1.75	67	70	0.36	183.1
②$_5$	黏土	1.44	1.59	1.63	79	85	0.32	269.3
②$_6$	粗砂	1.44	1.48	2.13	75	85	0.31	—
③$_1$	全风化泥岩	1.54	1.36	1.66	80	90	0.26	—
③$_2$	强风化泥岩	1.59	1.38	1.55	100	120	0.24	—

4 地 下 水

4.1 地下水类型

地下水类型按含水介质可分为两种类型，即松散岩类孔隙水和基岩裂隙水。松散岩类孔隙水按成因类型及含水介质分为河谷冲积砂砾石孔隙水、台地冰水沉积砂砾石孔隙水、台地冲洪积黄土状土孔隙水。基岩裂隙水按裂隙性质可分为构造裂隙水、孔隙裂隙水、网状风化裂隙水。

4.1.1 地下水成因

长春市地下水的共同特点是：埋藏较浅，垂直渗入是其主要补给来源，除河谷潜水外，普遍缺少地下径流补给。其形成条件和分布规律严格受着气候、地貌、地层岩性、构造诸多因素的制约，见图 31－3。

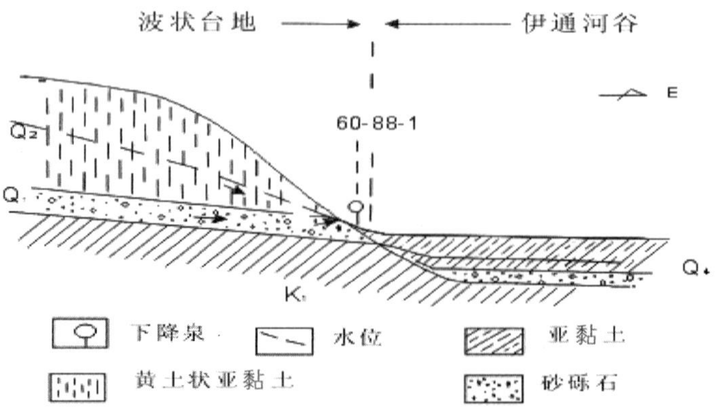

图 31－3 地下水形成条件示意图

（吉林省环境监测总站资料）

（1）气候条件。

从气候条件看，春季多风少雨，相对湿度仅50%左右，蒸发作用强烈，较少的降雨多被干燥的土壤吸收或消耗于蒸发，能补给地下水的数量不多。

长期观测资料表明，一年中春季水位最低，原因是冬季冰封大地5～6个月基本断绝垂直渗入补给，地下水处于消耗阶段，解冻后又接干旱的初春，因此出现一年之中的枯水期。夏秋之际，是一年中地下水获得大量补给的季节，但因降雨比较集中，多大雨或暴雨形式，极易形成地表径流泄出，不利对地下水的充分补给。

（2）地貌条件。

山区与平原过渡的地貌环境，控制了地下水的形成与分布，地下水由山区流向河谷。

在山区，沟谷纵横，山坡陡而平直，植被不发育，风化壳薄而不稳，这些条件都不利于地下水的形成。地下水沿裂隙顺坡而下，补给台地或河谷地下水，部分地段溢出地表汇成泉，如农大试验场，下贾家店等地都有泉水出露。

丘陵状台地，上连丘陵，下接河谷，地形依次递降，控制了地下水的流向，但由于组成颗粒较细，径流条件、储存条件不好。

波状台地在测区内成基座台地，高出河谷数米至十几米，决定了地下水缺少地下径流补给的条件。其上为弱透水地层覆盖，对渗入补给亦属不利因素，径流条件亦差。但越接近河谷平原，地形坡降增大，径流逐渐变好。波状台地东缘，黑咀子以北，断续有泉水溢出，排泄台地砂砾石层潜水。河谷东侧安龙泉等地也有泉水出露，补给河谷地下水或汇成溪流。

伊通河河谷，地形比较平坦，坡降较小，径流不甚通畅。地下水流向在纵向上自南向北（自上游向下游），横向上由东向西。补给条件河谷平原优于其他地貌单元，除直接接受降水补给外，还有台地地下径流的汇入。大面积稻田回渗也是同样重要的补给来源。此外，在开采条件下还能得到河床渗漏补给。

（3）地层岩性。

地层是决定地下水类型及其变化规律的重要因素。东南山区，基岩裸露，形成风化带网状裂隙水；台地、河谷为第四纪松散层分布区，形成松散层孔隙水；白垩系地层内广布碎屑岩类孔隙裂隙水。

赋水程度的好坏，主要决定于含水层颗粒的粗细、分选性的好坏、胶结物和胶结程度。一般是颗粒粗、分选好、胶结弱、埋藏浅、厚度大、为钙质胶结的形成条件较好。如第四纪河谷砂砾石粒粗而疏松，富水性好；碎屑岩则以青山口和泉头组三、四段钙质含量高，颗粒粗，胶结弱的富水性好。

（4）地质构造。

就构造条件而言，研究区曾经历多期、多种体系的构造活动，每次活动都留下其特有的构造形迹。区内为单斜构造，使不同层位的白垩系砂岩、砂砾岩与第四系接触，为其接受地下水的补给和储存创造了条件。河谷区由于不断的下降堆积，沉积了广布的砂砾石层，形成良好的汇水条件和贮水构造。但台地的上升，将地层抬高，其两侧被河流下切，含水层出露地面，贮水条件遭到破坏，因此，台地难以贮存丰富的第四系孔隙水。

构造活动方式对构造裂隙水的形成也有明显的影响。北西向构造是区内最晚的一次较大的活动，而且是与以前构造活动作用方式截然不同的，如新华夏系和华夏式构造均属反扭，而北西向构造为顺扭，一反一正，对先期分布广，规模大的北东或北东向压扭性的裂隙加以改造一扭开，为地下水的贮存和运移创造空间条件。区内由东南向西北依次排列的南湖－兴隆沟、开源堡和西合堡三条构造裂隙含水带，均为正反两种作用的产物。水量比较丰富。但是，构造裂隙水的富水条件都是很复杂的，就本区看，更主要的是决定地层岩性和盖层结构。如断裂错断于钙质含量高的硬脆性地层内，富水性则好；错断于泥质岩层中富水性则较好；开源堡构造裂隙带发育在含泥质岩的姚家组砂、砂砾岩地层内，两条构造性质相同，规模相近，富水则有明显的差别。

西合堡构造裂隙含水带与四间房构造裂隙含水带，两者断裂性质相同，发育地层层位一样，但前者盖层位黄土状亚黏土，后者为砂砾石层，富水性差别也很大。

4.1.2 松散岩类孔隙水

(1) 河谷冲积砂砾石孔隙水。

呈条带状分布于伊通河两岸，东岸在东郊卫星作业站至腰高家窝堡，长约25km，宽1~1.5km的狭长地带，为古河道发育部位。上部为粉质黏土，下部一般为厚2~3m的冲积砂砾石，在胡家桥一带砂砾石厚度达5.1m，薄处只有0.5~1.0m，为本区可采的主要含水层。地下水位埋深0.8~4.5m，当降深达到含水层厚度一般时，单井涌水量为1000~3000m^3/d。阶地后缘黏性土逐渐增厚，水量逐渐变为500~1000m^3/d，100~500m^3/d，以重碳酸钙型水为主，矿化度<0.5g/l，pH值6.5~7.9。

(2) 台地冰水沉积砂砾石孔隙水。

分布于伊通河西岸工农广场－宋家洼子－罗家窝堡一线以东黄土台上部位黄土状粉质黏土，厚10~20m，其下部厚0.8~3.2m的砂砾石，凯旋路至西广场一带厚5m，班家营子一带厚7m左右。地下水位埋深4~18m，当水位降深5m时，单井涌水量为100~500m^3/d。为重碳酸氯化物钙镁水或镁水，氯化物、硝酸钙水，矿化度0.5~1.0g/L。这一地下水类型主要受上覆黄土状土孔隙水垂向补给及侧向径流补给。地下水的运动在天然条件下受地形控制，由岗地流向沟谷洼地。

(3) 台地冲洪积黄土状土孔隙水。

分布于富裕水库－腰分水岭一线以西波状台地上，由黄土大粉质黏土组成。当降深2m时，单井涌水量10~50m^3/d；当与下伏基岩风化裂隙带联系密切时，水量可增至100m^3/d。未受污染区，水化学类型以重碳酸钙型为主，污染区氯离子、硝酸根离子增多，矿化度0.5~1.0g/L。杨家粉房一带硝酸根离子高达489mg，矿化0.59~6.0g/L。大气降水是主要的补给源，灌水回渗是季节性补给源。

长春市松散岩类水文地质图见插图192。

4.1.3 基岩裂隙水

基岩裂隙水因裂隙性质不同富水性差异很大。

(1) 南湖－兴隆沟段裂隙带构造裂隙水。

这一断裂带又称贾家洼子－后分水岭断裂带。南起贾家洼子，经南湖、人民广场、八里堡至后分水岭。发育于白垩系青山口组中，含水岩石为粉细砂岩，裂隙发育，由近南北和北东两组构造裂隙组成，裂隙发育深度70~80m富水性一般500~1000m^3/d之间，在八里堡一带，由于上覆第四系砂砾石或粉细砂，并与伊通河发生水力联系，对构造裂隙水补给十分有利，加之八里堡段构造裂隙发育，富水程度强，单井涌水量可达1000m^3/d以上，最大可达3000m^3/d。水质状况因环境不同而有所差异，在老市区硝酸根离子含量已高达325mg/L，水化学类型、为重碳酸、氯化物钙钠水。而在贾家8号井、南湖宾馆、桂林饮料厂、畜牧厂、461医院、林业厅招待所一带，环境清洁，未受污染，水质符合矿泉水标准，矿化度<0.5g/L，为重碳酸钙型硅酸矿泉水，动水位埋深31~32m，由大气降水和侧向地下径流补给。

(2) 四间房断裂带构造裂隙水。

分布于四间房、赵家窝堡、桑家窝堡一带。发育与白垩系嫩江组粉砂岩和泥岩中，裂隙发育深度70~80m，上覆薄层粉细砂，对构造裂隙水的补给有利。在降深13~17m时，单井涌水量为500~1000m^3/d，局部地段大于1000m^3/d。地下水位埋深已由开采初期的小于3m，降至12m以下。水化学类型为重碳酸钙、重碳酸钙钠（钙、镁）型，矿化度<0.5g/L，由大气降水和侧向地下径流补给。

(3) 孔隙裂隙水。

在灌子洞－苇子沟一带由泉头组三、四段和青山口组组成含水层。由西南向东北颗粒变细，渗透性变弱，富水程度由432m^3/d逐渐变弱至31m^3/d。一般情况下，降深20m时，单井涌水量为200~300m^3/d。人民制药厂井水，水化学类型为重碳酸钙氯化物钙钠水，PH6.6，矿化度0.27g/L，以侧向地下径流补给为主。

分布在富裕水库－腰分水岭一线以西的嫩江组、姚家组和东南部泉头组一、二段，岩性更细，裂隙发育差，富水程度很弱，当降深20m时，单井涌水量10~100m^3/d。水化学类型为重碳酸钠钙水，pH 值 8 左右，矿化度 <0.5g/L。以侧向地下径流补给为主。

长春市基岩水文地质图见插图 193。

4.2 地下水补给、径流、排泄条件

降水入渗、伊通河侧渗、湖泡地表水渗入、菜田灌溉回渗、上游地下水径流补给是地下水的补给源。基岩除侏罗系碎屑岩裸露外，均埋藏于第四系松散岩层下，不能直接接受降水补给，只能接受第四系孔隙水间接补给和来自东南部山区的区域性侧向地下水径流补给。河水及稻田水的入渗也必然通过第四系孔隙水才能补给裂隙水。在强烈开采时，吉言，基岩裂隙水与第四系孔隙水只差显著，也增加了孔隙水对基岩裂隙水的垂直补给。

松散岩类孔隙水的径流条件以古河道带最好，波状台地次之；基岩裂隙水中以构造裂隙水径流条件最好，孔隙裂隙水次之。

地下水的排泄方式有蒸发、侧向排泄及人工开采。地下水动态类型及影响因素见表 31－5。

表 31－5 地下水动态类型及影响因素一览表

地下水动态类型	影响因素 / 地下水类型及所在地段	补给因素					消耗因素			备注
		降水	径流	河渗	灌流	越流	蒸发	径流	开采	
径流、降水入渗－蒸发、开采、径流型	河谷上、下游砂砾石孔隙水	★	☆	☆	☆		☆	★	☆	地下水动态的命名方法：主要影响因素在后，次要影响因素在前。★：代表主要影响因素 ☆：次要影响因素
降水入渗、河渗－开采、径流型	河谷中游砂砾石孔隙水	☆	☆	★	☆		☆	★	☆	
降水入渗、灌渗－蒸发、开采、径流型	河谷阶地水田砂砾石孔隙水	☆	☆	☆	★		☆	★	☆	
降雨入渗－蒸发、径流、开采型	台地冲洪积黄土状粉质黏土孔隙水	★	☆	☆	☆		★	☆	☆	
径流－径流、开采型	台地冰水沉积砂砾石孔隙水		★			☆		☆	★	
	基岩裂隙水		★			☆		☆	★	

注：资料来自吉林省地质环境监测总站。

4.3 地下水动态

根据 1980 年至 1990 年、1991 年至 2000 年及 2001 年至 2010 年区域地下水动态观测资料，区域地下水动态类型、特征及其变化规律如下：

（1）台地冲洪积黄土状粉质黏土孔隙水潜水含水（二）。

台地黄土状土孔隙水水位动态主要受自然因素影响，降水和蒸发是影响地下水水位的主要因素，地下水径流和人工开采是次要因素。

台地黄土状土孔隙水低水位期为 4—5 月，从年初至 5 与下旬，地下水水位呈缓慢下降状态，5 月下旬以后，包期待谁的冻融水形成对地下水的补给，水位开始回升，之后，随着降水量的增多，

水位回升速度加快，到8—9月份，随着降水补给的增多，地下水水位达到峰值，高峰过后地下水水位逐渐下降，降速由快倒慢。

地下水水位年变幅因地而异，市区内变幅较小，一般在2.0m左右，市区外围及郊区变幅较大，一般为3.0~4.0m。

冲洪积黄土状粉质黏土孔隙水动态曲线见图31-4。

图31-4 冲洪积黄土状粉质黏土孔隙水动态曲线

（2）台地冰水沉积砂砾石孔隙水承压含水（三）。

台地砂砾石孔隙水主要受台地黄土状土孔隙水补给，人工开采是其主要排泄方式，由于大量集中开采该类型地下水，已形成地下水水位下降漏斗，地下水水位动态主要补给状态和开采状态的共同影响，水位较低，高、低水位期较明显，一般是6月以前低水位，10月为高水位峰值出现时随机性较大。水位变幅多小于2.0m。

台地冰水沉积砂砾石孔隙水动态曲线见图31-5。

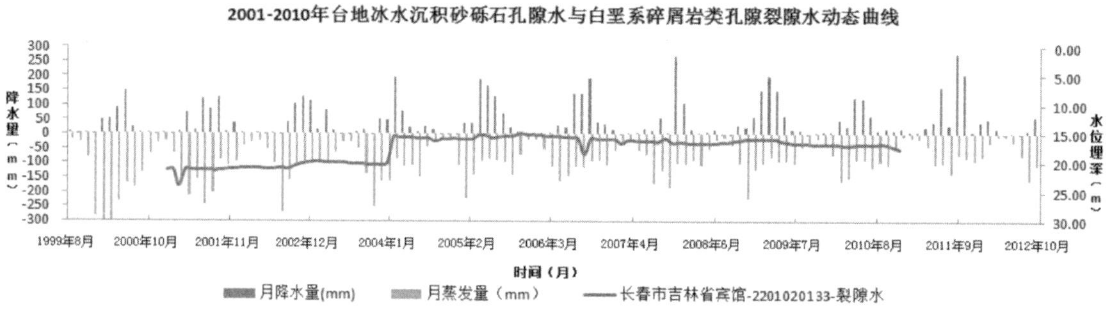

图31-5 台地冰水沉积砂砾石孔隙水动态曲线

（3）基岩裂隙水承压含水（四）。

基岩构造裂隙水的低水位期为4—6月，高水位期为8—11月，非开采井年水位变幅较小，多为1.0~4.0m，开采井水位变幅较大，一般为5.0~8.0m，最大可达10.0m以上。因受开采影响，井内水位波动较大，常出现峰值偏高的情况。

基岩孔隙裂隙水主要受上部孔隙水和侧向孔隙裂隙水补给，人工开采是其主要排泄方式，低水位期为4—6月，高水位期为9—10月，静水位年变幅3.0~5.0m，动水位年变幅达6.0m以上。

构造裂隙水动态曲线见图31-6。

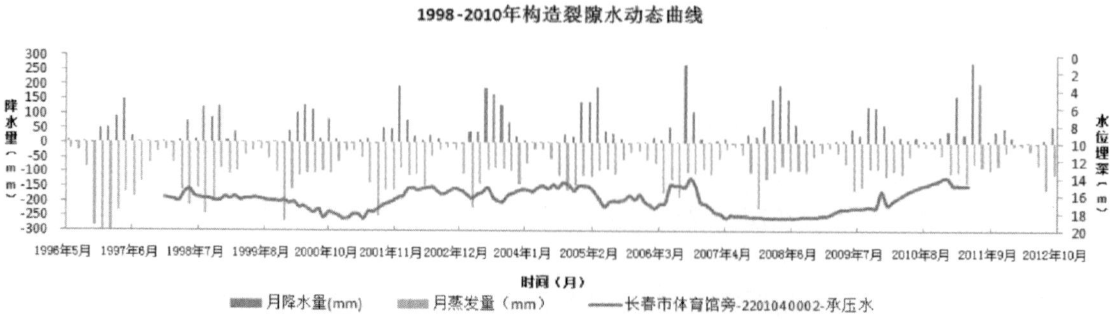

图31-6 构造裂隙水动态曲线

5 特殊地质条件

5.1 不良地质作用

长春地区地貌单元为波状台地及伊通河一级阶地，基底岩系为白垩纪泥岩，上覆地层为黏性土层及砂土层，不良地质作用总体不发育，未发现明显的不良地质作用。

5.2 特殊性岩土

5.2.1 填土

长春市为吉林省省会城市，城市的拆迁及工程建设的需要，遗留下了复杂的人工填土。目前所见的人工填土，大多是近一二百年以来所形成的。填土土质结构松散不均，厚度不均，水位以上一般含水量较低，但在地下水位附近及以下具有较高的含水量，特别是填土分布厚度较大地段，对明挖基坑边坡稳定性以及隧道围岩稳定性均有较不利影响。

5.2.2 风化岩

白垩系（K）泥岩风化层③$_1$ ~ ③$_2$层具有失水崩解、遇水软化的性质，暴露后会发生剥落现象，土、岩结合面往往也是不稳定、潜在的滑动面，如不及时对其进行支护，会产生大规模坍塌，从而危及整个基坑的安全。另外，风化岩在纵向上风化程度不均匀、与第四系覆盖层软硬程度差异较大，这种软硬不均、工程性质迥异的围岩介质，对盾构掘进有较不利影响，易造成盾构偏挖。

5.2.3 黄土状土

以长春市为中心的波状台地上分布着以冲洪积为主要沉积物的黄土状土，厚度10 ~ 20m，大量的研究结果表明该层土孔隙较多，强度低于典型老黏性土，高于一般黏性土，为中等压缩性，因地下水位埋藏较浅，土含水量较高，呈可塑状，为超固结土，不具有湿陷性，湿陷性系数小于0.015，膨胀性极弱。

6 城市轨道交通主要工程地质问题

6.1 盾构工法主要工程地质问题及对策

（1）粉质黏土、泥岩地层中刀盘泥饼问题。

隧道范围内地层存在厚层状粉质黏土、风化泥岩层，盾构在掘进时，容易在刀盘上形成泥饼，使掌子面上出现不见刀，泥磨土的情况，导致进尺缓慢。

对策：在盾构设计采取时，应选择适当的开口率，尽可能体现土体进舱顺利；在盾构机现场施工时，应适当添加土体改良剂，减低土体黏性度和黏聚力；同时合理设定盾构机掘进的参数，控制循环水温度等。

(2) 软硬复合土层可能造成盾构机在线路方向上的偏离。

长春市地层分布特征表明盾构掘进经常会遇到土、岩结合软硬不均的二元地层，在隧道盾构施工中，由较硬土层进入软土层或由软土层进入较硬土层时，由于沉降不均，可能造成盾构机在线路方向上的偏离。

盾构掘进时由于砂砾石层或风化岩层强度高，掘进速度慢，长时间原位转动刀盘对软弱围岩的扰动大而使其失稳，且刀盘顶部地层易被掏空，上部地层将形成以刀盘为中心的漏斗状塌空区，强行掘进可能会导致地面出现坍塌，应采取有效的措施对软弱地层进行必要的加固处理，增强地层和地面的自稳能力。

对策：在掘进过程中适时向盾壳外部注入膨润土减小阻力的同时，通过不间断的监控量测手段，适时调整掘进参数。

(3) 盾构在富水砂层中容易出现开挖面喷涌、冒顶、坍塌等问题。

对策：

1) 关闭出土闸门，关掉螺旋机，在顶部土压不超限的情况下继续往前掘进，使土仓基本满土后（此时刀盘油压较高，扭矩较大）停止；然后稍开出土闸门，不启动螺旋机，让土压把砂土挤出，待砂土挤出速度较慢甚至不自动流出时再启动刀盘往前掘进。

2) 关闭出土闸门，螺旋机正转转速调至2.0rpm左右，继续往前掘进，到顶部土压达2.8bar时停止；待土压降低到2.0bar以下时再按前面方法掘进，到刀盘扭矩较大（约3200kN·m）时，关闭刀盘及螺旋机，稍开出土闸门，让土压把砂土挤出，待砂土挤出速度较慢甚至不自动流出时再启动刀盘往前掘进。

3) 严格控制盾构正面的平衡压力。盾构机在过砂层时，通过下列两种方法控制土仓压力处于平衡状态：一是在保持推进速度不变的情况下，调节螺旋输送器的转速或闸门开度（螺旋输送器转速减小均能达到增大土仓压力的效果），控制出土量，建立和保持密封土仓压力；二是在保持螺旋输送器的转速或闸门开度不变的情况下，加大盾构机千斤顶的总推力，提高刀盘的转速和推进速度，增大密封土仓压力。

4) 渣土改良：在砂土和沙砾等砂质土地层中，由于砂土的摩擦阻力很大，地下水丰富，土的透水系数也较高，依靠削土的土压力保持开挖面上的压力（地下水压力和开挖面土压力）是很困难的。另外，通过开挖土体来很难保证出土的流动性，在这种砂性土的地层中，单纯依靠出土闸门等机械控制很难保证开挖面的稳定，所以在开挖面上加压或注入化学聚合物、泡沫剂、膨润土等材料，进行充分搅拌，改良切削下来的渣土性质，保证砂土的流动性和止水性，以求开挖面的稳定，防止喷涌、冒顶等。

5) 加强管片的背后注浆控制由于砂土的渗透性较好，含水量大，实际注浆量应大于理论计算量，以保证注浆质量。

6) 加强对出土量的计量。及时掌握开挖面的地质情况和出土量，防止超挖造成地表塌陷。

7) 加强监测工作，及时反馈监测信息加强地面的沉降、洞内的管片上浮、旋转、收敛等监测，及时根据监测数据调整相应掘进参数，以保证盾构掘进施工安全及成型隧道质量。

6.2 明挖工法主要工程地质问题及对策

(1) 填土层易导致桩间侧壁漏水。

当拟建场地位于老城区时，往往存在一些不明地下构筑物和管线，且填土层较厚，经常会出现不明水源，如止水措施不当，可能形成流土、流水，如处理不及时，在局部地层掏空引起上部土层下陷，导致基坑边坡或建筑物破坏。

对策：可采用高压旋喷、挂浆喷射混凝土封闭或静雅注浆的止水加固措施。

(2) 白垩系（K）泥岩风化层失水崩解、遇水软化，易造成边坡失稳。

白垩系（K）泥岩风化层$③_1$～$③_2$层具有失水崩解、遇水软化的性质，暴露后会发生剥落现象，如不及时对其进行支护，会产生大规模坍塌，从而危及整个基坑的安全。

对策：

1）加强围护结构的止水或降水等地下水控制措施，应充分考虑开挖平面以下风化岩层受扰动而发生的软化，保证有足够的嵌固深度。

2）围护结构设计应充分体现：上游止水、下游排水的设计思想。尽量控制水对泥岩风化层的影响。

3）开挖至基底平面前，应尽量避免对土层的扰动，及早封闭。

4）加强施工监测，合理确定基坑每次开挖深度并及时架设钢支撑。

（3）土、岩结合面、顺层滑动面的不稳定性。

当明挖车站基岩埋深较浅时，土、岩结合面如向坑内倾斜，或基坑侧壁存在顺层滑动面时，则易造成基坑失稳、坍塌。

对策：岩土工程勘察应注意并重点查明岩层产状、土岩结合面的稳定性；同时设计应注意岩面倾斜对支护结构受力的影响，同时应采取对潜在滑动面的预加固措施。

（4）富水砂层在明挖施工中的问题。

长春市区广泛分布的富水粗砂、中粗砂层，如果地下水控制措施效果不好，则会出现漏水、漏砂等，可能导致周边环境的破坏或支护结构的变形。

应对措施：

1）对明挖车站地下水采用管井降水或止水帷幕措施，同时可加强坑内明排措施，降低地下水位并疏干残留水。

2）建议增加饱和砂层位置的支护结构强度，开挖时先撑后挖，同时结合对桩间土注浆加固的辅助措施。

3）加强对围护结构、邻近环境对象的沉降、变形的监测频率。

6.3 矿山法主要工程地质问题及对策

（1）粉质黏土或富水砂层围岩稳定性差。

对策：

1）议采用台阶法开挖，采用台阶法开挖时，应严格控制每循环进尺，控制台阶长度充分利用地层纵向承载拱的作用，尽快封闭初期支护，减少地层松弛，必要时提前进行二次衬砌施工。开挖过程中，每开挖一步，应及时喷混凝土封闭稳定掌子面。

2）在施工过程中应严格遵循“管超前、严注浆、短开挖、强支护、快封闭、勤测量”的施工原则。

3）开挖上断面时，尽可能缩短台阶长度，及早形成封闭结构。遇到较差地层时，为了保证工作面稳定，应及时喷射混凝土封闭工作面。较长时间的停工或工序转换，应喷射混凝土封闭工作面。

4）由于地层稳定性差，初支与围岩之间易出现空隙，易造成地表下沉以及洞内拱顶下沉量，因此需及时进行初支背后充填注浆。

（2）风化泥岩层失水崩解、遇水软化的特性。

白垩系泥岩具失水崩解、遇水软化的特性，而且这种变化具有反复性，对围岩稳定性极为不利，易早成坍塌、冒顶等事故。

对策：

1）短开挖，早封闭，及时进行初支背后充填注浆，防止泥岩产生扰动和应变。

2）在施工过程中应通过动态监测支护体系变位情况和支护结构力学状态，及时反馈设计，调整和修改设计参数，以确保施工安全可靠。

参考文献

[1] 北京市城建勘测设计研究院有限责任公司. 长春市地铁1号线一期工程抗浮设防水位研究报告 [R]. 长春: 2011.

[2] 江涛, 林森, 刘佳明, 李朝. 长春地区地铁盾构选型研究 [J]. 2012中国城市轨道交通关键技术论坛暨第三届中国（长春）国际轨道交通论坛论文集, 2012.

郑　州　市

1 自然地理

1.1 地理位置

郑州地处中华腹地，九州之中，十省通衢。北临万里黄河，西依中岳嵩山，东、南接黄淮海大平原，介于东经112°42′~114°14′，北纬34°16′~34°58′之间。东连开封市，西接洛阳市，南邻许昌市，北隔黄河与新乡市相望。东西最大横距166km，南北最大纵距75km，全市总面积7446.2km^2，市区面积1010.3km^2，建成区面积303km^2；现辖6区5市1县：金水区、二七区、中原区、管城区、惠济区、上街区，郑东新区，巩义市、登封市、荥阳市、新密市、新郑市、中牟县。

郑州市地理位置见插图194。

1.2 气 象

郑州属于暖温带大陆性季风气候。冷暖气团交替频繁，四季分明，无霜期220天。冬季漫长而干冷，雨雪稀少；春季干燥少雨，冷暖多变大风多；夏季比较炎热，降水高度集中；秋季气候凉爽，时间短促。春季多风干旱，夏季炎热多雨，秋季晴和日照多足，冬季寒冷少雪，降水量年际变幅较大，夏季雨量过于集中。

据郑州市气象资料：

（1）气温：年平均气温14.7℃，极端最高气温43℃，极端最低气温-17.9℃，年最高气温多出现在7月和8月。

（2）降雨：多年平均降水量601.7mm，降水量年内分配不均，降水最少的是1月份，为5~9mm，最多的是7月份，一般140~160mm。保证率为75%和90%时，年降水量分别为496.0mm和423.0mm。夏季由于强盛的季风控制，高温、高湿雨量集中，降水量为290~390mm，占全年总雨量的45%~60%，而冬季受干冷的大陆性气团控制，空气干燥，雨雪稀少，降水量只有20~33mm，占全年降水量的3%~5%。春季降雨很少，有时秋季会出现连阴雨。降水量不仅年内分布不均，年际变化也较大，降水量最多的是1964年，高达1041mm，最少的年份是1986年，降水量为385mm。24小时降雨量多年平均值90mm，百年一遇24小时降雨量245mm，每年7—9三个月的降雨量是全年降雨量的55%。

（3）风向：为多风地区，多年平均风速为2.8~3.2m/s，最大平均风速为18~22m/s，冬季盛行偏西北风，夏季盛行偏南风，春秋季则交替出现，一般4月份风最大，8、9月份最小。

（4）冻土深度：年平均地面结冰达100多天，最大冻土深度180mm，地面以下100mm冻结平均为55天。

郑州市气象情况见表32-1。

表32-1 郑州市气象情况表

水文、气象情况	郑 州 市
年平均气温（℃）	14.7
极端最高气温（℃）	43.0
极端最低气温（℃）	-17.9
年最大水汽压（hPa）	41.0
年最小相对湿度（%）	66

续表 32-1

水文、气象情况	郑州市
年平均降水量（mm）	601.7
年最多降水量（mm）	781.8
一日最大降水量（$p=50$ 年）	189.4
一日最大降水量（$p=100$ 年）	215.9
年最多风向及频率（%）	东北 10
年最大冻土深度（cm）	18
年最大积雪深度（cm）	18
年平均蒸发量（mm）	1787.5
年最大蒸发量（mm）	1935.3
年平均雷暴日（天）	21
年平均结冰日（天）	87
年最大电线积冰风向风速	12mm 东北 2m/s

1.3 水　　文

郑州市地跨黄河、淮河两大水域，占地 7446.3km²。其中黄河流源占地 2011.8km²，占全市面积的 27%，主要包括登封、颍阳、郑州、中牟部分地区。淮河流域 5434.7km²，占全市面积的 73%，主要包括新密、新郑全部、登封、颍阳。

郑州各区、中牟大部分地区，全市有大小河流 124 条，较大流域的河流有 29 条，其中黄河流域 6 条，淮河流域 23 条。郑州市水系见插图 195。

（1）黄河水系。

黄河是我国第二条大河，是中华民族的母亲河，是我国农田灌溉的发祥地。黄河自巩县曹柏坡入境，经南河渡、沙鱼沟、荥阳县汜水镇、广武乡、邙山区花园口和中牟县万滩、东漳乡入开封市境。郑州境内河段长 150km，在邙山岭桃花峪以下河床变宽，地势平坦，流速减缓，造成泥沙淤积，河床逐年高出两岸地面 3m 以上，最高达 10m，形成“悬河”，“善淤、善决、善徙”，在历史上为险工地段。新中国成立前，黄河俗称“三年两决口”，是举世闻名的害河。

黄河在郑州境内的支流有伊洛河、汜水河和枯河。

伊洛河：洛河，源出陕西洛南县冢岭山。伊水，源出卢氏县关顿岭。伊、洛两河在偃师县高庄汇流后入巩县境，经回郭镇、芝田、康店、孝义、站街、南河渡 6 个乡（镇），在神北注入黄河。伊洛河在巩县境内长 37.8km，流域面积 803km²。伊洛河在郑州境内的主要支流有登封县逛水河和巩县干沟河、坞罗河、后寺河、东泗河、西泗河。

汜水河：该河主要发源于密县尖山乡田种湾（五指岭北坡），流经巩县米河乡、荥阳县高山乡，由汜水镇口子村注入黄河，河流长 42km，控制流域面积 560km²。

枯河：古称“旃然河”，源于荥阳县白杨村旃然池，流经蒋头、仁里村、前真村、唐岗水库、樊河村，由小胡村东入邙山区古荥乡穿过京广铁路，经保合寨、岗李村北南裹头注入黄河。河道长 40.6km，流域面积 250.4km²。

（2）淮河水系。

郑州境内属淮河流域的主要河流有贾鲁河、双洎河、颍河、运粮河等。

贾鲁河：由古鸿沟、汴水演变而来。元至正十一年（1351 年），工部尚书贾鲁主持疏汴河而得名。

贾鲁河上源较多，多在密县北部山谷，主要支流有二条。西支古称“京水”，亦称贾峪河（孔河），源于密县袁庄乡南弯长里沟，向东北流经荥阳县上湾、寺河两个小型水库，经张庄入郑州市中原区常庄水库，在赵坡村与东支汇流。东支有三源。西源于密县白寨乡杨树岗圣水峪，由圣水峪河经申河、全垌入尖岗水库；中源于二七区侯寨乡三李西的冰泉、温泉流经三李村、全垌东入圣水峪河；东源于侯寨乡刘家沟九娘娘庙泉，流入尖岗水库，在赵坡村与西支汇流入西流湖，经石佛、老鸦陈在皋村穿东风渠（平交）向东经周庄、姚桥、中牟县大吴村、白沙乡、城关镇、邵岗乡、韩寺乡的胡辛庄东南入开封县，经尉氏、扶沟、西华至周口市汇入沙颍河。贾鲁河在郑州境内河长137km，流域面积2750km^2。贾鲁河主要支流有索须河、魏河（又名贾鲁支河。民国二年经魏联奎治理后遂称魏河）、金水河、熊耳河、七里河、潮河、丈八沟、石沟、小清河、东风渠、马河等。

索须河：是贾鲁河的主要支流，索河源于荥阳县崔庙乡竹园村石岭寨，经三仙庙小一型水库、丁店中型水库、楚楼中型水库、河王中型水库、庙湾小一型水库，在中原区的大榆林村与须水汇流；须水发源于荥阳县贾峪乡岵山（古称嵩渚山）东麓沤蔴坑，流经楚村、饮马坑小型水库、吕庄、谷家寨小型水库和中原区刘沟小型水库，经须水至大榆林村与索河汇流后，东流经师家河，铁炉寨、马寨跨东风渠东至马庄，从祥云寺东南流入贾鲁河。河流长23km，流域面积557.9km^2，是荥阳县和郑州市区泄洪排涝主要河道之一。

东风渠：1958年4月动工兴建东风渠引黄闸（五孔闸），用于灌溉，1959年9月竣工，后演变成市区的一条排涝河道。

七里河：发源于新郑县郭店乡半坡桥村，流经小乔乡罗垌小型水库、林锦店小型水库、苏庄、大姚庄至岔河与十八里河汇流后，经金水区贾岗向东南流入中牟县，在白沙乡后潘庄西汇入贾鲁河。河长63.8km，流域面积741.0km^2，是郑州市一条排涝泄洪河道。

双洎河：该河上游有溱河、洧水两大支流，溱、洧二水在新郑县代湾村西汇流后称双洎河。溱水发源于密县白寨乡横岭山老锅岗（古称鸡络窝）牌坊沟村，流经张湾、曲梁、庙朱小水库，在新郑县代湾村西汇入洧水。洧水（平陌河）源于古时的阳城县阳城山。即登封县大冶乡西阳城山（马岭山又名车子岭、马鸣寺）东南，源头有二：一在紫罗池，一在沙沟北坡，在西施村汇流后，流纳温沟、沁水，经大冶、弋湾入密县平陌，在超化北与发源于巩密关溵水，登封县境称麻河（井湾河）汇流，经密县大隗镇东与溱河汇流。双洎河经代湾村、大周庄、梨河，从黄甫蔡流入长葛县。在郑州境内河长35.5km，流域面积240km^2。双洎河主要支流在密县有溱水、洧水、溵水、泽河、红河、寺沟河等19条；新郑县有黄水河、梅河、莲河、潩水河、高路河等11条。

颍河：是沙颍河的一条主要支流，源于登封县石道乡椿庄。中颍水源于君召乡东北当阳山和万安山之间的李家沟，流经红石头沟、水磨湾、宋沟、后河、毕家村折向东流经大金店、告成，在马家寨入白沙水库，坝下河水入禹县境；右颍源于石道乡西瑶珍珠泉，泉边有“颍源碑”；左颍水即石崖河水，源于少室山南麓，流经苇园沟，太后庙、雷村，在大金店东南汇入颍河。颍河在登封县境内河长57km，流域面积1037.5km^2。在登封境内颍河主要支流有后河、顾家河、石淙河、少阳河、王堂河、白坪河、五渡河、马峪河等，是登封县主要排涝泄洪河道。

运粮河：是涡河水系的一条主要支流。发源于中牟县东漳乡万庄村，沿黄河堤东南流经瓦坡村东南出境。河流全长68.9km，流域面积112.9km^2，其中在中牟境内河段长12.8km。运粮河主要支流有丁村沟、运粮支沟等。

1.4 地形地貌

郑州地区位于华北平原西南部的边缘地带，地势西南高、东北低，具有典型的由山区向平原过渡的地形特征，主要受北西向构造控制，在京广铁路东西两侧的地貌景观迥然不同。西部表现为前期下沉，后期抬升遭受侵蚀切割。受尖岗和古荥断裂的控制，形成西南和西北地势较高的黄土台塬，海拔标高200~240m，地形切割强烈。中间为塬间、塬前冲洪积平原，地形波状起伏，海拔标高100~130m。东部长期下沉接受沉积，形成地势较低的黄河冲积平原、黄河漫滩和风成沙丘，海拔标高分别为85~100m、90~97m及90~120m。

郑州市地貌类型包括：中低山、丘陵岗地、黄河漫滩、黄河泛滥平原、河谷平原、山前冲洪积平原、条形垄岗洼地、黄土丘陵共8个地貌区（见插图196）。

郑州市区位于冲洪积平原与泛滥平原相交接地带，为华北平原的一部分。地形平坦开阔，地势由西南向东北倾斜，坡降为46‰~3‰。按地貌成因类型，区内主要有冲洪积平原和泛滥平原，而郑州市西侧为黄土地貌（邙山）。

1.4.1 冲洪积平原

（1）冲洪积倾斜平原。位于小孟-朱庄-罗寨-黄岗寺一线以西，占全区面积的1/6~1/5，地面标高120.0~170.0m，地面波状起伏，坡降3‰~21‰，发育冲沟，冲沟呈北东向展布，平面呈树枝状或平行状排列，延伸长，彼此间隔均匀，多呈“U”形沟。地表为浅黄，黄褐色晚更新世风积黄土（马兰黄土）覆盖。

（2）冲积平原。分布于小孟-朱庄-罗寨-黄岗寺一线以东至关庄-南阳路-凤凰台-南岗一线之间的范围，呈北西向带状展布，占全区面积的1/2，地面标高95.0~130.0m，地势向东北微倾斜，坡降为2‰~11‰，冲沟较少，一般为浅、短、窄小冲沟，呈北东向展布。上游冲沟切割较深，近市区因工程施工多被人工改造夷平。地表为晚更新世冲洪积粉土、粉质黏土所覆盖，冲积平原由西南向东北逐渐过渡为泛滥平原。

1.4.2 泛滥平原

泛滥平原分布于本区的东北部，占全区面积的1/3，地面标高85.0~101.0m，地面平坦开阔，微向东北倾斜，坡降0~3‰，地表无冲沟发育。在泛滥平原东北及东南分布波浪状砂岗或砂丘，地表为全新世冲积粉土、粉质黏土、含淤泥质，色呈浅黄褐色、浅灰色、灰褐色。

1.4.3 黄土地貌

分布在郑州市区西部的邙山一带，为黄土台塬，塬面平坦，微向南倾斜，塬面高程190~200m，高出黄河河床100~110m，南坡相对平缓，北坡陡峭，为黄河冲刷岸，塬坡冲沟较发育，切割较深，黄土台塬的岩性由晚更新统和中更新统风成黄土组成。

2 区域地质

2.1 地质构造

郑州地区大地构造上位于中朝准地台的黄淮海凹陷，地质构造总体上以宽缓的向背斜为特征，断裂活动强度和幅度不大，主要构造线走向呈北西、北西西-近东西向构造。

华北断块区由变质褶皱基底和不同时代的盖层组成，刚性基底上，断裂较为发育，形成由六个二级构造单元块体镶嵌而成的断块构造格架。

华北断块区中南部的基底形成于太古代，为一套中、深变质片麻岩系，其构造线方向主要为北西西及近东西向，并有南北向构造叠加。古生代时期，除受加里东运动影响，缺失志留系和泥盆系外，该区以强烈沉陷为主，形成近东西向或北西西向的宽缓短轴背、向斜。中生代时期，华北断块区西部的鄂尔多斯断陷区由沉陷转为隆起，东部的隆起区则形成一些断陷盆地和地堑盆地。

新生代以来，受北东向和北西西或近东西向断裂和断陷的影响，华北断块区断陷盆地十分发育，形成大面积的隆起和沉陷，西部鄂尔多斯断陷带接受巨厚的堆积，东部断陷盆地进一步发展扩大，中部的太行-中条隆起的轴部形成新的汾渭地堑带。此种断块运动一直延续到现代。

郑州地区全部为第四系松散堆积物所覆盖，总厚度280~300m。

2.2 断　　裂

根据国家地震局物探中心放射性氡气测量成果、人工地震勘探及重力勘探资料，郑州市区范围内断裂构造主要有 NW 向和近 EW 向二组共 12 条断层。根据市区构造断裂的形迹分布特征可大致分为三类，即北西向、近东西向和北东向（见表 32－2 和插图 197）。

表 32－2　郑州市区主要构造分布说明表

构造行迹	编号	断层名称	产状			长度（km）	性质
			走向	倾向	倾角（°）		
北西向断裂	F1	古荥断裂	330°	NE	70	26	正断层
	F2	老鸦陈断裂附近	330°	NE	60～70	35	正断层
	F3	花园口断裂	315°～330°	NE	陡	26	正断层
	F4	柳林断裂	NW	NE	—	12	正断层
	F5	小店断裂	NNW	NE	—	—	正断层
	F11	尖岗断裂	NW	NE	—	区内 10	正断层
	F12	郭小寨断裂	NW	NE	—	区内 4	正断层
近东西向断裂	F6	中牟北断裂	NWW	NNE	65～70	40	正断层
	F7	中牟断裂	NWW	NNE	70～80	36	正断层
	F8	上街断裂	近 EW	近 N	70	44	正断层
	F9	须水断裂	近 EW	近 N	60～70	39	正断层
	F13	三李断裂	NWW	近 N	—	—	正断层
北东断裂	F16	广武－洪门断裂	40°	SE	—	72	正断层

2.2.1　北西向构造断裂

（1）古荥断层（F1）：

分布于市区中西部，呈北西－南东向走向，断层倾向北东，倾角 70°，为正断层，长 26km。

断层下盘上升（SW 盘），上盘下降（NE 盘），断距 400m 左右；该断层错断了上街断层（F8），而上街断层是一条第四纪中更新世断层，晚更新世以来未见活动。

（2）老鸦陈断层（F2）

该断层纵贯市区中部。走向 330°，倾向北东，倾角 60°～70°，为一正断层，长 35km。

北自黄河南岸，从邙山东侧沿地貌陡坎向东南延伸，经省体育馆东侧过市区，与上街断层及须水断层交汇，重力异常为一北北西向重力梯度带。

卫片显示，从邙山东侧向南东方向延伸的线形构造，影像清晰。于邙山东侧亦发育有类似断层三角面的微地貌陡坎，以西为黄土台地，以东为黄淮冲积平原，地貌形态各异，分界明显。于市区的南阳路北段至今还残存 3～5m 高、呈北西走向的微地貌陡坎；晚更新世地层与全新世地层的分界线基本沿该断层展布。

据中国地震局 2003 研究结果，老鸦陈断层是一条前全新世断层。

（3）花园口断层（F3）

分布于市区东北部。走向 315°～330°，倾向北东，倾角 70°，为正断层，长 26km。断层北自黄河北岸，经花园口向南东延伸，于大河村、祭城分别与中牟北断层及中牟断层交汇，并错断了中牟断层（F7）。该断层为前全新世断层。

（4）柳林断层（F4）：

分布于市区北部，是一条弧形断层，弧顶向北东突出。该断层总体走向为北西向，倾向北东，长约12km。该断层在地形地貌上无显示。从《郑州市基岩地质图》（省地矿局地研所1988年）可以看出，柳林断层切割了新生代地层等厚线，说明该断层于新近纪前有过活动，新近纪以来未发生过明显活动，故该断层为前第四纪断层。

（5）小店断层（F5）：

分布于市区东部三十里铺至二郎庙地带。为一北北东（或近南北）向断层，倾向北东东，长2～3km。据专家论证，小店断层是花园口断层的延伸，并错断了上街断层。

（6）尖岗断层（F11）：

分布于市区西南部岗地前缘，即尖岗水库北一带。走向北西，倾向北东，长约10km。据省地质局地研所编制的《郑州市基岩地质图》（1988年）提供，该断层错断了新生代地层等厚线，但未错断新近纪以后的地层，地貌上亦无显示。鉴于上述，该断层为前第四纪断层。

（7）郭小寨断层（F12）：

分布于市区西南部山前岗地，即三李至西胡同村一带。呈北西走向，倾向北东，长约5.7km。根据《郑州市基岩地质图》（1988年）提供，该断层错断了前新生代地层等厚线，但未错断新近纪以来的地层，地貌上亦无显示，故该断层为前第四纪断层。

2.2.2 近东西向断层

（1）中牟北断层（F6）：

分布于市区东北部。走向近东西向，倾向北北东，倾角65°～70°为正断层，长约40km。中牟北断层自大河村向东呈舒缓弧状向南东延伸，过中牟县城北入开封市区。据《郑州市基岩地质图》（1988年）提供，该断层切割新生代地层等厚线，但未影响到新近纪以来的地层。据中国地震地研所2003年研究成果，该断层为前第四纪断层。

（2）中牟断层（F7）：

分布于市区中北部。断层走向南东东，倾角65°～70°，正断层，长约36km。据《郑州市基岩地质图》（1988年）提供，中牟断层错断了新近纪地层，没有错断第四纪以来的地层，是一条前第四纪断层（中国地震局地研所2003年）。

（3）上街断层（F8）：

该断层横贯于市区北部。西自上街，经郑州市区向东延至中牟县境内，止于白沙一带。走向近东西，倾向北，倾角70°，为一正断层，长120km。据前人资料提供，该断层错断了中更新世下部（Q_p^{2-1}）地层，没影响到中更新世地层的中上部地层，故该断层为前晚更新世断层。

（4）须水断层（F9）：

该断层横贯市区中南部。西自荥阳西南的南新庄，向东经须水、郑州市区中南部至圃田。断层走向近东西向，倾向北，倾角65°左右，为正断层，长39km。

据郑州市地震局2008年7月的《郑州市地震安全基础探测工程2007年项目综合报告》资料，该断层为前晚更新世断层。

（5）三李断层（F13）：

分布于市区西南部的三李至西胡同一带。呈近东西向。断层西端稍有向北弯曲，呈北西西向展布，但其总体走向呈近东西向。倾向南，长约4.5km，为南降北升，断距130～220m。据《河南省基岩地质图》（河南省地矿厅地研所，1988年）提供，断层错断新生代地层等厚线，但未错断新近纪以来的地层，地貌上亦无显示，该断层为前第四纪断层。

2.2.3 北东向断层

该类断层在市区内形迹不太明显，不甚发育，仅于市区西北部古荥镇北发育一条广武至新乡洪门的北东向延伸的新华夏断裂构造。

广武－洪门断层（F16）：分布于郑州市区西北部古荥镇北。自广武的双槐树向北东过黄河，经原阳祝楼至新乡市区洪门，为芳蓝断裂构造的分支断裂延入市区。走向北东（40°），倾向南东，长72km。

2.3 历史地震

郑州地区构造运动强烈，主要表现为东西部的差异性升降运动，西部表现为差异性上升，形成冲洪积倾斜平原及冲积平原；东部自全新世以来，拗陷沉降形成泛滥平原。除此，区内发育有北西向的老鸦陈断层、古荥断层、花园口断层和近东西向的上街断层、须水断层、中牟断层等，这些断层在区内交汇。据历史资料记载，本区曾于公元928年发生郑州4.7级地震，荥阳1814年发生5级地震。因此，本区存在着发生5~6级及以下地震的背景。郑州市历史地震见表32-3。

表32-3 历史地震

发震日期	震中位置			震级	震中烈度	宏观影响烈度
	北纬	东经	地名			
344.12	35.4°	114.3°	河南卫辉	6	Ⅷ	Ⅴ
927.8	34.8°	113.6°	河南郑州	4¾	Ⅵ	Ⅵ
1303.09.25	36.3°	111.7°	山西洪洞	8	Ⅺ	Ⅴ
1502.10.17	35.7°	115.3°	河南濮城	6½	Ⅷ	Ⅴ
1522.02.07	34.2°	114.1°	河南鄢陵	5¾	Ⅶ	Ⅴ
1524.02.04	34.0°	114.1°	河南许昌张潘	6	Ⅶ	Ⅴ
1556.01.23	34.5°	109.7°	陕西华县	8	Ⅺ	Ⅴ
1587.04.10	35.6°	114.0°	河南卫辉西北	6	Ⅶ~Ⅷ	Ⅴ
1668.07.25	34.8°	118.5°	山东郯城	8½	≥Ⅺ	Ⅴ
1695.05.18	36.0°	111.5°	山西临汾	7¾	Ⅹ	Ⅴ
1814.01.10	34.6°	113.5°	河南荥阳贾峪	5	Ⅵ	Ⅳ~Ⅴ
1820.08.04	34.1°	113.9°	河南许昌	6	Ⅷ	Ⅴ
1830.06.12	36.4°	114.3°	河北磁县	7½	Ⅹ	Ⅴ
1937.08.01	35.4°	115.1°	山东菏泽	7	Ⅸ	Ⅴ

郑州市构造运动主要表现在以下几个方面：

（1）地震活动较多，但震级较小，一般在5级以下。

（2）构造运动的周期性、振荡性、补偿性明显可辩。

（3）区内较广泛分布着断裂。既有新近纪活动的断裂，又有第四纪仍在活动的活动性断裂。尤其的是穿过郑州市中心，晚更新世仍在活动的老鸦陈断层，其上部断点距地表仅3.5m。

2.4 地层岩性

郑州市出露地层以第四系为主，自下更新统至全新统均有沉积，地层总厚度50~200m，自西南向东北由薄变厚，与下伏新近系地层呈角度不整合接触。

现将第四系地层从老到新简述如下：

下更新统（Q_1）：区内普遍存在，但在三李一带缺失。岩性以灰绿色、黄褐色粉质黏土和砂土为主。砂层粒度由西向东、由西南向东北有从粗变细的趋势，埋深由小到大，砂层中泥质成分较多，厚度52~105m。

中更新统（Q_2）：区内分布连续，但仅在邙山和下田河、三李一带的深沟中见有上部风积层出露。岩性以黄棕色黏土、粉质黏土、粉细砂、中细砂、粗中砂为主，自西向东、自西南向东北其粒度由粗变细，砂层减少，泥质增加，韵律性增强。地层厚 20 ~ 50m。

上更新统（Q_3）：本区广泛分布，地层以黄色为主色调，岩性为粉质黏土、粉土和粉细砂，由西向东由于沉积物来源不同，岩性由细变粗，砂层增多增厚，厚 28 ~ 61m。

全新统（Q_4）：广泛覆盖于全区地表，以黄灰色为主，自西向东由细变粗，古河道部位砂层较厚，夹淤泥质粉质黏土，厚度较稳定。

3 典型地层及特征

3.1 第四系地层分布及特征

郑州市除西南边缘有零星的前新生界地层露头外，其余均为第四纪松散堆积所覆盖。本区第四纪地层发育，沉积环境多样，在空间上沉积物岩性和结构变化较大，总厚 0.0 ~ 300.0m，地层由西向东逐渐变厚，与下伏新近纪地层在西部呈角度不整合接触，东部呈侵蚀接触。郑州市自西向东具有代表性的地层参见图 32 - 1。各类土体类型及分布由老至新分述如下：

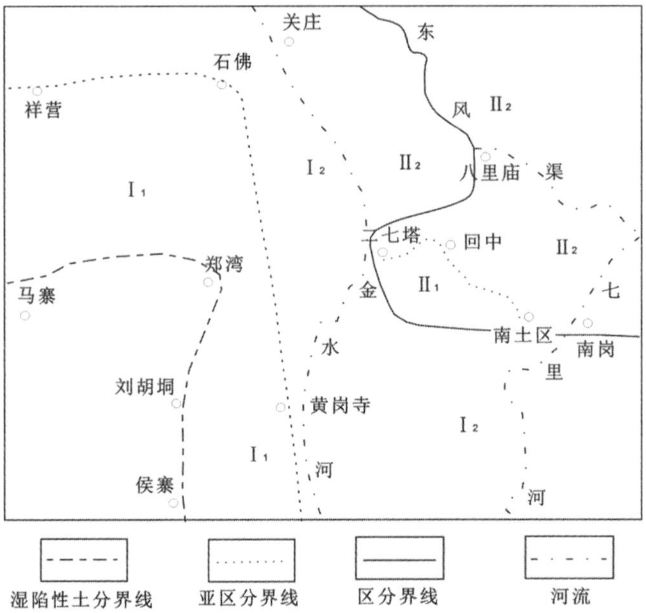

图 32 - 1 郑州市区工程地质条件分区示意图

（1）早更新世河湖相堆积物（Q_1^{al-l}）：仅在西南三李冲沟内有出露。顶面高程由西向东为 120.0 ~ 84.0m，厚度由西向东增大，一般厚 40.0 ~ 50.0m，岩性以灰白色的砂和砂砾石为主，夹棕色、灰色黏土、粉质黏土透镜体。砂层交错层理发育，砂砾石分选较差，砾径 1 ~ 7cm，由西向东黏土厚度逐渐增大，且呈层状分布。与下伏新近纪地层呈不整合接触。

（2）中更新世风积堆积物（Q_2^{eol}）：地表出露少，仅在西南部沟底有出露。顶面高程 150.0 ~ 120.0m，厚 30.0 ~ 40.0m。该层空间分布稳定，岩性单一，以粉质黏土为主。夹 2 ~ 3 层古土壤层及钙质结核层。垂直节理发育，裂隙面具铁锰薄膜浸染，含铁锰质结核及陆相蜗牛化石，时代与离石黄土相当。与下伏早更新世地层呈角度不整合接触。

（3）中更新世冲洪积堆积物（Q_2^{al-pl}）：顶面高程由西向东降低，西部顶面标高 120.0 ~ 130.0m，东部顶面标高 10.0 ~ 25.0m，西薄东厚，西部厚 20.0 ~ 50.0m，东部厚 40.0 ~ 90.0m。岩性以棕色，棕黄色黏土，黄土状粉质黏土、粉土为主，下部夹黄色细砂、中细砂透镜体。与下伏早更新世地层呈不整合接触或冲刷侵蚀接触。

(4) 晚更新世风积堆积物（Q_3^{eol}）：分布于地表沟谷，标高 180.0～105.0m，厚 15.0～30.0m，由西向东厚度增大。岩性单一，主要为黄褐色，浅黄色粉土，夹 1～2 层古土壤，垂直节理发育，普遍含钙质结核和蜗牛壳化石，与下伏地层呈角度不整合接触。

(5) 晚更新世冲洪积堆积物（Q_3^{al-pl}）：分布与堆积厚度均受中更新世古地理环境控制，空间分布具有连续性和继承性，顶面标高 130.0～80.0m，西部厚 18.0～24.0m，东部厚 40.0～82.0m，岩性主要以浅黄色、褐黄色黄土状粉土、粉质黏土为主，夹黏土透镜体，底部有中细砂、砂砾石透镜体。岩性粒度由西向东逐渐变细，至东部岩性多相变为黏土；含钙质结核并呈分散状分布于地层中。西部与下伏中更新世呈不整合接触。东部与下伏中更新地层呈冲刷侵蚀接触。

(6) 晚更新世冲积堆积物（Q_3^{al}）：分布在西部贾鲁河两侧。岩性为灰白色，灰色粉土，疏松具孔隙，微具层理，厚 10.0～60.0m。含钙质结核及陆相蜗牛壳碎片与下伏地层呈冲刷侵蚀接触。

(7) 全新世冲积堆积物（Q_4^{al}）：分布于东部泛滥平原，西部仅在沟谷河床两侧有堆积，地面高程 85.0～101.0m。岩性主要为浅黄色、黄褐色粉土、粉质黏土、粉细砂层，局部有黑色、灰黑色淤泥质层和炭化层，沉积韵律明显，自上而下，由细渐粗，厚 20.0～40.0m，与下伏晚更新世地层呈冲刷侵蚀接触。

(8) 人工填土：分布于中部冲洪积平原和泛滥平原交接部位的老城区（即管城区）。厚度一般为 5.0～8.0m，最厚达 9.0m。上部 2.0m 以上为杂填土，其主要成分为黄褐色粉土，夹大量碎砖块、煤灰等建筑垃圾；埋深 2.0m 以下为素填土，以黄褐色粉土为主，见少量碎砖屑，稍湿，稍密。

3.2 第四系地层成因

依据大量的勘察钻孔揭露资料及作图分析，郑州市区第四纪沉积物主要为冲洪积相、河流冲积平原及河流泛滥平原相。

(1) 冲洪积堆积物。是山区河流在山谷出口处因坡降急剧变缓，水流向四周散开，而在山麓带形成的扇形堆积体。此冲洪积堆积物由扇根、扇中扩展至郑州市区的西南部主要为扇缘堆积物。山区河流至扇缘的平坦地形形成树枝状的水流，堆积物主要以细砂、粉细砂为主，在垂向上，堆积物以向上变细的正粒序为主；在纵向上，由于坡度比减小，堆积物粒度变细（粉土）。随大气降水减少，水动力条件减弱，细粒堆积就成为扇缘的主要组成部分，主要堆积物以粉土和粉质黏土为主。

冲洪积堆积物因每次洪水流量不同、带来的冲积物多少不同，堆积的范围也就不同。在洪水时沟槽中堆积的为粗粒沉积物，在堆积体的扇面上，漫洪堆积物为一些粉土、粉质黏土及黏土，由于堆积体上沟槽很不稳定，每次洪水都可能形成新的沟槽，前期沟槽堆积物被盖在新的堆积物之下，在剖面中出现沟槽的粗粒堆积被漫洪堆积的细粒堆积物所覆盖，形成沟槽粗粒堆积物成透镜体状分布。

(2) 河流冲积平原堆积物。由于河流的迁移摆动形成比较宽阔的冲积平原带，组成冲积平原的堆积物主要是冲积物，其中常夹有湖积物、风积物；冲积平原坡度较缓，河流分叉，水流流速小，水流带来的物质较细，常为粉土堆积物。在洪水时期河水往往溢出河谷，大量的悬浮物质也随洪水一起溢出。在河谷的两侧低地常形成悬浮细粒沉积粉质黏土、黏土。由于河流的摆动，河道沉积的砂层形成床砂沉积体，在横向上过渡为河道间细粒沉积物，在剖面中呈透镜体状分布。

(3) 泛滥平原堆积物。泛滥平原主要分布于郑州市区的东北部，坡度极微，坡降比为 0～3‰，主要由黄河泛滥的细粒悬浮负载物质为主，泛滥平原上的分流水道粗粒物质分布局限。从研究分析来看，泛滥平原的细粒沉积物约占 60% 以上，分流水道的粗粒沉积物约占 30%，水道的粗粒沉积物横向展布范围小，连续性差，通常分流水道粗粒沉积物被包裹在泛滥平原细粒沉积物之中，水道的粗粒沉积物被细粒的泛滥平原物质所限定。相比之下泛滥平原细粒沉积物分布则很广泛，它们主要是由洪水越过堤岸能量降低堆积下来的悬浮沉积物组成。在剖面上揭示为在水道间的黏土和粉质黏土所组成。

3.3 第四系地层划分

表 32－4 第四系地层划分表

主层号	亚层号	时代与层因	岩土名称	主要颜色	备　注
①	①	Q_4^{ml}	杂填土	杂色、黄褐色	—
	①$_1$		粉土填土		
②	②$_1$	Q_{4-3}^{al}	粉土	黄褐色	—
	②$_2$		粉砂		
	②$_3$		细砂		
	②$_4$		粉质黏土		
③	③$_1$	Q_{4-2}^{al+l}	粉土	浅灰色灰黑色	—
	③$_2$		粉质黏土		
	③$_3$		粉砂		
④	④$_1$	Q_{4-1}^{al}	粉土（中密）	浅灰色、黄褐色	—
	④$_2$		粉砂		
	④$_3$		细砂		
	④$_4$		中砂		
	④$_5$		粉土（密实）		
	④$_6$		粉质黏土		
⑤	⑤$_1$	Q_{3-3}^{al+pl}	粉土（中密）	黄褐色	—
	⑤$_2$		粉砂（中密）		
	⑤$_4$		粉砂（密实）		
	⑤$_5$		粉土（密实）		
	⑤$_7$		粉质黏土		
⑥	⑥$_1$	Q_{3-2}^{al+pl}	粉质黏土	黄褐色、棕黄色，局部为棕红色夹灰白色	以黏性土为主，含较多姜石，局部部富集胶结成层
	⑥$_2$		粉土		
	⑥$_3$		钙质胶结砂土		
	⑥$_4$		细砂		
	⑥$_5$		黏土		
	⑥$_6$		泥质胶结黏性土		
⑦	⑦$_1$	Q_{3-1}^{al+pl}	粉质黏土	棕黄色、棕红色夹灰白色	以黏性土、砂土为主，含大量钙质、泥质结核，局部富集胶结成层
	⑦$_2$		粉土		
	⑦$_3$		钙质胶结砂土		
	⑦$_4$		细砂		
	⑦$_5$		黏土		
	⑦$_6$		泥质胶结黏性土		
⑧	⑧$_1$	Q_2^{al+pl}	粉质黏土	褐黄色、棕红色，夹灰白色	以黏性土为主，含大量钙质、泥质结核，局部富集胶结成层
	⑧$_2$		细砂		
	⑧$_3$		粉质黏土		
	⑧$_4$		钙质胶结砂土		
	⑧$_5$		粉土		
	⑧$_6$		黏土		
	⑧$_7$		泥质胶结黏性土		

续表 32－4

主层号	亚层号	时代与层因	岩土名称	主要颜色	备　注
⑨	$⑨_1$	Q_1^{al+pl}	粉土	棕黄色、棕红色，夹灰白色	以粉质黏土为主，含胶结层
	$⑨_2$		泥质胶结黏性土		
	$⑨_3$		粉质黏土		
	$⑨_4$		细砂		
	$⑨_5$		黏土		
	$⑨_6$		钙质胶结砂土		
⑩	$⑩_1$		粉质黏土	棕黄色、棕红色，夹灰白色	以粉质黏土为主
	$⑩_2$		中砂		
	$⑩_3$		黏土		
	$⑩_4$		泥质胶结黏性土		

3.4　工程地质单元划分

依据郑州市区岩土体沉积特征，将城区分为冲积平原区（Ⅰ）和泛滥平原区（Ⅱ），再根据地形地貌和岩土体工程地质特性等工程地质条件的差异将两个工程地质区分别划分为两个亚区，即地形复杂亚区（$Ⅰ_1$）和地形平坦亚区（$Ⅰ_2$）、人工填土亚区（$Ⅱ_1$）和软土亚区（$Ⅱ_2$）。

（1）冲积平原区（I）。

主要分布于市区的关庄－南阳路－凤凰台－南岗一线的西南部，发育不同程度的冲沟，部分地区表层具有湿陷性黄土。

1）地形复杂亚区岩土地基工程地质特性（I_1）。

该亚区位于郑州市区西南部，由于地形地貌的差异当地人们通常又称为丘陵岗地和波状平原，其上发育有不同程度的冲沟并向东北逐渐消失。丘陵岗地主要分布在市区的西南部，即马寨、刘胡垌、候寨、郑湾一带，波状平原位于陈庄－秦岭路－华山路－郑州电器装备厂一线以西，地表多出露晚更新世风冲洪积的粉土、粉质黏土，其力学性质见表 32－5。

表 32－5　地形复杂亚区浅层土的物理力学指标

《郑州市区工程地质条件及问题探讨》

土层名称	含水量 w（%）	孔隙比 e	塑性指数 I_p（%）	液性指数 I_L	压缩系数 a_{1-2}（MPa^{-1}）	固结快剪		承载力特征值 f_{ak}（kPa）
						黏聚力 c（kPa）	内摩擦角 φ（°）	
粉土	6.1～25.8	0.544～0.878	6.2～9.8	－1.36～0.99	0.10～0.31	7～23	23.5～30.5	130～250
粉质黏土	9.4～27.3	0.520～0.862	10.1～17.0	－0.42～0.40	0.07～0.35	12～64	14.0～25.0	220～280

本亚区地下水位埋深大于 20m，冲沟发育，切割深度大，沟壁两侧坍塌较频，沟蚀、面蚀现象发育。该区由西南向东北，地表水流作用逐渐减弱，冲沟发育程度也逐渐降低，地表水由补给地下水转为接受地下水的补给。上层为晚更新世风积黄土，土层具有中－低等压缩性，承载力特征值为 130～280kPa，局部地区具有中等湿陷性。

2）地形平坦亚区岩土地基的工程地质特性（I_2）。

该区地貌为倾斜平原，地形较为平坦，冲沟浅而少，表层以上更新世冲－洪积粉土为主，其上分布与冲积平原同期发育，以中砂、粉细砂为主的分流水道。该区粉土、粉质黏土和粉细砂的物理力学性质见表 32－6。

表 32－6　地形平坦亚区浅层土的物理力学指标

《郑州市区工程地质条件及问题探讨》

土层名称	含水量 w（%）	孔隙比 e	塑性指数 I_p（%）	液性指数 I_L	压缩系数 a_{1-2}（MPa^{-1}）	固结快剪		承载力特征值 f_{ak}（kPa）
						黏聚力 c（kPa）	内摩擦角 φ（°）	
粉土	12.9～28.5	0.462～0.818	5.3～9.9	－0.07～0.99	0.10～0.33	4～31	11.5～29.5	150～180
粉质黏土	8.0～34.5	0.551～1.018	9.9～17.4	0.01～0.80	0.09～0.33	25～60	16.0～25.0	130～240
粉细砂	15.8～27.2	0.476～0.761			0.10～0.16	4～12	22.0～31.0	210～300

本亚区地下水位埋藏较深，一般为15.0～40.0m，表层为上更新世冲－洪积粉土、粉质黏土，土层厚度为10.0～12.0m，为中－低等压缩性土层，承载力特征值为130～300kPa。场地土类型为中硬土，局部地区具有轻微湿陷性。

（2）泛滥平原区。

该区主要分布于东北部，由黄河泛滥形成，下伏冲积扇体，以关庄－南阳路－凤凰台－南岗一线为界。地形平坦开阔，地下水位埋深2～3.5m，无冲沟发育，具有较厚的人工填土。该区工程地质条件复杂，表层有较厚的软弱土层分布，分流河道发育。

表层主要覆盖第四纪新全世黄河冲积物，主要为粉土、粉质黏土，局部为片状、条带状粉细砂。其物理、力学性质见表32－7。下层为冲洪积物。本区可以分为两亚个区，即人工填土区和软土区。

表 32－7　泛滥平原软土亚区表层土的物理力学指标

《郑州市区工程地质条件及问题探讨》

土层名称	含水量 w（%）	孔隙比 e	塑性指数 I_p（%）	液性指数 I_L	压缩系数 a_{1-2}（MPa^{-1}）	固结快剪		承载力特征值 f_{ak}（kPa）
						黏聚力 c（kPa）	内摩擦角 φ（°）	
粉土	17.1～30.8	0.539～0.891	5.8～16.4	－0.06～1.40	0.07～0.41	3～30	11.4～27.5	80～120
粉质黏土	18.5～45.0	0.590～1.293	4.1～18.1	0.19～1.15	0.12～0.63	5～35	5.7～21.6	120～150
粉砂	17.3～27.0	0.511～0.798			0.05～0.13	3～5	29.0～35.5	210～260

1）人工填土亚区岩土地基工程地质特征（II_1）。

本亚区分布在泛滥平原与冲积平原的过渡地区，上部分布厚度不等的人工填土。地下水位埋深大于6m，地下水量丰富，填土的承载力特征值f_{ak}为85～135kPa。

2）软土亚区岩土地基工程地质特征（II_2）。

该泛滥平原上层属软土（含粉砂透镜体），由第四纪全新世冲积物组成，厚度较小，含水量高、孔隙比大、压缩性高、强度较低、承载力特征值为80～100kPa。下层为晚全新世冲、洪积物，主要为灰黄或黄褐色粉土、粉细砂及粉质黏土，该层砂强度高，厚度大，压缩性低，无软弱下卧层，承载力特征值f_{ak}为250～300kPa。

3.5　主要岩土物理力学参数

3.5.1　主要地层物理试验指标

根据郑州地铁勘察资料及郑州地区经验综合确定各土层的物理试验参数，供勘察设计人员参考使用，详见表32－8。

表 32－8　郑州地区主要地层物理试验指标表

地层编号	岩土名称	物理性质			稠性黏度		固结试验	
		天然含水量 ω	天然密度 ρ	孔隙比 e	液限 W_L	塑限 W_P	压缩模量 $E_{s0.1-0.2}$	压缩系数 $a_{0.1-0.2}$
		(%)	(g/cm^3)	—	(%)	(%)	(MPa)	(MPa^{-1})
①	杂填土	—	1.60～1.70	—	—	—	—	—
①$_1$	粉土填土	—	1.65～1.70	—	—	—	—	—
②$_1$	粉土	13～30	1.95～2.05	0.75～0.98	22～25	16～18	5～8	0.1～0.4
②$_2$	粉砂	—	1.95～2.05	—	—	—	8～12	—
②$_3$	细砂	—	2.00～2.10	—	—	—	12～22	—
②$_4$	粉质黏土	20～35	1.85～2.00	0.70～0.95	26～38～22	17～22	20～60	0.1～0.5
③$_1$	粉土	15～25	1.95～2.10	0.60～0.90	20～25	15～20	5～10	0.1～0.4
③$_2$	粉质黏土	25～35	1.85～2.00	0.68～1.50	29～39	18～22	3～8	0.1～0.5
③$_3$	粉砂	—	2.00～2.03	—	—	—	8～15	—
④$_1$	粉土（中密）	18～285	1.90～2.00	0.65～0.85	21～22	16～17	6～12	0.1～0.3
④$_2$	粉砂	—	1.95～2.10	—	—	—	8～15	—
④$_3$	细砂	—	2.00～2.03	—	—	—	15～25	—
⑤$_1$	粉土（中密）	11～25	1.90～2.00	0.55～0.85	23～31	17～21	8～16	0.1～0.3
⑤$_2$	粉砂（中密）	—	1.95～2.00	—	—	—	10～20	—
⑤$_4$	粉砂（密实）	—	1.95～2.05	—	—	—	15～250	—
⑤$_5$	粉土（密实）	12～252	1.95～2.05	0.55～0.85	21～30	15～20	12～220	0.1～0.3
⑤$_7$	粉质黏土	15～252	1.90～2.00	0.58～0.89	—	—	5～10	0.1～0.4
⑥$_1$	粉质黏土	15～252	1.90～2.00	0.58～0.87	27～49	15～28	5～12	0.1～0.4
⑥$_2$	粉土	18～28	1.95～2.05	0.55～0.85	24～38	16～28	9～18	0.1～0.3
⑥$_3$	钙质胶结砂土	—	2.00～2.30	0.55～0.80	—	—	15～20	—
⑥$_4$	细砂	—	2.00～2.03	—	—	—	18～28	—
⑥$_5$	黏土	14～30	1.90～2.00	0.65～0.90	27～49	15～28	6～12	—
⑥$_6$	泥质胶结黏性土	—	2.00～2.30	—	—	—	15～30	—
⑦$_1$	粉质黏土	15～30	1.85～2.00	0.55～0.85	28～50	15～31	6～18	0.1～0.4
⑦$_2$	粉土	12～27	1.90～2.00	0.50～0.85	24～35	17～25	10～20	0.1～0.3
⑦$_3$	钙质胶结砂土	—	2.00～2.40	—	—	—	18～28	—
⑦$_4$	细砂	—	2.00～2.20	—	—	—	100～180	—
⑦$_5$	黏土	19～25	1.90～2.05	0.60～0.90	28～50	15～31	40～60	0.1～0.4
⑦$_6$	泥质胶结黏性土	—	2.00～2.40	—	—	—	15～25	—
⑧$_1$	粉质黏土	16～28	1.95～2.03	0.55～0.85	31～42	20～26	8～20	0.1～0.4
⑧$_2$	细砂	—	2.00～2.15	—	—	—	25～40	—
⑧$_3$	粉质黏土	16～25	1.95～2.05	0.55～0.85	31～42	20～26	10～230	0.1～0.4
⑧$_4$	钙质胶结砂土	—	2.00～2.40	—	—	—	18～300	—
⑧$_5$	粉土	14～25	1.95～2.10	0.50～0.85	22～30	18～28	12～22	0.1～0.3
⑧$_6$	黏土	18～28	1.95～2.10	0.60～0.90	35～50	22～30	10～22	0.1～0.3
⑧$_7$	泥质胶结黏性土	—	2.00～2.40	—	—	—	—	—
⑨$_1$	粉土	14～25	1.95～2.10	0.50～0.85	20～30	16～28	12～24	0.1～0.3
⑨$_2$	泥质胶结黏性土	—	2.00～2.40	—	—	—	—	—
⑨$_3$	粉质黏土	18～25	1.95～2.05	0.55～0.85	30～40	17～27	10～25	0.1～0.3

续表 32-8

地层编号	岩土名称	物理性质			稠性黏度		固结试验	
		天然含水量 ω	天然密度 ρ	孔隙比 e	液限 W_L	塑限 W_P	压缩模量 $E_{s0.1-0.2}$	压缩系数 $a_{0.1-0.2}$
		(%)	(g/cm³)	—	(%)	(%)	(MPa)	(MPa⁻¹)
⑨₄	细砂	—	2.00~2.20	—	—	—	—	—
⑨₅	黏土	18~265	1.95~2.10	0.60~0.90	35~50	20~30	10~25	0.1~0.3
⑨₆	钙质胶结砂土	—	2.00~2.40	—	—	—	—	—
⑩₁	粉质黏土	18~24	1.95~2.05	0.55~0.85	26~360	16~26	12~26	0.1~0.3
⑩₂	中砂	—	2.01~2.20	—	—	—	—	—
⑩₃	黏土	19~25	1.95~2.05	0.60~0.90	32~52	18~28	12~25	0.1~0.3
⑩₄	泥质胶结黏性土	—	2.00~2.40	—	—	—	—	—

3.5.2 主要地层力学试验指标

根据郑州地铁勘察资料及郑州地区经验综合确定各土层的力学试验参数，供勘察设计人员参考使用，详见表 32-9。

表 32-9 郑州地区主要地层力学试验指标表

地层编号	岩土名称	直接剪切				三轴剪切			
		快剪		固结快剪		UU		CU	
		C	φ	C_q	φ_q	C_{uu}	Φ_{uu}	C_{cu}	Φ_{cu}
		(kPa)	(°)	(kPa)	(°)	(kPa)	(°)	(kPa)	(°)
①	杂填土	3~8	5~10	—	—	—	—	—	—
①₁	粉土填土	5~10	6~12	—	—	—	—	—	—
②₁	粉土	8~14	18~26	10~16	20~26	12~18	2~8	12~28	12~20
②₂	粉砂	0	25~30	—	—	—	—	—	—
②₃	细砂	0	28~35	—	—	—	—	—	—
②₄	粉质黏土	14~22	12~18	16~26	14~20	18~28	3~10	18~25	15~20
③₁	粉土	8~15	18~24	9~15	20~25	10~18	4~15	10~16	20~25
③₂	粉质黏土	15~20	9~14	17~22	10~15	15~25	4~14	18~24	10~16
③₃	粉砂	0	25~30	—	—	—	—	—	—
④₁	粉土（中密）	8~15	18~25	10~15	20~26	11~20	6~15	12~18	21~26
④₂	粉砂	0	26~36	—	—	—	—	—	—
④₃	细砂	0	28~38	—	—	—	—	—	—
④₄	中砂	0	30~40	—	—	—	—	—	—
④₅	粉土（密实）	9~16	19~26	10~18	25~30	12~20	20~25	12~16	20~26
④₆	粉质黏土	15~27	12~222	20~30	13~23	22~33	5~18	21~32	13~24
⑤₁	粉土（中密）	10~18	20~30	13~23	21~35	15~25	6~20	14~24	15~25
⑤₂	粉砂（中密）	0	26~36	—	—	—	—	—	—
⑤₄	粉砂（密实）	0	28~38	—	—	—	—	—	—
⑤₅	粉土（密实）	11~21	20~31	13~25	31	25	15	20	32
⑤₇	粉质黏土	18~28	10~25	21~28	14~25	20~30	4~15	22~30	15~26

续表 32－9

地层编号	岩土名称	直接剪切				三轴剪切			
		快剪		固结快剪		UU		CU	
		C	φ	C_q	φ_q	C_{uu}	Φ_{uu}	C_{cu}	Φ_{cu}
		(kPa)	(°)	(kPa)	(°)	(kPa)	(°)	(kPa)	(°)
⑥$_1$	粉质黏土	19～29	11～21	21～31	13～23	18～28	10～20	20～30	13～23
⑥2	粉土	11～21	17～27	12～22	21～31	10～18	18～28	10～20	20～30
⑥$_3$	钙质胶结砂土	21～31	31～41	—	—	—	—	—	—
⑥$_4$	细砂	0	29～39	—	—	—	—	—	—
⑥$_5$	黏土	30～41	10～18	32～43	12～20	35～45	4～15	33～43	13～21
⑥$_6$	泥质胶结黏性土	31～41	18～28	—	—	—	—	—	—
⑦$_1$	粉质黏土	35～42	18～29	36～46	19～29	36～48	6～15	36～48	20～30
⑦$_2$	粉土	16～24	22～32	18～26	24～34	20～30	7～18	20～30	25～35
⑦$_3$	钙质胶结砂土	23～33	33～43	—	—	—	—	—	—
⑦$_4$	细砂	0	30～40	—	—	—	—	—	—
⑦$_5$	黏土	33～42	12～18	33～43	14～20	35～46	5～17	34～44	14～24
⑦$_6$	泥质胶结黏性土	36～43	20～30	—	—	—	—	—	—
⑧$_1$	粉质黏土	36～46	20～31	38～48	22～32	39～49	6～16	40～50	24～34
⑧$_2$	细砂	0	32～42	—	—	—	—	—	—
⑧$_3$	粉质黏土	34～44	20～30	36～46	21～31	38～48	7～17	42～52	25～35
⑧$_4$	钙质胶结砂土	25～35	35～45	—	—	—	—	—	—
⑧$_5$	粉土	16～26	28～38	18～28	30～40	20～30	7～18	20～30	32～42
⑧$_6$	黏土	45～55	10～20	46～58	12～22	48～60	7～18	47～59	13～23
⑧$_7$	泥质胶结黏性土	33～43	22～30	—	—	—	—	—	—
⑨$_1$	粉土	18～28	20～32	20～30	32～42	22～32	8～18	22～32	34～44
⑨$_2$	泥质胶结黏性土	35～45	22～30	—	—	—	—	—	—
⑨$_3$	粉质黏土	36～46	22～32	38～46	22～32	39～49	8～18	44～54	27～37
⑨$_4$	细砂	0	30～40	—	—	—	—	—	—
⑨$_5$	黏土	45～55	11～21	46～58	13～23	48～60	7～18	48～58	14～24
⑨$_6$	钙质胶结砂土	28～38	38～48	—	—	—	—	—	—
⑩$_1$	粉质黏土	36～47	22～34	38～48	22～34	39～49	8～18	44～56	27～38
⑩$_2$	中砂	0	32～42	—	—	—	—	—	—
⑩$_3$	黏土	46～56	12～22	48～58	14～24	48～60	7～18	48～58	15～25
⑩$_4$	泥质胶结黏性土	36～48	24～34	—	—	—	—	—	—

注：UU 为三轴不固结不排水剪，CU 为三轴固结不排水剪。

3.5.3 主要地层特殊试验参数

针对地铁工程的特殊需求，根据郑州地铁勘察资料及郑州地区经验综合确定各土层的特殊试验参数，供勘察设计人员参考使用，详见表 32－10。

表 32-10 郑州地区主要地层特殊试验参数表表

地层编号	岩土名称	热物理			基床系数		静止侧压力系数 K_0	无侧限抗压强度 q_u
		导热系数 λ	导温系数 α	比热容 C	垂直 K_v	水平 C_h		
		(W/m·K)	(m^2/h)	(kJ/kg·K)	(MPa/m)	(MPa/m)		
①	杂填土	—	—	—	—	—	0.65~0.75	—
$①_1$	粉土填土	—	—	—	—	—	0.60~0.75	—
$②_1$	粉土	1.83	0.00262	1.24	8~15	12~18	0.45~0.52	—
$②_2$	粉砂	1.39	0.00136	1.55	12~18	14~20	0.35~0.42	—
$②_3$	细砂	0.73	0.00165	1.02	12~20	15~22	0.32~0.38	—
$②_4$	粉质黏土	1.29	0.00171	1.38	12~20	15~25	042~0.48	—
$③_1$	粉土	1.49	0.00197	1.37	13~22	18~28	0.44~0.48	—
$③_2$	粉质黏土	1.25	0.00150	1.63	7~15	10~18	0.60~0.68	—
$③_3$	粉砂	1.32	0.00170	1.45	25~35	40~50	0.35~0.40	—
$④_1$	粉土（中密）	1.45	0.00178	1.59	18~26	24~30	0.42~0.48	—
$④_2$	粉砂	1.42	0.00159	1.48	20~30	35~45	0.34~0.38	—
$④_3$	细砂	1.45	0.00167	1.50	25~33	40~50	0.33~0.38	—
$④_4$	中砂	1.36	0.00171	1.13	35~43	55~65	0.31~0.38	—
$④_5$	粉土（密实）	1.71	0.00230	1.26	25~35	40~50	0.40~0.45	—
$④_6$	粉质黏土	1.31	0.00148	1.41	30~38	38~48	0.41~0.46	—
$⑤_1$	粉土（中密）	1.70	0.00240	1.25	25~35	35~45	0.34~0.38	55~95
$⑤_2$	粉砂（中密）	1.06	0.00280	1.05	28~38	30~45	0.33~0.37	80~140
$⑤_4$	粉砂（密实）	1.08	0.00280	1.05	35~38	35~45	0.31~0.35	—
$⑤_5$	粉土（密实）	1.40	0.00170	1.40	28~38	37~47	0.48~0.52	—
$⑤_7$	粉质黏土	1.38	0.00160	1.52	26~36	30~42	0.40~0.44	80~140
$⑥_1$	粉质黏土	1.39	0.00161	1.53	28~38	33~43	0.40~0.44	127~157
$⑥_2$	粉土	1.32	0.00161	1.51	28~38	38~48	0.36~0.40	68~128
$⑥_3$	钙质胶结砂土	1.30	0.00170	1.40	50~65	55~75	0.28~0.32	—
$⑥_4$	细砂	1.06	0.00280	1.05	35~45	40~50	0.31~0.35	—
$⑥_5$	黏土	1.65	0.00194	1.50	32~42	35~42	0.40~0.45	—
$⑥_6$	泥质胶结黏性土	1.10	0.00250	1.00	40~60	45~70	0.30~0.34	—
$⑦_1$	粉质黏土	1.64	0.00195	1.49	30~40	32~42	0.38~0.42	85~194
$⑦_2$	粉土	1.50	0.00185	1.45	35~45	40~45	0.34~0.38	95~100
$⑦_3$	钙质胶结砂土	1.28	0.00168	1.42	60~90	70~100	0.26~0.30	220~300
$⑦_4$	细砂	1.15	0.00300	1.10	50~70	55~75	0.31~0.35	200~320
$⑦_5$	黏土	1.50	0.00185	1.45	40~50	45~50	0.38~0.42	150~210
$⑦_6$	泥质胶结黏性土	1.00	0.00150	1.20	45~65	50~75	0.26~0.30	—
$⑧_1$	粉质黏土	1.65	0.00196	1.50	40~50	45~50	0.36~0.40	—
$⑧_2$	细砂	1.15	0.00300	1.10	60~80	70~90	0.30~0.34	—
$⑧_3$	粉质黏土	1.65	0.00198	1.51	45~55	50~60	0.34~0.38	—
$⑧_4$	钙质胶结砂土	1.29	0.00169	1.43	65~95	75~105	0.24~0.28	—
$⑧_5$	粉土	1.51	0.00186	1.45	42~52	45~55	0.32~0.36	—
$⑧_6$	黏土	1.52	0.00187	1.46	40~50	45~50	0.36~0.40	—
$⑧_7$	泥质胶结黏性土	1.04	0.00150	1.20	50~65	55~75	0.25~0.29	—

续表 32-10

地层编号	岩土名称	热物理			基床系数		静止侧压力系数 K_0	无侧限抗压强度 q_u
		导热系数 λ	导温系数 α	比热容 C	垂直 K_v	水平 C_h		
		(W/m·K)	(m^2/h)	(kJ/kg·K)	(MPa/m)	(MPa/m)		
⑨$_1$	粉土	1.52	0.00188	1.47	43~53	45~55	0.31~0.35	—
⑨$_2$	泥质胶结黏性土	1.03	0.00153	1.23	50~65	60~75	0.24~0.28	—
⑨$_3$	粉质黏土	1.66	0.00199	1.53	48~58	54~64	0.32~0.36	—
⑨$_4$	细砂	1.16	0.00310	1.15	70~90	80~100	0.32~0.36	—
⑨$_5$	黏土	1.54	0.00188	1.48	45~55	50~65	0.34~0.38	—
⑨$_6$	钙质胶结砂土	1.30	0.00170	1.44	65~95	75~110	0.22~0.26	—
⑩$_1$	粉质黏土	1.67	0.00200	1.54	50~60	55~65	0.31~0.35	—
⑩$_2$	中砂	1.12	0.00290	1.13	75~95	85~105	0.30~0.34	—
⑩$_3$	黏土	1.52	0.00186	1.46	48~58	52~67	0.32~0.36	—
⑩$_4$	泥质胶结黏性土	1.02	0.00152	1.22	55~70	65~80	0.22~0.26	—

4 地 下 水

4.1 含水岩组

郑州市主要含水层均由中更新统（Q_2）、晚更新统（Q_3）和全新统（Q_4）地层组成。除西南部深切沟谷中有零星出露的基岩外，绝大部分区域为松散岩类覆盖，水的类型以松散岩类孔隙水为主，分布广、厚度大、渗透性能好；含水层主要为细中砂及砂砾石等。

4.2 地下水类型

根据地下水赋存、水力特征、含水层埋深和开采条件等，可将郑州市区第四系地下水划分为两种类型：

一是浅层地下水（潜水），一般埋深较浅，底板埋深一般在45~55m，局部大于60m。地下潜水位主要受地形控制，从西南到东北由深变浅，西南部冲洪积倾斜平原局部埋深大于20m，而在东北部泛滥平原区埋深一般小于5m，部分地区仅1~2m，总的流向是由西南到东北，水力坡度为1‰~2‰。

另一个为中深层地下水（承压水），埋深主要为90~250m，主要是由第四系中、早更新统和新近纪地层组成，局部有晚更新统地层分布。

4.3 水文地质单元划分

划分与工程地质单元一致。

（1）水文地质Ⅰ单元。

对应冲积平原区（Ⅰ）。本区50m勘探深度内地下水可分为二层水，即潜水与承压水，潜水水位埋深一般为大于20m，承压水埋深约30~50m，局部二者之间隔水层缺失，潜水与承压水连通为一层水，表现为潜水。含水层为粉土层和砂土层。

(2) 水文地质Ⅱ单元。

对应泛滥平原区（Ⅱ）。该区地下水埋深较浅，一般小于5m，地下水为潜水。含水层为粉土、砂土和卵石层。

5 特殊地质条件

5.1 不良地质作用

根据郑州市的工程地质条件、地形地貌、区域地质条件等情况综合分析，郑州地区不良地质作用主要有活动断裂、砂土液化、空洞和有害气体。

(1) 活动断裂。

郑州市分布的断裂较多，共12条，全新世仍有活动的断裂，轨道交通建设须考虑其带来的不利影响。

对活动断裂的活动性评价及其对轨道交通建设的影响一般进行地震安全性专项研究评价，设计及施工可根据该专项研究采取适当的抗震措施。

(2) 砂土液化。

粉土、砂土层液化问题主要分布于工程地质Ⅰ区。Ⅰ区大部分地段为轻微液化场地，但在Ⅰ区东北如姚桥、祭城一带存在中等液化场地，液化土层多为10m以上的稍密粉土。

(3) 空洞。

空洞对地铁工程的危害已经是众所周知，轻则引起地表变形，重则引起塌陷、人员伤亡、房屋倒塌。

郑州地区的空洞主要包括人防和管线渗漏形成的空洞。

1) 人防：

郑州西区（工程地质单元Ⅰ区）工程地质条件较好，地下水位低，在六七十年代修筑了大量的人防工程，一般埋藏深度在地表下5～7m，防空洞宽度一般干道宽度3～4m，支道宽度1.5～2.0m，一般为砖砌直墙半圆拱。

2) 管线、降水等施工的后遗问题：

城区地下管线密集且埋设年代较早，在管线渗漏的长期作用下，可能形成渗漏漏斗，管线周边土层已经虚空或呈软塑状态。同时，沿线的新建建筑物埋深较大，在施工过程均采取了降水措施，有的采用的还是辐射井降水，易引起地层损失从而产生空洞。

(4) 有害气体。

在工程地质$Ⅱ_2$区分布有软土，淤泥质粉质黏土层，局部颜色呈灰黑－黑色，含有机质，其间可能分布有沼气。另外市区浅部分布较多地下污水管道，可能存在浅层可燃气体。

对于空洞等地质灾害，勘察时重点采取现场地质调查、收集资料、物探等手段查明其分布范围、深度、走向、发展程度及变化趋势。轨道交通均为百年重点工程，一般建议进行地质灾害评估。

5.2 特殊性岩土

郑州市区特殊性岩土主要有填土、软土、湿陷性土及胶结土体。

(1) 填土。

填土在郑州地区表层普遍分布。一般厚度1～2m，但在老城区（工程地质$Ⅱ_1$区）因人为改造历史较长，局部填土厚度较大。填土物质成分较杂乱，均匀性差，力学性质一般较差。在郑州市西南部（工程地质$Ⅰ_1$区），原始地形分布较多冲沟，现已人为填埋，这些冲沟填土较厚，最厚处可达

20m 左右，回填时间一般 3～5 年。

（2）湿陷性土。

主要分布于郑州市工程地质 I_2 区。该区上部为具轻微湿陷性的黄土状粉土，厚 3～5m，为非自重湿陷性黄土，湿陷等级一般为轻微。地下车站的出入口、地面线及高架桩基均需考虑其带来的不利影响。必要时需对地基进行处理，可采用桩基、换填垫层法、挤密法或化学加固等方法。

（3）软土。

郑州地区软土主要分布于泛滥平原区的上层，由第四纪全新世冲积物组成，厚度一般较小，呈透镜体分布，含水量高、孔隙比大、压缩性高、强度较低、承载力特征值为 80～100kPa。其作为明挖基坑侧壁土层极易坍塌，作为暗挖隧道围岩也极易坍塌，作为桩基侧壁土层可能产生负摩阻力，作为地基其承载力一般也不能满足要求。

勘察时须查清其分布范围、稠度状态、灵敏度等特性，并根据其特性采取加固或处理措施。

（4）胶结土体。

在郑州市的西部、西南部土体中分布有胶结土体，主要为泥质胶结土体和钙质胶结土体，上述胶结土层分布范围较广，平面及空间分布无规律，岩芯呈块状或短柱状，强度较高且软硬变化较大。桩基施工遇见胶结土体成孔钻进困难，盾构掘进易发生刀具磨损、盾构机偏离轴线、暗挖施工掘进速度缓慢等问题。

（5）厚层富水砂土层。

在泛滥平原区靠近黄河的区域，深度 30m 以内分布有厚度达 20m 左右的含水砂土层。含水砂土层因黏聚力低且饱水，作为明挖基坑侧壁土层和暗挖隧道围岩均易于坍塌，对盾构机的掘进影响极大。

6 城市轨道交通主要工程地质问题

6.1 主要工程地质问题

结合郑州地区的地质条件和地铁工程的特点，分析其主要工程地质问题有：

（1）饱和砂土、粉土的分布及液化特征判定，分析评价其对工程的影响；

（2）湿陷土的分布和力学性质，分析评价其对地下线、地面工程及高架线路的影响；

（3）软弱土层的分布、压缩和变形特征，分析评价其对基础持力层的选择以及其不均匀沉降、基底变形对工程的影响，对明挖基坑稳定性、隧道围岩稳定性的影响及对盾构施工的影响；

（4）胶结土体的分布及工程特性，分析评价其对工程的影响，尤其是对高架桩基施工和盾构机选型的影响；

（5）泛滥平原水位高、含水砂层厚度大，分析评价地下水对基坑侧壁的稳定性、隧道围岩的稳定性的影响、施工降水对地面沉降等的影响；

（6）隧道穿越地表河流段地表水与地下水的水力联系，分析河水发生渗漏及涌水、突水的可能性，分析评价其对施工和工程的影响；

（7）准确预测基坑、隧道涌水量，合理建议基坑围护、施工降水方案；

（8）水、土腐蚀性分析与评价提出合理防腐措施建议；

（9）结合地质条件和工程特点，对地基基础持力层的选择以及基础选型提出合理建议。

6.2 地铁建设中面临的主要工程地质问题及对策

6.2.1 明挖法施工的主要工程地质问题及对策

（1）边坡失稳或坍塌：郑州地区深度 30m 以上地层以粉土、砂土和黏性土为主，明挖地铁车站、区间及施工竖井基坑深度一般较大，粉土、砂土极易被扰动，如支护不利，地面堆载较大或有工程重车通过，造成附加荷载增加，易引起边坡失稳。

在泛滥平原区（Ⅱ），地下水位较高，一般位于地铁结构底板以上，基坑侧壁一般存在饱和粉土和粉细砂，易于发生流土流砂，极易导致边坡坍塌。

在地形复杂亚区（$Ⅰ_1$）冲沟发育，且多已回填，深度可达20m左右，回填成分复杂，力学性质差，回填时间短，3～5年；人工填土亚区（$Ⅱ_1$）人工填土较厚，回填土层因成分复杂、均匀性差，压缩性高，其作为基坑边坡土层稳定性极差、极易坍塌。

在软土亚区（$Ⅱ_2$）分布有软土，软土含水量高，灵敏度高，力学性质差，其作为边坡土层也极不利于边坡稳定。

（2）基坑附近建（构）筑物倾斜或开裂：由于基坑开挖应力释放，边坡受力状态改变，边坡易产生变形，从而引起建筑物邻近基坑一侧的沉降增加，导致建筑物倾斜或开裂。

（3）中间桩承载力不足、差异沉降过大：当车站站台内设有中间桩时，其承载力要求高，需采用大直径长桩，否则易产生单桩承载力不足。此外，由于持力层差异或局部存在软弱下卧层，各桩之间易产生差异沉降，严重时将影响主体结构的正常使用。

勘察对策：

（1）进行砂土的天然休止角试验，提供天然休止角试验值；

（2）进行直剪试验，获取土层抗剪强度参数；

（3）进行无侧限抗压强度试验，获取黏性土、粉土在无侧限压力条件下抵抗垂直压力的极限强度；

（4）测定基底以上各土层的水平基床系数，预测边坡变形；

（5）详细查明软弱土夹层及饱和粉土、粉细砂的分布。

6.2.2 矿山法施工的主要工程地质问题及对策

（1）地表沉陷：暗挖法施工由于应力释放，围岩变形，如辅助工法不利，将引起地表沉陷，导致既有建（构）筑物变形或沉降增大、地下管网的破坏；当地表沉陷量较大时，将使附近既有建（构）筑物变形或沉降增大，影响其安全与正常使用。对于地下管网，将因地层变形而产生变形破坏。

（2）围岩坍塌：在泛滥平原区，地下水位埋深较浅，一般高于结构底板，含水岩组为粉土层和砂土层，这类土层饱水性强，施工过程中易导致围岩坍塌，严重时发生冒顶。软土区（$Ⅱ_2$）局部分布的软土，因其几乎无自稳性，作为隧道围岩需进行加固方能保证隧道围岩稳定。

（3）掌子面失稳：在泛滥平原区，地下水位埋深较浅，一般高于结构底板，含水岩组以粉土、砂土为主，这类土体饱水性强，降水效果差，施工过程中易产生流土流砂，导致掌子面失稳。

（4）缺氧及有害气体问题：在软土亚区（$Ⅱ_2$），软土中可能分布有沼气等有害气体，在施工过程中，有害气体可能直接损害作业人员的健康，甚至危及其生命安全。

勘察对策：

（1）根据围岩变形分析模型，提供相应岩性参数；

（2）查明围岩的物理力学性质、评价围岩分级与稳定性，建议合适的施工方法及相应参数。

（3）重点查明饱水砂层与粉土透镜体的分布，在钻探过程中详细描述其饱和度。

（4）详细描述钻探过程中发现的异常气体，向设计施工提供合理建议。

6.2.3 盾构法施工的主要工程地质问题及对策

（1）掌子面失稳：在泛滥平原区，地铁结构以上分布土层以饱和砂土和粉土为主，在盾构开挖范围内，透水性强的松散砂土层在掘进过程中，可能产生涌水涌砂，可能引起掌子面失稳从而引起盾构机停工。

（2）地表隆起或沉降：在砂土层中，因盾构切削头扰动地层，造成超挖或地层下降或在盾尾注浆过程中，如注浆压力、注浆液配比不适，都极易引起地表沉降或隆起，靠近黄河泛滥平原区域砂土层厚度大且富水，此问题比较突出；在粉土层中，辅助施工时易引起细粒土流失。当盾构引起的地面塌陷与隆起过大时，将使附近既有建（构）筑物变形或沉降增大，影响其安全与正常使用；对于地下管网，将因地层变形而产生变形破坏；在下穿地表水体地段，可能造成漏水突水事件，容易发生事故。

（3）刀具的突然抱死：若开挖面内存在黏性土的黏聚力较大且塑性指数高时，易形成泥饼，造成刀盘扭矩增加，使刀具突然抱死，影响掘进速度。

（4）障碍物等导致异常停机：突遇地下障碍物、空洞、古井等或强度较高的胶结体等异常后，可能造成刀具迅速磨损、土压力突然减小或增大，导致盾构机偏离轴线甚至无法正常工作。

（5）既有建（构）筑物或地下管网的破坏：当盾构引起的地面塌陷与隆起过大时，将使附近既有建（构）筑物变形或沉降增大，影响其安全与正常使用；对于地下管网，将因地层变形而产生弯曲与破坏。

勘察对策：

（1）详细查明开挖面内土层的岩性及其分布规律，判别其密实性，查明地下水渗透性，为确定合适的推进压力提供依据。

（2）对各土层进行颗分试验，为确定合适的注浆压力与注浆配比提供依据。

（3）对存在过错性质差异较大的地层的地段，评价两种地层的软硬程度，为盾构机确定推进速度提供依据。

（4）调查沿线的历史变迁情况，评价是否有空洞、古井、人工障碍物存在的可能。

（5）在施工过程中，将钻孔布置在结构边缘外 3 ~5m，并详细记录掉钻、埋钻的深度与位置。

6.2.4 高架施工的主要工程地质问题及对策

（1）桩端持力土层的选择：高架区间和车站主要采用桩基础，桥跨径大，对承载力要求高，需选取工程性质较好的土层作为桩端持力土层，否则易产生单桩承载力不足和变形控制不利。郑州地区的砂土层、粉土层均可作为桩基方案的桩端持力土层。工程性质较好的胶结体土体也可作为桩端持力土层，但须注意其分布的不均匀性带来的不利影响。

（2）相邻桩基之间差异变形控制问题：由于持力层差异或局部存在软弱下卧层，各桩之间易产生差异沉降。郑州地区深部地层一般工程性质较好，可作为桩端持力土层，但因深部分布的各土层工程性质可能存在较大差异，尤其是东南部地层中的胶结土体与其相邻土层的性质差异可能导致相邻桩基产生较大差异沉降。

（3）桩侧不利土层的侧摩阻力问题：在地形复杂的 I_1 区和人工填土 II_1 区，填土是桩基设计及施工需考虑的重点土层。人工填土因成分复杂、均匀性差、压缩性高，作为桩基侧壁土层一般不考虑其侧摩阻力。若堆积时间短，还需考虑其可能产生的负摩阻力。

在软土区分布的软土作为桩周土层也可能产生的负摩阻力。

勘察对策：详细查明填土、软土的分布范围，必要时加密钻孔。采取现场原位测试试验如静力触探、十字板剪切等原位测试试验查明填土和软土的力学性质。

6.2.5 地下水影响评价及对策

对于地下水位埋深较大的区域，地铁结构一般位于地下水位以上，施工一般不需考虑地下水的影响。

泛滥平原区地下水位埋深较小，地下车站、矿山法施工区间及联络通道、施工竖井施工需进行地下水控制，可采用阻水或管井降水。

（1）降水引起的地基土变形及地层塌陷：抽水易带出土层中的细颗粒，带走的细颗粒不但会增加周围的沉降，产生地下空洞及塌陷等，施工抽排水可能造成局部地区的地下水位下降，导致局部地面下沉。

（2）污染或浪费地下水资源：郑州市属于水资源匮乏城市，如抽取的地下水不及时回灌，将造成水资源的浪费；如抽取后保护措施不当，回灌后将污染地下水。

（3）对周围结构物及地下构筑物影响：降水会造成地层压密，产生固结沉降，当产生的附加沉降超出建筑物及地下构筑物的容许变形范围，使建筑物和地下构筑物产生破坏，影响正常使用，严重时可能危及其安全。

（4）对周围环境的污染问题：降水施工将产生大量泥浆及施工废水，其排放及消纳入控制不好将导致产生环境污染。

（5）疏不干效应：若明挖基坑侧壁存在二元地层：上部以粉土或砂土为主，且为含水层，下部位于黏性土层中，在进行工程降水时，由于含水层的疏不干效应，在基坑开挖过程中，可能出现漏水现象。

（6）抗浮问题：地铁结构一般埋深较大，抗浮问题的比较突出，故掌握地下水的动态规律，预测未来高水位是解决抗浮水位的关键。

勘察对策：布置一定数量的测水孔进行地下水位测量；布置长期观测孔对地下水进行长期观测，掌握地下水的变化规律；进行水文地质实验，获取水文地质参数，为地下水控制提供参数。

参考文献

[1] 郑荣华. 郑州市区工程地质特征区划研究 [D]. 邯郸：河北工程大学，2007.

[2] 邱东方. 郑州市地下水动态分析 [D]. 焦作：河南理工大学，2010.

[3] 王荣彦. 郑州市区工程地质条件及问题探讨 [J]. 岩土工程界，2006，12.

[4] 潘洪宇. 郑州航空港区地下水水文地质条件分析 [J]. 科技致富向导，2013，26.

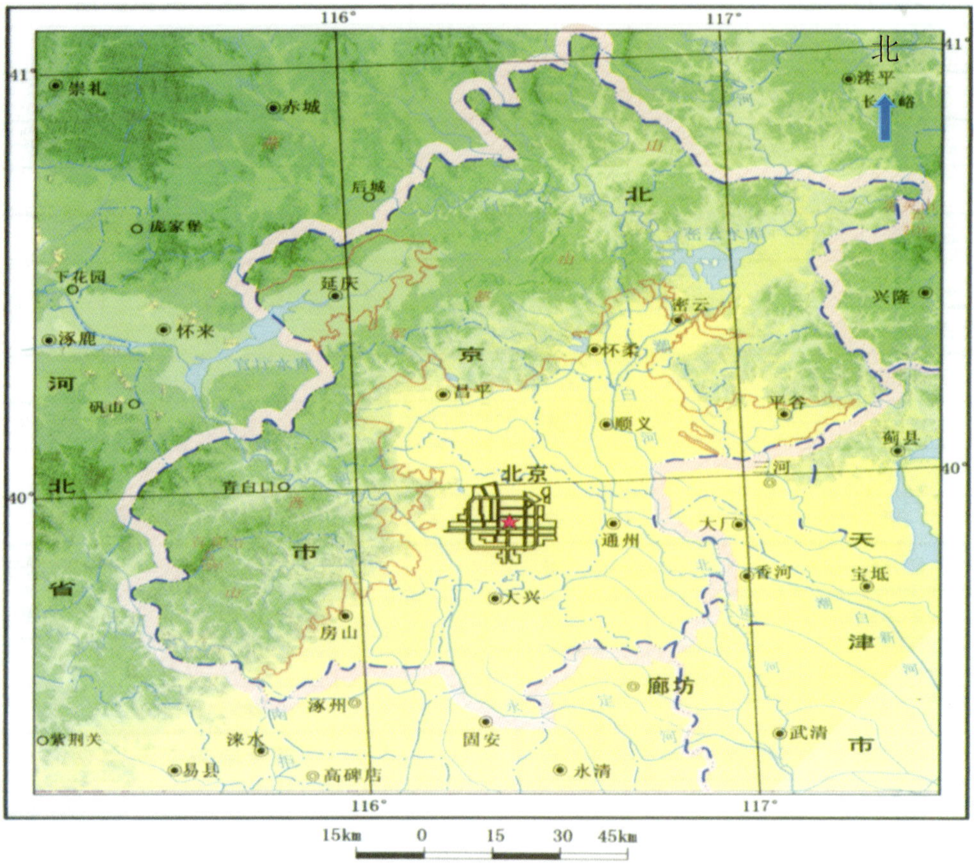

插图1 北京地区地理位置图

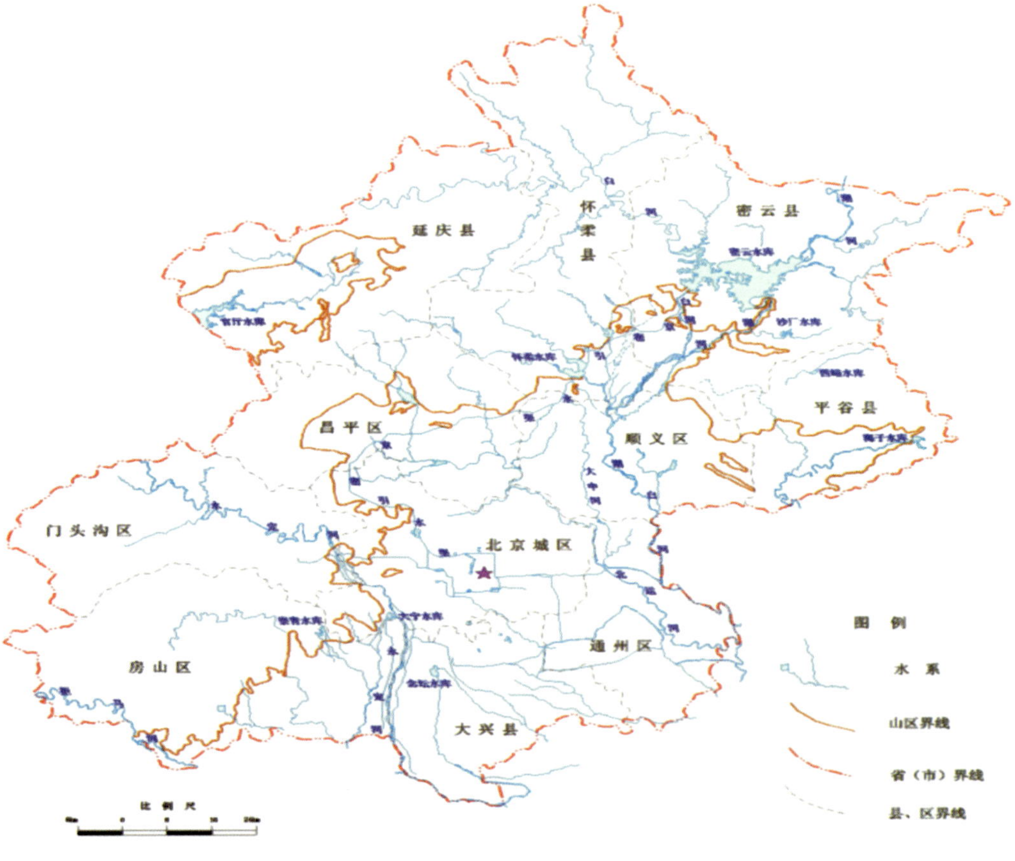

插图2 北京地区水系图

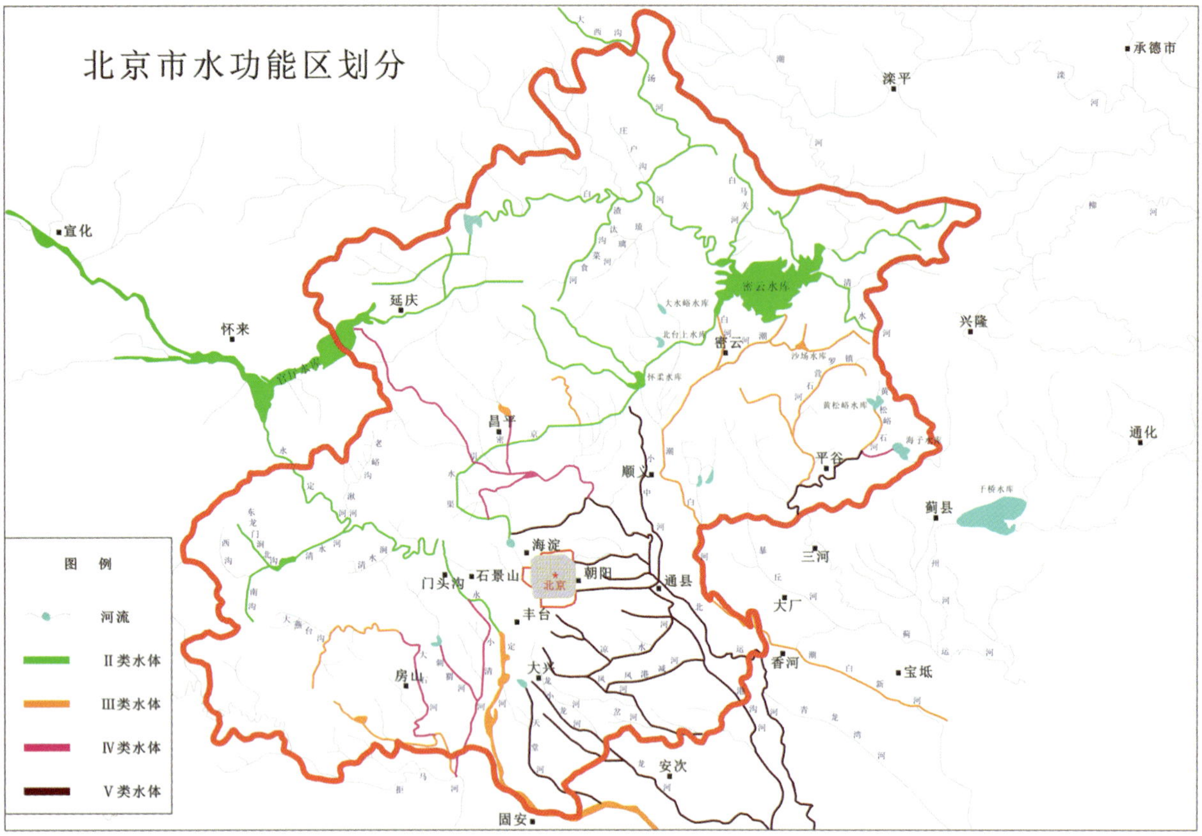

插图3　北京地区地表水功能区图

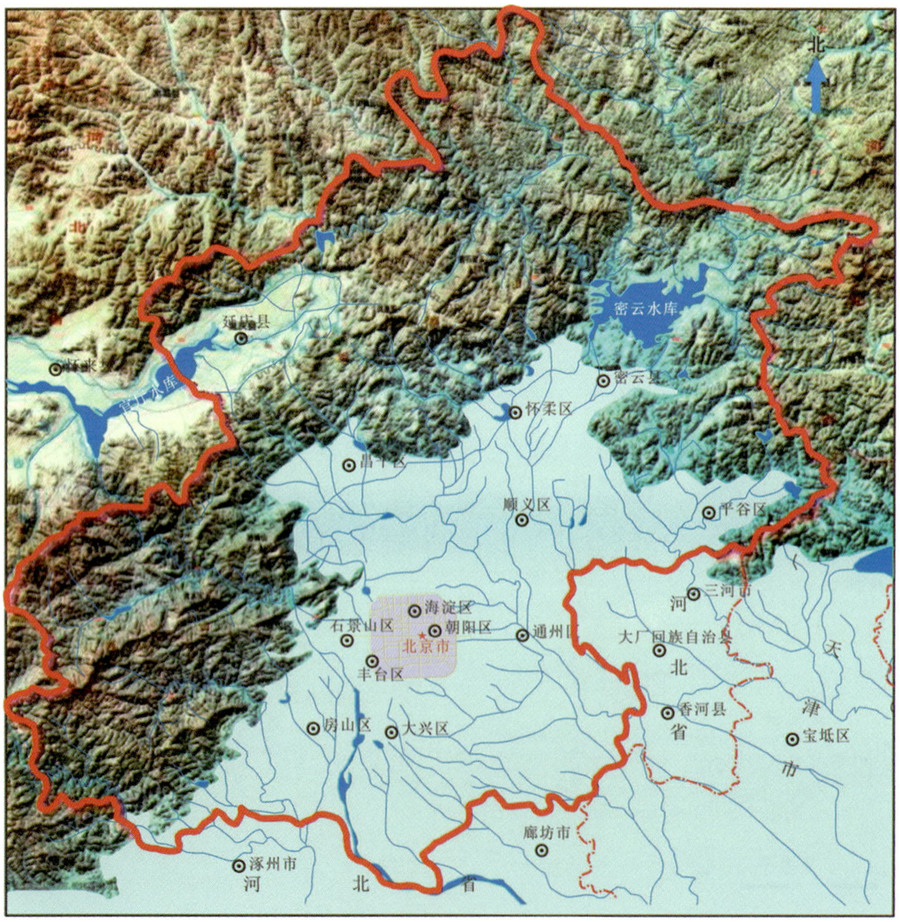

插图4　北京地区地貌略图

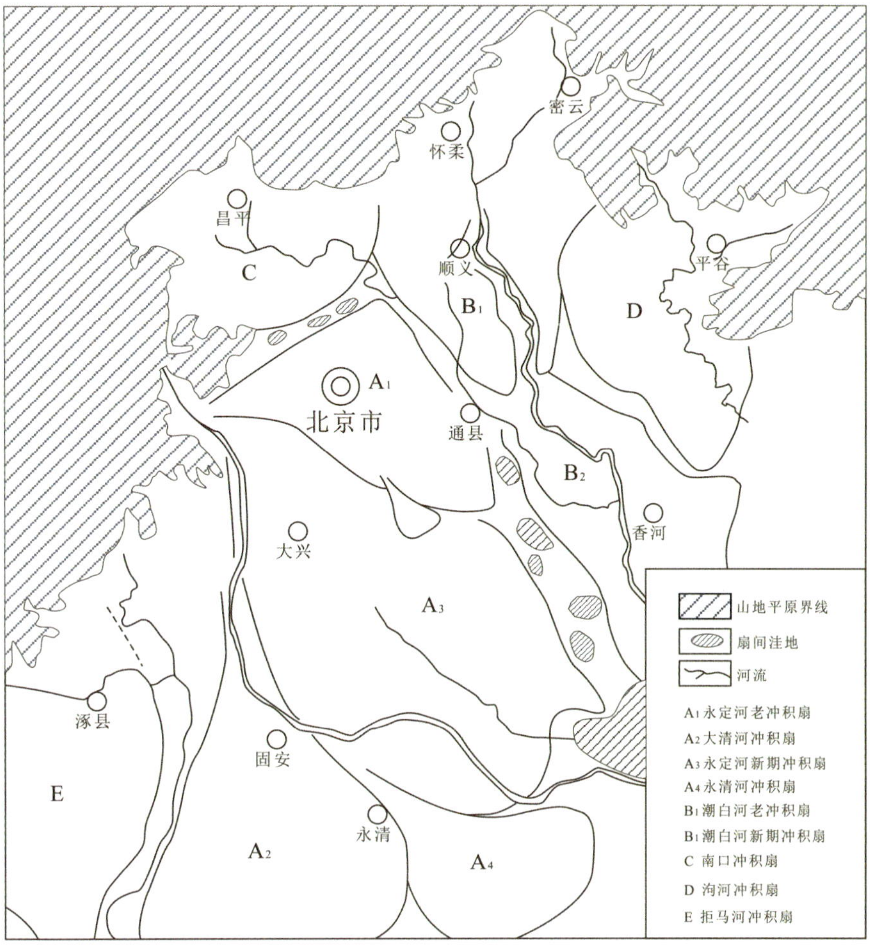

插图5　北京平原区的洪冲积扇

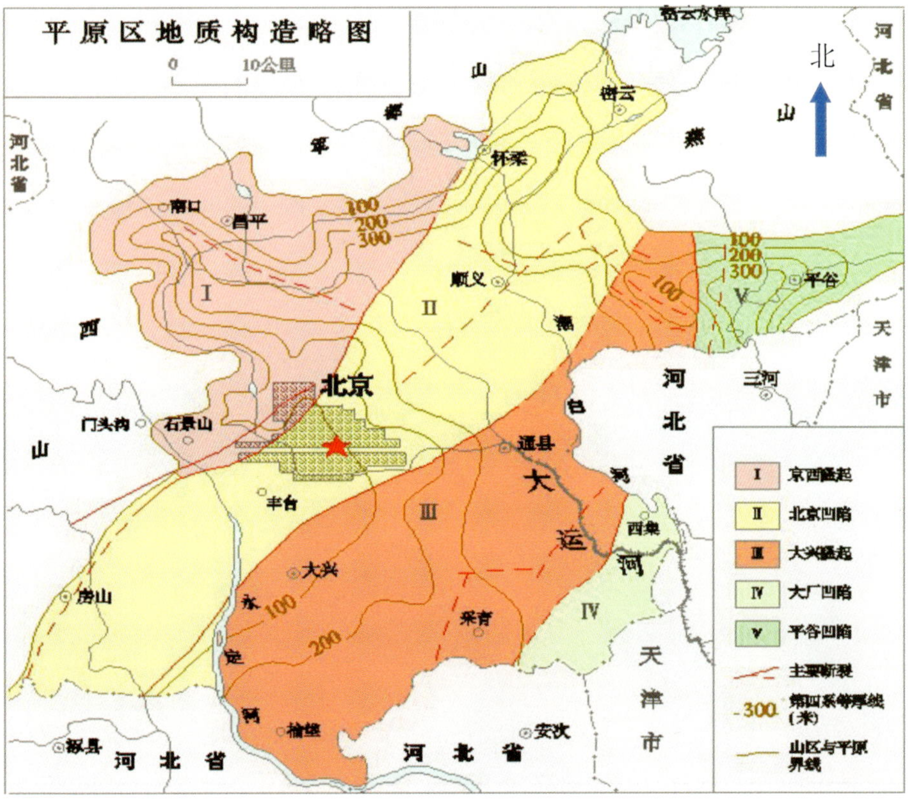

插图6　北京平原区地质构造略图

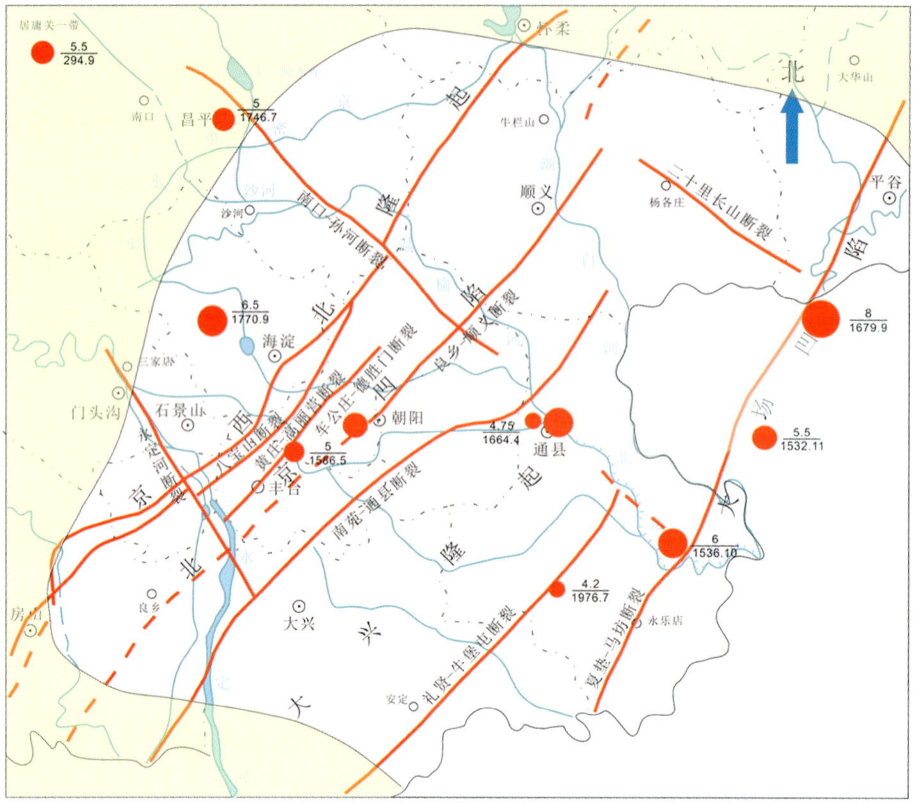

插图7　北京市断裂分布图

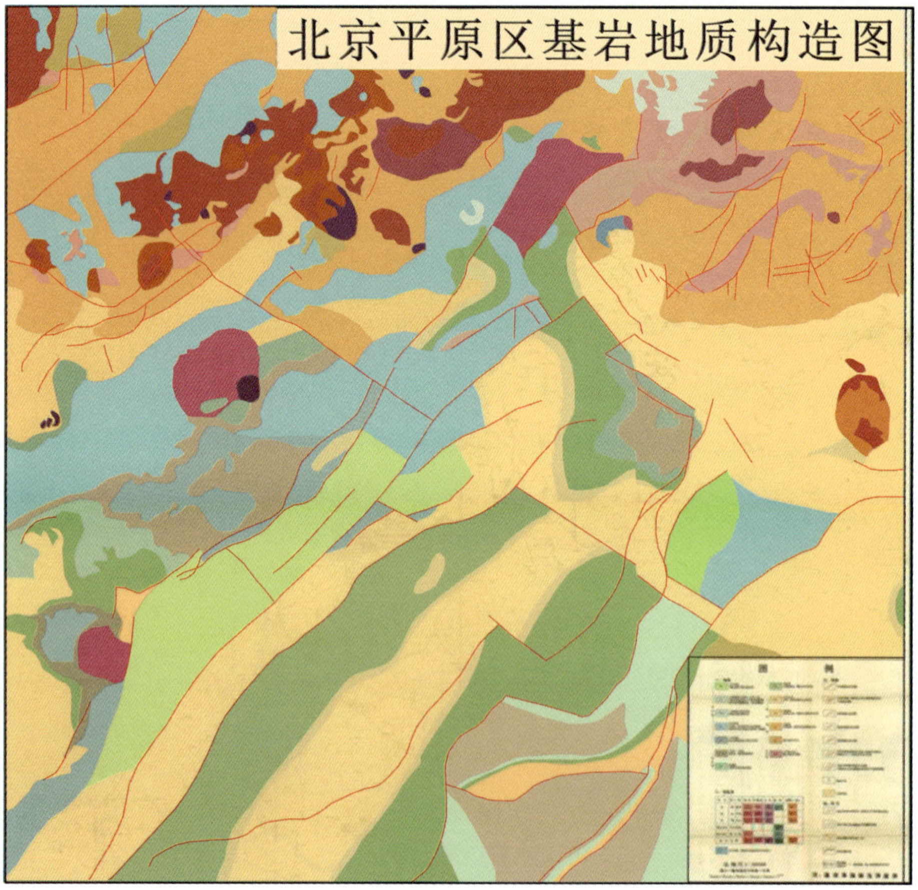

插图8　北京平原区基岩地质构造图

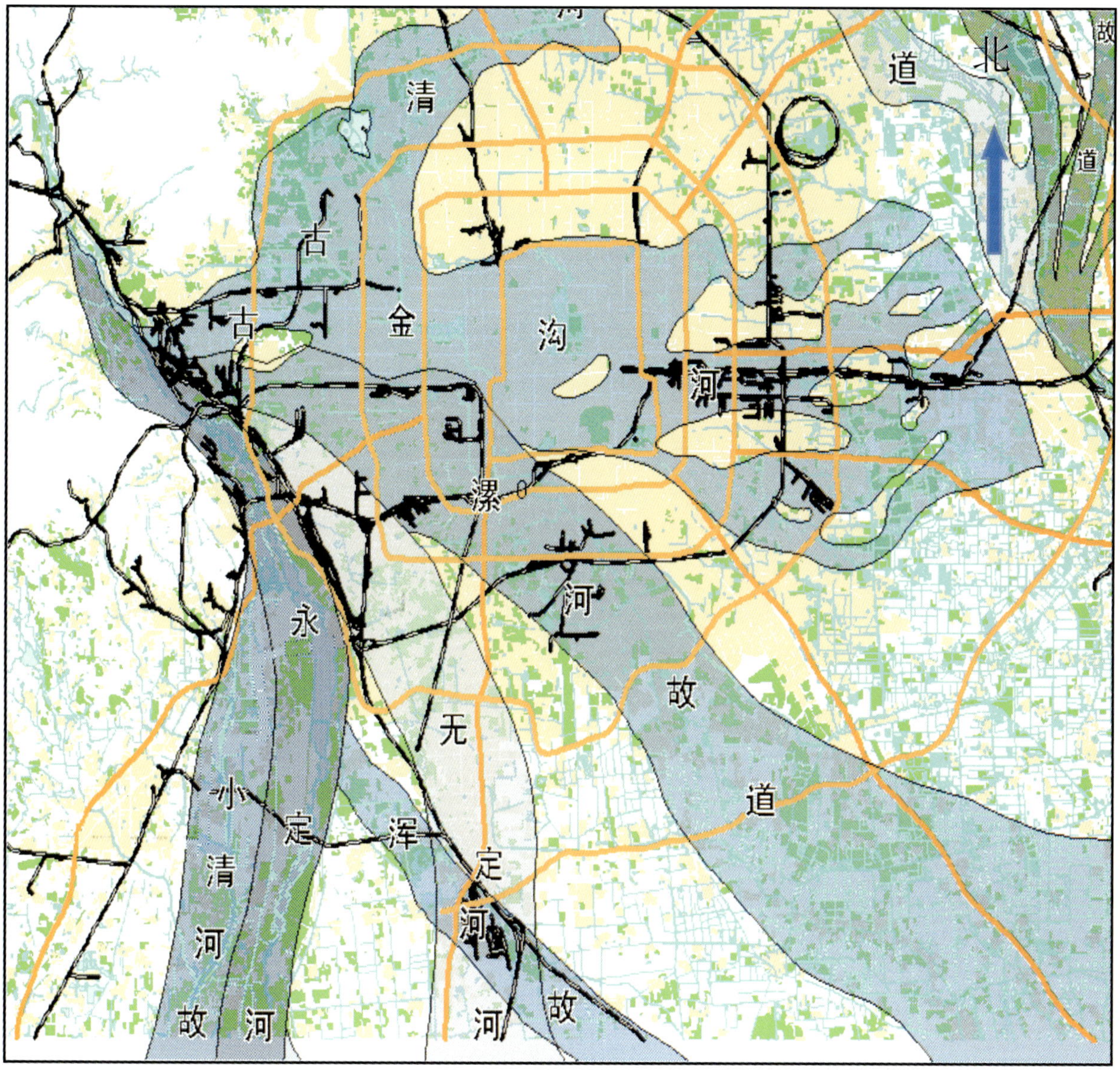

插图9　北京平原区古河道分布图

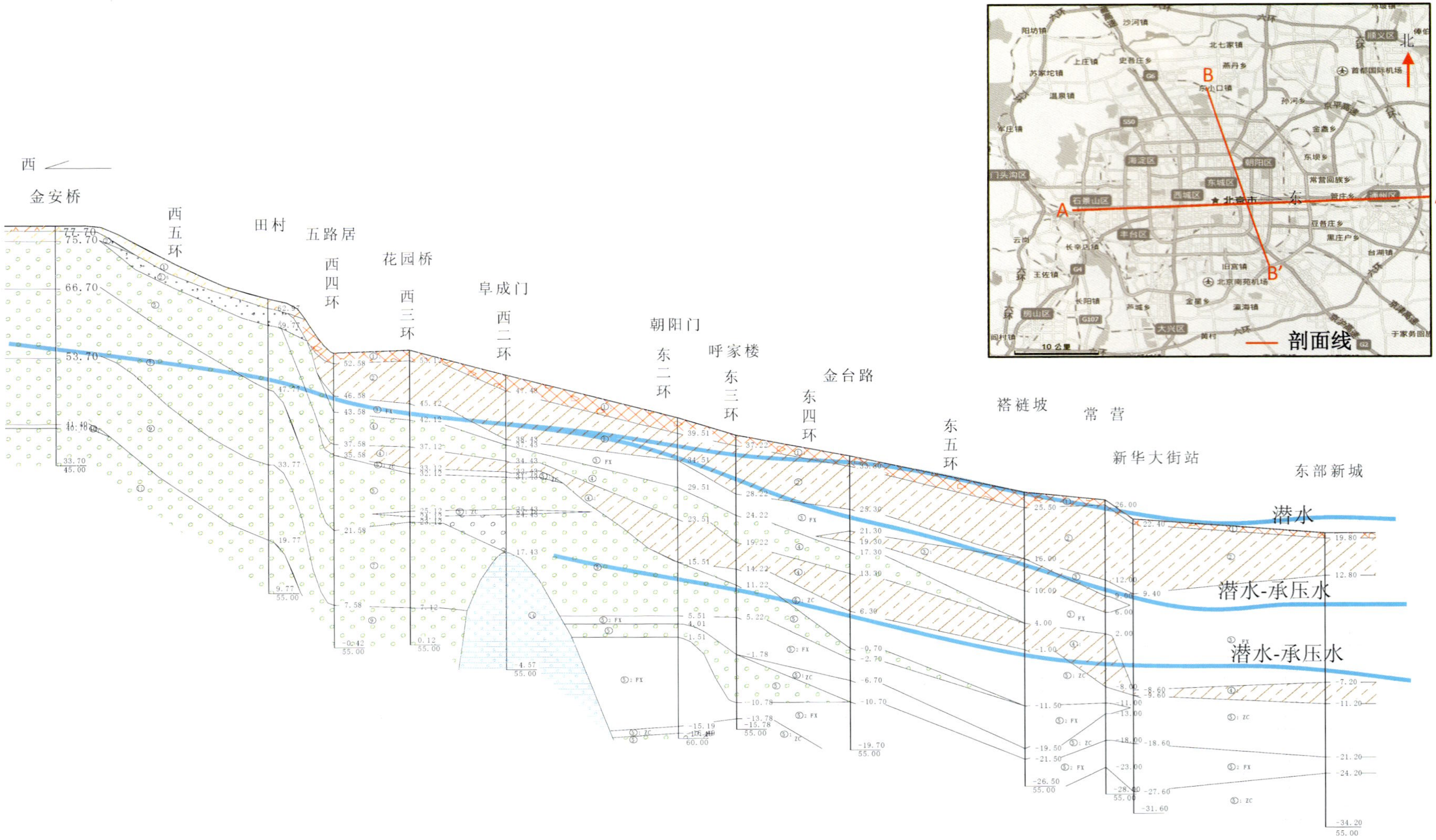

插图10　北京平原区自西向东地层剖面图

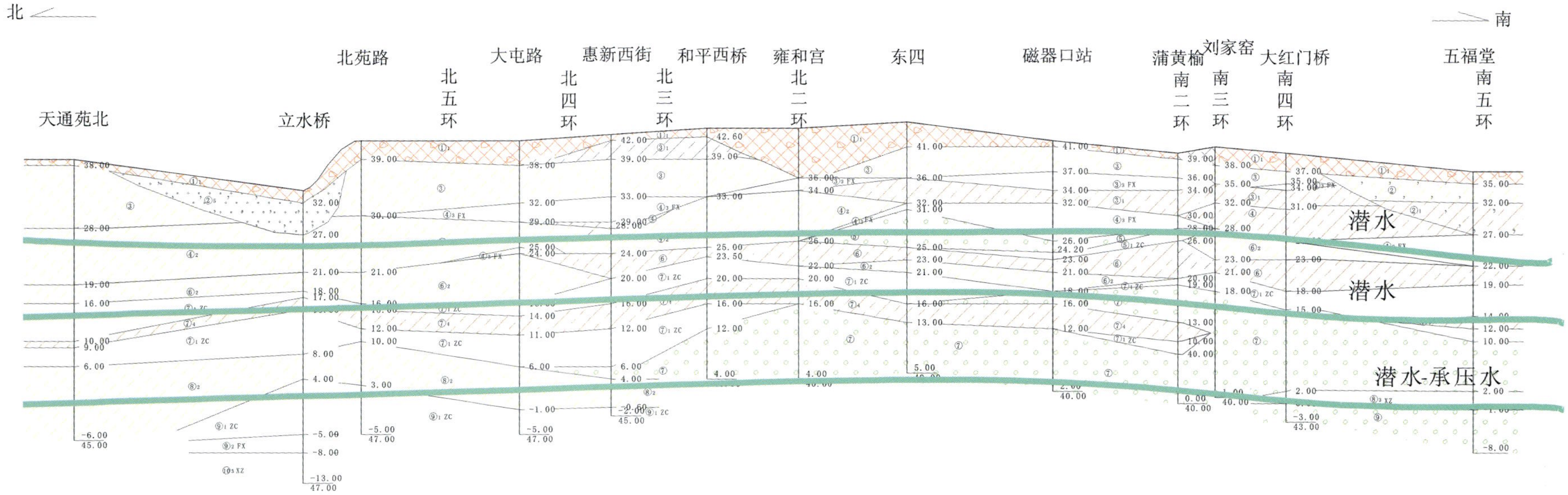

插图11 北京平原自北向南地层剖面图

B—B′

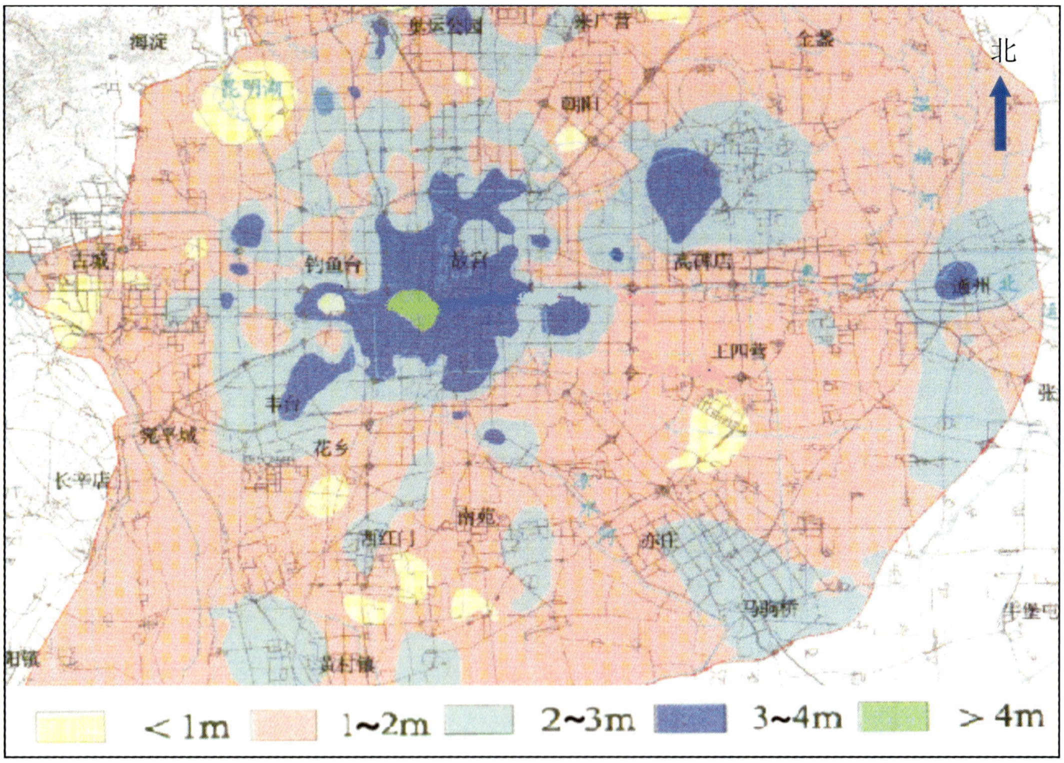

插图12　北京地区填土分布图

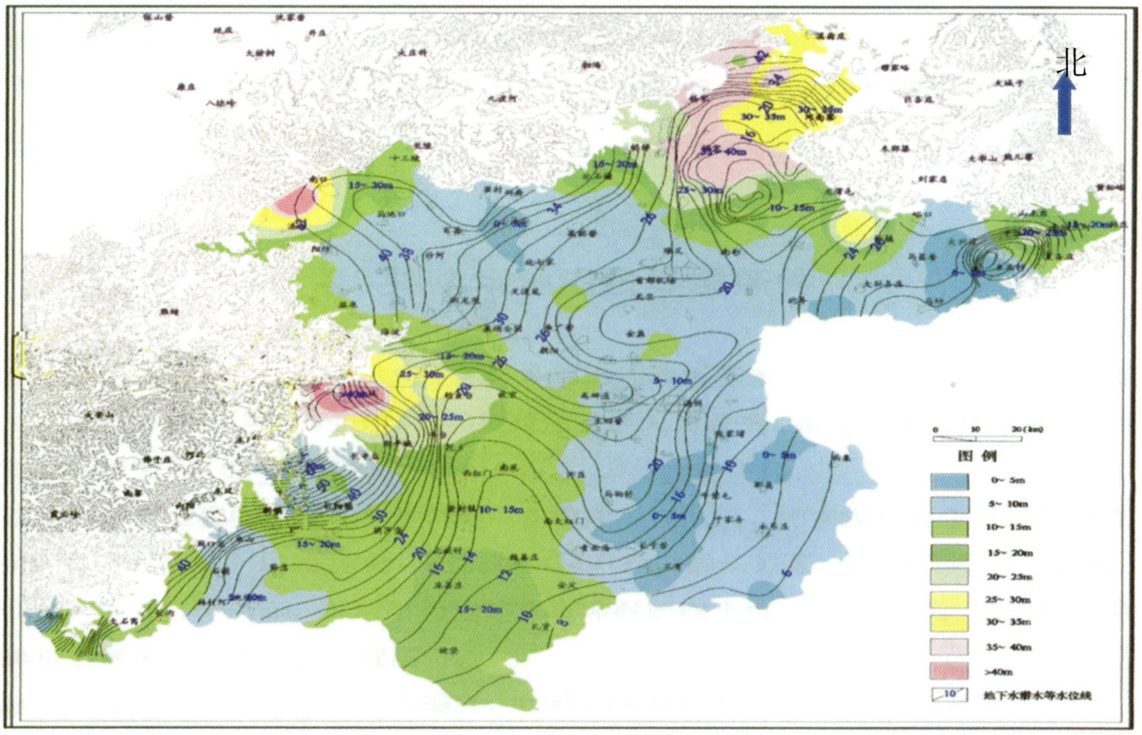

插图13　北京地区潜水水位等值线图

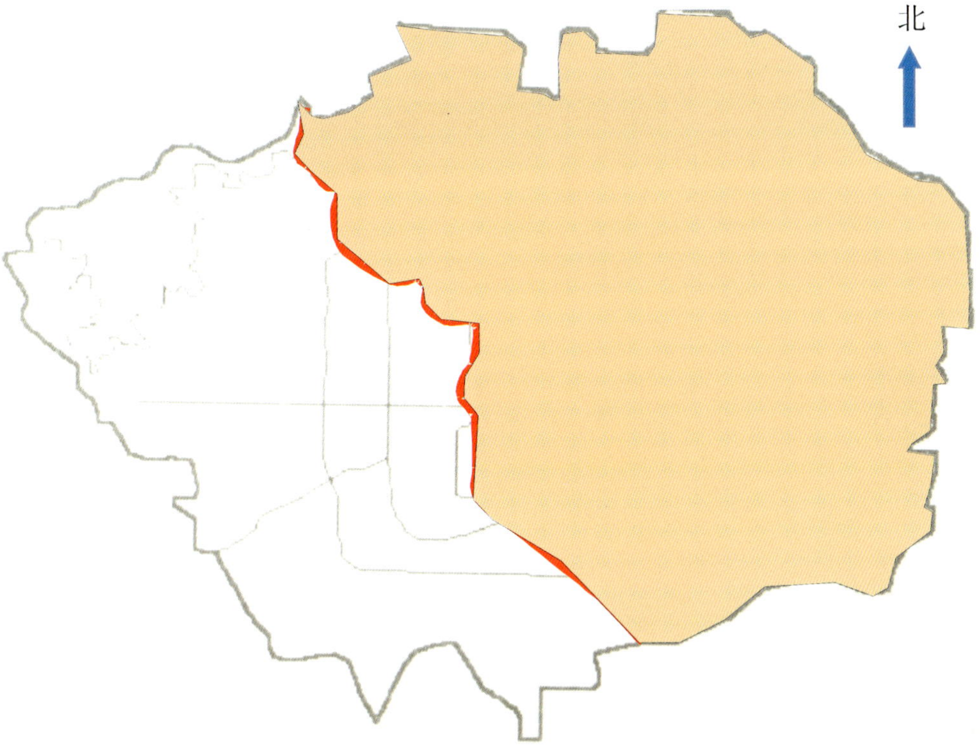

插图14　北京地区承压水分布图

（引自《地下水与结构抗浮》）

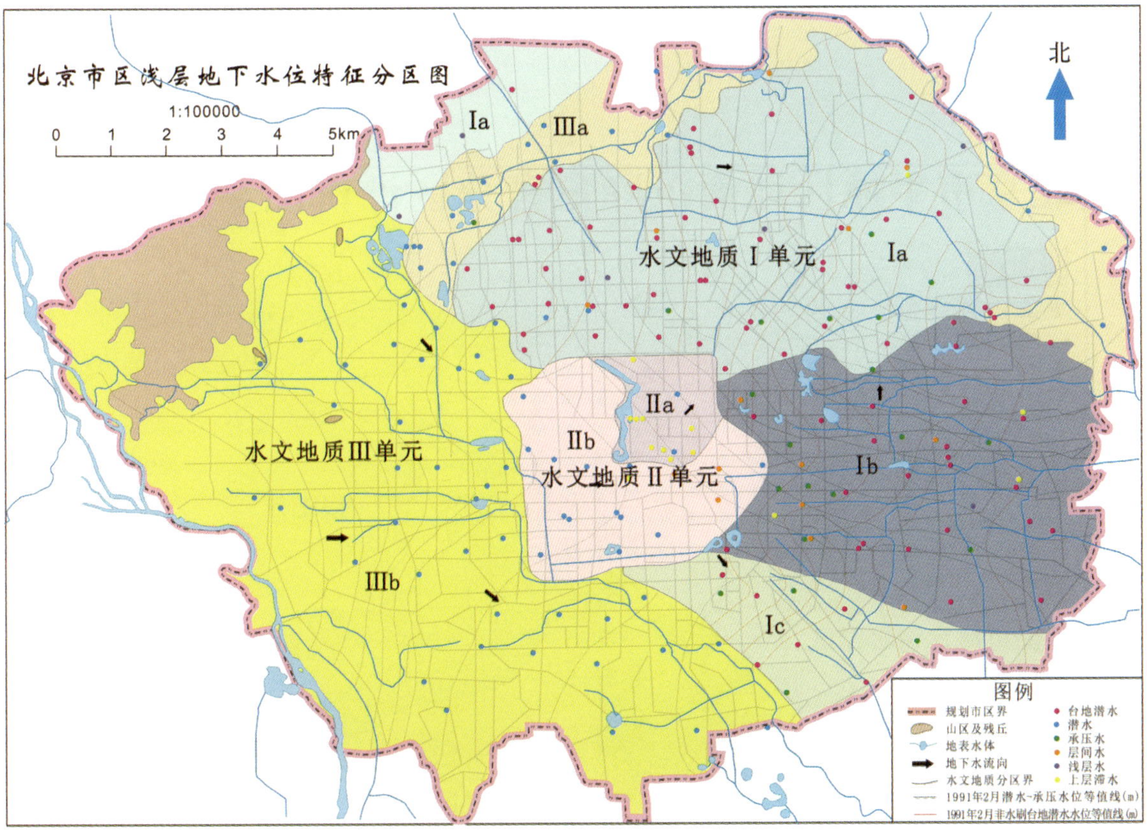

插图15　北京地区水文地质分布图

（引自《北京市水文地质图集》）

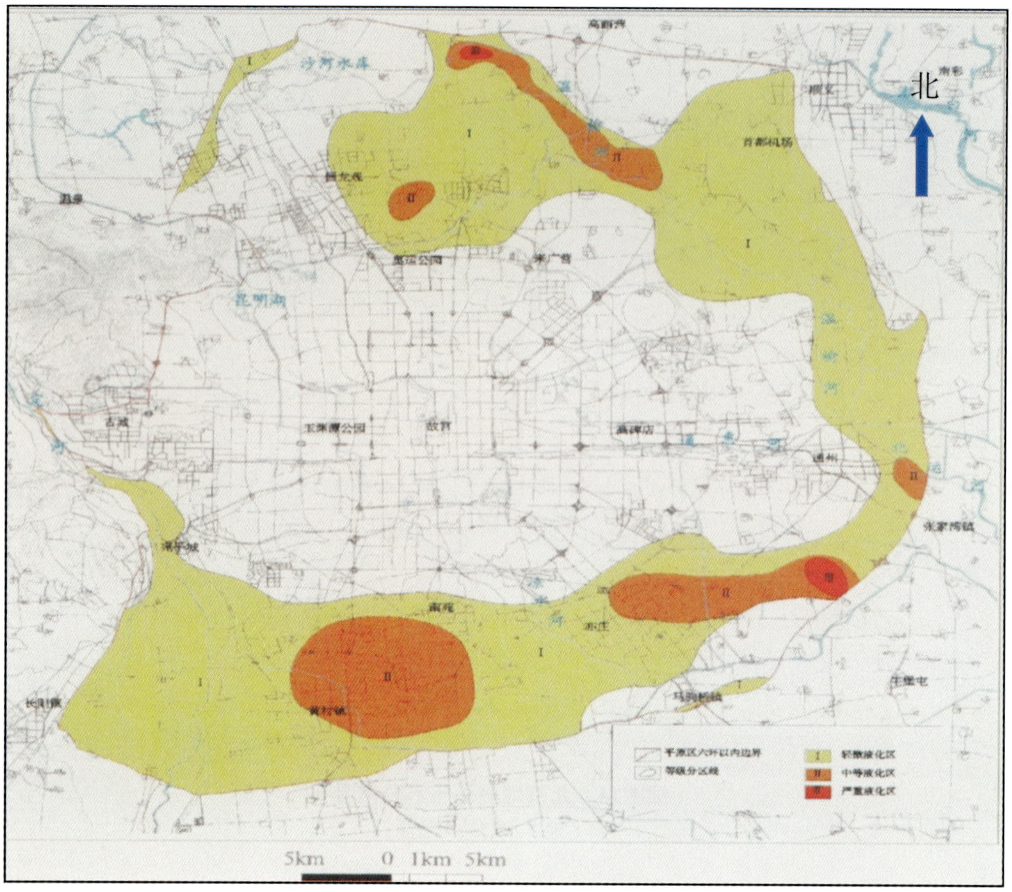

插图**16**　北京砂土液化分区图

插图**17**　地面沉降危害分区图

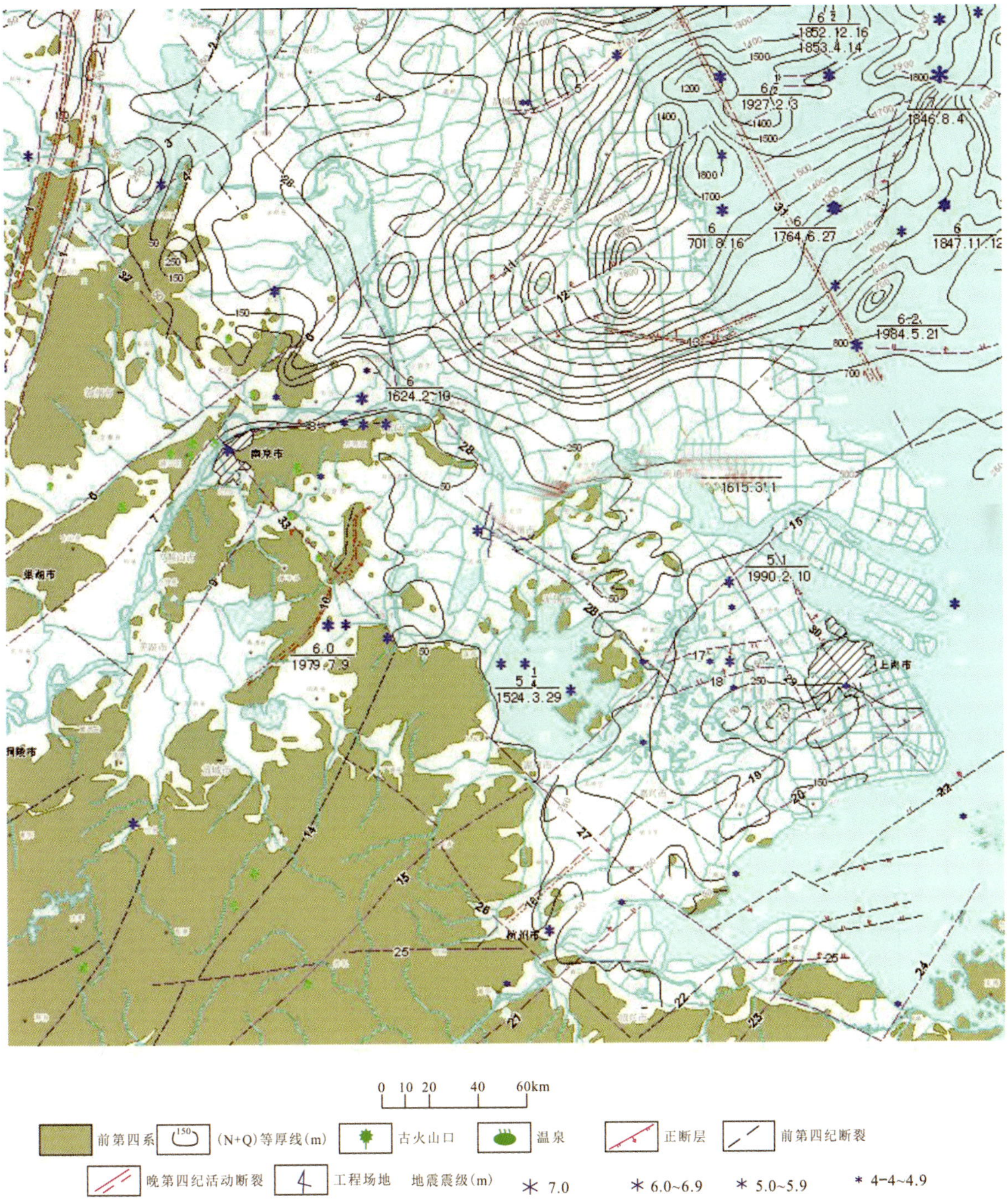

插图**18**　区域地震构造示意图

插图19　常州市典型地质剖面平面位置图

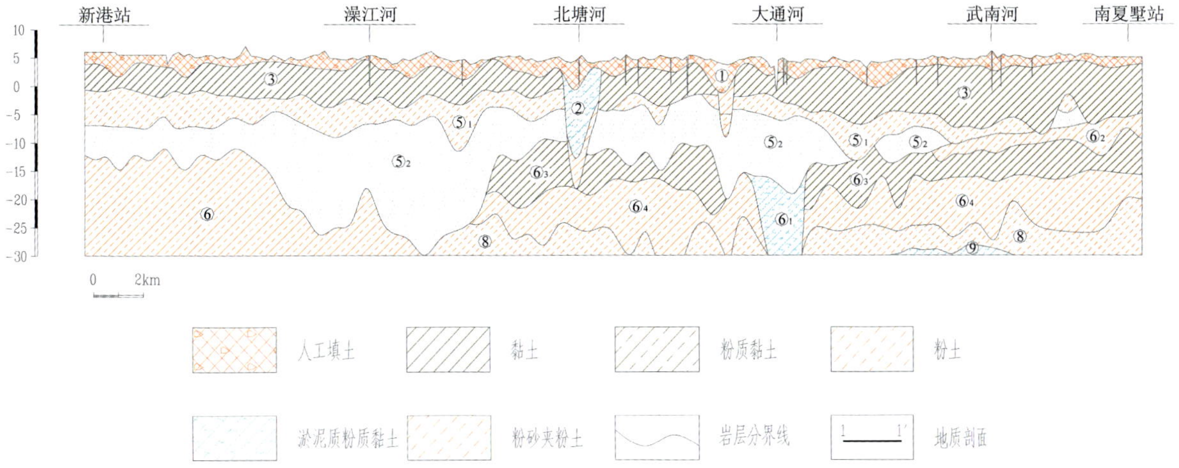

插图20 1—1′常州市工程地质剖面概化图

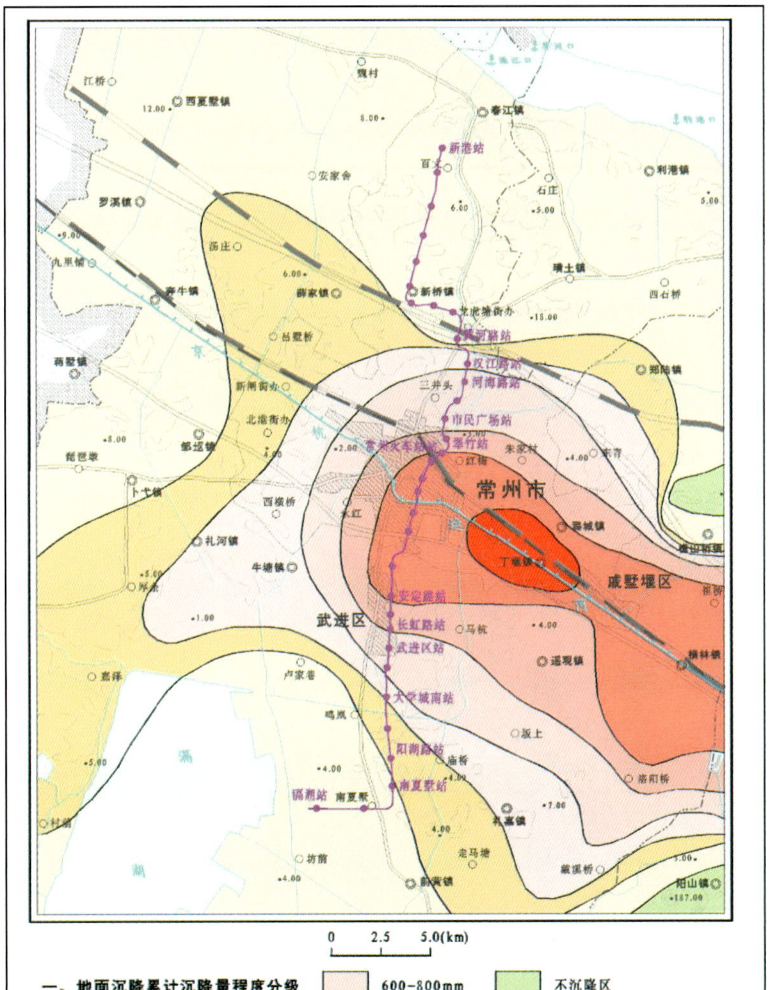

插图21 常州市周边地面沉降现状图

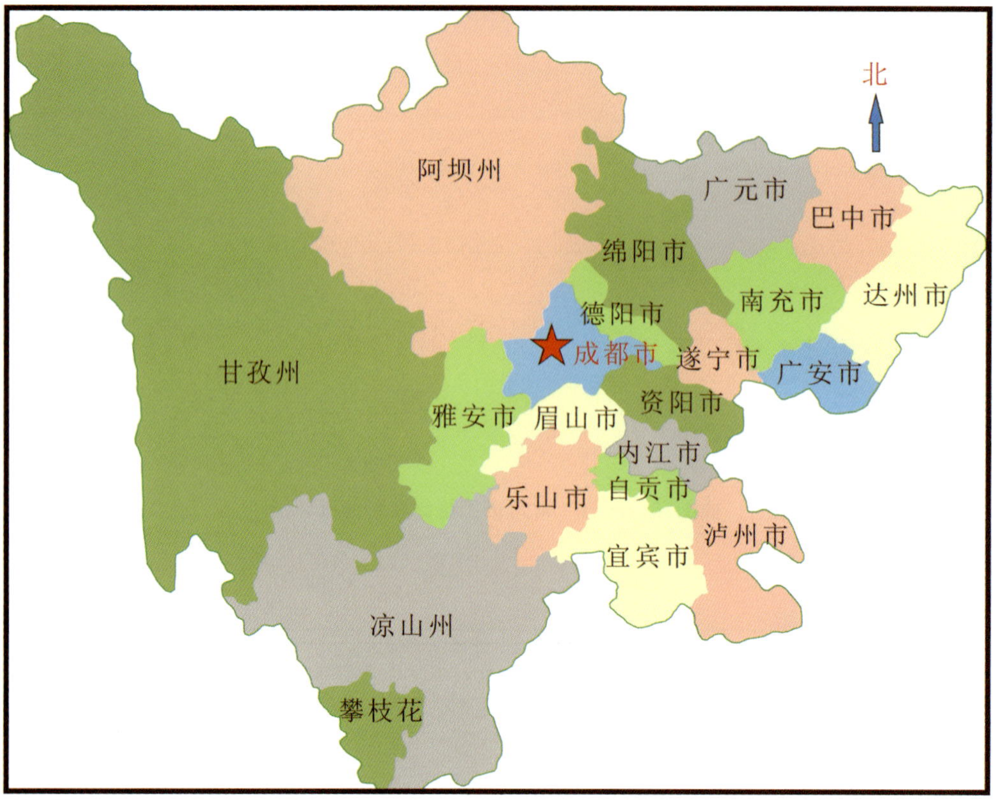

插图22　成都市地理位置图

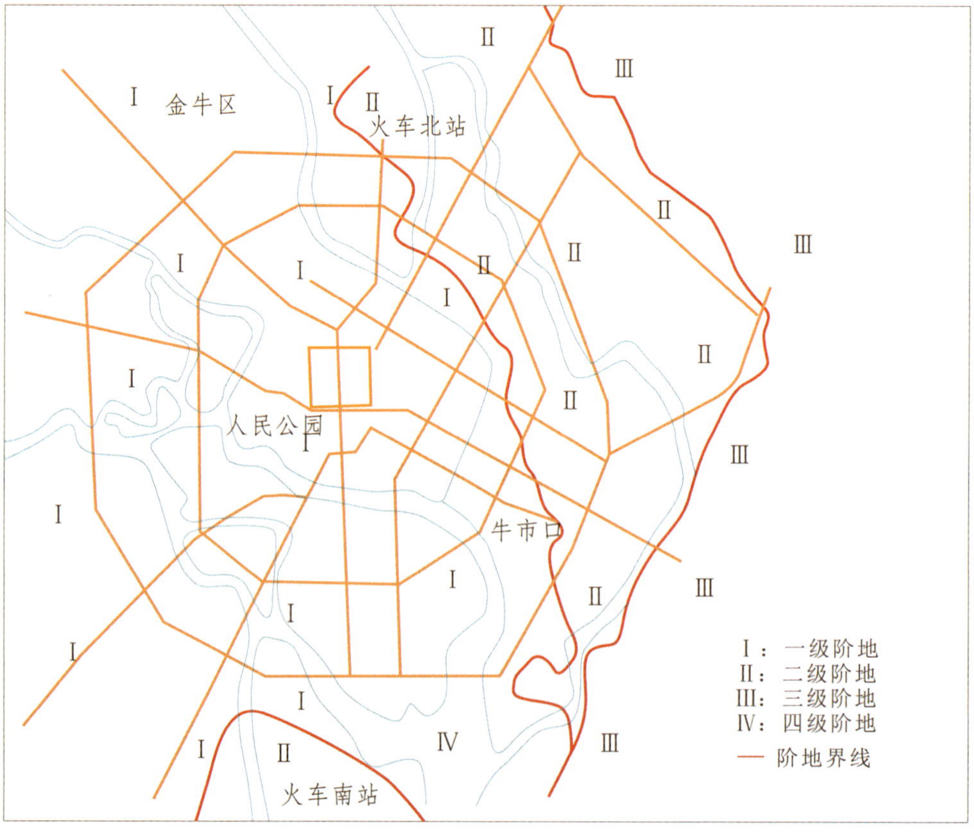

插图23　成都市区第四系地貌图

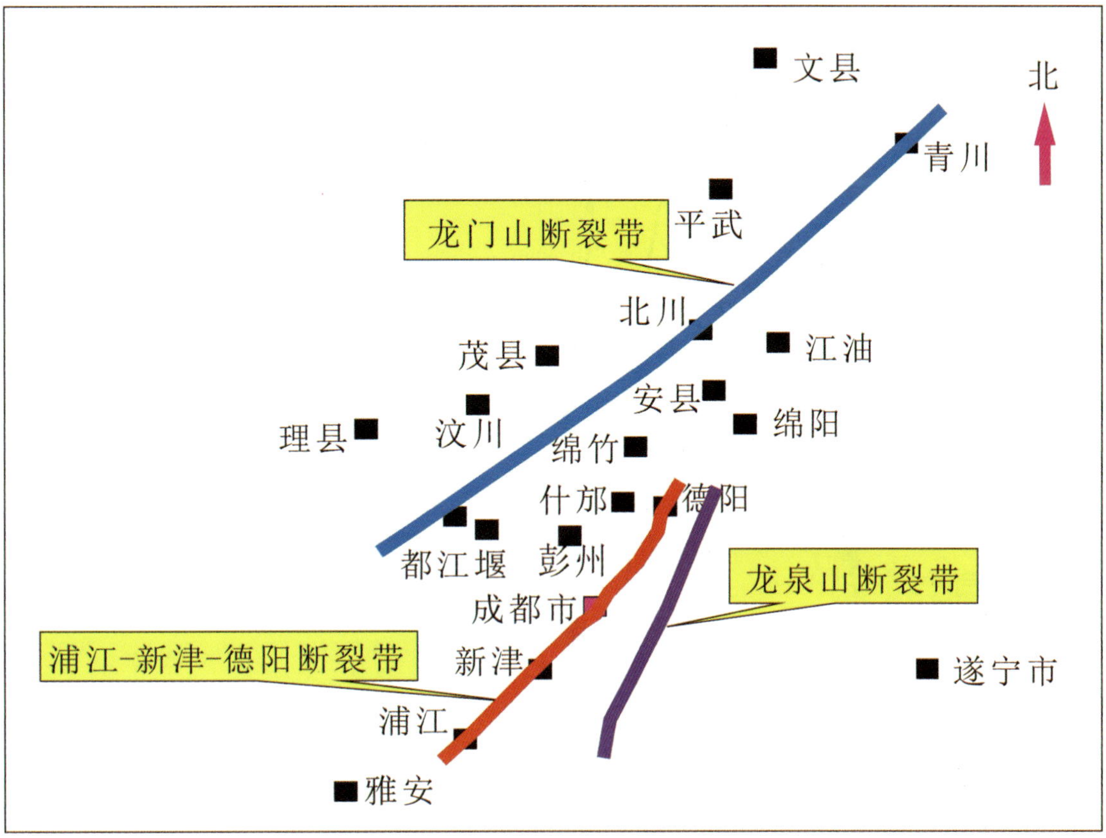

插图**24**　成都平原及周边断裂分布图

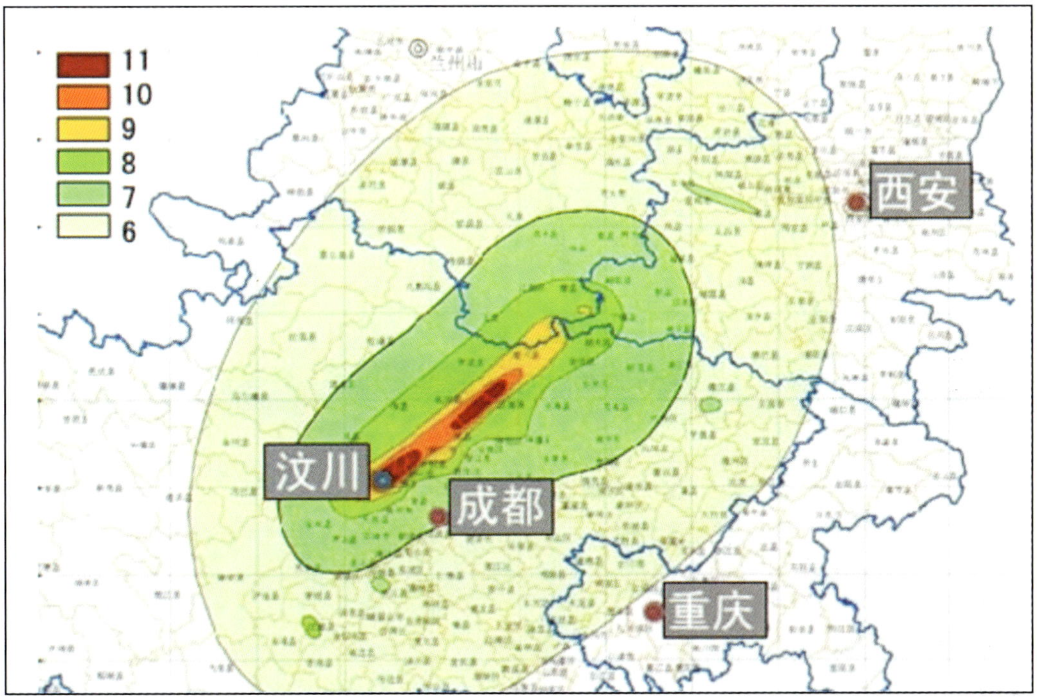

插图**25**　汶川地震烈度分布图

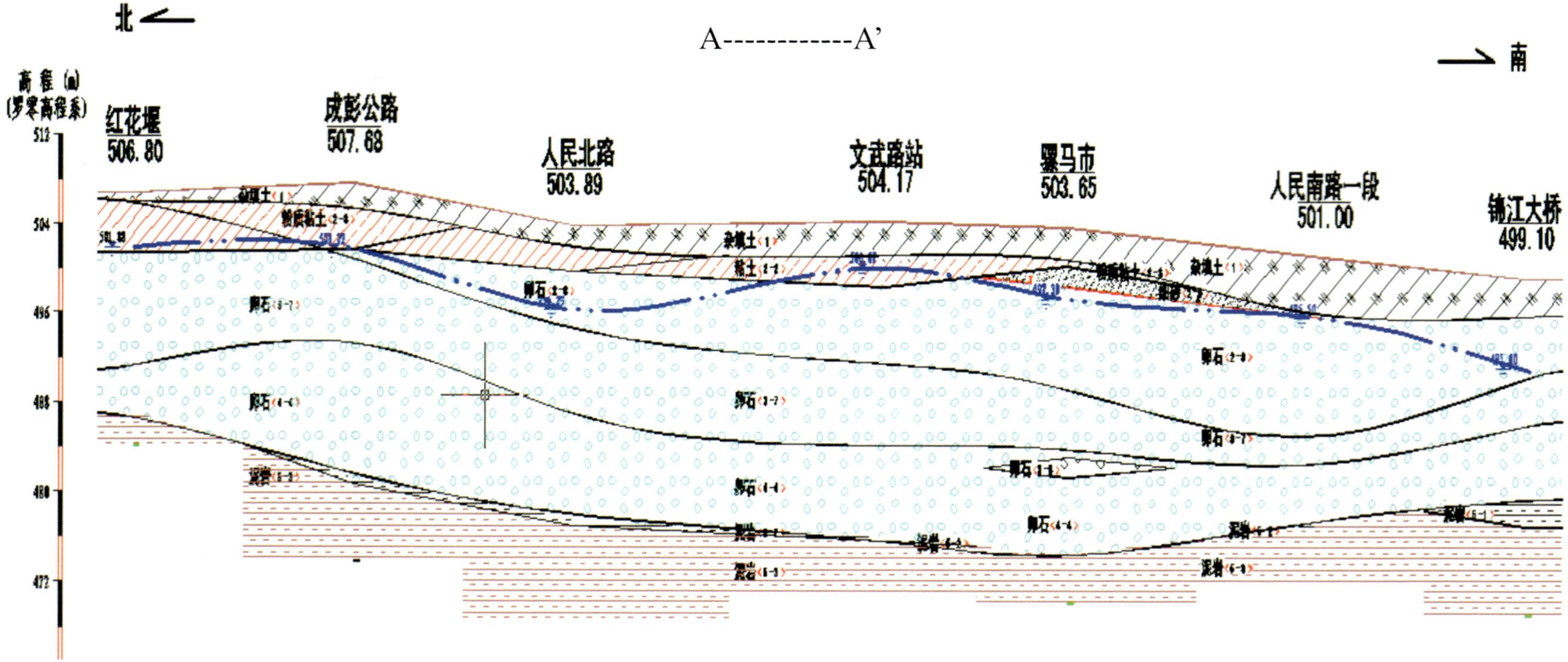

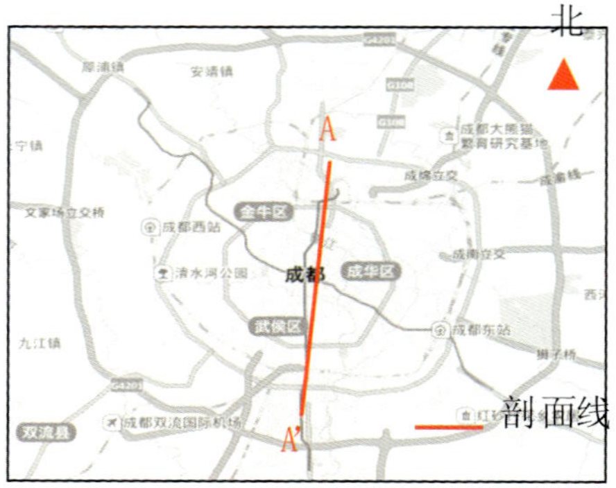

插图26　成都平原区自北向南地层剖面图

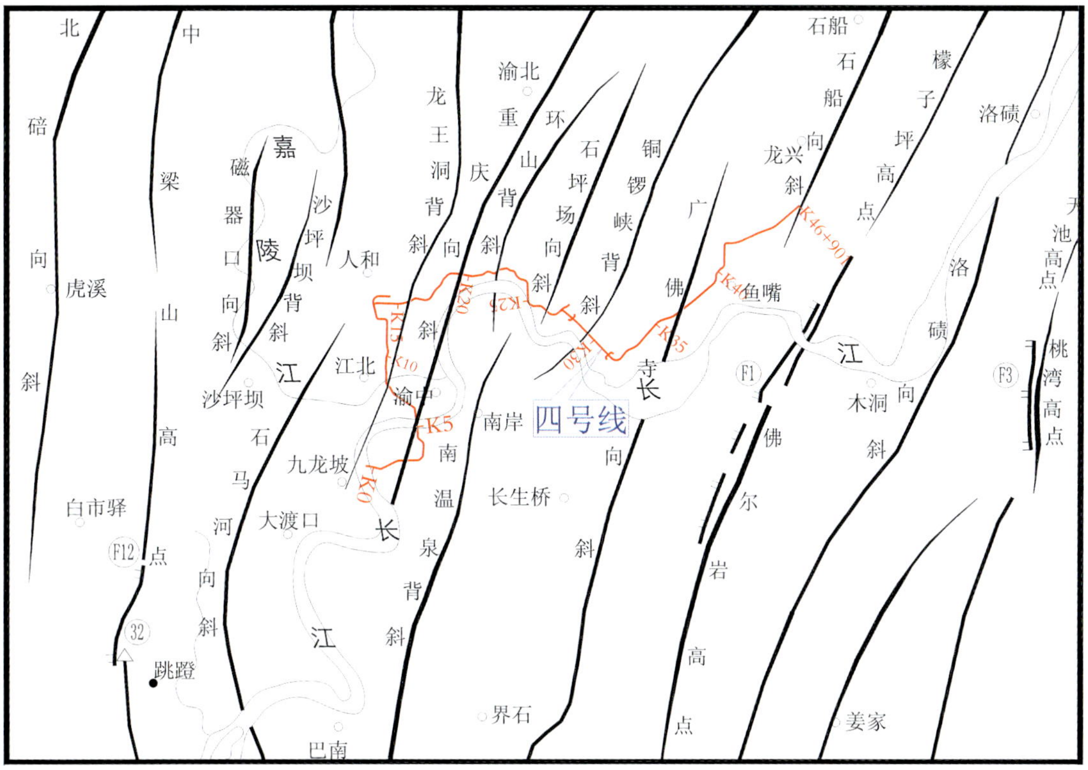

插图27　重庆市构造纲要图

插图28　重庆轨道交通四号线平面位置图

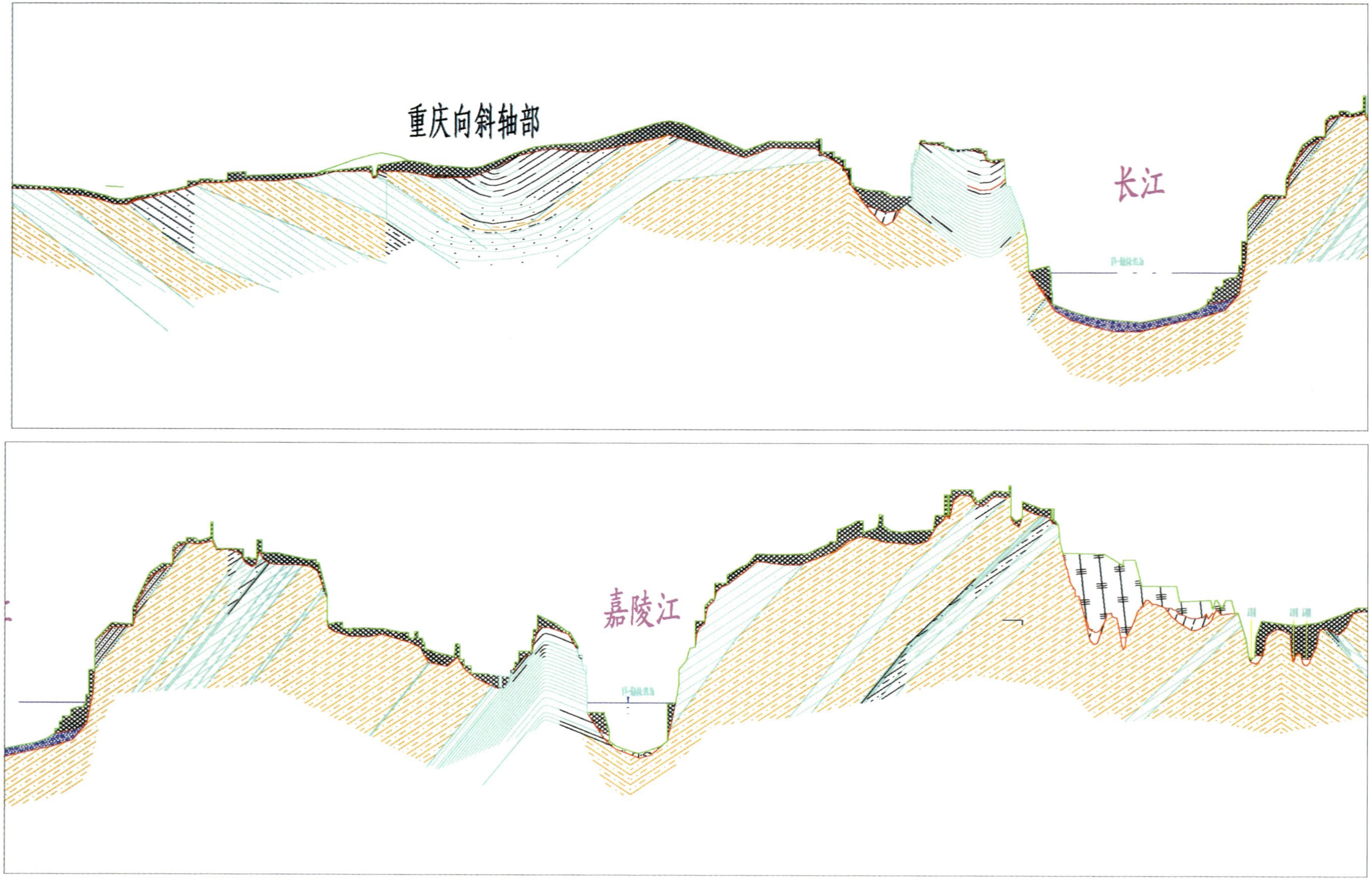

插图29　重庆轨道交通四号线沿线典型地质剖面图

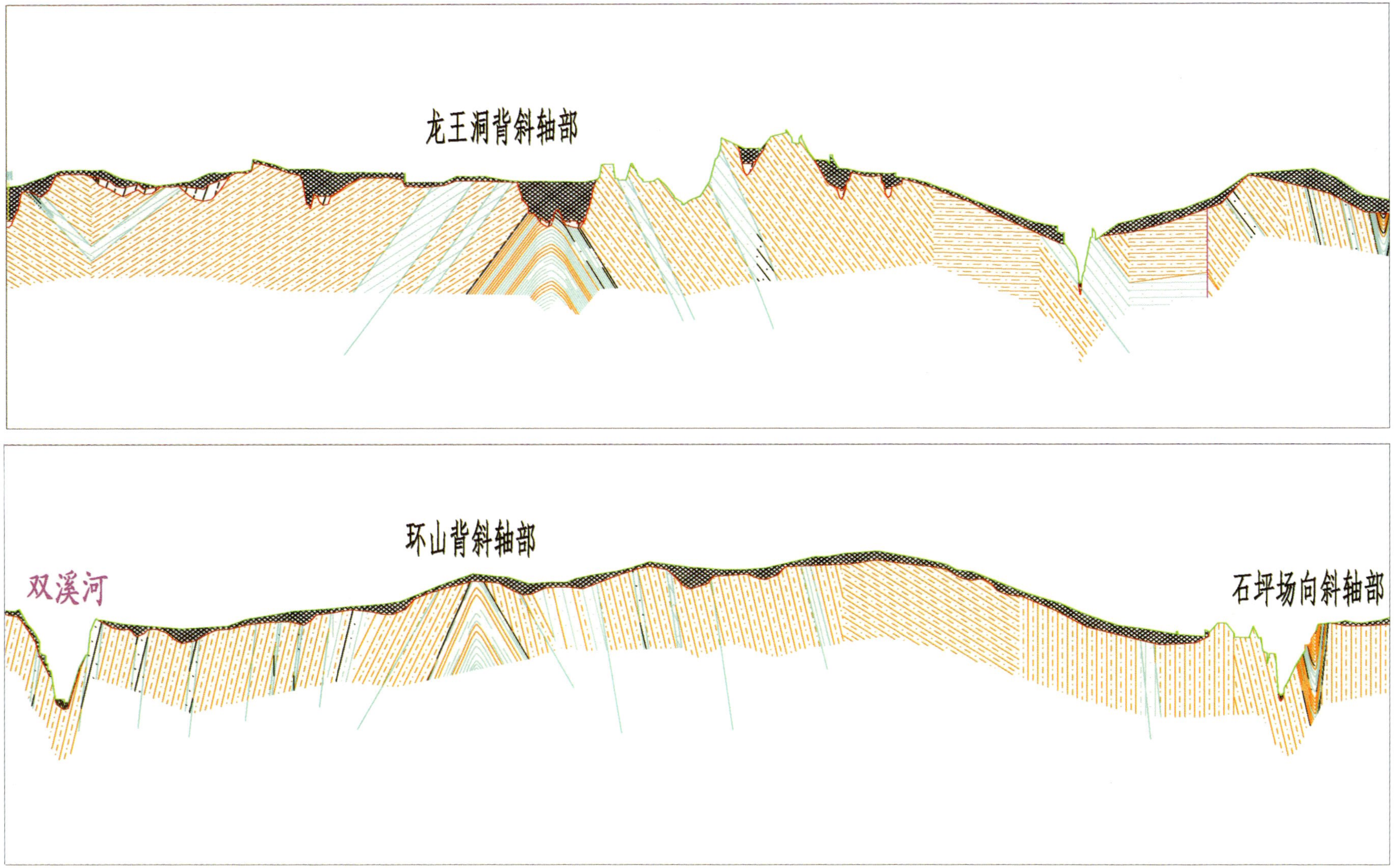

插图30　重庆轨道交通四号线沿线典型地质剖面图

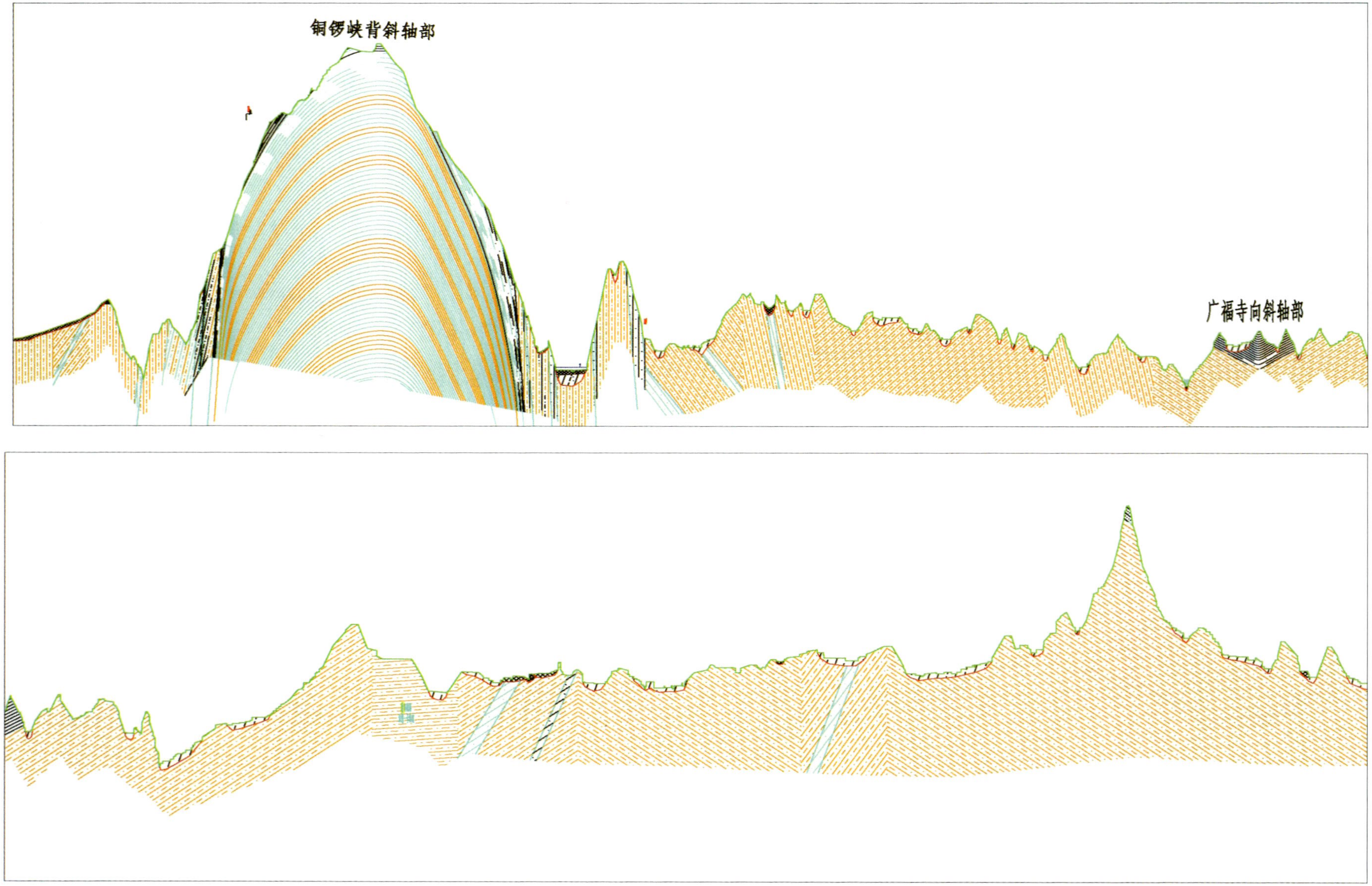

插图31　重庆轨道交通四号线沿线典型地质剖面图

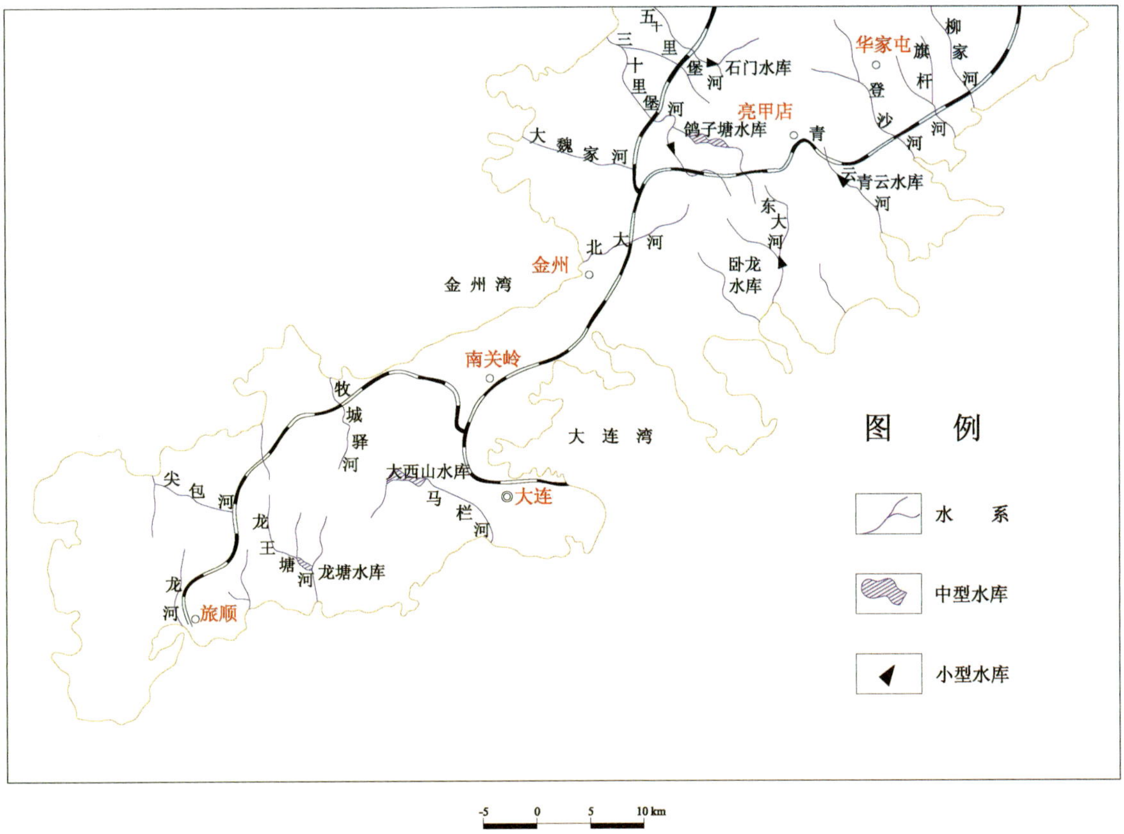

插图32　大连市区河流水系图

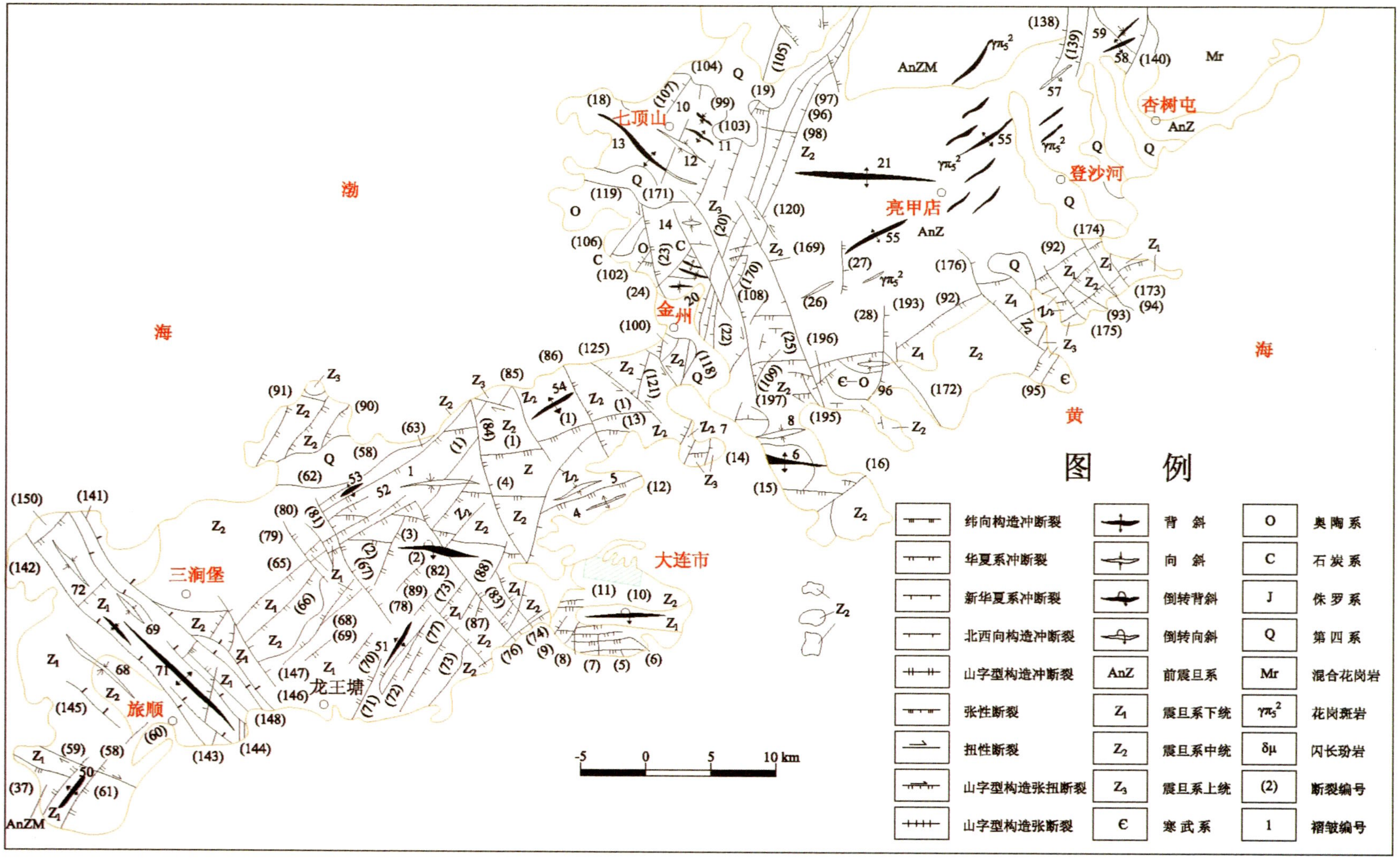

插图33 大连市区构造体系图

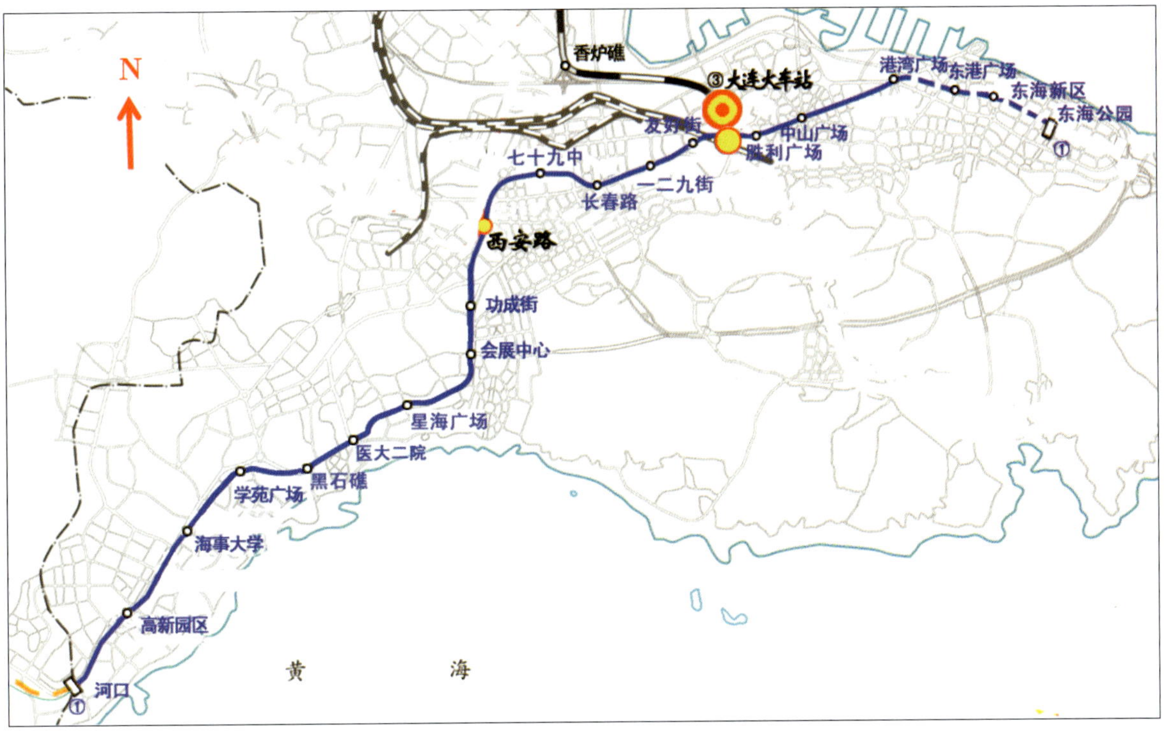

插图34　大连地铁1号线线路走向示意图

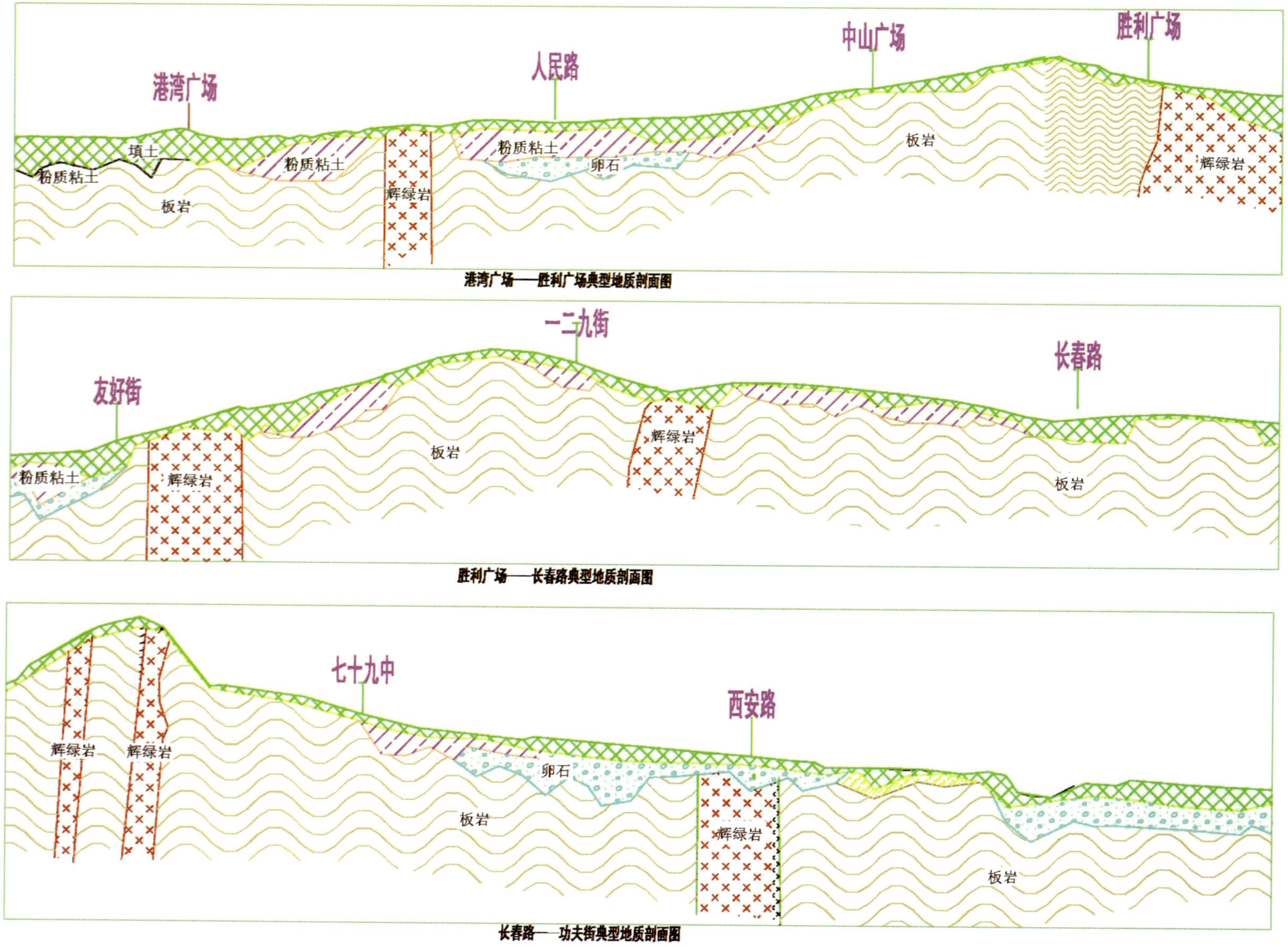

插图35　大连市典型地质剖面图（地铁1号线）（一）

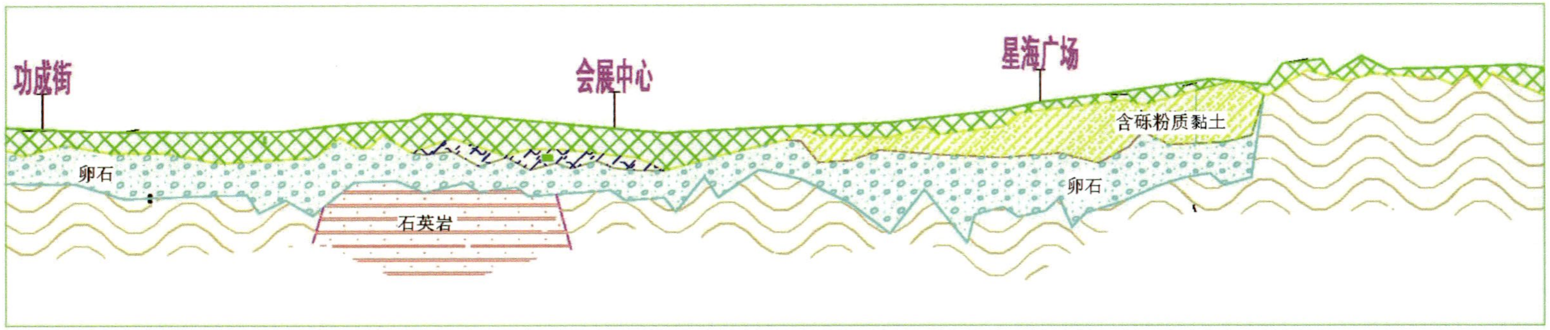

功夫街——医大二院典型地质剖面图

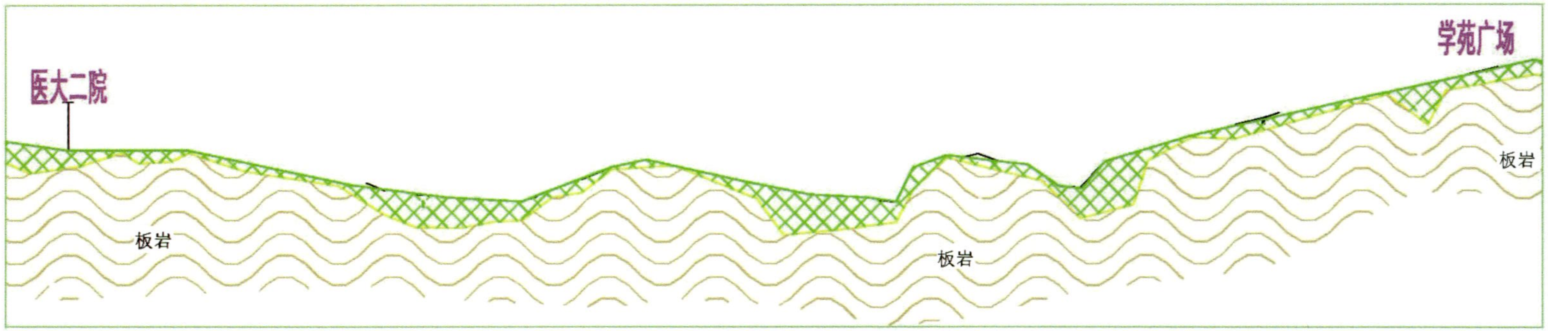

医大二院——学苑广场典型地质剖面图

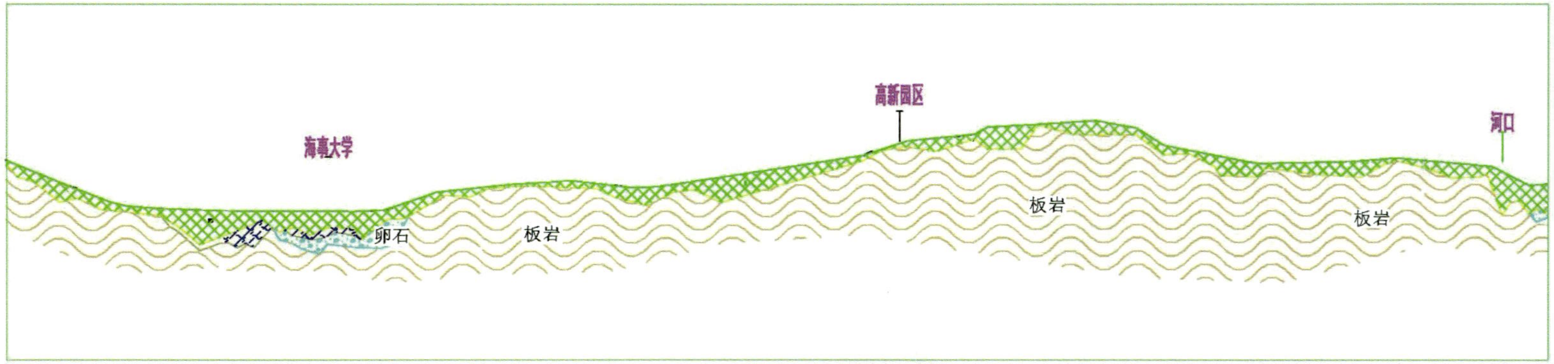

海事大学——河口典型地质剖面图

插图36　大连市典型地质剖面图（地铁1号线）（二）

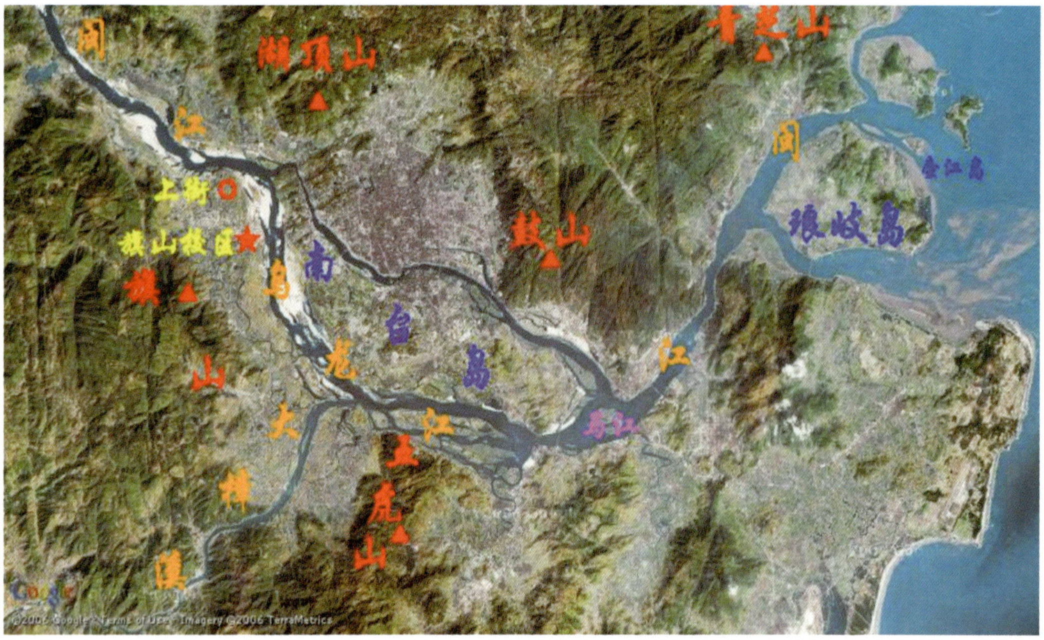

插图37　福州盆地及周边卫星照片

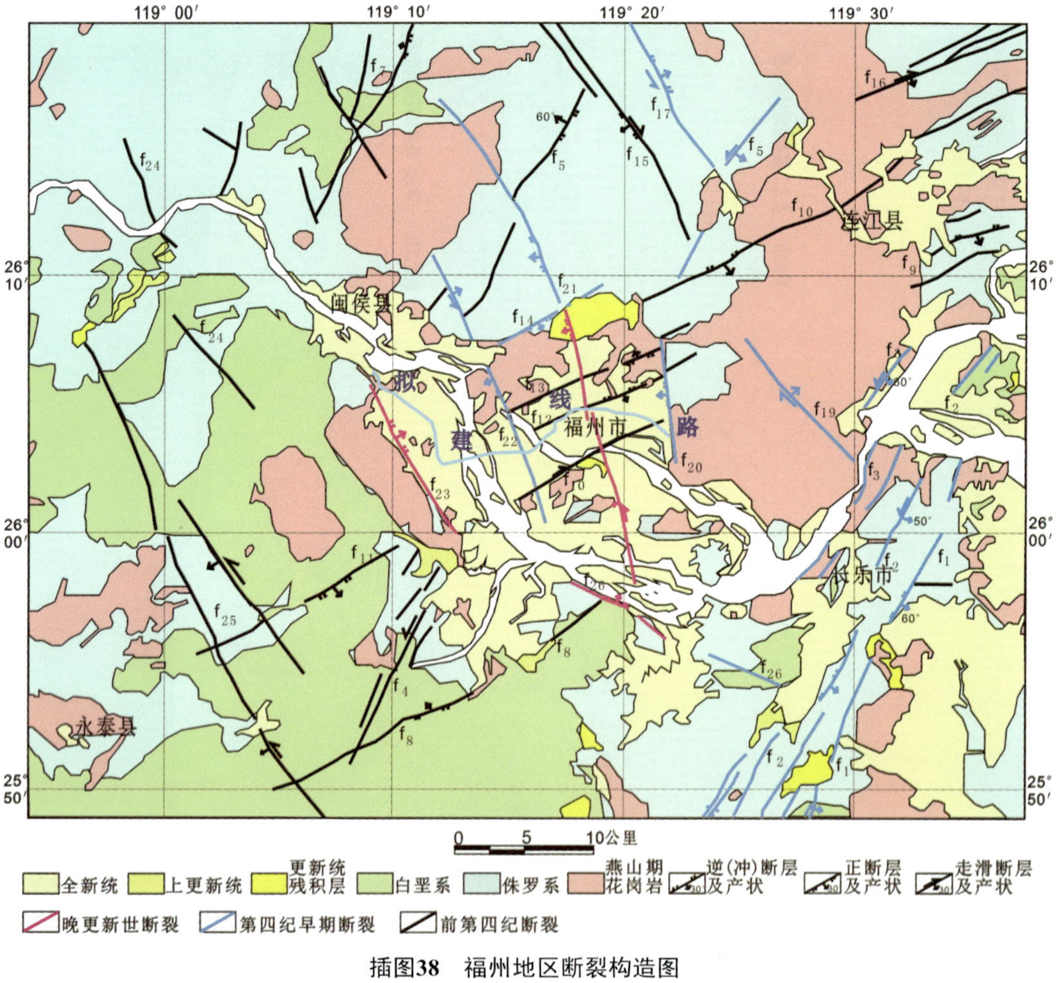

插图38　福州地区断裂构造图

f_1：鹤上-福清断裂　f_2：琅岐-玉田断裂　f_3：闽江下游断裂　f_4：南屿-塘前断裂　f_5：弥高断裂　f_6：九峰断裂　f_7：江洋断裂　f_8：塘前断裂　f_9：黄岐-晓澳断裂　f_{10}：飞凤山-前屿断裂　f_{11}：台口断裂　f_{12}：乌山-东山断裂　f_{13}：大梦山-登云水库断裂　f_{14}：苗圃断裂　f_{15}：捷坂-官坂断裂　f_{16}：长龙断裂　f_{17}：小沧断裂　f_{18}：日溪断裂　f_{19}：白庙-闽安溪断裂　f_{20}：鼓山山前断裂　f_{21}:八一水库-螺洲断裂　f_{22}：桐口-洪山桥断裂　f_{23}：甘蔗-南屿断裂　f_{24}：大目埕断裂　f_{25}：溪南断裂　f_{26}：尚干断裂

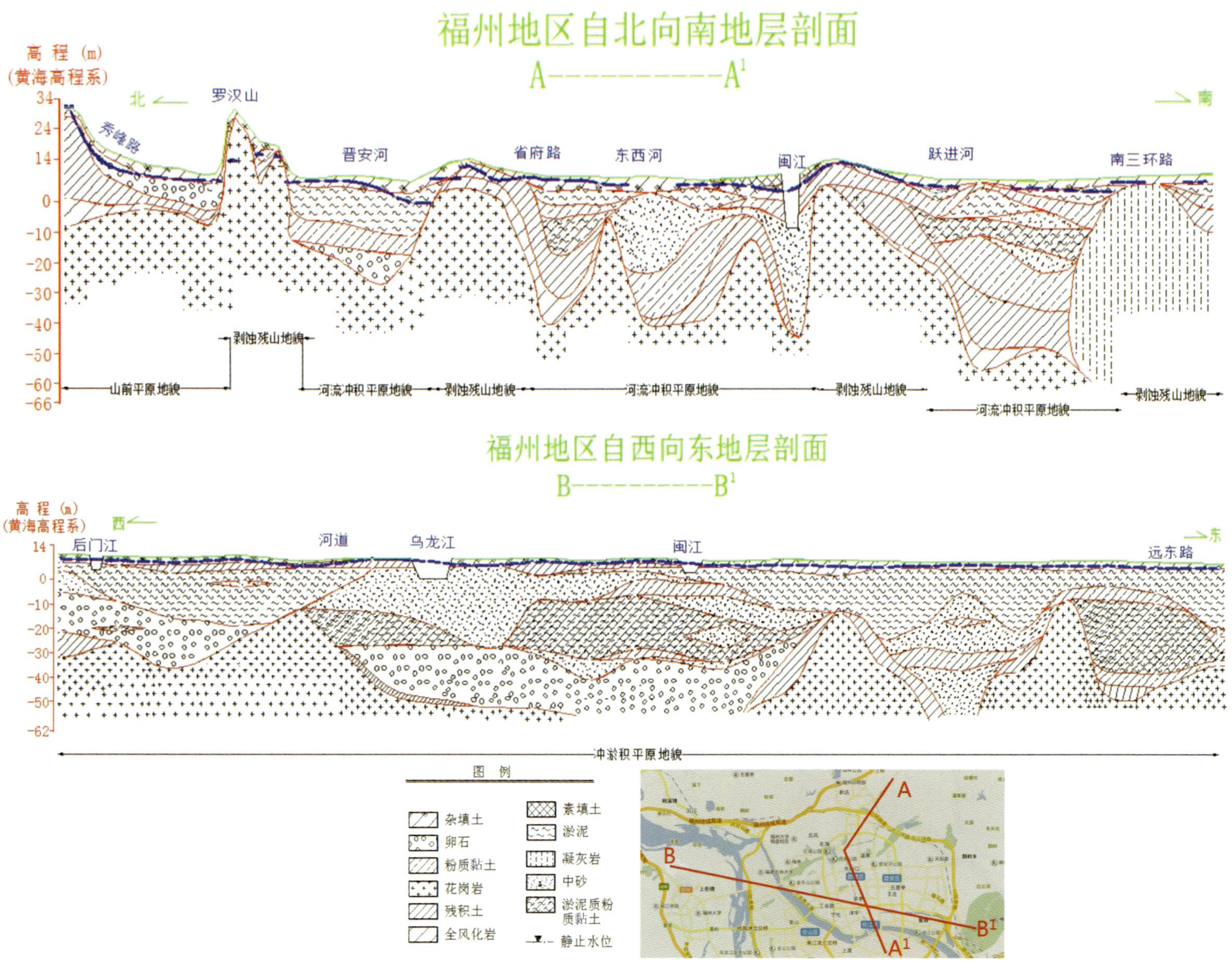

插图39　福州地区地层剖面图

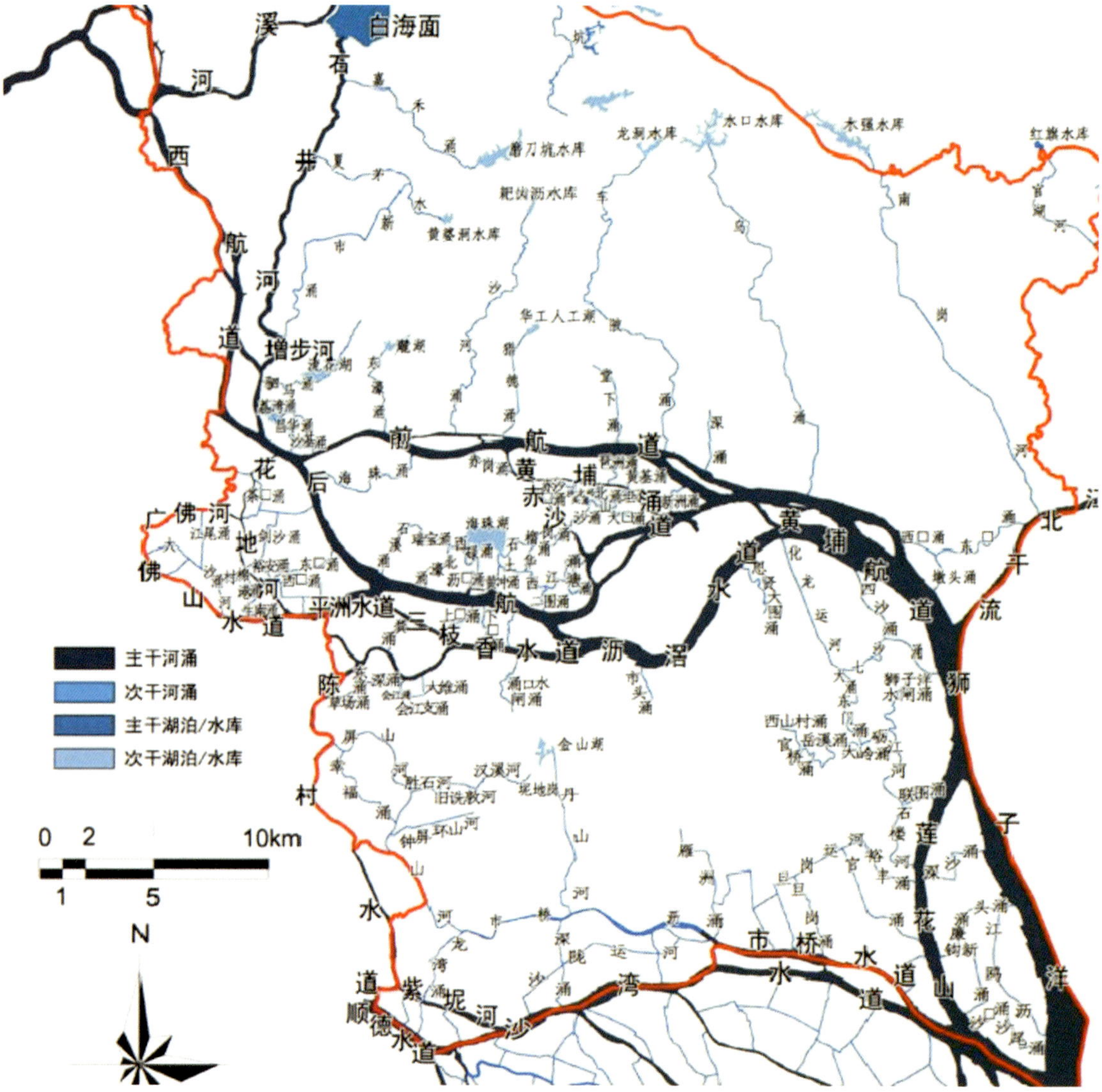

插图40　广州市水系图

广州市航空遥感环境地质图

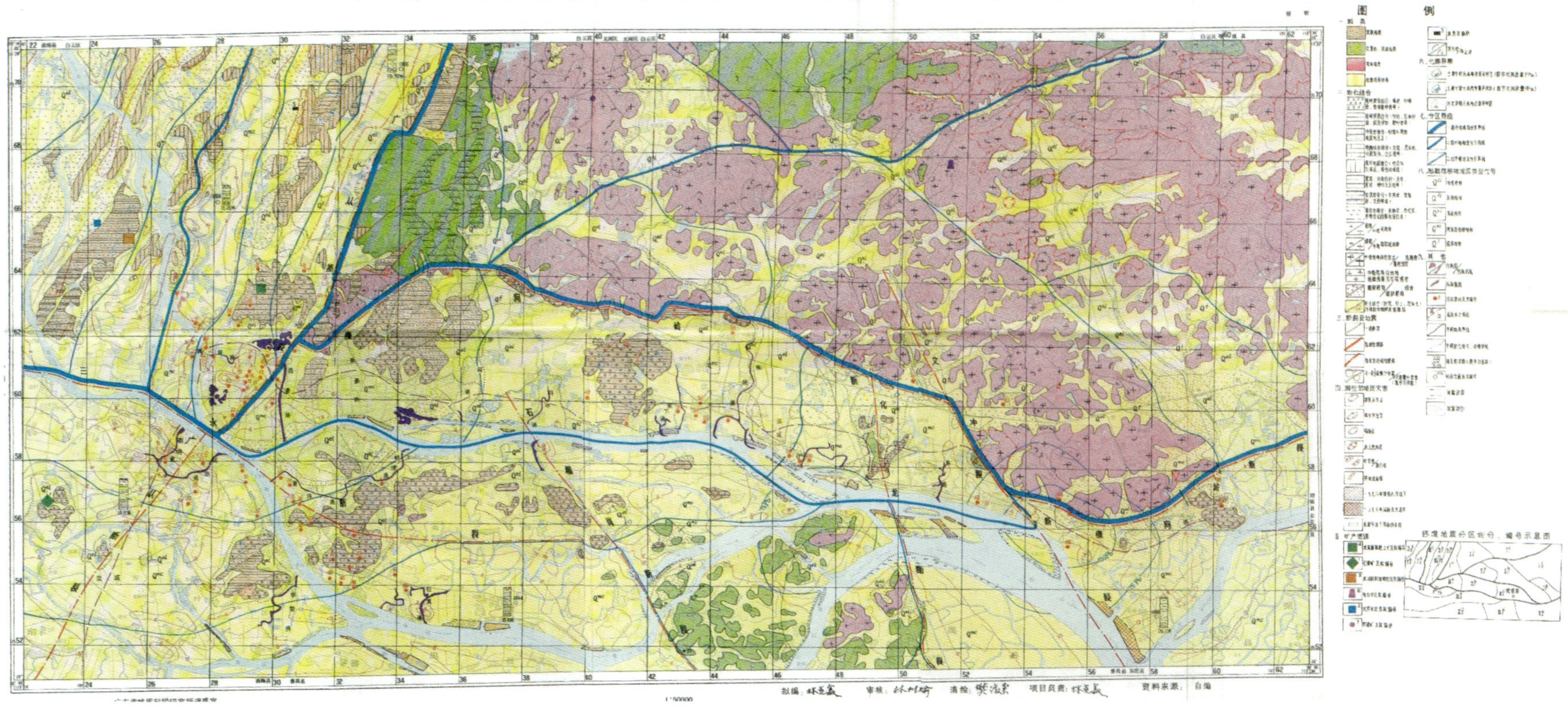

插图41 广州市航空遥感环境地质图

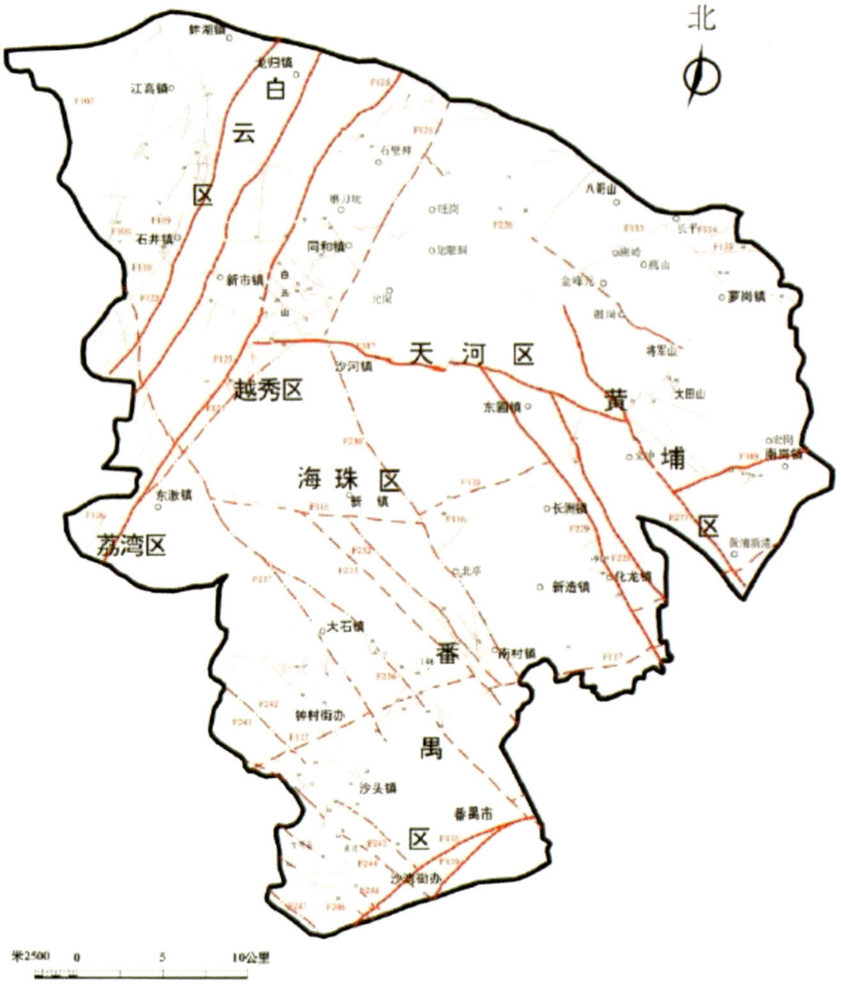

插图42　主要断裂分布图

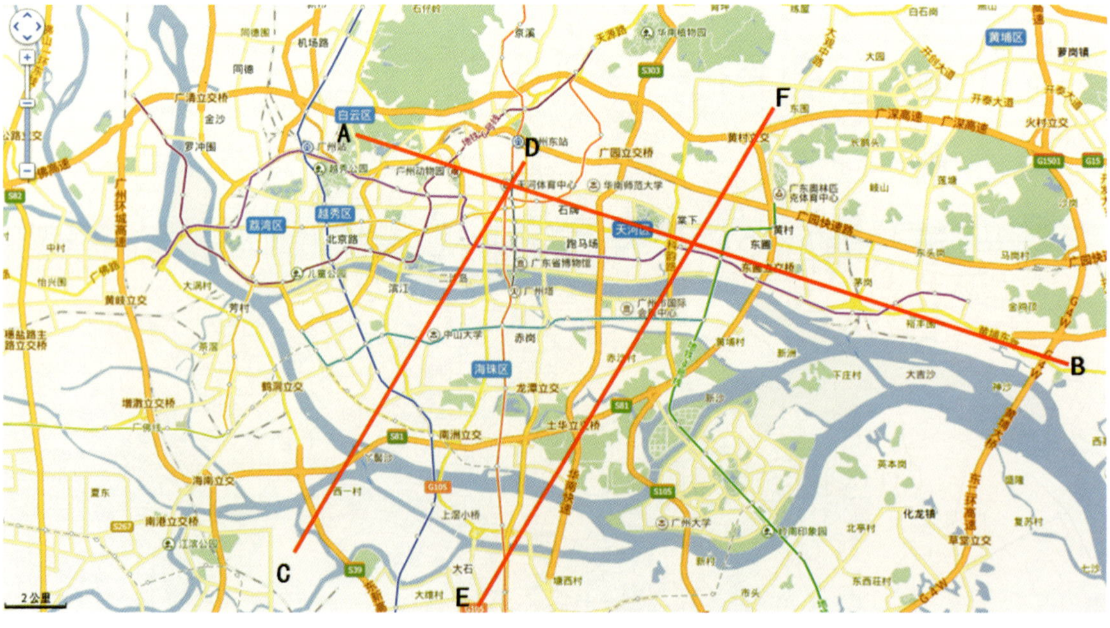

插图43　剖面位置示意图

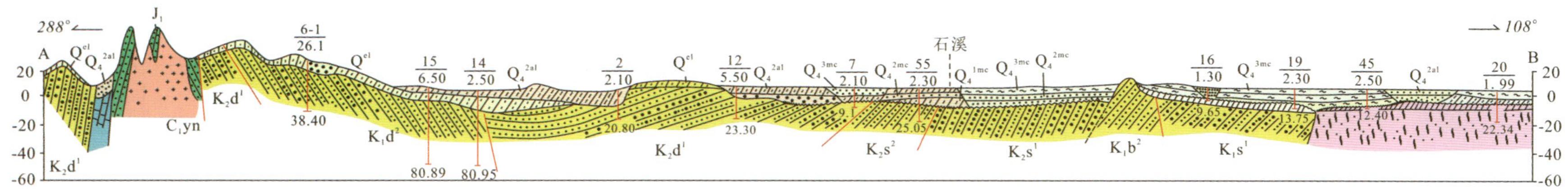

插图44　概化剖面图A-B

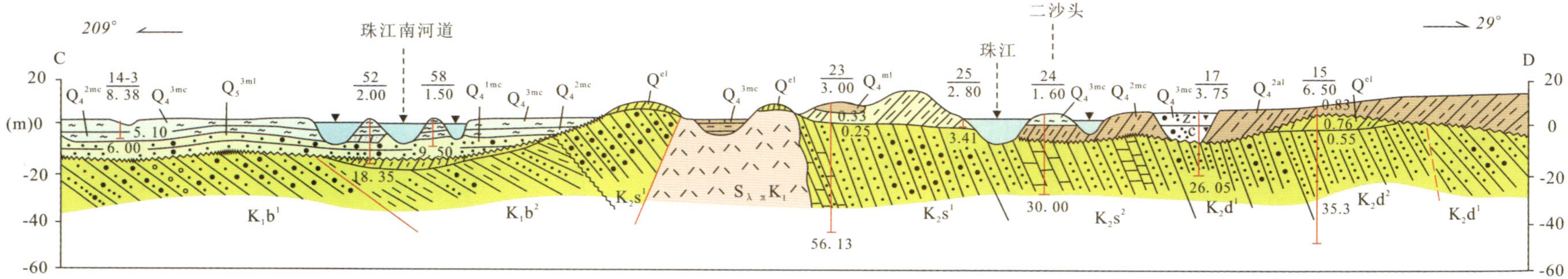

插图45　概化剖面图C-D

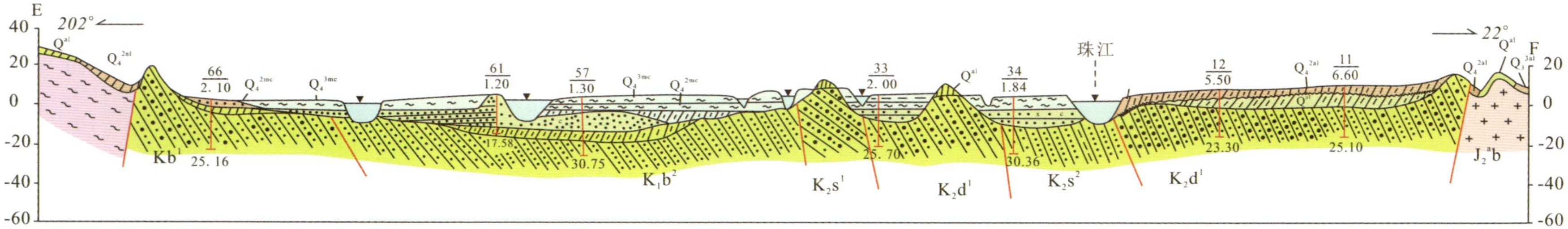

插图46　概化剖面图E-F

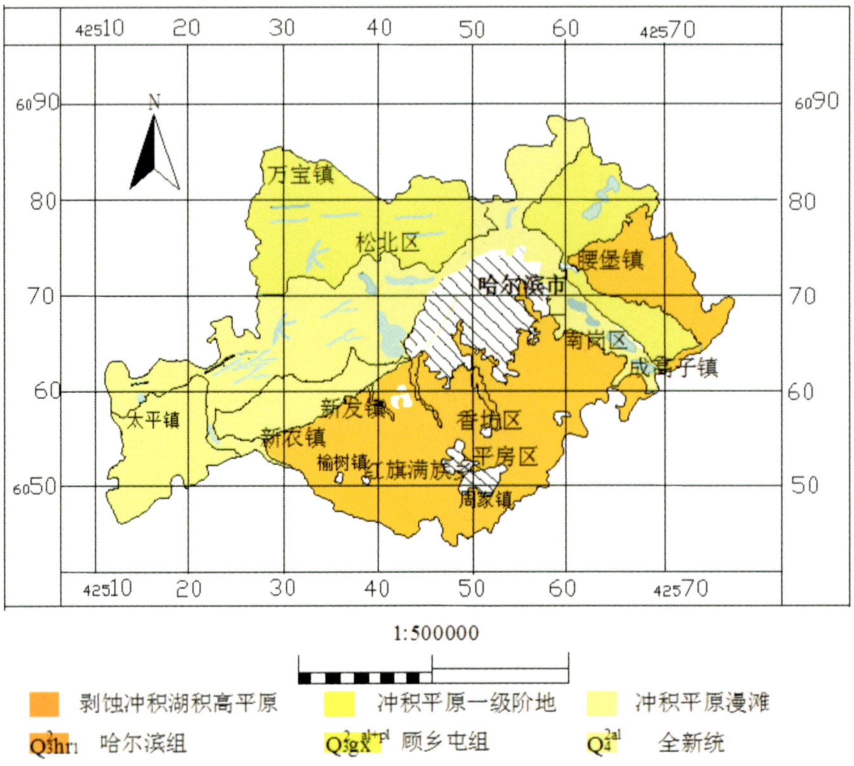

插图47　哈尔滨地貌分区略图

（图片引自互联网）

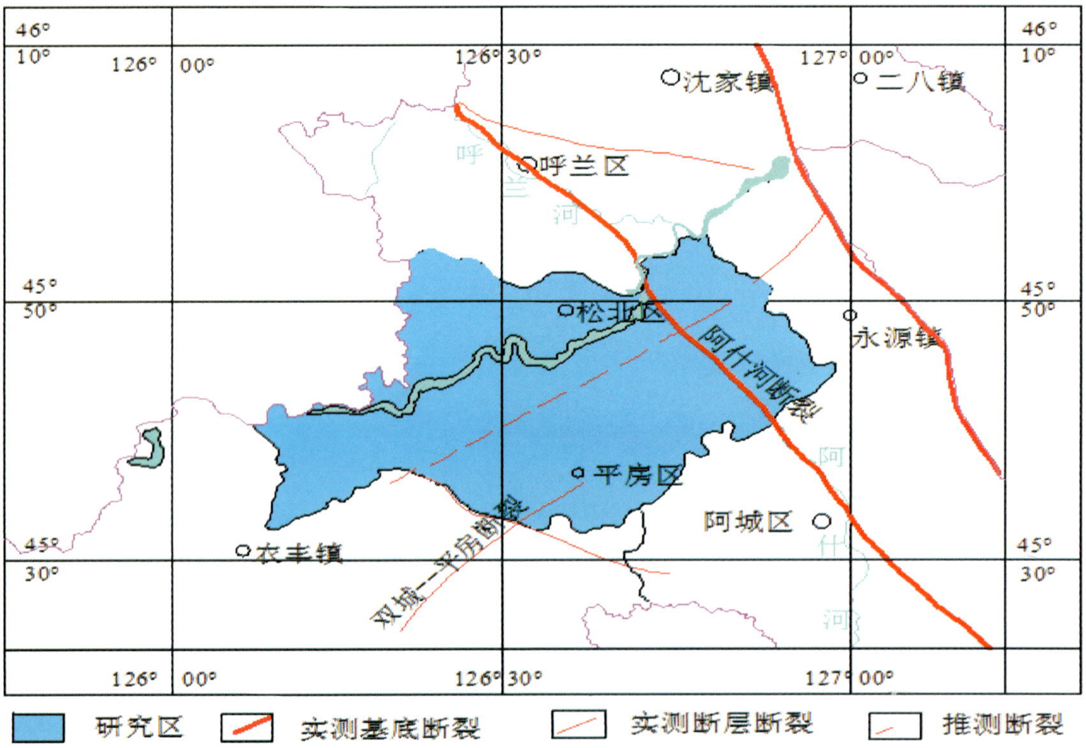

插图48　哈尔滨市断裂分布图

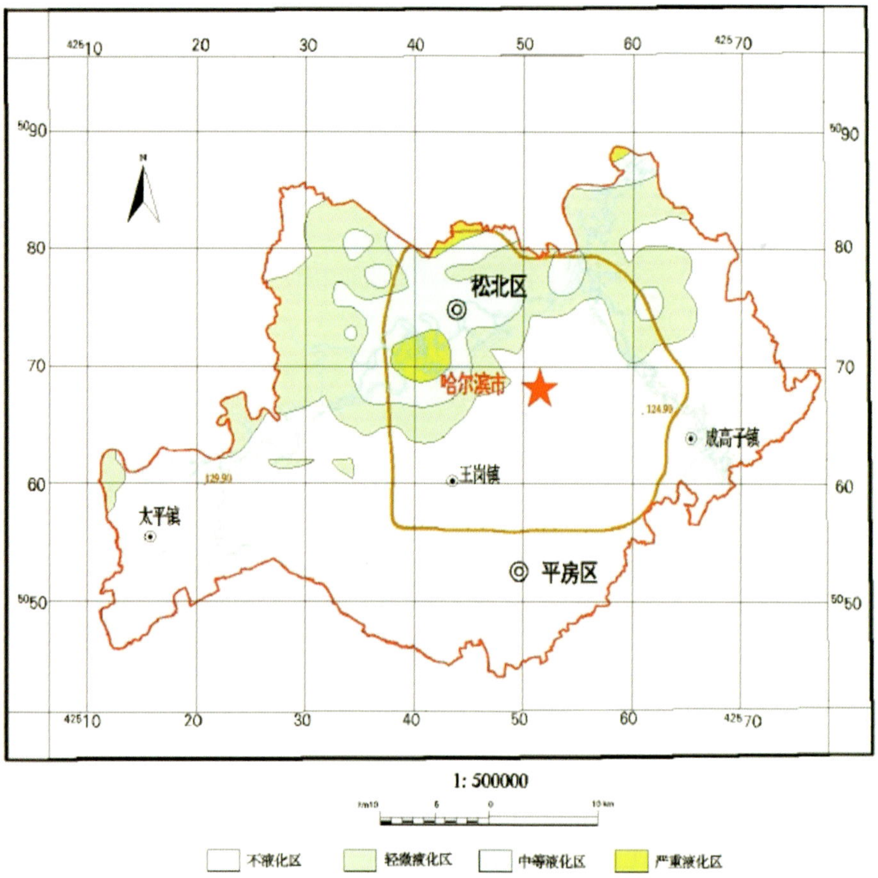

插图49　砂土液化分级图

（图片引自互联网）

插图50　哈尔滨市典型地质平面图

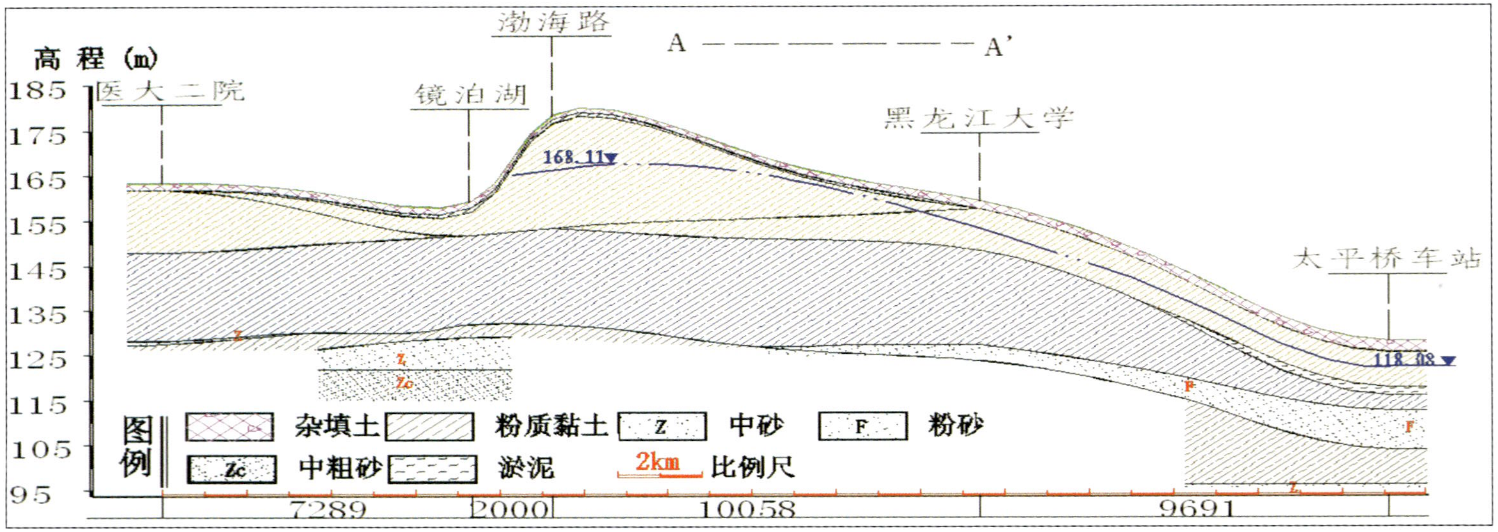

插图51 哈尔滨市典型地质剖面图A—A′

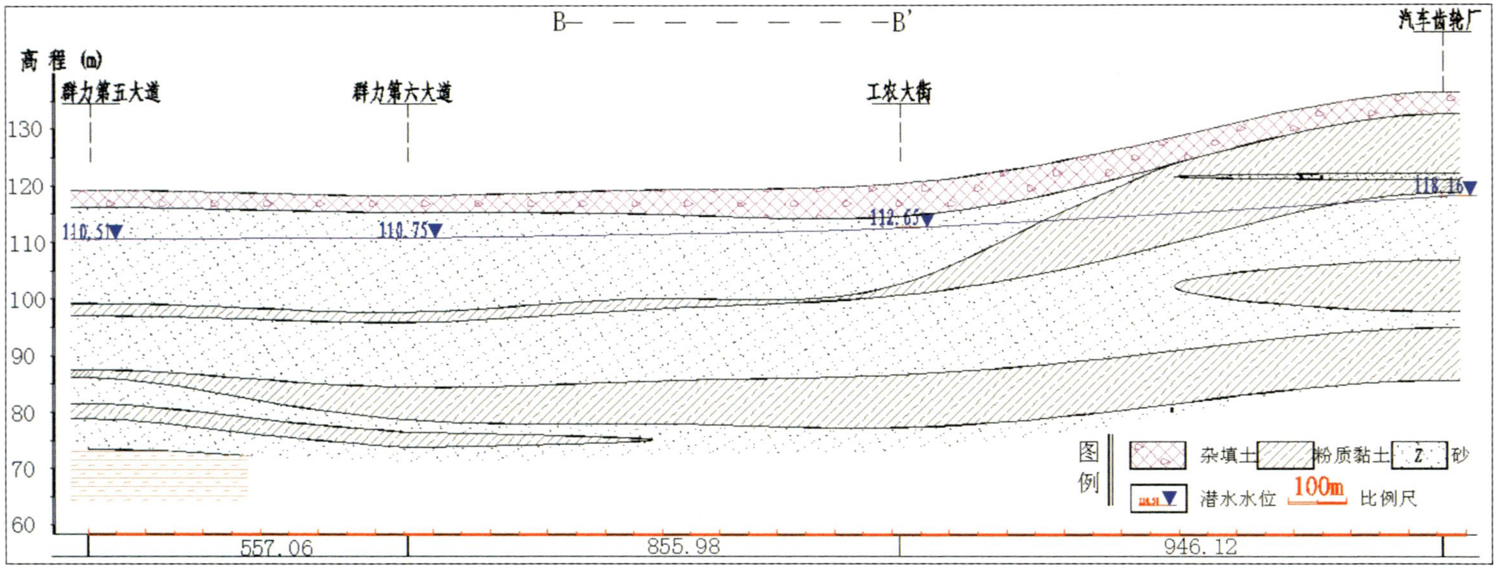

插图52 哈尔滨市典型地质剖面图B—B′

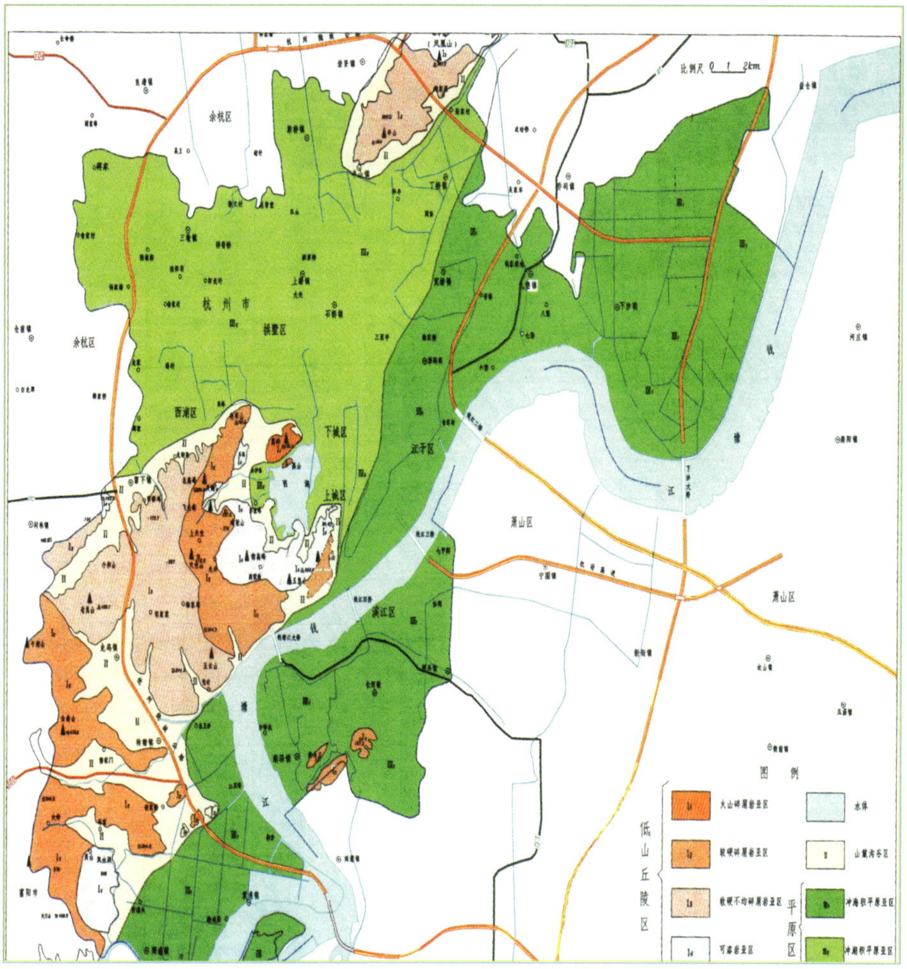

插图53 杭州地貌分区图

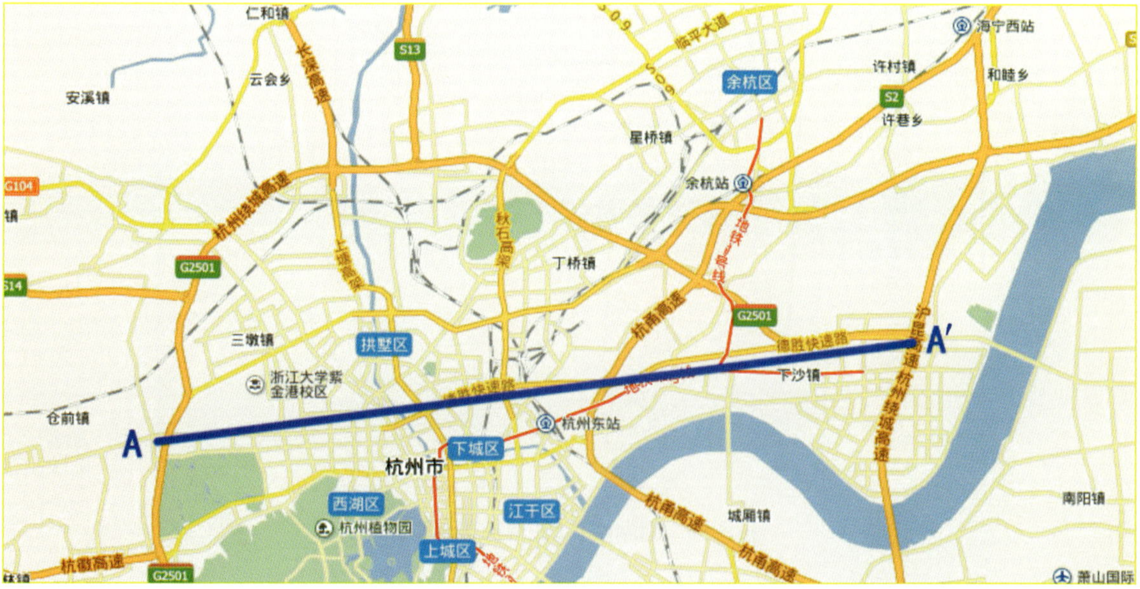

插图54 剖面位置示意图

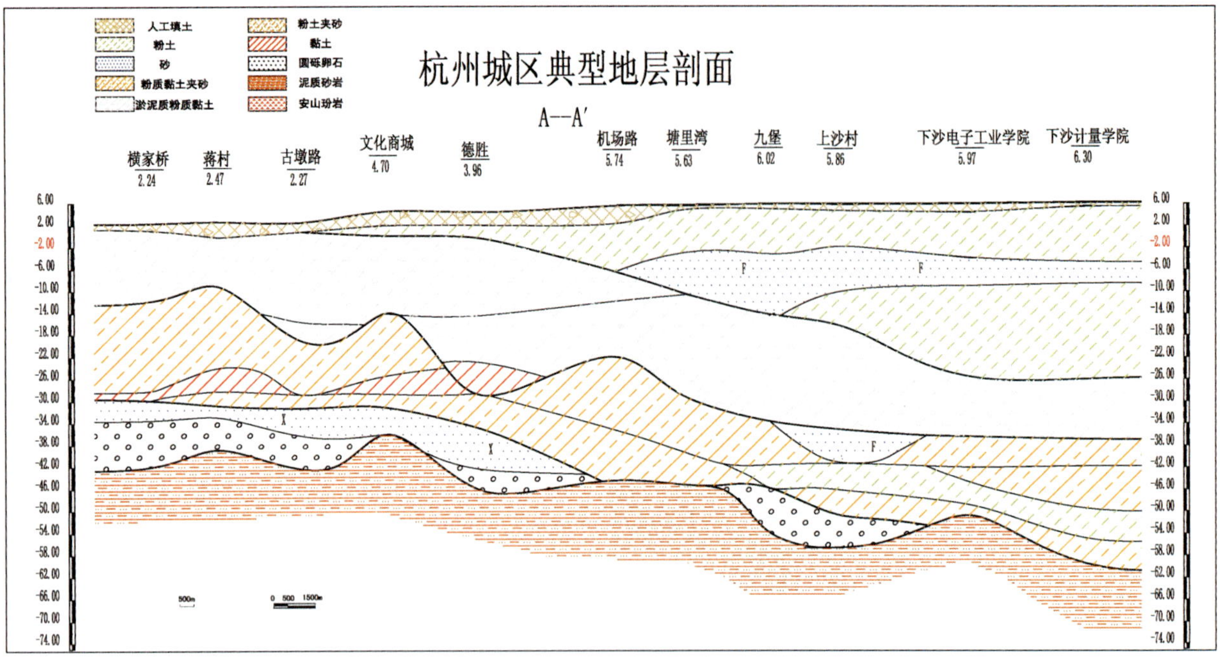

插图55　杭州平原地区典型剖面图

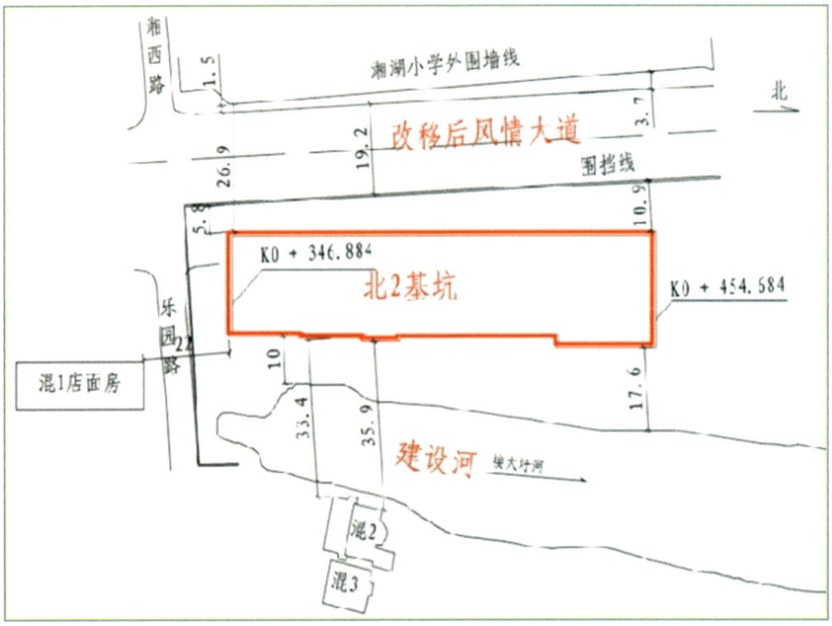

插图56　湘湖站北2基坑位置示意图

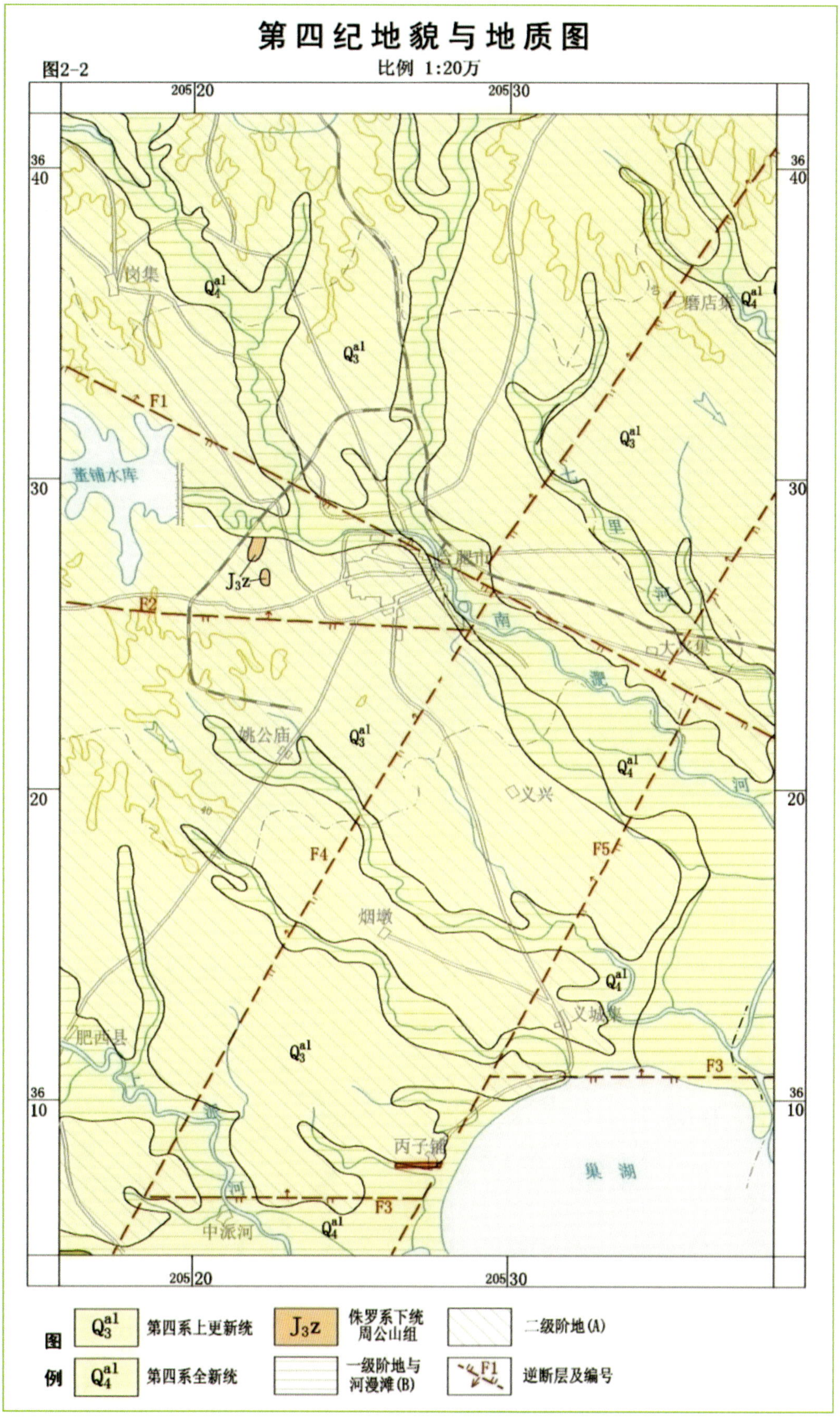

插图57　合肥市第四纪地貌图

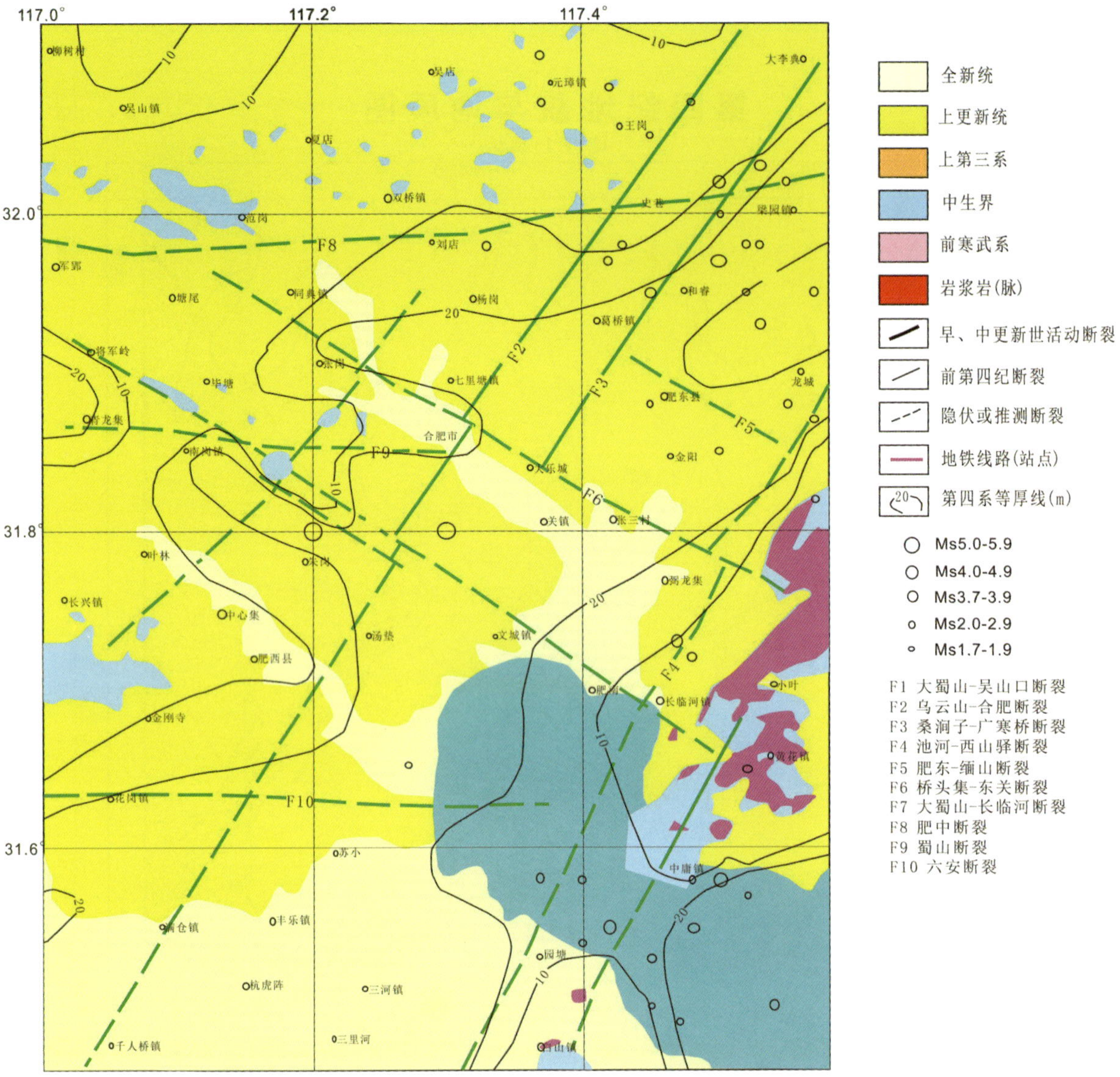

插图58　合肥地区构造断裂图

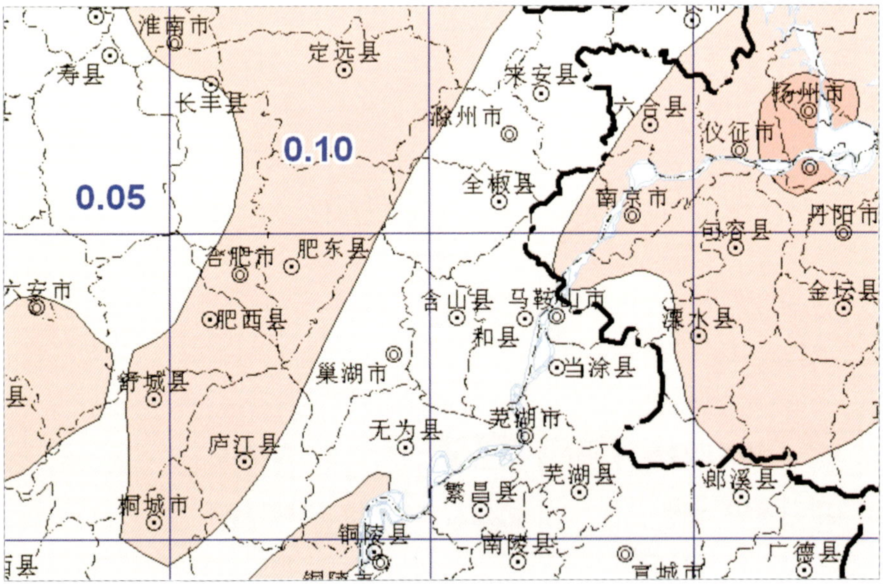

插图59　安徽省地震动峰值加速度区划图

插图60　剖面位置示意图

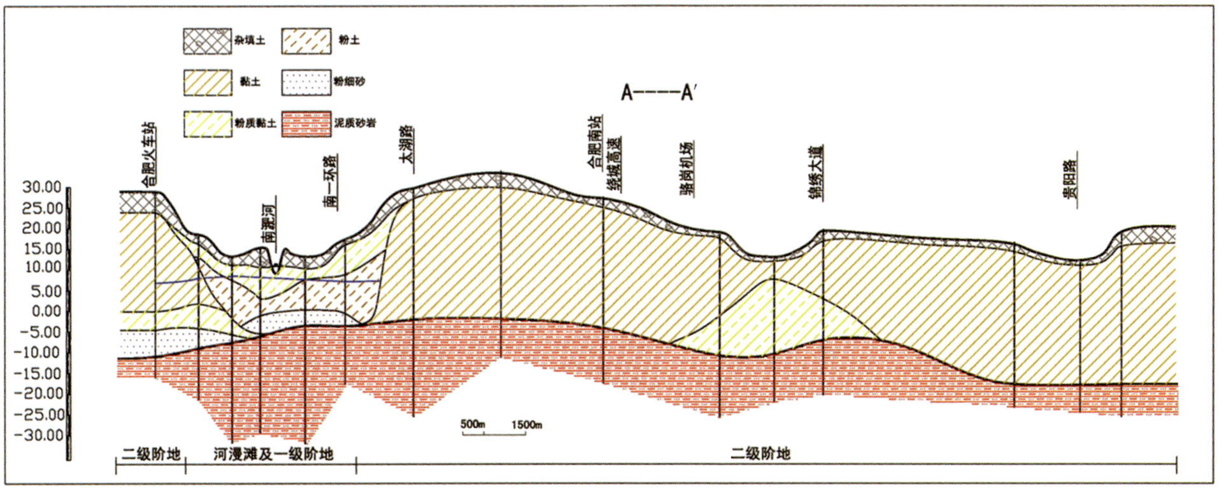

插图61　合肥城区典型剖面图

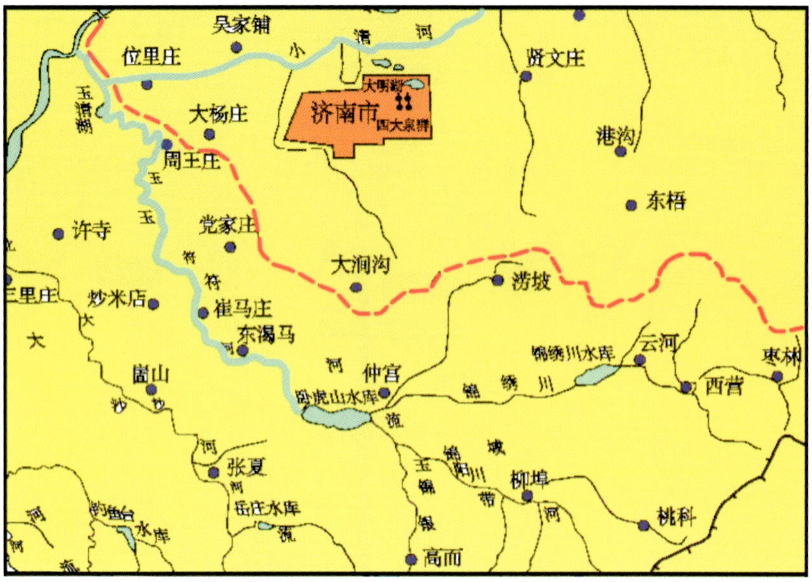

插图62　济南附近区域水系图

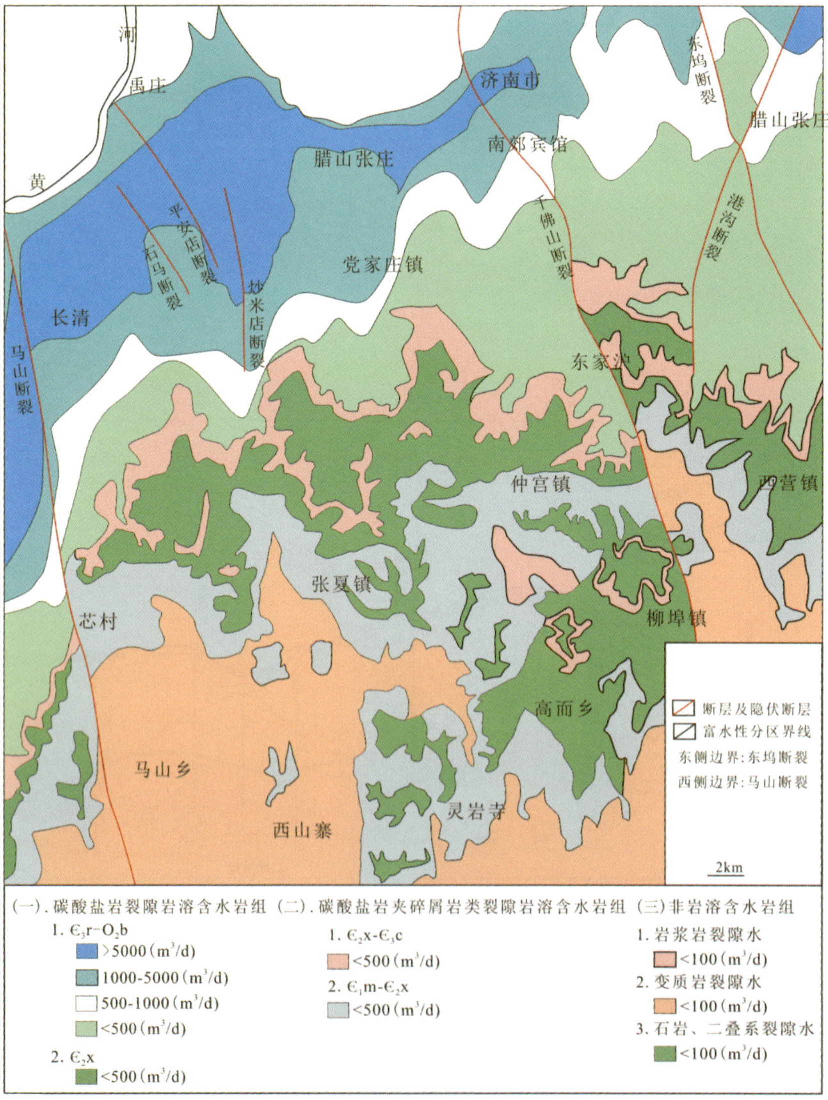

插图63　济南泉域水文地质略图

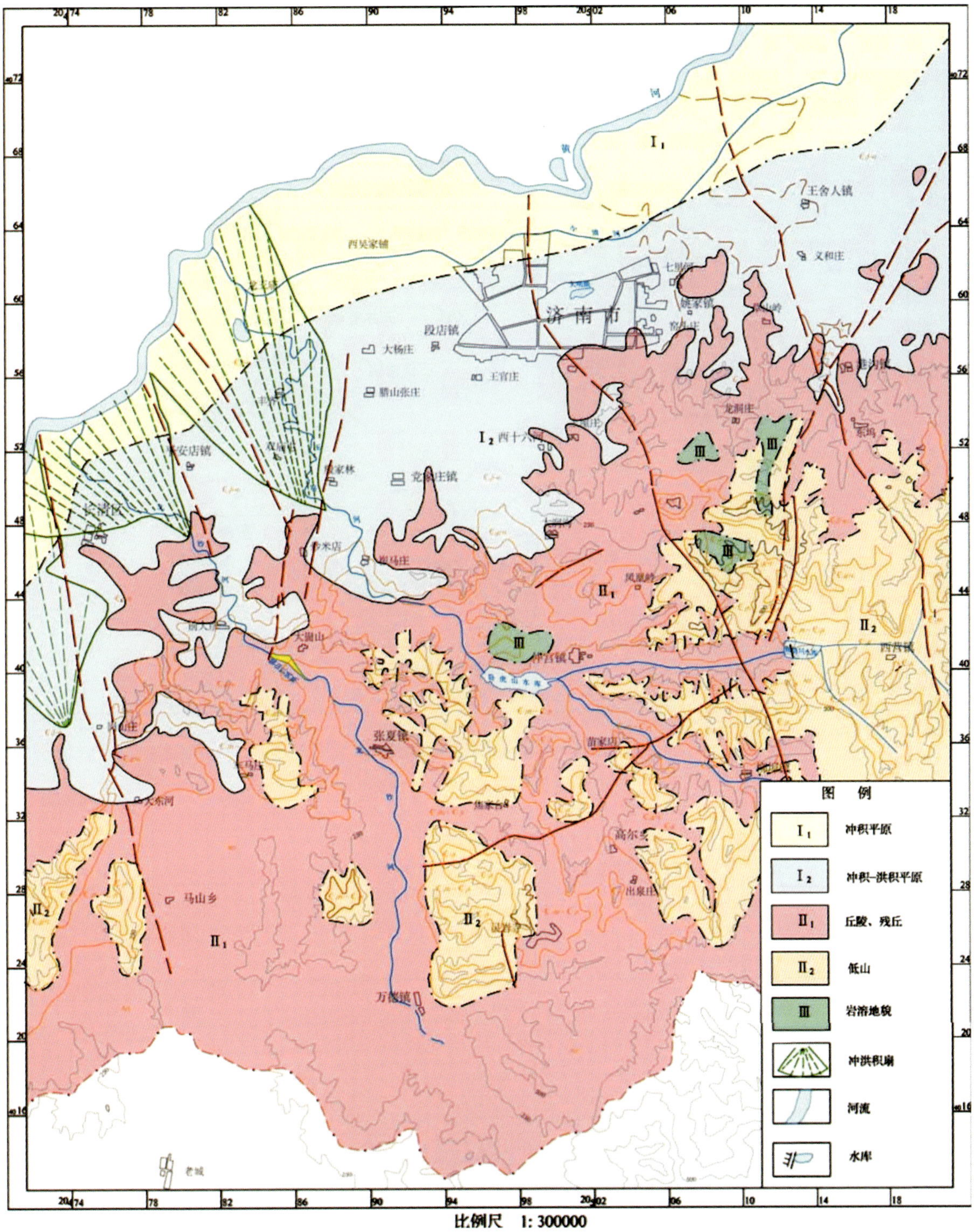

比例尺 1: 300000

插图64 济南泉域地貌图

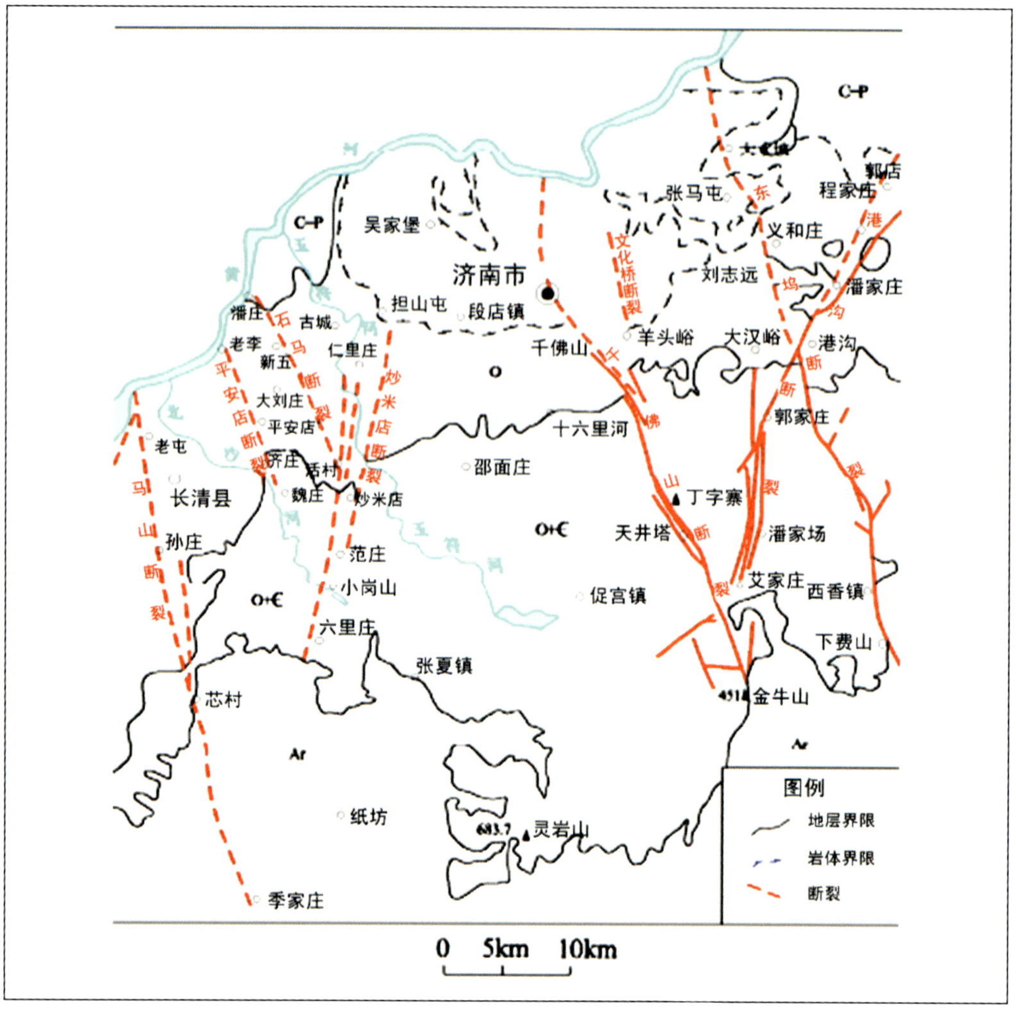

插图65　济南泉域构造纲要图

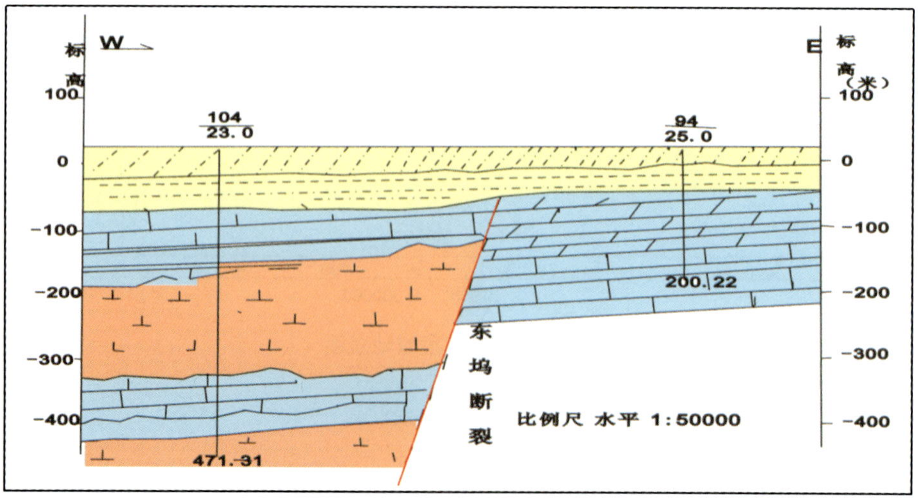

插图66　东坞断裂小张马庄地质剖面示意图

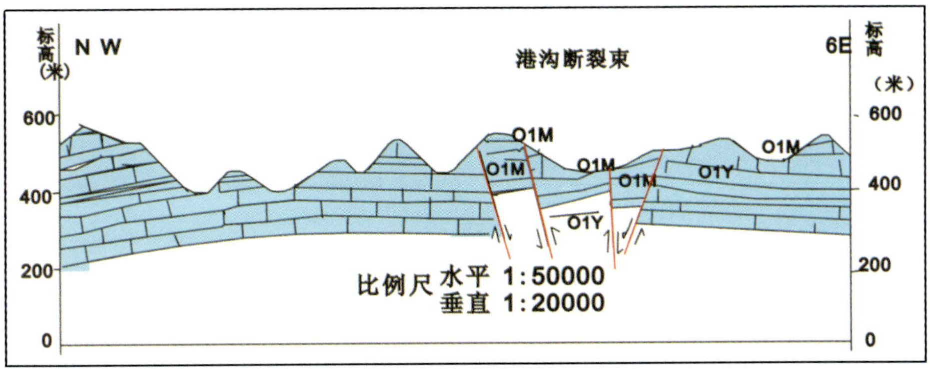

插图67　港沟镇候家庄地质剖面示意图

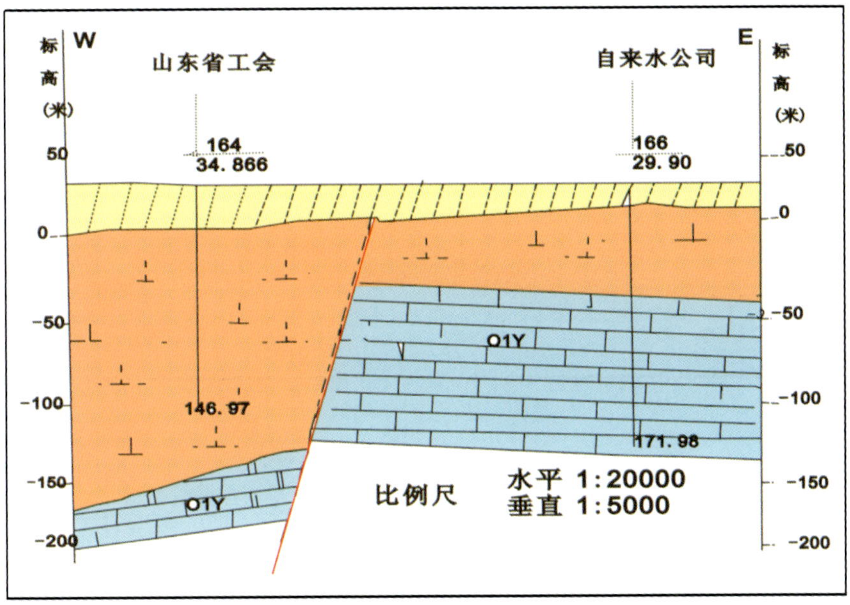

插图68　千佛山断裂北段地质剖面图

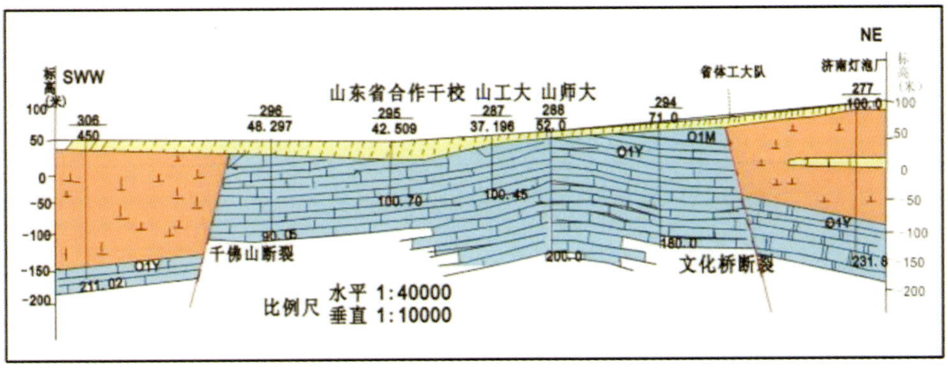

插图69　八一立交-灯泡厂地质剖面图

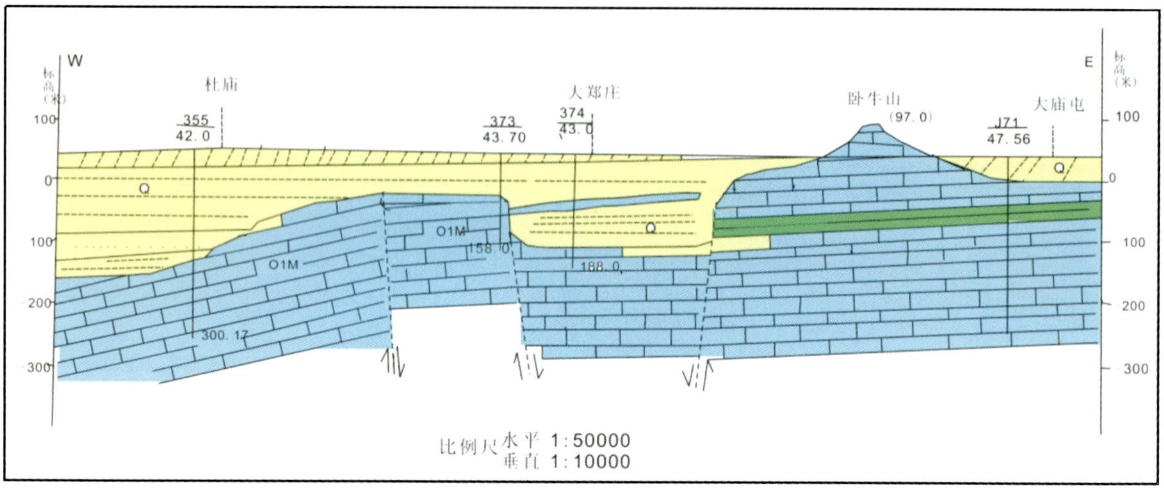

插图70　炒米店地堑北部地质剖面图

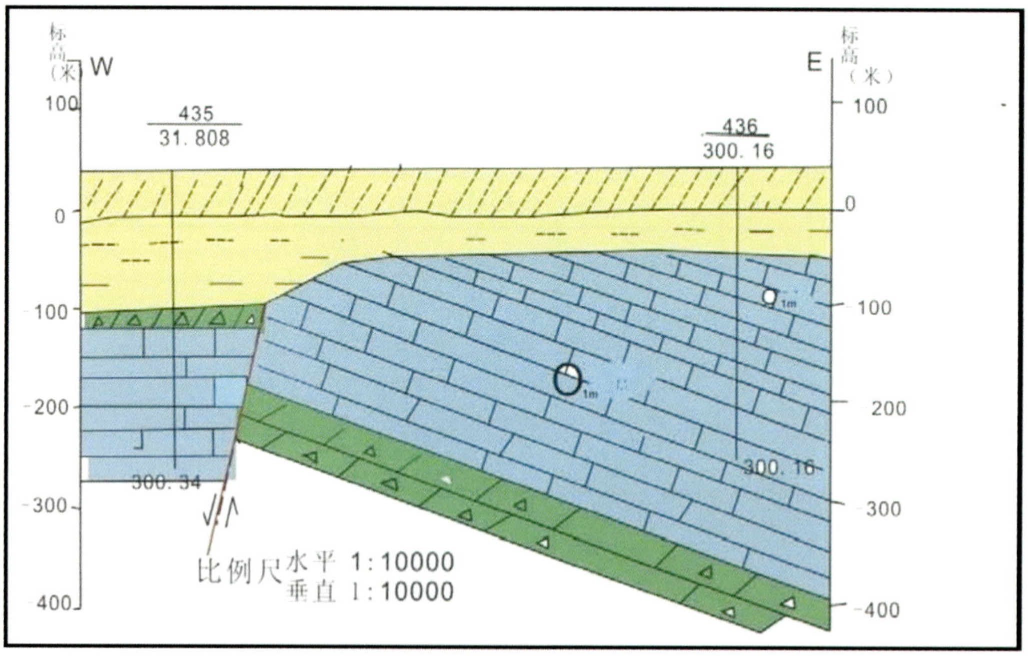

插图71　马山断裂北段地质剖面图

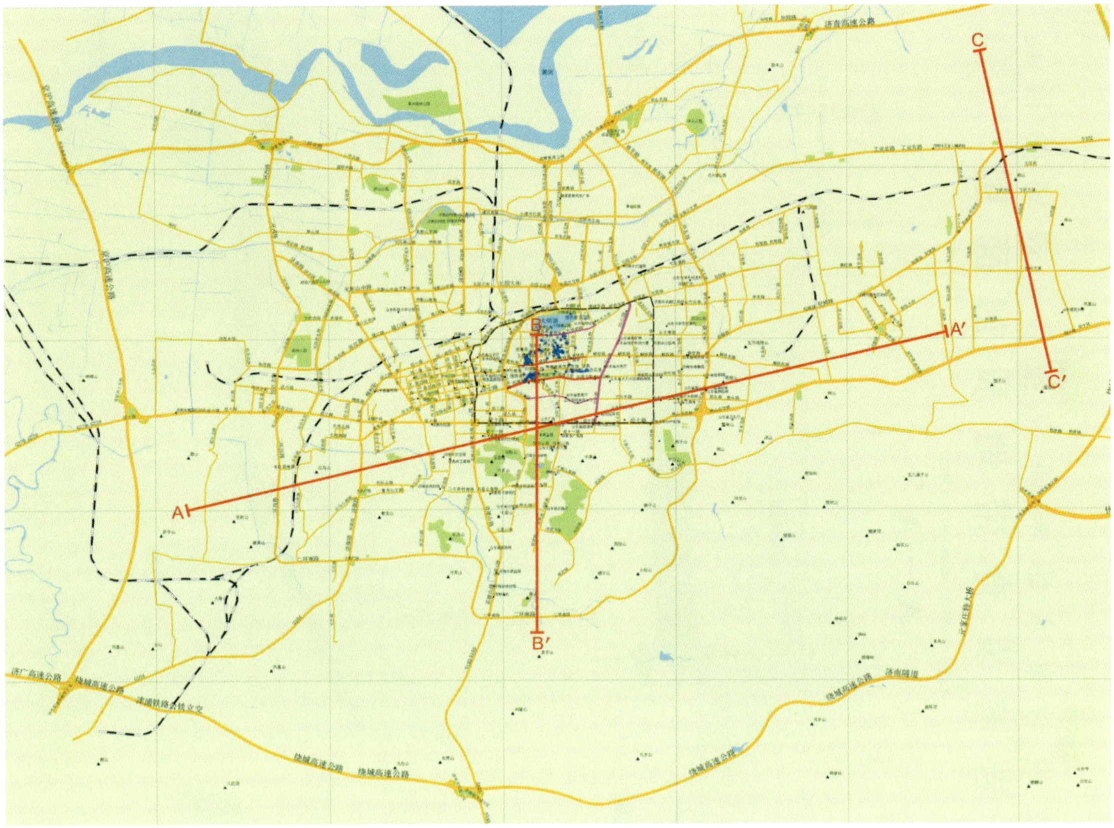

插图72　典型地层剖面位置示意图

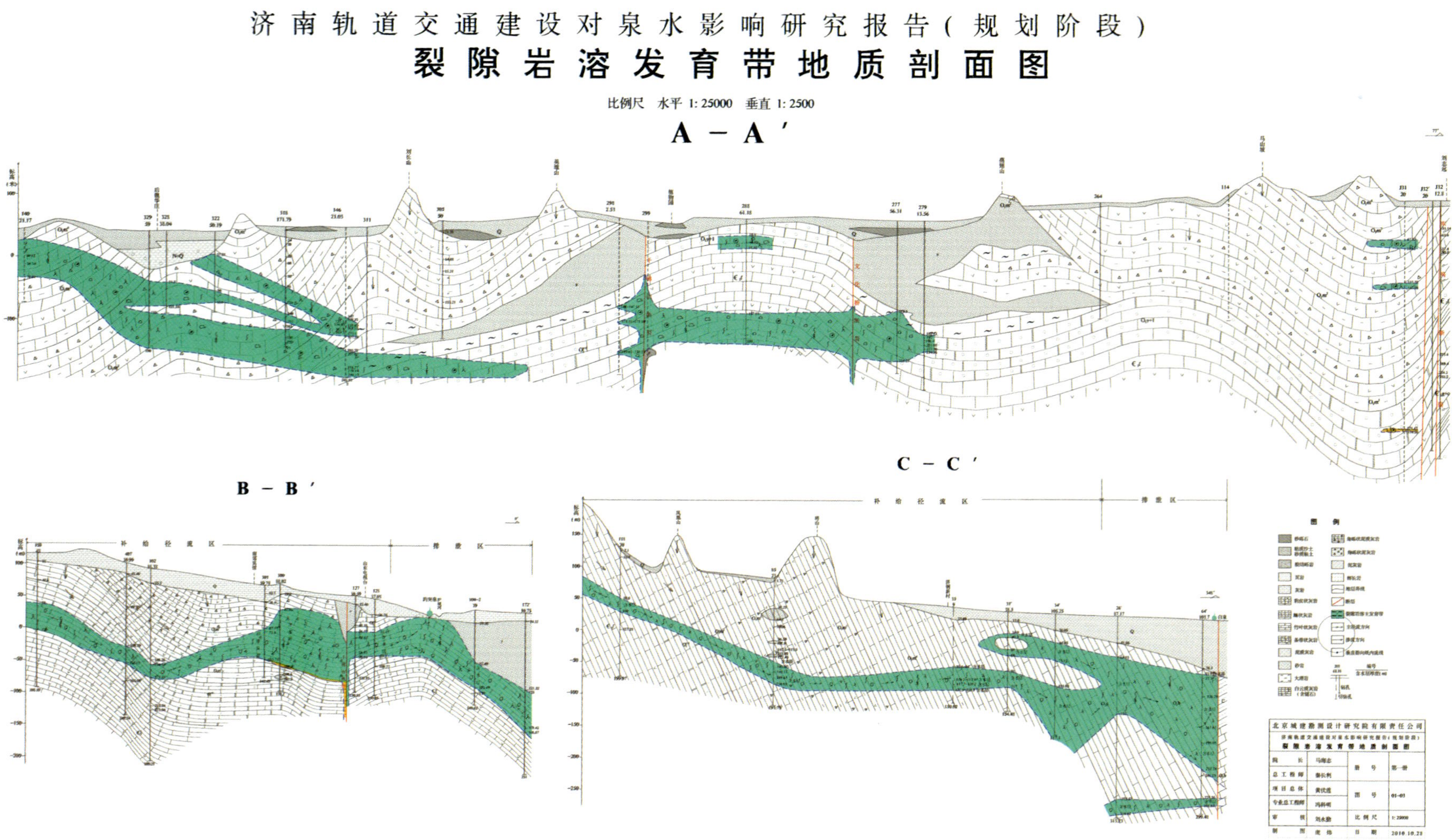

插图73 济南地区典型地层剖面示意图

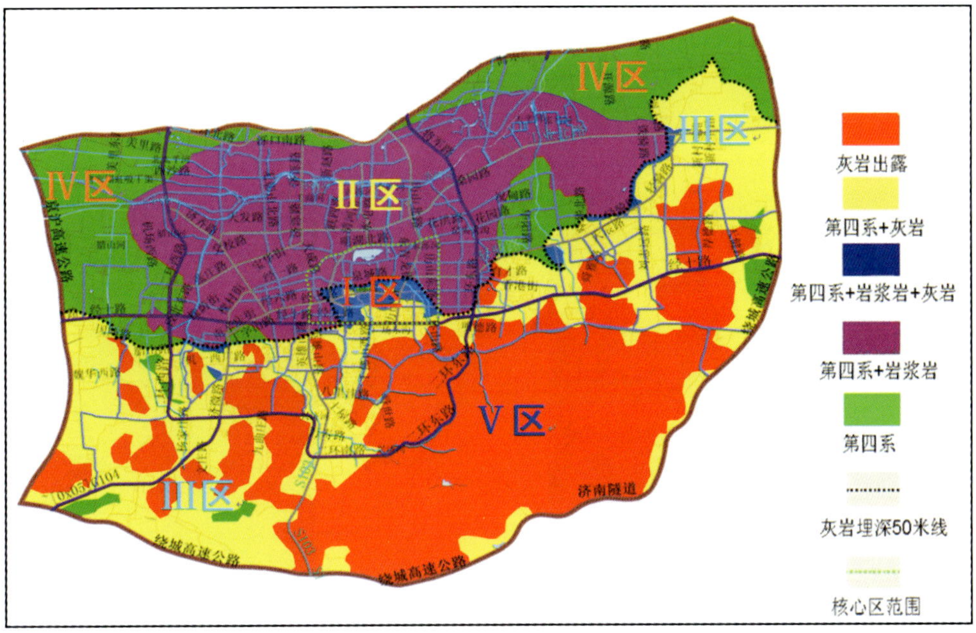

插图74　工程地质分区图

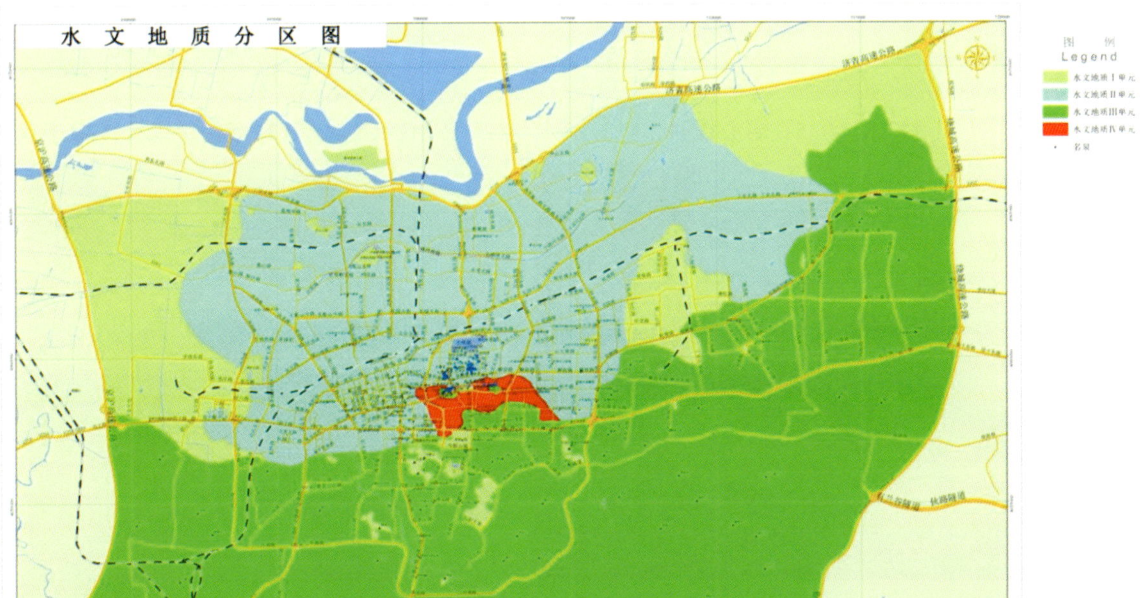

插图75　水文地质单元分区图

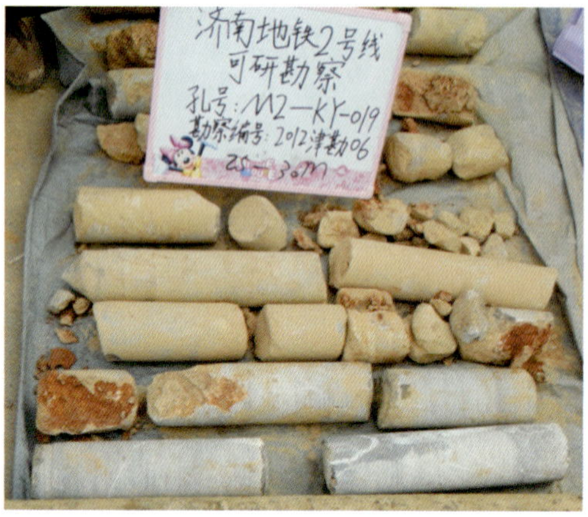

M2-KY-019 孔岩心照片

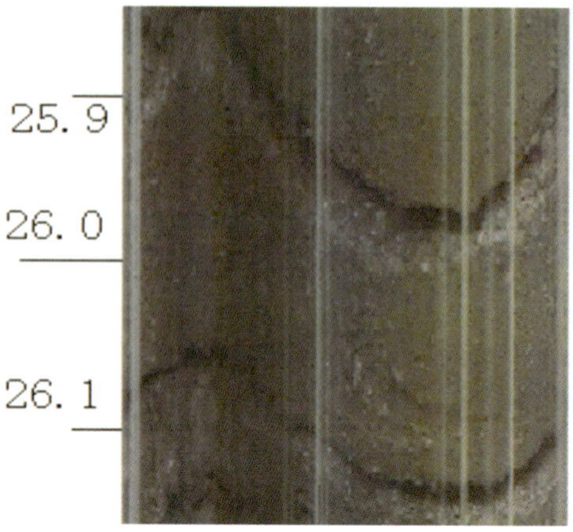

M2-KY-019 孔智能钻孔电视成像图

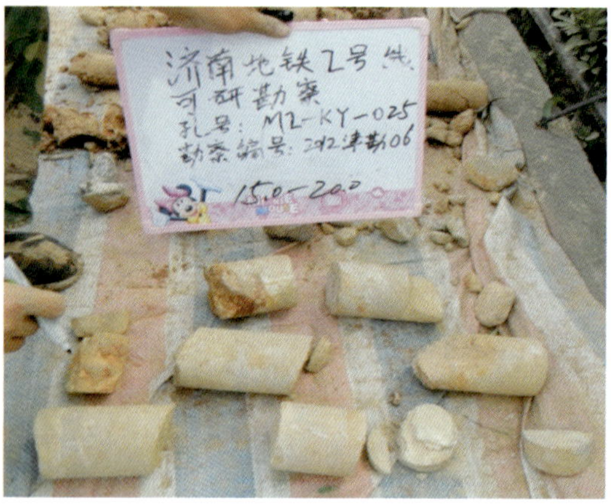

M2-KY-025孔岩心照片

M2-KY-025孔智能钻孔电视成像图

M2-KY-021 孔黏土充填溶洞照片

M2-KY-021 孔智能钻孔电视成像图

插图76　M2号线沿线南段岩溶发育情况

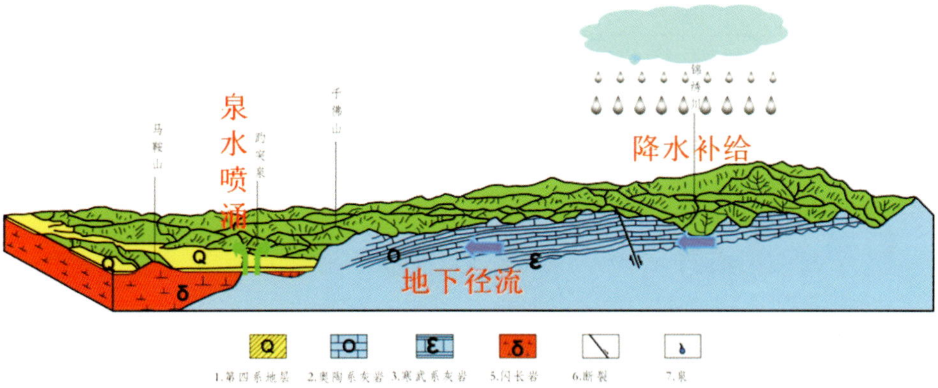

插图77　济南泉水成因宏观模型示意图

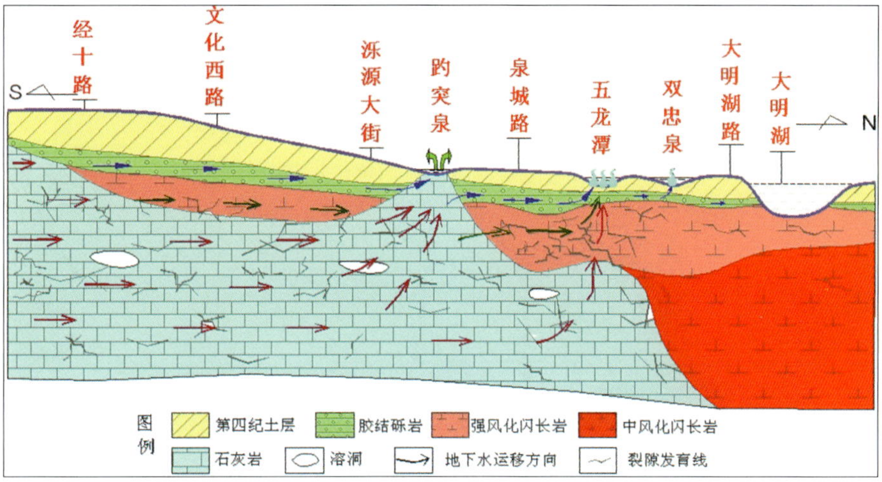

插图78　济南泉水微观出露结构地质剖面示意图

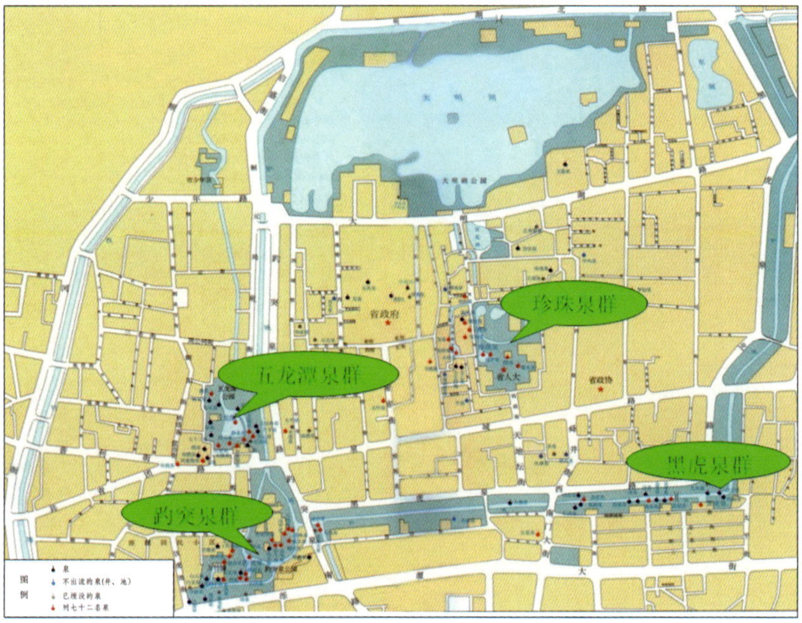

插图79　济南四大泉群分布示意图

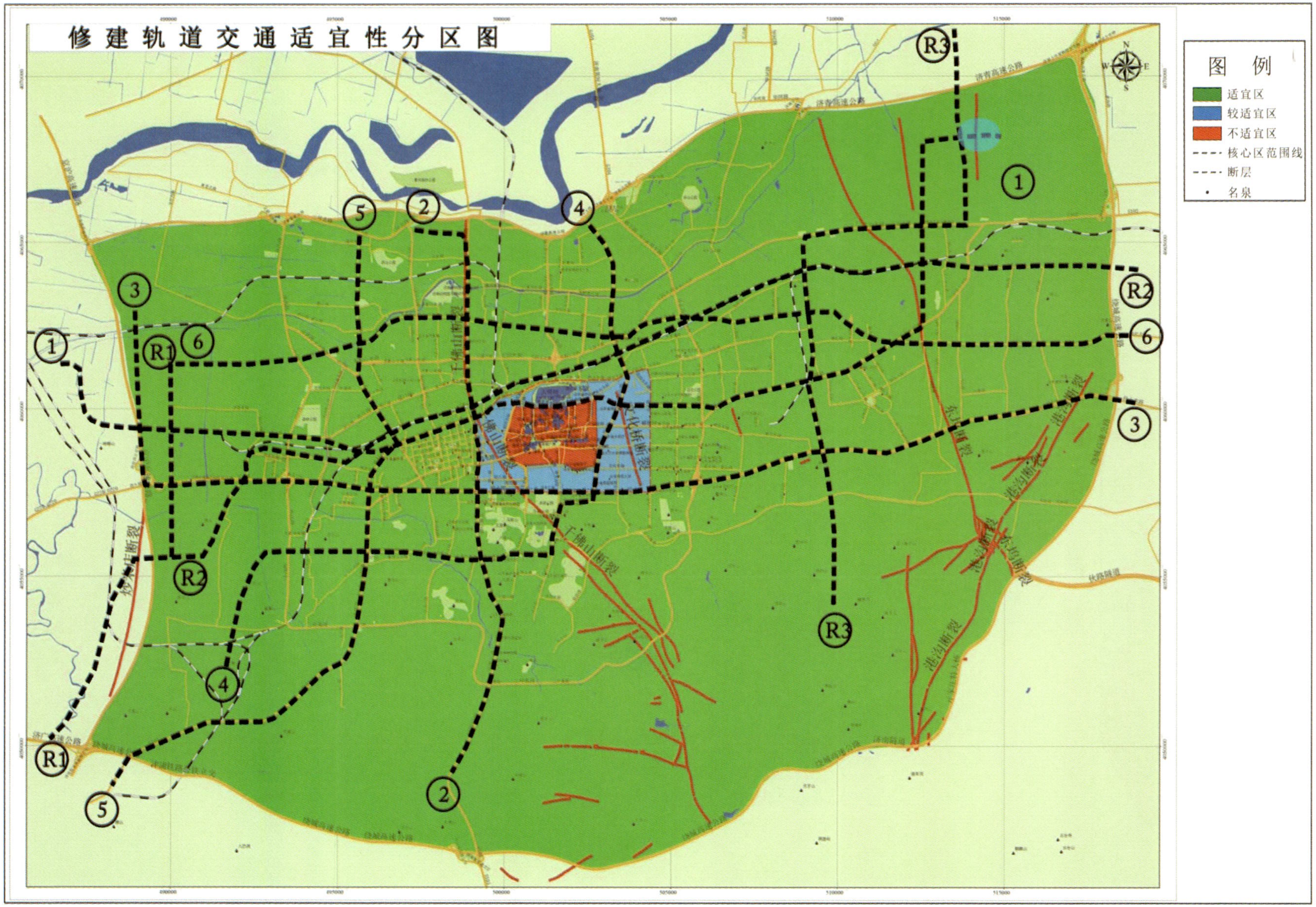

插图80 修建轨道交通适宜性分布图

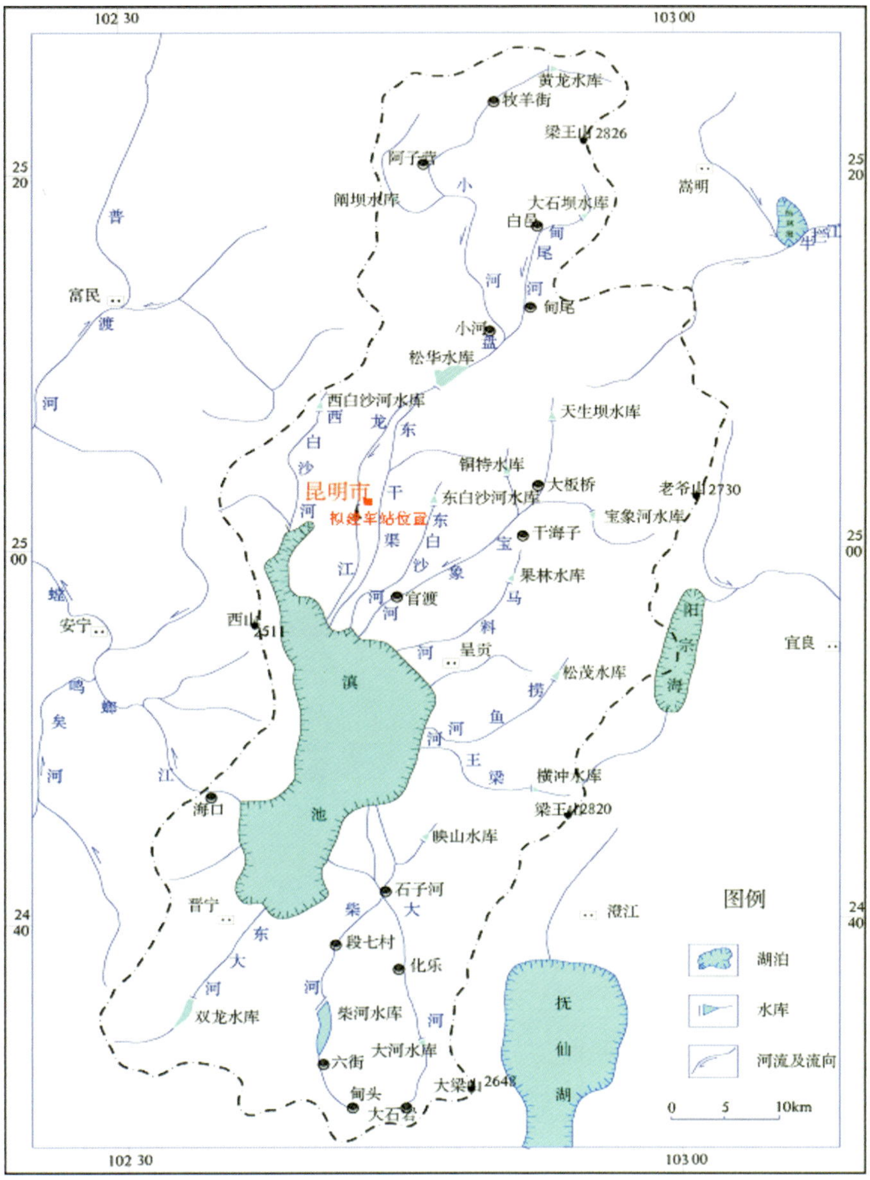

插图81　滇池流域水系图

插图82　昆明市地貌卫星图

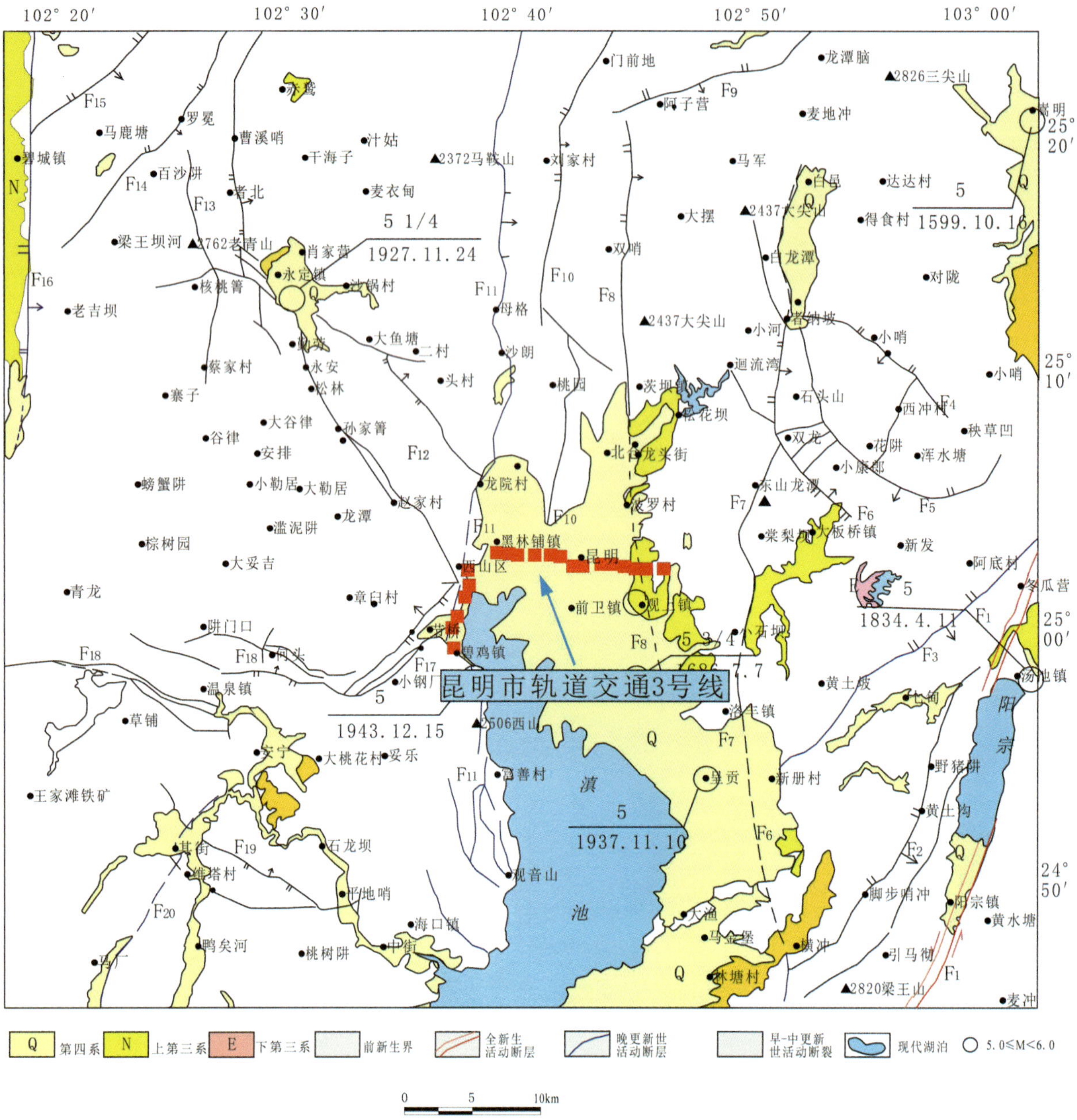

断裂名称：

F_1小江西支断裂带；F_2野猪阱-龙船阱断裂；F_3一朵云断裂；F_4兔耳关断裂；F_5大尖山-羊桃箐断裂；F_6河流湾断裂；F_7白邑-横冲断裂；F_8黑龙潭-官渡断裂；F_9梨花海断裂；F_{10}蛇山断裂；F_{11}普渡河-西山断裂；F_{12}富民断裂；F_{13}曹溪哨断裂；F_{14}大缉麻-麻地断裂；F_{15}总官村断裂；F_{16}汤郎-易门断裂；F_{17}车家壁断裂；F_{18}禄脿-温泉断裂；F_{19}草铺-耳目村断裂；F_{20}马厂-县街断裂；

插图83　昆明地震构造图

插图84 剖面位置示意图

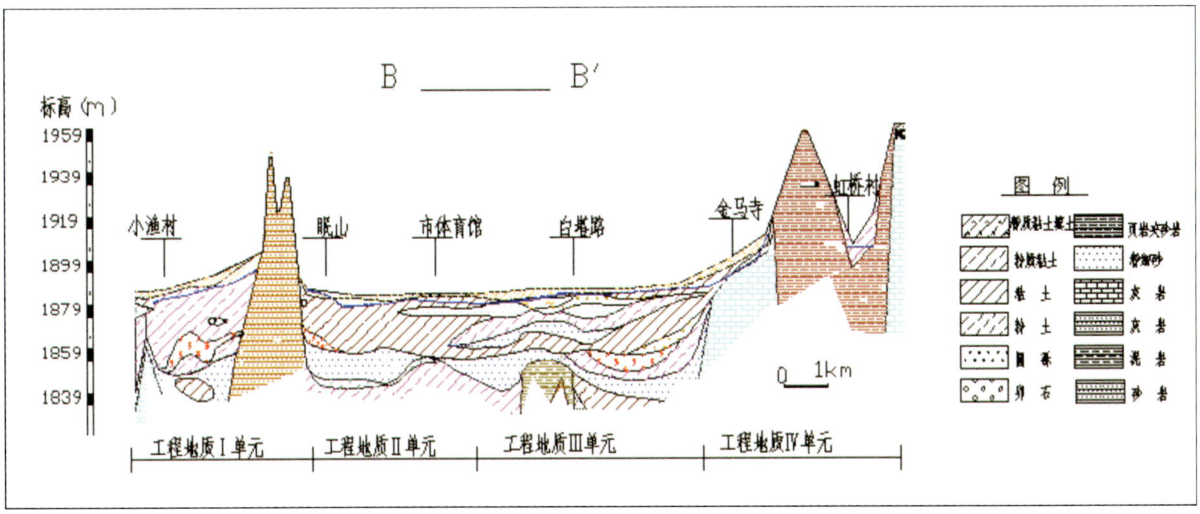

插图85 昆明市东西向典型地质剖面图

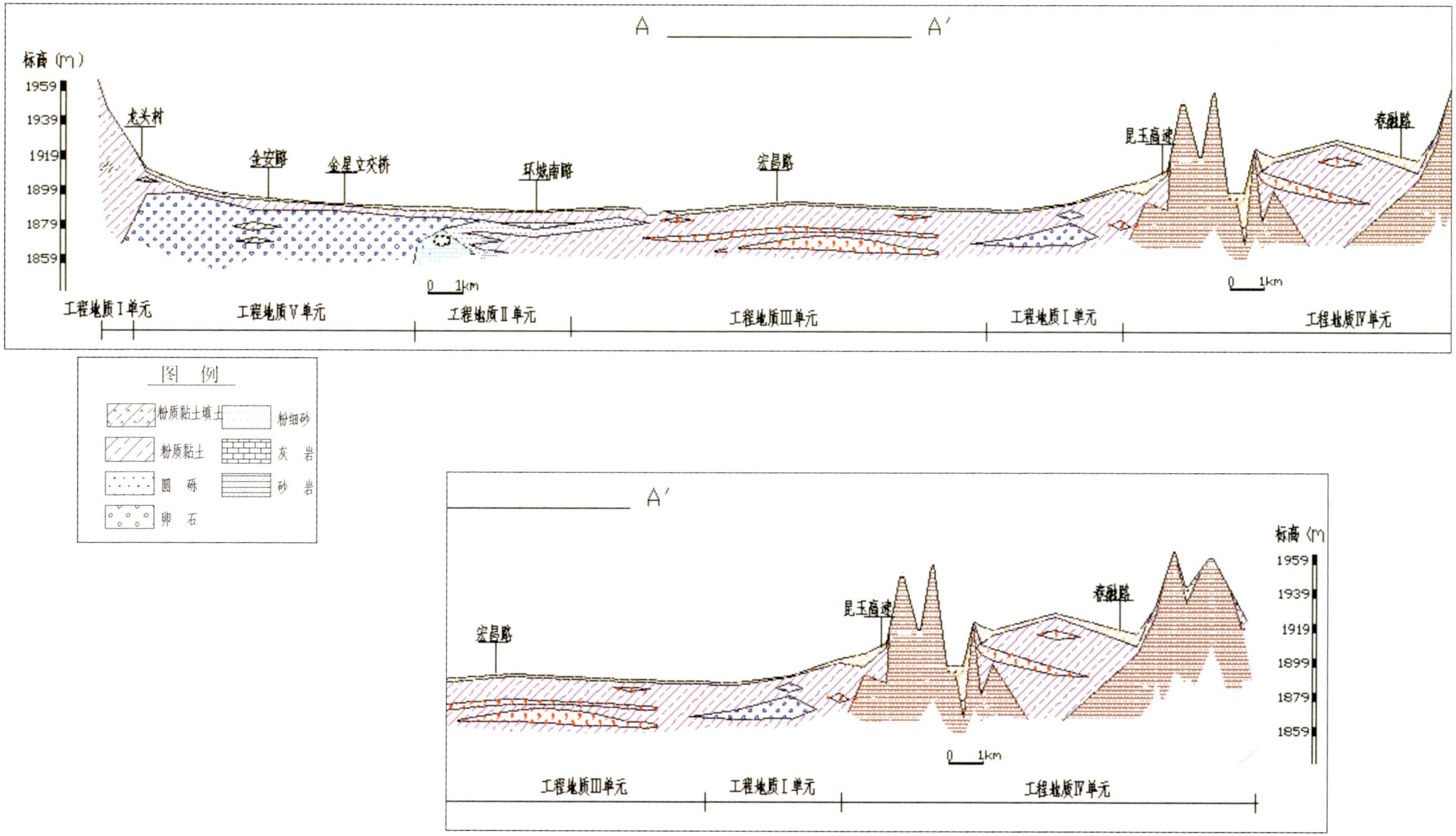

插图86 昆明市南北向典型地质剖面图

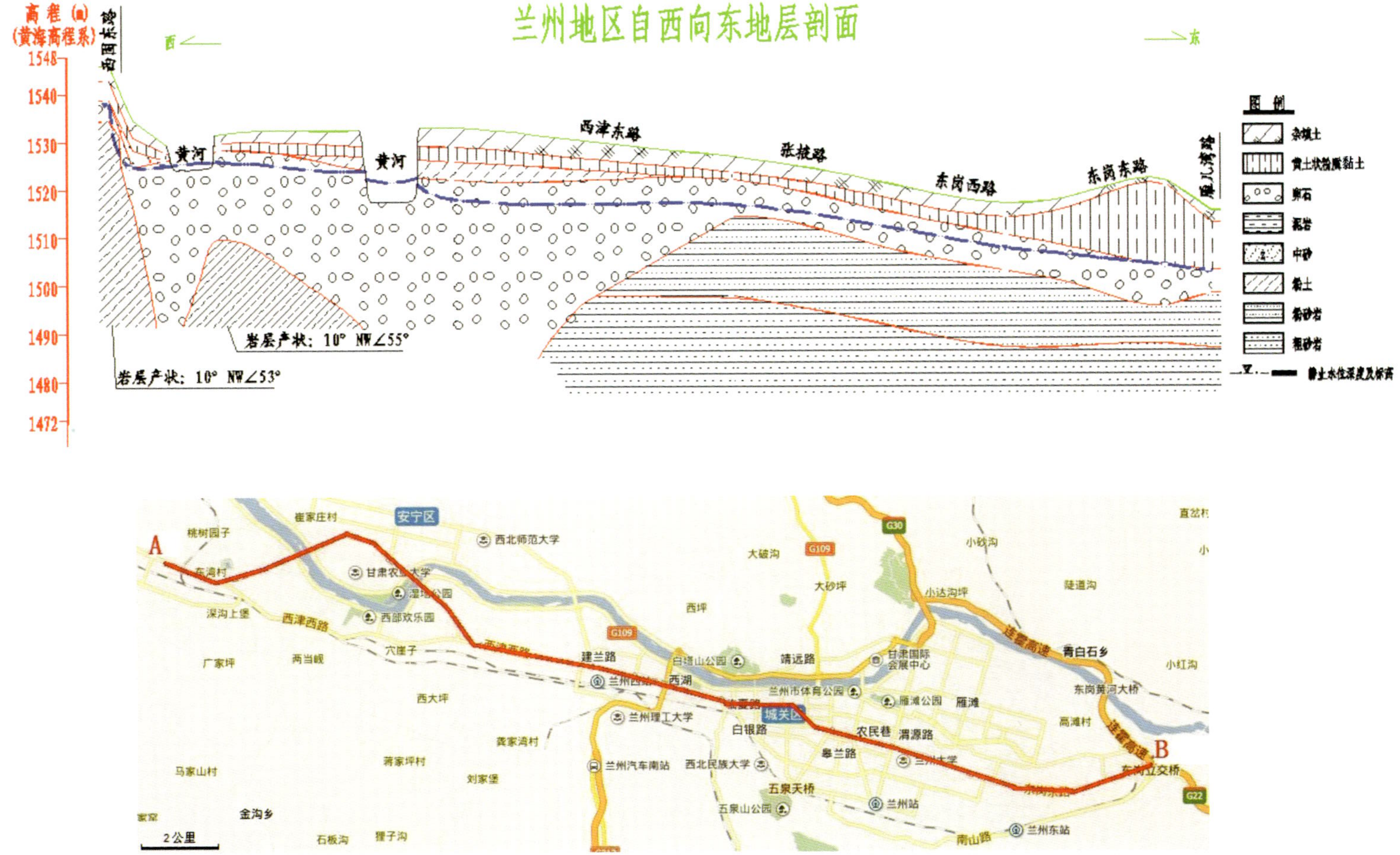

插图87　兰州地区自西向东地层剖面图

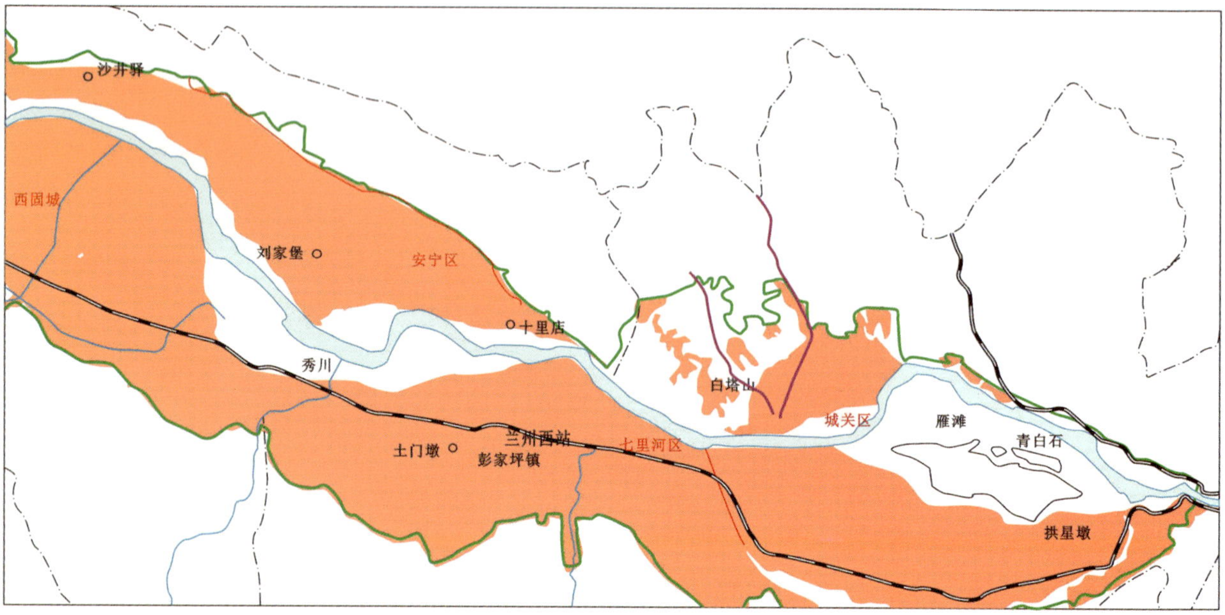

插图88　兰州市水文地质图

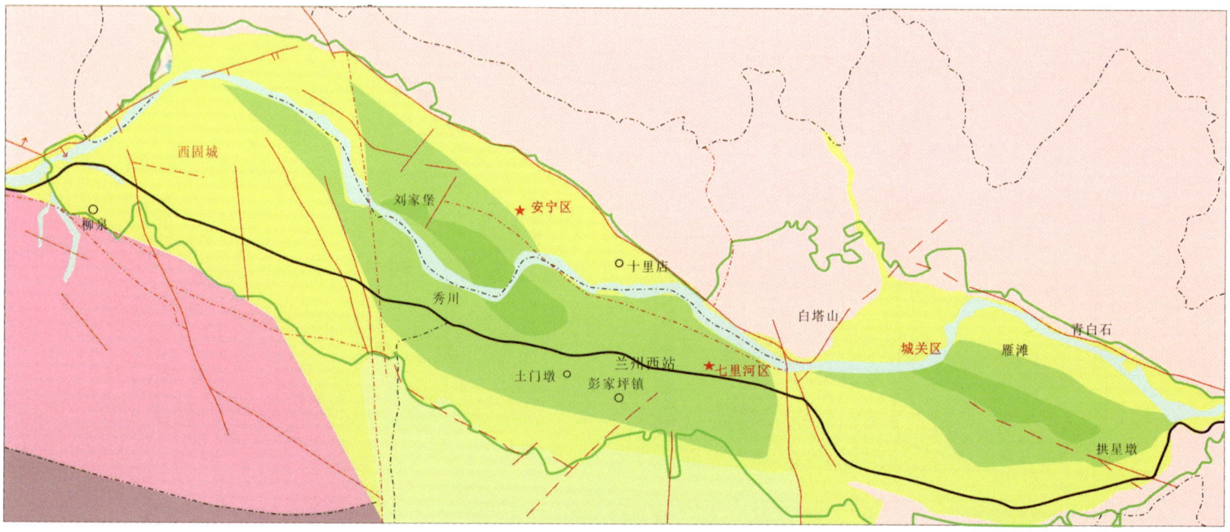

插图89　兰州市区湿陷性土分布图

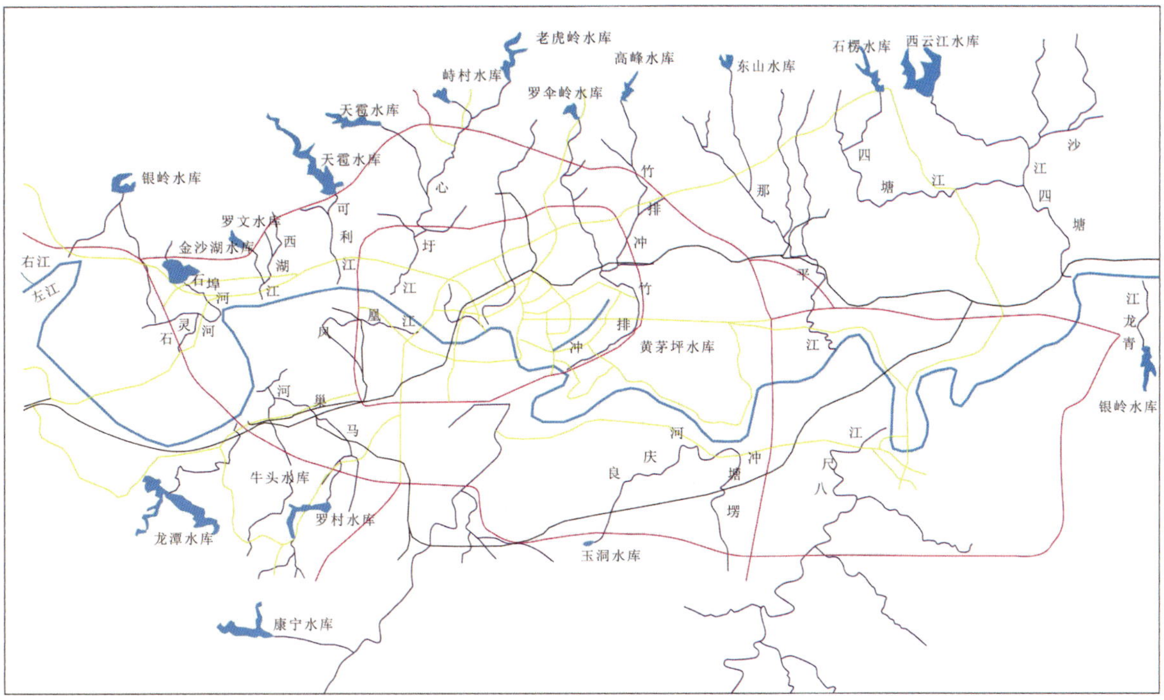

插图90　南宁市区域水系分布图

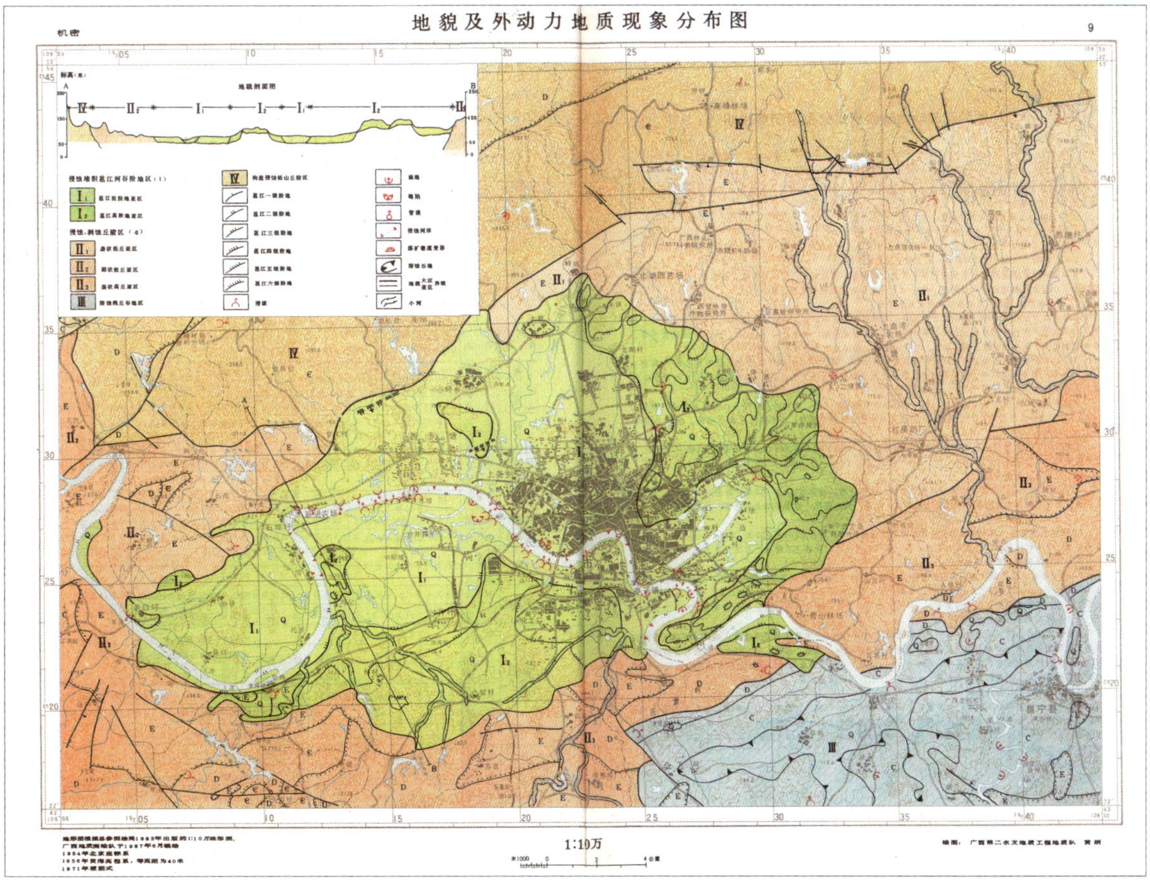

插图91　南宁市地貌分布示意图

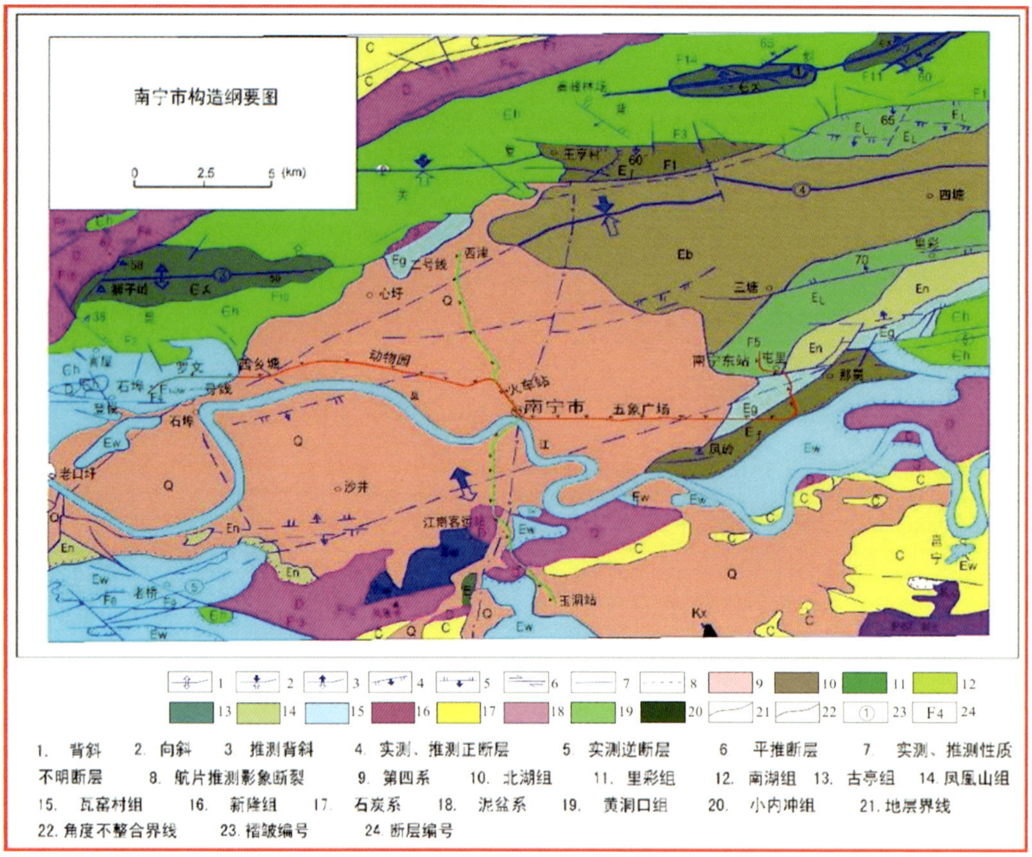

插图92 南宁市地质构造纲要图

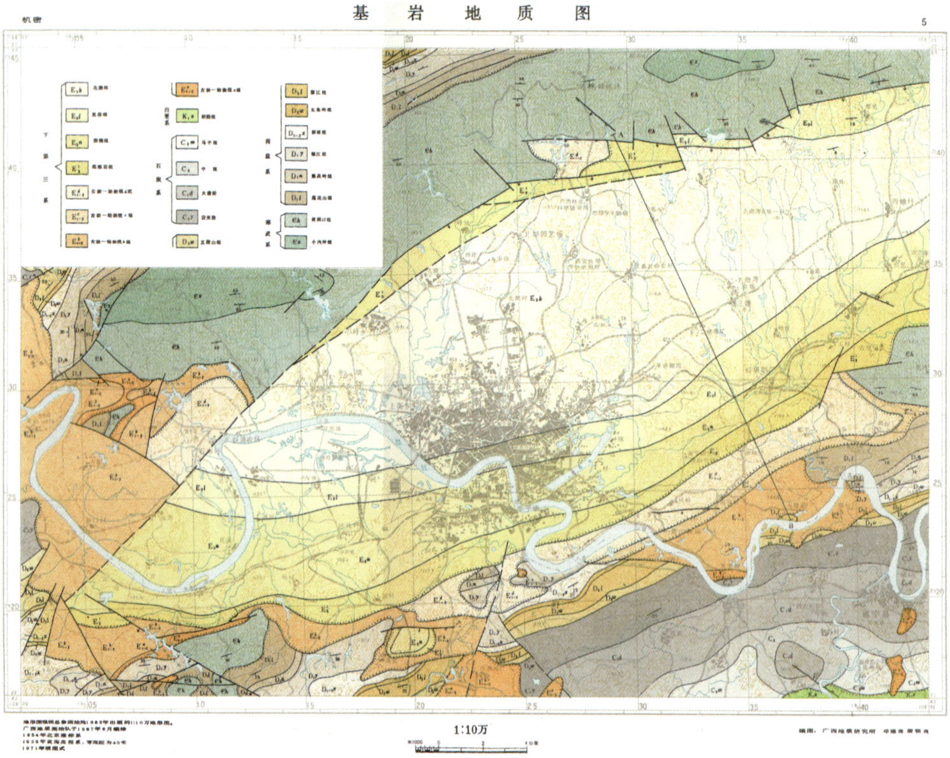

插图93 南宁市地质图

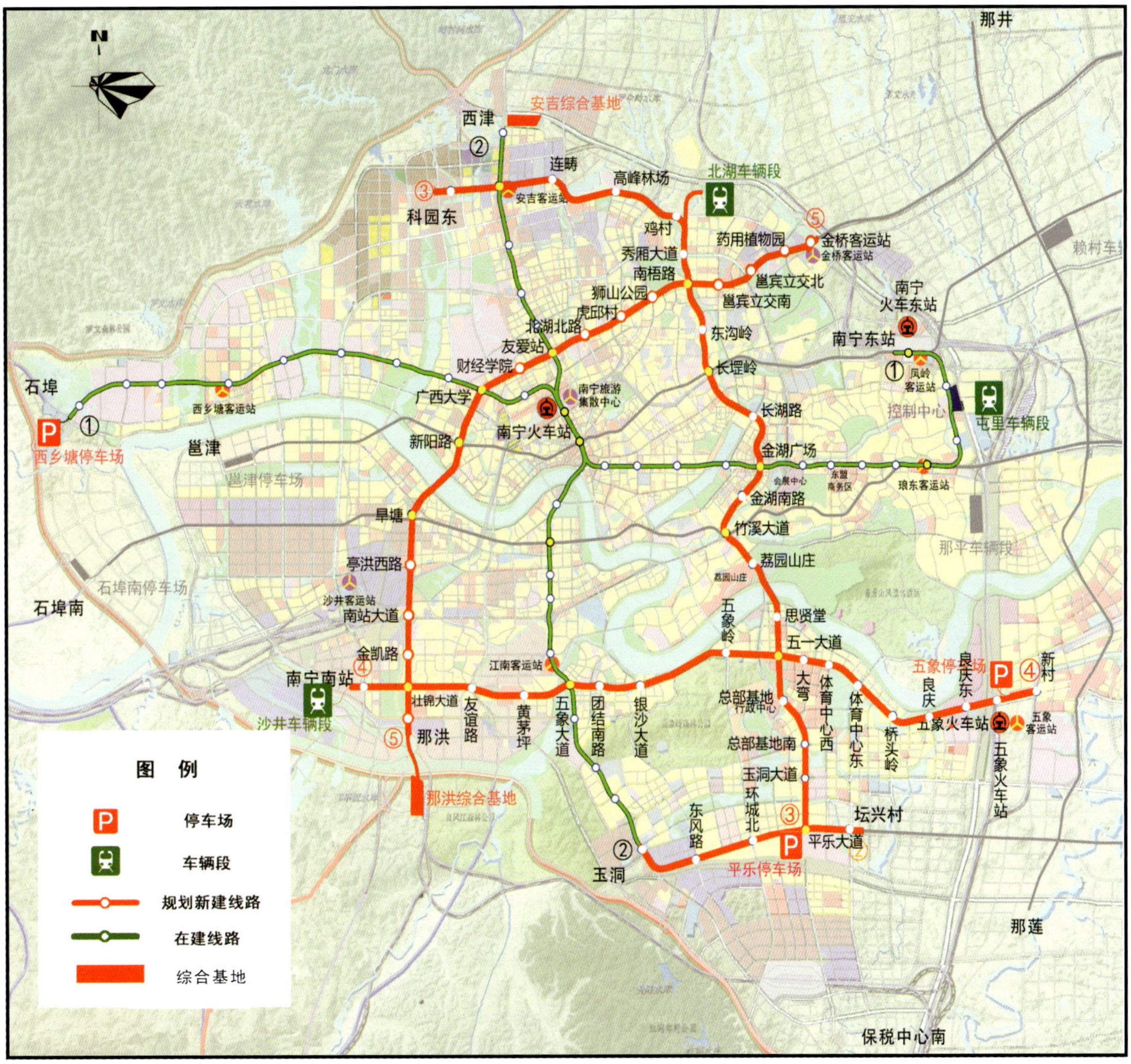

插图94　南宁一、二、三号线线路走向示意图

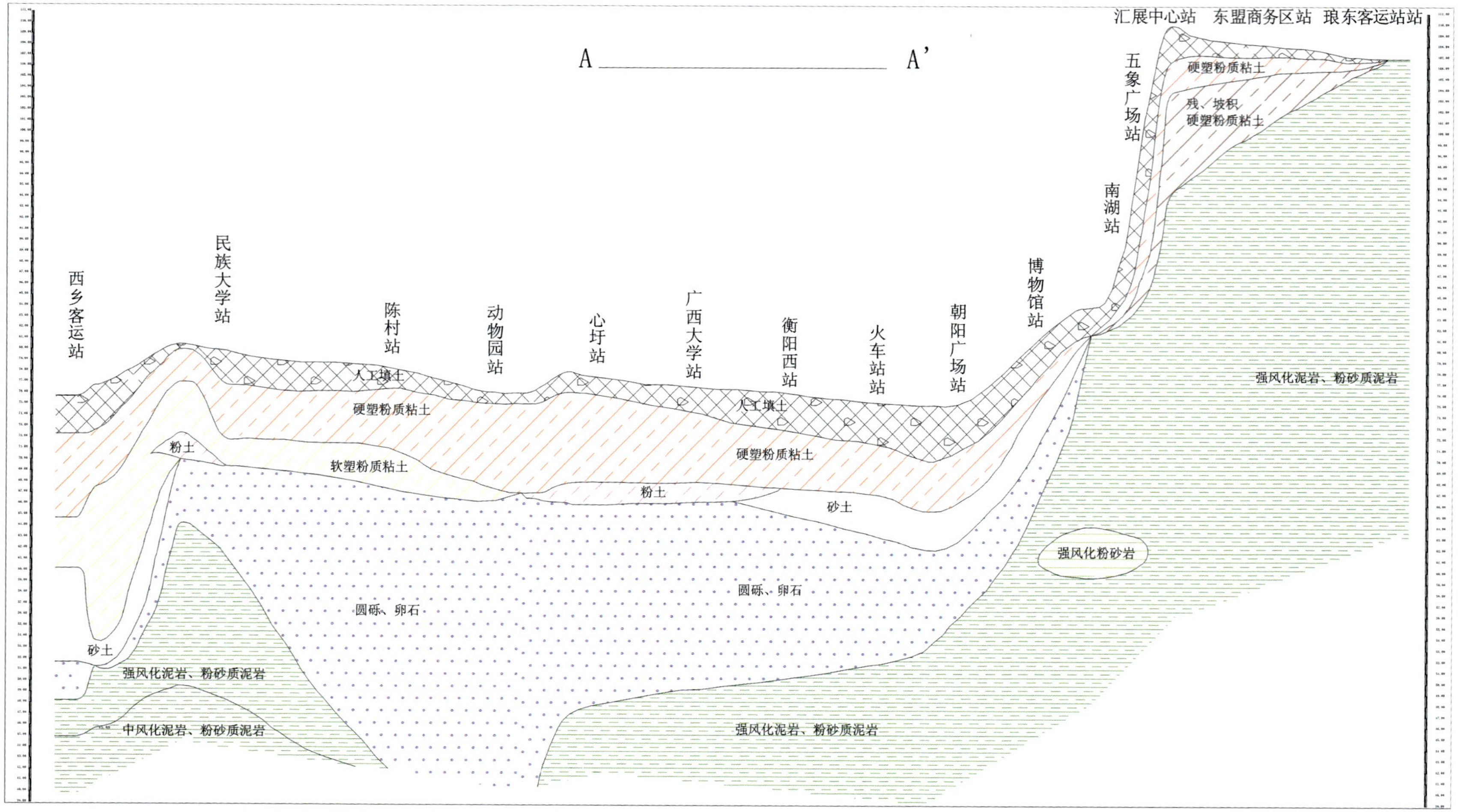

插图95 南宁市东西向（一号线）典型地质剖面图

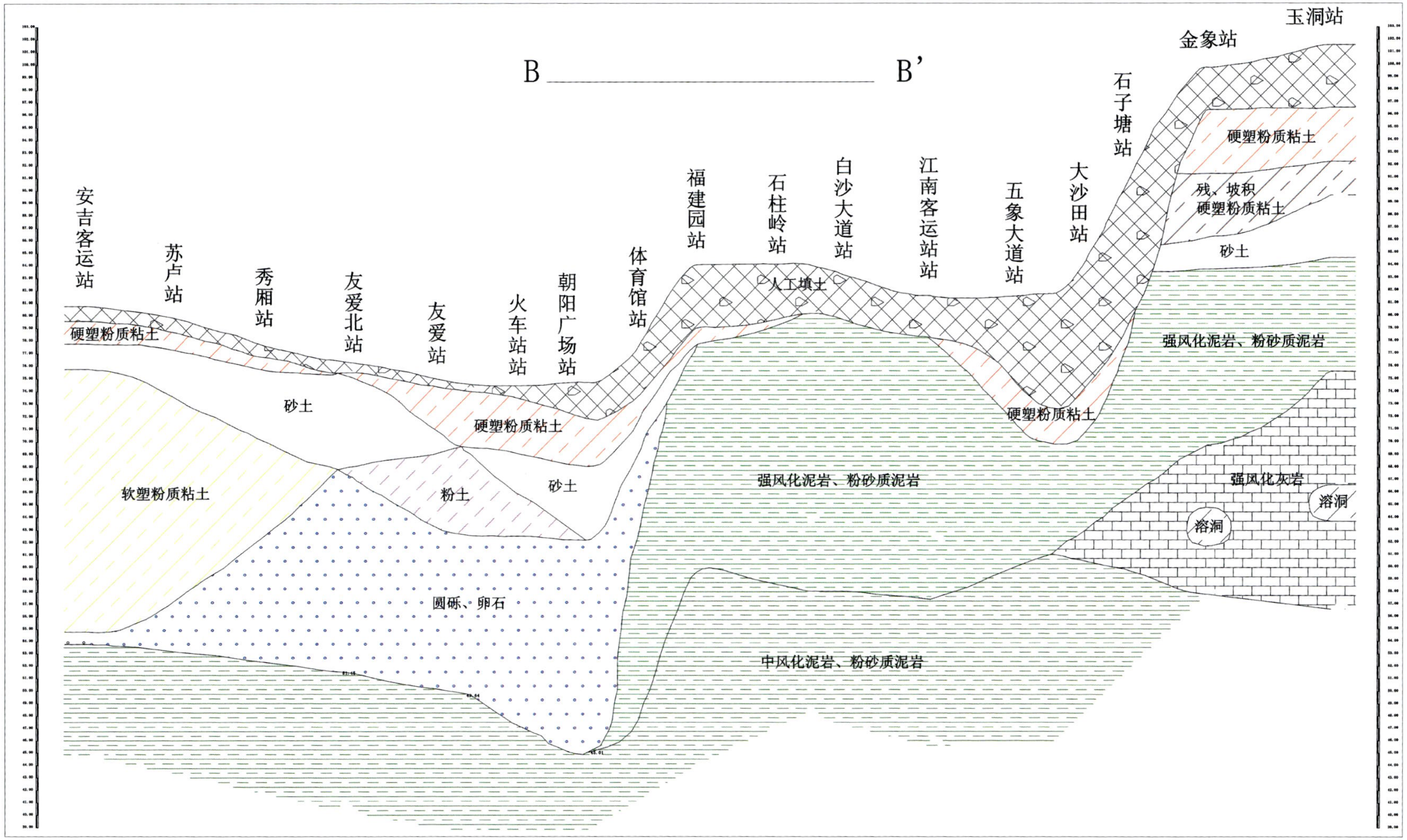

插图96　南宁市南北向（二号线）典型地质剖面图

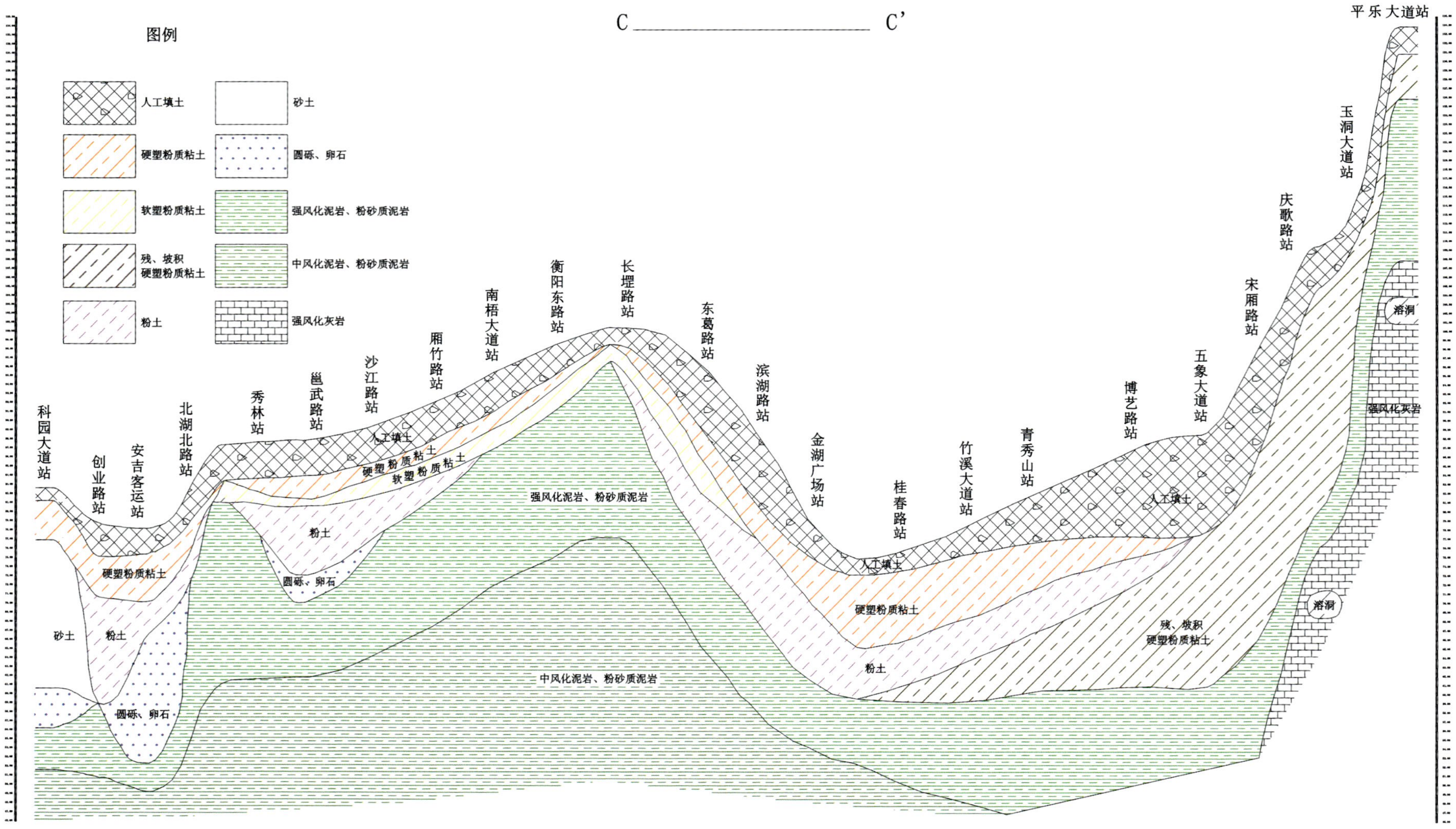

插图97　南宁市南北向（三号线）典型地质剖面图

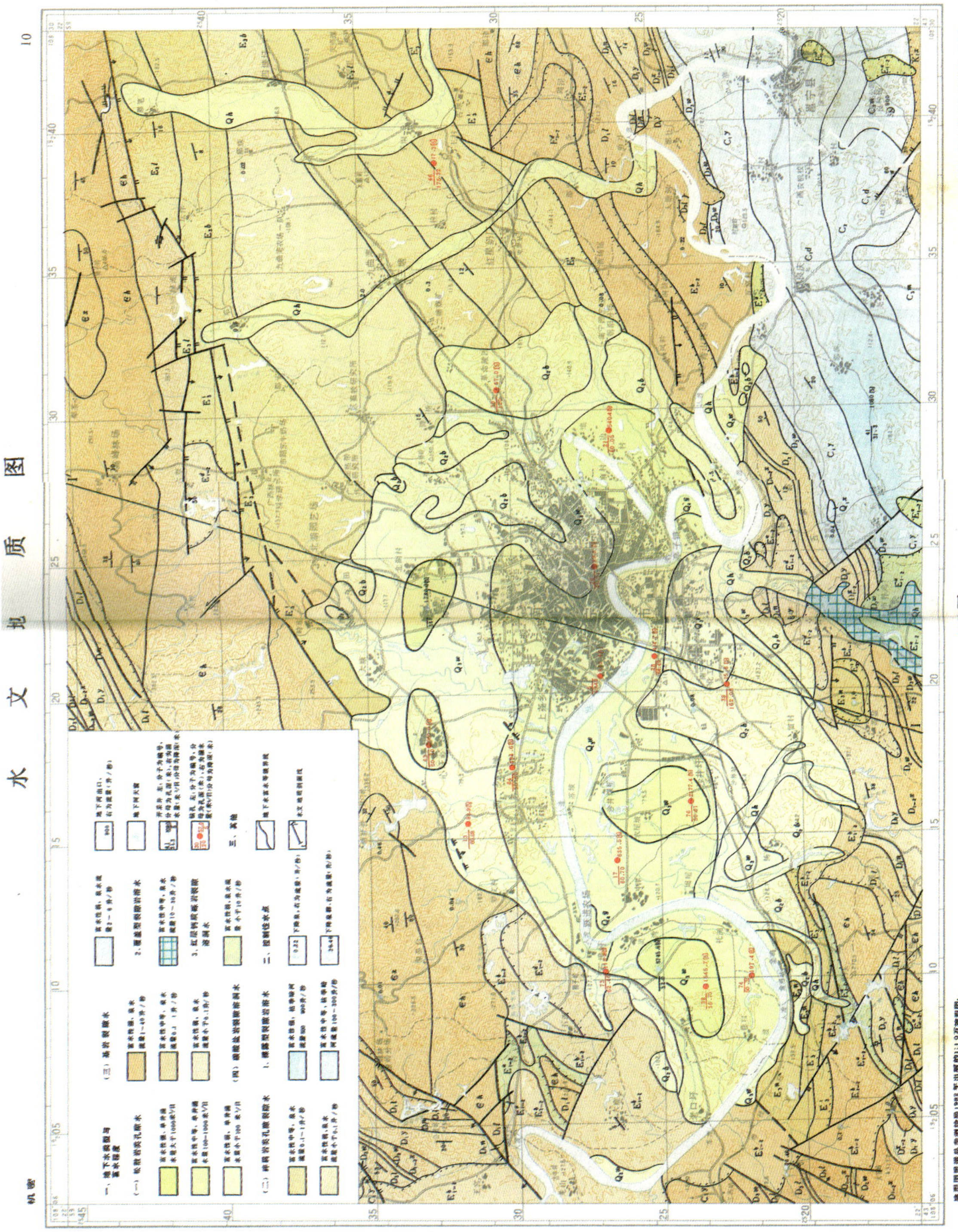

插图98 南宁市水文地质图

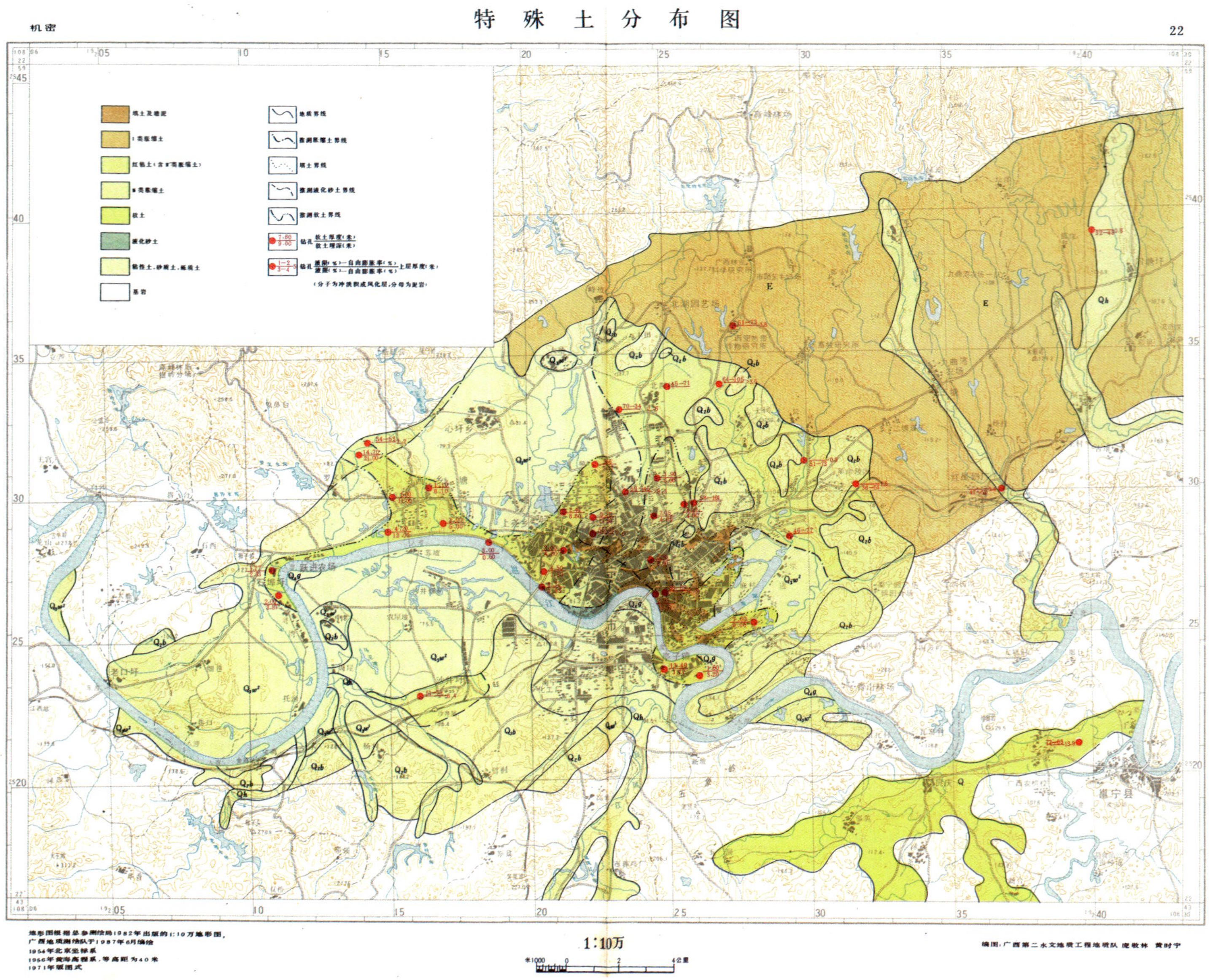

插图99　南宁市特殊土分布图

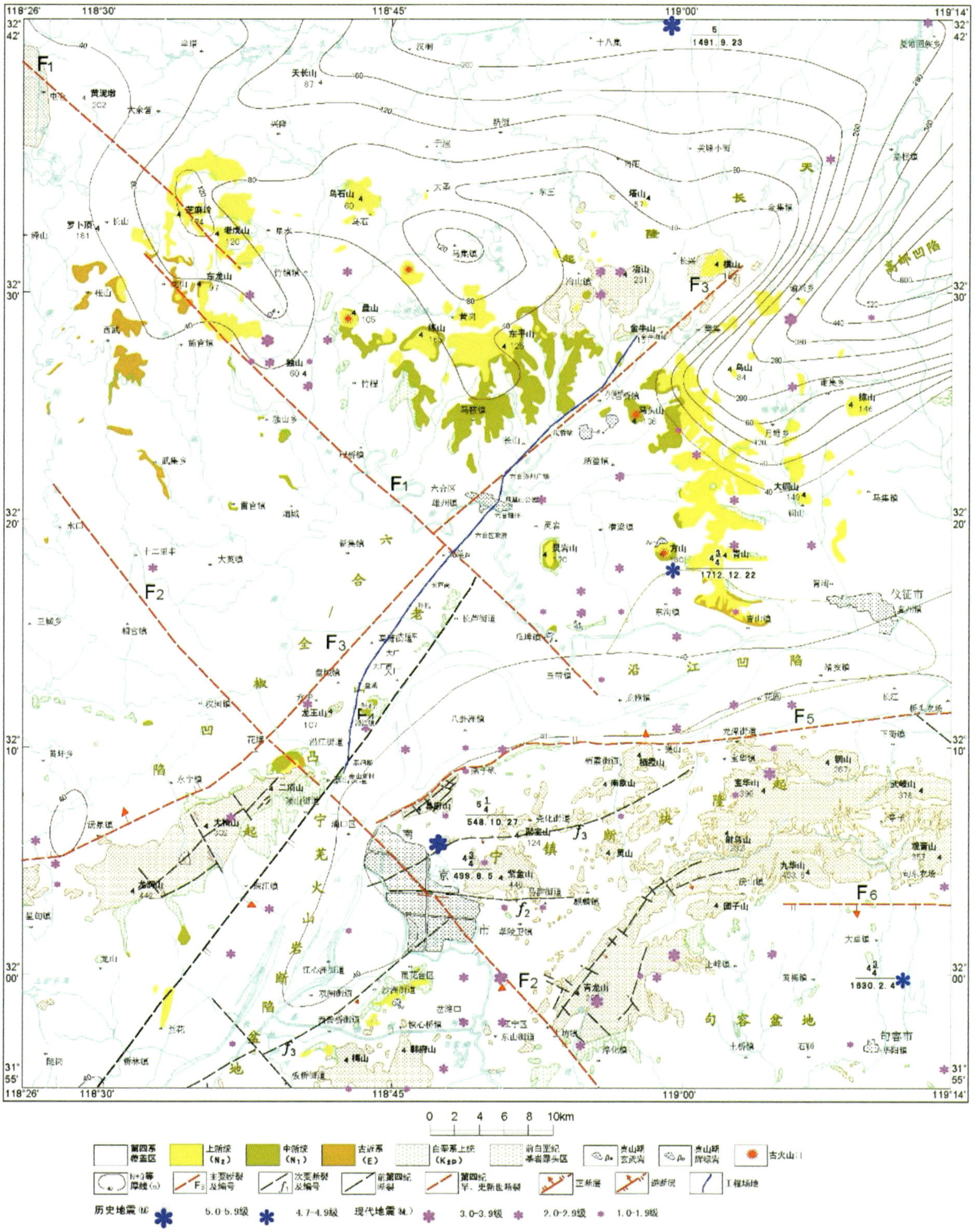

插图100　南京市区域地质构造简图

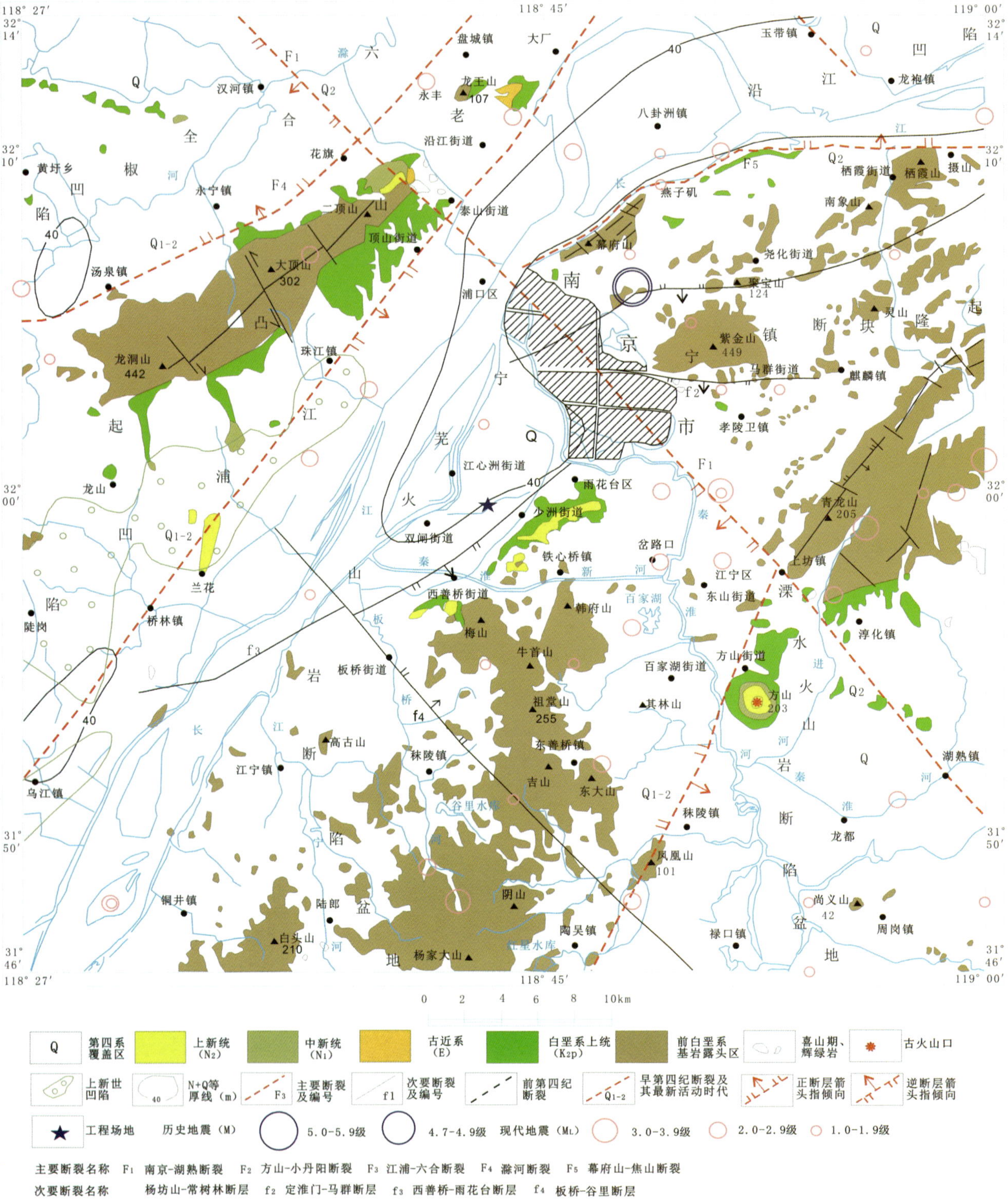

插图101 南京地震构造图

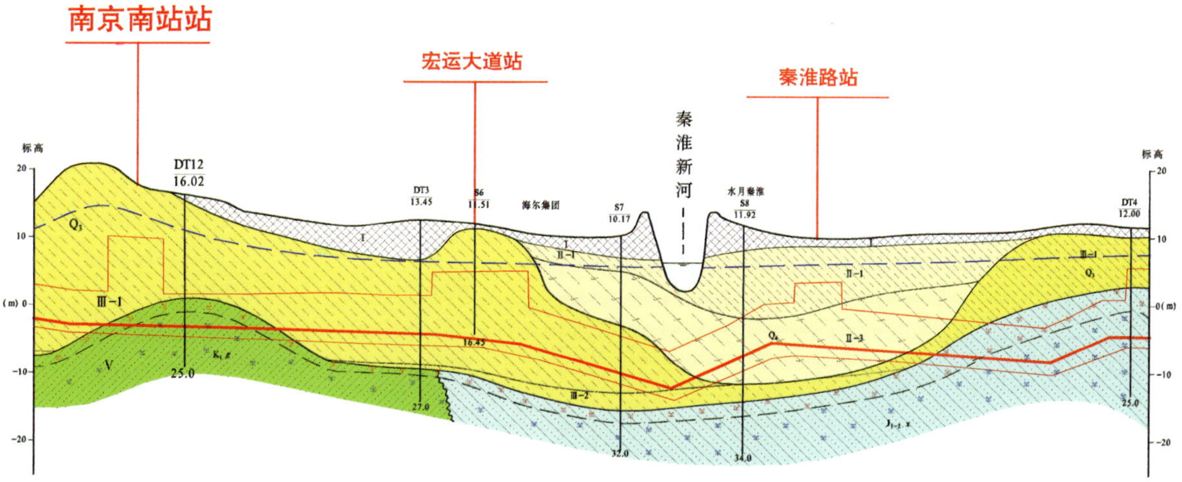
南京南站站
宏运大道站
秦淮路站
秦淮新河
标高
DT12
16.02
DT3
13.45
S6
11.51
海尔集团
S7
10.17
水月秦淮
S8
11.92
DT4
12.00
Q3
Ⅲ-1
V
Ⅲ-2
Ⅱ-1
Ⅱ-3
Q4
J1-2x
25.0
27.0
16.45
32.0
34.0
25.0

（a）

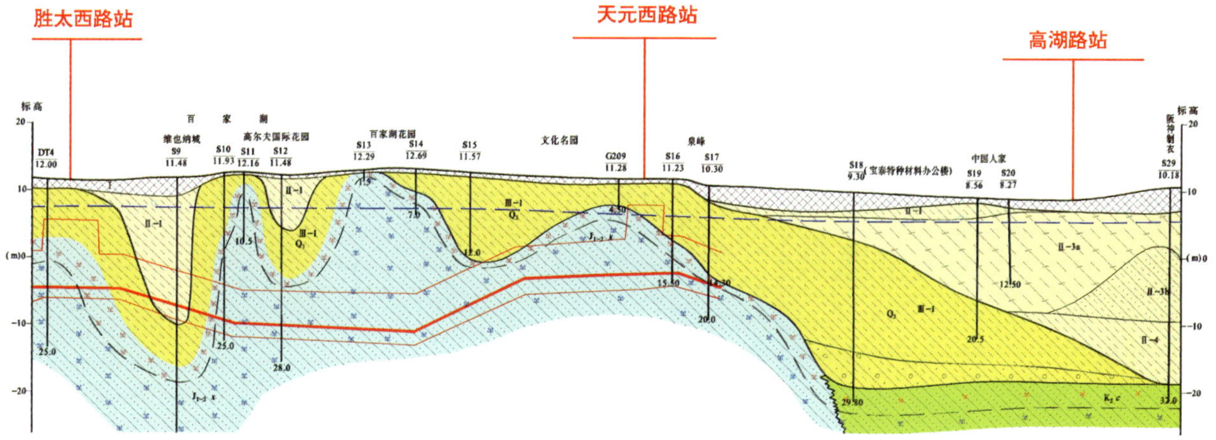
胜太西路站
天元西路站
高湖路站
标高
百家湖
DT4
12.00
维也纳城
S9
11.48
S10
11.93
高尔夫国际花园
S11
12.16
S12
11.48
百家湖花园
S13
12.29
S14
12.69
S15
11.57
文化名园
G209
11.28
泉峰
S16
11.23
S17
10.30
S18
9.30
中国人家
S19
8.56
S20
8.27
S29
10.18
Ⅱ-1
Ⅲ-1
Q3
Ⅱ-3a
Ⅱ-3b
Ⅱ-4
K2c
J1-2x
25.0
28.0
20.0
20.5
32.0

（b）

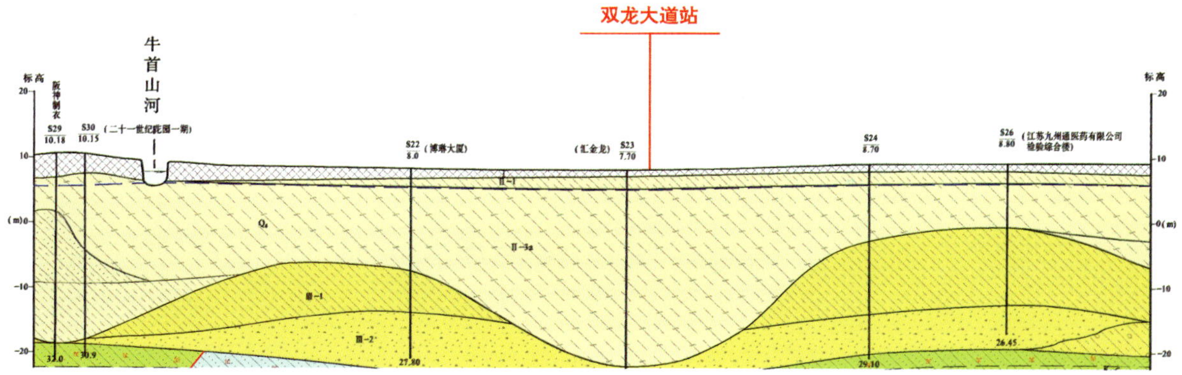
双龙大道站
牛首山河
标高
S29
10.18
S30
10.15
S22
8.0
S23
7.70
S24
8.70
S26
8.80
Ⅱ-1
Q4
Ⅱ-3a
Ⅲ-1
Ⅲ-2
27.80
29.10
26.45

（c）

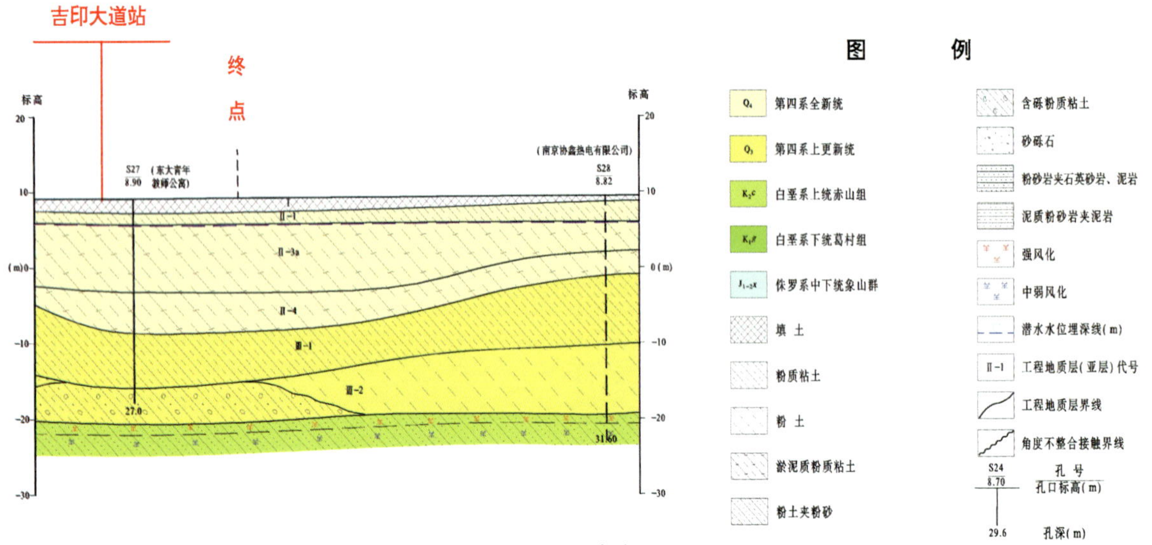
吉印大道站
终
点
标高
20
10
(m)0
-10
-20
-30
S27
8.90
（东大青年
教师公寓）
(南京协鑫热电有限公司)
S28
8.82
0 (m)
Ⅱ-1
Ⅱ-3a
Ⅱ-4
Ⅲ-1
Ⅲ-2
27.0
31.60
图 例
Q_4 第四系全新统
Q_3 第四系上更新统
K_2c 白垩系上统赤山组
K_1g 白垩系下统葛村组
$J_{1-2}x$ 侏罗系中下统象山群
填 土
粉质粘土
粉 土
淤泥质粉质粘土
粉土夹粉砂
含砾粉质粘土
砂砾石
粉砂岩夹石英砂岩、泥岩
泥质粉砂岩夹泥岩
强风化
中弱风化
潜水水位埋深线(m)
Ⅱ-1 工程地质层(亚层)代号
工程地质层界线
角度不整合接触界线
S24
8.70
孔 号
孔口标高(m)
29.6
孔深(m)

(d)

南京南站
宏运大道站
秦淮路站
胜太西路站
天元西路站
高湖路站
双龙大道站
吉印大道站

(e)

（f）

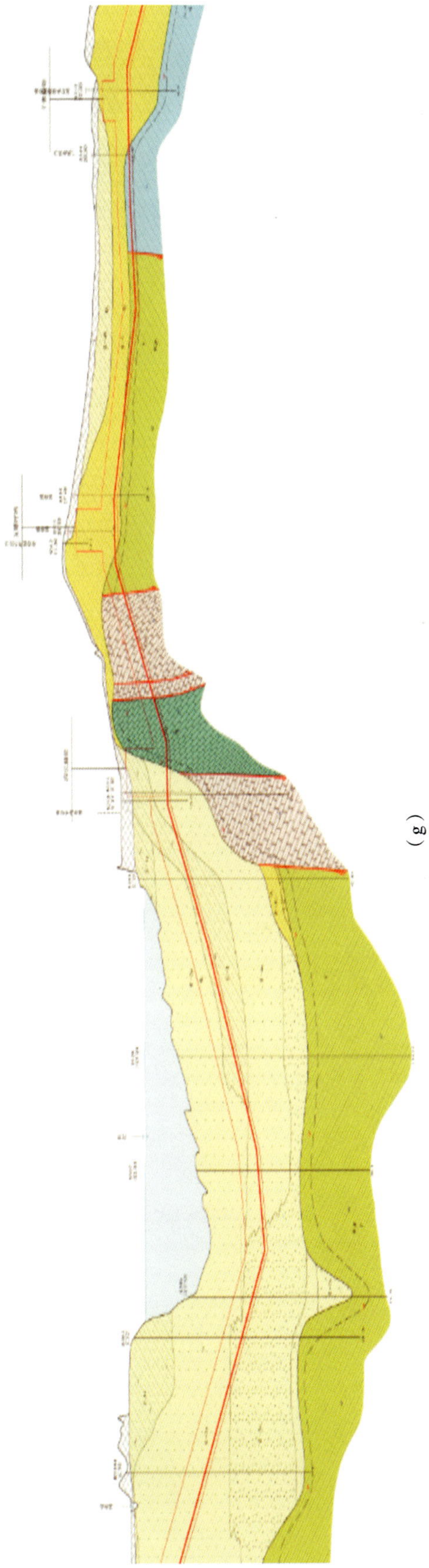

（g）

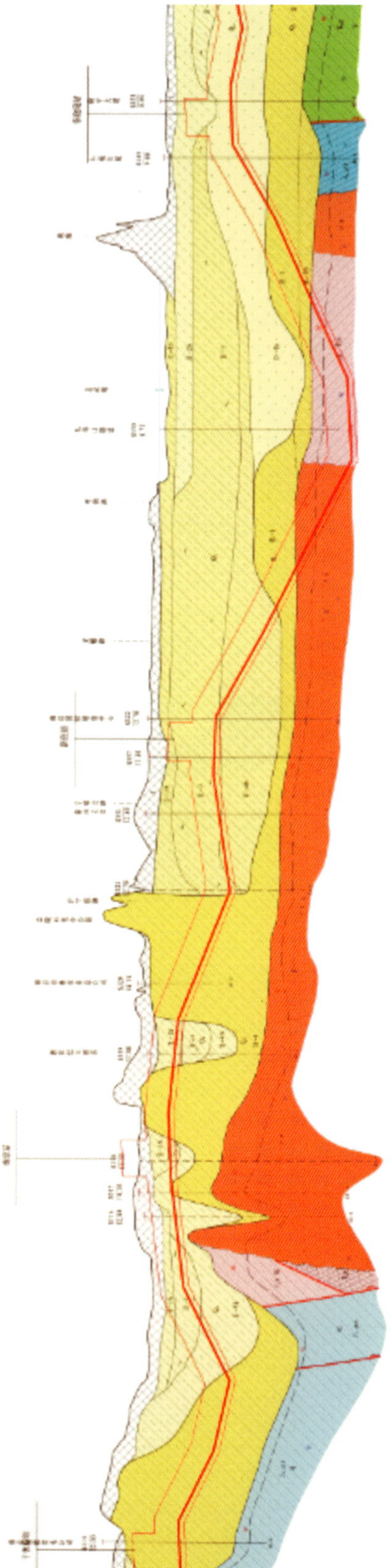

（h）

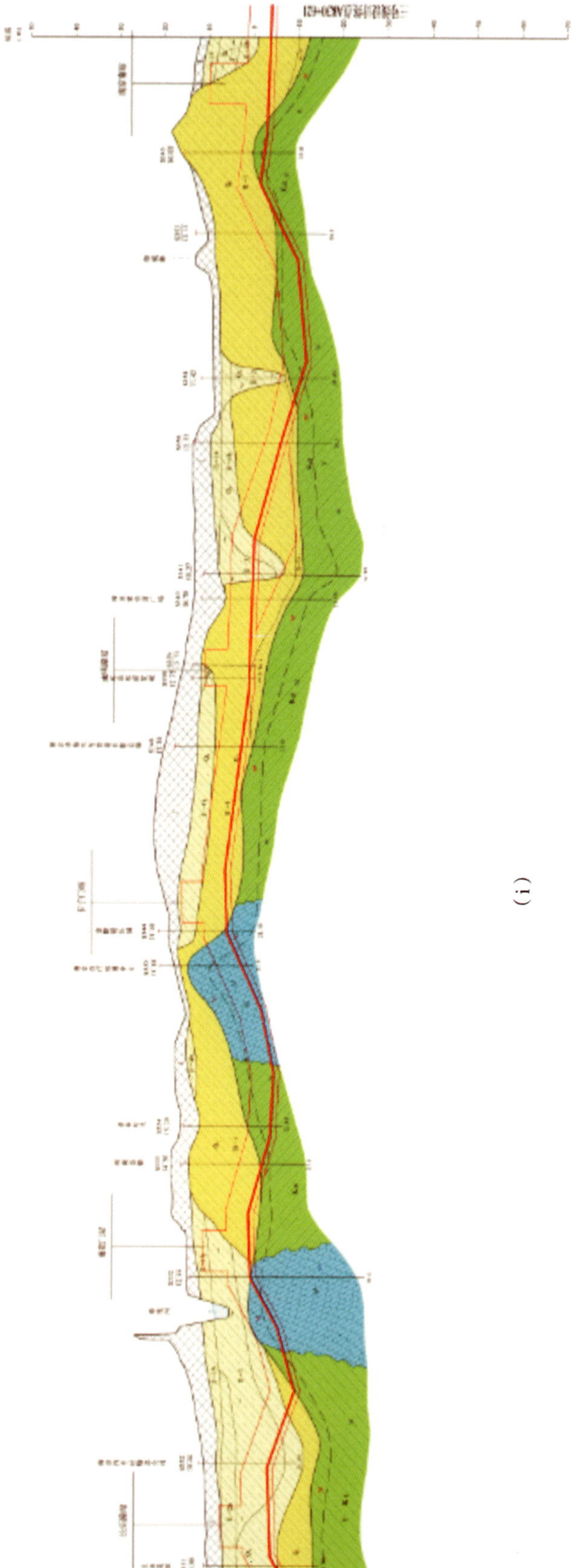

（i）

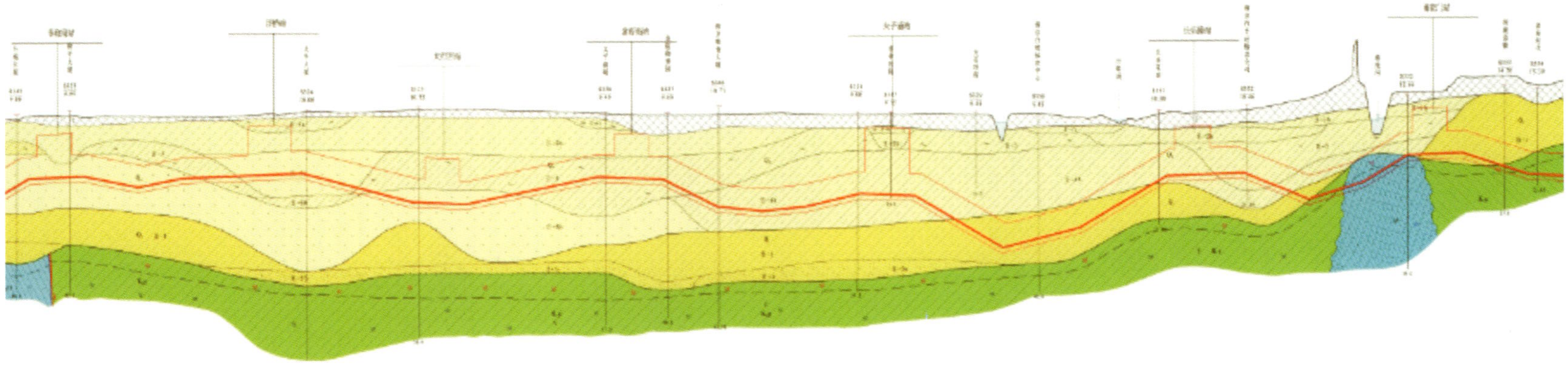

（j）

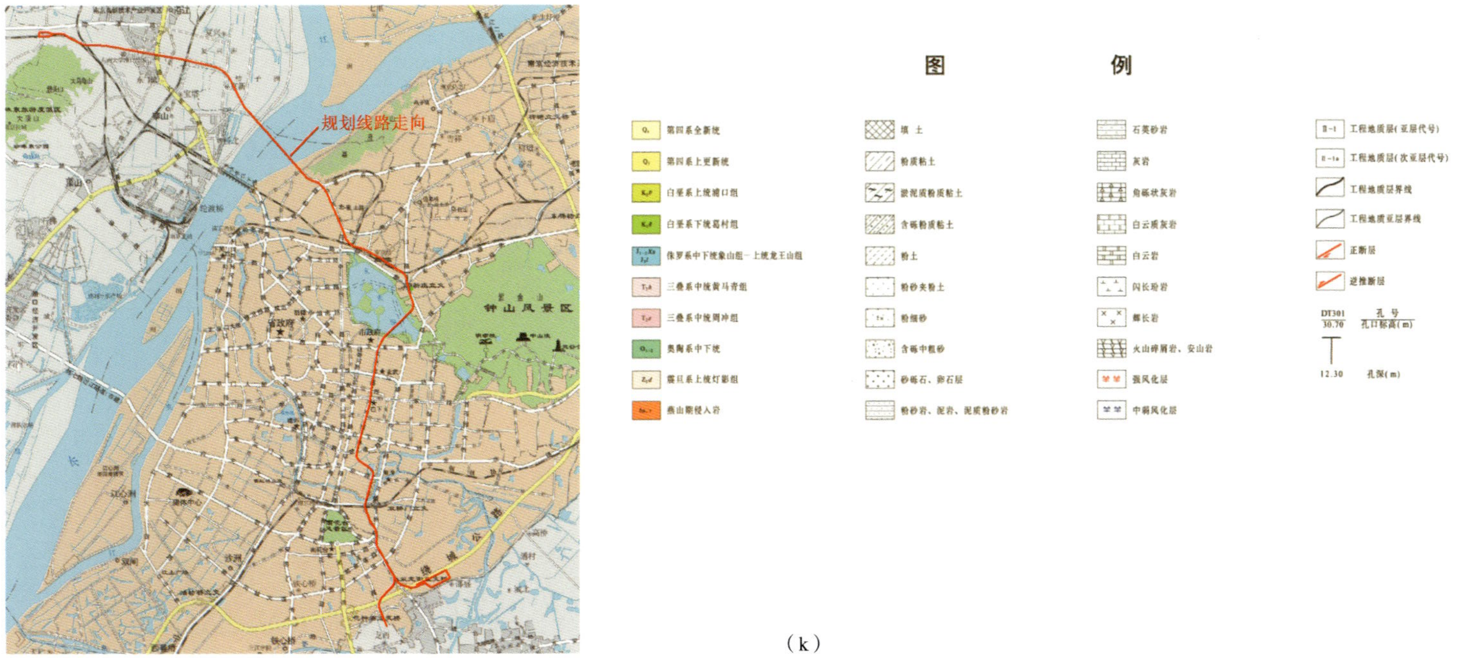

（k）

插图102　南京市规划线路地质特征

插图103　宁波市水系图

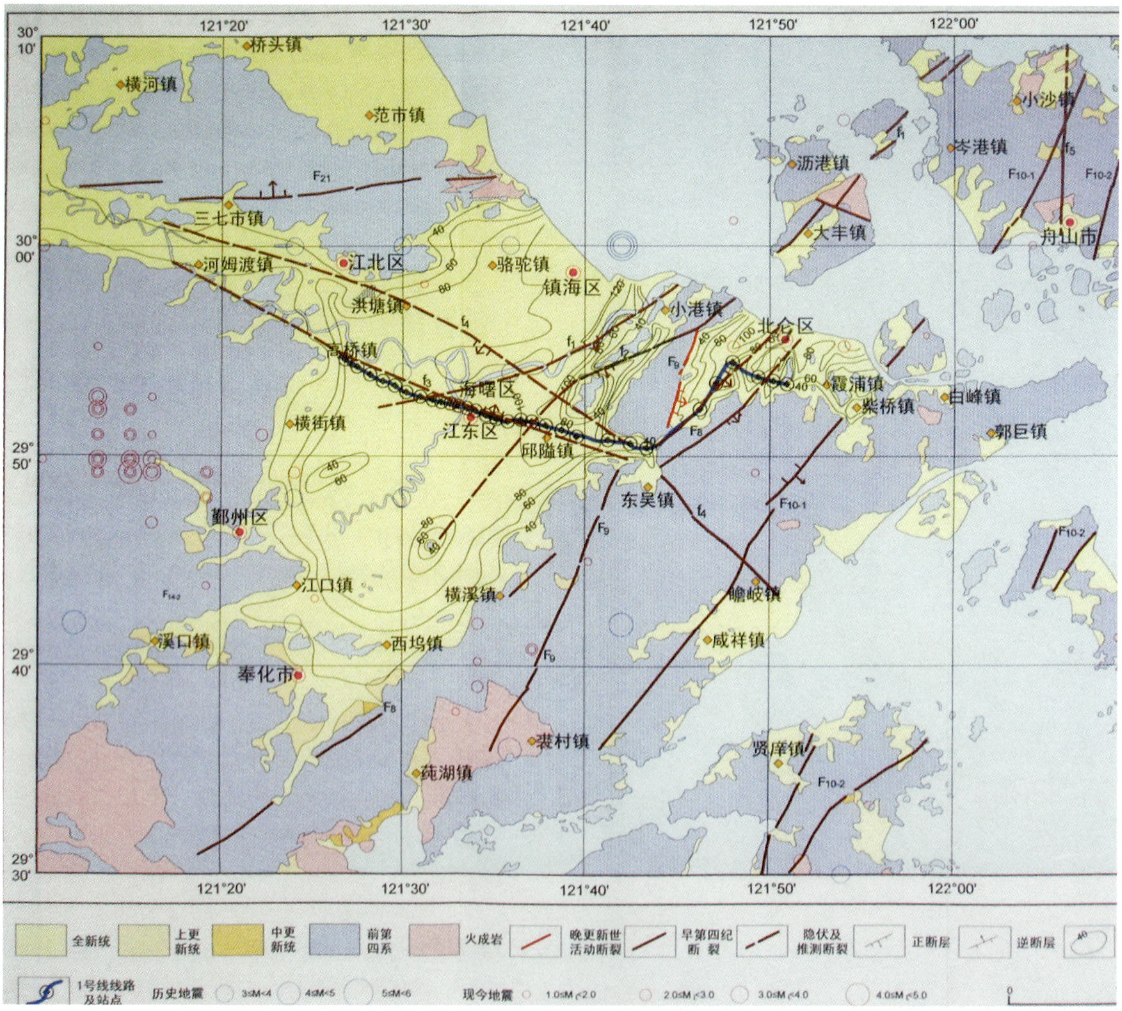

插图104　宁波市区域构造纲要图

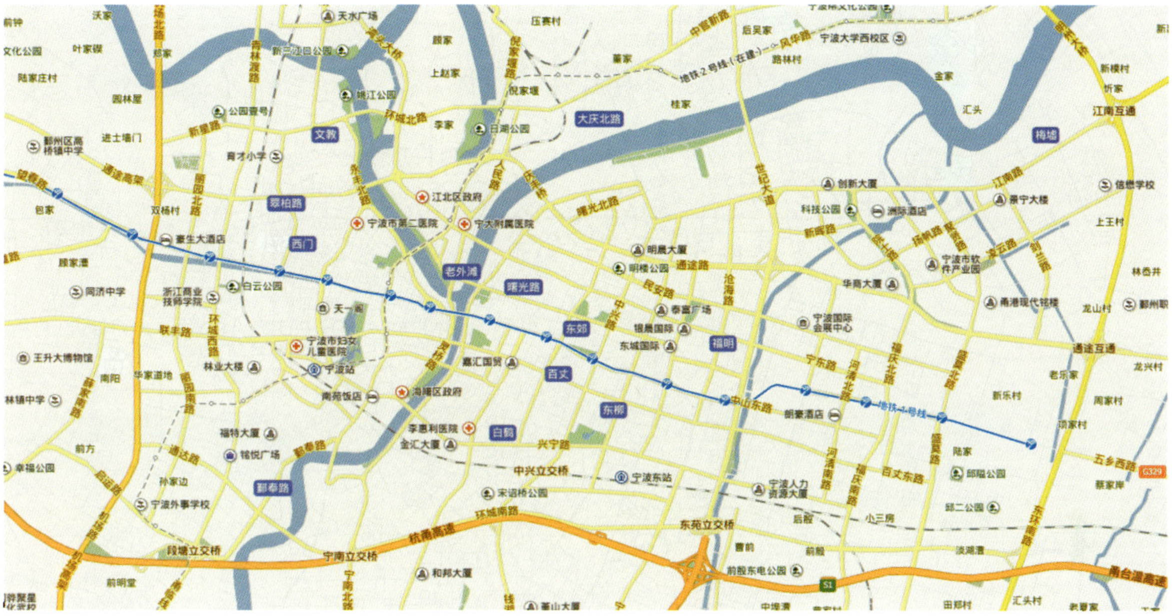

插图105　典型剖面位置示意图（地铁1号线）

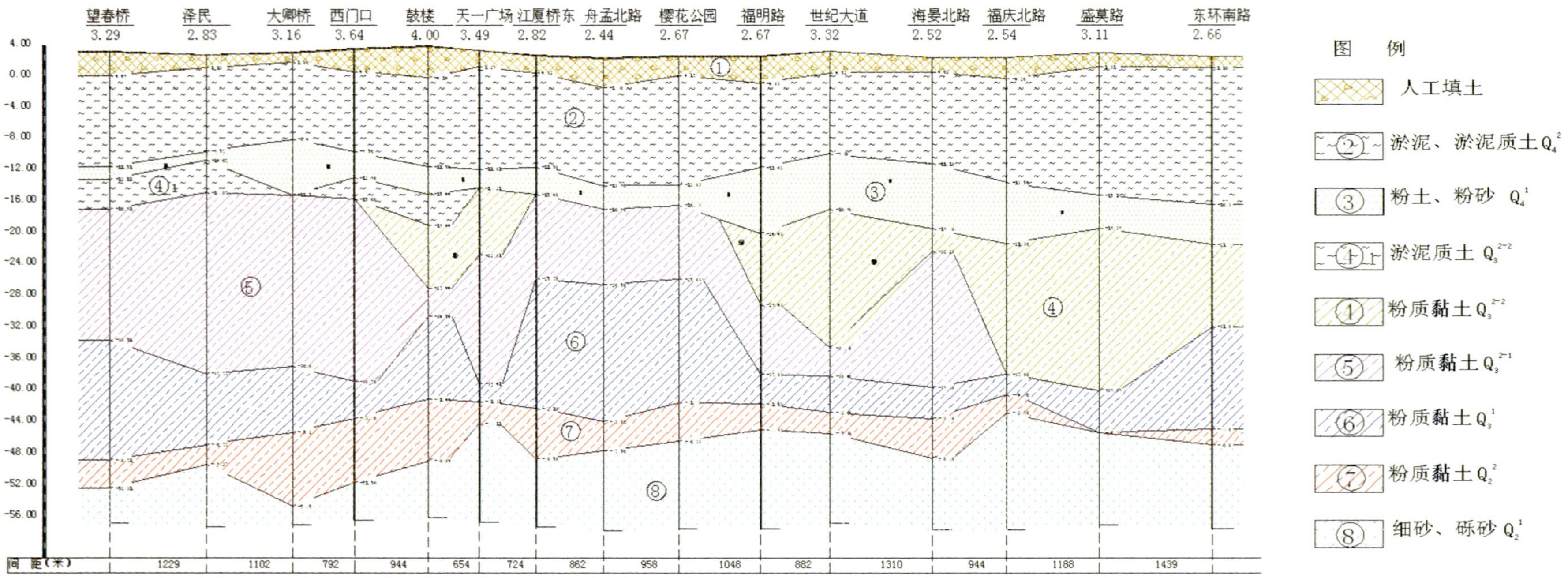

插图106 典型地质剖面A—A′

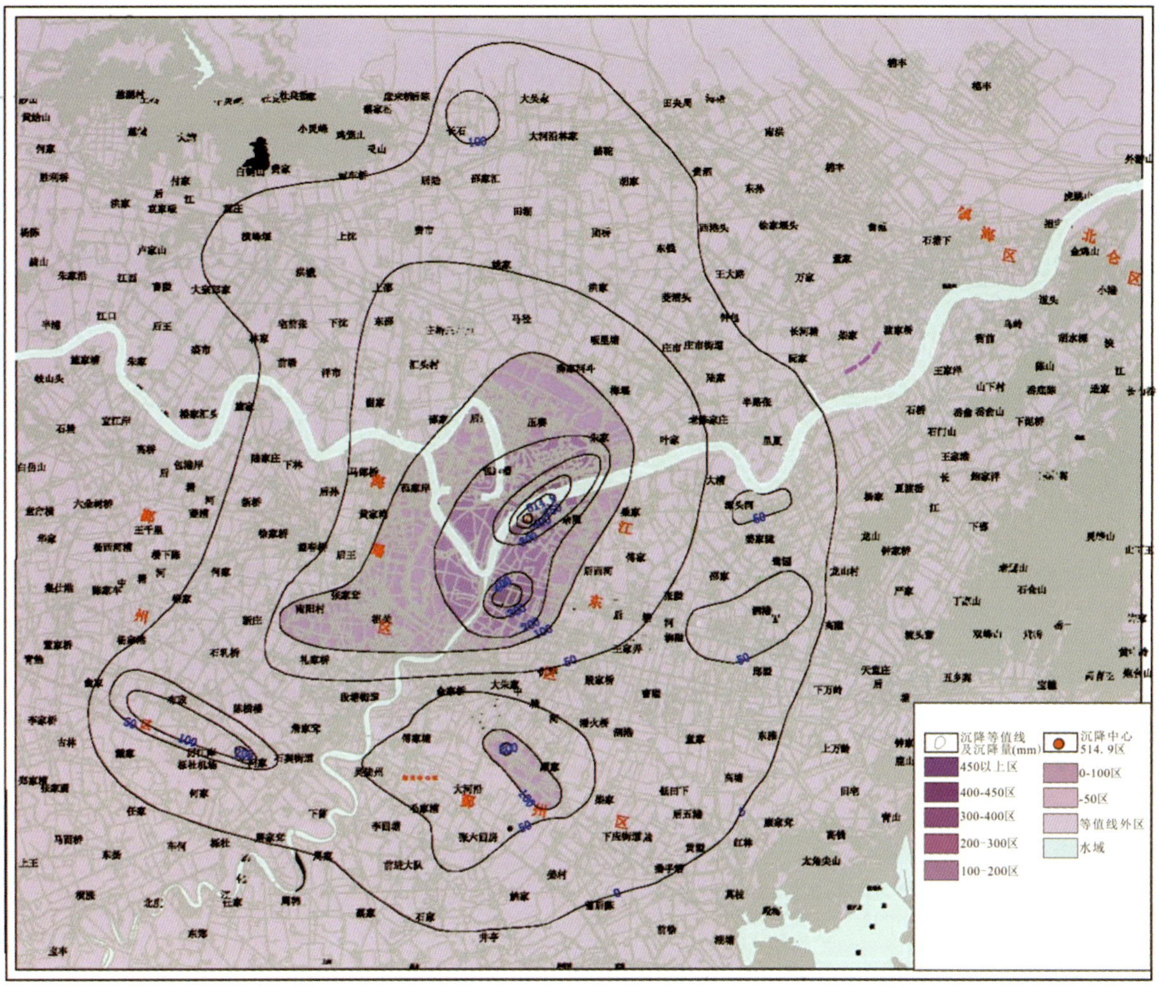

插图107　宁波市地面沉降累计沉降量等值线图（1964—2008）

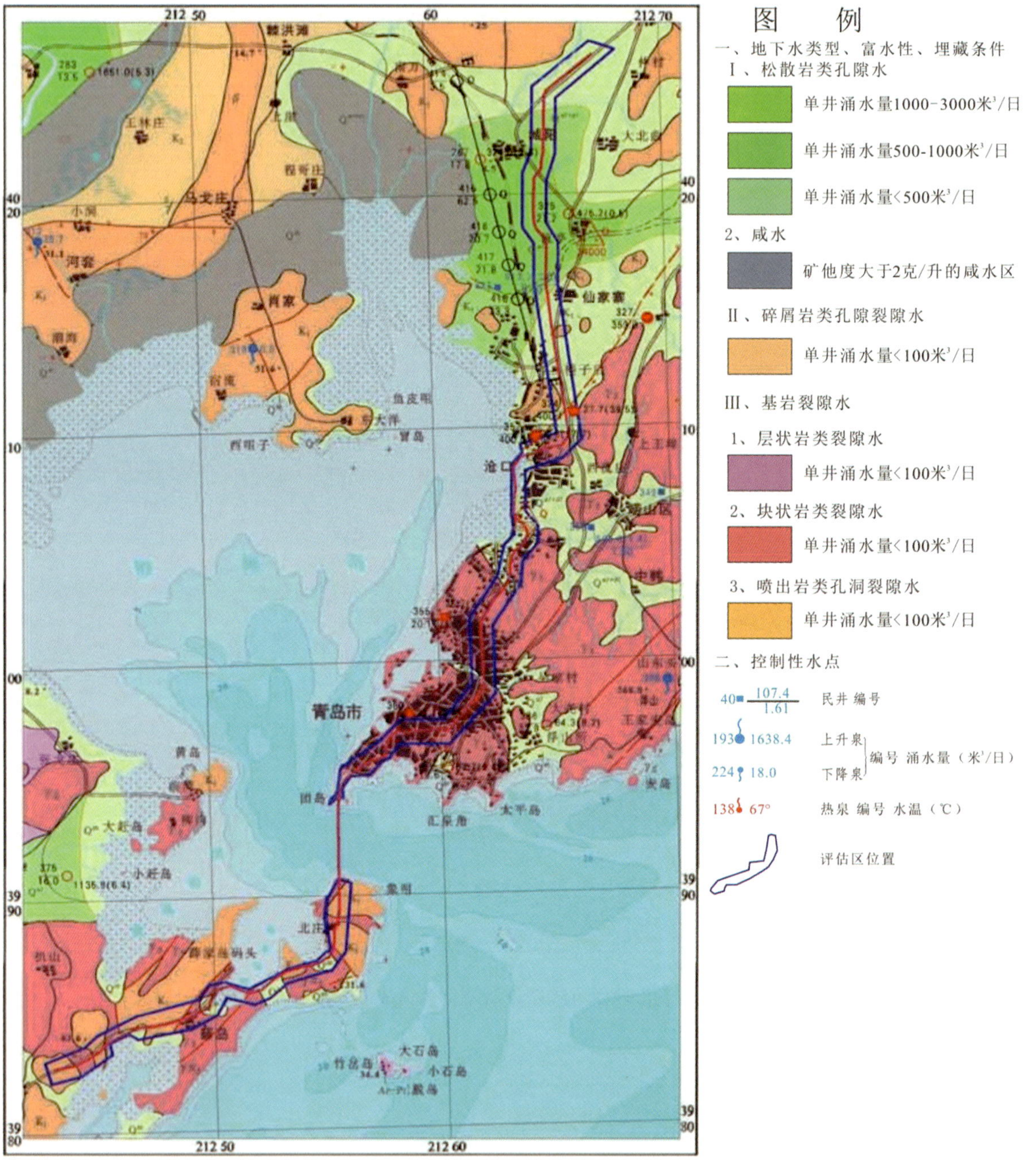

插图108　区域水文地质图

（摘自青岛市地铁1号线工程建设项目地质灾害危险性评估报告）

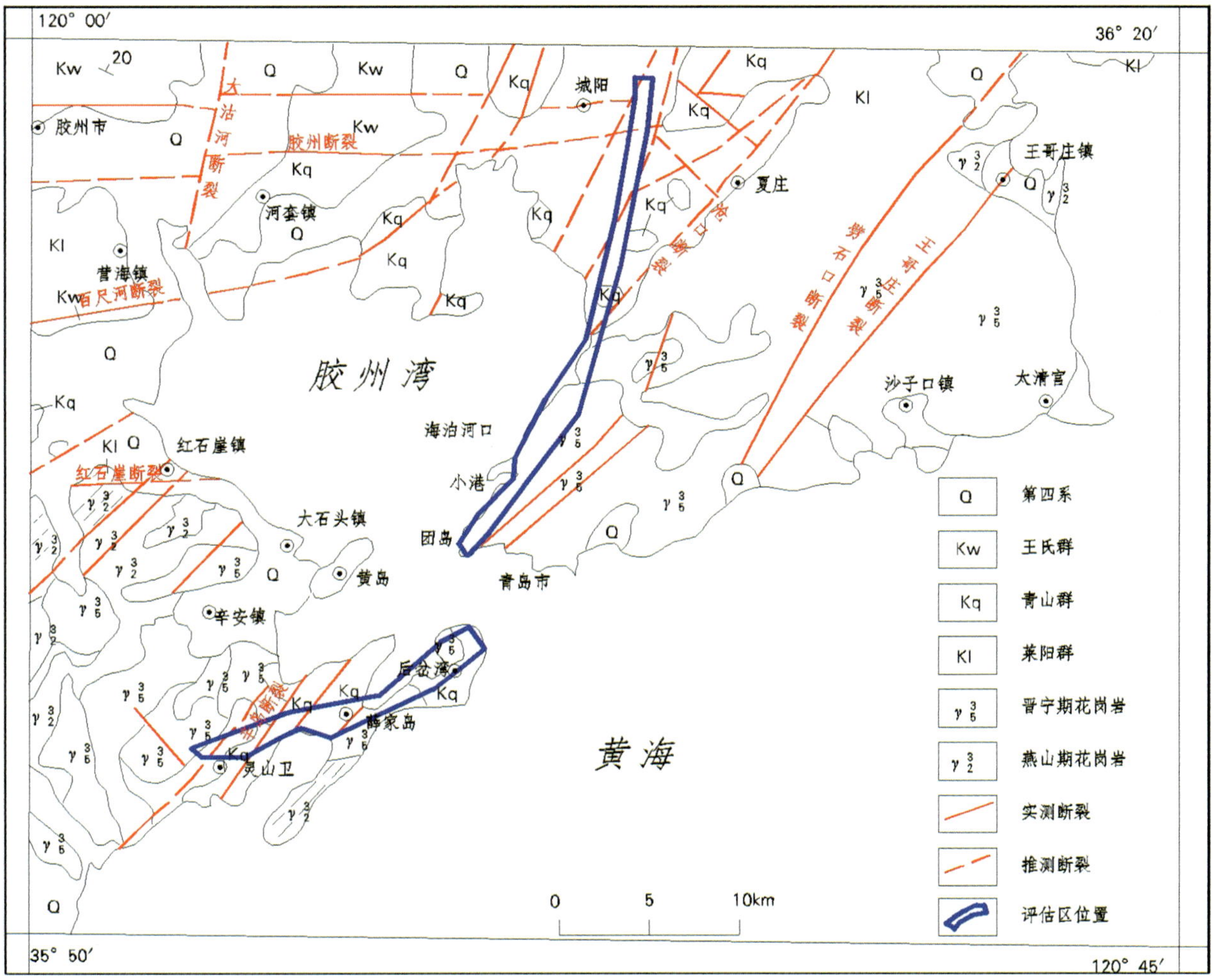

插图109　区域构造图

（摘自青岛市地铁1号线工程建设项目地质灾害危险性评估报告）

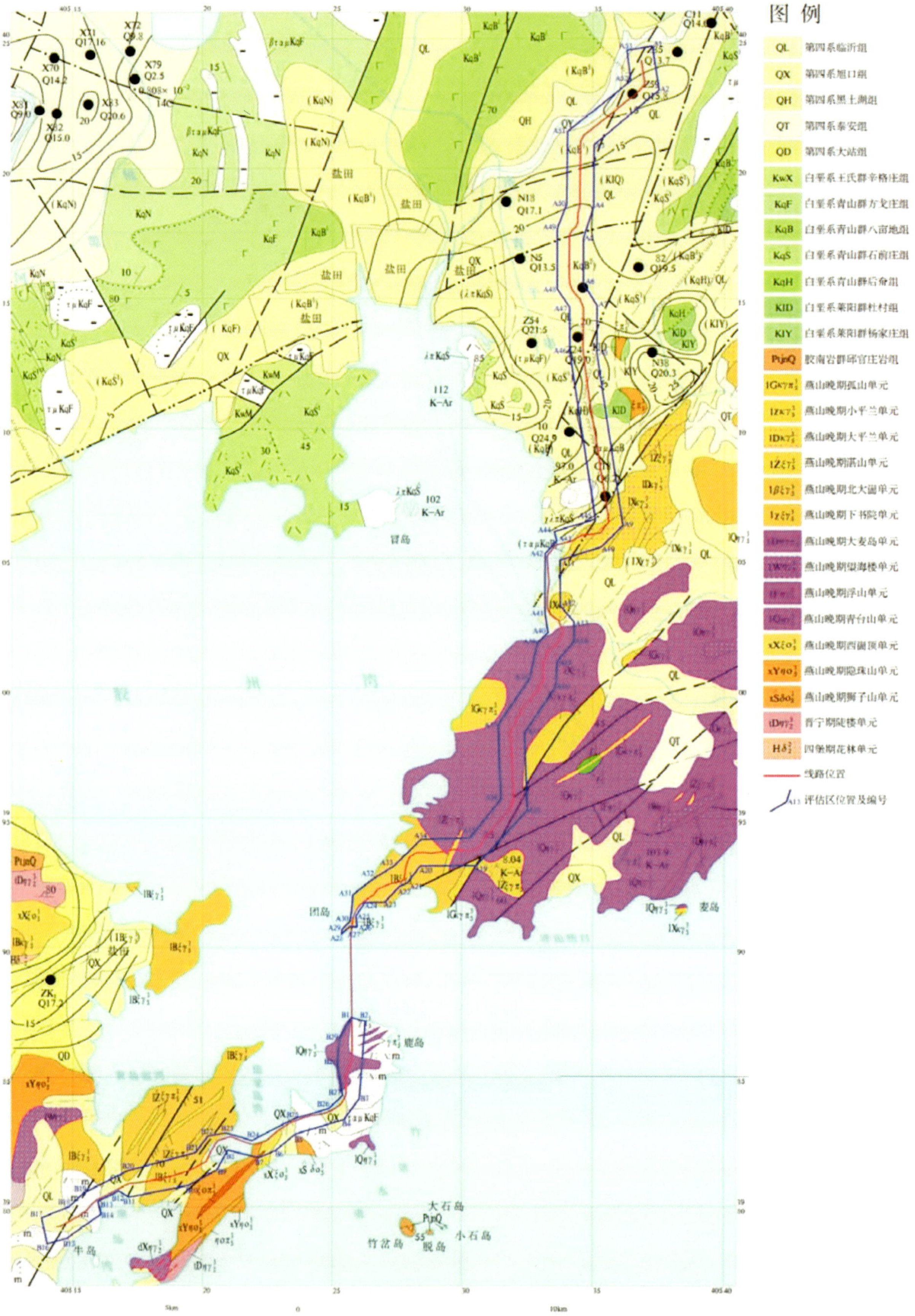

插图110　青岛市区域地质图

（摘自青岛市地铁1号线工程建设项目地质灾害危险性评估报告）

插图111　典型地层剖面位置示意图

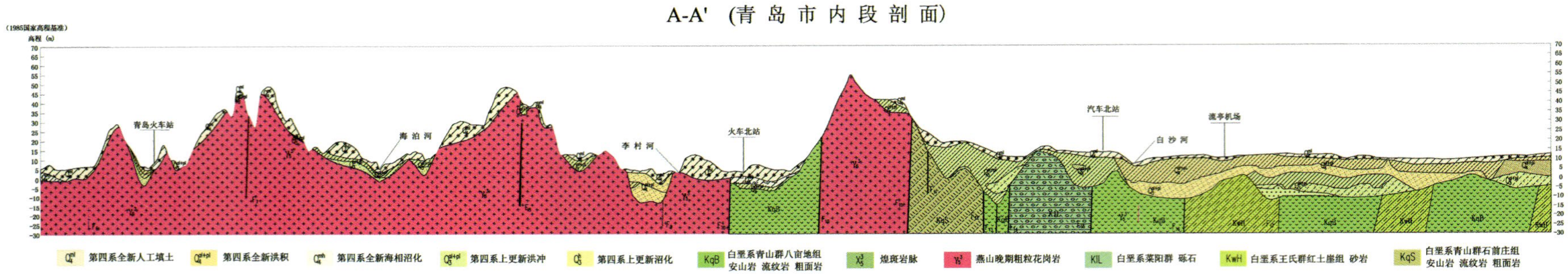

插图112　青岛市区典型地层剖面示意图

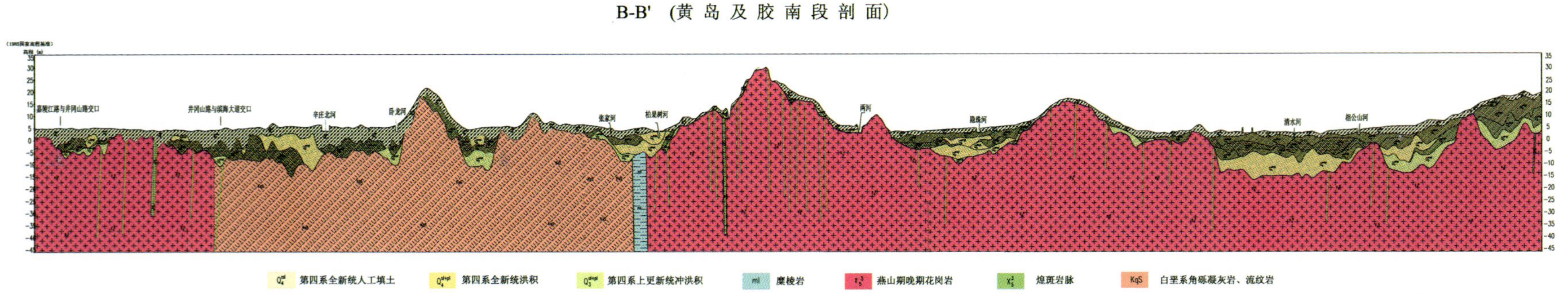

插图113　青岛市（黄岛及胶南）典型地层剖面示意图

厦门市地图

插图114　厦门市行政区划图

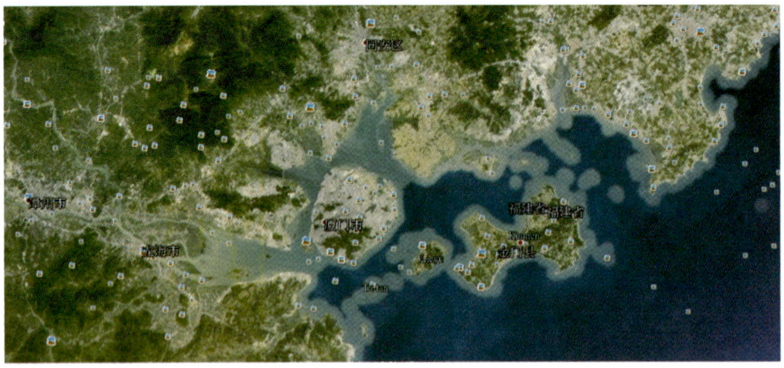

插图115　厦门地形地貌图

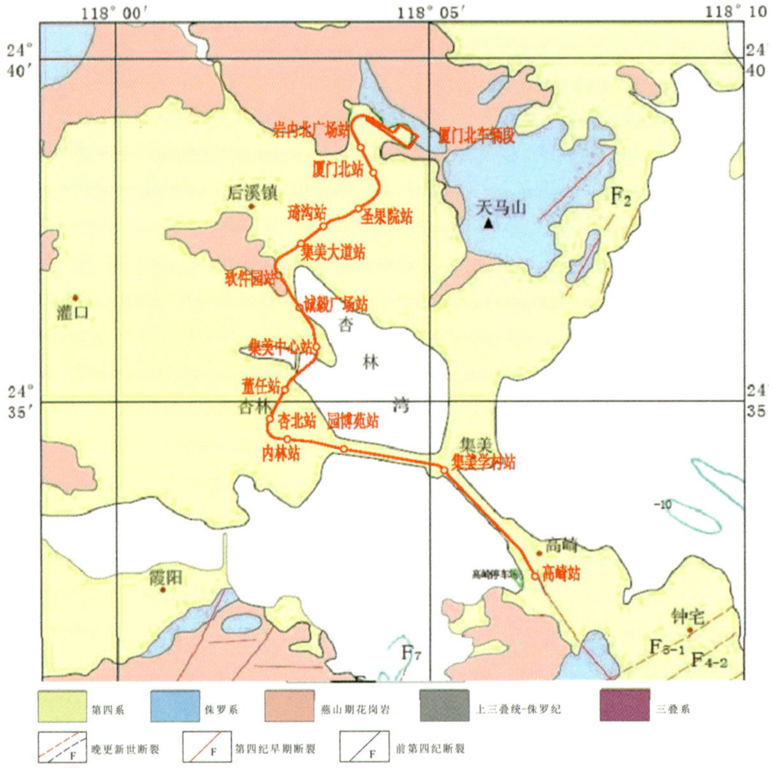

插图116　高崎站（不含）-设计终点、厦门北车辆段及出入线沿线地质图

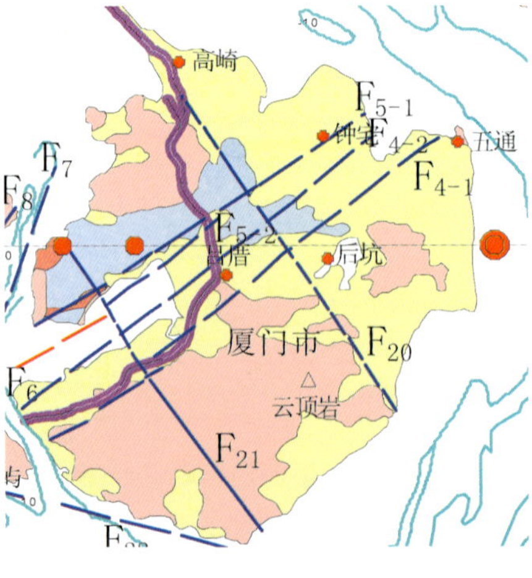

F_4：文灶—五通断裂带　F_5：狐尾山—钟宅断裂带　F_6：筼筜港断裂
F_{20}：石胄头—高崎断裂　F_{21}：濠头—塔头断裂

插图117　近场区断裂构造纲要图

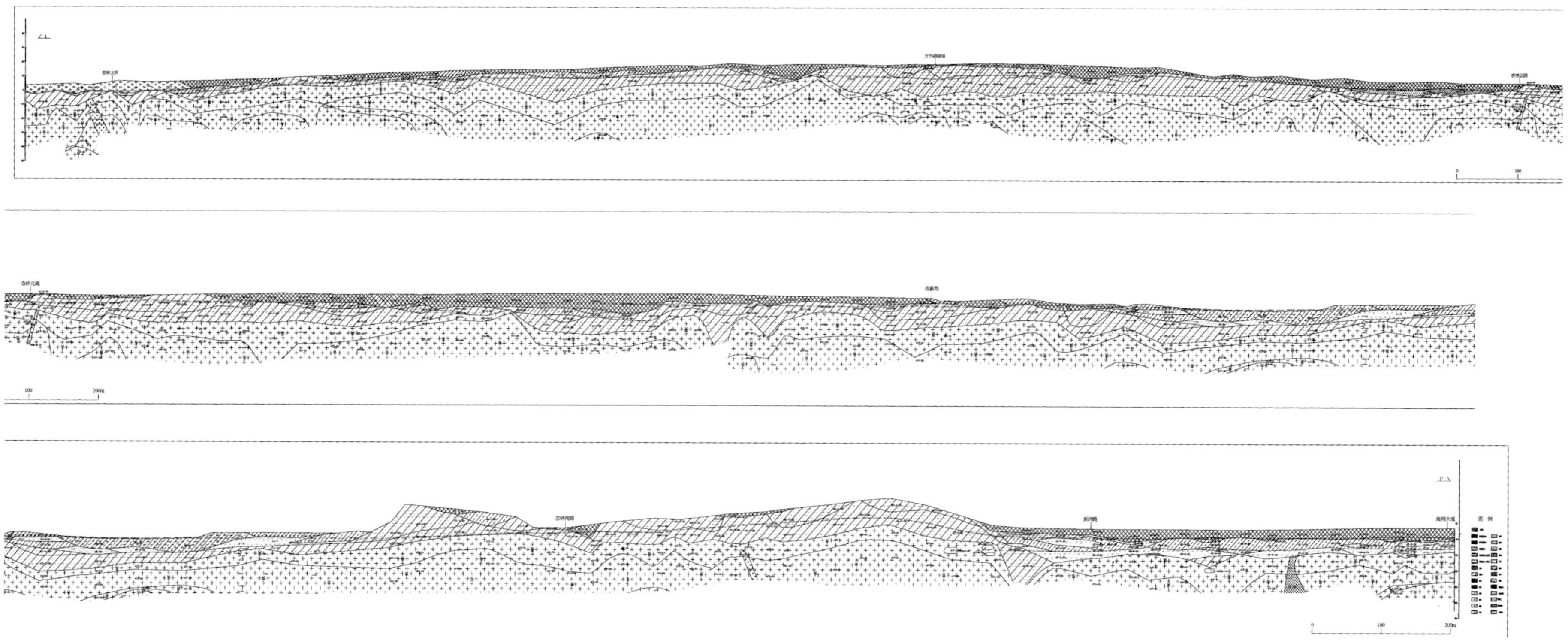

插图118　厦门城市轨道交通典型工程地质剖面图

插图**119**　上海市行政区划图

插图**120**　上海市地形地貌图

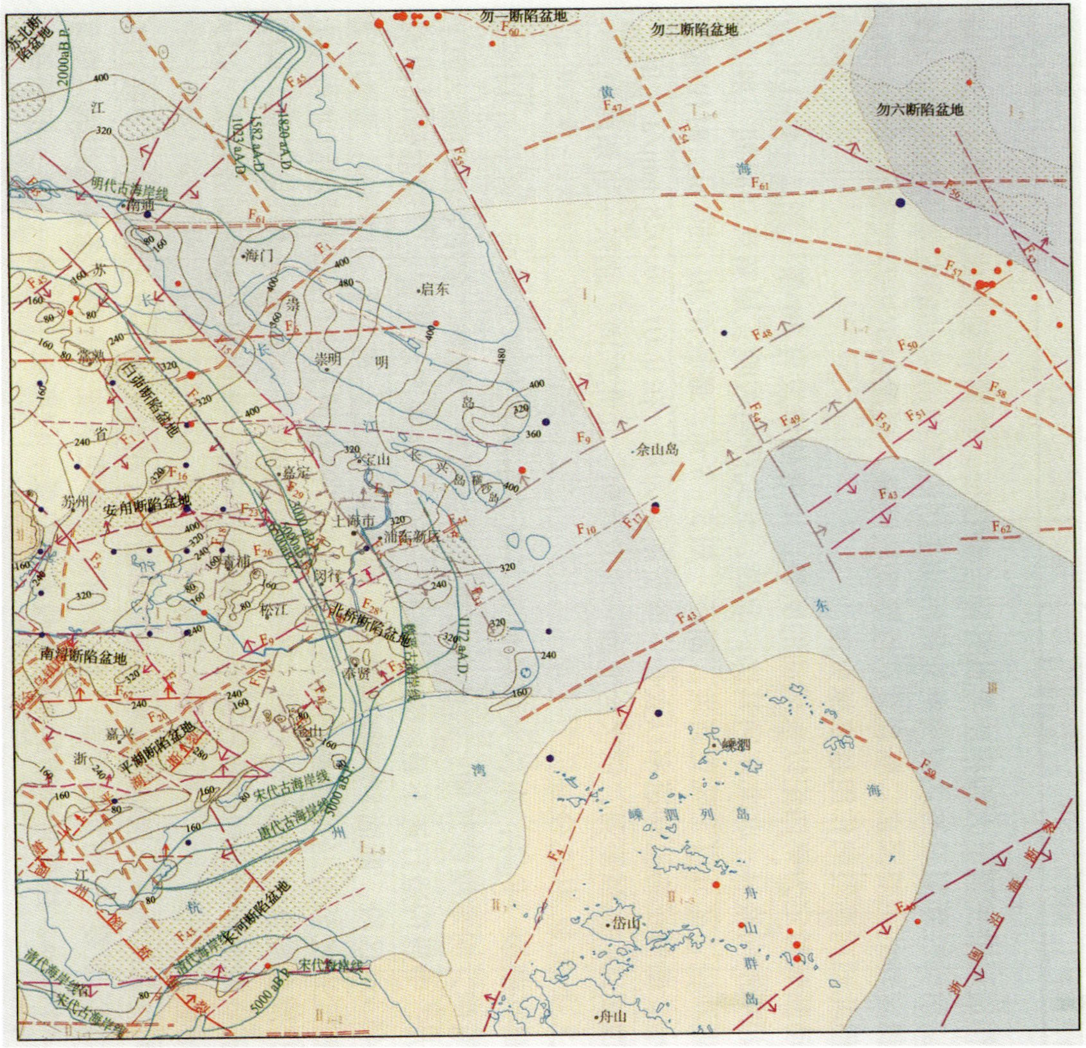

新构造分区表

Ⅰ南黄海-长江三角洲大面积下沉凹陷区	Ⅱ苏浙上升隆起区
Ⅰ$_1$长江三角洲缓慢下沉区	Ⅱ$_1$浙东北较强烈上升区
Ⅰ$_{1-1}$如皋-南通缓慢沉降区	Ⅱ$_{1-1}$龙门山-诸暨较强烈上升区
Ⅰ$_{1-2}$太湖-沙洲早期上升后期沉降区	Ⅱ$_{1-2}$会稽山差异强烈上升区
Ⅰ$_{1-3}$长江口持续沉降区	Ⅱ$_{1-3}$浙东沿海间歇性上升区
Ⅰ$_{1-4}$南浔-淀山湖早期上升后期较强沉降区	Ⅱ$_2$苏南缓慢上升区
Ⅰ$_{1-5}$杭州湾间歇缓慢沉降区	Ⅲ东海陆架盆地持续较强沉降区
Ⅰ$_{1-6}$勿南沙缓慢沉降区	
Ⅰ$_{1-7}$长江三角洲间歇性缓慢沉降区	
Ⅰ$_2$南黄海强烈下沉区	

活动断裂编号及名称

北东向断裂		F_{46}	东福山岛-普陀山断裂	F_{31}	灯塔-赵家宅断裂	编号	名称	F_{24}(东)	大场-江湾断裂
编号	名称	F_{47}	黄海断裂	F_{32}	张堰-金山卫断裂	F_6	徐市-大兴断裂	F_{28}(东)	卖花桥-鲁汇断裂
F_1	湖苏断裂	F_{48}	长江口外断裂	F_{42}	朱行断裂	F_{16}	昆山-嘉定断裂	F_{58}	海域断裂
F_4	鸡骨礁-镇海断裂	F_{49}	长江口外断裂	F_{51}	长江口外断裂	F_{24}(西)	千灯-黄渡断裂	北北东向断裂	
F_9	枫泾-川沙断裂	F_{50}	长江口外断裂	F_{52}	南黄海断裂	F_{24}(西)	大场-江湾断裂	编号	名称
F_{10}	张堰-南汇断裂	北西向断裂		F_{53}	南坳西侧断裂	F_{26}(东)	青浦-龙华断裂	F_{17}	北港口断裂
F_{20}	兴塔-浏港断裂	编号	名称	F_{54}	长江外断裂口	F_{28}(西)	卖花桥-鲁汇断裂	F_{18}	姚家港-白鹤断裂
F_{21}	大场-九亭断裂	F_2	太仓-奉贤断裂	F_{55}	苏北沿岸断裂	F_{44}	唐镇-合庆断裂	东西向断裂	
F_{26}(西)	青浦-龙华断裂	F_5	苏州-嘉善断裂	F_{56}	海域断裂	F_{45}	鹿苑-南通-勿南沙断裂	编号	名称
F_{35}	钱桥-奉城断裂	F_{15}	罗店-周浦断裂	F_{57}	海域断裂	北西西向断裂		F_{60}	勿-凹陷南缘断裂
F_{41}	松隐-廊下断裂	F_{29}	葛隆-南翔断裂	F_{59}	嵊山断裂	编号	名称	F_{61}	北纬32°断裂
F_{43}	江山-绍兴断裂	F_{30}	马桥-金汇断裂	北东东向断裂		F_{23}(东)	千灯-黄渡断裂	F_{62}	海域断裂

1.活动性断裂及盆地

- 晚更新世断裂
- 中更新世断裂
- 早更新世断裂
- 古近纪—第四纪活动性断裂(控盆断裂)
- 第四纪断裂
- 推测断裂主断面倾向
- 古近纪盆地
- 新近纪玄武岩

2.新构造分区

- Ⅰ级构造分区界线及代号
- Ⅱ级构造分区界线及代号
- Ⅲ级构造分区界线及代号
- 强烈上升区
- 缓慢上升区
- 间歇性上升区
- 早期上升后期沉降区
- 早期上升后期较强沉降区
- 间歇性缓慢沉降区
- 缓慢沉降区
- 持续沉降区
- 持续较强沉降区
- 强烈下降区

3.其他

- 第四系及新近系等厚线(m)
- 古海岸线位置及年代
- 新近纪火山

震中位置

1970年以来地震	历史地震
3.0～3.9级	4.0～4.9级
4.0～4.9级	5.0～5.9级
5.0～5.9级	6.0～6.9级
6.0～6.9级	

0 10 20 40 km

插图121 上海及邻近地区新构造图及地震分布图

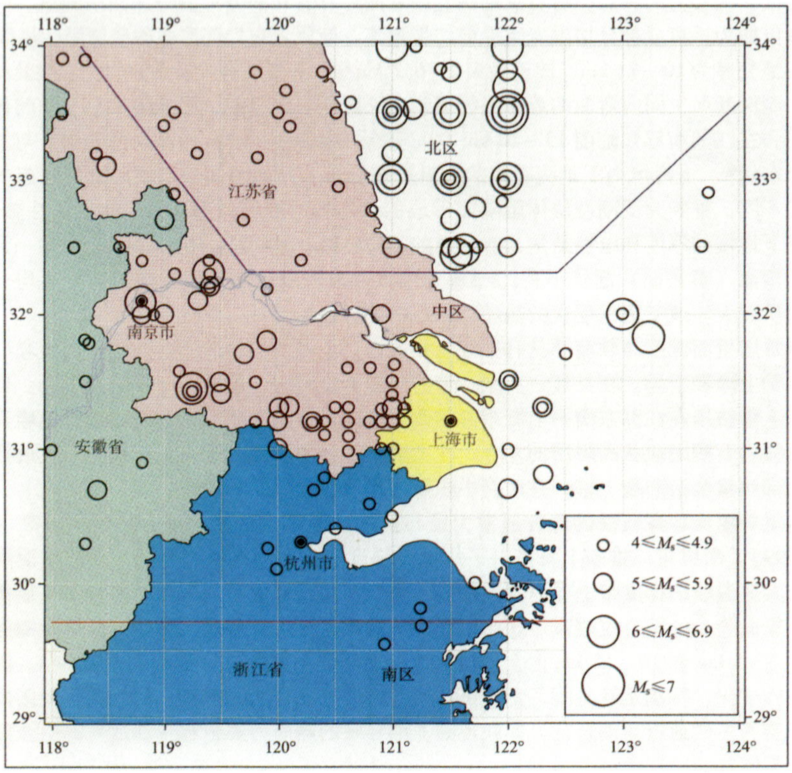

插图122　上海及邻区地震活动性统计分区图

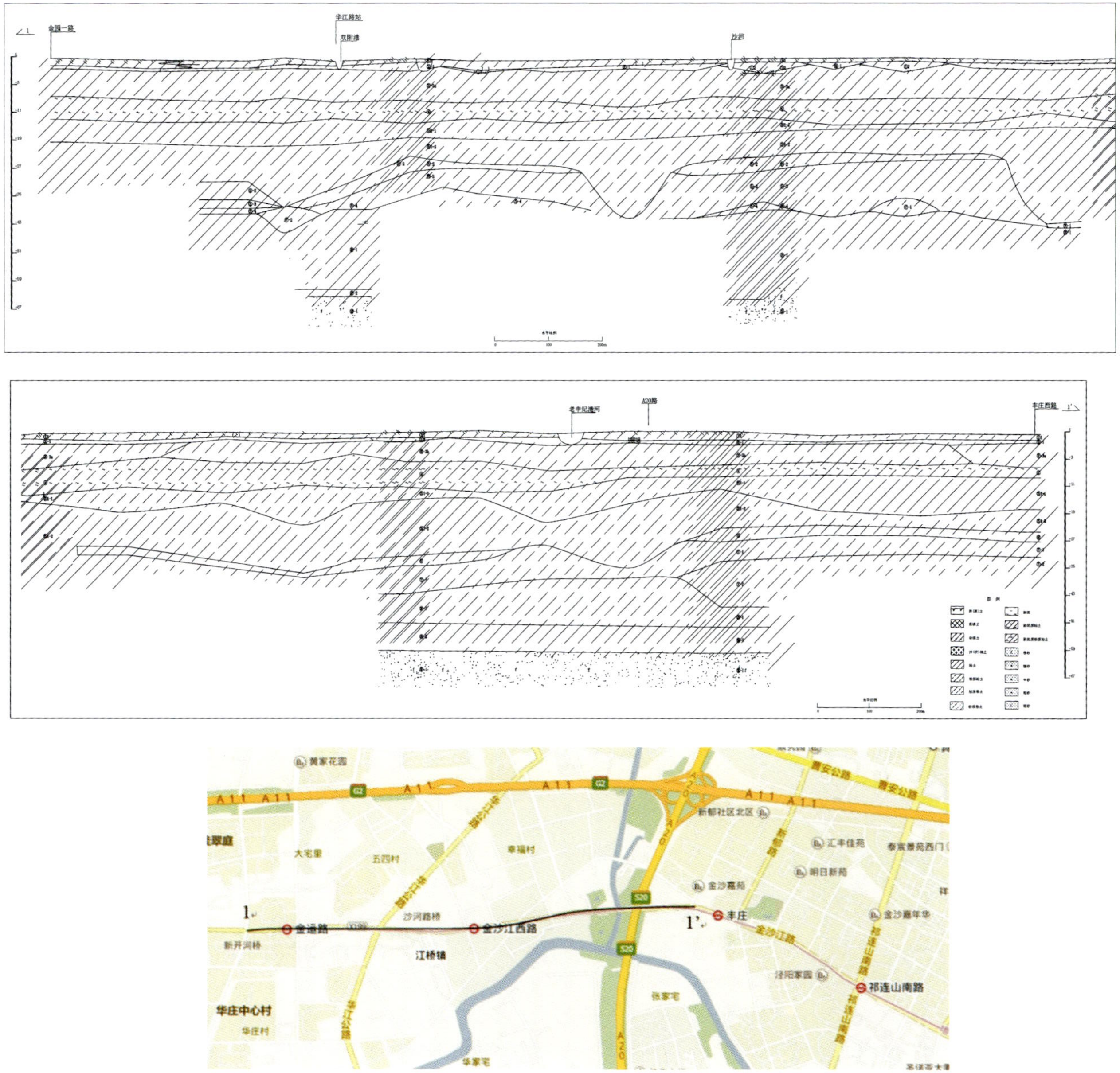

插图123　上海地铁13号线典型地层剖面图

插图124　深圳市区地铁9号线走向平面图

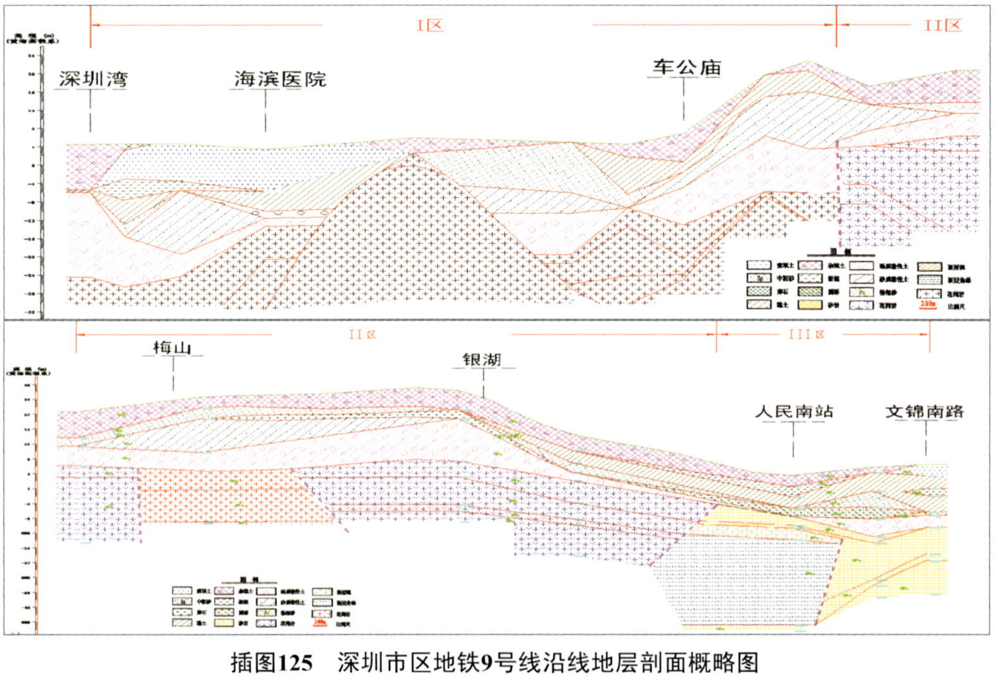

插图125　深圳市区地铁9号线沿线地层剖面概略图

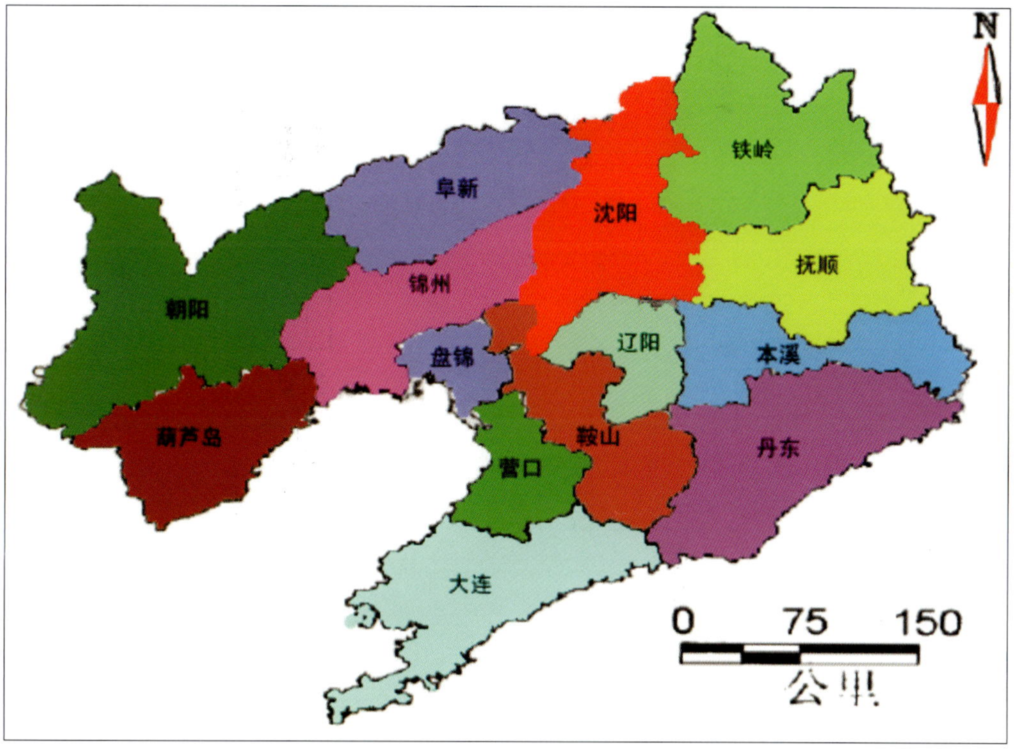

插图**126**　沈阳区域位置示意图

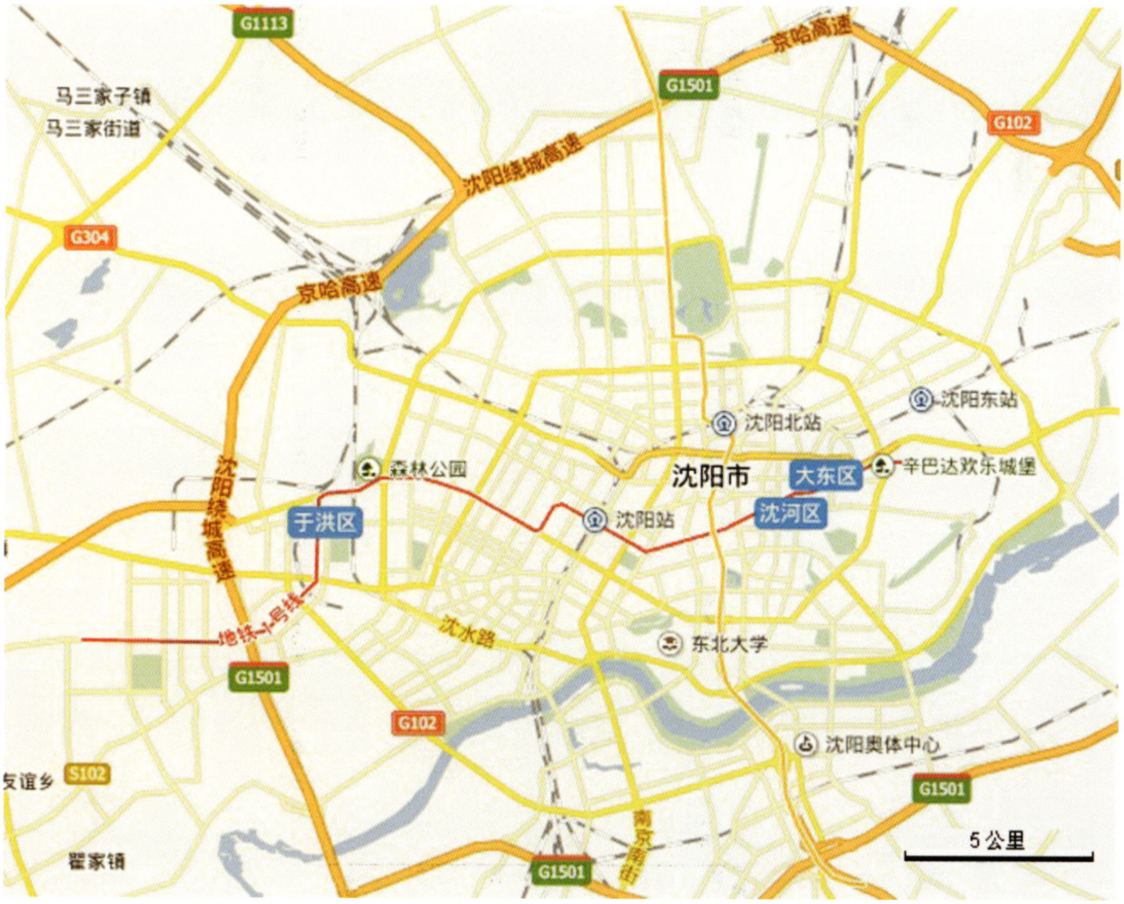

插图**127**　沈阳市区典型地质剖面位置示意图

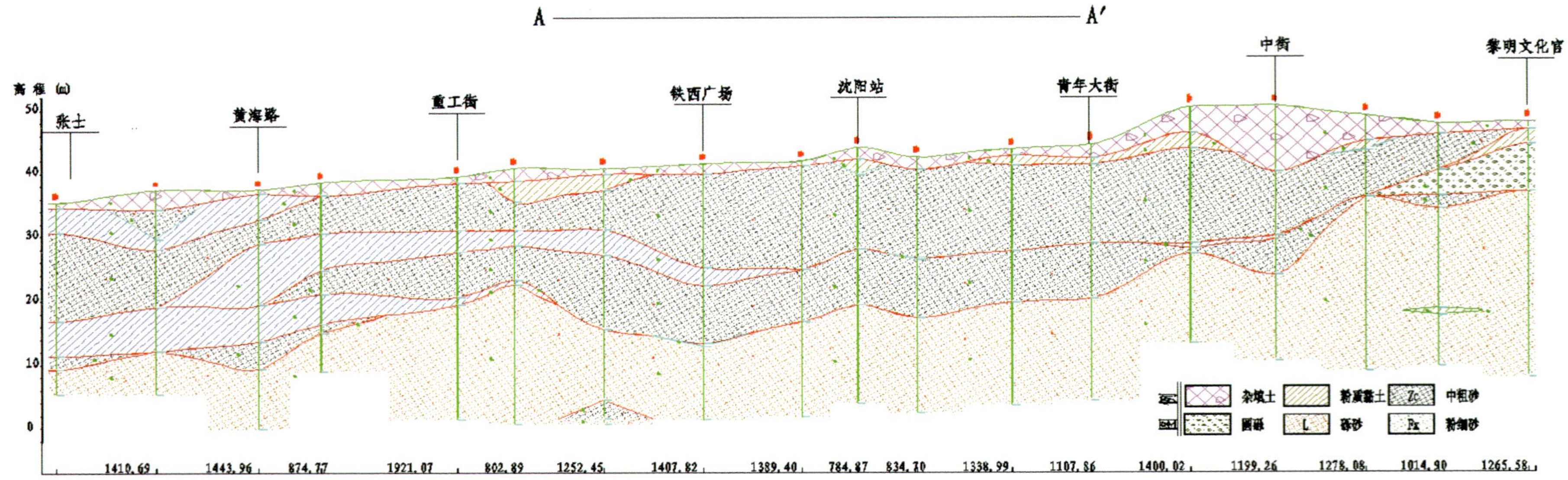

插图128　沈阳市区典型地质剖面图A—A′

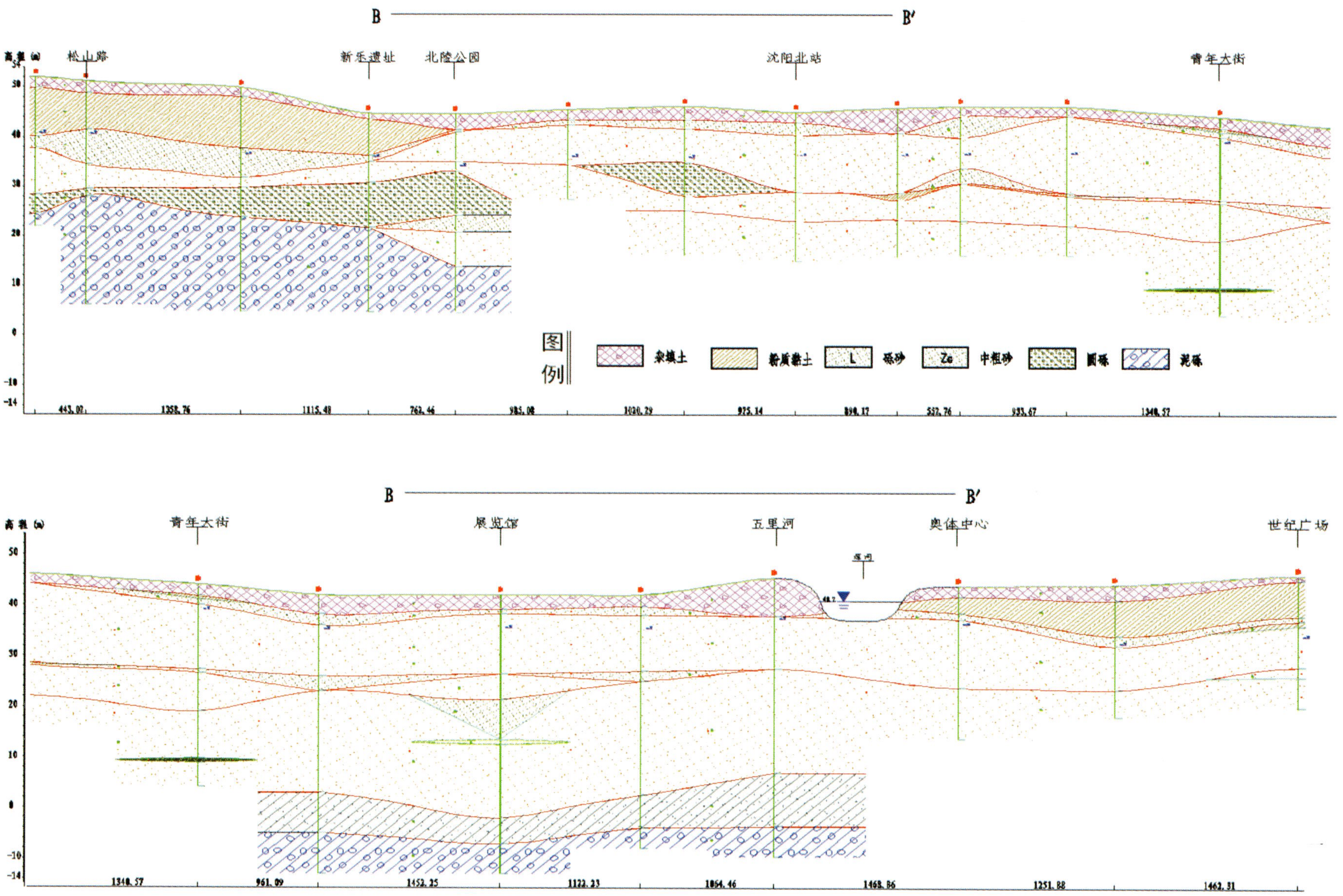

插图129　沈阳市区典型地质剖面图B—B′

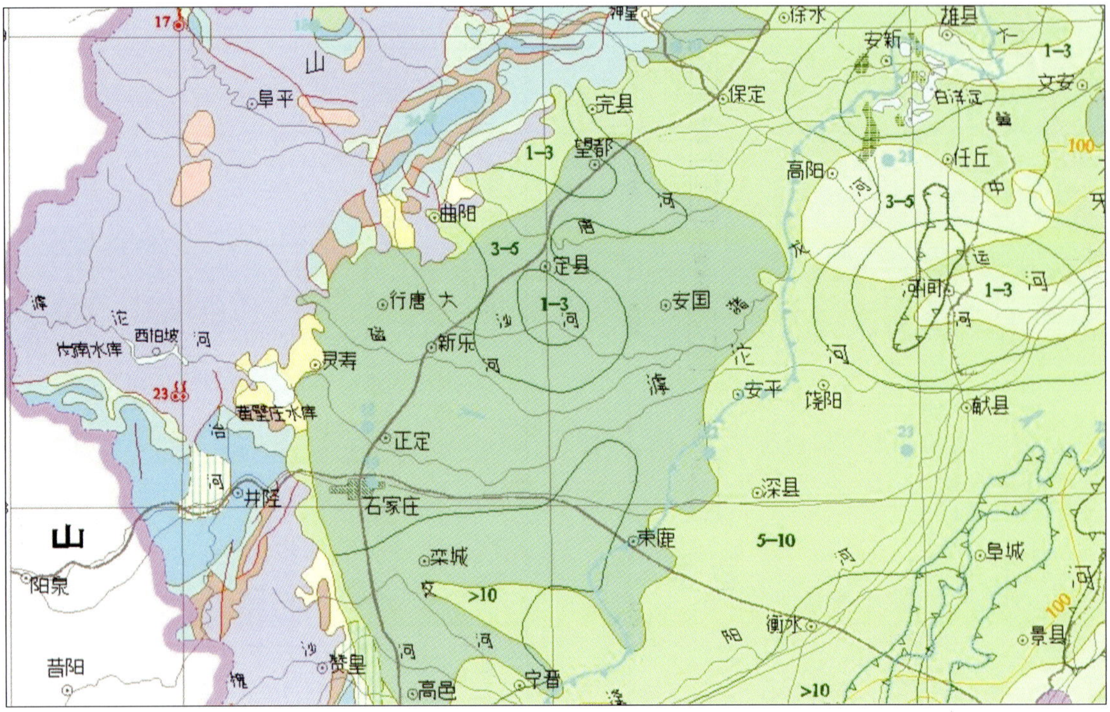

插图130　石家庄区域水系图

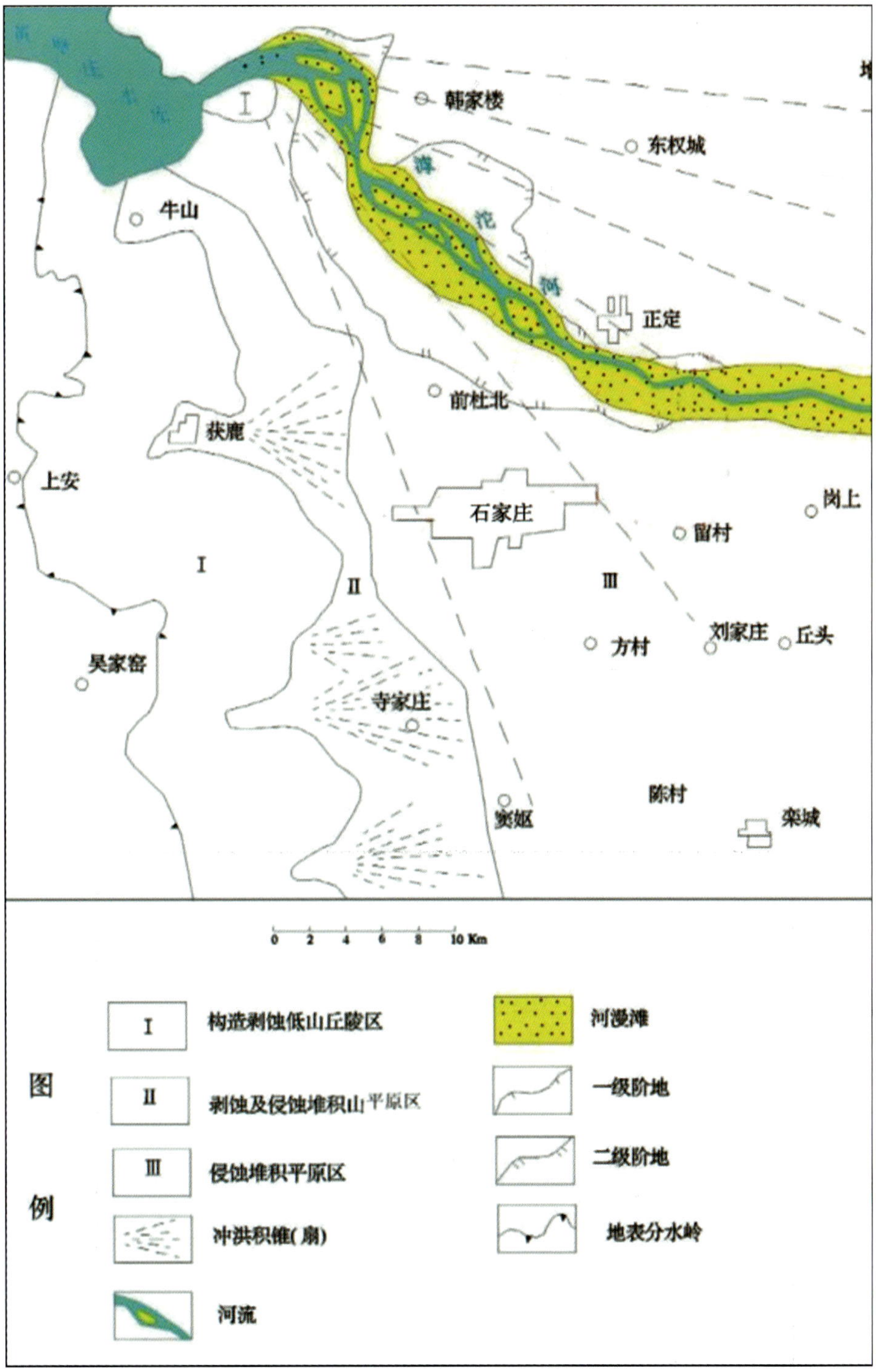

插图131　石家庄区域地貌图

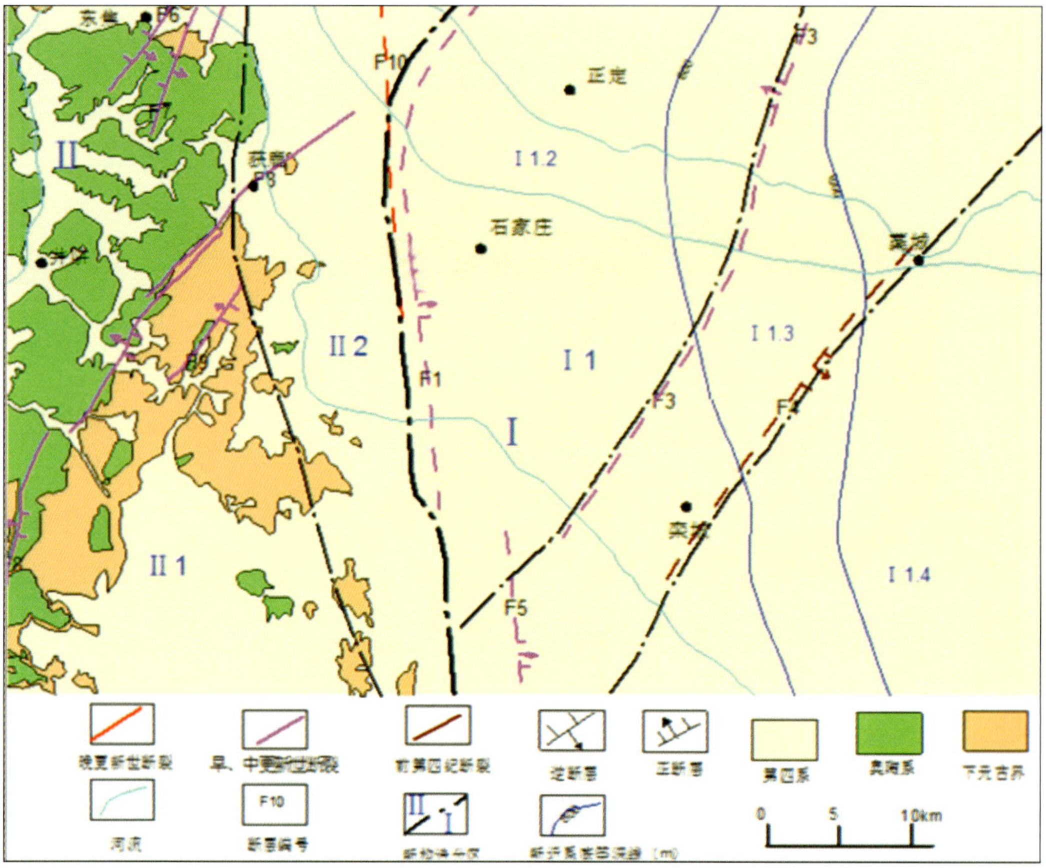

插图132　石家庄市区域构造断裂图

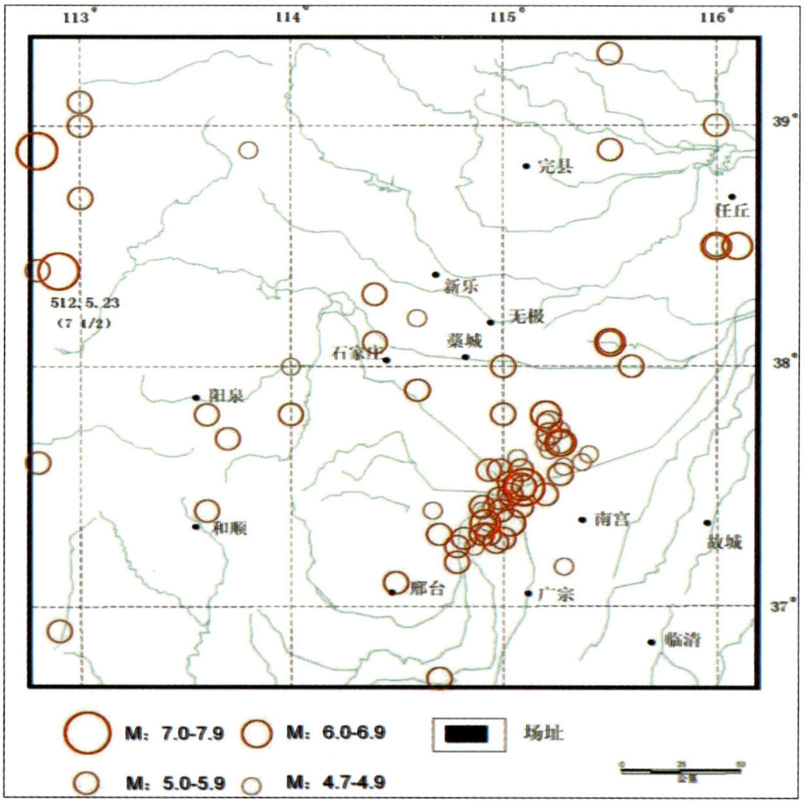

插图133　区域破坏性地震震中分布图（M_s≥4.7，公元294年～2010年6月）

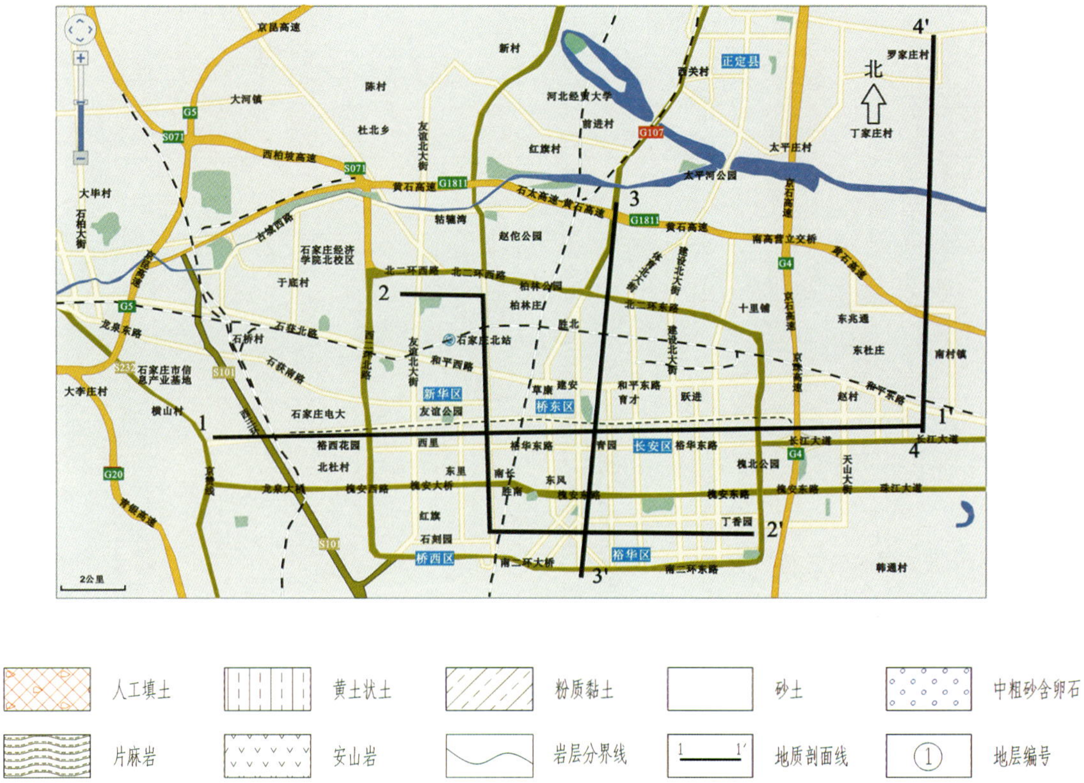

插图134　石家庄市典型地质剖面平面位置图

注：本底图来自百度网。

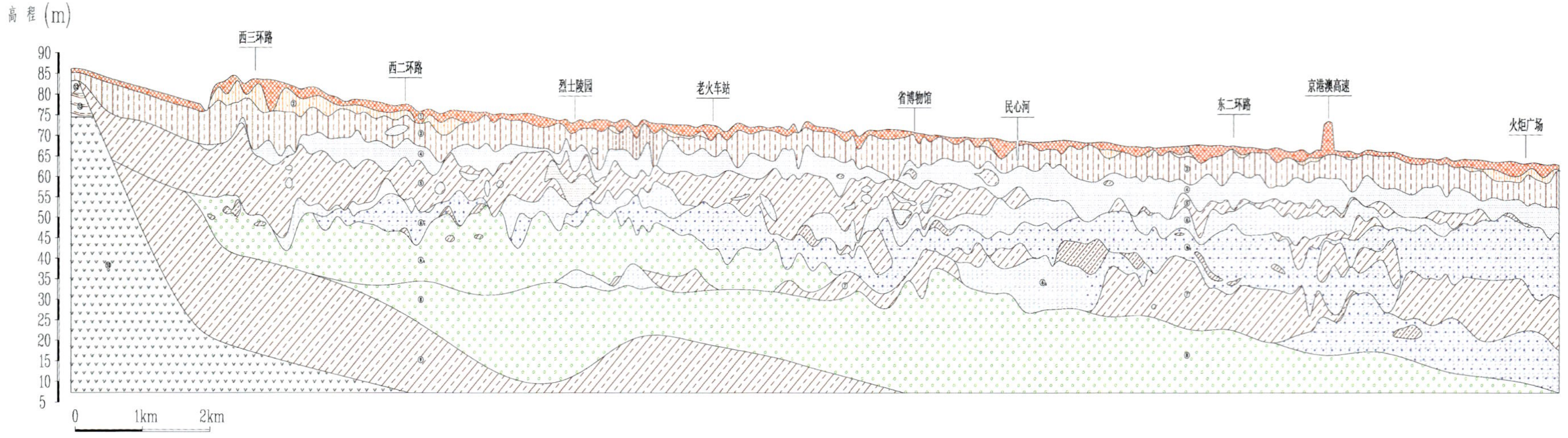

插图135　1—1′ 工程地质剖面概化图

注：本图根据《石家庄市城市轨道交通1号线一期工程岩土工程勘察报告》（初步勘察阶段）地质剖面图概化。

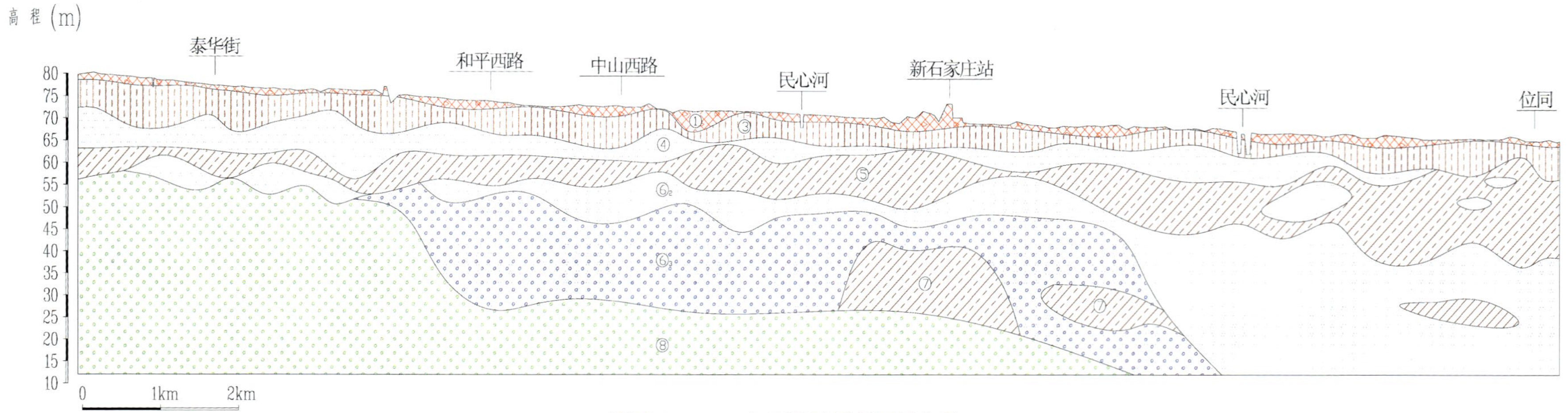

插图136　2—2′ 工程地质剖面概化图

注：本图根据《石家庄市城市轨道交通3号线一期工程岩土工程勘察报告》（可研勘察阶段）地质剖面图概化。

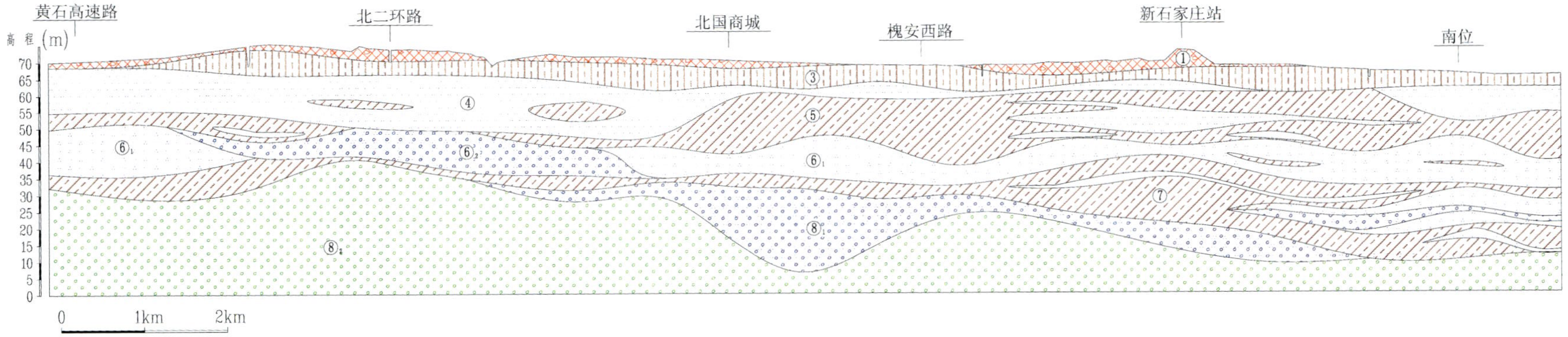

插图137　3—3′ 工程地质剖面概化图

注：本图根据《石家庄市城市轨道交通2号线一期工程岩土工程勘察报告》（初步勘察阶段）地质剖面图概化。

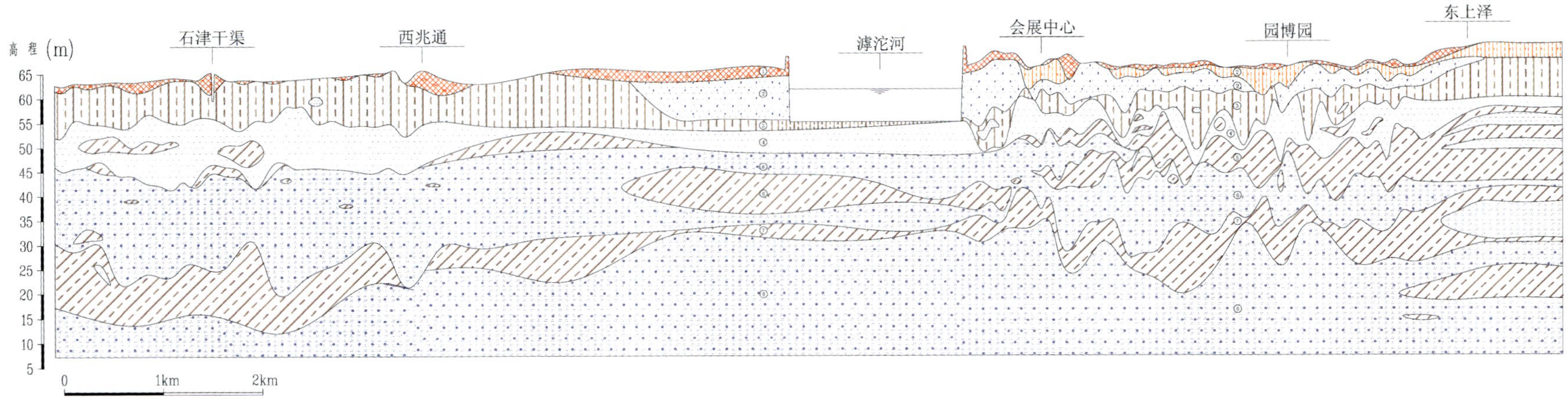

插图138　4—4′ 工程地质剖面概化图

注：本图根据《石家庄市城市轨道交通1号线工程岩土工程勘察报告》（初步勘察阶段）地质剖面图概化。

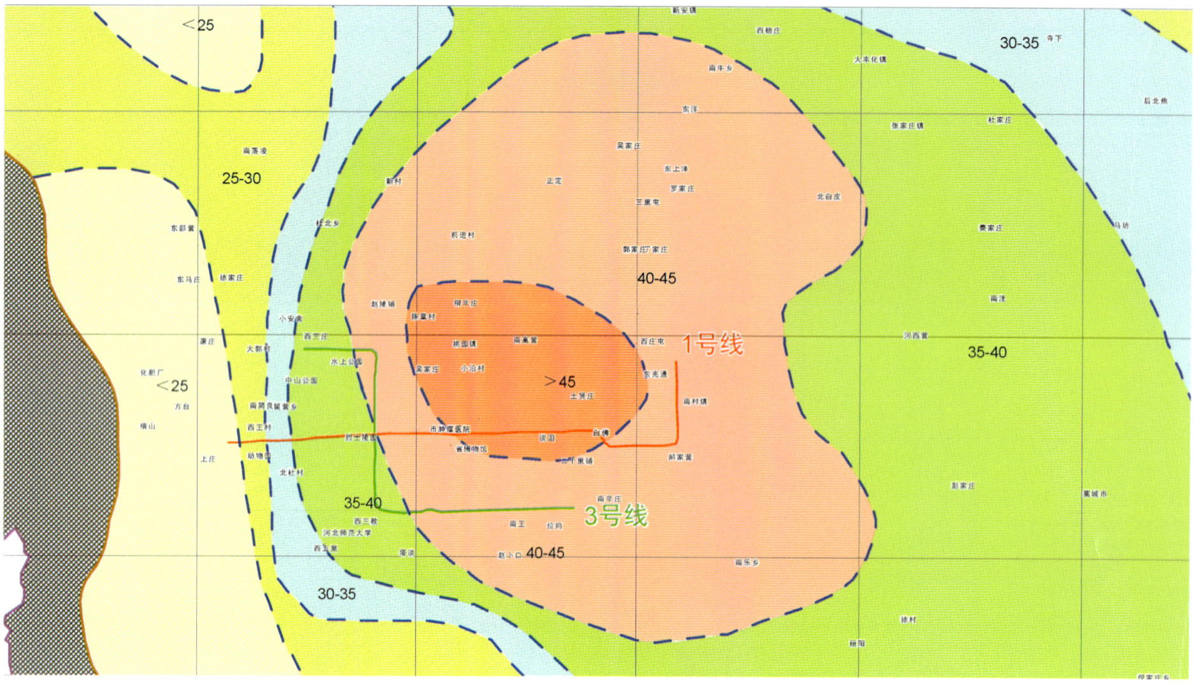

插图139　石家庄市浅层地下水埋深分区图（2011年12月）

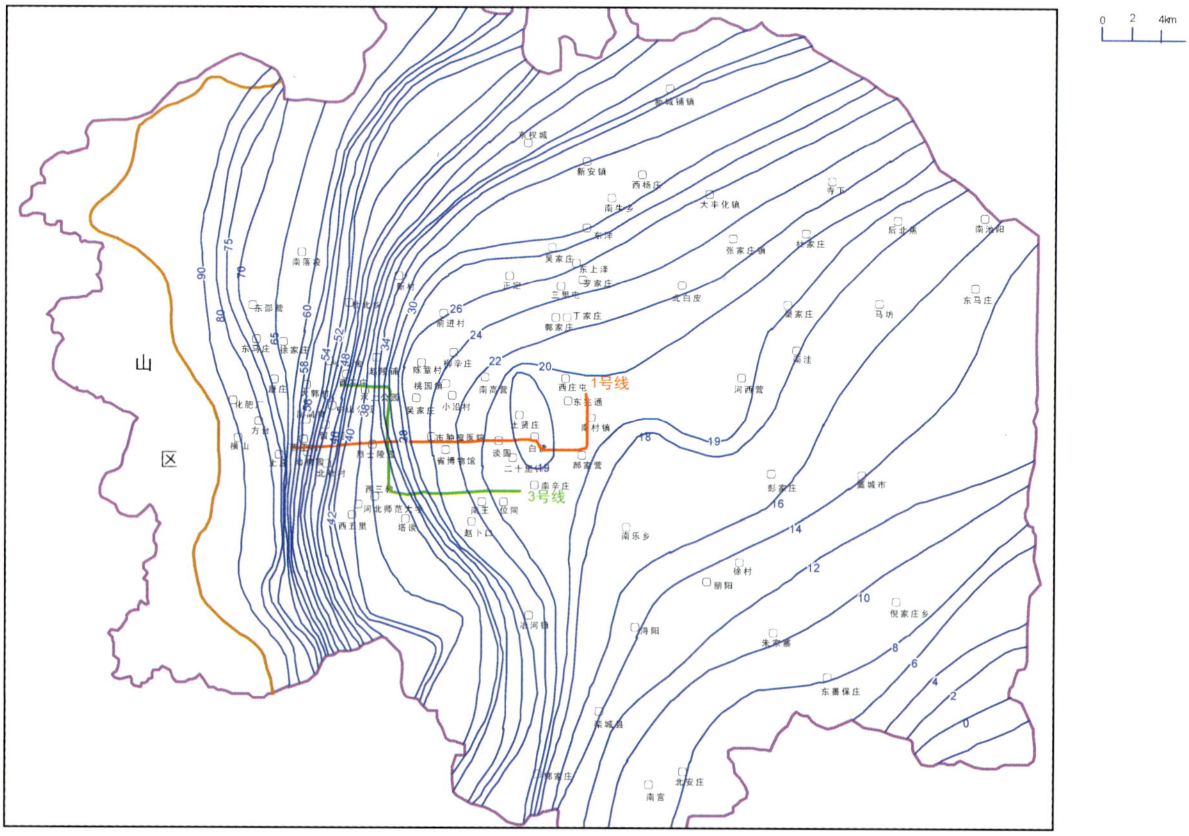

插图140　石家庄市浅层地下水水位标高等值线（2011年12月）

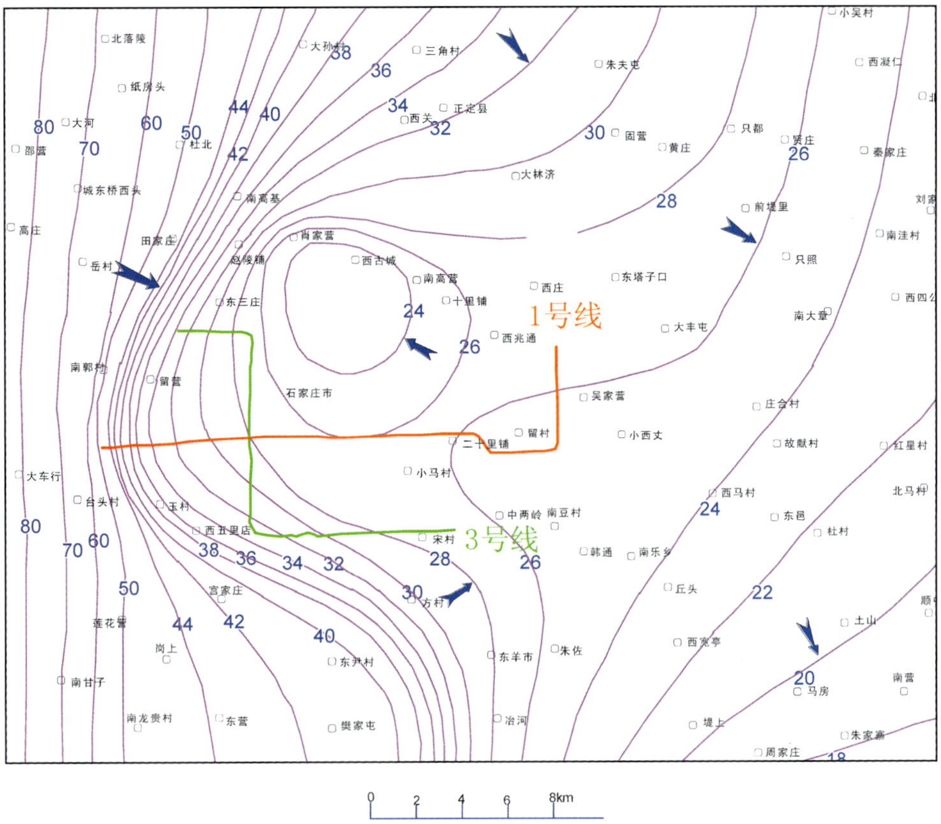

插图141　2004年石家庄地区（平原）浅层水等水位线图

注：本图摘自《石家庄市轨道交通一期工程抗浮设防水位及地下水浮力取值方法研究报告》。

插图142　苏州市行政区划图

插图143　苏州市地形地貌图

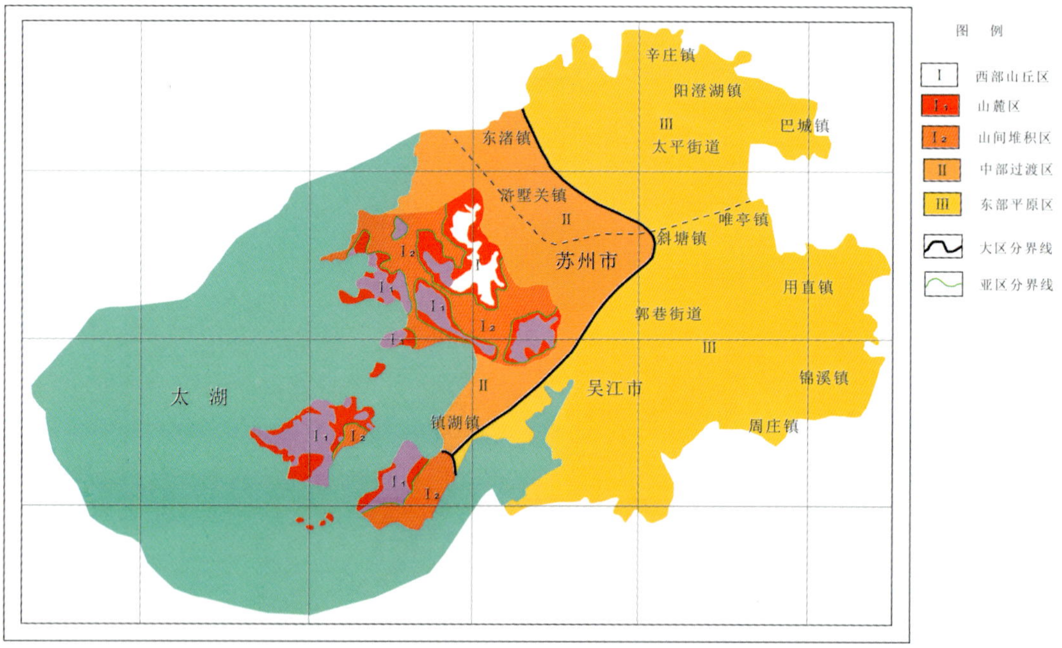

插图144　苏州地区第四纪地貌类型划分图

注：据江苏省地质调查研究院、苏州市国土资源局、苏州城市地质调查项目组，2012。

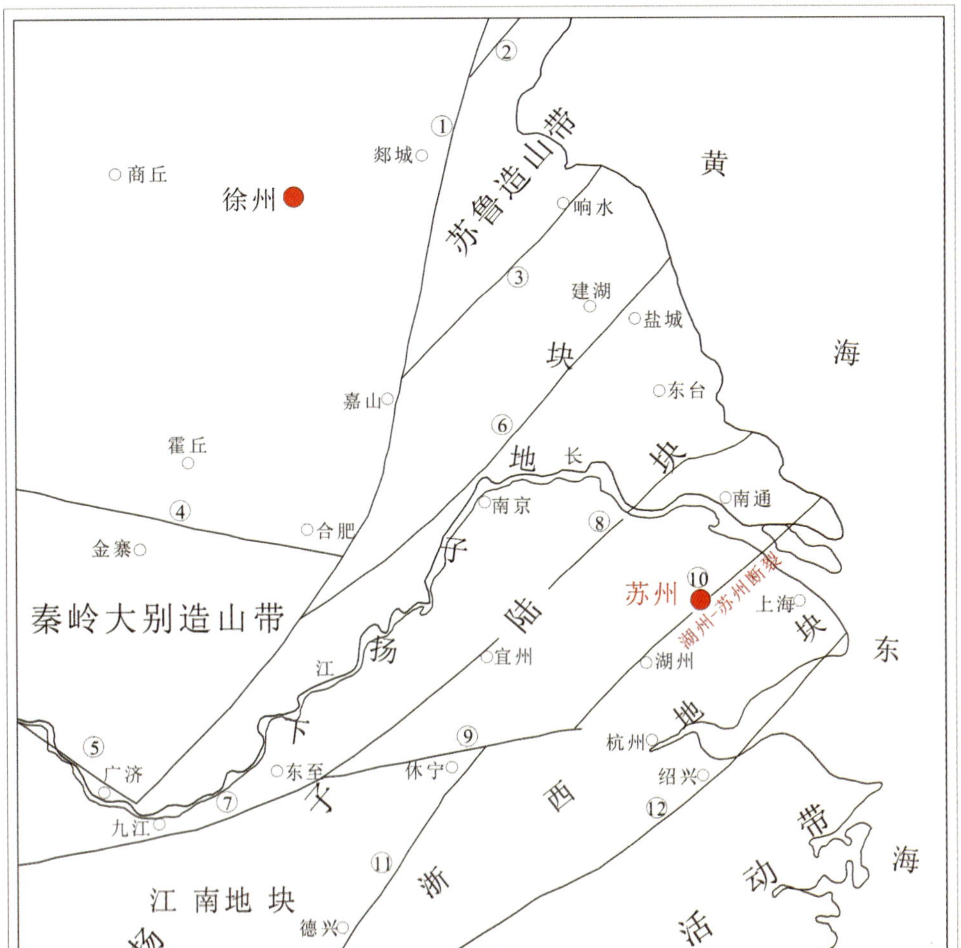

插图145　苏州构造位置略图

①郯庐断裂带；③嘉山－响水断裂；④确山－肥东断裂；⑤襄樊－广济断裂；⑥六合－江浦断裂；⑦江南断裂；⑧金坛－如皋断裂；⑨休宁裂带；⑩湖州-苏州断裂；⑪德兴－歙县断裂；⑫江山－绍兴断裂

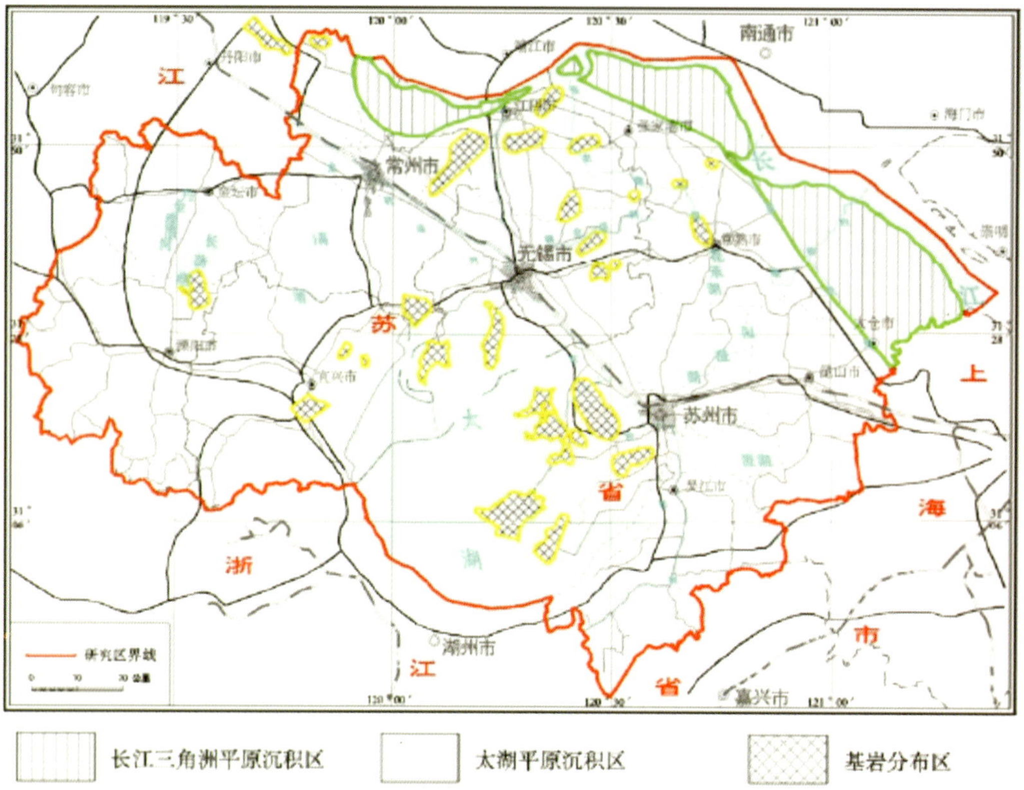

插图146　苏州第四纪沉积分区略图

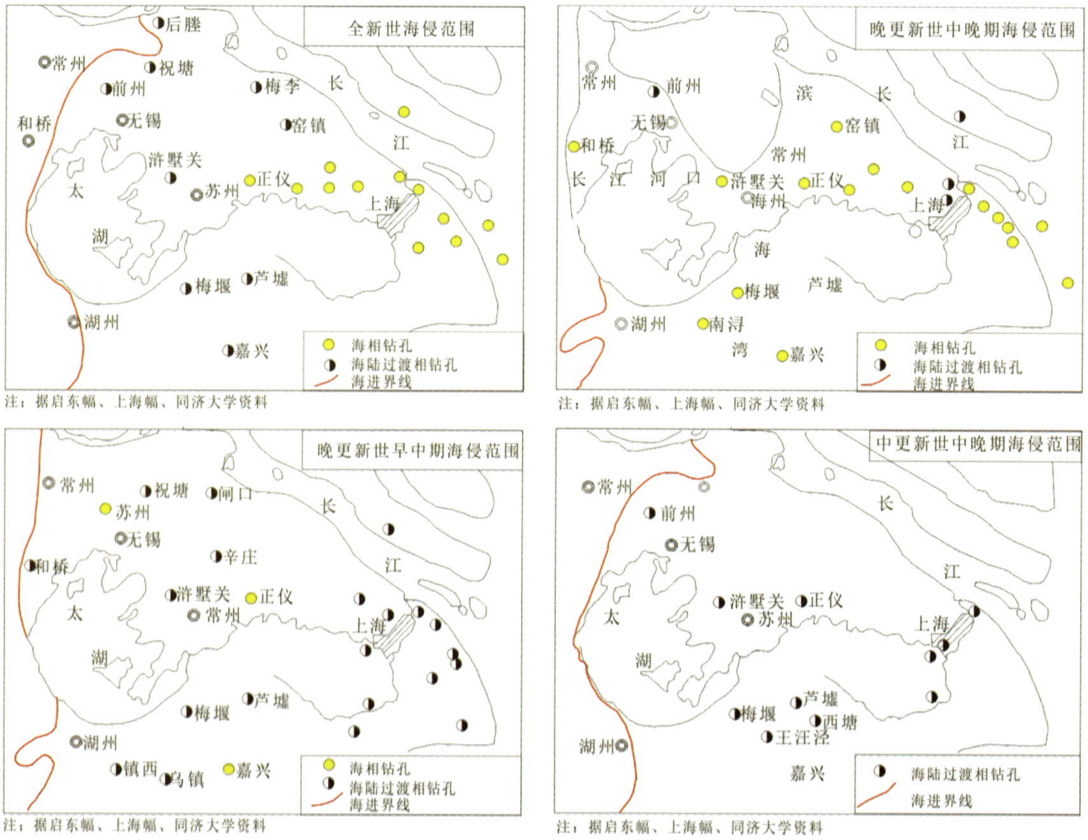

插图147　工作区第四纪4次海侵范围图

（据1980江苏省地质局第一水文地质队修编）

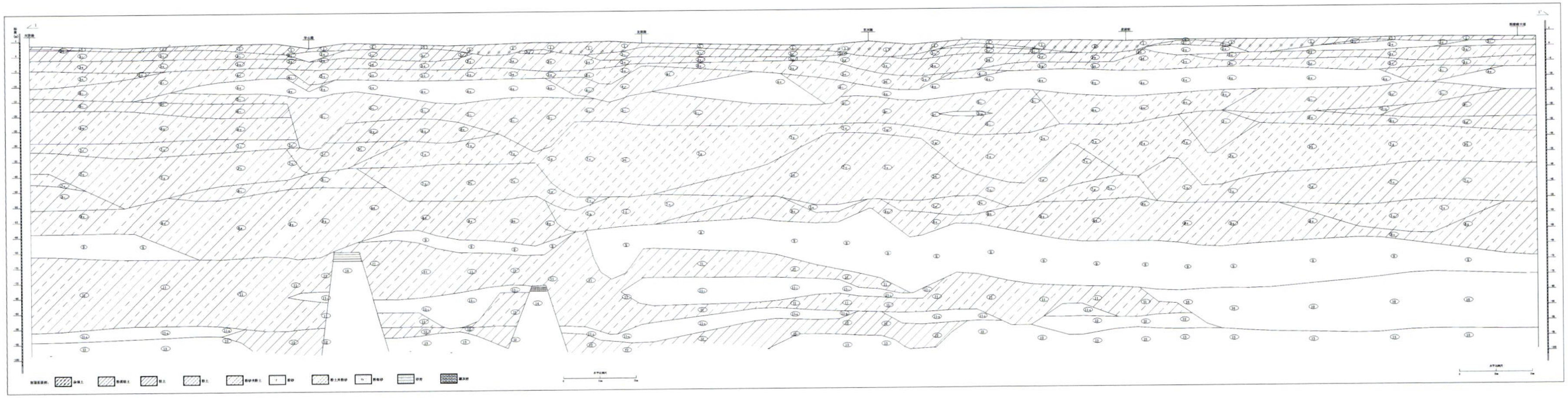

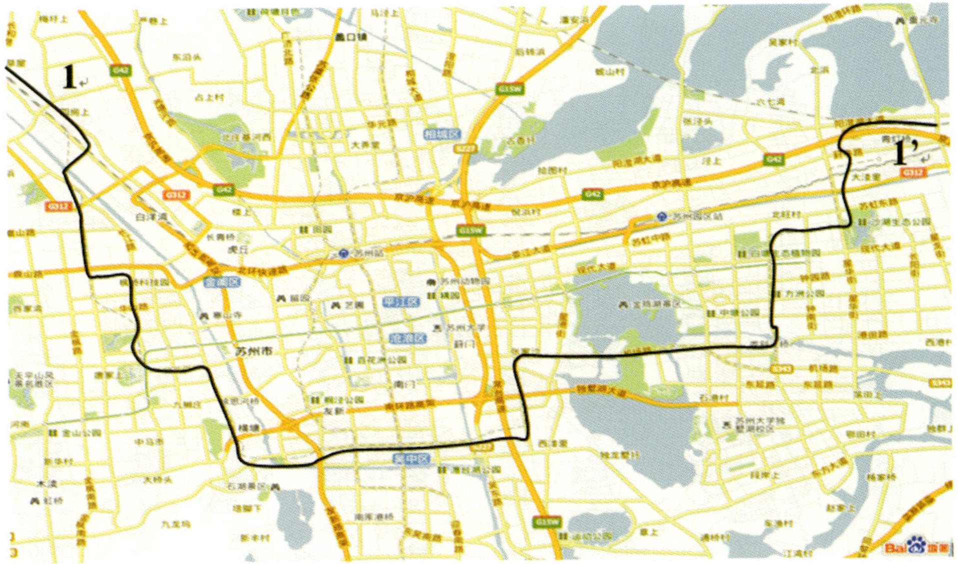

插图148　苏州城市轨道交通典型工程地质剖面图

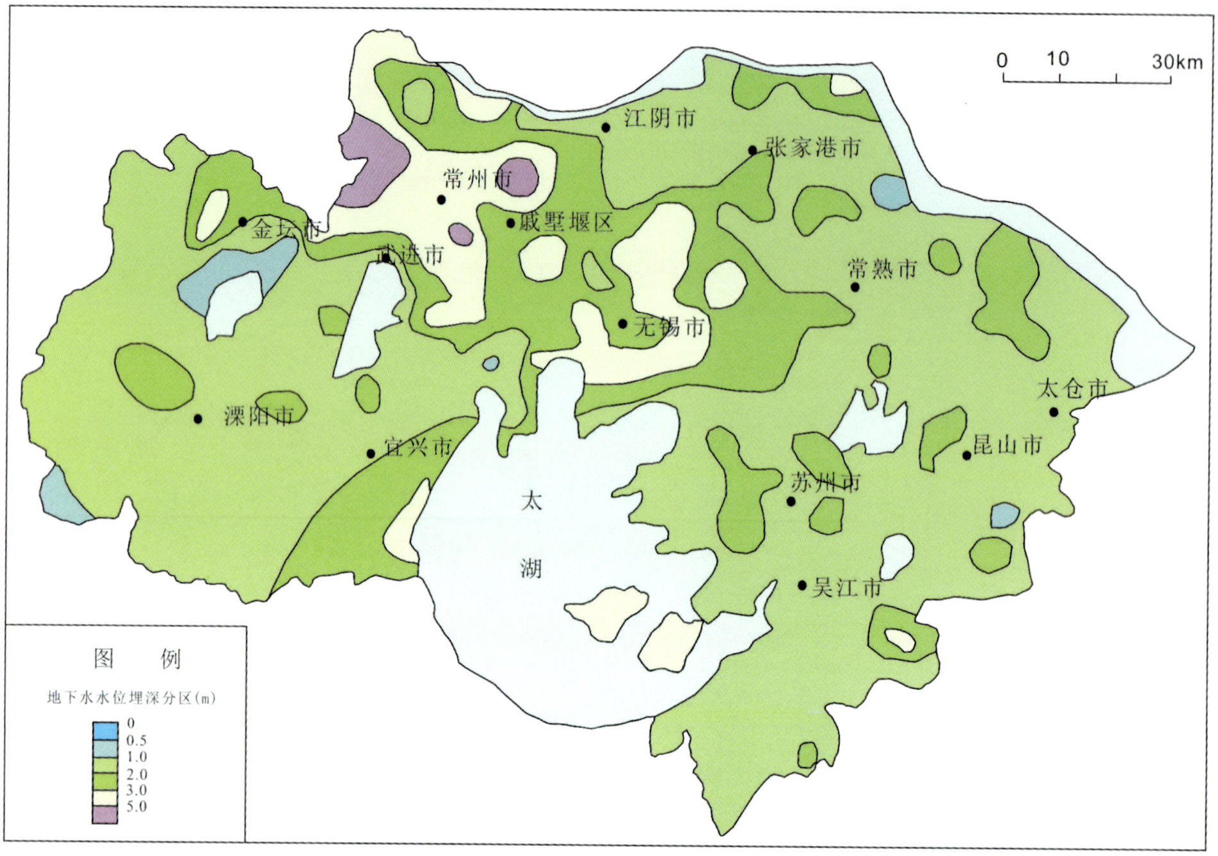

插图149　苏锡常地区潜水水位埋深等值线图（2007 年）

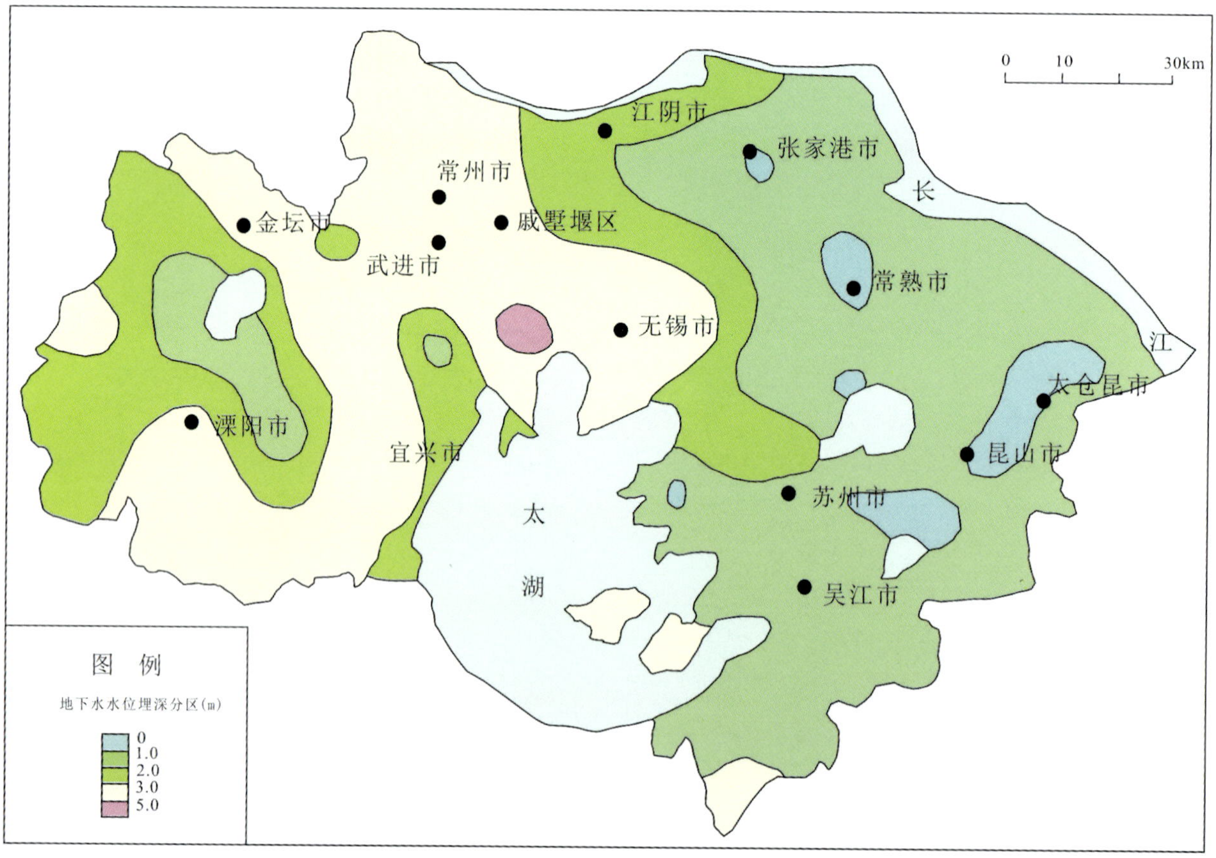

插图150　苏锡常地区潜水水位埋深等值线图（2010年）

插图151　太原地貌卫星图

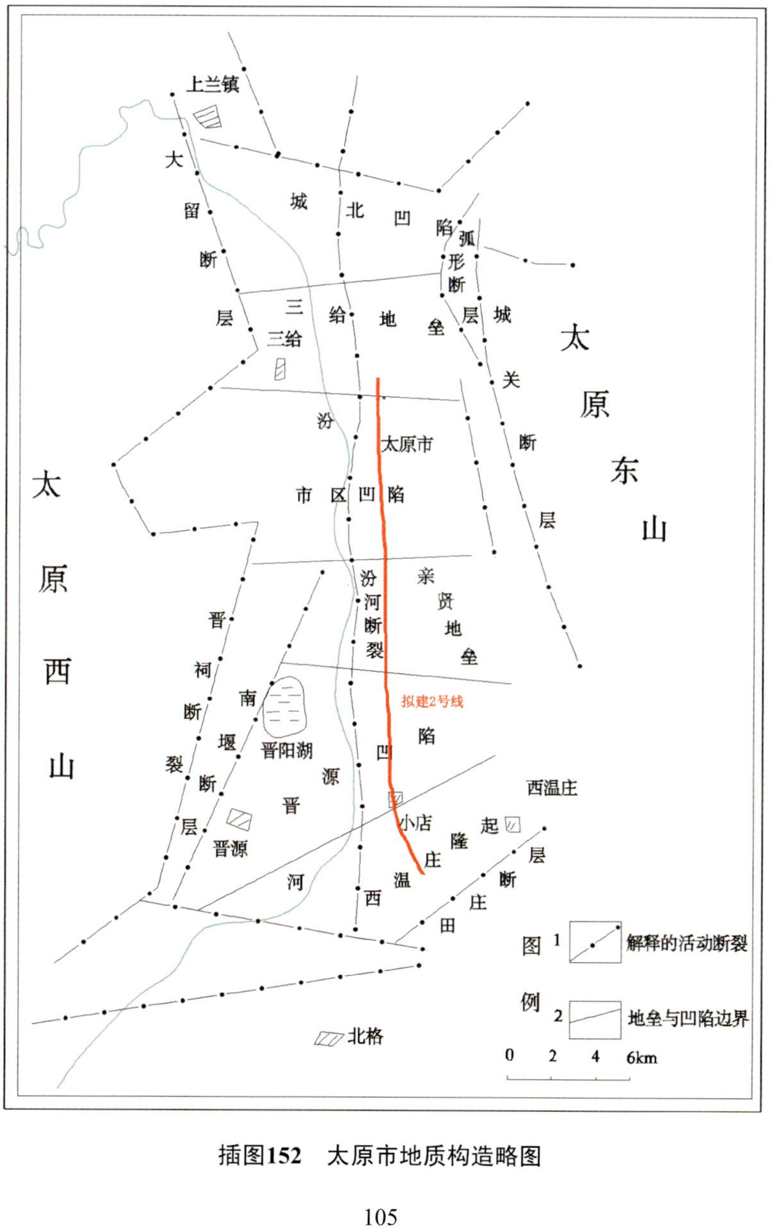

插图152　太原市地质构造略图

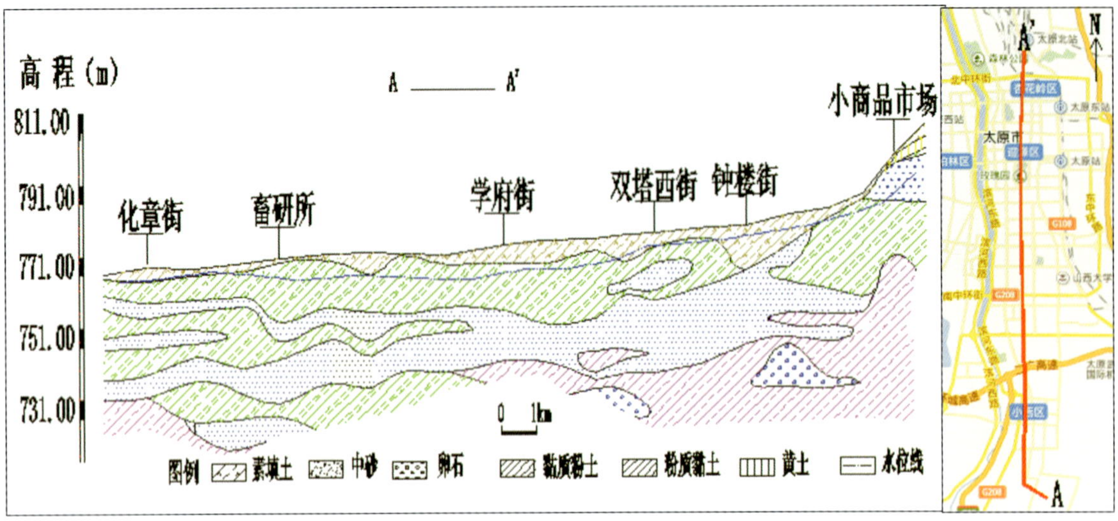

插图153　典型地质剖面图及场地位置示意图

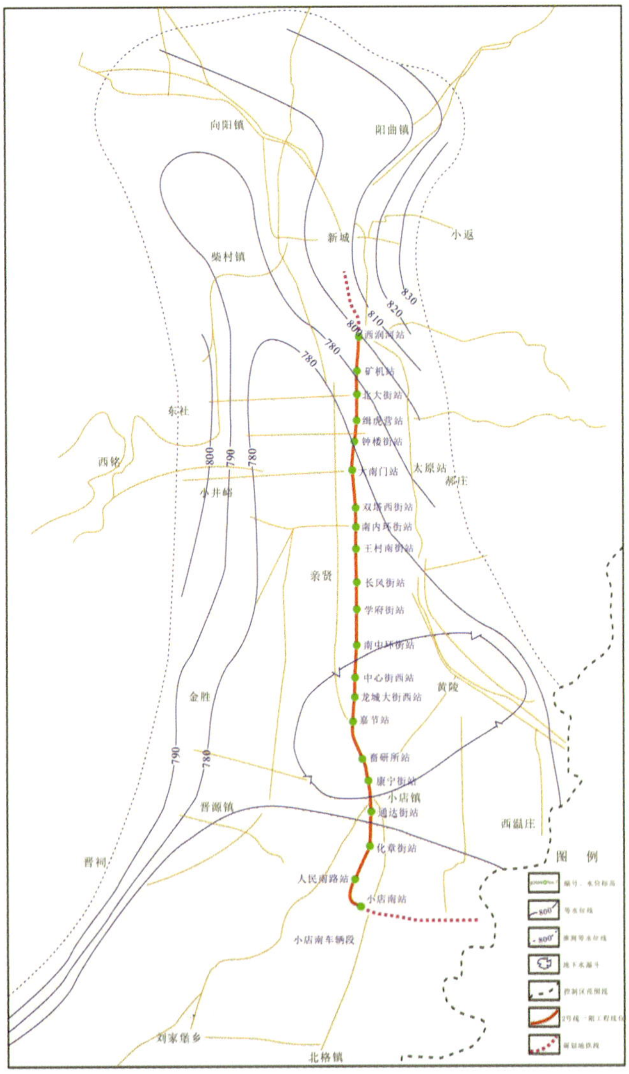

插图154　太原市浅层地下水等水位线图

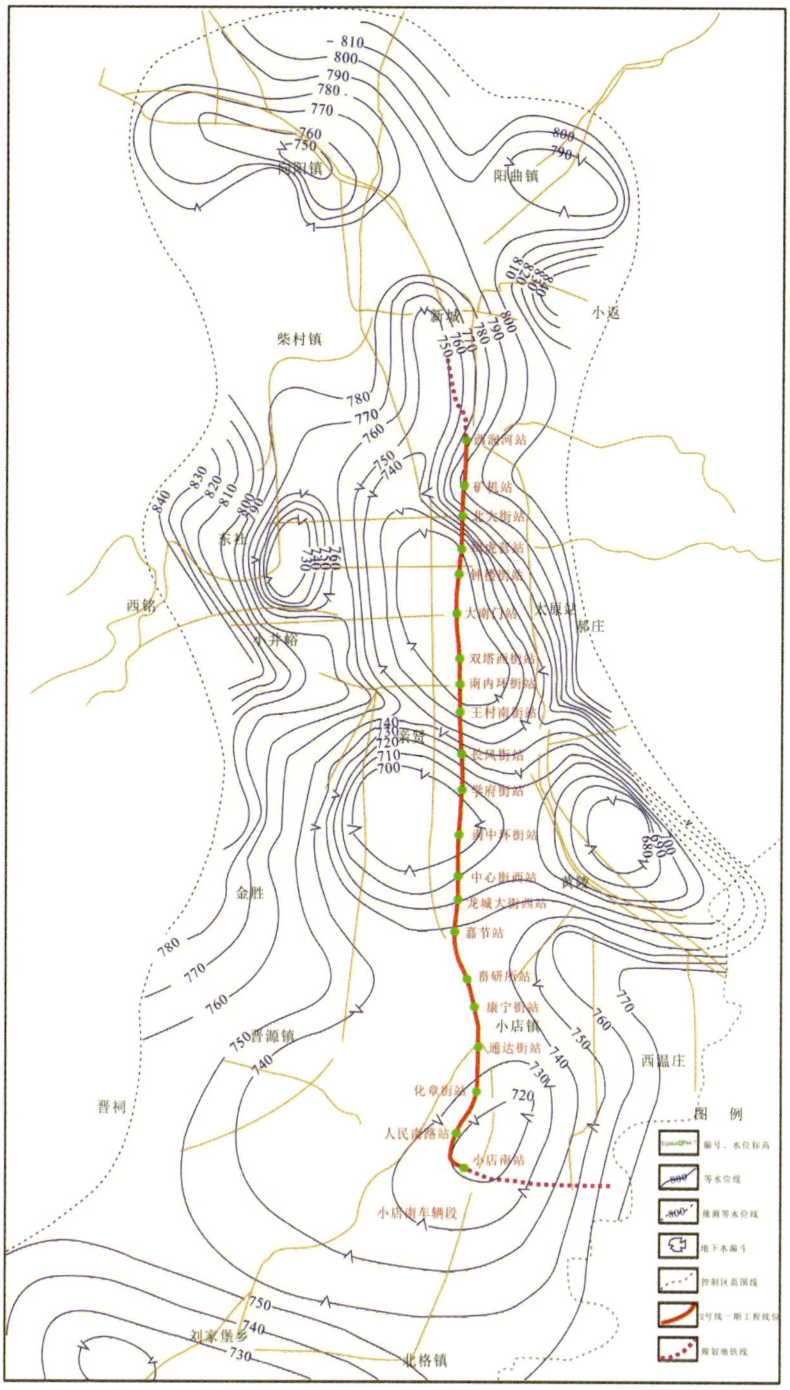

插图155　太原市深层地下水等水位线图

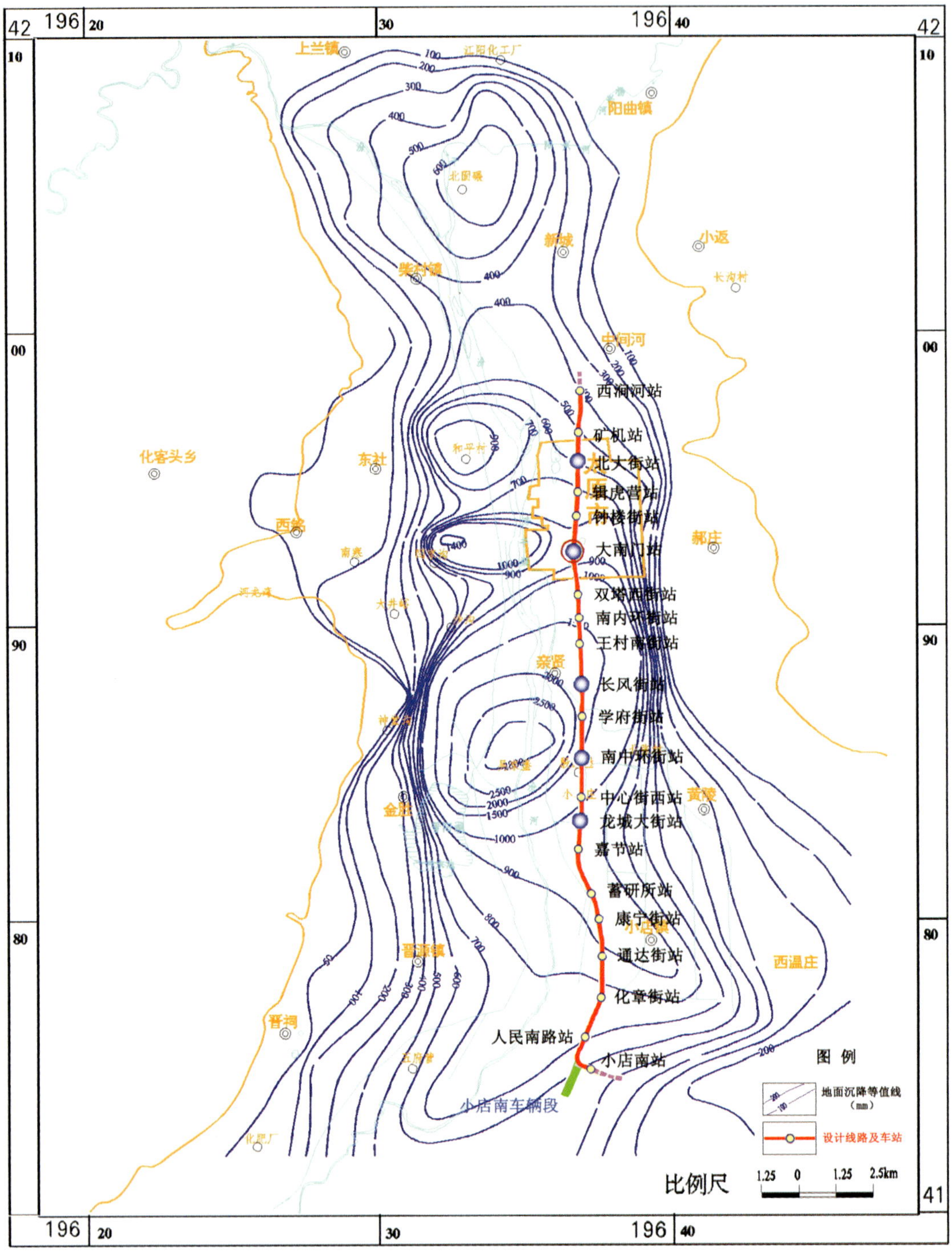

插图156　太原市1956～2000年地面沉降分布图

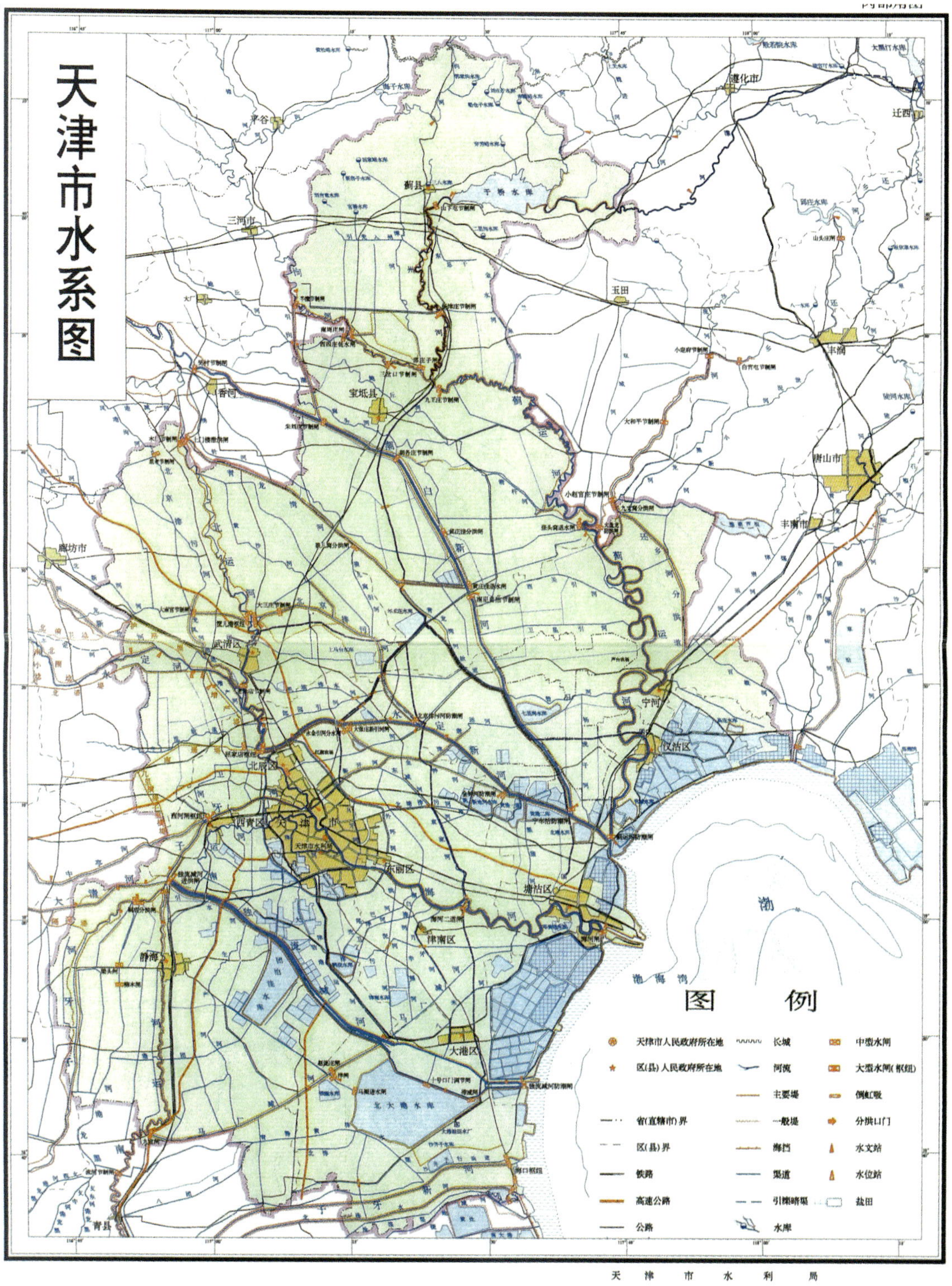

插图157　天津市水系图

（摘自天津市水利局网站）

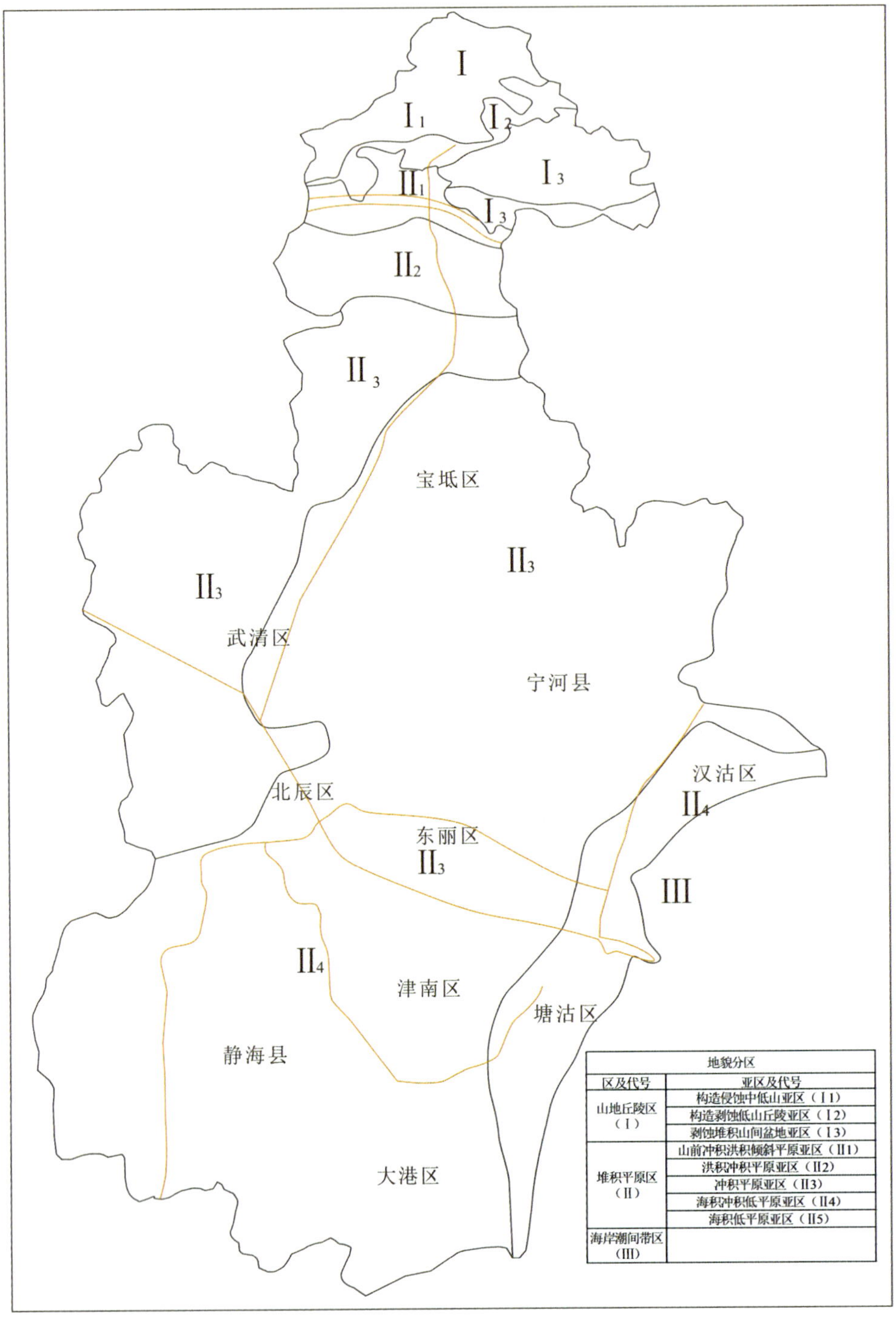

插图158　天津市地貌分区图

（摘自天津市轨道交通岩土工程勘察技术细则）

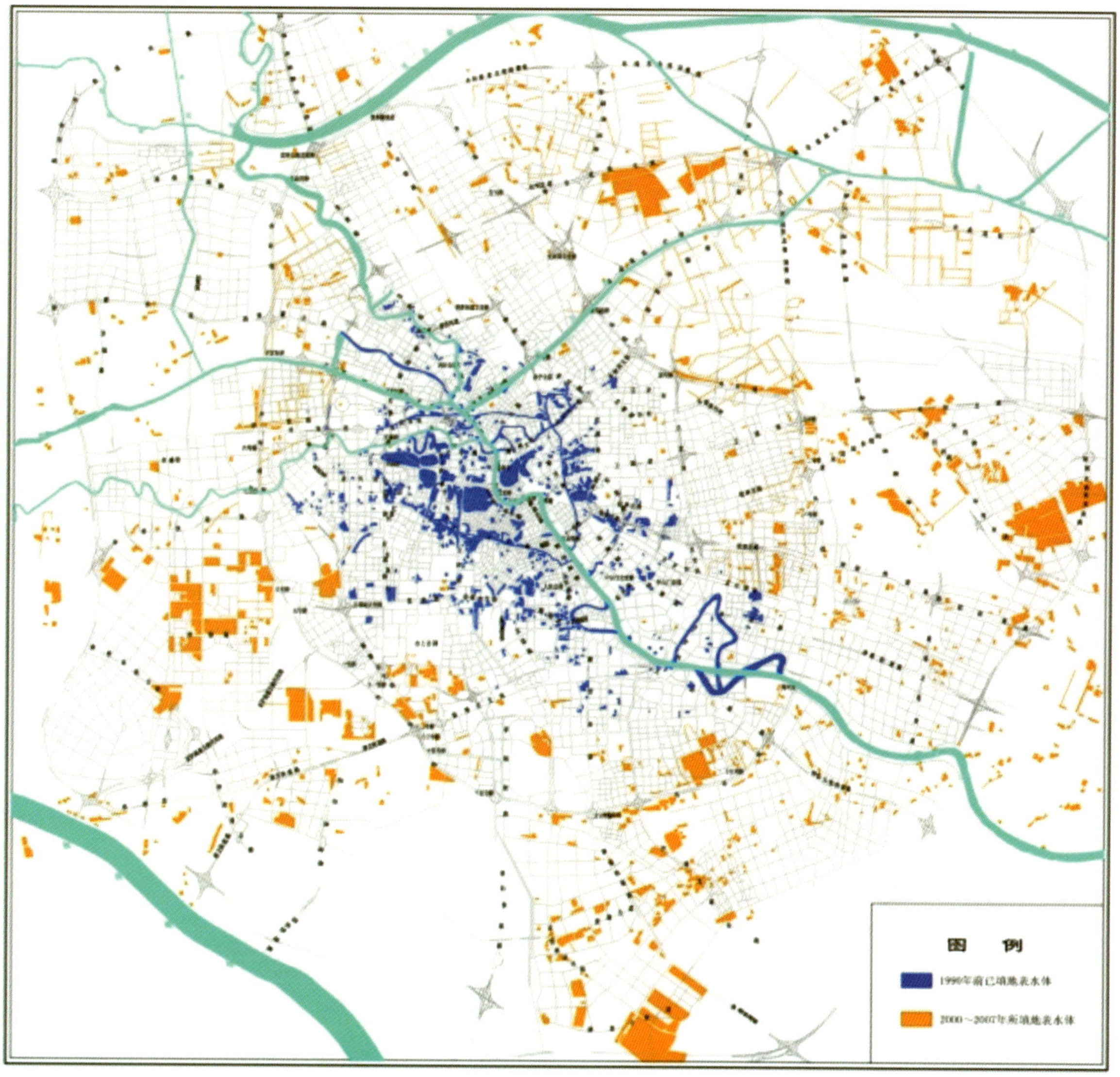

插图159　天津市区古河道分布图

（摘自《天津市轨道交通岩土工程勘察技术细则》）

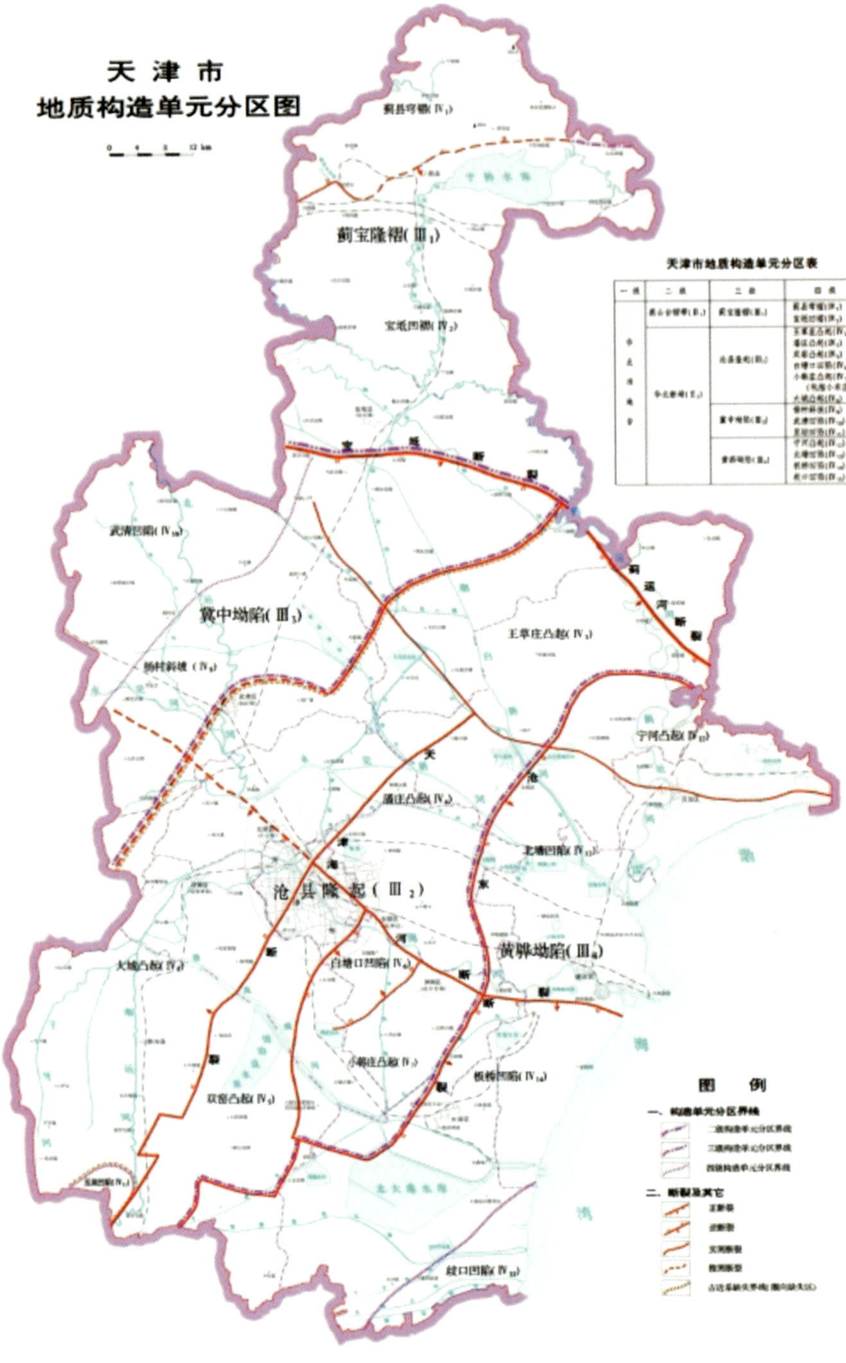

插图160　天津市地质构造图

（摘自《天津地铁5号线工程初步勘察岩土工程勘察报告》）

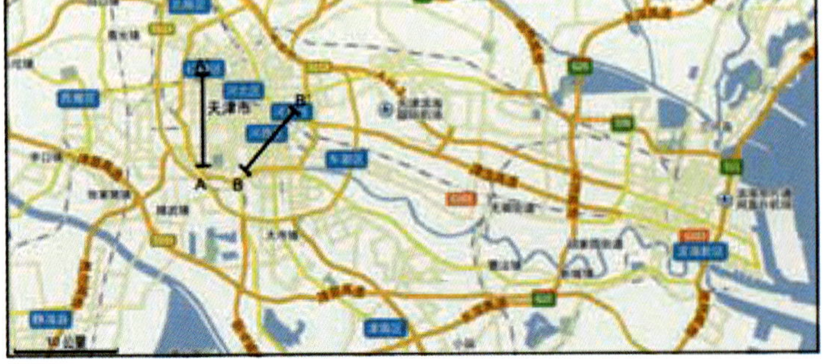

插图161　天津城区典型地层剖面位置示意图

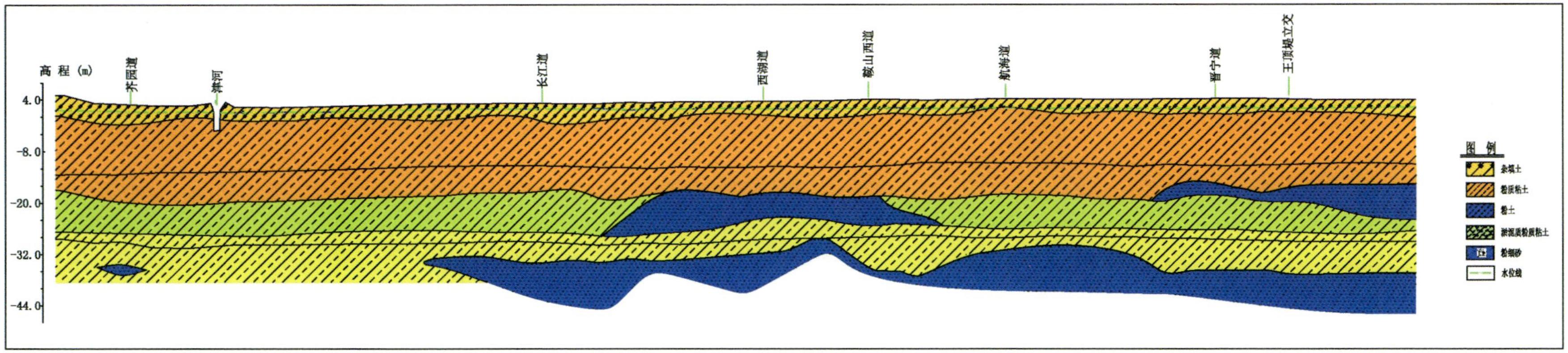

（a）A—A′剖面

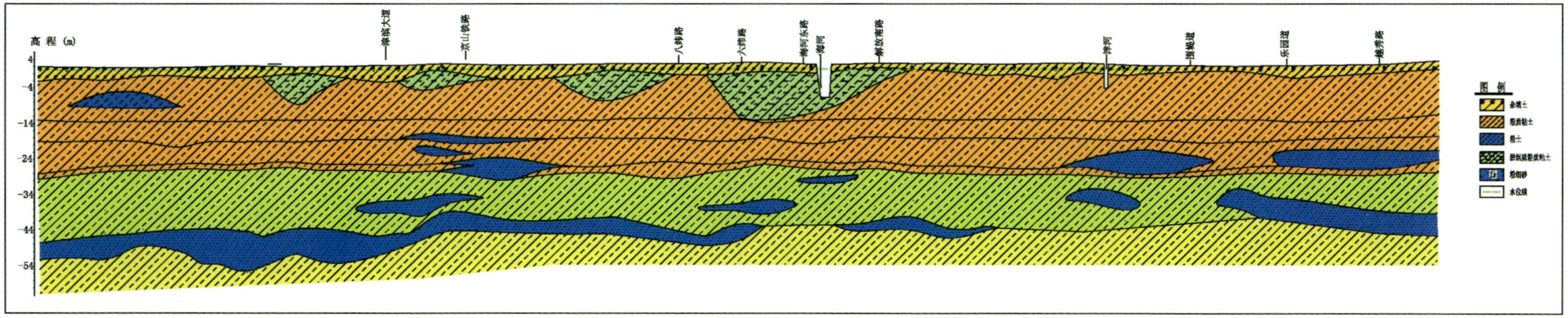

（b）B—B′剖面

插图162　天津城区典型地层剖面示意图

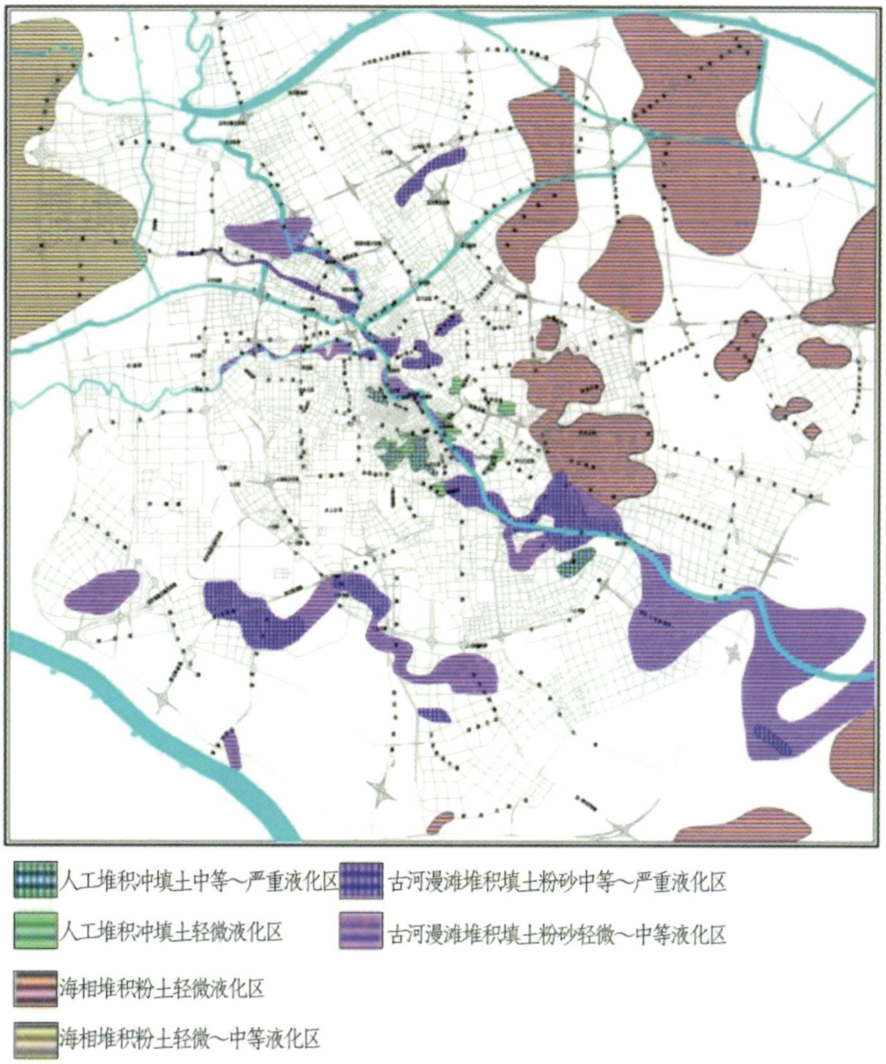

插图163　天津市液化土层分区图

（摘自《天津市轨道交通岩土工程勘察技术细则》）

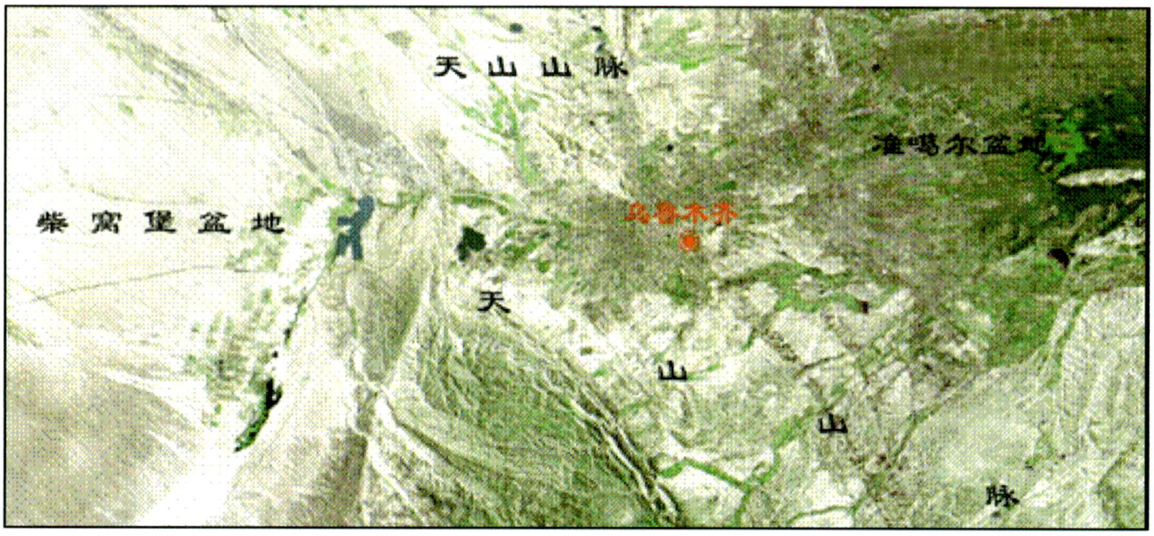

插图164　乌鲁木齐市地形地貌图

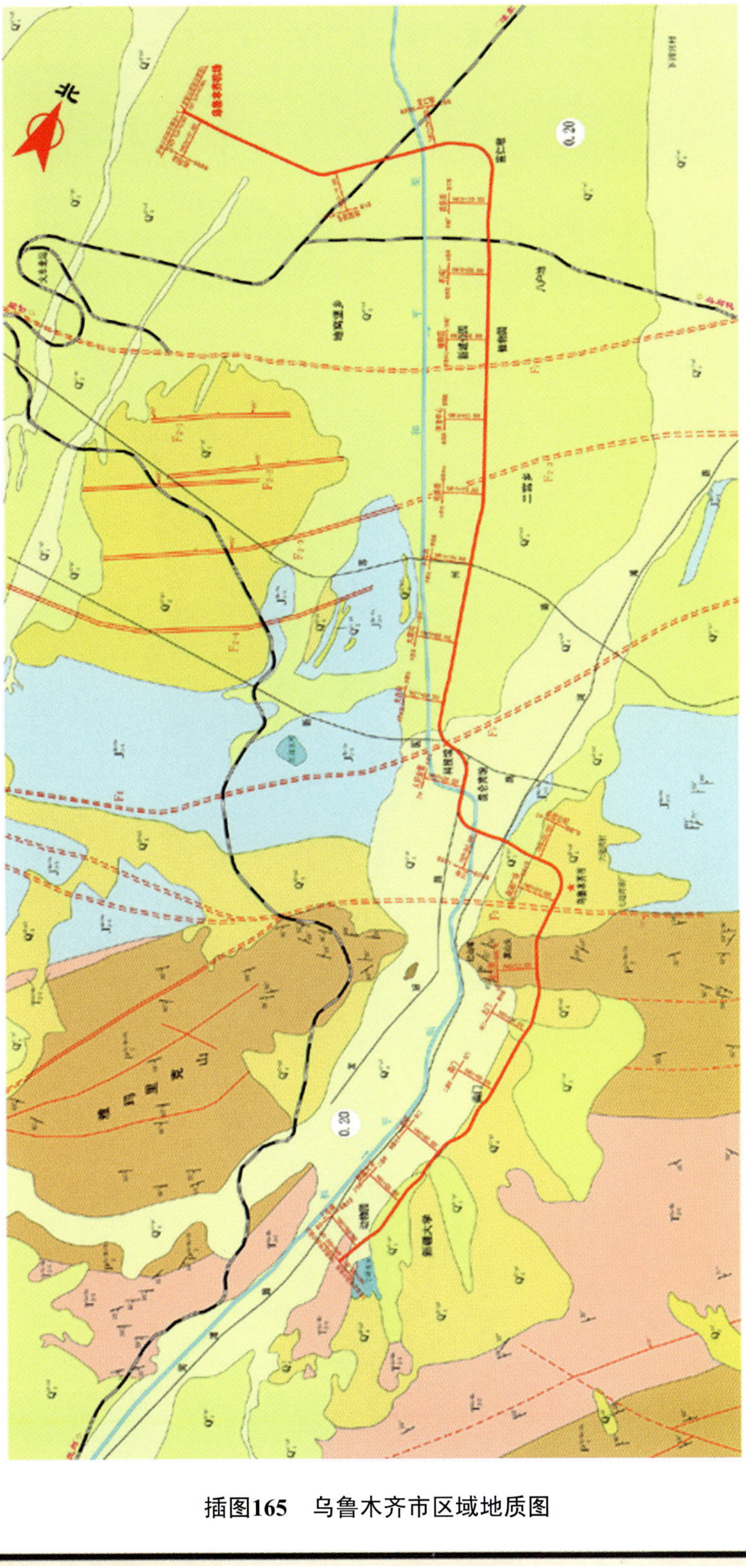

插图165　乌鲁木齐市区域地质图

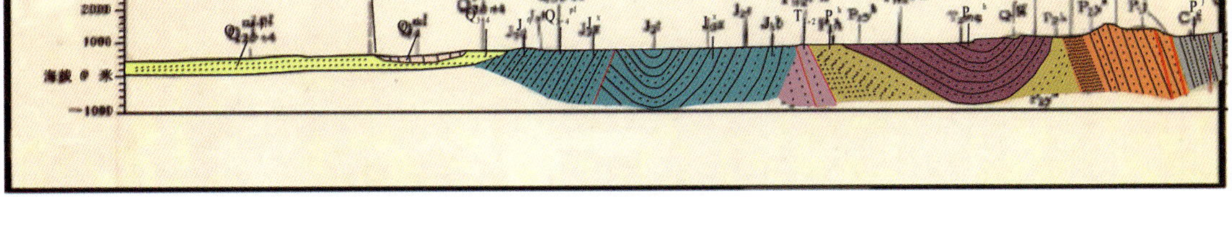

插图166　乌鲁木齐市区域地质剖面图

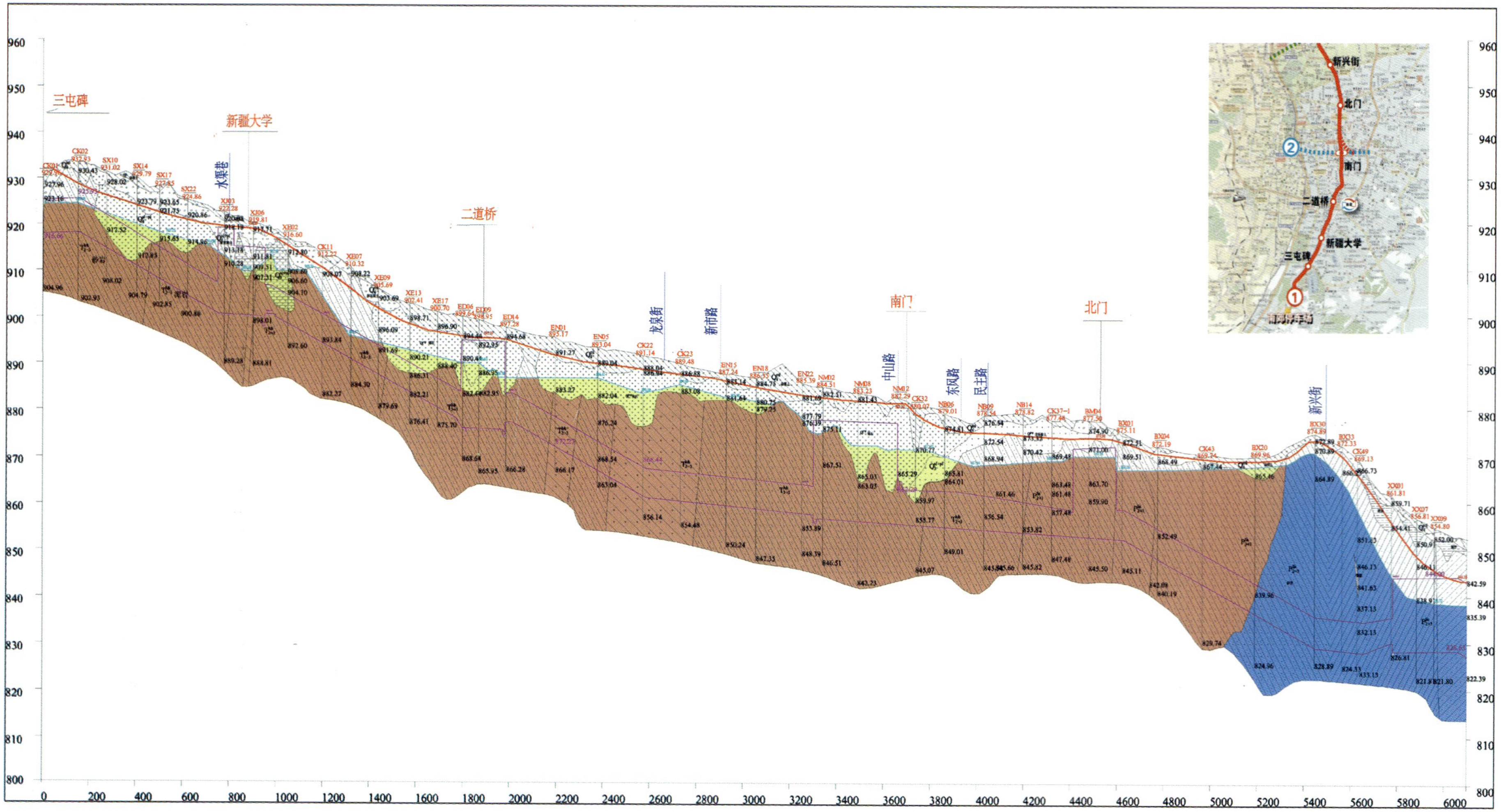

插图167　乌鲁木齐市区典型地质剖面图（三屯牌～新兴街）

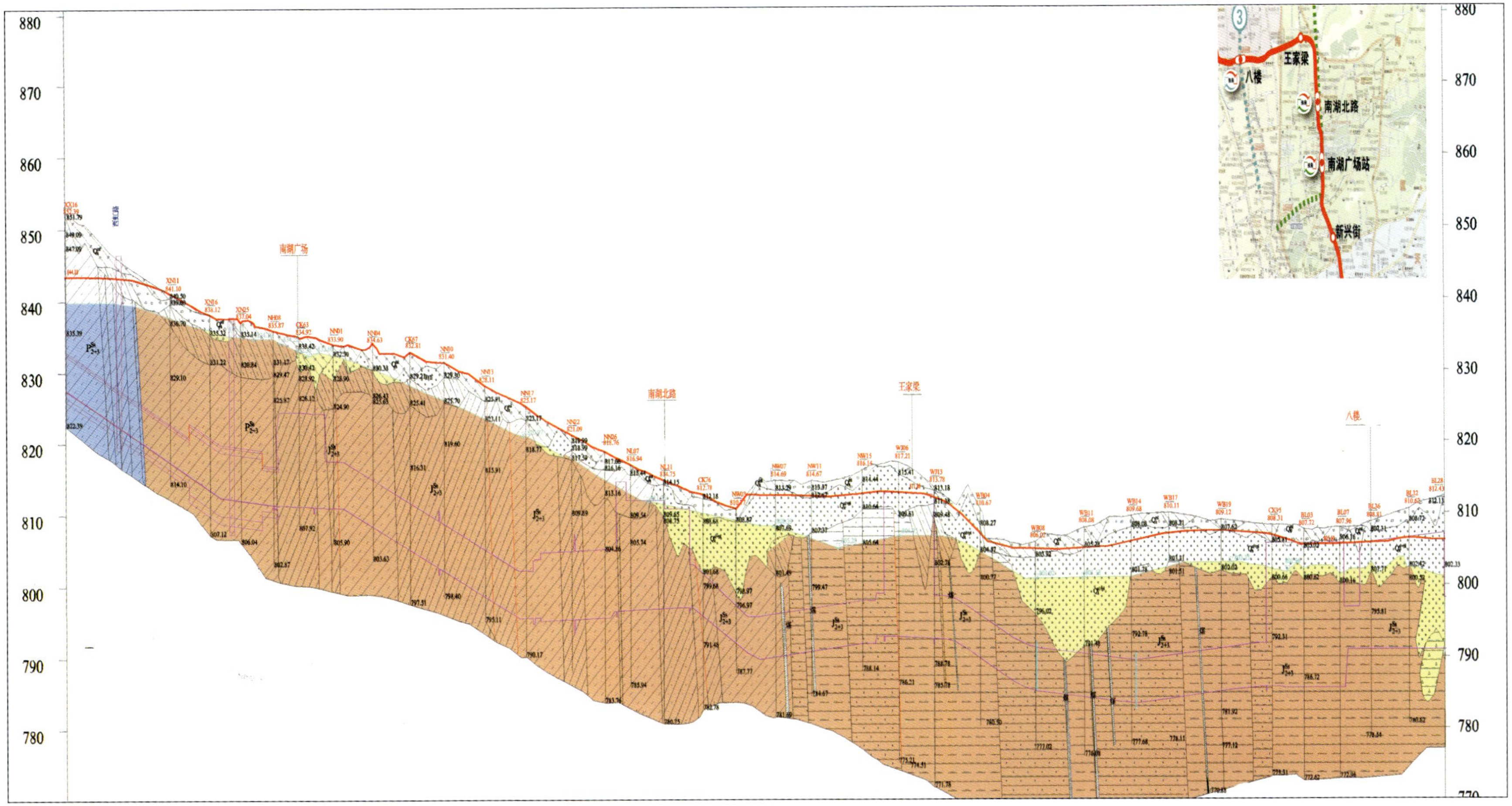

插图168　乌鲁木齐市区典型地质剖面图（新兴街～八楼）

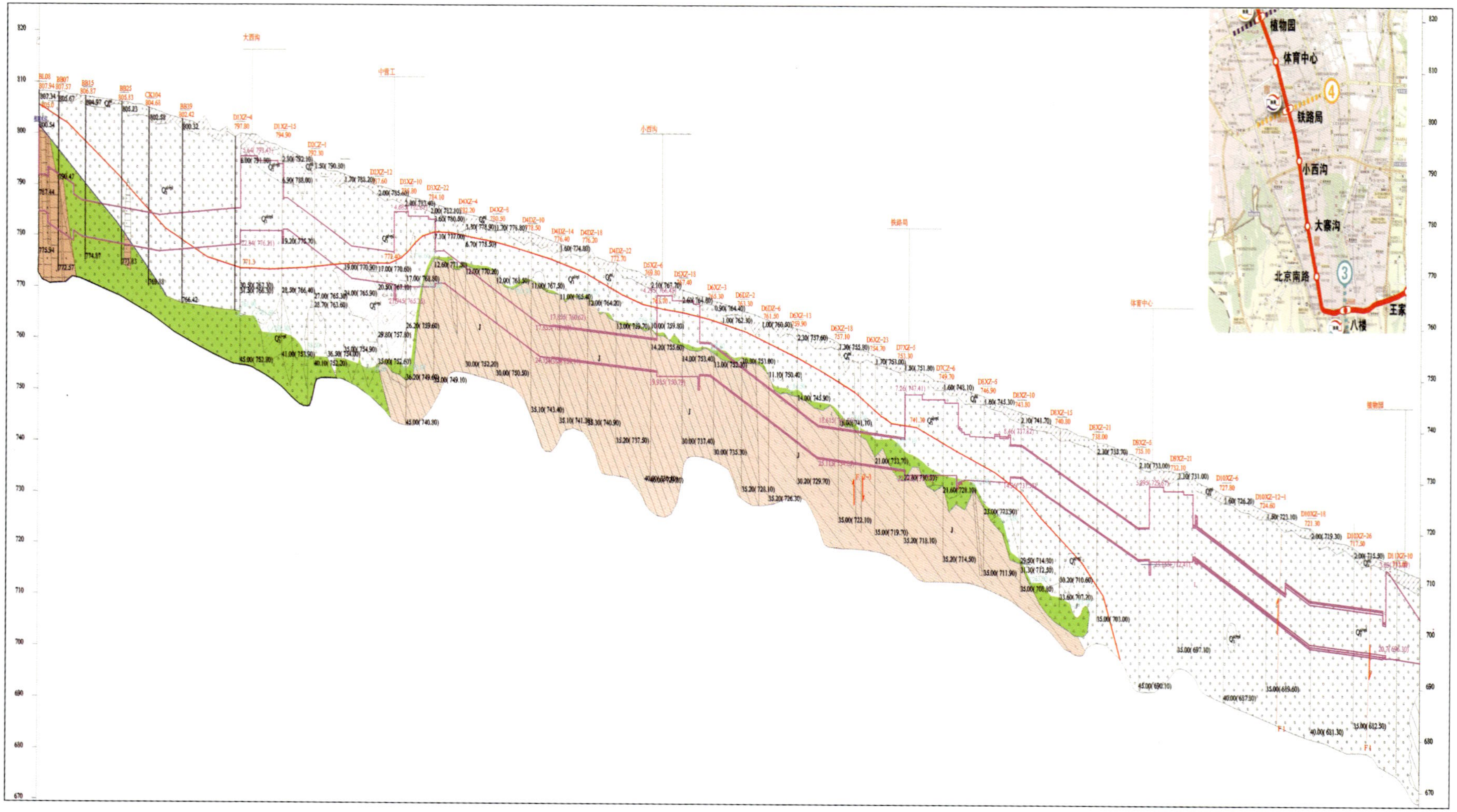

插图169　乌鲁木齐市区典型地质剖面图（八楼～植物园）

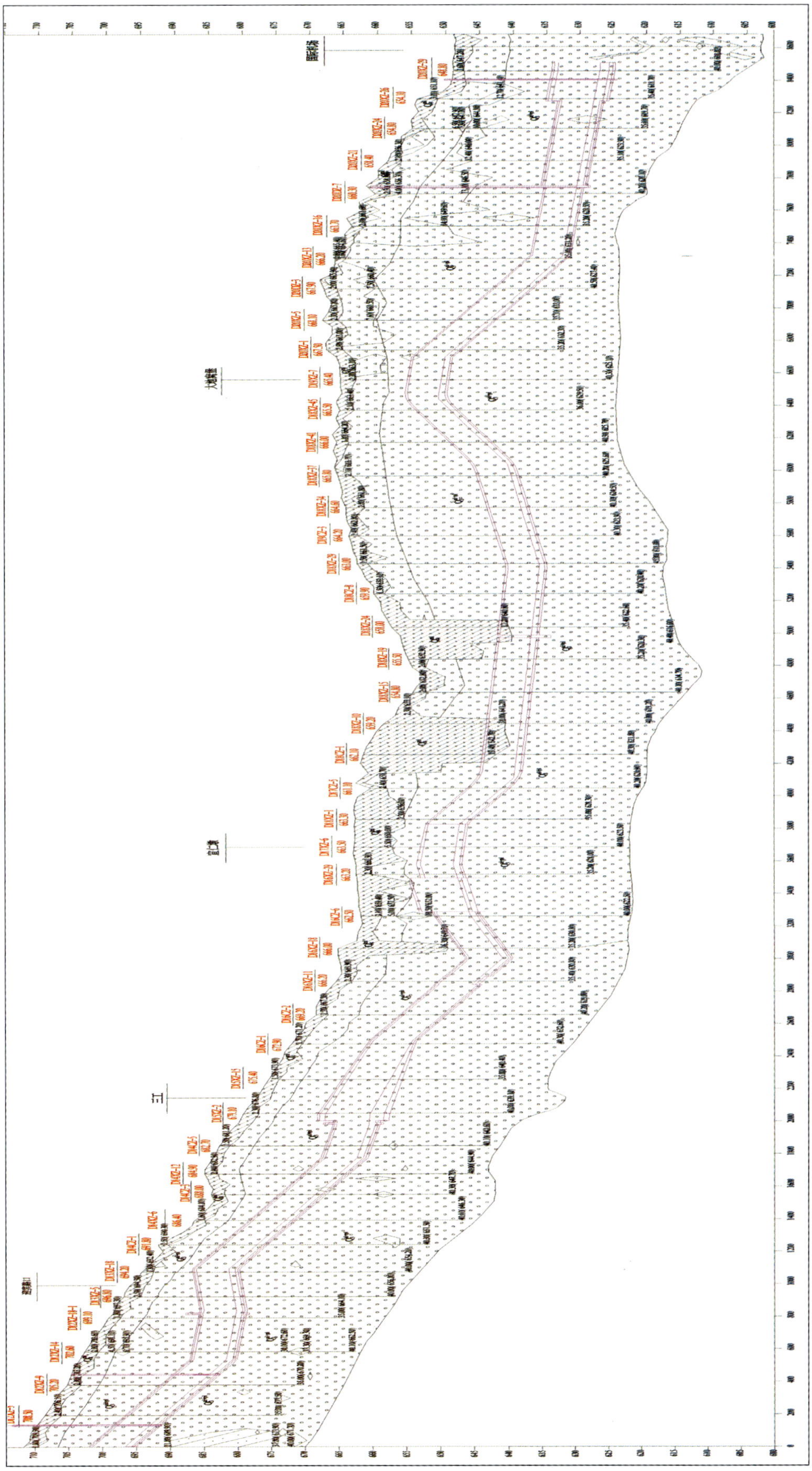

插图170　乌鲁木齐市区典型地质剖面图（植物园～飞机场）

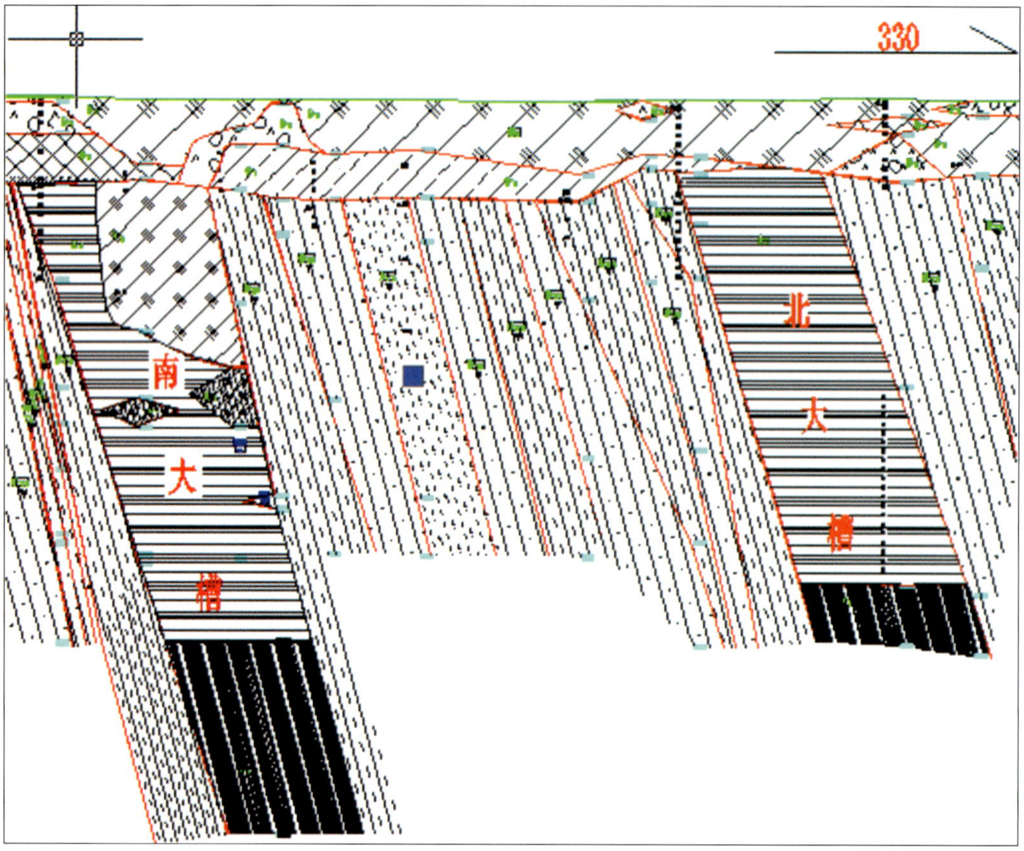

插图**171**　六道湾采空区地质剖面图

插图**172**　无锡市地貌分区略图

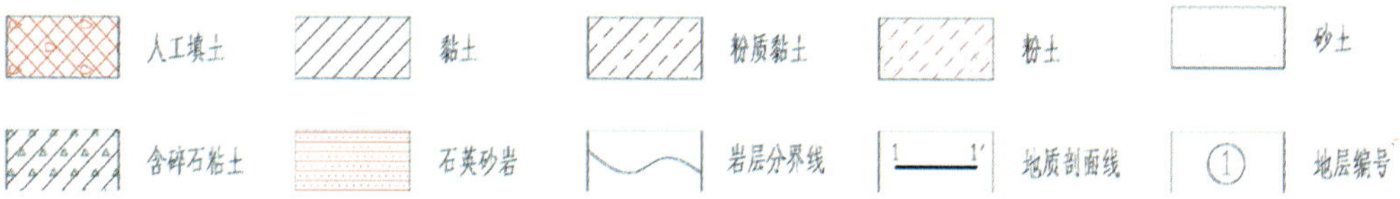

插图173　无锡市典型地质剖面平面位置图

注：本图来自百度网。

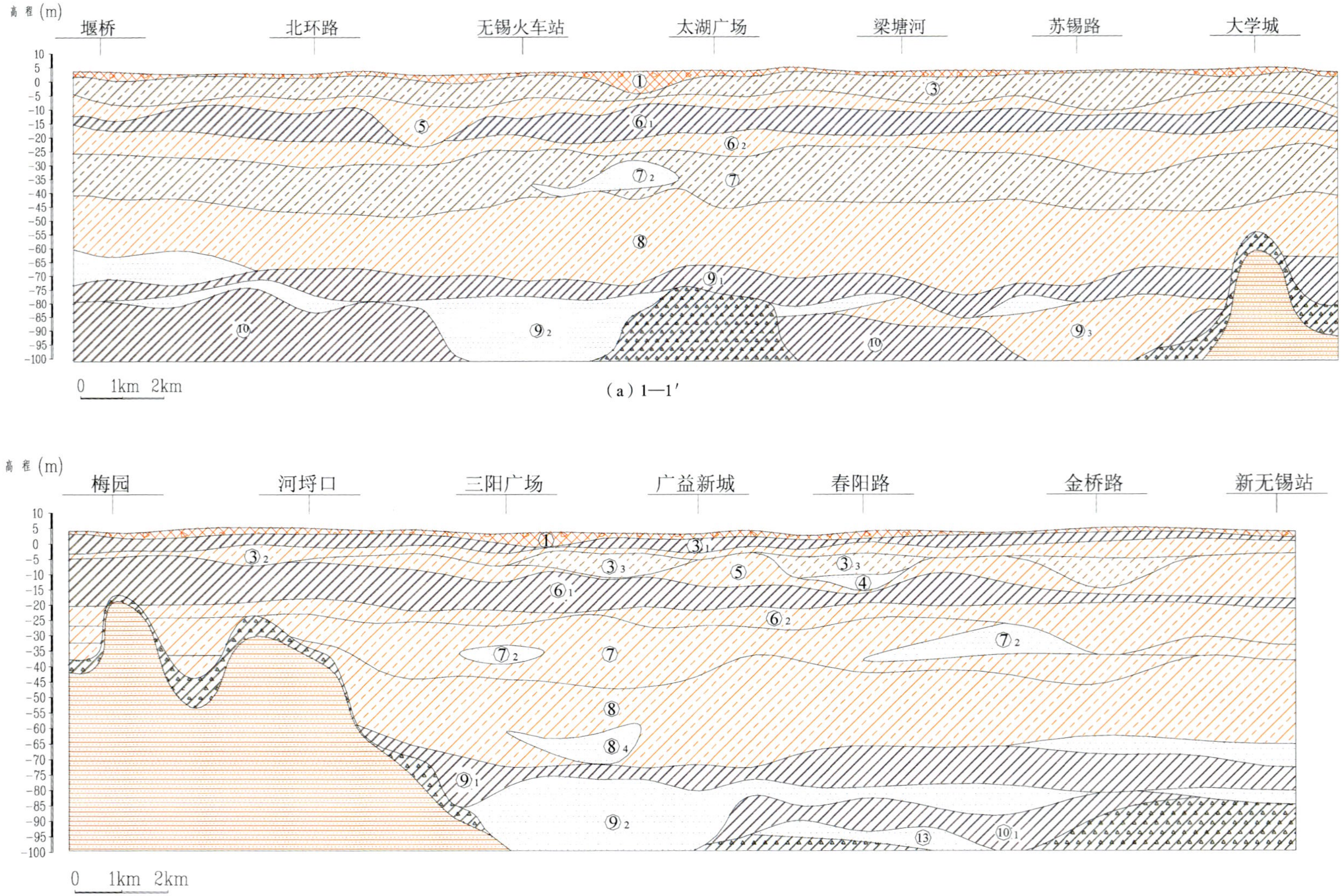

（a）1—1′

（b）2—2′

插图174　1号线、2号线工程地质剖面概化图

注：本图根据《无锡地铁2号线岩土工程勘察报告》（可研勘察阶段）地质剖面图概化。

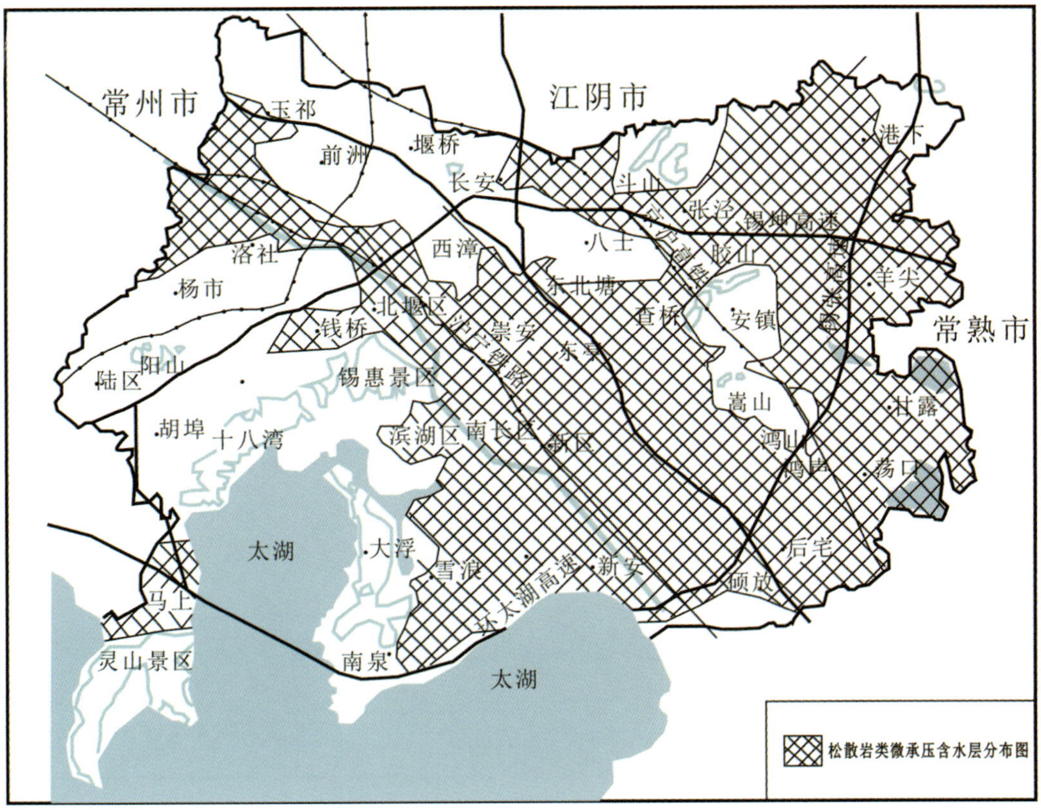

插图175 松散岩类微承压水分布区图

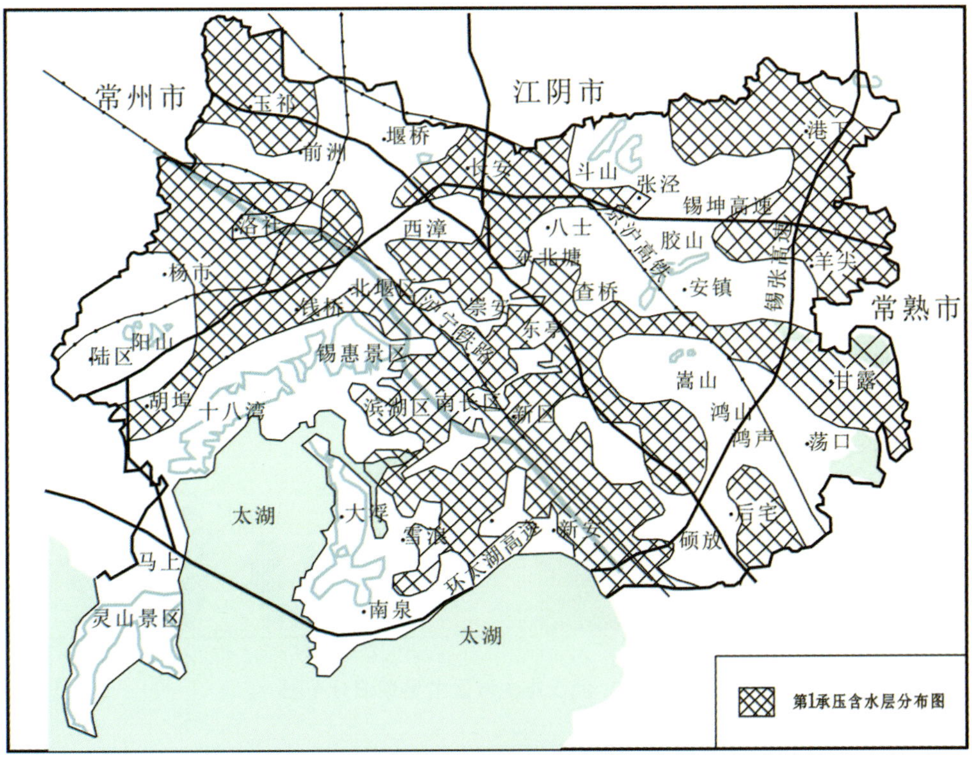

插图176 第Ⅰ承压水分布区图

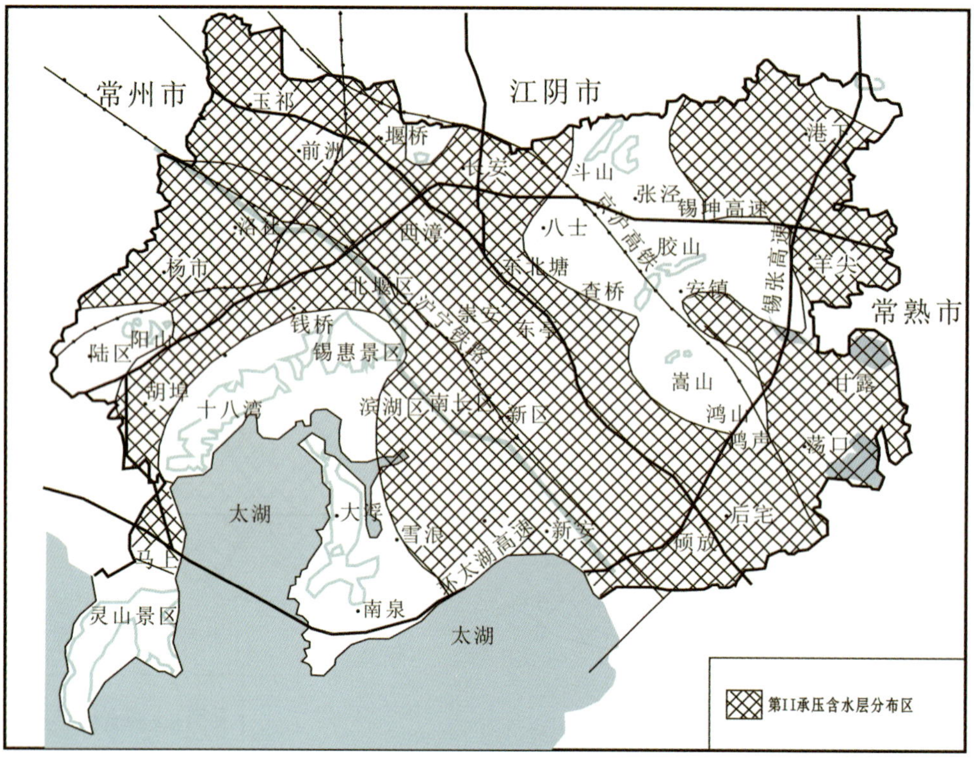

插图177　第Ⅱ承压水分布区图

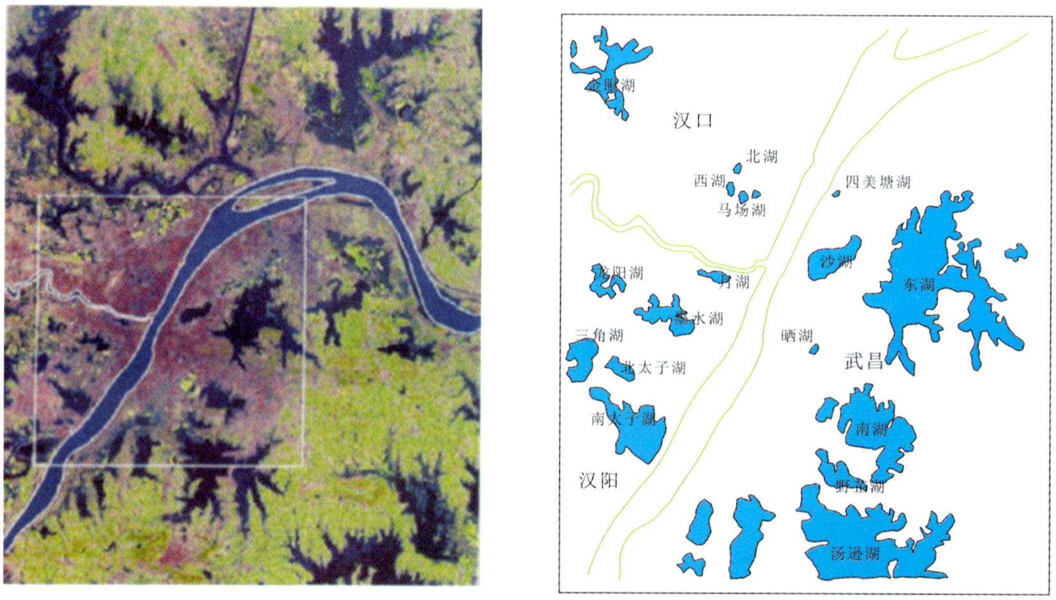

插图178　武汉市主城区主要湖泊分布图

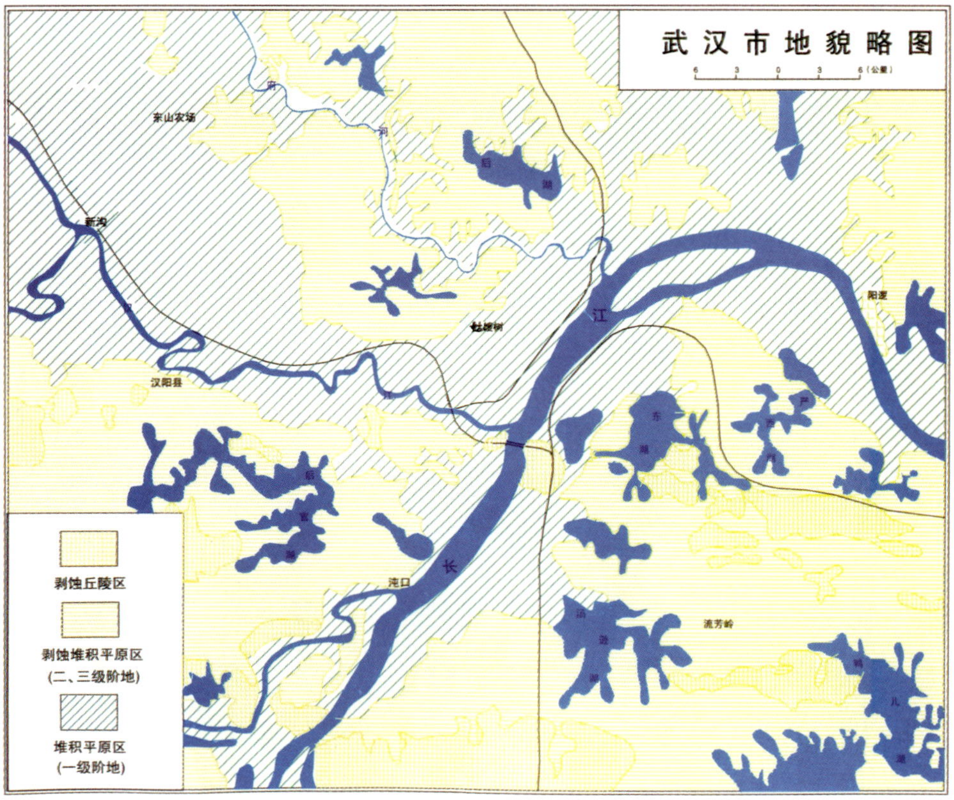

插图179　武汉市地貌略图

插图180　武汉市地层分布剖面位置示意图

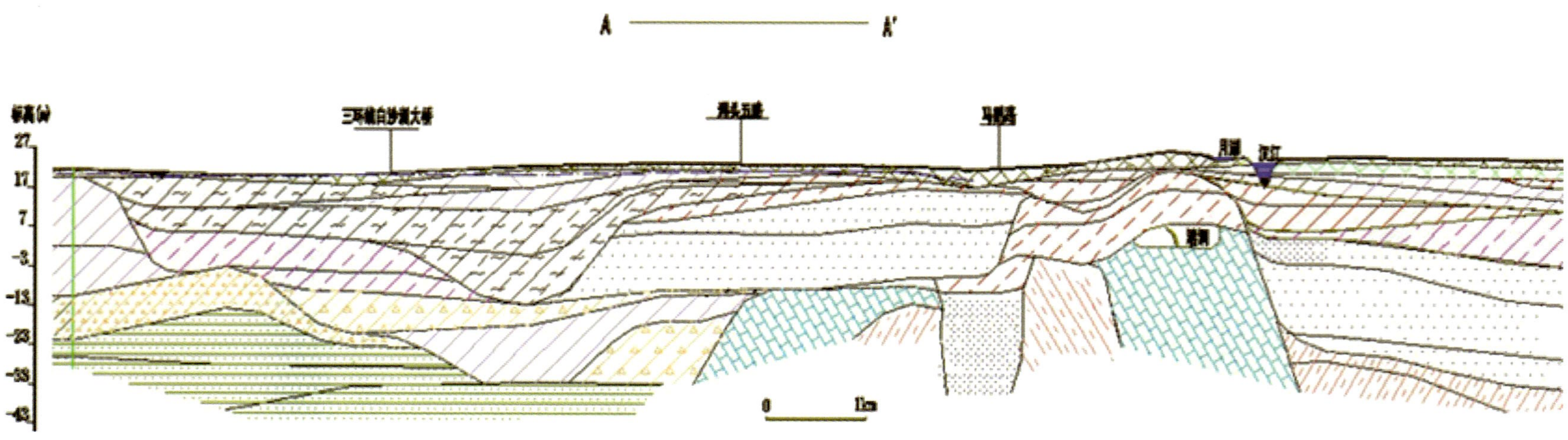

插图181　武汉市南北向地层示意图

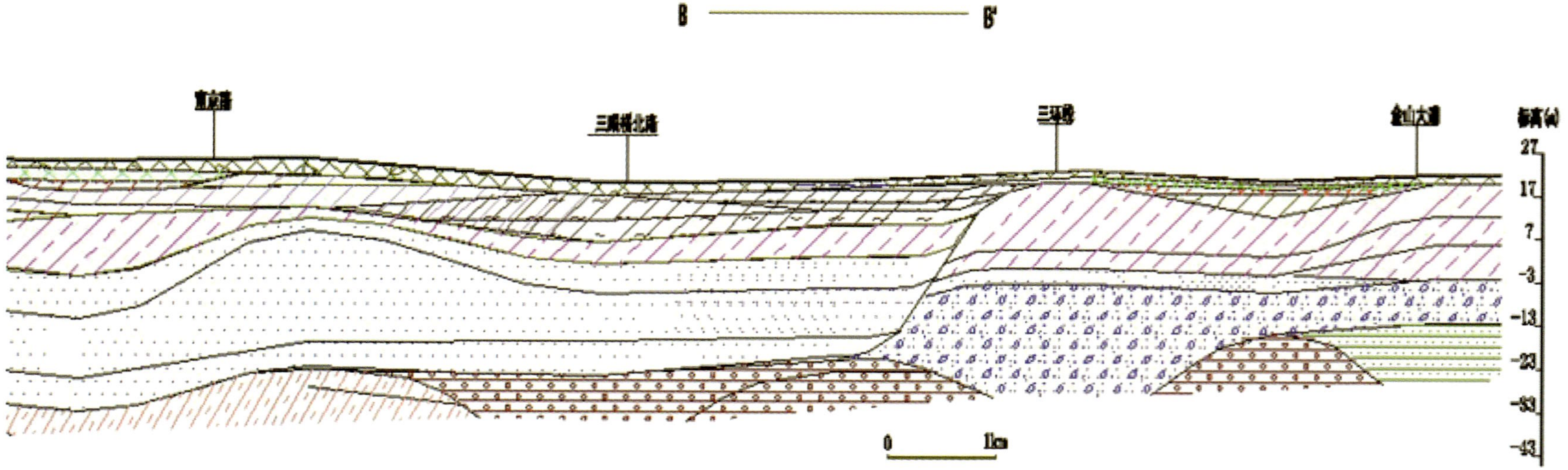

插图182　武汉市东西向地层示意图

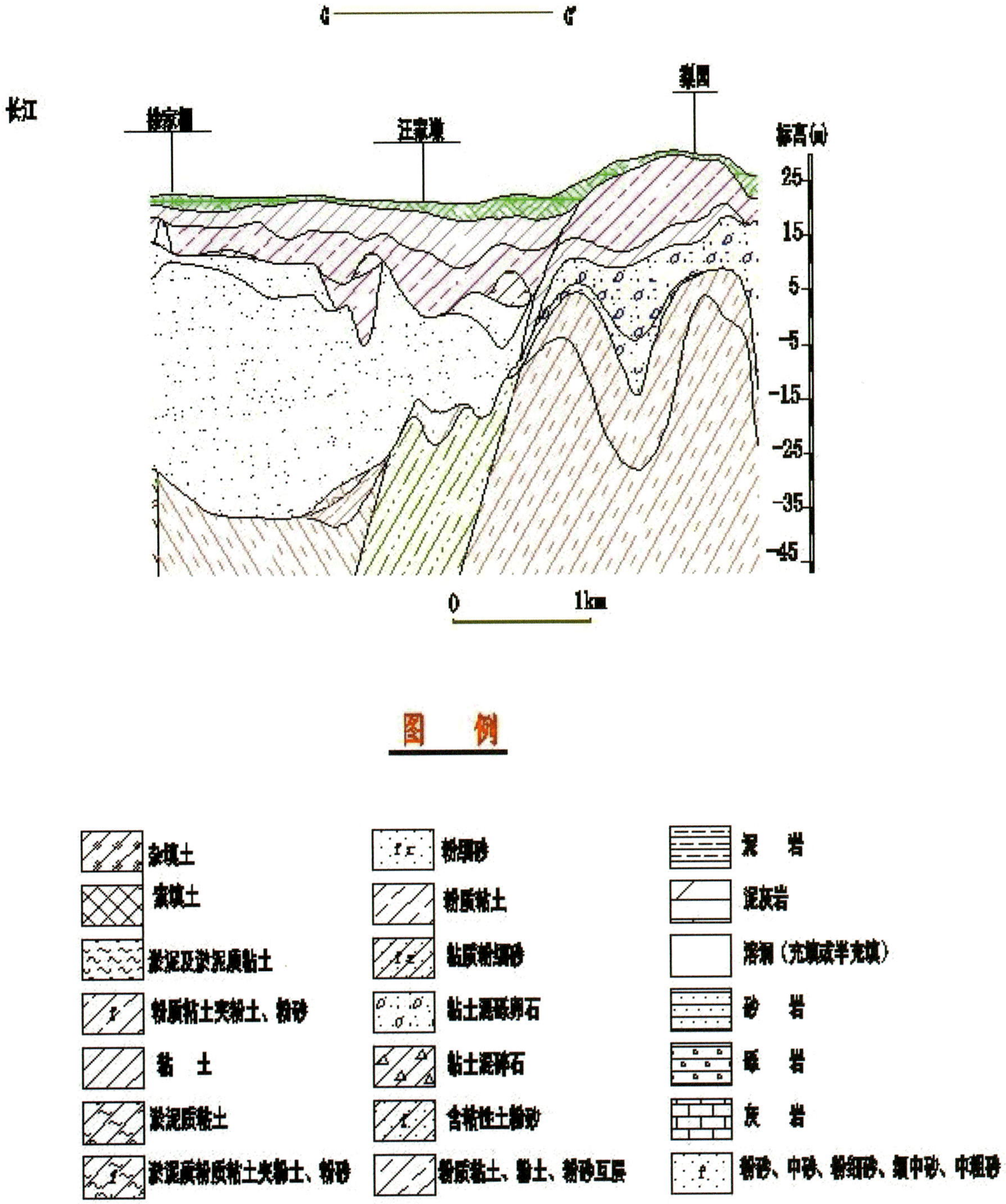

插图183　武汉市东西向地层示意图

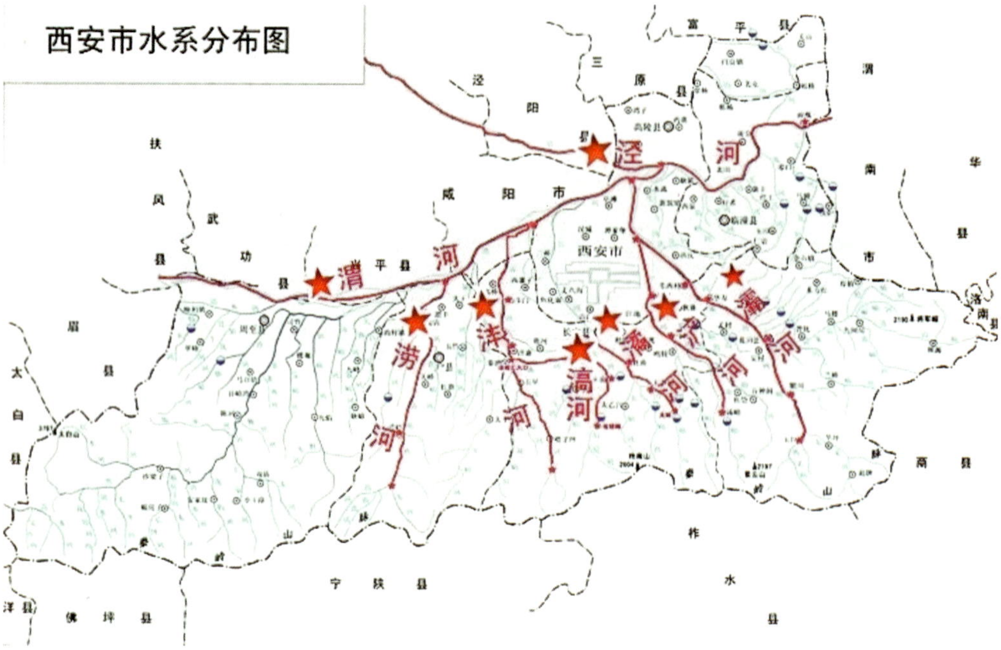

插图184　西安市水系图

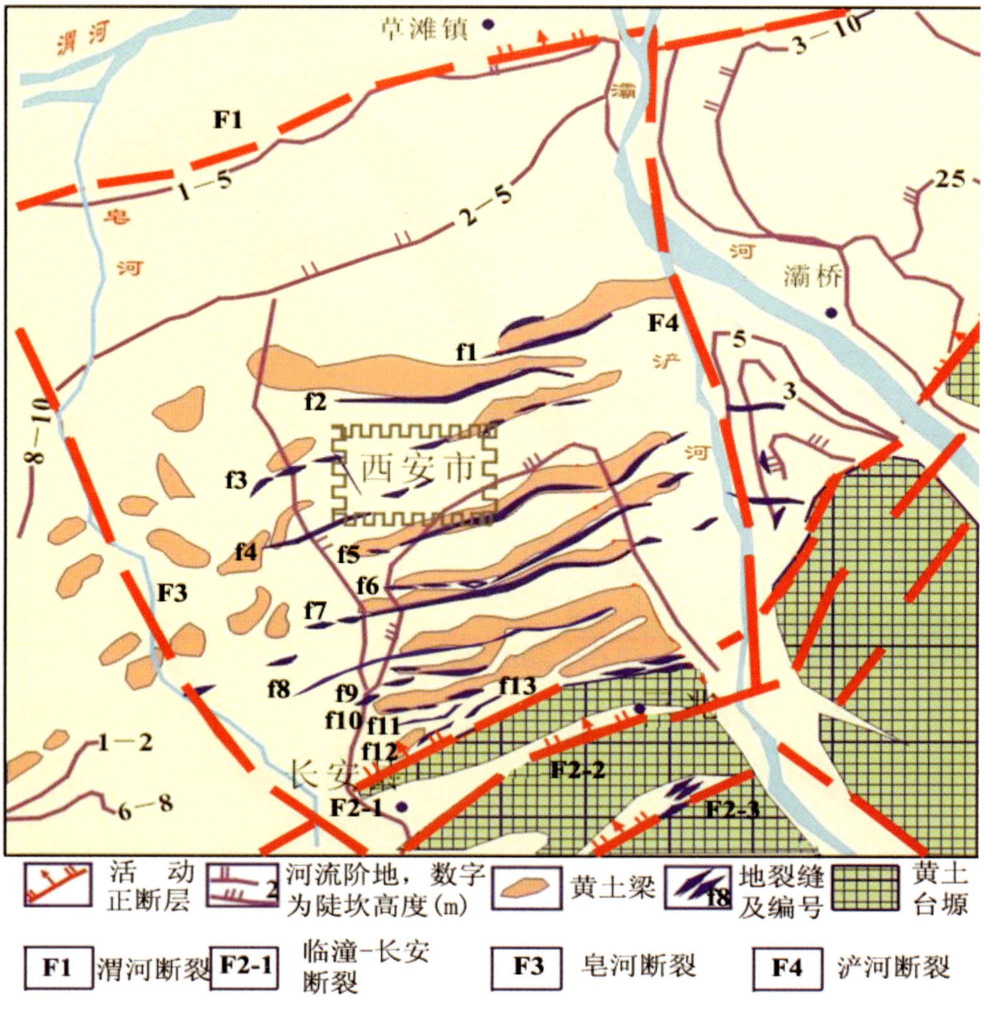

插图185　西安地区构造、地貌略图

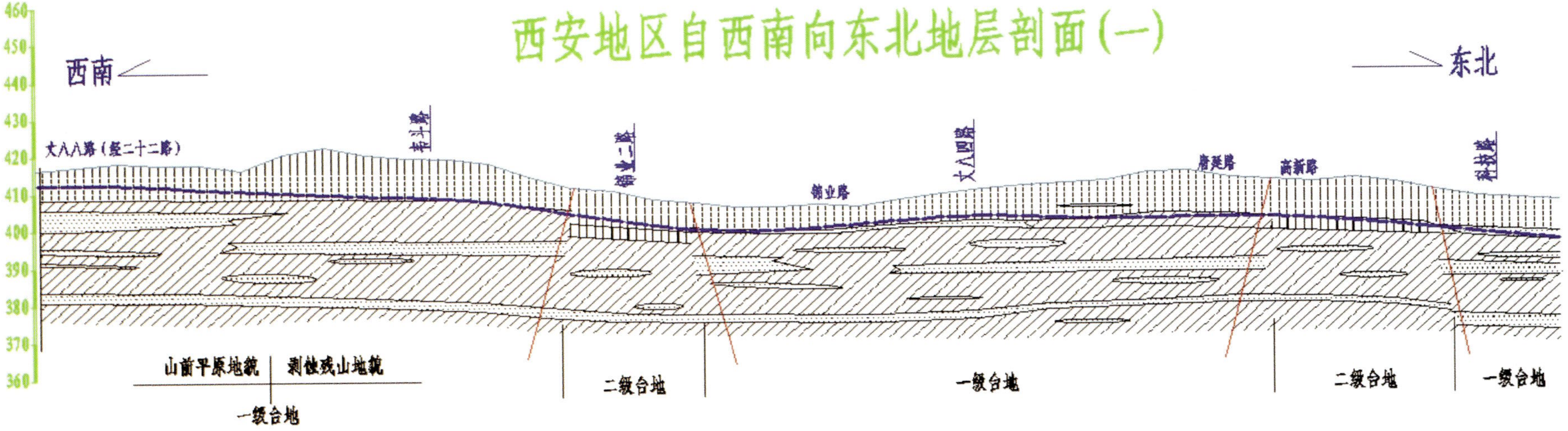

西安地区自西南向东北地层剖面(一)

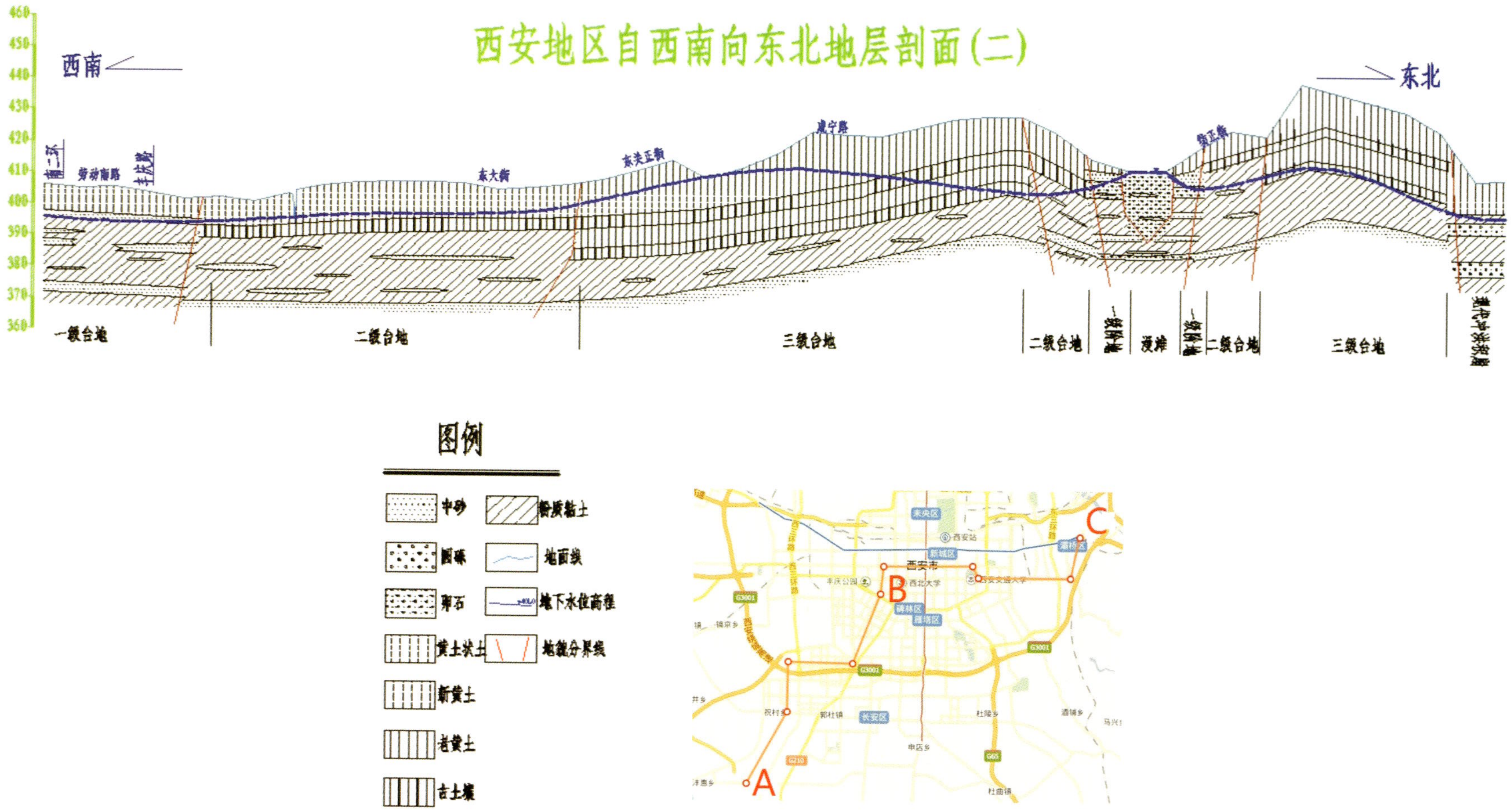

插图186　西安地区地层剖面图

插图187　长春市水系网

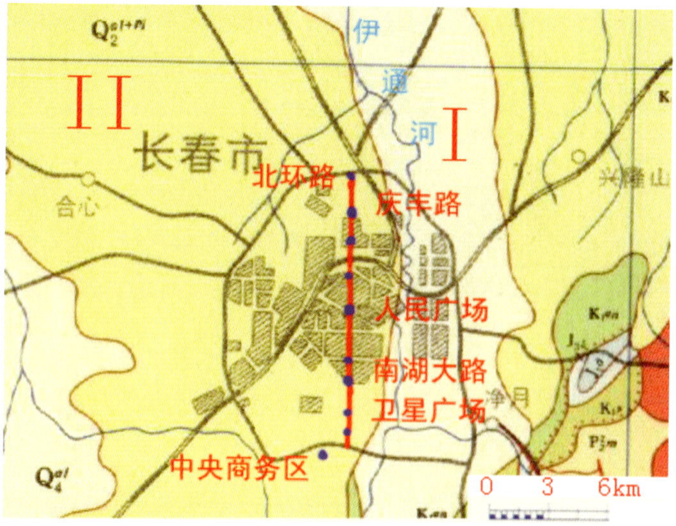

插图188　长春市区地质地貌略图

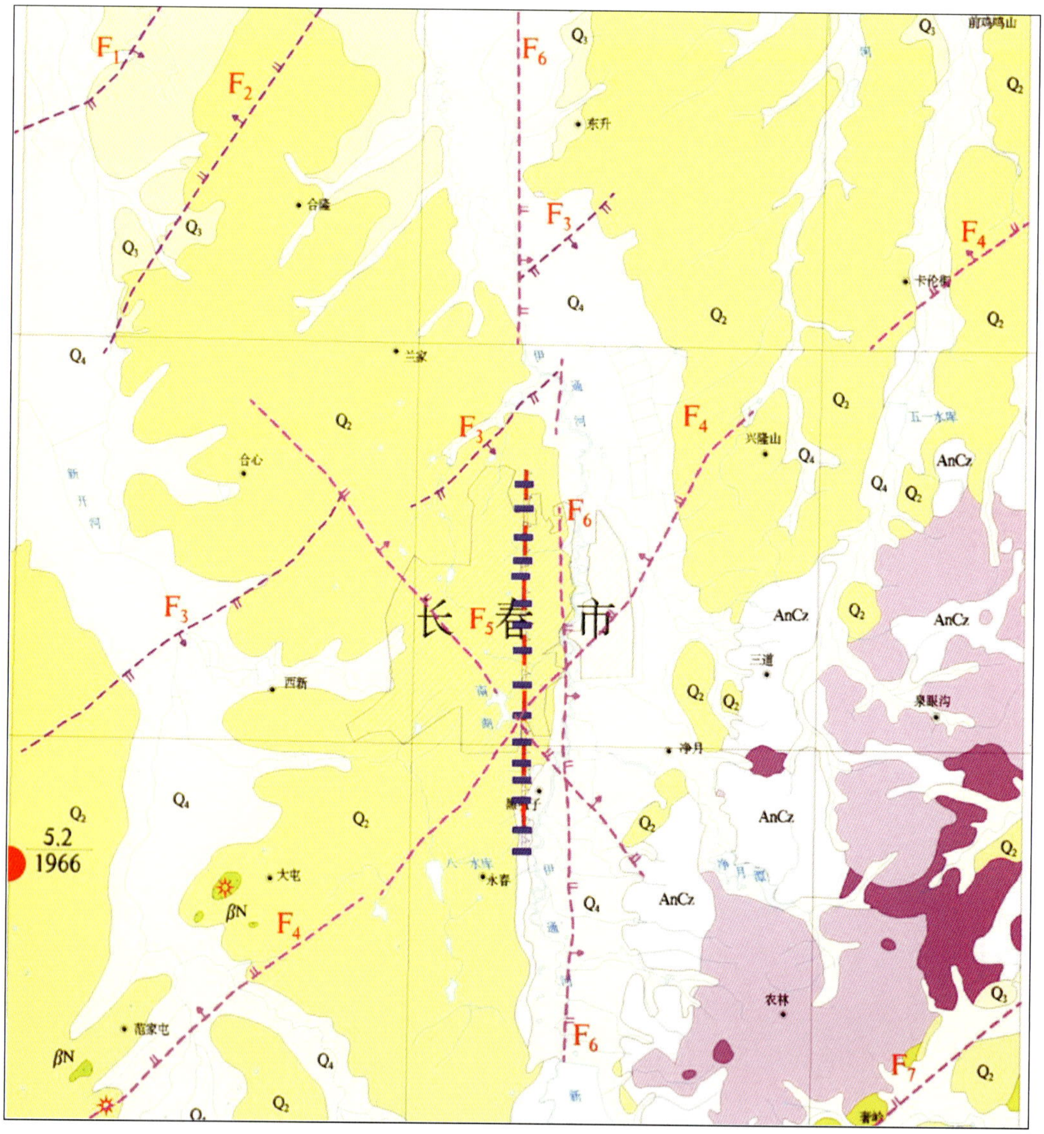

插图189　长春市区域构造分布图

注：引自长春市地铁1号线勘察报告。

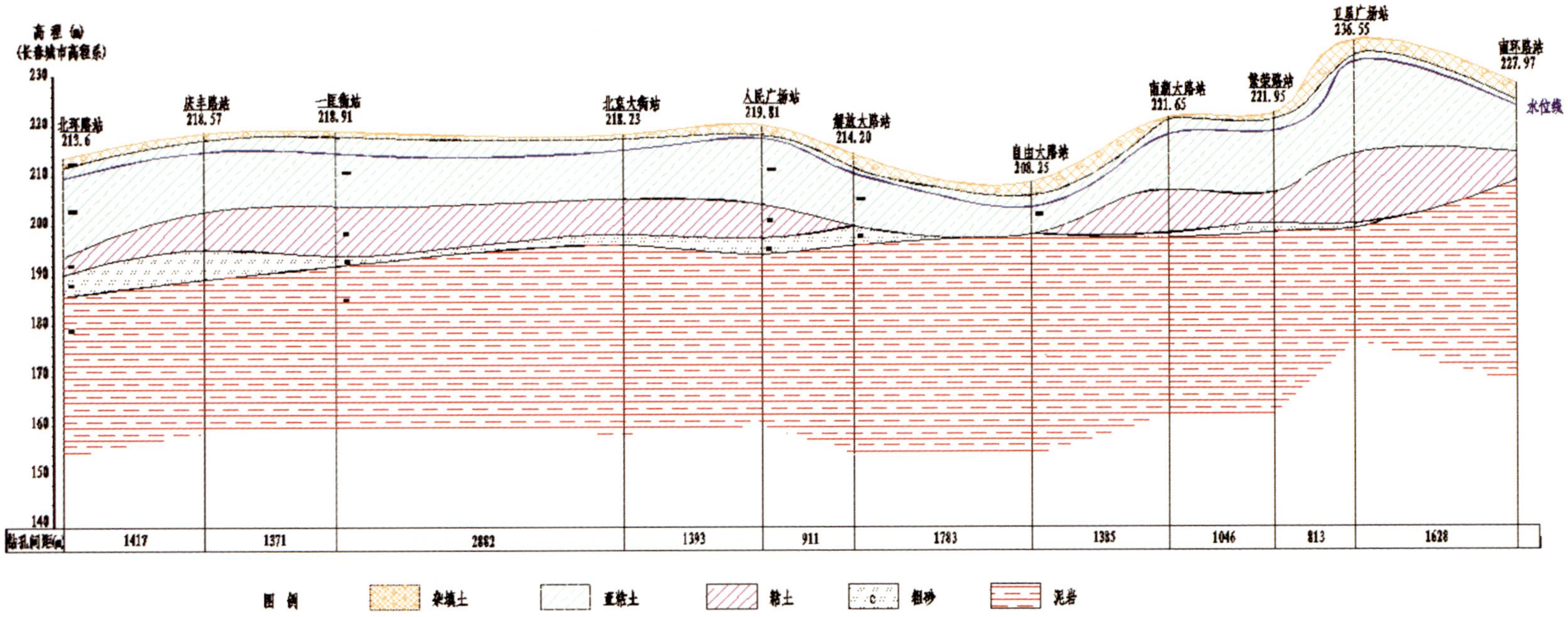

插图190　长春市典型地质剖面图

注：选自地铁1号线。

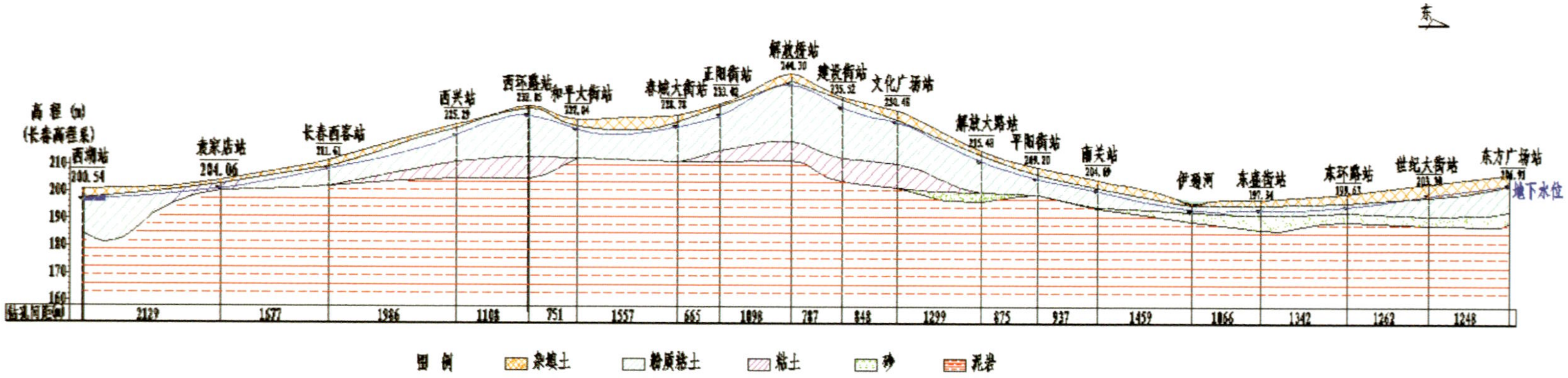

插图191　长春市典型地质剖面图

注：选自地铁2号线。

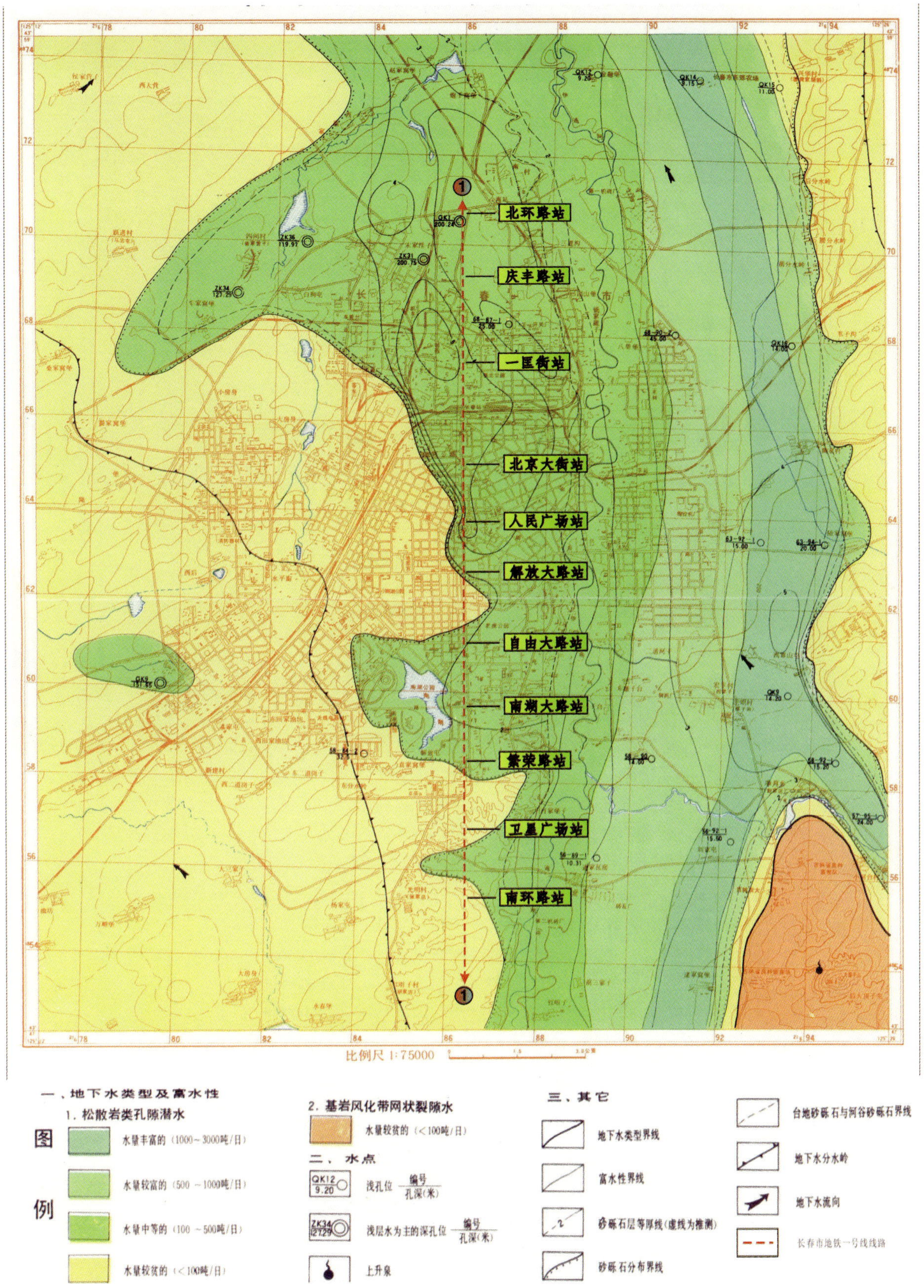

插图192　松散岩类水文地质图

注：吉林省环境监测总站资料。

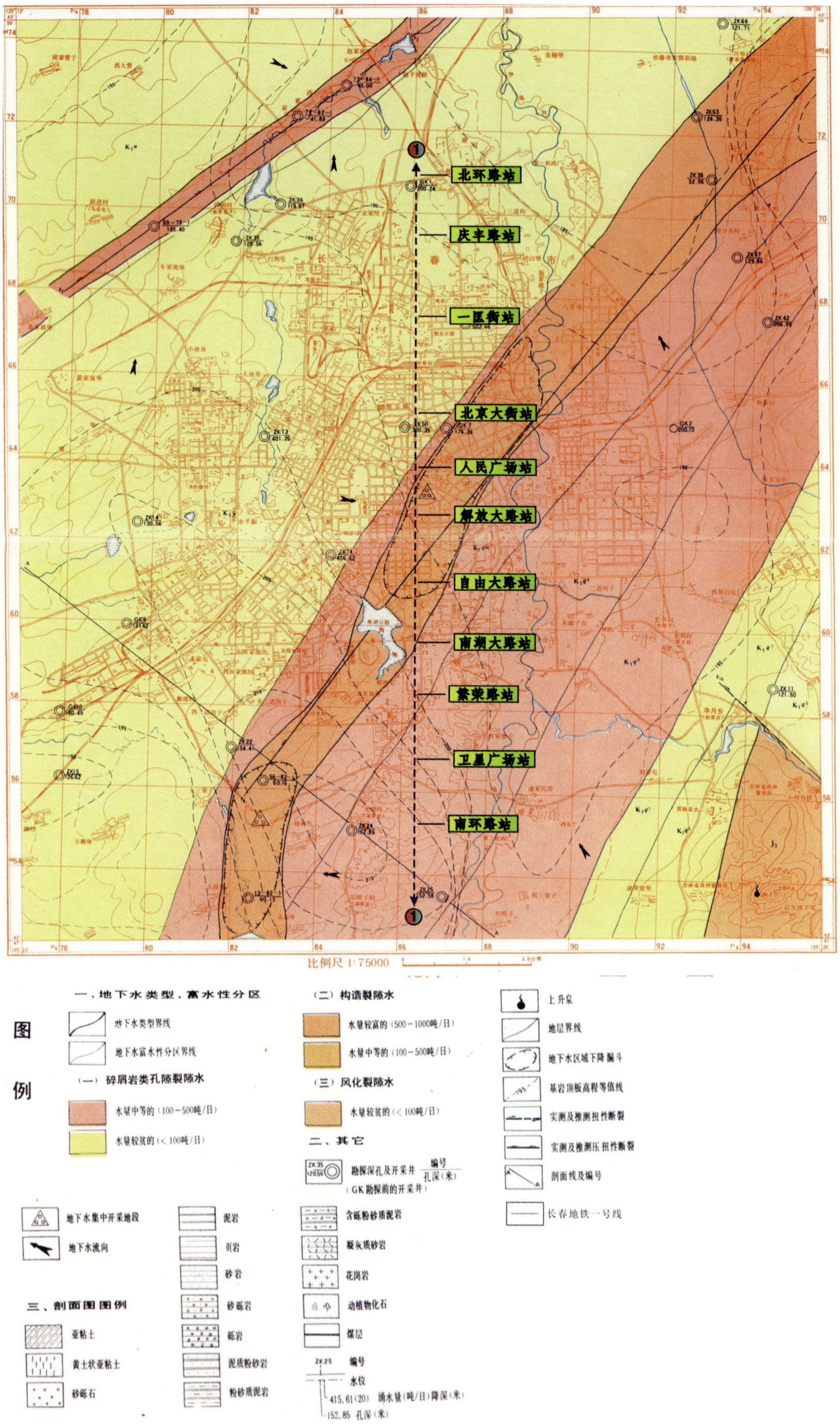

插图193　基岩类水文地质图

注：吉林省环境监测总站资料。

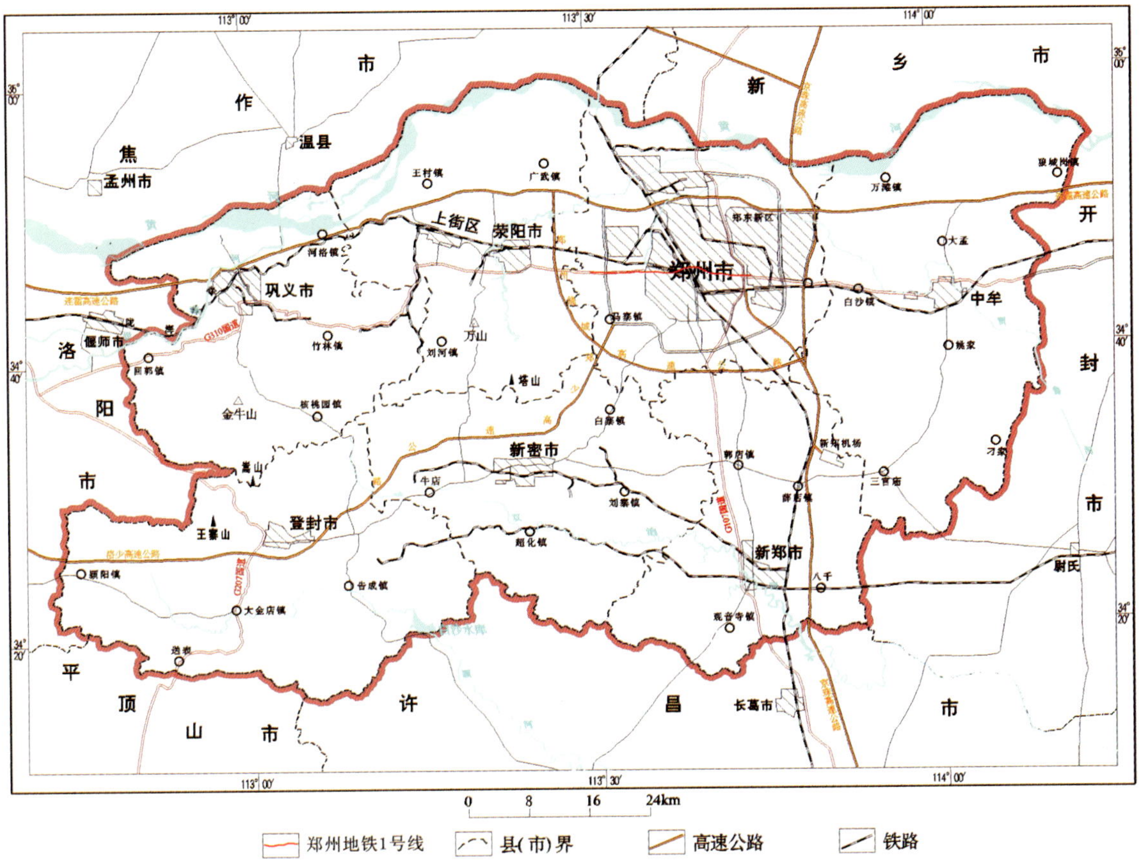

插图194　郑州市地理位置图

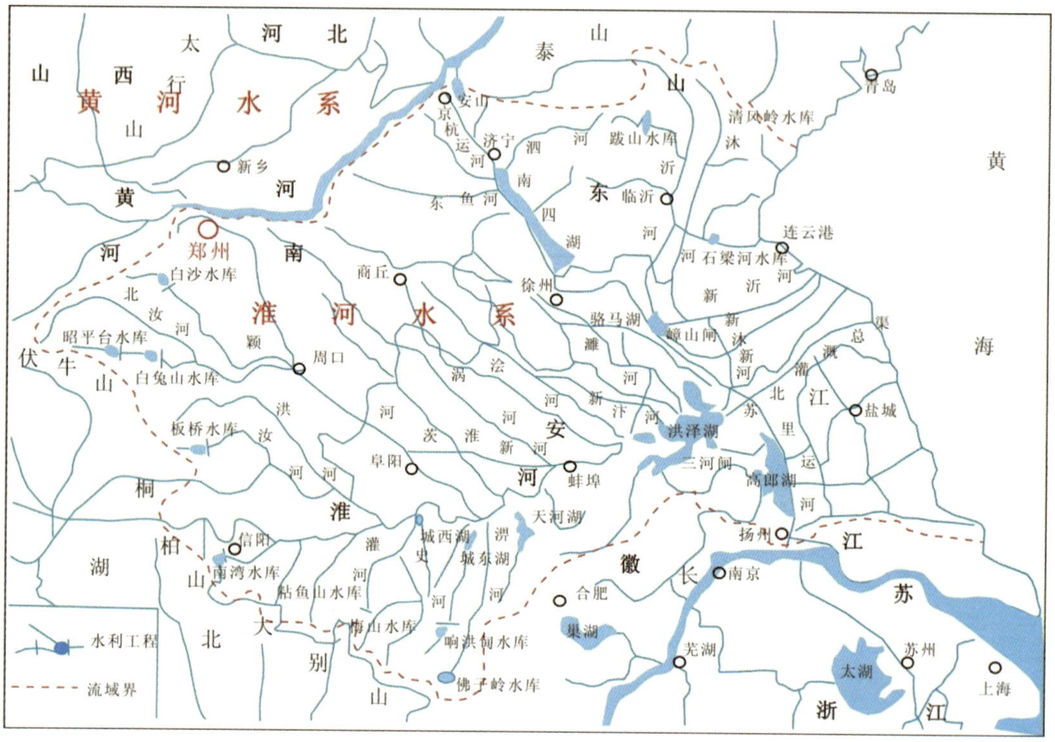

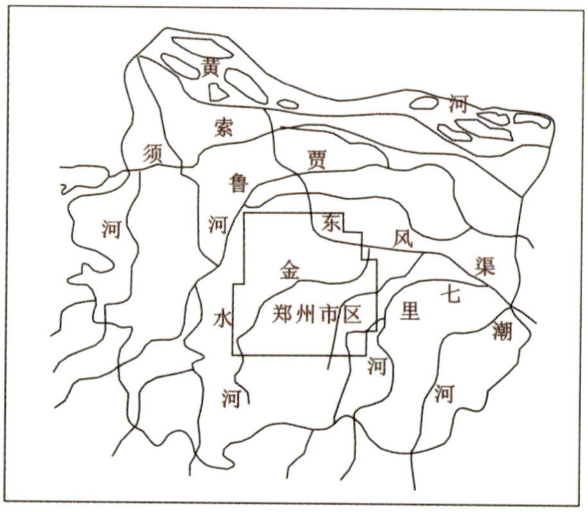

插图195　郑州市水系图

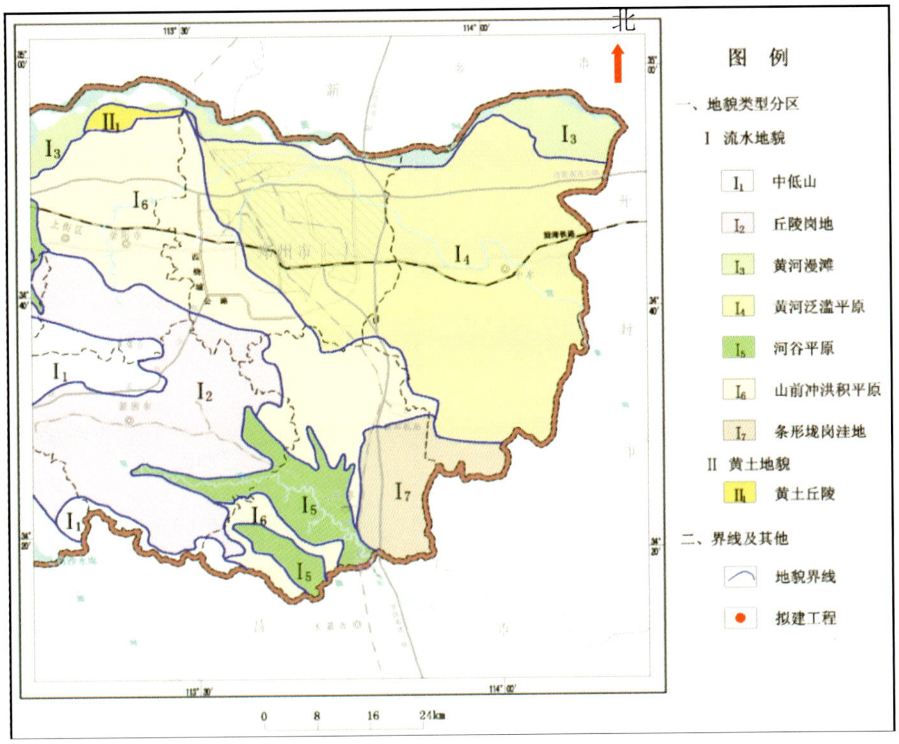

插图196　郑州市地形地貌图

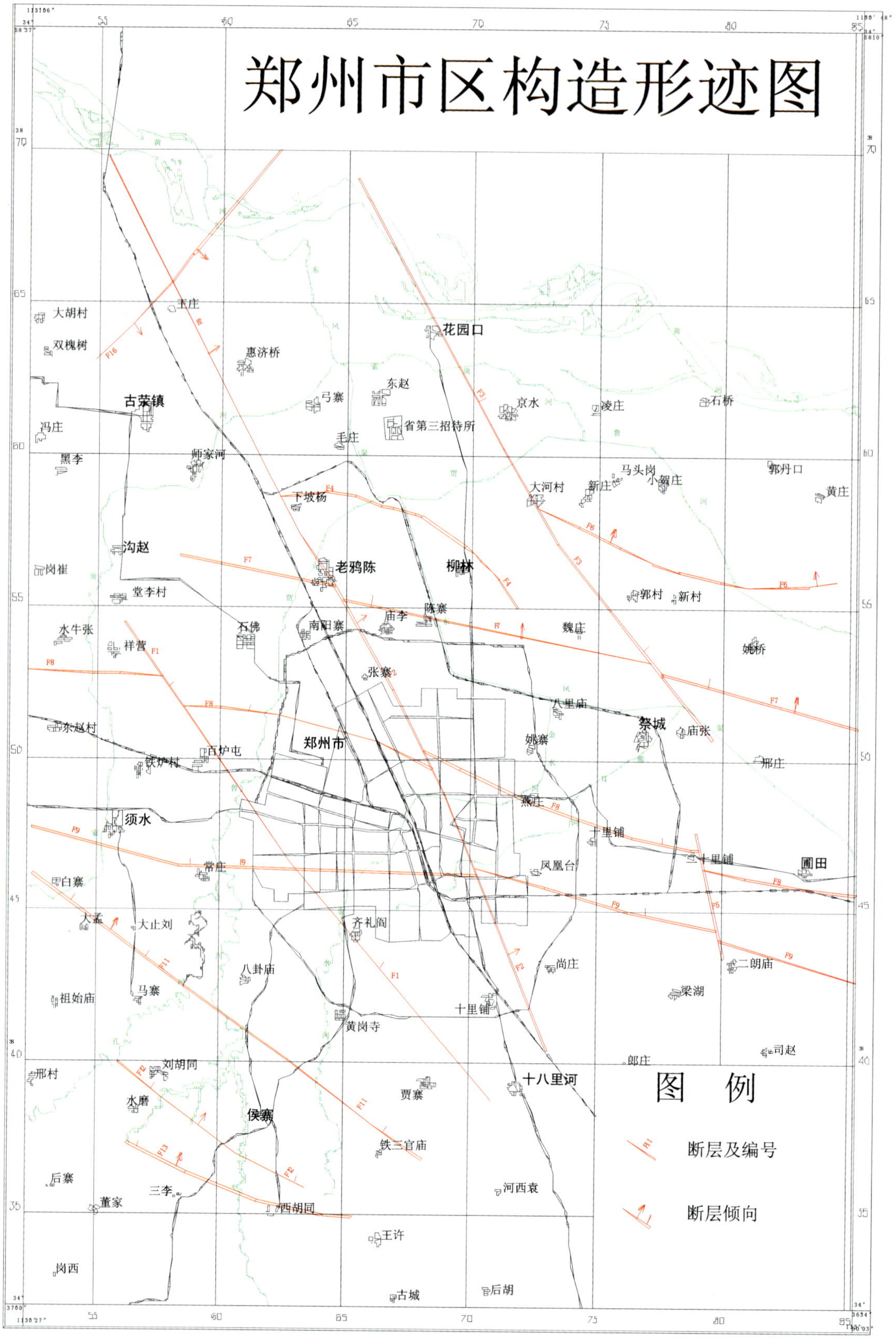

插图197　郑州市区构造形迹图